JN249040

河合塾 SERIES

2024 大学入学

共通テスト
過去問レビュー

倫理，政治・経済

河合出版

はじめに

　大学入学共通テスト（以下、共通テスト）が、2023年1月14日・15日に実施されました。

　その出題内容は、大学入試センターから提示されていた、問題作成の基本的な考え方、各教科・科目の出題方針に概ね則したもので、昨年からの大きな変化はありませんでした。

　共通テストでは、大学入試センター試験（以下、センター試験）に比べて、身につけた知識や解法を様々な場面で活用できるか —— 思考力や判断力を用いて解けるか —— を問われる傾向が強くなっています。また、読み取る資料の分量は多く、試験時間をより意識して取り組む必要もあります。

　こうした出題方針は、これからも引き継がれていくことでしょう。

　一方で、センター試験での出題形式を踏襲した問題も見られました。

　センター試験自体、年々「思考力・判断力・表現力」を求める問題が少しずつ増えていき、それが共通テストに引き継がれたのは、とても自然なことでした。

　センター試験の過去問を練習することは、共通テスト対策にもつながります。

　本書に収録された問題とその解説を十分に活用してください。みなさんの共通テスト対策が充実したものになることを願っています。

本書の構成・もくじ

▶解答・解説編◀

2024年度　実施日程、教科等

9月上旬 → 受験案内を配付

9月下旬～10月上旬 → 出願受付・成績通知希望受付

12月上旬～12月中旬 → 受験票等を送付

2024年 1月13日(土)、14日(日) → 共通テスト（本試験）実施

共通テストの正解等を発表

国公立大学出願受付

　「実施日程」は、本書発行時には未発表であるため2023年度の日程に基づいて作成してあります。また、「2024年度出題教科・科目等」の内容についても2023年3月1日現在大学入試センターが発表している内容に基づいて作成してあります。2024年度の詳しい内容は大学入試センターホームページや2024年度「受験案内」で確認してください。

2024年度出題教科・科目等

　大学入学共通テストを利用する大学は、大学入学共通テストの出題教科・科目の中から、入学志願者に解答させる教科・科目及びその利用方法を定めています。入学志願者は、各大学の学生募集要項等により、出題教科・科目を確認の上、大学入学共通テストを受験することになります。

　2024年度大学入学共通テストにおいては、次表にあるように6教科30科目が出題されます。

教　科	グループ・科目		時間・配点	出 題 方 法 等
国語	『国語』		80分 200点	「国語総合」の内容を出題範囲とし、近代以降の文章、古典(古文、漢文)を出題する。
地理歴史	「世界史A」 「世界史B」 「日本史A」 「日本史B」 「地理A」 「地理B」	10科目のうちから最大2科目を選択・解答。 　同一名称を含む科目の組合せで2科目を選択することはできない。 　受験する科目数は出願時に申し出ること。	1科目選択 60分 100点 2科目選択 130分 (うち解答時間120分) 200点	『倫理，政治・経済』は、「倫理」と「政治・経済」を総合した出題範囲とする。
公民	「現代社会」 「倫理」 「政治・経済」 『倫理，政治・経済』			「同一名称を含む科目の組合せ」とは、「世界史A」と「世界史B」、「日本史A」と「日本史B」、「地理A」と「地理B」、「倫理」と『倫理，政治・経済』及び『政治・経済』と『倫理，政治・経済』の組合せをいう。
数学	数学① 「数学Ⅰ」 『数学Ⅰ・数学A』 　2科目のうちから1科目を選択・解答。		70分 100点	『数学Ⅰ・数学A』は、「数学Ⅰ」と「数学A」を総合した出題範囲とする。ただし、次に記す「数学A」の3項目の内容のうち、2項目以上を学習した者に対応した出題とし、問題を選択解答させる。 〔場合の数と確率、整数の性質、図形の性質〕
	数学② 「数学Ⅱ」 『数学Ⅱ・数学B』 『簿記・会計』 『情報関係基礎』 　4科目のうちから1科目を選択・解答。 　科目選択に当たり、『簿記・会計』及び『情報関係基礎』の問題冊子の配付を希望する場合は、出願時に申し出ること。		60分 100点	『数学Ⅱ・数学B』は、「数学Ⅱ」と「数学B」を総合した出題範囲とする。ただし、次に記す「数学B」の3項目の内容のうち、2項目以上を学習した者に対応した出題とし、問題を選択解答させる。 〔数列、ベクトル、確率分布と統計的な推測〕 『簿記・会計』は、「簿記」及び「財務会計Ⅰ」を総合した出題範囲とし、「財務会計Ⅰ」については、株式会社の会計の基礎的事項を含め、財務会計の基礎を出題範囲とする。 『情報関係基礎』は、専門教育を主とする農業、工業、商業、水産、家庭、看護、情報及び福祉の8教科に設定されている情報に関する基礎的科目を出題範囲とする。
理科	理科① 「物理基礎」 「化学基礎」 「生物基礎」 「地学基礎」	8科目のうちから下記のいずれかの選択方法により科目を選択・解答。 A　理科①から2科目 B　理科②から1科目 C　理科①から2科目及び理科②から1科目 D　理科②から2科目 　受験する科目の選択方法は出願時に申し出ること。	2科目選択 60分 100点	理科①については、1科目のみの受験は認めない。
	理科② 「物理」 「化学」 「生物」 「地学」		1科目選択 60分 100点 2科目選択 130分(うち解答時間120分) 200点	
外国語	『英語』『ドイツ語』 『フランス語』『中国語』 『韓国語』 　5科目のうちから1科目を選択・解答。 　科目選択に当たり、『ドイツ語』、『フランス語』、『中国語』及び『韓国語』の問題冊子の配付を希望する場合は、出願時に申し出ること。		『英語』 【リーディング】 80分 100点 【リスニング】 60分(うち解答時間30分) 100点 『ドイツ語』 『フランス語』 『中国語』 『韓国語』 【筆記】 80分 100点	『英語』は、「コミュニケーション英語Ⅰ」に加えて「コミュニケーション英語Ⅱ」及び「英語表現Ⅰ」を出題範囲とし、【リーディング】と【リスニング】を出題する。 なお、【リスニング】には、聞き取る英語の音声を2回流す問題と、1回流す問題がある。 リスニングは、音声問題を用い30分間で解答を行うが、解答開始前に受験者に配付したICプレーヤーの作動確認・音量調節を受験者本人が行うために必要な時間を加えた時間を試験時間とする。

1．「　」で記載されている科目は、高等学校学習指導要領上設定されている科目を表し、『　』はそれ以外の科目を表す。
2．地理歴史及び公民並びに理科②の試験時間において2科目を選択する場合は、解答順に第1解答科目及び第2解答科目に区分し各60分間で解答を行うが、第1解答科目及び第2解答科目の間に答案回収等を行うために必要な時間を加えた時間を試験時間とする。
3．外国語において『英語』を選択する受験者は、原則として、リーディングとリスニングの双方を解答する。

2023〜2019年度結果概要

本試験科目別平均点の推移　（注）2021年度は第１日程のデータを掲載

科目名(配点)	2023年度	2022年度	2021年度	2020年度	2019年度
国語(200)	105.74	110.26	117.51	119.33	121.55
世界史A (100)	36.32	48.10	46.14	51.16	47.57
世界史B (100)	58.43	65.83	63.49	62.97	65.36
日本史A (100)	45.38	40.97	49.57	44.59	50.60
日本史B (100)	59.75	52.81	64.26	65.45	63.54
地理A (100)	55.19	51.62	59.98	54.51	57.11
地理B (100)	60.46	58.99	60.06	66.35	62.03
現代社会(100)	59.46	60.84	58.40	57.30	56.76
倫理(100)	59.02	63.29	71.96	65.37	62.25
政治・経済(100)	50.96	56.77	57.03	53.75	56.24
倫理, 政治・経済(100)	60.59	69.73	69.26	66.51	64.22
数学Ⅰ (100)	37.84	21.89	39.11	35.93	36.71
数学Ⅰ・数学A (100)	55.65	37.96	57.68	51.88	59.68
数学Ⅱ (100)	37.65	34.41	39.51	28.38	30.00
数学Ⅱ・数学B (100)	61.48	43.06	59.93	49.03	53.21
物理基礎(50)	28.19	30.40	37.55	33.29	30.58
化学基礎(50)	29.42	27.73	24.65	28.20	31.22
生物基礎(50)	24.66	23.90	29.17	32.10	30.99
地学基礎(50)	35.03	35.47	33.52	27.03	29.62
物理(100)	63.39	60.72	62.36	60.68	56.94
化学(100)	54.01	47.63	57.59	54.79	54.67
生物(100)	48.46	48.81	72.64	57.56	62.89
地学(100)	49.85	52.72	46.65	39.51	46.34
英語[リーディング] (100)	53.81	61.80	58.80	−	−
英語[筆記] (200)	−	−	−	116.31	123.30
英語[リスニング] (100)	62.35	59.45	56.16	−	−
英語[リスニング] (50)	−	−	−	28.78	31.42

※2023年度及び2021年度は得点調整後の数値

本試験科目別受験者数の推移　（注）2021年度は第1日程のデータを掲載

科目名	2023年度	2022年度	2021年度	2020年度	2019年度
国語	445,358	460,966	457,304	498,200	516,858
世界史A	1,271	1,408	1,544	1,765	1,346
世界史B	78,185	82,985	85,689	91,609	93,230
日本史A	2,411	2,173	2,363	2,429	2,359
日本史B	137,017	147,300	143,363	160,425	169,613
地理A	2,062	2,187	1,952	2,240	2,100
地理B	139,012	141,375	138,615	143,036	146,229
現代社会	64,676	63,604	68,983	73,276	75,824
倫理	19,878	21,843	19,954	21,202	21,585
政治・経済	44,707	45,722	45,324	50,398	52,977
倫理，政治・経済	45,578	43,831	42,948	48,341	50,886
数学Ⅰ	5,153	5,258	5,750	5,584	5,362
数学Ⅰ・数学A	346,628	357,357	356,492	382,151	392,486
数学Ⅱ	4,845	4,960	5,198	5,094	5,378
数学Ⅱ・数学B	316,728	321,691	319,696	339,925	349,405
物理基礎	17,978	19,395	19,094	20,437	20,179
化学基礎	95,515	100,461	103,073	110,955	113,801
生物基礎	119,730	125,498	127,924	137,469	141,242
地学基礎	43,070	43,943	44,319	48,758	49,745
物理	144,914	148,585	146,041	153,140	156,568
化学	182,224	184,028	182,359	193,476	201,332
生物	57,895	58,676	57,878	64,623	67,614
地学	1,659	1,350	1,356	1,684	1,936
英語[リーディング]	463,985	480,762	476,173	518,401	537,663
英語[リスニング]	461,993	479,039	474,483	512,007	531,245

志願者・受験者の推移

区分		2023年度	2022年度	2021年度	2020年度	2019年度
志願者数		512,581	530,367	535,245	557,699	576,830
内訳	高等学校等卒業見込者	436,873	449,369	449,795	452,235	464,950
	高等学校卒業者	71,642	76,785	81,007	100,376	106,682
	その他	4,066	4,213	4,443	5,088	5,198
受験者数		474,051	488,383	484,113	527,072	546,198
内訳	本試験のみ	470,580	486,847	(注1)482,623	526,833	545,588
	追試験のみ	2,737	915	(注2)1,021	171	491
	本試験＋追試験	707	438	(注2)407	59	102
欠席者数		38,530	41,984	51,132	30,627	30,632

（注1）2021年度の本試験は、第1日程及び第2日程の合計人数を掲載

（注2）2021年度の追試験は、第2日程の人数を掲載

出題分野一覧

＜倫理，政治・経済＞

項　　目（倫　理）		'17 本試	'17 追試	'18 本試	'18 追試	'19 本試	'19 追試	'20 本試	'20 追試	'21 第1日程	'21 第2日程	'22 本試	'22 追試	'23 本試
青年期の課題	人間性の特質	●			●			●	●	●				
	青年期の意義と課題		●	●	●	●	●			●	●	●	●	●
	自我と防衛機制	●								●	●			
人間としての自覚	ギリシア哲学	●	●	●	●	●	●			●	●	●	●	●
	キリスト教	●	●	●	●	●	●			●	●	●	●	●
	イスラム教			●	●	●	●			●	●	●	●	●
	仏教・インドの思想	●	●			●				●		●		●
	中国の思想	●	●			●	●			●		●		●
	宗教・芸術と人生	●							●	●				
西洋近現代思想	ルネサンス・科学革命	●		●				●						
	宗教改革									●				
	合理主義・経験論・啓蒙主義	●	●			●	●	●				●		●
	社会契約説			●	●			●	●					
	ドイツ観念論			●		●		●				●		●
	功利主義			●			●							
	社会主義			●						●	●			
	実存主義	●					●	●				●		
	プラグマティズム	●					●		●			●		
	現代ヒューマニズムと現代哲学	●		●			●				●			
日本の思想	伝統思想	●	●	●		●	●	●		●	●	●		●
	仏教	●		●			●			●		●		●
	儒学	●	●	●		●		●		●		●		●
	国学	●					●	●				●		
	民衆思想	●								●	●			
	西洋思想の受容と日本人の近代化		●	●		●	●			●		●		●
現代社会と倫理	大衆社会・管理社会	●			●		●							
	現代の家族		●									●		
	高齢化社会													
	国際化													
	情報社会				●							●		
	環境倫理							●				●		
	生命倫理・医療倫理		●	●	●	●	●	●	●	●				
	民主社会の倫理	●								●	●			●
世界の中の日本人	風土と文化	●								●				
	異文化理解						●						●	
	人類の平和と福祉			●		●		●						●
	日本の国際貢献													

項目(政治・経済)		'17 本試	'17 追試	'18 本試	'18 追試	'19 本試	'19 追試	'20 本試	'20 追試	'21 第1日程	'21 第2日程	'22 本試	'22 追試	'23 本試
民主政治の基本原理	民主政治のあゆみと基本原理		●	●				●	●	●				
	世界の政治体制	●		●	●						●			
	人権の国際的保障				●			●						
日本国憲法の基本原理	日本国憲法の制定と基本原理	●				●								
	基本的人権の保障	●	●	●	●	●	●	●	●	●	●	●	●	●
	平和主義			●						●				●
日本の統治機構	国会	●		●		●	●		●				●	●
	内閣			●		●	●	●	●			●		●
	裁判所	●	●			●		●				●		●
	地方自治	●				●		●		●			●	●
現代政治の特質と課題	行政機能の拡大とその民主化							●	●		●			
	政党政治と選挙	●				●				●				
	世論とマスメディア		●			●								
現代の国際政治	国際社会の成立と発展					●	●						●	●
	国際連合		●			●							●	●
	第二次世界大戦後の国際社会の動向		●							●			●	
	国際平和への課題		●							●			●	
	日本外交のあゆみと日本の国際責任		●		●					●	●			
経済社会の変容	資本主義体制の発達と発展							●	●		●			
	社会主義経済の発達と変容												●	
	現代の企業					●	●		●		●	●		
現代経済のしくみ	経済主体と経済の循環	●												
	市場経済の機能と限界	●	●	●				●		●		●		
	国民所得と経済成長		●			●	●			●				●
	金融	●	●					●	●	●		●	●	
	財政	●												
日本経済の発展と課題	日本経済のあゆみと現状					●	●						●	
	中小企業の現状と課題		●											●
	農業・食料問題		●							●		●	●	
	公害問題・地球環境問題					●				●				●
	資源・エネルギー問題			●										●
	都市問題					●								●
	消費者問題	●				●		●	●					
	物価問題	●											●	
労働と社会保障	労働問題			●	●			●		●	●	●	●	
	社会保障			●	●				●			●	●	
国民経済と国際経済	国際経済のしくみ			●		●	●		●		●			
	第二次世界大戦後の国際経済のあゆみと現状					●	●		●					
	南北問題				●					●				●
	地域的経済統合	●	●				●						●	
	国際経済における日本の役割				●				●	●	●			

＜倫理＞

項目		'17		'18		'19		'20		'21		'22		'23
		本試	追試	本試	追試	本試	追試	本試	追試	第1日程	第2日程	本試	追試	本試
青年期の課題	人間性の特質	●	●	●	●			●	●	●		●		●
	青年期の意義と課題	●	●	●	●	●	●	●	●	●	●	●	●	●
	自我と防衛機制	●							●	●				
人間としての自覚	ギリシア哲学	●	●	●	●	●	●	●		●	●	●		●
	キリスト教	●	●	●	●	●	●	●		●	●	●		●
	イスラム教	●	●	●	●	●	●	●			●	●		●
	仏教・インドの思想	●	●	●	●	●	●	●		●	●	●		●
	中国の思想	●	●	●	●	●	●	●		●	●	●		●
	宗教・芸術と人生								●					
西洋近現代思想	ルネサンス・科学革命	●	●		●	●	●	●						
	宗教改革			●				●						
	合理主義・経験論・啓蒙主義	●	●	●	●	●	●	●						
	社会契約説	●	●		●		●							
	ドイツ観念論	●	●	●	●	●	●				●			
	功利主義		●					●						
	社会主義		●	●	●		●				●			
	実存主義	●		●	●	●	●					●		●
	プラグマティズム	●				●		●				●		
	現代ヒューマニズム											●		
日本の思想	伝統思想	●	●	●	●	●	●	●		●	●	●		●
	仏教	●	●	●	●	●	●	●	●	●	●	●		●
	儒学	●	●	●	●	●	●	●		●	●	●		●
	国学	●	●							●		●		●
	民衆思想	●		●	●	●								
	西洋思想の受容	●	●	●	●	●	●	●		●	●	●		●
現代社会と倫理	大衆社会・管理社会	●			●	●						●		
	現代の家族		●			●								●
	高齢化社会			●				●						
	情報化社会	●			●		●					●		
	国際化													
	生命倫理・医療倫理	●			●	●	●			●				
	環境倫理	●	●		●		●	●		●				
	科学技術と倫理	●				●								
	民主社会の倫理	●				●	●	●		●	●	●		●
世界の中の日本人	風土と文化	●	●					●						
	異文化理解		●			●				●				
	人類の平和と福祉			●	●	●		●						●
	日本の国際貢献									●				

＜政治・経済＞

項　　目	'17		'18		'19		'20		'21		'22		'23
	本試	追試	本試	追試	本試	追試	本試	追試	第1日程	第2日程	本試	追試	本試
Ⅰ　現代の政治と民主社会													
1　民主政治の基本原理													
民主政治のあゆみと基本原理		●	●	●			●	●	●		●	●	
世界の政治体制	●		●	●	●	●	●		●	●	●		
2　日本国憲法と民主政治													
日本国憲法の成立	●												
日本国憲法の基本原理	●				●	●	●						●
3　日本国憲法と基本的人権													
基本的人権の保障	●	●	●	●			●	●			●		
法の下の平等			●	●				●			●		
自由権	●	●		●		●	●	●	●				●
社会権	●	●					●	●	●		●		
人権を確保するための権利（参政権・請求権）			●			●		●					
新しい人権		●				●	●					●	
人権の国際的保障				●			●				●	●	
4　日本国憲法と政治機構													
国会	●	●	●			●	●		●			●	
内閣		●	●	●		●	●	●		●		●	
裁判所	●	●	●	●		●	●		●	●		●	
地方自治	●	●	●	●	●	●	●	●	●			●	
5　現代日本政治の課題													
行政機能の拡大とその民主化							●	●	●		●		●
政党政治と選挙（戦後日本の政治過程を含む）	●	●	●		●	●	●				●	●	
世論と現代政治（マスコミ・大衆運動などを含む）	●	●					●	●					
6　国際政治と日本													
国際社会の成立と発展	●			●	●	●		●			●	●	●
国際連合	●	●		●	●	●					●	●	●
第二次世界大戦後の国際社会の動向	●	●			●	●		●					
国際平和への課題（軍縮・民族問題）		●	●	●	●						●	●	
7　日本の平和主義と国際平和													
日本の平和主義と安全保障	●	●	●		●								
日本外交のあゆみと日本の国際的責任		●	●	●					●	●			

項　　目	'17		'18		'19		'20		'21		'22		'23
	本試	追試	本試	追試	本試	追試	本試	追試	第1日程	第2日程	本試	追試	本試
Ⅱ　現代の経済と国民生活													
1　経済社会と経済体制													
資本主義の発達と変容（経済学説を含む）	●		●			●	●			●		●	●
社会主義経済の変容と新たな動向												●	●
2　現代経済のしくみ													
現代の市場と企業	●	●	●	●	●	●	●			●	●	●	●
国民所得と国富	●	●				●			●	●	●		●
景気変動と経済成長				●			●						
金融	●			●	●			●			●		●
財政	●			●		●	●			●	●	●	●
3　現代経済と福祉の向上													
日本経済のあゆみ	●		●	●			●			●	●		●
食糧・農業問題			●		●					●	●		
資源・エネルギー問題				●									●
公害・環境問題	●					●	●			●	●		
物価問題	●			●						●	●	●	
消費者問題	●			●			●			●	●		●
中小企業問題	●	●								●			●
労働問題			●	●	●			●		●	●	●	●
社会保障	●	●			●		●			●	●		●
4　国民経済と国際経済													
国際経済のしくみ（貿易・国際収支など）		●		●	●					●	●	●	
第二次世界大戦後の国際経済のあゆみと現状	●	●	●			●				●	●		●
南北問題			●					●	●	●	●		
地域的経済統合	●	●				●			●		●	●	
国際経済における日本の役割			●				●	●	●				

出題傾向と学習対策

＜倫理，政治・経済＞

出題傾向

　共通テストでは，「倫理」分野，「政治・経済」分野とも，教科書で取り上げられている各テーマから幅広く，また「政治」の領域と「経済」の領域からバランスよく出題されている。

　形式面で，「倫理」分野，「政治・経済」分野に共通することとしては，大問1題の中で，さまざまな領域の知識を問う傾向を指摘することができる。

　内容面では，「倫理」分野，「政治・経済」分野ともに，全体として受験生の読解力や論理的思考力を問おうとする意図が表れている。例えば，選択肢を見て一目で正解が分かるような設問はほとんどなく，用語の内容や歴史的な背景などを総合的に問う設問が多い。「倫理」分野，「政治・経済」分野ともに，文章や資料を的確に読み解くことを通じて，思想家の基本的な考え方や政治・経済の基本的な概念を活用する能力が試されている。また，「政治・経済」分野では，計算問題も出題されることもあるので，準備を怠らないようにしておきたい。

学習対策

　「倫理，政治・経済」の設問は，すべて単独科目としての「倫理」，「政治・経済」の設問から転用される傾向がある。したがって，これらの単独科目と難易の大きな差はなく，「倫理」，「政治・経済」の学習を積み重ねる以外に対策はない。「倫理」「政治・経済」の学習対策を参照のこと。

＜倫理＞

　共通テストの出題内容を見ると，教科書で取り上げられている各テーマから幅広く出題され，また，全体によくバランスのとれた設問構成になっており，受験生の読解力・論理的思考力をじっくり問おうとする出題意図が明確になっている。また，受験生の人間としての生き方に関わる倫理的課題について，多面的・多角的に考察する過程が重視され，たとえば，文章や資料を読み解きながら，各思想家の基本的な考え方を手がかりとして考察する能力などが試されている。

　また，今後，大問構成が多少変化しても，全体のテーマ配分には大きな変化はないと思われる。第1の問題群は，ギリシア哲学，キリスト教，イスラム教，インド思想，中国思想などの代表的な源流思想の要点を，特定のテーマを設けて相互に比較することに主眼をおいたものである。オーソドックスな設問が多い分野ではあるが，現代の倫理的課題と関連させる視点も要求される。第2の問題群は，日本における外来思想の受容と展開を，日本人の基層文化や伝統的思考・行動様式などと関連づけながら問うものである。第3の問題群は，西洋近現代の哲学や思想を，古代・中世思想との比較や，現代の倫理的課題との関連で取り上げるものである。第4の問題群は，異文化理解，科学技術と生命倫理・環境倫理，情報化社会，大衆社会，高齢化社会，現代の家族，青年期の課題など，現代に生きるわれわれが直面しているカレントなテーマを扱うものである。

　次に，これらの出題内容のすべてに対応できるようにするための学習対策について述べておこう。

学習対策

「倫理」の学習では「言葉」を大切にしよう

　「倫理」の学習に際してまず要求されるのは，「言葉」を大切にする姿勢である。「倫理」で高得点が取れない人の学習姿勢を見ると，各思想家の主張や各テーマの内容を理解する上で鍵となる基本語句・基本概念の丸暗記に終始していることがわかる。肝心なことは，教科書に出てくるキーワードを丸暗記することではなく，それぞれの基本語句・基本概念がもつ意味を，辞書や用語集で一つひとつ丹念に確かめながら学習を進めていくことである。これが「言葉」を大切にするということの意味である。このことをおろそかにすると，問題本文の趣旨や資料文の内容を正確に読み取らせる設問で失点することになる。

自分に身近な問題として「倫理」に興味をもとう

　「倫理」で扱われる各テーマは，どれをとっても，現代に生きる青年が直面する身

近な課題と無縁ではない。したがって「倫理」の学習は，現在の自分や自分をとりまく世界に対し，どれだけ深い関心をもち，どれだけ真剣に向き合うことができるか，ということと密接にかかわっている。「倫理」を単なる受験のための一科目とだけ考えていたのでは，いつまでたっても真の実力は身につかない。逆に，興味をもって取り組めば，「倫理」は高得点が確実に狙える科目である。

主体的な学習姿勢を身につけよう

上に述べたことからもわかるように，「倫理」は何よりも学ぶ側の主体性を要求する科目である。では，主体性をもって「倫理」に取り組むためには，具体的にはどうすればよいのか。まず，教科書に登場する各思想家の主張なり考え方を，その論理的なつながりによく注意しながら理解していくようにしよう。そしてそのような「理解」の上に立って，自分はどう考えるのか，という批判的な検討を加える習慣を身につけよう。次に，過去の思想家が置かれていた時代や社会の状況に目配りすることも忘れてはならない。古典といわれるほどの思想は，確かに時代を超えた普遍性を含んでいるが，同時にそれらの思想は時代や社会の産物でもある。教科書や資料集などに出ている範囲でよいから，思想家の伝記にも興味をもとう。そして最後に，それら過去の思想が現代に生きるわれわれの課題との関連で，どのような意義をもつかを考えてみよう。そこまで考えて，はじめて「倫理」を主体的に学ぶことになるのである。

この問題集と模擬試験を上手に活用していこう

教科書の精読を中心とする普段の学習の成果を，この問題集や模擬試験を通じて定期的に点検しよう。「倫理」の学習は，受験生の主体性を要求するがゆえに，その反面として独断的な理解にも陥りやすい。「倫理」という科目の専門家と受験生との間のいわば「対話」とでもいうべきこの問題集や模擬試験を通じて，「独断のまどろみ」からそのつど目覚めるとともに，教科書の範囲には収まりきらない応用問題にも取り組んで，着実に実力を身につけていこう。

＜政治・経済＞

「政経」は決して「簡単な科目」ではない。にもかかわらず甘くみて，「何とかなるだろう」的な安易な考えで臨むと，手痛い目にあうことは必至である。事実，大学入学共通テストの出題内容をみると，やや細かな知識を試す設問や，最近の動向をテーマにした時事的な設問が，いくつも存在する。とはいえ，出題の多くは教科書的知識の正確な理解を前提にすれば正解できるものであったし，難度の高い設問も，受験生に「手の届かない」ようなものではなく，教科書で学んだ知識をもとにやや深い学習を心がけていれば正解できるものであった。したがって，基本知識を正確にマスターすることを大前提にしつつ，あまり楽観的になりすぎることなく，細部や時事的動向にも目配りをしたきめの細かい十分な対策をたてておく必要がある。

総合問題化の傾向

多くの私立大学の個別入試では，人権，国民所得といった政治・経済の事項を個別に各大問で問うという形式が一般的である。これに対し，共通テストでは，一つの大問で複数の事項を扱うという傾向が顕著になっている。テーマの面でも，政治・経済の双方にまたがる複合テーマが設定され，多様な事項が問われることもあり，全体として総合問題という形での出題が定着している。

時事問題の出題

もともと「政治・経済」という科目の性質上，現実の動向について問われることは当然である。もちろん，時事問題が出題されているとはいっても，ニュースなどで報道された事柄が「何でもかんでも」問われるわけではない。入試で出題される時事問題は，比較的新しい政治・経済の動きやここ何年かの間に話題にのぼることの多かった諸問題のうち，教科書や資料集でも取り上げられている事項，あるいは直接には記述されていないものの，教科書や資料集で取り上げられているテーマと深く関わるような事項が中心である。

理論の理解や論理的思考・推論の重視

「政治・経済」という科目は，一方では政治・経済の諸制度や現象という事実を扱うという意味で具体性に富んだ科目であるが，他方では理論や原理のウエイトが大きく，それらを理解することが重視されるという点では抽象度の高い科目でもある。共通テストにおいても，このような「政治・経済」という科目の特色に即して，以前から事実に関する問題に加えて，理論や原理の理解の程度を問う問題が出題されている。

ところで，抽象的な理論や原理を学び理解するためには，論理的に考えたり推理したりすることがどうしても必要になる。共通テストでは，このような論理的思考力や

推理力がどの程度あるか，また，日頃の学習においてそうした力を使って学ぶ努力をしているかどうかを試す問題，例えば，統計資料や図表などから一定の事実を読み取らせる問題などが出題される可能性が非常に高い。また，計算問題も出題される可能性があることから，十分に対策をたてておくべきである。

学習対策

すべての領域を満遍なく学習しておこう

全体として総合問題という形で，多くの領域からさまざまな問題が出題されることが考えられる。したがって，やり残しの領域があったり不得意な分野があると，それだけ点数を落とす危険がある。すべての領域を満遍なく学習し，多少苦手な領域が残ることはやむを得ないとしても，どの領域から出題されても一定以上の得点をあげられるように力をつけておかなければならない。

そのためには，できるだけ早い時期から準備をしておくことが必要だろう。この科目の場合，秋頃あるいは冬になってから勉強を始める受験生が少なからずいるようだが，すでに基礎学力が身についている一部の人を除き，それでは遅すぎる。夏が終わるまでに大雑把でもよいからすべての分野の学習を一通り終え，秋以降はより丁寧に，そして反復学習して着実に実力を養うべきである。

政治・経済の新しい動向を押えておこう

時事問題に対応するには，まず最近どのようなことが問題になっているのかを知らなければならないが，そのためには日頃から新聞やテレビのニュースをこまめにチェックしておきたい。ただし，報道内容を細部にわたって覚える必要はなく，あくまでも政治・経済の大きな流れやトピックスが把握できればよい。また，より実戦的な時事対策としては，河合塾の「共通テスト模試」や河合出版の「共通テスト対策問題パック」といった模擬試験や予想問題の活用も有効である。これらは，出題される可能性の高い時事問題を，設問の形で盛り込みながら作成されているからである。

「暗記」より「理解」中心の学習を心がけよう

「政治・経済」の勉強では，とにかく重要用語を覚えればいいと思っている人が見受けられる。しかし，先にも注意しておいたが，この科目は理論や原理が大きなウエイトを占めており，それらを自分のものにしない限り，いくら勉強しても十分な成果をあげることはできない。もちろん，理屈抜きで暗記しなければならない事項もあるが，「政治・経済」の多くの領域では「理解」の有無が重要なポイントになる。民主主義の原理，市場のメカニズム，国民所得，外国為替などは，そうした領域の典型的な例である。こうした領域では単に用語を覚えているだけでは点にはならず，その意味内容や背景にある理論を確実に理解していないとまったく対応できない。事項の意味内容を理解するには時間がかかり，遠回りのように思われるかもしれないが，一度

わかってしまえば他の領域も含めて学習の効率は加速度的に上がり，科目全体の展望も格段に開けてくる。つねに，「なぜ？」「どうして？」という問いかけをしながら勉強することは，「政治・経済」を攻略する最短コースなのである。

倫理，政治・経済

倫理, 政治・経済

2023 本試験

（2023年 1 月実施）

受験者数　45,578

平　均　点　　60.59

倫理，政治・経済

解答・採点基準　　　（100点満点）

問題番号（配点）	設問		解答番号	正解	配点	自己採点
第1問（12）	問1		1	③	3	
	問2		2	④	3	
	問3		3	②	3	
	問4		4	②	3	
第1問　自己採点小計						
第2問（12）	I	問1	5	③	3	
		問2	6	④	3	
	II	問3	7	②	3	
	III	問4	8	①	3	
第2問　自己採点小計						
第3問（12）	I	問1	9	⑤	3	
		問2	10	③	3	
	II	問3	11	①	3	
		問4	12	①	3	
第3問　自己採点小計						
第4問（14）	問1		13	②	3	
	問2		14	③	3	
	問3		15	①	4	
	問4		16	④	4	
第4問　自己採点小計						

問題番号（配点）	設問	解答番号	正解	配点	自己採点
第5問（19）	問1	17	①	3	
	問2	18	③	3	
	問3	19	④	3	
	問4	20	④	3	
	問5	21	②	4	
	問6	22	①	3	
第5問　自己採点小計					
第6問（19）	問1	23	④	4	
	問2	24	③	3	
	問3	25	④	3	
	問4	26	②	3	
	問5	27	⑥	3	
	問6	28	③	3	
第6問　自己採点小計					
第7問（12）	問1	29	④	3	
	問2	30	④	3	
	問3	31	②	3	
	問4	32	①	3	
第7問　自己採点小計					
自己採点合計					

第1問　源流思想

本問では，「正義について」というテーマのもとに，ギリシア哲学，ユダヤ教，仏教，古代中国思想，イスラームなど，東西の源流思想から広く基本的な事項が出題された。

問1 　1 　③

仏教における戒律の基本は**五戒**であり，**在家信者**はこれを守ることを課されていたが，**出家信者**(世俗の生活を離れ厳しい教団規則に従って修行する者)の場合はそれをはるかに上回る戒律を課されていた。五戒とは，**不妄語**(嘘をつかない)，**不偸盗**(盗まない)，**不殺生**(殺さない)，**不飲酒**(酒を飲まない)，**不邪淫**(みだらなことをしない)をいう。

①「ムハンマドが啓示を受ける以前のアラビア社会の宗教的伝統を遵守して暮らすよう……命じられている」という記述は，不適当。イスラームは**一神教**であるが，イスラーム以前のアラビア社会における信仰形態は**多神教**であった。②バラモン教では身分制度が否定され，万人が平等とみなされたという趣旨の記述は，不適当。**バラモン教**は，**バラモン**(祭司)，**クシャトリヤ**(王侯・武人)，**ヴァイシャ**(庶民)，**シュードラ**(隷属民)という四つの身分階層(ヴァルナ〔種姓〕)を前提としていた。④**ユダヤ教の十戒(モーセの十戒)**には「救世主(メシア)を待望すべきこと」は含まれていないので，不適当。なお，「唯一神ヤハウェ以外の神々を崇拝してはならないこと」は，十戒に含まれる。

問2 　2 　④

老子は，何ごとにも作為を働かせることなく，ありのままの自然に身を委ねる生き方(**無為自然**)を理想とした。そして，そのような生き方は，「村落共同体のような小さな国家」において可能となると考えた(**小国寡民**)。

①**パリサイ派(ファリサイ派)**は，「律法によって人々の生活を厳格に規定しようとする態度」を求めた(**律法主義**)。したがって，そのような態度を「批判し」たという記述は，不適当。②「倫理的徳」を「**知性的徳**」に，「政治的生活」を「**観想的生活(テオーリア的生活)**」にそれぞれ直せば適当な記述となる。**アリストテレス**は，人間の生き方を，快楽を善と捉えてそれを追求する**享楽的生活**，名誉を追求する**政治的生活**，ひたすら真理を眺める**観想的生活**に分類し，そのうち観想的生活を最高の生き方であるとした。そして，観想的生活は知性的徳にそくした徳であるとした。③「農業従事者」を「**商業従事者**」に直せば適当な記述となる。**ジャイナ教**は，徹底した**苦行**と**不殺生**の戒めを説く宗教である。したがって，信者の多くが不殺生の戒めを遵守するために，商業関係に従事した。

問3 　3 　②

②の前半は，適当。**荀子**は，**孟子の性善説**を批判し，人間は生まれながらに利をむさぼり人を憎む傾向があり，自然のままにほうっておくと争いが生じてしまうから，規範としての礼によって人間の性質を矯正する必要があると主張した(**礼治主義**)。②の後半も，適当。**資料**では，「性」(「何かをせずとも自然とそうである」も

の，「学んだり取り組んだりしても獲得できないもの」）と，「偽（作為）」（「思慮を積み重ね，能力を重ね修めて，……後に完成したもの」）を区別し，礼義は「聖人の偽から生じたもの」であり，「普通の人でも，禹〔中国古代の聖人〕のようになることができる」とされている。つまり，礼義は後天的に習得可能だとされている。

①欲望は「教育によって矯正し得ない」という趣旨の前半の記述は，不適当（②の解説を参照）。後半の資料の内容についての記述は，適当。資料では「孟子は……性と偽の区別を理解していない」とされていることに注目しよう。③前半の記述は，適当（②の解説を参照）。後半の資料の内容についての記述は，不適当。資料には孟子は「人が学問……するのはその性が善だからだ」と考えたとあるが，選択肢は孟子が善を「学問によって獲得できる」ものであると考えたという趣旨で書かれている。④人間は「善を身に付けることはできない」という前半の記述は，不適当（②の解説で見たように，矯正の結果として身に付けることができる）。後半の資料の内容についての記述も，不適当。資料では，孟子への批判を通じて，礼義は後天的に習得可能であるという趣旨のことが述べられている。これに対して，選択肢は，孟子が礼義を後天的に習得できるものと考えたという趣旨で書かれている。

問4 　4 　②

a：「人間の欲求」が入る。資料1では，ソフィストは人間の「自然本性」を「他人より多く持とうと欲張ること」と捉え，それが「法によって力ずくで平等の尊重へと，脇へ逸らされている」と考えているということが述べられている。したがって，「平等の追求」は入らない。

b：「自己の利益」が入る。資料2では，自分の利益のために他人の利益を犠牲にすることは自然に反し，社会を崩壊させるということが述べられている。したがって，「社会の利益」は入らない。

c：「自然法思想」が入る。ストア派によれば，自然・宇宙はロゴス（理法）によって貫かれており，人間もまたそのロゴスを種子として宿しているので全ての人間は平等である。この考えは，自然法思想の源流となったとされる。自然法とは，時と場所を問わず妥当する普遍的な法を意味する。「功利主義」は，たとえばベンサムのように，自然法思想を確実な根拠がないとして批判するので，この空欄には入らない。

第2問　日本思想

本問では，「問い」をテーマとする会話文をもとに，『古事記』などに見られる古代日本の神話，最澄，伊藤仁斎，西田幾多郎など，古代から現代に至る日本の思想が幅広く取り上げられた。

問1 　5 　③

ア：誤文。最澄が法華経を重視したという趣旨の記述は正しい。しかし，最澄は，「生きとし生けるものは全て仏となる可能性（仏性）を持つ（一切衆生悉有仏性）」としたから，人を「悟りの能力により区別することを重視」という記述は誤り。

— 24 —

　イ：正文。**空也**は，念仏（南無阿弥陀仏）をとなえながら諸国を巡り，民間に**浄土信仰**を広めた僧で，山野に遺棄された遺骸を火葬したり，灌漑整備・道路・橋の建造などの社会活動を行い，**阿弥陀聖・市聖**と呼ばれた。

問2 　6　　④

　『**古事記**』『**日本書紀**』の神代神話には，**アマテラス**を訪ねてきた**スサノヲ**が，自らの**清明心**を証明する場面がある。

　①「その命令に反発して従わなかった」という記述は，不適当。『古事記』によれば，イザナキとイザナミは，より上位の「**天つ神**」の**命令**によって日本の国土を生んだ。②「天つ神」が「最上位の人格神」であり，「全てを自分自身の判断で決定した」という記述は，不適当。『古事記』には，「天つ神」が事を行うにあたって，さらに上位の神の意志をうかがう様子が描かれている。③**和辻哲郎**がアマテラスを「**祀るとともに祀られる神**」であるとしたという趣旨の記述は正しいが，アマテラスの「**尊貴さを否定した**」という記述は，不適当。

問3 　7　　②

　伊藤仁斎は，儒学の説く「**仁**」とは人と人とが日常において理想的なかたちで和合することであるとし，それはうそ偽りのない純粋な心（**誠**）によって実現されると説いた。また，市井の人々からなる世俗世界は生き生きと生成し続ける大いなるものであるとし，そうした人々の関わり合いの中で生じる人欲の積極的な側面を肯定した。そして，こうした立場から，礼儀によって外面的にとりつくろうことや私欲を厳しくつつしむことで上下関係の秩序を維持しようとする朱子学を批判した。

　①人の心よりも外面的な礼儀を重視すべきであるという趣旨の記述，③私欲をつつしみ，それから完全に脱すべきであるという趣旨の記述，④人間関係における厳格さや上下関係の秩序を重視すべきであるという趣旨の記述は，いずれも伊藤仁斎の考えについての説明として不適当。

問4 　8　　①

　a：「他者に向けられた問いも自問自答も問いであることは同じである」（①の**a**）と，「西田幾多郎の問いと似たことを自分もしている」（③の**a**）が入る。前者に関しては，**日記**の「7月11日」6〜8行目の「他者に問う場合でも，その前提として，自分自身に向けて問うということがあるのではないか」という部分に注目しよう。後者に関しては，**日記**の「7月17日」の2〜3行目に「西田幾多郎の自分自身への問いも，私の自問自答も，問いであるという点では同じなんだよな」に注目しよう。

　「問いは他者に向けられることではじめて真の問いとなる」（②の**a**）と，「思想家たちの問いと自分の自問自答は区別しなければならない」（④の**a**）は，**日記**の内容と相容れない。

　b：「問いは次々に更なる新たな問いを生み出していく」（①の**b**）と，「問いを出すことで，問いと答えの応酬が生じてくる」（②の**b**）が入る。**資料**の最終文にある「かくして問から答へ，答は更に問を生み，問答は限りなく進展してゆく」とい

う部分に注目しよう。

「読者は謙虚に，著者が次々と投げ掛ける問いにもっぱら従うべき」（❸のb）と，「読者が思い付いた問いを，著者に気の向くまま投げ掛けてよい」（❹のb）は，**資料**の内容と相容れない。**資料**の冒頭部分にある「真の読書においては著者と自分との間に対話が行われるのである」という部分に注目しよう。

第3問　西洋近現代思想

本問では，「自由」をテーマとする高校生の会話文をもとに，ベンサム，ロック，カントなど，西洋思想から幅広く出題された。

問1　9　⑤

ア：**ベンサム**についての説明。ベンサムは，個人の快楽追求を「**最大多数の最大幸福**」に一致させるように働く力（**制裁**）として，四つの制裁を挙げた。その四つとは，**物理的制裁**，**法律的制裁**（**政治的制裁**），**道徳的制裁**，**宗教的制裁**である。なお，これらのうちベンサムがとくに重視したのは，法律的制裁である。　**モンテスキュー**は，国家権力を立法・行政・司法の三権に分け，それぞれを異なる機関に担わせる**三権分立**を説いた思想家。

イ：**ロック**についての説明。ロックは，その**社会契約説**において，市民は自然権を確保するための権力を政府に**信託**するが，政府がその信託に反して自然権を侵害する場合には，**抵抗権・革命権**を行使できると説いた。　**ルソー**は，社会契約説を唱えた思想家で，私有財産制の成立によって失われた自由で平等な状態を回復するためには，社会契約を結んで，公共の利益の実現を目指す全人民の普遍的な意志（**一般意志**）に基づく新たな共同社会を形成しなければならないと説いた。

ウ：**トマス・アクィナス**についての説明。トマス・アクィナスは，世界を統治する**神の法**を人間の理性が捉えたものが**自然法**であるとし，神の法と自然法とは矛盾せず，調和するとした。　**グロティウス**は，民族や時代の違いを超えて普遍的に妥当する法（**自然法**）があるとし，国家間の関係も自然法によって律せられると説いた法学者。

問2　10　③

a：「欲望から独立して自分を規定する」（❷のa）と，「自らが立法した道徳法則に自発的に従う」（❸のa）が入る。**カント**は，人間にとっての自由とは，自然の因果法則に支配されて本能や欲求のままに生きることにではなく，内なる理性によって打ち立てた**道徳法則**（いついかなる時でも誰でも従うべき普遍的な行為準則）に自らすすんで従うことにあると説いた。

「感覚や知覚からなる経験から推論する」（❶のa）は，上で見たカントの自由観から判断して，不適当。また，カントの認識論としても不適当。カントによれば，人間の認識は，視覚や聴覚などの感覚（**感性**）によって得られる経験的な素材を，理性が先天的に有している思考の枠組み（**悟性**）によって秩序づけることで成立すると説いた。「自然の必然的法則に従う」（❹のa）も，上で見たカントの自由観から判

断して，不適当。

　b：「各人が各々の欲求の充足を人格の目的として最大限追求しながら，誰もがその目的を実現できる」（①の**b**）と，「各人が全ての人格を決して単に手段としてのみ扱うのではなく，常に同時に目的として尊重し合う」（③の**b**）が入る。カントは，道徳法則に自らすすんで従う自律的自由の主体を「人格」と呼んだ。そして，そのような自律的自由の主体としての「人格」が互いに尊重し合う共同体を「目的の王国」と呼んで理想とした。また，カントによれば，道徳法則はいついかなる状況でも「〜せよ」という無条件の命令（定言命法）のかたちをとる。カントはこのことについて，「君自身の人格および他の全ての人格に例外なく存在する人間性を，常に同時に目的として扱い，決して単に手段としてのみ扱わないように行為せよ」という言葉で表現している。

　「自分だけに妥当する主観的な行動原則を目的として行動できる」（②の**b**）は，カントが理想とした「目的の王国」についての説明として，不適当。「主観的な行動原則」は格率と呼ばれ，道徳法則とはなり得ない。「公共の利益を目的として目指す普遍的な意志」（④の**b**）は，ルソーが説いた一般意志を想定したものである。

問3　**11**　**①**

　資料では，人間は「善と悪とに向かう自己運動の源泉を等しく自分の内に持つ」と述べられており，また善と悪の結び付きは「自由な結び付き」であり，「人間が何を選ぼうとも，それは人間がなしたことになる」と述べられている。

　②人間は善よりも悪へ向かう傾向をより強く持つ存在であるという趣旨の記述は，**資料**の内容と相容れない。③人間は善と悪のいずれへ向かうかを自ら選び決断する力はないという趣旨の記述は，**資料**の内容と相容れない。④人間は善よりも悪へ向かう傾向をより強く持つ存在であるという趣旨の記述は，**資料**の内容と相容れない。

問4　**12**　**①**

　a：①②の**a**が入る。11ページの会話中のDの3回目・4回目の発言や，それぞれを受けたEの3回目・4回目の発言がヒントとなる。これらの発言では，規範や法は単なる制約ではなく他者との対立を調整する役割があり，自己決定を保障するものであるという趣旨のことが述べられている。

　③④の**a**は，自己決定にとって制約や規範は必要がないものであるという趣旨で書かれているので，11ページの会話の趣旨に合致せず，この空欄には入らない。

　b：①③の**b**が入る。この空欄は，その直前にある「自由を目の前にして自分の弱さや迷い，不安を感じることもある」という記述を受けていることに注意しよう。判断に際しては，14ページの会話中のFの2回目の発言（迷いや不安と向き合いつつも自由を手放さないことが重要だという趣旨の発言）が大きなヒントとなる。

　②の**b**は，迷いや弱さをはねつける強さが重要だという趣旨で書かれているので，14ページの会話の趣旨に合致せず，この空欄には入らない。④の**b**は，14ページの会話中のEの発言を想定したものであるが，この発言からは「他者の自己決定を支

援する」という内容は引き出すことができない。したがって，この空欄には入らない。

第4問　現代の諸課題・青年期の心理

　本問では，「運」と「格差」をテーマとする高校生の会話文をもとに，現代社会の諸課題と青年期の心理の分野から様々な事項が出題された。自我の目覚めについてのシュプランガーの思想，ロールズの思想など，やや発展的な事項も取り上げられた。

問1　13　②

　ア：**シュプランガー**についての説明。シュプランガーは，「青年ほど，深い孤独のうちに，触れ合いと理解を渇望している人間はいない」と述べた。この言葉は，やや詳細な知識に属している。

　マーガレット・ミードは，サモア島の若者に関する現地調査を通じて，サモア島の若者には西洋社会の若者に見られる青年期特有の葛藤がないということを指摘したことで知られる。

　イ：**ホリングワース**についての説明。ホリングワースは，人間は青年期になると，親や周囲の大人に対する依存を離れ精神的な独立をはたそうとするとし，これを**心理的離乳**と呼んだ。

　サリヴァンは，親密な友人を持てるかどうかが孤独感や自尊感情に影響すると説き，青年期における友情の重要性を強調した人物である。

問2　14　③

　ア：誤文。**セン**のいう「**潜在能力**」（**ケイパビリティ**）とは，「経済の発展を促す国家の機能」の「集合」ではなく，各人がよき生活を送ることができるように主体的に選択できる「生き方の幅」のことである。言い換えれば，教育，健康，社会参加など各人が達成できていること（機能）の集合のことである。センは，この観点から，所得や資産の経済的不平等の改善に重点が置かれてきた従来の福祉政策とは異なる福祉政策の視点を提示した。

　イ：正文。途上国の貧困層は飢餓状態に置かれているが，その一因は，貧困層が属する国の農業生産が**先進国に輸出する商品作物**（市場への出荷を目的に栽培される農作物）に偏っていることにある。

問3　15　①

　ロールズは，自由競争によって不平等が生まれるとしても，それは，全ての人に公正な競争の機会が与えられた結果でなければならず，また，最も恵まれない人々の境遇の改善につながるものでなければならないと説いた。したがって，選択肢の前半は適当。また，**資料**の第一文の内容から判断して，後半も適当。

　②選択肢の前半は，**デリダ**の思想についての記述なので，不適当。ただし，後半は**資料**の最終文から判断して，適当。③選択肢の冒頭にある「功利主義の発想に基づいて」という記述は，不適当。ロールズは，**功利主義の考え方を批判**して自らの思想を展開した。また，後半も不適当。「才能ある人は……私財を提供するべきだ」

という記述は，**資料**の内容と合致しない。④選択肢の前半は，適当。ロールズは，正義の原理を考える際に，無知のヴェール（各人は自分や他者の社会的地位に関しては全く無知であるということ）を仮定して，それを原初状態と名付けた。そして，その原初状態においては，人は誰でも最悪の事態を避けるために，基本的な自由を重視することになると説いた。ただし，後半は不適当。「個々人の才能に応じて社会の利益を分配する」という記述は，**資料**の内容と合致しない。**資料**の第二文は，稀有な才能を有する人はその才能を「共通利益を最大限高める」ために活用すべきであるという趣旨で書かれていることに注意しよう。

問4　16　④

　17ページの会話におけるGの発言の趣旨は，次の諸点にまとめることができる。(i)家庭環境の良し悪しは運によるが，運の良し悪しによって生まれる格差は社会が埋め合わせるべきである（Gの1回目と2回目の発言）。(ii)人の才能が経済的成功につながるかどうかは社会のあり方次第である（Gの3回目の発言），(iii)個人の努力は評価するという考えにも一理あるが，やはり努力ができるかどうかは社会の仕組みや構造に左右される（Gの4回目の発言），(iv)不運な人が幸運な人と同じ努力をしても，格差のせいで幸運な人に追い付けないとしたら，不運な人の努力は評価されないことになってしまう（Gの5回目の発言）。

　一方，Hの発言の趣旨は，次の諸点にまとめることができる。(v)与えられた環境に差があってもそれを変えることはできないし，社会で成功できるかどうかは本人次第であって運の違いは社会のあり方とは関係がない（Hの1回目と2回目の発言），(vi)人の才能が成功に結び付くかどうかについては，社会のあり方も関係するが，やはり個人的な努力をより高く評価すべきである（Hの3回目の発言），(vii)努力ができるかどうかは社会の仕組みや構造に左右されるという面もあるが，最終的には努力は個人の問題である（Hの4回目の発言），(viii)運がよかっただけだという理由で，努力する人が努力しない人と同じ扱いを受けることは不公平である（Hの5回目の発言）。

　a：Gの発言であることに注意しよう。上の(i)〜(iii)から，格差を「社会が埋め合わせ，努力の差を基準にして人を評価することがない」（②の**a**）と，「社会のあり方で変わるものと捉え，社会ができる限り埋め合わせる」（④の**a**）が入る。

　「社会が無理に埋め合わせようとせず，個人の努力をより重視する」（①の**a**）は，GではなくHの考え方である〔上の(v)と(vi)を参照〕。「個人では変えられないものと捉え，社会が責任を持って埋め合わせる」（③の**a**）の前半は，Gの考え方として不適当。Gは個人の努力をある程度，評価している〔上の(iii)を参照〕。

　b：Hの発言であることに注意しよう。上の(v)〜(vii)から，運の違いが生む格差については「不平等だとしても，社会が全てを埋め合わせることには慎重である」（②の**b**）と，「社会だけに責任がある問題ではないから，個人が努力で乗り越える」（③の**b**），「社会も無視できないけれど，努力が報われることの方を重視する」（④の**b**）が入る。

「努力に限界があることを認め，社会が埋め合わせようとする」(①の**b**)は，Hではなく G の考え方である〔上の(ii)(iii)を参照〕。

c：Gの発言であることに注意しよう。上の(i)から，運の違いが生む格差を社会が「埋め合わせなかったら，自分自身が選んだわけではない家庭環境などで評価が決められてしまう社会になりかねなくて」(④の**c**)が入る。

「埋め合わせると，かえってお金にばかり人の関心が向いてしまい」(①の**c**)は，Gの考え方として不適当。そもそも，Gは運の違いが生む格差を社会が埋め合わせるべきであると考えている〔上の(i)を参照〕。「幸運な人が自身の財産を奪われると言って不運な人を敵視したりして」(②の**c**)と，「お金持ちの中から，お金を持っていない人を見下す人も出てきて」(③の**c**)も，Gの考え方として不適当。そもそも，Gは「幸運な人」や「お金持ち」が「不運な人を敵視」したり「見下す」ことになるといった発言をしていない。

d：Hの発言であることに注意しよう。上の(viii)から，運の違いが生む格差を社会が「全て埋め合わせようとすると，幸運だとされた人は努力をしていない人だと決めつけられかねなくなって」(②の**d**)と，「埋め合わせる中で，努力まで運のおかげだということになると，努力する人は，自身が適切に評価されていないと感じてしまって」(④の**d**)が入る。

「解決しない場合，不運な人は他の人より多くの努力を強いられるのに，その努力が評価されるとは限らないから」(①の**d**)は，Hではなく G の考え方である〔上の(iv)を参照〕。「解決すべき問題だと捉えない場合，幸運な人が自身の恵まれた環境を当たり前だと思い，努力する人を評価しなくなって」(③の**d**)も，Hの考え方として不適当。そもそも，Hは社会が格差を解決することに対して懐疑的であるし〔上の(v)を参照〕，「幸運な人」が「努力する人」を「評価しなく」なるといった発言をしていない。

第5問　地域社会・グローバル化・国民経済

「日本の地域社会と行政サービスの現状と課題」「グローバル化と日本の産業構造の変化」「日本の財政金融政策と国民経済全体に関する疑問」の三つのテーマに関連して，経済分野の設問を中心に出題された(一部，地方自治に関する設問も出題されている)。

問1　17　①

「バブル経済が崩壊し平成不況に入ってからである」という記述は誤り。「地方から都市への大規模な人口移動に伴う過密・過疎の問題」は，高度経済成長期(1955年頃～1973年頃)には生じていた。なお，バブル経済が崩壊し平成不況に入ったのは1990年代前半のことである。

②③④はいずれも，正しい記述である。②いわゆる「**限界集落**」の出現について説明した記述。③**まち・ひと・しごと創生法**は2014年に制定された法律である。④**コンパクトシティ**とは，商業や医療など生活に必要な機能を担う施設を都市の中心

部に集中させ、中心市街地を活性化させると同時に行政サービスの効率化を図ろうとする考え方をさす。

問2　18　③

地方交付税は、所得税や法人税など国税の一部から、地方公共団体間の財政格差の是正を目的として、使途を限定せずに各地方公共団体に交付されるものである。

①「財政再生団体に指定されたところまでのところない」という記述は不適当。**財政再生団体**とは、多額の財政赤字を抱え自力での財政再建が困難となり、地方公共団体の財政の健全化に関する法律（2007年制定）に基づき、国の管理下で支援を受けつつ再生を目指す地方公共団体をいう。2000年代に入り、北海道夕張市が財政再生団体の指定を受けた。②「消費税」が「軽減される」という記述は不適当。**ふるさと納税制度**とは、任意の都道府県・市区町村に対して寄付金を支払った場合に、その寄付金額まで、一定限度額まで、所得税や住民税が軽減される制度である。④「国による許可が必要とされている」という記述は不適当。地方公共団体が**地方債**を起債する場合に、国による許可は不要である。なお、かつては、都道府県や市町村が地方債を起債する場合、総務大臣の許可が必要であったが、2006年度から許可制は廃止され事前協議制へと変更された。

問3　19　④

a：正文。地方自治法によれば、地方公共団体は次の2種類に分類される。

> **普通地方公共団体**：都道府県、市町村
>
> **特別地方公共団体**：特別区（東京23区）、地方公共団体の組合（いくつかの地方公共団体が特定の事務を共同して処理するために設けた団体）、財産区（市町村の一部地域・住民が山林など特定の財産や公の施設を管理するために設けるもの）

b：正文。**特定非営利活動促進法（NPO法）**により、一定の条件の下、特定の非営利活動を行う団体に法人格を付与している。

c：誤文。「企業数では約7割、従業員数では約5割、生産額では約4割」という記述に示された数値が適当でない。

	中小企業	大企業
企業数（2016年）	99.7%	0.3%
従業者数（2016年）	68.8%	31.2%
付加価値額（2015年）	52.9%	47.1%

（出所）中小企業庁『2022年版　中小企業白書』により作成。

以上のことから、組合せとして最も適当なものは④となる。

問4　20　④

設問文によれば、リサイクル率は「再資源化個数÷販売個数」という計算によって求めることができる。設問で示された表中の分数の分母が商品の販売個数、分子

が再資源化個数であることを踏まえて，各年における**地域A**，**地域B**，**国全体**の商品のリサイクル率を求めると，次表のような結果となる。

	地域A	地域B	国全体
基準年	$160 \div 400 = 0.4$ 40%	$10 \div 100 = 0.1$ 10%	$170 \div 500 = 0.34$ 34%
基準年の 5年後	$250 \div 500 = 0.5$ 50%	$60 \div 500 = 0.12$ 12%	$310 \div 1000 = 0.31$ 31%

「リサイクルが活発化しているもの」，すなわちリサイクル率の数値が上昇しているのは，**地域A**と**地域B**である。したがって，正解は**④**となる。

問5　`21`　**②**

　設問の**図**から，日本国債の保有者構成比については，2011年3月から2021年3月にかけて，日本銀行の比率が8.2%から48.4%へと大きく伸びている一方で，預金取扱機関の比率は42.3%から12.5%へと小さくなっていることが読み取れる。この変化は，「日本銀行が民間金融機関から国債を購入した結果」を示したものといえる。「日本銀行が民間金融機関から国債を購入」する**資金供給オペレーション**（**買いオペレーション**）は**金融緩和政策**に該当することから，**図**に示された構成比の変化は，「日本銀行の金融緩和政策を反映」したものといえよう。したがって，正解は**②**となる。

　①「金融引締め政策を反映」は不適当。また，日本銀行が日本政府の発行した国債を直接引き受けることは財政法によって禁じられている（**日銀引受けの禁止**）ので，「日本銀行が日本政府の発行した国債を直接引き受けた結果である」という記述も適当でない。③「金融引締め政策を反映」という記述や「日本銀行が民間金融機関に国債を売却した結果」という記述は，いずれも不適当。④「日本銀行が日本政府の発行した国債を直接引き受けた結果である」という記述は不適当。

問6　`22`　**①**

　国内総生産（**GDP**）は，**メモ**中の説明の通り，民間最終消費支出，政府最終消費支出，総固定資本形成，純輸出からなる。2014年度や2015年度の日本においては，国内総生産の額はおよそ520〜540兆円程度で推移し，国内総生産に占める支出割合は，民間最終消費支出が55%前後，政府最終消費支出は20%前後，総固定資本形成は25%前後，純輸出は−2〜0%程度で推移していた（数値は，内閣府資料「2021年度国民経済計算（2015年基準・2008SNA）」に基づく）。

　まず，国内総生産に占める支出割合が先に述べたような数値となっているということを知っていれば，①の「国内総生産に占める支出割合は，民間最終消費支出より民間企業設備投資の方が小さい」という前半部分の記述は適当であると判断できる（なお，民間企業設備投資は総固定資本形成に含まれる）。次に，①の「2015年度のこれら二つの支出項目の対前年度増加率を比較すると，民間企業設備投資の方が

高い」という後半部分の記述について考えてみよう。民間最終消費支出の総額（約300兆円程度）よりも民間企業設備投資の総額（約130兆円程度）の方が小さいときに，民間最終消費支出の増加額（約2兆円）よりも民間企業設備投資の増加額（約3兆円）の方が大きいならば，民間最終消費支出の増加率（300兆円から2兆円増えた場合の増加率は約0.67%）よりも民間企業設備投資の増加率（130兆円から3兆円増えた場合の増加率は約2.31%）の方が高くなる。したがって，①の後半部分の記述も適当である。

②「国内総生産に占める支出割合は，民間最終消費支出より民間企業設備投資の方が大きい」という前半部分の記述は不適当（「大きい」ではなく「小さい」が適当）。③「2015年度のこれら二つの支出項目の対前年度増加率を比較すると，民間最終消費支出の方が高い」という後半部分の記述は不適当（「民間最終消費支出の方が高い」ではなく「民間企業設備投資の方が高い」が適当）。④前半部分と後半部分の両方の記述は，いずれも不適当。

第6問　戦争と平和・日本の議会制民主主義

戦争と平和・日本の議会制民主主義をテーマとして，中東での紛争と対立，日本の安全保障，日本の統治機構，少年法改正など，政治分野の設問が出題された。

問1　 23 　④

ア には「オスロ合意」が，イ には「ヨルダン川西岸」が，それぞれ当てはまる。オスロ合意とは，1993年にイスラエルとパレスチナ解放機構との間に成立したパレスチナ暫定自治協定をさす。これにより，ガザ地区とヨルダン川西岸地区におけるパレスチナ自治政府による暫定統治が始まった。なお，プラザ合意は，1985年に開かれたG5（先進5か国財務相・中央銀行総裁会議）において成立した合意である。この合意に基づき，G5各国は外国為替市場に協調介入してドル高是正（ドル安への誘導）を図ることとなった。ゴラン高原は，イスラエルの北東のシリアとの国境付近の高原地域である。このゴラン地域で展開された国際連合（国連）の平和維持活動（PKO）に国連兵力引き離し監視軍（UNDOF）があるが，1996年から2013年にかけて日本の自衛隊もこの活動に参加していた。

ウ に当てはまるのは「イスラエル政府」である。イスラエル政府は，パレスチナ人居住区からテロリストがイスラエルに入って来ないようにするという名目で，2000年代に入って，ヨルダン川西岸地区で分離壁を築いた。2004年には，国際司法裁判所が，パレスチナ人の土地に壁・フェンスを建設することは違法であり，撤去されなければならず，パレスチナ人に対してイスラエルは補償を支払わなければならない，とする勧告的意見を出している。

以上のことから，組合せとして最も適当なものは④となる。

問2　 24 　③

ア に当てはまるのは「集団安全保障」である。集団安全保障とは，対立する国家をも含む国際組織をつくり，平和を破壊する国に対して集団的に制裁を加える

14

ことによって安全を維持しようとする仕組みをさす。1920年に創設された国際連盟
は，この集団安全保障の方式を採用していた（1945年に創設された国際連合も集団
安全保障の方式を採用）。なお，**勢力均衡**とは，敵対関係にある国家群相互の軍事
力のバランスを維持することで，互いに攻撃できない状況をつくるあり方をさす。

　　イに当てはまるのは「不戦条約」である。**会話文**中の**Y**の「これは，国際関
係において国家の政策の手段としての戦争を放棄することを目的としたものだよ。
しかし，第二次世界大戦の勃発を抑止できなかったよね」という発言から，1928年
の**不戦条約**が適当であると判断できる。不戦条約は，アメリカのケロッグとフラン
スのブリアンが提唱したことで実現したことからケロッグ・ブリアン協定とも呼ば
れる。なお，**国際人道法**とは，武力紛争時における人道確保（戦闘行為に参加しな
い人々や戦闘不能になった人々の保護など）を目的とした様々な国際法規をさす。
「捕虜の待遇に関する条約」や「戦時における文民の保護に関する条約」を含む
ジュネーブ4条約（1949年採択）などがこれに該当する。

　　以上のことから，組合せとして最も適当なものは③となる。

問3 **25** ④

　　国家安全保障会議は，安全保障に関する重要事項を審議する機関として2013年に
新設された。内閣総理大臣を議長とし，官房長官や防衛大臣，外務大臣などによっ
て構成される。

　　①「日本の周辺地域においてのみ」という記述は不適当。**重要影響事態法**は，
2015年に周辺事態法を改正して成立した法律である。重要影響事態法によれば，そ
のまま放置すれば日本に対する武力攻撃に至るおそれがある場合など，日本の平和
と安全に重要な影響を与える事態（重要影響事態）に際し，自衛隊は「日本の周辺地
域」に限定されることなく他国軍への後方支援活動を行うことができる。②「自衛
隊員の防護のためにのみ武器使用が認められる」という記述は不適当。2015年に
PKO協力法が改正され，自衛隊が外国でPKO活動をしている場合に，自衛隊の
近くで活動するNGO職員や国連職員，他国軍兵士らが，暴徒や武装勢力に襲撃さ
れたときに，襲撃された職員などの緊急の要請を受け，自衛隊が駆けつけてその保
護にあたる「**駆けつけ警護**」が認められるようになった。自衛隊員は，「駆けつけ
警護」の際，自衛隊員のみならず，その保護しようとする者の防護のために武器を
使用することができる。③「防衛装備移転三原則」と「武器輸出三原則」が逆であ
るため，不適当。日本政府は，2014年に**武器輸出三原則**を改め，**防衛装備移転三原
則**を策定した。

問4 **26** ②

　　矢印アに当てはまるのは**a**である。「両議院の会議の公開と会議録の公表」に関
する規定は，日本国憲法の第57条1・2項にある。これらの規定は，有権者から委
任を受けた国会が有権者に対して説明責任を果たしていくことについて定めたもの
である。したがって，**a**は「**矢印ア**で示された責任に関する憲法上の仕組み」に該
当する。**b**は「**矢印ア**で示された責任に関する憲法上の仕組み」に該当しない。日

本国憲法の第90条1項は，「国の収入支出の決算は，すべて毎年会計検査院がこれを検査し，内閣は，次の年度に，その検査報告とともに，これを国会に提出しなければならない」と定めているが，これは内閣が国会に対して説明責任を果たしていくことを意味するものである。

　矢印イに当てはまるのはdである。「一般国務についての内閣総理大臣の報告」に関する規定は，日本国憲法の第72条にある。この規定は，委任を受けた内閣や内閣総理大臣が国会に対して説明責任を果たしていくことについて定めたものである。したがって，dは「矢印イで示された責任に関する憲法上の仕組み」に該当する。cは「矢印イで示された責任に関する憲法上の仕組み」に該当しない。国会は，罷免の訴追を受けた裁判官を裁判する弾劾裁判所を設置する権限を有している（日本国憲法第64条）が，このような権限は内閣が国会に対して説明責任を果たしていくといった性質のものではない。

　以上のことから，組合せとして最も適当なものは**②**となる。

問5　27　**⑥**

　アに当てはまるのは「家庭裁判所」である。少年法で定める少年の保護事件の審判を行う権限は家庭裁判所にある。

　イに当てはまるのは「検察官」である。二つ目のイの直後の「起訴」という語句に注目すれば，「検察官」が入ると判断できるだろう（刑事事件においては，基本的に検察官が裁判所に起訴する，ということを想起したい）。なお，16歳以上の少年のときに犯した故意の犯罪行為により被害者を死亡させた罪の事件（殺人・傷害致死など）に関して，家庭裁判所は，原則として刑事裁判にかけるために少年を検察官へ逆送（逆送致）することを決定する。逆送決定となった事件は，20歳以上と同じ地方裁判所へ検察官によって起訴されることになる。

　ウに当てはまるのは「18歳」である。2021年，少年法が改正され，民法上は成人（成年）に位置づけられる18歳・19歳の者を「特定少年」とし，引き続き少年法を適用することになった。また，「特定少年」については，家庭裁判所から検察官へ逆送する対象事件に，従来の殺人・傷害致死などに加えて強盗や強制性交などが追加された。なお，「特定少年」のときに犯した事件について起訴された場合には，実名報道が可能となった。

　以上のことから，組合せとして最も適当なものは**⑥**となる。

問6　28　**③**

　判例2の「報道機関の報道は，民主主義社会において，国民が国政に関与するにつき，重要な判断の資料を提供し，国民の『知る権利』に奉仕するものである」という記述や，「事実の報道の自由は，表現の自由を規定した憲法21条の保障のもとにあることはいうまでもない」という記述に照らし，**③**は適当である。

　①「個人の表現の自由は，民主主義過程を維持するためではなく個人の利益のために，憲法第21条第1項によって保障される」といった趣旨の記述は，判例1の文章中に見当たらないため，不適当。むしろ判例1では，民主主義過程を維持するた

16

めに，表現の自由は「特に重要な憲法上の権利として尊重されなければならない」と説明されている。②「公共的事項にかかわらない個人の主義主張の表明は，憲法第21条第1項によっては保障されない」といった趣旨の記述は，**判例1**の文章中に見当たらないため，不適当。むしろ**判例1**では，「公共的事項に関する表現の自由は，特に重要な憲法上の権利として尊重されなければならない」と説明されている。④**判例2**の「思想の表明の自由とならんで，事実の報道の自由は，表現の自由を規定した憲法21条の保障のもとにある」という記述に照らし，選択肢の「思想の表明とはいえない単なる事実の伝達は，憲法第21条によっては保障されない」という記述は，不適当。

第7問　SDGs（持続可能な開発目標）の意義と課題

SDGs（持続可能な開発目標）の意義と課題をテーマに，環境問題や人権保障に関する国際的取組みなどについて出題された。数値資料を用いて，読解力や思考力を試す設問も見られた。

問1　29　④

古いものから順に並べると，**b**（1972年の**国連人間環境会議**［スウェーデンのストックホルムで開催]）→**a**（1992年の**国連環境開発会議**［**地球サミット**，ブラジルのリオデジャネイロで開催]）→**d**（2000年，**第55回国連総会**［**国連ミレニアム宣言**を採択，アメリカのニューヨークで開催]）→**c**（2002年の**持続可能な開発に関する世界首脳会議**［南アフリカのヨハネスブルクで開催]）となり，④が正解となる。

問2　30　④

「**共通だが差異ある責任**」とは，環境保護に関して各国は共通の責任をもつが，環境問題の発生に対する各国の責任の度合いの大きさと，環境破壊からの危険を予防し対処する能力が，国ごとにそれぞれ異なることを踏まえ，それぞれの国はそれぞれ差異のある責任を負うべきであるという考え方をさす。**京都議定書**（1997年採択）では，先進国の温室効果ガス排出量について，法的拘束力のある削減目標が国ごとに設定されるなど，「共通だが差異ある責任」という理念に適合するルールが採用された。一方，**パリ協定**（2015年採択）は，すべての締約国が温室効果ガス削減に取り組むことを義務づける仕組みを採用している（締約国に対して温室効果ガスの削減目標を設定することを義務づけている）点において京都議定書とは異なるが，先進国に発展途上国向けの資金支援を義務づけるなど，「共通だが差異ある責任」という理念に適合するルールも採用している。

①第1文の「先進国のみに地球環境保護の責任がある」という説明が，「共通だが差異ある責任」という理念と合致しない，ということに気づくことができれば，この選択肢が不適当であると判断できるだろう。京都議定書は，先進国の温室効果ガス排出量について，法的拘束力のある削減目標を国ごとに設定したが，「先進国のみに地球環境保護の責任がある」としたわけではない。また，パリ協定は締約国に対して温室効果ガスの削減目標を設定することを義務づけているが，その目標を

— 36 —

達成すること（削減すること）を義務づけているわけではないので，第2文の「すべての締約国に温室効果ガスを削減する義務が課された」という記述も適当でない。②「いずれの条約でも，先進国，発展途上国を問わず，すべての締約国に同様に温室効果ガス削減義務が課されている」という記述は，不適当。京都議定書では，先進国に対して，法的拘束力のある削減目標が国ごとに設定されたが，パリ協定は，すべての締約国に対し，削減目標を自主的に策定し，対策を講じることを義務づけている。なお，「持続可能な開発」とは，将来の世代の欲求を満たしつつ，現在の世代の欲求も満足させるような開発を意味する。③京都議定書において「一律の温室効果ガス削減目標」を課したという趣旨の記述は，不適当。

問3 　31 　②

　国連総会は，人権に対する重大かつ組織的な侵害を犯した人権理事会の理事国に対し，その決議によって理事国としての資格を停止することができる。その具体例として，ウクライナでの「重大かつ組織的な人権侵害」を理由に，人権理事会での理事国としてのロシアの資格停止を決議した例（2022年）を挙げることができる。

　①「検討することができる」という記述は不適当。規約人権委員会（人権規約委員会）は，市民的及び政治的権利に関する国際規約（B規約）の締約国であって，かつ，同規約の選択議定書（B規約第一選択議定書）の締約国であれば，その管轄下にある個人（被害者）からの通報を受理し検討することができる（B規約第一選択議定書第1条）。すなわち，規約人権委員会は，B規約の締約国ではあるが，B規約第一選択議定書の締約国ではない場合，その管轄下にある個人（被害者）からの通報を受理したり検討したりすることはできない。③「政府代表と労働者代表との二者構成で運営されている」という記述は不適当。労働者の労働条件の改善を図るための国際機関であるILO（国際労働機関）は，政府代表・労働者代表・使用者代表の三者構成で運営されている。④「国連分担金の比率上位5か国が常任理事国となる」という記述は不適当。国連安全保障理事会の常任理事国は，アメリカ，イギリス，中国，フランス，ロシアの5か国であるが，これは国連分担金の比率上位5か国と一致しない（2022～24年の国連通常予算の分担率上位5か国は分担率順に，アメリカ，中国，日本，ドイツ，イギリス）。

問4 　32 　①

　a：正文。表によれば，アルゼンチンでは，2017年から2018年にかけて，対外債務残高が増加している（225,925→277,827［単位：百万米ドル］）。また，対外債務残高の対輸出額比（289%→333%）と対外債務残高の対GNI比（36%→56%）はいずれも上昇している。これらのことから，アルゼンチンの債務負担の度合いは高まったと考えられる。

　b：誤文。「対外債務残高の対輸出額比と対外債務残高の対GNI比とがともに低下しており」という記述は不適当。表によれば，インドネシアでは，対外債務残高の対輸出額比（177%→172%）は低下しているが，対外債務残高の対GNI比（36%→38%）は上昇している。

　c ：誤文。「南アフリカの債務負担の度合いは高まったと判断できる」という記述は不適当。**表**によれば，南アフリカでは，2017年から2018年にかけて，対外債務残高が減少している(174,921→174,094[単位：百万米ドル])。また，対外債務残高の対輸出額比(160%→148%)と対外債務残高の対 GNI 比(52%→49%)はいずれも低下している。これらのことから，南アフリカの債務負担の度合いは高まっていないと考えられる。

　以上のことから，組合せとして最も適当なものは①となる。

倫理，政治・経済

（2022年1月実施）

受験者数　43,831

平　均　点　　69.73

2

倫理，政治・経済

解答・採点基準 （100点満点）

問題 番号 （配点）	設　問	解　答 番　号	正解	配点	自己採点
第 1 問 （12）	問1	1	②	3	
	問2	2	①	3	
	問3	3	①	3	
	問4	4	③	3	
第1問　自己採点小計					
第 2 問 （12）	Ⅰ	問1	5	⑤	3	
	Ⅱ	問2	6	③	3	
	Ⅲ	問3	7	④	3	
		問4	8	④	3	
第2問　自己採点小計					
第 3 問 （12）	Ⅰ	問1	9	④	3	
	Ⅱ	問2	10	④	3	
	Ⅲ	問3	11	②	3	
		問4	12	②	3	
第3問　自己採点小計					
第 4 問 （14）	問1	13	⑤	4	
	問2	14	②	3	
	問3	15	①	3	
	問4	16	③	4	
第4問　自己採点小計					

問題 番号 （配点）	設　問	解　答 番　号	正解	配点	自己採点
第 5 問 （19）	問1	17	⑧	3	
	問2	18	⑥	3	
	問3	19	②	3	
	問4	20	③	4	
	問5	21	①	3	
	問6	22	③	3	
第5問　自己採点小計					
第 6 問 （19）	問1	23	③	3	
	問2	24	①	3	
	問3	25	①	3	
	問4	26	④	4	
	問5	27	③	3	
	問6	28	④	3	
第6問　自己採点小計					
第 7 問 （12）	問1	29	①	3	
	問2	30	③	3	
	問3	31	②	3	
	問4	32	④	3	
第7問　自己採点小計					
自己採点合計					

第1問　源流思想

本問では，「議論について」というテーマのもとに，ギリシア哲学，キリスト教，仏教，古代中国思想，イスラームなど，東西の源流思想から広く基本的な事項が出題された。

問1 　1　②

イスラームでは，ムハンマドは最大かつ最後の預言者(神の真理の言葉を託された者)とされている。また，彼の言行・慣行(スンナ)は，『クルアーン』とともに，信者(ムスリム)の生活規範となっている。

①「ソクラテス自身が持っている真理を，対話相手に教え込む」という記述は誤り。ソクラテスは，人間が真理を認識するためには，人間の魂にとって最も大切な善美の事柄について本当は何も知らないという自覚(無知の知)が重要であると説いた。彼は，このような自覚のもとに，世間から知者といわれる人々との問答を通じて，彼らが真の知に到達するよう手助けすることを実践した(問答法)。③「神学は哲学に仕えるべきものとされ」以下の記述は誤り。例えば，スコラ哲学の大成者といわれるトマス・アクィナスは，理性と信仰との調和を説く一方で，「哲学は神学の侍女」であると述べ，哲学の真理はキリスト教の真理に奉仕するものでなければならないとした。④ブッダが「生来の身分ごとに異なる義務」を果たすことにより真理を体得できると説いたという記述は誤り。彼は，八正道(八つの正しい修行の道)を実践すれば，誰でも真理に到達できると説いた。

問2 　2　①

アリストテレスは，人間の魂を理性の領域と感情・欲望の領域とに分け，それに応じて，徳を知性的徳と習性的徳(倫理的徳)とに分類した。その上で，習性的徳は，知性的徳の一つで実践的な徳としての思慮(フロネーシス)によって導かれた正しい行為の繰り返しによって習慣づけられるものであるとした。例えば，勇気は，無謀(過度の勇気)と臆病(勇気の不足)との中庸(中間)において成り立ち，また節制は，放縦(過度の快楽追求)と鈍感(感受性の不足)の中庸において成り立つ徳だという。

②「正義」を「希望」に直せば，パウロの説いたキリスト教の三元徳(信仰・希望・愛)についての記述として正しくなる。③ J.S.ミルが功利主義道徳を実現するものとして重視した黄金律は，「おのれの欲するところを人に施し，おのれのごとく隣人を愛しなさい」というイエスの教えのことをいう。「実に，神の国はあなたがたの中にある」という言葉は，人が悔い改め，全存在をかけて神と向き合うとき，心の中に神の国を実現することができるということを意味する。④「慈悲の実践を控えること」を推奨したという趣旨の記述は誤り。大乗仏教では，慈悲を実践して衆生(すべての生きとし生けるもの)を救うことが重視された。

問3 　3　①

まず，第1問冒頭の高校生AとBの会話と，資料(マルクス・アウレリウス『自省録』からの引用)の趣旨を確認しよう。会話において，Bは，自分が正しいと言い張る友人を相手にするのが面倒になって黙ってやり過ごしてしまったという趣旨

の発言をしている。一方，**資料**は，真理を求めるなら他人との議論を通じて自分の考えを正すことも必要であり，真理を求めようとせず自分を欺き無知にとどまる者は害を被ることになるという趣旨で書かれている。

a：「真理を見ようとせず，無知による害を受けかねない」が入る。この空欄は**問3**の会話中のもので，Bが友人との議論を避けたことについて，**資料**に即していえばどういうことになるかという判断を求めている。したがって，①か②の**a**がこの空欄に入る（ただし，下で見るように，②の**b**はストア派の考え方として誤っている）。③と④の**a**は，議論を回避したのは自分にとっての真理に忠実であったことの証しであるという趣旨で書かれているから，**資料**の内容とは相容れない。

b：「喜怒哀楽の情念に惑わされない人間が賢者である」が入る。この空欄も**問3**の会話中のもので，ストア派の考え方に該当するものが入る。ストア派は，人間には宇宙の**ロゴス**（理性）が種子として宿っており，ロゴスに従って生きることにより，情念に動かされることのない理想の境地（**アパテイア**）に至ることができると説いた。したがって，①か③の**b**がストア派の考え方に該当する（ただし，③は**a**が上で見たように**資料**の内容と相容れないから，正解とはならない）。②と④の**b**は，人間は情念に従うべきであるという趣旨で書かれているから，ストア派の考え方ではない。

問4　<u>4</u>　③

「旧約」という名称は，「ユダヤ教徒自身が誇りを持ってそう呼ぶようになった」ものではなく，キリスト教の立場からのものである。キリスト教ではイエスによって結ばれた神と人との契約を「新約」，それ以前の神とイスラエル人との契約を「旧約」と呼び，旧約聖書と新約聖書はともに聖典とされる。

①**資料1**（『老子』からの引用）に「聖人は無為を決め込み，言葉に依らない教えを実行するのだ」とあることに注目できれば，正しいと判断できる。②老子は，何ごとにも作為を働かせることなく（**無為自然**），ありのままの自然に身をまかせるのが人間のあり方だと説いた。このことを想起すれば，正しいと判断できる。④**資料2**で引用されている「ヨブ記」は，ヨブが全能者である神に対して自分が不幸に見舞われた理由を問いかける物語である（Bの二回目の発言を参照）。このことを踏まえて，**資料2**に「私は取るに足りない者。何を言い返せましょうか。……私は……悔い改めます」とあることに注目できれば，正しいと判断できる。

第2問　日本の思想

本問では，「理想とは何か」について，古代から近代までの日本思想から基本的な事項が幅広く出題された。

問1　<u>5</u>　⑤

聖徳太子（厩戸王）が制定したといわれる憲法十七条（十七条憲法）の条文の意味を判断させる問題。

　ア：誤文。「和をもって貴しとなし」という言葉の説明が誤っている。この言葉は，上に立つ者と下の者が謙虚に議論し合うことが重要だということを意味している。つまり，ここでいう「和」は，役人(政治を担う者)が重んじるべき理念である。

　イ：正文。「篤く三宝を敬え」という言葉は，仏，法(仏の教え)，僧(仏の教えを学び修する人)という三つの宝は究極の拠り所であり，心から敬わなければならないということを意味している。

　ウ：誤文。「ともにこれ凡夫のみ」という言葉の説明が誤っている。この言葉は，人はみな欲望にとらわれた無知な存在であるから，大事なことを決めるときには独断によらず，必ず議論しなければならないということを意味している。

問2　6　③

　「真心」についての本居宣長の考え方に即してなされた発言を選択させる問題。「真心」とは，日本の神々の働きによってもたらされた心(作為が加わっていない「よくも悪しくも生まれつきたるままの心」)である。彼は，儒教や仏教に影響された理屈っぽい心を批判して，真心を重視した。③は，悲しいときには泣き，嬉しいときには喜ぶことが大切であって，感情を抑える必要はないという趣旨で書かれているから，これが正解。

　その他の選択肢は，いずれも「真心」についての考え方に即した発言とはいえない。①「物事の善悪を考えて，道理に従って正しく行動」することには，作為が加わっている。②「心の状態」にそぐわない行動を肯定している。④「感情的」になることに対して否定的な考えが示されている。

問3　7　④

　ア：安部磯雄についての記述。彼は，キリスト教的人道主義の立場から，下層民の解放や労働問題の解決を図ろうとした。片山潜，幸徳秋水らとともに，日本で最初の社会主義政党である社会民主党を結成したことでも知られる。

　イ：北村透谷についての記述。彼は，自由民権運動での挫折を経て，近代的自我の確立の場を，現実の政治的世界(実世界)ではなく，「内部生命」の表現としての文学の世界(想世界)に求めるようになった。

　石川啄木は，大逆事件を契機に社会主義に傾斜し，評論『時代閉塞の現状』において，停滞した社会状況を打ち破るためには国家の強権への考察が欠かせないと論じた人物として知られる。

問4　8　④

　資料(阿部次郎『三太郎の日記』からの引用)では，理想は現実と矛盾し，つねに現実と隔たっているが，その一方で，「存在の意義を，存在の原理を更新する」ものでもあるということが述べられている。したがって，④「現実と理想の隔たりを浮かび上がらせ，現実を向上させる原動力となる」が正解。

　①理想が現実を無条件に肯定するという趣旨の記述，②理想が現実と齟齬なく合致するという趣旨の記述，③理想が現実を一方的に否定するという趣旨の記述は，いずれも資料の内容とは相容れない。

第3問　西洋思想

本問では，「考えること」について，ルネサンス以降の西洋思想についての基本事項が幅広くとりあげられた。

問1 　9　④

　第3問冒頭の会話(ルネサンス期の「魔女狩り」の光景を描いた絵画をめぐる先生と高校生Fの会話)の中にある空欄に入る事例として適当でないものを選択させる問題。先生は，その二回目の発言において，「魔女狩り」の特徴を，「多くの人々が自分たちの判断に正当な根拠があるかを考えず，ある種の思考停止状態に陥って少数の人々を迫害した」ことに見いだしている。空欄には，これを受けてFが挙げた具体例が入るが，判断のポイントは多くの人々が思考停止状態に陥って少数者を迫害したという趣旨で書かれているかどうかである。④は，少数者に対する迫害という趣旨の記述になっていないため，この空欄には入らない。

問2 　10　④

　空欄の直前にある著作(『人間知性論』)や，空欄の前後に人間の心を「白紙」に喩えたという趣旨の記述があることに注目すれば，④が正解と判断できる。ロックは，人間の心は，生まれたときは白紙(タブラ・ラサ)であるとして生得観念を否定し，観念や知識は感覚という外的な経験と反省という内的な経験によって形成されると主張した。このことから，ロックが人間には生まれつき観念が具わっていると考えたという趣旨で書かれている②は，誤り。

　なお，ロックと同じくイギリス経験論に属する思想家にバークリーとヒュームがおり，①と③はこれらの思想家を想定しているが，本問では正解とはならない。①ヒュームは，人間の精神は「知覚の束」にすぎないとしたことで知られる。この「知覚の束」という言葉が選択肢で取り上げられている。③「ヒューム」ではなく「バークリー」についての記述。バークリーは，「存在するとは知覚されることである」と主張したことで知られる。この言葉が選択肢で取り上げられている。

問3 　11　②

　ヘーゲルの説いた弁証法とは，事物の生成・発展の論理で，あらゆる事物はそれに内在する対立・矛盾を契機に，より高い次元へと止揚され発展していくというものである。ここでいう「止揚」という言葉は，否定と保存という二つの意味を併せ持っており，対立・矛盾するものをそれぞれ活かしながら統一することを表す。また彼は，社会や歴史の発展も弁証法によって捉えようとした。例えば，彼によれば，歴史は自由を本質とする理性的な精神(絶対精神)が人間の自由な活動を媒介として，自己の本質である自由を実現していく過程である。

　ア：正文。上で見たように，ヘーゲルによれば，弁証法は事物の生成・発展の論理であり，社会や歴史の発展についても当てはまる。

　イ：誤文。第一文は正しい。しかし，止揚について「対立・矛盾する二つのもののうち，真理に近い方を保存し，他方を廃棄して，矛盾を解消すること」としている第二文は誤り。止揚とは，上で見たように，対立・矛盾するものをそれぞれ活か

しながら統一することである。

問4 `12` ②

Ⅱ冒頭の会話とⅢ冒頭の会話を踏まえて，高校生Fが作成した**レポート**中の空欄に入る記述の組合せとして最も適当なものを選択させる問題。

a：Fの当初の考え方が入る。Ⅱ冒頭の会話において，Fは「知識さえあれば……思考停止も避けられるよ」と述べている。したがって，思考停止に陥っている原因としては，②と④の**a**がこの空欄に入る（ただし，④の**b**は下で見るように，誤っている）。①と③の**a**は，Ⅱ冒頭の会話におけるFの三回目の発言を想定している。この発言は，Fの当初の考えではなく，会話の結果，到達したものであるから，この空欄には入らない。

b：Ⅲ冒頭の会話における先生の二回目と三回目の発言から，②か③の**b**がこの空欄に入る（ただし，③の**a**は上で見たように，誤っている）。①の**b**の「他者の意見よりも自己の見解の方をこそ重視すべき」という記述は，Ⅲ冒頭の会話における先生の一回目の発言（「考えを進める上で，他の人の存在はもちろん重要です」）から判断して，この空欄に入らないと分かる。④の**b**の「日々の小さな出来事に引っ掛かりを覚えたとしても，それに囚われるべきではない」という記述は，Ⅲ冒頭の会話における先生の二回目と三回目の発言から判断して，この空欄に入らないと分かる。

第4問　現代の諸課題・青年期と心理

「未来世代に対する責任」に関連して，環境倫理，情報社会の課題，青年期の発達課題，現代ヒューマニズムなどについて出題された。

問1 `13` ⑤

第4問冒頭の会話を踏まえて，高校生Kが作成した**メモ**中の二つの空欄に入る語句の組合せとして最も適当なものを選択させる問題。

a：「ラッセルとアインシュタインが核兵器の廃絶を主張した」が入る。これは，核戦争による人類絶滅の危機を回避するために，世界各国の科学者が連帯し，平和に対する社会的責任を果たすべきであると訴えた**ラッセル・アインシュタイン宣言**を想定したもので，⑤と⑥の**a**がこの空欄に入る（ただし，⑥の**b**は下で見るように，会話におけるKの発言と相容れない）。①と②の**a**でいう「**持続可能な開発**」は「国連人間環境会議」（1972年）ではなく「**国連環境開発会議**」（1992年）で提唱されたものである。**国連人間環境会議**は「**かけがえのない地球**」をスローガンとして開催された会議である。③と④の**a**は「ハーディン」ではなく「**ボールディング**」を想定したものである。**ハーディン**は，論文「**共有地の悲劇**」において，誰でも自由に利用できる有限の共有資源が，自己利益を最大化しようとする個々の利用者によって過剰摂取され，やがて資源の劣化が起こって利用者全体に不利益が及んでしまうとしたことで知られる。

b：会話における K の三回目の発言から判断して，「遠い将来の人であっても，私たちの行為で被害を受けることがある」が入る。①③⑤の **b** がこの空欄に入る（ただし，①と③の **a** は上で見たように，誤っている）。②④⑥の **b** は，会話における K の最後の発言から，誤りと判断できる。

問2 　14　②

デジタル・デバイドの具体例を挙げた生徒の発言として最も適当なものを選択させる問題。デジタル・デバイドとは，情報機器を利用して様々な情報にアクセスする機会を持つ者と，それを持たない者との間に生じる情報格差や，それに基づく経済格差のことである。したがって，②の発言が正解。

①③④は，情報社会において生じている問題ではあるが，デジタル・デバイドの例とはいえない。

問3 　15　①

社会の発展に伴って，子育て，教育，保健といった機能が保育所，学校，病院など家族以外の機能集団に担われていくようになる。これを家族機能の外部化という。

②「脱中心化」ではなく，「マージナル・マン（境界人）」を想定した記述である。脱中心化はピアジェが説いたものである。これは，人間が他者の視点を身につけることにより，自己中心的な立場から離れ客観的で多面的なものの見方ができるようになることをいう。③第二反抗期は，「7〜8歳の頃」ではなく12〜15歳の頃である。④エリクソンによれば，「周りの世界や自分自身を信じるという基本的信頼の獲得」は，青年期ではなく乳児期の発達課題である。

問4 　16　③

授業で使われた資料(P. D. ジェイムズの小説『人類の子どもたち』に描かれた社会の概要)をめぐる高校生 J と K の会話が示してあり，会話中の二つの空欄に入る記述の組合せとして最も適当なものを選択させる問題。その際，第4問冒頭の会話も踏まえることを求めている。

まず，資料の趣旨を確認しよう。資料の描く社会は，子どもが全く生まれなくなって，いかなる喜びも儚く感じられるようになり，民主制も崩壊し，科学的進歩がほぼ停止した社会である。

a：K は，問4の会話において，資料の描くような社会を回避するためにはどうすべきかという趣旨で発言しており，この空欄には，第4問冒頭での K 自身の発言内容に合致するものが入る。第4問冒頭の会話中における K の最後の発言に着目すれば，③と④の **a** が入ると判断できる（ただし，④の **b** は，下で見るように，誤っている）。①と②の **a** は，未来世代の人の利害の方が現在世代の人の利害よりも重要だという趣旨で書かれているので，誤り。第4問冒頭の会話において，K は未来世代の人の利害も私たちの利害と同様に重要だという趣旨の発言をしている（K の四回目の発言）。

b：問4の会話では，J は第4問冒頭の会話における自分の考え方を改める必要があるという姿勢に変わってきているが，この空欄には，その変容を表すものが入

る。Ｊは, **第4問**冒頭の会話では未来世代に対する責任について一貫して懐疑的な発言をしている。したがって, この空欄には②と③の**b**が入る(ただし, ②の**a**は, 上で見たように, 誤っている)。①の**b**は, Ｋが**第4問**冒頭の会話において未来世代への思いやりの重要性を説いていたという事実に反するので, 誤り。④の**b**は, Ｊが**第4問**冒頭の会話において未来世代にとって何がよいかは今の私たちに分からないと述べているが(二回目の発言), Ｋはこれに反論している(二回目の発言)ので, 誤り。

第5問　政治・経済総合

　まちづくりのための取組みというテーマのもと, 地方自治に関する日本国憲法の保障, 政教分離原則に関する最高裁判所の判例, 日本の農業に関する法制度といった設問が出題された。

問1 ⟨17⟩　⑧

　⟨ア⟩には「分権」が当てはまる。政治上の権能を国(中央政府)に集中させるのではなく, 地方公共団体に分散させることを**地方分権**という。地方分権の実現は, 「国から自立した団体が設立され, そこに十分な自治権が保障されなければならない」とする**団体自治**の原理にかなった取組みである。なお, 「集権」は当てはまらない。「集権」(**中央集権**)は, 「分権」(地方分権)の対比表現である。例えば, 国から自立した地方公共団体が設立されないあり方, あるいは地方公共団体に自治権が認められないあり方は, 政治上の権能が中央政府に集中する「集権」体制(中央集権体制)と呼ぶことができる。

　⟨イ⟩には「民主主義」が当てはまる。**民主主義**とは, 権力は人民に由来し, 権力行使は人民の意思に基づいて行使される考え方や政治形態をさす。「地域社会の政治が住民の意思に基づいて行われなければならない」とする**住民自治**の原理は, 民主主義に即した理念である。なお, 「自由主義」は当てはまらない。**自由主義**とは, 国や地方公共団体の規制や干渉を排除し, 個人の権利や自由の保障を重視する考え方や政治形態をさす。

　⟨ウ⟩には「団体自治」が当てはまる。「国から地方公共団体への権限や財源の移譲」や「国の地方公共団体に対する関与を法律で限定すること」は, 地方分権を進めたり地方公共団体の自治権を保障したりすることにつながるから, 直接的に「団体自治の強化」につながると考えられる。なお, 「住民自治」は当てはまらない。地方分権を進めたり地方公共団体の自治権を保障したりすることは, 間接的には住民自治の強化につながるかもしれないが, ⟨ウ⟩に当てはまる語句としては, 「住民自治」よりも「団体自治」の方がふさわしい。

問2 ⟨18⟩　⑥

　ア:誤文。「憲法が禁止する宗教的活動にあたるとされた」は誤り。**津地鎮祭訴訟**の最高裁判決(1977年)では, 市が体育館の起工に際して神社神道固有の祭式に

のっとり地鎮祭を行ったことは，憲法が禁止する宗教的活動にあたらず，憲法違反ではないと判断された。

イ：正文。愛媛玉ぐし料訴訟の最高裁判決（1997年）では，県が神社に対して公金から玉ぐし料を支出したことは，憲法が禁止する公金の支出にあたり，憲法違反であると判断された。

ウ：正文。空知太神社訴訟の最高裁判決（2010年）では，市が神社に市有地を無償で使用させていたことは，憲法が禁止する宗教団体に対する特権の付与にあたり，憲法違反であると判断された。

問3 　19　　②

　ア　（1952年に制定された農地法の内容）には③が，　イ　（1961年に制定された農業基本法の内容）には①が，　ウ　（1999年に制定された食料・農業・農村基本法の内容）には②が，　エ　（2009年に改正された農地法の内容）には④が，それぞれ当てはまる。　ウ　に当てはまる記述は②であり，これが正解となる。

問4 　20　　③

　ア　には「規制緩和」が当てはまる。規制緩和とは，それまで禁じられていた特定の行為を解禁することや，官庁の許認可や免許など各種の法規制を緩めたり廃止したりすることをさす。これに対し，規制強化とは，特定の行為を禁止したり各種の法規制を厳しくしたりすることをさす。Xの第1発言にある「住宅宿泊事業法が制定されて，住宅を宿泊事業に用いる民泊が解禁された」という事例は，規制緩和の具体例である。正解を導く際には，Yの第1発言の内容（「民泊がたくさんできる」ことで生じる利点についての発言）が民泊の解禁を支持する考え，すなわち規制緩和を支持する立場の意見であると分かれば，　ア　には「規制緩和」が当てはまると判断できるだろう。

　イ　には「住宅街において民泊事業を始めることを地方議会が条例で禁止する」が当てはまる。Yは，その第2発言において，「住宅所有者が民泊事業に新たに参入することを制限するのはだめだよ」と述べ，民泊事業を始めることを制限したり禁止したりすることに反対する考えを示している。このことに照らし，　イ　には「住宅街において民泊事業を始めることを地方議会が条例で禁止する」が当てはまると判断できる。なお，「夜間の激しい騒音を改善するよう民泊事業者に行政が命令する」は当てはまらない。Yは，「民泊事業を始めること」を制限したり禁止したりすることに反対する考えを示しているのであって，すでに事業を始めている民泊事業者に何らかの措置（騒音改善措置など）をとらせることに反対する考えを示しているわけではない。

問5 　21　　①

　ア　には「民法」が当てはまる。「利用料金を支払って民泊を利用する契約」に適用され，「私人間の関係を規律する」のは民法である。民法は，私人相互間の権利義務関係（法律関係）を定めた法律であり，契約や相続などについて規定している。なお，刑法は，犯罪や刑罰について定めた法律であり，「私人間の関係」ではなく

国家と個人の関係を規律する法律である。

　イ　には「私法」が当てはまる。私法とは，私人相互の私的な関係を規律する法をさし，具体例として，民法・商法などをあげることができる。なお，公法とは，国家と個人の関係を規律したり，国家の組織・活動を規律したりする法をさし，具体例として，憲法や刑法，地方自治法などをあげることができる。

　ウ　には「消費者契約法」が当てはまる。消費者契約法は，「不当な勧誘による契約の取消しを可能にしたり，消費者に一方的に不利な条項の無効を定めたりする」ことなどによって，消費者の利益を守ることを目的とした法律である。なお，独占禁止法は，事業支配力の過度の集中を防止して，事業者の公正かつ自由な競争を促進することを目的とした法律である。

問6　22　③

　「衆議院の議決が国会の議決となる」は誤り。日本国憲法は「参議院が，衆議院の可決した法律案を受け取つた後，国会休会中の期間を除いて60日以内に，議決しないときは，衆議院は，参議院がその法律案を否決したものとみなすことができる」（第59条4項）と規定している。すなわち，「参議院が衆議院の可決した法律案を受け取った後，60日以内に議決をしないとき」は，参議院がその法律案を否決したものとみなされるにすぎず，「衆議院の議決が国会の議決となる」わけではない。ただし，参議院によって否決されたとみなされた法律案は，「衆議院で出席議員の3分の2以上の多数で再び可決したときは，法律となる」（第59条2項）。

　①②④はいずれも，正しい記述である。①国会法は，「議員が議案を発議するには，衆議院においては議員20人以上，参議院においては議員10人以上の賛成を要する。但し，予算を伴う法律案を発議するには，衆議院においては議員50人以上，参議院においては議員20人以上の賛成を要する」（第56条1項）と規定している。②衆議院または参議院に提出された法律案は，原則として，委員会の審議を経てから本会議で審議される。なお，国会における法律案の実質的な審議は委員会で行われる（委員会中心主義）。④日本国憲法は，「法律及び政令には，すべて主任の国務大臣が署名し，内閣総理大臣が連署することを必要とする」（第74条）と規定している。

第6問　経済主体の関係

　経済主体の関係をテーマに，機会費用の考え方とその適用例，日本銀行による公開市場操作，市中銀行のバランスシート，需給曲線，購買力平価説など，経済分野の設問が出題された。

問1　23　③

　新型コロナウイルスの感染拡大が本格化した2020年には，外出を控えて自宅で過ごすケースが増え，その影響から「巣ごもり需要」が増加し，前年比で売上を伸ばす企業も見られた。

　①「リストラクチャリング」という部分を「コーポレート・ガバナンス」に置き

換えると適当な記述になる。リストラクチャリングとは，企業における事業の再構築をさす。コーポレート・ガバナンスは，「企業統治」とも訳される語句で，企業がステークホルダー（利害関係者）の利益に反する行動をとらないように，株主（あるいは株主の代理人として選任された社外取締役など）が，経営者が適切に企業運営を行うように監視することをいう。②「株主への分配率が上昇すると内部留保への配分率も上昇」するという説明は不適当。株式会社において，利潤は株主に対して配当という形で分配され，残りは内部留保（社内留保）として企業の資本となる（利潤＝配当＋内部留保）。すなわち，ある企業の1年間の利潤のうち，株主への分配率が上昇すると，内部留保への配分率は低下することになる。なお，「株主への分配率が上昇」という部分を「株主への分配率が低下」に置き換えると適当な記述になる。内部留保が多くなれば，企業は設備投資を増加させることが可能となる。つまり，株主への分配率が低下して内部留保への配分率が上昇するようなとき，企業は設備投資を増加させやすくなる。④「最低資本金額が引き上げられた」は不適当。かつて日本では株式会社を設立するためには，資本金として最低でも1,000万円が必要であった（最低資本金規制）。しかし，新しい会社法（2005年制定）が2006年に施行されたことに伴い，最低資本金規制が撤廃され，1,000万円を下回る資本金であっても株式会社を設立できるようになった。

問2 24 ①

アには「トレード・オフ」が当てはまる。トレード・オフとは，一方の目標を達成しようとすると，他方の目標達成を犠牲にしなければならない，いわゆるジレンマの関係をいう。なお，ポリシー・ミックスとは，複数の政策目標を同時に達成するために，各種の政策を組み合わせることをいう。

イには「公園」が当てはまる。設問のメモ中の「◇機会費用の考え方」において，機会費用が「ある選択肢を選んだとき，もし他の選択肢を選んでいたら得られたであろう利益のうち，最大のもの」であると説明されている。このことに照らし，企業が「ある土地をすべて駐車場として利用した場合」の機会費用は，「公園」を選択したときの利益と「宅地」を選択したときの利益のうち，「最大のもの」と等しいと考えることができる。また，メモ中の「◇事例の内容と条件」において「利用によって企業が得る利益は，駐車場が最も大きく，次いで公園，宅地の順である」と記述されている。このことから，企業が「公園」を選択したときの利益と「宅地」を選択したときの利益のうち，「最大のもの」は「公園」を選択したときの利益と判断できる。つまり，企業が「ある土地をすべて駐車場として利用した場合」の機会費用は，「公園」を選択したときの利益に等しいことになる。

問3 25 ①

アには「緩和」が当てはまる。公開市場操作は，日本銀行（日銀）が市中銀行と国債などを売買すること（買いオペレーションや売りオペレーション）を通じて，金融市場の通貨量を調整して無担保コール翌日物金利（コールレート）を誘導する政策であり，今日の日本の金融政策の中心的手段となっている。買いオペレーション

（**資金供給オペレーション**）は，金融市場の通貨量を増やして市中金利を低水準へと誘導する**金融緩和**の効果をもつ（市中金利が低下すれば，家計の住宅投資や企業の設備投資が活発化し，景気を刺激したり回復させたりする効果が期待できる）。これに対して，**売りオペレーション**（**資金吸収オペレーション**）は，金融市場の通貨量を減らして市中金利を高水準へと誘導する**金融引締**の効果をもつ。

　　イ　には「マネーストック」が当てはまる。**マネーストック**とは，家計や企業といった経済主体が保有する通貨量の残高をいう（金融機関や中央政府が保有する預金などは対象外）。一方，**マネタリーベース**とは，現金通貨の総量と日銀当座預金の残高（市中銀行が日銀に預けている預金の残高）の合計のことで，日銀の直接的なコントロールが及ぶ部分のお金を意味する。例えば，日銀が市中銀行から国債などを積極的に買えば，まず市中銀行の日銀当座預金の残高が増え，マネタリーベースも増加することになる（このことは，公開市場操作によってマネタリーベースが直接的に増加していることを意味する）。マネタリーベースが増えれば，市中銀行は家計や企業向けに融資を増やすことが可能になり，その結果，市中に流通する通貨量の残高が増え，マネーストックも増加することになる（このことは，公開市場操作によってマネーストックが間接的に増加していることを意味する）。Xの第2発言にある「個人や一般企業が保有する通貨量」という記述を手がかりに，あるいは，Yの第1発言にある「日本銀行が市中銀行から国債を買い入れると，確実に増加するのは市中銀行が保有する日銀当座預金の残高だね」という記述を手がかりに，　**イ**　には「マネーストック」が当てはまると判断できる。

問4　**26**　**④**

　　設問中のメモにおいて，「個人や一般企業が銀行から借り入れると，市中銀行は『新規の貸出』に対応した『新規の預金』を設定し，借り手の預金が増加する」と説明されている。この説明内容を示したのが図1と図2であり，**図2の貸出後のバランスシート**からは，「新規の貸出」20に対応した「新規の預金」20が設定されていることが読みとれる。そして，「新規の貸出」が増えた分だけ市中銀行の資産が増加するとともに，「新規の預金」が増えた分だけ市中銀行の負債（**図1・図2**の下の(注)にある「負債は預金」という説明に注意）が増加していることも読みとれる。④の「市中銀行は『新規の預金』を創り出すことによって個人や一般企業に貸し出す」という記述は，メモに示された上記の説明を言い換えたもの，また，④の「銀行貸出は市中銀行の資産と負債を増加させる」という記述は，図1と図2を比べた内容について説明したものとなっており，それぞれ適当な記述である。したがって，④が正解となる。

　　①「市中銀行の資産を増加させ負債を減少させる」は不適当。図1から，市中銀行が「『すでにある預金』を個人や一般企業に貸し出す」場合，その数値は「すでにある貸出」（バランスシートの左側）に反映されていることが読みとれる。「すでにある預金」の貸出は，「新規の貸出」を増加させるものではないのだから，市中銀行の資産（貸出＋日銀当座預金）を増加させるとはいえない。また，「すでにある

14

「預金」を貸し出したからといって，「すでにある預金」の数値が減少するわけではないので，市中銀行の負債（預金）は減少しないと考えられる。②「市中銀行の資産を減少させ負債を増加させる」は不適当。市中銀行が「『すでにある預金』を個人や一般企業に貸し出す」ことは，市中銀行の資産（貸出＋日銀当座預金）を減少させるものではない。また，「すでにある預金」を貸し出すことは，「新規の預金」を増加させるものではないので，市中銀行の負債（預金）は増加しないと考えられる。③「市中銀行の資産と負債を減少させる」は不適当。

問5 　27 　③

　　ア には③の「原材料の購入に使える助成金を生産者に支給する」が当てはまる。まずは，災害の影響で供給曲線の位置はどのように変化するかについて考え，次に，より早く元の価格に戻すための政策（供給曲線を元の位置に戻すための政策）について考えることとする。

◆災害の影響で供給曲線の位置はどう変化するか？

　Xの発言中に「災害で被害を受けた地場産品の野菜の価格」が上がったという趣旨の発言がある。この場合，その野菜の供給量を示す供給曲線は左上方向にシフトすることになる（いずれの価格水準においても，以前より供給量が少なくなるため）。したがって，災害後の供給曲線は，図中の災害前の均衡点であるE点よりも左上にあるS$_a$線であると判断できる。

◆より早く元の価格に戻すための政策は？

　Yは，「需要曲線が災害前の位置のままとして，供給曲線が元の位置に自然に戻るまでの間に ア といったような対策がとられれば，より早く元の価格に戻っていくんじゃないかな」と発言している。 ア に当てはまる記述については，どのような対策がとられた場合に，供給曲線が元の位置に戻ることになるか，供給曲線が右下方向にシフトすることになるかが分かれば，確定させることができる。③の「原材料の購入に使える助成金を生産者に支給する」政策が実施された場合，野菜はいずれの価格水準においても，助成金が支給される前よりも生産量を多くすることが可能になるから，供給曲線は右下方向にシフトすることになる。したがって，③が正解となる。

　①②④の政策はいずれも，供給曲線が右下方向にシフトすることにならないので，不適当。①「電子ポイントを付与する」というインセンティブ（動機づけ）によって消費者の野菜に対する需要が拡大した場合，需要曲線が右上方向にシフトすることになる。②「宣伝」によって消費者の野菜に対する需要が拡大した場合，需要曲線が右上方向にシフトすることになる。④「原材料の使用量に応じて課徴金を課す」ことは，生産者に課徴金を課すこと，すなわち生産するための費用負担が増すことになり，その結果，供給曲線は左上方向にシフトすることになる。

問6 　28 　④

　購買力平価説とは，二つの通貨間の外国為替レートが，それぞれ同一の財やサービスをどれだけ購買（購入）できるかの比率，いわゆる対内購買力の比率によって決

定されるという考え方をいう。図のケースで考えると，「SEIKEI バーガー」を購入するのに，アメリカでは5ドル，日本では600円かかる場合，「購買力平価説の外国為替レート」は1ドル＝120円に決まることになる。

$$1(ドル):\alpha(円)=5(ドル):600(円)$$
$$5\alpha=600$$
$$\alpha=120$$

図から，「実際の外国為替レート」が1ドル＝99円であることが読みとれる。ここで，購買力平価説に基づいて算出される外国為替レート（1ドル＝120円）と実際の外国為替レート（1ドル＝99円）を比べると，後者の方が1ドル当たりの価格が21円だけ安い（ドル安）ことが分かる。したがって，実際の外国為替レートは，「1ドル当たり21円の円高ドル安」ということになり，④が正解となる。

第7問　地方自治の現状・課題と企業の役割

住民による地方政治参加をテーマとした課題探究学習の場面を想定する形で，地方財政の歳入構成を問う設問や，雇用をめぐる民間企業の取組みといった経済分野の設問も出題された。

問1　29　①

古いものから順に並べると，**C**（1947年）→ **B**（1960年代から1970年代）→ **A**（2007年）→ **D**（2015年，2020年）となり，**A**が3番目にくることから，①が正解となる。

A：平成の大合併に関する記述。平成の大合併は，1999（平成11）年4月から2010（平成22）年3月までに行われた市町村合併の総称であり，1999年3月末に3,232あった市町村の数が，2010年3月末には1,727となった（市町村の数が初めて1,700台になったのは2007年のこと）。

B：革新自治体に関する記述。1960年代から1970年代の半ばにかけて，大都市やその近郊都市を中心に日本社会党（1955年結成，1996年に社会民主党へと改称）や日本共産党（1922年結成）などの支援を受けた候補者が首長に当選する地方自治体，いわゆる革新自治体が急増した。「公害が深刻化し住民運動が活発になった」という記述から，1955年頃から1973年頃まで続いた高度経済成長期の出来事であると判断することも可能。

C：地方自治法の制定に関する記述。日本国憲法の「地方公共団体の組織及び運営に関する事項は，地方自治の本旨に基いて，法律でこれを定める」（第92条）という規定に基づき，1947年4月に地方自治法が制定され，同年5月に日本国憲法と同時に施行された。

D：大阪都構想の是非を問う住民投票に関する記述。大阪都構想は，政令指定都市である大阪市を廃止していくつかの特別区に再編し，大阪市と大阪府の二重行政の解消をめざす構想である。大都市地域特別区設置法に基づき，大阪都構想の是非を問う住民投票が2015年と2020年にそれぞれ実施されたが，いずれも反対多数で否

16

決された。

問2 `30` ③

　`ア` には「対等・協力」が当てはまる。1999年に成立した**地方分権一括法**は，国と地方自治体の関係を，「上下・主従」の関係から「対等・協力」の関係に改めることをめざすべく，地方自治体が自主的に処理しうる事務の領域を拡大するなど，それまでにない分権改革を図ろうとするものであった。それまで地方自治体の事務を圧迫し，地方自治の本旨にそぐわないという批判が強かった**機関委任事務**が廃止されたことも，国と地方自治体の関係を「対等・協力」にするための改革であった。

　`イ` には「自治事務」が当てはまる。1999年に成立した地方分権一括法に基づき，地方自治体の事務は**法定受託事務**と**自治事務**に再編された。

> ◆**法定受託事務**
> ・本来は国（都道府県）が果たすべき事務であるが，その適正な処理を確保するために法令によって地方自治体に処理を委任するもの。
> ・是正の指示など，国（都道府県）の強い関与が認められる。
> ・具体例として，国政選挙，戸籍事務，旅券の交付，国道の管理などがある。
>
> ◆**自治事務**
> ・地方自治体の処理する事務のうち，法定受託事務を除いたもの。
> ・原則として，国の関与は要求まで。
> ・具体例として，都市計画の決定，飲食店営業の許可，病院および薬局の開設許可，国民健康保険の給付などがある。

　上の表のように，「都市計画の決定」は自治事務に該当する。

　`ウ` には「国地方係争処理委員会」が当てはまる。**国地方係争処理委員会**は，国の関与について不服のある地方自治体の審査の申出に基づいて審査を行い，国の機関に対して必要な措置を行う旨の勧告を行うことができる。ただし，国地方係争処理委員会の「勧告」には，法的拘束力はない。なお，**地方裁判所**は，国の関与について不服のある地方自治体の訴えに基づいて審理を行い，判決を言い渡すことができる。地方裁判所の判決には法的拘束力があり，法的拘束力のない「勧告」とは区別される。したがって，`ウ` に「地方裁判所」は当てはまらない。

問3 `31` ②

　日本の地方自治体は，**地方税**などの独自に確保する**自主財源**が不足しており，その不足分を国などに頼る**依存財源**でまかなっている。依存財源の一つである**地方交付税**は，所得税や法人税など国税の一部が，地方自治体間の財政格差の是正を目的として交付される。地方自治体の**一般財源**として，使途を限定せずに交付される点に特徴がある。**国庫支出金**もまた，依存財源の一つである。国庫支出金は，地方自治体の特定経費の財源（**特定財源**）として，国が使途を指定して交付する国庫補助金・国庫負担金などをさす。

　まず，設問の文章中の「L市の依存財源の構成比は，表中の他の地方自治体と比

べて最も低いわけではありません」という記述に注目しよう。この記述から，依存財源の構成比（地方交付税の構成比と国庫支出金の構成比を合計した数値）が最も低い③はL市ではないと判断できる（この時点で正解候補は①②④の三つに絞られる）。

　次に，設問の文章中の「L市では，依存財源のうち一般財源よりも特定財源の構成比が高くなっています」という記述に注目しよう。この記述から，一般財源である地方交付税よりも特定財源である国庫支出金の構成比が低くなっている④はL市ではないと判断できる（この時点で正解候補は①②の二つに絞られる）。

　最後に，設問の文章中の「L市の場合は，自主財源の構成比は50パーセント以上となっています」という記述に注目することで，正解を導くことができる。正解候補として絞られた①②の二つのうち，自主財源である地方税が50％を上回っているのは②であるから，これが正解となる。

問4 　**32** 　④

　ア　には**b**が当てはまる。**文章**では，**インターンシップ**（就業体験）を提供するA社の取組みが紹介されている。在学中の学生が企業などの職場で就業体験を積むインターンシップは，「雇用のミスマッチを防ぐ取組み」といえる。**雇用のミスマッチ**とは，就職を希望する求職者側と人材を求めている求人側の意向・需要が一致せず，雇用に過不足が生じている状態（失業者が発生する状態や人手不足が解消されない状態）をさす。インターンシップは，求職者側である学生が仕事の内容や職場の雰囲気などを知る機会と，求人側である企業が学生の能力や性格などを知る機会を提供する取組みであり，自らの意向・需要に沿わない就職あるいは採用を回避し，雇用のミスマッチを防ぐ効果が期待できる。**a**の「スケールメリット（規模の利益）を追求する取組み」は　ア　に入らない。**スケールメリット**（**規模の利益**）とは，生産設備や生産規模を大きくするに伴って単位当たりの生産費用が低下し，利益が得られることをいう。

　イ　には**d**が当てはまる。**文章**では，障がいのある人たちが働きやすい職場環境の整備を進める事業者Cの取組みが紹介されている。障がいのある人たちが「障がいのない人たちと一緒に働いている」という説明から，**d**の「ノーマライゼーションの考え方を実行に移す取組み」が入ると判断できる。**ノーマライゼーション**とは，障がいの有無や年齢にかかわりなく，すべての人が地域社会の中で支え合いながら暮らし生きていく社会の実現をめざす福祉の理念をいう。**c**の「トレーサビリティを明確にする取組み」は　イ　に入らない。**トレーサビリティ**とは，食品の安全性を確保するため，食品の流通経路を生産段階から最終消費段階あるいは廃棄段階まで追跡が可能な状態にしておくことをいう。

●**写真提供・協力**
第3問Ⅰ　ユニフォトプレス
第6問　共同通信社／ユニフォトプレス

MEMO

倫理，政治・経済

（2021年1月実施）

受験者数　42,948

平 均 点　69.26

倫理，政治・経済

解答・採点基準　　（100点満点）

問題番号 (配点)	設　問		解　答 番　号	正解	配点	自己採点
第1問 (12)	問1		1	①	3	
	問2		2	②	3	
	問3		3	①	3	
	問4		4	③	3	
第1問　自己採点小計						
第2問 (12)	I	問1	5	③	3	
		問2	6	①	3	
	II	問3	7	②	3	
	III	問4	8	⑤	3	
第2問　自己採点小計						
第3問 (12)	問1		9	③	3	
	問2		10	④	3	
	問3		11	⑤	3	
	問4		12	③	3	
第3問　自己採点小計						
第4問 (14)	問1		13	⑥	4	
	問2		14	④	3	
	問3		15	②	3	
			16	⑤	4	
第4問　自己採点小計						

問題番号 (配点)	設　問		解　答 番　号	正解	配点	自己採点
第5問 (19)	A	問1	17	④	3	
		問2	18	②	3	
		問3	19	⑥	4	
	B	問4	20	①	3	
		問5	21	③	3	
		問6	22	⑤	3	
第5問　自己採点小計						
第6問 (19)	問1		23	②	3	
	問2		24	④	3	
	問3		25	②	3	
	問4		26	①	3	
	問5		27	②	3	
	問6		28	②	4	
第6問　自己採点小計						
第7問 (12)	問1		29	①	3	
	問2		30	②	3	
	問3		31	③	2	
	問4		32	①	2	
			33	④	2	
第7問　自己採点小計						
自己採点合計						

第1問　源流思想

本問では，「恥」をめぐる会話文やレポートを素材として，ギリシア哲学，キリスト教，仏教，古代中国の思想など，東西の源流思想から幅広く出題された。ペテロや董仲舒などやや難しい思想についての知識を問う問題も出題された。

問1　1　①

ペテロは，イエスの第一番目の弟子であり，イエスが十字架上での死ののち復活したと信じ，神の福音を伝える使徒としてイエスを救世主とみなす教団形成の中心となった。

②荀子が社会秩序形成のためには人間の「欲望が，自然と落ち着いていくことを待つ以外にない」と説いたという趣旨の記述は誤り。彼は，人間は生まれながらに利をむさぼり人を憎む傾向があり，自然のままにほうっておくと争いが生じてしまうから，規範としての礼によって人間の性質を矯正する必要があると主張した。こうした考えを礼治主義という。③「善政」を「悪政」に直せば，董仲舒についての正しい記述となる。彼は，自然界の災異は人間界での政治が悪いために発生するとする天人相関説を唱えた。④「スンナ派」を「シーア派」に直せば，イスラーム（イスラーム教）に関する正しい記述となる。イスラーム教では，カリフと呼ばれる指導者がムスリム（イスラーム教徒）の共同体（ウンマ）を治めるべきだとされるが，スンナ派とシーア派とではどのようなカリフを重んじるかという点で違いがある。シーア派がムハンマドの血筋を引く者こそがカリフにふさわしいとするのに対して，スンナ派はムハンマドの血統に関係なくカリフを選ぶ。

問2　2　②

aには「福音」，bには「ユダヤ人をはじめ，ギリシア人にも」，cには「律法」が，それぞれ入る。解答に際しては，パウロの信仰義認説を想定してcから確定することになるだろう。この説によれば，人は律法の行いによってではなく，信仰によってのみ義しい者として神に認められる。これにより，正解は①か②に限定される。そのうえで，パウロが十字架上のイエスの死によって人類の根源的な罪（原罪）が贖われた（贖罪）と説いたことを想起すれば，②が正解と確定できる。

問3　3　①

エピクロスは，快楽を追求することが人生の目的であるとする快楽主義の立場をとったが，彼のいう快楽とは，単に一時的で感覚的な肉体的快楽ではなく，肉体の苦痛も魂の苦悩も伴わない永続的な精神的快楽であり，彼は，欲望に支配されない魂の平安（アタラクシア）こそ賢者の理想であるとした。

②上で述べたことからもわかるように，「いかなる快楽でも可能な限り追求すべき」という記述は，エピクロスについての説明として誤り。③ストア派が「人間の情念と自然の理法が完全に一致している」「情念に従って生きるべき」と説いたという趣旨の記述は，誤り。ストア派は，人間には宇宙のロゴス（理性）が種子として宿っているとし，ロゴスに従って生きることにより，情念に動かされることのない理想の境地（アパテイア）に至ることができると説いた。ストア派は，このような考

えから「自然に従って生きる」ことをモットーとした。④ストア派は，③の解説でも見たように，人間の本性は理性に基づくと考えたのであって，「あらゆる判断を保留する」という懐疑主義の立場はとらない。

問4 　**4** 　③

　　a：「十分に準備をした上で発表に臨めていなかったので」が入る。第1問の冒頭の会話文にある，Xの2番目の発言では，「準備を怠けていたことに気付いて……」とある。

　　b：「慚」が入る。**資料**では，「慚」は「自分自身によって引き起こされ」ると述べられている。

第2問　　日本思想

　本問では，「日本における時間の捉え方と人生観・世界観」などを素材として，古代から現代までの日本の思想から基本的な事項が幅広く出題された。

問1 　**5** 　③

　　『古事記』の内容を踏まえて，**資料**(ヘシオドス『神統記』からの引用)から読み取れる内容として最も適当なものを選ばせる問題。**資料**では，自然を人格化した神であるガイア(大地)がポントス(大海)，オケアノス(大河)などを生み出した，という趣旨のことが述べられている。

　　③前半は，『**古事記**』についての記述として正しい。『古事記』には，天地を創造した究極の神は登場しない。最高神とされるアマテラスも究極の神として描かれておらず，世界はそれ自身のうちにある「いきおい」「働き」によって「**おのずから成りゆく**」ものであるという考えが示されている。後半は，資料の読取りとして正しい。

　　①後半は資料の読取りとして正しいが，前半は『古事記』についての記述として誤り。②前半は『古事記』についての記述として誤り。後半の「ウラノス」は「ガイア」の誤り。④前半は『古事記』についての記述として正しい。後半の「ウラノス」は「ガイア」の誤り。

問2 　**6** 　①

　　平安時代の後期から，ブッダの入滅後，**仏教は正法<small>しょうほう</small>・像法<small>ぞうほう</small>・末法<small>まっぽう</small>という三つの時期を経て衰退していく**という考え方(**末法思想**)が広がりを見せるようになった。ここでいう正法とは仏の教え(教)・正しい修行(行)・悟り(証)の三つが共に存在する時代，像法とは教と行はあるが証のない時代，末法とはただ教だけが残る時代をいう。そして，日本では1052年から末法の世に入ったと考えられ，この世では救いが得られないので，**阿弥陀仏**(すべてを照らす無限の光の仏)の救いによって，死後に極楽浄土に往生することを願う**浄土信仰**が盛んになった。

　　以上のことから，**a**には「右下の屋敷内の人物を極楽往生に導く」が入り，**b**には「仏の教えだけが残っており，正しい修行も悟りもない」が入る。「調べた結果」

の(ⅲ)の第一文冒頭に「平安時代後期から鎌倉時代にかけて」とあることと，第二文の内容が解答に際してのヒントとなる。

問3 ┃ 7 ┃ ②

　a：「林羅山」が入る。**レポート**中の空欄の直前にある「徳川家康ら徳川家の将軍に仕えた」という記述がヒントとなる。林羅山は，徳川家康から家綱まで4代の将軍に仕えた。

　b：「人間社会にも天地自然の秩序になぞらえられる身分秩序が存在し，それは法度や礼儀という形で具現化されている」が入る。林羅山は，「天は高く地は低し，上下差別あるごとく，人にも君は尊く，民は卑しきものぞ」と述べ，法度や礼儀に具体的に現れている封建的な身分秩序を自然の理（上下定分の理）として正当化した。

　③④の**a**の荻生徂徠は，『論語』『孟子』よりもより古い六経（『易経』『詩経』『書経』『春秋』『礼記』の五経に『楽経』を加えたもの）を重んじ，古代中国の言葉はその当時の言葉遣いや風俗などを踏まえて理解すべきであるとする古文辞学を創始した。その背景には，林羅山に代表される朱子学が『論語』などをよりどころとして，天地自然にそのまま備わっている「理」を追求しようとすることに対する批判がある。したがって，①③の**b**は，いずれも荻生徂徠についての記述である。

問4 ┃ 8 ┃ ⑤

　ア：丸山真男についての記述。日本における主体的な個の確立をめぐって思索を展開した政治学者として知られる。例えば，彼は，近代的な市民社会が未成熟であったために，主体性を持った自立した近代的市民が育たず，その結果，戦前・戦中の日本が超国家主義へと追いやられてしまったと批判した。また彼は，様々な思想がただ「雑居」する日本の思想のあり方を批判した。

　イ：小林秀雄についての記述。彼は，昭和期を代表する批評家として知られ，『様々なる意匠』において，日本では明治以来，思想や理論を流行の「意匠」（装飾的な工夫）としてもてあそんできたが，それでは主体的な自己に目覚めることはできないと主張した。

　ウ：吉本隆明についての記述。彼は，『共同幻想論』などの著作で知られる詩人・思想家で，国家や民族，言語などを原理的に問うことを通じて，西洋からの借り物ではない思想の自立性を求め，その立脚点を生活者としての大衆のあり方に求めた。

第3問　西洋近現代思想

本問では，「良心」をテーマとする本文をもとに，西洋の近現代思想に関する基本事項が幅広く出題された。

問1 ┃ 9 ┃ ③

　デカルトの説いた高邁の精神とは，情念によって左右されることのない気高い精神である。

①**モラリスト**の**モンテーニュ**についての記述。彼は,「**私は何を知っているのか**」をモットーとして自省的な態度がいかに重要かを説いた。②モラリストと呼ばれるのは①で触れたモンテーニュや**パスカル**であって,デカルトはこれに含まれない。④高邁の精神ではなく**理性**についてのデカルトの考えを説明したもの。彼は,ものごとを正しく判断し真偽を見分ける能力(理性)によって,人間は絶対確実な真理を認識することができるとした。そして,ここから出発して個々の知識を論証する学問方法(**演繹法**)を提唱し,思惟を属性とする精神と空間的広がりを属性とする物体はそれぞれ独立して存在する実体であるとした。この**物心二元論**は,**機械論的自然観**を哲学的に基礎づけたといわれる。

問2 `10` ④

資料文(ルソー『エミール』からの引用)で述べられている内容を踏まえ,それを身近な例に置き換えた記述を選択させる問題。資料文では,良心は社会的通念という敵に直面すると,逃げ出すか,押し黙り,最後には何も語らなくなってしまうということ,そして,そうやって良心を無視し続けていると,持っていたはずの良心を呼び戻すことは難しくなるということが述べられている。したがって,④の事例が正しい。

①「社会の通念への反発」から良心の働きがいっそう強くなるという趣旨の記述は,資料文の内容と合致しない。②良心は世間の常識という敵に逆らうものだという趣旨の記述は,資料文の内容と合致しない。③良心は世の中のモラルが生み出したものだという趣旨の記述は,資料文の内容と合致しない。

問3 `11` ⑤

キルケゴールは,人間の生き方には**美的実存**,**倫理的実存**,**宗教的実存**の三つの段階があるとした。そのうえで,欲望に従って享楽的に生きる美的実存の段階においても,善悪の判断を行う倫理的実存の段階においても絶望に陥ってしまうとし,この絶望の果てに,神の前に**単独者**として立つ宗教的実存の段階に至ることで真実の自己を回復することができると主張した。したがって,⑤の組合せが正解。

問4 `12` ③

良心をめぐる高校生と先生の会話と,西洋近現代思想に関する第3問冒頭の文章の内容を踏まえて,会話文中の空欄に入る先生の言葉として最も適当なものを選択させる問題。まず,会話文は,第3問冒頭の文章の第4段落2行目にある「良心の声はどこから聞こえてくるのか」をどのように考えたらいいのかという生徒の問いかけから始まっている。これに対して,先生は「良心」に対応する英語 conscience の語源的意味が「誰かと共に,知る」だとしたうえで,ここでいう「誰か」は他人に限られないということ,人を傷つけて痛みを感じるとき,その痛みを感じる本人も傷ついているということ,したがって良心の痛みは自分のことを大切にしなさいという合図でもあること,などを発言している。一方,第3問冒頭の文章では,**デカルト**と**スピノザ**が意志や理性の力によって良心の呵責に囚われる可能性を排除できると考えたということ,**カント**が良心を「内なる法廷」になぞら

え，人間がいかなる場合にも正しく振る舞う可能性を追求したということ，さらに，**ハイデガー**が「良心の声はどこから聞こえてくるのか」という問いに対して「良心の呼び声は，私の内から，しかも私を超えて訪れる」と答えているということ，などを紹介している。さらに，最終段落では，人を傷つける前のためらい，傷つけた後の後悔や苦しみの経験が，良心の声を聞くということでもあるとしている。こうした内容から，**③**が正解となる。

①「誰かと共に，知る」の「誰か」のうち最も重要なのは「各自の周りにいる人々」だとしているので，空欄には入らない。**②**「誰かと共に，知る」の「知る」働きこそが道徳や倫理を支える「唯一の根拠」であるとしており，「誰かと共に」いるということを「根拠」から排除しているので，空欄には入らない。**④**第3問冒頭の文章の第4段落で，アーレントが人はしばしば「良心を自ら麻痺させてしまう」という趣旨のことを述べたとされている。したがって，この選択肢は空欄には入らない。

第4問　現代社会の諸課題と青年期

本問では，「歴史」をテーマに二人の高校生が交わした会話をもとに，青年期や現代社会の諸課題に関する基本事項が出題された。

問1 `13` **⑥**

a：「自我がエス（イド）と超自我」が入る。**フロイト**は，神経症の治療や夢の研究などを通じて，**無意識**についての体系的な理論をつくりあげ，人間の心は**エス（イド）**，**自我（エゴ）**，**超自我（スーパー・エゴ）**の三層から成っていると捉えた。これらの三層のうち，エス（イド）は快楽原則に従って非道徳的行動を起こす性質を持つもので，生物体としての人間がもっている本能的な衝動の貯蔵所ともいえるものである。このエス（イド）の非道徳的なエネルギーを抑えるのが，両親や社会の教育によって心の中に組み込まれた社会規範や道徳意識である超自我（スーパー・エゴ）である。そして，このエス（イド）と超自我（スーパー・エゴ）の緊張と葛藤の中で，社会に適応するための調節の働きをするのが自我（エゴ）である。

b：「勉強不足が原因だと分析し，計画的に勉強しようとする」が入る。この空欄は，文章中の「**問題焦点型対処**」（ストレスとなる問題や状況に目を向けて，それらを変える方法を模索する対処）に該当するものが入る。一方，他の選択肢にある「『今回は運が悪かった』と思い込もうとする」のは「**情動焦点型対処**」（状況そのものを変えられない場合に，ストレスとなる状況に伴う情動を軽減することを試みる対処）に該当する。

問2 `14` **④**

ある大学病院に置かれた石碑（実験の犠牲となった動物のための慰霊碑）をめぐる会話に設けられた空欄に入る記述の組合せを，第4問冒頭の会話を踏まえて選ばせる問題。

8

a：「恣意的な取捨選択に委ねず，忘れることなく書かれるべきだ」が入る。第4問冒頭の会話において，Pはその8番目の発言で，恣意的な選択に懐疑の目を向け，犠牲者を歴史から抹消してしまうことに警鐘を鳴らしている。

b：「人間だけでなく自然そのものにも価値があることを認める」が入る。空欄直前にある「**自然の生存権**」という考え方がヒントとなる。これは，生物やそれを含む生態系そのものに価値を認めるべきであるという考えであり，自然を人間にとっての有用性という観点のみから捉えることに警鐘を鳴らそうとするものである。

問3(1)　 15 　②

　資料文（ベンヤミン「歴史の概念について」からの引用）を素材とする，先生と生徒が交わした会話が示してあり，その会話の中に設けられた4つの下線部から，ベンヤミンのいう「解放」の背後にあるマルクスの歴史観に関する説明として適当でないものを選択させる問題。

　マルクスは，歴史の捉え方として**ヘーゲル**の**弁証法**を継承した。弁証法とは，あらゆる事物・事象は，それに内在する対立・矛盾を契機に，より高い次元へと発展するという発展の論理をいう（したがって，①は正しい）。しかし，マルクスは，歴史を**絶対精神**の自己展開として捉えたヘーゲルの考え方を批判し，歴史発展の原動力は物質的な生産関係（生産力と生産手段の所有関係）からなる**下部構造**であるとし，それが**上部構造**（政治制度や文化など人々の意識のあり方）を規定すると主張した（したがって，物質的な生産関係を「上部構造」であるとしている②は誤り）。ただし，マルクスによれば，生産力は絶えず発展するのに対して生産関係は固定化する傾向にあるから，従来の生産関係は新しい生産力の発展にふさわしくないものとなり，かえって生産力の発展の足かせとなるという矛盾・対立が生じてくる。その結果，新しい生産力の発展段階に照応した生産関係が形成されることが避けられなくなり，必然的に社会革命が生じることになる。そして，マルクスは，歴史を**階級闘争**の歴史と捉える観点から，資本主義から社会主義への移行の必然性が，**労働者階級を担い手とする革命による資本主義の打倒**という形で現れるとした（したがって，③④は正しい）。

(2)　 16 　⑤

　高校生Pがベンヤミンの著書からの引用を読んで書いたレポートが示してあり，レポート中の空欄に入る記述の組合せを，第4問冒頭の会話を踏まえて選択させる問題。

　a：**ウ**が入る。この空欄は，Pが歴史についてもともとどのように考えていたかに関する記述が入る。第4問冒頭の会話にあるPの2番目や5番目の発言から，**ウ**が入ると判断できる

　b：**ア**が入る。PがQと議論する中で生じた考え方の変化に着目する。第4問冒頭の会話にあるPの6番目や9番目の発言から，**ア**が入ると判断できる。

　c：**イ**が入る。PとQの議論を深めるうえで，ベンヤミンのどのような主張が手がかりとなるかという観点から解答することになる。ベンヤミンからの引用にある

「かつて起こったことは何一つ歴史にとって失われてはならない」という記述から，イが入ると判断できる。

第5問　法と統治機構

法と統治機構をテーマに，契約と法，各国の議会のしくみ，政治体制の類型化など，政治分野を中心に出題された。

問1　17　④

設問文の指示によれば，**資料1**の理解をもとに，**資料2**の空欄に入る語句を考える必要がある。なお，**資料1**と**資料2**は，**三菱樹脂事件**において，1973年に最高裁判所によって示された判決文である。

三菱樹脂事件

◇**事件の概要および裁判における争点**

大学卒業後，三菱樹脂株式会社に採用された原告が，入社前に学生運動に関係していた事実を故意に隠して入社したという理由で，会社から本採用拒否の通告をうけた事件。同事件の裁判においては，日本国憲法の人権規定（第14，19条）が私人相互間に適用されるか【**争点1**】，という問題のほか，特定の思想，信条を有することを理由とする雇入れの拒否は許されるか【**争点2**】などが問題となった。

◇**【争点1】に関する最高裁判所の判断**（1973年）

憲法の人権規定（第14，19条）は，直接私人相互間の関係に適用されるものではない※。

※同事件において，最高裁判所は**直接適用説**ではなく**間接適用説**に立ったといわれている。ここにいう直接適用説とは，憲法の人権規定は私人相互間に直接適用され，私人に対して直接憲法上の権利を主張できるという考え方をさす。一方，間接適用説とは，人権保障の精神に反する行為については，私法の一般条項（民法第90条の「公序良俗」規定など）を媒介として人権規定の価値を私人相互間にも及ぼすという考え方をさす。

◇**【争点2】に関する最高裁判所の判断**（1973年）

企業者が特定の思想，信条を有する労働者をそのゆえをもって雇い入れることを拒んでも，それを当然に違法とすることはできない。

ア　には「私」が入る。**資料1**では，「憲法第14条の平等および憲法第19条の思想良心の自由の規定」は「もっぱら国または公共団体と個人との関係を規律するものであり，私人相互の関係を直接規律することを予定するものではない」という，直接適用説を否定する最高裁判所の考えが示されている。そして，**資料2**では，「ア　的支配関係においては，個人の基本的な自由や平等に対する具体的な侵害またはそのおそれがあり，その態様，程度が社会的に許容しうる限度を超えるとき

は，これに対する立法措置によってその是正を図ることが可能である」という最高裁判所の考えが示されている。**資料2**は，私人相互間において社会的に許容しうる限度を超える人権の侵害があるような場合，民法など私法の規定の適切な運用によってその是正を図ることができる，という趣旨で説明されており，間接適用説を認める最高裁判所の考えが読みとれる。**資料1**では直接適用説を否定する考えが，**資料2**では間接適用説を認める考えが，それぞれ示されており，**資料1**と**資料2**はいずれも"私人相互間の関係"について説明したものである，ということに気づくことができれば，　ア　には「私」が入ると判断できただろう。

　イ　には「私的自治」が入る。**私的自治**とは，私人相互間の権利関係の調整などは，基本的には自主的な解決に任せるべきであり，国家はこれに干渉しないとするあり方をさす。**団体自治**とは，地方公共団体が国から相対的に独立して政治・行政を行うべきであるという原理をさす。

問2　18　②

　成人年齢を20歳から18歳に引き下げる**改正民法**が2018年に成立した（施行は2022年4月）。これにより，18歳，19歳の者も「親の同意なく自分一人で契約すること」（ローン契約を結んだり，クレジットカードをつくったりすることなど）ができるようになる。その一方で，親の同意のない法律行為を取り消すことができる**未成年者取消権**は18歳から行使できなくなる。

　①「契約書が必要である」という記述は不適当。**契約**は，契約書を作成しなくても，当事者間で合意があった時点で成立する（当事者間で意思が合致した時点で契約は成立し，必ずしも契約書は必要でない）。なお，契約が有効に成立すると，当事者はこれに拘束され，契約を守る義務が生じる。③「いつでも契約を解除できる」という記述は不適当。**クーリング・オフ制度**は，訪問販売や電話勧誘販売，割賦販売などについて，一定期間内であれば違約金や取消料を支払うことなく契約を解除できる制度である。④「撤廃されている」という記述は不適当。2010年6月に全面施行された改正貸金業法により，消費者金融などの貸金業者の貸付け総額を借り手の年収の3分の1以下に制限する**総量規制**が導入された。

問3　19　⑥

　日本国憲法第26条第2項は「義務教育は，これを無償とする」と規定しているが，ここにいう「無償」の範囲をいかに解すべきかについて，様々な捉え方がある。**資料1～3**は，そうした捉え方について書かれたものである。

　aは誤文。**資料1**は，「無償の範囲は，授業料に限定されず，教科書費，教材費，学用品費など，そのほか修学までに必要とする一切の金品を国や地方公共団体が負担すべきである」という考え方を示している。しかし，この**資料1**から読みとれる考え方と，**a**の「授業料以外の就学ないし修学にかかる費用を無償にするかどうかは，国会の判断に広く委ねられる」という考え方は，合致するものではない（「国会の判断に広く委ねられる」ことにより，国や地方公共団体は「授業料以外の就学ないし修学にかかる費用」を負担しない，という結論に至る可能性もあるため）。

　bは正文。**資料2**は，授業料以外の「就学必需費」を「全部無償とすべきである」と説かれる傾向について，「これは，普通教育の無償性という憲法の要請と，教育の機会均等を保障するという憲法における社会保障の要請とを混同しているきらいがある」と述べるとともに，「経済上の理由による未就学児童・生徒の問題は，教育扶助・生活扶助の手段によって解決すべきである」と説明している。教育扶助・生活扶助などの**公的扶助**の制度は，**生存権**の保障を目的として，生活困窮を条件に国が国民に対して行う保護制度である。このことから，**資料2**から読みとれる考え方に照らし，**b**の「授業料以外の就学ないし修学にかかる費用の負担軽減について，生存権の保障を通じての対応が考えられる」という記述は正しいと判断できる。

　cは正文。**資料3**は，「国が保護者の教科書等の費用の負担についても，これをできるだけ軽減するよう配慮，努力することは望ましいところであるが，それは，国の財政等の事情を考慮して立法政策の問題として解決すべき事柄であって，憲法の前記法条の規定するところではないというべきである」と述べ，憲法は「教科書等の費用」を無償にするかどうかについては規定していないが，その費用の負担を軽減するかどうかについては「立法政策の問題として解決すべき事柄」（その判断は立法府の裁量に委ねられる問題）であると説明している。すなわち，憲法は教科書等の費用を無償にすることについて規定しているわけではないが，こうした費用を無償にしたとしても憲法に違反するものではない，というのが**資料3**の考え方である。したがって，**c**の「授業料以外の就学ないし修学にかかる費用を無償にすることは，憲法によって禁止されていない」という記述は，**資料3**から読みとれる考え方に照らし，正しいと判断できる。

問4　**20**　**①**

　2018年に制定された**候補者男女均等法**（**政治分野における男女共同参画の推進に関する法律**）は，議会選挙（国会と地方議会の議員選挙が対象）で男女の候補者の数をできる限り均等にするよう政党に求める法律である。同法に罰則規定はないことから，「罰則規定を設けて促すことになった」という記述は誤り。

　②障害者雇用促進法は，国・地方公共団体や民間企業などに対して，従業員・職員の一定割合以上の障害者を雇用することを義務づけている。例えば，国に対して義務づけられている法定雇用率は2.6%（2018年4月に2.3%から2.5%，2021年3月には2.6%に引き上げられた）となっている。しかし，2018年に中央省庁で障害者雇用数が不適切に計上され，実際の雇用率は法定雇用率を下回っていることが明らかとなった。この中央省庁による障害者雇用数の水増し問題をうけて，障害者を対象とする統一的な国家公務員の採用試験が実施された。**③**2018年の**公職選挙法**の改正により，参議院議員の総定数は6増の248議席となることが決まった。また，参議院議員選挙の比例区において，政党が決めた順位に従って当選者を決定する**特定枠制度**が導入されることになった。この仕組みの下では，まず特定枠の順位に従って当選者を決定し，枠内の候補者が全員当選したことに続いて，枠外の候補者が得票

数の順に当選することになる。④ふるさと納税制度は，任意の都道府県・市区町村に対して寄付金を支払った場合に，その寄付額のうち2000円を超える部分について，一定限度額まで，原則として所得税・住民税から寄付金控除の適用をうけられる制度である。寄付額に応じてその地域の特産品を寄付者に対して返礼品として送付する地方公共団体が多いが，その返礼品競争が過熱したことをうけて，国(総務省)が地方公共団体に対し返礼品のあり方を見直す動きも見られた。

問5　21　③

　aとイ，bとア，cとウが，それぞれ合致する。

　図の横軸の「包括性(参加)」は，選挙権がどれだけの人々に認められているかを示すものであり，右にいくほど，多くの人々に選挙権が認められていることを意味する。ア(日本国憲法下の日本の政治体制)の下では普通選挙が採用されている点，イ(チャーティスト運動の時期のイギリスの政治体制)の下では普通選挙が実現していなかった点，ウ(ゴルバチョフ政権より前のソ連の政治体制)の下では普通選挙が実現していた点を踏まえ，aにはイが，b・cにはアかウのいずれかが，それぞれ当てはまると判断できる。

> **◇普通選挙**
>
> 　身分や財産などによる制限を設けず，一定の年齢に達した国民に等しく選挙権を認める選挙。
>
> **◇チャーティスト運動**
>
> 　19世紀(1837～48年頃)のイギリスで展開された労働者を主体とする政治運動。チャーティストは，労働者団体が男子普通選挙権の獲得や候補者の財産資格廃止などを含む要求を掲げた「人民憲章(People's Charter)」に由来する語句である。
>
> **◇ソ連(ソビエト連邦)の政治体制と「最高会議」の代議員選挙**
>
> 　ソ連の政治体制は，すべての権力は人民(労働者や農民)に属するとの考えから，人民の代表が集まる会議体「最高会議」にすべての権力を掌握させる権力集中制(民主集中制)を採用していた。そのため，権力分立の原則は採用されず，複数政党制も認めず，人民を代表する政党は共産党だけであるとされ，共産党の一党支配が行われてきた。
>
> 　1936年のソビエト連邦憲法(スターリン憲法)の制定以降，「最高会議」の代議員選挙が実施されるようになった(普通選挙を採用)。ただし，ゴルバチョフ政権より前のソ連の「最高会議」の代議員選挙は，事実上，共産党員である候補者を代議員として追認するような選挙であったとされる。

　図の縦軸の「自由化(公的異議申立て)」は，選挙権を認められている人々が，抑圧なく自由に政府に反対したり対抗したりできるかを示すものであり，上にいくほど，抑圧なく自由に異議申立てを行うことができることを意味する。ウ(ゴルバチョフ政権より前のソ連の政治体制)においては，共産党が権力を握るプロレタリ

ア独裁体制がしかれ，社会的平等を重視する政策が遂行される一方で，人民の自由権は大幅に制限された。この点を踏まえ，**b**には**ア**が，**c**には**ウ**が，それぞれ当てはまると判断できる。

問6　22　⑤

　aは正文。日本国憲法下の国会は衆議院と参議院からなり，両議院は「全国民を代表する選挙された議員」によって組織される（第43条第1項）。衆議院で可決し参議院でこれと異なった議決をした法律案は，衆議院で出席議員の3分の2以上の多数で再び可決したときは，法律となる（第59条2項）。

　bは誤文。第1文は正しいが，第2文の「政府高官人事への同意など下院にのみ与えられている権限もある」という記述が誤り。「政府高官人事への同意」は，「下院」ではなく「上院」に与えられている権限である。なお，上院は，大統領による政府高官人事への同意権のほか，条約の締結に関する承認権をもつ。これに対し，下院は予算案など歳入に関する法案の先議権をもつ。

　cは正文。イギリスの議会は，非公選の議員によって構成される上院（貴族院）と，国民の直接選挙によって選出される議員からなる下院（庶民院）で組織される。下院優越の原則が確立しており，下院が国政の中心に位置している。下院が内閣を信任しなくなったときには，内閣は総辞職するか，下院を解散して国民に信を問うために総選挙を行う。

第6問　現代の経済状況

　現代の経済状況をテーマに，日本の雇用環境，財政，不良債権や貸し渋りの問題，国際通貨制度の変遷など，経済分野を中心に出題された。

問1　23　②

　アには「年功序列型の賃金」が入る。**年功序列型賃金体系**（勤続年数や年齢などの年功に基づいて賃金が決定される賃金体系）は，**終身雇用**（新卒者を採用し，原則として定年まで解雇せずに企業内に定着させる雇用慣行）や**企業別労働組合**（企業単位で労働組合を組織するあり方）とともに，第二次世界大戦後の日本における労使慣行の特徴とされ，「日本的経営」「日本的雇用慣行」などと呼ばれた。なお，経済環境の変化に伴って「日本的経営」「日本的雇用慣行」が変容した際に，成果主義的な賃金制度の導入の広がりが見られたことから，「成果主義による賃金」は入らない。

　イには「裁量労働制」が入る。**裁量労働制**とは，業務の進め方や時間配分の決定などを労働者自身に委ね，実際に何時間働いたかにかかわりなく一定時間働いたとみなす仕組みをさす。なお，**フレックスタイム制**とは，一定の定められた時間帯の中で，出社と退社の時刻を労働者が決めることができる仕組みをさす。

問2　24　④

　aは正文。パート，アルバイトなど非正規雇用の労働者は，正規雇用の労働者と

同様に，**団結権**(労働組合を結成する権利)を有し，その行使が認められる。

　bは正文。**労働組合法**によれば，使用者が労働組合との団体交渉を正当な理由なく拒否することは**不当労働行為**(使用者による労働組合活動に対する妨害行為)に該当し，認められない。

　cは誤文。労働組合法によれば，使用者が労働組合に対して経費を援助することは不当労働行為に該当し，認められない。したがって，「使用者は労働組合に対して，経費を援助しなければならない」という記述は誤り。

問3 **25** **②**

　国債依存度とは，歳入に占める公債金の割合をいう(次式)。

> 国債依存度(%) ＝ 公債金 ÷ 歳入 × 100

　表の数値を用いて計算すると，2017年度の国債依存度は約26.7%(160億ドル÷600億ドル×100＝約26.7%)，2018年度の国債依存度は約25.3%(190億ドル÷750億ドル×100＝約25.3%)となり，2017年度から2018年度にかけて国債依存度が低下したことが分かる。

　①「減少」という部分を「増加」に置き換えると正しい記述になる。**国債残高**とは，償還されずに残っている国債(国による金銭上の債務)の総額をいう。公債金(新規国債の発行額)が償還のための国債費を上回れば国債残高は増加し，下回れば国債残高は減少することになる。表の数値によれば，2017年度と2018年度のいずれも公債金が国債費を上回っている。したがって，国債残高は増加し続けていると判断できる。③「赤字額が拡大した」という記述は誤り。**プライマリーバランス**(**基礎的財政収支**)とは，"歳入から公債金を除いた収入"から"歳出から国債費を除いた支出"を差し引いた収支をいう(次式)。

> プライマリーバランス ＝ (歳入－公債金)－(歳出－国債費)

　歳入＝歳出となるので，基礎的財政収支は次式のように示すこともできる。

> プライマリーバランス＝国債費－公債金

　表の数値を用いて計算すると，2017年度のプライマリーバランスは20億ドルの赤字(140億ドル－160億ドル＝－20億ドル)，2018年度のプライマリーバランスも20億ドルの赤字(170億ドル－190億ドル＝－20億ドル)となり，2017年度から2018年度にかけて「プライマリーバランスの赤字額が拡大」したことは確認できない。④「間接税の比率が上昇した」という記述は誤り。**直間比率**とは，直接税と間接税の比率をさす。歳入の表に示された租税収入のうち，法人税と所得税は直接税に，酒税と消費税は間接税に，それぞれ分類できる。表の数値を用いて計算すると，2017年度の直間比率は1：1(法人税100億ドル＋所得税120億ドル＝直接税220億ドル，酒税50億ドル＋消費税170億ドル＝間接税220億ドル，直間比率は1：1)，2018年

度の直間比率は 1 : 0.93(法人税130億ドル＋所得税160億ドル＝直接税290億ドル，酒税50億ドル＋消費税220億ドル＝間接税270億ドル，直間比率は29 : 27[1 : 0.93])となり，2017年度から2018年度にかけて間接税の比率が低下していることが分かる。

問4 　26 　①

この設問を解く上では，次の語句の意味を把握しておく必要がある。

- **不良債権**：回収が困難あるいは不能な債権をさす。1980年代後半から1990年代初頭にかけてのバブル経済期に銀行などの金融機関は企業や個人に多額の融資をしていたが，バブル経済が崩壊すると，貸付先の企業の倒産などにより大量の不良債権が発生した。そして，巨額の不良債権を抱える金融機関の中には，経営破綻に追い込まれるものもあった。

- **貸し渋り**：金融機関が融資の基準や条件を厳しくして貸出しを抑制することをさす。日本では，1990年代初頭にバブル経済が崩壊した後，不良債権を大量に抱えて経営体力が低下した金融機関による貸し渋りが問題となった。

- **BIS 規制**(バーゼル規制，バーゼル合意)：1988年に BIS(国際決済銀行)の常設事務局であるバーゼル銀行監督委員会で合意された，銀行の自己資本比率規制をさす。例えば，国際業務を行う銀行は自己資本比率が 8 ％以上なければならないとする規制が設けられており，自己資本比率の数値が高いほど，銀行の健全性は高いと評価される。

設問文は，「不良債権となっている資産を最終的に消滅させるために費用が発生し，その費用が大きければ損失が発生し資本金を減少させることがある」と説明しており，このことは模式図からも確認することができる(模式図の「経済不況」から「不良債権処理」への変化に注目)。これらのことを踏まえて，各選択肢を検討する。

①適当な記述である。銀行による融資額(模式図が示す「貸出債権」の額)が大きくなれば，模式図が示す「資産」「負債・純資産」の総額も大きくなることになる。仮に，「不良債権処理」によって資本金が減少しているときに，融資額(貸出債権の額)を増やした場合，自己資本比率を求める際の分母(模式図が示す「資産」「負債・純資産」の額)が大きくなることになり，自己資本比率は低下することになる。銀行が BIS 規制(自己資本比率規制)を遵守し自己資本比率の低下を回避しようとするならば，融資額(貸出債権の額)の増加を回避する傾向は強まることになる。したがって，①の「不良債権処理によって貸出債権を含む総資産に対する資本金の比率が低下」した場合(自己資本比率が低下した場合)，「新たな貸出しが抑制される傾向がある」とする記述は適当であると判断できる。

②貸し渋りの説明が誤り。貸し渋りとは，金融機関が融資の基準や条件を厳しくするなどして貸出しを行う際に慎重な姿勢をとることをいうが，「貸出債権の一部を不良債権として資産から取り除く結果，経済不況以前と比べて貸出債権の残高が

減少すること」をさすわけではない。③「預金に対する自己資本の比率に関する
BIS規制」という記述は不適当(「預金」という部分を「資産」あるいは「負債・純
資産」に置き換えると適当な記述となる)。自己資本比率を求める際の分母に相当
するのは，模式図が示す「資産」「負債・純資産」の額である。④「預金に対する
貸出債権の比率が高くなる」という記述は不適当(「高くなる」という部分を「低く
なる」に置き換えると適当な記述となる)。「経済不況以前」の模式図と「不良債権
処理」の模式図を比べると，「預金に対する貸出債権の比率」は低くなっているこ
とが読みとれる(預金と貸出債権の比率は，「経済不況以前」の模式図では7：6，
「不良債権処理」の模式図では7：4となっている)。

問5 　27　 ②

「すべての加盟国に自国通貨と金との交換を義務づけた」という記述は誤り。
1944年にアメリカのブレトン・ウッズで調印されたIMF(国際通貨基金)協定は，
各国が協力体制をとることによって，為替相場を安定させ，自由貿易の拡大を図ろ
うとするものである。この協定に基づく体制(ブレトン・ウッズ体制)は，金とドル
の交換を前提にし，ドルとIMFに加盟する各国の通貨を固定相場で結びつけるも
のである(IMF加盟国に対して自国通貨の対ドル平価を維持することを義務づけた
ものであって，「自国通貨と金との交換を義務づけた」わけではない)。

①③④は，それぞれ正しい記述となっている。①1930年代には，為替切下げ競争
やブロック経済化が起こり，世界貿易が縮小し，国際関係は緊張することとなった。
③1960年代には，アメリカの貿易収支の悪化やベトナム戦争による対外軍事支出の
増大などによりドルがアメリカから国外へと流出し，ドルに対する信認が低下する
ドル危機が発生した。④1973年の「変動相場制への移行開始」の後，主要国は主要
国首脳会議(サミット)や財務相・中央銀行総裁会議の場において，経済政策の協調
について協議するようになった。

問6 　28　 ②

　ア　にはaの「外資導入による輸出指向(志向)型での工業化の進展」が入る。
図では，「日本企業の発展途上国・新興国への進出」によって，発展途上国・新興
国に　ア　という影響がもたらされる，ということが示されている。すなわち，発
展途上国・新興国に日本企業が進出することを前提としているのだから，　ア　に
は「外資導入」による工業化の進展について書かれたaが入り，「自国資本」によ
る工業化の進展について書かれたbは入らないと判断できる。なお，輸出指向(志
向)型での工業化とは，自国市場向けよりも，輸出向けの生産に依存する工業化政
策をいう。また，輸入代替工業化とは，輸入している工業製品を，自国生産によっ
て代替化していこうとする工業化政策をいう。

　イ　にはdの「日本と発展途上国・新興国間の工業製品の貿易における日本の
最終製品輸入比率の上昇と中間財輸出比率の上昇」が入る。図では，「日本企業に
よる部品供給と進出先での組立て」により，　イ　という影響がもたらされる，と
いうことが示されている。すなわち，日本企業が進出先である発展途上国・新興国

に向けて部品を輸出する(中間財の輸出)とともに，発展途上国・新興国の現地で組立てを行い(最終製品の生産)，それを日本に向けて輸出(日本が輸入)する傾向が強まると考えられる。したがって，イには**d**の「日本と発展途上国・新興国間の工業製品の貿易における日本の最終製品輸入比率の上昇と中間財輸出比率の上昇」が入り，**c**の「日本と発展途上国・新興国間の工業製品の貿易における日本の最終製品輸出比率の上昇と中間財輸入比率の上昇」は入らないと判断できる。

第7問　日本による発展途上国への開発協力のあり方

日本による発展途上国への開発援助のあり方をテーマに，選挙監視団の派遣，日本のODAの特徴，マイクロファイナンス(マイクロクレジット)など，政治分野と経済分野の両分野を結びつける形で出題された。

問1 　29 　①

　設問中の会話文の中では，「途上国で行われる選挙」に「外国からの選挙監視団」が派遣されることに疑問をもった生徒**Y**の問いかけに対して，生徒**X**が「選挙監視団の目的は，自由で公正な選挙が行われるようにすることだよね」と答え，これに続いて「民主主義における選挙の意義という観点から考えれば，そうした選挙を実現させることは，その国に民主的な政治体制が定着するきっかけになるよね」と述べている。ここにいう「そうした選挙」とは，「自由で公正な選挙」のことであり，「自由で公正な選挙」を実現させることが民主的な政治体制(民主主義)の定着につながる，すなわち「自由で公正な選挙」を実現させることは民主主義の前提である，というのが**X**の考えである。①は，「国民に選挙を通じた政治参加を保障することで，国の統治に国民全体の意思を反映」させることが民主主義の前提であるという趣旨の記述であり，**X**が二重下線部で示したように考えることができる理由として最も適当なものである。

　②は「大衆が国の統治を特定の個人や集団による独裁に委ねる可能性が排除されている」ことが民主主義の前提であるという趣旨の記述，③は「裁判によって紛争を解決すること」が民主主義の前提であるという趣旨の記述，④は「国民が政治的意思を表明する機会を選挙以外にも保障」することが民主主義の前提であるという趣旨の記述であるが，②③④はいずれも，「自由で公正な選挙」を実現させることが民主主義の前提であるという趣旨で述べられている**X**の発言内容に沿ったもの(**X**の考えを導く理由)とはいえず，不適当。

問2 　30 　②

　図によれば，5か国(インド，インドネシア，タイ，バングラデシュ，フィリピン)の名目GNI(米ドル)の平均値の指数は，2002年の100から2015年の約400へと，ほぼ4倍に膨れ上がっている。この設問では，経済成長(名目GNIの増加)と各種データ(電力発電量，平均寿命，栄養不良の人口割合)との関係を，それぞれ類推してア〜ウを確定させていくことで，正解を導くことができる。

ア～ウのうち，2002年の指数よりも2015年の指数の方が小さくなっているのは**イ**である。「電力発電量」「平均寿命」「栄養不良の人口割合」のうち，経済成長に伴い小さくなる傾向にあるのは「栄養不良の人口割合」であると考えられるから，**イ**には「栄養不良の人口割合」が当てはまると判断できる。**ア**と**ウ**は，いずれも2002年の指数よりも2015年の指数の方が大きくなっており，「電力発電量」と「平均寿命」のうちのいずれかが当てはまることになる。**図**によれば，**ア**については，2015年の指数が2002年の指数の2倍以上に膨れ上がっている。「平均寿命」がわずか13年間で2倍以上になる(45歳から90歳に上昇するなど)とは考えにくいことから，**ア**には「平均寿命」ではなく「電力発電量」が当てはまると判断できる(同時に**ウ**が「平均寿命」であると判断できる)。なお，第二次世界大戦後の日本の高度経済成長期がそうであったように，一般に，名目GNIが大きく増加(経済が急成長)すると，「電力発電量」も大きく増加する傾向にある。このことから，**ア**には「電力発電量」が当てはまると判断してもよいだろう。

問3 31 ③

ア には「無担保」が入る。担保とは，将来生じるかもしれない不利益に備え，あらかじめその補いとなるものを準備すること(将来の債務不履行の危険に備えて，あらかじめその債務の履行を確保する手段として債権者に提供されるもの)をさす。マイクロファイナンス(マイクロクレジット)は，貧困層や低所得層向けの少額融資などの金融サービスのことで，その融資は無担保で行われるとされる。新規事業の立ち上げや事業の拡大を促進するなど経済的自立の支援を目的とする(無償援助ではなく，返済義務のある融資を行うことによって，自助努力による貧困からの脱出を促す)。

イ には「グラミン銀行」が入る。1983年にバングラデシュで創設されたグラミン銀行は，それまで銀行から融資を受けることが難しかった貧困層や低所得層を対象に，生業のための無担保・低金利の少額融資を行っている。なお，アジアインフラ投資銀行(AIIB)は，中国主導の下で2015年に創設された国際金融機関である。

問4 32 ① 33 ④

ア には①が入る。「経済格差や社会保障の問題など，国内にも対処しなければならない問題があることは確かです。しかし，それでもなお，日本の税金や人材によって他国を援助する理由はあると思います」という説明に続く **ア** には，「国際貢献は日本国憲法の依拠する理念や原則に照らしても望ましい」という考えに基づく記述が入る。①の「日本国憲法の前文は，平和主義や国際協調主義を外交における基本理念として示しています。この理念に基づくと，国同士が相互に尊重し協力し合い，対等な関係の国際社会を築くことが重要です」という記述は，日本国憲法前文の内容に照らし，適当である。一方，②の「日本国憲法の基本的人権の保障の内容として，他国における他国民の人権保障状況についても，日本は他国に積極的に改善を求めていくことが義務づけられています」という記述は，日本国憲法の内容に照らし，適当でない。日本国憲法は，「国民の権利及び義務」という章(第3

章)を設けるなど, 国民の基本的人権の保障内容について定めているが, 「他国における他国民の人権保障状況」について, 「他国に積極的に改善を求めていくこと」が日本の義務である, ということを定めているわけではない。以上のことから, ア には, ②ではなく①が入ると判断できる。

　　イ には④が入る。「世界では, 環境問題, 貧困問題, 難民問題など, 国内より大規模な, 人類共通の利益にかかわる問題が出現しています」という説明に続く イ には, 「国際貢献は日本の利益に照らしても望ましい」という考えに基づく記述, すなわち "人類共通の利益にかかわる問題を解決することが日本の利益につながる" という考えに基づく記述が入る。③の「大事なのは, 日本の利益より人類共通の利益であり……。日本の利益から離れて……」という記述と, ④の「大事なのは, 人類共通の利益と日本の利益とが無関係ではないという点です。人類共通の利益の追求が日本の利益の実現につながりうる……」という記述を比べ, "人類共通の利益にかかわる問題を解決することが日本の利益につながる" という考えに基づくものは, ④であると判断できる。

●写真提供・協力
知恩院／京都国立博物館／産業医科大学

MEMO

倫理, 政治・経済

（2021年1月実施）

受験者数　　221

平 均 点　61.02

22

倫理，政治・経済

解答・採点基準 (100点満点)

問題番号(配点)	設問		解答番号	正解	配点	自己採点
第1問(12)		問1	1	③	3	
		問2	2	②	3	
		問3	3	⑤	3	
		問4	4	①	3	
第1問　自己採点小計						
第2問(12)	I	問1	5	②	3	
		問2	6	①	3	
	II	問3	7	③	3	
		問4	8	④	3	
第2問　自己採点小計						
第3問(12)	I	問1	9	①	3	
	II	問2	10	④	3	
	III	問3	11	③	3	
		問4	12	①	3	
第3問　自己採点小計						
第4問(14)		問1	13	①	4	
		問2	14	④	3	
		問3	15	③	3	
		問4	16	④	4	
第4問　自己採点小計						

問題番号(配点)	設問		解答番号	正解	配点	自己採点
第5問(19)	A	問1	17	④	3	
		問2	18	①	3	
	B	問3	19	①	3	
		問4	20	⑥	3	
		問5	21	②	4	
		問6	22	①	3	
第5問　自己採点小計						
第6問(19)	A	問1	23	④	3	
		問2	24	①	3	
	B	問3	25	④	3	
		問4	26	②	3	
	C	問5	27	④	3	
		問6	28	④	4	
第6問　自己採点小計						
第7問(12)		問1	29	⑦	3	
		問2	30	②	3	
		問3	31	④	3	
		問4	32	②	3	
第7問　自己採点小計						
自己採点合計						

第1問　源流思想

本問では，ギリシア哲学，イスラーム，キリスト教，仏教，古代中国思想など，東西の源流思想からバランスよく出題された。

問1 | 1 | ③

　大乗仏教では，六つの実践徳目(六波羅蜜)が重視されるが，③に出てくる布施(他人に施しを与えること)はその一つである。そのほかの五つは，持戒(戒律を守ること)，忍辱(怒ることなく忍ぶこと)，精進(怠ることなく努力すること)，禅定(心を乱さないように精神を統一すること)，智慧(愚痴を離れて真理に生きること)である。

　①「神々と無関係であるとする世界観」は誤り。ホメロスは，古代ギリシアにおいて神話的な世界観が支配的であった時期に，叙事詩『イリアス』や『オデュッセイア』などを著し，人間の世界のあり方を神々の世界に投影して表そうとした。②「人間の徳は生まれが社会的に高貴であるかどうかに基づいて成立する」は誤り。ソクラテスは，人々が追い求める金銭・名誉・健康・美貌などは全て，それ自体で幸福を生み出すのではなく，魂をすぐれたものにするよう努力することによって初めて幸福と結びつくとし，人々に対して魂への配慮を怠るべきではないと説いた。④「その連鎖から抜け出すことは不可能だと考えられた」は誤り。ウパニシャッド哲学では，宇宙の諸現象の根底にあってそれ自身は決して変化することのない絶対的なもの(ブラフマン／梵)と，人間の根底に潜む真実の自己(アートマン／我)とが，もともと一体であること(梵我一如)を自覚するとき，人は輪廻の苦しみから解き放たれ安らぎを得ることができると説かれる。

問2 | 2 | ②

　プラトンは，世界を感覚で捉えられる現象界と理性によってのみ捉えられるイデア界に分け，現象界において捉えられるものは全て，事物の本質・原型である真実在としてのイデアの模像であるとした。そして，イデア界において，全てのイデアを統一し，個々のイデアをイデアたらしめる最高のイデアを善のイデアと呼んだ。

　①前半は正しい。しかし，イスラームにも最後の審判という考えがあるので，後半は誤り。③「理」と「気」の説明が逆になっているので，誤り。朱子(朱熹)は，宇宙から人間にいたる一切を貫く最高の規範原理である理と，あらゆる存在・現象を構成する物質的な存在である気の結合によって，万物は成り立つと説いた。④事物が「識」と「色」の二つの要素から構成されているという記述は誤り。大乗仏教の思想家である無著(アサンガ)と世親(ヴァスバンドゥ)は，あらゆる事物は実在するわけではなく，人間の意識の働きの所産にすぎないとする唯識の思想を説いた。なお，仏教では「色」は形あるものをいう。

問3 | 3 | ⑤

　a：「最初に創造された人間」が入る。空欄の直前に出てくる「創世記」は旧約聖書の冒頭に収められた書で，そこには神による天地創造や人類創造(アダムとイヴの創造)などについて記されている。したがって，「イエス」は入らない。

b：「人間も被造物の一員として，他の動植物の世話をする責任を負う」が入る。会話において，Aは，「創世記」にある「生き物全てを支配せよ」という言葉について，「自然に対する人間の支配を正当化しているように読める」としつつも，それとは異なる解釈もあるという趣旨のことを述べている。また，Aは下線部ⓒでフランチェスコの教えを説いているが，そこでは人間は「狼と正しい関係を結ぶことで獰猛な狼とも共存できる」と発言している。これらのことから，「他の動植物を人間の都合で利用してよい」や，人間は「他の動植物に隷属すべき存在である」という記述は入らない。

問4 `4` ①

選択肢の前半の「自分のわがままを抑え，人の心を思いやること」という記述は**孔子**の説いた「**克己**」や「**恕**」を想定したものである。また，後半は**資料1**〈孔子の言葉〉と内容が合致する。

②孔子は，『**論語**』にある「**怪力乱神を語らず**」という言葉が示しているように，神秘的なことがらについて語ることを好まなかった。したがって，選択肢の前半は誤り。また，後半も誤りで，**資料1**〈孔子の言葉〉と内容が合致しない。③前半は**老子**の説いた**無為自然**の生き方についての記述として正しい。しかし，水について「誰もが嫌がる場所を避けて流れ行く」としている後半は誤り。**資料2**〈老子の言葉〉では，水は「誰もが嫌がる低湿地に落ち着く」と述べている。④老子が「他人にへりくだることのない自然な生き方」を説いたとする前半は誤り。老子は水のようにへりくだって他者と争わない態度（**柔弱謙下**）を重視した。後半は**資料2**〈老子の言葉〉と内容が合致する。

第2問　日本思想

本問では，古代日本における神々への信仰，江戸時代の思想，近代の思想など，日本思想の分野から幅広く出題された。

問1 `5` ②

折口信夫は，日本における神の原型を，海の彼方の理想郷である常世国から，時を定めて村落を訪れる「**まれびと**」に求め，この「**まれびと**」と村落の人々との交流の中から，文学や芸能が発達したと主張した。したがって，**ア**は正文。これに対して，**イ**は「まれびと」を「神事などを見物する……観客」と説明しているので誤文。

問2 `6` ①

中江藤樹は，**孝**を，子が親に対して行うべき道徳であるとともに，天下の**事物・事象を貫き統括する道理**でもあるとした。したがって，**a**には「孝」が入り，**b**には「人間関係だけでなく，あらゆる事象や事物をも貫くもの」が入る。

問3 `7` ③

ア：正文。**栄西**は，宋に渡って禅を学び，日本に**臨済宗**を伝えた。また彼は，

『喫茶養生記』を著して，**喫茶の習慣**を日本に伝えた。

イ：誤文。「庶民のための学校である綜芸種智院を設立した」のは，最澄ではなく空海である。空海は，人はみなひとしく仏子であるという信念から，この学校を設立した。**最澄**は，比叡山に一乗止観院(のちの**延暦寺**)を建立し，天台宗の学問と修行の道場としたことで知られる。

ウ：誤文。**日蓮**が重視したのは「般若経」ではなく「**法華経**」である。日蓮は，「妙法蓮華経」の五字にブッダの修行とその結果としての徳が備わっているとし，「**南無妙法蓮華経**」と唱えること(**唱題**)によって誰もが仏の功徳を得て救われ，国家の安泰が達せられると考えた。

問4　8　④

資料では，「常住不変」なるものとしての風習は，「過ぎ行く生活における『きまり』『かた』」であり，「転変する生活がそれにおいて転変し行くところの秩序」であるとされている。したがって，**④**が正解。

①「きまり」「かた」は「道とは言えないもの」という趣旨の記述は誤り。**資料**では，「きまり」「かた」は「人倫における五常」にたとえられ，「道」であるとされている。**②**「きまり」「かた」が「人倫における五常」と対立するという趣旨の記述は誤り。**資料**では，「きまり」「かた」は「人倫における五常」にたとえられている。**③**「きまり」「かた」は人間とは関わりのないものという趣旨の記述は誤り。**資料**では，「きまり」「かた」は「人間生活の不断の転変を貫ぬいて常住不変なるもの」とされている。

第3問　西洋近現代思想

本問では，ルネサンス，カントの思想，ヴェイユの思想など，西洋近現代思想から幅広く出題された。

問1　9　①

a：「誰が救済されるかは，あらかじめ決まっている」が入る。**カルヴァン**によれば，誰が救われるかは神によってあらかじめ定められており，人はみな自分が救われるかどうかを知ることができない。このような考えは**予定説**と呼ばれる。

b：「神の栄光」が入る。カルヴァンは上で見た予定説に基づいて，人が救いを確信するには，神から与えられた世俗の職業にひたすら励んで世俗の世界において神の栄光を高めるほかはないとした(**職業召命観**)。

c：「救済の確信を得るために仕事に励み，禁欲的な生活を送ったから」が入る。**ウェーバー**は，上述した職業召命観に見られる世俗の世界における職業的な営為と内面的な信仰との結びつきに注目し，『**プロテスタンティズムの倫理と資本主義の精神**』において，カルヴァン派の倫理(**カルヴィニズム**)と富の蓄積を追求する資本主義の精神の親近性を指摘した。

26

問2 **10** ④

カントは，「こうすべきだ」と理性（実践理性）が呼びかけてくる義務の声に基づき，いかなる場合でも普遍的な行為準則（道徳法則）に従って善をなそうとする意志（善意志）を無条件に善いものと認めた。そして，この善意志を動機とする行為にのみ道徳的な価値があると説いた。これに対して，ある目的を達成するための手段としての行為には道徳的な価値を認めなかった。

①第一文は正しい。しかし，第二文は，「ぜいたくをすることが目的」となっている行為について「道徳的である」としているので誤り。②第一文は「結果として義務にかなう行為」を道徳的であるとしており，誤り。カントは，上でも見たように，善意志を動機とする行為にのみ道徳的な価値を認めた。第二文も，「ぜいたくをすることが目的」となっている行為について「道徳的である」としているので，誤り。③第一文は「結果として義務にかなう行為」を道徳的であるとしており，誤り。第二文は正しい。

問3 **11** ③

資料では，ヴェイユが「自由」のみならず「服従」も「魂の糧」となると論じているとして，なぜヴェイユが服従も魂の欲求を満たすと考えるのかについて説明を加えている。その際の主要な論点は次の二つである。一つは，「勝手気ままに振る舞い，他人に命令を下せる地位」にいる人は，他人から指導を受ける機会や，他人と協働する機会を奪われることになるから，「魂を病んでしまう」ということである。もう一つは，「命令を下す人」と「従う人」が目標を共有している場合，そこでの「服従」は「自らの居場所や役割を他者との協働の中で持つ」ことであるから「魂の糧」となるということである。こうした趣旨に合致するのは，③である。

①命令に従う理由を「自分の地位が向上するから」としており，この選択肢は資料の趣旨と合致しない。②「嫌な命令」は，命令に従う人が命令を下す人と目標を共有していない場合に感じることであるから，この選択肢は資料の趣旨に合致しない。④命令への服従の理由を「迫害を逃れること」としており，この選択肢は資料の趣旨と合致しない。

問4 **12** ①

選択肢の前半はPの一番目の発言の内容と合致しており，後半は二番目の発言の内容と合致している。

②選択肢の前半はPの一番目の発言の内容と合致している。しかし，後半の「あらゆる労働が幸福をもたらす，と考えるようになった」は発言内容と合致しない。Pは三番目の発言において，「やりがいがあっても，仕事がつら過ぎる場合もあるよ」と述べている。③Qが精神的な満足よりも感覚的な満足にやりがいを感じているという趣旨の記述は，Qの発言内容と合致しない。Qは二番目の発言において，「やりがいは，感覚的というより，精神的な満足じゃないかな」と述べている。④Qがおいしいものを食べることとやりがいを感じることはどちらも精神的な満足だと思っているという趣旨の記述は，Qの発言内容と合致しない。Qは一番目の発言

において，直前のPの発言(仕事そのものには幸福を見いだすことはできず，おいしいものを食べるという感覚的な欲求を充足することが幸福だと思うという発言)を受けて，「幸せには別の見方もあるよ。仕事にやりがいを感じるときも，満足していると言えるんじゃない？」と述べている。

第4問　青年期と心理，現代の諸課題

本問では，異文化理解，レヴィンによる葛藤の分類，共同体主義(コミュニタリアニズム)に関わる資料問題など，青年期と現代社会の諸問題の分野から出題された。

問1 　13 　①

a：①と②の「政府による開発援助」が入る。空欄直後に出てくる「ODA」が「政府開発援助」と日本語で表記されることから判断すればよい。

b：①と③の記述が入る。20年間で，生活水準を上げるべきだと考える人の割合は，20歳代が10ポイント増加(48％→58％)，30歳代が8ポイント増加(54％→62％)している一方で，40歳代が6ポイント減少(58％→52％)，50歳代が6ポイント減少(62％→56％)している。②と④については，それぞれ「全ての年代で大きくなっている」「全ての年代で小さくなっている」は誤り。20年間で，生活水準を上げるべきだと考える人と，外国を助けるべきだと考える人の割合の差は，40歳代(24％から13％へと11ポイント減少)，50歳代(30％から16％へと14ポイント減少)で差が小さくなっているのに対して，20歳代(0％から19％へと19ポイント増加)，30歳代(15％から27％へと12ポイント増加)で差が大きくなっている。

問2 　14 　④

レヴィンは，葛藤を次の三つに類型化した。(i)「**接近 − 接近**」型(接近したいと思う対象が二つ以上同時に存在し，それらを同時にかなえることができないときに起こる)，(ii)「**回避 − 回避**」型(避けたいと思う対象が同時に存在し，どちらも避けたいと思うときに起こる)，(iii)「**接近 − 回避**」型(接近したいと思う対象と避けたいと思う対象が併存しているときに起こる)。

ア：第一志望の大学に行きたいが，自分の居住地から遠いという理由で受験するかどうかを迷っているという趣旨で書かれているから，「接近 − 回避」型の例。

イ：買い物に付き合ってほしいという友人からの頼みごとを断りたいが，断って友人との関係を悪くしたくもないという趣旨で書かれているから，「回避 − 回避」型の例。

問3 　15 　③

まず，**共同体主義(コミュニタリアニズム)**の基本的な特徴を確認しよう。この思想は，人間をみずからの意志によって生き方を自由に選択できる存在(「**負荷なき自我**」)であるかのように捉えることを批判し，現実の人間は，様々なコミュニティ(家族・地域社会・民族・宗派など)の価値観を内面化し，コミュニティそのものを成り立たせている**共通善**を学ぶことでみずからのアイデンティティを形成すると主

28

張する。次に，資料の趣旨を確認しよう。そこでは，人間は，言語を共有する特定の人々との対話を通じて，家族関係，社会的地位や役割の位置関係などにおいて自分の道徳や精神のあり方を方向付けることにより，自分が何者であるかを明確にすることができると述べられている。したがって，③が正解。

　①前半は資料の趣旨と合致しているが，後半は共同体主義の説明として誤り。「公正としての正義」を重視したのは，自由主義(リベラリズム)の流れに属するロールズである。共同体主義の立場からすると，ロールズの思想は，上で見た「負荷なき自我」を前提としていると批判される。②人間の精神が「共同体における個人の立ち位置とは無関係に決定される」とする前半は，資料の趣旨と合致しない。後半の共同体主義に関する説明は正しい。④前半は資料の趣旨と合致しているが，後半は共同体主義ではなく，自由至上主義(リバタリアニズム)についての説明である。自由至上主義は，国家が強制的な課税によって所得を再分配したり，福祉を増進させたりすることは，個人の自由や権利に対する不当な侵害であるとした。

問4　16　④

　高校生Wは，**第4問**冒頭の会話において，当初は，日本語が苦手な英語の先生(英語がネイティブの先生)について，日本で暮らす以上は日本語をしっかり身につける必要があるということや，言語は人間が生まれ育った共同体の習慣や価値観と不可分一体であり，自分にとっての日本語もそれと同様であるから，英語より母語である日本語を尊重すべきであるということを述べている。ただし，**第4問**冒頭の会話の最後で，自分が日本という共同体の価値観などを過度に強調していたかもしれないという趣旨の発言をしている。一方，高校生Rは，**第4問**冒頭の会話で，みんなが英語を習得することが必要だと述べつつも，言語は人が生まれ育った共同体の習慣や価値観と切り離すことができないという考え方にある程度の理解を示している。その上で，国境を越えて人が移動する現代では，母語のみを尊重していたのではそれとは異なる言語を話す人々と一緒に暮らすことが困難になるということを述べている。これらのことを踏まえて，問4におけるWの発言(　a　・　c　)とRの発言(　b　・　d　)を確定することになる。

　アに「現代は人が国境を越えて移動する時代だと言った」とあるが，これはRの発言(**第4問**冒頭の会話における7回目の発言を参照)であるから，**ア**はWの発言である　a　には入らない。**イ**に「外国から来た人も……自分がいま暮らしているその国の言語を学ぶべきだ」とあるが，これはWの発言(**第4問**冒頭の会話における2回目・3回目の発言を参照)であるから，**イ**はRの発言である　b　には入らない。**ウ**に「みんなが英語を学べばよいと思っていた」とあるが，これはRの発言(**第4問**冒頭の会話における4回目の発言を参照)であるから，**ウ**はWの発言である　c　には入らない。したがって，正解は④。

第5問　日本の政治と法制度

　政治分野について，行政活動をめぐる法制度，政党，選挙など，日本の政治に関する知識事項が問われた。経済分野からは，日本の公的医療保険制度の仕組みにかかわる設問や日本の民間企業の労働者に関する法制度についての設問が出題された。

問1　17　④

　国外に居住する有権者は，現地の日本大使館などで国政選挙の選挙権を行使できる(**在外投票制度**)。

　①「国の許可が必要である」という記述は不適当。**政党**を結成する場合，国の許可は必要ない。②「みずから政権獲得をめざす」という記述は不適当。**利益集団**(**圧力団体**)は，政党とは異なって，みずからが政権をとろうとすることをめざすものではないが，自分たちの要求を実現するために，立法機関や行政機関などに対して働きかけを行う点に特徴がある。③公職選挙法に基づいて選挙に関する事務を行うのは，「人事院」ではなく，**選挙管理委員会**(地方公共団体に設置)や**中央選挙管理会**(総務省の附属機関)である。なお，**人事院**は，国家公務員の人事管理の公正性が確保されるよう，採用試験，任免の基準の設定などを行う組織である。

問2　18　①

　a：正文。**行政手続法**は，行政処分や行政指導などの行政手続について，共通する事項を定めることによって，行政運営における公正の確保と透明性の向上を図ることを目的としている。

　b：誤文。**情報公開法**が「オンブズマン(行政監察官)制度を定めている」とする記述は不適当。**オンブズマン**(**行政監察官**)制度は，国民・住民に代わって国政や地方行政を調査し，是正勧告などを行うオンブズマンを設ける制度である。日本においては，地方(条例)レベルでの導入例はあるが，国政(法律)レベルではまだ導入されていない。なお，情報公開法の下で開示請求(公開請求)が拒否された請求者には，不服申立てや裁判による救済の途が開かれている。

　c：誤文。「行政機関による個人情報の適正な取扱いを通じた国民のプライバシーの保護を目的としている」という記述は，「特定秘密保護法」ではなく，**個人情報保護関連法**のうち，行政機関の保有する個人情報の保護に関する法律を想定した記述である。**特定秘密保護法**は，防衛や外交などに関する国家機密(特定秘密)の漏えいの防止を図ることによって，国と国民の安全を確保することを目的としている。特定秘密保護法にいう「特定秘密」とは，安全保障に関する情報で，「防衛」「外交」「特定有害活動(スパイ行為など)の防止」「テロリズムの防止」のうち，特段の秘匿の必要性があるものをさす。

　以上のことから，組合せとして最も適当なものは①となる。

問3　19　①

　法律などによって「大規模小売店の事業者が事業活動を制約される」ことは，事業者の**経済的自由権**が制限されることを意味する。**職業選択の自由**は経済的自由権の一つであり，　ア　に当てはまる語句として最も適当である。なお，職業選択の

自由には，選択した職業を遂行していくという**営業の自由**も含まれる。

　②③④はいずれも，　ア　に当てはまらない。②**結社の自由**は**精神的自由権**の一つである。③**請願権**は**請求権**の一つである。④**労働三権**は団結権・団体交渉権・団体行動権（争議権）からなり，**社会権**に区分される。

問4 　20　　**⑥**

　a：実施できない。地方公共団体は，**生活保護法**の定めるところにより，生活保護の支給を決定し，実施することになっている（生活保護の支給決定などの事務は**法定受託事務**に区分されている）。しかし，生活保護の支給は国の基準に基づいて決まるため，地方公共団体が「認定基準を条例で定めることで，国の基準より認定の範囲を限定する」ことは認められない。

　b：実施できる。「市の独自課税として登山客を対象とする入山税」は，**法定外目的税**（国が法律で定める税目以外に，特定の目的に使用するために地方公共団体が条例を制定して設ける税）として創設することができる。

　c：実施できる。「市が設置する市民会館やスポーツ施設」など公の施設の管理・運営を民間に委託する仕組みは**指定管理者制度**と呼ばれるもので，**地方自治法**はこれを認めている。

　以上のことから，組合せとして最も適当なものは**⑥**となる。

問5 　21　　**②**

　国民健康保険制度の加入者は，自営業や農業に従事する人，無職の人など主に企業に所属していない人からなる。会話中の母の発言にもあるように，「60歳代から国民健康保険制度の加入者の割合が急に増えている」ことは，定年を迎えて企業などを退職するのに伴い，「被用者向けの各医療保険制度」から「国民健康保険制度」へと移る人の数が多いことを意味している。

　　ア　には，「60歳代以上において，国民健康保険制度の加入者が被用者向けの各医療保険制度の加入者よりも相対的に多い状態を緩和する方法」の例が当てはまることになる。例えば，(1)「被用者向けの各医療保険制度」から「国民健康保険制度」へと移る人の数を抑える政策や，(2)「被用者向けの各医療保険制度」と「国民健康保険制度」に区分しない仕組みを構築する政策は，「国民健康保険制度」の加入者が「被用者向けの各医療保険制度」の加入者よりも相対的に多い状態を緩和する効果が期待できる。

　a：適当。企業などにおいて，「定年退職者を正社員として継続雇用するよう義務化すること」は，先述の下線部(1)の考え方に立つ政策であり，「被用者向けの各医療保険制度」から「国民健康保険制度」へと移る人の数を抑える効果が期待できる。

　b：不適当。「定年年齢を引き下げること」は，「被用者向けの各医療保険制度」から「国民健康保険制度」へと移る人の数の増加を促すことにつながる。

　c：適当。日本において後期高齢者（75歳以上）になると，それまで加入していた各種の医療保険から，後期高齢者のみを対象とする独立した保険（**後期高齢者医療**

制度)へと移ることになっている。「後期高齢者医療制度の対象年齢を65歳に引き下げること」は，先述の<u>下線部(2)</u>の考え方に立つ政策であり，「国民健康保険制度」の加入者が「被用者向けの各医療保険制度」の加入者よりも相対的に多い状態を緩和する効果が期待できる。

　　d：不適当。「高齢者が医療サービスを利用したときの自己負担割合を引き下げること」は，高齢者向けの医療費のうち，保険料および公費による負担割合を増加させることになるが，「国民健康保険制度の加入者が被用者向けの各医療保険制度の加入者よりも相対的に多い状態を緩和する」効果は期待できない。

　以上のことから，　ア　に当てはまる方法として適当なものは**a**と**c**であり，組合せとして最も適当なものは**②**となる。

問6　22　①

　「週あたりの労働時間の上限規制」が「労働基準法にはない」とする記述は誤り。**労働基準法**は，「使用者は，労働者に，休憩時間を除き1週間について40時間を超えて，労働させてはならない」（第32条）と規定し，週あたりの労働時間の上限規制を設けている。

　②③④はいずれも，正しい記述である。**②労働者災害補償保険(労災保険)**の適用を受ける労働者には，**短時間労働者**(1週間の所定労働時間が，同一の事業主に雇用される通常の労働者の1週間の所定労働時間に比べて短い労働者)が含まれる。**③労働組合法**によれば，使用者は正当な争議行為により損害を受けたことを理由として，労働組合あるいはその組合員に対し損害賠償を請求することができない(民事免責)。**④男女雇用機会均等法**によれば，事業主は，労働者の募集および採用について，その性別にかかわりなく均等な機会を与えなければならない。

第6問　資本主義経済の仕組みと国際経済

　企業内貿易，市場のメカニズム，比較生産費説，経済学者など経済分野からの出題が中心となった。世界の国・地域の二酸化炭素排出量の変化を示す資料を活用した設問も出題された。

問1　23　④

　　ア　には「企業内貿易」が当てはまる。**企業内貿易**とは，親会社と外国現地に設けられた子会社の間の貿易など，資本関係のある企業間の貿易をさす。日本の電子機器製造企業が中国の現地子会社で製造された電子機器部品を日本に輸入するケースは，企業内貿易の一例である。なお，**所有と経営の分離**は，株主ではない経営者が株式会社の経営に携わるなど，資本の所有者と経営の責任者とが分離していることをさす。

　　イ　には「労働集約的」が当てはまる。一般に，投入される生産コストのうち，人件費(賃金)の比率が高い産業が**労働集約型産業**と呼ばれるのに対し，設備費(固定資産に投じる費用)の比率が高い産業は**資本集約型産業**と呼ばれる。　イ　の直前

32

に「主に人件費が低い」と記述されていることから，多くの労働力を必要とする「労働集約的」が当てはまると判断できる（人件費が低いことで，多くの労働力を投入しやすくなるため）。

　以上のことから，組合せとして最も適当なものは④となる。

問2 **24**　①

　　ア には「D^*」が当てはまる。ある財（この設問ではスニーカー）の人気が高まった場合，その財はいずれの価格水準においても，以前よりも需要量が多くなるので，需要曲線は右方向にシフトすることになる（次の**図1**では D から D^* へと移動することになる）。

図1

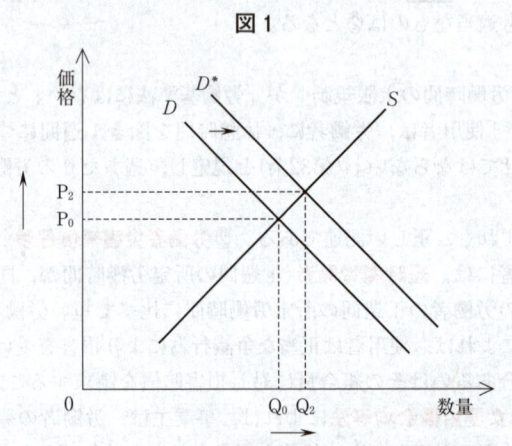

　需要曲線が D から D^* へと右方向に移動した結果，均衡価格は P_0 から P_2 へと上昇し，均衡取引量は Q_0 から Q_2 に増加することになる。この場合，製品の人気上昇に伴う均衡取引量の変化分は Q_2-Q_0 ということになる。

　　イ には「4,480万円」が当てはまる。スニーカーの当初の均衡価格（P_0）が1足当たり1万円，均衡取引量（Q_0）が8,000足の状態から，需要曲線が D から D^* へと右方向に移動し，価格が30パーセント，数量は20パーセント変化した場合を考える。このとき，次の**図2**のように，均衡価格は1万円（P_0）から30パーセント上昇して1万3,000円（P_2）となり，均衡取引量は8,000足（Q_0）から20パーセント増加して9,600足（Q_2）となる。

図2

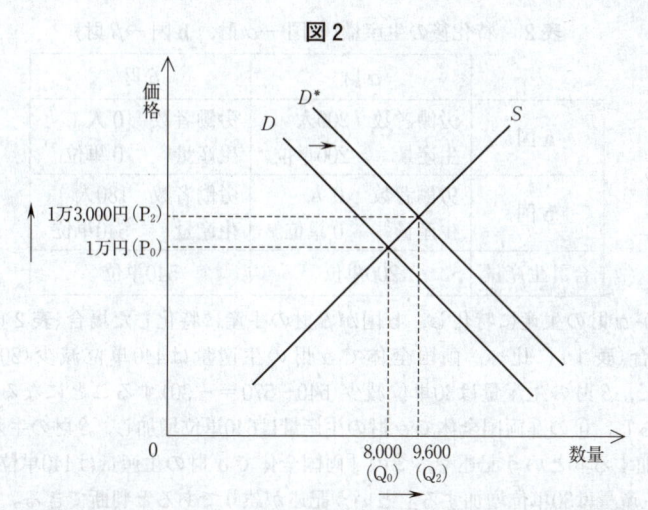

変化前の売上総額は1万円×8,000＝8,000万円，変化後の売上総額は1万3,000円×9,600＝1億2,480万円となり，その差（変化量）は4,480万円となる。

以上のことから，組合せとして最も適当なものは①となる。

問3 25 ④

設問文では，「各国の総労働者数は，**a**国が200人，**b**国が180人であり，各財への特化前は，両国ともにα財とβ財の生産にそれぞれ半数ずつが雇用されている」と説明されている。この場合（特化しない場合），それぞれの財の生産に投入される労働者数と生産量は，次の**表1**のように整理できる。

表1　特化前の生産量

	α財		β財	
a国	労働者数	100人	労働者数	100人
	生産量	100単位	生産量	300単位
b国	労働者数	90人	労働者数	90人
	生産量	540単位	生産量	270単位
合計生産量	640単位		570単位	

【①と③について考える】

a国がα財の生産に特化し，**b**国がβ財の生産に特化した場合，それぞれの財の生産に投入される労働者数と生産量は，次の**表2**のように整理できる。

表2　特化後の生産量（a国→α財，b国→β財）

	α財		β財	
a国	労働者数　200人		労働者数　0人	
	生産量　　200単位		生産量　　0単位	
b国	労働者数　0人		労働者数　180人	
	生産量　　0単位		生産量　　540単位	
合計生産量	200単位		540単位	

　a国がα財の生産に特化し，b国がβ財の生産に特化した場合（表2），特化しない場合（表1）に比べ，両国全体でα財の生産量は440単位減少（200−640＝−440）し，β財の生産量は30単位減少（540−570＝−30）することになる。このことに照らし，①の「両国全体でα財の生産量は640単位増加し，β財の生産量は570単位増加する」という記述や，③の「両国全体でα財の生産量は440単位増加し，β財の生産量は30単位増加する」という記述が誤りであると判断できる。

【②と④について考える】

　a国がβ財の生産に特化し，b国がα財の生産に特化した場合，それぞれの財の生産に投入される労働者数と生産量は，次の表3のように整理できる。

表3　特化後の生産量（a国→β財，b国→α財）

	α財		β財	
a国	労働者数　0人		労働者数　200人	
	生産量　　0単位		生産量　　600単位	
b国	労働者数　180人		労働者数　0人	
	生産量　　1,080単位		生産量　　0単位	
合計生産量	1,080単位		600単位	

　a国がβ財の生産に特化し，b国がα財の生産に特化した場合（表3），特化しない場合（表1）に比べ，両国全体でα財の生産量は440単位増加（1,080−640＝440）し，β財の生産量は30単位増加（600−570＝30）することになる。このことに照らし，②の「両国全体でα財の生産量は640単位増加し，β財の生産量は570単位増加する」という記述が誤りであり，④の記述が正解であると判断できる。

問4　26　②

　ア には「気候変動枠組み条約」，イ には「京都議定書」，ウ には「中国」，エ には「アメリカ」，オ には「EU」，カ には「日本」がそれぞれ当てはまる。

　選択肢によれば，ア には「気候変動枠組み条約」か「京都議定書」のいずれかが入る。国連環境開発会議（地球サミット）が開催された1992年に採択されたのが**気候変動枠組み条約**であり，1997年の気候変動枠組み条約第3回締約国会議

(COP3)において採択されたのが京都議定書である。このことから, ア には「気候変動枠組み条約」が当てはまると判断できる。

選択肢によれば, ウ には「中国」か「アメリカ」のいずれかが入る。ウ については, 2016年の二酸化炭素排出量が他の国・地域よりも多くなっていること, あるいは, 他の国・地域と比べて1990年比で急速に二酸化炭素排出量が増加していることから,「中国」が入ると判断できる。中国における二酸化炭素排出量が急速に増加したのは, 経済成長に伴って化石燃料の消費量が急速に増加したためである(「インド」においても同様の傾向がみられる)。

選択肢によれば, カ には「EU」か「日本」のいずれかが入る。EU の二酸化炭素排出量の合計が日本のそれを上回っていることや, EU の2016年の二酸化炭素排出量が1990年比で減少していることがわかれば, カ に「EU」は入らず,「日本」が入ると判断できる。

以上のことから, 組合せとして正しいものは②となる。

問5 27 ④

アは b と合致する。フリードマンは, 裁量的な財政政策を批判的に捉えるとともに, 政府の経済政策は物価安定を目的とする通貨量(貨幣供給量)の調整にとどめるべきであるとする考え方(マネタリズム)を説いた。

イは c と合致する。リストは, 経済発展の過程において, 遅れて工業化をめざす国は自国の幼稚産業の育成のために保護貿易の政策(関税の引上げや輸入数量制限など)をとる必要があると説いた。

ウは a と合致する。ケインズは, 政府の積極的な財政政策によって有効需要(実際の貨幣支出を伴う需要)の創出と完全雇用の実現をめざすべきであると説いた。

以上のことから, 組合せとして最も適当なものは④となる。

問6 28 ④

ア には「小さな」, イ には「大きな」がそれぞれ入る。a の「市場への国家の介入が, 世界恐慌を契機に強まっていった」という発言や,「国家が次第にその役割を担うようになった」という発言は, 世界恐慌が小さな政府から大きな政府への転換が進むきっかけとなった, ということを伝えるものである。大きな政府は, 小さな政府と比べ, 国家による市場介入が積極的に行われるなど国家の役割が大きい点に特徴がある。したがって, a の「 ア 政府から イ 政府への転換」という部分は,「小さな政府から大きな政府への転換」と当てはめて読むことができる。

ウ には「兌換」, エ には「不換」がそれぞれ入る。b の「それまで中央銀行の金保有量に通貨量が制約されていた各国は, 世界恐慌を契機に, 金保有量にかかわりなく通貨量を増減できる制度を採用することになった」という発言は, 世界恐慌が各国で金本位制度から管理通貨制度への移行が進むきっかけとなった, ということを伝えるものである。金本位制度は, 中央銀行が金との交換を保証する兌換紙幣を発行し, 金の価値によって通貨の価値を安定させる制度である。一方, 管理通貨制度は, 金との交換を保証しない不換紙幣を発行し, その発行量は金の保有量

による制約を受けない制度である。したがって、**b**の「 ウ 紙幣は、現在の日本でもみられる エ 紙幣に取って代わられた」という部分は、「兌換紙幣は、現在の日本でもみられる不換紙幣に取って代わられた」と当てはめて読むことができる。

 オ には「自由」が入る。世界恐慌は、為替切下げ競争やブロック経済の形成のきっかけとなり、ひいては世界経済の分断をもたらした。こうした世界経済の分断が第二次世界大戦が始まる一因になったという反省から結ばれたのがGATT（関税及び貿易に関する一般協定）である。GATTは、貿易における自由・無差別・多角の原則のもとに、関税の引下げや輸入制限の廃止による自由貿易の拡大をめざす協定として、1948年に発効した。

　以上のことから、組合せとして最も適当なものは④となる。

第7問　地域課題に対する国・地方公共団体・住民の果たす役割

　「地域課題に対する国・地方公共団体・住民の果たす役割」をテーマに、政治分野と経済分野のそれぞれから出題された。政治分野からは日本の地方自治制度やブライスの言葉などが、経済分野からは農業の活性化に関する取組みなどが、それぞれ問われた。

問1　 29 　⑦

　a：正文。**販路の拡大**とは、顧客や売上を増やすことを目的に、自社製品を売るための販売ルートを広げることをさす。メモでは、ある農業従事者は、「当初は個人宅を回る宅配を主にしていた」が、現在では「直販を行うとともに地域内のスーパーや学校給食にも卸す」ようになったと記述されている。このことに照らし、**a**の「販路の拡大を行っている」という記述は正しいと判断できる。

　b：正文。**六次産業化**とは、農林漁業者が、農林水産物の生産にとどまらず、その加工さらには販売を行って、農業（第一次産業）と製造業（第二次産業）とサービス業（第三次産業）とを融合した地域ビジネスを展開することをいう。メモ中の「従業員が加工や販売も行い」という記述に照らし、**b**の「六次産業化を実施している」という記述は正しいと判断できる。

　c：正文。**地産地消**とは、地域の農産物をその地域内で消費する動きをさす。メモ中の「地域内での消費の拡大を図る」という記述に照らし、**c**の「地産地消に取り組んでいる」という記述は正しいと判断できる。

　以上のことから、組合せとして最も適当なものは⑦となる。

問2　 30 　②

　枠内の図によれば、商品 α を200円で販売するときの需要量は5,000個、100円上昇して300円となったときの需要量は3,000個、価格上昇に伴う需要量の減少幅は2,000個となる。これに対し、商品 β を200円で販売するときの需要量は6,500個、100円上昇して300円となったときの需要量は5,000個、価格上昇に伴う需要量の減少幅は1,500個となる。したがって、商品 α と商品 β を200円で販売した場合、そ

の価格から100円の上昇に対する需要量の減少幅は，商品 α よりも商品 β の方が小さい。

①「500円で販売した場合の方が減少幅は大きい」は誤り。枠内の図によれば，商品 α を200円で販売するときの需要量は5,000個，100円上昇して300円となったときの需要量は3,000個，価格上昇に伴う需要量の減少幅は2,000個となる。これに対し，商品 α を500円で販売するときの需要量はおよそ1,500個，100円上昇して600円となったときの需要量はおよそ1,200個，価格上昇に伴う需要量の減少幅はおよそ300個となる。すなわち，商品 α を200円で販売した場合と500円で販売した場合とについて，それらの価格から100円上昇したときの需要量の減少幅は，500円で販売した場合の方が小さい。③「500円で販売した場合の方が減少幅は大きい」は誤り。枠内の図によれば，商品 β を200円で販売するときの需要量は6,500個，100円上昇して300円となったときの需要量は5,000個，価格上昇に伴う需要量の減少幅は1,500個となる。一方，商品 β を500円で販売するときの需要量は2,000個，100円上昇して600円となったときの需要量は500個，価格上昇に伴う需要量の減少幅はこちらも1,500個となる。したがって，商品 β を200円で販売した場合と500円で販売した場合とについて，それらの価格から100円上昇したときの需要量の減少幅は，どちらの場合も同じである。④「商品 α よりも商品 β の方が小さい」は誤り。枠内の図によれば，商品 α を500円で販売するときの需要量はおよそ1,500個，100円上昇して600円となったときの需要量はおよそ1,200個，価格上昇に伴う需要量の減少幅はおよそ300個となる。これに対し，商品 β を500円で販売するときの需要量は2,000個，100円上昇して600円となったときの需要量は500個，価格上昇に伴う需要量の減少幅は1,500個となる。したがって，商品 α と商品 β を500円で販売した場合，その価格から100円の上昇に対する需要量の減少幅は，商品 α よりも商品 β の方が大きい。

問3 　31 　④

ア には **b** が当てはまる。**X**は， ア の直後で「その結果は首長と議会の双方にとって無視しがたいものになるよ。住民にとっても政策決定に関与する機会が得られることになるね」と述べ，投票結果によって示される住民の意思が首長や議会へのプレッシャーとなること，そして，政策決定に住民が直接参加できる機会を確保することといった「条例に基づく住民投票」の積極的な側面について述べている。このことから， ア には「条例に基づく住民投票」の積極的な意義についての記述，すなわち，**b**の「特定の争点をめぐる投票を通して，首長と議会に対して住民の意思を直接示すことで，間接民主制を補完できる」が当てはまると判断できる。

イ には **c** が当てはまる。**Y**は， イ において，「二元代表制」の意義について述べている。二元代表制とは，議会の議員と首長がそれぞれ住民によって選出される制度をさす。**c**の「住民が首長や議員を選出し，首長と議会による慎重な議論が期待できる」という記述は，二元代表制の特徴およびその意義について説明されたものとなっており，これが イ に当てはまると判断できる。

　　ウ　にはaが当てはまる。Yは，　ウ　において，「条例に基づく住民投票」の「制度上の限界」について述べている。「条例に基づく住民投票」は，その投票結果に法的拘束力がなく，投票に示された住民の意思が政策決定に有効に反映されない可能性がある。したがって，aの「現行の法制度では法的拘束力がないので，その結果が政策に反映されるとは限らない」という記述が　ウ　に当てはまると判断できる。

　　以上のことから，組合せとして最も適当なものは④となる。

問4　32　②

　「地方自治は民主主義の学校である」はブライスの言葉で，地方自治の意義を表すものとして知られる。この言葉は，住民自身が，地域の政治に参加することによって，民主政治の担い手として必要な能力を形成できるという意味をもつ。

　①「多数者の専制」は，画一的な世論が反対意見を封殺する状況をさす言葉。『自由論』を著したミルや『アメリカのデモクラシー』を著したトックビルが「多数者の専制」について論じたことで知られる。③ポピュリズムとは，既存の政治の仕組みやエリートに対して抱く大衆の不満を利用し，既存の仕組みやエリートを痛烈に批判することで大衆の支持を得て，大衆迎合的な政策を進めようとする政治手法や考え方をさす（大衆迎合主義）。④「人民の人民による人民のための政治」はリンカーンの言葉で，民主主義の理念を説いたものとして知られる。

●写真提供・協力
王子神社
●出典
第4問問3 SOURCES OF THE SELF: THE MAKING OF THE MODERN IDENTITY by Charles Taylor, Cambridge, Mass.: Harvard University Press, Copyright © 1989 by Charles Taylor. Used by permission. All rights reserved.

倫理, 政治・経済

（2020年 1 月実施）

受験者数　48,341

平　均　点　　66.51

2

倫理，政治・経済

解答・採点基準　　　　（100点満点）

問題番号（配点）	設問	解答番号	正解	配点	自己採点
第1問（14）	問1	1	④	3	
	問2	2	④	3	
	問3	3	③	3	
	問4	4	③	2	
	問5	5	④	3	
第1問　自己採点小計					
第2問（18）	問1	6	③	2	
	問2	7	②	3	
	問3	8	④	3	
	問4	9	④	3	
	問5	10	①	2	
	問6	11	④	3	
	問7	12	②	3	
第2問　自己採点小計					
第3問（18）	問1	13	③	2	
	問2	14	①	3	
	問3	15	①	3	
	問4	16	②	3	
	問5	17	②	2	
	問6	18	③	3	
	問7	19	①	3	
第3問　自己採点小計					

問題番号（配点）	設問	解答番号	正解	配点	自己採点
第4問（22）	問1	20	②	2	
	問2	21	④	2	
	問3	22	④	3	
	問4	23	②	3	
	問5	24	④	3	
	問6	25	③	3	
	問7	26	③	3	
	問8	27	①	3	
第4問　自己採点小計					
第5問（14）	問1	28	③	2	
	問2	29	①	3	
	問3	30	⑥	3	
	問4	31	②	3	
	問5	32	③	3	
第5問　自己採点小計					
第6問（14）	問1	33	②	3	
	問2	34	④	3	
	問3	35	①	3	
	問4	36	④	3	
	問5	37	③	2	
第6問　自己採点小計					
自己採点合計					

第1問　現代社会の諸課題と青年期

　本問では，「友達関係」をめぐる会話文をもとに，現代思想，パーソナリティの形成，現代社会の諸問題から広く出題された。

問1 　1 　④

　科学および科学的知識について論じた**クワイン**の思想に関する説明をもとに判断させる問題。彼によれば，科学理論をはじめとする個々の言説は，それそれが孤立して成り立っているのではなく，言説同士の広大なネットワークとして存在するのであり，そのネットワーク全体が確証や反証の対象となる。したがって，個々の言説に対する反証例が見いだされても，最小限の修正によって知識の体系を維持することが可能となる。このような考え方は，知の全体論（**ホーリズム**）と呼ばれる。仮に，このことを知らなかったとしても，説明文にあるヒントに着目できれば判断可能である。説明文の後半で，航海中の船に何らかの問題が生じても，有り合わせの部品で修理しながら航海を続けるしかないというたとえ（「**ノイラートの船**」という比喩）を受けて，「理論に何か問題が生じても，どこかを少しずつ修正しながら，知識の体系それ自体を維持していくしかない」と述べられている。

　①と③の**B**に出てくる「パラダイム」は，**クーン**の思想に関わるものである。彼によれば，科学は，観察の積み重ねによる新たな事実の発見によって直線的に進歩してきたのではなく，各時代の科学者たちが共有する理論的な枠組み（**パラダイム**）の転換によって進歩してきたと主張した。

問2 　2 　④

　図1を見ると，日本の就労者で，「人間の仕事は全て，AIに奪われると思う」と回答した人の割合は6.2%，「人間の仕事の一部は，AIに奪われると思う」と回答した人の割合は64.4%で，両方を合わせて80%未満である。一方，**図2**を見ると，「対応や準備については，特に何も行わない」と回答した人の割合は，日本の就労者（51.2%）がアメリカの就労者（22.8%）の2倍以上である。したがって，④が正解。

　①後半は正しいが，前半は誤り。**図2**を見ると，アメリカの就労者で，「AIを使う側の立場で，今とは別の仕事や業務に異動や転職をするために，AIの知識やスキルの習得等の対応や準備をする」と回答した人の割合（18.1%）と，「AIを使う側の立場で，今の仕事や業務を続けるために……対応や準備をする」と回答した人の割合（46.7%）の合計は64.8%である。したがって，選択肢中の「19%未満」は誤り。②前半は正しいが，後半は誤り。**図2**を見ると，日本の就労者で，「これまで培ってきた知識やスキルを活用できる，今とは別の仕事や業務に異動や転職をしようと対応や準備をする」と回答した人の割合は13.1%である。したがって，選択肢中の「25%程度」は誤り。③後半は正しいが，前半は誤り。**図2**を見ると，アメリカの就労者で，「AIを使う側の立場で，今の仕事や業務を続けるために……対応や準備をする」と回答した人の割合は46.7%である。したがって，選択肢中の「65%程度」は誤り。

問3　3　③

　　資料文(ネル・ノディングズ『ケアリング』からの引用)では，ケアする者は，自分がケアする対象の人と同じ状況であったかもしれない可能性を想定するとき，その人の痛みを取り除くなどして道徳的に接しようと奮闘するということ，そして，そうすることが自身の理想を高めることになるということが述べられている。したがって，③が正解。

　　①ケアリングの倫理で目指されるのは，ケアする者が「自分も他者から同様にケアされる」という関係の維持であるという趣旨の記述は，資料文と相容れない。②ケアする者が「他者の苦しみを取り除き，そのニーズを満たすこと」によって，「ケアリング関係が破綻してしまう」という趣旨の記述は，資料文と相容れない。④ケアする者が「他者に対する責務の念を抱く」ことがあれば，ケアする者の倫理的な理想は高まらないという趣旨の記述は，資料文と相容れない。

問4　4　③

　　パーソナリティや能力など人の個人的特徴は遺伝的要素と環境的要素の両方に影響される。

　　したがって，「遺伝のみに影響される」とする①，「環境のみに影響される」とする②，「遺伝と環境には影響されない」とする④は，いずれも誤り。

問5　5　④

　　④は「リサイクル」ではなくフェアトレードについての記述である。

　　①②③は，それぞれ国連難民高等弁務官事務所(UNHCR)，ノーベル平和賞の受賞者マララ・ユスフザイ，JICA(国際協力機構)についての記述として正しい。

第2問　日本思想・源流思想

本問では，「伝統とは何か」をテーマとする本文をもとに，日本思想の分野から幅広く出題された。また，古代インドと古代中国の思想も出題された。

問1　6　③

　　大乗仏教の経典である『般若経』では，あらゆるものはそれ固有の不変の性質をもたず無自性であるとする「空」の考えが説かれている。この考えを説いた思想家としては，ナーガールジュナ(竜樹)が有名である。

　　①「上座部仏教が自らを『小乗仏教』と名のった」という記述は誤り。小乗仏教という呼び名は，大乗仏教の側が上座部仏教をさげすんで名づけたものである。②菩薩の説明が誤っている。大乗仏教における菩薩は，自分の悟りを求める自利行とともに，慈悲を実践して衆生(生きとし生けるものすべて)を救う利他行にもはげむ修行者であり，在家・出家の別なく理想とされる。④「大乗仏教」ではなく上座部仏教についての記述。大乗仏教は，チベット，中国，朝鮮を経て日本へ伝わったため，「南伝仏教」(上座部仏教)に対して「北伝仏教」と呼ばれる。

問2 　7　②

　『古事記』『日本書紀』は，いずれも8世紀の前半（奈良時代），律令国家が形成される過程で編纂されたもので，八百万の神々が織りなす神話や，天皇が天照大神の系譜に属するという神話などを含んでいる。

　①「外来思想の影響を受けることなく」という記述は誤り。平安時代には，神仏習合の一つとして，仏が真理の本体（本地）であり，日本の神は仏が仮の姿をとって現れたもの（垂迹）であるとする本地垂迹説が生まれた。③天地が「伊邪那岐命と伊邪那美命の二神の意志によって『つくられた』とされている」という記述は誤り。日本の神話では，天地は神によってつくられたものではなく，それ自身のうちにある「いきおい」「働き」によって「おのずから成りゆく」ものであるとされている。④穢れが「人間の心の中から出てくる」と考えられていたという趣旨の記述は誤り。古代日本では，穢れは外部から付着するものと考えられ，それを取り払う儀式として禊や祓があった。

問3 　8　④

　孟子は，徳を備えた君主が民衆の幸福をはかる政治のあり方（王道）を理想とし，この立場から君主が力によって支配する政治のあり方（覇道）を批判した。そして彼は，民意に背いた君主は天命によってその地位を追放されるとする易姓革命の考えを説いた。

　①墨子が戦争を肯定したという趣旨の記述は誤り。墨子は，利他心の欠如が社会の混乱の原因であるとして，親疎の区別なく互いに愛すること（兼愛）によって，人々が互いに利益をもたらし合うこと（交利）がいかに大切かを説いた。そして，兼愛の精神に反する戦争を否定した（非攻説）。②「無為自然の理想社会を目指し，自給自足の生活を送る小さな共同体の実現」を説いたのは，「墨子」ではなく老子である。老子は，人口が少なく規模も小さな共同体でこそ，何ごとにも作為を働かせることなく（無為自然），ありのままの自然に身をまかせる理想の生き方が可能となると説いた。③「万物斉同の思想」を説いたのは「孟子」ではなく荘子である。荘子は，ありのままの自然の世界には善悪・美醜・是非などの対立はなく，あらゆるものの価値は斉しい（万物斉同）とした。

問4 　9　④

　山鹿素行は，儒学に属しつつも，朱子学の説く理が抽象的であると批判し，日常生活における道徳規範を明らかにするために『論語』『孟子』といった中国の古典の厳密な読解により聖人の教えを理解しようとした思想家である。彼は，伊藤仁斎（古義学），荻生徂徠（古文辞学）とともに古学派に属する。

　①山崎闇斎についての記述。彼は朱子学者で，儒学と神道を結びつけた垂加神道を唱えたことで知られる。②山鹿素行が「朱子学の説く理を道徳の基礎として重視し」たという記述は，誤り。③山鹿素行が垂加神道を唱えたという趣旨の記述は，誤り。

問5 $\boxed{10}$ ①

　徳富蘇峰は，『国民之友』や『国民新聞』を発刊して，明治政府の欧化政策を支配者層による上からの文明化を目指すものであると批判し，「普通の人民」である平民による下からの欧化の必要性を説いた。このような彼の考えを**平民主義**という。ただし，彼はのちに**国家主義**に転じた。

　②**堺利彦**についての記述。彼は，**幸徳秋水**とともに**平民社**を創設し，『**平民新聞**』を創刊したことで知られる。『平民新聞』は，自由・平等・博愛とともに平民主義・社会主義・平和主義を掲げた。③**加藤弘之**についての記述。彼は，明治初期の啓蒙思想団体である**明六社**のメンバーで，当初は**天賦人権論**や立憲政治を説いたが，のちに**スペンサー**の説いた**社会進化論**に基づき**国家主義**を唱えるようになった人物。④**森有礼**についての記述。彼は，明六社を提唱した思想家で，一夫多妻を批判して，対等な権利をもつ男女の合意に基づく婚姻形態（**一夫一婦制**）を主張した人物。**初代文部大臣**を務めたことでも知られる。

問6 $\boxed{11}$ ④

　A：「中江兆民」が入る。空欄の直後に出てくる『**三酔人経綸問答**』は**中江兆民**の著書として知られる。また，空欄の直前に「幸徳秋水が師事した」とあることもヒントとなる。幸徳秋水は，当初，中江兆民に師事して自由民権思想を学んだが，後に社会主義の思想家となった人物で，**問5** $\boxed{10}$ の②でも見たように，『平民新聞』を創刊したことでも知られる。「片山潜」は，幸徳秋水らと日本で最初の社会主義政党である社会民主党の創設（1901年）に関わった人物として知られる。

　B：「『**社会契約論**』」が入る。中江兆民は，**ルソー**の『**社会契約論**』を翻訳し，『**民約訳解**』と題して出版した。J.S.ミルの『**自由論**』を翻訳したのは**中村正直**である（『自由之理』と題して出版した）。

　C：「共和主義」が入る。中江兆民は，フランスで成立したような**共和主義**を理想とした。「共産主義」は，一般に私有財産制を廃止してすべての財産を社会全体の共有にしようとする思想や運動を指すから，文脈上この空欄には入らない。

問7 $\boxed{12}$ ②

　本文の第2段落から第3段落にかけて，武士道と呼ばれているものの内容が時代や思想家によって異なることが述べられている。また，最終段落では，伝統に向き合うときには，過去の思想の継承と新たな解釈の付加という二面性（連続性と非連続性）を自覚することが重要であるという趣旨のことが述べられている。したがって，②が正解。

　①伝統が「常に同じ内容を保っている」という記述や，伝統とは「過去の思想を新たな解釈から守り，保存し続けてきたもの」であるという記述は，本文の趣旨と合致しない。③伝統が「常に同じ内容を保っている」という記述や，伝統とは「時代を超えた人間の理想を，各々の時代の言葉で語ってきたもの」であるという記述は，本文の趣旨と合致しない。④伝統とは「各々の時代の人々が……無から捏造したものにすぎない」という記述は，本文の趣旨と合致しない。

第3問　西洋の近現代思想と源流思想

本問では，「身体と理性」をテーマとする本文をもとに，西洋の近現代思想の分野から幅広く出題された。また，西洋源流思想も出題された。

問1　13　③

パウロによれば，人間は，キリスト教において人間の祖とされるアダムが神の命令に背いて以来，原罪（人間自身の力ではどうすることもできない自己中心性）を負っている。そして，イエスの十字架上の死の意味を，神が人間の罪をあがなう（贖罪）ために，ひとり子であるイエスを人間のもとに送ったり，十字架にかけて「いけにえ」としたのだと理解した。

①イエスの考え方とは逆のことを述べているので，誤り。イエスは，ユダヤ教のファリサイ派（パリサイ派）がモーセの十戒の一つである「安息日を覚えて，これを聖とせよ」という律法を厳格に守らない人を厳しく非難した際，「安息日は人のためにあるもので，人が安息日のためにあるのではない」とし，律法に込められた神の意志を理解することこそが重要であると諭した。②「神の愛（アガペー）は罪人が悔い改めることを条件として与えられる」という記述は誤り。イエスの説く神の愛（アガペー）は罪人も含めすべての人に注がれる無差別・無償の愛である。④上の③の解説で見たように，パウロは，イエスの十字架上の死によって人間の罪があがなわれたと考えた。

問2　14　①

ロックによれば，人々は政府設立以前の自然状態において有していた人間の生得的な権利である自然権（生命・自由・財産の所有権）を，政府設立の後も有する。これに対して，ルソーは，私有財産制の成立とともに悪徳と不平等がはびこるようになったとし，このような状態から脱して自由と平等を回復するためには，社会契約を結び公共の利益の実現を目指す全人民の普遍的意志（一般意志）に基づく共同社会を形成し，自然権をそれに委ねなければならないとした。

②ロックが生命・自由・財産の所有権を「神が君主に与えた権利」と考えたという趣旨の記述は，誤り。また，ルソーが「君主の所有物を人々に平等に分配する社会契約の必要性を唱えた」という記述も，誤り。③ホッブズが「万人が万人に戦いを挑むことを求めた」という記述は，誤り。彼は，「万人の万人に対する闘争」状態として自然状態から脱して平和を回復するためには，人々が自然権（自己保存の権利）を国家に全面譲渡する必要があると説いた。また，ロックが「絶対的な権力」を構想したという趣旨の記述も，誤り。彼は，人々は自然権を確保するための権力を政府に信託したのであって，政府がその信託に反し自然権を侵害した場合には，人々は抵抗権を行使できると説いた。④ホッブズが権利を「神が君主に与えた」ものと考えたという趣旨の記述は，誤り。また，ロックが「君主の権利を保障すべき」と考えたという趣旨の記述も，誤り。

問3　15　①

アリストテレスによれば，徳は知性的徳と倫理的徳（習性的徳）に分けることがで

き，このうち倫理的徳は過度と不足の両極端を避けた中庸(メソテース)において成り立つ徳であり，思慮に導かれた正しい行為のくり返しによって身につく。例えば，勇気は，無謀と臆病との中庸において成り立ち，また節制は，放縦と鈍感の中庸において成り立つ徳だという。

②エピクロスが人間を「死の恐怖から逃れることができない存在」と捉えたという趣旨の記述は誤り。エピクロスは，人間が生きている間は死はやってこないし，死がやってきたときにはそれを感じることができないから，死を恐れる必要はないと説いた。こうした考えは，古代ギリシアの自然哲学者の一人であるデモクリトスが説いたこと(原子論)がもとになっている。③イスラーム教では「聖職者には一般信徒と異なる特別な規律が与えられている」という記述は誤り。イスラーム教におけるウンマ(イスラーム共同体)は，ムハンマドを通して神から与えられた社会生活全般に関わる行為規範を信仰の表現として守ることによって，信者が互いに平等な関係で結びついた共同体である。したがって，ウンマには宗教上の指導者は存在するが，例えばキリスト教でいうような意味での聖職者は存在しない。④荀子が「法律による強制」を重視したという趣旨の記述は誤り。「法律による強制」を説いたのは韓非子である。彼は人間の利己心を利用して，刑罰や法律などによって人々の行動を律しなければ社会の秩序を維持することができないと主張した(法治主義)。荀子は，人間には生まれながらに利をむさぼり人を憎む傾向があり，自然のままにほうっておくと争いが生じてしまうから，外的な規範としての礼によって人間の性質を矯正する必要があると主張した(礼治主義)。

問4 16 ②

スピノザは，自然は神そのものであるとする神即自然の考えに基づき，事物を必然的なものとして「永遠の相のもとに」認識すること，すなわち神への知的愛の中に人間の自由があると説いた。

①身体を疑うことのできない確実な存在とみなしたという趣旨の記述は，誤り。デカルトは，絶対に疑い得ない明白な真理を世界と人間についての認識の出発点とするために，少しでも疑わしいと思われるものをすべて退けていくという方法的懐疑を唱え実践し，その結果，彼は疑っている「われ」の存在は明晰かつ判明であるという哲学の第一原理に到達した。「われ思う，ゆえにわれあり」という彼の有名な言葉は，この原理のことを表している。また，直接的な経験が自然認識の確固たる基礎であるという趣旨の記述も，誤り。デカルトは，幾何学の公理のような明晰かつ判明な原理に基づき理性の推論によって個々の知識を導き出す方法(演繹法)を提唱した。③モンテーニュは，「私は何を知っているか」をモットーとして自省的な態度の重要性を説いた。したがって，そのような「懐疑的な精神のあり方を批判」したという記述は誤り。④パスカルは，真理の探究には，推論と論証に基づく科学的な精神である幾何学的精神だけでは不十分であり，物事の本質を直観的に把握する繊細の精神が必要であると説くとともに，繊細の精神が幾何学的精神に優位するとした。したがって，「直観的に判断を下そうとする精神のあり方を批判」し

たという記述も，「『幾何学的精神』の優位を主張した」という記述も誤り。

問5 　17　②

　A：「意志の自律」が入る。カントは，各人が内なる理性に基づいて自ら打ち立てる普遍的な行為準則（道徳法則）に，いついかなるときにも自ら従うべきであるとし，そこに人間の意志の自律と自由の証しを見いだした。「意志の格率」という場合の「格率」は，普遍的な行為準則（道徳法則）ではなく，各人の個人的な行為準則である。

　B：「共同性」が入る。ヘーゲルは，カントが自由の根拠を個人の内面的な判断に求めたことを批判し，真の自由は個人の主観的な道徳と客観的な法との統一態（人倫）において実現するとし，その際，人倫を家族・市民社会・国家の三つの段階に分けて考察した。この人倫の三段階についての彼の考えは，概ね次のようにまとめることができる。まず，家族は成員が互いに自然的な愛情によって結びついているという意味で共同性が成立しているが，そこにおいては各成員は自己の人格的な自立性を自覚していない。一方，市民社会は人格的に自立性を有する諸個人によって構成されているものの，各構成員が自己の欲望を充足させるために私的な利益のみを追求する「欲望の体系」であり，家族におけるような共同性が失われている。そして，家族における成員の素朴な共同性と市民社会における諸個人の自立性との矛盾・対立は，人倫の最高段階としての国家において止揚される。文章中の「最高の　B　〔共同性〕が最高の自由である」という記述は，国家において真の共同性が実現するということを意味している。したがって，　B　には文脈上「自立性」は入らない。また，「功利性」は，ある行為が役に立つか否かという観点を表すものであるから，これも　B　には入らない。

問6 　18　③

　ニーチェは，キリスト教的な道徳は強者に対する弱者のルサンチマン（怨恨）から生まれた奴隷道徳であり，それがヨーロッパ世界の頽廃をもたらしたとした。その上で，彼は，現実の世界を，同じこと，無意味なことが永遠に繰り返される永遠回帰（永劫回帰）の世界（神なき無意味な世界）と捉えるとともに，人間はそれを運命として引き受け（運命愛），本源的な生命力（力への意志）に従ってたくましく生きるべきであると説いた。そして，そのような力への意志を体現するのが超人であるとした。

　①ニーチェがキリスト教道徳を賞賛したという趣旨の記述は誤り。②④ハイデッガーについての記述。彼によれば，人間は世界に投げ出されて存在している世界−内−存在であるが，通常，他者や他の事物との関係性のなかに自己を埋没させ，個性を喪失した「ダス・マン（世人）」として生きている。このような状況から脱して本来の自己を回復するためには，自分が死に向かって生きているということ，すなわち「死への存在（死に向かう存在）」であるということを自覚し，それを引き受けなければならないとした。

10

問7 `19` ①

　本文では，生を謳歌するためには何が必要かということに関して，第2段落で，身体的な欲求の充足を是認する立場の思想家が取り上げられ，第3段落で理性的な要求を重視した思想家が取り上げられている。そして，第4段落では，身体を顧みずに理性を偏重する考えを批判した思想や，理性を改めて主題化した思想家，さらには理性的な相互理解に関わる身体的な契機に注目した思想家が取り上げられている。最終段落では，身体的欲求と理性的要求の両者を正しく追求することの重要性が指摘されている。したがって，①が正解。

　②「身体的な欲求の充足を制限し，人間の理性的なあり方を追求しようとする立場が一貫して支配的である」という前半の記述，およびそれに続く後半の記述は，本文の趣旨と合致しない。③「身体的な欲求の充足を制限し，人間の理性的なあり方を追求しようとする立場が一貫して支配的である」という前半の記述は，本文の趣旨と合致しない。④生を真に謳歌するためには，「身体的な欲求を厳格に制限」することが重要であるという記述は，本文の趣旨と合致しない。

第4問　「平等」の実現に関する課題

　「平等」の実現に関する課題をテーマに，支配の正当性（正統性），アダム・スミスの思想，市場の機能や限界，消費者問題，地方自治など，政治分野と経済分野の両分野からバランスよく出題された。

問1 `20` ②

　マックス・ウェーバーは，支配の正当性（正統性）を伝統的支配（④），カリスマ的支配（①），合法的支配（③）の三つに分類した。この分類に該当しないものは，②の「ポリス的支配」であり，これが正解となる。

支配の形式（ウェーバーによる三類型）

伝統的支配	伝統や慣習のもつ神聖性を信仰する被支配者が，血統・家系などの伝統や慣習によって権威づけられた人物に支配の正当性を認め，それに服従するあり方。
カリスマ的支配	被支配者が，超人的な能力や資質をもつ人物に支配の正当性を認め，それに服従するあり方。
合法的支配	被支配者が，形式的に正しい手続きによって定められた法に支配の正当性を認め，そのルール・規則に基づく支配に従うあり方。

問2 `21` ④

　アダム・スミスは，『国富論（諸国民の富）』を著し，市場の調整機能を重視した。彼によれば，各人の自由な経済活動は，「見えざる手」に導かれるようにして社会全体の利益を増大させる。

①国家の富は貿易黒字によってもたらされるとする**重商主義**の考え方についての記述。重商主義を唱えた経済学者として**トマス・マン**がいる。なお，アダム・スミスは，重商主義政策(国内産業を保護し，輸出の振興に努める保護貿易政策)を批判した。②**リカード**についての記述。リカードは，**比較生産費説**による国際分業の利益を主張した。③**ケインズ**の主張を想定した記述。ケインズは，不況や失業の原因は**有効需要**の不足にあり，それを解決するためには政府による積極的な財政政策や金融政策が必要であると主張し，**完全雇用**を実現するための理論を示した。

問3 $\boxed{22}$ **④**

寡占市場では，影響力の強い企業が**価格先導者(プライス・リーダー)** となって価格を設定し，他の企業もそれに追随するような価格を設定することがあるが，こうした価格を**管理価格**という。このように，価格が需給関係によらず企業によって意識的に決定される状況においては，需要の減少や生産費用の低下があっても，価格は下がらなくなる(**価格の下方硬直性**)。

①「市場による価格調整がうまく働く……割安の価格になる」は誤り。寡占市場の特徴は，市場機構(価格の自動調節機能)がうまく働かず，消費者が買いたいと思う商品の価格が割高になってしまう点にある(寡占市場が成立すると，企業は高利潤を得るため，生産量を抑えて価格を上昇[あるいは維持]させようとする動きがみられやすくなる。その結果，社会的に必要な財が不足して，消費者は割高の価格の商品しか購入できなくなる可能性が高くなる)。②「逆資産効果」という部分を「価格の下方硬直性」に置き換えると正しい記述になる。なお，**逆資産効果**については，**資産効果**とセットで押さえておきたい。資産効果とは，保有する資産(土地や株式など)の価格が上昇するにつれて，資産を売却した際に価格上昇分の差益が得られるようになることから，それを見込んで消費が活発化する(消費額が増加する)傾向をいう。これに対し，逆資産効果とは，保有する資産の価格が低下するにつれて，消費額が減少する傾向をいう。③「生じにくい」という部分を「生じやすい」に置き換えると正しい記述になる。一般に，大規模設備(多額の固定費用)を必要とする分野では，新規の市場参入が難しく，「少数の企業による市場の支配」が生じやすい。

問4 $\boxed{23}$ **②**

国が認めた消費者団体が，立場の弱い被害者個人に代わって訴訟を起こす**消費者団体訴訟制度**は，2006年の**消費者契約法**の改正によって導入された。

①「特定商取引法」という部分を「製造物責任法(PL法)」に置き換えると正しい説明となる。**製造物責任法(PL法)**は，1994年に制定された法律で，製品の欠陥によって生じた被害に関する損害賠償責任について規定した法律である。同法は製造業者の**無過失責任**を定めているので，製品の欠陥が証明されれば，それが製造業者の過失によって生じたものかどうかにかかわりなく，製造業者は損害賠償責任を負うことになる。なお，**特定商取引法**は，訪問販売や通信販売，電話勧誘販売など，特殊な形態での取引を規律する法律である。③**消費者庁**が「廃止」された事実はな

12

いので，誤り。消費者庁は，複数の省庁にまたがっていた消費者行政を一元化するために，2009年に新設された。④リコール制度は「製品の欠陥の有無を問わずその製品と消費者の好みに応じた製品との交換」を認める制度ではないので，誤り。リコール制度は，製品に欠陥がある場合，製造業者がその事実を公表し，回収・無償修理を行う制度である。

問5　24　④

「地域や産業を問わず同じ額とされている」は誤り。最低賃金の水準は，最低賃金法に基づき，地域別・産業別に決定される。

①②③はいずれも，正しい記述である。①不当労働行為とは，使用者側が労働者の労働三権（団結権，団体交渉権，団体行動権［争議権］）および労働組合の自主性を侵害する行為をさし，労働組合法によって禁止されている。②裁量労働制に関する規定は，労働基準法にある。③男女雇用機会均等法の規定についての記述である。

問6　25　③

輸入国の輸入量を増加させうる要因は③のみで，①②④は輸入量を減少させる要因となる。設問文によれば，自由貿易の下で，ある商品の国際価格がPのときに，国内供給 X_1 と国内需要 X_2 との差だけ輸入される。つまり，国際価格Pのときの輸入量は X_2-X_1 ということになる。他の事情が一定である状態で，国民の所得が増加した場合，国内需要が拡大し，図1のように需要曲線はDDから D′D′ へと移動することになる（需要曲線の右シフト）。需要曲線が移動した後も国際価格Pであるならば，国内供給 X_1 と国内需要 X_3 との差である X_3-X_1 が輸入される。$X_3-X_1>X_2-X_1$ となることから，需要曲線の右方向への移動に伴い，この商品の輸入量は増加することになる。

図1

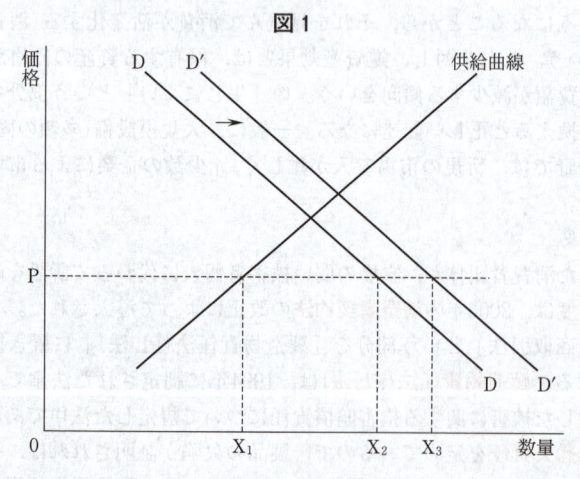

①国際価格がPからP′へと上昇した場合，図2のように国内供給は X_1 から X_1' へと増加し，国内需要は X_2 から X_2' へと減少する。このとき，この商品の輸入量

は X_2-X_1 から $X_2'-X_1'$ へと減少することになる。

図2

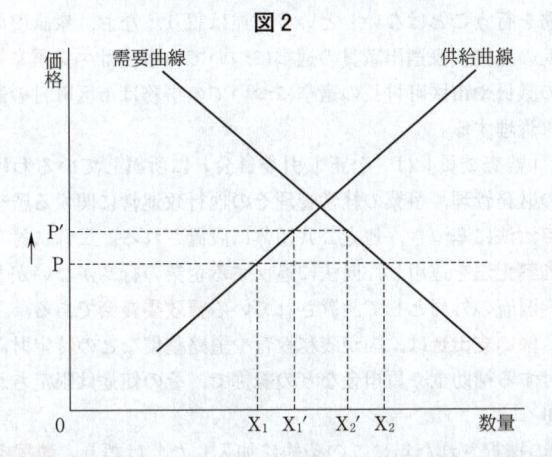

②国内産業の生産性が向上したことにより国内供給が拡大する場合，**図3**のように供給曲線は SS から S'S' へと移動することになる（供給曲線の右シフト）。供給曲線が移動した後も国際価格が P であるならば，国内供給 X_4 と国内需要 X_2 との差である X_2-X_4 が輸入される。$X_2-X_1>X_2-X_4$ となることから，供給曲線の右方向への移動に伴い，この商品の輸入量は減少することになる。

図3

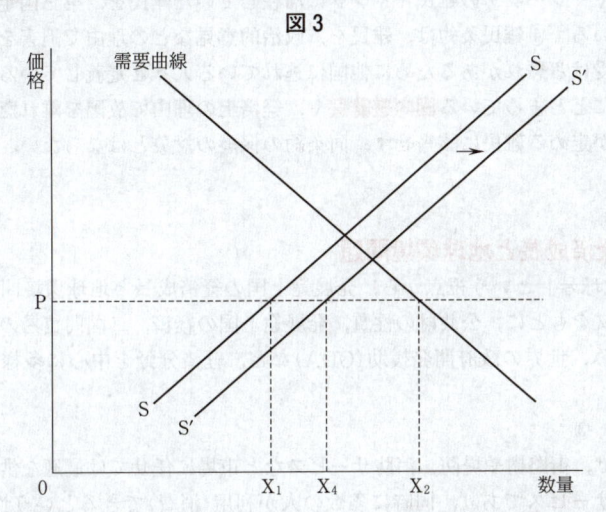

④関税の引上げを行った場合，この商品が国内で流通する価格は上昇することになる。このとき，①（**図2**）の場合と同様，この商品の輸入量は減少することになる。

問7 　26　　**③**

　A：誤文。**公職選挙法**によれば，都道府県の**選挙管理委員会**は，都道府県の議会の議員や都道府県知事の選挙についての事務だけでなく，衆議院の小選挙区選出議

員や参議院の選挙区選出議員の選挙についての事務も管理する。したがって，「国政選挙の事務を行うことはない」という記述は誤り。なお，衆議院の比例代表選出議員や参議院の比例代表選出議員の選挙についての事務は中央選挙管理会が，市区町村の議会の議員や市区町村長の選挙についての事務は市区町村の選挙管理委員会が，それぞれ管理する。

　B：誤文。「監査委員」は「公正取引委員会」に所属しているわけではない。地方公共団体の財務管理，事業の経営管理その他行政運営に関する監査を行う監査委員は，地方自治法に基づき，地方公共団体に設置される。これに対し，公正取引委員会は，独占禁止法を運用し，同法に違反する企業の行為がないかどうかを監視するために，内閣府の外局として設置されている行政委員会である。

　C：正文。国庫支出金は，国が義務教育や道路整備などの特定財源として地方公共団体に交付する補助金や負担金などの総称で，その使途は限定される。

問8　27　①

　「難民条約の採択された年にこの条約に加入した」は誤り。難民条約は1951年に採択されたが，日本がこの条約に加入したのは1981年のことである。

　②③④はいずれも，正しい記述である。②日本は，難民条約への加入に当たって，出入国管理及び難民認定法を定め，難民を認定する手続を整えた。③第三国定住に関する記述。日本は2010年以降，軍事政権下のミャンマーを逃れて第一次避難地であるタイやマレーシアの難民キャンプに滞在していた難民を，第三国定住の形で受け入れている。④難民条約は，難民を，政治的意見などの理由で迫害を受けるか，または，受ける恐れがあるために他国に逃れている人々と定義している。国境を越えず故国にとどまっている国内避難民や，経済上の理由で故国を離れた経済難民は，難民条約が定める難民に該当せず，同条約の保護の対象とはならない。

第5問　経済成長と地球環境問題

「宇宙船地球号」という視点から，発展途上国の経済成長と地球環境問題との関係を論じた本文をもとに，公共財の性質，発展途上国の経済，二国間貿易の為替による決済の仕組み，世界の政府開発援助(ODA)など，経済分野を中心に多様な設問形式で問われた。

問1　28　③

　公共財は，街路樹や堤防，消防サービスなど市場に任せては最適な供給が行われない財・サービスであり，同時に多数の人が利用(消費)できるという性質(非競合性)と，対価を支払わない人の利用を排除することが難しいという性質(非排除性)とを有している。③は非排除性についての記述として適当であり，これが正解となる。

　①②④はいずれも，非排除性について説明したものではない。①非競合性についての記述である。②「価格が上がっても，需要量はあまり低下しない」例として，

生活必需品をあげることができる。仮に，同一価格の生活必需品と贅沢品の二つの商品が存在し，両方の価格が同じだけ上がったとする。このとき，生活必需品の需要量は，贅沢品と比べ，需要量の変化が小さくなる傾向がある（同じだけ価格が上昇した場合に，贅沢品の需要量は大きく減少するが，生活必需品の需要量はあまり減少しない，ということを意味している）。④「供給量が不足しても，価格が変化しない」例として，政府や地方自治体の規制の下におかれている公共料金をあげることができる。

問2 ⑳ ①

「プレビッシュ報告」において，「アンチダンピング関税の導入」が主張されたわけではないので，誤り。**プレビッシュ報告**は，1964年にジュネーヴで開かれた第1回の**国連貿易開発会議（UNCTAD）**において示された，**南北問題**を解決するための新たな国際経済秩序の樹立を求める報告である。UNCTAD 初代事務局長であったプレビッシュは，**関税及び貿易に関する一般協定（GATT）**の貿易秩序を発展途上国に有利な形に改めるための**一般特恵関税**（関税上の優遇措置）の導入や，先進国の発展途上国に対する経済援助，一次産品価格安定化のための商品協定，国際収支を改善するための融資などを要求した。なお，**アンチダンピング関税**とは，外国の**ダンピング**（海外市場に進出するために，国内向け価格を下回る価格で輸出を行うこと）に対抗してその効果を相殺するために賦課する関税のことで，自国産業を保護する効果が期待できる。

②③④はいずれも，正しい記述である。②資源が乏しく経済発展が遅れている**後発発展途上国（LDC）**と，中東の産油国などの資源をもつ国や工業化が比較的進んでいる新興国との間で経済格差が進むことで生じる諸問題は，「**南南問題**」と呼ばれる。③2015年に国連（国際連合）によって策定された**持続可能な開発目標（SDGs）**とは，2015年を達成期限とした**ミレニアム開発目標（MDGs）**に代わる，2030年までに達成すべき開発目標をまとめたものをいう。④**マイクロファイナンス**（貧困層向けの少額融資などの金融サービス）については，バングラデシュの経済学者ムハマド・ユヌスの考案に基づき，グラミン銀行が成果をあげたことが知られている。

問3 ㉚ ⑥

Aと**ウ**，**B**と**イ**，**C**と**ア**がそれぞれ合致する。

まず，商品を受け取るY国の輸入業者は代金を支払い，商品を引き渡すX国の輸出業者はその代金を受け取る，という代金の動きが把握できれば，**A**の矢印には，代金に相当する**ウ**の「自国通貨」が入ると判断できる。次に，**B**の矢印について考えてみよう。**B**の矢印は，X国の輸出業者を起点に，X国の甲銀行からY国の乙銀行を経て，Y国の輸入業者へと向かっている。**ア**の「支払いを確約する信用状（L/C）」が**B**の矢印と合致することはない（代金を受け取る側のX国の輸出業者が，代金の支払いを確約する信用状を発行するはずはない），ということに気づくことができれば，**B**の矢印には，**イ**の「為替手形・船積み書類」が入ると判断できる（**手形**とは，一定の時期に一定の場所で，一定の金額を支払うことを約束または委

託する有価証券である）。この時点で，残る**C**の矢印は**ア**と合致するということも判断でき，正解の選択肢を確定することができる。

問4 31 ②

アメリカの企業における資金調達のあり方を1999年12月末時点と2017年3月末時点とで比較した場合，1999年の間接金融（銀行等借入がこれに該当）の割合（12.1％）よりも2017年の間接金融の割合（6.2％）の方が低い。

①「高い」は誤り。日本の企業における資金調達のあり方を1999年12月末時点と2017年3月末時点とで比較した場合，1999年の他人資本（銀行等借入，債券がこれに該当）の割合（38.8％＋9.3％＝48.1％）よりも2017年の他人資本の割合（24.2％＋4.1％＝28.3％）の方が低い。③「高い」は誤り。2017年3月末時点の資金調達において，日本の企業の直接金融（債券，株式・出資金がこれに該当）の割合（4.1％＋49.9％＝54.0％）はアメリカの企業の直接金融の割合（13.7％＋56.5％＝70.2％）よりも低い。④「低い」は誤り。1999年12月末時点の資金調達において，アメリカの企業の自己資本（株式・出資金がこれに該当）の割合（66.6％）は日本の企業の自己資本の割合（33.8％）よりも高い。

問5 32 ③

まずは，**A**よりも先に，**B**〜**D**に当てはまる国を考えてみよう。⑴2016年の政府開発援助（ODA）の実績総額において，DAC（開発援助委員会）加盟国の中で最も大きい国はアメリカであり，日本は第4位に位置する。⑵2016年のODAの対国民総所得（GNI）比は，アメリカと日本は0.2％に近い水準，ドイツとイギリスは0.7％に近い水準にある（国際的な目標値が対GNI比0.7％であるのに対して，アメリカや日本はその半分以下にある）。⑴や⑵の知識を活用することができれば，**B**はアメリカ，**C**はドイツ，**D**は日本であると判断できる。

次に，残る**A**に当てはまるものを考えてみよう。グラント・エレメントは，援助条件の緩やかさを示す指標であり，金利が低く融資期間が長いほどその数値が高くなる。贈与比率は，ODAに占める贈与（無償資金協力と技術協力）の割合をさす。日本のグラント・エレメントと贈与比率はいずれも，DAC加盟国の中で最下位グループに位置しており（2016年のグラント・エレメントはフランスが最下位で，日本は下から2番目／2016年の贈与比率は日本が最下位），2016年の日本のグラント・エレメントの数値は80％台，贈与比率は30％台であった。表によれば，**D**（日本）の**A**の数値が87.0％となっており，ここから**A**がグラント・エレメントであると判断できる。

第6問　自由民主主義の原理と制度

自由民主主義に関する本文をもとに，違憲審査権，選挙制度，大衆民主主義，国民の自由や権利をめぐる日本の状況など，政治分野に関する知識事項が幅広く問われた。

問1　33　②

設問文は，(1)裁判所は違憲審査権を積極的に行使し，違憲判断をためらうべきではないとする見解(積極的立場)と，(2)裁判所による違憲審査権の行使には慎重さが求められ，やむをえない場合のほかは違憲判断を避けるべきであるとする見解(消極的立場)のうち，前者(積極的立場)の根拠となる考え方を選ぶことを要求している。国会(選挙によって構成員が選出される機関)の判断や法律は，多数者の意思によって成立するものである。違憲審査制度は，国会に表れた多数者意思に歯止めをかけ，その暴走を防ぐための制度である。②は，社会の少数派に属する人々の権利や自由を確保するためには，多数者意思に歯止めをかけることも必要である，という考え方を示すものであり，(1)の積極的立場の根拠となる。

①③④は，国会重視の考え方を示す記述であり，裁判所の違憲審査権を重視するものとはいえず，どちらかというと(2)の消極的立場の根拠となる。

問2　34　④

小選挙区制と比例代表制との比較

小選挙区制	1選挙区から1名の議員を選出する制度。 大政党に有利なので二大政党制に結びつきやすく，政局が安定しやすい。 小政党に不利なので，少数派の意見が反映されにくい。 死票が多くなりやすい。
比例代表制	原則として政党に投票し，各政党はその得票数に応じて議席の配分を受ける。 小政党でも議席を得やすく，少数派の意見も議会に反映されやすい。 小党分立(多党制)になりやすく，政局が不安定になりやすい。 死票が少なくなりやすい。

①と②は，「小選挙区制」よりも「比例代表制」の一般的特徴といえる。③は，「比例代表制」よりも「小選挙区制」の一般的特徴といえる。

問3　35　①

大衆民主主義は，政治参加の権利が保障される現代的な民主主義である(普通選挙制度の導入・拡大によって形成された)。

②絶対王政に対する新興市民階級の闘い，いわゆる市民革命の成果として確立された，近代的な民主主義についての説明である。③社会主義革命を想起させる説明となっている。④中華人民共和国の民主集中制(権力集中制)を想起させる説明となっている。

問4　36　④

「これまでにない」は誤り。死刑判決確定後に再審で無罪となった冤罪事件の例として，免田事件や財田川事件，松山事件，島田事件をあげることができる。

　　①②③はいずれも，正しい記述である。①検察官による不起訴の決定に対して，**検察審査会**が同一事件で起訴相当の議決を二度行った場合，強制的に起訴される仕組みが導入された（2009年より導入）。②最高裁判所の裁判官の罷免の可否を問う**国民審査**で罷免された裁判官は，これまで一人もいない。③2016年に成立した刑事司法改革関連法に基づき，取調べの録音や録画（**取調べの可視化**）を義務づける仕組みが，裁判員裁判対象事件などに導入された（2019年施行）。

問5 　37 　③

　被選挙権は，選挙される権利（特に選挙に立候補することができる資格）のことであり，**参政権**の一つであるとされている。

　①「政党を結成すること」は，「政党助成法」ではなく，日本国憲法が定める**結社の自由**（第21条1項）によって保障されており，国民は公権力による干渉を受けずに政党を結成することができる。なお，**政党助成法**は，国が政党に対し政党交付金による助成を行う仕組みなどについて定めた法律で，政党を結成するための条件や手続について定めているわけではない。②「インターネット上で友人と自由に政治的な意見を交わし合うこと」は，「アクセス権」ではなく，日本国憲法が定める**表現の自由**（第21条1項）として保障される，と考えられる。なお，**アクセス権**は，情報の受け手が意見広告や反論記事の掲載をマスメディアに対して要求する権利をさす。④「認められている」は適当でない。日本国憲法は，**検閲**という形で表現の自由に制約を加えることを禁止している（第21条2項）。

倫理, 政治・経済

2019 本試験

（2019年1月実施）

受験者数　50,886

平均点　　64.22

2

倫理，政治・経済

解答・採点基準　　　　（100点満点）

問題番号（配点）	設　問	解答番号	正解	配点	自己採点
第1問（14）	問1	1	③	3	
	問2	2	④	3	
	問3	3	①	2	
	問4	4	②	3	
	問5	5	③	3	
第1問　自己採点小計					
第2問（18）	問1	6	⑤	3	
	問2	7	④	2	
	問3	8	②	3	
	問4	9	④	2	
	問5	10	①	3	
	問6	11	①	3	
	問7	12	③	3	
第2問　自己採点小計					
第3問（18）	問1	13	③	3	
	問2	14	②	3	
	問3	15	④	3	
	問4	16	②	3	
	問5	17	①	3	
	問6	18	①	3	
第3問　自己採点小計					

問題番号（配点）	設　問	解答番号	正解	配点	自己採点
第4問（22）	問1	19	②	2	
	問2	20	①	2	
	問3	21	②	3	
	問4	22	⑤	3	
	問5	23	④	3	
	問6	24	①	3	
	問7	25	③	3	
	問8	26	②	3	
第4問　自己採点小計					
第5問（14）	問1	27	①	3	
	問2	28	⑤	3	
	問3	29	⑤	3	
	問4	30	③	2	
	問5	31	①	3	
第5問　自己採点小計					
第6問（14）	問1	32	④	2	
	問2	33	⑦	3	
	問3	34	②	3	
	問4	35	①	3	
	問5	36	③	3	
第6問　自己採点小計					
自己採点合計					

第1問　現代社会の諸課題と青年期

本問では，「現代の家族」をテーマとした会話文をもとに，青年期の心理，生命倫理，社会における支え合いの試みなどが問われた。

問1　1　③

ホリングワースが青年期の特徴として挙げた心理的離乳についての記述として正しい。

近代以前の多くの社会では，子どもは通過儀礼を経ることで大人になるとされていた。つまり，近代の文明社会におけるような青年期を経ることなく大人として認められた。したがって，①の「青年期を経て子どもから大人になる」という記述も，②の「通過儀礼は必要とされず」も誤り。④「子どもと大人のどちらの世界にも帰属しない」という記述は，「心理的離乳」ではなく，レヴィンのいうマージナル・マン（境界人）を想定したもの。

問2　2　④

第三者の男性が提供した精子を用いた人工授精により子どもをもうけることは可能である。しかし，生まれた子どもに，将来，遺伝上の父親についての情報を知らせるかどうかが問題となることもある。

①着床前診断の結果，命の選別がもたらされる可能性があるという趣旨の記述は正しい。しかし，着床前診断は受精卵の段階で行われるから，「受精卵が胎児に成長した段階」で行われるという趣旨の記述は誤り。②「デザイナー・ベビーをもうけることが日本でも法的に認められ」という記述は誤り。③「どの方法を用いても，代理母が生まれてくる子どもの遺伝上の母親となる」という記述は誤り。代理出産（代理懐胎）には，妻の卵子と夫の精子を体外受精させ，その受精卵を第三者の女性の子宮に移植し出産する場合（ホストマザー）と，第三者の女性に夫の精子を用いて人工授精し，妊娠・出産する場合（サロゲートマザー）があるが，前者の場合の遺伝上の母は出産を依頼した女性であり，後者の場合の遺伝上の母は代理母である。

問3　3　①

日本は女子（女性）差別撤廃条約を批准（1985年）しているが，現実には性別に関する偏見が残存しており，その打破が求められている。

②子ども（児童）の権利条約は，すでに国連で採択（1989年）されている。したがって，この条約の採択が求められているという趣旨の記述は誤り。③ NPO（非営利組織）やボランティアを政府が主導しているという趣旨の記述は誤り。④「人間の安全保障」についての説明が誤り。これは，国家の軍事的安全を目的とする「国家の安全保障」にとどまらず，個々の人間の生命・身体・財産などを守るため具体的な措置を講じることをいう。

問4　4　②

a には「レヴィ＝ストロース」が入る。レヴィ＝ストロースは，人間の思考や振る舞いは主観的な意識を超えた構造やシステムによって規定されているとした。こうした思想を構造主義という。

　　b　には「フーコー」が入る。**フーコー**は，構造主義から出発した思想家である。彼は，西洋近代社会は学校，病院，裁判所，軍隊などを通じて，人々を型にはめ規格化することで，既存の価値観や秩序に従順で，相互に監視し合う主体を生みだしてきたと批判した。

　　なお，**メルロ＝ポンティ**は，デカルト以来の伝統になっている心と身体，主体と客体を対立させる考え方を克服しようとして，「生きられた身体」という観点から主体と客体を不可分のものと捉えようとした哲学者である。

問5　**5**　③

　　資料文（ロールズ『正義論』）では，愛し合う者たちは大きな危険を冒してでも助け合うということと，正義の原理に従って行為したい思う欲求をもつ人は自己に危険が及ぶことを予想できる場合であっても，正義の観点に立って行為するということが述べられている。

　　資料文は，正義の観点に立って行為することと，互いに愛し合うこととの共通性について述べている。したがって，①②④の後半は誤り。

第2問　日本思想・源流思想

　　本問では，「心と行為」をテーマとした本文をもとに，日本の神話，仏教思想，近世思想，近代思想，中国思想など，日本思想・東洋思想について幅広く出題された。

問1　**6**　⑤

　　ア：誤文。「真心」とは，神々の働きによって人々に与えられた「**よくも悪しくも生まれつきたるままの心**」，言い換えれば作為の働かない心のことをいう。したがって，「道理によって神を理解しようとする心」という記述は誤り。

　　イ：正文。古代の日本人は，神や共同体に対して自己中心的な私心がなく，隠しだてをしない明朗な心に基づく生き方を理想とした。こうした心のことを**清き明き心（清明心）**という。

　　ウ：誤文。古代の清明心は，**中世**においては「**正直**」，**近世**においては「**誠**」に受け継がれたとされる。したがって，「正直」は古代の日本人が重んじた心とはいえない。また，古代の日本人にとっての善悪は，「神が定めた」基準ではなく，共同体の内部において，神との関係で人々に生まれる心情的な受け止め方に関わるものである。

問2　**7**　④

　　仏教においては**慈悲**の実践が説かれるが，その場合の「慈」とは衆生（生きとし生けるものすべて）に楽しみを与えること（**与楽**）を意味し，「悲」とは衆生から苦しみを取り除くこと（**抜苦**）を意味する。

　　①慈悲とは，「人間のみ」を対象とするものではなく，山川草木を含む**衆生（生きとし生けるもの）すべてに向けられるもの**である。②慈悲とは，上でも述べたように，衆生に向けられるものであるから誤り。この選択肢は，**孔子**の説いた仁を想定している。孔子は，**孝悌**（親や兄弟に対する愛情）が仁の根本にあるとし，これをよ

り広い人間関係に広げることによって世の中がうまく治まると説いた。③慈悲の実践は，大乗仏教のみならず，上座部仏教でも重視されるから，「上座部仏教では教えられない」という記述は誤り。

問3　8　②

　a には「無常」が入る。中世から近世にかけて，仏教的な世界観から影響を受けて現世を無常と見なす考え方が生まれた。「浄土」は，いっさいの煩悩や穢れを離れた仏や菩薩が住む清浄な世界のこと。

　b には「『葉隠』」が入る。この著作は山本常朝が武士の心得を説いたもので，空欄のすぐあとにある「武士道と云は，死ぬことと見つけたり」という言葉で知られる。この言葉は，生への執着を離れ，主君への奉公に徹する武士の覚悟を表している。

問4　9　④

　「いき（粋）」は軽やかで洗練された美意識を表すものであるから，「武骨で垢抜けない素朴さを良しとする美意識」という記述は誤り。また，本来は遊びの道において用いられたものであり，「勤労と倹約」とは関係がない。

　①②③は，それぞれ世阿弥が重んじた「幽玄」，松尾芭蕉が追求した「さび」，近世の町人の間に広まった「つう（通）」についての記述として正しい。

問5　10　①

　荘子は，ありのままの自然の世界には善悪・美醜・是非などの対立はなく，あらゆるものの価値は斉しい（万物斉同）とし，そのようなありのままの自然の働きに身を任せ，絶対的な自由の境地に遊ぶこと（逍遙遊）を理想とした。

　②「仁・義・礼・智・信という五つの徳目（五常）」を説いたのは，「孟子」ではなく董仲舒である。董仲舒は，孟子の説いた四徳に信を加えて五常の教えを説いた。なお，孟子は仁・義・礼・智の四徳を説き，この四徳が身体に充実してくると，何ごとにも動じない心である浩然の気が現れるとした。③「その五つとも身体における物質的な要素のことを表す」という記述は誤り。仏教では，人間は色・受・想・行・識という五つの要素から構成されると説かれるが，そのうち色だけが物質的要素で，残りの四つは精神的要素である。④「心や身体が変わらないものである」という記述は誤り。仏教では，あらゆる存在は時とともに移り変わっていく（諸行無常），あらゆる存在には永遠・不変の実体はない（諸法無我）とされる。

問6　11　①

　西田幾多郎は，主観と客観を峻別する二元論的な西洋哲学を批判的に分析することを通じて，主観と客観が分かれる以前の直接的・根本的経験，すなわち主客未分の純粋経験において真の実在が現れると説くとともに，主客未分から主観と客観の分立へと展開する必然性を明らかにしようとした。そして，この必然性を「場所」の論理に求め，有と無の対立を超えて事物や事象を存立させている「無の場所」（絶対無）という考えに到達した。さらに彼は，現実の世界は「無の場所」の自己限定によって成立するとし，現実の世界では事物・事象が絶対的な矛盾・対立を残し

たまま統一されていると説いた（絶対矛盾的自己同一）。

②「西洋哲学における伝統的な二元的思考に基づいて」という記述，「無の場所」を否定したという趣旨の記述は，いずれも誤り。③現実の世界においては「矛盾も対立も存在しない」という記述は誤り。④「無の場所」を否定したという趣旨の記述，現実世界においては「矛盾も対立も存在しない」という記述は，いずれも誤り。

問7　12　③

本文の第2段落における中世の武士たちに関する記述，第3段落における幕末の志士たちに関する記述から，③が正解と判断できる。

①「社会的行為の規範である礼に従って行為することで心を制するべき」と主張したのは「朱子学者」ではなく荻生徂徠である（第3段落を参照）。したがって，選択肢の第一文の後半は誤り。また，古代人も朱子学者も「心そのものよりも，心の表れである行為の実現を重視している点では共通している」という選択肢の第2文も誤り。本文では，古代人も朱子学者も心と行為の関係を重視していると述べている（第2段落および第3段落を参照）。②道元とキリスト者がいずれも「行為よりも，心そのものを重視している」という記述は誤り。本文は，両者とも，心と行為とを関連づけて考えている趣旨で書かれている（第2段落および第4段落を参照）。④「徳行を実践するためにはまず学問によって心を分析することが必要」と考えたのは，「荻生徂徠」ではなく朱子学者である（第3段落を参照）。

第3問　西洋の近現代思想・源流思想

本問では，「運命」をテーマとした本文をもとに，イスラーム教，アリストテレス，マキャヴェリ，ベーコン，ヘーゲルなど西洋の近現代思想・源流思想について幅広く出題された。

問1　13　③

イスラーム教におけるシャリーア（イスラーム法）は，儀礼・刑罰・結婚・相続など信徒（ムスリム）の生活全般の規則を定めたものである。そして，信徒はこれに従って現世を生き，アッラーによる最後の審判にそなえなければならないとされる。

①「輪廻からの解脱という考えを否定した」という記述は誤り。古代インドでは，ブッダをはじめとして自由思想家たちは，いずれも輪廻からの解脱の道を求めた。②イエスの死は「神に背いたアダムへの罰」であるという趣旨の記述は誤り。パウロは，イエスの十字架上の死の意味を，アダムが神に背いて以降人類が負うことになった罪をあがなう（贖罪）ために，ひとり子であるイエスを人類のもとに送り，十字架にかけて生贄としたのだと理解した。④「中国の祖先祭祀の伝統に基づき，死者に関してはできる限り手厚く葬るべきだと主張した」という記述は誤り。墨家は，儒家が中国の祖先祭祀の伝統を重んじることを批判するとともに，死者を葬ったあとは長く服喪して悲しみすぎることはしない，という立場をとった。

問2　14　②

アリストテレスによれば，事物の生成・変化は，素材としての質料（ヒュレー）の

うちに可能態として潜んでいる普遍的な本質としての形相(エイドス)が一定の条件の下で現実態として実現する。

①「自然界の諸事物も真実在である」という記述は誤り。プラトンは，世界をイデア界と現象界(現実界)の二つに分け，真実在はイデア界にあり，現象界における個々の事物はイデアの模像であるとした。③ストア派は，人間は自然を支配する理法(理性／ロゴス)を種子として宿しており，これに従って生きるべきことを問うた。したがって，「自然を支配する理法と人間理性とは別物」という記述は誤り。④「創造という概念を認めないキリスト教」という記述は誤り。キリスト教も，ユダヤ教と同じく，全知全能の神が世界のすべてを創造したという考えを基本としている。

問3 15 ④

ベーコンは，人間を誤った認識にいたらせる原因となる先入観や思い込みをイドラ(幻影，偶像)と名づけ，正しい知識を得るためにはその排除に努めなければならないと主張した。彼は，四つのイドラ(種族のイドラ，洞窟のイドラ，市場のイドラ，劇場のイドラ)を挙げている。種族のイドラは感覚による錯覚など，人類という種族の本性に根差す先入見であり，洞窟のイドラは個人の好き嫌いに基づく偏見など，個人の環境や教育に由来する先入見である。また，市場のイドラは人間関係や社会生活において，言葉の不適切な使用から生じる先入見であり，劇場のイドラは権威のある学説や伝統を鵜呑みにしてしまうことから生まれる先入見である。したがって，アは市場のイドラ，イは洞窟のイドラについての説明である。

問4 16 ②

ヘーゲルは，歴史発展の背後にあってその原動力となっているものは，自由を本質とする理性的な精神，すなわち絶対精神であるとし，絶対精神は歴史の舞台で重要な役割を果たす人物を自らを実現するための道具として操りながら，自己を展開させていくと主張した。このような絶対精神のたくらみを，彼は「理性の狡知」(理性の詭計)と呼んだ。

①人間を外側から規制するのは「道徳」ではなく法であり，人間を内側から規制するのは「法」ではなく道徳である。③「人倫によって人間を外側から」規制するという趣旨の記述は誤り。「人倫」とは，ヘーゲルによれば，個人の主体的な自由(道徳)と社会における客観的な秩序(法)とが結びついた共同体である。④絶対精神は「国家同士を争わせ……」という記述は誤り。上の①の解説でも見たように，絶対精神は歴史の舞台で重要な役割を果たす人物を操ることによって，自らを実現していくと説かれた。

問5 17 ①

ダーウィンは，生物はすべて共通の祖先から枝分かれして，現在の状態へ進化してきたのであり，より環境に適応した種が自然選択(自然淘汰)によって生き残ってきたと主張した。

②ダーウィンが「あらゆる生物の種はそれぞれの固有の祖先から変化することは

なく」と主張したという趣旨の記述は誤り。③スペンサーは，社会を生物のような有機体として捉え，社会は適者生存のメカニズムによって個々人をふるいにかけつつ，よりよい共同の状態へと自ずと進んでいくという考え(社会進化論)を説いた。そして，彼はこのような観点から，社会のあり方は軍事的指導者が支配する軍事型社会から，相互に自由と平等を分かち合う産業型社会へと進化するとした。したがって，「軍事的指導者が支配する社会へと進化していく」という記述は誤り。④スペンサーは，社会の自然な成長に干渉する国家活動を批判し，個人の自由な活動を擁護した。したがって，「国家が人為的に統制することで社会は進化していく」という記述は誤り。

問6　18　①

「運命に抗う立場」についてはマキャヴェリやベーコン，「運命を自らのものとして引き受ける立場」についてはとくにニーチェが取り上げられている部分で論じられている。これらの思想家についての記述から判断して，①が正解と判断できる。

②「やむなき運命を最善とみなす立場」についてはライプニッツやヘーゲル，「運命を自らのものとして引き受ける立場」についてはとくにニーチェが取り上げられている部分で論じられている。しかし，この選択肢の第2文の内容は，ニーチェには当てはまらない。③「後者」(運命を最善とみなす立場)について，「悪しき出来事も人間の力によってすべて最善の運命へと変え得るとする立場である」としているのは誤り。例えば，ヘーゲルについての部分を見ればわかるように，彼は絶対精神が自己を実現する過程で客観的に運命が実現されていくとした。④「運命の行く末全体はあらかじめ見通せるという信念」を有するという点で，二つの立場は共通しているという趣旨の記述は誤り。

第4問　政治・経済総合

経済のグローバル化に関する本文をもとに，政治分野の設問(裁判所，国際法など)と，経済分野の設問(国民経済計算，金融，会社企業など)が，それぞれ出題された。

問1　19　②

特別裁判所とは，通常の司法裁判所の系列外にあって特定の身分の人や特定の種類の事件などを専門的に扱う裁判所のことで，大日本帝国憲法(明治憲法)下ではその設置が認められていた(皇室裁判所，行政裁判所，軍法会議がこれに当たる)。なお，日本国憲法は，「特別裁判所は，これを設置することができない」と規定している(第76条2項)。

①家庭裁判所，③知的財産高等裁判所，④地方裁判所はいずれも，通常の司法裁判所の系列に属する裁判所であり，「特別裁判所に当たる裁判所」とはいえない。

問2　20　①

空欄　ア　には「固定資本減耗」が入る。生産の過程では機械設備などが必ず減耗するが，国民総生産(GNP)や国内総生産(GDP)にはこれらの価値減少分を評価した額，すなわち固定資本減耗の額が含まれている。国民総生産からこの固定資本

減耗の額を差し引いたものが国民純生産(NNP)である(NNP＝GNP－固定資本減耗)。なお，原材料や燃料などの中間生産物の額は，国民総生産や国内総生産を求める際に控除しなければならないものである(GNP＝国民の総生産額－中間生産物の額，GDP＝国内の総生産額－中間生産物の額)。

　空欄　イ　には「海外からの純所得」が入る。海外からの純所得とは，海外で生み出されて国民が受け取った所得から，国内で生み出されて外国人に支払われた所得を差し引いたものをさす(海外からの純所得＝海外からの所得－海外に対する所得)。国内総生産は，国民総生産から海外からの純所得の額を差し引いて求めることができる(GDP＝GNP－海外からの純所得)。なお，経常海外余剰とは，財貨・サービスの輸出と海外からの所得の合計から，財貨・サービスの輸入と海外に対する所得の合計を控除したものをさす[経常海外余剰＝(輸出＋海外からの所得)－(輸入＋海外に対する所得)]。

問3　21　②

　市民的及び政治的権利に関する国際規約の第2選択議定書(いわゆる死刑廃止条約)は，1989年に国連総会で採択された多数国間の条約である。一般に，規約，協定，議定書，憲章などは条約に含まれると考えられており，条約を締結・批准した国家は法的に拘束されることになる。

　①③④はいずれも，条約の例とはいえないものである(法的拘束力がない)。①ラッセル・アインシュタイン宣言(1955年発表)は，ラッセルやアインシュタインが中心となり，世界の著名な科学者の署名を得て発表されたもので，核兵器や戦争の廃絶を訴える内容となっている。③新国際経済秩序(NIEO)樹立宣言(1974年の国連資源特別総会で採択)は，発展途上国に不利な経済構造を改善するために，新たな国際経済秩序を打ち立てることをめざすもので，天然資源の恒久主権を打ち出している。④核兵器による威嚇又はその使用の合法性に関する勧告的意見は，1996年に国際司法裁判所によって示された，核兵器による威嚇またはその使用が一般的に国際法に違反するという意見をさす。

問4　22　⑤

　アの「二酸化炭素の総排出量が現在最も多いこの国」とは，中国のことである。また，図において，2016年のGDPが2000年水準の9倍以上になったことを示しているのはＡである。以上により，Ａはア(中国)と合致する。

　イの「2012年にWTOに加盟したこの国」とは，ロシアのことである。また，図において，ピーク時(2013年)には2000年水準の約8倍までGDPが拡大し，2016年には2000年水準の5倍未満となったことを示しているのはＢである。以上により，Ｂはイ(ロシア)と合致する。

　ウの「『アジェンダ21』を採択した国連環境開発会議が開催されたこの国」とは，ブラジルのことである。また，図において，2000年から2016年にかけて，GDPが2000年水準より下回ったことがあるのはＣである。以上により，Ｃはウ(ブラジル)と合致する。

この設問では，ロシアに該当するものとして正しいものを選ぶ必要があり，⑤の組合せ（**B—イ**）が正解となる。

問5 　23　 ④

　国連海洋法条約によれば，**排他的経済水域**とは，**領海**の外側に設定される基線から**200海里**までの水域をいう。排他的経済水域では，沿岸国に天然資源を開発する権利が認められる。

　①「認められるわけではない」は誤り。国連海洋法条約によれば，**公海**においては，いかなる国もその主権の下におくことを有効に主張することができず，すべての国に開放される。②「超えることはない」は誤り。**大陸棚**とは，陸地から沖に向かって続く海底の傾斜が比較的緩やかな部分をさす。国連海洋法条約によれば，沿岸国の大陸棚の範囲は，地理的条件により基線から測定して200海里を超える場合がある。③「3海里」ではなく「12海里」が正しい。国連海洋法条約によれば，いずれの国も，基線から測定して**12海里**を超えない範囲でその領海の幅を定める権利を有する。

問6 　24　 ①

　日本国憲法によれば，条約を締結する権限は内閣が有する（第73条3）。

　②③④はいずれも，「権限をもつ」という記述が誤り。②「外国の大使を接受する」ことは，**天皇の国事行為**に位置づけられている（第7条9）。③「外交関係を処理する権限」は内閣が有する（第73条2）。④「条約の締結を承認する権限」は国会が有する（第61条，第73条3）。

問7 　25　 ③

　「政策金利」という部分が誤り。**日本銀行**（日銀）の**量的緩和政策**は，金融政策の主たる誘導目標を「金利」ではなく「資金量」として金融緩和を進めようとするものである。例えば，2001年から実施された量的緩和政策では**日銀当座預金**（金融機関が日銀に預けている当座預金）の残高が，2013年から実施された量的・質的金融緩和政策では**マネタリーベース**（現金通貨と日銀当座預金の合計）の増加量が，それぞれ金融政策の主たる誘導目標に位置づけられた。

　①②④はいずれも，適当な記述である。①**デリバティブ**は，先物取引（ある商品について，将来の約束した期日に，現品の受け渡しまたは決済をすることを約束する売買取引）やオプション取引（ある商品を，一定期間内にあらかじめ定めた価格で買う権利，または売る権利を売買の対象とする取引）などの金融派生商品のことである。②**ヘッジファンド**は，資産家や金融機関などの少数の大口投資家から資金を集め，投機性の高い金融商品を運用する投資信託や機関のことである。④日本の短期金融市場には，市中銀行の間で資金の融通が行われる**コール市場**がある。なお，コール市場における金利を**無担保コールレート**（無担保コール翌日物金利）という。

問8 　26　 ②

　日本の会社企業は，**会社法**に基づいて設立される。

会社企業の種類と出資者

会社形態	出資者
株式会社	有限責任の株主，1人以上
合同会社	有限責任社員，1人以上
合資会社	有限責任社員と無限責任社員，各1人以上
合名会社	無限責任社員，1人以上

　A：誤文。会社法によれば，会社設立時の出資者がすべて有限責任社員である会社は，「株式会社」の形態に限定されない（「合同会社」の形態も存在する）。

　B：正文。

　C：誤文。「合同会社」ではなく「合資会社」が正しい。

第5問　日本国憲法の人権保障と統治機構

　人権保障の歴史と統治制度に関する本文をもとに，基本的人権，国会，地方自治などについての基本事項が問われた。

問1　27　①

　現行犯として逮捕する場合，裁判官の発する令状は必要ない。日本国憲法は，「何人も，現行犯として逮捕される場合を除いては，権限を有する司法官憲が発し，且つ理由となつてゐる犯罪を明示する令状によらなければ，逮捕されない」と規定している（第33条）。

　②③④はいずれも，正しい記述である。②憲法第38条1項の規定。③憲法第36条の規定。④刑事裁判では，有罪が確定するまで，被告人は無罪であると推定され（推定無罪），有罪とすることに疑いの余地があれば無罪をいいわたす「疑わしきは被告人の利益に」が原則とされている。

問2　28　⑤

　A：ウと合致。知る権利は，行政機関に対して積極的に情報の公開を求める権利としての性格を有している。

　B：アと合致。プライバシーの権利については，当初は，「私生活をみだりに公開されない権利」とされてきたが，高度情報社会の進展とともに，「自己に関する情報をコントロールする権利」として理解されるようになってきた。アは，「自己に関する情報をコントロールする権利」と対応する記述である。

　なお，イは，エホバの証人輸血拒否事件を想起させる記述となっている。この事件は，患者が信仰上の理由から輸血を拒否する意思を病院に伝えたにもかかわらず無断で輸血された，として損害賠償を求めた事件である。その判決は，自己決定権（自らの生活や信条などについて，他者の介入を受けずに決定する権利）の観点から，輸血については患者への説明と同意が必要である，として損害賠償の支払いを命じるものであった。

問3 29 ⑤

A：正文(大日本帝国憲法下の制度には当てはまらず，かつ日本国憲法下の制度に当てはまる)。日本国憲法では，天皇の地位は「主権の存する日本国民の総意に基く」と規定されている(第1条)が，大日本帝国憲法にはこのような規定は存在しない。なお，大日本帝国憲法では，大日本帝国は「万世一系ノ天皇」が統治すること，天皇は神聖不可侵であること，天皇は統治権の総攬者(立法・行政・司法の権能を一手に握る者)であり，統帥権(軍隊の作戦用兵の権限)を有することなどが規定されていた。

B：誤文(大日本帝国憲法下の制度と日本国憲法下の制度のいずれにも当てはまる)。いずれの憲法下の制度においても，衆議院は民選議員で構成されていた。なお，大日本帝国憲法の下では非民選の貴族院が，日本国憲法の下では民選の参議院が，それぞれ設けられた。

C：正文(大日本帝国憲法下の制度には当てはまらず，かつ日本国憲法下の制度に当てはまる)。内閣は1885年より設けられていたが，1889年に制定・発布された大日本帝国憲法に内閣の規定は存在しなかった(ただし，国務大臣の規定はおかれた)。一方，日本国憲法には内閣の規定がおかれている。

問4 30 ③

日本国憲法の第60条2項の規定(予算議決に関する衆議院の優越)についての記述。①「国会の同意が必要となる」という記述は誤り。在任中の国務大臣を訴追するには，内閣総理大臣の同意が必要となる(第75条)。②「国会の権限である」という記述は誤り。大赦や特赦などの恩赦を決定することは，内閣の権限である(第73条7)。④「国会の権限である」という記述は誤り。最高裁判所の指名した者の名簿によって，下級裁判所の裁判官を任命することは，内閣の権限である(第80条1項)。

問5 31 ①

空欄 ア には「二元代表制」が入る。二元代表制は，議会の議員も首長もそれぞれ住民の代表であるという意味をもつ語句である。なお，住民投票制度とは，直接民主制の一方式であり，地方公共団体に関する重大な事項について，その地域の住民に直接可否を問うために行う投票制度をいう。

空欄 イ には「4分の3以上」が入る。地方自治法によれば，議会は，総議員の3分の2以上が出席し，その4分の3以上が賛成すれば首長の不信任を議決できる。首長の不信任が議決された場合，ただちに議長からその旨が首長に通知されることになるが，首長はその通知を受けた日から10日以内に議会を解散することができる。

空欄 ウ には「行政委員会」が入る。行政委員会は，行政の民主的運営や適正かつ能率的運営を目的として設置される，一般行政機関から相対的に独立した合議制の行政機関である。地方公共団体に設置される行政委員会の例として，教育委員会や公安委員会，農業委員会，収用委員会などがあげられる。なお，会計検査院は，国の収入支出の決算を検査する機関である(会計検査院に関する規定は，日本国憲

法第90条にある)。

第6問　経済発展に伴う諸問題

経済発展と環境問題に関する本文をもとに，経済学者，市場メカニズムを通じて環境保全の誘因を与える政策手段の例，コンパクトシティとふるさと納税など，経済分野を中心に多様な設問形式で出題された。

問1　32　④

リストは，『経済学の国民的体系』を著し，経済発展の過程において，工業後進国は自国の幼稚産業の育成を図るために保護貿易政策を採用する必要があると主張した。

①ガルブレイスは，『ゆたかな社会』において，企業の広告や宣伝には，消費者の欲望を喚起する働きがあると指摘し，広告や宣伝がもたらすその効果を依存効果と呼んだことで知られる。②ケネーは，富の源泉としての農業を重視する重農主義を提唱したことで知られる。③マルサスは，『人口論』において，人口の増加に食料の増産が追いつかず，過剰人口による様々な悪徳が生まれると指摘したことで知られる。

問2　33　⑦

ア：誤文。「ともにゼロになった年度がある」という記述は誤り。図中に赤字国債の発行額がゼロになった年度はある(1990年代初頭に注目したい)が，建設国債の発行額がゼロになった年度はない。

イ：誤文。「5パーセント」という部分を「3パーセント」におき換えると正しい記述になる。図中で税収額が最も高くなっているのは，1990年度から1991年度にかけてであるが，当時の消費税率は3パーセントである。消費税率が3パーセントだったのは1989年4月から1997年3月にかけてのことであり，5パーセントだったのは1997年4月から2014年3月にかけてのことである。

ウ：正文。図中に税収額が国債発行額を下回っている年度はある(2009年度などに注目したい)。

問3　34　②

環境保全を目的とする政策手段を，(1)経済的な誘因を与えることによって人や企業の行動を環境保全へと誘導する「経済的な政策手段」と，(2)環境を汚染する行為や発生源の規制を中心とする「規制的な政策手段」とに分けて考えてみる。この設問文にある「市場メカニズムを通じて環境保全の誘因を与える政策手段」は，(1)の「経済的な政策手段」に該当し，その例として，①の炭素税，③のエコカー減税，④のデポジット制度をあげることができる。②の「環境汚染物質の排出基準に違反した企業に操業停止を命ずる制度」は，(1)の「経済的な政策手段」の例ではなく，(2)の「規制的な政策手段」の例に該当する。したがって，②が正解となる。

問4　35　①

空欄　ア　には「コンパクトシティ」が入る。コンパクトシティとは，都市の中

14

心部に商業や医療など生活に必要な機能を担う施設や居住区域を集中させて，中心
市街地を活性化させると同時に，道路などの社会資本の維持費を削減し，行政サー
ビスの効率化を図る施策をいう。なお，ミニマム・アクセスとは，国内消費量に比
して輸入の割合が低い品目について，最低限の輸入機会を設けることをいう。

　空欄　イ　には「ふるさと納税」が入る。ふるさと納税の制度は，任意の都道府
県・市区町村に対して寄付金を支払った場合に，その寄付額に応じて所得税と住民
税の控除の適用を受けられる制度のことで，2008年度より導入された。なお，独自
課税とは，地方公共団体が地方税法で定められている税目以外に，条例を定めて独
自に課税することである。

問5　**36**　**③**

　「バーゼル条約」ではなく「ラムサール条約」を想定した記述となっている。
バーゼル条約は，有害廃棄物の国境を越えた移動および処分を規制する条約である。
これに対し，ラムサール条約は，渡り鳥など水鳥の生息地として国際的に重要な湿
地を保護することを目的とする条約である。

　①の生物多様性条約，②の循環型社会形成推進基本法，④の環境アセスメント法
に関する説明はいずれも，正しい記述である。

倫理, 政治・経済

2018 本試験

（2018年1月実施）

受験者数　49,709

平　均　点　　73.08

2

倫理，政治・経済

解答・採点基準　　　(100点満点)

問題番号(配点)	設　問	解答番号	正解	配点	自己採点
第1問(14)	問1	1	①	2	
	問2	2	⑦	3	
	問3	3	①	3	
	問4	4	③	3	
	問5	5	④	3	
第1問　自己採点小計					
第2問(18)	問1	6	①	3	
	問2	7	①	3	
	問3	8	②	2	
	問4	9	④	3	
	問5	10	④	3	
	問6	11	③	2	
	問7	12	②	2	
第2問　自己採点小計					
第3問(18)	問1	13	①	3	
	問2	14	④	3	
	問3	15	④	3	
	問4	16	④	3	
	問5	17	②	3	
	問6	18	③	3	
第3問　自己採点小計					

問題番号(配点)	設　問	解答番号	正解	配点	自己採点
第4問(22)	問1	19	④	2	
	問2	20	③	3	
	問3	21	③	3	
	問4	22	④	3	
	問5	23	②	3	
	問6	24	④	3	
	問7	25	③	3	
	問8	26	④	3	
第4問　自己採点小計					
第5問(14)	問1	27	①	2	
	問2	28	④	3	
	問3	29	①	3	
	問4	30	①	3	
	問5	31	④	3	
第5問　自己採点小計					
第6問(14)	問1	32	③	3	
	問2	33	②	3	
	問3	34	③	3	
	問4	35	③	3	
	問5	36	②	2	
第6問　自己採点小計					
自己採点合計					

第1問　現代社会の諸課題と青年期

本問では，「優しさ」をめぐる会話文をもとに，ヒューマニスト，青年期の自己形成，苦しむ人々を救うことに尽力した人物(オーウェン，マザー・テレサ，キング牧師)の言動，センの思想などが問われた。

問1　1　①

　ハヴィガーストによれば，「親との情緒的なつながりを深めつつ，親の価値観を内面化すること」は，青年期ではなく乳幼児期の発達課題である。したがって，①が誤り。

　②ハヴィガーストは，青年期の発達課題として，同世代の人との洗練された人間関係を作ること，経済的自立・職業選択や結婚・家庭生活のための準備をすることなどを挙げている。③④**オルポート**は，成熟した人格になるための条件として，自己の外部へと関心を広げること，現実を客観的にみること，自分に対する洞察とユーモアの感覚をもつこと，などを挙げている。

問2　2　⑦

　ア：オーウェンについての記述。彼は，人道主義的な見地から，資本主義的経済や私有財産制度を批判し，アメリカでニューハーモニー村という**共同所有・共同生活の共同体**をつくったり，**協同組合**の運動を推し進めたりした。**エンゲルス**は，マルクスの盟友で，オーウェンやサン・シモンなどの思想を，現実社会の科学的分析を欠いたために社会主義実現への具体的手段を提示できなかったと批判して**空想的社会主義**と呼んだ人物。

　イ：マザー・テレサについての記述。彼女は，インドを中心に，行くあてもなく路上で死に瀬している人のために「死を待つ人の家」を設立するなど，恵まれない人々の救済のために尽力した。**ガンディー**は，**非暴力主義**に基づくイギリスへの抵抗を呼びかけたインド独立運動の指導者。

　ウ：キング牧師についての記述。彼は，ガンディーの非暴力主義を継承して非暴力の思想に基づく運動を展開し，黒人などへの人種差別の撤廃を求める公民権運動を指導した。**ラッセル**は，アインシュタインとともに，核兵器の廃絶を訴える宣言(**ラッセル＝アインシュタイン宣言**)を出したことで知られる人物。

問3　3　①

　マズローは，人間の欲求を低次のものから高次のものへと5つの階層(**生理的欲求，安全の欲求，所属と愛の欲求，承認〔自尊〕の欲求，自己実現の欲求**)に分け，生理的欲求から承認(自尊)の欲求までの**欠乏欲求**が満たされると自己実現の欲求という**成長欲求**が生じるようになるとした。したがって，**ア**と**イ**はいずれも正しいので，①が正解。

問4　4　③

　資料文(国境なき医師団「ノーベル平和賞受賞講演」)では，人道主義の活動は政治の失敗により生じる非人間的な苦しみを和らげようとするものであり，そのために国際人道法のような法的な枠組みを必要とするということや，政治は人道主義の

4

存在を保証する責任を自覚しなければならず，紛争の際に交戦国によって戦争の道具として使われるようなことがあってはならない，という趣旨のことが述べられている。したがって，**③**が正解。

①人道主義が政治の失敗の責任を引き受けなければならない，という趣旨の記述は資料文と相容れない。**②**人道主義の活動が国際人道法のような法的な枠組みを必要とせずに成立する，という趣旨の記述は資料文と相容れない。**④**人道主義の活動が交戦国に利用されてもやむを得ない，という趣旨の記述は資料文と相容れない。

問5　5　④

センは，福祉政策にとって大切なことは，各人がよき生活を送ることができるように，主体的に選択できる「生き方の幅」，すなわちケイパビリティ(潜在能力)を広げることであり，福祉はこの生き方の幅，選択の度合いによって評価されるべきであると主張した。

①「潜在能力」は，上で見たように各人の「生き方の幅」であって，「個人の才能」をいうのではない。また，福祉の目標は，各人の「生き方の幅」を広げることであって，「財や所得の豊かさ」を実現することではない。**②**福祉の目標は，各人の「生き方の幅」を広げることであって，「財や所得の豊かさ」を実現することではない。**③**「潜在能力」は，各人の「生き方の幅」であって，「個人の才能」をいうのではない。

第2問　日本思想・源流思想

本問では，「教え」をテーマとする本文をもとに，日本の神話，仏教思想，日蓮，民衆思想，東西の源流思想(ブッダ，プラトン，朱子)，近代思想が幅広く問われた。

問1　6　①

古代の日本では，人間の力を超えた不可思議な事象はすべて，畏怖の対象であった。例えば，雷・稲妻などの自然現象，巨木・巨石などの自然物，鳥獣も，霊力をそなえたものとして信仰の対象とされた。このような霊的な存在に対する信仰はアニミズム(精霊信仰)と呼ばれる。

②「造物主としてのアマテラス」という記述は誤り。日本の神話には，ユダヤ教，キリスト教，イスラーム教などにおける万物の創造者としての唯一絶対の神は登場しない。高天原(神々の住む世界)を主宰するアマテラスも，太陽を神格化した最高神として祀られる神でありながら，他の何ものかの神を祀る存在とされており，世界を支配する神としては描かれていない。**③**「効果がないとされた」という記述は誤り。古代日本では，災厄が生じると，供物や祝詞などによって，神の荒々しい力を鎮めようとした。**④**神々の世界と人間の世界が隔絶しているという趣旨の記述も，神々が自然の秩序や人々の生活に関与することはなかったという趣旨の記述も誤り。例えば，神々の世界(他界)は，生命や霊魂がそこからやってきて，またそこへと帰っていく世界として考えられた。

問2　7　①

「八正道」の説明も，八正道の一つである「正業」の説明も正しい。仏教における八正道は，快楽と苦行の両極端を避けた修行の道(中道)を意味し，正見(真理を観ずること)，正思(正しい思考を働かせること)，正語(嘘や中傷を言わないこと)，正業(殺生や盗みをしないこと)，正命(衣食住を貪らず正しい生活をおくること)，正精進(悪を抑え善をなすよう努めること)，正念(心身の真実のありように対し，常に気づきを保ち油断しないこと)，正定(精神を集中・統一すること)からなる。

②「正業」についての記述が誤っている。③④「六波羅蜜」とは，大乗仏教における六つの実践徳目であり，これに由来して八正道が説かれたわけではない。また④は，正業についての記述も誤っている。なお六波羅蜜とは，布施(他人に施しを与えること)，持戒(戒律を守ること)，忍辱(怒ることなく耐え忍ぶこと)，精進(怠ることなく努力すること)，禅定(心を乱さないように精神を統一すること)，智慧(迷いを離れて真理に生きること)を指す。

問3　8　②

日蓮は，天災や国難が生じるのは法華経がおろそかにされているからであるとして，他宗派の教えを厳しく排撃し「念仏無間，禅天魔，真言亡国，律国賊」(四箇格言)と主張した。したがって，「宗派間での融和を図ることが必要だと考え，他宗に協力を呼びかけた」とする②が，適当でないものとして正解。

①日蓮は，人々が法華経に帰依するならば現に生きている世俗世界がそのまま常在の仏の世界(仏国土)となり，国家の安泰の達成(立正安国)が可能となるとし，為政者への布教も行った。③日蓮は，多くの経典のなかで『法華経』にこそ，時と場所を超えてすべての人を救おうと働き続ける久遠成就の仏が説かれていると考えた。④『法華経』には，身を捨てて利他行にはげもうと誓う菩薩たちが登場するが，日蓮は自らをその菩薩たちになぞらえた。

問4　9　④

a には「貝原益軒」が入る。貝原益軒は，道徳や教育から薬学に至るまで幅広い研究を行い，『養生訓』や『大和本草』を著したことで知られる。本居宣長は，『古事記』など古典の研究を通じて，儒教や仏教など外来の考え方(漢意)に染まる以前の日本人が，いかにすぐれた精神を有していたかを見いだし，それを尊重しなければならないと主張した国学者。

b には「富永仲基」が入る。富永仲基は，特定の学派・学説に囚われない自由な学風で知られる町人の教育機関として設立された懐徳堂に学び，後代の思想は前代の思想に新しいものを付け加えることによって展開されるとする加上説を唱えたことで知られる。安藤昌益は，すべての人が農耕に従事する自給自足の平等社会である自然世を理想とし，この観点から，武士など不耕貪食の徒がはびこる封建社会を法世と呼んで批判した人物。

c には「荻生徂徠」が入る。荻生徂徠は，『論語』『孟子』よりも古い六経(『易経』『詩経』『書経』『春秋』『礼記』の五経に『楽経』を加えたもの)を重んじ，

古代中国の言葉はその当時の言葉遣いや風俗などを踏まえて理解すべきであるとする<u>古文辞学</u>を創始したことで知られる。<u>新井白石</u>は,『<u>西洋紀聞</u>』(キリスト教の宣教師シドッチの尋問記録)において,西洋は形而下の学問(科学技術)はすぐれているが,形而上の学問(キリスト教)は取るに足らないと論断した人物。

問5 <u>10</u> ④

　ア：誤文。ブッダは,人間自我も含めて<u>あらゆるものはつねに変化する</u>とした。したがって,「自己という不変の存在」という記述は誤り。

　イ：正文。プラトンは,人間の魂を<u>理性・気概・欲望</u>の三つの部分に分け,欲望が理性と気概を支配すると不正な行為が生まれるとし,<u>理性がその他の二つの部分を統御</u>することで魂全体に秩序と調和がもたらされると説いた。

　ウ：正文。<u>朱熹(朱子)</u>は,人間の心の本体には万物をつらぬく根本原理としての<u>理</u>があるが,その発現は個々のものを成り立たせている<u>気</u>によって妨げられ,その結果,人間にはみにくい私欲が備わってしまっていると考えた。このような考えをもとに,彼は天理に従って物の理を窮めて己を律すること(<u>居敬窮理</u>)がいかに大切かを説いた。

問6 <u>11</u> ③

　<u>三宅雪嶺</u>や<u>志賀重昂</u>らによって唱えられた<u>国粋主義(国粋保存主義)</u>についての記述として正しい。ここでいう「国粋」とは,一定の風土的な条件の下で成長・発展し,日本の文化や歴史の連続性の中に存在して,西洋の文明を取捨選択して受け入れる価値基準となるものである。

　①<u>教育勅語</u>の解説書を執筆したことでも知られる<u>井上哲次郎</u>を想定した記述。彼は,天皇制国家主義の立場から,キリスト教を忠君愛国に反する教説であるとして排撃しようとした人物としても知られる。②<u>人格主義</u>を唱えたことで知られる<u>阿部次郎</u>を想定した記述。彼は,内面的な自己としての人格を自覚し,古今東西の文化を摂取して人格の発展を図らなくてはならないと説いた。④<u>超国家主義</u>を唱えた<u>北一輝</u>を想定した記述。彼は,クーデタによる国家改造によって天皇と国民を直結させ,富を平等に分配し,対外戦争によって植民地の分配を均分化すべきであると主張した。

問7 <u>12</u> ②

　本文は,日本の先人たちは教えるという営みを反省的に捉え,自己の存在意義を問い返したり,自己の役割を国のあり方と結び付けて模索したりすることを通して,よりよき生や社会の実現を目指そうとした,という趣旨で書かれている。したがって,②が正解。

　①日本の先人たちは自らの徳が人々に認められることではじめて自己の立場を確立した,という趣旨の記述は,本文と相容れない。③日本の先人たちは教えを説くにあたり自らの立場や役割を省みることはなかった,という趣旨の記述は,本文と相容れない。④日本の先人たちは教えを説くにあたり「いったん自己を否定」した,という趣旨の記述は,本文と相容れない。

第3問　西洋の近現代思想

　本問では，「遊び」をテーマとする本文をもとに，パウロ，ロック，自然をめぐる西洋の思想(コペルニクス，ニュートン，カーソン)，東西の源流思想(仏教，イスラーム教，ホメロスなど)などが問われた。昨年は現代思想を重視した出題であったが，今年は近代思想を中心とする出題となっている。

問1　13　①

　パウロは，「自分の欲する善はおこなわず，欲しない悪をおこなってしまう」という罪の意識に苦しんでいたが，イエスの声をきくという宗教的な体験を通して，そのような罪をもつ古い自分が滅び新たな自分に生まれかわるためにはイエスの愛以外に救いの道はないと確信したといわれる。そして彼は，イエスの十字架上の死の意味を，神が人類の罪をあがなう(贖罪)ために，「ひとり子」であるイエスを人類のもとに送り，十字架にかけて「いけにえ」としたのだと理解し，人間は自らを犠牲にして人類を罪から救ったイエスの愛(神の愛)を信じ，隣人愛を実践すべきだと考えた。したがって，①が正解。

　②パウロによればイエスは神の「ひとり子」であるから，キリストが神と契約を交わしたという趣旨の記述は誤り。またパウロは，律法の厳格な遵守を説くユダヤ教を批判し，神への信仰によってのみ義とされると考えたから，「律法を正しく遵守すべきである」という記述も適当でない。③パウロによれば，人間は生まれながらに自分ではどうすることもできない罪(原罪)を負っており，神への信仰によってのみ義とされる。したがって，「罪のない本来の自己を再発見」という記述は誤り。④パウロによれば，人間は自ら善を欲することができず，悪をおこなってしまうのであり，そのような自分が生まれかわるためには神の愛を信じるほかはない。したがって，「善行を積むことによって，神から義とされるよう努力すべきである」という記述は誤り。

問2　14　④

　ロックは，国家権力を立法権と行政権(執行権)などに分け，それらが互いに制約し合うことにより，国家権力の濫用を防ぐ必要があると主張した。具体的には，立法権を有する議会が執行権(外交に関わる連合権を含む)を有する国王に対して優位に立つという形の権力分立を主張した。

　①ルソーを想定した記述。彼は，自然状態では人間は互いに自由かつ平等であり「自然的自由」を享受していたが，私有財産制の成立とともに悪徳と不平等がはびこるようになったとした。そして，このような状態から脱して自由と平等を回復するためには，公共の利益の実現を目指す全人民の普遍的意志(一般意志)に基づく共同社会を形成し，自分たちが作った法に従わなければならないとし，そうすることで，人間は「市民的(社会的)自由」を保障されると主張した。②デューイについての記述。彼によれば，知識・理論は人間が環境に適応していくための道具であり(道具主義)，生活において生じる問題の解決を導く能力としての創造的知性の働きによって，多様な価値観に基づく民主主義社会が実現される。③アダム・スミスに

8

ついての記述。彼は，各人の利己心に基づく経済活動が，「(神の)見えざる手」に導かれて，社会全体の利益を増大させると説いた。

問3　15　④

ア：誤文。「コペルニクス」ではなくベーコンについての記述。コペルニクスは，地動説(宇宙の中心に太陽があり，地球はその周りを回っているとする天文学説)を唱えたことで知られる人物。

イ：正文。ニュートンは，すべての物体の運動を力学的な法則で説明し，機械論的自然観の確立に貢献した。

ウ：正文。カーソンは，農薬などの大量使用によって生態系が破壊されているとして警告を発した。

問4　16　④

資料文(カイヨワ『遊びと人間』)は，遊びは個人的娯楽ではないとし，一人で操作するヨーヨー，けん玉といった「技の遊び」でも，姿の見えない競争相手や観客が想定されており，競争の要素を併せもっている，という趣旨で書かれている。したがって，④が正解。

①遊びは「技の遊び」と「競争の遊び」に二分されるという趣旨の記述，遊びは個人的娯楽であるという趣旨の記述，さらに競争相手や観客はいない方がよいという趣旨の記述は，いずれも資料文と相容れない。②「技の遊び」が上達するためには競争相手や観客が「その場に」いなければならないという趣旨の記述は，資料文と相容れない。③遊びは「技の遊び」と「競争の遊び」に二分され，「競争の遊び」の方が高尚であるという趣旨の記述は，資料文と相容れない。

問5　17　②

イスラーム教における六信(神，天使，諸啓典〔聖典〕，預言者，来世，天命)でいう「諸啓典〔聖典〕」には，ムハンマド以外の預言者(モーセやイエスなど)に神が与えた啓典(聖典)，例えばモーセへの「タウラー(立法の書)」，イエスへの「インジール(福音の書)」なども含まれるが，そのうちで最も重要なものがムハンマドに与えられた「クルアーン」である。そして，これがムスリム(イスラーム教徒)の生活全般を律している。

①ブッダは釈迦族の王子として生まれながらも，29歳のときに出家した。このことからブッダが「自らの社会的身分に即して活動した」という記述は誤り。また，彼の言行をまとめた『スッタニパータ』は，すべての生きとし生けるものに対する慈しみなどを説いているから，「生まれつきの身分にふさわしい活動をするための模範とされている」という記述も誤り。③ホメロスの『イリアス』や『オデュッセイア』では，英雄たちの活躍とともに，人間のように怒り悲しむ神々の様子が描かれている。したがって，これらの著作は，「神話的世界観を批判し」たものではないし，「神々の登場しない人間の英雄たち」を描いたものでもない。④ユダヤ教やキリスト教の聖書では，預言者イザヤやエレミアなどが当時の社会や宗教のあり方を批判したことが描かれている。したがって，「預言者イザヤが当時の王国のあり

方を賞賛し」という記述は誤り。

問6 `18` ③

　本文では，遊びは成熟した文化や社会にとって些末で無用なものと見なされてきたが，自由と規律，自発性，創造性，他者との交流といった人間の生の営みを支える要素を有している，という趣旨のことが述べられている。したがって，③が正解。①「遊びは，労働を促進するための息抜きや気分転換として，子どもよりも，むしろ大人にとって重要である」という記述は，本文と相容れない。②④20世紀に入ってはじめて，遊びの重要性が見直されるようになったという趣旨の記述は，本文と相容れない。

第4問　国家の役割の変遷

　国家の役割の変遷に関する本文をもとに，日本国憲法の基本的人権，アメリカ・イギリスの政治制度，法の支配などの政治分野の設問を中心に，需要・供給曲線，電力といった経済分野の設問も交え，総合問題として出題された。

問1 `19` ④

　空欄 ア には「夜警国家」が入る。国家の役割が国防，司法，治安の維持など必要最小限度のものに限定される自由放任主義的な国家のあり方は，「夜警国家」と呼ばれる。夜警国家は，人間らしい生活を実現するための積極的な施策の要求に応えようとする現代国家のあり方，いわゆる「福祉国家」と対比されることが多い。

　空欄 イ には「人々に対する国家の介入を制約する仕組み」が入る。本文では，第1段落において，「権力が濫用されれば，個人の自由や権利が侵害されかねない。このような問題を避けるために，国家権力を制限するのが憲法である」と述べるとともに，権力分立や法の支配，人権の保護を確保するための裁判所，国政に対する監視を行う議会といった，「人々に対する国家の介入を制約する仕組み」の具体例について言及している。選択肢にある「国家の権力に対する憲法上の制約をなくす仕組み」を空欄に当てはめることはできない。

問2 `20` ③

　空欄 ア には「財産権」が，空欄 イ には「生存権」が，空欄 ウ には「国家賠償請求権」が，それぞれ入る。表現の自由や財産権は「自由権」に，生存権や教育を受ける権利は「社会権」に，裁判を受ける権利や国家賠償請求権などの請求権は「基本的人権を現実のものとして確保するための権利」に，それぞれ分類される。

問3 `21` ③

　空欄 ア には「教書送付」が入る。アメリカの大統領は法案提出権をもたないが，その代わりに教書送付権をもつ。教書とは，大統領が議会に対して提出する政治上の意見書のことであり，これにより予算や立法措置の勧告を行う。

　空欄 イ には「不信任決議」が入る。三権相互の独立性が高いアメリカの大統

領制において，議会は大統領に対する**不信任決議権**をもたず，また，大統領も**議会の解散権**をもたない。なお，議会は大統領に対して**弾劾裁判**を行って罷免することができる。弾劾裁判の制度は，大統領に重大な法令違反があった場合に，国民の代表機関である議会が法定手続に従ってこれを裁判する制度である。アメリカでは下院が訴追し，上院が弾劾裁判を行う。

空欄　ウ　には「厳格」が入る。有権者が別個に議会議員と大統領を選出するアメリカの政治制度は，議会の信任を基盤として内閣が成立するイギリスの議院内閣制に比べ，立法府と行政府との間の権力分立が厳格である。

問4　22　④

法の支配は，権力者を法によって拘束し，専制的な「**人の支配**」を排除することで，国民の自由と権利を擁護しようとする政治原理である。法の支配をめぐっては，17世紀のイギリスの法律家**コーク（クック）**が，13世紀の法律家**ブラクトン**の「国王はいかなる人の下にも立たないが，神と法の下にある」という言葉を引用して，国王ジェームズ１世の専制的な支配を諌めた逸話（いつわ）が知られている。

①②③はいずれも，法の支配について説明したものとはいえない。なお，③は**法治主義**に関する記述となっている。19世紀ドイツで発達した法治主義は，権力行使を法に基づかせる点で法の支配と共通しているが，法の内容よりも法律（議会制定法）という形式が重視される。

問5　23　②

設問文の条件の通り，「政府によってこの財の価格の上限が P' に規制された」場合，この財の供給量は最大で Q_1 となる。供給量の最大値が Q_1 であるのだから，取引される財の数量も Q_1 を上回ることはない。仮に，財の価格が P' であるとき，この財の供給量は Q_1 となり，取引される財の数量も Q_1 となる。以上のことから，正解は②となる。

なお，政府による価格規制が存在しない状態で，Q_2 と Q_1 の差（Q_2-Q_1）だけ超過需要が発生しているような場合，この財の価格は P' から P_0 へと上昇し，取引される財の数量は Q_0 になる（需要量と供給量はいずれも Q_0 となり，売れ残りも不足も存在しない状態になる）と考えられる（**価格の自動調節機能**）。

問6　24　④

所得の不平等の程度を図で示した**ローレンツ曲線**に関する設問である。設問文の説明の通り，図は，横軸に所得の低い人から高い人の順に人々を並べた場合の人数の累積比率（所得の低い順に加算していった人数の，全体の人数に占める割合），縦軸にそれらの人々の所得の累積比率（所得の低い順に加算していった額の，全体の所得に占める割合）をとり，所得分布の状態を示したものである。所得が完全に均等に分配されていれば，ローレンツ曲線は45度の直線（均等分布線）に一致し，不平等が大きくなるほど45度線から乖離する（45度線より下に張り出す）ことになる。

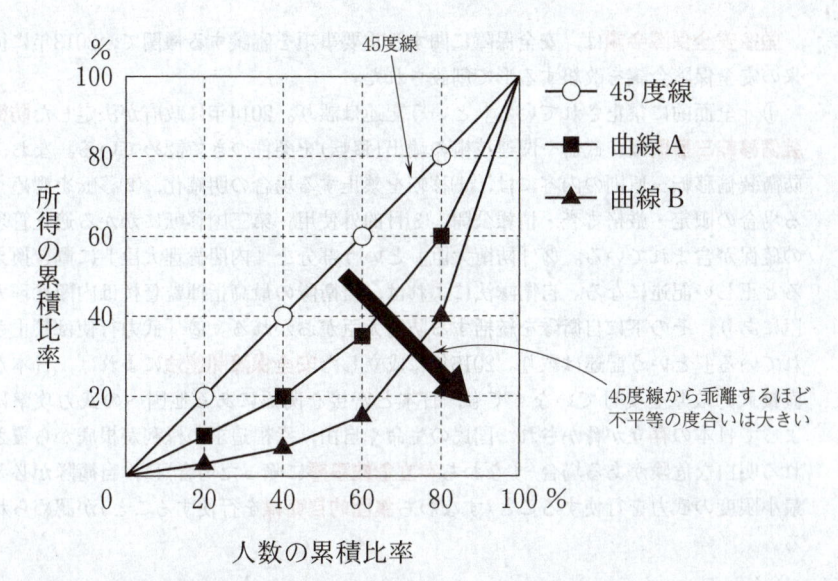

人数の累積比率

　Aで示される所得分布では，所得の低い方から80パーセントまでの人々が全体の所得の60パーセントを占めている。したがって，④が正解となる。

　①「大きい」という部分を「小さい」に置き換えると正しい記述になる。曲線Aと曲線Bを比べると，曲線Bの方が45度線から乖離していることから，Aの所得分布で示される不平等の度合いは，Bの所得分布で示される不平等の度合いよりも小さいということになる。②Bで示される所得分布では，所得の低い方から80パーセントまでの人々が全体の所得の40パーセントを占め，所得の高い方から20パーセントまでの人々は全体の所得の60パーセントを占めている。所得の高い方から上位20パーセントまでの人々が全体の所得の「80パーセント以上を占めている」という記述は誤り。③「すべての人の所得が同じ割合で増え」た場合，所得の累積比率に変化はなく，ローレンツ曲線が45度線の所得分布に近づくこともない（曲線Bの形状に変化は見られない）。したがって，「45度線の所得分布により近づく」という記述は誤り。

問7　25　③

　「一般家庭への電力の小売は自由化されていない」という記述は誤り。一般家庭が電力の購入先を自由に選ぶことを可能とする電力小売の自由化は，2016年に実現している。なお，「工場など大口消費者」向けの電力小売の自由化は，一般家庭向けに先立ち2000年から行われている。

　①②④は，それぞれ正しい記述となっている。②関西電力高浜原子力発電所3，4号機（福井県）の運転を差し止める大津地方裁判所の仮処分決定に基づき，運転中の原子炉を停止した例がある（2016年）。

問8　26　④

国家安全保障会議は，安全保障に関する重要事項を審議する機関で，2013年に従来の安全保障会議を改組する形で創設された。

①「全面的に禁止されている」という記述は誤り。2014年に政府が決定した**防衛装備移転三原則**は，武器や関連技術の輸出(移転)を条件つきで認めている。なお，防衛装備移転三原則の内容には，(1)移転を禁止する場合の明確化，(2)移転を認めうる場合の限定・厳格審査・情報公開，(3)目的外使用・第三国移転にかかる適正管理の確保が含まれている。②「防衛大臣」という部分を「内閣総理大臣」に置き換えると正しい記述になる。自衛隊法によれば，自衛隊の最高指揮監督権は内閣総理大臣にあり，その下に自衛隊を統括する防衛大臣がおかれる。③「武力行使は禁止されている」という記述は誤り。2015年に成立した**安全保障関連法**によれば，日本が直接武力攻撃を受けていなくても，日本と密接な関係にある他国への武力攻撃によって日本の存立が脅かされ，国民の生命や自由，幸福追求の権利が根底から覆される明白な危険がある場合(すなわち**存立危機事態**に陥った場合)に，自衛隊が必要最小限度の武力を行使すること(すなわち**集団的自衛権**を行使すること)が認められる。

第5問　国家間・地域間・個人間の格差

国家間・地域間・個人間の格差をめぐる本文をもとに，トレード・オフとベーシック・インカム，国家間の格差に関する事項，各国の教育費に関する資料の読み取りなど，経済分野の知識を中心に多様な設問形式の問題が出題された。

問1　27　①

空欄　ア　には「トレード・オフ」が入る。**トレード・オフ**とは，一方の目標を達成しようとすると，他方の目標達成を犠牲にしなければならない，いわゆるジレンマの関係をいう。空欄　ア　の直前の「公平性の追求が，経済効率性を損なう」という記述がヒントとなる。なお，**プライマリー・バランス**(**基礎的財政収支**)とは，"歳入から公債金を除いた収入"から"歳出から公債費を除いた支出"を差し引いた収支をいう(次式)。

$$基礎的財政収支＝(歳入－公債金)－(歳出－公債費)$$

空欄　イ　には「ベーシック・インカム」が入る。**ベーシック・インカム**とは，資産や就労の有無にかかわりなく，すべての国民に対して生活に必要な最低限の所得を無条件に保障する仕組みをいう。2016年には，スイスでベーシック・インカムを導入することの是非を問う国民投票が実施された(導入に反対する票が賛成票を上回った)。なお，**ユニバーサル・デザイン**とは，文化・言語の違い，老若男女といった差異，身体的状況などを問わず，誰もが広く利用することができる施設・製品・情報の設計(デザイン)のことをいう。

問2 | 28 | ④

　フェアトレードとは，発展途上国の生産者から，経済的自立を支援できる適切な価格(例：市場価格よりも高めの価格)で購入する取組みをいう。

　①「先進国」という部分を「発展途上国」に置き換えると適当な記述になる。1974年の国連資源特別総会で採択された新国際経済秩序(NIEO)樹立宣言は，先進国と発展途上国との経済格差の是正を図ることを目指して宣言されたもので，発展途上国側による資源ナショナリズムの主張(天然資源の恒久主権の確立)が盛り込まれている。なお，この宣言ではこのほか，一次産品の価格の安定，多国籍企業の活動の規制・監視が掲げられた。②「南南問題」という部分を「南北問題」に置き換えると適当な記述になる。国連貿易開発会議(UNCTAD)は，1964年に南北問題を協議する国連機関として設置された。南北問題とは，地球の北側に集中している先進国と，南側に多く位置する発展途上国との間の著しい経済格差とそれがもたらす諸問題をいう。また，南南問題とは，発展途上国のうち，豊富な天然資源を有する国あるいは工業化によって経済発展を遂げた国と，貧しいままに留め置かれた後発発展途上国との間に見られる経済格差やそれに起因する諸問題をいう。③「必ず返済しなければならない」という記述は適当でない。政府開発援助(ODA)には，返済を要する借款(有償資金協力)だけでなく，贈与(無償資金協力・技術協力)も含まれる。

問3 | 29 | ①

　Aと中国，Bとアメリカが，それぞれ合致する。一次エネルギー供給量では中国の数値がアメリカのそれを上回っており(中国の数値は世界第1位，アメリカの数値は第2位)，このことからAが中国，Bがアメリカであると判断できる。なお，一次エネルギーの内訳で比較し，「石炭」「水力」の占める割合は中国が，「原油」「天然ガス」「原子力」の占める割合はアメリカが，それぞれ高い点に注目し，ここからAが中国，Bがアメリカであると判断することも可能である。

　Cと日本，Dとフランスが，それぞれ合致する。一次エネルギーの内訳に注目し，「原子力」の数値が0.0%となっていることから，Cが日本であると判断できる(2011年に福島第一原子力発電所の事故が発生して以降，原発の稼働停止が相次ぎ，2012年から2015年の間には，たびたび「原発稼働ゼロ」状態となったことを想起)。なお，「原子力」の割合が他の3か国と比べて高いことから，Dがフランスであると判断することも可能である。

問4 | 30 | ①

　ILO(国際労働機関)の総会で1944年に採択されたフィラデルフィア宣言では，ILOの目的や加盟国の政策の基調をなすべき原則について確認された。この宣言は，保護を必要とするすべての人に対して必要最低限の所得と広範な医療を与え，社会保障を充実させるよう各国に勧告している。

　②「賦課方式」という部分を「積立方式」に置き換えると適当な記述になる。

年金の財源調達方式

積立方式	将来自らが年金を受給するときに必要となる財源を，現役時代に積み立てておく方式。
賦課方式	年金給付に必要な財源を，その年度の現役世代が拠出する保険料で賄う方式。

③最も大きな割合を占めているのは，「生活保護費」ではなく「高齢」に関する費用である。国立社会保障・人口問題研究所「2015年度　社会保障費用統計」［2017年8月公表］によれば，2015年度の日本の社会保障給付費に占める各項目（機能別）の割合は，「高齢」が全体の48.1%で最も大きく，次いで「保健医療」が31.4%であり，この二つの項目で79.5%を占めている。これに対し，「生活保護その他」の割合は2.9%となっている。なお，2015年度の日本の社会保障給付費の総額は114兆8596億円であり，部門別でみると，「年金」が54兆9465億円（47.8%），「医療」が37兆7107億円（32.8%），「福祉その他」が22兆2,024億円（19.3%）となっている。④「ゆりかごから墓場まで」をスローガンに，社会保障制度を整備したのはイギリスである。第二次世界大戦後のイギリスでは，労働党内閣がベバリッジ報告に基づく体系的な社会保障制度の整備を進めた。同制度は，国家がすべての国民に対して「ゆりかごから墓場まで」，すなわち一生を通じて生活保障の責任をもつという理念に基づいて整備され，各国の社会保障制度の模範となった。なお，ドイツの宰相ビスマルクは，1880年代に疾病，労働，災害，老齢・障害に関する世界初の社会保険制度を創設したことで知られる。

問5 　31 　④

「公的負担分がOECD平均以下であり，私的負担分がOECD平均以上である国」に該当するのは日本である。日本の「全人口に占める20歳未満人口比率」はOECD平均を下回っていることから，④の記述は正しい。

①「公的負担分がOECD平均以上の国」に該当するのはアメリカ，韓国，フランスの3か国であるが，3か国のうち「全人口に占める20歳未満人口比率がOECD平均を上回っている」のはアメリカのみである。したがって，「すべて……上回っている」という記述は誤り。②「私的負担分がOECD平均以下であり，公的負担分がOECD平均以上である国」に該当するのはフランスである。フランスの「全人口に占める20歳未満人口比率」はOECD平均を下回っていることから，「上回っている」という記述は誤り。③「私的負担分がOECD平均以上の国」に該当するのは日本，アメリカ，韓国の3か国であるが，3か国のうち「全人口に占める20歳未満人口比率がOECD平均を下回っている」のは日本と韓国の2か国のみである。したがって，「すべて……下回っている」という記述は誤り。

第6問　女性の社会的地位の向上

　女性の社会的地位の向上について述べた本文をもとに，国会の種類，雇用形態の多様化に対応した法制度，最高裁判所により違憲とされた法制度など，政治分野を中心に様々な知識問題が出題された。

問1　32　③

　「議院内閣制をとるが，実質的な権限をもたない大統領もいる」国に該当するのはドイツである。ドイツにおける「最高裁判所裁判官に占める女性の割合」は4か国中2番目に低くなっていることから，③の記述は正しい。

　①「任期4年で3選禁止の国家元首がおり，二大政党制が定着している」国に該当するのはアメリカである。アメリカにおける「閣僚に占める女性の割合」は4か国中3番目の高さとなっていることから，「最も高い」という記述は誤り。②「半大統領制をとり，国連安全保障理事会の常任理事国である」国に該当するのはフランスである。フランスにおける「管理職に占める女性の割合」は4か国中2番目に高くなっていることから，「最も低い」という記述は誤り。④「連邦国家ではなく，議院内閣制の下で一党優位の時期が長く続いた」国に該当するのは日本である。日本における「男性の賃金を100とした場合の女性の賃金」は4か国中最も低くなっていることから，「2番目に高い」という記述は誤り。

問2　33　②

　Aと**ア**が合致する。**特別会（特別国会）**は，衆議院の解散による総選挙の日から30日以内に召集される国会である（日本国憲法第54条1項）。**B**と**ウ**が合致する。**参議院の緊急集会**は，衆議院の解散中に内閣の要求により開かれる（第54条2項）。**C**と**イ**が合致する。**臨時会（臨時国会）**は，内閣の決定により，またはいずれかの議院の総議員の4分の1以上の要求に基づいて召集される（第53条）。

問3　34　③

　③のように，「女性労働者の割合が低い職種について，採用の基準を満たす者の中から女性を優先して採用する」ことは，日本の法制度が「形式的には性差別に当たる措置」でありながらも許容している措置，いわゆる**ポジティブ・アクション（積極的差別是正措置）**と呼ばれるものに該当する。**男女雇用機会均等法**は，性別を理由とする差別的取扱いを禁止しているが，固定的な男女の役割分担意識や過去の差別的な雇用慣行の経緯から雇用の場において事実上の男女格差が生じている場合に，このような格差の解消を目指して女性のみを対象とする，または女性を有利に取り扱う措置，すなわちポジティブ・アクションを講じることができるとしている。

　①②④はいずれも「形式的には性差別に当たる措置」の例ではなく，性別にかかわりなくすべての労働者を法的に一律に取り扱おうとする措置（**形式的平等**の考え方に基づいて採られる措置）の例である。①男女雇用機会均等法は，「事業主は，労働者の募集及び採用について，その性別にかかわりなく均等な機会を与えなければならない」（第5条）と規定している。「応募条件から性別の条件を外す」ことは，同法の規定に沿った措置である。②男女雇用機会均等法によれば，事業主は，定年

16

年齢について，労働者の性別を理由として，差別的取扱いをしてはならない。定年年齢を，その性別にかかわりなく「同じ年齢に設定する」ことは，同法の規定に沿った措置である。④**労働基準法**は，「使用者は，労働者が女性であることを理由として，賃金について，男性と差別的取扱いをしてはならない」（第4条）と規定し，**男女同一賃金の原則**を賃金原則の一つとして掲げている。「同じ内容の労働に従事する男性労働者と女性労働者の賃金を，同じ額とする」ことは，同法の規定に沿った措置である。

問4 **35** ③

　AとイがB合致する。1985年に成立した**労働者派遣法**は当初，通訳やアナウンサーなど労働者派遣が可能な対象業務を限定していたが，その後の改正により対象業務の範囲は拡大された。Bとアが合致する。**パートタイム労働法**は，パートタイム労働者（1週間の所定労働時間が，同一の事業所に雇用される通常の労働者［正社員］の所定労働時間に比べて短い労働者）の雇用条件改善を目的とする法律である。Cとウが合致する。**高年齢者雇用安定法**は，60歳を下回る定年を定めることを禁じた法律である。同法は2004年に改正され，事業主は「定年の引上げ」「定年制の廃止」「定年後の継続雇用制度の導入」の中からいずれかの措置をとることが義務づけられた。

問5 **36** ②

　「参議院議員の被選挙権年齢を衆議院議員の被選挙権年齢より高く定める」法制度について，最高裁判所が「違憲」と判断したという事実はない。なお，衆参各議院の被選挙権年齢は，参議院議員が満30歳以上，衆議院議員が満25歳以上となっている。

　①③④はいずれも，最高裁判所により「違憲」とされた法制度についての記述として正しい。①1976年の最高裁判所の判断によれば，衆議院議員一人当たりの有権者数の格差が最大で約5倍となる議員定数の配分を定めた**公職選挙法**の規定は，日本国憲法第14条（**法の下の平等**）に違反する。③2013年の最高裁判所の判断によれば，婚外子（非嫡出子）の相続分を，嫡出子の相続分の2分の1と定める**民法**の規定は，法の下の平等を保障した憲法第14条に違反する。④2008年の最高裁判所の判断によれば，法律上の婚姻関係にない日本人男性と外国人女性との間に生まれた子（婚外子）が日本国籍を取得するには，出生前に認知されている必要があり，出生後に認知された場合は，父母が法律上の婚姻をしない限り日本国籍を取得できないとする**国籍法**の規定は，法の下の平等を保障した憲法第14条に違反する。

倫理, 政治・経済

2017 本試験

（2017年1月実施）

受験者数　50,486

平　均　点　　66.63

2

倫理，政治・経済

解答・採点基準　　　(100点満点)

問題番号(配点)	設問	解答番号	正解	配点	自己採点
第1問(14)	問1	1	⑧	3	
	問2	2	④	2	
	問3	3	③	3	
	問4	4	③	3	
	問5	5	⑥	3	
第1問　自己採点小計					
第2問(18)	問1	6	③	3	
	問2	7	⑦	3	
	問3	8	②	2	
	問4	9	①	3	
	問5	10	①	3	
	問6	11	④	3	
	問7	12	①	2	
第2問　自己採点小計					
第3問(18)	問1	13	②	3	
	問2	14	①	2	
	問3	15	①	3	
	問4	16	②	2	
	問5	17	⑥	3	
	問6	18	②	3	
	問7	19	③	2	
第3問　自己採点小計					

問題番号(配点)	設問	解答番号	正解	配点	自己採点
第4問(22)	問1	20	④	2	
	問2	21	③	2	
	問3	22	⑤	3	
	問4	23	①	3	
	問5	24	④	3	
	問6	25	①	3	
	問7	26	②	3	
	問8	27	③	3	
第4問　自己採点小計					
第5問(14)	問1	28	④	2	
	問2	29	④	3	
	問3	30	③	3	
	問4	31	②	3	
	問5	32	④	3	
第5問　自己採点小計					
第6問(14)	問1	33	①	2	
	問2	34	③	3	
	問3	35	②	3	
	問4	36	②	3	
	問5	37	④	3	
第6問　自己採点小計					
自己採点合計					

第1問　現代社会の諸課題と青年期

本問では，「芸術作品と現代のテクノロジー」をめぐる会話文をもとに，芸術作品と思想，大衆社会論などが問われた。

問1 　1 　⑧

　ア：**ボッティチェリ**についての記述。彼は，ルネサンス期に「春」「ヴィーナスの誕生」などの作品で，人間の美しさと生命の息吹を描いたことで知られる。**セザンヌ**は，「饗宴」「カード遊びをする人々」などの作品で知られる19世紀の画家。

　イ：**雪舟**についての記述。彼は，室町時代の禅僧で，日本において**水墨画**を大成した人物として知られる。**尾形光琳**は，江戸時代の画家・工芸意匠家として知られる人物。

　ウ：**ピカソ**についての記述。彼の描いた「ゲルニカ」は，戦争の悲惨さ残虐さを告発した作品として知られる。**ゴーギャン**は，大胆な装飾的構図や色彩を特徴とする画家として知られる。

問2 　2 　④

　防衛機制としての「**逃避**」とは，苦しい場面に遭遇したときに気持ちや身体が逃げ出してしまうことをいう。したがって，④が逃避の事例として正しい。

　①防衛機制としての「**反動形成**」の事例。反動形成とは，自分が望んでいるのとは反対の行動を取ろうとすることをいう。②防衛機制としての「**代償**」の事例。代償とは，獲得できなかった欲求の対象に代えて，別のもので満足しようとすることをいう。③防衛機制としての「**合理化**」の事例。合理化とは，欲しいものが得られないとき，もっともらしい理由をつけて自分を納得させることをいう。

問3 　3 　③

　③は，40歳以上の各世代についての記述として正しい。

　①当てはまると回答された割合を示す数値が2番目に低い項目は，50歳〜59歳，60歳以上の世代の場合，イである。したがって，「すべての世代で，……2番目に低いのが項目ウ」という記述は誤り。②当てはまると回答された割合が最も高い項目アと最も低い項目エの間の数値の差は，20〜29歳の世代が44.7(76.0-31.3)，30〜39歳の世代が54.2(80.8-26.6)，40〜49歳の世代が62.6(80.3-17.7)，50〜59歳の世代が67.3(75.3-8.0)，60歳以上の世代が56.9(60.8-3.9)であり，50〜59歳の世代よりも60歳以上の世代の方が小さい。したがって，世代が高くなるに従って，「大きくなっていく」という記述は誤り。④30〜39歳の世代では，項目ウの数値は項目エの数値の約1.97倍である。したがって，どの世代でも，「項目イの数値と項目ウの数値が，いずれも項目エの数値の2倍以上となっている」という記述は誤り。

問4 　4 　③

　資料文(トクヴィル『アメリカのデモクラシー』)では，平等が進展するのに伴い，人々は最小の特権にも憎悪の念を募らせ，自分と同等の隣人に従うことに極度の嫌悪感を抱くようになるが，その一方で，人々の上に立つ主権者(権力者)が人々から特権を奪うことをよしとしてしまう，という趣旨のことが述べられている。した

がって、**③**が正解。

①資料文には、「自分と異質な人を憎悪して視野から排除するようになる」といった趣旨のことは述べられていない。**②**資料文には、「自分以外の人が自分と同等であることを憎悪するようになる」といった趣旨のことは述べられていない。**④**資料文には、他者との差異を手がかりにして「自分と同等の人だけを自分の隣人として認めるようになり」といった趣旨のことは述べられていない。

問5 　5　 **⑥**

　a　には「単独者」が入る。**キルケゴール**は、人々が平均化・画一化した社会においては、人が本来の自己を回復するためには、「**単独者**」として神の前に立って生きなければならないと主張した。「**超越者**」は、**ヤスパース**の根本思想に関わる語。ヤスパースは、死・闘い・罪など自分ではどうすることもできない状況（**限界状況**）に直面したとき、人間は自己の有限性を自覚するが、そのとき自己と世界のすべてを支え包み込む「超越者（包括者）」と出会い、本来の自己に目覚めると説いた。

　b　には「権威主義」が入る。**フランクフルト学派**の**アドルノ**らは、ファシズムを支えた大衆には、強者にはへつらう一方、弱者に対しては尊大に振る舞う社会的な性格が見られるとし、これを「権威主義的性格」と呼んで批判した。「**全体主義**」は、一般に、個人よりも国家や民族に高い価値を認め、個人を抑圧する思想や体制のことを指す。

　c　には「遊び」が入る。**ホイジンガ**は、人間の文化は、最も自由で創造的な活動としての「**遊び**」を通じて形成されてきたと主張した。こうした観点から、彼は、人間を「**ホモ・ルーデンス（遊戯人）**」と定義した。「工作」は、**ベルクソン**による人間の定義である「**ホモ・ファーベル（工作人）**」を想定したもの。彼は、道具を作りそれによって自然に働きかける存在であるという点に着目して、人間を「ホモ・ファーベル」と定義した。

第2問　日本思想・源流思想

本問では、「日本における外来思想の受容と展開」をテーマとする本文をもとに、古代から現代までの日本思想と東洋源流思想が幅広く出題された。

問1 　6　 **③**

　ウパニシャッド哲学では、すべての生きものは、死後、みずからの現世での行為（**業／カルマ**）の善悪に応じた姿に生まれ変わるという**輪廻転生**の思想が説かれた。

　①「アートマンは観念的なものにすぎないため、アートマンを完全に捨てて」という記述は誤り。ウパニシャッド哲学では、宇宙の諸現象の根底にあってそれ自身は決して変化することのない絶対的なもの（**ブラフマン／梵**）と、人間の根底に潜む真実の自己（**アートマン／我**）とが、もともと一体であること（**梵我一如**）を自覚するとき、人は輪廻の苦しみから解き放たれ安らぎを得ることができると説かれる。**②**

紀元前5世紀頃，バラモン教の聖典ヴェーダの権威を否定して自由な思索を展開する六つの思想潮流(六師外道)が活動したとされるが，これは仏教からの批判的な呼称である。したがって，この呼称はバラモン教によるものではない。④バラモン教は多神教であるから，「唯一なる神」という記述は誤り。

問2　7　⑦

ア：誤文。法然は，一切衆生を救って極楽浄土に往生させるという阿弥陀仏の本願を信じ，他の修行を捨ててひたすら念仏を称えるべきことを説いた(専修念仏)。したがって，「身分や能力に応じた念仏の唱え方を考案」「異なる浄土に往生する」という記述は誤り。

イ：誤文。道元は，すべてを投げうち，ひたすら坐禅に打ち込むこと(只管打坐)の重要性を説いたが，「公案」(修行僧を育てる僧侶が弟子に与える問題)は重視しなかった。

ウ：正文。栄西は，戒律を守り坐禅の修行によって心身を磨くことによって，自己だけでなく国家をも平安にできると説いた。

問3　8　②

山崎闇斎は，君臣関係のあるべき姿として，内面的には利己心や欲望を抑制し，外面的には身だしなみや言葉遣いにおいて礼儀にかなったふるまいとして現れる敬を重視した。

①前半部分は藤原惺窩についての記述として正しいが，後半部分は誤り。「時期・場所・身分に応じた道徳的実践」を説いたのは陽明学の中江藤樹である。中江藤樹は，朱子学が説く道徳の形式よりもその精神の方が重要であると考え，時(時期)・処(場所)・位(身分)に応じた道徳の実践を説いた。③「貝原益軒」ではなく雨森芳洲についての記述。雨森芳洲は，対馬藩に仕えて朝鮮との外交を担当し，「誠信之交」(誠信の交わり)を主張して東アジアの国際親善に貢献したことで知られる。④佐久間象山が西洋の道徳を取り入れることの重要性を主張したという趣旨の記述は誤り。彼は，「東洋道徳，西洋芸術」と述べて，東洋の伝統的精神の上に西洋の科学技術を積極的に吸収すべきことを説いた。

問4　9　①

『論語』において「孝悌なる者は其れ仁の本たるか」と述べられていることから，孔子が近親者への愛を重視したという趣旨の記述は正しい。しかし，孔子が祖先に対する祭祀儀礼を批判したという趣旨の記述は誤り。彼は内面規範としての仁と，それが外面に現れたものとしての礼を重視したが，礼は元来，祖先を祀る宗教的儀礼を意味していた。したがって，①が適当でないものとして正解。

②上で見たように，孔子のいう仁の根本は近親者に対する愛としての孝悌である。③孟子は，人間の社会関係を律する規範を五倫にまとめている。五倫とは，父子の親，君臣の義，夫婦の別，長幼の序，朋友の信である。④朱子学では「修身・斉家・治国・平天下」の実践が重視された。「修身」とは個人の修養，「斉家」とは家族・親族関係を良好に保つことを指し，これにより，国をうまく治めることができ

6

（治国），天下も安泰となる（平天下）とされる。

問5 　10　①

契沖は，『万葉集』を実証的に研究し，その注釈書である『万葉代匠記』を著したことで知られる。

②「心学」は，荷田春満ではなく石田梅岩の教説である。③本居宣長は，事物にふれて生じるありのままの感情（もののあはれ）に日本古来のすぐれた精神を見いだした。したがって，この感情を抑制することに日本古来の精神を見いだしたという趣旨の記述は誤り。④平田篤胤は，神々の子孫である天皇に従う古代の道にかえるべきであるという考え（復古神道）を唱えたのであって，古代に「身分の相違や差別のない」理想社会を見いだしたわけではない。

問6 　11　④

柳宗悦は，多くの名もなき職人が制作した日常雑器などを「民芸」と呼び，そこに現れた「用の美」に注目した人物として知られる。

①折口信夫についての記述。彼によれば，日本における神の原型は，海の彼方の理想郷である常世国から，時を定めて村落を訪れる「まれびと」であり，この「まれびと」と村落の人々との交流の中から，文芸や芸能が発達した。②伊波普猷についての記述。彼は，琉球・沖縄の伝承や古歌謡「おもろ」の研究に取り組み，沖縄民俗学を創始した人物として知られる。③九鬼周造についての記述。彼は，江戸時代の美意識である「いき」（粋）を哲学的に考察し，この美意識は，媚態（艶めかしさ）・意気地（意気込みをもつこと）・諦め（きっぱりとした気風）の三つの要素から成り立っていると説いた。

問7 　12　①

本文の最終段落で述べられていることから判断して①が正解。

②外来の思想・文化を「模倣することに専心してきた」という記述は，本文の趣旨と相容れない。③「先人たちは日本固有の思想や文化を見いだしてきた」という記述は，本文の趣旨と相容れない。④「外来思想の有する普遍性を称賛してきた」という記述は，本文の趣旨と相容れない。

第3問　西洋の近現代思想

本問では，「自然と人間をめぐる知の探究」をテーマとする本文をもとに，モンテーニュ，デューイ，現象学者などの思想が幅広く問われた。

問1 　13　②

パルメニデスは，あらゆるものの本質は生成も消滅もしない不変不動の実体であるとした。

①ヘラクレイトスが，万物の根源を「火」であると捉え，「万物は流転する」と唱えたという趣旨の前半部分は正しい。しかし，彼は，万物の生成変化のうちに法則性を見いだし，世界は調和した秩序を保っていると考えたから，万物が「絶えず

変化する様子に法則性は認められず，調和した秩序は見せかけのものにすぎないと主張した」という後半部分の記述は誤り。③**プラトン**によれば，人間の魂はもともと永遠不滅の本質，すなわち善美などの**イデア**の世界に属していたのであり，肉体を備えることで生成消滅する不完全な世界としての現実界に堕落しても，そこにおいて善や美などに接することを通してイデアを想起し，それに憧れるようになる。このようなイデアへの憧れのことを，彼は**エロース**と呼んだ。したがって，人間の魂が「この世に生まれた」という記述も，「イデアを忘却してしまった」という記述も誤り。また，「イデアの世界はいかなる手段によっても知ることができない」という記述も誤り。④**マルクス・アウレリウス**が「原子論の考えを発展させた」という記述は誤り。彼は，ストア派の思想に基づいて自制心に富んだ生涯を送ったとされるローマ皇帝である。

問2 　14 　①
モンテーニュは，「私は何を知っているか（ク・セ・ジュ）」という内省的な態度を重視し，謙虚さと他者への寛容を説いた。②**アダム・スミス**を想定した記述。彼は，人間の自然的本性に根ざす感情には，**利己心**だけでなく**共感**（他人への同情心）という感情が存在し，この共感が利己心に基づく行動を内面において制御することにより，利己心と社会の利益との調和が実現すると説いた。③**パスカル**を想定した記述。彼によれば，人間は悲惨と偉大の間を揺れ動く「中間者」であり，そのような矛盾した存在である人間は自分の悲惨さから目を背け，娯楽や社交，競争や戦争といったもので気を紛らわせようとする。④「堕落した下等な被造物」という部分は，ルネサンスの思想家**ピコ・デラ・ミランドラ**を想定したもの。ただし，彼は，「地上のすべての物は定められた法則にしばられている，しかし人間だけはみずからの自由な意志によって，自分の欲するところのものになる」と述べ，人間だけがみずからの意志で自己のあり方を自由に決定することができ，このことが人間の尊厳の根拠であると論じた。

問3 　15 　①
ア：**トマス・モア**についての記述。彼は，その著作『**ユートピア**』において，当時のイギリス社会を批判し私有財産制のない理想社会を描いたことで知られる。**サン＝シモン**は，資本家・労働者・科学者によって自主的に管理され，それらの産業者が能力に応じてはたらき，それに応じて報酬を得るような社会を理想とした人物。

イ：**ボーヴォワール**についての記述。彼女は，その著作『**第二の性**』において「**人は女に生まれるのではない，女になるのだ**」と述べて，男性優位の文化や社会構造を批判したことで知られる。**シモーヌ・ヴェイユ**は，工場で働いた経験をもとに，労働者は代替可能な存在にすぎないとの考えを持つにいたり，労働者が一つの人格として扱われないような状況に目を向けるべきであると訴えた人物。

ウ：**ロールズ**についての記述。彼は，「**公正としての正義**」を構想する立場から，社会的・経済的不平等は，最も不遇な立場にある人々の便益を最大化するよう配慮する限りで容認されるという原理（格差原理）を主張したことで知られる。**サンデル**

は，**コミュニタリアニズム（共同体主義）**の代表的な思想家。この思想潮流は，自由主義が自由で独立した個人を前提とすることで，各人が自らの意志によって生き方を自由に選択できる存在（「**負荷なき自我**」）であるかのように捉えていると批判し，現実の人間は，さまざまなコミュニティ（家族・地域社会・民族・宗派など）の価値観を内面化し，コミュニティそのものを成り立たせている**共通善**を学ぶことで自らのアイデンティティを形成するという。

問4 **16** **②**

アウグスティヌスは，人間は**原罪**（人間自身の力ではどうすることもできない自己中心性）を負っているがゆえに，どうしても悪を欲してしまい，**神の恩寵**（神から与えられる無償の恵み）によらなければ善を欲することさえできないとした。また，人類の歴史は欲望が支配する「**地上の国**」と愛が支配する「**神の国**」との戦いであり，教会は「地上の国」における神の代理人であると説いた。

①アウグスティヌスのいう神の恩寵は，神が人々に与える無償の恵みである。したがって，「教会が指導する聖書研究を通して」，つまり人々が行う聖書研究によって神の恩寵を得ることができるという趣旨の記述は誤り。③アウグスティヌスは，神の恩寵がなければ人は善を欲することさえできないと説いた。したがって，「善行を積むことにより，神の恩寵を得ることができる」という記述は誤り。④アウグスティヌスではなく，宗教改革を指導した**ルター**を想定した記述。

問5 **17** **⑥**

　a には「道具主義」が入る。**デューイ**は，知性を具体的な問題を解決する道具とみなした。このような立場を**道具主義**という。「**道具的理性**」は，**フランクフルト学派**の**ホルクハイマー**などが近代的理性を批判して用いたもの。彼らは，近代の理性は人間を野蛮から解放する啓蒙的理性であるが，同時に，自然や人間を規格化し，効率的・合理的に管理・操作し支配する道具的理性でもあったと主張し，このことが人間を抑圧し，文化の野蛮化を促進していると批判した。

　b には「創造的知性」が入る。デューイは，人間の知性は真理の探究という働きだけでなく，生活において生じる問題を解決し未来を展望する能力としての**創造的知性**でなければならないとし，この創造的知性の働きによって多様な価値観に基づく民主主義社会が実現されると説いた。「**投企**」は，実存主義の哲学者が用いた語。例えば，ハイデッガーは本来の自己に向かって自己自身を投げ入れることを指すためにこの語を用いた。

　c には「『民主主義と教育』」が入る。デューイは，この『**民主主義と教育**』などによって，教育思想にも多大な影響を与えた。『**幼児期と社会**』は，青年期の最も重要な発達課題をアイデンティティの確立であるとしたことで知られる**エリクソン**の著作。

問6 **18** **②**

フッサールは，世界が意識の外にあると信じる素朴な日常の判断を停止し（**エポケー**），純粋な意識の内面に立ち返り，そこに現れる意識をありのままに記述する

方法，すなわち**現象学**を提唱した。

①「メルロ＝ポンティ」ではなく，**ハイデッガー**についての記述。ハイデッガーによれば，人間は気がつけばこの世界にすでに投げ入れられてしまっており（**被投性**），「存在」の意味も根拠もわからないまま，自分の存在の終わりを意味する「死」を自覚しつつ，周囲の存在するものとの関わりを気遣いながら自らを世界に投じていくほかない存在，すなわち「**死へとかかわる存在（死への存在）**」である。**メルロ＝ポンティ**は，デカルト以来の伝統になっている心と身体，主体と客体を対立させる考え方を克服しようとして，「生きられた身体」という観点から主体と客体を不可分のものと捉えようとした哲学者。③前半はニーチェを想定した記述。彼によれば，現実の世界は，同じこと，無意味なことが永遠に繰り返される**永遠回帰**の世界である。後半はカミュを想定した記述。彼によれば，人間は何の必然性もなくこの世に生まれ落ちる**不条理**の中にあるが，そのもとにある自己の存在を認めながら，それに立ち向かい，人生は生きるに値するかと問い続けるのが哲学である。④**フッサール**は，現象学を，諸学を基礎づける厳密な学問として構想した。したがって，「学問の絶対的確実性を否定する立場」という記述は誤り。

問7　19　③

本文最終段落に述べられていることから判断して，③が正解。

①「最も確実な自然科学を模範として，精神や社会に関する学問を再編」すべきであるという趣旨の記述は，本文と相容れない。②「人間に対する考察の独自性を際立た」せるべきであるという趣旨の記述は，本文と相容れない。④「時代に左右されない人間の本質論が求められている」という趣旨のことは，本文には述べられていない。

第4問　日本における民法の制定とその変遷

民法の制定とその後の改正に関する本文をもとに，法の分類と法解釈の姿勢，完全競争市場と市場の失敗，日本国憲法の制定過程や基本原理，国会，三つの経済主体間の経済循環，国富とその主要な構成項目などが出題された。

問1　20　④

空欄　**ア**　には「私法」が入る。法はさまざまな観点から分類することが可能であり，**私法・公法・社会法**の区別はそうした分類の例である。私法とは，財産関係や家族関係などの私人相互間の私的な関係を規律する法をいう。具体的には，民法のほかに商法や会社法などが私法に分類される。公法とは，国家機関や地方公共団体などの公的機関の仕組みや国家・地方公共団体と私人との関係を規律する法をいう。具体的には，日本国憲法や刑法，内閣法，地方自治法などがこれに該当する。社会法とは，社会的・経済的弱者に対する法的保護を定める法をいう。具体的には，労働基準法，独占禁止法，生活保護法などがこれに含まれる。

空欄　**イ**　には「歴史的な背景や社会のあり方」が入る。本文は，たとえば第2

段落において「民法が日本で制定された経緯を理解するには，明治初期の日本の状況に関する知識が必要である」と述べるなど，法律が制定された「歴史的な背景や社会のあり方」を理解しておくことの重要性を伝えている。なお，「法律の正確な文言」に注意を払うことの重要性を伝える記述は，本文中には見当たらない。

問2 　21　 ③

　需要の価格弾力性とは，価格が1％変化したときに需要量が何％変化するかを示す指標（需要量の変化率を価格の変化率で割ったもの）をいう。一般に，消費財市場においては，「贅沢品（ぜいたく）」の需要の価格弾力性は「生活必需品」の需要の価格弾力性よりも大きくなる（価格が1％低下したときに需要量が増加する割合を比べると，「贅沢品」のほうが「生活必需品」よりも大きくなる）。

> 贅　沢　品…価格が下落すると需要量が激増しやすい（弾力性が大きい）
> 生活必需品…価格が下落しても需要量はそれほど増えない（弾力性が小さい）

　①「完全競争市場」においては，需要者と供給者の間に「情報の非対称性」は存在しない。完全競争市場とは，需要者と供給者が多数存在すること，市場への参入・退出が自由であること，誰も価格支配力をもたないこと，財の同質性，情報の完全性（需要者と供給者の双方に情報が完全に行き渡っていること）といった条件を満たした市場の状態をいう。また，情報の非対称性とは，取引や契約に関する情報量が，経済主体の間で偏っていること（需要者が保有する情報と供給者が保有する情報の間に格差があること）をいう。②「寡占」という部分を「独占」に置きかえると適当な記述になる（あるいは「単一」という部分を「少数」に置きかえた場合にも，適当な記述となる）。単一の企業が製品やサービスの供給を行う市場を独占市場といい，少数の企業が製品やサービスの供給を行う市場を寡占市場という。④「求職者数」と「求人数」を逆にすると適当な記述になる（あるいは「需要量」と「供給量」を逆にした場合にも，適当な記述となる）。労働市場では，求人数が需要量を，求職者数が供給量を，それぞれ示す。

問3 　22　 ⑤

　Aには「租税・社会保険料」が当てはまる。政府は，家計や企業から租税・社会保険料を徴収する一方，家計や企業向けに社会資本や公共サービスを提供したり，さまざまな政策を実施したりして，経済活動が円滑に循環するように調整を行う。

　Bには「資本」が当てはまる。家計は企業に生産要素として資本（生産活動に必要な資金）を提供し，企業は家計に配当・利子を支払う。なお，生産要素とは，生産活動に必要な要素であって，一般に資本，労働，土地をさす（生産の三要素）。

　Cには「社会資本」が当てはまる。政府は，家計や企業に社会資本（道路や上下水道など経済の発展と生活水準の向上に必要な設備）を提供する。

問4 　23　 ①

　Aとアが合致する。日本の衆議院の本会議場は，議席が扇形に配置されている。

正面中央の高い椅子のある席が議長席となっており，議席は，議長席からみて右から左へ，所属議員数の多い会派から順次，各会派別に座るのが慣例となっている。**外見的立憲主義**とは，西洋近代憲法の体裁をとりつつも，天皇主権を採用したり権利保障が不十分であるなど，前近代的な性格が強かった**大日本帝国憲法(明治憲法)**の基本的性格をいう。

Bと**イ**が合致する。イギリスの下院(庶民院)の本会議場は，中央の議長をはさんで，与党と野党の席が向かいあう形で配置されている。向かいあった与党と野党の最前列の席の少し前には，「剣線」と呼ばれる線(討論中に剣を抜くなど暴力を伴う決闘にならないように，これ以上踏み出してはならないという線)が引かれている。

Cと**ウ**が合致する。フランスの下院(国民議会)の本会議場は，議席が扇形に配置されている。「人は自由で平等なものとして出生するという考え方を含む宣言」とは，1789年にフランス国民議会が採択した**人および市民の権利宣言(フランス人権宣言)**のこと。左翼(急進的・革新的な思想傾向をもつ立場)，右翼(保守的・国粋的な思想傾向をもつ立場)という言葉は，フランス革命後の国民議会において，議長席からみて左側に革新勢力が座り，右側に保守勢力が座ったことに由来する。

問5 <u>24</u> **④**

日本国憲法によれば，天皇は国政に関する権能をもたず(第4条)，内閣の助言と承認に基づいて**国事行為**を行う(第3条・第7条)。

①「法律の範囲内において保障されている」という記述は誤り。日本国憲法は国民の権利を「侵すことのできない永久の権利」(第11条・第97条)と位置づけており，大日本帝国憲法(明治憲法)のような「法律の範囲内」での保障(**法律の留保**)という形をとらない。②日本国憲法は，国民の意思に基づいて制定される**民定憲法**という形で成立した。なお，大日本帝国憲法は，君主である天皇の意思によって制定される**欽定憲法**という形で制定された。❸**憲法問題調査委員会**の起草した憲法改正案(**松本案**)は，天皇が統治権を総攬するという大日本帝国憲法と大差のないものであったため，連合国軍総司令部(GHQ)により拒否され，帝国議会に提出されるに至らなかった。松本案を拒否したGHQの最高司令官**マッカーサー**は，GHQ民政局に憲法改正草案の作成を命じ，**マッカーサー草案**が日本政府に提示された。日本政府はこのマッカーサー草案をもとにして，新たに憲法改正草案要綱を作成し，帝国議会に提出した。そして，戦後初の衆議院議員総選挙を経て開かれた帝国議会は，この案に生存権の規定を追加するなどの修正を加えたうえで可決した。

日本国憲法の制定過程

1945年8月	ポツダム宣言受諾
10月	GHQ が憲法改正を指示
	憲法問題調査委員会の発足（委員長：松本烝治）
1946年2月	**松本案**を GHQ に提示　→　GHQ 拒否
	マッカーサー草案を政府に提示
3月	政府が憲法改正草案要綱を発表
4月	戦後初の衆議院議員総選挙（初の「男女の普通選挙」）
6月	政府が帝国議会に憲法改正案を提出
8月	衆議院，憲法改正案を修正可決
10月	貴族院，憲法改正案を修正可決
11月3日	**日本国憲法公布**
1947年5月3日	**日本国憲法施行**

問6 <u>25</u>　①

　日本国憲法によれば，衆議院において内閣の不信任決議案が可決されるか，信任決議案が否決された場合，内閣は10日以内に総辞職するか，衆議院を解散するかのいずれかを選択しなければならない（第69条）。

　②「法律案の審議のために公聴会の開催が義務づけられている」という記述は誤り。国会に設置されている**委員会**において，利害関係者や学識経験者などの意見を聴取する**公聴会**が開かれることがあるが，国会法によれば，公聴会の開催が義務づけられるのは「総予算および重要な歳入法案」（第51条2項）を審議する場合である（すべての法律案の審議において公聴会の開催が義務づけられているわけではない）。③「国務大臣」という部分を「裁判官」に置きかえると適当な記述になる。日本国憲法は，「国会は，罷免の訴追を受けた裁判官を裁判するため，両議院の議員で組織する**弾劾裁判所**を設ける」（第64条）と規定している。④「法律や命令が憲法に違反するかしないか」を決定する権限（**違憲審査権**）を有するのは「国会の憲法審査会」ではなく「裁判所」である。**憲法審査会**は，国会法に基づいて衆参各議院に設けられている機関であり，日本国憲法および日本国憲法に密接に関連する基本法制についての調査や，憲法改正原案や国民投票に関する法律案の審査などを行う。

問7 <u>26</u>　②

> **国富＝在庫＋有形固定資産＋無形固定資産＋有形非生産資産＋対外純資産**

　図より，**バブル経済**の時期（1980年代後半～90年代初頭）には，国富や有形非生産資産（土地など）が急増していることが読みとれる。この時期に国富が急増したのは，地価の高騰を背景に有形非生産資産が急増したことが影響している。

　①国富が過去最高額に達したのは，**アメリカ発の世界金融危機**（2008年の**リーマ**

ン・ショック）の後ではなく，バブル経済の時期に当たる1990年であったことが読みとれる。③バブル経済の崩壊後（1990年代初頭以降），有形非生産資産が減少傾向にあったのに対し，有形固定資産（住宅，建物，機械・設備など）は増加傾向にあったことが読みとれる。④プラザ合意成立（1985年）の時期には，有形固定資産ではなく有形非生産資産が国富の最大構成項目であったことが読みとれる。

問8 　27　　③

　特定商取引法は，訪問販売や通信販売などについて規定している法律である。この法律には，一定の期間内であれば契約を解除できる制度，すなわちクーリングオフ制度が定められている。

　①「消費者基本法」ではなく「食品安全基本法」が適当である。食品の安全性を評価する食品安全委員会は，食品安全基本法（2003年制定）に基づき，内閣府に設置されている。なお，消費者基本法は，国民の消費生活の安定および向上を確保することを目的として，2004年に制定された法律である。消費者基本法は，1968年に制定された消費者保護基本法を全面改正したものであるということも押さえておきたい。②「撤廃された」という記述は誤り。2010年に施行された改正貸金業法により，消費者金融などの貸金業者からの借入れ総額を原則として年収の3分の1に制限する総量規制が導入された。④「義務づけられている」という記述は誤り。グリーン購入法は，国および独立行政法人などが率先して再生品や環境に配慮した商品を調達すること，すなわちグリーン購入を推進することを目的としている。この法律は，地方公共団体や事業者，国民の責務を定め，グリーン購入に努めることを求めているが，「消費者」に対して「環境への負荷の少ない製品を優先的に購入すること」を義務づけているわけではない。

第5問　民主政治の成立と変遷

　民主政治の成立と変遷をめぐる本文をもとに，日本における自由権の保障，日本国憲法の改正手続，日本の地方自治の制度などが問われた。

問1 　28　　④

　空欄　ア　には「経済発展」が入る。開発独裁とは，第二次世界大戦後，開発途上国などにみられた，経済発展・経済開発を優先して国民の権利や自由を抑圧する強権的・権威主義的な政治体制をいう。1980年代に崩壊した開発独裁政権の例として，フィリピンのマルコス政権や韓国の全斗煥政権を挙げることができる。

　空欄　イ　には「アラブの春」が入る。アラブの春とは，2010年代初頭に中東から北アフリカで発生した民主化を求める反政府・反独裁運動をいう。一連の運動を経て政権が崩壊した国もみられた。崩壊した政権として，チュニジアのベンアリ政権，エジプトのムバラク政権，リビアのカダフィ政権を挙げることができる。なお，プラハの春とは，1968年にチェコスロバキアで起きた民主化運動をいう。この運動は，ソ連や東欧諸国の軍事介入により阻止された。

14

問2 29 ④

　集会・結社・言論・出版などの表現の自由(日本国憲法第21条)は，人が心のなかで考えたことや，自らが知った事実を，他人に向けて発表する自由である。この自由は他人の存在を前提としたものであるため，場合によっては，他人の権利と衝突することもある。したがって，表現の自由は，他人の権利との関係で制約に服することがある。

　①「違憲と判断した」という事実はない。三菱樹脂事件では，採用時に学生運動の経歴を申告させることが思想・良心の自由(憲法第19条)の侵害になるかが争われたが，最高裁判所は，憲法の人権規定は私人間(企業と個人の関係)に直接適用されないとして，企業の行為(学生運動にかかわった経歴を隠したことを理由とする本採用の拒否)を適法と判断した。②「制約に服することはない」という記述は誤り。憲法によれば，経済活動の自由(第22条・第29条)は公共の福祉との関係で制約に服することがある。③「違憲と判断した」という事実はない。津地鎮祭訴訟において最高裁判所は，公共施設(市体育館)を建設する際に行われた神道式の地鎮祭の費用を地方自治体(三重県津市)が公金から支出したことは憲法の定める政教分離の原則(第20条・第89条)に反するものではないとして，合憲の判断を下した。

問3 30 ③

　日本国憲法改正の承認には，国民投票において，その過半数の賛成が必要となる(第96条)。

　①憲法改正に関する国民投票法が制定されたのは2007年のことであり，日本国憲法(公布は1946年，施行は1947年)と同時に制定されたわけではない。②「投票年齢を満20歳以上に引き下げた」という事実はない。国民投票法は制定当初，投票年齢を18歳以上とし，選挙権年齢などが18歳に引き下げられるまでは20歳以上とすることを定めていた。その後，同法は2014年に改正され，公職選挙法や民法などの改正にかかわる経過措置規定が削除され，投票年齢は2018年に18歳以上に引き下げられた。④「4分の3」という部分を「3分の2」に置きかえると適当な記述になる。国会が憲法改正を発議するには，衆参両議院において，それぞれ総議員の3分の2以上の賛成が必要となる(第96条)。

問4 31 ②

　郵政民営化が争点となった選挙(2005年)後の最初の調査，すなわち2008年の調査では，その前回の調査(2003年)と比較して，選挙が国の政治に「影響を及ぼしている」と回答する人の割合が増加している(40.8% →47.7%)。

　①③④は，いずれも「増加した」という記述が誤り。①小選挙区比例代表並立制(1994年の公職選挙法改正により導入された)の下で初めて行われた選挙(1996年)後の最初の調査，すなわち1998年の調査では，その前回の調査(1993年)と比較して，選挙が国の政治に「影響を及ぼしている」と回答する人の割合が減少している(49.9%→40.7%)。③消費税導入(1989年)後の最初の調査，すなわち1993年の調査では，その前回の調査(1988年)と比較して，デモなどが国の政治に「影響を及ぼし

ている」と回答する人の割合が減少している（30.5%→28.4%）。④ロッキード事件（1976年に発覚）後の最初の調査，すなわち1978年の調査では，その前回の調査（1973年）と比較して，デモなどが国の政治に「影響を及ぼしている」と回答する人の割合が減少している（46.9%→42.8%）。

問5　32　④

　情報公開法が制定されたのは1999年のことであるが，それ以前に地方自治体において情報公開に関する条例が制定された事例はある（1982年の山形県金山町や，翌年の神奈川県の情報公開条例の制定を皮切りに，その後各地で条例化の動きが相次いだ）。

　①「拒否権を行使することができない」という記述は誤り。地方自治体の首長は，地方議会が議決した予算や条例の制定・改廃に対して異議があるとき，拒否権を行使して再議に付すことを要求できる。この場合，再議に付された議案の可決には地方議会の出席議員の３分の２以上の賛成が必要となるため，過半数で可決する一般議案よりハードルは高くなる。②「事例はない」という記述は誤り。地方自治体は，各種政策の是非を問うことを目的に，住民投票条例を制定して独自に住民投票を実施することができる。この種の住民投票を実施した地方自治体のなかには，2002年に滋賀県米原町（現米原市）において実施された周辺自治体との合併の是非を問う住民投票のように，永住外国人に投票資格を認めた事例もある。なお，住民投票条例に基づく住民投票の結果に法的拘束力はない，ということにも注意しておきたい。③「首長」という部分を「監査委員」に置きかえると適当な記述になる。

住民の直接請求権（地方自治法）

請求の種類	必要署名数	請求先	処　　理
条例の制定・改廃請求	有権者の50分の1以上	首長	首長が議会にかけ，その結果を公表する
事務監査請求	有権者の50分の1以上	監査委員	監査の結果を公表し，首長・議会に報告する
議会の解散請求	有権者の3分の1以上*	選挙管理委員会	住民の投票に付し，過半数の同意があれば解散する
長・議員の解職請求	有権者の3分の1以上*	選挙管理委員会	住民の投票に付し，過半数の同意があれば職を失う
主要公務員の解職請求（副知事など）	有権者の3分の1以上*	首長	議会にかけ，3分の2以上の出席，その4分の3以上の同意があれば，職を失う

＊有権者の3分の1以上の署名を必要とする直接請求について，有権者数が40万をこえる地方自治体の場合には必要署名数が緩和されている。

第6問　通貨制度の変化

　貨幣が経済活動に与える影響について述べた本文をもとに，金融，物価の変動，国の一般会計の歳入と歳出の推移，地域的経済統合，需要・供給曲線などに関する知識が問われた。

問1　33　①

　日本銀行調査統計局『資金循環の日米欧比較』(2016年12月)によれば，日本における家計の金融資産構成は，現金・預金が52.3%と最も大きく，保険・年金・定型保証が29.8%，株式等が8.6%，投資信託が5.0%，債務証券が1.5%，その他計が2.9%となっている(2016年9月末現在)。

　②「直接金融」と「間接金融」を逆にすると適当な記述になる。日本では，経済のグローバル化や金融制度の変化を受けて，**直接金融**(企業が株式や社債などを発行して，金融市場で家計や企業から直接に資金を調達すること)の割合が高まるとともに，**間接金融**(銀行などの金融機関を介して資金を貸し借りすること)の割合が低くなってきている。③「預金業務」を行うと説明している点が誤り。**ノンバンク**とは，貸出業務のみを行う金融機関のことをいい，預金を受け入れず(預金業務を行わず)に，銀行からの借入れや社債の発行などで調達した資金を，消費者などに貸し出す。④**信用創造**とは，金融機関が預金の受け入れと貸し出しを繰り返すことによって，当初に受け入れた預金額の何倍もの預金をつくり出すことをいい，「企業が金融機関に債務を滞りなく返済することで追加的な資金調達が可能になること」を意味するものではない。

問2　34　③

　コスト・プッシュ・インフレーションとは，原材料価格の高騰など生産費用の上昇が要因となって生じる**インフレーション**(持続的に物価が上昇する経済現象)をいう。

　①「デフレーション」という部分を「インフレーション」に置きかえると適当な記述になる。**スタグフレーション**とは，不況とインフレーションとが同時に進行する現象をいう。なお，**デフレーション**とは，持続的に物価が下落する経済現象をいう。②「好況」という部分を「不況」に置きかえると適当な記述になる。**デフレスパイラル**とは，デフレーションと不況とが相互に作用し，らせん階段を下るように景気が悪化していく経済現象をいう。④「供給」と「需要」を逆にすると適当な記述になる(あるいは「上回る」という部分を「下回る」に置きかえた場合にも，適当な記述となる)。**ディマンド・プル・インフレーション**とは，超過需要(需要が供給を上回ること)によって生じるインフレーションをいう。

問3　35　②

　基礎的財政収支(プライマリーバランス)とは，"歳入から公債金を除いた収入"から"歳出から公債費を除いた支出"を差し引いた収支をいう(次式)。

$$基礎的財政収支＝(歳入－公債金)－(歳出－公債費)$$

歳入＝歳出となるので，基礎的財政収支は次式のように示すこともできる。

$$\text{基礎的財政収支＝公債費－公債金}$$

表の数値を用いて計算すると，1990年度の基礎的財政収支は8兆円の黒字(14兆円－6兆円＝8兆円)となる。したがって，②が正解となる。

①「20パーセント以下である」という記述は誤り。公債依存度とは，歳入に占める公債金の割合をいう(次式)。

$$\text{公債依存度}(\%)\text{＝公債金÷歳入×100}$$

表の数値を用いて計算すると，1980年度の公債依存度は約32.6%(14兆円÷43兆円×100＝約32.6%)となる。③「黒字」という部分を「赤字」に置きかえると適当な記述になる。表の数値を用いて計算すると，2000年度の基礎的財政収支は11兆円の赤字(22兆円－33兆円＝－11兆円)となる。④「20パーセント以下である」という記述は誤り。表の数値を用いて計算すると，2010年度の公債依存度は約47.8%(44兆円÷92兆円×100＝約47.8%)となる。

問4　36　②

古い順に並べると，「**A**(1958年)—**D**(1993年)—**B**(1998年)—**C**(2002年)」となり，**B**が3番目にくることから，②が正解となる。

A：ローマ条約(1957年調印)が発効して欧州経済共同体(EEC)が発足したのは1958年のこと。**B**：ユーロ圏の金融政策を担う欧州中央銀行(ECB)が設立されたのは1998年のこと。**C**：ユーロの現金通貨(紙幣および硬貨)の流通が始まったのは2002年のこと。**D**：マーストリヒト条約(1992年調印)が発効して欧州連合(EU)が発足したのは1993年のこと。

問5　37　④

この財の生産技術が向上することは，その供給量(生産量)を増加させる要因となる。このことは，"供給曲線の右方向への移動"という形で，**図1**のように示すことができる。

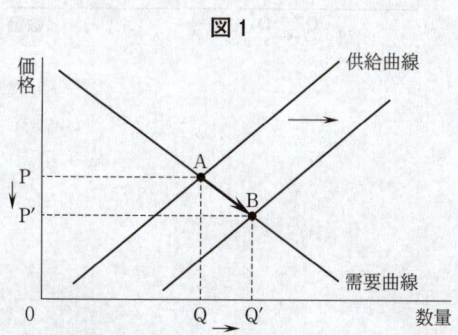

図1

供給曲線が右方向へ移動すると，均衡点も**A**から**B**に移動することになる。これ

に伴い，均衡価格は**P**から**P′**へと低下し，均衡取引量は**Q**から**Q′**へと増加することになる。

①～③は，いずれも「均衡点が**A**から**B**に移動」するケースではないため，誤り。①この財を消費する消費者の所得が増加した場合，需要曲線は右方向に移動し，均衡価格は上昇し，均衡取引量は増加することになる。②この財に対する消費者の人気が高まった場合，需要曲線は右方向に移動し，均衡価格は上昇し，均衡取引量は増加することになる。①と②の動きは，図2のように示すことができる。

図2

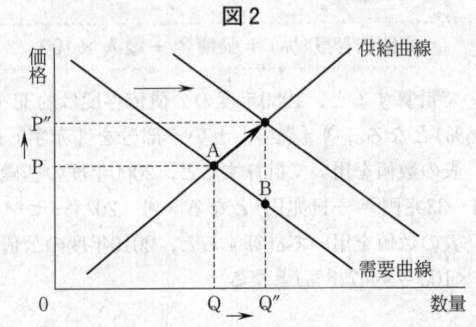

③この財にかけられる税（消費税など間接税）が引き上げられた場合，供給曲線が左方向に移動し，均衡価格は上昇し，均衡取引量は減少することになる。この動きは，図3のように示すことができる。

図3

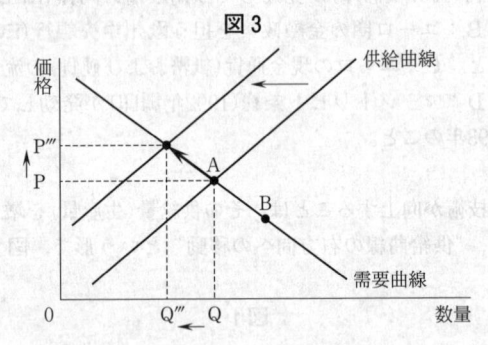

倫　理

倫　理

（2023年 1 月実施）

受験者数　19,878

平 均 点　59.02

倫　理

解答・採点基準　　　　（100点満点）

問題番号(配点)	設　問	解答番号	正解	配点	自己採点
	問1	1	③	3	
	問2	2	④	3	
	問3	3	①	3	
第1問	問4	4	②	3	
(24)	問5	5	⑧	3	
	問6	6	②	3	
	問7	7	②	3	
	問8	8	④	3	
第1問　自己採点小計					
	I	問1	9	③	3	
		問2	10	④	3	
		問3	11	④	3	
第2問	II	問4	12	②	3	
(24)		問5	13	①	3	
		問6	14	②	3	
	III	問7	15	③	3	
		問8	16	①	3	
第2問　自己採点小計					

問題番号(配点)	設　問	解答番号	正解	配点	自己採点
		問1	17	④	3	
	I	問2	18	②	3	
		問3	19	⑤	3	
第3問		問4	20	③	3	
(24)		問5	21	④	3	
	II	問6	22	③	3	
		問7	23	①	3	
		問8	24	①	3	
第3問　自己採点小計					
	問1	25	③	2	
	問2	26	②	3	
	問3	27	②	3	
第4問	問4	28	③	3	
(28)	問5	29	①	3	
	問6	30	①	4	
	問7	31	③	3	
	問8	32	②	3	
	問9	33	④	4	
第4問　自己採点小計					
自己採点合計					

第1問　源流思想

本問では，「正義について」というテーマのもとに，ギリシア哲学，キリスト教，仏教，古代中国思想，イスラームなど，東西の源流思想から広く基本的な事項が出題された。

問1 ☐1☐ ③

仏教における戒律の基本は**五戒**であり，**在家信者**はこれを守ることを課されていたが，**出家信者**(世俗の生活を離れ厳しい教団規則に従って修行する者)の場合はそれをはるかに上回る戒律を課されていた。五戒とは，**不妄語**(嘘をつかない)，**不偸盗**(盗まない)，**不殺生**(殺さない)，**不飲酒**(酒を飲まない)，**不邪淫**(みだらなことをしない)をいう。

①「ムハンマドが啓示を受ける以前のアラビア社会の宗教的伝統を遵守して暮らすよう……命じられている」という記述は，不適当。イスラームは**一神教**であるが，イスラーム以前のアラビア社会における信仰形態は**多神教**であった。②バラモン教では身分制度が否定され，万人が平等とみなされたという趣旨の記述が，不適当。**バラモン教**は，**バラモン**(祭司)，**クシャトリヤ**(王侯・武人)，**ヴァイシャ**(庶民)，**シュードラ**(隷属民)という四つの身分階層(ヴァルナ〔種姓〕)を前提としていた。④**ユダヤ教の十戒(モーセの十戒)**には「救世主(メシア)を待望すべきこと」は含まれていないので，不適当。なお，「唯一神ヤハウェ以外の神々を崇拝してはならないこと」は，十戒に含まれる。

問2 ☐2☐ ④

老子は，何ごとにも作為を働かせることなく，ありのままの自然に身を委ねる生き方(**無為自然**)を理想とした。そして，そのような生き方は，「村落共同体のような小さな国家」において可能となると考えた(**小国寡民**)。

①**パリサイ派(ファリサイ派)**は，「律法によって人々の生活を厳格に規定しようとする態度」を求めた(**律法主義**)。したがって，そのような態度を「批判し」たという記述は，不適当。②「倫理的徳」を「**知性的徳**」に，「政治的生活」を「**観想的生活(テオーリア的生活)**」にそれぞれ直せば適当な記述となる。**アリストテレス**は，人間の生き方を，快楽を善と捉えてそれを追求する**享楽的生活**，名誉を追求する**政治的生活**，ひたすら真理を眺める**観想的生活**に分類し，そのうち観想的生活を最高の生き方であるとした。そして，観想的生活は知性的徳にそくした徳であるとした。③「農業従事者」を「**商業従事者**」に直せば適当な記述となる。**ジャイナ教**は，徹底した**苦行**と**不殺生**の戒めを説く宗教である。したがって，信者の多くが不殺生の戒めを遵守するために，商業関係に従事した。

問3 ☐3☐ ①

☐a☐：「相手の方がすぐれているかもしれないから，人を嘲笑してはいけない」(①の a)と，「憐れみ深く，愛に満ち溢れたアッラーを崇敬しなければならない」(④の a)が入る。①の a については**資料**の第一文と第二文から，④の a については**資料**の最終文から判断できる。

「不確かな根拠に基づいて，人の悪口を言ってはいけない」（②の**a**）は入らない。**資料**には「互いに悪口を言うものではない」とあるが，それは「信仰にはいった」あとのことを想定している。したがって，「不確かな根拠に基づいて」という記述は，不適当。「限られた情報を頼りに想像力を駆使して，人を総合的に評価すべきだ」（③の**a**）も入らない。**資料**には「憶測をできるだけ避けよ」とあるから，「限られた情報を頼りに」という記述は，不適当。

　b：「仲間として貧者を救済すること」（①の**b**）と，「仲間として相互扶助を行うこと」（③の**b**）が入る。①の**b**については，イスラームの信者として欠くことのできない務め（**五行**）の一つに貧者の救済のための「**喜捨**」があることを想起しよう。③の**b**については，イスラーム共同体（**ウンマ**）では信者が互いに平等な関係で結び付いており，信者同士の同胞意識が強いことを想起しよう。

　「1日に5回，エルサレムに向かって祈ること」（②の**b**）は入らない。イスラームにおける「五行」の一つである「**礼拝**」は「**メッカ**」に向かって行われる。「1日に5回，ムハンマドの肖像画を拝むこと」（④の**b**）も入らない。イスラームでは**偶像崇拝が禁止されている**ことを想起しよう。

問4 　**4**　②

　ア：正文。**イエス**は，神が全ての人に注ぐ**無差別無償の愛（アガペー）**にならって，人は**神への愛と隣人愛**を実践すべきことを説いた。そして，「**敵を愛し，迫害する者のために祈りなさい**」と語り，隣人愛とはせまい仲間うちの愛を越えたものであると説いた。

　イ：正文。**墨子**に代表される**墨家**は，利他心の欠如が社会の混乱の原因であるとして，親疎の区別なく互いに愛すること（**兼愛**）によって，人々が互いに利益をもたらし合うこと（**交利**）がいかに大切かを説いた。そして，兼愛の精神に反する戦争を否定した（**非攻説**）。

　ウ：誤文。ブッダは，自我を含めてあらゆるものは時とともに移り変わっていくのであって（**諸行無常**），永遠・不変の実体を持つものは何もない（**諸法無我**）と説いた。ウに出てくる「アートマン」とは，**ウパニシャッド哲学**のいう真実の自己（固定的な本質を持つ実体としての自己）のことであり，ブッダはそのようなアートマンの存在を否定した。

問5 　**5**　⑧

　ア：不適当。**ブッダ**は，生きとし生けるものの生涯は苦であるとした（**四苦八苦**）。したがって，「苦とも楽とも断定できないと説いた」は不適当。なお，「あらゆる生き物は絶えず変化してとどまることがない」という記述は，**諸行無常**に関するものとして適当である。

　イ：適当。**パウロ**は，イエスの十字架上の死の意味を，神が人間の**原罪**（アダムが神の言いつけに背いて以来，その子孫である人間が負っている根源的な罪）をあがなう（**贖罪**）ために，ひとり子であるイエスを人間のもとに送り，十字架にかけて「いけにえ」としたのだと説いた。

　ウ：適当。**資料1**では，「既に生まれたものも，これから生まれようとするもの
も，全ての生き物は，幸せであれ」と述べられている。
　エ：適当。**資料2**では，ユダヤ人とギリシア人の違い，奴隷と自由人の違い，男
女の違いに関わりなく「皆，キリスト・イエスにあって一つ」であると述べられて
いる。

問6 <u>6</u>　②

　②の前半は，適当。**荀子**は，**孟子**の**性善説**を批判し，人間は生まれながらに利を
むさぼり人を憎む傾向があり，自然のままにほうっておくと争いが生じてしまうか
ら，規範としての礼によって人間の性質を矯正する必要があると主張した（**礼治主
義**）。②の後半も，適当。**資料**では，「性」（「何かをせずとも自然とそうである」も
の，「学んだり取り組んだりしても獲得できないもの」）と，「偽（作為）」（「思慮を積
み重ね，能力を重ね修めて，……後に完成したもの」）を区別し，礼義は「聖人の偽
から生じたもの」であり，「普通の人でも，禹〔中国古代の聖人〕のようになること
ができる」とされている。つまり，**礼義は後天的に習得可能**だとされている。

　①欲望は「教育によって矯正し得ない」という趣旨の前半の記述は，不適当（②
の解説を参照）。後半の**資料**の内容についての記述は，適当。**資料**では「孟子は
……性と偽の区別を理解していない」とされていることに注目しよう。③前半の記
述は，適当（②の解説を参照）。後半の**資料**の内容についての記述は，不適当。**資料**
には孟子は「人が学問……するのはその性が善だからだ」と考えたとあるが，選択
肢は孟子が善を「学問によって獲得できる」ものであると考えたという趣旨で書か
れている。④人間は「善を身に付けることはできない」という前半の記述は，不適
当（②の解説で見たように，矯正の結果として身に付けることができる）。後半の**資
料**の内容についての記述も，不適当。**資料**では，孟子への批判を通じて，礼義は後
天的に習得可能であるという趣旨のことが述べられている。これに対して，選択肢
は，孟子が礼義を後天的に習得できるものと考えたという趣旨で書かれている。

問7 <u>7</u>　②

　<u>a</u>：「人間の欲求」が入る。**資料1**では，**ソフィスト**は人間の「自然本性」を
「他人より多く持とうと欲張ること」と捉え，それが「法によって力ずくで平等の
尊重へと，脇へ逸らされている」と考えているということが述べられている。した
がって，「平等の追求」は入らない。

　<u>b</u>：「自己の利益」が入る。**資料2**では，自分の利益のために他人の利益を犠
牲にすることは自然に反し，社会を崩壊させるということが述べられている。した
がって，「社会の利益」は入らない。

　<u>c</u>：「自然法思想」が入る。**ストア派**によれば，自然・宇宙は**ロゴス**（**理法**）に
よって貫かれており，人間もまたそのロゴスを種子として宿しているので全ての人
間は平等である。この考えは，**自然法思想**の源流となったとされる。自然法とは，
時と場所を問わず妥当する普遍的な法を意味する。「**功利主義**」は，たとえば**ベン
サム**のように，自然法思想を確実な根拠がないとして批判するので，この空欄には

入らない。

問8　8　④

　　a：②④のaが入る。②のaについては，2ページの会話中のAの5回目の発言とそれを受けたBの5回目の発言がヒントになる。また，④のaについては，2ページの会話中のAの2回目の発言とそれを受けたBの2回目の発言がヒントになる。

　　①のaと③のaは，入らない。2ページの会話は異なる時代や社会における正義観の違いをめぐって交わされているから，時代や社会・文化に関係なく「絶対的な正義」や「特定の正義」が存在しているという趣旨の記述は，不適当。

　　b：①④のbが入る。9ページの会話でのAの3回目の発言を見ると，「自分の都合に応じて事実を捉えたり，規範なんて人間同士の約束事にすぎないものだとしたりする風潮」に対して懐疑的な姿勢を見せている。それを受けたBの3回目の発言では，そうした風潮を乗り越え「本当の正義や真理の探求を続ける必要がある」と指摘されている。したがって，孟子が説いた王道政治の理想（①のb）と，プラトンが説いたイデア（会話中では「事物の真の姿」）の探求（④のb）は，こうした会話の文脈に合致する。

　　②のbは，真理は相対的なものであるとするプロタゴラスの考えを示したものであるから，会話の文脈に合致しない。③のbは，善悪や是非といった価値の違いは相対的なものにすぎないとする荘子の考えを示したものであるから，会話の文脈に合致しない。

第2問　日本思想

　本問では，「問い」をテーマとする会話文をもとに，『古事記』などに見られる古代日本の神話，最澄，一遍，伊藤仁斎，吉田松陰，森有礼，西村茂樹，西田幾多郎など，古代から現代に至る日本の思想が幅広く取り上げられた。

問1　9　③

　ア：誤文。最澄が法華経を重視したという趣旨の記述は正しい。しかし，最澄は，「生きとし生けるものは全て仏となる可能性（仏性）を持つ（一切衆生悉有仏性）」としたから，人を「悟りの能力により区別することを重視」という記述は誤り。

　イ：正文。空也は，念仏（南無阿弥陀仏）をとなえながら諸国を巡り，民間に浄土信仰を広めた僧で，山野に遺棄された遺骸を火葬したり，灌漑整備・道路・橋の建造などの社会活動を行い，阿弥陀聖・市聖と呼ばれた。

問2　10　④

　『古事記』『日本書紀』の神代神話には，アマテラスを訪ねてきたスサノヲが，自らの清明心を証明する場面がある。

　①「その命令に反発して従わなかった」という記述は，不適当。『古事記』によれば，イザナキとイザナミは，より上位の「天つ神」の命令によって日本の国土を生んだ。②「天つ神」が「最上位の人格神」であり，「全てを自分自身の判断で決

定した」という記述は，不適当。『古事記』には，「天つ神」が事を行うにあたって，さらに上位の神の意志をうかがう様子が描かれている。❸和辻哲郎がアマテラスを「祀るとともに祀られる神」であるとしたという趣旨の記述は正しいが，アマテラスの「尊貴さを否定した」という記述は，不適当。

問3 11 ④

a：「南無阿弥陀仏と一声となえるだけで往生が決定すると説く」（❶❹の**a**）と「南無阿弥陀仏と書かれた名号札の力を一心に信じている」（❷❺の**a**）が入る。**資料**の冒頭で，念仏僧が南無阿弥陀仏ととなえれば極楽浄土に往生できるとして名号札を受け取ることを相手の僧に勧めている様子が述べられている。

「阿弥陀仏や極楽を心に思い描いて念仏する」（❸❻の**a**）という記述は，観想念仏を想定したものである。**資料**に登場する念仏僧は，「一声となえる」こと（称名念仏）を勧めているので，この空欄には入らない。

b：「一遍」（❹❺❻の**b**）が入る。一遍は，「南無阿弥陀仏」と書かれた札（名号札）を配って念仏を勧めたことで知られる。また，踊り念仏を広めたことや，捨聖と称されたことでも知られる。

「法然」（❶❷❸の**b**）は入らない。法然は称名念仏を説いたが，諸国を巡って名号札を配ったわけではないので，この空欄には入らない。

c：「往生の可否は信心と無関係なのだから，信心の起きない人でも念仏をとなえれば救われる」（❶❹の**c**）が入る。**資料**の後半にある熊野神社のお告げに，「信ずる気持ちがあろうがなかろうが，浄い状態であろうがなかろうが区別せず」とあることに注目しよう。

その他の記述（❷❸❺❻の**c**）は，往生には「心の純粋さ」や「純粋な信心」が必要であるという趣旨で書かれているので，この空欄には入らない。

問4 12 ②

伊藤仁斎は，儒学の説く「仁」とは人と人とが日常において理想的なかたちで和合することであるとし，それはうそ偽りのない純粋な心（誠）によって実現されると説いた。また，市井の人々からなる世俗世界は生き生きと生成し続ける大いなるものであるとし，そうした人々の関わり合いの中で生じる人欲の積極的な側面を肯定した。そして，こうした立場から，礼儀によって外面的にとりつくろうことや私欲を厳しくつつしむことで上下関係の秩序を維持しようとする朱子学を批判した。

❶人の心よりも外面的な礼儀を重視すべきであるという趣旨の記述，❸私欲をつつしみ，それから完全に脱すべきであるという趣旨の記述，❹人間関係における厳格さや上下関係の秩序を重視すべきであるという趣旨の記述は，いずれも伊藤仁斎の考えについての説明として不適当。

問5 13 ①

a：「『誠』を掲げて，自己の心情の純粋さを追い求めること」（①の**a**）と，「『一君万民論』を唱えて，天皇のもとで国民が一体となること」（②の**a**）が入る。吉田松陰は，「天道も君学（君主の学問）も一つの誠の字に外なし」と述べ，誠に徹

してつくすならば，必ず人を動かし事を成し遂げることができると考えた。そして，功名や私欲を捨て天道と一体になれば，全ての民が藩の枠を超えて，君主である天皇に忠誠をつくすことができるとして一君万民論を唱えた。

その他は，この空欄には入らないが，重要な思想家を想定した記述である。「武士道を儒学により体系化し，『士道』という武士のあり方を守ること」（③のa）を説いたのは，山鹿素行である。ここでいう「士道」とは，「弓馬の道」としての武士道に対して，泰平の世における農工商三民の道徳的な指導者としての武士のあり方をさす。「『死ぬこと』に武士道の本質を見いだし，ひたすら主君に献身すること」（④のa）を説いたのは，『葉隠』において「武士道と云ふは，死ぬ事と見付けたり」と述べた山本常朝である。

　b　：「道をわきまえぬことを恥じる心に基づき，人としての道を知る」（①のb）と，「士として生まれた以上，どんな境遇でも，士の道を知る」（③のb）が入る。資料に「人と生まれて人の道を知らず……士と生まれて士の道を知らないのは，恥の最たるものではないか」とあることに注目しよう。

「恵まれた境遇が巡ってきたときに，力を発揮する」（②のb）は，資料の内容と相容れない。資料では，獄中にあっても問いを持って学ぶべきであるという趣旨のことが述べられている。「書物の世界に没頭し，囚人という境遇から自由になる」（④のb）は，資料の内容と相容れない。資料の冒頭に「世間に出て陽の目を見ることも望めない」とあることに注目しよう。

問6　14　②

ア：森有礼についての説明。森有礼は，一夫多妻を批判して，対等な権利を持つ男女の合意に基づく婚姻形態（一夫一婦制）を主張した。

イ：西村茂樹についての説明。西村茂樹は，政府の欧化政策を批判するとともに，国家の土台は儒学を基礎とする国民道徳にあるとした。また，儒学の足らないところや欠点を西洋思想の長所で補おうした。

加藤弘之は，当初，天賦人権説を展開したが，後に社会進化論の立場から天賦人権説を批判するようになった人物である。

問7　15　③

西田幾多郎は，主観と客観を峻別することから出発する西洋近代哲学を批判し，主客未分の純粋経験において真の実在が現れると説くとともに，後に，あらゆる主観の働きの根底にあるものとしての「場所」という考えを打ち出した。ここでいう「場所」とは，有と無の対立を超えて事物や事象を存立させているものである。したがって，主観も客観もともに「場所」においてあるということになる。こうした考えから，西田幾多郎は，現実の世界では事物・事象が絶対的な矛盾・対立を残したまま統一されているとした（絶対矛盾的自己同一）。③は，「絶対矛盾的自己同一」についての記述として適当である。

①「主観と客観の対立から出発し」という記述は，不適当。西田幾多郎は，上で見たように，主観と客観が分かれる以前の状態における純粋経験において真の実在

が現れると説いた。また，「場所」を「純粋な客観的世界」としているのも，不適当。西田幾多郎は，上で見たように，主観も客観もともに「場所」においてあると考えた。②「場所」を「主観的なものを一切含まない，純粋な客観的世界」としているのは，①で述べたのと同じ理由で不適当。④現実の世界における矛盾は乗り越えられるという考えを「絶対矛盾的自己同一」と名付けたという趣旨の記述は，不適当。「絶対矛盾的自己同一」とは，上で見たように，現実の世界では事物・事象が絶対的な矛盾・対立を残したまま統一されているということを意味している。

問8 　**16** 　①

a ：「他者に向けられた問いも自問自答も問いであることは同じである」（①の**a**）と，「西田幾多郎の問いと似たことを自分もしている」（③の**a**）が入る。前者に関しては，**日記**の「7月11日」6〜8行目の「他者に問う場合でも，その前提として，自分自身に向けて問うということがあるのではないか」という部分に注目しよう。後者に関しては，**日記**の「7月17日」の2〜3行目に「西田幾多郎の自分自身への問いも，私の自問自答も，問いであるという点では同じなんだよな」に注目しよう。

「問いは他者に向けられることではじめて真の問いとなる」（②の**a**）と，「思想家たちの問いと自分の自問自答は区別しなければならない」（④の**a**）は，**日記**の内容と相容れない。

b ：「問いは次々に更なる新たな問いを生み出していく」（①の**b**）と，「問いを出すことで，問いと答えの応酬が生じてくる」（②の**b**）が入る。**資料**の最終文にある「かくして問から答へ，答は更に問を生み，問答は限りなく進展してゆく」という部分に注目しよう。

「読者は謙虚に，著者が次々と投げ掛ける問いにもっぱら従うべき」（③の**b**）と，「読者が思い付いた問いを，著者に気の向くまま投げ掛けてよい」（④の**b**）は，**資料**の内容と相容れない。**資料**の冒頭部分にある「真の読書においては著者と自分との間に対話が行われるのである」という部分に注目しよう。

第3問　西洋近現代思想

本問では，「自由」をテーマとする高校生の会話文をもとに，マキャヴェリ，ベンサム，ロック，カント，パスカル，レヴィナスなど，ルネサンス期から現代までの西洋思想から幅広く出題された。

問1 　**17** 　④

ア：正文。マキャヴェリは，人間は本性上，打算的・利己的であるとする現実認識の上に立って政治を考察し，君主は国家の維持・発展のためには，あえて非道徳的な手段をとることができなければならないと主張した。ここには，政治と宗教・道徳との分離を図ろうとする考えが表れている。

イ：誤文。「ダヴィデ」（ダヴィデ像）の作者は，「ラファエロ」ではなく「ミケランジェロ」である。ラファエロは，絵画「アテネの学堂」の作者として知られる。

ウ：誤文。『デカメロン』の作者は，「ペトラルカ」ではなく「ボッカチオ」である。ペトラルカは，叙情詩集『カンツォニエーレ』の作者として知られる。

問2 18 ②

アダム・スミスは，各人の利己心に基づく経済活動が，「見えざる手」に導かれて社会全体の利益を増進させると説いた。

①利己心に基づく経済活動は社会的に容認されないという趣旨の記述は，不適当。③と④はマルクスを想定した記述。マルクスは，次のように主張した。労働は本来，人間にとって創造の喜びを伴うはずの活動であり，人間は本来，労働を通じて他者との結び付きを実現する存在（類的存在）である。しかし，資本主義のもとでは労働者は生産手段を持たないがゆえに，資本家に労働力を売らざるを得ず，労働が苦役と化し，自らが類的存在であるという連帯の意識が失われていく。

問3 19 ⑤

ア：ベンサムについての説明。ベンサムは，個人の快楽追求を「最大多数の最大幸福」に一致させるように働く力（制裁）として，四つの制裁を挙げた。その四つとは，物理的制裁，法律的制裁（政治的制裁），道徳的制裁，宗教的制裁である。なお，これらのうちベンサムがとくに重視したのは，法律的制裁である。モンテスキューは，国家権力を立法・行政・司法の三権に分け，それぞれを異なる機関に担わせる三権分立を説いた思想家。

イ：ロックについての説明。ロックは，その社会契約説において，市民は自然権を確保するための権力を政府に信託するが，政府がその信託に反して自然権を侵害する場合には，抵抗権・革命権を行使できると説いた。ルソーは，社会契約説を唱えた思想家で，私有財産制の成立によって失われた自由で平等な状態を回復するためには，社会契約を結んで，公共の利益の実現を目指す全人民の普遍的な意志（一般意志）に基づく新たな共同社会を形成しなければならないと説いた。

ウ：トマス・アクィナスについての説明。トマス・アクィナスは，世界を統治する神の法を人間の理性が捉えたものが自然法であるとし，神の法と自然法とは矛盾せず，調和するとした。グロティウスは，民族や時代の違いを超えて普遍的に妥当する法（自然法）があるとし，国家間の関係も自然法によって律せられると説いた法学者。

問4 20 ③

a ：「欲望から独立して自分を規定する」（②の a ）と，「自らが立法した道徳法則に自発的に従う」（③の a ）が入る。カントは，人間にとっての自由とは，自然の因果法則に支配されて本能や欲求のままに生きることにではなく，内なる理性によって打ち立てた道徳法則（いついかなる時でも誰でも従うべき普遍的な行為準則）に自らすすんで従うことにあると説いた。

「感覚や知覚からなる経験から推論する」（①の a ）は，上で見たカントの自由観から判断して，不適当。また，カントの認識論としても不適当。カントによれば，人間の認識は，視覚や聴覚などの感覚（感性）によって得られる経験的な素材を，理

性が先天的に有している思考の枠組み(悟性)によって秩序づけることで成立すると説いた。「自然の必然的法則に従う」(④の a)も，上で見たカントの自由観から判断して，不適当。

　　b ：「各人が各々の欲求の充足を人格の目的として最大限追求しながら，誰もがその目的を実現できる」(①の b)と，「各人が全ての人格を決して単に手段としてのみ扱うのではなく，常に同時に目的として尊重し合う」(③の b)が入る。カントは，道徳法則に自らすすんで従う自律的自由の主体を「人格」と呼んだ。そして，そのような自律的自由の主体としての「人格」が互いに尊重し合う共同体を「目的の王国」と呼んで理想とした。また，カントによれば，道徳法則はいついかなる状況でも「〜せよ」という無条件の命令(定言命法)のかたちをとる。カントはこのことについて，「君自身の人格および他の全ての人格に例外なく存在する人間性を，常に同時に目的として扱い，決して単に手段としてのみ扱わないように行為せよ」という言葉で表現している。

　「自分だけに妥当する主観的な行動原則を目的として行動できる」(②の b)は，カントが理想とした「目的の王国」についての説明として，不適当。「主観的な行動原則」は格率と呼ばれ，道徳法則とはなり得ない。「公共の利益を目的として目指す普遍的な意志」(④の b)は，ルソーが説いた一般意志を想定したものである。

問5　 21 　④

　パスカルは，真理の探究には，推論と論証に基づく科学的な精神(幾何学的精神)だけでは不十分であり，細やかな心情によって物事の本質を直観的に把握する精神(繊細の精神)が必要であると説いた。したがって，選択肢の前半は適当。また，資料の冒頭で「人間の偉大さは，その惨めさからさえ引き出されるほど，明白である」と述べられていることから，後半も適当。

　①パスカルによれば，人間は身体(物質)・精神・愛という三つの秩序に生きているが，真の生き方は神の愛を信じることにある。したがって，選択肢の前半は適当。しかし，人間は惨めにならずに済むという趣旨で書かれている後半は不適当。資料では，人間は偉大であるとともに惨めな存在であるということが述べられている。②パスカルによれば，人間は自分の悲惨さから目を背け，娯楽や社交などで「気晴らし」にふけようとする。しかし，人間がなすべきことは，神を信じ，神の愛のもとに自分の悲惨さを見つめることである。したがって，信仰を自分の惨めさから目を背けるための「気晴らし」にすぎないとしている選択肢の前半は不適当。ただし，後半は適当。資料の最終文に「惨めさは偉大さから結論され」とあることに注目しよう。③パスカルは，人間を虚無(悲惨)と無限(偉大)との中間者であると説いた。したがって，選択肢の前半は適当。しかし，人間は惨めさの中に偉大さを見いだすことができないという趣旨で書かれている後半は，不適当。資料の最終文に「偉大さは惨めさから結論される」とあることに注目しよう。

問6　 22 　③

　レヴィナスによれば，「他者」の最も基本的な性格は，「私」とは根本的に同じで

はあり得ないということ(他性)であり，また「他者」は「私」の自己意識の中に取り込めないがゆえに圧倒的な重みを持つ存在である。そして，「他性」は単なる観念ではなく，「他者」のまなざし(顔)に現れ，その「顔」は「私」をつねに他者との関係に引きずり出す。このような観点から，レヴィナスは，自我を中心に全てを説明しようとする思考(全体性)を生み出した近代哲学を批判し，倫理は自我からではなく，「私」が「他者」の重みを思い知ることからはじまると説いた。

　①他者について「顔を持たない無個性な存在」としているのは，不適当。②他者と私との関係を「対等なものとして顔を合わせ」「自己同一的な人格として承認し合う」関係であるとしているのは，不適当。④私自身が公共空間に自らの「顔」を現して発言することで他者に出会うことができるという趣旨の記述は，不適当。

問7 　**23** 　①
　資料では，人間は「善と悪に向かう自己運動の源泉を等しく自分の内に持つ」と述べられており，また善と悪の結び付きは「自由な結び付き」であり，「人間が何を選ぼうとも，それは人間がなしたことになる」と述べられている。

　②人間は善よりも悪へ向かう傾向をより強く持つ存在であるという趣旨の記述は，**資料**の内容と相容れない。③人間は善と悪のいずれへ向かうかを自ら選び決断する力はないという趣旨の記述は，**資料**の内容と相容れない。④人間は善よりも悪へ向かう傾向をより強く持つ存在であるという趣旨の記述は，**資料**の内容と相容れない。

問8 　**24** 　①
　a ：①②の**a**が入る。20ページの会話中のDの3回目・4回目の発言や，それぞれを受けたEの3回目・4回目の発言がヒントとなる。これらの発言では，規範や法は単なる制約ではなく他者との対立を調整する役割があり，自己決定を保障するものであるという趣旨のことが述べられている。

　③④の**a**は，自己決定にとって制約や規範は必要がないものであるという趣旨で書かれているので，20ページの会話の趣旨に合致せず，この空欄には入らない。

　b ：①③の**b**が入る。この空欄は，その直前にある「自由を目の前にして自分の弱さや迷い，不安を感じることもある」という記述を受けていることに注意しよう。判断に際しては，24ページの会話中のFの2回目の発言(迷いや不安と向き合いつつも自由を手放さないことが重要だという趣旨の発言)が大きなヒントとなる。

　②の**b**は，迷いや弱さをはねつける強さが重要だという趣旨で書かれているので，24ページの会話の趣旨に合致せず，この空欄には入らない。④の**b**は，24ページの会話中のEの発言を想定したものであるが，この発言からは「他者の自己決定を支援する」という内容は引き出すことができない。したがって，この空欄には入らない。

第4問 　**現代の諸課題・青年期の心理**
本問では，「運」と「格差」をテーマとする高校生の会話文をもとに，現代社会の

諸課題と青年期の心理の分野から様々な事項が出題された。自我の目覚めについての
シュプランガーの思想，現代の消費についてのボードリヤールの思想，ロールズの思
想など，やや発展的な事項も取り上げられた。

問1 25 ③

a：「ステップ-ファミリー」が入る。ステップ-ファミリーとは，子どもを持
つ夫婦が離婚・再婚することによって生じる，血縁関係のない親子関係・兄弟姉妹
関係を含む形で形成される家族をいう。

「ディンクス」は，"double income, no kids" の略語（DINKs）で，子どもつくら
ない共働きの夫婦のことである。

b：「アメニティ」が入る。アメニティとは，快適で魅力のある生活環境を意
味する。

「ユニバーサルデザイン」は，年齢，性別，身体的状況などの違いに関係なく，
全ての人が使いやすいように製品や生活空間をデザインすることを意味する。

問2 26 ②

ア：シュプランガーについての説明。シュプランガーは，「青年ほど，深い孤独
のうちに，触れ合いと理解を渇望している人間はいない」と述べた。この言葉は，
やや詳細な知識に属している。

マーガレット・ミードは，サモア島の若者に関する現地調査を通じて，サモア島
の若者には西洋社会の若者に見られる青年期特有の葛藤がないということを指摘し
たことで知られる。

イ：ホリングワースについての説明。ホリングワースは，人間は青年期になると，
親や周囲の大人に対する依存を離れ精神的な独立をはたそうとするとし，これを心
理的離乳と呼んだ。

サリヴァンは，親密な友人を持てるかどうかが孤独感や自尊感情に影響すると説
き，青年期における友情の重要性を強調した人物である。

問3 27 ②

資料では，当初のマシュマロ実験の参加者が「親が高学歴である家庭」の子ども
に限られていたこと，その後の「様々な家庭環境」の子どもを対象とした実験では，
当初の実験と異なる結果が得られたことが示されている。

①当初のマシュマロ実験のみを想定した記述であり，資料の趣旨に合致しない。
③大人になってからの「成功」とマシュマロ実験を受けていた場合の結果を直結さ
せた記述であり，資料の趣旨に合致しない。④「全く関係ないんだから，家庭環境
が大事」という記述は，資料の趣旨に合致しない。資料では，本人の資質と家庭環
境のどちらが「将来の成功」に大きく影響するかについて断定できないとしている。

問4 28 ③

ア：誤文。センのいう「潜在能力」（ケイパビリティ）とは，「経済の発展を促す
国家の機能」の「集合」ではなく，各人がよき生活を送ることができるように主体
的に選択できる「生き方の幅」のことである。言い換えれば，教育，健康，社会参

14

加など各人が達成できていること（機能）の集合のことである。センは，この観点から，所得や資産の経済的不平等の改善に重点が置かれてきた従来の福祉政策とは異なる福祉政策の視点を提示した。

イ：正文。途上国の貧困層は飢餓状態に置かれているが，その一因は，貧困層が属する国の農業生産が先進国に輸出する商品作物（市場への出荷を目的に栽培される農作物）に偏っていることにある。

問5 29 ①

ア：適当。「ホモ・レリギオースス（宗教人）」という人間の定義は，神を信じ，祈りを捧げる行為に人間の特質を見いだしたものである。

イ：不適当。「自国と他国の文化の優劣を明確にすること」は，文化相対主義（いかなる文化にも固有の価値を認める考え方）ではなく，エスノセントリズムに基づくものである。

ウ：不適当。「カルチャー・ショック」（異文化に接したときの衝撃）を「文明の衝突」に直せば，適当な記述になる。「文明の衝突」の思想は，サミュエル・ハンチントン『文明の衝突』に由来するもので，彼はこの著書において，冷戦終結後には資本主義対社会主義といったイデオロギーの対立に代わって文明の対立（とくに西洋とイスラーム）が表面化してくると論じた。

問6 30 ①

ロールズは，自由競争によって不平等が生まれるとしても，それは，全ての人に公正な競争の機会が与えられた結果でなければならず，また，最も恵まれない人々の境遇の改善につながるものでなければならないと説いた。したがって，選択肢の前半は適当。また，資料の第一文の内容から判断して，後半も適当。

②選択肢の前半は，デリダの思想についての記述なので，不適当。ただし，後半は資料の最終文から判断して，適当。③選択肢の冒頭にある「功利主義の発想に基づいて」という記述は，不適当。ロールズは，功利主義の考え方を批判して自らの思想を展開した。また，後半も不適当。「才能ある人は……私財を提供するべきだ」という記述は，資料の内容と合致しない。④選択肢の前半は，適当。ロールズは，正義の原理を考える際に，無知のヴェール（各人は自分や他者の社会の地位に関しては全く無知であるということ）を仮定して，それを原初状態と名付けた。そして，その原初状態においては，人は誰でも最悪の事態を避けるために，基本的な自由を重視することになると説いた。ただし，後半は不適当。「個々人の才能に応じて社会の利益を分配する」という記述は，資料の内容と合致しない。資料の第二文は，稀有な才能を有する人はその才能を「共通利益を最大限高める」ために活用すべきであるという趣旨で書かれていることに注意しよう。

問7 31 ③

a ：①③④のaが入る。まず，①のaについて。努力は報われないと考える人の割合を男性について見ると，1988年・2013年のいずれにおいても，「大まかな傾向」として「20代」「30代」といった相対的に「若い世代」の方が，他の世代に

比べて高い。次に，③の**a**について。努力は報われないと考える人の割合を見ると，男女とも，1988年よりも2013年の方が増えている。そして，④の**a**について。努力は報われないと考える人の割合は，1988年の「50代」と2013年の「70代〜」では女性の方が多いが，それ以外の世代では男性の方が多いので，「大まかな傾向」としては男性の方が多いといえる。また，2013年では，女性について，努力は報われないと考える人の割合が1988年と比べて各世代で増えている。

②の**a**は，入らない。2013年では，女性について，努力は報われないと考える人の割合が「30代」は「20代」よりも高く，「50代」・「70代〜」はそれぞれ40代・60代よりも高くなっているので「年齢が上がるほど……割合が低くなる」は誤り。

b：②③の**b**が入る。まず，②の**b**について。生活水準が「悪くなった」以外の項目では，努力は報われると考える人の割合の方が多く，しかも「回答者数」（縦軸に記した人数）では，「悪くなった」以外の項目の合計が圧倒的に多いことから，適当と判断できる。次に，③の**b**について。生活水準が「悪くなった」「やや悪くなった」と回答した人は，それ以外の回答をした人と比べて，努力は報われないと回答した割合が多いことから，適当と判断できる。

①の**b**は，上で見た②の**b**と逆の内容なので，入らない。④の**b**も，入らない。生活水準が「悪くなった」と「やや悪くなった」という回答の合算（95名＋316名）の方が，「よくなった」と「ややよくなった」という回答の合算（63名＋252名）よりも多いので，「少ないね」は不適当。

問8 　32 　②

　ボードリヤールは，現代の消費社会では，商品は有用さを求めて消費されるのではなく，他者との差異を示すための記号として消費されると説いた。

①「マッキンタイア」ではなく，ドゥルーズとガタリについての説明。マッキンタイアは，人間は自らが属する共同体の価値観を内面化し，その共同体を成り立せている共通善を学ぶことで様々な役割を果たせるようになるとするコミュニタリアニズム（共同体主義）の立場をとる人物で，この立場から，個人が社会のあり方を自由に選択できるとする自由主義的な考え方を批判した。③「デューイ」ではなく，フーコーについての説明。デューイは，人間の知性は真理の探究という働きを持つだけでなく，生活において生じる諸問題の解決を導く能力としての創造的知性でもあるとし，この創造的知性の働きによって多様な価値観に基づく民主主義社会が実現されると説いた。④「ソシュール」ではなく，レヴィ＝ストロースについての説明。「無意識的に作られた構造が人間の思考を規定しているという言語学の知見」とあるが，この知見を提示したのがソシュールであり，それに学んだのがレヴィ＝ストロースである。レヴィ＝ストロースは，この知見に学んで，「未開社会を基礎付ける複雑な思考」，すなわち「野生の思考」の存在を明らかにした。

問9 　33 　④

　29ページの会話におけるGの発言の趣旨は，次の諸点にまとめることができる。
（ⅰ）家庭環境の良し悪しは運によるが，運の良し悪しによって生まれる格差は社会が

埋め合わせるべきである（Gの1回目と2回目の発言）。(ii)人の才能が経済的成功につながるかどうかは社会のあり方次第である（Gの3回目の発言），(iii)個人の努力は評価するという考えにも一理あるが，やはり努力ができるかどうかは社会の仕組みや構造に左右される（Gの4回目の発言），(iv)不運な人が幸運な人と同じ努力をしても，格差のせいで幸運な人に追い付けないとしたら，不運な人の努力は評価されないことになってしまう（Gの5回目の発言）。

一方，Hの発言の趣旨は，次の諸点にまとめることができる。(v)与えられた環境に差があってもそれを変えることはできないし，社会で成功できるかどうかは本人次第であって運の違いは社会のあり方とは関係がない（Hの1回目と2回目の発言），(vi)人の才能が成功に結び付くかどうかについては，社会のあり方も関係するが，やはり個人的な努力をより高く評価すべきである（Hの3回目の発言），(vii)努力ができるかどうかは社会の仕組みや構造に左右されるという面もあるが，最終的には努力は個人の問題である（Hの4回目の発言），(viii)運がよかっただけだという理由で，努力する人が努力しない人と同じ扱いを受けることは不公平である（Hの5回目の発言）。

a ：Gの発言であることに注意しよう。上の(i)～(iii)から，格差を「社会が埋め合わせ，努力の差を基準にして人を評価することがない」（②の**a**）と，「社会のあり方で変わるものと捉え，社会ができる限り埋め合わせる」（④の**a**）が入る。

「社会が無理に埋め合わせようとせず，個人の努力をより重視する」（①の**a**）は，GではなくHの考え方である〔上の(v)と(vi)を参照〕。「個人では変えられないものと捉え，社会が責任を持って埋め合わせる」（③の**a**）の前半は，Gの考え方として不適当。Gは個人の努力をある程度，評価している〔上の(iii)を参照〕。

b ：Hの発言であることに注意しよう。上の(v)～(vii)から，運の違いが生む格差については「不平等だとしても，社会が全てを埋め合わせることには慎重である」（②の**b**）と，「社会だけに責任がある問題ではないから，個人が努力で乗り越える」（③の**b**），「社会も無視できないけれど，努力が報われることの方を重視する」（④の**b**）が入る。

「努力に限界があることを認め，社会が埋め合わせようとする」（①の**b**）は，HではなくGの考え方である〔上の(ii)(iii)を参照〕。

c ：Gの発言であることに注意しよう。上の(i)から，運の違いが生む格差を社会が「埋め合わせなかったら，自分自身が選んだわけではない家庭環境などで評価が決められてしまう社会になりかねなくて」（④の**c**）が入る。

「埋め合わせると，かえってお金にばかり人の関心が向いてしまい」（①の**c**）は，Gの考え方として不適当。そもそも，Gは運の違いが生む格差を社会が埋め合わせるべきであると考えている〔上の(i)を参照〕。「幸運な人が自身の財産を奪われると言って不運な人を敵視したりして」（②の**c**）と，「お金持ちの中から，お金を持っていない人を見下す人も出てきて」（③の**c**）も，Gの考え方として不適当。そもそも，Gは「幸運な人」や「お金持ち」が「不運な人を敵視」したり「見下す」こと

になるといった発言をしていない。

$\boxed{\text{d}}$：Hの発言であることに注意しよう。上の(viii)から，運の違いが生む格差を社会が「全て埋め合わせようとすると，幸運だとされた人は努力をしていない人だと決めつけられかねなくなって」（②の**d**）と，「埋め合わせる中で，努力まで運のおかげだということになると，努力する人は，自身が適切に評価されていないと感じてしまって」（④の**d**）が入る。

「解決しない場合，不運な人は他の人より多くの努力を強いられるのに，その努力が評価されるとは限らないから」（①の**d**）は，HではなくGの考え方である〔上の(iv)を参照〕。「解決すべき問題だと捉えない場合，幸運な人が自身の恵まれた環境を当たり前だと思い，努力する人を評価しなくなって」（③の**d**）も，Hの考え方として不適当。そもそも，Hは社会が格差を解決することに対して懐疑的であるし〔上の(v)を参照〕，「幸運な人」が「努力する人」を「評価しなく」なるといった発言をしていない。

MEMO

倫　理

（2022年1月実施）

受験者数　21,843

平　均　点　　63.29

倫　理

解答・採点基準　　　　　（100点満点）

問題番号（配点）	設　問	解答番号	正解	配点	自己採点
第1問（24）	問1	1	②	3	
	問2	2	③	3	
	問3	3	④	3	
	問4	4	①	3	
	問5	5	①	3	
	問6	6	③	3	
	問7	7	①	3	
	問8	8	②	3	
第1問　自己採点小計					
第2問（24）	I 問1	9	④	3	
	I 問2	10	⑤	3	
	I 問3	11	①	3	
	II 問4	12	③	3	
	II 問5	13	③	3	
	III 問6	14	④	3	
	III 問7	15	②	3	
	III 問8	16	④	3	
第2問　自己採点小計					

問題番号（配点）	設　問	解答番号	正解	配点	自己採点
第3問（24）	I 問1	17	③	3	
	I 問2	18	④	3	
	II 問3	19	①	3	
	II 問4	20	④	3	
	III 問5	21	②	3	
	III 問6	22	③	3	
	III 問7	23	①	3	
	III 問8	24	②	3	
第3問　自己採点小計					
第4問（28）	問1	25	⑤	4	
	問2	26	②	3	
	問3	27	①	3	
	問4	28	④	3	
	問5	29	①	2	
	問6	30	④	3	
	問7	31	②	3	
	問8	32	④	3	
	問9	33	③	4	
第4問　自己採点小計					
自己採点合計					

第1問　源流思想

本問では，「議論について」というテーマのもとに，ギリシア哲学，キリスト教，古代中国思想，イスラームなど，東西の源流思想から広く基本的な事項が出題された。

問1 　1 　②

イスラームでは，**ムハンマド**は**最大かつ最後の預言者**(神の真理の言葉を託された者)とされている。また，彼の言行・慣行(**スンナ**)は，『**クルアーン**』とともに，信者(**ムスリム**)の生活規範となっている。

①「ソクラテス自身が持っている真理を，対話相手に教え込む」という記述は誤り。**ソクラテス**は，人間が真理を認識するためには，人間の魂にとって最も大切な善美の事柄について本当は何も知らないという自覚(**無知の知**)が重要であると説いた。彼は，このような自覚のもとに，世間から知者といわれる人々との問答を通じて，彼らが真の知に到達するよう手助けすることを実践した(**問答法**)。③「神学は哲学に仕えるべきものとされ」以下の記述は誤り。例えば，**スコラ哲学**の大成者といわれる**トマス・アクィナス**は，理性と信仰との調和を説く一方で，「**哲学は神学の侍女**」であると述べ，哲学の真理はキリスト教の真理に奉仕するものでなければならないとした。④**ブッダ**が「生来の身分ごとに異なる義務」を果たすことにより真理を体得できると説いたという記述は誤り。彼は，**八正道**(八つの正しい修行の道)を実践すれば，誰でも真理に到達できると説いた。

問2 　2 　③

ア：正文。『**論語**』には，「**克己復礼を仁となす**」とある。これは，自分の欲望を抑制し，自分の行為を社会規範である礼に従わせることこそが仁であるという趣旨のことを述べたものである。

イ：誤文。「礼」を「仁」に直せば，正文となる。孟子は，人間には生まれつき**惻隠の心**，**羞悪の心**，**辞譲の心**，**是非の心**という四つの心(**四端**)が備わっており，それらを養い育てていけば，それぞれに対応する**仁・義・礼・智の四徳**に至ることができると説いた。

ウ：誤文。「華美な葬祭を実行する」という記述は誤り。**墨子**は，衣食住や葬祭にかかる費用を倹約して社会全体の富を増やすこと(**節用**)を主張した。

問3 　3 　④

イスラームの聖典『クルアーン』には，ムハンマドに先立つ預言者として，**ノア**，**アブラハム**，**モーセ**，**イエス**などの名が記されている。

①イスラーム文化は古代ギリシア思想に見られる合理的思考を受け継いでおり，哲学の分野ではアリストテレスや新プラトン主義の思想が見られるから，誤り。②イスラーム共同体(**ウンマ**)の範囲は，民族や国家の枠組みを超えるものであるから，誤り。③**ジハード**(**聖戦**)は，本来「神のための奮闘努力」という意味であるが，「外敵に対する自衛のための武力行使」も含むと考えられている。

問4 　4 　①

アリストテレスは，人間の魂を理性の領域と感情・欲望の領域とに分け，それに

4

応じて，徳を知性的徳と習性的徳(倫理的徳)とに分類した。その上で，習性的徳は，知性的徳の一つで実践的な徳としての思慮(フロネーシス)によって導かれた正しい行為の繰り返しによって習慣づけられるものであるとした。例えば，勇気は，無謀(過度の勇気)と臆病(勇気の不足)との中庸(中間)において成り立ち，また節制は，放縦(過度の快楽追求)と鈍感(感受性の不足)の中庸において成り立つ徳だという。

②「正義」を「希望」に直せば，パウロの説いたキリスト教の三元徳(信仰・希望・愛)についての記述として正しくなる。③ J.S.ミルが功利主義道徳を実現するものとして重視した黄金律は，「おのれの欲するところを人に施し，おのれのごとく隣人を愛しなさい」というイエスの教えのことをいう。「実に，神の国はあなたがたの中にある」という言葉は，人が悔い改め，全存在をかけて神と向き合うとき，心の中に神の国を実現することができるということを意味する。④「慈悲の実践を控えること」を推奨したという趣旨の記述は誤り。大乗仏教では，慈悲を実践して衆生(すべての生きとし生けるもの)を救うことが重視された。

問5　5　①

まず，第1問冒頭の高校生AとBの会話と，資料(マルクス・アウレリウス『自省録』からの引用)の趣旨を確認しよう。会話において，Bは，自分が正しいと言い張る友人を相手にするのが面倒になって黙ってやり過ごしてしまったという趣旨の発言をしている。一方，資料は，真理を求めるなら他人との議論を通じて自分の考えを正すことも必要であり，真理を求めようとせず自分を欺き無知にとどまる者は害を被ることになるという趣旨で書かれている。

a：「真理を見ようとせず，無知による害を受けかねない」が入る。この空欄は問5の会話中のもので，Bが友人との議論を避けたことについて，資料に即していえばどういうことになるかという判断を求めている。したがって，①か②のaがこの空欄に入る(ただし，下で見るように，②のbはストア派の考え方として誤っている)。③と④のaは，議論を回避したのは自分にとっての真理に忠実であったことの証しであるという趣旨で書かれているから，資料の内容とは相容れない。

b：「喜怒哀楽の情念に惑わされない人間が賢者である」が入る。この空欄も問5の会話中のもので，ストア派の考え方に該当するものが入る。ストア派は，人間には宇宙のロゴス(理性)が種子として宿っており，ロゴスに従って生きることにより，情念に動かされることのない理想の境地(アパテイア)に至ることができると説いた。したがって，①か③のbがストア派の考え方に該当する(ただし，③はaが上で見たように資料の内容と相容れないから，正解とはならない)。②と④のbは，人間は情念に従うべきであるという趣旨で書かれているから，ストア派の考え方ではない。

問6　6　③

「旧約」という名称は，「ユダヤ教徒自身が誇りを持ってそう呼ぶようになった」ものではなく，キリスト教の立場からのものである。キリスト教ではイエスによって結ばれた神と人との契約を「新約」，それ以前の神とイスラエル人との契約を

「旧約」と呼び，旧約聖書と新約聖書はともに聖典とされる。

①**資料1**（『老子』からの引用）に「聖人は無為を決め込み，言葉に依らない教えを実行するのだ」とあることに注目できれば，正しいと判断できる。②**老子**は，何ごとにも作為を働かせることなく（**無為自然**），ありのままの自然に身をまかせるのが人間のあり方だと説いた。このことを想起すれば，正しいと判断できる。④**資料2**で引用されている「ヨブ記」は，ヨブが全能者である神に対して自分が不幸に見舞われた理由を問いかける物語である（Bの二回目の発言を参照）。このことを踏まえて，**資料2**に「私は取るに足りない者。何を言い返せましょうか。……私は……悔い改めます」とあることに注目できれば，正しいと判断できる。

問7　7　①

　a：**資料**（『スッタニパータ』からの引用）にある「論争が修行者たちの間に起きると，勝利の驕りと敗北の落胆がある。人はこれを見て論争をやめるべきである。……称賛されると……喜び，心高ぶる。心の高ぶりによって，彼が害されることになる」という部分に着目することで，①か②の**a**がこの空欄に入ると判断できる（ただし，下で見るように，②は**b**がブッダの考え方として誤っている）。③と④の**a**は，論争は自分が真理だと思う事柄を吟味したり，守ったりするためには役に立つという趣旨の記述であるから，**資料**の内容とは相容れない。

　b：**ブッダは自己への執着が苦しみをもたらす**と説いたから，①か③の**b**がこの空欄に入る。ブッダは，快苦の両極端に偏らない修行（**中道**）を説いたから，②と④はこの空欄には入らない。

問8　8　②

　会話中の空欄の前後の文脈を踏まえて，空欄に入る文として最も適当なものを選択させる問題。空欄の直前でAは，議論によって真理へと至る道が開かれるという趣旨の発言をしている。また，これを受けて，Bは，議論を通じて互いの言い分を理解し合おうとすることで自分の考えもより深まっていくという趣旨の発言をしている。したがって，空欄には，議論における相互理解は真理や正しい理解へと導く重要な役割を果たすという趣旨のことが書かれている②が入る。

　その他の選択肢は，いずれも議論や論争の重要性を指摘する内容になっておらず，空欄には入らない。なお，各選択肢で取り上げられている著作などに関する知識がなくても，判断可能である。

第2問　日本の思想

本問では，「理想とは何か」について，古代から近代までの日本思想から基本的な事項が幅広く出題された。

問1　9　④

　古代の日本人は，神や共同体に対して自己中心的な私心のない透明な心（**清明心**）を重んじた。また，日本では，祭祀を妨げるなど共同体の秩序を乱す行為は**罪**であ

6

ると考えられた。

　①「自然の中に神が存在することを認めなかった」という記述は誤り。古代日本では，自然界の様々な現象や事物の中に霊魂(アニマ)が宿るとする信仰形態(アニミズム)が見られ，人々に畏怖の念を抱かせるものはすべて「カミ(神)」として祟められた。②「一切の祭祀を行わなかった」という記述は誤り。古代の日本人は，災厄が生じたときには罪や穢れを取り除く儀式(祓え)を行った。③「人間が生まれながらに持っている罪」という記述は誤り。古代では，罪や穢れは外部から付着するものと考えられた。また，「神と一体になることを目指した」も誤り。古代では，神は人々に幸福をもたらす存在であるとともに，人々の想像を超えた威力をもつ荒々しい祟り神でもあった。

問2　10　⑤
　聖徳太子(厩戸王)が制定したといわれる憲法十七条(十七条憲法)の条文の意味を判断させる問題。
　ア：誤文。「和をもって貴しとなし」という言葉の説明が誤っている。この言葉は，上に立つ者と下の者が謙虚に議論し合うことが重要だということを意味している。つまり，ここでいう「和」は，役人(政治を担う者)が重んじるべき理念である。
　イ：正文。「篤く三宝を敬え」という言葉は，仏，法(仏の教え)，僧(仏の教えを学び修する人)という三つの宝は究極の拠り所であり，心から敬わなければならないということを意味している。
　ウ：誤文。「ともにこれ凡夫のみ」という言葉の説明が誤っている。この言葉は，人はみな欲望にとらわれた無知な存在であるから，大事なことを決めるときには独断によらず，必ず議論しなければならないということを意味している。

問3　11　①
　図1(明恵が修行をしている絵)，図2(ブッダが修行をしている彫刻)，図3(現代の禅僧が修行をしている写真)をめぐる高校生CとD，先生の三人が交わした会話中の空欄に入る記述の組合せとして最も適当なものを選択させる問題。
　a：「華厳宗」が入る。図1で描かれている明恵は，華厳宗の僧である。③と④のaにある「臨済宗」は禅宗の一派で，栄西を開祖とする。⑤と⑥のaにある「浄土宗」は念仏宗の一派で，法然を開祖とする。なお，明恵は，法然の説く他力の教え(南無阿弥陀仏の働きを信じて念仏をとなえれば誰でも救われるとする教え)を，仏教の根本である悟りを求める心(菩提心)を否定するものとして批判したことで知られる。
　b：「心身のあり方を重視する修行がなされ，悟りを目指す実践の原点に，ブッダ以来の修行が据えられた」が入る。会話において，三つの図を並べて考えたとき，それらに共通して見られることが述べられている点に着目して判断する。②④⑥のbには「念仏を唱えることが重視され」とあり，念仏宗のみを想定した記述になっており，この空欄には入らない。

問4　`12`　③

「真心」についての**本居宣長**の考え方に即してなされた発言を選択させる問題。「真心」とは，日本の神々の働きによってもたらされた心（作為が加わっていない**「よくも悪しくも生まれつきたるままの心」**）である。彼は，儒教や仏教に影響された理屈っぽい心を批判して，真心を重視した。③は，悲しいときには泣き，嬉しいときには喜ぶことが大切であって，感情を抑える必要はないという趣旨で書かれているから，これが正解。

その他の選択肢が，いずれも「真心」についての考え方に即した発言とはいえない。①「物事の善悪を考えて，道理に従って正しく行動」することには，作為が加わっている。②「心の状態」にそぐわない行動を肯定している。④「感情的」になることに対して否定的な考えが示されている。

問5　`13`　③

安藤昌益は，すべての人々が自ら田畑を耕し（**万人直耕**），自給自足する平等社会（**自然世**）を理想とし，この立場から，武士・僧侶など耕作に従事せず農民に寄食する**不耕貪食の徒**がはびこる封建社会（**法世**）を批判した。

①**西川如見**についての記述。彼は，「ただの町人こそ楽しけれ」という言葉に示されているように町人の生き方を積極的に肯定し，武士の価値観とは異なる独自の思想を展開した。②**二宮尊徳**についての記述。彼によれば，農業は天地自然の営みである**天道**と，それを制御し利用する人間の働き，すなわち**人道**との両者があいまって成り立つものであり，人道をまっとうするには，**分度**（自らの経済力に応じた合理的な生活設計を立てること）と**推譲**（倹約につとめ余剰を他の人々に譲ること）を大切にしなければならない。この分度と推譲の考えの背景には，天地や他者から得た恩に報いるべきだとする**報徳思想**がある。④**近松門左衛門**についての記述。彼は，『曽根崎心中』などで知られる浄瑠璃作家で，こうした作品を通じて自然な人情と義理との間で葛藤する人々の姿を描いた。

問6　`14`　④

ア：**安部磯雄**についての記述。彼は，キリスト教的人道主義の立場から，下層民の解放や労働問題の解決を図ろうとした。片山潜，幸徳秋水らとともに，日本で最初の社会主義政党である社会民主党を結成したことでも知られる。

イ：**北村透谷**についての記述。彼は，自由民権運動での挫折を経て，近代的自我の確立の場を，現実の政治的世界（**実世界**）ではなく，「**内部生命**」の表現としての文学の世界（**想世界**）に求めるようになった。

石川啄木は，**大逆事件**を契機に社会主義に傾斜し，評論『時代閉塞の現状』において，停滞した社会状況を打ち破るためには国家の強権への考察が欠かせないと論じた人物として知られる。

問7　`15`　②

高校生Ｃが作成した**ノート**（西田幾多郎や親鸞について説明したもの）に下線が引いてあり，そのうち適当でないものを選択させる問題。

西田幾多郎は，主観と客観を峻別する西洋哲学を批判的に分析することを通じて，主観と客観が分かれる以前の直接的・根本的経験，すなわち主客未分の純粋経験において真の実在が現れると説いた。ここでいう純粋経験とは，例えば，美しい音楽に心を奪われたり，画家が絵を描くことに没頭するときのような，ありのままの生の体験をいう。したがって，②は，西田幾多郎が「純粋な知の働き」により真の実在を認識することを重視したという趣旨で書かれているので，これが適当でないものとして正解。これに対して，①は純粋経験の説明として正しい。

③④は，いずれも親鸞についての記述として正しい。③彼によれば，自力で善行を積むことができると思っている者(善人)は，阿弥陀仏の慈悲の力を頼む心に欠けるところがあり，自力では煩悩から逃れることができないと思う者(悪人)は阿弥陀仏の慈悲の力にひたすらすがろうとする。したがって，悪人こそが，阿弥陀仏の真正な救いの対象である(悪人正機説)。④彼は，人々が阿弥陀仏を信ずるのも，念仏をとなえることができるのも，すべて阿弥陀仏の慈悲の働きによって「おのずからそのようになる」のだと説いた。これを自然法爾(じねんほうに)という。

問8 16 ④

資料(阿部次郎『三太郎の日記』からの引用)では，理想は現実と矛盾し，つねに現実と隔たっているが，その一方で，「存在の意義を，存在の原理を更新する」ものでもあるということが述べられている。したがって，④「現実と理想の隔たりを浮かび上がらせ，現実を向上させる原動力となる」が正解。

①理想が現実を無条件に肯定するという趣旨の記述，②理想が現実と齟齬なく合致するという趣旨の記述，③理想が現実を一方的に否定するという趣旨の記述は，いずれも資料の内容とは相容れない。

第3問 西洋思想

本問では，「考えること」について，ルネサンス以降の西洋思想についての基本事項が幅広くとりあげられた。

問1 17 ③

ピコ・デラ・ミランドラは，演説草稿『人間の尊厳について』において，「地上のすべての物は定められた法則にしばられている，しかし人間だけはみずからの自由な意志によって，自分の欲するところのものになる」と述べ，人間だけがみずからの意志で自己のあり方を自由に決定することができ，このことが人間の尊厳の根拠であると論じた。

①人間以外の動物も自由意志を持っているという趣旨の記述は誤り。②人間は自由意志を持っていないという趣旨の記述も，人間は自己のあり方を自分で決められないという趣旨の記述も，誤り。④人間は自己のあり方を自分で決められないという趣旨の記述は誤り。

問2 $\boxed{18}$ ④

　第3問冒頭の会話(ルネサンス期の「魔女狩り」の光景を描いた絵画をめぐる先生と高校生Fの会話)の中にある空欄に入る事例として適当でないものを選択させる問題。先生は，その二回目の発言において，「魔女狩り」の特徴を，「多くの人々が自分たちの判断に正当な根拠があるかを考えず，ある種の思考停止状態に陥って少数の人々を迫害した」ことに見いだしている。空欄には，これを受けてFが挙げた具体例が入るが，判断のポイントは多くの人々が思考停止状態に陥って少数者を迫害したという趣旨で書かれているかどうかである。④は，少数者に対する迫害という趣旨の記述になっていないため，この空欄には入らない。

問3 $\boxed{19}$ ①

　デカルトは，絶対に疑い得ない明白な真理を認識の出発点とするために，少しでも疑わしいと思われるものを真ではないとして退けていくこと(方法的懐疑)を実践した。その結果，彼は疑っている「われ」の存在は明晰かつ判明であるという哲学の第一原理に到達した。「われ思う，ゆえにわれあり」という彼の有名な言葉は，この原理のことを表している。

　②「結論を導くことを回避し続ける方法的懐疑」という記述は，誤り。③「疑わしいものに関する真偽の判断を差し控える方法的懐疑」という前半の記述は，誤り。また，デカルトは数学上の真理と考えられていることに関しても方法的懐疑を実践したから，後半も誤り。④方法的懐疑は少しでも疑う余地のあるものはすべて疑うことであるから，「自分の感覚を疑うことは不可能であるという経験から出発して」という記述は，誤り。

問4 $\boxed{20}$ ④

　空欄の直前にある著作(『人間知性論』)や，空欄の前後に人間の心を「白紙」に喩えたという趣旨の記述があることに注目すれば，④が正解と判断できる。ロックは，人間の心は，生まれたときは白紙(タブラ・ラサ)であるとして生得観念を否定し，観念や知識は感覚という外的な経験と反省という内的な経験によって形成されると主張した。このことから，ロックが人間には生まれつき観念が具わっていると考えたという趣旨で書かれている②は，誤り。

　なお，ロックと同じくイギリス経験論に属する思想家にバークリーとヒュームがおり，①と③はこれらの思想家を想定しているが，本問では正解とはならない。①ヒュームは，人間の精神は「知覚の束」にすぎないとしたことで知られる。この「知覚の束」という言葉が選択肢で取り上げられている。③「ヒューム」ではなく「バークリー」についての記述。バークリーは，「存在するとは知覚されることである」と主張したことで知られる。この言葉が選択肢で取り上げられている。

問5 $\boxed{21}$ ②

　ヘーゲルの説いた弁証法とは，事物の生成・発展の論理で，あらゆる事物はそれに内在する対立・矛盾を契機に，より高い次元へと止揚され発展していくというものである。ここでいう「止揚」という言葉は，否定と保存という二つの意味を併せ

持っており，対立・矛盾するものをそれぞれ活かしながら統一することを表す。また彼は，社会や歴史の発展も弁証法によって捉えようとした。例えば，彼によれば，歴史は自由を本質とする理性的な精神(絶対精神)が人間の自由な活動を媒介として，自己の本質である自由を実現していく過程である。

　ア：正文。上で見たように，ヘーゲルによれば，弁証法は事物の生成・発展の論理であり，社会や歴史の発展についても当てはまる。

　イ：誤文。第一文は正しい。しかし，止揚について「対立・矛盾する二つのもののうち，真理に近い方を保存し，他方を廃棄して，矛盾を解消すること」としている第二文は誤り。止揚とは，上で見たように，対立・矛盾するものをそれぞれ活かしながら統一することである。

問6　22　③

　ヤスパースは，人間は死・苦しみ・争い・罪責など人間の力ではどうすることもできない限界状況に直面して自己の有限性を自覚することで，自己を超え自己を支える包括者(超越者)と出会い，自己の存在意義を問うことができるようになると説いた。また彼は，互いに隠しごとをせず，偽ることもなく，心を開いて他者と語り合い，誠実に自分を伝え合う人格的な交わり(実存的交わり)を通して互いの実存が明らかになるとし，それは理性と愛を持って互いの真実を戦わせる「愛しながらの戦い」にほかならないと説いた。

　①人間は，自分の力で「この壁」(限界状況)を「克服」できるという趣旨の記述は誤り。②「超越的な存在に頼ることのない」という記述は誤り。④「理性に拠らない『愛しながらの戦い』」という記述は誤り。

問7　23　①

　資料(デューイ『経験と教育』からの引用)の内容とデューイの思想を踏まえて，高校生Fが作成したメモ中の二つの空欄に入る記述の組合せとして最も適当なものを選択させる問題。

　a：デューイは，人間の知性は真理の探究という働きだけでなく，生活において生じる問題の解決に導く能力としての創造的知性(実験的知性)でなければならないとし，この創造的知性の働きによって多様な価値観に基づく民主主義社会が実現されると説いた。したがって，①か②のaがこの空欄に入る(ただし，②のbは下で見るように資料の内容と相容れない)。③デューイはプラグマティズムの大成者といわれるが，この哲学は唯一絶対の普遍的な価値というものはないという立場をとる。したがって，「唯一絶対の普遍の価値に到達すること」を提唱することはない。④デューイは，上で見たように，創造的知性の働きを信頼していた。したがって，知性が衰退したという趣旨の記述は誤り。

　b：資料に示されている考えが入る。資料では，自然な衝動や願望が行動の出発点ではあるが，知的成長のためにはそれらを組み立て直したり，作り変えたりする必要があるということや，人は客観的な条件を観察したり，過去の出来事を思い出したりして考えることで衝動を統御できるということが述べられている。したがっ

て，①か③の**b**がこの空欄に入る（ただし，③の**a**は上で見たように誤っている）。②と④の**b**は，「環境の制約や過去の記憶から自由でいられるようにする」ことが重要であるという趣旨で書かれているから，**資料**の内容とは相容れない。

問8　24　②

　Ⅱ冒頭の会話とⅢ冒頭の会話を踏まえて，高校生Fが作成した**レポート**中の空欄に入る記述の組合せとして最も適当なものを選択させる問題。

　a：Fの当初の考え方が入る。Ⅱ冒頭の会話において，Fは「知識さえあれば……思考停止も避けられるよ」と述べている。したがって，思考停止に陥っている原因としては，②と④の**a**がこの空欄に入る（ただし，④の**b**は下で見るように，誤っている）。①と③の**a**は，Ⅱ冒頭の会話におけるFの三回目の発言を想定している。この発言は，Fの当初の考えではなく，会話の結果，到達したものであるから，この空欄には入らない。

　b：Ⅲ冒頭の会話における先生の二回目と三回目の発言から，②か③の**b**がこの空欄に入る（ただし，③の**a**は上で見たように，誤っている）。①の**b**の「他者の意見よりも自己の見解の方をこそ重視すべき」という記述は，Ⅲ冒頭の会話における先生の一回目の発言（「考えを進める上で，他の人の存在はもちろん重要です」）から判断して，この空欄に入らないと分かる。④の**b**の「日々の小さな出来事に引っ掛かりを覚えたとしても，それに囚われるべきではない」という記述は，Ⅲ冒頭の会話における先生の二回目と三回目の発言から判断して，この空欄に入らないと分かる。

第4問　現代の諸課題・青年期と心理

「未来世代に対する責任」に関連して，環境倫理，情報社会の課題，青年期の発達課題，現代ヒューマニズムなどについて出題された。

問1　25　⑤

　第4問冒頭の会話を踏まえて，高校生Kが作成した**メモ**中の二つの空欄に入る語句の組合せとして最も適当なものを選択させる問題。

　a：「ラッセルとアインシュタインが核兵器の廃絶を主張した」が入る。これは，核戦争による人類絶滅の危機を回避するために，世界各国の科学者が連帯し，平和に対する社会的責任を果たすべきであると訴えた**ラッセル・アインシュタイン宣言**を想定したもので，⑤と⑥の**a**がこの空欄に入る（ただし，⑥の**b**は下で見るように，会話におけるKの発言と相容れない）。①と②の**a**でいう**「持続可能な開発」**は「国連人間環境会議」（1972年）ではなく**「国連環境開発会議」**（1992年）で提唱されたものである。**国連人間環境会議**は**「かけがえのない地球」**をスローガンとして開催された会議である。③と④の**a**は「ハーディン」ではなく**「ボールディング」**を想定したものである。**ハーディン**は，論文**「共有地の悲劇」**において，誰でも自由に利用できる有限の共有資源が，自己利益を最大化しようとする個々の利用者に

よって過剰摂取され，やがて資源の劣化が起こって利用者全体に不利益が及んでしまうとしたことで知られる。

　b：会話におけるKの三回目の発言から判断して，「遠い将来の人であっても，私たちの行為で被害を受けることがある」が入る。①③⑤の**b**がこの空欄に入る（ただし，①と③の**a**は上で見たように，誤っている）。②④⑥の**b**は，会話におけるKの最後の発言から，誤りと判断できる。

問2 　**26** 　**②**

　デジタル・デバイドの具体例を挙げた生徒の発言として最も適当なものを選択させる問題。デジタル・デバイドとは，情報機器を利用して様々な情報にアクセスする機会を持つ者と，それを持たない者との間に生じる情報格差や，それに基づく経済格差のことである。したがって，**②**の発言が正解。

　①③④は，情報社会において生じている問題ではあるが，デジタル・デバイドの例とはいえない。

問3 　**27** 　**①**

　社会の発展に伴って，子育て，教育，保健といった機能が保育所，学校，病院など家族以外の機能集団に担われていくようになる。これを家族機能の外部化という。

　②「脱中心化」ではなく，「マージナル・マン（境界人）」を想定した記述である。脱中心化はピアジェが説いたものである。これは，人間が他者の視点を身につけることにより，自己中心的な立場から離れ客観的で多面的なものの見方ができるようになることをいう。③第二反抗期は，「7～8歳の頃」ではなく12～15歳の頃である。④エリクソンによれば，「周りの世界や自分自身を信じるという基本的信頼の獲得」は，青年期ではなく乳児期の発達課題である。

問4 　**28** 　**④**

　ア：メルロ＝ポンティについての記述。彼によれば，身体は抽象的な物体ではなく，人間を世界へとつなぐ媒体であり，人間は身体によって世界の中に織り込まれている。彼は，この観点から，身体を主体と客体の両方の要素（両義性）を持つものと捉えた。

　イ：レオポルドについての記述。彼は，人間も生態系という共同体を構成する一員であり，自己の利益のためにそれを無制限に利用したり，破壊したりしてはならないとする「土地倫理」を提唱した。

　パースは，アメリカの哲学であるプラグマティズムの創始者であり，すべての観念の持つ意味は行為を通じて明らかになり，確かめることができるとした。そして，絶対的な真理はありえず，真理は行為によってそのつど確認され，修正されていかなければならないと主張した。

問5 　**29** 　**①**

　ガンディーは，非暴力主義に基づいてインドを植民地支配するイギリスへの抵抗運動を展開したが，その際，自らの行動の目的は真理の把持（サティヤーグラハ）にあるとした。そして，その実現のためには，怒りや愛着などの感情や欲望に左右さ

れず純潔を保つこと（自己浄化，**ブラフマチャリヤー**）と，一切の生命を傷つけず，争わないこと（不殺生，**アヒンサー**）が必要であると説いた。

②ガンディーが「一切の抵抗を断念すべき」と説いたという記述は誤り。③ブラフマチャリヤーは，①の解説を見ても分かるように，「身体的な欲望のままに振る舞うこと」ではない。④「武力闘争も辞さずに」は誤り。

問6　30　④

気候変動についての議論のために配布された**資料**（J.ブルーム「気候変動の倫理」からの引用）に下線部が二つ（Ⓧ・Ⓨ）あり，そのうちⓍに当てはまる事例を全て選んだとき，その組合せとして最も適当なものを選択させる問題。

Ⓧには，「他の人に危害を及ぼすのであれば，自分自身の利益になることであってもすべきではない」とある。これに当てはまる事例は，**ア**と**イ**である。**ア**は，「化石燃料で動く交通・輸送手段の利用」による二酸化炭素の放出を抑えるために，生活者が「生活や仕事の場を近くに集約させる」ことで，そうした手段の使用を控えるようにする，という趣旨で書かれている。**イ**は，牛や羊のゲップやおならによって放出されるメタンは非常に大きな温室効果を持つから，消費者や企業がこうした動物の肉などの売買や利用をやめるという趣旨で書かれている。**ウ**は，温室効果ガスを大量に排出した人々や企業が，それに伴って発生する危険を防止するために資金を拠出するという趣旨の記述であるから，Ⓨ（「危害を引き起こすときはいつでも，その被害を受けることになる人に補償をすべきだ」）の事例に当てはまる。

問7　31　②

図1（自国の将来は明るいと思うかどうかの回答内訳）と**図2**（社会における問題の解決に関与したいかどうかの回答内訳）をめぐる会話中の空欄に入る記述の組合せとして最も適当なものを選択させる問題。

a：日本について，「他の国と比べると悲観的な回答や否定的な回答の割合が高いですね」という発言が入る。**図1**は，日本における「どちらかといえば暗い」と回答した若者の割合と「暗い」と回答した若者の割合の合計（48.7%）が，アメリカ（23.3%），イギリス（29.9%），韓国（43.3%）よりも高いことを示している。①と③の**a**の「他の国と比べて『わからない』という回答の割合が高いですね」という発言も図1から読み取れるが，下で見るように，**b**が図1・図2の読取りとして誤っている。④の**a**は，図1の読取りとして誤っている。

b：**図1**を見ると，「明るい」と回答した若者の割合は韓国（9.3%）と日本（4.2%）では少数派である。また，**図2**を見ると，「そう思う」「どちらかといえばそう思う」と回答した若者の割合の合計については，韓国（68.4%）は日本（42.3%）と違って多数派である。①の**b**の「イギリスより低いですね」という記述は，韓国についての図2の読取りとして誤っている。③の**b**の「過半数の回答が楽観的」という記述と，「否定的な回答が少数派でアメリカと対照的」という記述は，それぞれ韓国についての図1・図2の読取りとして誤っている。④の**b**は，図1・図2の読取りとして正しい（ただし，**a**は上で見たように，図1の読取りとして誤ってい

14

問8　$\boxed{32}$　④

　　心理学者のコールバーグの道徳性をめぐる理論を素材とした問題。彼によれば，道徳的判断の理由付けは成長とともに変化するが，その変化は三つのレベルに区分できる。本問では，その三つのレベルが表の形式で示され，これに基づいた場合，「なぜ盗んではいけないか」という問いに対する回答例が，表中のどのレベルに適合するかを判断させようとしている。④の回答例は，レベル3のいう「幸福増進や個人の尊厳など，皆に受け入れ可能で自らの良心にもかなう原理に従う」という視点からのものであり，これが正解となる。

　　①「誰でも認めるはずの普遍的な道理に逆らうことになる」ことを理由にしているから，「既存の権威や規則に従順に従う」という視点を挙げている「レベル2」ではなく，上で見たレベル3に該当する。②「親に厳しく叱られて，自分が嫌な思いをすること」を理由にしているから，「レベル2」ではなく，レベル1に該当する。レベル1では，「単純な快不快に影響される」という視点が挙げられている。③「警察に逮捕され，刑務所に入れられてしまうかもしれない」ということを理由にしているから，「レベル3」ではなく，レベル1に該当する。レベル1では，「罰を避けるため……指示や規則に従う」という視点が挙げられている。

問9　$\boxed{33}$　③

　　授業で使われた**資料**(P. D. ジェイムズの小説『人類の子どもたち』に描かれた社会の概要)をめぐる高校生JとKの会話が示してあり，会話中の二つの空欄に入る記述の組合せとして最も適当なものを選択させる問題。その際，**第4問**冒頭の会話も踏まえることを求めている。

　　まず，**資料**の趣旨を確認しよう。**資料**の描く社会は，子どもが全く生まれなくなって，いかなる喜びも儚く感じられるようになり，民主制も崩壊し，科学的進歩がほぼ停止した社会である。

　　a：Kは，**問9**の会話において，**資料**の描くような社会を回避するためにはどうすべきかという趣旨で発言しており，この空欄には，**第4問**冒頭でのK自身の発言内容に合致するものが入る。**第4問**冒頭の会話中におけるKの最後の発言に着目すれば，③と④の**a**が入ると判断できる(ただし，④の**b**は，下で見るように，誤っている)。①と②の**a**は，未来世代の人の利害の方が現代世代の人の利害よりも重要だという趣旨で書かれているので，誤り。**第4問**冒頭の会話において，Kは未来世代の人の利害も私たちの利害と同様に重要だという趣旨の発言をしている(Kの四回目の発言)。

　　b：**問9**の会話では，Jは**第4問**冒頭の会話における自分の考え方を改める必要があるという姿勢に変わってきているが，この空欄には，その変容を表すものが入る。Jは，**第4問**冒頭の会話では未来世代に対する責任について一貫して懐疑的な発言をしている。したがって，この空欄には②と③の**b**が入る(ただし，②の**a**は，上で見たように，誤っている)。①の**b**は，Kが**第4問**冒頭の会話において未来世

代への思いやりの重要性を説いていたという事実に反するので，誤り。④の**b**は，Jが**第4問**冒頭の会話において未来世代にとって何がよいかは今の私たちに分からないと述べているが（二回目の発言），Kはこれに反論している（二回目の発言）ので，誤り。

●**写真提供・協力**
高山寺／ユニフォトプレス

MEMO

倫　理

（2021年 1 月実施）

受験者数　19,955

平　均　点　71.96

2

倫 理

解答・採点基準　　　（100点満点）

問題番号 (配点)	設　問	解答番号	正解	配点	自己採点
第1問 (24)	I	1	①	3	
		2	②	3	
		3	①	3	
		4	③	3	
	II	5	③	3	
		6	①	3	
		7	④	3	
		8	①	3	
第1問　自己採点小計					
第2問 (24)	I	9	③	3	
		10	①	3	
		11	②	3	
	II	12	②	3	
		13	③	3	
	III	14	⑤	3	
		15	④	3	
		16	④	3	
第2問　自己採点小計					

問題番号 (配点)	設　問	解答番号	正解	配点	自己採点
第3問 (24)	問1	17	①	3	
	問2	18	③	3	
	問3	19	④	3	
	問4	20	⑤	3	
	問5	21	⑥	3	
	問6	22	②	3	
	問7	23	①	3	
	問8	24	③	3	
第3問　自己採点小計					
第4問 (28)	問1	25	④	3	
	問2	26	①	2	
	問3	27	③	3	
	問4	28	⑥	4	
	問5	29	②	3	
	問6	30	④	3	
	問7	31	④	3	
	問8	32	②	3	
		33	⑤	4	
第4問　自己採点小計					
自己採点合計					

第1問　源流思想

　本問では，「恥」をめぐる会話文やレポートを素材として，ギリシア哲学，キリスト教，仏教，古代中国の思想，イスラーム（イスラーム教）など，東西の源流思想から幅広く出題された。ペテロや董仲舒などやや難しい思想についての知識を問う問題も出題された。

問1　1　①

　ペテロは，イエスの第一番目の弟子であり，イエスが十字架上での死ののち復活したと信じ，神の福音を伝える使徒としてイエスを救世主とみなす教団形成の中心となった。

　②**荀子**が社会秩序形成のためには人間の「欲望が，自然と落ち着いていくことを待つ以外にない」と説いたという趣旨の記述は誤り。彼は，人間は生まれながらに利をむさぼり人を憎む傾向があり，自然のままにほうっておくと争いが生じてしまうから，規範としての礼によって人間の性質を矯正する必要があると主張した。こうした考えを**礼治主義**という。③「善政」を「悪政」に直せば，**董仲舒**についての正しい記述となる。彼は，自然界の災異は人間界での政治が悪いために発生するとする**天人相関説**を唱えた。④「スンナ派」を「シーア派」に直せば，**イスラーム**（**イスラーム教**）に関する正しい記述となる。イスラーム教では，**カリフ**と呼ばれる指導者が**ムスリム**（イスラーム教徒）の共同体（**ウンマ**）を治めるべきだとされるが，**スンナ派**と**シーア派**とではどのようなカリフを重んじるかという点で違いがある。シーア派がムハンマドの血筋を引く者こそがカリフにふさわしいとするのに対して，スンナ派はムハンマドの血統に関係なくカリフを選ぶ。

問2　2　②

　aには「福音」，**b**には「ユダヤ人をはじめ，ギリシア人にも」，**c**には「律法」が，それぞれ入る。解答に際しては，**パウロ**の**信仰義認説**を想定して**c**から確定することになるだろう。この説によれば，人は律法の行いによってではなく，信仰によってのみ義しい者として神に認められる。これにより，正解は①か②に限定される。そのうえで，パウロが十字架上のイエスの死によって人類の根源的な罪（**原罪**）が贖われた（**贖罪**）と説いたことを想起すれば，②が正解と確定できる。

問3　3　①

　エピクロスは，快楽を追求することが人生の目的であるとする**快楽主義**の立場をとったが，彼のいう快楽とは，単に一時的で感覚的な肉体的快楽ではなく，肉体の苦痛も魂の苦悩も伴わない永続的な精神的快楽であり，彼は，欲望に支配されない魂の平安（**アタラクシア**）こそ賢者の理想であるとした。

　②上で述べたことからもわかるように，「いかなる快楽でも可能な限り追求すべき」という記述は，エピクロスについての説明として誤り。③**ストア派**が「人間の情念と自然の理法が完全に一致している」「情念に従って生きるべき」と説いたという趣旨の記述は，誤り。ストア派は，人間には宇宙の**ロゴス**（理性）が種子として宿っているとし，ロゴスに従って生きることにより，情念に動かされることのない

理想の境地（**アパテイア**）に至ることができると説いた。ストア派は，このような考えから「**自然に従って生きる**」ことをモットーとした。④ストア派は，③の解説でも見たように，人間の本性は理性に基づくと考えたのであって，「あらゆる判断を保留する」という懐疑主義の立場はとらない。

問4 4 ③

　　a：「十分に準備をした上で発表に臨めていなかったので」が入る。第１問の冒頭の会話文にある，Ｘの２番目の発言では，「準備を怠けていたことに気付いて……」とある。

　　b：「慚」が入る。**資料**では，「慚」は「自分自身によって引き起こされ」ると述べられている。

問5 5 ③

　ジャイナ教は，生き物を傷つけたり殺してはならないとする**不殺生**（アヒンサー）を倫理の中心にすえ，厳しい苦行と禁欲の実践を説く宗教である。

　①「イスラエルの民が自ら定めた」を「神が定めた」に直せば，ユダヤ教における**十戒**などの**律法**についての正しい記述となる。そもそも，律法とは**神の命令**（神の意志が示されたもの）である。②「王道」と「覇道」を入れ替えれば，**孟子**についての正しい記述となる。彼は，徳を備えた君主が民衆の幸福をはかる政治のあり方（**王道**）を理想とし，この立場から君主が力によって支配する政治のあり方（**覇道**）を批判した。④「全体的正義」と「部分的正義」の内容説明が逆になっている。**アリストテレス**は，正義を**全体的正義**（ポリスの法を守ること）と**部分的正義**に大別し，さらに部分的正義を**調整的正義**と**配分的正義**に分けた。調整的正義とは，各人の**利害・得失が均等になるように調整する**ことであり，配分的正義とは，各人の**能力や業績に応じて名誉や報酬を与える**ことである。

問6 6 ①

　諸子百家の思想を踏まえつつ，**資料**（『**荘子**』からの引用）から読み取れる内容として最も適当なものを選ばせる問題。この**資料**は，罪人たちで溢れかえっている世の中において，儒家や墨家はそうした状況をなくそうとしているが，そもそも聖人や知恵，仁や義を重んじること自体が世の中の混乱を招いているという趣旨で書かれている。

　①**孔子**は礼に基づく統治を完成させたといわれる聖人・**周公旦**に憧れて学問に励んだ。したがって，前半は正しい。また，**資料**の「聖人や知恵が首かせ足かせを留める楔となっているのではないか」という部分に着目すれば，後半も正しいと判断できる。

　②**孟子**は，誰でも**仁・義・礼・智の四徳**を備えて優れた人物になることができると説いたから，前半は正しい。しかし，後半は誤り。**荘子**は，**資料**において，「仁や義が手かせ足かせを固める錠前となっているのではないか」と述べ，仁や義を強調することを批判している。③前半の「**墨家**は，儒家と同様に仁と礼の思想を重んじた」という記述は誤り。例えば，**墨家**は，儒家の説く仁について近親者重視の愛

(**別愛**)であるとして批判し，親疎の区別のない愛(**兼愛**)を説いた。④前半は，**老子**による儒家批判として正しい。「**大道廃れて仁義あり**」とは，仁や義などの道徳は社会が混乱したために人間がやむを得ずつくりだしたものであり，ありのままの自然の道に反する，ということを意味している。後半は誤り。荘子は，**資料**で，仁や義といった人為的な道徳を批判している。

問7　7　④

　　a：「利子」が入る。イスラーム(イスラーム教)では，**利子が禁止**されている。

　　b：「クルアーン(コーラン)やスンナなどに基づく」が入る。**シャリーア(イスラーム法)**は，神の啓示を記した**クルアーン(コーラン)**，**ムハンマド**の言行・範例(**スンナ**)などに基づくもので，儀礼・刑罰・結婚・相続などムスリムの生活全般の規則を定めている。

問8　8　①

　　資料1(『ソクラテスの弁明』)では，評判や名誉を気にして知恵・真実・魂に気を遣わないのは恥である，という趣旨のことが述べられている。**資料2**(『友情について』)では，友人の命や評判が危機にある状況では，「あまりに恥ずべきことが結果しない限りで」，その友人の「必ずしも正しくはない望み」に手を貸すべきである，という趣旨のことが述べられている。したがって，①が正解。

　　②前半は，ソクラテスの考えについての記述として正しい。しかし，後半は誤り。③前半は，ソクラテスが気遣うべきだとしている事柄が逆になっているので，誤り。後半はキケロの考えについての記述として正しい。④前半も後半も，それぞれソクラテス，キケロの考えについての記述として誤り。

第2問　**日本思想**

本問では，「日本における時間の捉え方と人生観・世界観」などを素材として，古代から現代までの日本の思想から基本的な事項が幅広く出題された。

問1　9　③

　　『古事記』の内容を踏まえて，**資料**(ヘシオドス『神統記』からの引用)から読み取れる内容として最も適当なものを選ばせる問題。**資料**では，自然を人格化した神であるガイア(大地)がポントス(大海)，オケアノス(大河)などを生み出した，という趣旨のことが述べられている。

　　③前半は，『**古事記**』についての記述として正しい。『古事記』には，天地を創造した究極の神は登場しない。最高神とされるアマテラスも究極の神として描かれておらず，世界はそれ自身のうちにある「いきおい」「働き」によって「**おのずから成りゆく**」ものであるという考えが示されている。後半は，資料の読取りとして正しい。

　　①後半は資料の読取りとして正しいが，前半は『古事記』についての記述として誤り。②前半は『古事記』についての記述として誤り。後半の「ウラノス」は「ガ

イア」の誤り。④前半は『古事記』についての記述として正しい。後半の「ウラノス」は「ガイア」の誤り。

問2　**10**　①

　平安時代の後期から，ブッダの入滅後，**仏教は正法・像法・末法という三つの時期を経て衰退していく**という考え方（**末法思想**）が広がりを見せるようになった。ここでいう正法とは仏の教え（教）・正しい修行（行）・悟り（証）の三つが共に存在する時代，像法とは教と行はあるが証のない時代，末法とはただ教だけが残る時代をいう。そして，日本では1052年から末法の世に入ったと考えられ，この世では救いが得られないので，**阿弥陀仏**（すべてを照らす無限の光の仏）の救いによって，死後に極楽浄土に往生することを願う**浄土信仰**が盛んになった。

　以上のことから，**a**には「右下の屋敷内の人物を極楽往生に導く」が入り，**b**には「仏の教えだけが残っており，正しい修行も悟りもない」が入る。「調べた結果」の(ⅲ)の第一文冒頭に「平安時代後期から鎌倉時代にかけて」とあることと，第二文の内容が解答に際してのヒントとなる。

問3　**11**　②

　道元は，仏の知とは，本来，人々に備わっているものであり，悟り（証）とは，みずからの内にある仏の知に目覚めることに他ならないと考えた。そして彼は，人々がそのことに気づいて一心に修行すること，すなわち**すべてを投げうち，ひたすら坐禅に打ち込むこと**（**只管打坐**）の重要性を説いた。道元によれば，こうして坐禅に打ち込み，我執から解き放たれ（**身心脱落**），ありのままの自己と一体となって，みずからの内にある仏の知に目覚めた姿こそが，そのまま悟りの姿（**修証一等**）なのである。つまり，彼は，坐禅とは悟りの単なる手段ではなく，悟りそのものであると説いた。

　以上のことから，**a**には「**ア**　ひたすら坐禅に打ち込み，一切の執着から解き放たれることが重要である」が入り，**b**には「**オ**　修行とは悟りの手段ではなく，悟りそのものである」が入る。

　イは，「南都六宗の立場から」とあることから，日本に**曹洞宗**を伝えた道元についての記述ではないと判断できればよい。**南都六宗**とは，奈良時代の六つの仏教学派で三論宗・成実宗・法相宗・倶舎宗・華厳宗・律宗の総称である。**ウ**は，**法然**の説いた**他力信仰**についての記述。彼は，末法の世に生まれ，素質・能力に劣る**凡夫**にとって，自力の修行によって悟りを得ようとすることは困難であり，阿弥陀仏のはたらき，すなわち他力を信じて浄土に生まれ，後生に悟りを得ようとするほかはないと説いた。**エ**は，**空海**についての記述。彼は，**三密の行**によって，宇宙の永遠の真理そのものである**大日如来**と一体化することで，**即身成仏**（現に生きているこの身のままで成仏すること）が可能になると説いた。

問4　**12**　②

　a：「林羅山」が入る。**レポート**中の空欄の直前にある「徳川家康ら徳川家の将軍に仕えた」という記述がヒントとなる。**林羅山**は，徳川家康から家綱まで4代の

将軍に仕えた。

b：「人間社会にも天地自然の秩序になぞらえられる身分秩序が存在し，それは法度や礼儀という形で具現化されている」が入る。林羅山は，「天は高く地は低し，上下差別あるごとく，人にも君は尊く，民は卑しきものぞ」と述べ，法度や礼儀に具体的に現れている封建的な身分秩序を自然の理（**上下定分の理**）として正当化した。

③④の**a**の**荻生徂徠**は，『論語』『孟子』よりもより古い六経（『易経』『詩経』『書経』『春秋』『礼記』の五経に『楽経』を加えたもの）を重んじ，古代中国の言葉はその当時の言葉遣いや風俗などを踏まえて理解すべきであるとする**古文辞学**を創始した。その背景には，林羅山に代表される朱子学が『論語』などをよりどころとして，天地自然にそのまま備わっている「理」を追求しようとすることに対する批判がある。したがって，①③の**b**は，いずれも荻生徂徠についての記述である。

問5 `13` ③

ア：**石田梅岩**が町人の営利追求を否定したという趣旨の記述は誤り。彼は，「**商人の買利は士の禄に同じ**」と述べ，商人が商いによって得る利益は正当な報酬であると主張し，その具体的な実践の倫理として**正直**と**倹約**を説いた。

イ：**井原西鶴**についての記述として正しい。彼は，『**好色一代男**』などの**浮世草子**を著した作家であり，世俗世界で金銭の獲得や色恋をめぐって享楽する人々の姿を，共感を持って描いた。

問6 `14` ⑤

ア：**丸山真男**についての記述。日本における主体的な個の確立をめぐって思索を展開した政治学者として知られる。例えば，彼は，近代的な市民社会が未成熟であったために，主体性を持った自立した近代的市民が育たず，その結果，戦前・戦中の日本が**超国家主義**へと追いやられてしまったと批判した。また彼は，様々な思想がただ「**雑居**」する日本の思想のあり方を批判した。

イ：**小林秀雄**についての記述。彼は，昭和期を代表する批評家として知られ，『様々なる意匠』において，日本では明治以来，思想や理論を流行の「**意匠**」（装飾的な工夫）としてもてあそんできたが，それでは主体的な自己に目覚めることはできないと主張した。

ウ：**吉本隆明**についての記述。彼は，『**共同幻想論**』などの著作で知られる詩人・思想家で，国家や民族，言語などを原理的に問うことを通じて，西洋からの借り物ではない思想の自立性を求め，その立脚点を生活者としての大衆のあり方に求めた。

問7 `15` ④

南方熊楠は，明治政府による神社合祀令により全国の神社や鎮守の森が急速に破壊されていく中で，鎮守の森は人々の生活という観点からも，生態学という観点からも重要であるとして反対運動を起こした。

①**植木枝盛**についての記述。彼は，**自由民権運動**の理論的指導者として活動した人物で，**主権在民**（国民主権）を説き，専制政府が国民の権利を侵害した場合には人

民は**抵抗権**を行使できると主張した。これらの考えは，彼がみずから起草した憲法案(「**東洋大日本国国憲按**」)にも盛り込まれている。②**柳田国男**についての記述。彼は，『先祖の話』などの著作で知られる人物で，無名の人々(**常民**)の生活様式，信仰，歌謡などの中に日本文化の基層を探ろうとした。③**田中正造**についての記述。彼は，明治時代の深刻な産業公害として知られる**足尾鉱毒事件**において，企業や政府の責任を激しく追及した人物。設問文にある「**民を殺すは国家を殺すなり**」という言葉は，彼が帝国議会で行った演説(「亡国演説」)の有名な一節(彼は一時期，衆議院議員であった)。

問8　16　④

　資料文(高村光太郎「永遠の感覚」からの引用)では，概ね，次のような二つのことが述べられている。一つは，芸術作品の永遠性は個人的観念を離れ，もはや無始の太元(始点を知り得ない根源)からあって，今後も無限に存在するものであるかのように感じさせるということであり，もう一つは，真の芸術作品は人の心にしみ渡り，誰が作ったかということを離れて無所属の公共物となるということである。したがって，④が正解。

　①前半は正しいが，後半の「その作者の存在を強く意識させる」という記述は，資料文の趣旨と相容れない。②前半は正しいが，後半の「その作品もいずれは消滅することを予感させる」という記述は，資料文の趣旨と相容れない。③前半は正しいが，後半の「人々の心の中に浸透していくこともない」という記述は，資料文の趣旨と相容れない。

第3問　西洋近現代思想

　本問では，「良心」をテーマとする本文をもとに，西洋の近現代思想に関する基本事項が幅広く出題された。フッサールの現象学に関する出題など，やや難易度の高い知識を問う問題もあった。

問1　17　①

　資料文(エリクソン『青年ルター』からの引用)は，ルターの思想が後世に残した役割をいくつか挙げている。まず，個々人の良心が信仰においてのみならず，政治的・経済的・知的な意味においても，現実に向き合うことにアイデンティティを見いだそうとした人々によりどころを与えたという役割を挙げている(したがって，①は誤りで，②は正しい)。次に，各人に良心が備わっていることの強調が，平等，民主主義などの概念へとつながる道をつくりだしたという役割を挙げている(したがって，④は正しい)。そして，これらの概念がすべての人の尊厳と自由のための基礎となったという役割を挙げている(したがって，③は正しい)。

問2　18　③

　デカルトの説いた**高邁の精神**とは，情念によって左右されることのない気高い精神である。

①モラリストのモンテーニュについての記述。彼は，「私は何を知っているのか」をモットーとして自省的な態度がいかに重要かを説いた。②モラリストと呼ばれるのは①で触れたモンテーニュやパスカルであって，デカルトはこれに含まれない。④高邁の精神ではなく理性についてのデカルトの考えを説明したもの。彼は，ものごとを正しく判断し真偽を見分ける能力（理性）によって，人間は絶対確実な真理を認識することができるとした。そして，ここから出発して個々の知識を論証する学問方法（演繹法）を提唱し，思惟を属性とする精神と空間的広がりを属性とする物体はそれぞれ独立して存在する実体であるとした。この物心二元論は，機械論的自然観を哲学的に基礎づけたといわれる。

問3 19 ④

資料文（ルソー『エミール』からの引用）で述べられている内容を踏まえ，それを身近な例に置き換えた記述を選択させる問題。資料文では，良心は社会的通念という敵に直面すると，逃げ出すか，押し黙り，最後には何も語らなくなってしまうということ，そして，そうやって良心を無視し続けていると，持っていたはずの良心を呼び戻すことは難しくなるということが述べられている。したがって，④の事例が正しい。

①「社会の通念への反発」から良心の働きがいっそう強くなるという趣旨の記述は，資料文の内容と合致しない。②良心は世間の常識という敵に逆らうものだという趣旨の記述は，資料文の内容と合致しない。③良心は世の中のモラルが生み出したものだという趣旨の記述は，資料文の内容と合致しない。

問4 20 ⑤

キルケゴールは，人間の生き方には美的実存，倫理的実存，宗教的実存の三つの段階があるとした。そのうえで，欲望に従って享楽的に生きる美的実存の段階においても，善悪の判断を行う倫理的実存の段階においても絶望に陥ってしまうとし，この絶望の果てに，神の前に単独者として立つ宗教的実存の段階に至ることで真実の自己を回復することができると主張した。したがって，⑤の組合せが正解。

問5 21 ⑥

オーウェン，サン＝シモン，フーリエの三人は，人道主義的な見地から，資本主義的経済や私有財産制度を批判し，それに代わる理想社会を構想したが，マルクスやその盟友であるエンゲルスは，これら三者の考えを，現実社会の科学的分析を欠いたために社会主義実現への具体的手段を提示できなかったと批判して，空想的社会主義と呼んだ。

したがって，**a**には「オーウェン」，**b**には「空想的社会主義」が入る。

問6 22 ②

ア：フッサールについての記述として正しい。彼は，意識とその外部とを分けて考えてしまっている通常のものの見方（自然的態度）をいったん括弧に入れて停止し（エポケー），ものごとが意識に現れてくるようすをありのままに捉えるべきこと（「事象そのものへ」向かうべきこと）を説いた。

　イ：フッサールではなくヘーゲルについての記述。ヘーゲルによれば，人間にとっての自覚あるいは自己意識は，自分の内側にあるものを，自分以外のほかの何ものかに表現することを介して成立し，人間は，このように自己を外にあらわすこと（自己外化）によって，他者と関わり自分のあり方をかたちづくってゆくことにより自由を獲得することができる。

問7 　**23** 　①

　会話の趣旨を踏まえ，その中の二つの空欄に入る言葉の組合せを選択させる問題。それぞれの空欄に入るものを，吉野源三郎『君たちはどう生きるか』より抜粋した四つの言葉から選ぶという形式になっている。

　a：「自分はそうでなく行動することも出来たのに――，と考える」が入る。この空欄を含むUの発言の前後にあるRの発言が解答のヒントとなる。Rはその一番目の発言において，中学時代にいじめられていた子がいたが，そのいじめを止めに入らなかったことを後悔しているという趣旨のことを述べ，二番目の発言において，自分もいじめを止められたはずだという趣旨のことを述べている。

　b：「自分で自分を決定する力をもっている」が入る。Rの最後の発言が解答のヒントとなる。Rは，この発言において，次にいじめを見たら必ず止めるという決意を語っている。

問8 　**24** 　③

　良心をめぐる高校生と先生の会話と，西洋近現代思想に関する第3問冒頭の文章の内容を踏まえて，会話文中の空欄に入る先生の言葉として最も適当なものを選択させる問題。まず，会話文は，第3問冒頭の文章の第4段落2行目にある「良心の声はどこから聞こえてくるのか」をどのように考えたらいいのかという生徒の問いかけから始まっている。これに対して，先生は「良心」に対応する英語conscience の語源的意味が「誰かと共に，知る」だとしたうえで，ここでいう「誰か」は他人に限られないということ，人を傷つけて痛みを感じるとき，その痛みを感じる本人も傷ついているということ，したがって良心の痛みは自分のことを大切にしなさいという合図でもあること，などを発言している。一方，第3問冒頭の文章では，デカルトとスピノザが意志や理性の力によって良心の呵責に囚われる可能性を排除できると考えたということ，カントが良心を「内なる法廷」になぞらえ，人間がいかなる場合にも正しく振る舞う可能性を追求したということ，さらに，ハイデガーが「良心の声はどこから聞こえてくるのか」という問いに対して「良心の呼び声は，私の内から，しかも私を超えて訪れる」と答えているということ，などを紹介している。さらに，最終段落では，人を傷つける前のためらい，傷つけた後の後悔や苦しみの経験が，良心の声を聞くということでもあるとしている。こうした内容から，③が正解となる。

　①「誰かと共に，知る」の「誰か」のうち最も重要なのは「各自の周りにいる人々」だとしているので，空欄には入らない。②「誰かと共に，知る」の「知る」働きこそが道徳や倫理を支える「唯一の根拠」であるとしており，「誰かと共に」

いるということを「根拠」から排除しているので，空欄には入らない。④第3問冒頭の文章の第4段落で，アーレントが人はしばしば「良心を自ら麻痺させてしまう」という趣旨のことを述べたとされている。したがって，この選択肢は空欄には入らない。

第4問　現代社会の諸課題と青年期

本問では，「歴史」をテーマに二人の高校生が交わした会話をもとに，青年期や現代社会の諸課題に関する基本事項が出題された。ヨナスやリオタールに関する出題など，やや難易度の高い知識を問う問題もあった。

問1 [25] **④**

ヨナスは，人類を滅亡させるほどに自然環境を破壊する力を持ってしまった私たちは，その事実に恐れおののくことから出発しなければならないとし，私たち現在世代には将来世代を存続させるための責任があることを自覚しなければならないと主張した。

①**リオタール**が「小さな物語」を批判し，「大きな物語」の復権を説いたという趣旨の記述は誤り。彼は，この選択肢の内容とは逆に，世界全体を大きな思想的枠組みで解釈する近代の哲学を「**大きな物語**」と呼んで批判し，多様な価値観が共存する現代の多元的世界では，具体的・個別的な状況で思索する「**小さな物語**」を中心に据えなければならないと主張した。②「知の考古学」は普遍的価値に基づく絶対的な真理を探求するものであるという趣旨の記述は誤り。**フーコー**が唱えた**知の考古学**とは，近代的な思考の枠組みとなる知の体系がどのように形成されてきたのかを，歴史に残された資料から読み取ろうとするもので，それによって彼は，人間の知を支配する言語活動の集合体は，その時々の権力と結びつき，権力が生み出す抑圧や差別を内に含んでいるとして近代批判をおこなった。③**レヴィ＝ストロース**が人間社会は未開から文明へと発展するという文明史観を有していたという趣旨の記述は誤り。彼は，未開社会の調査を通じて，婚姻関係や神話などの中に主観的意識を超えた構造やシステムが存在することを発見し，人間の思考や振る舞いがそうした構造によって規定されているという点ではあらゆる文化に差異はないとした。こうした観点から，彼は，西洋の科学的思考と未開社会の「**野生の思考**」との間に価値の優劣はないと主張した。

問2 [26] **①**

ア：ユングについての記述。彼は，心のエネルギーが向かう方向という観点から，パーソナリティを，外の世界に関心を持ち，社交的だが移り気な**外向型**と，心の内面世界に関心を持つが，人との交際範囲が狭い**内向型**に分類した。

イ：シュプランガーについての記述。彼は，人生において追求する価値は何かという観点から，パーソナリティを**理論型・経済型・審美型・社会型・権力型・宗教型**の六つに分類した。

クレッチマーは，人間の気質と体型との関係を研究して，肥満型・細長型(やせ型)・闘士型(筋骨型)に分類した人物。オルポートは，個人のパーソナリティでとりわけ優勢な特性は何かという観点からパーソナリティを研究した人物。

問3 <u>27</u> ③

リップマンは，マスメディアが伝達するものは複雑な事実そのものではなく，多くの場合，選択され，加工され，しかも単純化されたイメージであるとし，そのようなイメージによって形成される世界を疑似環境と呼び，それがはらむ危険な側面に対して注意を喚起した。したがって，イとウの組合せからなる③が正解。

問4 <u>28</u> ⑥

a：「自我がエス(イド)と超自我」が入る。フロイトは，神経症の治療や夢の研究などを通じて，無意識についての体系的な理論をつくりあげ，人間の心はエス(イド)，自我(エゴ)，超自我(スーパー・エゴ)の三層から成っていると捉えた。これらの三層のうち，エス(イド)は快楽原則に従って非道徳な行動を起こす性質を持つもので，生物体としての人間がもっている本能的な衝動の貯蔵所ともいえるものである。このエス(イド)の非道徳的なエネルギーを抑えるのが，両親や社会の教育によって心の中に組み込まれた社会規範や道徳意識である超自我(スーパー・エゴ)である。そして，このエス(イド)と超自我(スーパー・エゴ)の緊張と葛藤の中で，社会に適応するための調節の働きをするのが自我(エゴ)である。

b：「勉強不足が原因だと分析し，計画的に勉強しようとする」が入る。この空欄は，文章中の「問題焦点型対処」(ストレスとなる問題や状況に目を向けて，それらを変える方法を模索する対処)に該当するものが入る。一方，他の選択肢にある「『今回は運が悪かった』と思い込もうとする」のは「情動焦点型対処」(状況そのものを変えられない場合に，ストレスとなる状況に伴う情動を軽減することを試みる対処)に該当する。

問5 <u>29</u> ②

様々な人に配慮したバリアフリーの実例を説明した発言として適当でないものを選択させる問題。②横になって寝ることができないようにベンチの真ん中に手すりや仕切りを作るという例は，バリアフリーの実例にはあたらない。むしろ，体の調子が悪い人が横になることを妨げる例といえる。①③④は，いずれもバリアフリーの実例といえる。

問6 <u>30</u> ④

ある大学病院に置かれた石碑(実験の犠牲となった動物のための慰霊碑)をめぐる会話に設けられた空欄に入る記述の組合せを，第4問冒頭の会話を踏まえて選ばせる問題。

a：「恣意的な取捨選択に委ねず，忘れることなく書かれるべきだ」が入る。第4問冒頭の会話において，Pはその8番目の発言で，恣意的な選択に懐疑の目を向け，犠牲者を歴史から抹消してしまうことに警鐘を鳴らしている。

b：「人間だけでなく自然そのものにも価値があることを認める」が入る。空欄

直前にある「**自然の生存権**」という考え方がヒントとなる。これは，生物やそれを含む生態系そのものに価値を認めるべきであるという考えであり，自然を人間にとっての有用性という観点のみから捉えることに警鐘を鳴らそうとするものである。

問7 　**31** 　**④**

　a：「高い」が入る。**表**からは，1週間後のテストで「思い出す自信」（7点満点）はA群（4.8点）の方が，B群（4.0点）よりも「高い」ことがわかる。

　b：「**アとイ**」が入る。**図**の「**アとイ**」を見ると，5分後の記憶テストの正答率（100％）については，A群の大学生（83％）の方がB群の大学生（71％）より高いことがわかる。

　c：「**ウとエ**」が入る。**図**の「**ウとエ**」を見ると，1週間後の記憶テストの正答率（100％）については，B群の大学生（61％）の方がA群の大学生（40％）より高いことがわかる。

　d：「一致しない」が入る。上述した**a**と**c**の内容から一致しない。

問8(1)　**32** 　**②**

　資料文（ベンヤミン「歴史の概念について」からの引用）を素材とする，先生と生徒が交わした会話が示してあり，その会話の中に設けられた4つの下線部から，ベンヤミンのいう「解放」の背後にあるマルクスの歴史観に関する説明として適当でないものを選択させる問題。

　マルクスは，歴史の捉え方として**ヘーゲル**の**弁証法**を継承した。弁証法とは，あらゆる事物・事象は，それに内在する対立・矛盾を契機に，より高い次元へと発展するという発展の論理をいう（したがって，**①**は正しい）。しかし，マルクスは，歴史を**絶対精神**の自己展開として捉えたヘーゲルの考え方を批判し，歴史発展の原動力は物質的な生産関係（生産力と生産手段の所有関係）からなる**下部構造**であるとし，それが**上部構造**（政治制度や文化など人々の意識のあり方）を規定すると主張した（したがって，物質的な生産関係を「上部構造」であるとしている**②**は誤り）。ただし，マルクスによれば，生産力は絶えず発展するのに対して生産関係は固定化する傾向にあるから，従来の生産関係は新しい生産力の発展にふさわしくないものとなり，かえって生産力の発展の足かせとなるという矛盾・対立が生じてくる。その結果，新しい生産力の発展段階に照応した生産関係が形成されることが避けられなくなり，必然的に社会革命が生じることになる。そして，マルクスは，歴史を**階級闘争**の歴史と捉える観点から，資本主義から社会主義への移行の必然性を，**労働者階級を担い手とする革命による資本主義の打倒**という形で現れるとした（したがって，**③④**は正しい）。

(2)　**33** 　**⑤**

　高校生Pがベンヤミンの著書からの引用を読んで書いたレポートが示してあり，レポート中の空欄に入る記述の組合せを，第4問冒頭の会話を踏まえて選択させる問題。

　a：**ウ**が入る。この空欄は，Pが歴史についてもともとどのように考えていたか

14

に関する記述が入る。第4問冒頭の会話にあるＰの2番目や5番目の発言から，ウが入ると判断できる

　　b：アが入る。ＰがＱと議論する中で生じた考え方の変化に着目する。第4問冒頭の会話にあるＰの6番目や9番目の発言から，アが入ると判断できる。

　　c：イが入る。ＰとＱの議論を深めるうえで，ベンヤミンのどのような主張が手がかりとなるかという観点から解答することになる。ベンヤミンからの引用にある「かつて起こったことは何一つ歴史にとって失われてはならない」という記述から，イが入ると判断できる。

●写真提供・協力
　知恩院／京都国立博物館／産業医科大学
●出典
第3問問1 From YOUNG MAN LUTHER: A Study in Psychoanalysis and History by Erik H. Erikson. Copyright © 1958, 1962 and renewed 1986, 1990 by Erik H. Erikson. Used by permission of W. W. Norton & Company, Inc.

倫　理

（2021年1月実施）

受験者数　　　88

平　均　点　　63.57

16

倫　理

解答・採点基準　　（100点満点）

問題番号(配点)	設　問	解答番号	正解	配点	自己採点
第1問(24)	I	1	③	3	
		2	②	3	
		3	⑤	3	
		4	①	3	
	II	5	③	3	
		6	④	3	
		7	④	3	
		8	②	3	
第1問　自己採点小計					
第2問(24)	I	9	②	3	
		10	①	3	
	II	11	④	3	
		12	②	3	
	III	13	①	3	
		14	③	3	
		15	③	3	
		16	④	3	
第2問　自己採点小計					

問題番号(配点)	設　問	解答番号	正解	配点	自己採点
第3問(24)	I	17	⑤	3	
		18	①	3	
	II	19	②	3	
		20	④	3	
	III	21	②	3	
		22	①	3	
		23	③	3	
		24	①	3	
第3問　自己採点小計					
第4問(28)		問1	25	①	3	
	問2	26	①	4	
	問3	27	④	3	
	問4	28	②	3	
	問5	29	①	3	
	問6	30	②	3	
	問7	31	①	2	
	問8	32	③	3	
	問9	33	④	4	
第4問　自己採点小計					
自己採点合計					

第1問　源流思想

本問では，ギリシア哲学，イスラーム，仏教，古代中国思想など，東西の源流思想からバランスよく出題された。

問1　1　③

　大乗仏教では，六つの実践徳目(**六波羅蜜**)が重視されるが，③に出てくる**布施**(他人に施しを与えること)はその一つである。そのほかの五つは，**持戒**(戒律を守ること)，**忍辱**(怒ることなく忍ぶこと)，**精進**(怠ることなく努力すること)，**禅定**(心を乱さないように精神を統一すること)，**智慧**(愚痴を離れて真理に生きること)である。

　①「神々と無関係であるとする世界観」は誤り。**ホメロス**は，古代ギリシアにおいて神話的な世界観が支配的であった時期に，叙事詩『イリアス』や『オデュッセイア』などを著し，人間の世界のあり方を**神々の世界に投影**して表そうとした。②「人間の徳は生まれが社会的に高貴であるかどうかに基づいて成立する」は誤り。**ソクラテス**は，人々が追い求める金銭・名誉・健康・美貌などは全て，それ自体で幸福を生み出すのではなく，魂をすぐれたものにするよう努力することによって初めて幸福と結びつくとし，人々に対して**魂への配慮**を怠るべきではないと説いた。④「その連鎖から抜け出すことは不可能だと考えられた」は誤り。**ウパニシャッド哲学**では，宇宙の諸現象の根底にあってそれ自身は決して変化することのない絶対的なもの(**ブラフマン／梵**)と，人間の根底に潜む真実の自己(**アートマン／我**)とが，もともと一体であること(**梵我一如**)を自覚するとき，人は**輪廻の苦しみから解き放たれ安らぎを得ることができる**と説かれる。

問2　2　②

　プラトンは，世界を感覚で捉えられる**現象界**と理性によってのみ捉えられる**イデア界**に分け，現象界において捉えられるものは全て，**事物の本質・原型である真実在**としてのイデアの模像であるとした。そして，イデア界において，全てのイデアを統一し，個々のイデアをイデアたらしめる最高のイデアを**善のイデア**と呼んだ。

　①前半は正しい。しかし，**イスラーム**にも**最後の審判**という考えがあるので，後半は誤り。③「理」と「気」の説明が逆になっているので，誤り。**朱子(朱熹)**は，宇宙から人間にいたる一切を貫く最高の規範原理である**理**と，あらゆる存在・現象を構成する物質的な存在である**気**の結合によって，万物は成り立つと説いた。④事物が「識」と「色」の二つの要素から構成されているという記述は誤り。大乗仏教の思想家である無著(アサンガ)と世親(ヴァスバンドゥ)は，あらゆる事物は実在するわけではなく，人間の意識の働きの所産にすぎないとする**唯識**の思想を説いた。なお，仏教では「色」は形あるものをいう。

問3　3　⑤

　a：「最初に創造された人間」が入る。空欄の直前に出てくる「**創世記**」は**旧約聖書**の冒頭に収められた書で，そこには**神による天地創造や人類創造(アダムとイヴの創造)**などについて記されている。したがって，「イエス」は入らない。

　b：「人間も被造物の一員として，他の動植物の世話をする責任を負う」が入る。会話において，Aは，「創世記」にある「生き物全てを支配せよ」という言葉について，「自然に対する人間の支配を正当化しているように読める」としつつも，それとは異なる解釈もあるという趣旨のことを述べている。また，Aは下線部ⓒでフランチェスコの教えを説いているが，そこでは人間は「狼と正しい関係を結ぶことで獰猛な狼とも共存できる」と発言している。これらのことから，「他の動植物を人間の都合で利用してよい」や，人間は「他の動植物に隷属すべき存在である」という記述は入らない。

問4　**4**　①

　選択肢の前半の「自分のわがままを抑え，人の心を思いやること」という記述は**孔子**の説いた「**克己**」や「**恕**」を想定したものである。また，後半は**資料1**〈孔子の言葉〉と内容が合致する。

　②孔子は，『**論語**』にある「**怪力乱神を語らず**」という言葉が示しているように，神秘的なことがらについて語ることを好まなかった。したがって，選択肢の前半は誤り。また，後半も誤りで，**資料1**〈孔子の言葉〉と内容が合致しない。③前半は**老子**の説いた**無為自然**の生き方についての記述として正しい。しかし，水について「誰もが嫌がる場所を避けて流れ行く」としている後半は誤り。**資料2**〈老子の言葉〉では，水は「誰もが嫌がる低湿地に落ち着く」と述べている。④老子が「他人にへりくだることのない自然な生き方」を説いたとする前半は誤り。老子は水のようにへりくだって他者と争わない態度（**柔弱謙下**）を重視した。後半は**資料2**〈老子の言葉〉と内容が合致する。

問5　**5**　③

　ピタゴラス（ピュタゴラス）は，世界は**数的な比**に基づいて調和的な秩序が保たれていると主張した。彼は，①②に出てくるヘラクレイトスなどとともに，**自然哲学**者と呼ばれる。

　①「ヘラクレイトス」ではなく**パルメニデス**についての記述。**ヘラクレイトス**は，「**万物は流転する**」と唱え，**世界は絶えず変化**しながら，燃え盛る「火」が一つのまとまった形をとるように，調和した秩序を保っていると考えた。②世界には「いかなる秩序も存在しない」という記述は誤り。彼は，①の解説でも見たように，世界は調和的な秩序を保っていると考えた。④調和的な秩序は見いだせないという趣旨の記述は誤り。ピタゴラス（ピュタゴラス）は，③の解説でも見たように，世界は調和的な秩序が保たれていると考えた。

問6　**6**　④

　a：「他に縁って存在するから，固有の本性を持たない」が入る。仏教で説かれる**縁起**思想とは，いかなるものも必ず他のものに縁って成立しているのであって，それ自体で孤立して存在するものは何一つないという考えである。したがって，「独立して存在するから，固有の本性を持つ」は入らない。

　b：「先生は，生徒など他のものに縁って先生たり得ているのであり，先生とし

ての固有の本性を持たない」が入る。**a**の解説で見た縁起思想の内容から判断すればよい。したがって，先生は「先生としての固有の本性を持つ」とする②の**b**は入らない。また，①と③の**b**に出てくる「宇宙の根本原理（ブラフマン）」は，仏教ではなくウパニシャッド哲学を想定したものであり，この空欄には入らない（ウパニシャッド哲学については　1　④の解説を参照）。

問7　　7　　④

　ムハンマドは，当時メッカで広まっていた多神教と偶像崇拝を否定する一神教を説くとともに，貧富の格差が拡大する中で神の前での人々の平等を主張した。そのため，支配層から迫害を受けた。

　①イスラームでは，キリスト教におけるイエスのような「神の子」の存在は認められない。ムハンマドは，モーセやイエスなどとともに預言者（神の言葉を伝える者）の一人であり，しかも「最大かつ最後の預言者」とされる。②「血縁的なつながりを重んじる部族社会を発展させるため」という記述は誤り。ムハンマドが否定した多神教や偶像崇拝は，血縁を重んじる部族社会で広まっていた。③アッラーは「イエスの説いた神とは異なる」という記述は誤り。イスラームでは，アッラーは，モーセやイエスの説いた神と同じであるとされる。

問8　　8　　②

　　a　の前後にある，「人間という存在の独自性」「人間を他の自然物とは異なる存在であると考えた人もいた」という記述に注目することで，②が正解と判断できる。トマス・アクィナスは，理性に基づく真理の探究は神が創造した自然の秩序の探究にほかならないと考え，理性と信仰の調和を図ろうとした。また，彼は自然法（神の永遠の法を人間が理性によって捉えたもの）を人間社会の根本規範であるとした。

　他の選択肢の記述自体は正しいが，人間も含むあらゆるものに共通することについて述べているので，本問では正解とはならない。①タレスは万物の根源（アルケー）は水であるとしたが，これはあらゆる生命の生成には水が重要な役割を果たしているという経験的事実から出発して論理的に導き出されたものである。③ブッダ没後に成立した大乗仏教では，生きとし生けるものは悟りの境地に達することができるという考え（「一切衆生悉有仏性」の考え）が生まれた。④荘子は，ありのままの自然の世界には善悪・美醜・是非などの対立はなく，あらゆるものの価値は斉しい（万物斉同）と説いた。

第2問　　日本思想

　本問では，古代日本における神々への信仰，江戸時代の思想，近代の思想など，日本思想の分野から幅広く出題された。

問1　　9　　②

　折口信夫は，日本における神の原型を，海の彼方の理想郷である常世国から，時

20

を定めて村落を訪れる「まれびと」に求め，この「まれびと」と村落の人々との交流の中から，文学や芸能が発達したと主張した。したがって，**ア**は正文。これに対して，**イ**は「まれびと」を「神事などを見物する……観客」と説明しているので誤文。

問2　**10**　①

　a：「諦念（レジグナチオン）」が入る。**森鴎外**は，近代的な自我の確立と日本人の伝統的な生き方を冷静に見据えた上で，自我と社会との矛盾を統一する道を，俗世間に安んじつつ，しかもそこに埋没しない諦念（レジグナチオン）の境地に見いだした。「自己本位」は，**夏目漱石**が説いた生き方で，自己の内なる要求に従いつつ，同時に他者の個性をも尊重する生き方。

　b：「柳宗悦」が入る。**柳宗悦**は，多くの無名の職人が制作した日常雑器などを**民芸**と呼び，そこに現れた「用の美」に注目した。「**岡倉天心**」は，『茶の本』などで日本独特の美や文化を世界に紹介した人物。

問3　**11**　④

　日本においては古来，人知を超えた不可思議な力や働きを持つと感じられ，人々に畏怖の念を抱かせるものは霊魂を宿すものとして崇められた。こうした信仰形態は**アニミズム**と呼ばれる。

　①日本の神々が「復古神道において仏教と習合した」という記述は誤り。**復古神道**とは，旧来の神道教説に混在していた**仏教や儒学の教説を排斥**して日本古来の神の道を説くものである。ここでいう「復古」とは，外来思想が移入する以前の古代に返すという意味である。**平田篤胤**が説いたことで知られる。②アマテラス（天照大神）は「祀られる対象とはならない」という記述は誤り。高天原を主宰する**アマテラス（天照大神）**は，太陽を神格化した最高神として**祀られる神**であるとともに，**他の何ものかの神を祀る存在**とされている。③「ありがたい存在だけが……祀られる対象とされた」という記述は誤り。日本の神々は，人々に災厄をもたらす存在（**祟り神**）としても祀られる対象であった。

問4　**12**　②

　与謝野晶子は，**ロマン主義**の系譜に属する人物で，Eの二回目の発言で取り上げられているように，「やは肌のあつき血汐にふれも見でさびしからずや道を説く君」とうたった。これは，官能的な恋愛の情熱の中に自我の解放を求めたものといえる。したがって，②が正解。

　①の「平民主義」は**徳富蘇峰**が説いたもの。③の「**キリスト教的人道主義・博愛主義**」は**片山潜**，**安部磯雄**などの立場。彼らは，この立場から出発し，のちに社会主義思想へと到達していった。④の「**自然主義**」は，**田山花袋**や**正宗白鳥**に代表される立場。

問5　**13**　①

　中江藤樹は，**孝**を，子が親に対して行うべき道徳であるとともに，天下の**事物・事象を貫き統括する道理**でもあるとした。したがって，**a**には「孝」が入り，**b**に

— 216 —

は「人間関係だけでなく，あらゆる事象や事物をも貫くもの」が入る。

問6　14　③

ア：正文。**栄西**は，宋に渡って禅を学び，日本に**臨済宗**を伝えた。また彼は，『喫茶養生記』を著して，**喫茶の習慣**を日本に伝えた。

イ：誤文。「庶民のための学校である綜芸種智院を設立した」のは，最澄ではなく空海である。空海は，人はみなひとしく仏子であるという信念から，この学校を設立した。**最澄**は，比叡山に一乗止観院（のちの**延暦寺**）を建立し，天台宗の学問と修行の道場としたことで知られる。

ウ：誤文。**日蓮**が重視したのは「般若経」ではなく「**法華経**」である。日蓮は，「妙法蓮華経」の五字にブッダの修行とその結果としての徳が備わっているとし，「**南無妙法蓮華経**」と唱えること（**唱題**）によって誰もが仏の功徳を得て救われ，国家の安泰が達せられると考えた。

問7　15　③

手島堵庵が「儒学の考え方も仏道の考え方も，ともに批判した」という記述は誤り。彼は，儒教・神道・仏教などを取り入れ，心を磨くための学問（**心学，石門心学**）を講じた**石田梅岩の弟子**であり，梅岩の説いた心学を発展させた人物である。このことを知らなかったとしても，その他の選択肢は正しいと判断して消去法で正答に至ることができればよい。

①**富永仲基**は，後代の思想は前代の思想に解釈を付け加えることによって展開されるとする**加上説**を唱え，仏教の教典もその全てが釈迦の説いたものとは限らないとした。②**山片蟠桃**は，合理主義的な立場から，「神仏化物もなし世の中に（奇妙）不思議のことは猶なし」と述べ，神や霊魂の存在を否定する**無鬼**の考えを展開した。④**安藤昌益**は，全ての人々が自ら田畑を耕し（**万人直耕**），自給自足する平等社会（**自然世**）を理想とし，この立場から，武士・僧侶など耕作に従事せず農民に寄食する**不耕貪食の徒**がはびこる封建社会（**法世**）を批判した。そして，儒学・仏教・神道など伝統的な教説を，法世をもたらしたとして批判した。

問8　16　④

資料では，「常住不変」なるものとしての風習は，「過ぎ行く生活における『きまり』『かた』」であり，「転変する生活がそれにおいて転変し行くところの秩序」であるとされている。したがって，④が正解。

①「きまり」「かた」は「道とは言えないもの」という趣旨の記述は誤り。**資料**では，「きまり」「かた」は「人倫における五常」にたとえられ，「道」であるとされている。②「きまり」「かた」が「人倫における五常」と対立するという趣旨の記述は誤り。**資料**では，「きまり」「かた」は「人倫における五常」にたとえられている。③「きまり」「かた」は人間とは関わりのないものという趣旨の記述は誤り。**資料**では，「きまり」「かた」は「人間生活の不断の転変を貫ぬいて常住不変なるもの」とされている。

第3問　西洋近現代思想

　本問では，ルネサンス，カントの思想，マルクスの思想など，西洋近現代思想から幅広く出題された。

問1　17　⑤

　ルネサンス期には，あらゆる分野で自己の能力を全面的に発揮する人間（**万能人**）が理想とされ，**レオナルド・ダ・ヴィンチやミケランジェロ**がその典型とされた。

　①②にある「**工作人**」（ホモ・ファーベル）は**ベルクソン**（19〜20世紀）による人間の定義で，人間は道具を作成し，それを用いて自然に働きかけ，環境を自分たちに役に立つようにつくりかえていく存在であるということを意味している。③④にある「**遊戯人**」（ホモ・ルーデンス）は**ホイジンガ**（19〜20世紀）による人間の定義で，人間は最も創造的な活動である「遊び」を通じて文化を形成してきた存在であるということを意味している。①③にある「**ダンテ**」は，『**神曲**』を著したルネサンス期の人物であるが，万能人を代表する人物ではない。④⑥にある「**エラスムス**」は，『**愚神礼讃**』で知られるルネサンス期の人物であるが，万能人を代表する人物ではない。

問2　18　①

　a：「誰が救済されるかは，あらかじめ決まっている」が入る。**カルヴァン**によれば，誰が救われるかは神によってあらかじめ定められており，人はみな自分が救われるかどうかを知ることができない。このような考えは**予定説**と呼ばれる。

　b：「神の栄光」が入る。カルヴァンは上で見た予定説に基づいて，人が救いを確信するには，神から与えられた世俗の職業にひたすら励んで世俗の世界において神の栄光を高めるほかはないとした（**職業召命観**）。

　c：「救済の確信を得るために仕事に励み，禁欲的な生活を送ったから」が入る。**ウェーバー**は，上述した職業召命観に見られる世俗の世界における職業的な営為と内面的な信仰との結びつきに注目し，『**プロテスタンティズムの倫理と資本主義の精神**』において，カルヴァン派の倫理（**カルヴィニズム**）と富の蓄積を追求する資本主義の精神の親近性を指摘した。

問3　19　②

　ア：正文。**ベンサム**は，個人の快楽追求と「最大多数の最大幸福」との調和を重視するが，そうした調和が自然にもたらされるとは考えてはいない。むしろ，個人による快楽追求が利己的になることを防ぐ力，言い換えれば個人の快楽追求を最大多数の最大幸福に一致させるように働く力（**制裁**）が想定されている。この点では，ミルも同様である。ただし，どのような制裁を重視するかという点では，大きな違いがある。ベンサムは，**政治的制裁（法律による制裁）**を重視した。これに対して，ミルは，精神的な快楽を重視する立場から，**良心の内的制裁**を重視した。

　イ：誤文。**ミル**は，個人の行為が他者に危害を加えない場合には，その行為に干渉してはならないという原則（**他者危害の原則**）を説いた。したがって，「他人を害さないとしても，強制的に止めるべきだ」という記述は誤り。

問4　20　④

　カントは，「こうすべきだ」と理性（実践理性）が呼びかけてくる義務の声に基づき，いかなる場合でも普遍的な行為準則（道徳法則）に従って善をなそうとする意志（善意志）を無条件に善いものと認めた。そして，この善意志を動機とする行為にのみ道徳的な価値があると説いた。これに対して，ある目的を達成するための手段としての行為には道徳的な価値を認めなかった。

　①第一文は正しい。しかし，第二文は，「ぜいたくをすることが目的」となっている行為について「道徳的である」としているので誤り。②第一文は「結果として義務にかなう行為」を道徳的であるとしており，誤り。カントは，上でも見たように，善意志を動機とする行為にのみ道徳的な価値を認めた。第二文も，「ぜいたくをすることが目的」となっている行為について「道徳的である」としているので，誤り。③第一文は「結果として義務にかなう行為」を道徳的であるとしており，誤り。第二文は正しい。

問5　21　②

　まず，ライプニッツの思想を踏まえる必要がある。ライプニッツによれば，宇宙は微小で精神的な個体である無数のモナドが神の予定調和のもとで活動する場である。したがって，①と②の前半は正しく，モナドが経験的に見いだされたという趣旨で書かれている③と④の前半は誤っている。次に，ヴォルテールの詩では，この世界には「終わりのない混乱」や「無数の不幸」などがあるとし，このような現実と「世界の最善の秩序」との結びつきなど「私には見えない」と述べている。したがって，①の後半は誤りで，②の後半は正しい（また，③の後半は正しく，④の後半は誤り）。これらのことから，②が正解。

問6　22　①

　マルクスによれば，人間は本来，労働を通じて他人との結びつきを実現する存在（類的存在）であり相互に連帯する関係にある。しかし，資本主義社会では，人間の肉体的・精神的能力としての労働力さえもが商品として売買されるため，労働の成果としての富が資本家に搾取されて労働が苦役と化しており，相互の連帯も失われている。したがって，②③④は正しいが，①はマルクスの主張とは逆の内容になっており，誤り。

問7　23　③

　資料では，ヴェイユが「自由」のみならず「服従」も「魂の糧」となると論じているとして，なぜヴェイユが服従も魂の欲求を満たすと考えるのかについて説明を加えている。その際の主要な論点は次の二つである。一つは，「勝手気ままに振る舞い，他人に命令を下せる地位」にいる人は，他人から指導を受ける機会や，他人と協働する機会を奪われることになるから，「魂を病んでしまう」ということである。もう一つは，「命令を下す人」と「従う人」が目標を共有している場合，そこでの「服従」は「自らの居場所や役割を他者との協働の中で持つ」ことであるから「魂の糧」となるということである。こうした趣旨に合致するのは，③である。

①命令に従う理由を「自分の地位が向上するから」としており，この選択肢は**資料の趣旨と合致しない**。②「嫌な命令」は，命令に従う人が命令を下す人と目標を共有していない場合に感じることであるから，この選択肢は**資料の趣旨に合致しない**。④命令への服従の理由を「迫害を逃れること」としており，この選択肢は**資料の趣旨と合致しない**。

問8 **24** **①**

選択肢の前半はPの一番目の発言の内容と合致しており，後半は二番目の発言の内容と合致している。

②選択肢の前半はPの一番目の発言の内容と合致している。しかし，後半の「あらゆる労働が幸福をもたらす，と考えるようになった」は発言内容と合致しない。Pは三番目の発言において，「やりがいがあっても，仕事がつら過ぎる場合もあるよ」と述べている。③Qが精神的な満足よりも感覚的な満足にやりがいを感じているという趣旨の記述は，Qの発言内容と合致しない。Qは二番目の発言において，「やりがいは，感覚的というより，精神的な満足じゃないかな」と述べている。④Qがおいしいものを食べることとやりがいを感じることはどちらも精神的な満足だと思っているという趣旨の記述は，Qの発言内容と合致しない。Qは一番目の発言において，直前のPの発言（仕事そのものには幸福を見いだすことはできず，おいしいものを食べるという感覚的な欲求を充足することが幸福だと思うという発言）を受けて，「幸せには別の見方もあるよ。仕事にやりがいを感じるときも，満足していると言えるんじゃない？」と述べている。

第4問　青年期と心理，現代の諸課題

本問では，青年期の心理，生命倫理，レヴィンやウィトゲンシュタインなど，青年期と現代社会の諸問題の分野から出題された。

問1 **25** **①**

ア：正文。**ムスリム**（イスラーム教徒）が**シャリーア**（イスラーム法）によって食べることを許されている食品を**ハラール**といい，近年では日本でもハラールを提供することが増えてきている。

イ：正文。グローバル化が進展する中で，**文化相対主義**などを背景に「出自の異なる人々との共生」が説かれるが，その一方で，**ヘイトスピーチ**が問題となっている。ヘイトスピーチとは，特定の民族・人種などに対して差別的な意図を持って憎悪を表現することを指す。

問2 **26** **①**

a：①と②の「政府による開発援助」が入る。空欄直後に出てくる「ODA」が「**政府開発援助**」と日本語で表記されることから判断すればよい。

b：①と③の記述が入る。20年間で，生活水準を上げるべきだと考える人の割合は，20歳代が10ポイント増加（48％→58％），30歳代が8ポイント増加（54％→62％）

している一方で，40歳代が6ポイント減少（58％→52％），50歳代が6ポイント減少（62％→56％）している。②と④については，それぞれ「全ての年代で大きくなっている」「全ての年代で小さくなっている」は誤り。20年間で，生活水準を上げるべきだと考える人と，外国を助けるべきだと考える人の割合の差が，40歳代（24％から13％へと11ポイント減少），50歳代（30％から16％へと14ポイント減少）で差が小さくなっているのに対して，20歳代（0％から19％へと19ポイント増加），30歳代（15％から27％へと12ポイント増加）で差が大きくなっている。

問3 　27 　④

レヴィンは，葛藤を次の三つに類型化した。(i)「接近 － 接近」型（接近したいと思う対象が二つ以上同時に存在し，それらを同時にかなえることができないときに起こる），(ii)「回避 － 回避」型（避けたいと思う対象が同時に存在し，どちらも避けたいと思うときに起こる），(iii)「接近 － 回避」型（接近したいと思う対象と避けたいと思う対象が併存しているときに起こる）。

ア：第一志望の大学に行きたいが，自分の居住地から遠いという理由で受験するかどうかを迷っているという趣旨で書かれているから，「接近 － 回避」型の例。

イ：買い物に付き合ってほしいという友人からの頼みごとを断りたいが，断って友人との関係を悪くしたくもないという趣旨で書かれているから，「回避 － 回避」型の例。

問4 　28 　②

「女性の体内にある卵子」という説明は誤り。顕微授精とは，女性の体内から取り出した卵子に，顕微鏡を見ながら細い針を刺し，卵子内に精子を注入する技術である。

①ゲノム編集についての説明として正しい。③出生前診断の技術が命の選別という倫理上の問題を持っているという指摘に関する説明として正しい。④ iPS 細胞が再生医療の可能性の拡大に資する一方，行き過ぎた生命操作の危険性をも有していることに関する説明として正しい。

問5 　29 　①

ウィトゲンシュタインの言語観は，前期と後期ではやや異なる。まず彼は，写像理論を唱え，言語の本質は客観的な世界のあり方を写し取る像として働くことであるとした。そして，この立場から，自然科学の領域におけるような経験的に真偽を検証できる科学的な命題と，神・善など科学的には検証不可能な命題とを区別しなければならないと主張した。「語りえぬものについては，沈黙しなければならない」という彼の有名な言葉は，科学的には検証不可能な命題についての批判が込められている。①は，以上のことを想定した選択肢である。後期になると，このような言語観には変化が見られるようになり，言語は実際の生活の中で営まれる行為（言語ゲーム）として捉え直されることになる。彼は，この言語ゲーム論の観点から，人間は日常生活における言語の使用という実践を離れては，言語が持っている規則や意味を把握することはできないとした。

26

　②「言語とは世界のあり方を写し取るものである」と考えるのは「言語ゲーム論」ではなく「写像理論」であるから，前半は誤り。また，「日常生活における具体的な言語使用の実践を離れて」という後半の記述は，言語ゲーム論の説明としても誤り。③「言語の規則は言葉の使用を通じて形成される」と考えるのは，「写像理論」ではなく「言語ゲーム論」であるから，前半は誤り。後半は，「写像理論」についての記述として正しい。④「言語の規則は言葉の使用を通じて形成される」という前半の記述は，「言語ゲーム論」についての説明として正しい。しかし，「日常生活における具体的な言語使用の実践を離れて」という後半の記述は，言語ゲーム論の説明として誤り。

問6 　30 　②

　ア：G・H・ミードについての説明。彼は，人間の自我形成には，他者が深く関わっているとし，人間は様々な立場の他者との相互作用を通じて，「一般化された他者」からの期待を身につけていくと主張した。

　イ：ハーバーマスについての説明。ハーバーマスは，人々が互いを尊重し合いながら，開かれたかたちで相互に批判を行い，言葉を尽くして互いの理解を深めて合意を形成しようとするときに働く理性（対話的理性）を重視する思想家として知られる。

　ソシュールは，自由で主体的と考えられてきた個人の思考も，言語構造によって無意識のうちに規定されていると主張した人物。

問7 　31 　①

　合理的解決についての説明として正しい。

　②「退行」ではなく合理化についての説明。退行は，弟や妹が生まれたときに親の愛情を得ようとして幼児期の行動を取るなど，以前の発達水準に逆戻りすることをいう。③「昇華」ではなく逃避についての説明。昇華は，④にもあるように「欲求や感情を社会的に価値があると認められる活動に向け変える」ことをいう。④「投射」ではなく昇華についての説明。投射は，自分が敵意を持っているのに，自分が相手から敵意を抱かれていると思いこむなど，自分自身の感情を他人の中に見ることをいう。

問8 　32 　③

　まず，共同体主義（コミュニタリアニズム）の基本的な特徴を確認しよう。この思想は，人間をみずからの意志によって生き方を自由に選択できる存在（「負荷なき自我」）であるかのように捉えることを批判し，現実の人間は，様々なコミュニティ（家族・地域社会・民族・宗派など）の価値観を内面化し，コミュニティそのものを成り立たせている共通善を学ぶことでみずからのアイデンティティを形成すると主張する。次に，資料の趣旨を確認しよう。そこでは，人間は，言語を共有する特定の人々との対話を通じて，家族関係，社会的地位や役割の位置関係などにおいて自分の道徳や精神のあり方を方向付けることにより，自分が何者であるかを明確にすることができると述べられている。したがって，③が正解。

①前半は資料の趣旨と合致しているが，後半は共同体主義の説明として誤り。「**公正としての正義**」を重視したのは，**自由主義（リベラリズム）**の流れに属する**ロールズ**である。共同体主義の立場からすると，ロールズの思想は，上で見た「負荷なき自我」を前提としていると批判される。②人間の精神が「共同体における個人の立ち位置とは無関係に決定される」とする前半は，資料の趣旨と合致しない。後半の共同体主義に関する説明は正しい。④前半は資料の趣旨と合致しているが，後半は共同体主義ではなく，**自由至上主義（リバタリアニズム）**についての説明である。自由至上主義は，国家が強制的な課税によって所得を再分配したり，福祉を増進させたりすることは，個人の自由や権利に対する不当な侵害であるとした。

問9 　`33` 　④

高校生Wは，**第4問**冒頭の会話において，当初は，日本語が苦手な英語の先生（英語がネイティブの先生）について，日本で暮らす以上は日本語をしっかり身につける必要があるということや，言語は人間が生まれ育った共同体の習慣や価値観と不可分一体であり，自分にとっての日本語もそれと同様であるから，英語より母語である日本語を尊重すべきであるということを述べている。ただし，**第4問**冒頭の会話の最後で，自分が日本という共同体の価値観などを過度に強調していたかもしれないという趣旨の発言をしている。一方，高校生Rは，**第4問**冒頭の会話で，みんなが英語を習得することが必要だと述べつつも，言語は人が生まれ育った共同体の習慣や価値観と切り離すことができないという考え方にある程度の理解を示している。その上で，国境を越えて人が移動する現代では，母語のみを尊重していたのではそれとは異なる言語を話す人々と一緒に暮らすことが困難になるということを述べている。これらのことを踏まえて，**問9**におけるWの発言（`a`・`c`）とRの発言（`b`・`d`）を確定することになる。

アに「現代は人が国境を越えて移動する時代だと言った」とあるが，これはRの発言（**第4問**冒頭の会話における7回目の発言を参照）であるから，アはWの発言である`a`には入らない。イに「外国から来た人も……自分がいま暮らしているその国の言語を学ぶべきだ」とあるが，これはWの発言（**第4問**冒頭の会話における2回目・3回目の発言を参照）であるから，イはRの発言である`b`には入らない。ウに「みんなが英語を学べばよいと思っていた」とあるが，これはRの発言（**第4問**冒頭の会話における4回目の発言を参照）であるから，ウはWの発言である`c`には入らない。したがって，正解は④。

● **写真提供・協力**
王子神社
● **出典**
第4問問8 SOURCES OF THE SELF: THE MAKING OF THE MODERN IDENTITY by Charles Taylor, Cambridge, Mass.: Harvard University Press, Copyright © 1989 by Charles Taylor. Used by permission. All rights reserved.

MEMO

倫　理

（2020年1月実施）

受験者数　21,202

平　均　点　　65.37

2

倫 理

解答・採点基準　　(100点満点)

問題番号(配点)	設　問	解答番号	正解	配点	自己採点
第1問(28)	問1	1	④	3	
	問2	2	④	3	
	問3	3	④	3	
	問4	4	③	3	
	問5	5	③	2	
	問6	6	①	2	
	問7	7	③	3	
	問8	8	④	3	
	問9	9	①	3	
	問10	10	②	3	
第1問　自己採点小計					
第2問(24)	問1	11	①	3	
	問2	12	③	3	
	問3	13	③	2	
	問4	14	④	3	
	問5	15	②	3	
	問6	16	③	2	
	問7	17	⑤	2	
	問8	18	②	3	
	問9	19	②	3	
第2問　自己採点小計					

問題番号(配点)	設　問	解答番号	正解	配点	自己採点
第3問(24)	問1	20	②	2	
	問2	21	③	3	
	問3	22	②	3	
	問4	23	④	2	
	問5	24	①	3	
	問6	25	①	3	
	問7	26	④	3	
	問8	27	③	3	
	問9	28	②	3	
第3問　自己採点小計					
第4問(24)	問1	29	①	2	
	問2	30	①	3	
	問3	31	②	3	
	問4	32	②	2	
	問5	33	③	3	
	問6	34	④	3	
	問7	35	③	2	
	問8	36	②	3	
	問9	37	①	3	
第4問　自己採点小計					
自己採点合計					

第1問　現代社会の諸課題と青年期

本問では，「友達関係」をめぐる会話文をもとに，現代思想，青年期の心理，現代社会の諸問題から広く出題された。

問1　1　④

　科学および科学的知識について論じた**クワイン**の思想に関する説明をもとに判断させる問題。彼によれば，科学理論をはじめとする個々の言説は，それぞれが孤立して成り立っているのではなく，言説同士の広大なネットワークとして存在するのであり，そのネットワーク全体が確証や反証の対象となる。したがって，個々の言説に対する反証例が見いだされても，最小限の修正によって知識の体系を維持することが可能となる。このような考え方は，知の全体論（**ホーリズム**）と呼ばれる。仮に，このことを知らなかったとしても，説明文にあるヒントに着目できれば判断可能である。説明文の後半で，航海中の船に何らかの問題が生じても，有り合わせの部品で修理しながら航海を続けるしかないというたとえ（「ノイラートの船」という比喩）を受けて，「理論に何か問題が生じても，どこかを少しずつ修正しながら，知識の体系それ自体を維持していくしかない」と述べられている。

　①と③のBに出てくる「パラダイム」は，**クーン**の思想に関わるものである。彼によれば，科学は，観察の積み重ねによる新たな事実の発見によって直線的に進歩してきたのではなく，各時代の科学者たちが共有する理論的な枠組み（**パラダイム**）の転換によって進歩してきたと主張した。

問2　2　④

　図1を見ると，日本の就労者で，「人間の仕事は全て，AIに奪われると思う」と回答した人の割合は6.2%，「人間の仕事の一部は，AIに奪われると思う」と回答した人の割合は64.4%で，両方を合わせて80%未満である。一方，**図2**を見ると，「対応や準備については，特に何も行わない」と回答した人の割合は，日本の就労者（51.2%）がアメリカの就労者（22.8%）の2倍以上である。したがって，④が正解。

　①後半は正しいが，前半は誤り。**図2**を見ると，アメリカの就労者で，「AIを使う側の立場で，今とは別の仕事や業務に異動や転職をするために，AIの知識やスキルの習得等の対応や準備をする」と回答した人の割合（18.1%）と，「AIを使う側の立場で，今の仕事や業務を続けるために……対応や準備をする」と回答した人の割合（46.7%）の合計は64.8%である。したがって，選択肢中の「19%未満」は誤り。②前半は正しいが，後半は誤り。**図2**を見ると，日本の就労者で，「これまで培ってきた知識やスキルを活用できる，今とは別の仕事や業務に異動や転職をしようと対応や準備をする」と回答した人の割合は13.1%である。したがって，選択肢中の「25%程度」は誤り。③後半は正しいが，前半は誤り。**図2**を見ると，アメリカの就労者で，「AIを使う側の立場で，今の仕事や業務を続けるために……対応や準備をする」と回答した人の割合は46.7%である。したがって，選択肢中の「65%程度」は誤り。

4

問3 `3` ④

　ノージックは，個人の自由を最大限に尊重すべきであるとするリバタリアニズム（自由至上主義）の代表的な思想家である。彼によれば，個人はその身体・才能・財産などの所有物の処分に関して絶対的な権限を有しているのであるから，国家といえどもこの権限を侵すべきではなく，国家が強制的な課税によって所得や富を再分配し，福祉政策を推進するのは個人の自由への不当な侵害である。選択肢中にある「最小国家」とは，このような国家の姿を指す語である。

　①ロールズを想定した記述。彼によれば，自由の権利は誰にも平等に与えられるべきであるが，その自由の行使の結果得られた所得や富は，最も不遇な境遇にある人々の生活を改善するように分配されなければならないと説き，福祉政策を基礎づける価値原理に一つの理論的な拠り所を与えた人物。④で見たノージックは，このような「拡張国家」の考えを批判した。②「最小国家」を拡張国家に直せば，①と同じになり，ロールズを想定した記述となる。③「拡張国家」を最小国家に直せば，④と同じになり，ノージックについての記述となる。

問4 `4` ③

　資料文（ネル・ノディングズ『ケアリング』からの引用）では，ケアする者は，自分がケアする対象の人と同じ状況であったかもしれない可能性を想定するとき，その人の痛みを取り除くなどして道徳的に接しようと奮闘するということ，そして，そうすることが自身の理想を高めることになるということが述べられている。したがって，③が正解。

　①ケアリングの倫理で目指されるのは，ケアする者が「自分も他者から同様にケアされる」という関係の維持であるという趣旨の記述は，資料文と相容れない。②ケアする者が「他者の苦しみを取り除き，そのニーズを満たすこと」によって，「ケアリング関係が破綻してしまう」という趣旨の記述は，資料文と相容れない。④ケアする者が「他者に対する責務の念を抱く」ことがあれば，ケアする者の倫理的な理想は高まらないという趣旨の記述は，資料文と相容れない。

問5 `5` ③

　パーソナリティや能力など人の個人的特徴は遺伝的要素と環境的要素の両方に影響される。

　したがって，「遺伝のみに影響される」とする①，「環境のみに影響される」とする②，「遺伝と環境には影響されない」とする④は，いずれも誤り。

問6 `6` ①

　ノーマライゼーションとは，障害のある人もない人も，高齢者も子どもも，男性も女性も，すべての人が同じ市民として共に生活できる社会を目指すべきだという考え方である。

　②「バリアフリー」ではなく，ワーク・ライフ・バランスについての説明。バリアフリーは，障害者や高齢者が社会生活を送る上で直面する物理的・心理的な障害などを取り除いていくことを指す言葉。③「ユニバーサルデザイン」ではなく，介

護の社会化についての説明。ユニバーサルデザインは，年齢の違いや障害の有無などにかかわらず，できるだけ多くの人が利用できるように施設・製品などを設計することを指す言葉。④「ワーク・ライフ・バランス」ではなく，男女共同参画社会についての説明。

問7　7　③

　ア：正文。地方自治体レベルでは情報公開条例，国レベルでは情報公開法が制定されており，国民の「知る権利」に基づいて，行政機関が保有する情報にアクセスできるようになっている。

　イ：誤文。インターネット上の情報は，コピー(複製)が容易であるため，知的財産権(知的所有権)が侵害される危険性は高い。

　ウ：誤文。個人情報保護法は，本人の同意なく個人情報を利用することを原則として禁止するものであって，「情報技術を使いこなせる者とそうでない者との間」に生じる「雇用機会や収入の差」(デジタル・デバイド)を是正しようとするものではない。

問8　8　④

　④は「リサイクル」ではなくフェアトレードについての記述である。

　①②③は，それぞれ国連難民高等弁務官事務所(UNHCR)，ノーベル平和賞の受賞者マララ・ユスフザイ，JICA(国際協力機構)についての記述として正しい。

問9　9　①

　青年期は長期化してきている。その要因として，社会の複雑化を背景に高度な知識・技術の習得を求められるようになったことがある。

　②青年期の長期化の要因として児童期の消失を挙げているのは誤り。そもそも児童期は人間の成長過程における位置段階として認知されている。③④はいずれも，「青年期は短くなってきている」としているので誤り。

問10　10　②

　Kの３番目や５番目の発言などから判断して，②が正解。

　①Kは，「人間はできる限り一人でいるべきだ」と考えているわけではなく，３番目の発言にあるように，批判し合いながら自立した個人を目指して互いに高め合う存在として友達を捉えている。③Rが，人間は「根本的に脆弱な存在」であり，だから助け合うと考えているという趣旨の記述(選択肢前半の記述)は，Rの３番目の発言(前半)から判断して正しい。しかし，同じ発言の後半では，助け合いの「結果として……緊密な関係を結ぶ段階へと至る」といっているのではなく，そのような関係に至るためには助け合いが必要だと述べている。④Rの２番目と６番目の発言を見ると，Rは最初から最後までロボットと友達になることはできないと考えていると分かる。したがって，Rが「最終的に，ロボットと友達になることができると主張している」という記述は，誤り。

第2問　源流思想

本問では、「旅」をテーマとする本文をもとに、東西の源流思想に関する基本事項が幅広く出題された。

問1　11　①

　アリストテレスによれば、徳は知性的徳と倫理的徳（習性的徳）に分けることができ、このうち倫理的徳は過度と不足の両極端を避けた中庸（メソテース）において成り立つ徳であり、思慮に導かれた正しい行為のくり返しによって身につく。例えば、勇気は、無謀と臆病との中庸において成り立ち、また節制は、放縦と鈍感の中庸において成り立つ徳だという。

　②エピクロスが人間を「死の恐怖から逃れることができない存在」と捉えたという趣旨の記述は誤り。エピクロスは、人間が生きている間は死はやってこないし、死がやってきたときにはそれを感じることができないから、死を恐れる必要はないと説いた。こうした考えは、古代ギリシアの自然哲学者の一人であるデモクリトスが説いたこと（原子論）がもとになっている。③イスラーム教では「聖職者には一般信徒と異なる特別な規律が与えられている」という記述は誤り。イスラーム教におけるウンマ（イスラーム共同体）は、ムハンマドを通して神から与えられた社会生活全般に関わる行為規範を信仰の表現として守ることによって、信者が互いに平等な関係で結びついた共同体である。したがって、ウンマには宗教上の指導者は存在するが、例えばキリスト教でいうような意味での聖職者は存在しない。④荀子が「法律による強制」を重視したという趣旨の記述は誤り。「法律による強制」を説いたのは韓非子である。彼は人間の利己心を利用して、刑罰や法律などによって人々の行動を律しなければ社会の秩序を維持することができないと主張した（法治主義）。荀子は、人間には生まれながらに利をむさぼり人を憎む傾向があり、自然のままにほうっておくと争いが生じてしまうから、外的な規範としての礼によって人間の性質を矯正する必要があると主張した（礼治主義）。

問2　12　③

　プラトンによれば、人間の魂はもともと永遠不滅の本質（真の実在）、すなわち善や美などのイデアの世界に属していたが、肉体を備えることで生成消滅する不完全な世界としての現象界に下り、感覚的な次元に囚われてイデアの仮象にすぎない現実の個物をイデアだと思い込んでしまう。こうしたことを、プラトンは次のような洞窟の比喩で説明している。人間は洞窟の中で縛られて壁に向かって座らされている囚人のようなもので、壁に映る背後の事物の影を真の実在と見なしてしまっている。人間は肉体という牢獄に囚われ、感覚に妨げられて、理性本来の働きを発揮できないでいる。したがって、人間に求められるのは洞窟から抜け出し、太陽の光に照らされた事物の真の姿を見ることである。このような比喩を用いた上で、プラトンは、もともと真の実在であるイデアの世界に属していた人間の魂は、それへ向かおうとする知的欲求を内在させており、現象界において善や美などに接することを通してイデアを想起し（アナムネーシス）、それに対して憧れるようになると説いた。

そして，このようなイデアへの憧れ(イデア界へと飛び立っていこうとする精神的な原動力)のことを，彼は**エロース**と呼んだ。

①「イデアの認識を確実にするのは，理性ではなく」という記述は，誤り。また，プラトンが「翼を持った一組の馬と御者が天上に飛翔する姿」になぞらえて説明したのは，人間の魂の三部分(理性・気概・欲望)に関してである。彼は，人間の魂を一対の有翼の馬とそれらを御する一人の有翼の御者にたとえ，天上へ向かおうとする馬(**気概**)と，地上に向かいがちな馬(**欲望**)を，御者(**理性**)が統御して天上へ導くとき，魂の三部分がそれぞれ**知恵**，**勇気**，**節制**の徳を実現して調和を保ち，それによって**正義**の徳が成り立つとした。②「この世に生まれる前は無知であった人間の魂」という記述や，「感覚に頼ることでイデアを完全に知ることができるようになる」という記述は，誤り。④プラトンが理想国家のあり方を「理性と欲望が調和した魂の姿と類比的に論じ」という記述は誤り。彼は，人間の魂の三部分(**理性・気概・欲望**)が調和した魂の姿と，国家の三階級(**統治者階級・防衛者階級・生産者階級**)が調和した姿を対比的に論じた。また，「全ての人が哲学を学び優れた市民となることで，統治する者とされる者の関係が消滅する」という記述も誤り。彼は，優れた知恵をもつ哲学者(統治者階級)の指導のもとに防衛者階級と生産者階級がそれぞれの役割を果たすときに理想の国家が実現するとして**哲人政治**を説いた。

問3 `13` ③

大乗仏教の経典である『**般若経**』では，あらゆるものはそれ固有の不変の性質をもたず**無自性**であるとする「空」の考えが説かれている。この考えを説いた思想家としては，**ナーガールジュナ**(**竜樹**)が有名である。

①「上座部仏教が自らを『**小乗仏教**』と名のった」という記述は誤り。小乗仏教という呼び名は，**大乗仏教の側が上座部仏教をさげすんで名づけたもの**である。②菩薩の説明が誤っている。大乗仏教における**菩薩**は，自分の悟りを求める**自利行**とともに，慈悲を実践して衆生(生きとし生けるものすべて)を救う**利他行**にもはげむ修行者であり，**在家・出家の別なく**理想とされる。④「大乗仏教」ではなく上座部仏教についての記述。大乗仏教は，チベット，中国，朝鮮を経て日本へ伝わったため，「南伝仏教」(上座部仏教)に対して「**北伝仏教**」と呼ばれる。

問4 `14` ④

孟子は，徳を備えた君主が民衆の幸福をはかる政治のあり方(**王道**)を理想とし，この立場から君主が力によって支配する政治のあり方(**覇道**)を批判した。そして彼は，民意に背いた君主は天命によってその地位を追放されるとする**易姓革命**の考えを説いた。

①墨子が戦争を肯定したという趣旨の記述は誤り。**墨子**は，利他心の欠如が社会の混乱の原因であるとして，親疎の区別なく互いに愛すること(**兼愛**)によって，人々が互いに利益をもたらし合うこと(**交利**)がいかに大切かを説いた。そして，兼愛の精神に反する戦争を否定した(**非攻説**)。②「無為自然の理想社会を目指し，自給自足の生活を送る小さな共同体の実現」を説いたのは，「墨子」ではなく老子で

ある。**老子**は，人口が少なく規模も小さな共同体でこそ，何ごとにも作為を働かせることなく（**無為自然**），ありのままの自然に身をまかせる理想の生き方が可能となると説いた。③「万物斉同の思想」を説いたのは「孟子」ではなく荘子である。**荘子**は，ありのままの自然の世界には善悪・美醜・是非などの対立はなく，あらゆるものの価値は斉しい（**万物斉同**）とした。

問5 15 ②

　朱子（**朱熹**）は，人間の心の本体には万物をつらぬく根本原理としての**理**があるが（**性即理**），その発現は個々のものを成り立たせている**気**によって妨げられ，その結果，人間にはみにくい私欲が備わってしまっていると考えた。このような考えをもとに，彼は天理に従って理を窮め（**格物窮理**），己を律する（**居敬窮理**）ことがいかに大切かを説くとともに，「**修身・斉家・治国・平天下**」の実践を重視した。「修身」とは個人の修養，「斉家」とは家族・親族関係を良好に保つことを指し，これにより，国をうまく治めることができ（治国），天下も安泰となる（平天下）とされる。

　①「心の内にのみ存在する天理」という記述は誤り。②の解説でも見たように，朱子の説く理は人間の心も含めてすべてのものをつらぬく根本原理である。③ブッダが八正道を集諦として教えたという趣旨の記述は誤り。**ブッダ**は，**四諦**（四つの真理）を説いたが，これは**苦諦**（人生は苦であるという真理），**集諦**（苦の原因は煩悩にあるという真理），**滅諦**（煩悩を滅することによって**涅槃**〔**ニルヴァーナ**〕に至ることができるという真理），**道諦**（涅槃に至るための正しい修行法は**八正道**であるという真理）である。つまり，八正道が関わるのは集諦ではなく道諦である。④「菩提樹の下で苦行の実践を重ねることで悟りを開き」という記述は誤り。ブッダが苦しみから解き放たれることを求めて，菩提樹の下で苦行を重ねたのは事実であるが，苦行に励んでもなお苦しみから解放されることはなかったとされる。むしろ，苦行をやめてそれまでの人生を静かに振り返ったときに**快楽と苦行という両極端**はいずれも心を乱してしまうことに気づき，悟りの境地に達したといわれる。

問6 16 ③

　パウロによれば，人間は，キリスト教において人間の祖とされるアダムが神の命令に背いて以来，**原罪**（人間自身の力ではどうすることもできない自己中心性）を負っている。そして，イエスの十字架上の死の意味を，神が人間の罪をあがなう（**贖罪**）ために，ひとり子であるイエスを人間のもとに送ったり，十字架にかけて「いけにえ」としたのだと理解した。

　①イエスの考え方とは逆のことを述べているので，誤り。**イエス**は，ユダヤ教の**ファリサイ派**（**パリサイ派**）が**モーセの十戒**の一つである「**安息日を覚えて，これを聖とせよ**」という律法を厳格に守らない人を厳しく非難した際，「**安息日は人のためにあるもので，人が安息日のためにあるのではない**」とし，律法に込められた神の意志を理解することこそが重要であると諭した。②「**神の愛（アガペー）は罪人が悔い改めることを条件として与えられる**」という記述は誤り。イエスの説く**神の愛**（**アガペー**）は罪人も含め**すべての人に注がれる無差別・無償の愛**である。④上の③

の解説で見たように，パウロは，イエスの十字架上の死によって人間の罪があがなわれたと考えた。

問7 　17 　⑤

　A：「一生に一度はハッジを行うことが五行の一つ」が入る。**五行**とは，「アッラーのほかに神なし。ムハンマドはアッラーの使徒である」という**信仰告白（シャハーダ）**，日に5回のメッカに向かっての**礼拝（サラート）**，イスラーム暦9月（ラマダーン）の**断食（サウム）**，貧者の救済のための**喜捨（ザカート）**，メッカへの**巡礼（ハッジ）**である。

　①〜③の**A**について。メッカへの巡礼は「六信」ではないし，「メッカを聖地として信じること」は「六信」に含まれない。**六信**とは，**神（アッラー）**，**天使**，**聖典**，**預言者**，**来世**，**天命**を信じることである。

　B：「断食」が入る。断食は五行の一つであるが，断食をしたら健康上重大な影響があると考えられる病人，旅行中の人，妊娠中の女性などは，**断食を延期できる**ことになっている。

　①④の「瞑想」は五行に含まれないし，③⑥の「ジハード」も五行に含まれない。**ジハード**とは，一般には神のために努力・奮闘することを意味し，イスラム世界の拡大と自己防衛のための戦いという意味では**聖戦**と訳されることもある。

問8 　18 　②

　資料文（トマス・アクィナス『神学大全』からの引用）では，至福にある者には「希望」も「信仰」も存在しないということ，断罪された者には「希望」が存在しないということ，そして現世に生きる者には「希望」が存在するということが述べられている。したがって，②が正解。

　①至福にある者には「希望」が存在するという趣旨の後半の記述は，資料文と相容れない。③断罪された者には「希望」が存在するという趣旨の後半の記述は，資料文と相容れない。④至福にある者，断罪された者のいずれにも「希望」が存在するという趣旨の記述は，資料文と相容れない。

問9 　19 　②

　第1文は，本文第2段落でプラトンや大乗仏教について述べられていることと合致する。また，第2文は，本文第3段落で荘子やユダヤ教，キリスト教，イスラーム教について述べられていることと合致する。

　①第2文は，本文の趣旨と合致しない。本文第3段落では，人間は人生という旅を通じて真理や救済に至ることができるという趣旨のことが述べられている。③第1文は，本文の趣旨と合致しない。本文第2段落では，様々な考えの人と出会うことが独自の思想の確立にとって有益であるという趣旨のことが述べられている。また，第2文も，本文の趣旨と合致しない。本文第3段落では，人間は弱い存在であるが人生という旅を通じて真理や救済へと到達できるという趣旨のことが述べられている。④第1文は，本文の趣旨と合致しない。本文第2段落では，旅での出会いにより深い認識に到達する可能性が開かれるという趣旨のことが述べられている。

第3問　日本思想

　本問では，「伝統とは何か」をテーマとする本文をもとに，日本思想の分野から幅広く出題された。

問1 　20 　②

　空也は平安時代の僧で，諸国をめぐり，山野に遺棄された遺骸を火葬したり，灌漑整備・道路・橋の建造などの社会活動を行ったことから「市聖」と呼ばれた。

　①「源信」ではなく空也についての記述。源信は平安時代の僧で，この世を穢れたものとして厭わしく思い，極楽浄土への往生を願い求めるという浄土信仰を広めたことで知られる。③「源信」ではなく一遍についての記述。一遍は鎌倉時代の僧で，諸国を遊行し，自己の衣食住に関わるものを捨て去って，ただ念仏を称えることに努めたことから「捨聖」と呼ばれた。④「空也」ではなく一遍についての記述。

問2 　21 　③

　『風姿花伝』を著し，そこにおいて「秘すれば花なり，秘せずは花なるべからず」と説いたのは，「雪舟」ではなく世阿弥である。世阿弥は能の大成者であり，秘められた表現にこそ能の美しさや感動があるとして，「幽玄」に美を見いだした。なお，雪舟が水墨画の大成者であるという趣旨の記述は正しい。

　①の西行についての記述，②の吉田兼好についての記述，④の九鬼周造についての記述は，いずれも正しい。

問3 　22 　②

　『古事記』『日本書紀』は，いずれも8世紀の前半(奈良時代)，律令国家が形成される過程で編纂されたもので，八百万の神々が織りなす神話や，天皇が天照大神の系譜に属するという神話などを含んでいる。

　①「外来思想の影響を受けることなく」という記述は誤り。平安時代には，神仏習合の一つとして，仏が真理の本体(本地)であり，日本の神は仏が仮の姿をとって現れたもの(垂迹)であるとする本地垂迹説が生まれた。③天地が「伊邪那岐命と伊邪那美命の二神の意志によって『つくられた』とされている」という記述は誤り。日本の神話では，天地は神によってつくられたものではなく，それ自身のうちにある「いきおい」「働き」によって「おのずから成り成りゆく」ものであるとされている。④穢れが「人間の心の中から出てくる」と考えられていたという趣旨の記述は誤り。古代日本では，穢れは外部から付着するものと考えられ，それを取り払う儀式として禊や祓があった。

問4 　23 　④

　山鹿素行は，儒学に属しつつも，朱子学の説く理が抽象的であると批判し，日常生活における道徳規範を明らかにするために『論語』『孟子』といった中国の古典の厳密な読解により聖人の教えを理解しようとした思想家である。彼は，伊藤仁斎(古義学)，荻生徂徠(古文辞学)とともに古学派に属する。

　①山崎闇斎についての記述。彼は朱子学者で，儒学と神道を結びつけた垂加神道を唱えたことで知られる。②山鹿素行が「朱子学の説く理を道徳の基礎として重視

し」たという記述は，誤り。③山鹿素行が垂加神道を唱えたという趣旨の記述は，誤り。

問5 　24 　①

　ア：**鈴木正三**についての記述。彼は，旧来の仏教の隠遁的な傾向を批判し，「何の事業も，皆仏行なり」とする「**世法即仏法**」という立場から，あらゆる職業において仏の働きが現れているとした。**西川如見**は，「下に居て，上をしのがず，他の威勢あるを羨まず，簡略質素を守り，分際に安んじて」生活すれば，楽しみは尽きないとして，町人の生き方を積極的に肯定した人物。

　イ：**二宮尊徳**についての記述。彼は，農業は自然の営みである**天道**と人間の働きである**人道**との両者があいまって成り立っていると捉え，天道に対する感謝を説くとともに人道をまっとうするには，**分度**（自らの経済力に応じた合理的な生活設計を立てること）と**推譲**（倹約につとめ余剰を他の人々に譲ること）を大切にしなければならないと説いた。**安藤昌益**は，すべての人々が自ら田畑を耕し（**万人直耕**），自給自足する平等社会（**自然世**）を理想とし，この立場から，武士・僧侶など耕作に従事せず農民に寄食する**不耕貪食の徒**がはびこる封建社会（**法世**）を批判した人物。**石田梅岩**は，儒教・神道・仏教を取り入れた**心学**（**石門心学**）を説くとともに，「商人の買利は士の禄に同じ」と述べて，商いにおける利益の追求を天理にかなう正当な行為として肯定した人物。

問6 　25 　①

　徳富蘇峰は，『国民之友』や『国民新聞』を発刊して，明治政府の欧化政策を支配者層による上からの文明化を目指すものであると批判し，「普通の人民」である平民による下からの欧化の必要性を説いた。このような彼の考えを**平民主義**という。ただし，彼はのちに**国家主義**に転じた。

　②**堺利彦**についての記述。彼は，**幸徳秋水**とともに**平民社**を創設し，『**平民新聞**』を創刊したことで知られる。『平民新聞』は，自由・平等・博愛とともに平民主義・社会主義・平和主義を掲げた。③**加藤弘之**についての記述。彼は，明治初期の啓蒙思想団体である**明六社**のメンバーで，当初は**天賦人権論**や立憲政治を説いたが，のちに**スペンサー**の説いた**社会進化論**に基づき**国家主義**を唱えるようになった人物。④**森有礼**についての記述。彼は，明六社を提唱した思想家で，一夫多妻を批判して，対等な権利をもつ男女の合意に基づく婚姻形態（**一夫一婦制**）を主張した人物。**初代文部大臣**を務めたことでも知られる。

問7 　26 　④

　A：「**中江兆民**」が入る。空欄の直後に出てくる『**三酔人経綸問答**』は**中江兆民**の著書として知られる。また，空欄の直前に「幸徳秋水が師事した」とあることもヒントとなる。幸徳秋水は，当初，中江兆民に師事して自由民権思想を学んだが，後に社会主義の思想家となった人物で，**問6** 　25 の②でも見たように，『平民新聞』を創刊したことでも知られる。「片山潜」は，幸徳秋水らと日本で最初の社会主義政党である社会民主党の創設（1901年）に関わった人物として知られる。

B：「『社会契約論』」が入る。中江兆民は，ルソーの『社会契約論』を翻訳し，『民約訳解』と題して出版した。J. S.ミルの『自由論』を翻訳したのは中村正直である（『自由之理』と題して出版した）。

C：「共和主義」が入る。中江兆民は，フランスで成立したような共和主義を理想とした。「共産主義」は，一般に私有財産制を廃止してすべての財産を社会全体の共有にしようとする思想や運動を指すから，文脈上この空欄には入らない。

問8 27 ③

資料文（久松真一『茶道の哲学』からの引用）では，一期一会とは，茶事を催す際に同じ会は一生に一度しかないという覚悟をもって最善を尽くすことだということ，そして，人生は無常であるが瞬間の生を充実させる覚悟をもてば，その無常がむしろ生命を積極的に肯定する契機となるということが述べられている。したがって，③が正解。

①一期一会は茶事を催すとき「次の会」をよりよくするために覚悟することだという趣旨の記述（第1文）が，資料文と相容れない。また，充実した生は，その都度の瞬間の生を「未来の目的のために生かす」ことにより実現できるという趣旨の記述（第2文）も，資料文と相容れない。②一期一会は茶事を催すとき「次の会」をよりよくするために覚悟することだという趣旨の記述（第1文）は，資料文と相容れない。④充実した生はその都度の瞬間の生を「未来の目的のために生かす」ことにより実現できるという趣旨の記述（第2文）は，資料文と相容れない。

問9 28 ②

本文の第2段落から第3段落にかけて，武士道と呼ばれているものの内容が時代や思想家によって異なることが述べられている。また，最終段落では，伝統に向き合うときには，過去の思想の継承と新たな解釈の付加という二面性（連続性と非連続性）を自覚することが重要であるという趣旨のことが述べられている。したがって，②が正解。

①伝統が「常に同じ内容を保っている」という記述や，伝統とは「過去の思想を新たな解釈から守り，保存し続けてきたもの」であるという記述は，本文の趣旨と合致しない。③伝統が「常に同じ内容を保っている」という記述や，伝統とは「時代を超えた人間の理想を，各々の時代の言葉で語ってきたもの」であるという記述は，本文の趣旨と合致しない。④伝統とは「各々の時代の人々が……無から捏造したものにすぎない」という記述は，本文の趣旨と合致しない。

第4問　西洋の近現代思想

本問では，「身体と理性」をテーマとする本文をもとに，西洋の近現代思想の分野から幅広く出題された。

問1 29 ①

ルネサンスを想定した記述。ルネサンスは，ギリシャ・ローマの古典の研究を通じてキリスト教の神を中心とする中世社会から人々を解放して新しい人間のあり方

を提示しようとする運動で，この時期の文芸作品の中に**ヒューマニズム**の精神が見られる。ヒューマニズムは，ラテン語の「**人間性（フマニタス／ humanitas）**」を語源とする。

②**ルター**が「人間の自由意志に基づく善行の実践を推奨し」たという記述は，誤り。彼は**人間の自由意志を否定**し，それを肯定した**エラスムス**と論争したことで知られる。③**カルヴァン**の立場は，「カトリシズム」ではなく，ルターと同じく**プロテスタンティズム**である。カトリシズムは，ローマ・カトリック教会に代表される立場であるから，カルヴァンが批判したものである。④**イグナティウス・デ・ロヨラ**がピューリタニズムを主導したという趣旨の記述は，誤り。彼は，宗教改革運動に前後して，カトリック教会内部で起こった改革・刷新運動（**対抗宗教改革**）において，その運動の担い手の一人となった人物で，厳格な規則を守り通す修道会**イエズス会（ジェズイット会）**を組織し，その初代総長となったことでも知られる。

問2 `30` ①

ロックによれば，人々は政府設立以前の自然状態において有していた人間の生得的な権利である自然権（**生命・自由・財産の所有権**）を，政府設立の後も有する。これに対して，**ルソー**は，私有財産制の成立とともに悪徳と不平等がはびこるようになったとし，このような状態から脱して自由と平等を回復するためには，社会契約を結び公共の利益の実現を目指す全人民の普遍的意志（**一般意志**）に基づく共同社会を形成し，自然権をそれに委ねなければならないとした。

②ロックが生命・自由・財産の所有権を「神が君主に与えた権利」と考えたという趣旨の記述は，誤り。また，ルソーが「君主の所有物を人々に平等に分配する社会契約の必要性を唱えた」という記述も，誤り。③**ホッブズ**が「万人が万人に戦いを挑むことを求めた」という記述は，誤り。彼は，「**万人の万人に対する闘争**」状態として自然状態から脱して平和を回復するためには，人々が自然権（**自己保存の権利**）を国家に**全面譲渡**する必要があると説いた。また，ロックが「絶対的な権力」を構想したという趣旨の記述も，誤り。彼は，人々は自然権を確保するための権力を政府に信託したのであって，政府がその信託に反し自然権を侵害した場合には，人々は**抵抗権**を行使できると説いた。④ホッブズが権利を「神が君主に与えた」ものと考えたという趣旨の記述は，誤り。また，ロックが「君主の権利を保障すべき」と考えたという記述も，誤り。

問3 `31` ②

スピノザは，自然は神そのものであるとする**神即自然**の考えに基づき，**事物を必然的なものとして「永遠の相のもとに」認識する**こと，すなわち神への知的愛の中に人間の自由があると説いた。

①身体を疑うことのできない確実な存在とみなしたという趣旨の記述は，誤り。デカルトは，絶対に疑い得ない明白な真理を世界と人間についての認識の出発点とするために，少しでも疑わしいと思われるものをすべて退けていくという**方法的懐疑**を唱え実践し，その結果，彼は疑っている「**われ**」の存在は明晰かつ判明である

という哲学の第一原理に到達した。「われ思う，ゆえにわれあり」という彼の有名な言葉は，この原理のことを表している。また，直接的な経験が自然認識の確固たる基礎であるという趣旨の記述も，誤り。デカルトは，幾何学の公理のような明晰かつ判明な原理に基づき理性の推論によって個々の知識を導き出す方法（演繹法）を提唱した。③モンテーニュは，「私は何を知っているか」をモットーとして自省的な態度の重要性を説いた。したがって，そのような「懐疑的な精神のあり方を批判」したという記述は誤り。④パスカルは，真理の探究には，推論と論証に基づく科学的な精神である幾何学的精神だけでは不十分であり，物事の本質を直観的に把握する繊細の精神が必要であると説くとともに，繊細の精神が幾何学的精神に優位するとした。したがって，「直観的に判断を下そうとする精神のあり方を批判」したという記述も，「『幾何学的精神』の優位を主張した」という記述も誤り。

問4 32 ②

A：「意志の自律」が入る。カントは，各人が内なる理性に基づいて自ら打ち立てる普遍的な行為準則（道徳法則）に，いついかなるときにも自ら従うべきであるとし，そこに人間の意志の自律と自由の証しを見いだした。「意志の格率」という場合の「格率」は，普遍的な行為準則（道徳法則）ではなく，各人の個人的な行為準則である。

B：「共同性」が入る。ヘーゲルは，カントが自由の根拠を個人の内面的な判断に求めたことを批判し，真の自由は個人の主観的な道徳と客観的な法との統一態（人倫）において実現するとし，その際，人倫を家族・市民社会・国家の三つの段階に分けて考察した。この人倫の三段階についての彼の考えは，概ね次のようにまとめることができる。まず，家族は成員が互いに自然的な愛情によって結びついているという意味で共同性が成立しているが，そこにおいては各成員は自己の人格的な自立性を自覚していない。一方，市民社会は人格的に自立性を有する諸個人によって構成されているものの，各構成員が自己の欲望を充足させるために私的な利益のみを追求する「欲望の体系」であり，家族におけるような共同性が失われている。そして，家族における成員の素朴な共同性と市民社会における諸個人の自立性との矛盾・対立は，人倫の最高段階としての国家において止揚される。文章中の「最高の B 〔共同性〕が最高の自由である」という記述は，国家において真の共同性が実現するということを意味している。したがって，B には文脈上「自立性」は入らない。また，「功利性」は，ある行為が役に立つか否かという観点を表すものであるから，これも B には入らない。

問5 33 ③

J.S.ミルは，個人による快楽追求が利己的になることを防ぐ力，すなわち個人の快楽追求を最大多数の最大幸福に一致させるようにはたらく力（制裁）として，良心の内的制裁を重視した。

①ベンサムを想定した記述。彼は，四つの制裁（物理的制裁，政治的制裁，道徳的制裁，宗教的制裁）をあげ，このうち政治的制裁（法律による制裁）を重視した。②

「共産主義に基づく新たな社会」を構想したのは，マルクスである。④アダム・スミスを想定した記述。彼は，各人の自由な私益追求が「見えざる手」に導かれて社会全体の利益を増大させるとして自由放任主義を唱えた。

問6　34　④

ア：誤文。「問答法」を帰納法に直せばベーコンについての正しい記述となる。帰納法とは，観察・実験によって個別の事実を吟味し，それらに共通する事柄から一般的な法則を導き出そうとするものである。問答法はアリストテレスが実践した真理探究の方法である。

イ：正文。ヒュームは，人間の精神は「知覚の束」にすぎないとし，物体のみならず精神も実体として存在するものではないと主張した。ここから彼は，知覚を超えたものについては何も知ることはできないという懐疑的な立場をとった。

ウ：正文。コントは，人間の知識は，超自然的な神によってすべての現象を説明する神学的段階，事物の本質を想定しそれによってすべての現象を説明する形而上学的段階を経て，最高段階としての実証的段階に至るとし，この段階においては経験的事実に即して諸現象が探究されると主張した。このような彼の立場を実証主義という。

問7　35　③

ニーチェは，キリスト教的な道徳は強者に対する弱者のルサンチマン（怨恨）から生まれた奴隷道徳であり，それがヨーロッパ世界の頽廃をもたらしたとした。その上で，彼は，現実の世界を，同じこと，無意味なことが永遠に繰り返される永遠回帰（永劫回帰）の世界（神なき無意味な世界）と捉えるとともに，人間はそれを運命として引き受け（運命愛），本源的な生命力（力への意志）に従ってたくましく生きるべきであると説いた。そして，そのような力への意志を体現するのが超人であるとした。

①ニーチェがキリスト教道徳を賞賛したという趣旨の記述は誤り。②④ハイデッガーについての記述。彼によれば，人間は世界に投げ出されて存在している世界 − 内 − 存在であるが，通常，他者や他の事物との関係性のなかに自己を埋没させ，個性を喪失した「ダス・マン（世人）」として生きている。このような状況から脱して本来の自己を回復するためには，自分が死に向かって生きているということ，すなわち「死への存在（死に向かう存在）」であるということを自覚し，それを引き受けなければならないとした。

問8　36　②

資料文（ホネット『承認をめぐる闘争』からの引用）では，「連帯」は自分と他者が互いに共感し合うような人間同士の関わり合いのことであるということ，そして，現代ではその前提として，自分の業績に与えられる社会的な敬意を自分の属する集団全体ではなく自分自身に向けられたものとして取り戻すことで，自分自身の価値を感知できるようになることが必要であるということが述べられている。したがって，②が正解。

①「連帯」は「互いに譲歩し合う人間関係のこと」であるという記述は，資料文と相容れない。また，自分の業績を自分の属する集団の成果と捉え直し集団全体の意志に従順であろうとすることが必要であるという趣旨の記述も，資料文と相容れない。③「連帯」は「互いに譲歩し合う人間関係のこと」であるという記述は，資料文と相容れない。また，自分の業績を自分よりも優位にある他者の恩恵によるものと捉え直すことが必要であるという趣旨の記述も，資料文と相容れない。④集団を代表するものとしての自分の業績が他者から認められることや，それを通じて他者に対する自分の優位性を感じることが重要であるという趣旨の記述は，資料文と相容れない。

問9 37 ①

本文では，生を謳歌するためには何が必要かということに関して，第2段落で，身体的な欲求の充足を是認する立場の思想家が取り上げられ，第3段落で理性的な要求を重視した思想家が取り上げられている。そして，第4段落では，身体を顧みずに理性を偏重する考えを批判した思想や，理性を改めて主題化した思想家，さらには理性的な相互理解に関わる身体的な契機に注目した思想家が取り上げられている。最終段落では，身体的欲求と理性的要求の両者を正しく追求することの重要性が指摘されている。したがって，①が正解。

②「身体的な欲求の充足を制限し，人間の理性的なあり方を追求しようとする立場が一貫して支配的である」という前半の記述，およびそれに続く後半の記述は，本文の趣旨と合致しない。③「身体的な欲求の充足を制限し，人間の理性的なあり方を追求しようとする立場が一貫して支配的である」という前半の記述は，本文の趣旨と合致しない。④生を真に謳歌するためには，「身体的な欲求を厳格に制限」することが重要であるという記述は，本文の趣旨と合致しない。

倫　理

（2019年1月実施）

受験者数　21,585

平　均　点　　62.25

2

倫　理

解答・採点基準　（100点満点）

問題番号(配点)	設問	解答番号	正解	配点	自己採点
第1問 (28)	問1	1	③	3	
	問2	2	④	3	
	問3	3	②	3	
	問4	4	①	2	
	問5	5	①	2	
	問6	6	①または②	3	
	問7	7	④	3	
	問8	8	②	3	
	問9	9	③	3	
	問10	10	③	3	
第1問　自己採点小計					
第2問 (24)	問1	11	②	3	
	問2	12	④	3	
	問3	13	②	2	
	問4	14	①	3	
	問5	15	③	3	
	問6	16	①	3	
	問7	17	③	2	
	問8	18	④	2	
	問9	19	④	3	
第2問　自己採点小計					

問題番号(配点)	設問	解答番号	正解	配点	自己採点
第3問 (24)	問1	20	⑤	3	
	問2	21	③	3	
	問3	22	②	2	
	問4	23	④	2	
	問5	24	①	3	
	問6	25	②	3	
	問7	26	④	2	
	問8	27	①	3	
	問9	28	③	3	
第3問　自己採点小計					
第4問 (24)	問1	29	②	3	
	問2	30	④	3	
	問3	31	⑥	3	
	問4	32	②	3	
	問5	33	④	3	
	問6	34	④	3	
	問7	35	①	3	
	問8	36	①	3	
第4問　自己採点小計					
自己採点合計					

第1問　現代社会の諸課題と青年期

本問では，「現代の家族」をテーマとした本文をもとに，青年期の心理，生命倫理，社会における支え合い，坂口安吾の思想などが問われた。

問1 <u>1</u> ③

　　ホリングワースが青年期の特徴として挙げた心理的離乳についての記述として正しい。

　近代以前の多くの社会では，子どもは通過儀礼を経ることで大人になるとされていた。つまり，近代の文明社会におけるような青年期を経ることなく大人として認められた。したがって，①の「青年期を経て子どもから大人になる」という記述も，②の「通過儀礼は必要とされず」も誤り。④「子どもと大人のどちらの世界にも帰属しない」という記述は，「心理的離乳」ではなく，レヴィンのいうマージナル・マン（境界人）を想定したもの。

問2 <u>2</u> ④

　　第三者の男性が提供した精子を用いた人工授精により子どもをもうけることは可能である。しかし，生まれた子どもに，将来，遺伝上の父親についての情報を知らせるかどうかが問題となることもある。

　①着床前診断の結果，命の選別がもたらされる可能性があるという趣旨の記述は正しい。しかし，着床前診断は受精卵の段階で行われるから，「受精卵が胎児に成長した段階」で行われるという趣旨の記述は誤り。②「デザイナー・ベビーをもうけることが日本でも法的に認められ」という記述は誤り。③「どの方法を用いても，代理母が生まれてくる子どもの遺伝上の母親となる」という記述は誤り。代理出産（代理懐胎）には，妻の卵子と夫の精子を体外受精させ，その受精卵を第三者の女性の子宮に移植し出産する場合（ホストマザー）と，第三者の女性に夫の精子を用いて人工授精し，妊娠・出産する場合（サロゲートマザー）があるが，前者の場合の遺伝上の母は出産を依頼した女性であり，後者の場合の遺伝上の母は代理母である。

問3 <u>3</u> ②

　　ほとんど毎日家族と朝食をとる人の割合は，20～39歳の男性では平成23年から平成28年にかけて上昇し（32％→34％），同年代の女性では低下しており（55％→46％），男女の差は縮まっている。

　①平成23年から平成28年にかけて，ほとんど毎日家族と朝食をとる人の割合が，「いずれの年代でも，男性では上昇している」は誤り。40～59歳の男性では減少している（50％→41％）。また，「男女の差が開いた」も誤り。③週の半分以上家族と朝食をとる人の割合は，平成23年と平成28年のいずれにおいても，「いずれの年代でも，女性の方が男性よりも高く……」という記述は誤り。平成28年の60歳以上を見ると，「ほとんど毎日」と「週に4～5日」の合計は男性（81％）の方が女性（73％）よりも高い。④60歳以上の年代では，ほとんど毎日家族と朝食をとる人の割合が，平成23年から平成28年にかけて「男女ともに」「上昇」しているという趣旨の記述は誤り。女性の場合は減少している（77％→69％）。

問4 4 ①

　ステレオタイプとは，設問文にもあるように「物事に対する偏った見方の一つ」，言い換えれば，先入観によって形づくられた類型に当てはめて実際の事象を評価することである。①は，「男性は，物事を論理的に捉えるのが得意」という偏った見方・先入観に基づく発言である。

問5 5 ①

　日本は女子（女性）差別撤廃条約を批准（1985年）しているが，現実には性別に関する偏見が残存しており，その打破が求められている。

　②子ども（児童）の権利条約は，すでに国連で採択（1989年）されている。したがって，この条約の採択が求められているという趣旨の記述は誤り。③ NPO（非営利組織）やボランティアを政府が主導しているという趣旨の記述は誤り。④「人間の安全保障」についての説明が誤り。これは，国家の軍事的安全を目的とする「国家の安全保障」にとどまらず，個々の人間の生命・身体・財産などを守るため具体的な措置を講じることをいう。

問6 6 ①または②

　大学入試センターは当初，②を正解と発表したが，その後の訂正により，①も正解とした。①高度経済成長期以前の日本では「大家族（拡大大家族）が一般的な家族形態であった」という記述は誤り。構成比率で見ると，高度経済成長期以前においても核家族の割合が最も高かった。②日本では高度経済成長期以降，全世帯に占める核家族の割合が「増加の一途をたどってきた」という記述は誤り。事実はむしろ逆で，減少傾向を示してきた。したがって，①と②が適当でないものとして正解。

　③現在の日本では，事実婚（非法律婚）による夫婦など夫婦の形態が多様化し，その一方で結婚しない人も増えている。例えば，生涯未婚率（50歳時の未婚率）は現在，男性で約24%，女性で約14%である。④パラサイト・シングルについての記述として正しい。

問7 7 ④

　坂口安吾は，『堕落論』を著し，敗戦と同時に従来の価値観が崩壊し混乱や不安に陥った日本の人々に対して，偽善的な道徳に安住するのではなく，そこから「堕ちよ」と説き，ありのままの自己を直視すべきであると論じた。

　①「自己の無限の可能性にめざめた者」という記述は誤り。ヤスパースは，死や争いなど困難な状況（限界状況）に直面したとき，人間は自己の有限性を思い知らされ，そのとき世界のすべてを包み込み支える包括者（超越者）の存在に気づくとし，そうすることではじめて真の実存を追求する者たちの間での深い交わり（実存的交わり）が生まれると説いた。②「生命への畏敬」の大切さを説いたという趣旨の記述から「トルストイ」ではなく，シュヴァイツァーを想定した記述とわかる。トルストイは，『戦争と平和』『アンナ・カレーニナ』などで知られるロシアの小説家である。③戦前日本の超国家主義を「無責任の体系」と批判し，戦後日本の課題は内面的な自己の確立にあると主張したという趣旨の記述から，「小林秀雄」ではなく，

丸山真男についての記述とわかる。小林秀雄は，昭和期を代表する批評家で，
『様々なる意匠』において，思想や理論を流行の意匠（装飾的な工夫）としてもてあ
そんでいるだけでは，主体的な自己に目覚めることはできないと主張したことで知
られる。

問8 　8　②

　　a　には「レヴィ＝ストロース」が入る。レヴィ＝ストロースは，人間の思考
や振る舞いは主観的な意識を超えた構造やシステムによって規定されているとした。
こうした思想を構造主義という。

　　b　には「フーコー」が入る。フーコーは，構造主義から出発した思想家であ
る。彼は，西洋近代社会は学校，病院，裁判所，軍隊などを通じて，人々を型には
め規格化することで，既存の価値観や秩序に従順で，相互に監視し合う主体を生み
だしてきたと批判した。

　　なお，メルロ＝ポンティは，デカルト以来の伝統になっている心と身体，主体と
客体を対立させる考え方を克服しようとして，「生きられた身体」という観点から
主体と客体を不可分のものと捉えようとした哲学者である。

問9 　9　③

　　資料文（ロールズ『正義論』）では，愛し合う者たちは大きな危険を冒してでも助
け合うということと，正義の原理に従って行為したい思う欲求をもつ人は自己に危
険が及ぶことを予想できる場合であっても，正義の観点に立って行為するというこ
とが述べられている。

　　資料文は，正義の観点に立って行為することと，互いに愛し合うこととの共通性
について述べている。したがって，①②④の後半は誤り。

問10 　10　③

　　Aの6番目の発言や，Cの3番目の発言などから，前半は正しいと判断できる。
また，Bの4番目や5番目の発言から後半も正しいと判断できる。

　　①Aは6番目の発言からもわかるように家事や責任の分担を重視しているから，
「個人の自由を重視するA」という記述は誤り。また，Cは家族を重視してはいる
が，「核家族」を標準的な形態であると主張しているわけではないから，後半も誤
り。②Aが「家族機能の外部化を肯定」しているという記述，Cが「家族の社会的
役割を強調」しているという記述は，いずれも誤り。また，Bが「家族そのものを
否定」しているという記述も誤り。④Cの2番目の発言から，前半は誤りと判断で
きる。また，Bの2番目の発言から，家族成員が「一緒に暮らして協力し合う」こ
とをBが重視しているという趣旨の記述は誤り。

6

第2問　源流思想

本問では，「病と癒し」をテーマとした本文をもとに，古代ギリシアの自然観，古代中国の思想など，東西の源流思想に関する基本事項が幅広く出題された。

問1　□11□　②

　アリストテレスによれば，事物の生成・変化は，素材としての**質料(ヒュレー)**のうちに**可能態**として潜んでいる普遍的な本質としての**形相(エイドス)**が一定の条件の下で**現実態**として実現する。

　①「自然界の諸事物も真実在である」という記述は誤り。**プラトン**は，世界をイデア界と現象界(現実界)の二つに分け，真実在はイデア界にあり，**現象界における個々の事物はイデアの模像**であるとした。③**ストア派**は，人間は自然を支配する理法(理性／ロゴス)を種子として宿しており，これに従って生きるべきことを問うた。したがって，「自然を支配する理法と人間理性とは別物」という記述は誤り。④「創造という概念を認めないキリスト教」という記述は誤り。キリスト教も，ユダヤ教と同じく，**全知全能の神が世界のすべてを創造した**という考えを基本としている。

問2　□12□　④

　資料文(ヒポクラテスの『誓い』)の最後の一文から，④が正解と判断できる。

　①「安楽死に協力することも許される」という記述は誤り。資料文では，「求められても，致死薬を与えることはせず，そういう助言もしません」と述べられている。②資料文では，「私の生活と医術をともに清浄かつ敬虔に守り通します」と述べられている。したがって，この選択肢は誤り。③資料文では，医者はつねに「患者の利益になるように考え」るべきであると述べられている。したがって，この選択肢は誤り。

問3　□13□　②

　朱熹(朱子)によれば，万物は，宇宙から人間にいたる一切を貫く最高の規範原理である**理**と，あらゆる存在・現象を構成する物質的な存在である**気**の結合によって成り立つ。

　①「心のなかにのみ存在する理」という記述も，「非物質的な気」という記述も誤り。③「心のなかにのみ存在する理」という記述は誤り。④「非物質的な気」という記述も，「物質としての万物」という記述も誤り。

問4　□14□　①

　荘子は，ありのままの自然の世界には善悪・美醜・是非などの対立はなく，あらゆるものの価値は斉しい(**万物斉同**)とし，そのようなありのままの自然の働きに身を任せ，絶対的な自由の境地に遊ぶこと(**逍遙遊**)を理想とした。

　②「仁・義・礼・智・信という五つの徳目(五常)」を説いたのは，「孟子」ではなく**董仲舒**である。董仲舒は，孟子の説いた四徳に信を加えて**五常**の教えを説いた。なお，孟子は**仁・義・礼・智**の四徳を説き，この四徳が身体に充実してくると，何ごとにも動じない心である**浩然の気**が現れるとした。③「その五つとも身体におけ

る物質的な要素のことを表す」という記述は誤り。仏教では，人間は**色・受・想・行・識**という五つの要素から構成されると説かれるが，そのうち**色**だけが**物質的要素**で，残りの四つは精神的要素である。④「心や身体が変わらないものである」という記述は誤り。仏教では，あらゆる存在は時とともに移り変わっていく（**諸行無常**），あらゆる存在には永遠・不変の実体はない（**諸法無我**）とされる。

問5　**15**　③

イスラーム教における**シャリーア（イスラーム法）**は，儀礼・刑罰・結婚・相続など信徒（**ムスリム**）の生活全般の規則を定めたものである。そして，信徒はこれに従って現世を生き，**アッラー**による**最後の審判**にそなえなければならないとされる。

①「輪廻からの解脱という考えを否定した」という記述は誤り。古代インドでは，ブッダをはじめとして**自由思想家**たちは，いずれも**輪廻からの解脱**の道を求めた。②イエスの死は「神に背いたアダムへの罰」であるという趣旨の記述は誤り。**パウロ**は，イエスの十字架上の死の意味を，アダムが神に背いて以降人類が負うことになった罪をあがなう（**贖罪**）ために，ひとり子であるイエスを人類のもとに送り，十字架にかけて生贄としたのだと理解した。④「中国の祖先祭祀の伝統に基づき，死者に関してはできる限り手厚く葬るべきだと主張した」という記述は誤り。**墨家**は，儒家が中国の祖先祭祀の伝統を重んじることを批判するとともに，**死者を葬ったあとは長く服喪して悲しみすぎることはしない**，という立場をとった。

問6　**16**　①

安息日に病人を癒そうとした**イエス**を，ユダヤ教のパリサイ派が**モーセの十戒**の一つである「**安息日を覚えて，これを聖とせよ**」という律法を厳格に守っていないとして非難した際，イエスは「**安息日は人のためにあるもので，人が安息日のためにあるのではない**」とし，律法に込められた神の意志を理解することこそが重要であると諭した。

②律法は「神の意志そのものとは関係のないもの」という記述も，「あらゆる律法が不要な状態を理想とした」という記述も，誤り。③イエスは，上の①の解説でも触れたように，律法の厳格な遵守ではなく，律法に込められた神の意志を理解することが重要だとした。したがって，この選択肢は誤り。④「人にしてもらいたいと思うことを人にもすべきだ」というイエスの教えは**黄金律**と呼ばれるという趣旨の記述は正しい。しかし，これは世間から見捨てられた病人や貧しい人に対する**隣人愛**の実践の重要性を説いたものであって，律法の厳格な遵守と「一致する」わけではない。

問7　**17**　③

イスラーム教徒（ムスリム）には，**六信五行**と呼ばれる六つの信仰と五つの宗教的実践が義務づけられている。六信とは，**神（アッラー），天使，聖典，預言者，来世，天命**への信仰であり，五行とは，**信仰告白，礼拝，断食，喜捨，巡礼**である。

①**クルアーン（コーラン）**はムハンマドに下された神の啓示を集録したものである。したがって，神の啓示がムハンマドだけでなく「彼を取り巻く人々」にも下された

という趣旨の記述は誤り。②イスラーム教では，救世主の存在は認められていないので，誤り。④イスラーム教のスンナ派は「少数派」ではなく多数派であり，シーア派は「多数派」ではなく少数派である。

問8 18 ④

仏教においては慈悲の実践が説かれるが，その場合の「慈」とは衆生（生きとし生けるものすべて）に楽しみを与えること（与楽）を意味し，「悲」とは衆生から苦しみを取り除くこと（抜苦）を意味する。

①慈悲とは，「人間のみ」を対象とするものではなく，山川草木を含む衆生（生きとし生けるもの）すべてに向けられるものである。②慈悲とは，上でも述べたように，衆生に向けられるものであるから誤り。この選択肢は，孔子の説いた仁を想定している。孔子は，孝悌（親や兄弟に対する愛情）が仁の根本にあるとし，これをより広い人間関係に広げることによって世の中がうまく治まると説いた。③慈悲の実践は，大乗仏教のみならず，上座部仏教でも重視されるから，「上座部仏教では教えられない」という記述は誤り。

問9 19 ④

本文の第2段落の最後の一文や，第3段落の最後の一文などから，④が正解と判断できる。

①癒しを「人間が自然の諸事物を自らに合わせて新しくつくり変え，病の原因をなくすこと」としているのは，本文の趣旨と合致しない。②癒しを「社会のなかで他者に依存した状態から自己を解放し，本来の自己の存在を取り戻すこと」としているのは，本文の趣旨と合致しない。③癒しを「神や菩薩に対する信仰をもつことで，各人が超越的存在との絆の回復を目指すこと」としているのは，本文の趣旨に合致しない。

第3問　日本思想

本問では，「心と行為」をテーマとした本文をもとに，日本の神話，仏教思想，近世思想，近代思想など，日本思想の分野から幅広く出題された。

問1 20 ⑤

ア：誤文。「真心」とは，神々の働きによって人々に与えられた「よくも悪しくも生まれつきたるままの心」，言い換えれば作為の働かない心のことをいう。したがって，「道理によって神を理解しようとする心」という記述は誤り。

イ：正文。古代の日本人は，神や共同体に対して自己中心的な私心がなく，隠しだてをしない明朗な心に基づく生き方を理想とした。こうした心のことを清き明き心（清明心）という。

ウ：誤文。古代の清明心は，中世においては「正直」，近世においては「誠」に受け継がれたとされる。したがって，「正直」は古代の日本人が重んじた心とはいえない。また，古代の日本人にとっての善悪は，「神が定めた」基準ではなく，共同体の内部において，神との関係で人々に生まれる心情的な受け止め方に関わるも

のである。

問2 21 ③

栄西は，その著作『興禅護国論』において，末法の世にあっても，戒律を守り坐禅の修行によって心身を磨くことによって，自己だけでなく国家をも平安にできると説いた。

①「栄西」ではなく鑑真を想定した記述。唐代の高僧である鑑真は，暴風や失明などの苦難をおかして来日し，東大寺に戒壇（正式な僧侶としての資格〔戒律〕を授ける場所）を設けた。②『立正安国論』を著したのは「時宗の開祖である一遍」ではなく，日蓮宗の開祖である日蓮。それ以外は，一遍についての記述として正しい。生涯を遊行僧として過ごし，また，智慧も愚癡も善悪の境界をも捨て去って念仏を称えることを説いたことから，遊行上人，捨聖とも呼ばれる。④「南無妙法蓮華経」を南無阿弥陀仏に直せば，一遍についての正しい記述になる。一遍は，信・不信を問わず人々に念仏をすすめ，念仏を称えた者には念仏札を配った。

問3 22 ②

a には「無常」が入る。中世から近世にかけて，仏教的な世界観から影響を受けて現世を無常と見なす考え方が生まれた。「浄土」は，いっさいの煩悩や穢れを離れた仏や菩薩が住む清浄な世界のこと。

b には「『葉隠』」が入る。この著作は山本常朝が武士の心得を説いたもので，空欄のすぐあとにある「武士道と云は，死ぬことと見つけたり」という言葉で知られる。この言葉は，生への執着を離れ，主君への奉公に徹する武士の覚悟を表している。

問4 23 ④

「いき（粋）」は軽やかで洗練された美意識を表すものであるから，「武骨で垢抜けない素朴さを良しとする美意識」という記述は誤り。また，本来は遊びの道において用いられたものであり，「勤労と倹約」とは関係がない。

①②③は，それぞれ世阿弥が重んじた「幽玄」，松尾芭蕉が追求した「さび」，近世の町人の間に広まった「つう（通）」についての記述として正しい。

問5 24 ①

資料文（藤原惺窩『寸鉄録』）では，主君が真実の心で道理を明らかにしようとするならば，それは正しい行動となって外に表れるということと，主君がそうした心に基づいて行動すれば，周囲は命令を受けなくても主君の感化を受け，おのずと主君に従うようになるということが述べられている。したがって，①が正解。

②周囲は「主君の行動が正しいかどうかにかかわらず」主君の命令に従うという趣旨の記述は，資料文の内容と合致しない。③主君が命令を発することにより周囲がその命令に従おうとするという趣旨の記述や，主君の心に偽りがあっても周囲は主君の命令に従おうとするという趣旨の記述は，いずれも資料文の内容と合致しない。④「主君の心が真実であっても，それが正しい行動として表れるとは限らない」という記述，「主君の行動が正しいかどうかにかかわらず」周囲は主君の命令

に従うという趣旨の記述は，いずれも資料文の内容と合致しない。

問6 `25` **②**

　吉田松陰は，功名や私欲を捨て天道と一体になり，すべての民が藩などの枠を超えて主君である天皇に忠誠を尽くすべきであると説いた(**一君万民の思想**)。

　①「吉田松陰」ではなく**平田篤胤**を想定した記述。平田篤胤は，旧来の神道教説には仏教や儒学が混在しているとして批判し，こうした外来思想を排除して純粋な日本古来の神の道を説く神道(**復古神道**)を唱え，この復古神道は，幕末から明治維新にかけて尊王攘夷運動の精神的な支柱となった。③水戸学が「公武合体論」を推進する立場をとったという趣旨の記述は誤り。**水戸学は，尊王攘夷運動の思想的な支柱**となったもので，その代表的な思想家である**会沢正志斎**は，天皇を中心とする忠孝の道に基づく日本の国的統一を説き，国家統一の自覚のもとで西洋諸国と対抗すべきだと主張した。また水戸学は，君臣の区別と職分を明らかにする**大義名分論**を特徴とした。④水戸学はそもそも，上で述べたように攘夷論の立場をとったから，「開国論を主張し」などの記述は誤り。

問7 `26` **④**

　内村鑑三は，日清戦争を正義のための戦いと捉えたが，**日露戦争に際しては非戦論**に転じ，平和主義の立場をとった。「余は日露非開戦論者であるばかりでない，戦争絶対的廃止論者である，戦争は人を殺すことである，そうして人を殺すことは大罪悪である」と主張した。

　①「新島襄」ではなく**内村鑑三**についての記述。内村鑑三は，『**代表的日本人**』を著し，そこにおいて西郷隆盛，上杉鷹山，二宮尊徳，中江藤樹，日蓮の五人を取り上げ，彼らを『旧約聖書』でいう預言者とみなして，日本の文化的土壌のなかにイエスの教えが根づく土壌が与えられていると主張した。**新島襄**は，幕末に国禁を犯して渡米し，帰国したのち，同志社英学校(キリスト教精神に基づく学校)を創設したことで知られる。②**脱亜論**を主張したのは「新渡戸稲造」ではなく**福沢諭吉**。福沢諭吉は，西洋列強の植民地支配からの独立を維持する道として，野蛮なアジアから脱して西洋の文明国と進退をともにすべきだとする脱亜論を唱えた。**新渡戸稲造**は，英文で『**武士道**』を著し，武士道がキリスト教を受け入れる倫理的な素地であると述べた。また彼は，「太平洋の架け橋」になろうという志に基づき，国際連盟事務局次長として，国際平和の課題に取り組んだことでも知られる。③「植村正久」ではなく新渡戸稲造についての記述。**植村正久**は，東京神学社を創立して，牧師の養成や聖書の翻訳などを行ったことで知られる。

問8 `27` **①**

　西田幾多郎は，主観と客観を峻別する二元論的な西洋哲学を批判的に分析することを通じて，主観と客観が分かれる以前の直接的・根本的経験，すなわち**主客未分の純粋経験**において真の実在が現れると説くとともに，主客未分から主観と客観の分立へと展開する必然性を明らかにしようとした。そして，この必然性を「場所」の論理に求め，有と無の対立を超えて事物や事象を存立させている「**無の場所**」

（絶対無）という考えに到達した。さらに彼は，現実の世界は「無の場所」の自己限定によって成立するとし，現実の世界では事物・事象が絶対的な矛盾・対立を残したまま統一されていると説いた（絶対矛盾的自己同一）。

②「西洋哲学における伝統的な二元的思考に基づいて」という記述，「無の場所」を否定したという趣旨の記述は，いずれも誤り。③現実の世界においては「矛盾も対立も存在しない」という記述は誤り。④「無の場所」を否定したという趣旨の記述，現実世界においては「矛盾も対立も存在しない」という記述は，いずれも誤り。

問9　28　③

本文の第2段落における中世の武士たちに関する記述，第3段落における幕末の志士たちに関する記述から，③が正解と判断できる。

①「社会的行為の規範である礼に従って行為することで心を制するべき」と主張したのは「朱子学者」ではなく荻生徂徠である（第3段落を参照）。したがって，選択肢の第一文の後半は誤り。また，古代人も朱子学者も「心そのものよりも，心の表れである行為の実現を重視している点では共通している」という選択肢の第2文も誤り。本文では，古代人も朱子学者も心と行為の関係を重視していると述べている（第2段落および第3段落を参照）。②道元とキリスト者がいずれも「行為よりも，心そのものを重視している」という記述は誤り。本文は，両者とも，心と行為とを関連づけて考えている趣旨で書かれている（第2段落および第4段落を参照）。④「徳行を実践するためにはまず学問によって心を分析することが必要」と考えたのは，「荻生徂徠」ではなく朱子学者である（第3段落を参照）。

第4問　西洋の近現代思想

本問では，「運命」をテーマとした本文をもとに，マキャヴェリ，ベーコン，ライプニッツ，ヘーゲル，サルトルなど，西洋の近現代思想について幅広く出題された。

問1　29　②

マキャヴェリは，『君主論』において，政治と宗教や道徳とを明確に区別すべきであるという立場を鮮明にするとともに，政治は統治の技術であると考え，君主は道徳的にすぐれていることで人々から愛される者よりも，統治のためにはいかなる手段も用いることのできる者の方が相応しいと主張した。そして，彼は，そうした冷徹な政治を遂行するには，君主にライオンの強さとキツネのずる賢さが必要であると論じた。

①「マキャヴェリ」ではなくプラトンについての記述。プラトンは，知恵の徳を備えた統治者が，勇気の徳を備えた防衛者と節制の徳を備えた生産者を正しく指導し，それによって全体が調和するとき，正義の徳を体現した理想の国家が実現すると説いた。③「マキャヴェリ」の思想ではなく王権神授説についての記述。王権神授説とは，国王の権力は神から授かったものであるとする説で，絶対君主の専制的支配を正当化するものであった。しかし，この説は近代市民革命を支えたロックやルソーなどの社会契約説によって批判された。④「マキャヴェリ」ではなく社会契

約説を唱えた思想家の一人であるホッブズについての記述。彼は，自然状態は各人が自然権を無制限に行使するため「万人の万人に対する闘争」状態に陥ってしまうとし，その状態を脱し平和を取り戻すためには各人が自然権を統治者に全面的に譲渡しなければならないと主張した。

問2 30 ④

ベーコンは，人間を誤った認識にいたらせる原因となる先入観や思い込みをイドラ（幻影，偶像）と名づけ，正しい知識を得るためにはその排除に努めなければならないと主張した。彼は，四つのイドラ（種族のイドラ，洞窟のイドラ，市場のイドラ，劇場のイドラ）を挙げている。種族のイドラは感覚による錯覚など，人類という種族の本性に根差す先入見であり，洞窟のイドラは個人の好き嫌いに基づく偏見など，個人の環境や教育に由来する先入見である。また，市場のイドラは人間関係や社会生活において，言葉の不適切な使用から生じる先入見であり，劇場のイドラは権威のある学説や伝統を鵜呑みにしてしまうことから生まれる先入見である。したがって，アは市場のイドラ，イは洞窟のイドラについての説明である。

問3 31 ⑥

a には「白紙（タブラ・ラサ）」が入る。ロックは，人間の心は生まれたときは何も書かれていないとし，そのことを「白紙（タブラ・ラサ）」という言葉で表した。「繊細の精神」は，パスカルが重視したものである。彼は，真理の探究には，推論と論証に基づく科学的な精神である幾何学的精神だけでは不十分であり，細やかな心情によって物事の本質を直感的に把握する繊細の精神が必要であると説いた。

b には「『モナドロジー（単子論）』」が入る。ライプニッツは，『モナドロジー（単子論）』において，宇宙は非空間的で精神的な個体である無数のモナド（単子）が神の予定調和のもとで活動する場であると説いた。『省察』は，精神と物体を互いに異なる属性をもった二つの実体だとする物心二元論を説いたことで知られるデカルトの著作。『エチカ』は，スピノザの著作。彼は，自然は神そのものであるとする神即自然の考えや，事物を必然的なものとして「永遠の相のもとに」認識すること，すなわち神への知的愛の中に人間の自由があるとする考えを説いたことで知られる。

問4 32 ②

ヘーゲルは，歴史発展の背後にあってその原動力となっているものは，自由を本質とする理性的な精神，すなわち絶対精神であるとし，絶対精神は歴史の舞台で重要な役割を果たす人物を自らを実現するための道具として操りながら，自己を展開させていくと主張した。このような絶対精神のたくらみを，彼は「理性の狡知」（理性の詭計）と呼んだ。①人間を外側から規制するのは「道徳」ではなく法であり，人間を内側から規制するのは「法」ではなく道徳である。③「人倫によって人間を外側から」規制するという趣旨の記述は誤り。「人倫」とは，ヘーゲルによれば，個人の主体的な自由（道徳）と社会における客観的な秩序（法）とが結びついた共同体である。④絶対精神

は「国家同士を争わせ……」という記述は誤り。上の①の解説でも見たように，絶対精神は歴史の舞台で重要な役割を果たす人物を操ることによって，自らを実現していくと説かれた。

問5　33　④

　資料文（九鬼周造「偶然と運命」）では，偶然とはあることもないこともできるものであり，それが人の生存にとって非常に大きい意味を有するときに運命と呼ばれるということ，人は偶然を自分で自由に選んだのと同じように捉え，運命を愛して運命と一体化しなければならない，ということが述べられている。したがって，④が正解。

　①運命を「取るに足りない偶然の出来事」としているのは，資料文の内容と合致しない。②③偶然の出来事は，それを自分で選んだのと同じように捉えることで，人は運命を愛することができる，というのが資料文の内容である。したがって，この二つの選択肢の第2文は誤り。

問6　34　④

　「人間は，あらかじめ自らの本質が定められており」という記述は誤り。サルトルは，人間はペーパーナイフのような人間の制作物と違ってあらかじめ本質が決まっているわけではなく（「**実存は本質に先立つ**」），自らの自由な選択によって自分自身をつくりあげていく**創造的自由**を有すると主張した。

　さらに，彼によれば，人間は自由であることから逃れられず，自らの自由な選択に対して自分に対してのみならず，全人類に対して責任を負わなければならないとした（「**人間は自由の刑に処せられている**」）。①②③は，以上の内容に合致する。

問7　35　①

　ダーウィンは，生物はすべて共通の祖先から枝分かれして，現在の状態へ進化してきたのであり，より環境に適応した種が**自然選択**（**自然淘汰**）によって生き残ってきたと主張した。

　②ダーウィンが「あらゆる生物の種はそれぞれの固有の祖先から変化することはなく」と主張したという趣旨の記述は誤り。③スペンサーは，社会を生物のような有機体として捉え，社会は**適者生存**のメカニズムによって個々人をふるいにかけつつ，よりよい共同の状態へと自ずと進んでいくという考え（**社会進化論**）を説いた。そして，彼はこのような観点から，社会のあり方は軍事的指導者が支配する**軍事型社会**から，相互に自由と平等を分かち合う**産業型社会**へと進化するとした。したがって，「軍事的指導者が支配する社会へと進化していく」という記述は誤り。④スペンサーは，社会の自然な成長に干渉する国家活動を批判し，**個人の自由な活動を擁護**した。したがって，「国家が人為的に統制することで社会は進化していく」という記述は誤り。

問8　36　①

　「運命に抗う立場」についてはマキャヴェリやベーコン，「運命を自らのものとして引き受ける立場」についてはとくにニーチェが取り上げられている部分で論じら

れている。これらの思想家についての記述から判断して，①が正解と判断できる。

②「やむなき運命を最善とみなす立場」についてはライプニッツやヘーゲル，「運命を自らのものとして引き受ける立場」についてはとくにニーチェが取り上げられている部分で論じられている。しかし，この選択肢の第2文の内容は，ニーチェには当てはまらない。③「後者」（運命を最善とみなす立場）について，「悪しき出来事も人間の力によってすべて最善の運命へと変え得るとする立場である」としているのは誤り。例えば，ヘーゲルについての部分を見ればわかるように，彼は絶対精神が自己を実現する過程で客観的に運命が実現されていくとした。④「運命の行く末全体はあらかじめ見通せるという信念」を有するという点で，二つの立場は共通しているという趣旨の記述は誤り。

倫　理

（2018年1月実施）

受験者数　20,429

平　均　点　　67.78

2

倫　理

解答・採点基準　(100点満点)

問題番号(配点)	設問	解答番号	正解	配点	自己採点
第1問(28)	問1	1	⑦	3	
	問2	2	①	2	
	問3	3	⑦	3	
	問4	4	①	3	
	問5	5	③	3	
	問6	6	①	2	
	問7	7	②	3	
	問8	8	③	3	
	問9	9	④	3	
	問10	10	③	3	
第1問　自己採点小計					
第2問(24)	問1	11	②	3	
	問2	12	③	2	
	問3	13	④	3	
	問4	14	②	3	
	問5	15	④	2	
	問6	16	①	2	
	問7	17	①	3	
	問8	18	④	3	
	問9	19	②	3	
第2問　自己採点小計					

問題番号(配点)	設問	解答番号	正解	配点	自己採点
第3問(24)	問1	20	①	3	
	問2	21	④	3	
	問3	22	②	2	
	問4	23	④	3	
	問5	24	③	3	
	問6	25	④	2	
	問7	26	③	2	
	問8	27	④	3	
	問9	28	②	3	
第3問　自己採点小計					
第4問(24)	問1	29	②	3	
	問2	30	④	3	
	問3	31	⑤	3	
	問4	32	④	3	
	問5	33	④	3	
	問6	34	①	3	
	問7	35	③	3	
	問8	36	③	3	
第4問　自己採点小計					
自己採点合計					

第1問　現代社会の諸課題と青年期

　本問では，「優しさ」をめぐる会話文をもとに，現代社会論，ヒューマニスト，青年期の自己形成，苦しむ人々を救うことに尽力した人物(オーウェン，マザー・テレサ，キング牧師)の言動，環境問題，センの思想などが問われた。

問1　<u>1</u>　⑦

　<u>a</u>には，**イ**(「一国の経済不安が，世界全体に大きく影響するようになった」)が入る。文章構成上，**ア**か**イ**が入るが，**ア**は先進国と発展途上国の経済格差が縮小したという趣旨の文であり，世界経済のグローバル化の結果とはいえない。

　<u>b</u>には，**エ**(「人類の福祉を向上させ，国際平和につながる」)が入る。空欄の直前に「世界の飢餓や貧困などを救済すること」とあるので，ここから正解を判断することができる。

　<u>c</u>には，**オ**(「社会的・文化的性差に依拠するものとして問い直すことは」)が入る。文章構成上，**オ**か**カ**が入るが，「男女共同参画社会」の促進につながるものを選ばなければならないから，生物学的性差を再評価すべきであるという趣旨の**カ**は入らない。

問2　<u>2</u>　①

　ハヴィガーストによれば，「親との情緒的なつながりを深めつつ，親の価値観を内面化すること」は，青年期ではなく乳幼児期の発達課題である。したがって，**①**が誤り。

　②ハヴィガーストは，青年期の発達課題として，同世代の人との洗練された人間関係を作ること，経済的自立・職業選択や結婚・家庭生活のための準備をすることなどを挙げている。**③④オルポート**は，成熟した人格になるための条件として，自己の外部へと関心を広げること，現実を客観的にみること，自分に対する洞察とユーモアの感覚をもつこと，などを挙げている。

問3　<u>3</u>　⑦

　ア：オーウェンについての記述。彼は，人道主義的な見地から，資本主義的経済や私有財産制度を批判し，アメリカでニューハーモニー村という**共同所有・共同生活の共同体**をつくったり，**協同組合**の運動を推し進めたりした。**エンゲルス**は，マルクスの盟友で，オーウェンやサン・シモンなどの思想を，現実社会の科学的分析を欠いたために社会主義実現への具体的手段を提示できなかったと批判して**空想的社会主義**と呼んだ人物。

　イ：マザー・テレサについての記述。彼女は，インドを中心に，行くあてもなく路上で死に瀕している人のために「死を待つ人の家」を設立するなど，恵まれない人々の救済のために尽力した。**ガンディー**は，**非暴力主義**に基づくイギリスへの抵抗を呼びかけたインド独立運動の指導者。

　ウ：キング牧師についての記述。彼は，ガンディーの非暴力主義を継承して非暴力の思想に基づく運動を展開し，黒人などへの人種差別の撤廃を求める公民権運動を指導した。**ラッセル**は，アインシュタインとともに，核兵器の廃絶を訴える宣言

4

(ラッセル＝アインシュタイン宣言)を出したことで知られる人物。

問4 　4　①

　マズローは，人間の欲求を低次のものから高次のものへと5つの階層(生理的欲求，安全の欲求，所属と愛の欲求，承認〔自尊〕の欲求，自己実現の欲求)に分け，生理的欲求から承認(自尊)の欲求までの欠乏欲求が満たされると自己実現の欲求という成長欲求が生じるようになるとした。したがって，アとイはいずれも正しいので，①が正解。

問5 　5　③

　現代では，高齢化と核家族化の進展に伴い，高齢者の単身世帯も増加している。このような状況下において，社会全体で介護を担う公的制度のみならず，地域社会における自発的活動による介護支援も必要になると考えられる。

　①介護保険は，個々の要介護度に応じて作成されたケアプランに基づき，特別養護老人ホームなどに入所する施設サービスや，ホームヘルパーによる家事援助，デイサービス(通所介護)などの在宅サービスを提供しようとするものであり，「介護の社会化」という考えに基づいている。したがって，介護保険制度が家族の結びつきを強化することを目的として導入されたとしている①は誤り。②育児・介護休業法は，男女いずれの労働者にも育児休業・介護休業の取得を認めている。したがって，同法が「夫は仕事に専念し妻は育児や介護に専念したい」という性別役割分業の支援を目的とするとしている②は誤り。④高齢者の介護の充実のためには少子化が望ましいという趣旨の記述は誤り。そもそも，少子化は高齢者の介護の「充実」ではなく，むしろその反対の状況をもたらす。

問6 　6　①

　今日では，生物種やそれを含む生態系そのものに価値を認めるべきであるとする自然の生存権の主張が見られるようになっている。これは，人間中心主義の見直しという側面を有している。

　②オゾン層の破壊を主たる原因として生じるのは，地球温暖化ではなく，有害な紫外線が地表に到達することによる農業への悪影響や皮膚がんの発症などである。③予防原則の説明が誤り。予防原則とは，化学物質や遺伝子組換えなどの技術が，人の健康や環境に重大かつ不可逆的な影響を及ぼす可能性がある場合，科学的に因果関係が証明されない場合でも，規制措置を講じようとする制度や考えを指す。なお，「有限な環境で自由な利益追求を認めると全員の損害になる」という記述は，ハーディンが唱えた「共有地の悲劇」を想定したもの。彼は，誰でも自由に利用できる有限の共有資源が，自己利益を最大化しようとする個々の利用者によって過剰摂取され，やがて資源の劣化が起こって利用者全体に不利益が及んでしまうとした。この考えは，地球環境問題を論ずる際に，しばしば引き合いに出される。④酸性雨を引き起こす主たる原因は，「放射性物質」ではなく硫黄酸化物と窒素酸化物である。

問7 　7　②

「2015年と2050年の総人口に占める高齢者の割合の差が大きい国」は，大きい方から順に韓国(22ポイント)，中国(18ポイント)，ブラジル(15ポイント)であり，高齢化の進行は「地域や現在の総人口に関係なく」進行すると言える。

① 「総人口に占める高齢者の割合が高い上位３か国」は，2015年の時点では日本(26.3%)，イタリア(22.4%)，ドイツ(21.2%)であり，2050年の時点では日本(36.3%)，イタリア(35.1%)，韓国(35.1%)である。したがって，二つの時点における上位３か国が同じであるという趣旨の記述は誤り。③ 「2050年の総人口に占める高齢者の割合」が2015年の２倍以上になるのは中国(2.875倍)，インド(約2.45倍)，ブラジル(約2.92倍)であるから，前半の記述は適当である。しかし，韓国(約2.68倍)も２倍を超えているから，「それ以外の４か国では２倍以下にとどまり」という後半の記述は誤り。④前半の記述は適当である。しかし，「2050年には７か国すべてで20%を上回り」という後半の記述は誤り。インドは20%を下回っている。

問8　8　③

資料文(国境なき医師団「ノーベル平和賞受賞講演」)では，人道主義の活動は政治の失敗により生じる非人間的な苦しみを和らげようとするものであり，そのために国際人道法のような法的な枠組みを必要とするということや，政治は人道主義の存在を保証する責任を自覚しなければならず，紛争の際に交戦国によって戦争の道具として使われるようなことがあってはならない，という趣旨のことが述べられている。したがって，③が正解。

①人道主義が政治の失敗の責任を引き受けなければならない，という趣旨の記述は資料文と相容れない。②人道主義の活動が国際人道法のような法的な枠組みを必要とせずに成立する，という趣旨の記述は資料文と相容れない。④人道主義の活動が交戦国に利用されてもやむを得ない，という趣旨の記述は資料文と相容れない。

問9　9　④

センは，福祉政策にとって大切なことは，各人がよき生活を送ることができるように，主体的に選択できる「生き方の幅」，すなわちケイパビリティ(潜在能力)を広げることであり，福祉はこの生き方の幅，選択の度合いによって評価されるべきであると主張した。

①「潜在能力」は，上で見たように各人の「生き方の幅」であって，「個人の才能」をいうのではない。また，福祉の目標は，各人の「生き方の幅」を広げることであって，「財や所得の豊かさ」を実現することではない。②福祉の目標は，各人の「生き方の幅」を広げることであって，「財や所得の豊かさ」を実現することではない。③「潜在能力」は，各人の「生き方の幅」であって，「個人の才能」をいうのではない。

問10　10　③

Aの３番目の発言や４番目の発言などから，③が正解と判断できる。

①Aは，「利己的動機があるから助け合いも生まれるんじゃないかな」と発言している(４番目の発言)。したがって，「社会における助け合いは生じ得ない」とい

う記述は本文の内容と相容れない。②Bは，「たとえ動機が利他的であっても，結果が人のためにならないならばその行為に意味はない」という内容の発言をしていない。④Bは，「人助けしたいという純粋な善意は，利他的動機と言うべきだよ」と発言している（3番目の発言）。したがって，選択肢の後半の記述は本文の内容と相容れない。

第2問　源流思想

本間では，「他者の生を模範とする生き方」をテーマとする本文をもとに，仏教，イスラーム教，アリストテレスの自然観，孔子の思想，キリスト教など，東西の源流思想に関する基本事項が幅広く出題された。

問1　**11**　②

　イスラーム教における**六信**(**神，天使，諸啓典〔聖典〕，預言者，来世，天命**)でいう「諸啓典〔聖典〕」には，ムハンマド以外の預言者(モーセやイエスなど)に神が与えた啓典(聖典)，例えばモーセへの「タウラー(立法の書)」，イエスへの「インジール(福音の書)」なども含まれるが，そのうちで最も重要なものがムハンマドに与えられた「クルアーン」である。そして，これがムスリム(イスラーム教徒)の生活全般を律している。

　①**ブッダ**は釈迦族の王子として生まれながらも，29歳のときに**出家**した。このことからブッダが「自らの社会的身分に即して活動した」という記述は誤り。また，彼の言行をまとめた『**スッタニパータ**』は，**すべての生きとし生けるものに対する慈しみ**などを説いているから，「生まれつきの身分にふさわしい活動をするための模範とされている」という記述も誤り。③**ホメロス**の『**イリアス**』や『**オデュッセイア**』では，英雄たちの活躍とともに，人間のように怒り悲しむ神々の様子が描かれている。したがって，これらの著作は，「神話的世界観を批判し」たものではないし，「神々の登場しない人間の英雄たち」を描いたものでもない。④ユダヤ教やキリスト教の聖書では，預言者**イザヤ**や**エレミア**などが当時の**社会や宗教のあり方を批判した**ことが描かれている。したがって，「預言者イザヤが当時の王国のあり方を賞賛し」という記述は誤り。

問2　**12**　③

　イスラーム教では，ムスリムの宗教的義務として**五行**が定められているが，その五行とは，この選択肢にある**喜捨**(ザカート)のほか，**信仰告白**(シャハーダ)，**礼拝**(サラート)，**断食**(サウム)，**巡礼**(ハッジ)である。

　①クルアーンは「ヘブライ語」ではなく**アラビア語**で著された。②五行の一つである礼拝は，「エルサレム」ではなく，ムハンマドの生誕地でありカーバ神殿のある**メッカ**に向かって行われる。④イスラーム教では，**ユダヤ教徒やキリスト教徒**を「**啓典の民**」と称し，彼らが最も正しい啓典であるクルアーンを認めて正しい信仰の道に入れば，天国に行けるとされる。したがって，イスラーム教徒が自らを「啓

典の民」と称するという趣旨の記述は誤り。

問3 13 ④

資料文（荀子『荀子』）では，優れた君主であれ小人であれ，人間の性(性質)の善さは，後天的な作為によってもたらされたものであり，聖天子の堯や兎が尊重されるのは後天的な作為によって礼義をつくることができたからである，という趣旨のことが述べられている。したがって，④が正解。

①人にはあらかじめ礼義や作為が性にそなわっているという趣旨の記述は，資料文と相容れない。②優れた君主の性が小人とは異なっているという趣旨の記述は，資料文と相容れない。③資料文では，後天的な作為の結果として礼義をつくることができるという趣旨のことが述べられている。したがって，「礼義や作為が後からつくられた」という記述は，資料文と相容れない。

問4 14 ②

アリストテレスは，事物のあり方を，それに内在する普遍的な本質としての形相(エイドス)と，素材にあたる質料(ヒュレー)の結びつきによって説明しようとした。言い換えれば，事物の生成・変化は，質料のうちに可能態として潜んでいる形相が一定の条件の下で現実態として実現することとして捉えられる。ここから彼は，すべての事物の成り立ちを，自らに宿る形相を実現するために成長・発展し，自己を完結させるという動的な運動の観点から説明した。

①「質料に形相が与えられる」という記述も，「事物は質料の実現という目的に向かって生成・発展していく」という記述も誤り。③「質料に形相が与えられる」という記述も，「形相がもつ潜在性」により「偶然的」に生成・発展していくという趣旨の記述も誤り。④「質料がもつ潜在性」により「偶然的」に生成・発展していくという趣旨の記述は誤り。

問5 15 ④

大乗仏教では，自己の悟りを目指す自利行だけでなく，他者の救済に励む利他行に励む者(菩薩)が理想とされた。

①孔子が「覇道政治」を唱えたという趣旨の記述は誤り。覇道政治とは，力によって民衆を支配する政治のあり方を指す。孔子は，道徳を修めた君子が為政者となり，自らの徳によって民衆を感化することで天下に秩序と調和がもたらされるとした(徳治主義)。②孔子は仁と礼をそなえた君子を理想としたから，仁が不要となる生き方を理想としたという趣旨の記述は誤り。③「修行者として悟りを得て，煩悩のない境地に達した阿羅漢」を理想としたのは，大乗仏教の側から，「劣った乗物」という批判的な意味をこめて「小乗」とも呼ばれた上座部仏教である。

問6 16 ①

「八正道」の説明も，八正道の一つである「正業」の説明も正しい。仏教における八正道は，快楽と苦行の両極端を避けた修行の道(中道)を意味し，正見(真理を観ずること)，正思(正しい思考を働かせること)，正語(嘘や中傷を言わないこと)，正業(殺生や盗みをしないこと)，正命(衣食住を貪らず正しい生活をおくること)，

8

正精進(悪を抑え善をなすよう努めること)，正念(心身の真実のありように対し，常に気づきを保ち油断しないこと)，正定(精神を集中・統一すること)からなる。②「正業」についての記述が誤っている。③④「六波羅蜜」とは，大乗仏教における六つの実践徳目であり，これに由来して八正道が説かれたわけではない。また④は，正業についての記述も誤っている。なお六波羅蜜とは，布施(他人に施しを与えること)，持戒(戒律を守ること)，忍辱(怒ることなく耐え忍ぶこと)，精進(怠ることなく努力すること)，禅定(心を乱さないように精神を統一すること)，智慧(迷いを離れて真理に生きること)を指す。

問7 　17　 ①

パウロは，「自分の欲する善はおこなわず，欲しない悪をおこなってしまう」という罪の意識に苦しんでいたが，イエスの声をきくという宗教的な体験を通して，そのような罪をもつ古い自分が滅び新たな自分に生まれかわるためにはイエスの愛以外に救いの道はないと確信したといわれる。そして彼は，イエスの十字架上の死の意味を，神が人類の罪をあがなう(贖罪)ために，「ひとり子」であるイエスを人類のもとに送り，十字架にかけて「いけにえ」としたのだと理解し，人間は自らを犠牲にして人類を罪から救ったイエスの愛(神の愛)を信じ，隣人愛を実践すべきだと考えた。したがって，①が正解。

②パウロによればイエスは神の「ひとり子」であるから，キリストが神と契約を交わしたという趣旨の記述は誤り。またパウロは，律法の厳格な遵守を説くユダヤ教を批判し，神への信仰によってのみ義とされると考えたから，「律法を正しく遵守すべきである」という記述も適当でない。③パウロによれば，人間は生まれながらに自分ではどうすることもできない罪(原罪)を負っており，神への信仰によってのみ義とされる。したがって，「罪のない本来の自己を再発見」という記述は誤り。④パウロによれば，人間は自ら善を欲することができず，悪をおこなってしまうのであり，そのような自分が生まれかわるためには神の愛を信じるほかはない。したがって，「善行を積むことによって，神から義とされるよう努力すべきである」という記述は誤り。

問8 　18　 ④

ア：誤文。ブッダは，人間自我も含めてあらゆるものはつねに変化するとした。したがって，「自己という不変の存在」という記述は誤り。

イ：正文。プラトンは，人間の魂を理性・気概・欲望の三つの部分に分け，欲望が理性と気概を支配すると不正な行為が生まれるとし，理性がその他の二つの部分を統御することで魂全体に秩序と調和がもたらされると説いた。

ウ：正文。朱熹(朱子)は，人間の心の本体には万物をつらぬく根本原理としての理があるが，その発現は個々のものを成り立たせている気によって妨げられ，その結果，人間にはみにくい私欲が備わってしまっていると考えた。このような考えをもとに，彼は天理に従って物の理を窮めて己を律すること(居敬窮理)がいかに大切かを説いた。

問9　**19**　②

　本文の第2段落および第3段落の最後の部分から，②が正解と判断できる。

　①本文の第2段落で取り上げられている思想は，模範となる生を体現した人物から善き生を学ぶことができる例として扱われている。したがって，本文で取り上げられている思想のすべてを想定して，「模範となる生が示されても，それに学ばず……」という記述は誤り。③本文の第3段落で取り上げられている思想は，人間が欲望に深く囚われた存在であるとする考え方をもつ例として扱われている。したがって，本文で取り上げられている思想のすべてを想定して，「人間とはもともと欲望に囚われることのない存在であり」という記述は誤り。④人間には善き生へと導いてくれる模範は不要であるという趣旨の記述は，本文と相容れない。

第3問　日本思想・源流思想

　本問では，「教え」をテーマとする本文をもとに，日本の神話，仏教思想，江戸時代の思想，民衆思想，近代思想が幅広く問われた。資料文読解問題は，昨年まで古文や擬古文の読解が続いていたが，今年は現代文の読解となった。

問1　**20**　①

　古代の日本では，人間の力を超えた不可思議な事象はすべて，畏怖の対象であった。例えば，雷・稲妻などの自然現象，巨木・巨石などの自然物，鳥獣も，霊力をそなえたものとして信仰の対象とされた。このような霊的な存在に対する信仰は**アニミズム（精霊信仰）**と呼ばれる。

　②「造物主としてのアマテラス」という記述は誤り。日本の神話には，ユダヤ教，キリスト教，イスラーム教などにおける**万物の創造者としての唯一絶対の神は登場しない**。高天原（神々の住む世界）を主宰する**アマテラス**も，太陽を神格化した最高神として**祀られる神**でありながら，**他の何ものかの神を祀る存在**とされており，世界を支配する神としては描かれていない。③「効果がないとされた」という記述は誤り。古代日本では，災厄が生じると，供物や祝詞などによって，神の荒々しい力を鎮めようとした。④神々の世界と人間の世界が隔絶しているという趣旨の記述も，神々が自然の秩序や人々の生活に関与することはなかったという趣旨の記述も誤り。例えば，神々の世界（他界）は，生命や霊魂がそこからやってきて，またそこへと帰っていく世界として考えられた。

問2　**21**　④

　ア：誤文。「各地を遍歴し，病人の救済や，道路や橋の修造を行った」という部分は，「鑑真」ではなく**行基**を想定した記述。**鑑真**は，中国に留学中の日本の僧らに請われ，暴風や失明などの苦難を乗り越えて来日し，東大寺に**戒壇**（正式な僧侶としての資格〔戒律〕を授ける場所）を設けた人物。

　イ：正文。**空海**は，唐への留学を経て日本真言宗の開祖となり，**高野山金剛峯寺**を建立するとともに，人は「みなひとしく仏子である」という信念から，民衆のた

めの教育機関である**綜芸種智院**を設立した。

　ウ：正文。**一遍**は，各地を漂泊し，智慧も愚癡も善悪の境界をも捨て去って念仏を唱えれば，信不信にかかわらず往生できると説き，**遊行上人**と呼ばれた。

問3　22　②

　日蓮は，天災や国難が生じるのは法華経がおろそかにされているからであるとして，他宗派の教えを厳しく排撃し「**念仏無間，禅天魔，真言亡国，律国賊**」（**四箇格言**）と主張した。したがって，「宗派間での融和を図ることが必要だと考え，他宗に協力を呼びかけた」とする②が，適当でないものとして正解。

　①日蓮は，人々が法華経に帰依するならば現に生きている世俗世界がそのまま常在の仏の世界（**仏国土**）となり，国家の安泰の達成（**立正安国**）が可能となるとし，為政者への布教も行った。③日蓮は，多くの経典のなかで『**法華経**』にこそ，時と場所を超えてすべての人を救おうと働き続ける**久遠実成の仏**が説かれていると考えた。④『**法華経**』には，身を捨てて利他行にはげもうと誓う菩薩たちが登場するが，日蓮は自らをその菩薩たちになぞらえた。

問4　23　④

　　a　には「**貝原益軒**」が入る。**貝原益軒**は，道徳や教育から薬学に至るまで幅広い研究を行い，『**養生訓**』や『**大和本草**』を著したことで知られる。**本居宣長**は，『**古事記**』など古典の研究を通じて，儒教や仏教など外来の考え方（**漢意**）に染まる以前の日本人が，いかにすぐれた精神を有していたかを見いだし，それを尊重しなければならないと主張した国学者。

　　b　には「**富永仲基**」が入る。**富永仲基**は，特定の学派・学説に囚われない自由な学風で知られる町人の教育機関として設立された**懐徳堂**に学び，後代の思想は前代の思想に新しいものを付け加えることによって展開されるとする**加上説**を唱えたことで知られる。**安藤昌益**は，すべての人が農耕に従事する自給自足の平等社会である**自然世**を理想とし，この観点から，武士など不耕貪食の徒がはびこる封建社会を**法世**と呼んで批判した人物。

　　c　には「**荻生徂徠**」が入る。**荻生徂徠**は，『論語』『孟子』よりも古い**六経**（『易経』『詩経』『書経』『春秋』『礼記』の五経に『楽経』を加えたもの）を重んじ，古代中国の言葉はその当時の言葉遣いや風俗などを踏まえて理解すべきであるとする**古文辞学**を創始したことで知られる。**新井白石**は，『**西洋紀聞**』（キリスト教の宣教師シドッチの尋問記録）において，西洋は形而下の学問（科学技術）はすぐれているが，形而上の学問（キリスト教）は取るに足らないと論断した人物。

問5　24　③

　石田梅岩は，封建的な身分を上下関係としてではなく職能の違いと捉え，町人も武士と同じく社会的な役割を果たしており，尊い存在であると説いた。ただし，彼は，封建的な身分制度そのものについては否定しなかった。

　①石田梅岩は，儒教・神道・老荘思想のみならず仏教も取り入れ，日常生活において心を磨くための学問（**心学**）を自宅で講じた。したがって，仏教を排斥しようと

したという趣旨の記述は誤り。②石田梅岩は，心学を講じる際，受講料を取らず，女性にも聴講を認めた（ただし，儒教道徳に基づいて，男女の席は分けられていた）。したがって，「女性の聴講を認めることはなかった」という記述は誤り。④石田梅岩は，商業活動による利潤は商人の職能に見合う正当な報酬であるとし，「商人の買利は士の禄に同じ」と主張した。したがって，「利益を獲得することを肯定したわけではなかった」という記述は誤り。

問6 　25　④

　植木枝盛は，主権在民や抵抗権などを盛り込んだ私擬憲法（「東洋大日本国国憲按」）を起草した。

　①「西周」ではなく新島襄についての記述。西周は，「理性」「主観」「客観」など哲学用語を考案したことで知られる人物。②「植木枝盛」ではなく中江兆民についての記述。③「西周」ではなく福沢諭吉についての記述。

問7 　26　③

　三宅雪嶺や志賀重昂らによって唱えられた国粋主義（国粋保存主義）についての記述として正しい。ここでいう「国粋」とは，一定の風土的な条件の下で成長・発展し，日本の文化や歴史の連続性の中に存在して，西洋の文明を取捨選択して受け入れる価値基準となるものである。

　①教育勅語の解説書を執筆したことでも知られる井上哲次郎を想定した記述。彼は，天皇制国家主義の立場から，キリスト教を忠君愛国に反する教説であるとして排撃しようとした人物としても知られる。②人格主義を唱えたことで知られる阿部次郎を想定した記述。彼は，内面的な自己としての人格を自覚し，古今東西の文化を摂取して人格の発展を図らなくてはならないと説いた。④超国家主義を唱えた北一輝を想定した記述。彼は，クーデタによる国家改造によって天皇と国民を直結させ，富を平等に分配し，対外戦争によって植民地の分配を均分化すべきであると主張した。

問8 　27　④

　資料文（内村鑑三『基督教と師弟の関係』）では，基督教の伝道とは，欠点をもつ弱い存在としての伝道者が自分たちを経由して罪に沈んでいる人々を神のもとへ導くことにより救済の喜びを分かち合おうとすることであり，伝道者のもつ欠点や弱さは神の完全性や強さを示すものであるという趣旨のことが述べられている。したがって，④が正解。

　①「罪に沈む人々を伝道者の力で直接に救済する」という記述や，「神の完全性を示すことを目指すべきではない」という記述は，資料文と相容れない。②「伝道者が弱さを自ら克服した体験を語る」という記述や，「人々に弱さを克服する意志をもたせる」という記述は，資料文と相容れない。③伝道者は厳しい自己鍛錬によって神の強さに少しでも近づかなければならないという趣旨の記述は，資料文と相容れない。

問9 　28　②

　本文は，日本の先人たちは教えるという営みを反省的に捉え，自己の存在意義を問い返したり，自己の役割を国のあり方と結び付けて模索したりすることを通して，よりよき生や社会の実現を目指そうとした，という趣旨で書かれている。したがって，②が正解。

　①日本の先人たちは自らの徳が人々に認められることではじめて自己の立場を確立した，という趣旨の記述は，本文と相容れない。③日本の先人たちは教えを説くにあたり自らの立場や役割を省みることはなかった，という趣旨の記述は，本文と相容れない。④日本の先人たちは教えを説くにあたり「いったん自己を否定」した，という趣旨の記述は，本文と相容れない。

第4問　西洋の近現代思想

　本問では，「遊び」をテーマとする本文をもとに，ヘーゲル，ロック，カント，ウィトゲンシュタイン，ベルクソンの思想などが問われた。昨年は現代思想を重視した出題であったが，今年は近代思想を中心とする出題となっている。

問1　29　②

　ヘーゲルは，主観的な道徳と客観的な法との統一態(個人の主体的な自由と社会の客観的な秩序が結びついた共同体)を人倫と呼び，それを対立する段階を経て発展していくものと捉えた。したがって，②が正解。

　ヘーゲルは，人倫を家族・市民社会・国家の三つの段階に分けて考察した。この人倫の三段階についての彼の考えは，概ね次のようにまとめることができる。まず，家族は成員が互いに自然的な愛情によって結びついている共同体であるが，そこにおいては各成員は自己の人格的な独立性を自覚していない。一方，市民社会は人格的に独立した諸個人によって構成されているものの，各構成員が自己の欲望を充足させるために私的な利益のみを追求する「欲求の体系」であり，家族におけるような共同的な人間関係が失われている。そして，家族における成員の素朴な共同性・統一性と市民社会における諸個人の独立性との矛盾・対立は，人倫の最高段階としての国家において止揚される。

　したがって，①「欲望の体系である市民社会」において人倫が完成するという趣旨の記述は，誤り。③「国家」において人倫の喪失態が生じるという趣旨の記述は，誤り。④「家族」において人倫が完成するという趣旨の記述は，誤り。

問2　30　④

　ロックは，国家権力を立法権と行政権(執行権)などに分け，それらが互いに制約し合うことにより，国家権力の濫用を防ぐ必要があると主張した。具体的には，立法権を有する議会が執行権(外交に関わる連合権を含む)を有する国王に対して優位に立つという形の権力分立を主張した。

　①ルソーを想定した記述。彼は，自然状態では人間は互いに自由かつ平等であり「自然的自由」を享受していたが，私有財産制の成立とともに悪徳と不平等がはび

こるようになったとした。そして，このような状態から脱して自由と平等を回復するためには，公共の利益の実現を目指す全人民の普遍的意志（**一般意志**）に基づく共同社会を形成し，自分たちが作った法に従わなければならないとし，そうすることで，人間は「**市民的（社会的）自由**」を保障されると主張した。②**デューイ**についての記述。彼によれば，知識・理論は人間が環境に適応していくための道具であり（**道具主義**），生活において生じる問題の解決を導く能力としての**創造的知性**の働きによって，多様な価値観に基づく民主主義社会が実現される。③**アダム・スミス**についての記述。彼は，各人の利己心に基づく経済活動が，「**（神の）見えざる手**」に導かれて，社会全体の利益を増大させると説いた。

問3 　31 　⑤

　 a には「合理論」が入る。**カント**は，人間の認識のあり方を論じる際に，イギリス**経験論**が理性の働きを過小に評価し，大陸**合理論**が理性の働きを過大に評価していると考え，両者を批判的に統合しようとした。

　 b には「感覚」が入る。カントは，人間の認識は，視覚や聴覚などの感覚（**感性**）によって得られる経験的な素材を，理性が先天的に有している思考の枠組み，言い換えれば概念を用いる能力（**悟性**）によって秩序づけることで成立すると説いた。つまり，彼によれば，認識するということは，対象をそのまま模写することではなく，対象を理性が秩序づけ，再構成することである。

　 c には「概念」が入る。上で見たように，「悟性」は**概念**を用いる能力である。

問4 　32 　④

　ア：誤文。「コペルニクス」ではなく**ベーコン**についての記述。**コペルニクス**は，**地動説**（宇宙の中心に太陽があり，地球はその周りを回っているとする天文学説）を唱えたことで知られる人物。

　イ：正文。**ニュートン**は，すべての物体の運動を力学的な法則で説明し，**機械論的自然観**の確立に貢献した。

　ウ：正文。**カーソン**は，農薬などの大量使用によって生態系が破壊されているとして警告を発した。

問5 　33 　④

　資料文（カイヨワ『遊びと人間』）は，遊びは個人的娯楽ではないとし，一人で操作するヨーヨー，けん玉といった「技の遊び」でも，姿の見えない競争相手や観客が想定されており，競争の要素を併せもっている，という趣旨で書かれている。したがって，④が正解。

　①遊びは「技の遊び」と「競争の遊び」に二分されるという趣旨の記述，遊びは個人的娯楽であるという趣旨の記述，さらに競争相手や観客はいない方がよいという趣旨の記述は，いずれも資料文と相容れない。②「技の遊び」が上達するためには競争相手や観客が「その場に」いなければならないという趣旨の記述は，資料文と相容れない。③遊びは「技の遊び」と「競争の遊び」に二分され，「競争の遊び」の方が高尚であるという趣旨の記述は，資料文と相容れない。

14

問6 `34` ①

　ウィトゲンシュタインは，人間は会話という「言語ゲーム」に参加しながら，日常生活に織り込まれた暗黙のルールを自然に学んでいくと主張した。

　②「パロール」「ラング」というキーワードに着目して，ソシュールを想定した記述と判断できればよい。彼は，人間が日常的に行う発話(パロール)が可能になるためには，語彙や文法が共有されていることが必要であるとし，こうした言語の体系(ラング)が個人の主観的意識を超えて存在すると主張した。この考え方からすれば，自由で主体的と考えられてきた個人の思考も，言語構造によって無意識のうちに規定されていることになる。③ラカンを想定した記述。彼は，フロイトによる無意識の領域についての研究を，②でみたソシュールの言語学と結びつけたことで知られる人物で，「無意識は一つの言語活動として構造化されている」とした。彼によれば，言語活動が主観的な意識を超えて存在する構造によって規定されているのと同じように，無意識は単語，音素など様々な要素の連鎖で成り立っており，それらの要素は自我意識によっては制御できない緻密な規則によって支配されている。また彼は，無意識の領域は他者の欲望(幼児期の両親の欲望，学校での他者の欲望，職場での他者の欲望など)で溢れかえっており，人間は成長過程で，言語活動を通して，そうした他者の欲望を自分自身の欲望としてつくりかえていく(取り込んでいく)と主張した。④「脱構築」というキーワードに着目して，デリダを想定した記述と判断できればよい。彼は，近代と非近代，理性と狂気，自己と他者，男性と女性といった西洋哲学で支配的な二元論的思考を内側から解体させ，硬直した思考を問い直そうとした。そうした試みを，彼は「脱構築」と呼んだ。

問7 `35` ③

　ベルクソンによれば，人間は，道具を作成し，それを用いて自然に働きかけ，環境を自分たちに役に立つようにつくりかえていく存在である。彼は，この点に着目して，人間を「ホモ・ファーベル(工作人)」と定義した。

　①カッシーラーによる人間の定義についての記述。彼によれば，人間は，与えられた現実の世界を言語・神話・芸術・宗教といった象徴の世界へとつくりかえていく存在である。彼は，この点に着目して，人間を「アニマル・シンボリクム(象徴を操る動物)」と定義した。②リンネによる人間の定義についての記述。彼によれば，人間は，知性により高度で複雑な思考を行うことができるという点で，その他の動物とは異なる。彼は，この点に着目して，人間を「ホモ・サピエンス(英知人)」と定義した。④「ホモ・レリギオースス(宗教人)」という人間の定義についての記述。これは，神を信じ，祈りを捧げる行為に，人間の特質を見出したものである。

問8 `36` ③

　本文では，遊びは成熟した文化や社会にとって些末で無用なものと見なされてきたが，自由と規律，自発性，創造性，他者との交流といった人間の生の営みを支える要素を有している，という趣旨のことが述べられている。したがって，③が正解。

　①「遊びは，労働を促進するための息抜きや気分転換として，子どもよりも，むしろ大人にとって重要である」という記述は，本文と相容れない。**②④**20世紀に入ってはじめて，遊びの重要性が見直されるようになったという趣旨の記述は，本文と相容れない。

MEMO

倫　理

（2017年1月実施）

受験者数　　22,022

平均点　　54.66

倫 理

解答・採点基準　　　(100点満点)

問題番号(配点)	設問	解答番号	正解	配点	自己採点
第1問 (28)	問1	1	①	3	
	問2	2	④	3	
	問3	3	⑧	3	
	問4	4	④	2	
	問5	5	③	3	
	問6	6	③	3	
	問7	7	②	3	
	問8	8	⑥	3	
	問9	9	②	3	
	問10	10	①	2	
第1問　自己採点小計					
第2問 (24)	問1	11	③	3	
	問2	12	②	2	
	問3	13	⑦	3	
	問4	14	③	3	
	問5	15	②	3	
	問6	16	②	3	
	問7	17	④	3	
	問8	18	①	2	
	問9	19	④	2	
第2問　自己採点小計					

問題番号(配点)	設問	解答番号	正解	配点	自己採点
第3問 (24)	問1	20	①	3	
	問2	21	③	2	
	問3	22	⑦	3	
	問4	23	②	2	
	問5	24	②	3	
	問6	25	①	3	
	問7	26	⑤	3	
	問8	27	④	3	
	問9	28	①	2	
第3問　自己採点小計					
第4問 (24)	問1	29	①	2	
	問2	30	④	2	
	問3	31	⑤	3	
	問4	32	②	3	
	問5	33	①	3	
	問6	34	③	3	
	問7	35	⑥	3	
	問8	36	②	3	
	問9	37	③	2	
第4問　自己採点小計					
自己採点合計					

第1問　現代社会の諸課題と青年期

　本問では，「芸術作品と現代のテクノロジー」をめぐる会話文をもとに，生命倫理，芸術作品と思想，世代間倫理，大衆社会論，情報社会や消費社会をめぐる思想を展開した人物などが問われた。

問1　1　①

　SOL（生命の尊厳）とは生命や生きることに絶対的な価値を置く考え方であるから，患者の生命を救うことが最優先とされる。したがって，①は，SOL に関する記述として正しい。

　② QOL（生命の質）とは患者の自己決定権を尊重する考え方であるから，インフォームド・コンセント（医師が症状や治療法などについて十分に説明した上で，患者の同意のもとに治療を行うこと）と親近性をもつ。したがって，「医師は，患者自身の意向に左右されずに……」は誤り。③「SOL」に関する記述ではなく「QOL」に関する記述である。④ QOL を重視する立場に立てば，例えば治癒の見込みがない場合などに人間としての尊厳を保って死ぬこと（尊厳死）が認められるべきであるという考えが出てくる。つまり，生きることではなく死ぬことを自分で決定することと深く関係している。したがって，生きることに絶対的な尊厳が認められなければならないという趣旨の記述は誤り。

問2　2　④

　ア：正文。小此木啓吾のいう「モラトリアム人間」についての記述として正しい。

　イ：誤文。アリエスは，中世のヨーロッパにおいては，今日的な意味での「子ども」は存在せず，子どもは7歳ごろから「小さな大人」として，できる限り早い時期から大人とともに仕事をすることを期待されていたことを明らかにした。

　ウ：誤文。青年期の人間をマージナル・マン（境界人）と呼んだのは，「アドラー」ではなくレヴィン。アドラーは，フロイトやユングと並んで現代のパーソナリティ理論を作り上げたことで知られる人物。

問3　3　⑧

　ア：ボッティチェリについての記述。彼は，ルネサンス期に「春」「ヴィーナスの誕生」などの作品で，人間の美しさと生命の息吹を描いたことで知られる。セザンヌは，「饗宴」「カード遊びをする人々」などの作品で知られる19世紀の画家。

　イ：雪舟についての記述。彼は，室町時代の禅僧で，日本において水墨画を大成した人物として知られる。尾形光琳は，江戸時代の画家・工芸意匠家として知られる人物。

　ウ：ピカソについての記述。彼の描いた「ゲルニカ」は，戦争の悲惨さ残虐さを告発した作品として知られる。ゴーギャンは，大胆な装飾的構図や色彩を特徴とする画家として知られる。

問4　4　④

　防衛機制としての「逃避」とは，苦しい場面に遭遇したときに気持ちや身体が逃げ出してしまうことをいう。したがって，④が逃避の事例として正しい。

4

　①防衛機制としての「反動形成」の事例。反動形成とは，自分が望んでいるのとは反対の行動を取ろうとすることをいう。②防衛機制としての「代償」の事例。代償とは，獲得できなかった欲求の対象に代えて，別のもので満足しようとすることをいう。③防衛機制としての「合理化」の事例。合理化とは，欲しいものが得られないとき，もっともらしい理由をつけて自分を納得させることをいう。

問5 　5　 **③**

　③は，40歳以上の各世代についての記述として正しい。

　①当てはまると回答された割合を示す数値が2番目に低い項目は，50歳～59歳，60歳以上の世代の場合，イである。したがって，「すべての世代で，……2番目に低いのが項目ウ」という記述は誤り。②当てはまると回答された割合が最も高い項目アと最も低い項目エの間の数値の差は，20～29歳の世代が44.7(76.0-31.3)，30～39歳の世代が54.2(80.8-26.6)，40～49歳の世代が62.6(80.3-17.7)，50～59歳の世代が67.3(75.3-8.0)，60歳以上の世代が56.9(60.8-3.9)であり，50～59歳の世代よりも60歳以上の世代の方が小さい。したがって，世代が高くなるに従って，「大きくなっていく」という記述は誤り。④30～39歳の世代では，項目ウの数値は項目エの数値の約1.97倍である。したがって，どの世代でも，「項目イの数値と項目ウの数値が，いずれも項目エの数値の2倍以上となっている」という記述は誤り。

問6 　6　 **③**

　資料文(トクヴィル『アメリカのデモクラシー』)では，平等が進展するのに伴い，人々は最小の特権にも憎悪の念を募らせ，自分と同等の隣人に従うことに極度の嫌悪感を抱くようになるが，その一方で，人々の上に立つ主権者(権力者)が人々から特権を奪うことをよしとしてしまう，という趣旨のことが述べられている。したがって，③が正解。

　①資料文には，「自分と異質な人を憎悪して視野から排除するようになる」といった趣旨のことは述べられていない。②資料文には，「自分以外の人が自分と同等であることを憎悪するようになる」といった趣旨のことは述べられていない。④資料文には，他者との差異を手がかりにして「自分と同等の人だけを自分の隣人として認めるようになり」といった趣旨のことは述べられていない。

問7 　7　 **②**

　「持続可能な開発(発展)」とは，将来世代の利益を損なうことなく，現在世代の欲求を充足させるような開発を目指そうとする理念である。

　①「持続可能な開発(発展)」という理念は，現在世代の人々が「自分たちの欲求の充足をできるだけ抑制」することを目指すものではない。③「世代間倫理」は，現在世代は将来世代に対して責任があり，将来世代に無制限な負担を負わせてはならないという考え方である。したがって，現在世代と将来世代が「相互に責任や義務を負わなければならない」という記述は誤り。④現在世代は将来世代に対して責任を負う必要がないという趣旨の記述は，「世代間倫理」の考え方と相容れない。

問8 　8　 **⑥**

　　a　には「単独者」が入る。**キルケゴール**は，人々が平均化・画一化した社会においては，人が本来の自己を回復するためには，「**単独者**」として神の前に立って生きなければならないと主張した。「**超越者**」は，**ヤスパース**の根本思想に関わる語。ヤスパースは，死・闘い・罪など自分ではどうすることもできない状況（**限界状況**）に直面したとき，人間は自己の有限性を自覚するが，そのとき自己と世界のすべてを支え包み込む「超越者（包括者）」と出会い，本来の自己に目覚めると説いた。

　　b　には「権威主義」が入る。**フランクフルト学派**の**アドルノ**らは，ファシズムを支えた大衆には，強者にはへつらう一方，弱者に対しては尊大に振る舞う社会的な性格が見られるとし，これを「**権威主義的性格**」と呼んで批判した。「**全体主義**」は，一般に，個人よりも国家や民族に高い価値を認め，個人を抑圧する思想や体制のことを指す。

　　c　には「遊び」が入る。**ホイジンガ**は，人間の文化は，最も自由で創造的な活動としての「**遊び**」を通じて形成されてきたと主張した。こうした観点から，彼は，人間を「**ホモ・ルーデンス（遊戯人）**」と定義した。「工作」は，**ベルクソン**による人間の定義である「**ホモ・ファーベル（工作人）**」を想定したもの。彼は，道具を作りそれによって自然に働きかける存在であるという点に着目して，人間を「ホモ・ファーベル」と定義した。

問9　9　②

　リップマンは，メディアが情報を意図的に操作し，人々に一定のイメージを植えつけて，世論操作を行う危険性を指摘した。

　①**ボードリヤール**は，現代の消費社会では，人々は商品の機能よりも，その商品がもたらす**イメージや記号としての意味**を重視するようになると主張した。したがって，人々が「有用性の観点」から商品を購入するという趣旨の記述は誤り。③**ブーアスティン**は，現代の視聴者はメディアによる報道の自然さよりも物語としての迫真性や映像の「本当らしさ」を好むようになっていると指摘し，このようなメディアが製造する「本当らしさ」のことを**擬似イベント**と呼んだ。したがって，選択肢の前半部分は正しいが，後半部分の「視聴者の側はメディアから流される情報に関心をもたなくなっている」という記述は誤り。④**マクルーハン**は，あらゆるメディアは人間の身体的な感覚を拡張したものであると論じた。したがって，「人間の感覚や想像力は貧困なものになっている」という記述は誤り。彼は，20世紀に入って新たに発展した**映画やラジオ，テレビ**のようなメディアが，抽象的・観念的な思考を支えていたそれまでの活字メディアに対し，映像や音響が生み出すイメージを増幅させたという点に着目した。

問10　10　①

　Aの3番目と6番目の発言から，①が正解と判断できる。

　②Aの4番目の発言から判断して，Aが「他者と意見を交換し合うことには積極的な意義を認めない」という記述は誤り。③Bの2番目と3番目の発言から，テク

ノロジーによる新たな表現に「優れた芸術作品が生まれる可能性を見いだす」という記述や、「少数意見の持ち主こそが芸術の能動的な担い手になることができる」という記述は誤り。④Bの3番目と6番目の発言から判断して、ある作品が真の芸術作品かどうかについて「多くの人々の意見を集約すること」で作品の芸術性を判定できるという記述は誤り。

第2問　源流思想

本問では、「現実社会と生の模索」をテーマとする本文をもとに、アウグスティヌス、イスラーム教、古代インド思想、儒家など、東西の源流思想に関する基本事項が幅広く問われた。

問1　11　③

ユダヤ教では、モーセの十戒などの律法を遵守することが求められる。その十戒には「盗んではならない」「隣人の家を欲してはならない」などの規定がある。

①ソクラテスは、人々が追い求める金銭・名誉・健康・美貌などはすべて、それ自体で幸福を生み出すのではなく、魂をすぐれたものにするよう努力することによって初めて幸福と結びつくとし、人々に対して魂への配慮を怠るべきではないと説いた。言い換えれば、徳を知り、徳を身につけることが「よく生きる」ことであり、「よく生きる」ことこそが同時に幸福なのである(福徳一致)。②イスラーム教では、「貸した金から利子を得ること」は禁止されている。④仏教では、快楽に耽ることと、苦行を極めることの両極端を避ける修行の道(中道)が説かれる。したがって、「徹底した苦行が必要」という記述は誤り。

問2　12　②

アウグスティヌスは、人間は原罪(人間自身の力ではどうすることもできない自己中心性)を負っているがゆえに、どうしても悪を欲してしまい、神の恩寵(神から与えられる無償の恵み)によらなければ善を欲することさえできないとした。また、人類の歴史は欲望が支配する「地上の国」と愛が支配する「神の国」との戦いであり、教会は「地上の国」における神の代理人であると説いた。

①アウグスティヌスのいう神の恩寵は、神が人々に与える無償の恵みである。したがって、「教会が指導する聖書研究を通して」、つまり人々が行う聖書研究によって神の恩寵を得ることができるという趣旨の記述は誤り。③アウグスティヌスは、神の恩寵がなければ人は善を欲することさえできないと説いた。したがって、「善行を積むことにより、神の恩寵を得ることができる」という記述は誤り。④アウグスティヌスではなく、宗教改革を指導したルターを想定した記述。

問3　13　⑦

ア：誤文。イスラーム教では、ムハンマドが「最大かつ最後の預言者」とされる。したがって、「カリフは、……預言者である」という記述は誤り。

イ：誤文。ウンマ(イスラーム共同体)は、神への信仰を基礎とし、ムマンマドを

通して神から与えられた社会生活全般に関わる行為規範を信仰の表現として守ることによって，信者が互いに平等な関係で結びついた共同体である。言い換えれば，ウンマは宗教集団であるとともに生活共同体でもあり，国家や民族の枠を越えるものである。したがって，ウンマが「宗教的ウンマと政治的ウンマに分かれていた」という記述は誤り。

ウ：正文。イスラーム教では，モーセやイエスなどはムハンマドに先行する預言者とされる。また，イスラーム教では，「神の子」の存在は認められない。

問4　14　③

ウパニシャッド哲学では，すべての生きものは，死後，みずからの現世での行為（**業／カルマ**）の善悪に応じた姿に生まれ変わるという**輪廻転生**の思想が説かれた。

①「アートマンは観念的なものにすぎないため，アートマンを完全に捨てて」という記述は誤り。ウパニシャッド哲学では，宇宙の諸現象の根底にあってそれ自身は決して変化することのない絶対的なもの（**ブラフマン／梵**）と，人間の根底に潜む真実の自己（**アートマン／我**）とが，もともと一体であること（**梵我一如**）を自覚するとき，人は輪廻の苦しみから解き放たれ安らぎを得ることができると説かれる。②紀元前5世紀頃，**バラモン教**の聖典ヴェーダの権威を否定して自由な思索を展開する六つの思想潮流（**六師外道**）が活動したとされるが，これは**仏教からの批判的な呼称**である。したがって，この呼称はバラモン教によるものではない。④バラモン教は**多神教**であるから，「唯一なる神」という記述は誤り。

問5　15　②

a には「世界市民主義」が入る。**ストア派**によれば，すべての人間は宇宙を支配する**ロゴス**（**理性**）を種子として宿しており，世界市民として同胞であり平等である。こうした考えを**世界市民主義**という。

b には「自然法」が入る。世界市民主義の考えは，のちに，キリスト教や**近代自然法思想**の成立に影響を与えたとされる。近代自然法とは**人間の理性に基づく永遠普遍の法**（どの時代の誰にも妥当する法）のことで，特定の時代と社会において実効性をもつことを特徴とする実定法とは区別される。

c には「プロティノス」が入る。**プロティノス**によれば，すべてのものの根源には超越的な一者としての神が存在し，いっさいのものはその一者から流出する（**新プラトン主義**）。彼にとって幸福とは，この一者を求めて，一者と合一して生きようとすることにほかならない。この考えは，アウグスティヌスをはじめとしてキリスト教思想に大きな影響を与えた。**セネカ**は，**ストア派**の思想を継承した人物。

問6　16　②

パルメニデスは，あらゆるものの本質は生成も消滅もしない不変不動の実体であるとした。

①**ヘラクレイトス**が，万物の根源を「**火**」であると捉え，「**万物は流転する**」と唱えたという趣旨の前半部分は正しい。しかし，彼は，万物の生成変化のうちに法則性を見いだし，世界は調和した秩序を保っていると考えたから，万物が「絶えず

変化する様子に法則性は認められず，調和した秩序は見せかけのものにすぎないと主張した」という後半部分の記述は誤り。③**プラトン**によれば，人間の魂はもともと永遠不滅の本質，すなわち善美などの**イデア**の世界に属していたのであり，肉体を備えることで生成消滅する不完全な世界としての現実界に堕落しても，そこにおいて善や美などに接することを通してイデアを想起し，それに憧れるようになる。このようなイデアへの憧れのことを，彼は**エロース**と呼んだ。したがって，人間の魂が「この世に生まれた」という記述も，「イデアを忘却してしまった」という記述も誤り。また，「イデアの世界はいかなる手段によっても知ることができない」という記述も誤り。④**マルクス・アウレリウス**が「原子論の考えを発展させた」という記述は誤り。彼は，ストア派の思想に基づいて自制心に富んだ生涯を送ったとされるローマ皇帝である。

問7 `17` ④

資料文(マテオ・リッチ『天主実義』)には，天主は万物を一体のものとしてではなく種類・性質・作用の点で異なるものとして創造したのであるから，無差別平等の愛(兼愛)を説いた墨子を批判した昔の儒者は正しく，万物を一体のものとして平等に扱う今の儒者の考えは誤っているという趣旨のことが述べられている。したがって，④が正解。

①墨家の思想は正しいという趣旨の記述も，天主が万物を平等に扱うという趣旨の記述も資料文と相容れない。②昔の儒者の考えは誤っているという趣旨の記述も，今の儒者の考えを肯定しているという趣旨の記述も資料文と相容れない。③今の儒者の考えは正しいという趣旨の記述も，天主が万物は一体であると唱えたという趣旨の記述も，資料文と相容れない。

問8 `18` ①

『論語』において「**孝悌なる者は其れ仁の本たるか**」と述べられていることから，**孔子**が近親者への愛を重視したという趣旨の記述は正しい。しかし，孔子が祖先に対する祭祀儀礼を批判したという趣旨の記述は誤り。彼は内面規範としての仁と，それが外面に現れたものとしての礼を重視したが，礼は元来，祖先を祀る宗教的儀礼を意味していた。したがって，①が適当でないものとして正解。

②上で見たように，孔子のいう仁の根本は近親者に対する愛としての孝悌である。③**孟子**は，人間の社会関係を律する規範を**五倫**にまとめている。五倫とは，父子の**親**，君臣の**義**，夫婦の**別**，長幼の**序**，朋友の**信**である。④朱子学では「**修身・斉家・治国・平天下**」の実践が重視された。「修身」とは個人の修養，「斉家」とは家族・親族関係を良好に保つことを指し，これにより，国をうまく治めることができ(治国)，天下も安泰となる(平天下)とされる。

問9 `19` ④

本文では，イエス，ムハンマド，仏教が現実社会の次元を超えた平等を説き，そこに生きる意味を見いだそうとしたことや，プラトンや孟子が社会構成員の役割分担を前提としつつ社会全体の理想的な調和の実現を目指したことが述べられている。

したがって，④が正解。

　①本文は，イエス，ムハンマド，仏教，プラトン，孟子は，いずれも，現実社会を批判する視点をもって，よりよい社会の実現を模索したという趣旨で書かれている。したがって，第二文は，本文の趣旨と合致しない。②本文は，イエス，ムハンマド，仏教は，現実社会における貧困・差別を前提としつつも救済を目指そうとしたという趣旨で書かれている。したがって，「現実社会の貧困や差別を根本的になくさない限り，救済は成立しないとする思想」という記述は誤り。③本文では，孟子が「民を虐げる政治を批判した」とある。したがって，「いずれの思想においても，……統治者に，批判を差し挟むことなく従うことが必要とされた」という記述は誤り。

第3問　日本思想・源流思想

　本問では，「日本における外来思想の受容と展開」をテーマとする本文をもとに，仏と在来の神との関係，最澄，朱子学に関わりのある江戸時代の思想家，明治期の思想家など古代から現代までの日本思想が幅広く出題された。

問1　20　①

　日本に仏教が伝来した当初，仏は外国から渡来した神（蕃神）として捉えられ，人々に利益や災厄をもたらすと考えられた。平安時代には，在来の神と外来の仏を融合させようとする神仏習合の考えが広まるようになり，仏が真理の本体（本地）で，神は真理の本体が形をとって現れたもの（垂迹）であるとする本地垂迹説が生まれた。

　②アマテラスが「唯一絶対の……神」と考えられていたという記述が，そもそも誤り。『古事記』では，アマテラスは太陽を神格化した最高神として祭られる神であるとともに，他の何ものかの神を祀る存在とされている。③第一文は正しいが，第二文は誤り。第二文は，平安時代ではなく鎌倉時代に現れた反本地垂迹説（神本仏迹説）についての記述である。この説では，上で見た本地垂迹説とは逆に，神が真理の本体であり，仏はその真理が形をとって現れたものであるとされる。④第一文は正しい。しかし，第二文の「仏と神は……対立する存在」という記述は，①の解説で見た神仏習合の考えに反する。

問2　21　③

　最澄は「一切衆生　悉有仏性」（生きとし生けるものはすべて仏になることができる）と説き，広く魂の救済をもたらす教えとして仏教（天台宗）を民衆に広めようとした。

　①「厭離穢土　欣求浄土」は源信の言葉。これは，「この穢れた世界を厭い離れて極楽浄土を喜んで求めよ」ということを意味する。②「即身成仏」は空海に代表される真言密教が唱えたもの。真言密教では，正しい修行により宇宙の永遠の真理そのものである大日如来と一体化することで，現に生きているこの身のままで成仏できると説かれる。④「則天去私」（自我への執着を去り，すべてを包み込む天に

身を委ねる)は，夏目漱石が晩年に到達したといわれる境地を指す言葉。

問3　22　⑦

　ア：誤文。法然は，一切衆生を救って極楽浄土に往生させるという阿弥陀仏の本願を信じ，他の修行を捨ててひたすら念仏を称えるべきことを説いた(専修念仏)。したがって，「身分や能力に応じた念仏の唱え方を考案」「異なる浄土に往生する」という記述は誤り。

　イ：誤文。道元は，すべてを投げうち，ひたすら坐禅に打ち込むこと(只管打坐)の重要性を説いたが，「公案」(修行僧を育てる僧侶が弟子に与える問題)は重視しなかった。

　ウ：正文。栄西は，戒律を守り坐禅の修行によって心身を磨くことによって，自己だけでなく国家をも平安にできると説いた。

問4　23　②

　山崎闇斎は，君臣関係のあるべき姿として，内面的には利己心や欲望を抑制し，外面的には身だしなみや言葉遣いにおいて礼儀にかなったふるまいとして現れる敬を重視した。

　①前半部分は藤原惺窩についての記述として正しいが，後半部分は誤り。「時期・場所・身分に応じた道徳的実践」を説いたのは陽明学の中江藤樹である。中江藤樹は，朱子学が説く道徳の形式よりもその精神の方が重要であると考え，時(時期)・処(場所)・位(身分)に応じた道徳の実践を説いた。③「貝原益軒」ではなく雨森芳洲についての記述。雨森芳洲は，対馬藩に仕えて朝鮮との外交を担当し，「誠信之交」(誠信の交わり)を主張して東アジアの国際親善に貢献したことで知られる。④佐久間象山が西洋の道徳を取り入れることの重要性を主張したという趣旨の記述は誤り。彼は，「東洋道徳，西洋芸術」と述べて，東洋の伝統的精神の上に西洋の科学技術を積極的に吸収すべきことを説いた。

問5　24　②

　資料文(荻生徂徠『徂徠先生問答書』)では，程子や朱子などが説いた朱子学は，「古聖人」の書をその文面に即して解釈するのではなく，自分の見識によって解釈してしまうため，是非善悪の区別をはっきりとつけることを好むようになり，その結果，朱子学を学ぶと「人柄悪しく」なってしまう，という趣旨のことが述べられている。したがって，②が正解。

　①朱子学が古代の語義を尊重しているという趣旨の記述は，資料文と相容れない。③朱子学が古代の経書の真意と自分の解釈を比較しながら妥当な解釈を選択するという趣旨の記述は，資料文と相容れない。④朱子学が是非善悪の区別を無視しているという趣旨の記述は，資料文と相容れない。

問6　25　①

　契沖は，『万葉集』を実証的に研究し，その注釈書である『万葉代匠記』を著したことで知られる。

　②「心学」は，荷田春満ではなく石田梅岩の教説である。③本居宣長は，事物に

ふれて生じるありのままの感情（もののあはれ）に日本古来のすぐれた精神を見いだした。したがって，この感情を抑制することに日本古来の精神を見いだしたという趣旨の記述は誤り。④平田篤胤は，神々の子孫である天皇に従う古代の道にかえるべきであるという考え（復古神道）を唱えたのであって，古代に「身分の相違や差別のない」理想社会を見いだしたわけではない。

問7 　26　 ⑤

　　a　には「自由之理」が入る。中村正直は，J.S.ミルの『自由論』（'On Liberty'）を『自由之理』と題して出版した。『私の個人主義』は夏目漱石の講演をもとにした著作。

　　b　には「恩賜的」が入る。中江兆民は，民権には人民が自らの力で勝ち取ったもの（回復的民権）と，為政者が人々に恵み与えるもの（恩賜的民権）があるとし，日本の現状では恩賜的民権を養い育てて回復的民権へと発展させるべきであると主張した。

　　c　には「陸羯南」が入る。陸羯南は，政府が進める欧化路線を批判し「国民主義」を主張した。国民主義とは，対外的には各国の国民の精神の相対的独立性を，対内的には国民の統一を意味する。徳富蘇峰は，明治維新以来の文明化が藩閥など支配者層による上からの文明化であると批判し，平民による下からの西欧化の必要性を説いた。こうした徳富蘇峰の考えを平民主義という。

問8 　27　 ④

　柳宗悦は，多くの名もなき職人が制作した日常雑器などを「民芸」と呼び，そこに現れた「用の美」に注目した人物として知られる。

　①折口信夫についての記述。彼によれば，日本における神の原型は，海の彼方の理想郷である常世国から，時を定めて村落を訪れる「まれびと」であり，この「まれびと」と村落の人々との交流の中から，文芸や芸能が発達した。②伊波普猷についての記述。彼は，琉球・沖縄の伝承や古歌謡「おもろ」の研究に取り組み，沖縄民俗学を創始した人物として知られる。③九鬼周造についての記述。彼は，江戸時代の美意識である「いき」（粋）を哲学的に考察し，この美意識は，媚態（艶めかしさ）・意気地（意気込みをもつこと）・諦め（きっぱりとした気風）の三つの要素から成り立っていると説いた。

問9 　28　 ①

　本文の最終段落で述べられていることから判断して①が正解。

　②外来の思想・文化を「模倣することに専心してきた」という記述は，本文の趣旨と相容れない。③「先人たちは日本固有の思想や文化を見いだしてきた」という記述は，本文の趣旨と相容れない。④「外来思想の有する普遍性を称賛してきた」という記述は，本文の趣旨と相容れない。

第4問　西洋の近現代思想

　本問では，「自然と人間をめぐる知の探究」をテーマとする本文をもとに，モンテーニュ，デカルト，クーン，デューイ，ハイデッガー，ロールズ，現象学者などの思想が幅広く問われた。

問1　`29`　①

　モンテーニュは，「私は何を知っているか（**ク・セ・ジュ**）」という内省的な態度を重視し，謙虚さと他者への寛容を説いた。

　②**アダム・スミス**を想定した記述。彼は，人間の自然的本性に根ざす感情には，**利己心**だけでなく**共感**（他人への同情心）という感情が存在し，この共感が利己心に基づく行動を内面において制御することにより，利己心と社会の利益との調和が実現すると説いた。③**パスカル**を想定した記述。彼によれば，人間は悲惨と偉大の間を揺れ動く「中間者」であり，そのような矛盾した存在である人間は自分の悲惨さから目を背け，娯楽や社交，競争や戦争といったもので気を紛らわせようとする。④「堕落した下等な被造物」という部分は，ルネサンスの思想家**ピコ・デラ・ミランドラ**を想定したもの。ただし，彼は，「地上のすべての物は定められた法則にしばられている，しかし人間だけはみずからの自由な意志によって，自分の欲するところのものになる」と述べ，人間だけがみずからの意志で自己のあり方を自由に決定することができ，このことが人間の尊厳の根拠であると論じた。

問2　`30`　④

　デカルトは，幾何学の公理のような**明晰かつ判明な原理**に基づき理性の推論によって個々の知識を導き出す方法（**演繹法**）を提唱した。ここでいう「明晰」とは**決して疑うことができない**ということを意味し，「判明」とは**他のものからはっきり区別される**ということを意味する。

　①**ベーコン**が正しい学問の方法であるとした**帰納法**についての記述。②**進化論**を提唱した**ダーウィン**についての記述。③**ロック**についての記述。彼は，人間の心は，生まれたときは白紙（**タブラ・ラサ**）であるとして**生得観念を否定**し，観念や知識は感覚という外的な経験と反省（愚かさ）とう内的な経験によって形成されると主張した。

問3　`31`　⑤

　ア：誤文。**サルトル**によれば，人間は自己の自由な選択を通じて未来に向けて自己をつくりだしていく**創造的自由**をもち，そのような選択を通じて社会をつくりかえていくことができるが，同時に，自己の選択の影響を被る人々に対して責任を負っているのであり，その範囲は全人類に及ぶ。こうした考えから，彼は，社会形成に参加すること（**アンガージュマン**）を重視した。したがって，「各自の利益と幸福を追求する」という記述は誤り。

　イ：正文。**ルソー**は，自然状態では人間は互いに自由かつ平等であり「**自然的自由**」を享受していたが，私有財産制の成立とともに悪徳と不平等がはびこるようになったとした。そして，このような状態から脱して自由と平等を回復するためには，

公共の利益の実現を目指す全人民の普遍的意志(**一般意志**)に基づく共同社会を形成し，自分たちが作った法に従わなければならないと主張した。そうすることで，人間は「**市民的(社会的)自由**」を保障される，と彼は考えた。

ウ：正文。**ホッブズ**によれば，各人は自然状態において自らの生命を維持するためにはどんなことでも行う自由(**自己保存権**)を有している。しかし，この権利が無制限に行使されることにより自然状態は「**万人の万人に対する闘争**」状態となってしまうため，これから脱して平和を回復するためには主権者に自然権を全面的に譲渡して強大な国家を作らなければならないとされる。

問4　32　②

資料文(カント『実践理性批判』)では，人は道徳法則に反した行為を過失や不注意の結果であると取り繕うことがあるが，その際，同時に自らの自由を行使したことを意識している，という趣旨で書かれている。したがって，**②**が正解。

①人は自らの不正な行いについて自分には責任がないと自分や他人に表明できるという趣旨の記述は，資料文と相容れない。**③**人は遠い過去の不正な行いに限り後悔の念を抱くことがあるという趣旨の記述は，資料文と相容れない。**④**不正な行いに対する非難から自分を守るために道徳法則に訴えるという趣旨の記述は，資料文と相容れない。道徳法則は，そもそも不正な行いについて自責の念を生み出す行為準則である。

問5　33　①

ア：**トマス・モア**についての記述。彼は，その著作『**ユートピア**』において，当時のイギリス社会を批判し私有財産制のない理想社会を描いたことで知られる。**サン＝シモン**は，資本家・労働者・科学者によって自主的に管理され，それらの産業者が能力に応じてはたらき，それに応じて報酬を得るような社会を理想とした人物。

イ：**ボーヴォワール**についての記述。彼女は，その著作『**第二の性**』において「**人は女に生まれるのではない，女になるのだ**」と述べて，男性優位の文化や社会構造を批判したことで知られる。**シモーヌ・ヴェイユ**は，工場で働いた経験をもとに，労働者は代替可能な存在にすぎないとの考えを持つにいたり，労働者が一つの人格として扱われないような状況に目を向けるべきであると訴えた人物。

ウ：**ロールズ**についての記述。彼は，「**公正としての正義**」を構想する立場から，社会的・経済的不平等は，最も不遇な立場にある人々の便益を最大化するよう配慮する限りで容認されるという原理(**格差原理**)を主張したことで知られる。**サンデル**は，**コミュニタリアニズム(共同体主義)**の代表的な思想家。この思想潮流は，自由主義が自由で独立した個人を前提とすることで，各人が自らの意志によって生き方を自由に選択できる存在(「**負荷なき自我**」)であるかのように捉えていると批判し，現実の人間は，さまざまなコミュニティ(家族・地域社会・民族・宗派など)の価値観を内面化し，コミュニティそのものを成り立たせている**共通善**を学ぶことで自らのアイデンティティを形成するという。

問6　34　③

14

クーンは，科学は観察の積み重ねによる新たな事実の発見によって直線的に進歩してきたのではなく，各時代の科学者たちが共有する理論的な枠組み（パラダイム）の転換によって進歩してきたと主張した。

①クーンの考え方からすると，科学の危機は新たに実験をやり直すことによってではなく，パラダイムの転換によって乗り越えられることになる。②リオタールを想定した記述。彼は，世界全体を大きな思想的枠組みで解釈する近代の哲学を「大きな物語」と呼んで批判し，多様な価値観が共存する現代の多元的世界では，具体的・個別的な状況で思索する「小さな物語」を中心にすえなければならないと主張した。④クワインを想定した記述。彼は，科学について，理論の全体から個々の事実の意味がかたちづくられる側面を重視し，このような科学のあり方をホーリズム（知の全体論）と呼んだ。

問7 35 ⑥

 a には「道具主義」が入る。デューイは，知性を具体的な問題を解決する道具とみなした。このような立場を道具主義という。「道具的理性」は，フランクフルト学派のホルクハイマーなどが近代的理性を批判して用いたもの。彼らは，近代の理性は人間を野蛮から解放する啓蒙的理性であるが，同時に，自然や人間を規格化し，効率的・合理的に管理・操作し支配する道具的理性でもあったと主張し，このことが人間を抑圧し，文化の野蛮化を促進していると批判した。

 b には「創造的知性」が入る。デューイは，人間の知性は真理の探究という働きだけでなく，生活において生じる問題を解決し未来を展望する能力としての創造的知性でなければならないとし，この創造的知性の働きによって多様な価値観に基づく民主主義社会が実現されると説いた。「投企」は，実存主義の哲学者が用いた語。例えば，ハイデッガーは本来の自己に向かって自己自身を投げ入れることを指すためにこの語を用いた。

 c には「『民主主義と教育』」が入る。デューイは，この『民主主義と教育』などによって，教育思想にも多大な影響を与えた。『幼児期と社会』は，青年期の最も重要な発達課題をアイデンティティの確立であるとしたことで知られるエリクソンの著作。

問8 36 ②

フッサールは，世界が意識の外にあると信じる素朴な日常の判断を停止し（エポケー），純粋な意識の内面に立ち返り，そこに現れる意識をありのままに記述する方法，すなわち現象学を提唱した。

①「メルロ＝ポンティ」ではなく，ハイデッガーについての記述。ハイデッガーによれば，人間は気がつけばこの世界にすでに投げ入れられてしまっており（被投性），「存在」の意味も根拠もわからないまま，自分の存在の終わりを意味する「死」を自覚しつつ，周囲の存在するものとの関わりを気遣いながら自らを世界に投じていくほかない存在，すなわち「死へとかかわる存在（死への存在）」である。メルロ＝ポンティは，デカルト以来の伝統になっている心と身体，主体と客体を対

立させる考え方を克服しようとして,「生きられた身体」という観点から主体と客体を不可分のものと捉えようとした哲学者。③前半はニーチェを想定した記述。彼によれば,現実の世界は,同じこと,無意味なことが永遠に繰り返される永遠回帰の世界である。後半はカミュを想定した記述。彼によれば,人間は何の必然性もなくこの世に生まれ落ちる不条理の中にあるが,そのもとにある自己の存在を認めながら,それに立ち向かい,人生は生きるに値するかと問い続けるのが哲学である。④フッサールは,現象学を,諸学を基礎づける厳密な学問として構想した。したがって,「学問の絶対的確実性を否定する立場」という記述は誤り。

問9 　37 　③

　本文最終段落に述べられていることから判断して,③が正解。

　①「最も確実な自然科学を模範として,精神や社会に関する学問を再編」すべきであるという趣旨の記述は,本文と相容れない。②「人間に対する考察の独自性を際立た」せるべきであるという趣旨の記述は,本文と相容れない。④「時代に左右されない人間の本質論が求められている」という趣旨のことは,本文には述べられていない。

MEMO

政治・経済

政治・経済

（2023年1月実施）

受験者数　44,707

平　均　点　　50.96

2

政治・経済

解答・採点基準　　（100点満点）

問題番号(配点)	設　問	解答番号	正解	配点	自己採点
第1問(26)	問1	1	④	3	
	問2	2	⑥	3	
	問3	3	④	3	
	問4	4	⑤	4	
	問5	5	①	3	
	問6	6	⑤	3	
	問7	7	③	4	
	問8	8	②	3	
第1問　自己採点小計					
第2問(25)	問1	9	①	3	
	問2	10	③	3	
	問3	11	④	3	
	問4	12	③	3	
	問5	13	②	3	
	問6	14	④	3	
	問7	15	②	4	
	問8	16	①	3	
第2問　自己採点小計					

問題番号(配点)	設　問	解答番号	正解	配点	自己採点
第3問(25)	問1	17	①	3	
	問2	18	④	4	
	問3	19	③	3	
	問4	20	④	3	
	問5	21	②	3	
	問6	22	⑥	3	
	問7	23	③	3	
	問8	24	②	3	
第3問　自己採点小計					
第4問(24)	問1	25	④	4	
	問2	26	④	4	
	問3	27	②	4	
	問4	28	③	4	
	問5	29	①	4	
	問6	30	②	4	
第4問　自己採点小計					
自己採点合計					

第1問　政治・経済総合

地方の広報誌を題材に，政治と経済の両分野から幅広く出題された。様々な統計資料が扱われていたが，日本の一般政府総債務残高(対 GDP 比)や主要な輸出品目，経常収支など，各種経済指標についての知識や動向を把握しておく必要のある設問も見られた。

問1 ☐1☐ ④

下線部①の「供給能力の不足」という部分は誤り。**ケインズ**は，資本主義経済下での不況の原因は消費や投資などの**有効需要**の不足にあるとの理論を示した。

下線部⑦④⑦はいずれも，正しい記述である。

問2 ☐2☐ ⑥

まず，表中の**A～C**国を判別しよう。**A**国は，一般政府総債務残高(対 GDP 比：%)が他国と比べて特に大きく，2020年のそれは256.2％に達している。ここから**A**国が日本であると判断したい。**B**国は，一人当たり実質 GDP(米ドル)が**C**国と比べて大きい。このことから，**B**国が韓国であり，残る**C**国は中国であると判断できる。

次に，**ア～ウ**の記述がどの国のものであるかを判別しよう。**ア**については，「1978年からの**改革開放政策**の下で，外資導入などにより経済成長を続けてきた」という説明から，中国であると判断できる。**イ**については，「**NIES** の一つに数えられた」「**アジア通貨危機**による経済危機も克服」といった説明から，韓国であると判断できる。**ウ**については，「1950年代から1973年頃まで**高度経済成長**を遂げ」「1990年代以降は低成長が常態化しており，政府部門の累積赤字の拡大が議論の的となっている」といった説明から，日本であると判断できる。

以上のことから，組合せとして最も適当なものは⑥となる。

問3 ☐3☐ ④

ロシアについては，**資料**中の「天然資源が多く」という説明に照らし，原油の輸出額の占める割合が比較的大きい**表ア**と，非常に大きい**表ウ**のいずれかに該当すると考えられる。また，**資料**中の「ナイジェリアは，……モノカルチャー経済の特徴を示している」という説明に照らし，**表ウ**が③のナイジェリアであり，**表ア**は④のロシアであると判断できる。**モノカルチャー経済**とは，農産物や鉱産物などの少数の一次産品に依存する経済のあり方をさす。**表ウ**は，一次産品である原油の割合が80％以上を占めていることから，モノカルチャー経済の特徴を示したものといえよう。

①日本については，**資料**中の「加工貿易型で経済発展してきた」という説明に照らし，**表イ**と**表エ**のいずれかに該当すると考えられる。2018年の日本の貿易輸出品の主要3品目は機械類，自動車，精密機械となっている(主要3品目に衣類，繊維と織物は入っていない)ことから，**表イ**は日本であると判断できる。②中国については，**資料**中の「工業化を進め『世界の工場』といわれるほど発展し」たという説明に照らし，**表イ**と**表エ**のいずれかに該当すると考えられる。**表イ**が日本であるこ

4

とから（2018年の中国の貿易輸出品の主要3品目は機械類，衣類，繊維と織物となっていることから），**表エ**は中国であると判断できる。③ナイジェリアについては，先の解説の通り，**表ウ**が該当すると判断できる。

問4 4 ⑤

ア に当てはまるのは **b** である。**b** の「温室効果ガスの排出量と植物などによる吸収量との間の均衡を達成する」ことを，カーボンニュートラルという。脱炭素社会の実現のために，2020年10月，日本政府は2050年までに温室効果ガスの排出量と吸収量を均衡させるカーボンニュートラルを目指すと宣言した。

イ に当てはまるのは **c** である。2012年に導入されたのは，再生可能エネルギーの固定価格買取制度である。同制度は，家庭や企業が再生可能エネルギー（水力，太陽光，風力，地熱，バイオマスが対象）によって発電した電力を，電力会社が一定価格で一定期間買い取ることを国が約束する制度である。

ウ に当てはまるのは**図e**である。二つの図において，固定価格買取制度の対象となる再生可能エネルギー（水力，太陽光，風力，地熱，バイオマス）の数値に注目しよう。**図e**においては，再生可能エネルギー（水力7.8％，太陽光6.7％，風力0.8％，地熱0.3％，バイオマス2.6％）による発電電力量の比率が合計発電電力量の18.2％を占めている。一方，**図f**においては，再生可能エネルギー（水力7.1％，太陽光0.6％，風力0.4％，地熱0.2％，バイオマス1.6％）による発電電力量の比率が合計発電電力量の9.9％を占めるにとどまっている。固定価格買取制度の導入以降，再生可能エネルギーによる発電電力量の比率が高まっていったのだから，**図e**が2019年，**図f**が2012年であると判断できる。

以上のことから，組合せとして正しいものは⑤となる。

問5 5 ①

ア に当てはまるのは **a** である。日本国憲法第99条は，「天皇又は摂政及び国務大臣，国会議員，裁判官その他の公務員は，この憲法を尊重し擁護する義務を負ふ」と規定し，憲法尊重擁護義務を「公務員」に負わせている。憲法尊重擁護義務は「すべての国民」が負うものとはいえないので，**b** は不適当。なお，日本国憲法によれば，国民には，子女に普通教育を受けさせる義務（第26条2項），勤労の義務（第27条1項），納税の義務（第30条）がある。

イ に当てはまるのは **c** である。日本国憲法は，第30条で「国民は，法律の定めるところにより，納税の義務を負ふ」と定め，また，第84条で「あらたに租税を課し，又は現行の租税を変更するには，法律又は法律の定める条件によることを必要とする」と租税法律主義について定めている。すなわち，納税の義務は，憲法によって具体的に発生するわけではなく，法律によって具体的に発生することになる。「法律の定めなしに国税を徴収することができる」とする **d** の説明は，租税法律主義と相容れない内容となっているため，不適当。

以上のことから，組合せとして最も適当なものは①となる。

問6 6 ⑤

　ア：正文。各年の**経常収支**は，設問の**表**中の貿易収支，サービス収支，第一次所得収支，第二次所得収支を合算して求めることができる。各年の経常収支と，経常収支に対する第一次所得収支の比率は，次表の通り。

（単位：億円）

	A	B	C
貿易収支	58,031	11,265	160,782
サービス収支	−39,131	−10,213	−65,483
第一次所得収支	143,402	214,026	66,146
第二次所得収支	−13,515	−20,031	−11,463
経常収支	148,787	195,047	149,982
経常収支に対する第一次所得収支の比率	約96%	約110%	約44%

　A，**B**，**C**において経常収支に対する第一次所得収支の比率が一番大きいのは**B**であることから，**ア**は正文と判断できる。

　イ：誤文。各年の**貿易・サービス収支**は，設問の**表**中の貿易収支とサービス収支を合算して求めることができる。

（単位：億円）

	A	B	C
貿易収支	58,031	11,265	160,782
サービス収支	−39,131	−10,213	−65,483
貿易・サービス収支	18,900	1,052	95,299

　A，**B**，**C**を貿易・サービス収支額の小さいものから順に並べると，**B→A→C**の順になることから，**イ**は誤文と判断できる。

　ウ：正文。**A**〜**C**を判別する方法はいくつか考えられる。一つ目の方法は，第一次所得収支の黒字額に注目して判別する方法である。日本の第一次所得収支の黒字額は，1990年代から2010年代にかけて，拡大傾向をたどってきた。このことに気づくことができれば，**C**が1998年，**A**が2008年，**B**が2018年，すなわち年代の古いものから順に並べると，**C→A→B**の順になると判断できる。

　二つ目の方法は，貿易収支の黒字額に注目して判別する方法である。日本の貿易収支は，1990年代から2000年代初頭には頻繁に年10兆円以上の黒字額を記録していた。しかし，2010年代に入ると年10兆円以上の黒字額を記録することは見られなくなった（2011年から2015年にかけては赤字を記録した）。すなわち，日本の貿易収支の黒字額は，1990年代から2010年代にかけて，縮小傾向をたどってきたのである。このことから，**C**が1998年，**A**が2008年，**B**が2018年であると判断してもよいだろ

う。

　三つ目の方法は，サービス収支の赤字額に注目して判別する方法である。日本のサービス収支は，1990年代には年6兆円以上の赤字額を記録する年が続いていたが，2000年以降，年6兆円以上の赤字額を記録することは見られなくなった。2010年代には外国人観光客の増加なども影響してその赤字額はさらに縮小し，2016年から2019年にかけては毎年のように年6000億円〜1兆円程度の赤字額で推移した。すなわち，日本のサービス収支の赤字額は，1990年代から2010年代にかけて，縮小傾向をたどってきたのである。このことから，**C**が1998年，**A**が2008年，**B**が2018年であると判断することも可能である。

　以上のことから，組合せとして最も適当なものは**⑤**となる。

問7 　**7** 　③

　ア に当てはまるのは**b**である。**行政委員会**は，行政の民主的運営や適正かつ能率的運営を目的として設置される，一般行政機関から相対的に独立した行政機関である。**公正取引委員会**は，**独占禁止法**を運用し，同法に違反する企業の行為がないかどうかを監視するために設置されている国の行政委員会である。**a**にいう**独立行政法人**とは，公共性はあるが国（各省庁）が直接実施する必要のない事務・事業のうち，民間の主体に委ねた場合には実施されないおそれがあるものを行う法人をさし，行政委員会とは区別される。

　イ に当てはまるのは**c**である。設問で示された**条文**中の「内閣総理大臣が，両議院の同意を得て，これを任命する」という記述に照らし，**c**が適当であると判断できる。**d**は，「内閣総理大臣が単独で任意に行う」としているため，不適当。

　以上のことから，組合せとして最も適当なものは**③**となる。

問8 　**8** 　②

　「人口千人当たり国家公務員等予算定員」は，図中の**A**と**B**の時期に大きく減少していることが読み取れる。**A**の時期には「政府関係機関予算上の予算定員」が，**B**の時期には「特別会計上の予算定員」が，それぞれ大きく減っている一方，「一般会計上の予算定員」は大きく減少していない。これらのことに照らし，②の「日本の国家公務員等予算定員の減少分の内訳としては，一般会計上の予算定員の減少が最大の要素である」という記述は誤りであると判断できる。

　①③④はいずれも，正しい記述である。①**第一次石油危機**は1973年に発生した出来事である。図からは，「第一次石油危機より前に，人口千人当たり国家公務員等予算定員が減少に転じている」ことが読み取れる。③**三公社の民営化**は，図中の**A**が示す期間に行われた（電電公社と専売公社の民営化は1985年に，国鉄の民営化は1987年に，それぞれ行われた）。④**郵政民営化**は，図中の**B**が示す期間の2007年に行われた。

第2問　地域社会・グローバル化・国民経済

「日本の地域社会と行政サービスの現状と課題」「グローバル化と日本の産業構造の

変化」「日本の財政金融政策と国民経済全体に関する疑問」の三つのテーマに関連して，経済分野の設問を中心に出題された(一部，地方自治に関する設問も出題されている)。

問1 　9　①

「バブル経済が崩壊し平成不況に入ってからである」という記述は誤り。「地方から都市への大規模な人口移動に伴う過密・過疎の問題」は，高度経済成長期(1955年頃～1973年頃)には生じていた。なお，バブル経済が崩壊し平成不況に入ったのは1990年代前半のことである。

②③④はいずれも，正しい記述である。②いわゆる 限界集落 の出現について説明した記述。③ まち・ひと・しごと創生法 は2014年に制定された法律である。④ コンパクトシティ とは，商業や医療など生活に必要な機能を担う施設を都市の中心部に集中させ，中心市街地を活性化させると同時に行政サービスの効率化を図ろうとする考え方をさす。

問2 　10　③

地方交付税 は，所得税や法人税など国税の一部から，地方公共団体間の財政格差の是正を目的として，使途を限定せずに各地方公共団体に交付されるものである。

① 「財政再生団体に指定された地方公共団体はこれまでのところない」という記述は不適当。財政再生団体 とは，多額の財政赤字を抱え自力での財政再建が困難となり，地方公共団体の財政の健全化に関する法律(2007年制定)に基づき，国の管理下で支援を受けつつ再生を目指す地方公共団体をいう。2000年代に入り，北海道夕張市が財政再生団体の指定を受けた。② 「消費税」が「軽減される」という記述は不適当。ふるさと納税制度 とは，任意の都道府県・市区町村に対して寄付金を支払った場合に，その寄付額に応じて，一定限度額まで，所得税や住民税が軽減される制度である。④ 「国による許可が必要とされている」という記述は不適当。地方公共団体が 地方債 を起債する場合に，国による許可は不要である。なお，かつては，都道府県が地方債を起債する場合，総務大臣の許可が必要であったが，2006年度から許可制は廃止され事前協議制へと変更された。

問3 　11　④

a：正文。地方自治法によれば，地方公共団体は次の2種類に分類される。

普通地方公共団体：都道府県，市町村
特別地方公共団体：特別区(東京23区)，地方公共団体の組合(いくつかの地方公共団体が特定の事務を共同して処理するために設けた団体)，財産区(市町村の一部地域・住民が山林など特定の財産や公の施設を管理するために設けるもの)

b：正文。特定非営利活動促進法(NPO法) により，一定の条件の下，特定の非営利活動を行う団体に法人格を付与している。

c：誤文。「企業数では約7割，従業員数では約5割，生産額では約4割」という記述に示された数値が適当でない。

	中小企業	大企業
企業数（2016年）	99.7%	0.3%
従業者数（2016年）	68.8%	31.2%
付加価値額（2015年）	52.9%	47.1%

（出所）　中小企業庁『2022年版　中小企業白書』により作成。

　　以上のことから，組合せとして最も適当なものは④となる。

問4　12　③

　　ア には「Q_1」が， イ には「超過需要」が，それぞれ当てはまる。「政府による価格への介入によって，価格が P_1 に固定される」場合，この財の供給量は Q_1，需要量は Q_2 となる。すなわち，Q_2 と Q_1 の差（Q_2-Q_1）だけ超過需要が発生していることになる。このとき，この財の取引可能な数量は Q_1 であることから，「取引される財の数量」は Q_1 である（供給量の最大値が Q_1 であることから，「取引される財の数量」が Q_1 を上回ることはない）と判断できる。

　　以上のことから，組合せとして最も適当なものは③となる。

問5　13　②

　　まずは，「風に逆らう介入」の意味を理解して，図を判別してみよう。設問文によれば，為替介入のうち，「風に逆らう介入」は為替レートのそれまでの動きを反転させることを目的とした介入をさす。この「風に逆らう介入」を意味する図は，**図ア**と**図イ**である（なお，「風に乗る介入」を意味する図は，**図ウ**と**図エ**ということになる）。

　　次に，「円売り・米ドル買い」介入が為替レートに与える影響について考え，**図**を判別してみよう。「円売り・米ドル買い」介入を行うことは，外国為替市場での円の供給量の増加と米ドルの需要量の増加につながり，為替レートは円安・米ドル高へと向かうことになる。「介入時点」よりも後に円安・米ドル高へと向かっている図（「介入時点」よりも後の折れ線グラフが右上がりとなっている図）は，**図イ**と**図エ**である（なお，「介入時点」よりも後に円高・米ドル安へと向かっている図は，**図ア**と**図ウ**ということになる）。

　　以上のことから，「円売り・米ドル買いによる『風に逆らう介入』を意味する図」は，**図イ**であると判断できる。

問6　14　④

　　設問文によれば，リサイクル率は「再資源化個数÷販売個数」という計算によって求めることができる。設問で示された**表**中の分数の分母が商品の販売個数，分子が再資源化個数であることを踏まえて，各年における**地域A**，**地域B**，**国全体**の商品のリサイクル率を求めると，次表のような結果となる。

	地域A	地域B	国全体
基準年	$160 \div 400 = 0.4$ 40%	$10 \div 100 = 0.1$ 10%	$170 \div 500 = 0.34$ 34%
基準年の 5年後	$250 \div 500 = 0.5$ 50%	$60 \div 500 = 0.12$ 12%	$310 \div 1000 = 0.31$ 31%

　「リサイクルが活発化しているもの」，すなわちリサイクル率の数値が上昇しているのは，**地域A**と**地域B**である。したがって，正解は④となる。

問7 　**15**　②

　設問の図から，日本国債の保有者構成比については，2011年3月から2021年3月にかけて，日本銀行の比率が8.2%から48.4%へと大きく伸びている一方で，預金取扱機関の比率は42.3%から12.5%へと小さくなっていることが読み取れる。この変化は，「日本銀行が民間金融機関から国債を購入した結果」を示したものといえる。「日本銀行が民間金融機関から国債を購入」する**資金供給オペレーション**（**買いオペレーション**）は**金融緩和政策**に該当することから，図に示された構成比の変化は，「日本銀行の金融緩和政策を反映」したものといえよう。したがって，正解は②となる。

　①「金融引締め政策を反映」は不適当。また，日本銀行が日本政府の発行した国債を直接引き受けることは財政法によって禁じられている（**日銀引受けの禁止**）ので，「日本銀行が日本政府の発行した国債を直接引き受けた結果である」という記述も適当でない。③「金融引締め政策を反映」という記述や「日本銀行が民間金融機関に国債を売却した結果」という記述は，いずれも不適当。④「日本銀行が日本政府の発行した国債を直接引き受けた結果である」という記述は不適当。

問8 　**16**　①

　国内総生産（**GDP**）は，**メモ**中の説明の通り，民間最終消費支出，政府最終消費支出，総固定資本形成，純輸出からなる。2014年度や2015年度の日本においては，国内総生産の額はおよそ520〜540兆円程度で推移し，国内総生産に占める支出割合は，民間最終消費支出が55%前後，政府最終消費支出は20%前後，総固定資本形成は25%前後，純輸出は−2〜0%程度で推移していた（数値は，内閣府資料「2021年度国民経済計算（2015年基準・2008SNA）」に基づく）。

　まず，国内総生産に占める支出割合が先に述べたような数値となっているということを知っていれば，①の「国内総生産に占める支出割合は，民間最終消費支出より民間企業設備投資の方が小さい」という前半部分の記述は適当であると判断できる（なお，民間企業設備投資は総固定資本形成に含まれる）。次に，①の「2015年度のこれら二つの支出項目の対前年度増加率を比較すると，民間企業設備投資の方が高い」という後半部分の記述について考えてみよう。民間最終消費支出の総額（約300兆円程度）よりも民間企業設備投資の総額（約130兆円程度）の方が小さいときに，

民間最終消費支出の増加額（約2兆円）よりも民間企業設備投資の増加額（約3兆円）の方が大きいならば，民間最終消費支出の増加率（300兆円から2兆円増えた場合の増加率は約0.67％）よりも民間企業設備投資の増加率（130兆円から3兆円増えた場合の増加率は約2.31％）の方が高くなる。したがって，①の後半部分の記述も適当である。

②「国内総生産に占める支出割合は，民間最終消費支出より民間企業設備投資の方が大きい」という前半部分の記述は不適当（「大きい」ではなく「小さい」が適当）。③「2015年度のこれら二つの支出項目の対前年度増加率を比較すると，民間最終消費支出の方が高い」という後半部分の記述は不適当（「民間最終消費支出の方が高い」ではなく「民間企業設備投資の方が高い」が適当）。④前半部分と後半部分の両方の記述は，いずれも不適当。

第3問　戦争と平和・日本の議会制民主主義

戦争と平和・日本の議会制民主主義をテーマとして，核兵器に関する条約，中東での紛争と対立，日本の安全保障，日本の統治機構，少年法改正など，政治分野の設問が出題された。

問1 　17　　①

「地下核実験が禁止された」という記述は誤り。**部分的核実験禁止条約**（PTBT）では，大気圏・宇宙空間・水中での核実験が禁止されたが，地下核実験は除外された。

②③④はいずれも，正しい記述である。②**包括的核実験禁止条約**（CTBT）は，地下核実験を含むすべての核爆発実験を禁止する条約であるが，核保有国を含む一部の国が批准せず未発効となっている。③**核拡散防止条約**（NPT）は，アメリカ，イギリス，ロシア，中国，フランスの5つの締約国にのみ核兵器の保有を認め，それ以外の締約国による核兵器の保有を禁止している。④**第一次戦略兵器削減条約**（START I）は，米ソ間で調印された条約で，戦略核弾頭の削減などを定めたものである。

問2 　18　　④

　ア　には「オスロ合意」が，　イ　には「ヨルダン川西岸」が，それぞれ当てはまる。**オスロ合意**とは，1993年にイスラエルとパレスチナ解放機構との間に成立した**パレスチナ暫定自治協定**をさす。これにより，**ガザ地区**と**ヨルダン川西岸地区**におけるパレスチナ自治政府による暫定統治が始まった。なお，**プラザ合意**は，1985年に開かれたG5（先進5か国財務相・中央銀行総裁会議）において成立した合意である。この合意に基づき，G5各国は外国為替市場に協調介入してドル高是正（ドル安への誘導）を図ることとなった。**ゴラン高原**は，イスラエルの北東のシリアとの国境付近の高原地域である。このゴラン地域で展開された**国際連合（国連）の平和維持活動（PKO）**に国連兵力引き離し監視軍（UNDOF）があるが，1996年から2013年にかけて日本の自衛隊もこの活動に参加していた。

[ウ]　に当てはまるのは「イスラエル政府」である。イスラエル政府は，パレスチナ人居住区からテロリストがイスラエルに入って来ないようにするという名目で，2000年代に入って，ヨルダン川西岸地区で分離壁を築いた。2004年には，国際司法裁判所が，パレスチナ人の土地に壁・フェンスを建設することは違法であり，撤去されなければならず，パレスチナ人に対してイスラエルは補償を支払わなければならない，とする勧告的意見を出している。

　以上のことから，組合せとして最も適当なものは④となる。

問3　**19**　③

[ア]　に当てはまるのは「集団安全保障」である。集団安全保障とは，対立する国家をも含む国際組織をつくり，平和を破壊する国に対して集団的に制裁を加えることによって安全を維持しようとする仕組みをさす。1920年に創設された国際連盟は，この集団安全保障の方式を採用していた(1945年に創設された国際連合も集団安全保障の方式を採用)。なお，勢力均衡とは，敵対関係にある国家群相互の軍事力のバランスを維持することで，互いに攻撃できない状況をつくるあり方をさす。

[イ]　に当てはまるのは「不戦条約」である。会話文中のYの「これは，国際関係において国家の政策の手段としての戦争を放棄することを目的としたものだよ。しかし，第二次世界大戦の勃発を抑止できなかったよね」という発言から，1928年の不戦条約が適当であると判断できる。不戦条約は，アメリカのケロッグとフランスのブリアンが提唱したことで実現したことからケロッグ・ブリアン協定とも呼ばれる。なお，国際人道法とは，武力紛争時における人道確保(戦闘行為に参加しない人々や戦闘不能になった人々の保護など)を目的とした様々な国際法規をさす。「捕虜の待遇に関する条約」や「戦時における文民の保護に関する条約」を含むジュネーブ4条約(1949年採択)などがこれに該当する。

　以上のことから，組合せとして最も適当なものは③となる。

問4　**20**　④

国家安全保障会議は，安全保障に関する重要事項を審議する機関として2013年に新設された。内閣総理大臣を議長とし，官房長官や防衛大臣，外務大臣などによって構成される。

①「日本の周辺地域においてのみ」という記述は不適当。重要影響事態法は，2015年に周辺事態法を改正して成立した法律である。重要影響事態法によれば，そのまま放置すれば日本に対する武力攻撃に至るおそれがある場合など，日本の平和と安全に重要な影響を与える事態(重要影響事態)に際し，自衛隊は「日本の周辺地域」に限定されることなく他国軍への後方支援活動を行うことができる。②「自衛隊員の防護のためにのみ武器使用が認められる」という記述は不適当。2015年にPKO協力法が改正され，自衛隊が外国でPKO活動をしている場合に，自衛隊の近くで活動するNGO職員や国連職員，他国軍兵士らが，暴徒や武装勢力に襲撃されたときに，襲撃された職員などの緊急の要請を受け，自衛隊が駆けつけてその保護にあたる「駆けつけ警護」が認められるようになった。自衛隊員は，「駆けつけ

警護」の際，自衛隊員のみならず，その保護しようとする者の防護のために武器を使用することができる。③「防衛装備移転三原則」と「武器輸出三原則」が逆であるため，不適当。日本政府は，2014年に武器輸出三原則を改め，防衛装備移転三原則を策定した。

問5 21 ②

　矢印アに当てはまるのは a である。「両議院の会議の公開と会議録の公表」に関する規定は，日本国憲法の第57条1・2項にある。これらの規定は，有権者から委任を受けた国会が有権者に対して説明責任を果たしていくことについて定めたものである。したがって，a は「矢印アで示された責任に関する憲法上の仕組み」に該当する。b は「矢印アで示された責任に関する憲法上の仕組み」に該当しない。日本国憲法の第90条1項は，「国の収入支出の決算は，すべて毎年会計検査院がこれを検査し，内閣は，次の年度に，その検査報告とともに，これを国会に提出しなければならない」と定めているが，これは内閣が国会に対して説明責任を果たしていくことを意味するものである。

　矢印イに当てはまるのは d である。「一般国務についての内閣総理大臣の報告」に関する規定は，日本国憲法の第72条にある。この規定は，委任を受けた内閣や内閣総理大臣が国会に対して説明責任を果たしていくことについて定めたものである。したがって，d は「矢印イで示された責任に関する憲法上の仕組み」に該当する。c は「矢印イで示された責任に関する憲法上の仕組み」に該当しない。国会は，罷免の訴追を受けた裁判官を裁判する弾劾裁判所を設置する権限を有している（日本国憲法第64条）が，このような権限は内閣が国会に対して説明責任を果たしていくといった性質のものではない。

　以上のことから，組合せとして最も適当なものは②となる。

問6 22 ⑥

　ア に当てはまるのは「家庭裁判所」である。少年法で定める少年の保護事件の審判を行う権限は家庭裁判所にある。

　イ に当てはまるのは「検察官」である。二つ目の イ の直後の「起訴」という語句に注目すれば，「検察官」が入ると判断できるだろう（刑事事件においては，基本的に検察官が裁判所に起訴する，ということを想起したい）。なお，16歳以上の少年のときに犯した故意の犯罪行為により被害者を死亡させた罪の事件（殺人・傷害致死など）に関して，家庭裁判所は，原則として刑事裁判にかけるために少年を検察官へ逆送（逆送致）することを決定する。逆送決定となった事件は，20歳以上と同じ地方裁判所へ検察官によって起訴されることになる。

　ウ に当てはまるのは「18歳」である。2021年，少年法が改正され，民法上は成人（成年）に位置づけられる18歳・19歳の者を「特定少年」とし，引き続き少年法を適用することになった。また，「特定少年」については，家庭裁判所から検察官へ逆送する対象事件に，従来の殺人・傷害致死などに加えて強盗や強制性交などが追加された。なお，「特定少年」のときに犯した事件について起訴された場合には，

実名報道が可能となった。

　以上のことから，組合せとして最も適当なものは**⑥**となる。

問7 `23` **③**

　判例2の「報道機関の報道は，民主主義社会において，国民が国政に関与するにつき，重要な判断の資料を提供し，国民の『知る権利』に奉仕するものである」という記述や，「事実の報道の自由は，表現の自由を規定した憲法21条の保障のもとにあることはいうまでもない」という記述に照らし，**③**は適当である。

　①「個人の表現の自由は，民主主義過程を維持するためではなく個人の利益のために，憲法第21条第1項によって保障される」といった趣旨の記述は，**判例1**の文章中に見当たらないため，不適当。むしろ**判例1**では，民主主義過程を維持するために，表現の自由は「特に重要な憲法上の権利として尊重されなければならない」と説明されている。**②**「公共的事項にかかわらない個人の主義主張の表明は，憲法第21条第1項によっては保障されない」といった趣旨の記述は，**判例1**の文章中に見当たらないため，不適当。むしろ**判例1**では，「公共的事項に関する表現の自由は，特に重要な憲法上の権利として尊重されなければならない」と説明されている。**④判例2**の「思想の表明の自由とならんで，事実の報道の自由は，表現の自由を規定した憲法21条の保障のもとにある」という記述に照らし，選択肢の「思想の表明とはいえない単なる事実の伝達は，憲法第21条によっては保障されない」という記述は，不適当。

問8 `24` **②**

　`ア` に当てはまるのは「衆議院」である。参議院議員の任期は6年，衆議院議員の任期は4年であり，衆議院の方が議員の任期が短い。また，参議院には解散はないが，衆議院には解散がある。任期が短く解散もあることから，衆議院は参議院よりも「直近の民意を反映しやすい議院」とされる。

　`イ` に当てはまるのは「衆議院の議決」である。ここは，「両議院の議決が異なった場合に一定の条件を満た」した場合に，衆議院の議決を「国会の議決とすること」，すなわち衆議院の優越について問われている。衆議院の優越に関する日本国憲法の規定として，法律案の議決（第59条2項・4項），予算の議決（第60条2項），条約の承認（第61条），内閣総理大臣の指名（第67条2項）を挙げることができる。

　`ウ` に当てはまるのは「憲法改正の提案」である。日本国憲法の改正の提案については，衆議院の優越は認められない（日本国憲法の第96条1項は，「この憲法の改正は，各議院の総議員の3分の2以上の賛成で，国会が，これを発議し，国民に提案してその承認を経なければならない。」と規定している）。「条約締結の承認」については，衆議院の優越が認められる（参議院が衆議院と異なった議決をした場合，両院協議会で意見が一致しないときや，30日以内に参議院が議決しないときは，衆議院の議決が国会の議決となる）。

　以上のことから，組合せとして最も適当なものは**②**となる。

14

第4問　SDGs（持続可能な開発目標）の意義と課題

　SDGs（持続可能な開発目標）の意義と課題をテーマに，環境問題や人権保障に関する国際的取組みなどについて出題された。数値資料や会話文を用いて，読解力や思考力を試す設問も見られた。

問1 25 ④

　古いものから順に並べると，**b**（1972年の**国連人間環境会議**[スウェーデンのストックホルムで開催]）→ **a**（1992年の**国連環境開発会議**[**地球サミット**，ブラジルのリオデジャネイロで開催]）→ **d**（2000年，**第55回国連総会**[国連ミレニアム宣言を採択，アメリカのニューヨークで開催]）→ **c**（2002年の**持続可能な開発に関する世界首脳会議**[南アフリカのヨハネスブルクで開催]）となり，④が正解となる。

問2 26 ④

　「**共通だが差異ある責任**」とは，環境保護に関して各国は共通の責任をもつが，環境問題の発生に対する各国の責任の度合いの大きさと，環境破壊からの危険を予防し対処する能力が，国ごとにそれぞれ異なることを踏まえ，それぞれの国はそれぞれ差異のある責任を負うべきであるという考え方をさす。**京都議定書**（1997年採択）では，先進国の温室効果ガス排出量について，法的拘束力のある削減目標が国ごとに設定されるなど，「共通だが差異ある責任」という理念に適合するルールが採用された。一方，**パリ協定**（2015年採択）は，すべての締約国が温室効果ガス削減に取り組むことを義務づける仕組みを採用している（締約国に対して温室効果ガスの削減目標を設定することを義務づけている）点において京都議定書とは異なるが，先進国に発展途上国向けの資金支援を義務づけるなど，「共通だが差異ある責任」という理念に適合するルールも採用している。

　①第1文の「先進国のみに地球環境保護の責任がある」という説明が，「共通だが差異ある責任」という理念と合致しない，ということに気づくことができれば，この選択肢が不適当であると判断できるだろう。京都議定書は，先進国の温室効果ガス排出量について，法的拘束力のある削減目標を国ごとに設定したが，「先進国のみに地球環境保護の責任がある」としたわけではない。また，パリ協定は締約国に対して温室効果ガスの削減目標を設定することを義務づけているが，その目標を達成すること（削減すること）を義務づけているわけではないので，第2文の「すべての締約国に温室効果ガスを削減する義務が課された」という記述も適当でない。②「いずれの条約でも，先進国，発展途上国を問わず，すべての締約国に同様に温室効果ガス削減義務が課されている」という記述は，不適当。京都議定書では，先進国に対して，法的拘束力のある削減目標が国ごとに設定されたが，パリ協定は，すべての締約国に対し，削減目標を自主的に策定し，対策を講じることを義務づけている。なお，「**持続可能な開発**」とは，将来の世代の欲求を満たしつつ，現在の世代の欲求も満足させるような開発を意味する。③京都議定書において「一律の温室効果ガス削減目標」を課したという趣旨の記述は，不適当。

問3 27 ②

　国連総会は，人権に対する重大かつ組織的な侵害を犯した**人権理事会**の理事国に対し，その決議によって理事国としての資格を停止することができる。その具体例として，ウクライナでの「重大かつ組織的な人権侵害」を理由に，人権理事会での理事国としてのロシアの資格停止を決議した例（2022年）を挙げることができる。

　①「検討することができる」という記述は不適当。規約人権委員会（人権規約委員会）は，**市民的及び政治的権利に関する国際規約（B規約）**の締約国であって，かつ，同規約の**選択議定書（B規約第一選択議定書）**の締約国であれば，その管轄下にある個人（被害者）からの通報を受理し検討することができる（B規約第一選択議定書第1条）。すなわち，規約人権委員会は，B規約の締約国ではあるが，B規約第一選択議定書の締約国ではない場合，その管轄下にある個人（被害者）からの通報を受理したり検討したりすることはできない。③「政府代表と労働者代表との二者構成で運営されている」という記述は不適当。労働者の労働条件の改善を図るための国際機関である**ILO（国際労働機関）**は，政府代表・労働者代表・使用者代表の三者構成で運営されている。④「国連分担金の比率上位5か国が常任理事国となる」という記述は不適当。**国連安全保障理事会**の**常任理事国**は，アメリカ，イギリス，中国，フランス，ロシアの5か国であるが，これは国連分担金の比率上位5か国と一致しない（2022〜24年の国連通常予算の分担率上位5か国は分担率順に，アメリカ，中国，日本，ドイツ，イギリス）。

問4　28　③

　アに当てはまるのは**b**である。**サプライチェーン**とは，ある財が消費者の手に渡るまでの，原材料や部品の調達から，生産，在庫管理，配送，販売という一連の連鎖的な取引をさす（「供給連鎖」「供給網」と訳されることもある）。**a**の**セーフティネット**とは，事故や災害などの様々なリスクに備え，最悪の事態を回避するために用意された仕組みをさす（「安全網」と訳されることもある）。その具体例として，雇用保険制度や生活保護制度をはじめとする社会保障制度を挙げることができる。

　イに当てはまるのは**c**である。**フェアトレード**とは，発展途上国産の原材料や製品について公正な価格で継続的に取引することを通じて，発展途上国の生産者や労働者の生活改善や自立を目指す取組みをさす。**d**の**メセナ**とは，企業による芸術・文化の支援活動をさす。

　以上のことから，組合せとして最も適当なものは③となる。

問5　29　①

　a：正文。表によれば，アルゼンチンでは，2017年から2018年にかけて，対外債務残高が増加している（225,925→277,827［単位：百万米ドル］）。また，対外債務残高の対輸出額比（289%→333%）と対外債務残高の対GNI比（36%→56%）はいずれも上昇している。これらのことから，アルゼンチンの債務負担の度合いは高まったと考えられる。

　b：誤文。「対外債務残高の対輸出額比と対外債務残高の対GNI比とがともに低

16

下しており」という記述は不適当。**表**によれば，インドネシアでは，対外債務残高の対輸出額比（177%→172%）は低下しているが，対外債務残高の対 GNI 比（36%→38%）は上昇している。

　c：誤文。「南アフリカの債務負担の度合いは高まったと判断できる」という記述は不適当。**表**によれば，南アフリカでは，2017年から2018年にかけて，対外債務残高が減少している（174,921→174,094［単位：百万米ドル］）。また，対外債務残高の対輸出額比（160%→148%）と対外債務残高の対 GNI 比（52%→49%）はいずれも低下している。これらのことから，南アフリカの債務負担の度合いは高まっていないと考えられる。

　以上のことから，組合せとして最も適当なものは①となる。

問6 　30 　②

　ア に当てはまるのは**a**である。「一つ一つ目標をどう達成するか具体的に定めて条約で約束し，守らない国に対しては責任を追及することで目標の達成を図っていくべきじゃないかな」という**Y**の第1発言を受けて，これに反論する**X**の発言がア に入る。「違反を責めるよりも，各国の自主的な取組みを国際社会が促す」ことを主張する**a**の記述は，**Y**の第1発言に反論するものとなっていることから，これが適当であると判断できる。なお，「経済発展を促進するための包括的な取組みが不可欠」と主張する**b**の記述は，ア の直後の「そんなにうまくいくのかな。とくに，各国の経済発展を阻害するような目標を国際社会で達成するには困難が伴うと思うよ」という**Y**の第2発言に対応しないことから，適当でないと判断できる。

　イ に当てはまるのは**d**である。「環境保護と経済発展をめぐる発展途上国と先進国との利害対立が，SDGs の目標の一つである気候変動問題への国際社会の対処を難しくしている」という**Y**の第2発言に対し，**X**は最終発言において，「たしかに，そこが国際的な問題の難しさだけど，そうした事情を踏まえた点に SDGs の意義がある」と述べている。これに続く イ には，各国の事情を踏まえて SDGs が作られたという趣旨の発言，すなわち**d**が当てはまると判断できる。なお，**c**は適当でない。SDGs は，先進国にも大いに関係がある目標をいくつも掲げており，発展途上国のみならず先進国で暮らす人々も含めて「誰一人として置き去りにしない」という考え方を重視している。**X**の第1発言に「それぞれの目標をどう達成するかは各国に委ねられており，各国の自主性が重視されている」とあるが，ここにいう「各国」には発展途上国も先進国も含まれる。したがって，発展途上国を対象に目標を絞ったという趣旨の発言である**c**は イ に当てはまらないと判断できる。

　以上のことから，組合せとして最も適当なものは②となる。

政治・経済

（2022年1月実施）

受験者数　45,722

平 均 点　56.77

2

政治・経済

解答・採点基準　　(100点満点)

問題番号 (配点)	設　問	解答番号	正解	配点	自己採点
第1問 (26)	問1	1	②	3	
	問2	2	⑧	3	
	問3	3	⑥	3	
	問4	4	①	4	
	問5	5	②	3	
	問6	6	③	4	
	問7	7	①	3	
	問8	8	③	3	
第1問　自己採点小計					
第2問 (26)	問1	9	③	3	
	問2	10	④	3	
	問3	11	①	3	
	問4	12	①	3	
	問5	13	④	4	
	問6	14	③	3	
	問7	15	③	4	
	問8	16	④	3	
第2問　自己採点小計					

問題番号 (配点)	設　問	解答番号	正解	配点	自己採点
第3問 (26)	問1	17	⑤	3	
	問2	18	⑦	3	
	問3	19	⑧	3	
	問4	20	⑥	3	
	問5	21	②	3	
	問6	22	⑦	3	
	問7	23	③	4	
	問8	24	①	4	
第3問　自己採点小計					
第4問 (22)	問1	25	①	3	
	問2	26	③	4	
	問3	27	②	4	
	問4	28	③	4	
	問5	29	②	4	
	問6	30	④	3	
第4問　自己採点小計					
自己採点合計					

第1問　まちづくりのための取組み

　まちづくりのための取組みというテーマのもと，政治分野を中心に，地方自治に関する日本国憲法の保障，政教分離原則に関する最高裁判所の判例，日本の立法過程といった設問が出題された。

問1 1 ②

　設問に示された資料の記述は，モンテスキューが著した『法の精神』の一部である。

　正解は②である。資料の第2段落の「誰も法律が義務づけていないことをなすように強制されず，また，法律が許していることをしないように強制されないような国制」は，「公民の自由」(自由権，国家からの自由)が保障される国制を意味する。第3段落の「同一の人間あるいは同一の役職者団体において立法権力と執行権力とが結合されるとき，自由は全く存在しない」という記述や，第4段落の「裁判権力が立法権力や執行権力と分離されていなければ，自由はやはり存在しない。もしこの権力が立法権力と結合されれば，公民の生命と自由に関する権力は恣意的となろう」などの記述に照らし，②の記述は適当である。

　①「革命権の重要性を説いている」は不適当。資料の記述は，「権力を恣意的に行使する統治」，すなわち権力の濫用を防ぐための権力分立の必要性について述べているが，「革命権の重要性」については述べていない。③「権力を濫用するのではなく公民の自由を保護する傾向にあることを前提としている」は不適当。資料の記述は，その冒頭において，「およそ権力を有する人間がそれを濫用しがちなことは万代不易（ばんだいふえき）の経験である。彼は制限に出会うまで進む」と述べており，「権力をもつ者」が「権力を濫用する」傾向にあることを前提としている。④資料の記述中に，「権力をもつ者」を「人民から自然権を譲渡された絶対的な存在」と位置づけるような説明は見当たらないので，不適当。

問2 2 ⑧

　ア には「分権」が当てはまる。政治上の権能を国(中央政府)に集中させるのではなく，地方公共団体に分散させることを地方分権という。地方分権の実現は，「国から自立した団体が設立され，そこに十分な自治権が保障されなければならない」とする団体自治の原理にかなった取組みである。なお，「集権」は当てはまらない。「集権」(中央集権)は，「分権」(地方分権)の対比表現である。例えば，国から自立した地方公共団体が設立されないあり方，あるいは地方公共団体に自治権が認められないあり方は，政治上の権能が中央政府に集中する「集権」体制(中央集権体制)と呼ぶことができる。

　イ には「民主主義」が当てはまる。民主主義とは，権力は人民に由来し，権力行使は人民の意思に基づいて行使される考え方や政治形態をさす。「地域社会の政治が住民の意思に基づいて行われなければならない」とする住民自治の原理は，民主主義に即した理念である。なお，「自由主義」は当てはまらない。自由主義とは，国や地方公共団体の規制や干渉を排除し，個人の権利や自由の保障を重視する

4

考え方や政治形態をさす。

　ウ には「団体自治」が当てはまる。「国から地方公共団体への権限や財源の移譲」や「国の地方公共団体に対する関与を法律で限定すること」は，地方分権を進めたり地方公共団体の自治権を保障したりすることにつながるから，直接的に「団体自治の強化」につながると考えられる。なお，「住民自治」は当てはまらない。地方分権を進めたり地方公共団体の自治権を保障したりすることは，間接的には住民自治の強化につながるかもしれないが， ウ に当てはまる語句としては，「住民自治」よりも「団体自治」の方がふさわしい。

問3 　3　　⑥

　ア：誤文。「憲法が禁止する宗教的活動にあたるとされた」は誤り。**津地鎮祭訴訟**の最高裁判決(1977年)では，市が体育館の起工に際して神社神道固有の祭式にのっとり地鎮祭を行ったことは，憲法が禁止する宗教的活動にあたらず，憲法違反ではないと判断された。

　イ：正文。**愛媛玉ぐし料訴訟**の最高裁判決(1997年)では，県が神社に対して公金から玉ぐし料を支出したことは，憲法が禁止する公金の支出にあたり，憲法違反であると判断された。

　ウ：正文。**空知太神社訴訟**の最高裁判決(2010年)では，市が神社に市有地を無償で使用させていたことは，憲法が禁止する宗教団体に対する特権の付与にあたり，憲法違反であると判断された。

問4 　4　　①

　ア には「公共の福祉」が当てはまる。日本国憲法第29条2項は，「**財産権**の内容は，**公共の福祉**に適合するやうに，法律でこれを定める」と規定している。なお，「公序良俗」は当てはまらない。**公序良俗**とは，公共の秩序(国家や社会などの一般的な秩序)や善良の風俗(社会の一般的な道徳観念や社会通念)をさす。**民法**によれば，公序良俗に反する法律行為は無効となる。例えば，当事者の一方が公序良俗に反する内容の契約を申し出た場合に，相手方がそれに同意したとしても，その契約は無効となる。

　イ には「周辺住民の生命や身体に対する危険がある場合」が当てはまる。設問に示された「空家法」の2，3によれば，「(a)倒壊等著しく保安上危険となるおそれのある状態」または「(b)著しく衛生上有害となるおそれのある状態」にある「特定空家等」の所有者に対しては，市町村長が「特定空家等」である建築物を取り除くよう命令できる。すなわち，「特定空家等」に該当する建築物が「周辺住民の生命や身体に対する危険がある場合」，その所有者は，市町村長の命令によってその建築物が取り除かれたとしても仕方ない状況にあるといえる。したがって，「周辺住民の生命や身体に対する危険がある場合」という記述が イ に当てはまると判断できる。なお，「周辺の景観を著しく損なっている場合」は当てはまらない。「空家法」の3の「上記(a)または(b)の状態にない特定空家等については，建築物を取り除くよう助言や指導，勧告，命令をすることはできない」という規定に注

目しよう。この規定によれば，「特定空家等」が「空家法」の2に掲げられている「(c)適切な管理が行われないことにより著しく景観を損なっている状態」に該当する場合であっても，「(a)倒壊等著しく保安上危険となるおそれのある状態」や「(b)著しく衛生上有害となるおそれのある状態」に該当しなければ，市町村長はその「特定空家等」を取り除くよう助言や指導，勧告，命令をすることができない。すなわち，「周辺の景観を著しく損なっている場合」であっても，その建築物を取り除く命令ができない場合があるのだから，「周辺の景観を著しく損なっている場合」は　イ　に当てはまらないと判断できる。また，「土地の有効利用のための必要性がある場合」も当てはまらない。そもそも設問の「空家法」の規定の中に，「土地の有効利用」に関わる記述は見当たらない。

問5 　5　②

　ア　(1952年に制定された農地法の内容)には③が，　イ　(1961年に制定された農業基本法の内容)には①が，　ウ　(1999年に制定された食料・農業・農村基本法の内容)には②が，　エ　(2009年に改正された農地法の内容)には④が，それぞれ当てはまる。　ウ　に当てはまる記述は②であり，これが正解となる。

問6 　6　③

　ア　には「規制緩和」が当てはまる。規制緩和とは，それまで禁じられていた特定の行為を解禁することや，官庁の許認可や免許など各種の法規制を緩めたり廃止したりすることをさす。これに対し，規制強化とは，特定の行為を禁止したり各種の法規制を厳しくしたりすることをさす。**X**の第1発言にある「住宅宿泊事業法が制定されて，住宅を宿泊事業に用いる民泊が解禁された」という事例は，規制緩和の具体例である。正解を導く際には，**Y**の第1発言の内容(「民泊がたくさんできる」ことで生じる利点についての発言)が民泊の解禁を支持する考え，すなわち規制緩和を支持する立場の意見であると分かれば，　ア　には「規制緩和」が当てはまると判断できるだろう。

　イ　には「住宅街において民泊事業を始めることを地方議会が条例で禁止する」が当てはまる。**Y**は，その第2発言において，「住宅所有者が民泊事業に新たに参入することを制限するのはだめだよ」と述べ，民泊事業を始めることを制限したり禁止したりすることに反対する考えを示している。このことに照らし，　イ　には「住宅街において民泊事業を始めることを地方議会が条例で禁止する」が当てはまると判断できる。なお，「夜間の激しい騒音を改善するよう民泊事業者に行政が命令する」は当てはまらない。**Y**は，「民泊事業を始めること」を制限したり禁止したりすることに反対する考えを示しているのであって，すでに事業を始めている民泊事業者に何らかの措置(騒音改善措置など)をとらせることに反対する考えを示しているわけではない。

問7 　7　①

　ア　には「民法」が当てはまる。「利用料金を支払って民泊を利用する契約」に適用され，「私人間の関係を規律する」のは民法である。民法は，私人相互間の権

利義務関係(法律関係)を定めた法律であり，契約や相続などについて規定している。なお，**刑法**は，犯罪や刑罰について定めた法律であり，「私人間の関係」ではなく国家と個人の関係を規律する法律である。

　イには「私法」が当てはまる。**私法**とは，私人相互の私的な関係を規律する法をさし，具体例として，民法・商法などをあげることができる。なお，**公法**とは，国家と個人の関係を規律したり，国家の組織・活動を規律したりする法をさし，具体例として，憲法や刑法，地方自治法などをあげることができる。

　ウには「消費者契約法」が当てはまる。**消費者契約法**は，「不当な勧誘による契約の取消しを可能にしたり，消費者に一方的に不利な条項の無効を定めたりする」ことなどによって，消費者の利益を守ることを目的とした法律である。なお，**独占禁止法**は，事業支配力の過度の集中を防止して，事業者の公正かつ自由な競争を促進することを目的とした法律である。

問8　**8**　**③**

　「衆議院の議決が国会の議決となる」は誤り。日本国憲法は「参議院が，衆議院の可決した法律案を受け取つた後，国会休会中の期間を除いて60日以内に，議決しないときは，衆議院は，参議院がその法律案を否決したものとみなすことができる」(第59条4項)と規定している。すなわち，「参議院が衆議院の可決した法律案を受け取った後，60日以内に議決をしないとき」は，参議院がその法律案を否決したものとみなされるにすぎず，「衆議院の議決が国会の議決となる」わけではない。ただし，参議院によって否決されたとみなされた法律案は，「衆議院で出席議員の3分の2以上の多数で再び可決したときは，法律となる」(第59条2項)。

　①②④はいずれも，正しい記述である。①国会法は，「議員が議案を発議するには，衆議院においては議員20人以上，参議院においては議員10人以上の賛成を要する。但し，予算を伴う法律案を発議するには，衆議院においては議員50人以上，参議院においては議員20人以上の賛成を要する」(第56条1項)と規定している。②衆議院または参議院に提出された法律案は，原則として，**委員会**の審議を経てから**本会議**で審議される。なお，国会における法律案の実質的な審議は委員会で行われる(委員会中心主義)。④日本国憲法は，「法律及び政令には，すべて主任の国務大臣が署名し，内閣総理大臣が連署することを必要とする」(第74条)と規定している。

第2問　経済主体の関係

　経済主体の関係をテーマに，機会費用の考え方とその適用例，日本銀行による公開市場操作，バランスシート，購買力平価説など，経済分野の設問が出題された。

問1　**9**　**③**

　新型コロナウイルスの感染拡大が本格化した2020年には，外出を控えて自宅で過ごすケースが増え，その影響から「**巣ごもり需要**」が増加し，前年比で売上を伸ばす企業も見られた。

　①「リストラクチャリング」という部分を「コーポレート・ガバナンス」に置き

換えると適当な記述になる。**リストラクチャリング**とは，企業における事業の再構築をさす。**コーポレート・ガバナンス**は，「企業統治」とも訳される語句で，企業がステークホルダー(利害関係者)の利益に反する行動をとらないように，株主(あるいは株主の代理人として選任された社外取締役など)が，経営者が適切に企業運営を行うように監視することをいう。②「株主への分配率が上昇すると内部留保への配分率も上昇」するという説明は不適当。株式会社において，利潤は株主に対して**配当**という形で分配され，残りは**内部留保**(社内留保)として企業の資本となる(利潤＝配当＋内部留保)。すなわち，ある企業の1年間の利潤のうち，株主への分配率が上昇すると，内部留保への配分率は低下することになる。なお，「株主への分配率が上昇」という部分を「株主への分配率が低下」に置き換えると適当な記述になる。内部留保が多くなれば，企業は設備投資を増加させることが可能となる。つまり，株主への分配率が低下して内部留保への配分率が上昇するようなとき，企業は設備投資を増加させやすくなる。④「最低資本金額が引き上げられた」は不適当。かつて日本では株式会社を設立するためには，資本金として最低でも1,000万円が必要であった(**最低資本金規制**)。しかし，新しい**会社法**(2005年制定)が2006年に施行されたことに伴い，最低資本金規制が撤廃され，1,000万円を下回る資本金であっても株式会社を設立できるようになった。

問2 `10` ④

Xがその第2発言において，「需要側からの汚染物質の問題は省いて」作図すると述べていることから，消費者側に汚染物質が描かれている関係図①・③は適当でないと判断できる。また，Xがその第2発言の中で，「供給側への政府の対策」を作図すると述べていることから，政府から企業に向けて矢印が伸びる形で描かれていない関係図②は適当でないと判断でき，関係図④が正解となる(Xの第3発言の「NPOなどによる，供給側への監視も大事」という箇所から，関係図②は適当でないと判断し，関係図④を正解として導くことも可能)。

問3 `11` ①

`ア`には「トレード・オフ」が当てはまる。**トレード・オフ**とは，一方の目標を達成しようとすると，他方の目標達成を犠牲にしなければならない，いわゆるジレンマの関係をいう。なお，**ポリシー・ミックス**とは，複数の政策目標を同時に達成するために，各種の政策を組み合わせることをいう。

`イ`には「公園」が当てはまる。設問のメモ中の「◇機会費用の考え方」において，**機会費用**が「ある選択肢を選んだとき，もし他の選択肢を選んでいたら得られたであろう利益のうち，最大のもの」であると説明されている。このことに照らし，企業が「ある土地をすべて駐車場として利用した場合」の機会費用は，「公園」を選択したときの利益と「宅地」を選択したときの利益のうち，「最大のもの」と等しいと考えることができる。また，メモ中の「◇事例の内容と条件」において「利用によって企業が得る利益は，駐車場が最も大きく，次いで公園，宅地の順である」と記述されている。このことから，企業が「公園」を選択したときの利益と

「宅地」を選択したときの利益のうち,「最大のもの」は「公園」を選択したときの利益と判断できる。つまり,企業が「ある土地をすべて駐車場として利用した場合」の機会費用は,「公園」を選択したときの利益に等しいことになる。

問4 12 ①

ア には「緩和」が当てはまる。**公開市場操作**は,日本銀行(日銀)が市中銀行と国債などを売買すること(買いオペレーションや売りオペレーション)を通じて,金融市場の通貨量を調整して**無担保コール翌日物金利**(コールレート)を誘導する政策であり,今日の日本の金融政策の中心的手段となっている。**買いオペレーション**(**資金供給オペレーション**)は,金融市場の通貨量を増やして市中金利を低水準へと誘導する**金融緩和**の効果をもつ(市中金利が低下すれば,家計の住宅投資や企業の設備投資が活発化し,景気を刺激したり回復させたりする効果が期待できる)。これに対して,**売りオペレーション**(**資金吸収オペレーション**)は,金融市場の通貨量を減らして市中金利を高水準へと誘導する**金融引締**の効果をもつ。

イ には「マネーストック」が当てはまる。**マネーストック**とは,家計や企業といった経済主体が保有する通貨量の残高をいう(金融機関や中央政府が保有する預金などは対象外)。一方,**マネタリーベース**とは,現金通貨の総量と日銀当座預金の残高(市中銀行が日銀に預けている預金の残高)の合計のことで,日銀の直接的なコントロールが及ぶ部分のお金を意味する。例えば,日銀が市中銀行から国債などを積極的に買えば,まず市中銀行の日銀当座預金の残高が増え,マネタリーベースも増加することになる(このことは,公開市場操作によってマネタリーベースが直接的に増加していることを意味する)。マネタリーベースが増えれば,市中銀行は家計や企業向けに融資を増やすことが可能になり,その結果,市中に流通する通貨量の残高が増え,マネーストックも増加することになる(このことは,公開市場操作によってマネーストックが間接的に増加していることを意味する)。Xの第2発言にある「個人や一般企業が保有する通貨量」という記述を手がかりに,あるいは,Yの第1発言にある「日本銀行が市中銀行から国債を買い入れると,確実に増加するのは市中銀行が保有する日銀当座預金の残高だね」という記述を手がかりに,イ には「マネーストック」が当てはまると判断できる。

問5 13 ④

設問中のメモにおいて,「個人や一般企業が銀行から借り入れると,市中銀行は『新規の貸出』に対応した『新規の預金』を設定し,借り手の預金が増加する」と説明されている。この説明内容を示したのが**図1**と**図2**であり,**図2の貸出後のバランスシート**からは,「新規の貸出」20に対応した「新規の預金」20が設定されていることが読みとれる。そして,「新規の貸出」が増えた分だけ市中銀行の資産が増加するとともに,「新規の預金」が増えた分だけ市中銀行の負債(**図1・図2**の下の(注)にある「負債は預金」という説明に注意)が増加していることも読みとれる。④の「市中銀行は『新規の預金』を創り出すことによって個人や一般企業に貸し出す」という記述は,メモに示された上記の説明を言い換えたもの,また,④の「銀

行貸出は市中銀行の資産と負債を増加させる」という記述は，**図1**と**図2**を比べた内容について説明したものとなっており，それぞれ適当な記述である。したがって，④が正解となる。

①「市中銀行の資産を増加させ負債を減少させる」は不適当。**図1**から，市中銀行が「『すでにある預金』を個人や一般企業に貸し出す」場合，その数値は「すでにある貸出」（バランスシートの左側）に反映されていることが読みとれる。「すでにある預金」の貸出は，「新規の貸出」を増加させるものではないのだから，市中銀行の資産（貸出＋日銀当座預金）を増加させるとはいえない。また，「すでにある預金」を貸し出したからといって，「すでにある預金」の数値が減少するわけではないので，市中銀行の負債（預金）は減少しないと考えられる。②「市中銀行の資産を減少させ負債を増加させる」は不適当。市中銀行が「『すでにある預金』を個人や一般企業に貸し出す」ことは，市中銀行の資産（貸出＋日銀当座預金）を減少させるものではない。また，「すでにある預金」を貸し出すことは，「新規の預金」を増加させるものではないので，市中銀行の負債（預金）は増加しないと考えられる。③「市中銀行の資産と負債を減少させる」は不適当。

問6 <u>14</u> ③

㋐：抵触しない。**労働基準法**は，「使用者は，1週間の各日については，労働者に，休憩時間を除き1日について8時間を超えて，労働させてはならない」（第32条2項），「使用者は，労働者に対して，毎週少くとも1回の休日を与えなければならない」（第35条1項）と規定している。労働時間を「1日当たり6時間，週6日」とする下線部㋐は，これらの規定に抵触するものではない。

㋑：抵触しない。労働基準法は，「期間の定め」のある「**労働契約**」について，原則として「3年を超える期間について締結してはならない」（第14条1項）と規定している。なお，「期間の定め」のある「労働契約」であっても，同法が定める例外に該当する場合は，「3年を超える期間について」締結できる（同条）。いずれにせよ，雇用契約期間を「3年」とする下線部㋑は，労働基準法の規定に抵触するものではない。

㋒：抵触する。労働基準法は，**有給休暇**の付与要件について，「使用者は，その雇入れの日から起算して6箇月間継続勤務し全労働日の8割以上出勤した労働者に対して，継続し，又は分割した10労働日の有給休暇を与えなければならない」（第39条1項）と規定している。雇用契約期間3年の労働者が，上記の付与要件を満たしたとき，有給休暇の権利が当然に発生することになるから，「有給休暇：付与なし」とする下線部㋒は，労働基準法の規定に抵触する。

問7 <u>15</u> ③

<u>ア</u> には③の「原材料の購入に使える助成金を生産者に支給する」が当てはまる。まずは，災害の影響で供給曲線の位置はどのように変化するかについて考え，次に，より早く元の価格に戻すための政策（供給曲線を元の位置に戻すための政策）について考えることとする。

◆災害の影響で供給曲線の位置はどう変化するか？

Xの発言中に「災害で被害を受けた地場産品の野菜の価格」が上がったという趣旨の発言がある。この場合，その野菜の供給量を示す供給曲線は左上方向にシフトすることになる（いずれの価格水準においても，以前より供給量が少なくなるため）。したがって，災害後の供給曲線は，図中の災害前の均衡点である**E**点よりも左上にあるS_a線であると判断できる。

◆より早く元の価格に戻すための政策は？

Yは，「需要曲線が災害前の位置のままとして，供給曲線が元の位置に自然に戻るまでの間に ア といったような対策がとられれば，より早く元の価格に戻っていくんじゃないかな」と発言している。 ア に当てはまる記述については，どのような対策がとられた場合に，供給曲線が元の位置に戻ることになるか，供給曲線が右下方向にシフトすることになるかが分かれば，確定させることができる。③の「原材料の購入に使える助成金を生産者に支給する」政策が実施された場合，野菜はいずれの価格水準においても，助成金が支給される前よりも生産量を多くすることが可能になるから，供給曲線は右下方向にシフトすることになる。したがって，③が正解となる。

①②④の政策はいずれも，供給曲線が右下方向にシフトすることにならないので，不適当。①「電子ポイントを付与する」というインセンティブ（動機づけ）によって消費者の野菜に対する需要が拡大した場合，需要曲線が右上方向にシフトすることになる。②「宣伝」によって消費者の野菜に対する需要が拡大した場合，需要曲線が右上方向にシフトすることになる。④「原材料の使用量に応じて課徴金を課す」ことは，生産者に課徴金を課すこと，すなわち生産するための費用負担が増すことになり，その結果，供給曲線は左上方向にシフトすることになる。

問8 16 ④

購買力平価説とは，二つの通貨間の外国為替レートが，それぞれ同一の財やサービスをどれだけ購買（購入）できるかの比率，いわゆる対内購買力の比率によって決定されるという考え方をいう。図のケースで考えると，「SEIKEI バーガー」を購入するのに，アメリカでは５ドル，日本では600円かかる場合，「購買力平価説の外国為替レート」は１ドル＝120円に決まることになる。

$$1（ドル）：\alpha（円）＝5（ドル）：600（円）$$
$$5\alpha＝600$$
$$\alpha＝120$$

図から，「実際の外国為替レート」が１ドル＝99円であることが読みとれる。ここで，購買力平価説に基づいて算出される外国為替レート（１ドル＝120円）と実際の外国為替レート（１ドル＝99円）を比べると，後者の方が１ドル当たりの価格が21円だけ安い（ドル安）ことが分かる。したがって，実際の外国為替レートは，「１ドル当たり21円の円高ドル安」ということになり，④が正解となる。

第3問　国内外経済の諸課題

世界経済に関する新聞記事の見出しに沿って，フローとストック，インフレーションの影響，消費税の逆進性，アジア通貨危機など，経済分野の設問が幅広く出題された。

問1 　17　⑤

フローとは，ある一定期間における流れの量のことをさし，例えば，1年間に一国内で新たに生産された付加価値の総計を示すGDP（国内総生産）はフローに当てはまる。一方，ストックとは，ある時点における蓄積量のことをさし，例えば，一国の資産の総額である国富はストックに当てはまる。

まずは，**小遣い帳**に注目しよう。**小遣い帳**のうち，「収入」と「支出」はお金の出入りの流れを，「残高」は各時点におけるお金の蓄積量を，それぞれ示している。すなわち，「収入」の金額と「支出」の金額はフローに，「残高」の金額はストックに，それぞれ分類される。したがって，㋐の「¥5,000」と㋑の「¥5,000」はいずれもフローである。

次に，**模式図**に注目しよう。蛇口から水槽に入る部分と出口部分にそれぞれ「矢印」が書かれている。設問文によれば，「お金が流れる方向」は「矢印」として示される。お金が流れる量はフローに分類されるから，蛇口から水槽に入る部分の「5,000」と出口部分の㋕の「8,000」はいずれもフローである。一方，㋒の「20,000」と㋓の「17,000」は，それぞれの時点における「お金の量」を示している。各時点における蓄積量はストックに分類されるから，㋒の「20,000」と㋓の「17,000」はいずれもストックである。

以上のことから，フローであるものは㋐と㋑と㋕であり，組合せとして正しいものは⑤となる。

問2 　18　⑦

　ア　にはbの「一致しない」が入る。「生産年齢人口」は15〜64歳の人口をさし，65歳以上人口も含む「15歳以上人口」とは区別される。

　イ　には図3が入る。モデルケースのAは「完全失業者」に分類される。**資料**によれば，完全失業者は，「仕事がなくて調査週間中に少しも仕事をしなかった」，「仕事があればすぐに就くことができる」，「調査週間中に，仕事を探す活動や事業を始める準備をしていた（過去の求職活動の結果を待っている場合を含む）」の三つの条件を満たす者をさす。Aは上記の三つの条件をいずれも満たしているので，「完全失業者」に該当する。

モデルケースのBは「非労働力人口」に分類される。モデルケースの表によれば，会社を退職したBは，「先月まで求職活動をしていたが，今月は調査週間中も含め資格取得の勉強に集中している」状態にある。Bは，調査週間中に収入を伴う仕事をしていない上に「賃金等の支払いを受けた者，または受けることになっている者」にも当てはまらないから，**資料**中の「就業者」には該当しないと判断できる。また，Bは，完全失業者の三つの条件のうち，「仕事があればすぐに就くことがで

きる」や「調査週間中に，仕事を探す活動や事業を始める準備をしていた(過去の求職活動の結果を待っている場合を含む)」を満たしていない状態にある。このことから，Bは「完全失業者」にも該当しないと判断できる。したがって，Bは「非労働力人口」に分類される。

モデルケースのCは「就業者」に分類される。モデルケースの表によれば，Cは，「調査週間中に1日臨時の仕事」を得ている。Cは，調査週間中に収入を伴う仕事をしたのだから，**資料**中の「就業者」に該当すると判断できる。

問3 19 ⑧

ア には「減少」が当てはまる。名目の消費支出額が一定であり(**表1**中の「名目の消費支出額」：物価上昇前10万円 → 物価上昇後10万円)，すべての財・サービスの価格が同じ比率で変化した場合(**表1**中の「ある財の価格」：物価上昇前500円 → 物価上昇後1,000円)，物価上昇前と比較して，物価上昇後に消費できる数量は減少することになる(**表1**中の「その財を消費できる数量」：物価上昇前200個 → 物価上昇後100個)。

表1

	物価上昇前	物価上昇後
名目の消費支出額	10万円	10万円
ある財の価格	500円	1,000円
その財を消費できる数量	200個	100個

イ には「不利」が，ウ には「有利」が，エ には「下落」がそれぞれ当てはまる。例えば，金利が変化しないという条件のもとで100万円のお金の貸借が行われ，その貸借後にインフレ(物価の持続的上昇)が発生し，ある財の価格が500円から1,000円に変化した場合を想定する(**表2**)。インフレ前に100万円を借りた人(債務者)は，いわば「ある財2,000個分」に相当する金額のお金を借りたことになる。これに対し，インフレ後にこの100万円を無利子で返済する場合，それは「ある財1,000個分」に相当する金額のお金を返済することと価値的に等しいことになる。つまり，インフレが生じたことで，債務者(100万円を借りた人)の返済の実質的な負担は減ることになる(**表2**：インフレ前「ある財2,000個分」→ インフレ後「ある財1,000個分」)。また，インフレが生じたことで，債権者(100万円を貸した人)の受け取る返済金の実質的な価値は低下することになる。

表2 インフレによる債務の実質的負担(価値)の変化

	インフレ前	インフレ後
貸借・返済	100万円を貸借	100万円を返済
ある財の価格	500円	1,000円
実質的な負担(価値)	ある財2,000個分	ある財1,000個分

　　以上のことから，貸借後にインフレが発生した場合，債権者(お金を貸した人)にとって経済的に「不利」に，債務者にとって経済的に「有利」になり，債権・債務の価値は実質的に「下落」すると考えられる。

問4　20　⑥

　　ア には「内閣」が当てはまる。日本国憲法によれば，毎会計年度の予算は，内閣が作成し，国会に提出される(第73条5，第86条)。なお，表中の「1月20日」に提出され，「3月27日」に成立した予算は，**本予算**(**当初予算**)と呼ばれる。

　　イ には「補正予算」が当てはまる。**補正予算**とは，本予算の成立後に発生した災害あるいは想定外の経済情勢の変化などに対応することを理由として，予備費で対応できない場合に年度の途中で編成される予算をいう。表中の「4月27日」や「6月8日」に提出された予算は補正予算である(2020年度一般会計予算の補正予算では，新型コロナウイルスの感染拡大に伴う追加経済対策などが盛り込まれた)。なお，**暫定予算**とは，本予算が年度開始日(4月1日)までに成立しないような場合に，本予算が成立するまでの一定期間の「つなぎ予算」として組まれる予算をいう。

問5　21　②

　　消費税の逆進性とは，所得が低くなるに従って所得に占める消費税の負担率が高くなることをいう。

　　正解は②である。可処分所得アは，個人Cが最も高く，次いで個人Bが高く，個人Aが最も低い。この順番に，可処分所得に占める表中カ(全ての消費支出に10%税率適用時の消費税負担額)の割合を求めると，個人Cは6.5%($52 \div 800 \times 100 = 6.5$)，個人Bは7%($35 \div 500 \times 100 = 7$)，個人Aは9%($27 \div 300 \times 100 = 9$)となる。このことから，可処分所得アが高い個人ほど，可処分所得アに占める消費税負担額の割合が低くなっていること，すなわち消費税の逆進性を確認することができる。

　　①可処分所得アが高い個人ほど，表中カの額が多いとする読みとりは適当だが，この読みとりだけでは，消費税の逆進性は確認できない。③「可処分所得アが高い個人ほど，表中オの値が高く」という読みとりは誤り。表によれば，可処分所得アが高い個人ほど，表中オの値は低くなっている。④可処分所得アが高い個人から順番に，可処分所得に占める表中キ(食料品支出に8%税率，食料品以外の消費支出に10%税率適用時の消費税負担額)の割合を求めると，個人Cは6.125%($49.0 \div 800 \times 100 = 6.125$)，個人Bは6.52%($32.6 \div 500 \times 100 = 6.52$)，個人Aは約8.3%($25.0 \div 300 \times 100 = 8.3333\cdots$)となる。すなわち，可処分所得アが高い個人ほど，可処分所得に占める表中キの割合は低いことが確認できる。したがって，「可処分所得に占める表中キの割合が高く」という記述は不適当。

問6　22　⑦

　　ア：正文。**WHO**(**世界保健機関**)は，医学情報の総合調整や感染症の撲滅事業の促進などの活動を行っている。

　　イ：正文。**UNICEF**(**国連児童基金**)は，子どもの生命や権利を守るため，暴力や

搾取からの保護，教育，保健などに関わる支援活動を実施している。

ウ：正文。UNHCR（国連難民高等弁務官事務所）は，難民や国内避難民，無国籍者などを国際的に保護・支援するための活動を行っている。

問7 23 ③

外国為替レート 図アが適当。メモ中の「タイ政府は，通貨の下落を阻止するために，外貨準備を用いて買い支えようとしたが，結局は通貨危機に陥ってしまった」という記述に注目したい。この記述から，1997年のアジア通貨危機の発生前からタイの通貨バーツが下落していた（バーツ安が進行していた）ことや，通貨危機によってさらに下落が進んだ（バーツ安がさらに進行した）ということが分かる。このことが分かれば，1996年から1998年にかけて1米ドル＝20バーツ台から40バーツ台へと変化し，バーツ安ドル高が進行している図アが，タイの外国為替レートを示した図であると判断できる。

経常収支 図エが適当。メモ中の「経常収支赤字が継続している国は，通貨危機が起こりやすい」という記述に注目したい。この記述をもとに，1997年の通貨危機の発生前に経常収支が赤字（マイナスの水準）を続ける図エが，タイの経常収支を示した図であると判断できる。

外貨準備 図オが適当。外貨準備とは，急激な為替相場の変動を抑制するために為替介入を行う場合や，他国に対する債務の返済が困難になった場合に用いられる，通貨当局（政府や中央銀行）が保有する対外資産（証券や預金など）をさす。メモ中の「タイ政府は，通貨の下落を阻止するために，外貨準備を用いて買い支えようとした」という記述に注目したい。この記述から，1997年の通貨危機の発生前から，タイ政府がバーツ安を阻止するための為替介入（外貨準備を売ってバーツを買う形の介入）を行っていたと考えることができる。すなわち，1997年の通貨危機の発生で外貨準備が減少している図オが，タイの外貨準備を示した図であると判断できる。

問8 24 ①

ア には「TPP11（環太平洋パートナーシップに関する包括的及び先進的な協定）」が当てはまる。2018年に発効したTPP11（環太平洋パートナーシップに関する包括的及び先進的な協定）は，日本を含む11か国による経済連携協定であるが，アメリカはこれに参加していない（アメリカは2017年にTPPの枠組みから離脱した）。なお，APEC（アジア太平洋経済協力会議）は，オーストラリアのホーク首相の提案で1989年に始まった地域的な経済協力の実現をめざす政府間会議である。APECには，日本もアメリカも参加している。

イ には「最恵国待遇原則」が当てはまる。 イ の直前の「ある締約国に貿易上有利な条件を与えた場合に他の締約国にもそれを適用する」という説明は，最恵国待遇原則についてのものである。一方，内国民待遇原則とは，同種の輸入品と国内産品は区別せず，国内産品に関する税金や法令の待遇を輸入品にも与えなければならないとする原則をさす。最恵国待遇原則と内国民待遇原則は，GATT（関税及び貿易に関する一般協定）とWTO（世界貿易機関）の基本原則の一つである無差別

原則を具体化したものである。

第4問　住民による地方政治参加

　住民による地方政治参加をテーマとした課題探究学習の場面を想定する形で，主に政治分野の設問が並んだ。高齢者向けの社会保障と子育て支援を問う設問や，雇用をめぐる民間企業の取組みといった経済分野の設問も出題された。

問1　25　①

　古いものから順に並べると，**C**（1947年）→ **B**（1960年代から1970年代）→ **A**（2007年）→ **D**（2015年，2020年）となり，**A**が3番目にくることから，**①**が正解となる。

　A：平成の大合併に関する記述。平成の大合併は，1999（平成11）年4月から2010（平成22）年3月までに行われた市町村合併の総称であり，1999年3月末に3,232あった市町村の数は，2010年3月末には1,727となった（市町村の数が初めて1,700台になったのは2007年のこと）。

　B：革新自治体に関する記述。1960年代から1970年代の半ばにかけて，大都市やその近郊都市を中心に日本社会党（1955年結成，1996年に社会民主党へと改称）や日本共産党（1922年結成）などの支援を受けた候補者が首長に当選する地方自治体，いわゆる革新自治体が急増した。「公害が深刻化し住民運動が活発になった」という記述から，1955年頃から1973年頃まで続いた高度経済成長期の出来事であると判断することも可能。

　C：地方自治法の制定に関する記述。日本国憲法の「地方公共団体の組織及び運営に関する事項は，地方自治の本旨に基いて，法律でこれを定める」（第92条）という規定に基づき，1947年4月に地方自治法が制定され，同年5月に日本国憲法と同時に施行された。

　D：大阪都構想の是非を問う住民投票に関する記述。大阪都構想は，政令指定都市である大阪市を廃止していくつかの特別区に再編し，大阪市と大阪府の二重行政の解消をめざす構想である。大都市地域特別区設置法に基づき，大阪都構想の是非を問う住民投票が2015年と2020年にそれぞれ実施されたが，いずれも反対多数で否決された。

問2　26　③

　アには「対等・協力」が当てはまる。1999年に成立した地方分権一括法は，国と地方自治体の関係を，「上下・主従」の関係から「対等・協力」の関係に改めることをめざすべく，地方自治体が自主的に処理しうる事務の領域を拡大するなど，それまでにない分権改革を図ろうとするものであった。それまで地方自治体の事務を圧迫し，地方自治の本旨にそぐわないという批判が強かった機関委任事務が廃止されたことも，国と地方自治体の関係を「対等・協力」にするための改革であった。

　イには「自治事務」が当てはまる。1999年に成立した地方分権一括法に基づき，地方自治体の事務は法定受託事務と自治事務に再編された。

> **◆法定受託事務**
> ・本来は国(都道府県)が果たすべき事務であるが，その適正な処理を確保するために法令によって地方自治体に処理を委任するもの。
> ・是正の指示など，国(都道府県)の強い関与が認められる。
> ・具体例として，国政選挙，戸籍事務，旅券の交付，国道の管理などがある。
>
> **◆自治事務**
> ・地方自治体の処理する事務のうち，法定受託事務を除いたもの。
> ・原則として，国の関与は要求まで。
> ・具体例として，都市計画の決定，飲食店営業の許可，病院および薬局の開設許可，国民健康保険の給付などがある。

　上の表のように，「都市計画の決定」は自治事務に該当する。

　　ウ　には「国地方係争処理委員会」が当てはまる。**国地方係争処理委員会**は，国の関与について不服のある地方自治体の審査の申出に基づいて審査を行い，国の機関に対して必要な措置を行う旨の勧告を行うことができる。ただし，国地方係争処理委員会の「勧告」には，法的拘束力はない。なお，**地方裁判所**は，国の関与について不服のある地方自治体の訴えに基づいて審理を行い，判決を言い渡すことができる。地方裁判所の判決には法的拘束力があり，法的拘束力のない「勧告」とは区別される。したがって，　ウ　に「地方裁判所」は当てはまらない。

問3　**27**　②

　　ア　には**a**が当てはまる。**X**は，その第1発言において，「議員のなり手が不足しているといわれている町村もあることが**資料**　ア　からうかがえる」と述べるとともに，町村議会議員選挙に「立候補する人が少ない背景」について言及している。立候補者数が改選定数以下となった場合に，投票を行わずに立候補者の全員が当選することを**無投票当選**というが，町村議会議員選挙においては，2010年代の「改選定数に占める無投票当選者数の割合」が1980年代のそれを上回る状況にあり，議員のなり手不足が問題となっている。このような，町村議会議員選挙における「改選定数に占める無投票当選者数の割合」の上昇傾向は，**資料a**から読みとることができる。したがって，　ア　に入る資料の記号は**a**である。

　　イ　には**b**が当てはまる。**Y**は，その第2発言において，「**資料**　イ　において1983年と2019年とを比べると，投票率の変化が読みとれるね」と述べている。1980年代から2010年代にかけて，「統一地方選挙における投票率」は低下傾向にあるということが分かれば，　イ　に入る資料の記号は**b**であると判断できる。

　　ウ　には「政治的無関心」が当てはまる。**政治的無関心**は，政治に対する関心が低いあり方をさし，有権者の政治離れ，すなわち投票率の低下傾向を招く一因とされる。　ウ　には，「政治に対する無力感や不信感」から生じ，投票率の低下傾向の要因となりうるものが入ることから，「政治的無関心」が　ウ　に入るものとして適当である。なお，「秘密投票」は当てはまらない。**秘密投票**とは，有権者が投票

を行う際に，有権者自身の氏名は記入しないで候補者の氏名のみを選んで記入し，どの候補者に投票したかを秘密にする投票の仕方をいう。

　エ　には「期日前投票」が当てはまる。**期日前投票**は，選挙期日（投票日）前に，選挙期日と同じく投票を行うことができる仕組みである。この仕組みは，投票機会の拡大をもたらすものであるから，「選挙権を行使しやすくするための制度」といえる。したがって，「期日前投票」が　**エ**　に入るものとして適当である。なお，「パブリックコメント」は当てはまらない。**パブリックコメント**（**意見公募手続**）とは，公的機関が規則や命令を定める際などに，広く国民から意見や情報，改善案などを募集する手続をさす。

問4　28　③

　㋐：資料の数値のみからは読みとることのできない内容である。資料1は「児童手当支給の対象と額」を示したものであるが，この資料のみでは，「児童手当支給額の経年での変化」，すなわち，年が経つにつれて児童手当支給額がどのように変化しているかについて読みとることができない。

　㋑：資料の数値のみからは読みとることのできない内容である。資料2は「保育所等の待機児童数の推移」を示したものであるが，この資料のみでは，「保育所等を利用する児童数」の増減，すなわち，保育所等を利用していて待機児童には当てはまらない児童の数について読みとることができない。

　㋒：資料の数値のみから読みとることのできる内容である。資料3は「各国の家族関係社会支出の対GDP比の比較」を示したものである。この資料によれば，イギリス（3.2%），スウェーデン（3.4%），ノルウェー（3.2%）の3か国の「対GDP比でみた家族関係社会支出の規模」は，いずれも日本（1.6%）の2倍以上となっている。したがって，下線部㋒の発言が最も適当なものであり，正解は③となる。

　㋓：資料の数値のみからは読みとることのできない内容である。資料4は「日本の社会保障の給付と負担の現状」を示したものであるが，この資料のみでは，社会保障の財源に借金が含まれているかどうかや，**プライマリーバランス**（**基礎的財政収支**）が悪化する要因となっているかどうかについて読みとることができない。なお，プライマリーバランスとは，"歳入から公債金を除いた収入"から"歳出から国債費を除いた支出"を差し引いた収支をいう（次式）。

> プライマリーバランス＝（歳入－公債金）－（歳出－国債費）

問5　29　②

　日本の地方自治体は，**地方税**などの独自に確保する**自主財源**が不足しており，その不足分を国などに頼る**依存財源**でまかなっている。依存財源の一つである**地方交付税**は，所得税や法人税など国税の一部が，地方自治体間の財政格差の是正を目的として交付される。地方自治体の**一般財源**として，使途を限定せずに交付される点に特徴がある。**国庫支出金**もまた，依存財源の一つである。国庫支出金は，地方自

治体の特定経費の財源（**特定財源**）として，国が使途を指定して交付する国庫補助金・国庫負担金などをさす。

　まず，設問の文章中の「L市の依存財源の構成比は，表中の他の地方自治体と比べて最も低いわけではありません」という記述に注目しよう。この記述から，依存財源の構成比（地方交付税の構成比と国庫支出金の構成比を合計した数値）が最も低い③はL市ではないと判断できる（この時点で正解候補は①②④の三つに絞られる）。

　次に，設問の文章中の「L市では，依存財源のうち一般財源よりも特定財源の構成比が高くなっています」という記述に注目しよう。この記述から，一般財源である地方交付税よりも特定財源である国庫支出金の構成比が低くなっている④はL市ではないと判断できる（この時点で正解候補は①②の二つに絞られる）。

　最後に，設問の文章中の「L市の場合は，自主財源の構成比は50パーセント以上となっています」という記述に注目することで，正解を導くことができる。正解候補として絞られた①②の二つのうち，自主財源である地方税が50％を上回っているのは②であるから，これが正解となる。

問6 <u>**30**</u> ④

　[ア]には**b**が当てはまる。**文章**では，**インターンシップ**（就業体験）を提供するA社の取組みが紹介されている。在学中の学生が企業などの職場で就業体験を積むインターンシップは，「雇用のミスマッチを防ぐ取組み」といえる。**雇用のミスマッチ**とは，就職を希望する求職者側と人材を求めている求人側の意向・需要が一致せず，雇用に過不足が生じている状態（失業者が発生する状態や人手不足が解消されない状態）をさす。インターンシップは，求職者側である学生が仕事の内容や職場の雰囲気などを知る機会と，求人側である企業が学生の能力や性格などを知る機会を提供する取組みであり，自らの意向・需要に沿わない就職あるいは採用を回避し，雇用のミスマッチを防ぐ効果が期待できる。**a**の「スケールメリット（規模の利益）を追求する取組み」は[ア]に入らない。**スケールメリット**（規模の利益）とは，生産設備や生産規模を大きくするに伴って単位当たりの生産費用が低下し，利益が得られることをいう。

　[イ]には**d**が当てはまる。**文章**では，障がいのある人たちが働きやすい職場環境の整備を進める事業者Cの取組みが紹介されている。障がいのある人たちが「障がいのない人たちと一緒に働いている」という説明から，**d**の「ノーマライゼーションの考え方を実行に移す取組み」が入ると判断できる。**ノーマライゼーション**とは，障がいの有無や年齢にかかわりなく，すべての人が地域社会の中で支え合いながら暮らし生きていく社会の実現をめざす福祉の理念をいう。**c**の「トレーサビリティを明確にする取組み」は[イ]に入らない。**トレーサビリティ**とは，食品の安全性を確保するため，食品の流通経路を生産段階から最終消費段階あるいは廃棄段階まで追跡が可能な状態にしておくことをいう。

●**写真提供・協力**　共同通信社／ユニフォトプレス

政治・経済

（2021年 1 月実施）

受験者数　45,324

平　均　点　　57.03

2

政治・経済

解答・採点基準　　（100点満点）

問題番号(配点)	設問	解答番号	正解	配点	自己採点
第1問(24)	問1	1	④	3	
	問2	2	⑧	4	
	問3	3	②	3	
	問4	4	④	4	
	問5	5	⑥	3	
	問6	6	⑥	3	
	問7	7	④	4	
第1問　自己採点小計					
第2問(26) A	問1	8	④	3	
	問2	9	②	3	
	問3	10	⑥	4	
	問4	11	②	3	
B	問5	12	①	3	
	問6	13	③	4	
	問7	14	⑦	3	
	問8	15	⑤	3	
第2問　自己採点小計					

問題番号(配点)	設問	解答番号	正解	配点	自己採点
第3問(26)	問1	16	②	3	
	問2	17	④	3	
	問3	18	②	3	
	問4	19	①	4	
	問5	20	④	3	
	問6	21	③	3	
	問7	22	②	3	
	問8	23	②	4	
第3問　自己採点小計					
第4問(24)	問1	24	①	3	
	問2	25	④	3	
	問3	26	③	3	
	問4	27	②	4	
	問5	28	①	4	
	問6	29	③	3	
	問7	30	①	2	
		31	④	2	
第4問　自己採点小計					
自己採点合計					

第1問　「望ましい社会の姿」に関する発表

「望ましい社会の姿」をテーマに，名目 GDP と実質 GDP，社会保障の財源，環境問題に関連する条約など，経済分野を中心に出題された。

問1 $\boxed{1}$　④

「ミレニアム開発目標の一つとして策定された」という説明は誤り。ミレニアム開発目標（MDGs）は，国連で2000年に採択された，2015年までに達成すべき目標である（「極度の貧困と飢餓の撲滅」「初等教育の完全普及の達成」「ジェンダー平等推進と女性の地位向上」「乳幼児死亡率の削減」「妊産婦の健康の改善」「HIV／エイズ，マラリア，その他の疾病の蔓延の防止」「環境の持続可能性確保」「開発のためのグローバルなパートナーシップの推進」の8つの目標がある）。人間開発指数（HDI）は，MDGs が採択されるより前の1990年代に，国連開発計画（UNDP）によって導入された指標である（①）。HDI は，人間の基本的ニーズ（BHN）の充足をめざす中で導入されたもの（②）であり，平均余命，就学率，識字率，一人当たりの実質所得などをもとに算定される（③）。なお，BHN とは，衣食住や保健，教育など，人間生活にとって最低限かつ基本的に必要とされるものをさす。

問2 $\boxed{2}$　⑧

a には「470」が入る。**a** の数値（2016年の名目 GDP）を求める方法として，(1)2016年の GDP デフレーターと実質 GDP を用いる方法と，(2)2015年の名目 GDP と2016年の名目 GDP 成長率を用いる方法が考えられる。

(1)名目 GDP と GDP デフレーターと実質 GDP の関係は，次式の通り。

$$\frac{名目GDP}{GDPデフレーター} \times 100 = 実質\ GDP$$

2016年の GDP デフレーターが94，2016年の実質 GDP が500（億ドル）のとき，上の式を用いて2016年の名目 GDP を求めることができる。

$$\frac{2016年の名目GDP}{94} \times 100 = 500$$

となり，2016年の名目 GDP は470（億ドル）となる（$500 \div 100 \times 94 = 470$）。

(2)名目 GDP 成長率は，次式によって求めることができる。

$$\frac{ある年の名目GDP - 前年の名目GDP}{前年の名目GDP} \times 100 = ある年の名目\ GDP\ 成長率$$

2015年の名目 GDP が500（億ドル），2016年の名目 GDP 成長率が-6（％）のとき，上の式を用いて2016年の名目 GDP を求めることができる。

$$\frac{2016年の名目GDP - 500}{500} \times 100 = -6$$

となり，2016年の名目 GDP は470（億ドル）となる（$-6 \div 100 \times 500 + 500 = 470$）。

b には「50」が入る。一人当たりの名目 GDP は，名目 GDP を人口で割って求めることができる。まず，2016年の名目 GDP である **a** には470（億ドル）が入り，これを2016年の人口を示す値である47（百万人）で割れば，2016年の一人当たりの名目 GDP を求めることができ，その値は10（百ドル）となる（470億ドル÷4700万人＝

4

1000ドル)。次に，2015年の一人当たりの名目 GDP について考える。設問文によれば，「この国では，2015年と2016年の一人当たりの名目 GDP が同じ」であり，2015年の一人当たりの名目 GDP も10(百ドル)ということになる。**表**によれば，2015年の名目 GDP は500(億ドル)であるから，次式のように考えられる。

$\qquad$ 500(億ドル) ÷ **b**(百万人) = 10(百ドル)

この式から，**b**(2015年の人口)を求めることができ，その値は50(百万人)となる(500億ドル÷1000ドル＝5000万人)。

c には「4」が入る。実質 GDP 成長率は，次式によって求めることができる。

$$\frac{ある年の実質GDP－前年の実質GDP}{前年の実質GDP} \times 100 = ある年の実質 GDP 成長率$$

2016年の実質 GDP は500(億ドル)，2017年の実質 GDP は520(億ドル)のとき，上の式を用いて2017年の実質 GDP 成長率を求めることができる。

$$\frac{520－500}{500} \times 100 = 4$$

となり，2017年の実質 GDP 成長率は 4(%)となる。

問3 3 ②

「急速な経済発展を遂げ2010年に世界第二の経済大国となったこの国」とは，2010年に国内総生産(GDP)が日本を抜いて世界第二位となった中国をさす。図によれば，中国の消費者物価指数の変化率は，2010年以降，毎年 0％以上となっている。

①「景気回復を図るために2001年に量的緩和政策を採用したこの国」とは，日本をさす。図によれば，日本における2001年の消費者物価指数の変化率は 0％を下回るマイナスの値となっていることから，「2001年に消費者物価指数が上昇した」という説明は不適当。③「サブプライムローン問題を契機にリーマン・ショックの震源地となったこの国」とは，アメリカをさす。図によれば，アメリカにおける2009年の消費者物価指数の変化率は 0％を下回るマイナスの値となっていることから，「2009年に消費者物価指数が上昇した」という説明は不適当。④「アパルトヘイト撤廃後に経済自由化が行われたこの国」とは，南アフリカをさす。図によれば，2004年と2005年の南アフリカにおける消費者物価指数の変化率は 4％を下回っている。このことから，「2000年以降，消費者物価指数の変化率が毎年 4％以上になっていた」という説明は不適当。

問4 4 ④

ジニ係数は，所得格差を捉えるための指標であり，その数値が大きいほど格差も大きいことを示す。なお，ジニ係数は 0 から 1 の間の値をとり，1 に近づくほど格差が大きい。④の記述にある「再分配の格差是正効果」の大小は，当初所得のジニ係数と再分配所得のジニ係数の差の大小によって判断できる(二つのジニ係数の差が大きいほど再分配の格差是正効果は大きく，二つのジニ係数の差が小さいほど再分配の格差是正効果は小さい)。図の60歳以上の年齢階級をみると，年齢階級が高

いほど当初所得のジニ係数と再分配所得のジニ係数の差が大きくなっていることが読みとれる。

　①「30〜34歳の年齢階級の方が格差は大きい」という説明は不適当。図の当初所得のジニ係数をみると，30〜34歳の年齢階級は約0.25，40〜44歳の年齢階級が約0.35となっており，30〜34歳の年齢階級よりも40〜44歳の年齢階級の方が格差は大きいことが読みとれる。②「30〜34歳の年齢階級の方が大きい」という説明は不適当。図において，30〜34歳の年齢階級と60〜64歳の年齢階級の再分配の格差是正効果(当初所得のジニ係数と再分配所得のジニ係数の差)の大小を比較すると，30〜34歳の年齢階級よりも60〜64歳の年齢階級の方が大きいことが読みとれる。③「35〜39歳の年齢階級の方が格差は大きい」という説明は不適当。図の再分配所得のジニ係数をみると，35〜39歳の年齢階級は0.25〜0.30の間の数値，55〜59歳の年齢階級が0.35〜0.40の間の数値となっており，35〜39歳の年齢階級よりも55〜59歳の年齢階級の方が格差は大きいことが読みとれる。

問5　5　⑥

　ア には「租税」が，イ には「社会保険料」が，それぞれ入る。主要各国の社会保障制度は，(1)租税を主な財源とする北欧型の社会保障制度(スウェーデンやイギリスがこれに該当)，(2)事業主と被保険者が拠出した社会保険料を主な財源とする大陸型の社会保障制度(ドイツやフランスがこれに該当)，(3)そのほかの社会保障制度(日本やアメリカがこれに該当)の三つに分類することができる。

　ウ には「消費税」が入る。「消費税」は，所得が多くなるほど高い税率(累進税率)が適用される「所得税」よりも，「負担の世代間格差の縮小に有用である」とされる。この点に関して，まずは，累進税率が適用される所得税について考える。一般に，高齢者世代は現役世代よりも所得が少ない傾向にあるため，所得税については，(現役世代よりも所得が少ない傾向にある)高齢者世代は税負担が軽くなり，(高齢者世代よりも所得が多くなる傾向にある)現役世代は税負担が重くなる。このことを踏まえると，所得税は「負担の世代間格差の縮小」に有用でない(「負担の世代間格差」は縮小しない)と考えることができる。次に，所得にかかわらず消費額に一律の税率が適用される消費税について考える。消費税は，財やサービスを購入する際に誰もが負担するものであり，現役世代など特定の世代に負担が偏らない租税である。消費税には，逆進性(低所得者ほど所得に占める税負担の割合が高くなるという性質)が強く，低所得層にとって重い負担になるため，所得階級間における格差の拡大につながりやすいという問題もあるが，消費税には高齢者世代と負担を分かち合って現役世代への過度な負担を回避できるという利点があり，「負担の世代間格差の縮小」に有用である(「負担の世代間格差」は縮小する)と考えられる。

　エ には「介護保険」が入る。日本の社会保険の一つである介護保険制度は，2000年に導入された制度で，40歳以上の者が被保険者となる。なお，日本国内に住所を有する20歳以上の者が被保険者となる国民年金制度が「2000年代」よりも前から導入されていることなどを思い起こせば，エに「年金保険」は入らないと判断で

きるだろう。

問6 　6　 ⑥

　aは誤文。「ウィーン条約」という部分を「バーゼル条約」に置き換えると正しい記述になる。環境問題に関連する条約の一つである**ウィーン条約**は，オゾン層保護の国際的な枠組を定めた条約である。

　bと**c**は，いずれも正文。

問7 　7　 ④

　「その目標を達成することが義務づけられた」という記述は誤り。2015年の気候変動枠組み条約第21回締約国会議（COP21）で採択された**パリ協定**は，**京都議定書**に代わる2020年以降の新たな地球温暖化対策の国際的な枠組みであり，世界的な平均気温上昇を産業革命以前に比べて2℃より十分低く保つとともに，1.5℃に抑えるよう努力することなどを内容としている。パリ協定は，締約国に対して温室効果ガスの削減目標を設定することを義務づけているが，その目標を達成することを義務づけているわけではない。

　①②③は，それぞれ正しい記述となっている。①1972年に「かけがえのない地球」をスローガンに開かれた**国連人間環境会議**では，環境問題を人類への脅威と捉え，人間環境の保全と向上をめざすための**人間環境宣言**が採択された。②1997年の気候変動枠組み条約第3回締約国会議（COP3）で採択された京都議定書では，先進国全体で温室効果ガスの排出量を2008〜12年までに約5％削減（1990年比）するという数値目標が定められた。③2012年にブラジルのリオデジャネイロで開催された**国連持続可能な開発会議**では，環境保全と経済成長の両方をめざす「**グリーン経済**」の理念などを盛り込んだ宣言「我々が望む未来」が採択された。

第2問　法と統治機構

法と統治機構をテーマに，契約と法，裁判員制度，政治体制の類型化など，政治分野を中心に出題された。

問1 　8　 ④

　設問文の指示によれば，**資料1**の理解をもとに，**資料2**の空欄に入る語句を考える必要がある。なお，**資料1**と**資料2**は，**三菱樹脂事件**において，1973年に最高裁判所によって示された判決文である。

三菱樹脂事件

◇事件の概要および裁判における争点

　大学卒業後，三菱樹脂株式会社に採用された原告が，入社前に学生運動に関係していた事実を故意に隠して入社したという理由で，会社から本採用拒否の通告をうけた事件。同事件の裁判においては，日本国憲法の人権規定（第14，19条）が私人相互間に適用されるか【争点1】，という問題のほか，特定の思想，信条を有することを理由とする雇入れの拒否は許されるか【争点2】などが問題となった。

◇【争点1】に関する最高裁判所の判断（1973年）

　憲法の人権規定（第14，19条）は，直接私人相互間の関係に適用されるものではない※。

　※同事件において，最高裁判所は**直接適用説**ではなく**間接適用説**に立ったといわれている。ここにいう直接適用説とは，憲法の人権規定は私人相互間に直接適用され，私人に対して直接憲法上の権利を主張できるという考え方をさす。一方，間接適用説とは，人権保障の精神に反する行為については，私法の一般条項（民法第90条の「公序良俗」規定など）を媒介として人権規定の価値を私人相互間にも及ぼすという考え方をさす。

◇【争点2】に関する最高裁判所の判断（1973年）

　企業者が特定の思想，信条を有する労働者をそのゆえをもって雇い入れることを拒んでも，それを当然に違法とすることはできない。

　　ア　には「私」が入る。**資料1**では，「憲法第14条の平等および憲法第19条の思想良心の自由の規定」は「もっぱら国または公共団体と個人との関係を規律するものであり，私人相互の関係を直接規律することを予定するものではない」という，直接適用説を否定する最高裁判所の考えが示されている。そして，**資料2**では，「　ア　的支配関係においては，個人の基本的な自由や平等に対する具体的な侵害またはそのおそれがあり，その態様，程度が社会的に許容しうる限度を超えるときは，これに対する立法措置によってその是正を図ることが可能である」という最高裁判所の考えが示されている。**資料2**は，私人相互間において社会的に許容しうる限度を超える人権の侵害があるような場合，民法など私法の規定の適切な運用によってその是正を図ることができる，という趣旨で説明されており，間接適用説を認める最高裁判所の考えが読みとれる。**資料1**では直接適用説を否定する考えが，**資料2**では間接適用説を認める考えが，それぞれ示されており，**資料1**と**資料2**はいずれも“私人相互間の関係”について説明したものである，ということに気づくことができれば，　ア　には「私」が入ると判断できただろう。

　　イ　には「私的自治」が入る。**私的自治**とは，私人相互間の権利関係の調整などは，基本的には自主的な解決に任せるべきであり，国家はこれに干渉しないとするあり方をさす。**団体自治**とは，地方公共団体が国から相対的に独立して政治・行

政を行うべきであるという原理をさす。

問2 　**9**　②

　成人年齢を20歳から18歳に引き下げる**改正民法**が2018年に成立した（施行は2022年４月）。これにより，18歳，19歳の者も「親の同意なく自分一人で契約すること」（ローン契約を結んだり，クレジットカードをつくったりすることなど）ができるようになる。その一方で，親の同意のない法律行為を取り消すことができる**未成年者取消権**は18歳から行使できなくなる。

　①「契約書が必要である」という記述は不適当。**契約**は，契約書を作成しなくても，当事者間で合意があった時点で成立する（当事者間で意思が合致した時点で契約は成立し，必ずしも契約書は必要でない）。なお，契約が有効に成立すると，当事者はこれに拘束され，契約を守る義務が生じる。③「いつでも契約を解除できる」という記述は不適当。**クーリング・オフ制度**は，訪問販売や電話勧誘販売，割賦販売などについて，一定期間内であれば違約金や取消料を支払うことなく契約を解除できる制度である。④「撤廃されている」という記述は不適当。2010年６月に全面施行された改正貸金業法により，消費者金融などの貸金業者の貸付け総額を借り手の年収の３分の１以下に制限する**総量規制**が導入された。

問3　**10**　⑥

　日本国憲法第26条第２項は「義務教育は，これを無償とする」と規定しているが，ここにいう「無償」の範囲をいかに解すべきかについて，様々な捉え方がある。**資料１〜３**は，そうした捉え方について書かれたものである。

　aは誤文。**資料１**は，「無償の範囲は，授業料に限定されず，教科書費，教材費，学用品費など，そのほか修学までに必要とする一切の金品を国や地方公共団体が負担すべきである」という考え方を示している。しかし，この**資料１**から読みとれる考え方と，**a**の「授業料以外の就学ないし修学にかかる費用を無償にするかどうかは，国会の判断に広く委ねられる」という考え方は，合致するものではない（「国会の判断に広く委ねられる」ことにより，国や地方公共団体は「授業料以外の就学ないし修学にかかる費用」を負担しない，という結論に至る可能性もあるため）。

　bは正文。**資料２**は，授業料以外の「就学必需費」を「全部無償とすべきである」と説かれる傾向について，「これは，普通教育の無償性という憲法の要請と，教育の機会均等を保障するという憲法における社会保障の要請とを混同しているきらいがある」と述べるとともに，「経済上の理由による未就学児童・生徒の問題は，教育扶助・生活扶助の手段によって解決すべきである」と説明している。教育扶助・生活扶助などの**公的扶助**の制度は，**生存権**の保障を目的として，生活困窮を条件に国が国民に対して行う保護制度である。このことから，**資料２**から読みとれる考え方に照らし，**b**の「授業料以外の就学ないし修学にかかる費用の負担軽減について，生存権の保障を通じての対応が考えられる」という記述は正しいと判断できる。

　cは正文。**資料３**は，「国が保護者の教科書等の費用の負担についても，これを

できるだけ軽減するよう配慮，努力することは望ましいところであるが，それは，国の財政等の事情を考慮して立法政策の問題として解決すべき事柄であって，憲法の前記法条の規定するところではないというべきである」と述べ，憲法は「教科書等の費用」を無償にするかどうかについては規定していないが，その費用の負担を軽減するかどうかについては「立法政策の問題として解決すべき事柄」（その判断は立法府の裁量に委ねられる問題）であると説明している。すなわち，憲法は教科書等の費用を無償にすることについて規定しているわけではないが，こうした費用を無償にしたとしても憲法に違反するものではない，というのが**資料3**の考え方である。したがって，**c**の「授業料以外の就学ないし修学にかかる費用を無償にすることは，憲法によって禁止されていない」という記述は，**資料3**から読みとれる考え方に照らし，正しいと判断できる。

問4 　**11**　②

アには「重大な刑事事件」が入る。**裁判員制度**は，衆議院議員の選挙権を有する者の中から無作為に選ばれた**裁判員**が重大な刑事事件の第一審に参加する制度である。民事事件において導入されているわけではないので，「刑事事件および民事事件」は入らない。

イには「事件ごと」が入る。裁判員は「事件」ごとに選任される。「年度」（4月1日から翌年の3月31日までの1年間を意味する）ごとに選任されるわけではない。

ウには「任務終了後も」が入る。裁判員としての任務は判決の宣告により終了するが，その任務終了後も，評議の過程での意見や多数決の数などについての守秘義務が課される。このことから，「任務中のみ」は入らない。

問5 　**12**　①

2018年に制定された**候補者男女均等法**（**政治分野における男女共同参画の推進に関する法律**）は，議会選挙（国会と地方議会の議員選挙が対象）で男女の候補者の数をできる限り均等にするよう政党に求める法律である。同法に罰則規定はないことから，「罰則規定を設けて促すことになった」という記述は誤り。

②**障害者雇用促進法**は，国・地方公共団体や民間企業などに対して，従業員・職員の一定割合以上の障害者を雇用することを義務づけている。例えば，国に対して義務づけられている法定雇用率は2.6%（2018年4月に2.3%から2.5%，2021年3月には2.6%に引き上げられた）となっている。しかし，2018年に中央省庁で障害者雇用数が不適切に計上され，実際の雇用率は法定雇用率を下回っていることが明らかとなった。この中央省庁による障害者雇用数の水増し問題をうけて，障害者を対象とする統一的な国家公務員の採用試験が実施された。③2018年の**公職選挙法**の改正により，参議院議員の総定数は6増の248議席となることが決まった。また，参議院議員選挙の比例区において，政党が決めた順位に従って当選者を決定する**特定枠制度**が導入されることになった。この仕組みの下では，まず特定枠の順位に従って当選者を決定し，枠内の候補者が全員当選したことに続いて，枠外の候補者が得票

数の順に当選することになる。④ふるさと納税制度は，任意の都道府県・市区町村に対して寄付金を支払った場合に，その寄付額のうち2000円を超える部分について，一定限度額まで，原則として所得税・住民税から寄付金控除の適用をうけられる制度である。寄付額に応じてその地域の特産品を寄付者に対して返礼品として送付する地方公共団体が多いが，その返礼品競争が過熱したことをうけて，国(総務省)が地方公共団体に対し返礼品のあり方を見直す動きも見られた。

問6　13　③

　aとイ，bとア，cとウが，それぞれ合致する。

　図の横軸の「包括性(参加)」は，選挙権がどれだけの人々に認められているかを示すものであり，右にいくほど，多くの人々に選挙権が認められていることを意味する。ア(日本国憲法下の日本の政治体制)の下では普通選挙が採用されている点，イ(チャーティスト運動の時期のイギリスの政治体制)の下では普通選挙が実現していなかった点，ウ(ゴルバチョフ政権より前のソ連の政治体制)の下では普通選挙が実現していた点を踏まえ，**a**には**イ**が，**b・c**には**ア**か**ウ**のいずれかが，それぞれ当てはまると判断できる。

◇普通選挙

　　身分や財産などによる制限を設けず，一定の年齢に達した国民に等しく選挙権を認める選挙。

◇チャーティスト運動

　　19世紀(1837〜48年頃)のイギリスで展開された労働者を主体とする政治運動。チャーティストは，労働者団体が男子普通選挙権の獲得や候補者の財産資格廃止などを含む要求を掲げた「人民憲章(People's Charter)」に由来する語句である。

◇ソ連(ソビエト連邦)の政治体制と「最高会議」の代議員選挙

　　ソ連の政治体制は，すべての権力は人民(労働者や農民)に属するとの考えから，人民の代表が集まる会議体「最高会議」にすべての権力を掌握させる権力集中制(民主集中制)を採用していた。そのため，権力分立の原則は採用されず，複数政党制も認めず，人民を代表する政党は共産党だけであるとされ，共産党の一党支配が行われてきた。

　　1936年のソビエト連邦憲法(スターリン憲法)の制定以降，「最高会議」の代議員選挙が実施されるようになった(普通選挙を採用)。ただし，ゴルバチョフ政権より前のソ連の「最高会議」の代議員選挙は，事実上，共産党員である候補者を代議員として追認するような選挙であったとされる。

　図の縦軸の「自由化(公的異議申立て)」は，選挙権を認められている人々が，抑圧なく自由に政府に反対したり対抗したりできるかを示すものであり，上にいくほど，抑圧なく自由に異議申立てを行うことができることを意味する。ウ(ゴルバチョフ政権より前のソ連の政治体制)においては，共産党が権力を握るプロレタリ

ア独裁体制がしかれ，社会的平等を重視する政策が遂行される一方で，人民の自由権は大幅に制限された。この点を踏まえ，**b**には**ア**が，**c**には**ウ**が，それぞれ当てはまると判断できる。

問7 　14 　⑦

　ア　には「全会一致」が入る。**閣議**は，内閣総理大臣を中心に内閣としての方針を決定する会議である。閣議における決定は，全会一致によることが慣行となっている。したがって，「多数決」は入らない。

　イ　には「内閣の首長」が入る。日本国憲法の「内閣は，法律の定めるところにより，その首長たる内閣総理大臣及びその他の国務大臣でこれを組織する」（第66条第1項）という規定にもあるように，内閣総理大臣（首相）は内閣の**首長**に位置づけられている。なお，「同輩中の首席」は，大日本帝国憲法（明治憲法）時代の内閣総理大臣をさして用いられる語句である。大日本帝国憲法は，内閣総理大臣について特段に規定することがなく，天皇を輔弼（ほひつ）する関係においては，内閣総理大臣も「国務各大臣」の一人として，他の国務大臣と同格であった（内閣総理大臣は，国務各大臣の「**同輩中の首席**」にすぎなかった）。

　ウ　には「内閣総理大臣」が入る。日本国憲法は，「法律及び政令には，すべて主任の国務大臣が署名し，内閣総理大臣が連署することを必要とする」（第74条）と定めている。したがって，「内閣官房長官」は入らない。そもそも日本国憲法は，**内閣官房長官**について特段に規定しておらず，内閣法に基づいて設けられている。なお，内閣法によれば，内閣官房長官は内閣官房（内閣の事務を助ける機関）の長であり，国務大臣が充てられることになっている。

問8 　15 　⑤

　aは正文。日本国憲法下の国会は衆議院と参議院からなり，両議院は「全国民を代表する選挙された議員」によって組織される（第43条第1項）。衆議院で可決し参議院でこれと異なった議決をした法律案は，衆議院で出席議員の3分の2以上の多数で再び可決したときは，法律となる（第59条2項）。

　bは誤文。第1文は正しいが，第2文の「政府高官人事への同意など下院にのみ与えられている権限もある」という記述が誤り。「政府高官人事への同意」は，「下院」ではなく「上院」に与えられている権限である。なお，上院は，大統領による政府高官人事への同意権のほか，条約の締結に関する承認権をもつ。これに対し，下院は予算案など歳入に関する法案の先議権をもつ。

　cは正文。イギリスの議会は，非公選の議員によって構成される上院（貴族院）と，国民の直接選挙によって選出される議員からなる下院（庶民院）で組織される。下院優越の原則が確立しており，下院が国政の中心に位置している。下院が内閣を信任しなくなったときには，内閣は総辞職するか，下院を解散して国民に信を問うために総選挙を行う。

第3問　現代の経済状況

現代の経済状況をテーマに，日本の雇用環境，財政，不良債権や貸し渋りの問題，国際通貨制度の変遷など，経済分野を中心に出題された。

問1 　16　 ②

　　ア には「年功序列型の賃金」が入る。**年功序列型賃金体系**(勤続年数や年齢などの年功に基づいて賃金が決定される賃金体系)は，**終身雇用**(新卒者を採用し，原則として定年まで解雇せずに企業内に定着させる雇用慣行)や**企業別労働組合**(企業単位で労働組合を組織するあり方)とともに，第二次世界大戦後の日本における労使慣行の特徴とされ，「日本的経営」「日本的雇用慣行」などと呼ばれた。なお，経済環境の変化に伴って「日本的経営」「日本的雇用慣行」が変容した際に，成果主義的な賃金制度の導入の広がりが見られたことから，「成果主義による賃金」は入らない。

　　イ には「裁量労働制」が入る。**裁量労働制**とは，業務の進め方や時間配分の決定などを労働者自身に委ね，実際に何時間働いたかにかかわりなく一定時間働いたとみなす仕組みをさす。なお，**フレックスタイム制**とは，一定の定められた時間帯の中で，出社と退社の時刻を労働者が決めることができる仕組みをさす。

問2 　17　 ④

　　aは正文。パート，アルバイトなど非正規雇用の労働者は，正規雇用の労働者と同様に，**団結権**(労働組合を結成する権利)を有し，その行使が認められる。

　　bは正文。**労働組合法**によれば，使用者が労働組合との団体交渉を正当な理由なく拒否することは**不当労働行為**(使用者による労働組合活動に対する妨害行為)に該当し，認められない。

　　cは誤文。労働組合法によれば，使用者が労働組合に対して経費を援助することは不当労働行為に該当し，認められない。したがって，「使用者は労働組合に対して，経費を援助しなければならない」という記述は誤り。

問3 　18　 ②

　　国債依存度とは，歳入に占める公債金の割合をいう(次式)。

$$国債依存度(\%) ＝ 公債金 ÷ 歳入 × 100$$

　　表の数値を用いて計算すると，2017年度の国債依存度は約26.7%(160億ドル÷600億ドル×100＝約26.7%)，2018年度の国債依存度は約25.3%(190億ドル÷750億ドル×100＝約25.3%)となり，2017年度から2018年度にかけて国債依存度が低下したことが分かる。

　　①「減少」という部分を「増加」に置き換えると正しい記述になる。**国債残高**とは，償還されずに残っている国債(国による金銭上の債務)の総額をいう。公債金(新規国債の発行額)が償還のための国債費を上回れば国債残高は増加し，下回れば国債残高は減少することになる。表の数値によれば，2017年度と2018年度のいずれ

も公債金が国債費を上回っている。したがって，国債残高は増加し続けていると判断できる。③「赤字額が拡大した」という記述は誤り。**プライマリーバランス**（**基礎的財政収支**）とは，"歳入から公債金を除いた収入"から"歳出から国債費を除いた支出"を差し引いた収支をいう（次式）。

> プライマリーバランス＝（歳入－公債金）－（歳出－国債費）

歳入＝歳出となるので，基礎的財政収支は次式のように示すこともできる。

> プライマリーバランス＝国債費－公債金

　表の数値を用いて計算すると，2017年度のプライマリーバランスは20億ドルの赤字（140億ドル－160億ドル＝－20億ドル），2018年度のプライマリーバランスも20億ドルの赤字（170億ドル－190億ドル＝－20億ドル）となり，2017年度から2018年度にかけて「プライマリーバランスの赤字額が拡大」したことは確認できない。④「間接税の比率が上昇した」という記述は誤り。**直間比率**とは，直接税と間接税の比率をさす。歳入の表に示された租税収入のうち，法人税と所得税は直接税に，酒税と消費税は間接税に，それぞれ分類できる。表の数値を用いて計算すると，2017年度の直間比率は1：1（法人税100億ドル＋所得税120億ドル＝直接税220億ドル，酒税50億ドル＋消費税170億ドル＝間接税220億ドル，直間比率は1：1），2018年度の直間比率は1：0.93（法人税130億ドル＋所得税160億ドル＝直接税290億ドル，酒税50億ドル＋消費税220億ドル＝間接税270億ドル，直間比率は29：27［1：0.93]）となり，2017年度から2018年度にかけて間接税の比率が低下していることが分かる。

問4 　19　①
　この設問を解く上では，次の語句の意味を把握しておく必要がある。

- **不良債権**：回収が困難あるいは不能な債権をさす。1980年代後半から1990年代初頭にかけてのバブル経済期に銀行などの金融機関は企業や個人に多額の融資をしていたが，バブル経済が崩壊すると，貸付先の企業の倒産などにより大量の不良債権が発生した。そして，巨額の不良債権を抱える金融機関の中には，経営破綻に追い込まれるものもあった。

- **貸し渋り**：金融機関が融資の基準や条件を厳しくして貸出しを抑制することをさす。日本では，1990年代初頭にバブル経済が崩壊した後，不良債権を大量に抱えて経営体力が低下した金融機関による貸し渋りが問題となった。

- **BIS規制**（バーゼル規制，バーゼル合意）：1988年にBIS（国際決済銀行）の常設事務局であるバーゼル銀行監督委員会で合意された，銀行の自己資本比率規制をさす。例えば，国際業務を行う銀行は自己資本比率が8％以上なければならないとする規制が設けられており，自己資本比率の数値が高いほど，銀行の健全性は高いと評価される。

　設問文は，「不良債権となっている資産を最終的に消滅させるために費用が発生し，その費用が大きければ損失が発生し資本金を減少させることがある」と説明しており，このことは模式図からも確認することができる(模式図の「経済不況」から「不良債権処理」への変化に注目)。これらのことを踏まえて，各選択肢を検討する。

　①適当な記述である。銀行による融資額(模式図が示す「貸出債権」の額)が大きくなれば，模式図が示す「資産」「負債・純資産」の総額も大きくなることになる。仮に，「不良債権処理」によって資本金が減少しているときに，融資額(貸出債権の額)を増やした場合，自己資本比率を求める際の分母(模式図が示す「資産」「負債・純資産」の額)が大きくなることになり，自己資本比率は低下することになる。銀行が BIS 規制(自己資本比率規制)を遵守し自己資本比率の低下を回避しようとするならば，融資額(貸出債権の額)の増加を回避する傾向は強まることになる。したがって，①の「不良債権処理によって貸出債権を含む総資産に対する資本金の比率が低下」した場合(自己資本比率が低下した場合)，「新たな貸出しが抑制される傾向がある」とする記述は適当であると判断できる。

　②貸し渋りの説明が誤り。貸し渋りとは，金融機関が融資の基準や条件を厳しくするなどして貸出しを行う際に慎重な姿勢をとることをいうが，「貸出債権の一部を不良債権として資産から取り除く結果，経済不況以前と比べて貸出債権の残高が減少すること」をさすわけではない。③「預金に対する自己資本の比率に関するBIS 規制」という記述は不適当(「預金」という部分を「資産」あるいは「負債・純資産」に置き換えると適当な記述となる)。自己資本比率を求める際の分母に相当するのは，模式図が示す「資産」「負債・純資産」の額である。④「預金に対する貸出債権の比率が高くなる」という記述は不適当(「高くなる」という部分を「低くなる」に置き換えると適当な記述となる)。「経済不況以前」の模式図と「不良債権処理」の模式図を比べると，「預金に対する貸出債権の比率」は低くなっていることが読みとれる(預金と貸出債権の比率は，「経済不況以前」の模式図では７：６，「不良債権処理」の模式図では７：４となっている)。

問5 　20 　④

　アは誤文。「行使したことはない」という記述は誤り。アは日本銀行による**公開市場操作**についての記述である。公開市場操作は，日本銀行が市場で国債や手形などを売買することにより，短期金融市場における資金の供給量を変化させ，市場金利に変化をもたらすものであり，金融政策の中心的手段に位置づけられている。日本銀行は，1990年代初頭にバブル経済が崩壊した後，市場金利を低めに誘導するために，公開市場操作の中でも**資金供給オペレーション(買いオペレーション)**を積極的に行った。

　イは誤文。1990年代後半に**日本版金融ビッグバン**と呼ばれる金融改革が実施されるよりも前の**護送船団方式**(金利や業務の規制，行政指導などによって自由競争を制限し，「経営基盤の弱い銀行」であっても利益が確保できるよう，銀行を保護す

る方式)がとられていた時期に，「他業種から銀行業への参入」が増えていたという趣旨の記述は誤り。日本ではかつて，銀行は銀行業，証券会社は証券業，保険会社は保険業にそれぞれ従事するという専業主義(護送船団方式の例の一つ)がとられてきたが，**金融自由化**の進展とともに専業主義も見直され，銀行業・証券業・保険業の相互参入が一部認められるようになった(1993年の金融制度改革による業態別子会社での相互参入の解禁や，1998年の金融持株会社の設立の解禁など)。そして，2001年には流通業者や製造業者による銀行の設立が認められ，他業種から銀行業へと参入する事例も増加した。

問6 　21　③

　貿易・サービス収支の金額は「−10」(億ドル)となる。図中の経済取引のうち，貿易・サービス収支には，「特許使用料」と「電気機器の輸入代金」が計上される。**A**国は，特許使用料として25億ドルを**B**国から受けとり(＋25)，電気機器の輸入代金として35億ドルを**B**国に支払っている(−35)ことから，**A**国の貿易・サービス収支は10億ドルの赤字(−10)となる。

　第一次所得収支の金額は「50」(億ドル)となる。図中の経済取引のうち，第一次所得収支には，「株式の配当」と「国債の利子」が計上される。**A**国は，株式の配当として40億ドルを**B**国から受けとり(＋40)，国債の利子として10億ドルを**B**国から受けとっている(＋10)ことから，**A**国の第一次所得収支は50億ドルの黒字(＋50)となる。

　第二次所得収支の金額は「−15」(億ドル)となる。図中の経済取引のうち，第二次所得収支には，「医薬品のための無償資金援助」と「外国人労働者による家族への送金」が計上される。**A**国は，医薬品のための無償資金援助として5億ドルを**B**国に支払い(−5)，外国人労働者による家族への送金として10億ドルを**B**国に支払っている(−10)ことから，**A**国の第二次所得収支は15億ドルの赤字(−15)となる。

問7 　22　②

　「すべての加盟国に自国通貨と金との交換を義務づけた」という記述は誤り。1944年にアメリカのブレトン・ウッズで調印された**IMF(国際通貨基金)**協定は，各国が協力体制をとることによって，為替相場を安定させ，自由貿易の拡大を図ろうとするものである。この協定に基づく体制(**ブレトン・ウッズ体制**)は，金とドルの交換を前提にし，ドルとIMFに加盟する各国の通貨を固定相場で結びつけるものである(IMF加盟国に対して自国通貨の対ドル平価を維持することを義務づけたものであって，「自国通貨と金との交換を義務づけた」わけではない)。

　①③④は，それぞれ正しい記述となっている。①1930年代には，**為替切下げ競争**や**ブロック経済化**が起こり，世界貿易が縮小し，国際関係は緊張することとなった。③1960年代には，アメリカの貿易収支の悪化やベトナム戦争による対外軍事支出の増大などによりドルがアメリカから国外へと流出し，ドルに対する信認が低下する**ドル危機**が発生した。④1973年の「変動相場制への移行開始」の後，主要国は**主要国首脳会議(サミット)**や**財務相・中央銀行総裁会議**の場において，経済政策の協調

について協議するようになった。

問8 23 ②

　ア には **a** の「外資導入による輸出指向(志向)型での工業化の進展」が入る。**図**では、「日本企業の発展途上国・新興国への進出」によって、発展途上国・新興国に ア という影響がもたらされる、ということが示されている。すなわち、発展途上国・新興国に日本企業が進出することを前提としているのだから、ア には「外資導入」による工業化の進展について書かれた **a** が入り、「自国資本」による工業化の進展について書かれた **b** は入らないと判断できる。なお、**輸出指向(志向)型での工業化**とは、自国市場向けよりも、輸出向けの生産に依存する工業化政策をいう。また、**輸入代替工業化**とは、輸入している工業製品を、自国生産によって代替化していこうとする工業化政策をいう。

　イ には **d** の「日本と発展途上国・新興国間の工業製品の貿易における日本の最終製品輸入比率の上昇と中間財輸出比率の上昇」が入る。**図**では、「日本企業による部品供給と進出先での組立て」により、イ という影響がもたらされる、ということが示されている。すなわち、日本企業が進出先である発展途上国・新興国に向けて部品を輸出する(**中間財**の輸出)とともに、発展途上国・新興国の現地で組立てを行い(**最終製品**の生産)、それを日本に向けて輸出(日本が輸入)する傾向が強まると考えられる。したがって、イ には **d** の「日本と発展途上国・新興国間の工業製品の貿易における日本の最終製品輸入比率の上昇と中間財輸出比率の上昇」が入り、**c** の「日本と発展途上国・新興国間の工業製品の貿易における日本の最終製品輸出比率の上昇と中間財輸入比率の上昇」は入らないと判断できる。

第4問　日本による発展途上国への開発協力のあり方

　日本による発展途上国への開発援助のあり方をテーマに、選挙監視団の派遣、日本のODAの特徴、人間の安全保障、マイクロファイナンス(マイクロクレジット)など、政治分野と経済分野の両分野を結びつける形で出題された。

問1 24 ①

　設問中の会話文の中では、「途上国で行われる選挙」に「外国からの選挙監視団」が派遣されることに疑問をもった生徒Yの問いかけに対して、生徒Xが「選挙監視団の目的は、自由で公正な選挙が行われるようにすることだよね」と答え、これに続いて「民主主義における選挙の意義という観点から考えれば、そうした選挙を実現させることは、その国に民主的な政治体制が定着するきっかけになるよね」と述べている。ここにいう「そうした選挙」とは、「自由で公正な選挙」のことであり、「自由で公正な選挙」を実現させることが民主的な政治体制(民主主義)の定着につながる、すなわち「自由で公正な選挙」を実現させることは民主主義の前提である、というのがXの考えである。①は、「国民に選挙を通じた政治参加を保障することで、国の統治に国民全体の意思を反映」させることが民主主義の前提であるという趣旨の記述であり、Xが二重下線部で示したように考えることができる理由として

最も適当なものである。

②は「大衆が国の統治を特定の個人や集団による独裁に委ねる可能性が排除されている」ことが民主主義の前提であるという趣旨の記述，③は「裁判によって紛争を解決すること」が民主主義の前提であるという趣旨の記述，④は「国民が政治的意思を表明する機会を選挙以外にも保障」することが民主主義の前提であるという趣旨の記述であるが，②③④はいずれも，「自由で公正な選挙」を実現させることが民主主義の前提であるという趣旨で述べられている**X**の発言内容に沿ったもの（**X**の考えを導く理由）とはいえず，不適当。

問2 　25 　④

日本の**ODA（政府開発援助）**の支出額は，1991年から2000年までの間，DAC（開発援助委員会）加盟国中で第1位（世界第1位）であった。

①「多国間援助は実施していない」という記述は誤り。日本は，発展途上国を対象とした二国間援助と国際機関を通じた多国間援助の両方を実施している。②「返済義務のない無償の援助のみを実施している」という記述は誤り。日本は，返済義務のない**贈与**（無償資金協力や技術協力）だけでなく，長期返済・低金利で開発資金を貸し付ける**借款**（有償資金協力）による援助も実施している。③「対 GNI 比0.7パーセント以上を維持してきた」という記述は誤り。日本の ODA 支出額は，国際的な目標である対 GNI 比0.7パーセント以上に及ばない状況にある（2001年以降，0.2パーセントから0.3パーセント前後で推移している）。

問3 　26 　③

　ア　には③の「人間の安全保障」が入る。1994年に公表された UNDP（国連開発計画）の『人間開発報告書』で広く知られるようになった**人間の安全保障**という概念は，貧困，飢餓，感染症，環境破壊，人権侵害など，人間の生存，生活，尊厳を脅かすあらゆる脅威から，国家の枠組みを超え，人間一人ひとりの安全を守るために具体的な措置を講じようという理念である。**資料**の「個人の保護と能力強化により，恐怖と欠乏からの自由，そして，一人ひとりが幸福と尊厳を持って生存する権利を追求する」という記述などが手がかりとなる。

①**ユニバーサルデザイン**とは，文化・言語の違い，老若男女といった差異，身体的状況などを問わず，誰もが広く利用することができる施設・製品・情報の設計（デザイン）のことをいう。②**シビリアン・コントロール（文民統制）**とは，軍隊の存在や活動が文民（非軍人）の意思によって統制されることをさす。④**平和五原則**とは，1954年に中国の周恩来首相とインドのネルー首相との共同声明の中に掲げられた五つの原則（領土・主権の尊重，相互不可侵，内政不干渉，平等互恵，平和共存）をさす。

問4 　27 　②

図によれば，5か国（インド，インドネシア，タイ，バングラデシュ，フィリピン）の名目 GNI（米ドル）の平均値の指数は，2002年の100から2015年の約400へと，ほぼ4倍に膨れ上がっている。この設問では，経済成長（名目 GNI の増加）と各種

データ(電力発電量，平均寿命，栄養不良の人口割合)との関係を，それぞれ類推してア〜ウを確定させていくことで，正解を導くことができる。

　ア〜ウのうち，2002年の指数よりも2015年の指数の方が小さくなっているのは**イ**である。「電力発電量」「平均寿命」「栄養不良の人口割合」のうち，経済成長に伴い小さくなる傾向にあるのは「栄養不良の人口割合」であると考えられるから，**イ**には「栄養不良の人口割合」が当てはまると判断できる。**ア**と**ウ**は，いずれも2002年の指数よりも2015年の指数の方が大きくなっており，「電力発電量」と「平均寿命」のうちのいずれかが当てはまることになる。図によれば，**ア**については，2015年の指数が2002年の指数の2倍以上に膨れ上がっている。「平均寿命」がわずか13年間で2倍以上になる(45歳から90歳に上昇するなど)とは考えにくいことから，**ア**には「平均寿命」ではなく「電力発電量」が当てはまると判断できる(同時に**ウ**が「平均寿命」であると判断できる)。なお，第二次世界大戦後の日本の高度経済成長期がそうであったように，一般に，名目GNIが大きく増加(経済が急成長)すると，「電力発電量」も大きく増加する傾向にある。このことから，**ア**には「電力発電量」が当てはまると判断してもよいだろう。

問5 `28` ①
　表によれば，18〜29歳の年齢階級では，「国際社会での日本への信頼を高めるために開発協力を行うべきであるとの観点を支持する回答の比率」(**イ**を回答した者の比率，58.6%)が最も高いのに対し，「先進国として開発協力を行うことは人道上の義務であり国際的責任であるとの観点を支持する回答の比率」(**オ**を回答した者の比率，23.5%)は最も低い。

　②18〜29歳の年齢階級を除くすべての年齢階級において，「日本企業などが海外展開しやすくするなど，日本経済の発展に貢献することを目的として開発協力を行うべきであるとの観点を支持する回答の比率」(**エ**を回答した者の比率)が「最も高い」とする記述は誤り。表によれば，18〜29歳の年齢階級を除くすべての年齢階級において，最も回答した者の比率が高くなっている項目は，**ア**の「エネルギー資源などの安定供給の確保に資するから」である。③30〜39歳の年齢階級と40〜49歳の年齢階級との回答の比率の差が，「資源を確保するために開発協力を利用するべきであるとの観点を支持する回答項目」(**ア**の項目)において「最も小さい」とする記述は誤り(両年齢階級の差は2.7[52.7−50.0])。表によれば，30〜39歳の年齢階級と40〜49歳の年齢階級との回答の比率の差は，**エ**の「中小企業を含む日本企業や地方自治体の海外展開など，日本の経済に役立つから」の項目において最も小さくなっている(両年齢階級の差は0.5[43.8−43.3])。④50〜59歳の年齢階級と60〜69歳の年齢階級との回答の比率の差が，「戦略的な外交政策を推進するために開発協力を利用するべきであるとの観点を支持する回答項目」(**ウ**の項目)において「最も大きい」とする記述は誤り(両年齢階級の差は3.7[47.9−44.2])。表によれば，50〜59歳の年齢階級と60〜69歳の年齢階級との回答の比率の差は，**オ**の「先進国として開発途上国を助けるのは人道上の義務又は国際的責任だから」の項目において

最も大きくなっている(両年齢階級の差は7.5[46.5−39.0])。

問6 `29` ③

`ア` には「無担保」が入る。**担保**とは，将来生じるかもしれない不利益に備え，あらかじめその補いとなるものを準備すること(将来の債務不履行の危険に備えて，あらかじめその債務の履行を確保する手段として債権者に提供されるもの)をさす。**マイクロファイナンス(マイクロクレジット)**は，貧困層や低所得層向けの少額融資などの金融サービスのことで，その融資は無担保で行われるとされる。新規事業の立ち上げや事業の拡大を促進するなど経済的自立の支援を目的とする(無償援助ではなく，返済義務のある融資を行うことによって，自助努力による貧困からの脱出を促す)。

`イ` には「グラミン銀行」が入る。1983年にバングラデシュで創設された**グラミン銀行**は，それまで銀行から融資を受けることが難しかった貧困層や低所得層を対象に，生業のための無担保・低金利の少額融資を行っている。なお，**アジアインフラ投資銀行(AIIB)**は，中国主導の下で2015年に創設された国際金融機関である。

問7 `30` ① `31` ④

`ア` には①が入る。「経済格差や社会保障の問題など，国内にも対処しなければならない問題があることは確かです。しかし，それでもなお，日本の税金や人材によって他国を援助する理由はあると思います」という説明に続く `ア` には，「国際貢献は日本国憲法の依拠する理念や原則に照らしても望ましい」という考えに基づく記述が入る。①の「日本国憲法の前文は，平和主義や国際協調主義を外交における基本理念として示しています。この理念に基づくと，国同士が相互に尊重し協力し合い，対等な関係の国際社会を築くことが重要です」という記述は，日本国憲法前文の内容に照らし，適当である。一方，②の「日本国憲法の基本的人権の保障の内容として，他国における他国民の人権保障状況についても，日本は他国に積極的に改善を求めていくことが義務づけられています」という記述は，日本国憲法の内容に照らし，適当でない。日本国憲法は，「国民の権利及び義務」という章(第3章)を設けるなど，国民の基本的人権の保障内容について定めているが，「他国における他国民の人権保障状況」について，「他国に積極的に改善を求めていくこと」が日本の義務である，ということを定めているわけではない。以上のことから，`ア` には，②ではなく①が入ると判断できる。

`イ` には④が入る。「世界では，環境問題，貧困問題，難民問題など，国内より大規模な，人類共通の利益にかかわる問題が出現しています」という説明に続く `イ` には，「国際貢献は日本の利益に照らしても望ましい」という考えに基づく記述，すなわち"人類共通の利益にかかわる問題を解決することが日本の利益につながる"という考えに基づく記述が入る。③の「大事なのは，日本の利益より人類共通の利益であり……。日本の利益から離れて……」という記述と，④の「大事なのは，人類共通の利益と日本の利益とが無関係ではないという点です。人類共通の利益の追求が日本の利益の実現につながりうる……」という記述を比べ，"人類共通

の利益にかかわる問題を解決することが日本の利益につながる”という考えに基づくものは，④であると判断できる。

政治・経済

（2021年1月実施）

受験者数　　118

平　均　点　52.80

2021 第2日程

政治・経済

解答・採点基準 (100点満点)

問題番号(配点)	設問	解答番号	正解	配点	自己採点
第1問(24)	A	問1 〔1〕	①	3	
		問2 〔2〕	⑤	3	
		問3 〔3〕	④	3	
		問4 〔4〕	①	4	
	B	問5 〔5〕	④	2	
		〔6〕	①	2	
		問6 〔7〕	① 又は ②	なし	
		〔8〕	*	3	
		問7 〔9〕	②	4	
	第1問 自己採点小計				
第2問(26)	A	問1 〔10〕	④	3	
		問2 〔11〕	①	3	
		問3 〔12〕	①	3	
		問4 〔13〕	⑦	3	
	B	問5 〔14〕	①	3	
		問6 〔15〕	⑥	4	
		問7 〔16〕	②	4	
		問8 〔17〕	①	3	
	第2問 自己採点小計				

問題番号(配点)	設問	解答番号	正解	配点	自己採点
第3問(26)	A	問1 〔18〕	④	3	
		問2 〔19〕	①	3	
	B	問3 〔20〕	④	3	
		問4 〔21〕	③	4	
		問5 〔22〕	②	3	
		問6 〔23〕	④	3	
	C	問7 〔24〕	④	3	
		問8 〔25〕	③	4	
	第3問 自己採点小計				
第4問(24)		問1 〔26〕	①	3	
		問2 〔27〕	⑦	3	
		問3 〔28〕	④	3	
		問4 〔29〕	②	4	
		問5 〔30〕	④	4	
		問6 〔31〕	⑧	4	
		問7 〔32〕	②	3	
	第4問 自己採点小計				
	自己採点合計				

(注)＊は，解答番号〔7〕で①を解答した場合は④を，②を解答した場合は③を正解とし，点を与える。

第1問　国家(政府)の役割

　国家(政府)の役割をテーマに，政治分野と経済分野のそれぞれから出題された。政治分野では，ホッブズの思想，アメリカとフランスの政治体制，日本の地方自治，選挙制度についての知識事項が問われた。経済分野からは，消費者問題と政府の役割，財政をめぐる意見，国全体の資産と負債に関する資料を扱う設問が出題された。

問1　1　①

　ホッブズは，人間は生来，**自然権**としての**自己保存権**(自己の生命を守ろうとする権利)をもっていると説いた。このホッブズの考えと合致する文章は**c**であり，これが　ア　(自然権)に入ることになる。

　ホッブズによれば，国家が成立する以前の**自然状態**は，各人が自己保存権を行使するため，「**万人の万人に対する闘争**」**状態**(戦争状態)に陥っている。このホッブズの考えと合致する文章は**b**であり，これが　イ　(自然状態)に入ることになる。

　ホッブズは，平和を確保しようと，各人が「平和をもとめ，それにしたがえ」という理性の声にしたがうことを一般法則として捉えた(「第一の自然法」)。そして，戦争状態を回避し，平和を確保するためには，各人が「平和をもとめ，それにしたがえ」という理性の声にしたがって社会契約を結び，主権者に自己保存権を全面的に譲渡し，主権者が制定する法にしたがう必要があると説いた(「第二の自然法」)。こうしたホッブズの考えに照らし，　ウ　(「第一の自然法」)には文章**d**が，また，　エ　(「第二の自然法」)には文章**a**がそれぞれ入ると判断できる。

　以上のことから，　ア　には**c**，　イ　には**b**，　ウ　には**d**，　エ　には**a**がそれぞれ入り，正解は①となる。

問2　2　⑤

　　イ　には「議席をもたない」が入る。アメリカの大統領制の下では，行政府と立法府が厳格に分離されており，大統領は連邦議会の議員を兼職することができない。したがって，「議席をもつ」は入らない。

　　ウ　には「不信任決議」が入る。アメリカ大統領は連邦議会から**不信任決議**を受けることはなく，連邦議会の解散権をもたない。なお，アメリカの連邦議会は，大統領に対して**弾劾**を行う権限をもっているため，「弾劾」は入らない。弾劾は，公職に就く者に重大な犯罪や不正行為があった場合に，議会がこれを訴追し，その者を罷免する仕組みである。アメリカ大統領に対する弾劾は，下院が訴追し，上院が弾劾裁判を行うことになっている。

　　エ　には「直接選挙」が入る。フランスの大統領は，国民の**直接選挙**によって選出される。なお，「間接選挙」は　エ　ではなく　ア　に入る。アメリカの大統領選挙では，各州の有権者が大統領選挙人を選び，選出された大統領選挙人が大統領を選ぶという**間接選挙**が採用されている。

　以上のことから，組合せとして最も適当なものは⑤となる。

問3　3　④

　地方公共団体の首長は，議会が議決した予算や条例の制定・改廃に対して異議が

あるとき，拒否権を行使して再議に付すことを要求できる。ただし，議会が出席議員の3分の2以上の多数で再可決すれば，再議に付された議案は可決することになる。

①「事例はない」は誤り。住民投票条例による住民投票（その結果に法的な拘束力はない）の中には，永住外国人に対して，投票資格を認めたものもある（例：2002年に滋賀県米原町［現米原市］において実施された市町村合併をめぐる住民投票では，全国で初めて永住外国人に投票資格が認められた）。②「議会」という部分を「首長」に置き換えると適当な記述になる。住民の直接請求について定めた地方自治法によれば，条例の制定・改廃請求は，有権者の50分の1以上の署名を集めて首長に行う。③「事例はない」は誤り。国によって情報公開法が制定されたのは1999年のこと。これよりも前に，地方公共団体が情報公開条例を制定した事例はある（例：1982年に山形県金山町において，全国で初となる情報公開条例が制定された）。

問4 　4　 ①

ア には a が当てはまる。ア の直後の「消費者主権が常にたしかなものであるとは限らない」という記述に注目しよう。消費者主権とは，生産者や販売事業者によって誘導されることなく，消費者が自らの判断で商品やサービスを選択し，生産のありようを決定するのは消費者である，という考え方をさす。ア には，消費者主権の確立を妨げる記述が入るのだから，a の「消費者の消費への欲望が，生産者側の広告や宣伝に依存してかきたてられるという依存効果」が当てはまると判断できる（依存効果とは，生産者や販売事業者の宣伝や広告によって消費者の消費意欲が喚起されることをさす）。なお，b にある消費者の四つの権利とは，1962年にアメリカのケネディ大統領が「消費者の権利保護に関する特別教書」で表明した，安全を求める権利，知らされる権利，選択できる権利，意見を聞いてもらう権利の四つの権利をいう。消費者の四つの権利が「保障されていること」は，消費者主権の確立につながると考えられる。したがって，b は当てはまらない。

イ には c が当てはまる。地方公共団体が設けている消費生活センター（消費者センター）は，商品やサービスなど消費生活全般にかかわる苦情相談を専門の相談員が受け付けたり，商品テストや情報提供を行ったりしている。d は，「消費者基本法」と「消費者保護基本法」が逆になっている。したがって，d は当てはまらない。消費者保護基本法（1968年制定）は，2004年に消費者の権利尊重と自立支援などを内容とする消費者基本法に改められた。

以上のことから，組合せとして最も適当なものは①となる。

問5 　5　 ④ 　6　 ①

生徒 X は，「財政運営に強い影響力を有するのは納税者である」と考え，下線部ⓑにおいて，「政府は租税収入を財源にし，納税者の要求に応じて生活を保障しなければならない」と主張している。一方，生徒 Y は「財政運営に強い影響力を有するのは公債保有者である」と考え，下線部ⓓにおいて，「政府は債務の返済能力についての信用度を高めて公債の元利払いを保証しなければならない」と主張してい

る。

【下線部ⓑに適合する政策】→ ④

　④**財政民主主義**とは，財政が国民(住民)の代表機関である国会(議会)の統制を受けるあり方をいう。予算の議決を国会(議会)が行う際に，「人々が求める基礎的な公共サービス」についての予算を拡充することは，「納税者の要求に応じて生活を保障」することにつながる。すなわち，④は下線部ⓑに適合する政策といえる。

【下線部ⓓに適合する政策】→ ①

　①**格付け機関**は，債券(国債や社債など)の信用度の格付け(ランク付け)を行い，投資家に投資リスクを判断するための情報提供を行う機関である。「格付け機関による国債の格付けを高める」ことは，政府の「債務の返済能力についての信用度」を高めることにつながる。すなわち，①は下線部ⓓに適合する政策といえる。

【下線部ⓑとⓓのいずれにも適合しない政策】→ ②③

　②水道料金を変更する政策であるが，租税収入に着目した下線部ⓑや政府の債務返済に着目した下線部ⓓのいずれにも適合しない。③関税を引き下げる政策であるが，下線部ⓑの「納税者の要求に応じて生活を保障」するという視点に立つものではなく，また，下線部ⓓに適合するものでもない。

問6　7 で①を解答した場合， 8 の正解は④となる。
　　　7 で②を解答した場合， 8 の正解は③となる。

小選挙区制と比例代表制との比較

◆**小選挙区制**(1選挙区から1名の議員を選出する仕組み)
　・大政党に有利なので，二大政党制を導きやすく，政局が安定しやすい。
　・小政党に不利なので，少数派の意見(多様な意見)が議席に反映されるとはいえない。
　・死票が多くなりやすい。

◆**比例代表制**(各政党がその得票数に応じて議席の配分を受ける仕組み)
　・小政党も議席を得やすく，少数派の意見(多様な意見)が議会に反映されやすい。
　・小党分立(多党制)になりやすく，政局が不安定になりがち。
　・死票が少なくなりやすい。

　(2)の記述ア～エについて，考えてみよう。

　ア：「多様な民意が議席に反映されやすくなる」のは比例代表制である。このことから，アにいう「この変更案」は**変更案b**(比例区の議席数の割合を高める)をさしていると考えられる。そして，アの記述は，**変更案b**が適切だと考えて述べた文であると判断できる。

　イ：「二大政党制」を導きやすいのは小選挙区制である。このことから，イにいう「この変更案」は**変更案a**(小選挙区の議席数の割合を高める)をさしていると考えられる。そして，イの記述は，**変更案a**が適切だと考えて述べた文であると判断

できる。

ウ：「政党の乱立を招き政権が安定しにくくなる」のは比例代表制である。このことから，**ウ**にいう「もう一つの変更案」は**変更案 b**をさしていると考えられる。そして，**ウ**の記述は，**変更案 b**ではなく**変更案 a**が適切だと考えて述べた文であると判断できる。

エ：「少数政党が議席を得にくくなる」のは小選挙区制である。このことから，**エ**にいう「もう一つの変更案」は**変更案 a**をさしていると考えられる。そして，**エ**の記述は，**変更案 a**ではなく**変更案 b**が適切だと考えて述べた文であると判断できる。

上記の通り，**イ**と**ウ**は**変更案 a**が適切だと考えられる根拠について述べた文である。したがって，(1)で①（**変更案 a**）を選択した場合，(2)の正解は④（**イ**と**ウ**）となる。また，**ア**と**エ**は**変更案 b**が適切だと考えられる根拠について述べた文である。したがって，(1)で②（**変更案 b**）を選択した場合，(2)の正解は③（**ア**と**エ**）となる。

問7　**9**　②

家計が保有する資産（土地や株など）の価格が上昇するにつれて，家計自身が経済的に豊かになったと考えるようになり，消費が促進される（消費額が増加する）傾向を**資産効果**という。これに対し，家計が保有する資産の価格が低下するにつれて，家計の消費額が減少する傾向を**逆資産効果**という。表の期間中における土地の資産額は減少傾向にあったことが読みとれる。この期間中，すなわち土地の資産額が減少した期間中に「逆資産効果が働いた場合，消費は減少したことになる」と考える選択肢の推論は適当である。

①「この期間は景気の谷から山に向かう時期であったと考えられる」という記述は不適当。**在庫**とは，製造・販売のために保有・貯蔵している製品や原材料などをさす。また，「景気の谷から山に向かう時期」とは，**景気拡張期**（景気変動の四局面のうち，回復期から好況期にかけての期間）をさす。一般に，景気拡張期には，需要に対して生産が過少となりやすいため，在庫の減少傾向がみられる（逆に，景気後退期には，需要に対して生産が過剰となりやすいため，在庫の増加傾向がみられる）。表の期間中における在庫の資産額は増加傾向にあることが読みとれる。したがって，この期間を景気拡張期（在庫の減少傾向がみられやすい時期）であったと考える選択肢の推論は適当でない。③「金融緩和政策がとられていたと考えられる」という記述は不適当。**マネーストック**とは，家計や企業などの経済主体が保有する通貨量の残高をいう（金融機関や中央政府が保有する預金などは対象外）。また，**金融緩和政策**とは，景気の後退や物価の下落傾向を回避するために，中央銀行がマネーストックを増加させ，資金調達が容易な状態になるように（市中の金利水準が低くなるように）誘導を図る政策をいう（例：日本銀行が実施する**資金供給オペレーション**［**買いオペレーション**］）。表の期間中におけるマネーストックの額は減少傾向にあったことが読みとれる。したがって，この期間中に金融緩和政策（マネーストックの増加を図る政策）がとられていたと考える選択肢の推論は適当でない。④

「非金融資産(実物資産)と対外純資産の合計は増加したことになる」という記述は不適当。**国富**は，国内の**非金融資産**(住宅や建物・道路・土地・機械などの実物資産が含まれる)と，**対外純資産**(対外資産から対外負債を差し引いたもの)の合計である。表の期間中における国富の額は減少傾向にあったことが読みとれることから，非金融資産(実物資産)と対外純資産の合計は減少したと考えられる。

第2問　日本国憲法と日本の政治

政治分野について，基本的人権や地方自治，行政活動をめぐる法制度，政党，選挙など，日本国憲法や日本の政治に関する知識事項が問われた。経済分野からは，日本の公的医療保険制度の仕組みにかかわる設問や日本の民間企業の労働者に関する法制度についての設問が出題された。

問1　10　④

国外に居住する有権者は，現地の日本大使館などで国政選挙の選挙権を行使できる(**在外投票制度**)。

①「国の許可が必要である」という記述は不適当。**政党**を結成する場合，国の許可は必要ない。②「みずから政権獲得をめざす」という記述は不適当。**利益集団**(**圧力団体**)は，政党とは異なって，みずからが政権をとろうとすることをめざすものではないが，自分たちの要求を実現するために，立法機関や行政機関などに対して働きかけを行う点に特徴がある。③公職選挙法に基づいて選挙に関する事務を行うのは，「人事院」ではなく，**選挙管理委員会**(地方公共団体に設置)や**中央選挙管理会**(総務省の附属機関)である。なお，**人事院**は，国家公務員の人事管理の公正性が確保されるよう，採用試験，任免の基準の設定などを行う組織である。

問2　11　①

「警察署長」が誤り。日本国憲法は，「何人も，現行犯として逮捕される場合を除いては，権限を有する**司法官憲**が発し，且つ理由となつてゐる犯罪を明示する**令状**によらなければ，逮捕されない」と規定している(第33条)。ここにいう「司法官憲」とは裁判官のことである。「警察署長」は司法官憲にあたらず，「逮捕に必要な令状」を発することはできない。

②③④はいずれも，正しい記述である。②**国会議員の不逮捕特権**(日本国憲法第50条)に関する記述。③**刑事補償**(日本国憲法第40条)に関する記述。④**遡及処罰の禁止**(日本国憲法第39条)に関する記述。

問3　12　①

a：正文。**行政手続法**は，行政処分や行政指導などの行政手続について，共通する事項を定めることによって，行政運営における公正の確保と透明性の向上を図ることを目的としている。

b：誤文。**情報公開法**が「オンブズマン(行政監察官)制度を定めている」とする記述は不適当。**オンブズマン**(**行政監察官**)制度は，国民・住民に代わって国政や地方行政を調査し，是正勧告などを行うオンブズマンを設ける制度である。日本にお

いては，地方（条例）レベルでの導入例はあるが，国政（法律）レベルではまだ導入されていない。なお，情報公開法の下で開示請求（公開請求）が拒否された請求者には，不服申立てや裁判による救済の途が開かれている。

　c：誤文。「行政機関による個人情報の適正な取扱いを通じた国民のプライバシーの保護を目的としている」という記述は，「特定秘密保護法」ではなく，**個人情報保護関連法**のうち，行政機関の保有する個人情報の保護に関する法律を想定した記述である。**特定秘密保護法**は，防衛や外交などに関する国家機密（特定秘密）の漏えいの防止を図ることによって，国と国民の安全を確保することを目的としている。特定秘密保護法にいう「特定秘密」とは，安全保障に関する情報で，「防衛」「外交」「特定有害活動（スパイ行為など）の防止」「テロリズムの防止」のうち，特段の秘匿の必要性があるものをさす。

　以上のことから，組合せとして最も適当なものは①となる。

問4 `13` **⑦**

　地方公共団体が行う事務は，**法定受託事務**と**自治事務**からなる（次表）。

◆法定受託事務
・本来は国（都道府県）が果たすべき事務であるが，その適正な処理を確保するために法令によって地方公共団体に処理を委任するもの。 ・是正の指示など，国（都道府県）の強い関与が認められる。 ・具体例として，国政選挙，戸籍事務，旅券の交付，国道の管理などがある。
◆自治事務
・地方公共団体の処理する事務のうち，法定受託事務を除いたもの。 ・原則として，国の関与は要求まで。 ・具体例として，都市計画の決定，飲食店営業の許可，病院および薬局の開設許可，国民健康保険の給付などがある。

　図中の(ア)事務には自治事務，(イ)事務には法定受託事務が，それぞれ当てはまる。

　a：誤文。「憲法で列挙された事務である」という記述は不適当。自治事務の内容を列挙するような記述は，日本国憲法に規定されていない。

　b：誤文。法定受託事務は，「本来地方公共団体が行うべき事務であるが，全国で統一的に実施するため法令によって国に委託した事務」ではない。

　c：正文。自治事務に対する国の関与の手段は，比較的強い関与が認められる法定受託事務に対するものに比べて，限定的といえる。

　以上のことから，組合せとして正しいものは⑦となる。

問5 `14` **①**

　法律などによって「大規模小売店の事業者が事業活動を制約される」ことは，事業者の**経済的自由権**が制限されることを意味する。**職業選択の自由**は経済的自由権の一つであり，`ア`に当てはまる語句として最も適当である。なお，職業選択の自由には，選択した職業を遂行していくという**営業の自由**も含まれる。

❷❸❹はいずれも，$\boxed{\text{ア}}$ に当てはまらない。❷結社の自由は精神的自由権の一つである。❸請願権は請求権の一つである。❹労働三権は団結権・団体交渉権・団体行動権（争議権）からなり，社会権に区分される。

問6 $\boxed{15}$ ❻

a：実施できない。地方公共団体は，生活保護法の定めるところにより，生活保護の支給を決定し，実施することになっている（生活保護の支給決定などの事務は法定受託事務に区分されている）。しかし，生活保護の支給は国の基準に基づいて決まるため，地方公共団体が「認定基準を条例で定めることで，国の基準より認定の範囲を限定する」ことは認められない。

b：実施できる。「市の独自課税として登山客を対象とする入山税」は，法定外目的税（国が法律で定める税目以外に，特定の目的に使用するために地方公共団体が条例を制定して設ける税）として創設することができる。

c：実施できる。「市が設置する市民会館やスポーツ施設」など公の施設の管理・運営を民間に委託する仕組みは指定管理者制度と呼ばれるもので，地方自治法はこれを認めている。

以上のことから，組合せとして最も適当なものは❻となる。

問7 $\boxed{16}$ ❷

国民健康保険制度の加入者は，自営業や農業に従事する人，無職の人など主に企業に所属していない人からなる。会話中の母の発言にもあるように，「60歳代から国民健康保険制度の加入者の割合が急に増えている」ことは，定年を迎えて企業などを退職するのに伴い，「被用者向けの各医療保険制度」から「国民健康保険制度」へと移る人の数が多いことを意味している。

$\boxed{\text{ア}}$ には，「60歳代以上において，国民健康保険制度の加入者が被用者向けの各医療保険制度の加入者よりも相対的に多い状態を緩和する方法」の例が当てはまることになる。例えば，(1)「被用者向けの各医療保険制度」から「国民健康保険制度」へと移る人の数を抑える政策や，(2)「被用者向けの各医療保険制度」と「国民健康保険制度」に区分しない仕組みを構築する政策は，「国民健康保険制度」の加入者が「被用者向けの各医療保険制度」の加入者よりも相対的に多い状態を緩和する効果が期待できる。

a：適当。企業などにおいて，「定年退職者を正社員として継続雇用するよう義務化すること」は，先述の下線部(1)の考え方に立つ政策であり，「被用者向けの各医療保険制度」から「国民健康保険制度」へと移る人の数を抑える効果が期待できる。

b：不適当。「定年年齢を引き下げること」は，「被用者向けの各医療保険制度」から「国民健康保険制度」へと移る人の数の増加を促すことにつながる。

c：適当。日本において後期高齢者（75歳以上）になると，それまで加入していた各種の医療保険から，後期高齢者のみを対象とする独立した保険（後期高齢者医療制度）へと移ることになっている。「後期高齢者医療制度の対象年齢を65歳に引き下

30

げること」は，先述の<u>下線部(2)</u>の考え方に立つ政策であり，「国民健康保険制度」の加入者が「被用者向けの各医療保険制度」の加入者よりも相対的に多い状態を緩和する効果が期待できる。

　d：不適当。「高齢者が医療サービスを利用したときの自己負担割合を引き下げること」は，高齢者向けの医療費のうち，保険料および公費による負担割合を増加させることになるが，「国民健康保険制度の加入者が被用者向けの各医療保険制度の加入者よりも相対的に多い状態を緩和する」効果は期待できない。

　以上のことから， ア に当てはまる方法として適当なものは**a**と**c**であり，組合せとして最も適当なものは**②**となる。

問8 17 ①

　「週あたりの労働時間の上限規制」が「労働基準法にはない」とする記述は誤り。**労働基準法**は，「使用者は，労働者に，休憩時間を除き１週間について40時間を超えて，労働させてはならない」（第32条）と規定し，週あたりの労働時間の上限規制を設けている。

　②③④はいずれも，正しい記述である。**②労働者災害補償保険（労災保険）**の適用を受ける労働者には，**短時間労働者**（１週間の所定労働時間が，同一の事業主に雇用される通常の労働者の１週間の所定労働時間に比べて短い労働者）が含まれる。**③労働組合法**によれば，使用者は正当な争議行為により損害を受けたことを理由として，労働組合あるいはその組合員に対し損害賠償を請求することができない（民事免責）。**④男女雇用機会均等法**によれば，事業主は，労働者の募集および採用について，その性別にかかわりなく均等な機会を与えなければならない。

第3問　資本主義経済の仕組みと国際経済

企業内貿易，市場のメカニズム，比較生産費説，経済学者など経済分野からの出題が中心となった。世界の国・地域の二酸化炭素排出量の変化や米ドルの対円相場の推移を示す資料を活用した設問も出題された。

問1 18 ④

　 ア には「企業内貿易」が当てはまる。**企業内貿易**とは，親会社と外国現地に設けられた子会社の間の貿易など，資本関係のある企業間の貿易をさす。日本の電子機器製造企業が中国の現地子会社で製造された電子機器部品を日本に輸入するケースは，企業内貿易の一例である。なお，**所有と経営の分離**は，株主ではない経営者が株式会社の経営に携わるなど，資本の所有者と経営の責任者とが分離していることをさす。

　 イ には「労働集約的」が当てはまる。一般に，投入される生産コストのうち，人件費（賃金）の比率が高い産業が**労働集約型産業**と呼ばれるのに対し，設備費（固定資産に投じる費用）の比率が高い産業は**資本集約型産業**と呼ばれる。 イ の直前に「主に人件費が低い」と記述されていることから，多くの労働力を必要とする「労働集約的」が当てはまると判断できる（人件費が低いことで，多くの労働力を

投入しやすくなるため)。

　以上のことから，組合せとして最も適当なものは④となる。

問2 　19　①

　ア　には「D^*」が当てはまる。ある財(この設問ではスニーカー)の人気が高まった場合，その財はいずれの価格水準においても，以前よりも需要量が多くなるので，需要曲線は右方向にシフトすることになる(次の**図1**では D から D^* へと移動することになる)。

図1

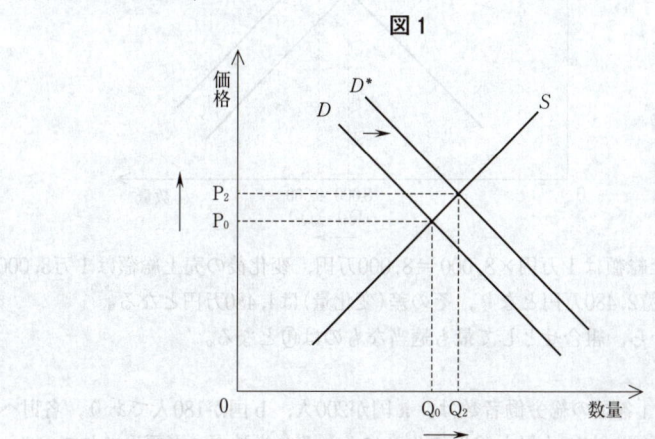

　需要曲線が D から D^* へと右方向に移動した結果，均衡価格は P_0 から P_2 へと上昇し，均衡取引量は Q_0 から Q_2 に増加することになる。この場合，製品の人気上昇に伴う均衡取引量の変化分は $Q_2 - Q_0$ ということになる。

　イ　には「4,480万円」が当てはまる。スニーカーの当初の均衡価格(P_0)が1足当たり1万円，均衡取引量(Q_0)が8,000足の状態から，需要曲線が D から D^* へと右方向に移動し，価格が30パーセント，数量は20パーセント変化した場合を考える。このとき，次の**図2**のように，均衡価格は1万円(P_0)から30パーセント上昇して1万3,000円(P_2)となり，均衡取引量は8,000足(Q_0)から20パーセント増加して9,600足(Q_2)となる。

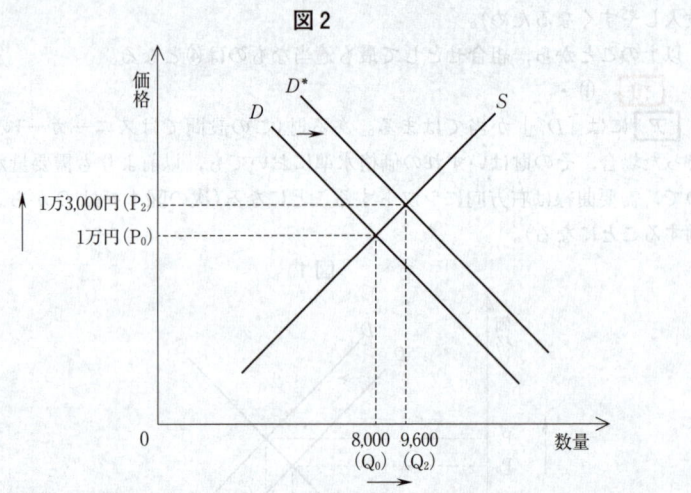

図2

変化前の売上総額は1万円×8,000＝8,000万円，変化後の売上総額は1万3,000円×9,600＝1億2,480万円となり，その差(変化量)は4,480万円となる。

以上のことから，組合せとして最も適当なものは①となる。

問3 20 ④

設問文では，「各国の総労働者数は，a国が200人，b国が180人であり，各財への特化前は，両国ともにα財とβ財の生産にそれぞれ半数ずつが雇用されている」と説明されている。この場合(特化しない場合)，それぞれの財の生産に投入される労働者数と生産量は，次の表1のように整理できる。

表1　特化前の生産量

	α財	β財
a国	労働者数　100人 生産量　　100単位	労働者数　100人 生産量　　300単位
b国	労働者数　90人 生産量　　540単位	労働者数　90人 生産量　　270単位
合計生産量	640単位	570単位

【①と③について考える】

a国がα財の生産に特化し，b国がβ財の生産に特化した場合，それぞれの財の生産に投入される労働者数と生産量は，次の表2のように整理できる。

表2　特化後の生産量（a国→α財，b国→β財）

	α財	β財
a国	労働者数　200人 生産量　　200単位	労働者数　　0人 生産量　　　0単位
b国	労働者数　　0人 生産量　　　0単位	労働者数　180人 生産量　　540単位
合計生産量	200単位	540単位

　a国がα財の生産に特化し，b国がβ財の生産に特化した場合（表2），特化しない場合（表1）に比べ，両国全体でα財の生産量は440単位減少（200−640＝−440）し，β財の生産量は30単位減少（540−570＝−30）することになる。このことに照らし，①の「両国全体でα財の生産量は640単位増加し，β財の生産量は570単位増加する」という記述や，③の「両国全体でα財の生産量は440単位増加し，β財の生産量は30単位増加する」という記述が誤りであると判断できる。

【②と④について考える】

　a国がβ財の生産に特化し，b国がα財の生産に特化した場合，それぞれの財の生産に投入される労働者数と生産量は，次の**表3**のように整理できる。

表3　特化後の生産量（a国→β財，b国→α財）

	α財	β財
a国	労働者数　　0人 生産量　　　0単位	労働者数　200人 生産量　　600単位
b国	労働者数　180人 生産量　1,080単位	労働者数　　0人 生産量　　　0単位
合計生産量	1,080単位	600単位

　a国がβ財の生産に特化し，b国がα財の生産に特化した場合（表3），特化しない場合（表1）に比べ，両国全体でα財の生産量は440単位増加（1,080−640＝440）し，β財の生産量は30単位増加（600−570＝30）することになる。このことに照らし，②の「両国全体でα財の生産量は640単位増加し，β財の生産量は570単位増加する」という記述が誤りであり，④の記述が正解であると判断できる。

問4 　21　③

　まずは，所得分類別の構成比の**表**のうち，「高所得国」と「低所得国」の数値に注目してみよう。　ア　については，高所得国の数値が低所得国の数値の約90倍となっていることが読みとれる。高所得国の「面積」が低所得国の「面積」の約90倍もあるとは考えにくいこと，また，世界全体の国民総所得のうち，その半分以上が高所得国に集中していることがわかれば，　ア　には「国民総所得」が入り，「面積」は当てはまらないと判断できる（この時点で　イ　には「面積」が入ると判断で

きる)。

　次に，グループ分類別の構成比の**表**のうち，「人口」の数値に注目してみよう。 ウ の数値が エ の数値を大きく上回っていることが読みとれる。ここから，人口大国である中国(約14.4億人)とインド(約13.8億人)を含む**BRICS**(ブラジル，ロシア，インド，中国，南アフリカ)が ウ に入り，**G7**(アメリカ，イギリス，イタリア，カナダ，ドイツ，日本，フランス)が エ に入ると判断できる(中国とインドの人口の数値は2020年7月1日現在の推計人口：『世界国勢図会 2021/22』による)。

　以上のことから， ア には「国民総所得」， イ には「面積」， ウ には「BRICS」， エ には「G7」がそれぞれ入り，正解は③となる。

問5 22 ②

　 ア には「気候変動枠組み条約」， イ には「京都議定書」， ウ には「中国」， エ には「アメリカ」， オ には「EU」， カ には「日本」がそれぞれ当てはまる。

　選択肢によれば， ア には「気候変動枠組み条約」か「京都議定書」のいずれかが入る。国連環境開発会議(地球サミット)が開催された1992年に採択されたのが**気候変動枠組み条約**であり，1997年の気候変動枠組み条約第3回締約国会議(COP3)において採択されたのが**京都議定書**である。このことから， ア には「気候変動枠組み条約」が当てはまると判断できる。

　選択肢によれば， ウ には「中国」か「アメリカ」のいずれかが入る。 ウ については，2016年の二酸化炭素排出量が他の国・地域よりも多くなっていること，あるいは，他の国・地域と比べて1990年比で急速に二酸化炭素排出量が増加していることから，「中国」が入ると判断できる。中国における二酸化炭素排出量が急速に増加したのは，経済成長に伴って化石燃料の消費量が急速に増加したためである(「インド」においても同様の傾向がみられる)。

　選択肢によれば， カ には「EU」か「日本」のいずれかが入る。EUの二酸化炭素排出量の合計が日本のそれを上回っていることや，EUの2016年の二酸化炭素排出量が1990年比で減少していることがわかれば， カ に「EU」は入らず，「日本」が入ると判断できる。

　以上のことから，組合せとして正しいものは②となる。

問6 23 ④

　アは**b**と合致する。**フリードマン**は，裁量的な財政政策を批判的に捉えるとともに，政府の経済政策は物価安定を目的とする通貨量(貨幣供給量)の調整にとどめるべきであるとする考え方(**マネタリズム**)を説いた。

　イは**c**と合致する。**リスト**は，経済発展の過程において，遅れて工業化をめざす国は自国の幼稚産業の育成のために**保護貿易**の政策(関税の引上げや輸入数量制限など)をとる必要があると説いた。

　ウは**a**と合致する。**ケインズ**は，政府の積極的な財政政策によって**有効需要**(実

際の貨幣支出を伴う需要)の創出と完全雇用の実現をめざすべきであると説いた。

　以上のことから，組合せとして最も適当なものは④となる。

問7　24　④

　ア には「小さな」，イ には「大きな」がそれぞれ入る。aの「市場への国家の介入が，世界恐慌を契機に強まっていった」という発言や，「国家が次第にその役割を担うようになった」という発言は，世界恐慌が小さな政府から大きな政府への転換が進むきっかけとなった，ということを伝えるものである。大きな政府は，小さな政府と比べ，国家による市場介入が積極的に行われるなど国家の役割が大きい点に特徴がある。したがって，aの「ア 政府から イ 政府への転換」という部分は，「小さな政府から大きな政府への転換」と当てはめて読むことができる。

　ウ には「兌換」，エ には「不換」がそれぞれ入る。bの「それまで中央銀行の金保有量に通貨量が制約されていた各国は，世界恐慌を契機に，金保有量にかかわりなく通貨量を増減できる制度を採用することになった」という発言は，世界恐慌が各国で金本位制度から管理通貨制度への移行が進むきっかけとなった，ということを伝えるものである。金本位制度は，中央銀行が金との交換を保証する兌換紙幣を発行し，金の価値によって通貨の価値を安定させる制度である。一方，管理通貨制度は，金との交換を保証しない不換紙幣を発行し，その発行量は金の保有量による制約を受けない制度である。したがって，bの「ウ 紙幣は，現在の日本でもみられる エ 紙幣に取って代わられた」という部分は，「兌換紙幣は，現在の日本でもみられる不換紙幣に取って代わられた」と当てはめて読むことができる。

　オ には「自由」が入る。世界恐慌は，為替切下げ競争やブロック経済の形成のきっかけとなり，ひいては世界経済の分断をもたらした。こうした世界経済の分断が第二次世界大戦が始まる一因になったという反省から結ばれたのがGATT(関税及び貿易に関する一般協定)である。GATTは，貿易における自由・無差別・多角の原則のもとに，関税の引下げや輸入制限の廃止による自由貿易の拡大をめざす協定として，1948年に発効した。

　以上のことから，組合せとして最も適当なものは④となる。

問8　25　③

　第一次石油危機が発生した年(1973年)からプラザ合意が交わされた年(1985年)までの全期間(1973～1985年)を通じて，1米ドル当たり100円のレートを突破する円高を記録したことは一度もない。

　①「一度もない」が誤り。第二次石油危機が発生した年(1979年)からアジア通貨危機が発生した年(1997年)までの全期間(1979～1997年)を通じて，1米ドル当たり100円のレートを突破する円高を記録したことはある。図によれば，1995年に1米ドル当たり100円のレートを突破する円高を記録していることが読みとれる。②「1米ドル当たり100円以上，円高が進行した」が誤り。図によれば，ルーブル合意が交わされた年(1987年)の米ドルの対円相場は，1米ドル当たり150円付近から130円付近の間で推移している。一方，中国がWTO(世界貿易機関)に加盟した

2001年の米ドルの対円相場は，1米ドル当たり110円付近から130円付近の間で推移している。したがって，1987年と2001年との米ドルの対円相場を比べて，「1米ドル当たり100円以上，円高が進行した」とはいえない。④「1米ドル当たり100円以上，円高が進行した」が誤り。図によれば，単一通貨ユーロが導入された年(1999年)の米ドルの対円相場は，1米ドル当たり120円付近から100円付近の間で推移している。一方，ギリシャ財政危機が顕在化した2010年の米ドルの対円相場は，1米ドル当たり90円付近から80円付近の間で推移している。したがって，1999年と2010年との米ドルの対円相場を比べて，「1米ドル当たり100円以上，円高が進行した」とはいえない。

第4問　地域課題に対する国・地方公共団体・住民の果たす役割

「地域課題に対する国・地方公共団体・住民の果たす役割」をテーマに，政治分野と経済分野のそれぞれから出題された。政治分野からは日本の地方自治制度やブライスの言葉などが，経済分野からは農業の活性化に関する取組み，日本の中小企業などが，それぞれ問われた。

問1　26　①

「国民保護法に基づいて拒否した」が誤り。「感染症に罹患したおそれのある外国人」の入国拒否について定めている法律は，「国民保護法」ではなく出入国管理及び難民認定法である。国民保護法は，武力攻撃事態等における国民の保護のための措置を定めた法律である。

②外国人技能実習制度をめぐる記述である。同制度は，日本で働きながら技術を習得してもらうことを目的として，外国人労働者を，技能実習生として一定期間受け入れる制度である(1993年創設)。同制度をめぐっては，技能実習生が実質的に低賃金労働者として扱われたり賃金不払いのトラブルが生じたりするといった問題が生じている。③2018年に統合型リゾート施設整備法(IR整備法)が国会で成立するなど，統合型リゾート(IR)に関連する法律はすでに整備されている。④特定技能制度についての記述。同制度は，2018年の出入国管理及び難民認定法の改正により創設された制度である(2019年施行)。人手不足に対応するために新たな在留資格「特定技能」が設けられ，「特定技能」を有する外国人は，介護や建設などの業種において，単純労働への就労が認められるようになった。

問2　27　⑦

a：正文。販路の拡大とは，顧客や売上を増やすことを目的に，自社製品を売るための販売ルートを広げることをさす。メモでは，ある農業従事者は，「当初は個人宅を回る宅配を主にしていた」が，現在では「直販を行うとともに地域内のスーパーや学校給食にも卸す」ようになったと記述されている。このことに照らし，**a**の「販路の拡大を行っている」という記述は正しいと判断できる。

b：正文。六次産業化とは，農林漁業者が，農林水産物の生産にとどまらず，その加工さらには販売を行って，農業(第一次産業)と製造業(第二次産業)とサービス

業（第三次産業）とを融合した地域ビジネスを展開することをいう。メモ中の「従業員が加工や販売も行い」という記述に照らし，**b**の「六次産業化を実施している」という記述は正しいと判断できる。

　c：正文。**地産地消**とは，地域の農産物をその地域内で消費する動きをさす。メモ中の「地域内での消費の拡大を図る」という記述に照らし，**c**の「地産地消に取り組んでいる」という記述は正しいと判断できる。

　以上のことから，組合せとして最も適当なものは⑦となる。

問3 **28** ④

　a：正文。**中小企業基本法**は，中小企業を次表のように定義している（資本金の額または従業員の数のうち，いずれかの要件を満たせば中小企業と定義される）。

業種	資本金の額	従業員の数
製造業・建設業・運輸業	3億円以下	300人以下
卸売業	1億円以下	100人以下
サービス業	5,000万円以下	100人以下
小売業	5,000万円以下	50人以下

　b：正文。全企業に占める企業数および従業員数の割合は，大企業よりも中小企業の方が大きい。

	中小企業	大企業
企業数（2016年）	99.7%	0.3%
従業者数（2016年）	68.8%	31.2%
付加価値額（2015年）	52.9%	47.1%

出典：中小企業庁『令和2年版　中小企業白書』により作成。

　c：正文。大企業と中小企業との間に存在する労働条件や生産性の格差を，**経済の二重構造**と呼ぶ。

　d：誤文。「中小企業の多様で活力ある成長発展」と「大企業と中小企業との格差是正」が逆である。1999年，大企業との格差是正を目的とした中小企業基本法が改正され，中小企業は新産業の創出などによる経済発展の担い手として位置付けられた。

　以上のことから，先生が下線を引いた箇所として最も適当なものは**d**であり，正解は④となる。

問4 **29** ②

　枠内の図によれば，商品αを200円で販売するときの需要量は5,000個，100円上昇して300円となったときの需要量は3,000個，価格上昇に伴う需要量の減少幅は2,000個となる。これに対し，商品βを200円で販売するときの需要量は6,500個，

100円上昇して300円となったときの需要量は5,000個，価格上昇に伴う需要量の減少幅は1,500個となる。したがって，商品αと商品βを200円で販売した場合，その価格から100円の上昇に対する需要量の減少幅は，商品αよりも商品βの方が小さい。

①「500円で販売した場合の方が減少幅は大きい」は誤り。枠内の図によれば，商品αを200円で販売するときの需要量は5,000個，100円上昇して300円となったときの需要量は3,000個，価格上昇に伴う需要量の減少幅は2,000個となる。これに対し，商品αを500円で販売するときの需要量はおよそ1,500個，100円上昇して600円となったときの需要量はおよそ1,200個，価格上昇に伴う需要量の減少幅はおよそ300個となる。すなわち，商品αを200円で販売した場合と500円で販売した場合とについて，それらの価格から100円上昇したときの需要量の減少幅は，500円で販売した場合の方が小さい。③「500円で販売した場合の方が減少幅は大きい」は誤り。枠内の図によれば，商品βを200円で販売するときの需要量は6,500個，100円上昇して300円となったときの需要量は5,000個，価格上昇に伴う需要量の減少幅は1,500個となる。一方，商品βを500円で販売するときの需要量は2,000個，100円上昇して600円となったときの需要量は500個，価格上昇に伴う需要量の減少幅はこちらも1,500個となる。したがって，商品βを200円で販売した場合と500円で販売した場合とについて，それらの価格から100円上昇したときの需要量の減少幅は，どちらの場合も同じである。④「商品αよりも商品βの方が小さい」は誤り。枠内の図によれば，商品αを500円で販売するときの需要量はおよそ1,500個，100円上昇して600円となったときの需要量はおよそ1,200個，価格上昇に伴う需要量の減少幅はおよそ300個となる。これに対し，商品βを500円で販売するときの需要量は2,000個，100円上昇して600円となったときの需要量は500個，価格上昇に伴う需要量の減少幅は1,500個となる。したがって，商品αと商品βを500円で販売した場合，その価格から100円の上昇に対する需要量の減少幅は，商品αよりも商品βの方が大きい。

問5 30 ④

ア にはbが当てはまる。Xは，ア の直後で「その結果は首長と議会の双方にとって無視しがたいものになるよ。住民にとっても政策決定に関与する機会が得られることになるね」と述べ，投票結果によって示される住民の意思が首長や議会へのプレッシャーとなること，そして，政策決定に住民が直接参加できる機会を確保することといった「条例に基づく住民投票」の積極的な側面について述べている。このことから，ア には「条例に基づく住民投票」の積極的な意義についての記述，すなわち，bの「特定の争点をめぐる投票を通して，首長と議会に対して住民の意思を直接示すことで，間接民主制を補完できる」が当てはまると判断できる。

イ にはcが当てはまる。Yは，イ において，「二元代表制」の意義について述べている。二元代表制とは，議会の議員と首長がそれぞれ住民によって選出される制度をさす。cの「住民が首長や議員を選出し，首長と議会による慎重な議論

が期待できる」という記述は，二元代表制の特徴およびその意義について説明され
たものとなっており，これが イ に当てはまると判断できる。

　 ウ には a が当てはまる。Yは， ウ において，「条例に基づく住民投票」の
「制度上の限界」について述べている。「条例に基づく住民投票」は，その投票結
果に法的拘束力がなく，投票に示された住民の意思が政策決定に有効に反映されな
い可能性がある。したがって，a の「現行の法制度では法的拘束力がないので，そ
の結果が政策に反映されるとは限らない」という記述が ウ に当てはまると判断
できる。

　以上のことから，組合せとして最も適当なものは④となる。

問6　31　⑧

　まずは， ア ・ イ について考える。一般に，費用対効果を考える場合，少な
い費用で多くの経済的利益が生まれるケースは「効率性が高い」と評価される。費
用を分母，経済的利益を分子とした比率の値で効率性を考えると，少ない費用で多
くの経済的利益が生まれるケース，すなわち費用の数値が小さくなればなるほど，
経済的利益の数値が大きくなればなるほど，その比率の値が大きくなり，「効率性
が高い」と評価されることになる。したがって， ア には「費用」， イ には「経
済的利益」がそれぞれ当てはまる。

　次に， ウ について考える。a は誤文。「地域A」と「地域B」が逆である。地
域Aの加工業対策事業における費用対効果の値は2.2（4.4÷2.0＝2.2），地域Bの
加工業対策事業における費用対効果の値は2.5（5.0÷2.0＝2.5）となり，地域Bに
加工業対策を実施する方が地域Aに実施するよりも効率的といえる。b も誤文。
「地域B」と「地域A」が逆である。地域Aの小売業対策事業における費用対効果
の値は2.3（4.6÷2.0＝2.3），地域Bの小売業対策事業における費用対効果の値は
2.0（4.0÷2.0＝2.0）となり，地域Aに小売業対策を実施する方が地域Bに実施す
るよりも効率的といえる。c も誤文。d は正文。c と d を考えるために，「生徒た
ちがまとめたノート」にある，「地域Aで小売業対策，地域Bで加工業対策を実施
するなど，二地域の対策事業の『組合せ』を比較する場合，二つの対策事業の
ア （費用）の合計値を分母， イ （経済的利益）の合計値を分子として比率を計算
する」という記述と，「比較した際，費用対効果の値がより高い事業を選定し，実
施する。『組合せ』の場合についても同様とする」という記述を踏まえて，地域A
と地域Bの二地域の対策事業の「組合せ」および費用対効果の値を求める必要があ
る（次表）。

組合せ1　地域Aで加工業対策，地域Bで加工業対策を実施する場合 　　この場合の費用対効果の値　$(4.4+5.0) \div (2.0+2.0) = 2.35$
組合せ2　地域Aで加工業対策，地域Bで小売業対策を実施する場合 　　この場合の費用対効果の値　$(4.4+4.0) \div (2.0+2.0) = 2.1$
組合せ3　地域Aで小売業対策，地域Bで加工業対策を実施する場合 　　この場合の費用対効果の値　$(4.6+5.0) \div (2.0+2.0) = 2.4$
組合せ4　地域Aで小売業対策，地域Bで小売業対策を実施する場合 　　この場合の費用対効果の値　$(4.6+4.0) \div (2.0+2.0) = 2.15$

　表中の**組合せ1〜4**のうち，**組合せ3**の「地域Aで小売業対策，地域Bで加工業対策を実施」するケースの費用対効果の値が最も高く，**組合せ2**の「地域Aで加工業対策，地域Bで小売業対策を実施」するケースの費用対効果の値が最も低い。したがって，　ウ　に入るのは**d**であると判断できる。

　以上のことから，組合せとして最も適当なものは⑧となる。

問7　**32**　**②**

　「**地方自治は民主主義の学校である**」は**ブライス**の言葉で，地方自治の意義を表すものとして知られる。この言葉は，住民自身が，地域の政治に参加することによって，民主政治の担い手として必要な能力を形成できるという意味をもつ。

　①「**多数者の専制**」は，画一的な世論が反対意見を封殺する状況をさす言葉。『自由論』を著した**ミル**や『アメリカのデモクラシー』を著した**トックビル**が「多数者の専制」について論じたことで知られる。③**ポピュリズム**とは，既存の政治の仕組みやエリートに対して抱く大衆の不満を利用し，既存の仕組みやエリートを痛烈に批判することで大衆の支持を得て，大衆迎合的な政策を進めようとする政治手法や考え方をさす(大衆迎合主義)。④「**人民の人民による人民のための政治**」はリンカーンの言葉で，民主主義の理念を説いたものとして知られる。

政治・経済

（2020年1月実施）

受験者数　50,398

平　均　点　　53.75

2

政治・経済

解答・採点基準 （100点満点）

問題番号 （配点）	設　問	解答番号	正解	配点	自己採点
第1問 （28）	問1	1	②	2	
	問2	2	⑥	3	
	問3	3	④	2	
	問4	4	④	3	
	問5	5	②	3	
	問6	6	④	3	
	問7	7	④	3	
	問8	8	③	3	
	問9	9	③	3	
	問10	10	①	3	
第1問　自己採点小計					
第2問 （24）	問1	11	②	3	
	問2	12	②	3	
	問3	13	⑥	3	
	問4	14	⑤	3	
	問5	15	③	3	
	問6	16	①	3	
	問7	17	④	3	
	問8	18	②	3	
第2問　自己採点小計					

問題番号 （配点）	設　問	解答番号	正解	配点	自己採点
第3問 （24）	問1	19	③	3	
	問2	20	①	3	
	問3	21	⑥	3	
	問4	22	④	3	
	問5	23	②	3	
	問6	24	⑥	3	
	問7	25	④	3	
	問8	26	③	3	
第3問　自己採点小計					
第4問 （24）	問1	27	⑤	3	
	問2	28	②	3	
	問3	29	④	3	
	問4	30	③	3	
	問5	31	①	3	
	問6	32	②	3	
	問7	33	④	3	
	問8	34	③	3	
第4問　自己採点小計					
自己採点合計					

第1問　「平等」の実現に関する課題

　「平等」の実現に関する課題をテーマに，支配の正当性(正統性)，日本国憲法上の法の制定，地方自治，アダム・スミスの思想，市場の機能や限界，消費者問題など，政治分野と経済分野の両分野からバランスよく出題された。

問1　**1**　②

　マックス・ウェーバーは，支配の正当性(正統性)を伝統的支配(④)，カリスマ的支配(①)，合法的支配(③)の三つに分類した。この分類に該当しないものは，②の「ポリス的支配」であり，これが正解となる。

支配の形式(ウェーバーによる三類型)

伝統的支配	伝統や慣習のもつ神聖性を信仰する被支配者が，血統・家系などの伝統や慣習によって権威づけられた人物に支配の正当性を認め，それに服従するあり方。
カリスマ的支配	被支配者が，超人的な能力や資質をもつ人物に支配の正当性を認め，それに服従するあり方。
合法的支配	被支配者が，形式的に正しい手続きによって定められた法に支配の正当性を認め，そのルール・規則に基づく支配に従うあり方。

問2　**2**　⑥

　A：誤文。日本国憲法は，政令(憲法および法律の規定を実施するための命令)を制定する権限を内閣に認めている(第73条6)が，内閣が「省令を制定することができる」とは定めていない。省令(法律もしくは政令を施行するために発せられる命令)を発することができるのは，「内閣」ではなく各省大臣である(国家行政組織法第12条)。

　B：正文。憲法の第77条1項の規定。

　C：正文。憲法の第94条の規定。

問3　**3**　④

　アダム・スミスは，『国富論(諸国民の富)』を著し，市場の調整機能を重視した。彼によれば，各人の自由な経済活動は，「見えざる手」に導かれるようにして社会全体の利益を増大させる。

　①国家の富は貿易黒字によってもたらされるとする重商主義の考え方についての記述。重商主義を唱えた経済学者としてトマス・マンがいる。なお，アダム・スミスは，重商主義政策(国内産業を保護し，輸出の振興に努める保護貿易政策)を批判した。②リカードについての記述。リカードは，比較生産費説による国際分業の利益を主張した。③ケインズの主張を想定した記述。ケインズは，不況や失業の原因は有効需要の不足にあり，それを解決するためには政府による積極的な財政政策や金融政策が必要であると主張し，完全雇用を実現するための理論を示した。

4

問4 `4` ④

　寡占市場では，影響力の強い企業が価格先導者（プライス・リーダー）となって価格を設定し，他の企業もそれに追随するような価格を設定することがあるが，こうした価格を管理価格という。このように，価格が需給関係によらず企業によって意識的に決定される状況においては，需要の減少や生産費用の低下があっても，価格は下がらなくなる（価格の下方硬直性）。

　①「市場による価格調整がうまく働く……割安の価格になる」は誤り。寡占市場の特徴は，市場機構（価格の自動調節機能）がうまく働かず，消費者が買いたいと思う商品の価格が割高になってしまう点にある（寡占市場が成立すると，企業は高利潤を得るため，生産量を抑えて価格を上昇［あるいは維持］させようとする動きがみられやすくなる。その結果，社会的に必要な財が不足して，消費者は割高の価格の商品しか購入できなくなる可能性が高くなる）。②「逆資産効果」という部分を「価格の下方硬直性」に置き換えると正しい記述になる。なお，逆資産効果については，資産効果とセットで押さえておきたい。資産効果とは，保有する資産（土地や株式など）の価格が上昇するにつれて，資産を売却した際に価格上昇分の差益が得られるようになることから，それを見込んで消費が活発化する（消費額が増加する）傾向をいう。これに対し，逆資産効果とは，保有する資産の価格が低下するにつれて，消費額が減少する傾向をいう。③「生じにくい」という部分を「生じやすい」に置き換えると正しい記述になる。一般に，大規模設備（多額の固定費用）を必要とする分野では，新規の市場参入が難しく，「少数の企業による市場の支配」が生じやすい。

問5 `5` ②

　国が認めた消費者団体が，立場の弱い被害者個人に代わって訴訟を起こす消費者団体訴訟制度は，2006年の消費者契約法の改正によって導入された。

　①「特定商取引法」という部分を「製造物責任法（PL法）」に置き換えると正しい説明となる。製造物責任法（PL法）は，1994年に制定された法律で，製品の欠陥によって生じた被害に関する損害賠償責任について規定した法律である。同法は製造業者の無過失責任を定めているので，製品の欠陥が証明されれば，それが製造業者の過失によって生じたものかどうかにかかわりなく，製造業者は損害賠償責任を負うことになる。なお，特定商取引法は，訪問販売や通信販売，電話勧誘販売など，特殊な形態での取引を規律する法律である。③消費者庁が「廃止」された事実はないので，誤り。消費者庁は，複数の省庁にまたがっていた消費者行政を一元化するために，2009年に新設された。④リコール制度は「製品の欠陥の有無を問わずその製品と消費者の好みに応じた製品との交換」を認める制度ではないので，誤り。リコール制度は，製品に欠陥がある場合，製造業者がその事実を公表し，回収・無償修理を行う制度である。

問6 `6` ④

　「3倍を上回る」という記述は誤り。「正社員・正職員以外」の賃金をみると，賃

金が最も高い年齢階級(60〜64歳)における賃金(約23万円)は，20〜24歳の賃金(約18万円)の約1.28倍(23÷18＝1.277…)となっており，3倍を下回っている。

①②③はいずれも，正しい記述である。①「正社員・正職員」の賃金と「正社員・正職員以外」の賃金との差を比べると，30〜34歳における賃金の差額(約28万円－約21万円＝約7万円)は，20〜24歳における賃金の差額(約21万円－約18万円＝約3万円)を上回っている。②「正社員・正職員」の賃金と「正社員・正職員以外」の賃金とを比べると，すべての年齢階級において，「正社員・正職員」の賃金が「正社員・正職員以外」の賃金を上回っている。③「正社員・正職員」の賃金をみると，賃金が最も高い年齢階級(50〜54歳)における賃金(約40万円)は，20〜24歳の賃金(約21万円)の約1.9倍(40÷21＝1.904…)となっており，3倍を下回っている。

問7 　7 　④

「地域や産業を問わず同じ額とされている」は誤り。最低賃金の水準は，最低賃金法に基づき，地域別・産業別に決定される。

①②③はいずれも，正しい記述である。①不当労働行為とは，使用者側が労働者の労働三権(団結権，団体交渉権，団体行動権[争議権])および労働組合の自主性を侵害する行為をさし，労働組合法によって禁止されている。②裁量労働制に関する規定は，労働基準法にある。③男女雇用機会均等法の規定についての記述である。

問8 　8 　③

輸入国の輸入量を増加させうる要因は③のみで，①②④は輸入量を減少させる要因となる。設問文によれば，自由貿易の下で，ある商品の国際価格がPのときに，国内供給 X_1 と国内需要 X_2 との差だけ輸入される。つまり，国際価格Pのときの輸入量は $X_2 - X_1$ ということになる。他の事情が一定である状態で，国民の所得が増加した場合，国内需要が拡大し，図1のように需要曲線は DD から D'D' へと移動することになる(需要曲線の右シフト)。需要曲線が移動した後も国際価格Pであるならば，国内供給 X_1 と国内需要 X_3 との差である $X_3 - X_1$ が輸入される。$X_3 - X_1 > X_2 - X_1$ となることから，需要曲線の右方向への移動に伴い，この商品の輸入量は増加することになる。

図1

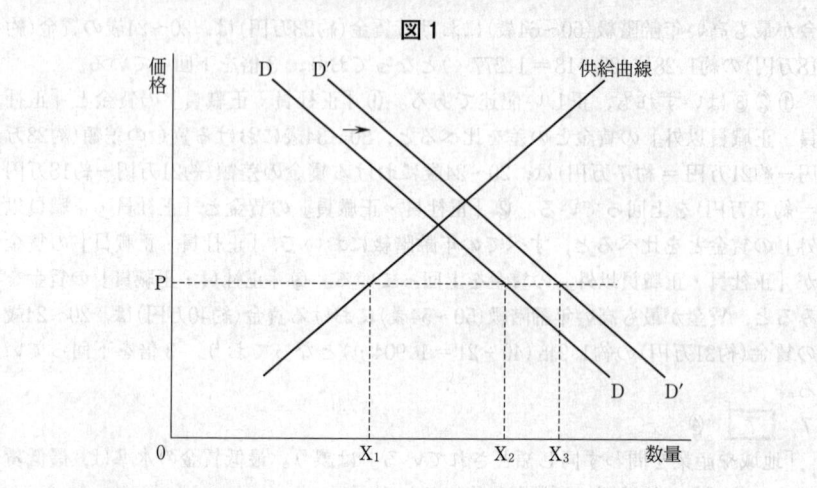

①国際価格がPからP′へと上昇した場合，**図2**のように国内供給はX₁からX₁′へと増加し，国内需要はX₂からX₂′へと減少する。このとき，この商品の輸入量はX₂−X₁からX₂′−X₁′へと減少することになる。

図2

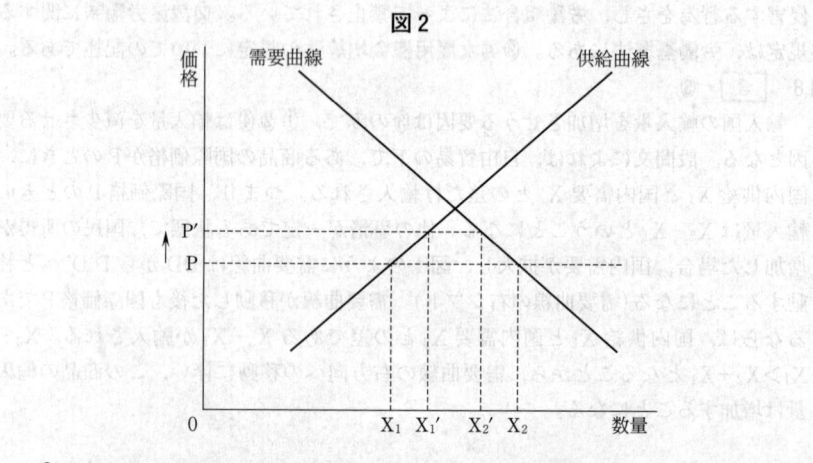

②国内産業の生産性が向上したことにより国内供給が拡大する場合，**図3**のように供給曲線はSSからS′S′へと移動することになる（供給曲線の右シフト）。供給曲線が移動した後も国際価格がPであるならば，国内供給X₄と国内需要X₂との差であるX₂−X₄が輸入される。X₂−X₁＞X₂−X₄となることから，供給曲線の右方向への移動に伴い，この商品の輸入量は減少することになる。

図3

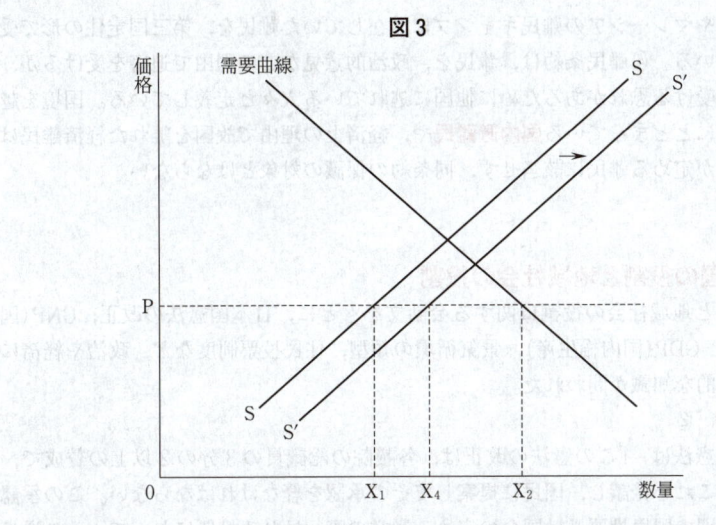

④関税の引上げを行った場合、この商品が国内で流通する価格は上昇することになる。このとき、①（図2）の場合と同様、この商品の輸入量は減少することになる。

問9　9　③

A：誤文。公職選挙法によれば、都道府県の選挙管理委員会は、都道府県の議会の議員や都道府県知事の選挙についての事務だけでなく、衆議院の小選挙区選出議員や参議院の選挙区選出議員の選挙についての事務も管理する。したがって、「国政選挙の事務を行うことはない」という記述は誤り。なお、衆議院の比例代表選出議員や参議院の比例代表選出議員の選挙についての事務は中央選挙管理会が、市区町村の議会の議員や市区町村長の選挙についての事務は市区町村の選挙管理委員会が、それぞれ管理する。

B：誤文。「監査委員」は「公正取引委員会」に所属しているわけではない。地方公共団体の財務管理、事業の経営管理その他行政運営に関する監査を行う監査委員は、地方自治法に基づき、地方公共団体に設置される。これに対し、公正取引委員会は、独占禁止法を運用し、同法に違反する企業の行為がないかどうかを監視するために、内閣府の外局として設置されている行政委員会である。

C：正文。国庫支出金は、国が義務教育や道路整備などの特定財源として地方公共団体に交付する補助金や負担金などの総称で、その使途は限定される。

問10　10　①

「難民条約の採択された年にこの条約に加入した」は誤り。難民条約は1951年に採択されたが、日本がこの条約に加入したのは1981年のことである。

②③④はいずれも、正しい記述である。②日本は、難民条約への加入に当たって、出入国管理及び難民認定法を定め、難民を認定する手続を整えた。③第三国定住に関する記述。日本は2010年以降、軍事政権下のミャンマーを逃れて第一次避難地で

あるタイやマレーシアの難民キャンプに滞在していた難民を，第三国定住の形で受け入れている。④難民条約は，難民を，政治的意見などの理由で迫害を受けるか，または，受ける恐れがあるために他国に逃れている人々と定義している。国境を越えず故国にとどまっている国内避難民や，経済上の理由で故国を離れた経済難民は，難民条約が定める難民に該当せず，同条約の保護の対象とはならない。

第2問　国の役割と地域社会の役割

国の役割と地域社会の役割に関する会話文をもとに，日本国憲法の改正，GNP（国民総生産）と GDP（国内総生産），景気循環の類型，住民投票制度など，政治や経済に関する総合的な知識が問われた。

問1　11　②

日本国憲法は，「この憲法の改正は，各議院の総議員の3分の2以上の賛成で，国会が，これを発議し，国民に提案してその承認を経なければならない。この承認には，特別の国民投票又は国会の定める選挙の際行はれる投票において，その過半数の賛成を必要とする」（第96条1項）と定めている。この規定に照らし，②は正しい記述である。

①衆参各議院が「単独で憲法改正を発議」するという趣旨の記述は誤り。憲法によれば，憲法改正を発議するのは国会である（国会は衆議院および参議院の両議院で構成される）。③「国会法」という部分を「国民投票法」に置き換えると正しい記述になる。憲法改正に関する国民投票法（日本国憲法の改正手続に関する法律）は2007年に制定された法律である。同法は制定当初，投票年齢を18歳以上とし，選挙権年齢などが18歳に引き下げられるまでは20歳以上とすることを定めていた。その後，同法が2014年に改正され，公職選挙法や民法などの改正にかかわる経過措置規定が削除され，投票年齢を2018年に18歳以上に引き下げることとなった。④「内閣総理大臣」という部分を「天皇」に置き換えると正しい記述になる（憲法第96条2項）。

問2　12　②

ア：正文。薬事法薬局開設距離制限違憲訴訟についての記述。同訴訟で最高裁判所は，薬事法の定める薬局間の距離制限規定は，国民の生命・健康に対する危険の防止という目的にとって必要性も合理性もないので，違憲であると判断した（1975年）。

イ：誤文。堀木訴訟についての記述だが，「国会の立法裁量の範囲を超え，違憲であると判断した」という記述は誤り。同訴訟で最高裁判所は，児童扶養手当と公的年金（障害福祉年金）との併給を禁止する児童扶養手当法の規定は，国会の立法裁量の範囲を超えるものではなく，違憲とはいえないと判断した（1982年）。

問3　13　⑥

まず，図から国民負担率（租税負担率に社会保障負担率を加えたもの）を読みとる

ことができるから，これを手がかりに当てはまる国名を考えたい。近年の日本の国民負担率(およそ40％台で推移)は，アメリカよりも高く，ヨーロッパの主要国(フランス，スウェーデン，ドイツ，イギリス)よりも低くなっている。このことから，**C**にはアメリカが当てはまり，**A**と**B**はフランスとスウェーデンのいずれかが該当すると判断できる。

　次に，社会保障の財源構成の特徴を手がかりに当てはまる国名を考えてみよう。設問文中でも説明されているが，主要各国の社会保障制度は，(1)租税を主な財源とする北欧型の社会保障制度(スウェーデンやイギリスがこれに該当)，(2)事業主と被保険者が拠出した保険料を主な財源とする大陸型の社会保障制度(ドイツやフランスがこれに該当)，(3)そのほかの社会保障制度(日本やアメリカがこれに該当)の三つに分類することができる。このことを踏まえれば，租税負担率が最も高い**B**にはスウェーデンが当てはまり，残る**A**はフランスが該当すると判断できる。

　以上のことから，**図中のA**にはフランス，**B**にはスウェーデン，**C**にはアメリカがそれぞれ当てはまり，**⑥**が正解となる。

問4　`14`　**⑤**

　A：正文。**情報公開法**(行政機関の保有する情報の公開に関する法律)は，「何人<ruby>何人<rt>なんぴと</rt></ruby>も……行政機関の長に対し，当該行政機関の保有する行政文書の開示を請求することができる」(第3条)と規定しており，外国人であっても，中央省庁の保有する行政文書の開示を請求することができる。

　B：誤文。現在，日本に住む外国人は，永住者であっても，国政選挙や地方選挙の選挙権をもたない。最高裁判所は，**永住外国人選挙訴訟**で，法律で永住外国人に地方選挙の選挙権を法律で付与することは憲法上禁止されるものではないという見解を示したことがある(1995年)が，「地方参政権が憲法上保障されている」と判断したわけではない。

　C：正文。地方公務員採用試験に関して，日本国籍を受験条件としない(日本国籍を有しない者であっても採用試験を受けることができる)地方公共団体もある。なお，国家公務員採用試験に関して，人事院規則は日本国籍を受験条件としている(日本国籍を有しない者は採用試験を受けられない)。

問5　`15`　**③**

　Aと**イ**，**B**と**ア**，**C**と**ウ**がそれぞれ合致する。

　租税の原則としては，**中立・公平・簡素**の三つがあげられる。中立(課税の中立性)とは，税制ができるだけ民間の経済活動を妨げないようにあるべきとする考え方をいう。このことから，**A**と**イ**が合致すると判断できる。公平(課税の公平性)としては，**垂直的公平**(租税の負担能力の大きな者に，より大きな割合の租税負担を求めるべきであるとする考え方)と**水平的公平**(所得または消費支出が同じであれば同等の租税負担を求めるべきであるとする考え方)の二つの側面がある。このことに照らし，**B**と**ア**が合致すると判断できる。簡素(課税の簡素性)とは，課税や納税の手続はわかりやすく，徴税の経費は少なくあるべきだとする考え方をいう。この

ことから、Cとウが合致すると判断できる。

問6　16　①

ア：正文。表より、GNE（国民総支出）の額が556兆円となっていることが読みとれる。三面等価の原則に照らし、GNP（国民総生産）とGNI（国民総所得）とGNEは同じ額となるのだから、GNPの額も556兆円となると判断できる（GPN＝GNI＝GNE＝556兆円）。

イ：正文。GDP（国内総生産）の額は、GNPの額から海外からの純所得の額を差し引いて求めることができる。海外からの純所得とは、海外からの所得（海外で生み出されて国民が受け取った所得）から、海外に対する所得（国内で生み出されて外国人に支払われた所得）を差し引いたものをさす。

> GDP＝GNP－海外からの純所得
> 　　＝GNP－（海外からの所得－海外に対する所得）

表より、GNPの額は556兆円（GNEと同額）、海外からの純所得の額は17兆円（海外からの所得28兆円－海外に対する所得11兆円＝17兆円）であることがわかる。このとき、GDPの額は539兆円（GNP556兆円－海外からの純所得17兆円＝539兆円）となることから、GNPの額よりも小さいと判断できる。

問7　17　④

景気循環の類型

キチンの波	在庫投資の変動を主な要因とする約40か月周期の波
ジュグラーの波	設備投資の変動を主な要因とする約10年周期の波
クズネッツの波	建築投資の変動を主な要因とする約20年周期の波
コンドラチェフの波	技術革新を主な要因とする約50年周期の波

①「クズネッツ」という部分を「コンドラチェフ」に置き換えると正しい記述になる。②「コンドラチェフ」という部分を「キチン」に置き換えると正しい記述になる。③「キチン」という部分を「クズネッツ」に置き換えると正しい記述になる。

問8　18　②

ア：「レファレンダム」が妥当ではまる。レファレンダムは、直接有権者に賛否の投票を求める制度である（国民投票、住民投票）。日本国憲法が定める地方自治特別法（地方特別法）の制定の際に住民投票に関する住民投票（第95条）、憲法改正の際の国民投票（第96条）、条例による住民投票がこれに当たる。なお、イニシアティブは、一定数以上の有権者が法令の制定・改廃の提案を行う制度である（国民発案、住民発案）。地方自治法に基づいて行われる、住民による条例の制定・改廃に関する直接請求がこれに当たる。

イ：「認められていない」が当てはまる。条例による住民投票は、投票結果に法的拘束力が認められていない。なお、日本国憲法が定める地方特別法に関する住民投票は、投票結果に法的拘束力が認められている。

第3問　経済成長と地球環境問題

「宇宙船地球号」という視点から，発展途上国の経済成長と地球環境問題との関係を論じた本文をもとに，公共財の性質，発展途上国の経済，二国間貿易の為替による決済の仕組み，WTO（世界貿易機関）など，経済分野を中心に多様な設問形式で問われた。

問1 　19 　③

公共財は，街路樹や堤防，消防サービスなど市場に任せては最適な供給が行われない財・サービスであり，同時に多数の人が利用（消費）できるという性質（非競合性）と，対価を支払わない人の利用を排除することが難しいという性質（非排除性）とを有している。③は非排除性についての記述として適当であり，これが正解となる。

①②④はいずれも，非排除性について説明したものではない。①非競合性についての記述である。②「価格が上がっても，需要量はあまり低下しない」例として，生活必需品をあげることができる。仮に，同一価格の生活必需品と贅沢品の二つの商品が存在し，両方の価格が同じだけ上がったとする。このとき，生活必需品の需要量は，贅沢品と比べ，需要量の変化が小さくなる傾向がある（同じだけ価格が上昇した場合に，贅沢品の需要量は大きく減少するが，生活必需品の需要量はあまり減少しない，ということを意味している）。④「供給量が不足しても，価格が変化しない」例として，政府や地方自治体の規制の下におかれている公共料金をあげることができる。

問2 　20 　①

「プレビッシュ報告」において，「アンチダンピング関税の導入」が主張されたわけではないので，誤り。プレビッシュ報告は，1964年にジュネーヴで開かれた第1回の国連貿易開発会議（UNCTAD）において示された，南北問題を解決するための新たな国際経済秩序の樹立を求める報告である。UNCTAD初代事務局長であったプレビッシュは，関税及び貿易に関する一般協定（GATT）の貿易秩序を発展途上国に有利な形に改めるための一般特恵関税（関税上の優遇措置）の導入や，先進国の発展途上国に対する経済援助，一次産品価格安定化のための商品協定，国際収支を改善するための融資などを要求した。なお，アンチダンピング関税とは，外国のダンピング（海外市場に進出するために，国内向け価格を下回る価格で輸出を行うこと）に対抗してその効果を相殺するために賦課する関税のことで，自国産業を保護する効果が期待できる。

②③④はいずれも，正しい記述である。②資源が乏しく経済発展が遅れている後発発展途上国（LDC）と，中東の産油国などの資源をもつ国や工業化が比較的進んでいる新興国との間で経済格差が進むことで生じる諸問題は，「南南問題」と呼ばれる。③2015年に国連（国際連合）によって策定された持続可能な開発目標（SDGs）とは，2015年を達成期限としたミレニアム開発目標（MDGs）に代わる，2030年までに達成すべき開発目標をまとめたものをいう。④マイクロファイナンス（貧困層向

けの少額融資などの金融サービス）については，バングラデシュの経済学者ムハマド・ユヌスの考案に基づき，グラミン銀行が成果をあげたことが知られている。

問3 21 ⑥

Aとウ，Bとイ，Cとアがそれぞれ合致する。

まず，商品を受け取るY国の輸入業者は代金を支払い，商品を引き渡すX国の輸出業者はその代金を受け取る，という代金の動きが把握できれば，Aの矢印には，代金に相当するウの「自国通貨」が入ると判断できる。次に，Bの矢印について考えてみよう。Bの矢印は，X国の輸出業者を起点に，X国の甲銀行からY国の乙銀行を経て，Y国の輸入業者へと向かっている。アの「支払いを確約する信用状（L/C）」がBの矢印と合致することはない（代金を受け取る側のX国の輸出業者が，代金の支払いを確約する信用状を発行するはずはない），ということに気づくことができれば，Bの矢印には，イの「為替手形・船積み書類」が入ると判断できる（**手形**とは，一定の時期に一定の場所で，一定の金額を支払うことを約束または委託する有価証券である）。この時点で，残るCの矢印はアと合致するということも判断でき，正解の選択肢を確定することができる。

問4 22 ④

WTO（**世界貿易機関**）の**ドーハ・ラウンド**は，2001年にカタールのドーハでの閣僚会議で新ラウンドを開始する宣言が採択されたことを受けてスタートしたが，農産物の輸出国と輸入国との間の利害対立もあって交渉が難航し，交渉全体の妥結に至っていない。

①「この原則はWTOには引き継がれていない」は誤り。**GATT**（**関税及び貿易に関する一般協定**）を発展させた新しい国際機関であるWTO（1995年発足）は，GATTの「最恵国待遇原則」を引き継いでいる。1948年に発効したGATTは，貿易における**自由・無差別・多角の原則**の下に，関税の引下げや，輸入数量制限などの非関税障壁の廃止によって，自由な貿易体制を実現しようとする協定であった。そして，**最恵国待遇原則**（ある国に与えた有利な貿易条件を，ほかのすべての加盟国にも適用させるGATTの原則）は，無差別原則を実現するためのものである。②「このルールはWTOで採用されていない」は誤り。GATTの**ウルグアイ・ラウンド**（1986～94年）では，知的財産権の国際的保護に関するルールについて交渉されたが，このルールはWTOで採用されている。③「加盟国が一国でも反対すれば，協定違反の有無に関する裁定は採択されない」は誤り。WTOは，協定違反の有無に関する裁定（協定違反国に対する対抗措置の決定）に**ネガティブ・コンセンサス方式**を採用している。この方式の下では，対抗措置の承認については，全加盟国の反対がないかぎり提案されたものが採択される（加盟国が一国でも支持すれば承認される）。

問5 23 ②

アメリカの企業における資金調達のあり方を1999年12月末時点と2017年3月末時点とで比較した場合，1999年の**間接金融**（銀行等借入がこれに該当）の割合（12.1％）

よりも2017年の間接金融の割合(6.2%)の方が低い。

①「高い」は誤り。日本の企業における資金調達のあり方を1999年12月末時点と2017年3月末時点とで比較した場合，1999年の他人資本(銀行等借入，債券がこれに該当)の割合(38.8%＋9.3%＝48.1%)よりも2017年の他人資本の割合(24.2%＋4.1%＝28.3%)の方が低い。③「高い」は誤り。2017年3月末時点の資金調達において，日本の企業の直接金融(債券，株式・出資金がこれに該当)の割合(4.1%＋49.9%＝54.0%)はアメリカの企業の直接金融の割合(13.7%＋56.5%＝70.2%)よりも低い。④「低い」は誤り。1999年12月末時点の資金調達において，アメリカの企業の自己資本(株式・出資金がこれに該当)の割合(66.6%)は日本の企業の自己資本の割合(33.8%)よりも高い。

問6　24　⑥

A：誤文。1997年に開催された気候変動枠組条約の第3回締約国会議で採択された京都議定書では，締約国間における温室効果ガスの排出量の売買を認める仕組みが導入された。したがって，「禁止していた」は誤り。

B：正文。2011年に制定された再生可能エネルギー特別措置法が2012年に施行され，再生可能エネルギーから作られた電力の固定価格買取制度がスタートした。

C：正文。2015年に開催された気候変動枠組条約の第21回締約国会議で採択されたパリ協定では，すべての締約国が温室効果ガスの自主的な削減目標を提出し，目標の達成に向けて取り組むことが定められた。

問7　25　④

食品安全基本法は，原産地の偽装表示問題やBSE(牛海綿状脳症)問題など，食の安全をめぐる諸問題の発生を背景に，2003年に制定された。

①「寄生地主制が復活した」は誤り。日本では，第二次世界大戦後の農地改革により寄生地主制が廃止され，多くの自作農が生まれた。そして，戦前の寄生地主制を復活させないように，1952年に農地法が制定され，農地の所有，賃貸，売買に厳しい制限が設けられた。②1961年に制定された農業基本法は，「兼業化の促進」による農業従事者の所得の増大をめざしたわけではないので，誤り。農業基本法は，農業と他産業の所得格差を縮小することを目的に制定された法律で，畜産，果樹，野菜など，需要の増加が見込まれる農作物の選択的拡大を図り，経営規模の拡大や機械化によって，自立経営農家の育成をめざした。③1994年に制定された新食糧法は，「地域の伝統的な食文化を見直し守っていく」ための法律ではないので，誤り。新食糧法は，主要食糧の需給や価格の安定を図り，国民生活と国民経済の安定に資することを目的に制定された法律である。

問8　26　③

まずは，**A**よりも先に，**B〜D**に当てはまる国を考えてみよう。(1)2016年の政府開発援助(ODA)の実績総額において，DAC(開発援助委員会)加盟国の中で最も大きい国はアメリカであり，日本は第4位に位置する。(2)2016年のODAの対国民総所得(GNI)比は，アメリカと日本は0.2%に近い水準，ドイツとイギリスは0.7%に

近い水準にある(国際的な目標値が対 GNI 比0.7%であるのに対して，アメリカや日本はその半分以下にある)。(1)や(2)の知識を活用することができれば，**B**はアメリカ，**C**はドイツ，**D**は日本であると判断できる。

　次に，残る**A**に当てはまるものを考えてみよう。**グラント・エレメント**は，援助条件の緩やかさを示す指標であり，金利が低く融資期間が長いほどその数値が高くなる。**贈与比率**は，ODA に占める贈与(無償資金協力と技術協力)の割合をさす。日本のグラント・エレメントと贈与比率はいずれも，DAC 加盟国の中で最下位グループに位置しており(2016年のグラント・エレメントはフランスが最下位で，日本は下から2番目／2016年の贈与比率は日本が最下位)，2016年の日本のグラント・エレメントの数値は80%台，贈与比率は30%台であった。表によれば，**D**(日本)の**A**の数値が87.0%となっており，ここから**A**がグラント・エレメントであると判断できる。

第4問　自由民主主義の原理と制度

　自由民主主義に関する本文をもとに，法の支配，選挙制度，各国の議会制度，国民の自由や権利をめぐる日本の状況など，政治分野に関する知識事項が幅広く問われた。

問1　`27`　**⑤**

　ア：Cが当てはまる。17世紀イギリスの裁判官**エドワード・コーク(クック)**は，国王ジェームズ1世の権力濫用に際し，「王は何人の下にも立つことはない。しかし，神と法の下には立たなければならない」という13世紀の法律家**ブラクトン**の言葉を引用して，**法の支配**を主張した。

　イ：Aが当てはまる。1789年に発せられた**フランス人権宣言**では，「あらゆる政治的結合の目的は，人の，時効によって消滅することのない自然的な諸権利の保全にある」と謳われた(**自然権**の保障)。

　Bの「経済生活の秩序は，すべての人に，人たるに値する生存を保障することをめざす正義の諸原則に適合するものでなければならない」という記述は，1919年に定められたドイツの**ワイマール憲法**の一部である(**社会権**の保障)。

問2　`28`　**②**

　設問文は，(1)裁判所が**違憲審査権**を積極的に行使し，違憲判断をためらうべきではないとする見解(積極的立場)と，(2)裁判所による違憲審査権の行使には慎重さが求められ，やむをえない場合のほかは違憲判断を避けるべきであるとする見解(消極的立場)のうち，前者(積極的立場)の根拠となる考え方を選ぶことを要求している。国会(選挙によって構成員が選出される機関)の判断や法律は，多数者の意思によって成立するものである。違憲審査制度は，国会に表れた多数者意思に歯止めをかけ，その暴走を防ぐための制度である。②は，社会の少数派に属する人々の権利や自由を確保するためには，多数者意思に歯止めをかけることも必要である，という考え方を示すものであり，(1)の積極的立場の根拠となる。

①③④は，国会重視の考え方を示す記述であり，裁判所の違憲審査権を重視するものとはいえず，どちらかというと(2)の消極的立場の根拠となる。

問3　29　④

小選挙区制と比例代表制との比較

小選挙区制	1選挙区から1名の議員を選出する制度。
	大政党に有利なので二大政党制に結びつきやすく，政局が安定しやすい。
	小政党に不利なので，少数派の意見が反映されにくい。
	死票が多くなりやすい。
比例代表制	原則として政党に投票し，各政党はその得票数に応じて議席の配分を受ける。
	小政党でも議席を得やすく，少数派の意見も議会に反映されやすい。
	小党分立(多党制)になりやすく，政局が不安定になりやすい。
	死票が少なくなりやすい。

①と②は，「小選挙区制」よりも「比例代表制」の一般的特徴といえる。③は，「比例代表制」よりも「小選挙区制」の一般的特徴といえる。

問4　30　③

日本の参議院に「解散が認められる」という趣旨の記述は，誤り。日本国憲法の下では，衆議院の解散が認められるが，参議院の解散は認められていない。

①②④はいずれも，正しい記述である。①アメリカの連邦議会の上院は，各州から2名ずつ選出される100名の議員によって構成され，大統領による高級官吏の任命や条約の締結に対する承認権(同意権)をもつ。②イギリスの貴族院(上院)には，かつて最高法院が置かれていたが，2009年に，上院の司法機能は新たに設置された最高裁判所に移された。④フランス議会の上院議員は，間接選挙によって選ばれ，その任期は6年である(3年ごとに半分を改選)。

問5　31　①

大衆民主主義は，政治参加の権利が保障される現代的な民主主義である(普通選挙制度の導入・拡大によって形成された)。

②絶対王政に対する新興市民階級の闘い，いわゆる市民革命の成果として確立された，近代的な民主主義についての説明である。③社会主義革命を想起させる説明となっている。④中華人民共和国の民主集中制(権力集中制)を想起させる説明となっている。

問6　32　②

ヒトラーを指導者とするナチスは，1933年に政権を獲得すると，全権委任法を制定してワイマール憲法を事実上無効化した。

①「諸民族の平等を実現した」は適当でない。ナチス政権は，ゲルマン民族の優越を唱えてユダヤ人を強制的に収容所に送り込むなど，自民族中心主義(エスノセントリズム)を強調する政権であった。③「行政権を立法府に委譲」という部分を「立法権を行政府に委譲」と置き換えると適当な記述になる。1933年に成立した全

権委任法は，政府に議会や大統領の承認なしで立法権の行使を認める法律であり，同法の成立によって，ナチス政権による一党独裁体制が整えられた。④「プロパガンダ(宣伝)を用いずに台頭した」は適当でない。ナチス政権は，プロパガンダ(宣伝)によって大衆を動員していった。

問7 33 ④

「これまでにない」は誤り。死刑判決確定後に再審で無罪となった冤罪事件の例として，免田事件や財田川事件，松山事件，島田事件をあげることができる。

①②③はいずれも，正しい記述である。①検察官による不起訴の決定に対して，検察審査会が同一事件で起訴相当の議決を二度行った場合，強制的に起訴される仕組みが導入された(2009年より導入)。②最高裁判所の裁判官の罷免の可否を問う国民審査で罷免された裁判官は，これまで一人もいない。③2016年に成立した刑事司法改革関連法に基づき，取調べの録音や録画(取調べの可視化)を義務づける仕組みが，裁判員裁判対象事件などに導入された(2019年施行)。

問8 34 ③

被選挙権は，選挙される権利(特に選挙に立候補することができる資格)のことであり，参政権の一つであるとされている。

①「政党を結成すること」は，「政党助成法」ではなく，日本国憲法が定める結社の自由(第21条1項)によって保障されており，国民は公権力による干渉を受けずに政党を結成することができる。なお，政党助成法は，国が政党に対し政党交付金による助成を行う仕組みなどについて定めた法律で，政党を結成するための条件や手続について定めているわけではない。②「インターネット上で友人と自由に政治的な意見を交わし合うこと」は，「アクセス権」ではなく，日本国憲法が定める表現の自由(第21条1項)として保障される，と考えられる。なお，アクセス権は，情報の受け手が意見広告や反論記事の掲載をマスメディアに対して要求する権利をさす。④「認められている」は適当でない。日本国憲法は，検閲という形で表現の自由に制約を加えることを禁止している(第21条2項)。

政治・経済

（2019年1月実施）

受験者数　52,977

平 均 点　56.24

2

政治・経済

解答・採点基準 （100点満点）

問題番号（配点）	設問	解答番号	正解	配点	自己採点
第1問（28）	問1	1	②	2	
	問2	2	⑥	3	
	問3	3	①	2	
	問4	4	②	3	
	問5	5	⑤	3	
	問6	6	④	3	
	問7	7	①	3	
	問8	8	⑥	3	
	問9	9	③	3	
	問10	10	②	3	
第1問　自己採点小計					
第2問（24）	問1	11	③	3	
	問2	12	②	3	
	問3	13	④	3	
	問4	14	③	3	
	問5	15	①	3	
	問6	16	①	3	
	問7	17	③	3	
	問8	18	①	3	
第2問　自己採点小計					

問題番号（配点）	設問	解答番号	正解	配点	自己採点
第3問（24）	問1	19	④	3	
	問2	20	①	3	
	問3	21	②	3	
	問4	22	⑤	3	
	問5	23	⑤	3	
	問6	24	③	3	
	問7	25	①	3	
	問8	26	①	3	
第3問　自己採点小計					
第4問（24）	問1	27	④	3	
	問2	28	④	3	
	問3	29	④	3	
	問4	30	⑦	3	
	問5	31	②	3	
	問6	32	④	3	
	問7	33	①	3	
	問8	34	③	3	
第4問　自己採点小計					
自己採点合計					

第1問　経済のグローバル化への対応

　経済のグローバル化に関する本文をもとに，政治分野の設問(裁判所，国際法，日本国憲法の規定など)と，経済分野の設問(国民経済計算，金融，会社企業など)が，ほぼ同比率で出題された。

問1　**1**　②

　特別裁判所とは，通常の司法裁判所の系列外にあって特定の身分の人や特定の種類の事件などを専門的に扱う裁判所のことで，大日本帝国憲法(明治憲法)下ではその設置が認められていた(**皇室裁判所，行政裁判所，軍法会議**がこれに当たる)。なお，日本国憲法は，「特別裁判所は，これを設置することができない」と規定している(第76条2項)。

　①**家庭裁判所**，③**知的財産高等裁判所**，④**地方裁判所**はいずれも，通常の司法裁判所の系列に属する裁判所であり，「特別裁判所に当たる裁判所」とはいえない。

問2　**2**　⑥

　国連安全保障理事会は，アメリカ，イギリス，中国，フランス，ロシアの5つの**常任理事国**と，**国連総会**で選出された任期2年の**非常任理事国**10か国によって構成されている。安全保障理事会の表決方式は，(1)手続事項と(2)それ以外の実質事項とで異なる。(1)手続事項の決議は，理事国15か国のうち9か国以上の賛成が必要となる。これに対し，(2)侵略行為の認定や加盟国の承認勧告などの実質事項の決議は，5つの常任理事国をすべて含む9か国以上の賛成が必要となる(常任理事国5か国のうち1か国でも**拒否権**を行使して反対した場合，実質事項の決議は成立しないことになる)。

　A：誤文。常任理事国であるイギリスが反対した場合，実質事項の決議は成立しない。

　B：正文。10理事国が賛成した場合，手続事項の決議は成立する。

　C：正文。すべての常任理事国を含む9か国が賛成した場合，実質事項の決議は成立する。

問3　**3**　①

　空欄 **ア** には「固定資本減耗」が入る。生産の過程では機械設備などが必ず減耗するが，**国民総生産**(GNP)や**国内総生産**(GDP)にはこれらの価値減少分を評価した額，すなわち**固定資本減耗**の額が含まれている。国民総生産からこの固定資本減耗の額を差し引いたものが**国民純生産**(NNP)である(**NNP＝GNP－固定資本減耗**)。なお，原材料や燃料などの**中間生産物**の額は，国民総生産や国内総生産を求める際に控除しなければならないものである(**GNP＝国民の総生産額－中間生産物の額，GDP＝国内の総生産額－中間生産物の額**)。

　空欄 **イ** には「海外からの純所得」が入る。**海外からの純所得**とは，海外で生み出されて国民が受け取った所得から，国内で生み出されて外国人に支払われた所得を差し引いたものをさす(**海外からの純所得＝海外からの所得－海外に対する所得**)。国内総生産は，国民総生産から海外からの純所得の額を差し引いて求めるこ

とができる（GDP＝GNP－海外からの純所得）。なお，**経常海外余剰**とは，財貨・サービスの輸出と海外からの所得の合計から，財貨・サービスの輸入と海外に対する所得の合計を控除したものをさす［**経常海外余剰＝（輸出＋海外からの所得）－（輸入＋海外に対する所得）**］。

問4 <u>4</u> **②**

　　市民的及び政治的権利に関する国際規約の第2選択議定書（いわゆる**死刑廃止条約**）は，1989年に国連総会で採択された多数国間の条約である。一般に，規約，協定，議定書，憲章などは条約に含まれると考えられており，条約を締結・批准した国家は法的に拘束されることになる。

　　①③④はいずれも，条約の例とはいえないものである（法的拘束力がない）。①**ラッセル・アインシュタイン宣言**（1955年発表）は，ラッセルやアインシュタインが中心となり，世界の著名な科学者の署名を得て発表されたもので，核兵器や戦争の廃絶を訴える内容となっている。③**新国際経済秩序（NIEO）樹立宣言**（1974年の**国連資源特別総会**で採択）は，発展途上国に不利な経済構造を改善するために，新たな国際経済秩序を打ち立てることをめざすもので，天然資源の恒久主権を打ち出している。④**核兵器による威嚇又はその使用の合法性に関する勧告的意見**は，1996年に**国際司法裁判所**によって示された，核兵器による威嚇またはその使用が一般的に国際法に違反するという意見をさす。

問5 <u>5</u> **⑤**

　　アの「二酸化炭素の総排出量が現在最も多いこの国」とは，中国のことである。また，図において，2016年のGDPが2000年水準の9倍以上になったことを示しているのはAである。以上により，**A**は**ア**（中国）と合致する。

　　イの「2012年にWTOに加盟したこの国」とは，ロシアのことである。また，図において，ピーク時（2013年）には2000年水準の約8倍までGDPが拡大し，2016年には2000年水準の5倍未満となったことを示しているのはBである。以上により，**B**は**イ**（ロシア）と合致する。

　　ウの「『アジェンダ21』を採択した国連環境開発会議が開催されたこの国」とは，ブラジルのことである。また，図において，2000年から2016年にかけて，GDPが2000年水準より下回ったことがあるのはCである。以上により，**C**は**ウ**（ブラジル）と合致する。

　　この設問では，ロシアに該当するものとして正しいものを選ぶ必要があり，⑤の組合せ（**B—イ**）が正解となる。

問6 <u>6</u> **④**

　　国連海洋法条約によれば，**排他的経済水域**とは，**領海**の外側に設定される基線から**200海里**までの水域をいう。排他的経済水域では，沿岸国に天然資源を開発する権利が認められる。

　　①「認められるわけではない」は誤り。国連海洋法条約によれば，**公海**においては，いかなる国もその主権の下におくことを有効に主張することができず，すべて

の国に開放される。②「超えることはない」は誤り。**大陸棚**とは，陸地から沖に向かって続く海底の傾斜が比較的緩やかな部分をさす。国連海洋法条約によれば，沿岸国の大陸棚の範囲は，地理的条件により基線から測定して200海里を超える場合がある。③「3海里」ではなく「**12海里**」が正しい。国連海洋法条約によれば，いずれの国も，基線から測定して**12海里**を超えない範囲でその領海の幅を定める権利を有する。

問7　`7`　①

日本国憲法によれば，条約を締結する権限は内閣が有する（第73条3）。

②③④はいずれも，「権限をもつ」という記述が誤り。②「外国の大使を接受する」ことは，**天皇の国事行為**に位置づけられている（第7条9）。③「**外交関係を処理する権限**」は内閣が有する（第73条2）。④「条約の締結を承認する権限」は国会が有する（第61条，第73条3）。

問8　`8`　⑥

「この製品」の人気が上昇することは，「この製品」の需要量を増加させる要因となる。供給曲線は変化しないという条件の下で，「この製品」の需要量が増加すると，次の図のように，需要曲線は右方向にシフト（DからD''へと移動）することになる。

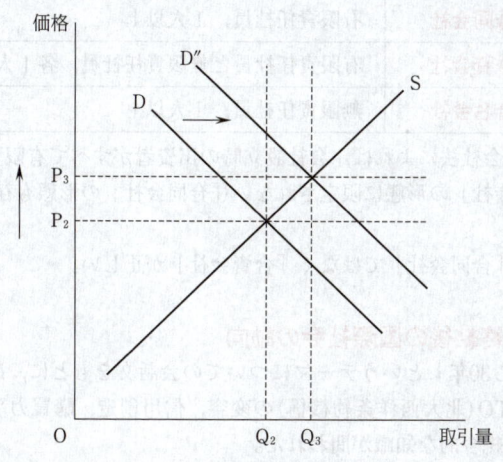

需要曲線が右方向にシフトした結果，均衡価格はP_2からP_3へと上昇し，均衡取引量はQ_2からQ_3に増加することになる。この場合，製品の人気上昇に伴う取引量の変化分は，$Q_3 - Q_2$ということになる。

問9　`9`　③

「政策金利」という部分が誤り。**日本銀行**（日銀）の**量的緩和政策**は，金融政策の主たる誘導目標を「金利」ではなく「資金量」として金融緩和を進めようとするものである。例えば，2001年から実施された量的緩和政策では**日銀当座預金**（金融機

関が日銀に預けている当座預金)の残高が，2013年から実施された量的・質的金融緩和政策では**マネタリーベース**(現金通貨と日銀当座預金の合計)の増加量が，それぞれ金融政策の主たる誘導目標に位置づけられた。

①②④はいずれも，適当な記述である。①**デリバティブ**は，先物取引(ある商品について，将来の約束した期日に，現品の受け渡しまたは決済をすることを約束する売買取引)やオプション取引(ある商品を，一定期間内にあらかじめ定めた価格で買う権利，または売る権利を売買の対象とする取引)などの金融派生商品のことである。②**ヘッジファンド**は，資産家や金融機関などの少数の大口投資家から資金を集め，投機性の高い金融商品を運用する投資信託や機関のことである。④日本の短期金融市場には，市中銀行の間で資金の融通が行われる**コール市場**がある。なお，コール市場における金利を**無担保コールレート**(**無担保コール翌日物金利**)という。

問10 `10` ②

日本の会社企業は，**会社法**に基づいて設立される。

会社企業の種類と出資者

会社形態	出資者
株式会社	有限責任の株主，1人以上
合同会社	有限責任社員，1人以上
合資会社	有限責任社員と無限責任社員，各1人以上
合名会社	無限責任社員，1人以上

A：誤文。会社法によれば，会社設立時の出資者がすべて有限責任社員である会社は，「株式会社」の形態に限定されない(「合同会社」の形態も存在する)。

B：正文。

C：誤文。「合同会社」ではなく「合資会社」が正しい。

第2問　冷戦終結後の国際社会の動向

「冷戦終結から30年」というテーマについての会話文をもとに，冷戦終結に関連する出来事，NATO(北大西洋条約機構)の変容，信用創造，購買力平価説など，政治や経済に関する総合的な知識が問われた。

問1 `11` ③

ハンガリー動乱(**ハンガリー事件**)は，冷戦時代の1956年にハンガリーの首都ブダペストを中心に起こった反ソ・反政府の暴動である(ソ連軍の介入によって鎮圧された)。しかし，ハンガリー動乱が起きてから「半年の間に東欧諸国の社会主義体制が相次いで崩壊した」わけではないので，③は誤り。なお，東欧諸国(ハンガリー，ポーランド，東ドイツなど)が次々と社会主義体制(ソ連型の一党独裁体制)を放棄した一連の民主化革命(**東欧革命**)は，1989年に始まった。

①②④はいずれも，冷戦終結に関連する出来事についての記述として正しい。①

ベルリンの壁の崩壊は1989年，**東西ドイツの統一**は1990年の出来事。②米ソ首脳が冷戦の終結を宣言した**マルタ会談**は，1989年に開かれた。④ソ連を構成していた共和国の一部(ロシア，ベラルーシ，カザフスタンなど)が**独立国家共同体**(CIS)を結成したのは，1991年のこと。

問2　□12□　②

　南スーダンがスーダンから分離独立を果たしたのは2011年のこと。

　①冷戦終結後，ユーゴスラビア連邦を構成していた六つの共和国(ボスニア・ヘルツェゴビナ，クロアチア，スロベニア，セルビア，モンテネグロ，マケドニア)が分離独立するかたちで解体し，2008年にコソボがセルビアからの独立を宣言した。1992年にユーゴスラビア連邦から分離独立を果たした**ボスニア・ヘルツェゴビナ**では，異なる民族の間で内戦が生じたが，この内戦によって「七つの国に分裂した」わけではないので，誤り。③「現在も無政府状態が続いている」は誤り。**ルワンダ**では，1990年から1994年にかけて内戦が続いていたが，内戦の終結に伴い，新しい政府が発足した。④「マレーシア」という部分を「インドネシア」におき換えると適当な記述になる。**東ティモール**では，インドネシアからの分離独立をめぐる紛争が続いていたが，2002年に分離独立を果たした。

問3　□13□　④

　NATO(北大西洋条約機構)には，アメリカ，カナダの北米２か国およびヨーロッパ諸国が加盟しているが，「オーストラリアなどの太平洋諸国」は加盟していないので，④は誤り。

　①②③はいずれも，適当な記述である。①**フランス**は，冷戦時代の1966年にNATO の軍事機構から離脱したが，冷戦終結後の2009年に復帰した。② NATO は冷戦終結後，域外でも作戦を実施するようになった(例：**コソボ**の平和・安全・秩序維持を目的とする活動，**アフガニスタン**での治安維持活動，**ソマリア**沖海賊対策など)。③冷戦終結後，旧社会主義国である中東欧諸国の一部(チェコ，ハンガリー，ポーランド，ブルガリアなど)が，新たに NATO に加盟した(**NATO の東方拡大**)。

問4　□14□　③

　信用創造とは，銀行の預金受け入れと貸し出しの繰り返しによって，最初の預金(本源的預金)の何倍もの預金通貨が作り出されることをいう。信用創造額(信用創造で作り出される銀行全体の貸出金の増加額)は次の式によって求められる。

$$\frac{本源的預金}{支払準備率} - 本源的預金 = 信用創造額$$

これに設問の数字を当てはめると，

$$\frac{2,000万}{0.2} - 2,000万 = 8,000万（円）$$

となる。したがって，③が正解となる。

問5　□15□　①

　購買力平価とは，自国通貨と外国通貨がそれぞれ同一の財やサービスをどれだけ

購買できるかの比率，いわゆる対内購買力の比率を表した為替レートをいう。

当初，同一のスマートフォンを1台購入するのに，日本では9万円，アメリカでは900ドルかかる場合，円とドルの購買力平価(為替レート)は1ドル＝100円に決まる。

$$1（ドル）：x（円）＝900（ドル）：90,000（円）$$
$$900x＝90,000$$
$$x＝100$$

その後，価格が変化して，日本では8万円，アメリカでは1,000ドルになった場合，円とドルの購買力平価(為替レート)は1ドル＝80円となる。

$$1（ドル）：y（円）＝1,000（ドル）：80,000（円）$$
$$1,000y＝80,000$$
$$y＝80$$

このスマートフォンの価格に関して購買力平価説が成り立つ場合，当初1ドル＝100円だった為替レートが1ドル＝80円となり，円高ドル安となったことになる。したがって，①が正解となる。

問6 16 ①

表中のAには失業者数(世界的な金融危機の影響を受けて2008年から2010年にかけていったん増加したものの，その後は減少へと向かっている)，Bには非正規雇用者数(増加傾向にある)，Cには正規雇用者数(最も人数が多い)が，それぞれ入る。2012年と比較したとき，2016年の正規雇用者数の増加人数(3,367万人－3,345万人＝22万人)は，同じ期間の失業者数の減少人数(208万人－285万人＝－77万人)よりも少ない。

②「多い」という記述は誤り。2006年と比較したとき，2016年の失業者数の減少人数(208万人－275万人＝－67万人)と正規雇用者数の減少人数(3,367万人－3,415万人＝－48万人)の合計(67万人＋48万人＝115万人)は，同じ期間の非正規雇用者数の増加人数(2,023万人－1,678万人＝345万人)よりも少ない。③「少ない」という記述は誤り。失業者数に関して，2010年から2012年の減少人数(285万人－334万人＝－49万人)は，2014年から2016年の減少人数(208万人－236万人＝－28万人)よりも多い。④「多い」という記述は誤り。非正規雇用者数に関して，2006年から2010年の増加人数(1,763万人－1,678万人＝85万人)は，2012年から2016年の増加人数(2,023万人－1,816万人＝207万人)よりも少ない。

問7 17 ③

	議院内閣制	半大統領制	大統領制
連邦国家	A	B ロシア	C アメリカ
単一国家	D イギリス	E フランス	F

単一国家とは，中央政府に統治権が集中する国家をさす。単一国家の例として，

日本，イギリス，フランスなどがある。これに対し，連邦国家とは，複数の国家（支分国）が結合して成立した国家をさす。連邦国家は，支分国が州などのかたちで広範な統治権をもつ点などにおいて，単一国家と異なる。連邦国家の例として，アメリカ，ロシア，ドイツなどがある。

　この設問では，フランスが「E」に該当するという③が正解となる。フランスで採用されている半大統領制は，大統領制と議院内閣制の混合形態の政治体制であり，大統領が首相の任命権など政治上強大な権限を有する点や，内閣の存立が議会の信任を前提としている点などに特徴がある。

　①アメリカは「F」ではなく「C」に該当する。アメリカで採用されている大統領制は，行政府の長である大統領と立法府を構成する議会議員がともに国民によって選挙され，行政府と立法府が厳格に分離されている政治体制である。②イギリスは「C」ではなく「D」に該当する。イギリスで採用されている議院内閣制は，行政府と立法府との間の協働関係が重視される政治体制である。④ロシアは「A」ではなく「B」に該当する。ロシアの政治体制は，半大統領制に分類することができる。

問8　18　①

　古いものから順に並べると，ア（1992年）→ イ（2008年）→ ウ（2015年）となり，①が正解となる。

　ア：1991年の湾岸戦争を契機に，日本では国際貢献のあり方やPKO（国連平和維持活動）への自衛隊の参加をめぐって議論が交わされた。そして，1992年にPKO協力法が成立し，同年，自衛隊が，PKOへの初めての参加としてカンボジアに派遣された。

　イ：G20首脳会議（G20サミット，金融・世界経済に関する首脳会合）とは，G7（アメリカ，イギリス，イタリア，カナダ，ドイツ，日本，フランス）にBRICS（ブラジル，ロシア，インド，中国，南アフリカ）などの新興国を加えた20か国・地域による首脳会議をいう。2008年，リーマン・ショックを契機に発生した世界的な金融危機に対処するため，従来のG20財務大臣・中央銀行総裁会議を首脳級に格上げし，ワシントンD.C.で第1回会議が開催された。

　ウ：パリ協定は，2015年にフランスで開催された気候変動枠組条約第21回締約国会議（COP21）で採択された地球温暖化対策の国際的枠組である。パリ協定は，世界的な平均気温上昇を産業革命以前に比べて2度より十分低く保つとともに，1.5度未満に抑える努力をすることや，主要排出国を含むすべての国が削減目標を5年ごとに提出・更新することなどを内容としている。

第3問　人権保障の歴史と統治制度

　人権保障の歴史と統治制度に関する本文をもとに，日本の安全保障，基本的人権，国会，地方自治など，政治分野を中心に幅広い知識事項が問われた。

問1 　19 　④

　日本政府の現在の見解によれば，日本国憲法第9条が保持を禁じている「戦力」は自衛のための必要最小限度を超える実力であって，それ以下の実力の保持は禁じられていない。

　①自衛隊法および防衛庁設置法が制定されて，自衛隊が創設されたのは1954年のこと。一方，日米相互協力及び安全保障条約（新安保条約）が成立したのは1960年のことである。なお，新安保条約では，日本の領域内で日米のいずれかが攻撃を受けた場合に，両国が共同行動をとることなどが定められた。②日本は，在日米軍の駐留経費の一部を「思いやり予算」として負担している。③「2パーセントを下回っている」という記述は誤り。近年の防衛関係費は，国の一般会計予算に占める割合で見ると，およそ5パーセントで推移している。なお，GNPやGDPに占める割合で見ると，およそ1パーセントとなっている。

問2 　20 　①

　現行犯として逮捕する場合，裁判官の発する令状は必要ない。日本国憲法は，「何人も，現行犯として逮捕される場合を除いては，権限を有する司法官憲が発し，且つ理由となつてゐる犯罪を明示する令状によらなければ，逮捕されない」と規定している（第33条）。

　②③④はいずれも，正しい記述である。②憲法第38条1項の規定。③憲法第36条の規定。④刑事裁判では，有罪が確定するまで，被告人は無罪であると推定され（推定無罪），有罪とすることに疑いの余地があれば無罪をいいわたす「疑わしきは被告人の利益に」が原則とされている。

問3 　21 　②

　「疾病保険法」という部分を「国民健康保険法」におき換えると正しい記述になる。国民健康保険法は，1958年に旧・国民健康保険法（1938年制定）を全面改正するかたちで制定された法律であり，被保険者の疾病，負傷，出産または死亡に関して必要な保険給付を行うことを定めている。1958年の同法の全面改正に基づき，1961年には国民皆保険の体制が整った。

　①③④はいずれも，正しい記述である。①2004年に年金制度改革関連法が成立し，2009年度までに基礎年金の国庫負担割合を3分の1から2分の1に引き上げることとなった。その後，2012年に社会保障と税の一体改革関連法が成立し，消費税率の引き上げとともに，消費税財源を用いて恒久的に基礎年金の国庫負担割合2分の1を維持することが決まった。③公衆衛生についての記述。地域保健法によって設置された保健所や保健センターは，地域の公衆衛生行政の中心となっている。④公的扶助についての記述。生活保護法は，保護の種類として，生活・教育・住宅・医療・介護・出産・生業・葬祭の8種類の扶助を定めている。

問4　22　⑤

A：ウと合致。知る権利は，行政機関に対して積極的に情報の公開を求める権利としての性格を有している。

B：アと合致。プライバシーの権利については，当初は，「私生活をみだりに公開されない権利」とされてきたが，高度情報社会の進展とともに，「自己に関する情報をコントロールする権利」として理解されるようになってきた。アは，「自己に関する情報をコントロールする権利」と対応する記述である。

なお，イは，エホバの証人輸血拒否事件を想起させる記述となっている。この事件は，患者が信仰上の理由から輸血を拒否する意思を病院に伝えたにもかかわらず無断で輸血された，として損害賠償を求めた事件である。その判決は，自己決定権（自らの生活や信条などについて，他者の介入を受けずに決定する権利）の観点から，輸血については患者への説明と同意が必要である，として損害賠償の支払いを命じるものであった。

問5　23　⑤

A：正文（大日本帝国憲法下の制度には当てはまらず，かつ日本国憲法下の制度に当てはまる）。日本国憲法では，天皇の地位は「主権の存する日本国民の総意に基く」と規定されている（第1条）が，大日本帝国憲法にはこのような規定は存在しない。なお，大日本帝国憲法では，大日本帝国は「万世一系ノ天皇」が統治すること，天皇は神聖不可侵であること，天皇は統治権の総攬者（立法・行政・司法の権能を一手に握る者）であり，統帥権（軍隊の作戦用兵の権限）を有することなどが規定されていた。

B：誤文（大日本帝国憲法下の制度と日本国憲法下の制度のいずれにも当てはまる）。いずれの憲法下の制度においても，衆議院は民選議員で構成されていた。なお，大日本帝国憲法の下では非民選の貴族院が，日本国憲法の下では民選の参議院が，それぞれ設けられた。

C：正文（大日本帝国憲法下の制度には当てはまらず，かつ日本国憲法下の制度に当てはまる）。内閣は1885年より設けられていたが，1889年に制定・発布された大日本帝国憲法に内閣の規定は存在しなかった（ただし，国務大臣の規定はおかれた）。一方，日本国憲法には内閣の規定がおかれている。

問6　24　③

日本国憲法の第60条2項の規定（予算議決に関する衆議院の優越）についての記述。
①「国会の同意が必要となる」という記述は誤り。在任中の国務大臣を訴追するには，内閣総理大臣の同意が必要となる（第75条）。②「国会の権限である」という記述は誤り。大赦や特赦などの恩赦を決定することは，内閣の権限である（第73条7）。④「国会の権限である」という記述は誤り。最高裁判所の指名した者の名簿によって，下級裁判所の裁判官を任命することは，内閣の権限である（第80条1項）。

問7　25　①

空欄　ア　には「二元代表制」が入る。二元代表制は，議会の議員も首長もそれ

ぞれ住民の代表であるという意味をもつ語句である。なお，**住民投票制度**とは，直接民主制の一方式であり，地方公共団体に関する重大な事項について，その地域の住民に直接可否を問うために行う投票制度をいう。

空欄 イ には「4分の3以上」が入る。地方自治法によれば，議会は，総議員の3分の2以上が出席し，その4分の3以上が賛成すれば首長の**不信任**を議決できる。首長の不信任が議決された場合，ただちに議長からその旨が首長に通知されることになるが，首長はその通知を受けた日から10日以内に議会を**解散**することができる。

空欄 ウ には「行政委員会」が入る。**行政委員会**は，行政の民主的運営や適正かつ能率的運営を目的として設置される，一般行政機関から相対的に独立した合議制の行政機関である。地方公共団体に設置される行政委員会の例として，教育委員会や公安委員会，農業委員会，収用委員会などがあげられる。なお，**会計検査院**は，国の収入支出の決算を検査する機関である（会計検査院に関する規定は，日本国憲法第90条にある）。

問8 26 ①

「複数の小選挙区に立候補する」という記述は誤り。衆議院議員選挙では，同一の候補者が小選挙区と比例代表の両方に立候補する**重複立候補**が認められているが，複数の小選挙区に立候補することは認められていない。なお，参議院議員選挙では，選挙区と比例代表の両方に立候補する重複立候補が認められていないということも押さえておこう。

②③④はいずれも，正しい記述である。②仕事や旅行などで投票日に投票できない有権者は，**期日前投票制度**を利用して投票日の前日までに投票することができる。③**政党助成法**に基づき，一定の条件を満たした政党は，政党交付金として国庫から助成を受けることができる。④**政治資金規正法**は，企業団体からの政治家個人に対する献金（寄付）を禁じている。

第4問　経済発展と環境問題

経済発展と環境問題に関する本文をもとに，経済学者，経済主体，比較生産費説など，経済分野を中心に多様な設問形式で知識事項が問われた。

問1 27 ④

リストは，『経済学の国民的体系』を著し，経済発展の過程において，工業後進国は自国の幼稚産業の育成を図るために**保護貿易政策**を採用する必要があると主張した。

①**ガルブレイス**は，『ゆたかな社会』において，企業の広告や宣伝には，消費者の欲望を喚起する働きがあると指摘し，広告や宣伝がもたらすその効果を**依存効果**と呼んだことで知られる。②**ケネー**は，富の源泉としての農業を重視する**重農主義**を提唱したことで知られる。③**マルサス**は，『人口論』において，人口の増加に食料の増産が追いつかず，過剰人口による様々な悪徳が生まれると指摘したことで知

られる。

問2 28 ④

　A：正文。家計が保有する資産（土地や株など）の価格が上昇するにつれて，家計自身が経済的に豊かになったと考えるようになり，消費が促進される（消費額が増加する）傾向を**資産効果**という。

　B：正文。石油化学コンビナートのように，関連する工場や流通基地などが一定地域に集中して立地し，各種施設の共同利用，技術提携あるいは情報の交換などで企業の生産コストや流通コストを削減して生産性を上げることを**集積の利益**という。

　C：誤文。**公債の市中消化**とは，政府が発行した公債を中央銀行以外の金融機関・企業・家計などが引き受けることをいう。これに対し，政府が発行した公債を「中央銀行に直接引き受けてもらうこと」は，**公債の中央銀行引き受け**という。なお，日本の財政法は，国債を日本銀行に引き受けさせることを禁止し，市中で消化することを定めている（**日銀引き受けの禁止，市中消化の原則**）。

問3 29 ④

　市場の失敗（市場メカニズムが十分に機能できない状態）の一つである**外部不経済**の例として最も適当なのは④であり，これが正解となる。外部不経済とは，ある経済主体（この事例では大規模娯楽施設を建設する経済主体）の活動が，市場を経由せずに，他の経済主体（この事例では近隣住民）に不利益（この事例では防音対策をしなければならないという経済的損失）をもたらすことをいう。

　①②③はいずれも，外部不経済の例として不適当。

問4 30 ⑦

　ア：誤文。「ともにゼロになった年度がある」という記述は誤り。図中に赤字国債の発行額がゼロになった年度はある（1990年代初頭に注目したい）が，建設国債の発行額がゼロになった年度はない。

　イ：誤文。「5パーセント」という部分を「3パーセント」におき換えると正しい記述になる。図中で税収額が最も高くなっているのは，1990年度から1991年度にかけてであるが，当時の消費税率は3パーセントである。消費税率が3パーセントだったのは1989年4月から1997年3月にかけてのことであり，5パーセントだったのは1997年4月から2014年3月にかけてのことである。

　ウ：正文。図中に税収額が国債発行額を下回っている年度はある（2009年度などに注目したい）。

問5 31 ②

　環境保全を目的とする政策手段を，(1)経済的な誘因を与えることによって人や企業の行動を環境保全へと誘導する「経済的な政策手段」と，(2)環境を汚染する行為や発生源の規制を中心とする「規制的な政策手段」とに分けて考えてみる。この設問文にある「市場メカニズムを通じて環境保全の誘因を与える政策手段」は，(1)の「経済的な政策手段」に該当し，その例として，①の**炭素税**，③の**エコカー減税**，④の**デポジット制度**をあげることができる。②の「環境汚染物質の排出基準に違反

した企業に操業停止を命ずる制度」は，(1)の「経済的な政策手段」の例ではなく，(2)の「規制的な政策手段」の例に該当する。したがって，②が正解となる。

問6 32 ④

A国とB国が，ともに電化製品と衣料品を1単位ずつ生産する場合，それぞれの商品の生産に必要な労働者数や生産量は，次の**表1**のように整理できる。

表1

	電化製品(生産量)	衣料品(生産量)
A国	40人(1単位)	10人(1単位)
B国	2人(1単位)	8人(1単位)
合計生産量	2単位	2単位

A国が衣料品の生産に特化し，B国が電化製品の生産に特化した場合，それぞれの商品の生産に必要な労働者数や生産量は，次の**表2**のように整理できる。

表2

	電化製品(生産量)	衣料品(生産量)
A国	0人(0単位)	50人(5単位)
B国	10人(5単位)	0人(0単位)
合計生産量	5単位	5単位

表1と**表2**の合計生産量を比較すると，A国が衣料品の生産に特化し，B国が電化製品の生産に特化した場合(**表2**)，特化しない場合(**表1**)に比べて，両国全体で両財の生産量を増やすことができることが分かる。したがって，④が正解となる。

①「低い」という部分を「高い」におき換えると正しい記述になる。両国の労働者一人当たりの生産量(商品を1単位生産する場合の一人当たりの生産量)は，次の**表3**のように整理できる。

表3

	電化製品	衣料品
A国	0.025単位(1÷40＝0.025)	0.1単位(1÷10＝0.1)
B国	0.5単位(1÷2＝0.5)	0.125単位(1÷8＝0.125)

②「いずれの国においても……低い」という記述は誤り。**表3**が示すように，A国では，衣料品に比べて電化製品の方が労働者一人当たりの生産量は低いが，B国では，衣料品に比べて電化製品の方が労働者一人当たりの生産量は高い。③「増やすことができる」という記述は誤り。A国が電化製品の生産に特化し，B国が衣料品の生産に特化した場合，それぞれの商品の生産に必要な労働者数や生産量は，次の**表4**のように整理できる。

表4

	電化製品（生産量）	衣料品（生産量）
A国	50人（1.25単位）	0人（0単位）
B国	0人（0単位）	10人（1.25単位）
合計生産量	1.25単位	1.25単位

　表1と表4の合計生産量を比較すると，A国が電化製品の生産に特化し，B国が衣料品の生産に特化した場合（表4），特化しない場合（表1）に比べて，両国全体で両財の生産量が減少することが分かる。

問7　33　①

　空欄　ア　には「コンパクトシティ」が入る。**コンパクトシティ**とは，都市の中心部に商業や医療など生活に必要な機能を担う施設や居住区域を集中させて，中心市街地を活性化させると同時に，道路などの社会資本の維持費を削減し，行政サービスの効率化を図る施策をいう。なお，**ミニマム・アクセス**とは，国内消費量に比して輸入の割合が低い品目について，最低限の輸入機会を設けることをいう。

　空欄　イ　には「ふるさと納税」が入る。**ふるさと納税**の制度は，任意の都道府県・市区町村に対して寄付金を支払った場合に，その寄付額に応じて所得税と住民税の控除の適用を受けられる制度のことで，2008年度より導入された。なお，独自課税とは，地方公共団体が地方税法で定められている税目以外に，条例を定めて独自に課税することである。

問8　34　③

　「バーゼル条約」ではなく「ラムサール条約」を想定した記述となっている。**バーゼル条約**は，有害廃棄物の国境を越えた移動および処分を規制する条約である。これに対し，**ラムサール条約**は，渡り鳥など水鳥の生息地として国際的に重要な湿地を保護することを目的とする条約である。

　①の**生物多様性条約**，②の**循環型社会形成推進基本法**，④の**環境アセスメント法**に関する説明はいずれも，正しい記述である。

MEMO

政治・経済

（2018年1月実施）

受験者数　57,253

平 均 点　56.39

2

政治・経済

解答・採点基準 （100点満点）

問題番号 （配点）	設 問	解答番号	正解	配点	自己採点
第1問 （28）	問1	1	④	2	
	問2	2	①	3	
	問3	3	③	3	
	問4	4	③	3	
	問5	5	④	2	
	問6	6	①	3	
	問7	7	②	3	
	問8	8	④	3	
	問9	9	③	3	
	問10	10	④	3	
第1問　自己採点小計					
第2問 （24）	問1	11	④	3	
	問2	12	④	3	
	問3	13	①	3	
	問4	14	②	3	
	問5	15	③	3	
	問6	16	②	3	
	問7	17	②	3	
	問8	18	④	3	
第2問　自己採点小計					

問題番号 （配点）	設 問	解答番号	正解	配点	自己採点
第3問 （24）	問1	19	①	3	
	問2	20	④	3	
	問3	21	②	3	
	問4	22	①	3	
	問5	23	②	3	
	問6	24	④	3	
	問7	25	①	3	
	問8	26	④	3	
第3問　自己採点小計					
第4問 （24）	問1	27	③	3	
	問2	28	②	3	
	問3	29	⑤	3	
	問4	30	①	3	
	問5	31	③	3	
	問6	32	①	3	
	問7	33	③	3	
	問8	34	②	3	
第4問　自己採点小計					
自己採点合計					

第1問　国家の役割の変遷

　国家の役割の変遷に関する本文をもとに，日本国憲法の基本的人権，アメリカ・イギリスの政治制度，法の支配などの政治分野の設問を中心に，需要・供給曲線，電力といった経済分野の設問も交え，総合問題として出題された。

問1　1　④

　空欄　ア　には「夜警国家」が入る。国家の役割が国防，司法，治安の維持など必要最小限度のものに限定される自由放任主義的な国家のあり方は，「**夜警国家**」と呼ばれる。夜警国家は，人間らしい生活を実現するための積極的な施策の要求に応えようとする現代国家のあり方，いわゆる「**福祉国家**」と対比されることが多い。

　空欄　イ　には「人々に対する国家の介入を制約する仕組み」が入る。本文では，第1段落において，「権力が濫用されれば，個人の自由や権利が侵害されかねない。このような問題を避けるために，国家権力を制限するのが憲法である」と述べるとともに，権力分立や法の支配，人権の保護を確保するための裁判所，国政に対する監視を行う議会といった，「人々に対する国家の介入を制約する仕組み」の具体例について言及している。選択肢にある「国家の権力に対する憲法上の制約をなくす仕組み」を空欄に当てはめることはできない。

問2　2　①

　A：「ブレア」と合致する。**ブレア**はイギリスの首相（在任1997～2007年）。ブレアが打ち出した「**第三の道**」とは，手厚い政府サービスを改めつつ，政府の市場への介入を減らした場合に起こる欠陥についても補おうとする考え方（市場原理と社会的公正の両立を目指す考え方）をいう。なお，**フルシチョフ**はソ連の最高指導者（在任1953～64年）で，平和共存外交を推進したことで知られる。

　B：「サッチャー」と合致する。**サッチャー**はイギリスの首相（在任1979～90年）。サッチャーは，政府の市場への介入を極力減らすべきだとする「**小さな政府**」への転換を掲げ，公的企業の民営化，規制緩和，社会保障制度の縮小などを実施した。**新自由主義（ネオ・リベラリズム）**とは，「高福祉・高負担」型の政府サービスを見直し，金融，医療，社会保障など様々な財・サービスを市場に委ね，個人の自由な選択を重んじる考え方をさすが，サッチャーの下で進められた様々な経済システムの改革は，この新自由主義に支えられたものであった。なお，**フランクリン・ローズベルト**はアメリカの大統領（在任1933～45年）で，大恐慌を克服するため**ニューディール政策**を実施したことで知られる。ニューディール政策は，公共事業の拡大や労働者の権利保障など，**修正資本主義**の先駆的な実例とされる。

問3　3　③

　空欄　ア　には「財産権」が，空欄　イ　には「生存権」が，空欄　ウ　には「国家賠償請求権」が，それぞれ入る。表現の自由や財産権は「自由権」に，生存権や教育を受ける権利は「社会権」に，裁判を受ける権利や国家賠償請求権などの請求権は「基本的人権を現実のものとして確保するための権利」に，それぞれ分類される。

4

問4 **4** ③

　空欄 **ア** には「教書送付」が入る。アメリカの大統領は**法案提出権**をもたないが，その代わりに**教書送付権**をもつ。教書とは，大統領が議会に対して提出する政治上の意見書のことであり，これにより予算や立法措置の勧告を行う。

　空欄 **イ** には「不信任決議」が入る。三権相互の独立性が高いアメリカの大統領制において，議会は大統領に対する**不信任決議権**をもたず，また，大統領も**議会の解散権**をもたない。なお，議会は大統領に対して**弾劾裁判**を行って罷免することができる。弾劾裁判の制度は，大統領に重大な法令違反があった場合に，国民の代表機関である議会が法定手続に従ってこれを裁判する制度である。アメリカでは下院が訴追し，上院が弾劾裁判を行う。

　空欄 **ウ** には「厳格」が入る。有権者が別個に議会議員と大統領を選出するアメリカの政治制度は，議会の信任を基盤として内閣が成立するイギリスの議院内閣制に比べ，立法府と行政府との間の権力分立が厳格である。

問5 **5** ④

　法の支配は，権力者を法によって拘束し，専制的な「**人の支配**」を排除することで，国民の自由と権利を擁護しようとする政治原理である。法の支配をめぐっては，17世紀のイギリスの法律家**コーク（クック）**が，13世紀の法律家**ブラクトン**の「国王はいかなる人の下にも立たないが，神と法の下にある」という言葉を引用して，国王ジェームズ1世の専制的な支配を諫めた逸話が知られている。

　①②③はいずれも，法の支配について説明したものとはいえない。なお，③は**法治主義**に関する記述となっている。19世紀ドイツで発達した法治主義は，権力行使を法に基づかせる点で法の支配と共通しているが，法の内容よりも法律（議会制定法）という形式が重視される。

問6 **6** ①

　「政府委員の制度が，設けられている」は誤り。1999年に制定された国会審議活性化法に基づき，**政府委員制度**は廃止された。政府委員制度は，両議院の審議において大臣に代わって官僚が所管事項について答弁する制度であるが，国会での審議をできるだけ官僚に依存せずに，国会議員同士で行おうという考えから，廃止された。

　②③④は，それぞれ正しい記述となっている。②日本国憲法第63条を参照。③憲法第62条が規定する**国政調査権**に関する記述。④内閣不信任決議案を可決するには，衆議院において出席議員の過半数の賛成を要する。

問7 **7** ②

　設問文の条件の通り，「政府によってこの財の価格の上限が P' に規制された」場合，この財の供給量は最大で Q_1 となる。供給量の最大値が Q_1 であるのだから，取引される財の数量も Q_1 を上回ることはない。仮に，財の価格が P' であるとき，この財の供給量は Q_1 となり，取引される財の数量も Q_1 となる。以上のことから，正解は②となる。

　なお，政府による価格規制が存在しない状態で，Q_2 と Q_1 の差（Q_2-Q_1）だけ超過需要が発生しているような場合，この財の価格は P' から P_0 へと上昇し，取引される財の数量は Q_0 になる（需要量と供給量はいずれも Q_0 となり，売れ残りも不足も存在しない状態になる）と考えられる（**価格の自動調節機能**）。

問8　**8**　**④**

　所得の不平等の程度を図で示した**ローレンツ曲線**に関する設問である。設問文の説明の通り，図は，横軸に所得の低い人から高い人の順に人々を並べた場合の人数の累積比率（所得の低い順に加算していった人数の，全体の人数に占める割合），縦軸にそれらの人々の所得の累積比率（所得の低い順に加算していった額の，全体の所得に占める割合）をとり，所得分布の状態を示したものである。所得が完全に均等に分配されていれば，ローレンツ曲線は45度の直線（均等分布線）に一致し，不平等が大きくなるほど45度線から乖離する（45度線より下に張り出す）ことになる。

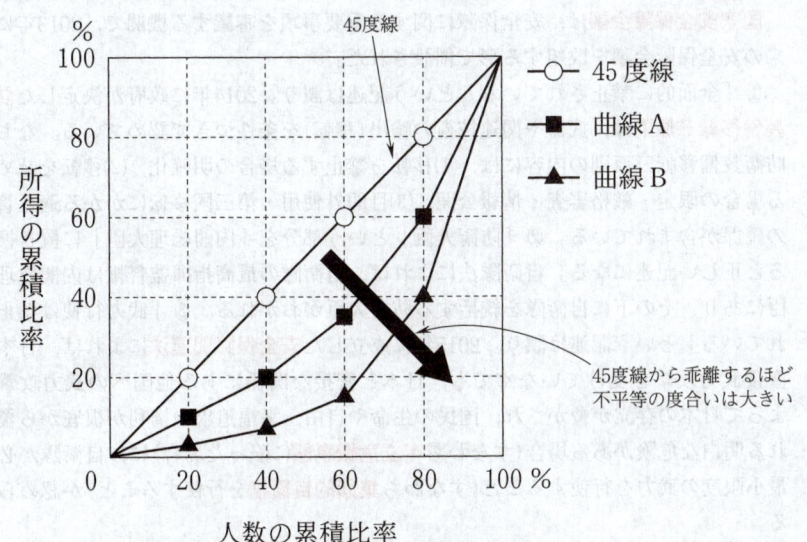

人数の累積比率

　Aで示される所得分布では，所得の低い方から80パーセントまでの人々が全体の所得の60パーセントを占めている。したがって，④が正解となる。

　①「大きい」という部分を「小さい」に置き換えると正しい記述になる。曲線Aと曲線Bを比べると，曲線Bの方が45度線から乖離していることから，Aの所得分布で示される不平等の度合いは，Bの所得分布で示される不平等の度合いよりも小さいということになる。②Bで示される所得分布では，所得の低い方から80パーセントまでの人々が全体の所得の40パーセントを占め，所得の高い方から20パーセントまでの人々は全体の所得の60パーセントを占めている。所得の高い方から上位20パーセントまでの人々が全体の所得の「80パーセント以上を占めている」という記述は誤り。③「すべての人の所得が同じ割合で増え」た場合，所得の累積比率に変

化はなく，ローレンツ曲線が45度線の所得分布に近づくこともない（曲線Bの形状に変化は見られない）。したがって，「45度線の所得分布により近づく」という記述は誤り。

問9 　9　③

「一般家庭への電力の小売は自由化されていない」という記述は誤り。一般家庭が電力の購入先を自由に選ぶことを可能とする**電力小売の自由化**は，2016年に実現している。なお，「工場など大口消費者」向けの電力小売の自由化は，一般家庭向けに先立ち2000年から行われている。

①②④は，それぞれ正しい記述となっている。②関西電力高浜原子力発電所3，4号機（福井県）の運転を差し止める大津地方裁判所の仮処分決定に基づき，運転中の原子炉を停止した例がある（2016年）。

問10 　10　④

国家安全保障会議は，安全保障に関する重要事項を審議する機関で，2013年に従来の安全保障会議を改組する形で創設された。

①「全面的に禁止されている」という記述は誤り。2014年に政府が決定した**防衛装備移転三原則**は，武器や関連技術の輸出（移転）を条件つきで認めている。なお，防衛装備移転三原則の内容には，(1)移転を禁止する場合の明確化，(2)移転を認めうる場合の限定・厳格審査・情報公開，(3)目的外使用・第三国移転にかかる適正管理の確保が含まれている。②「防衛大臣」という部分を「内閣総理大臣」に置き換えると正しい記述になる。自衛隊法によれば，自衛隊の最高指揮監督権は内閣総理大臣にあり，その下に自衛隊を統括する防衛大臣がおかれる。③「武力行使は禁止されている」という記述は誤り。2015年に成立した**安全保障関連法**によれば，日本が直接武力攻撃を受けていなくても，日本と密接な関係にある他国への武力攻撃によって日本の存立が脅かされ，国民の生命や自由，幸福追求の権利が根底から覆される明白な危険がある場合（すなわち**存立危機事態**に陥った場合）に，自衛隊が必要最小限度の武力を行使すること（すなわち**集団的自衛権**を行使すること）が認められる。

第2問　1970年代の国際社会の動向と日本

1970年代の国際社会の動向に関する会話文をもとに，国際通貨体制，高度経済成長期の日本の経済社会，第一次石油危機，核兵器をめぐる動向など，政治や経済に関する歴史的な事柄を中心に問われた。

問1 　11　④

空欄　ア　には「マーシャル」が入る。1947年6月のアメリカのマーシャル国務長官の提案に基づき，戦争で荒廃していた西欧を対象に大がかりな経済援助が実施された。マーシャルが提案した欧州に対する経済援助計画は，**マーシャル・プラン**と呼ばれる。なお，ケロッグ国務長官は，フランス外相ブリアンとともに，1928年

の不戦条約(ケロッグ・ブリアン協定)の締結に尽力したことで知られる。

　空欄 イ には「トルコ」が入る。1947年3月、アメリカのトルーマン大統領(在任1945〜53年)は議会でギリシャやトルコに対する援助を行い、両国の共産主義化を阻止するという決意を表明した。トルーマンが表明した外交政策は、トルーマン・ドクトリンと呼ばれる。

問2 12 ④

　「スミソニアン協定」は、「ドル安是正のための政策協調」を目的として合意されたものではない。スミソニアン協定(1971年)は、ニクソン・ショック後の国際通貨体制の混乱に対処する目的から合意された協定である。その内容は、金とドルの交換比率を金1オンス＝38ドルに変更するとともに、1ドル＝360円から1ドル＝308円へドルを切り下げるなどの多国間通貨調整を行い、固定為替相場制の維持を図るものであった。なお、「ドル安是正」という部分を「ドル高是正」という記述に置き換えると、プラザ合意(1985年)についての記述となる。

　①②③は、それぞれ正しい記述となっている。

問3 13 ①

　古いものから順に並べると、ア(1945年制定)→イ(1947年開始)→ウ(1948年発表)となり、①が正解となる。

ア：労働組合法は、治安維持法などによって弾圧されていた労働組合運動を公認し、労働の民主化を図ることを目的に、1945年に制定された(1949年には全面改正)。イ：傾斜生産方式とは、占領下の日本政府が1946年に採用することを決めた、戦災からの経済復興政策をいう。この政策は、産業の基幹である鉄鋼・石炭の増産のために、資金や資材をこれらの産業に集中させるものであり、これを支えるために、政府系の金融機関である復興金融金庫(復金)は資金の貸出しを増やした。その結果、通貨の供給量が急増し、激しいインフレーションに陥った(復金インフレ)。ウ：経済安定9原則とは、1948年に連合国軍総司令部(GHQ)が日本政府に指令した、インフレを収束し経済を安定化させるための9原則(均衡予算、徴税強化、融資規制など9項目にわたる)をいう。これらの原則は、1949年のドッジ・ラインやシャウプ勧告に基づく税制改革に引き継がれた。

問4 14 ②

　高度経済成長期(1950年代半ば〜1973年)のうち、特に前半の時期(1960年代前半まで)に著しく普及した白黒テレビ、電気洗濯機、電気冷蔵庫は「三種の神器」と呼ばれた。なお、高度経済成長期のうち、後半の時期(1960年代後半以降)に急速に普及したカラーテレビ、クーラー、乗用車は「3C」と呼ばれた。

　①「神武景気」という部分を「いざなぎ景気」に置き換えると適当な記述になる。

高度経済成長期の好景気

神武景気	1954年11月〜1957年6月(31か月)
岩戸景気	1958年6月〜1961年12月(42か月)
オリンピック景気	1962年10月〜1964年10月(24か月)
いざなぎ景気	1965年10月〜1970年7月(57か月)

③「為替管理が強化された」という記述は適当でない。**IMF 8条国**とは,国際収支の悪化を理由に為替制限ができない国(為替管理の強化ができない国)をいう。なお,日本がIMF 8条国に移行したのは1964年のこと。④「内陸地域を中心に建設された」という記述は適当でない。**コンビナート**とは,結合を意味する語で,生産技術上のつながりのあるいくつかの工場・企業が,生産の合理化を図るために,一定の地域に集中して立地したものをいう。高度経済成長期の日本では,石油化学や鉄鋼産業のコンビナートが沿岸地域を中心に形成された。

問5 `15` ③

1973年に起きた**第一次石油危機**では,原油価格が4倍にはねあがり,その影響から多くの国々で不況と物価上昇(インフレーション)が同時に進行する**スタグフレーション**が生じた。日本もスタグフレーションに見舞われ,当時の物価上昇は「**狂乱物価**」と呼ばれた。

①「戦後初の建設国債が発行された」という記述は適当でない。日本では,1973年に第一次石油危機が起きるよりも前の1960年代から,すでに**建設国債**が発行されていた(1966年度以降,毎年度発行)。② **IAEA(国際原子力機関)**は,原子力の平和利用を促進することを目的に,1957年に設立された。④「イラン革命」という部分を「第四次中東戦争」に置き換えると適当な記述になる。1973年の第一次石油危機は,**第四次中東戦争**を契機に **OPEC(石油輸出国機構)**が原油価格を大幅に引き上げたことで起きた。これに対し,1979年の**第二次石油危機**は,**イラン革命**を契機に原油価格が引き上げられたことで発生した。

問6 `16` ②

「自国の核実験を禁止している」という記述は誤り。パキスタンは核保有国であることを表明しており,1998年には地下核実験も実施している。

①③④は,それぞれ正しい記述となっている。①**核拡散防止条約(NPT)**は,条約上の非核兵器国が核兵器を新たに保有することや,核兵器国が非核兵器国に核兵器を移転することを禁止するが,「非核兵器国が原子力の平和利用を行うこと」を禁止しているわけではない。③**部分的核実験禁止条約(PTBT)**は,大気圏内,宇宙空間および水中における核実験を禁止する条約であり,地下核実験を行うことを禁止するものではない。④東南アジア諸国は,東南アジア非核兵器地帯条約(バンコク条約)を締結して,締約国の核実験を禁止している。

問7 `17` ②

　日本が1957年に掲げた**外交の三原則**とは、「国連中心主義」「自由主義諸国との協調」「アジアの一員としての立場の堅持」の三つの原則をいう。①は「アジアの一員としての立場の堅持」と、③は「国連中心主義」と、④は「自由主義諸国との協調」と、それぞれ合致する。したがって、②が正解となる。

問8　**18**　④

　日米防衛協力のための指針（ガイドライン）が初めて策定されたのは、1978年のこと。日米間のガイドラインはその後、1997年に改定され、2015年にも再改定された。

　①**老人保健法**が施行されたのは、1983年のこと。②**前川レポート**が発表されたのは、1986年のこと。③1970年代の日本において、自由民主党（自民党）と民主党という二つの政党が対立する構図が現れたという事実はない。なお、「民主党」という部分を「日本社会党（社会党）」という記述に置き換えると、**55年体制**の始まり（1955年）についての記述となる。

第3問　国家間・地域間・個人間の格差

　国家間・地域間・個人間の格差をめぐる本文をもとに、トレード・オフとベーシック・インカム、国家間の格差に関する事項、貿易体制に関する出来事の順、社会保障制度、各国の教育費に関する資料の読み取りなど、経済分野の知識を中心に多様な設問形式の問題が出題された。

問1　**19**　①

　空欄　**ア**　には「トレード・オフ」が入る。**トレード・オフ**とは、一方の目標を達成しようとすると、他方の目標達成を犠牲にしなければならない、いわゆるジレンマの関係をいう。空欄　**ア**　の直前の「公平性の追求が、経済効率性を損なう」という記述がヒントとなる。なお、**プライマリー・バランス**（基礎的財政収支）とは、"歳入から公債金を除いた収入"から"歳出から公債費を除いた支出"を差し引いた収支をいう（次式）。

> 基礎的財政収支＝（歳入－公債金）－（歳出－公債費）

　空欄　**イ**　には「ベーシック・インカム」が入る。**ベーシック・インカム**とは、資産や就労の有無にかかわりなく、すべての国民に対して生活に必要な最低限の所得を無条件に保障する仕組みをいう。2016年には、スイスでベーシック・インカムを導入することの是非を問う国民投票が実施された（導入に反対する票が賛成票を上回った）。なお、**ユニバーサル・デザイン**とは、文化・言語の違い、老若男女といった差異、身体的状況などを問わず、誰もが広く利用することができる施設・製品・情報の設計（デザイン）のことをいう。

問2　**20**　④

　フェアトレードとは、発展途上国の生産者から、経済的自立を支援できる適切な

価格（例：市場価格よりも高めの価格）で購入する取組みをいう。

①「先進国」という部分を「発展途上国」に置き換えると適当な記述になる。1974年の国連資源特別総会で採択された新国際経済秩序（NIEO）樹立宣言は，先進国と発展途上国との経済格差の是正を図ることを目指して宣言されたもので，発展途上国側による資源ナショナリズムの主張（天然資源の恒久主権の確立）が盛り込まれている。なお，この宣言ではこのほか，一次産品の価格の安定，多国籍企業の活動の規制・監視が掲げられた。②「南南問題」という部分を「南北問題」に置き換えると適当な記述になる。国連貿易開発会議（UNCTAD）は，1964年に南北問題を協議する国連機関として設置された。南北問題とは，地球の北側に集中している先進国と，南側に多く位置する発展途上国との間の著しい経済格差とそれがもたらす諸問題をいう。また，南南問題とは，発展途上国のうち，豊富な天然資源を有する国あるいは工業化によって経済発展を遂げた国と，貧しいままに留め置かれた後発発展途上国との間に見られる経済格差やそれに起因する諸問題をいう。③「必ず返済しなければならない」という記述は適当でない。政府開発援助（ODA）には，返済を要する借款（有償資金協力）だけでなく，贈与（無償資金協力・技術協力）も含まれる。

問3 21 ②

古い順に並べると，A（1948年発効）→ C（1967年妥結）→ B（1995年設立）→ D（2001年開始）となり，Bが3番目にくることから，②が正解となる。

A：関税及び貿易に関する一般協定（GATT）は，貿易における自由・無差別・多角の原則のもとに，関税の引下げや輸入制限の廃止による自由貿易の拡大を目指す協定として，1948年に発効した。B：GATTに代わる正式な国際機関として世界貿易機関（WTO）が発足したのは，1995年のこと。WTOは，GATTに比べて紛争処理機能が大幅に強化されるなどの特徴をもつ。C：ケネディ・ラウンドは，1964年から1967年にかけて行われたGATTの多角的貿易交渉である。GATTは，関税そのほかの輸入制限措置の撤廃を多国間で協議する場としてのラウンドを設定し，ケネディ・ラウンドのほかにも東京ラウンド（1973〜79年）やウルグアイ・ラウンド（1986〜94年）を通じて一定の成果をあげてきた。D：ドーハ・ラウンドは，2001年にカタールのドーハで閣僚級会合として開始されたWTOの多角的貿易交渉である。ドーハ・ラウンドでは幅広い交渉が行われてきたが，特に農業補助金の問題などをめぐり交渉が難航し，2011年には包括合意の形成が断念された（交渉の休止も宣言された）。

問4 22 ①

Aと中国，Bとアメリカが，それぞれ合致する。一次エネルギー供給量では中国の数値がアメリカのそれを上回っており（中国の数値は世界第1位，アメリカの数値は第2位），このことからAが中国，Bがアメリカであると判断できる。なお，一次エネルギーの内訳で比較し，「石炭」「水力」の占める割合は中国が，「原油」「天然ガス」「原子力」の占める割合はアメリカが，それぞれ高い点に注目し，こ

こからAが中国，Bがアメリカであると判断することも可能である。

　Cと日本，Dとフランスが，それぞれ合致する。一次エネルギーの内訳に注目し，「原子力」の数値が0.0％となっていることから，Cが日本であると判断できる（2011年に福島第一原子力発電所の事故が発生して以降，原発の稼働停止が相次ぎ，2012年から2015年の間には，たびたび「原発稼働ゼロ」状態となったことを想起）。なお，「原子力」の割合が他の3か国と比べて高いことから，Dがフランスであると判断することも可能である。

問5　23　②

　シュンペーターは，企業家(起業家)によるイノベーションは，「創造的破壊」を通じて経済を発展させる原動力となると主張した。

　①アダム・スミスは，『諸国民の富(国富論)』を著し，人々の利己心に基づく経済活動が「見えざる手」の働きに導かれて，社会全体の利益を増大させると説いたことで知られる。③マルサスは，『人口論』において，人口の増加に食糧の増産が追いつかず，さまざまな悪徳が生まれると指摘したことで知られる。④リカードは，比較生産費説に基づき，自由貿易や国際分業が世界全体の利益につながると説いたことで知られる。

問6　24　④

　2000年の地方分権一括法の施行により，従来の機関委任事務は廃止され，地方自治体が扱う事務の区分は法定受託事務と自治事務の二つに再編された。

地方自治体が扱う事務の区分例

機関委任事務 廃止された事務区分	地方自治体の長など執行機関に対し国から委任される事務。その執行にあたって国などが監督を行い，地方自治体を国の指揮下におくものとして従来から批判を集めていた。
法定受託事務 現行の事務区分	本来は国が果たすべき役割に係るもので，国民の利便性や事務処理の効率性の観点から，法令に基づいて地方自治体が実施する事務。
自治事務 現行の事務区分	地方自治体が法令の範囲で自主的に責任をもって処理する事務。

　①「自主財源」という部分を「依存財源」に置き換えると適当な記述になる。日本の地方自治体は，地方税などの独自に確保する自主財源が不足しており，その不足分を国などに頼る依存財源でまかなっている。国庫支出金は依存財源の一つであり，地方自治体の特定経費の財源(特定財源)として，国が使途を指定して交付する国庫補助金・国庫負担金などをさす。なお，依存財源にはこのほかに地方交付税（地方交付税交付金）などがある。地方交付税は，所得税や法人税など国税の一部が，地方自治体間の財政格差の是正を目的として，使途を限定せずに交付されるものである。②「地方交付税の配分総額が増額された」という記述は適当でない。小泉純

12

一郎内閣(2001〜06年)が推進した三位一体の改革は，地方自治体の財政面での独立性を高めるため，国から地方への税源移譲，国庫支出金の削減，地方交付税の見直し(削減)を一体として行おうとするものであった。③「財政再生団体となった地方自治体はない」という記述は適当でない。財政再生団体とは，多額の財政赤字を抱え自力での財政再建が困難となり，国の管理下で支援を受けつつ再生を目指す地方自治体をいう。2000年代に入り，北海道夕張市が財政再生団体の指定を受けた。

問7 　25 　①

　　ILO(国際労働機関)の総会で1944年に採択されたフィラデルフィア宣言では，ILOの目的や加盟国の政策の基調をなすべき原則について確認された。この宣言は，保護を必要とするすべての人に対して必要最低限の所得と広範な医療を与え，社会保障を充実させせるよう各国に勧告している。

　　②「賦課方式」という部分を「積立方式」に置き換えると適当な記述になる。

年金の財源調達方式

積立方式	将来自らが年金を受給するときに必要となる財源を，現役時代に積み立てておく方式。
賦課方式	年金給付に必要な財源を，その年度の現役世代が拠出する保険料で賄う方式。

③最も大きな割合を占めているのは，「生活保護費」ではなく「高齢」に関する費用である。国立社会保障・人口問題研究所「2015年度　社会保障費用統計」[2017年8月公表]によれば，2015年度の日本の社会保障給付費に占める各項目(機能別)の割合は，「高齢」が全体の48.1%で最も大きく，次いで「保健医療」が31.4%であり，この二つの項目で79.5%を占めている。これに対し，「生活保護その他」の割合は2.9%となっている。なお，2015年度の日本の社会保障給付費の総額は114兆8596億円であり，部門別でみると，「年金」が54兆9465億円(47.8%)，「医療」が37兆7107億円(32.8%)，「福祉その他」が22兆2,024億円(19.3%)となっている。④「ゆりかごから墓場まで」をスローガンに，社会保障制度を整備したのはイギリスである。第二次世界大戦後のイギリスでは，労働党内閣がベバリッジ報告に基づく体系的な社会保障制度の整備を進めた。同制度は，国家がすべての国民に対して「ゆりかごから墓場まで」，すなわち一生を通じて生活保障の責任をもつという理念に基づいて整備され，各国の社会保障制度の模範となった。なお，ドイツの宰相ビスマルクは，1880年代に疾病，労働，災害，老齢・障害に関する世界初の社会保険制度を創設したことで知られる。

問8 　26 　④

　　「公的負担分がOECD平均以下であり，私的負担分がOECD平均以上である国」に該当するのは日本である。日本の「全人口に占める20歳未満人口比率」はOECD平均を下回っていることから，④の記述は正しい。

　　①「公的負担分がOECD平均以上の国」に該当するのはアメリカ，韓国，フラ

ンスの 3 か国であるが，3 か国のうち「全人口に占める20歳未満人口比率が OECD 平均を上回っている」のはアメリカのみである。したがって，「すべて……上回っている」という記述は誤り。②「私的負担分が OECD 平均以下であり，公的負担分が OECD 平均以上である国」に該当するのはフランスである。フランスの「全人口に占める20歳未満人口比率」は OECD 平均を下回っていることから，「上回っている」という記述は誤り。③「私的負担分が OECD 平均以上の国」に該当するのは日本，アメリカ，韓国の 3 か国であるが，3 か国のうち「全人口に占める20歳未満人口比率が OECD 平均を下回っている」のは日本と韓国の 2 か国のみである。したがって，「すべて……下回っている」という記述は誤り。

第4問　女性の社会的地位の向上

女性の社会的地位の向上について述べた本文をもとに，国会の種類，直接請求の手続，教育や学問をめぐる権利や義務，最高裁判所により違憲とされた法制度など，政治分野を中心に様々な知識問題が出題された。

問1 　27 　③

「議院内閣制をとるが，実質的な権限をもたない大統領もいる」国に該当するのはドイツである。ドイツにおける「最高裁判所裁判官に占める女性の割合」は 4 か国中 2 番目に低くなっていることから，③の記述は正しい。

①「任期 4 年で 3 選禁止の国家元首がおり，二大政党制が定着している」国に該当するのはアメリカである。アメリカにおける「閣僚に占める女性の割合」は 4 か国中 3 番目の高さとなっていることから，「最も高い」という記述は誤り。②「半大統領制をとり，国連安全保障理事会の常任理事国である」国に該当するのはフランスである。フランスにおける「管理職に占める女性の割合」は 4 か国中 2 番目に高くなっていることから，「最も低い」という記述は誤り。④「連邦国家ではなく，議院内閣制の下で一党優位の時期が長く続いた」国に該当するのは日本である。日本における「男性の賃金を100とした場合の女性の賃金」は 4 か国中最も低くなっていることから，「2 番目に高い」という記述は誤り。

問2 　28 　②

Aと**ア**が合致する。**特別会**（**特別国会**）は，衆議院の解散による総選挙の日から30日以内に召集される国会である（日本国憲法第54条 1 項）。**B**と**ウ**が合致する。**参議院の緊急集会**は，衆議院の解散中に内閣の要求により開かれる（第54条 2 項）。**C**と**イ**が合致する。**臨時会**（**臨時国会**）は，内閣の決定により，またはいずれかの議院の総議員の 4 分の 1 以上の要求に基づいて召集される（第53条）。

問3 　29 　⑤

Aと**ウ**，**B**と**ア**，**C**と**イ**が，それぞれ合致する。**地方自治法**は，地方自治体の住民の**直接請求**について規定している。直接請求の種類と手続として，次の表のものがある。

住民の直接請求権（地方自治法）

種類	必要な署名数	請求先	取扱い
条例の制定・改廃請求	有権者の50分の1以上	首長	首長が議会にかけ，その結果を公表する
事務監査請求	有権者の50分の1以上	監査委員	監査の結果を公表し，首長・議会に報告する
議会の解散請求	有権者の3分の1以上*	選挙管理委員会	住民投票に付し，過半数の同意があれば解散する
長・議員の解職請求	有権者の3分の1以上*	選挙管理委員会	住民投票に付し，過半数の同意があれば職を失う
主要公務員の解職請求（副知事など）	有権者の3分の1以上*	首長	議会にかけ，3分の2以上の出席，その4分の3以上の同意があれば，職を失う

＊有権者の3分の1以上の署名を必要とする直接請求について，有権者数が40万をこえる地方自治体の場合には必要署名数が緩和されている。

問4 　30　①

　　復興庁は，2001年の中央省庁再編よりも後に設置された行政機関である。復興庁は，東日本大震災（2011年）からの復興のための施策に関する基本方針の企画や立案，総合調整を担当する行政機関として，2012年に発足した。

　　②③④はいずれも，2001年の中央省庁再編よりも前に設置された行政機関である。②防衛庁の発足は1954年のこと。なお，2007年に防衛庁は改組され，防衛省となった。③金融監督庁の発足は1998年のこと。なお，2000年に金融監督庁は改組され，金融庁となった。④環境庁の発足は1971年のこと。なお，2001年に環境庁は改組され，環境省となった。

問5 　31　③

　　③のように，「女性労働者の割合が低い職種について，採用の基準を満たす者の中から女性を優先して採用する」ことは，日本の法制度が「形式的には性差別に当たる措置」でありながらも許容している措置，いわゆるポジティブ・アクション（積極的差別是正措置）と呼ばれるものに該当する。男女雇用機会均等法は，性別を理由とする差別的取扱いを禁止しているが，固定的な男女の役割分担意識や過去の差別的な雇用慣行の経緯から雇用の場において事実上の男女格差が生じている場合に，このような格差の解消を目指して女性のみを対象とする，または女性を有利に取り扱う措置，すなわちポジティブ・アクションを講じることができるとしている。

　　①②④はいずれも「形式的には性差別に当たる措置」の例ではなく，性別にかかわりなくすべての労働者を法的に一律に取り扱おうとする措置（形式的平等の考え方に基づいて採られる措置）の例である。①男女雇用機会均等法は，「事業主は，労

働者の募集及び採用について，その性別にかかわりなく均等な機会を与えなければならない」(第5条)と規定している。「応募条件から性別の条件を外す」ことは，同法の規定に沿った措置である。②男女雇用機会均等法によれば，事業主は，定年年齢について，労働者の性別を理由として，差別的取扱いをしてはならない。定年年齢を，その性別にかかわりなく「同じ年齢に設定する」ことは，同法の規定に沿った措置である。④労働基準法は，「使用者は，労働者が女性であることを理由として，賃金について，男性と差別的取扱いをしてはならない」(第4条)と規定し，男女同一賃金の原則を賃金原則の一つとして掲げている。「同じ内容の労働に従事する男性労働者と女性労働者の賃金を，同じ額とする」ことは，同法の規定に沿った措置である。

問6　32　①

　日本国憲法が保障する教育を受ける権利の基礎には，人は教育を受けて学習し成長・発達していく固有の権利(学習権)を有する，という理念があると考えられている。

　②「義務はない」という記述は適当でない。日本国憲法は，「すべて国民は，法律の定めるところにより，その保護する子女に普通教育を受けさせる義務を負ふ」(第26条2項)と規定している。③「含まれない」という記述は適当でない。憲法が保障する学問の自由には，大学の自治も含まれる。④「高校での教育」は，憲法上の義務教育には該当しないことから，「憲法上，……高校での教育を無償で提供することとされている」という記述は適当でない。憲法は「義務教育は，これを無償とする」(第26条2項)と定めており，この規定を受けて制定された教育基本法は「国民は，その保護する子女に，9年の普通教育を受けさせる義務を負う」(第4条)と定めている。

問7　33　③

　Aとイが合致する。1985年に成立した労働者派遣法は当初，通訳やアナウンサーなど労働者派遣が可能な対象業務を限定していたが，その後の改正により対象業務の範囲は拡大された。Bとアが合致する。パートタイム労働法は，パートタイム労働者(1週間の所定労働時間が，同一の事業所に雇用される通常の労働者[正社員]の所定労働時間に比べて短い労働者)の雇用条件改善を目的とする法律である。Cとウが合致する。高年齢者雇用安定法は，60歳を下回る定年を定めることを禁じた法律である。同法は2004年に改正され，事業主は「定年の引上げ」「定年制の廃止」「定年後の継続雇用制度の導入」の中からいずれかの措置をとることが義務づけられた。

問8　34　②

　「参議院議員の被選挙権年齢を衆議院議員の被選挙権年齢より高く定める」法制度について，最高裁判所が「違憲」と判断したという事実はない。なお，衆参各議院の被選挙権年齢は，参議院議員が満30歳以上，衆議院議員が満25歳以上となっている。

　①③④はいずれも，最高裁判所により「違憲」とされた法制度についての記述として正しい。①1976年の最高裁判所の判断によれば，衆議院議員一人当たりの有権者数の格差が最大で約５倍となる議員定数の配分を定めた公職選挙法の規定は，日本国憲法第14条（法の下の平等）に違反する。③2013年の最高裁判所の判断によれば，婚外子（非嫡出子）の相続分を，嫡出子の相続分の２分の１と定める民法の規定は，法の下の平等を保障した憲法第14条に違反する。④2008年の最高裁判所の判断によれば，法律上の婚姻関係にない日本人男性と外国人女性との間に生まれた子（婚外子）が日本国籍を取得するには，出生前に認知されている必要があり，出生後に認知された場合は，父母が法律上の婚姻をしない限り日本国籍を取得できないとする国籍法の規定は，法の下の平等を保障した憲法第14条に違反する。

政治・経済

（2017年 1 月実施）

受験者数　54,243

平　均　点　63.01

政治・経済

解答・採点基準　（100点満点）

問題番号（配点）	設　問	解答番号	正解	配点	自己採点
第1問（28）	問1	1	④	2	
	問2	2	③	2	
	問3	3	⑤	3	
	問4	4	①	3	
	問5	5	④	3	
	問6	6	①	3	
	問7	7	②	3	
	問8	8	④	3	
	問9	9	③	3	
	問10	10	④	3	
第1問　自己採点小計					
第2問（24）	問1	11	②	3	
	問2	12	②	3	
	問3	13	③	3	
	問4	14	①	3	
	問5	15	③	3	
	問6	16	④	3	
	問7	17	③	3	
	問8	18	②	3	
第2問　自己採点小計					

問題番号（配点）	設　問	解答番号	正解	配点	自己採点
第3問（24）	問1	19	④	3	
	問2	20	①	3	
	問3	21	④	3	
	問4	22	②	3	
	問5	23	③	3	
	問6	24	②	3	
	問7	25	②	3	
	問8	26	④	3	
第3問　自己採点小計					
第4問（24）	問1	27	③	3	
	問2	28	①	3	
	問3	29	③	3	
	問4	30	②	3	
	問5	31	④	3	
	問6	32	②	3	
	問7	33	④	3	
	問8	34	④	3	
第4問　自己採点小計					
自己採点合計					

第1問　日本における民法の制定とその変遷

　民法の制定とその後の改正に関する本文をもとに，法の分類と法解釈の姿勢，各国の議会，日本の裁判官や裁判制度といった政治分野の設問と，完全競争市場と市場の失敗，三つの経済主体間の経済循環，国富とその主要な構成項目などの経済分野の設問が，ほぼ同比率で出題された。

問1　1　④

　空欄　ア　には「私法」が入る。法はさまざまな観点から分類することが可能であり，私法・公法・社会法の区別はそうした分類の例である。私法とは，財産関係や家族関係などの私人相互間の私的な関係を規律する法をいう。具体的には，民法のほかに商法や会社法などが私法に分類される。公法とは，国家機関や地方公共団体などの公的機関の仕組みや国家・地方公共団体と私人との関係を規律する法をいう。具体的には，日本国憲法や刑法，内閣法，地方自治法などがこれに該当する。社会法とは，社会的・経済的弱者に対する法的保護を定める法をいう。具体的には，労働基準法，独占禁止法，生活保護法などがこれに含まれる。

　空欄　イ　には「歴史的な背景や社会のあり方」が入る。本文は，たとえば第2段落において「民法が日本で制定された経緯を理解するには，明治初期の日本の状況に関する知識が必要である」と述べるなど，法律が制定された「歴史的な背景や社会のあり方」を理解しておくことの重要性を伝えている。なお，「法律の正確な文言」に注意を払うことの重要性を伝える記述は，本文中には見当たらない。

問2　2　③

　需要の価格弾力性とは，価格が1％変化したときに需要量が何％変化するかを示す指標(需要量の変化率を価格の変化率で割ったもの)をいう。一般に，消費財市場においては，「贅沢品」の需要の価格弾力性は「生活必需品」の需要の価格弾力性よりも大きくなる(価格が1％低下したときに需要量が増加する割合を比べると，「贅沢品」のほうが「生活必需品」よりも大きくなる)。

> 贅沢品…価格が下落すると需要量が激増しやすい(弾力性が大きい)
> 生活必需品…価格が下落しても需要量はそれほど増えない(弾力性が小さい)

　①「完全競争市場」においては，需要者と供給者の間に「情報の非対称性」は存在しない。完全競争市場とは，需要者と供給者が多数存在すること，市場への参入・退出が自由であること，誰も価格支配力をもたないこと，財の同質性，情報の完全性(需要者と供給者の双方に情報が完全に行き渡っていること)といった条件を満たした市場の状態をいう。また，情報の非対称性とは，取引や契約に関する情報量が，経済主体の間で偏っていること(需要者が保有する情報と供給者が保有する情報の間に格差があること)をいう。②「寡占」という部分を「独占」に置きかえると適当な記述になる(あるいは「単一」という部分を「少数」に置きかえた場合にも，適当な記述となる)。単一の企業が製品やサービスの供給を行う市場を独占

市場といい，少数の企業が製品やサービスの供給を行う市場を**寡占市場**という。④
「求職者数」と「求人数」を逆にすると適当な記述になる（あるいは「需要量」と
「供給量」を逆にした場合にも，適当な記述となる）。**労働市場**では，求人数が需
要量を，求職者数が供給量を，それぞれ示す。

問3　**3**　⑤

　Aには「租税・社会保険料」が当てはまる。政府は，家計や企業から**租税・社会
保険料**を徴収する一方，家計や企業向けに社会資本や公共サービスを提供したり，
さまざまな政策を実施したりして，経済活動が円滑に循環するように調整を行う。

　Bには「資本」が当てはまる。家計は企業に**生産要素**として**資本**（生産活動に必
要な資金）を提供し，企業は家計に**配当・利子**を支払う。なお，生産要素とは，生
産活動に必要な要素であって，一般に資本，労働，土地をさす（生産の三要素）。

　Cには「社会資本」が当てはまる。政府は，家計や企業に**社会資本**（道路や上下
水道など経済の発展と生活水準の向上に必要な設備）を提供する。

問4　**4**　①

　Aと**ア**が合致する。日本の衆議院の本会議場は，議席が扇形に配置されている。
正面中央の高い椅子のある席が議長席となっており，議席は，議長席からみて右か
ら左へ，所属議員数の多い会派から順次，各会派別に座るのが慣例となっている。
外見的立憲主義とは，西洋近代憲法の体裁をとりつつも，天皇主権を採用したり権
利保障が不十分であるなど，前近代的な性格が強かった**大日本帝国憲法（明治憲法）**
の基本的性格をいう。

　Bと**イ**が合致する。イギリスの下院（庶民院）の本会議場は，中央の議長をはさん
で，与党と野党の席が向かいあう形で配置されている。向かいあった与党と野党の
最前列の席の少し前には，「剣線」と呼ばれる線（討論中に剣を抜くなど暴力を伴う
決闘にならないように，これ以上踏み出してはならないという線）が引かれている。

　Cと**ウ**が合致する。フランスの下院（国民議会）の本会議場は，議席が扇形に配置
されている。「人は自由で平等なものとして出生するという考え方を含む宣言」と
は，1789年にフランス国民議会が採択した**人および市民の権利宣言（フランス人権
宣言）**のこと。左翼（急進的・革新的な思想傾向をもつ立場），右翼（保守的・国粋的
な思想傾向をもつ立場）という言葉は，フランス革命後の国民議会において，議長
席からみて左側に革新勢力が座り，右側に保守勢力が座ったことに由来する。

問5　**5**　④

　日本国憲法によれば，天皇は国政に関する権能をもたず（第4条），内閣の助言と
承認に基づいて**国事行為**を行う（第3条・第7条）。
　①「法律の範囲内において保障されている」という記述は誤り。日本国憲法は国
民の権利を「侵すことのできない永久の権利」（第11条・第97条）と位置づけており，
大日本帝国憲法（明治憲法）のような「法律の範囲内」での保障（**法律の留保**）という
形をとらない。②日本国憲法は，国民の意思に基づいて制定される**民定憲法**という
形で成立した。なお，大日本帝国憲法は，君主である天皇の意思によって制定され

る欽定憲法という形で制定された。③憲法問題調査委員会の起草した憲法改正案（松本案）は，天皇が統治権を総攬するという大日本帝国憲法と大差のないものであったため，連合国軍総司令部(GHQ)により拒否され，帝国議会に提出されるに至らなかった。松本案を拒否したGHQの最高司令官マッカーサーは，GHQ民政局に憲法改正草案の作成を命じ，マッカーサー草案が日本政府に提示された。日本政府はこのマッカーサー草案をもとにして，新たに憲法改正草案要綱を作成し，帝国議会に提出した。そして，戦後初の衆議院議員総選挙を経て開かれた帝国議会は，この案に生存権の規定を追加するなどの修正を加えたうえで可決した。

日本国憲法の制定過程

1945年8月	ポツダム宣言受諾
10月	GHQが憲法改正を指示
	憲法問題調査委員会の発足(委員長：松本烝治)
1946年2月	松本案をGHQに提示　→　GHQ拒否
	マッカーサー草案を政府に提示
3月	政府が憲法改正草案要綱を発表
4月	戦後初の衆議院議員総選挙(初の「男女の普通選挙」)
6月	政府が帝国議会に憲法改正案を提出
8月	衆議院，憲法改正案を修正可決
10月	貴族院，憲法改正案を修正可決
11月3日	日本国憲法公布
1947年5月3日	日本国憲法施行

問6　6　①

日本国憲法によれば，衆議院において内閣の不信任決議案が可決されるか，信任決議案が否決された場合，内閣は10日以内に総辞職するか，衆議院を解散するかのいずれかを選択しなければならない(第69条)。

②「法律案の審議のために公聴会の開催が義務づけられている」という記述は誤り。国会に設置されている委員会において，利害関係者や学識経験者などの意見を聴取する公聴会が開かれることがあるが，国会法によれば，公聴会の開催が義務づけられるのは「総予算および重要な歳入法案」(第51条2項)を審議する場合である(すべての法律案の審議において公聴会の開催が義務づけられているわけではない)。③「国務大臣」という部分を「裁判官」に置きかえると適当な記述になる。日本国憲法は，「国会は，罷免の訴追を受けた裁判官を裁判するため，両議院の議員で組織する弾劾裁判所を設ける」(第64条)と規定している。④「法律や命令が憲法に違反するかしないか」を決定する権限(違憲審査権)を有するのは「国会の憲法審査会」ではなく「裁判所」である。憲法審査会は，国会法に基づいて衆参各議院に設けられている機関であり，日本国憲法および日本国憲法に密接に関連する基本法制

についての調査や，憲法改正原案や国民投票に関する法律案の審査などを行う。

問7 7 ②

> 国富＝在庫＋有形固定資産＋無形固定資産＋有形非生産資産＋対外純資産

　図より，バブル経済の時期(1980年代後半〜90年代初頭)には，国富や有形非生産資産(土地など)が急増していることが読みとれる。この時期に国富が急増したのは，地価の高騰を背景に有形非生産資産が急増したことが影響している。

　①国富が過去最高額に達したのは，アメリカ発の世界金融危機(2008年のリーマン・ショック)の後ではなく，バブル経済の時期に当たる1990年であったことが読みとれる。③バブル経済の崩壊後(1990年代初頭以降)，有形非生産資産が減少傾向にあったのに対し，有形固定資産(住宅，建物，機械・設備など)は増加傾向にあったことが読みとれる。④プラザ合意成立(1985年)の時期には，有形固定資産ではなく有形非生産資産が国富の最大構成項目であったことが読みとれる。

問8 8 ④

　企業による芸術や文化への支援活動は，メセナと呼ばれる。

　①「有限会社」が設立できるという説明は誤り。会社法は，それまでの会社関連の法規を整理統合して，2005年に制定された法律である。この法律の施行(2006年)に伴い，従来の有限会社制度は廃止された。したがって，有限会社の新設はできず，すでに存在している有限会社は特例有限会社として法律上は株式会社と同様に扱われることになった。なお，会社法に基づいて設立できる企業を会社といい，具体的には株式会社，合同会社，合資会社，合名会社の4種類がある。②「経営者による株主の監視」ではなく「株主による経営者の監視」が適当である。コーポレート・ガバナンス(企業統治)とは，企業がステークホルダー(利害関係者)の利益に反する行動をとらないように，株主(あるいは株主の代理人として選任された社外取締役など)が，経営者が適切に企業運営を行うように監視することをいう。③「政府全額出資」という記述は誤り。日本の中央銀行である日本銀行は，日本銀行法によりそのあり方が定められている認可法人であり，政府機関や株式会社ではない。日本銀行の資本金は1億円と日本銀行法により定められており，そのうち約5,500万円は政府出資，残りは民間出資となっている。

問9 9 ③

　特定商取引法は，訪問販売や通信販売などについて規定している法律である。この法律には，一定の期間内であれば契約を解除できる制度，すなわちクーリングオフ制度が定められている。

　①「消費者基本法」ではなく「食品安全基本法」が適当である。食品の安全性を評価する食品安全委員会は，食品安全基本法(2003年制定)に基づき，内閣府に設置されている。なお，消費者基本法は，国民の消費生活の安定および向上を確保することを目的として，2004年に制定された法律である。消費者基本法は，1968年に制定された消費者保護基本法を全面改正したものであるということも押さえておきた

い。②「撤廃された」という記述は誤り。2010年に施行された改正貸金業法により，消費者金融などの貸金業者からの借入れ総額を原則として年収の3分の1に制限する**総量規制**が導入された。④「義務づけられている」という記述は誤り。**グリーン購入法**は，国および独立行政法人などが率先して再生品や環境に配慮した商品を調達すること，すなわちグリーン購入を推進することを目的としている。この法律は，地方公共団体や事業者，国民の責務を定め，グリーン購入に努めることを求めているが，「消費者」に対して「環境への負荷の少ない製品を優先的に購入すること」を義務づけているわけではない。

問10　**10**　④

　殺人や傷害など特定の刑事事件の被害者やその遺族は，刑事裁判に参加して被告人に質問したり，意見を述べたりすることが認められている(**犯罪被害者参加制度**)。

　①「国会」という部分を「内閣」に，「内閣」という部分を「天皇」に，それぞれ置きかえると適当な記述になる(日本国憲法第6条2項)。②「解職されることがない」という記述は誤り。最高裁判所の裁判官がその意に反して罷免(解職)される場合は，憲法上，次の(1)〜(3)がある。

> (1)　裁判(分限裁判)により，心身の故障のために職務を執ることができないと決定された場合(第78条)。
> (2)　**公の弾劾**(国会が設置する**弾劾裁判所**による**弾劾裁判**)により罷免を可とされた場合(第78条)。
> (3)　最高裁判所裁判官の**国民審査**により投票者の多数が罷免を可とした場合(第79条2・3項)。

　③「常に公開しなければならない」という記述は誤り。憲法は「裁判の対審及び判決は，公開法廷でこれを行ふ」(第82条1項)と定めているが，「裁判所が，裁判官の全員一致で，公の秩序又は善良の風俗を害する虞があると決した場合には，対審は，公開しないでこれを行ふことができる」(第82条2項)と規定し，裁判の対審については例外(非公開とすること)を認めている。ただし，政治犯罪や出版に関する犯罪，または基本的人権(憲法第3章が保障している国民の権利)が問題となっている事件の裁判の対審は，常にこれを公開しなければならない(第82条2項)。

第2問　発展途上国と先進国との関係

　発展途上国と先進国との関係をめぐる会話文をもとに，経済思想の歴史，租税，国連(国際連合)の仕組み，日本の裁判所による違憲審査など，政治や経済に関する総合的な知識が問われた。

問1　**11**　②

　空欄**ア**には「マルクス」が入る。**マルクス**は，人間にとっての本質的な活動

である労働が，資本主義経済の下ではその本来のあり方を喪失し疎外されていると批判し，その原因を生産手段の私的所有制度に求めた。そして，資本主義経済における疎外状況を解消するためには，生産手段の私的所有制度を廃棄し，資本家が労働者から搾取することのない社会主義社会に移行する必要があると主張した。なお，**マルサス**は，『人口論』において，人口の増加に食糧の増産が追いつかず，さまざまな悪徳が生まれると指摘したことで知られる。

　空欄　**イ**　には「フリードマン」が入る。**フリードマン**は，「政府が経済へ積極的に介入する」ことを重視する**ケインズ**の学説を批判し，「個人の自由な選択」や市場経済を重視するとともに，「**小さな政府**」を提唱した（**新自由主義**）。なお，**ガルブレイス**は，『ゆたかな社会』において，企業の広告や宣伝には，消費者の欲望を喚起する働きがあると指摘し，広告や宣伝がもたらすその効果を**依存効果**と呼んだことで知られる。

問2　**12**　**②**

　表中の4か国のうち，「リーマン・ショックの発端となった国」に当てはまるのはアメリカである。アメリカは，低所得層に対する所得再分配の比率が最も低く，相対的貧困率が最も高い。

　①「最も低く」という記述と「最も高い」という記述は，いずれも誤り。「EU（欧州連合）に加盟しているがユーロを導入していない国」に当てはまるのはデンマークである。デンマークは，低所得層に対する所得再分配の比率が最も高く，相対的貧困率は最も低い。③「2番目に低く」という記述と「2番目に高い」という記述は，いずれも誤り。「すべての原子力発電所を2022年までに閉鎖する予定となっている国」に当てはまるのはドイツである。ドイツは，低所得層に対する所得再分配の比率が2番目に高く，相対的貧困率が2番目に低い。④「2番目に高く」という記述と「2番目に低い」という記述は，いずれも誤り。「現時点で政府の債務残高がGDP（国内総生産）の2倍を超えている国」に当てはまるのは日本である。日本は，低所得層に対する所得再分配の比率が2番目に低く，相対的貧困率が2番目に高い。

問3　**13**　**③**

　日本国憲法は，「予算は，さきに衆議院に提出しなければならない」（第60条1項）と規定し，衆議院に**予算先議権**を認めている。

　①憲法上，予算の作成は「国会」ではなく「内閣」が行う（第73条5号）。②「法律案の議決に関する規定が準用される」という記述は誤り。憲法上，法律案の議決に関する規定（第59条）と予算の議決に関する規定（第60条）とは区別されており，両議院の議決が異なる場合の手続（**衆議院の優越**が認められる要件など）も異なる。④「緊急集会」ではなく「両院協議会」が適当である。予算について両院の議決が異なる場合には，**両院協議会**（両議院の協議会）が開かれる（第60条2項）。**緊急集会**とは，衆議院の解散中，国に緊急の必要がある場合に内閣の要求によって召集される，参議院の集会をいう（第54条2項）。なお，参議院の緊急集会において採られた

措置は臨時のものであり，次の国会開会の後10日以内に衆議院の同意がない場合には，その効力を失う(第54条3項)。

問4 　14　　①

　租税法律主義とは，租税の賦課徴収は国会で議決された法律によらなければならないとする原則をいう。日本国憲法は，「あらたに租税を課し，又は現行の租税を変更するには，法律又は法律の定める条件によることを必要とする」(第84条)と規定している。

　②「タックス・ヘイブン」ではなく「トービン税」についての記述となっており，誤り。トービン税とは，投機的な金融活動の抑制を目的に国際的な資本取引に課税される低率の税のことをいい，ノーベル経済学賞を受賞したトービンによって提唱された。なお，タックス・ヘイブンとは，外国企業に対して非課税もしくは著しく税率が低い国や地域のことをいい，租税回避地(租税避難地)とも呼ばれる。③「税の負担率が低くなる」という記述は誤り。税負担の逆進性とは，所得が低くなるに従って所得に占める税の負担率が高くなることをいう。④「農業者」と「給与所得者」を逆にすると適当な記述になる。税務当局による所得捕捉率は，給与所得者が9(10)割，自営業者が6(5)割，農業者が4(3)割といわれていることから，クロヨン(9・6・4)あるいはトーゴーサン(10・5・3)と呼ばれることがある。給与所得者のように給与から税が差し引かれる源泉徴収では納税漏れは生じにくいが，自営業者や農業者が自ら所得を申告する確定申告では税の申告漏れが生じやすく，こうした違いが税務当局による所得捕捉率の差につながっているとされる。

問5 　15　　③

　国際司法裁判所(ICJ)は，紛争当事国双方の同意を受けて，国家間の紛争を裁判する。同意が得られない場合，裁判は開始されない。

　①「当事国となったことがない」という記述は誤り。2014年には，国際司法裁判所が日本による南極海での調査捕鯨が国際捕鯨取締条約の規定に違反するものであるとして，以後実施しないよう命じる判決を言い渡すなど，日本は国際司法裁判所で裁判の当事国となったことがある。②「加盟していない」という記述は誤り。日本は，2007年に国際刑事裁判所(ICC)に加盟した。④「国家間の紛争」と「個人」を逆にすると適当な記述になる。国際刑事裁判所は，人道に対する犯罪，集団殺害犯罪，戦争犯罪などにかかわった個人を裁くための裁判所であって，国家間の紛争を裁判する機関ではない。

問6 　16　　④

　国連憲章の第7章に基づく特別協定によって結成される本来の国連軍は，これまでに一度も組織されたことがない。なお，1950年に勃発した朝鮮戦争の際に国連軍が参戦しているが，これは国連憲章に規定されている本来の国連軍とは異なる。

　①「すべての理事国」という部分を「常任理事国5か国を含む9理事国」に置きかえると適当な記述になる。国連の安全保障理事会は，常任理事国5か国(アメリカ，イギリス，フランス，ロシア，中国)と，総会で選出された任期2年の非常任

理事国10か国によって構成されている。安全保障理事会の表決方式は，手続事項とそれ以外の実質事項とで異なる。手続事項は，15の理事国のうち9か国の賛成で決定できる。一方，侵略国に対する制裁の決定や加盟国の承認勧告などの実質事項は，15の理事国のうち，拒否権をもつ5常任理事国をすべて含む9か国の賛成が必要となる。②「認めていない」という記述は誤り。国連憲章の第51条によれば，国連加盟国に対して武力攻撃が発生した場合には，安全保障理事会が国際の平和および安全の維持に必要な措置を採るまでの間，加盟各国は個別的自衛権または集団的自衛権を行使することができる（国連加盟国は，安全保障理事会決議を待たずに，自衛のために武力を行使することができる）。③「義務を負っている」という記述は誤り。国連の平和維持活動（PKO）には，紛争当事者の間に入って紛争の拡大を防ぐ平和維持軍（PKF）や，停戦合意の遵守を監視する停戦監視団などがある。PKOは，国連加盟国が自発的に提供した要員を国連が編成して派遣するものであり，加盟各国が「平和維持軍を編成するのに必要な要員を提供する義務」を負う必要はない。

問7 　17　　③

　統治行為論とは，衆議院の解散や日米安全保障条約の締結など，高度に政治的な国家行為は司法判断になじまないとする考え方をいう。

　①最高裁判所が「違憲と判断した」という記述は誤り。長沼ナイキ基地訴訟は，自衛隊の合憲性が争点となった事件である。同訴訟の第一審で札幌地方裁判所は，自衛隊が日本国憲法の禁止する「戦力」に当たり，違憲であるとの判断を示した。しかし，控訴審で札幌高等裁判所は，自衛隊が憲法に違反するかどうかをめぐる問題は，それが一見極めて明白に違憲・無効である場合を除いて司法審査の範囲外であるとし，憲法判断を回避した。上告審の最高裁判所も，高等裁判所の判決を支持し，憲法問題には立ち入らなかった。②「違憲」という部分を「合憲」に置きかえると適当な記述になる。最高裁判所は，全逓名古屋中央郵便局事件において，国家公務員の争議行為の一律禁止を合憲とする判断を下した。④「具体的事件とは無関係に」という部分を「具体的事件の訴訟を通じて」に置きかえると適当な記述になる。日本やアメリカで採用されている付随的違憲審査制は，通常の司法裁判所が具体的な事件の訴訟を通じて，法令や国家行為の合憲性を判断する制度である。なお，ドイツで採用されている抽象的違憲審査制は，特別に設置された憲法裁判所が具体的事件とは無関係に，法令や国家行為の合憲性を審査する制度である。

問8 　18　　②

　京都メカニズム（京都議定書［1997年採択］を締結した先進国が，市場メカニズムを活用して削減目標を達成する仕組み）の一つに数えられる国際排出量取引（グリーン投資スキーム）についての説明として正しい。国際排出量取引とは，先進国同士が，温室効果ガスの排出枠の一部を取引することができる仕組みのことであり，その取引には民間企業も参加できる。

　①「先進国間で実施」という部分を「先進国と開発途上国が共同で実施」に置きかえると適当な記述になる。京都メカニズムの一つに数えられるクリーン開発メカ

ニズムは，先進国と開発途上国が共同で排出削減・植林事業を行い，その結果生じた削減量・吸収量を“認証された排出削減”として事業に貢献した先進国に移転する仕組みのことである。③「アメリカが批准した」という記述は誤り。アメリカは2001年に京都議定書から離脱した。なお，京都議定書は，ロシアが2004年に批准したことによって発効条件を満たし，2005年に発効した。④「当初の約束期間が終了した時点で失効した」という記述は誤り。京都議定書の第一約束期間(当初の約束期間)は2012年で終わったが，2013～20年までの第二約束期間(延長期間)が設けられることとなった。なお，2015年には，京都議定書に代わる2020年以降の新たな地球温暖化対策の国際的枠組みとなるパリ協定が採択されたということにも注意しておきたい。

第3問　民主政治の成立と変遷

　民主政治の成立と変遷をめぐる本文をもとに，日本における自由権の保障，選挙の原則や選挙制度の特徴，日本国憲法の改正手続，日本の地方自治の制度など，政治分野に関する事項が幅広く問われた。

問1　19　④

　空欄　ア　には「経済発展」が入る。開発独裁とは，第二次世界大戦後，開発途上国などにみられた，経済発展・経済開発を優先して国民の権利や自由を抑圧する強権的・権威主義的な政治体制をいう。1980年代に崩壊した開発独裁政権の例として，フィリピンのマルコス政権や韓国の全斗煥政権を挙げることができる。

　空欄　イ　には「アラブの春」が入る。アラブの春とは，2010年代初頭に中東から北アフリカで発生した民主化を求める反政府・反独裁運動をいう。一連の運動を経て政権が崩壊した国もみられた。崩壊した政権として，チュニジアのベンアリ政権，エジプトのムバラク政権，リビアのカダフィ政権を挙げることができる。なお，プラハの春とは，1968年にチェコスロバキアで起きた民主化運動をいう。この運動は，ソ連や東欧諸国の軍事介入により阻止された。

問2　20　①

　利益集団(圧力団体)は，特定の利益の実現のために，地域をこえて恒常的に政府や議会に働きかける集団である。

　②政治的な主張の近い人々が集まって政権の獲得を目的として活動する集団のことを，政党という。③日本において，利益集団の代理人であるロビイストが「国会に登録され活動が公認されている」という事実はない。なお，アメリカでは，連邦議会に登録されたロビイストが政治家に働きかけることが公認されている。④「推奨されている」という記述は誤り。利益集団のニーズに応じて利益誘導政治を行うことは，国民全体の利益に反する場合があること，あるいは利益集団と政治家・官僚との癒着によって政治腐敗を招くことにつながるなど，さまざまな問題点が指摘されている。

問3　21　④

　集会・結社・言論・出版などの**表現の自由**(日本国憲法第21条)は，人が心のなかで考えたことや，自らが知った事実を，他人に向けて発表する自由である。この自由は他人の存在を前提としたものであるため，場合によっては，他人の権利と衝突することもある。したがって，表現の自由は，他人の権利との関係で制約に服することがある。

　①「違憲と判断した」という事実はない。**三菱樹脂事件**では，採用時に学生運動の経歴を申告させることが**思想・良心の自由**(憲法第19条)の侵害になるかが争われたが，最高裁判所は，憲法の人権規定は私人間(企業と個人の関係)に直接適用されないとして，企業の行為(学生運動にかかわった経歴を隠したことを理由とする本採用の拒否)を適法と判断した。②「制約に服することはない」という記述は誤り。憲法によれば，**経済活動の自由**(第22条・第29条)は**公共の福祉**との関係で制約に服することがある。③「違憲と判断した」という事実はない。**津地鎮祭訴訟**において最高裁判所は，公共施設(市体育館)を建設する際に行われた神道式の地鎮祭の費用を地方自治体(三重県津市)が公金から支出したことは憲法の定める**政教分離の原則**(第20条・第89条)に反するものではないとして，合憲の判断を下した。

問4　22　②

　「差が生じにくい」という記述は誤り。一般に，**小選挙区制**は，**大選挙区制**と比べて，各党の得票率と議席占有率との間に差が生じやすい。近年の衆議院議員選挙の小選挙区における選挙結果をみると，"得票率が5割に満たない政党が7割以上の議席を獲得する"という状況が頻繁に起こっていることが確認できる(2005, 09, 12, 14, 17年の衆議院議員選挙において第一党となった政党はいずれも，5割に満たない得票率で7割以上の議席を獲得した)が，このことは，各選挙区から1人しか当選できない小選挙区制では勢いがある大政党ほど有利になることが影響しているとされる。なお，大選挙区制や**比例代表制**は，小選挙区制と比べて，各政党の得票率に比例して議席が配分される可能性が高くなるため，各党の得票率と議席占有率との間に差が生じにくくなる。

　①③④は，それぞれ適当な記述となっている。①は**秘密選挙**(**秘密投票**)に関する記述，③は**普通選挙**に関する記述である。④の比例代表制は，少数政党でも議席を得やすい選挙制度であり，小選挙区制と比べて，多党制になりやすい。

問5　23　③

　日本国憲法改正の承認には，**国民投票**において，その**過半数**の賛成が必要となる(第96条)。

　①憲法改正に関する**国民投票法**が制定されたのは2007年のことであり，日本国憲法(公布は1946年，施行は1947年)と同時に制定されたわけではない。②「投票年齢を満20歳以上に引き下げた」という事実はない。国民投票法は制定当初，投票年齢を**18歳以上**とし，選挙権年齢などが18歳に引き下げられるまでは20歳以上とすることを定めていた。その後，同法は2014年に改正され，公職選挙法や民法などの改正

にかかわる経過措置規定が削除され，投票年齢は2018年に18歳以上に引き下げられた。④「4分の3」という部分を「3分の2」に置きかえると適当な記述になる。国会が憲法改正を発議するには，衆参両議院において，それぞれ総議員の3分の2以上の賛成が必要となる(第96条)。

問6 24 ②

　郵政民営化が争点となった選挙(2005年)後の最初の調査，すなわち2008年の調査では，その前回の調査(2003年)と比較して，選挙が国の政治に「影響を及ぼしている」と回答する人の割合が増加している(40.8％→47.7％)。

　①③④は，いずれも「増加した」という記述が誤り。①小選挙区比例代表並立制(1994年の公職選挙法改正により導入された)の下で初めて行われた選挙(1996年)後の最初の調査，すなわち1998年の調査では，その前回の調査(1993年)と比較して，選挙が国の政治に「影響を及ぼしている」と回答する人の割合が減少している(49.9％→40.7％)。③消費税導入(1989年)後の最初の調査，すなわち1993年の調査では，その前回の調査(1988年)と比較して，デモなどが国の政治に「影響を及ぼしている」と回答する人の割合が減少している(30.5％→28.4％)。④ロッキード事件(1976年に発覚)後の最初の調査，すなわち1978年の調査では，その前回の調査(1973年)と比較して，デモなどが国の政治に「影響を及ぼしている」と回答する人の割合が減少している(46.9％→42.8％)。

問7 25 ②

　公的介護保険は，寝たきりや認知症などで要介護認定を受けた人へ介護サービスを行う制度であり，市町村および特別区(東京23区)が運営主体となっている。

　①「国民健康保険」は「職域ごとに分かれていた公的医療保険を統合する制度」ではない。公的医療保険は，疾病や負傷などの場合にかかった医療費に対して一定の給付を行う制度であり，日本の公的医療保険については，職域保険，地域保険，後期高齢者医療制度に大別することができる。職域保険の具体例として健康保険(民間企業の被用者が対象)や共済組合(公務員などが対象)を，地域保険の具体例として国民健康保険(農家や自営業者，無職者など職域保険に属さない人が対象)を，それぞれ挙げることができる。③「保険料の全額を事業主が負担」という記述は誤り。厚生年金保険は，民間企業の被用者や公務員などを対象に，基礎年金(国民年金)に上乗せして支給される公的年金保険であり，その保険料は事業主だけでなく被保険者も負担する。④国民年金は，全国民共通の平等定額の基礎年金制度であり，「在職中に受け取った各人の報酬に比例した額を支給する制度」ではない。なお，厚生年金保険は，民間企業の被用者や公務員などに対して，在職中に支払った保険料(報酬に応じて算出)に比例した額を支給する制度を採用している。

問8 26 ④

　情報公開法が制定されたのは1999年のことであるが，それ以前に地方自治体において情報公開に関する条例が制定された事例はある(1982年の山形県金山町や，翌年の神奈川県の情報公開条例の制定を皮切りに，その後各地で条例化の動きが相次

14

いだ)。

①「拒否権を行使することができない」という記述は誤り。地方自治体の首長は，地方議会が議決した予算や条例の制定・改廃に対して異議があるとき，**拒否権**を行使して再議に付すことを要求できる。この場合，再議に付された議案の可決には地方議会の出席議員の３分の２以上の賛成が必要となるため，過半数で可決する一般議案よりハードルは高くなる。②「事例はない」という記述は誤り。地方自治体は，各種政策の是非を問うことを目的に，住民投票条例を制定して独自に**住民投票**を実施することができる。この種の住民投票を実施した地方自治体のなかには，2002年に滋賀県米原町(現米原市)において実施された周辺自治体との合併の是非を問う住民投票のように，永住外国人に投票資格を認めた事例もある。なお，住民投票条例に基づく住民投票の結果に法的拘束力はない，ということにも注意しておきたい。③「首長」という部分を「監査委員」に置きかえると適当な記述になる。

住民の直接請求権(地方自治法)

請求の種類	必要署名数	請求先	処理
条例の制定・改廃請求	有権者の50分の1以上	首長	首長が議会にかけ，その結果を公表する
事務監査請求	有権者の50分の1以上	監査委員	監査の結果を公表し，首長・議会に報告する
議会の解散請求	有権者の３分の1以上*	選挙管理委員会	住民の投票に付し，過半数の同意があれば解散する
長・議員の解職請求	有権者の３分の1以上*	選挙管理委員会	住民の投票に付し，過半数の同意があれば職を失う
主要公務員の解職請求(副知事など)	有権者の３分の1以上*	首長	議会にかけ，３分の２以上の出席，その４分の３以上の同意があれば，職を失う

*有権者の３分の１以上の署名を必要とする直接請求について，有権者数が40万をこえる地方自治体の場合には必要署名数が緩和されている。

第４問　通貨制度の変化

貨幣が経済活動に与える影響について述べた本文をもとに，金融，物価の変動，国の一般会計の歳入と歳出の推移，各国の財政危機や金融危機など，金融や財政を中心に経済分野の知識が多様な設問形式で問われた。

問１　27　③

中央銀行が金との交換を保証しない**不換紙幣(不換銀行券)**を発行し，その発行量が中央銀行の保有する金の量によって制限されない制度は，**管理通貨制度**と呼ばれ

る。なお，中央銀行が金との交換を保証する**兌換紙幣**（**兌換銀行券**）を発行し，その発行量が中央銀行の保有する金の量によって制限される（金の価値によって通貨の価値を安定させる）制度は，**金本位制度**と呼ばれる。

①「価値貯蔵手段」という部分を「交換手段」に置きかえると適当な記述になる。貨幣には，財・サービスの取引を仲立ちする**交換手段**としての機能のほかに，財・サービスの価値の大きさを計る**価値尺度手段**としての機能，価値を保存する**価値貯蔵手段**としての機能，**支払手段**としての機能がある。②**マネーストック**とは，「中央政府が保有する貨幣残高」ではなく，家計や企業などの経済主体が保有する通貨量の残高をいう（金融機関や中央政府が保有する預金などは対象外）。④預金通貨を，財・サービスの対価の支払手段として用いることは可能である（銀行振込や小切手によって，自分の銀行口座にある普通預金や当座預金を取引相手の預金口座に入金する形で支払うケースを想起）。

問2　28　①

日本銀行調査統計局『資金循環の日米欧比較』（2016年12月）によれば，日本における家計の金融資産構成は，現金・預金が52.3％と最も大きく，保険・年金・定型保証が29.8％，株式等が8.6％，投資信託が5.0％，債務証券が1.5％，その他計が2.9％となっている（2016年9月末現在）。

②「直接金融」と「間接金融」を逆にすると適当な記述になる。日本では，経済のグローバル化や金融制度の変化を受けて，**直接金融**（企業が株式や社債などを発行して，金融市場で家計や企業から直接に資金を調達すること）の割合が高まるとともに，**間接金融**（銀行などの金融機関を介して資金を貸し借りすること）の割合が低くなってきている。③「預金業務」を行うと説明している点が誤り。**ノンバンク**とは，貸出業務のみを行う金融機関のことをいい，預金を受け入れず（預金業務を行わず）に，銀行からの借入れや社債の発行などで調達した資金を，消費者などに貸し出す。④**信用創造**とは，金融機関が預金の受け入れと貸し出しを繰り返すことによって，当初に受け入れた預金額の何倍もの預金をつくり出すことをいい，「企業が金融機関に債務を滞りなく返済することで追加的な資金調達が可能になること」を意味するものではない。

問3　29　③

コスト・プッシュ・インフレーションとは，原材料価格の高騰など生産費用の上昇が要因となって生じる**インフレーション**（持続的に物価が上昇する経済現象）をいう。

①「デフレーション」という部分を「インフレーション」に置きかえると適当な記述になる。**スタグフレーション**とは，不況とインフレーションとが同時に進行する現象をいう。なお，**デフレーション**とは，持続的に物価が下落する経済現象をいう。②「好況」という部分を「不況」に置きかえると適当な記述になる。**デフレスパイラル**とは，デフレーションと不況とが相互に作用し，らせん階段を下るように景気が悪化していく経済現象をいう。④「供給」と「需要」を逆にすると適当な記

述になる（あるいは「上回る」という部分を「下回る」に置きかえた場合にも，適当な記述となる）。ディマンド・プル・インフレーションとは，超過需要（需要が供給を上回ること）によって生じるインフレーションをいう。

問4 30 ②

基礎的財政収支（プライマリーバランス）とは，"歳入から公債金を除いた収入"から"歳出から公債費を除いた支出"を差し引いた収支をいう（次式）。

> 基礎的財政収支 ＝（歳入－公債金）－（歳出－公債費）

歳入＝歳出となるので，基礎的財政収支は次式のように示すこともできる。

> 基礎的財政収支 ＝ 公債費－公債金

表の数値を用いて計算すると，1990年度の基礎的財政収支は8兆円の黒字（14兆円－6兆円＝8兆円）となる。したがって，②が正解となる。

①「20パーセント以下である」という記述は誤り。公債依存度とは，歳入に占める公債金の割合をいう（次式）。

> 公債依存度（％）＝ 公債金÷歳入×100

表の数値を用いて計算すると，1980年度の公債依存度は約32.6％（14兆円÷43兆円×100＝約32.6％）となる。③「黒字」という部分を「赤字」に置きかえると適当な記述になる。表の数値を用いて計算すると，2000年度の基礎的財政収支は11兆円の赤字（22兆円－33兆円＝－11兆円）となる。④「20パーセント以下である」という記述は誤り。表の数値を用いて計算すると，2010年度の公債依存度は約47.8％（44兆円÷92兆円×100＝約47.8％）となる。

問5 31 ④

「高騰した」という部分を「急落した」に置きかえると適当な記述になる。一般に，ある国（タイ）から巨額の資本が流出した場合，外国為替市場においてその国の通貨（タイの通貨バーツ）を売って外貨へと交換する（バーツを売って外貨を買う）動きが強まることになるので，その国の通貨価値は下落傾向（バーツ安傾向）へと向かう。1997年にタイの通貨バーツの急落を皮切りに始まったアジア通貨危機は，バーツの値下がりによる投資資産の減価を見越した外国のヘッジファンド（少数の投資家から大口の資金を集め，投機性の高い金融商品などに投資を行い，高い収益を得ようとする機関や企業）などが，タイへ投資していた資金を急激に引き揚げて資本を流出させたことが一因となって発生した。

①～③は，それぞれ適当な記述となっている。①第二次石油危機（1979年）後の1980年代前半，メキシコやブラジル，アルゼンチンなどの中南米の新興国では累積債務問題が表面化し，デフォルト（債務不履行）の危機が生じた。②2007年ごろからアメリカのサブプライムローン（信用力の低い個人向けの住宅融資）の焦げ付き問題が表面化し，その影響から2008年には証券会社大手リーマンブラザーズが経営破綻

し，世界的な金融危機が発生した(リーマン・ショック)。③2009年にギリシャが深刻な財政赤字に陥っていることが公表されたことをきっかけに，同国の国債がデフォルトに陥るのではないかという不安が広まり，その影響からギリシャの国債利回りが高騰した(ギリシャ財政危機)。

問6　32　②

　古い順に並べると，「A(1958年)—D(1993年)—B(1998年)—C(2002年)」となり，Bが3番目にくることから，②が正解となる。

　A：ローマ条約(1957年調印)が発効して欧州経済共同体(EEC)が発足したのは1958年のこと。B：ユーロ圏の金融政策を担う欧州中央銀行(ECB)が設立されたのは1998年のこと。C：ユーロの現金通貨(紙幣および硬貨)の流通が始まったのは2002年のこと。D：マーストリヒト条約(1992年調印)が発効して欧州連合(EU)が発足したのは1993年のこと。

問7　33　④

　この財の生産技術が向上することは，その供給量(生産量)を増加させる要因となる。このことは，"供給曲線の右方向への移動"という形で，図1のように示すことができる。

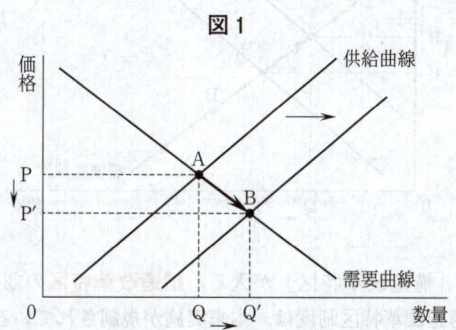

図1

　供給曲線が右方向へ移動すると，均衡点もAからBに移動することになる。これに伴い，均衡価格はPからP′へと低下し，均衡取引量はQからQ′へと増加することになる。

　①〜③は，いずれも「均衡点がAからBに移動」するケースではないため，誤り。①この財を消費する消費者の所得が増加した場合，需要曲線は右方向に移動し，均衡価格は上昇し，均衡取引量は増加することになる。②この財に対する消費者の人気が高まった場合，需要曲線は右方向に移動し，均衡価格は上昇し，均衡取引量は増加することになる。①と②の動きは，図2のように示すことができる。

図2

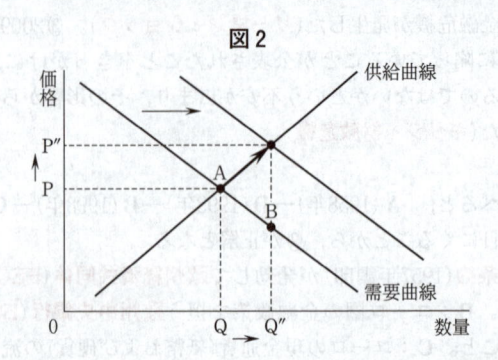

③この財にかけられる税(消費税など間接税)が引き上げられた場合，供給曲線が左方向に移動し，均衡価格は上昇し，均衡取引量は減少することになる。この動きは，図3のように示すことができる。

図3

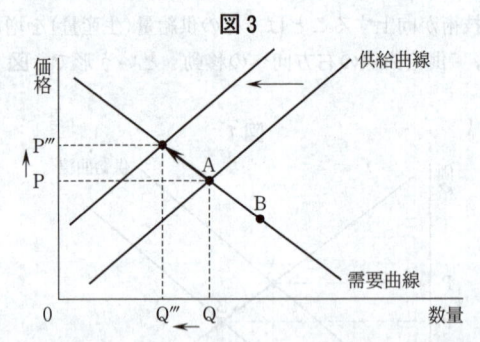

問8 34 ④

空欄 <u>ア</u> には「構造改革特区」が入る。構造改革特区の認定が始まったのは2003年のこと。構造改革特区制度は，本来実施が規制されている事業を，一定の地域に限定して規制を緩和することによって地域経済の活性化を図る制度である。構造改革特区は，地方自治体や民間企業，非営利組織(NPO)などの提案に基づき申請され，規制を担当する省庁の審査などを経て，設置が可能となる。なお，財政再生団体とは，多額の財政赤字を抱え自力での財政再建が困難となり，国の管理下で支援を受けつつ再生を目指す地方自治体をいう。2000年代に入り，北海道夕張市が財政再生団体の指定を受けた。

空欄 <u>イ</u> には「ニッチ産業」が入る。ニッチとは「隙間」を意味する英語のniche のこと。潜在的な需要がありながらその需要が大きくないため，既存企業の隙間になっていた市場にビジネスチャンスを見いだして商品供給を行う企業をニッチ企業と呼ぶこともある。なお，地場産業とは，特定の地域に古くから定着している，特定産品にかかわる産業をいう(愛知県瀬戸市の陶磁器産業や新潟県燕市の金属洋食器産業など)。

MEMO

MEMO

MEMO

河合出版ホームページ
http://www.kawai-publishing.jp/
E-mail
kp@kawaijuku.jp

表紙デザイン　河野宗平

2024大学入学共通テスト
過去問レビュー
倫理，政治・経済

発　行　2023年5月20日

編　者　河合出版編集部

発行者　宮本正生

発行所　**株式会社 河合出版**
　[東　京] 東京都新宿区西新宿7－15－2
　　　　　〒160-0023　　tel (03)5539-1511
　　　　　　　　　　　　fax(03)5539-1508
　[名古屋] 名古屋市東区葵3－24－2
　　　　　〒461-0004　　tel (052)930-6310
　　　　　　　　　　　　fax(052)936-6335

印刷所　名鉄局印刷株式会社

製本所　望月製本所

ISBN 978-4-7772-2686-3

河合塾 SERIES

2024 大学入学

共通テスト 過去問レビュー

倫理，政治・経済

●問題編●

河合出版

▶ 問題編 ◀

※掲載している問題・解答は，試験実施日の状況に関するものです。

倫理，政治・経済

倫理，政治・経済 2023 本試験

（2023年1月実施）

60分　100点

（解答番号 1 ～ 32 ）

第１問 高校生ＡとＢが登校中に交わした次の会話を読み，後の問い（**問１～４**）に答えよ。なお，会話と問いのＡとＢは各々全て同じ人物である。（配点 12）

Ａ：倫理の授業のことだけど，自分たちが生きているのとは異なる時代や社会における<u>ⓐ様々な正義の考え方</u>が出てきて，覚えるのが大変だよね。

Ｂ：確かに。すぐには理解できないものもあるけど，色んな正義がそれぞれ実際に<u>ⓑ人々の生き方</u>と密接に関わってきたんだよね。

Ａ：そうだね。そうした正義によって，みんなが調和して暮らせるような社会を築こうとしていたのかな。

Ｂ：ひょっとしたら，正義は人間相互の関係の中で必然的に求められるものって考えられるかもしれないよ。

Ａ：それは，正義を私たちの共存のために必要なものとして捉えるってこと？

Ｂ：そう，そうすれば今の私たちが正義と思うものとの共通点が見えてくるかも。例えば，人々を対等な関係にあるものとして扱う平等の観点なら，私たちになじみのない正義の中にも見いだせそう。

Ａ：なるほど。でも，それなら，異なる正義観が生じるのはどうしてなんだろう…。人間の捉え方がそもそも異なるとか？

Ｂ：というと？

Ａ：つまり，人間相互の関わりの中で正義を見るなら，そもそも<u>ⓒ人間の本性</u>がどう考えられているかが大事で，そこから正義の考え方の違いも生じているんじゃないかって。

Ｂ：確かに。そこが違えば，正義の意味やあり方も違ってくる。

Ａ：そう，だから正義について学ぶときには，<u>ⓓ人間の本性を踏まえた上で，人はどう振る舞うべきだと考えられてきたのか</u>を見る必要があると思う。あれ…，授業で学んだことを再確認したくなってきたぞ…。

Ｂ：よし，放課後，図書館に行って，正義や人間の本性についてもう少し調べてみよう。

問 1　下線部ⓐに関連して，様々な宗教において正しいとされる事柄についての説明として最も適当なものを，次の①〜④のうちから一つ選べ。　1

① イスラームにおいては，ムハンマドが啓示を受ける以前のアラビア社会の宗教的伝統を遵守して暮らすように厳しく命じられている。

② ヒンドゥー教では，バラモン教で形成された身分制度は否定され，全ての人を平等とみなし，宗教的義務を果たすことが要求された。

③ 仏教の在家信者には，不妄語，不偸盗などの五戒が行為規範として課せられていたが，出家信者にはさらに多くの戒律が課せられていた。

④ ユダヤ教の十戒においては，唯一神ヤハウェ以外の神々を崇拝してはならないことや救世主(メシア)を待望すべきことなどが定められている。

問 2　下線部ⓑに関して，様々な宗教や思想とそれに基づいた生き方についての説明として最も適当なものを，次の①〜④のうちから一つ選べ。　2

① パリサイ(ファリサイ)派は，律法によって人々の生活を厳格に規定しようとする態度を批判し，ユダヤ教徒としてより柔軟な生き方を求めた。

② アリストテレスは，倫理的徳に基づいた政治的生活を送ることが人間にとって最も望ましい生き方であり，最高の幸福をもたらすと考えた。

③ ジャイナ教の信者はその多くが，不殺生の戒めを遵守することができる農業従事者として生活していた。

④ 老子は，自然に身を委ね，村落共同体のような小さな国家において素朴で質素な生活に満足する生き方を理想とした。

4

問 3 下線部ⓒに関して，AとBは次の**資料**を図書館で見付けた。荀子の思想と**資料**の内容についての説明として最も適当なものを，後の①〜④のうちから一つ選べ。 3

資料 『荀子』より

ことさらに何かをせずとも自然とそうであるというのが性であり，性から発する好悪喜怒哀楽を情といい，情が発するのに対して心が判断するのを思慮といい，心が思慮して能力をはたらかせるのが偽（作為）である。思慮を積み重ね，能力を重ね修めて，そうして後に完成したもののことも偽という。……孟子は「人が学問（して向上しようと）するのはその性が善だからだ」と言うが，そうではない。孟子は……性と偽の区別を理解していない。性とは学んだり取り組んだりしても獲得できないものである。……礼義は聖人の偽から生じたものであり，人の性から生じたものではない。……普通の人でも，禹＊のようになることができる。

＊禹：中国古代の聖人

---

① 人間は教育によって矯正し得ない欲望を生まれつき持つとする荀子は，**資料**において，孟子が学習などにより後天的に獲得されるものを，人の生得的な性質だと勘違いしているとして批判している。

② 人間が生まれつき持つ性質は欲望であり，生得的な善を備えてはいないと考える荀子は，**資料**において，性善説を唱える孟子を批判し，礼義は学びや取り組みによって後天的に習得し得るものであるとしている。

③ 人間における善を後天的な矯正の産物であるとする荀子は，**資料**において，孟子が善を学問によって獲得できるとすることを批判し，そのようにして獲得されるものは偽物にすぎないから不要だと述べている。

④ 人間の本性は邪悪であり，善を身に付けることはできないと考える荀子は，**資料**において，人は学びを通じて礼義を習得すると考える孟子の説を，性を理解していない虚偽だと批判している。

問 4　下線部ⓓに関して，AとBは図書館で見付けた次の**資料1**と**資料2**を比べ，後の**メモ**を作成した。**メモ**中の　a　～　c　に入る語句の組合せとして最も適当なものを，後の①～⑥のうちから一つ選べ。　4

資料1　プラトン『国家』で紹介されるソフィストの思想

　全ての者の自然本性は，他人より多く持とうと欲張ることを善きこととして本来追求するものなのだが，それが法によって力ずくで平等の尊重へと，脇へ逸らされているのだ。

資料2　キケロ『義務について』より

　他人の不利益によって自分の利益を増すことは自然に反する。……我々が自己利益のために他人から略奪し他人を害するようになるなら，社会──これが自然に最も即している──が崩壊することは必然だ。

メモ

　資料1によれば，ソフィストは　a　を重視し，これが社会的に抑圧されているとする。先生によると**資料2**の背景にも，自然の掟を人為的な法や慣習より重視するという**資料1**との共通点があるとのことだが，**資料2**では他者を犠牲にした　b　の追求は，自然に反する結果を招くとされる。さらに調べたところ，**資料2**を書いたキケロの思想はストア派の主張を汲んでおり，これは　c　の一つの源流とされているということを学んだ。

---

① **a** 人間の欲求　　**b** 自己の利益　　**c** 功利主義

② **a** 人間の欲求　　**b** 自己の利益　　**c** 自然法思想

③ **a** 人間の欲求　　**b** 社会の利益　　**c** 自然法思想

④ **a** 平等の追求　　**b** 自己の利益　　**c** 功利主義

⑤ **a** 平等の追求　　**b** 社会の利益　　**c** 功利主義

⑥ **a** 平等の追求　　**b** 社会の利益　　**c** 自然法思想

第2問 以下のⅠ～Ⅲを読み，後の問い（問1～4）に答えよ。なお，会話と問いの Cと先生は各々全て同じ人物である。（配点　12）

Ⅰ　次の会話は，日本思想についての倫理の授業後に，高校生Cと先生が交わした ものである。

C ：先生，私，自分で課題を設定して探究する授業が苦手です。私は教室で先 生方の話を聞くのが好きなのに，「問い」を立てるのはうまくいかなく て…。問いって，どこから手をつけたらいいか分かりません。

先生：必ずしも問いそのものを特別なものと考える必要はありませんよ。先生方 に授業内容について質問したり，仲間に将来の夢を尋ねたりすることな ら，気軽にできるでしょう。それも問いです。どれほど高尚に思える問い も，そうした素朴な問いが原点にあります。そういえばこの間の授業で， ⓐ仏教について取り上げたときに，禅問答の話をしましたね。

C ：はい，私にはとても到達できない次元の問いだと感じました…。

先生：そうした身近なものに思えない仏教の問いも，実は素朴な問いに根ざして いるのです。あなた自身も，例えば授業中に先生方の話を聞いていても， 様々な疑問が，浮かんでは消えるでしょう。思考していれば，自然と浮か ぶのが問いです。あなたももうできているはずですよ。

C ：先生の授業で，ⓑ日本の神々でさえも問いを発するのだと習いました ね。念仏と救いの関係を問うた仏教者の授業も印象的でした。こうした問 いが，素朴な問いから始まっているというのは，大変興味深いです。そう だ，次の授業では課題を立てるんでしたね。「問い」をテーマにします！

問 1　下線部ⓐに関連して，次の**ア・イ**は，仏教者についての説明である。その正誤の組合せとして正しいものを，後の**①**〜**④**のうちから一つ選べ。　| 5 |

ア　最澄は，法華経に基づき，成仏できる人とできない人を，悟りの能力により区別することを重視し，前者のための学問・修行の制度を定めた。

イ　空也は，諸国を巡り，庶民に阿弥陀仏信仰を説くとともに，道を拓き，井戸を掘り，遺棄された死者を火葬するなど，人々のために活動した。

①　ア　正　イ　正
②　ア　正　イ　誤
③　ア　誤　イ　正
④　ア　誤　イ　誤

問 2　下線部ⓑに関して，日本の神々についての説明として最も適当なものを，次の**①**〜**④**のうちから一つ選べ。　| 6 |

①　『古事記』によれば，イザナキとイザナミは日本の国土を生むに当たって，より上位の神の意向を問うたが，その命令に反発して従わなかった。

②　日本の神話における「天つ神」は，最上位の人格神であるため，全てを自分自身の判断で決定した。

③　より上位の神に奉仕し，その神意を問うアマテラスを，和辻哲郎は「祀るとともに祀られる神」と規定し，その尊貴さを否定した。

④　日本神話に登場するスサノヲは，アマテラスに心の純粋さを問われ，自分に清き明き心があるのを示すことに成功した。

II 次のレポートは，江戸時代において，どのような場面で「問い」が発せられていたかについて，Cがまとめたものである。

レポート

　江戸時代には特定の文献を基に，仲間同士で問いと応答を交わす「会読」が流行し，伊藤仁斎も行った。問答形式で書かれた『童子問』で，<u>ⓒ仁斎は「仁」について，「我よく人を愛すれば，人またよく我を愛す」と説いている。</u>

　また，吉田松陰が牢獄で囚人たちと行った，『孟子』の会読も印象深かった。松陰は獄中でも，『孟子』の内容を切実に問うた。どんな境遇でも，誰に対しても，問いは生まれるものなのだと，私は松陰から教えられた。

問 3 下線部ⓒに関して，Cは同級生に対して，伊藤仁斎が下線部ⓒで説いていることを，身近な人間関係に即して説明した。伊藤仁斎が説く「仁」の説明として最も適当なものを，次の①～④のうちから一つ選べ。　　**7**

① 人の心を，安易に信じては危ないよね。そんなものより，礼儀により外面を整えることが大事だと思う。私が先輩に挨拶すれば，先輩も私に挨拶を返す，この礼儀が「仁」だよ。

② 本当に大切なことは，日常の間柄にあるはずだよ。あらゆる偽りを排することを心掛け，私が弟に思いやりを持って接すれば，弟も私に思いやりを返す，この思いやりが「仁」だよ。

③ 人間の私利私欲は，厳しくつつしまねばならないよね。欲望から完全に脱することによって可能となるような，私が友人を思いやって友人も私を思いやる，愛に満ちた間柄が「仁」だよ。

④ 人間関係には，厳格さが必要だよね。人間の上下関係の秩序を重んじ，その道理と心を一体にすることによって可能となる，先生に対する正しい振る舞いが「仁」だよ。

Ⅲ　「問い」をテーマに日本思想について探究活動を行っているＣは，毎日書いている日記を見返してみた。次の**日記**は，Ｃが，その中から主に倫理の授業の明治時代以降に関係する部分を抜粋したものである。

日記

○6月20日

　先生から明六社の話を聞く。学者が問いと応答を交わす，明治時代の討議討論。江戸時代の会読でも，似たようなことをしていたな。それにしても，問いはどんな風に生まれてくるのだろう？

○7月11日

　今日の授業で西田幾多郎について学んだ。西田は「人生の悲哀」が宗教や哲学の問いの根源にあると言う。「人生の悲哀」とは，誰もが生きている日常の中で経験する悩みや行き詰まりのことなのだろう。これまで問いは先生など目上の者であれ，仲間という同等の者であれ，他者に問うものだと思っていた。でも，「人生の悲哀」が問いの根底にあると考えるなら，それは他でもない自分自身の私的で内的な実感なのだから，他者に問う場合でも，その前提として，自分自身に向けて問うということがあるのではないか。実際に西田の講義は自問自答のスタイルだったらしい。西田の哲学する姿勢が教えてくれるように，自分自身への問いも，正真正銘の問いだし，そうした問いも，誰でも体験する感覚に由来するものなんだな。私が日記でしている自問自答も，西田の問いに通じるところがあるのかな？

○7月17日

　改めて考え直してみると，問いをもって『孟子』を読んだ吉田松陰の牢獄での営みも，西田幾多郎の自分自身への問いも，私の自問自答も，問いであるという点では同じなんだよな。私は探究活動で使えるような問いを見付けるのは苦手だと思っていたけれど，自問自答なら得意なんだし，積極的に取り組んでみようかな。

問 4　7月末，Cは次の**資料**を学校に持参し，先生と後の会話を交わした。**資料**と
　　　9 ページの**日記**の内容を踏まえて，会話中の　　a　　・　　b　　に入る記述
　　　の組合せとして最も適当なものを，後の①～④のうちから一つ選べ。　8

資料

　真の読書においては著者と自分との間に対話が行われるのである。しか
も自分が勝手な問を発するのではなく，自分が問を発することは実は著者
が自分に問を掛けてくることであり，しかも自分に問題がなければ著者も
自分に問を掛けてこない。かくして問から答へ，答は更に問を生み，問答
は限りなく進展してゆく。

（三木清『読書と人生』より）

C　：私は次第に，問いはいつでも誰に対しても生じるのだと考えるように
　　　なったのですが，さらに**日記**を書いていて，　　a　　ことに気付きまし
　　　た。三木清は，読書でも問いが不可欠だと言っていますね。

先生：そうです。読書中の問いについて，三木は何と言っていますか？

C　：はい，　　b　　ということですね。読書は他者への問いと自己への問い
　　　を兼ね備えた営みですが，読書などを通じて足元で生じた素朴な問い
　　　を，丁寧に拾い集めることが，自分の問いの始まりなんですね！

① a　他者に向けられた問いも自問自答も問いであることは同じである
　 b　問いは次々に更なる新たな問いを生み出していく

② a　問いは他者に向けられることではじめて真の問いとなる
　 b　問いを出すことで，問いと答えの応酬が生じてくる

③ a　西田幾多郎の問いと似たことを自分もしている
　 b　読者は謙虚に，著者が次々と投げ掛ける問いにもっぱら従うべき

④ a　思想家たちの問いと自分の自問自答は区別しなければならない
　 b　読者が思い付いた問いを，著者に気の向くまま投げ掛けてよい

第3問　以下の**I・II**を読み，後の問い（問1～4）に答えよ。なお，会話と問いの D，E，Fは各々全て同じ人物である。（配点　12）

I　高校生DとEは，「自由」をテーマにオンラインでプレゼンテーションを行うことになった。次の会話は，その準備のために交わしたものである。

D：「自由」っていうテーマだけど，そもそも自由って何だろう？

E：制約がない状態が自由じゃないかな。例えば，卒業すれば制服を着なくてもよくなるよね。それに，大人になって職を選んで働くようになれば，経済の面での自由も手に入るじゃない？

D：なるほどね。でも，自由って制約がないことだけなのかな。先生が授業で，自由とは，制約がないだけではなく，自分の生き方を選択して自己決定することでもあるっていう考えを紹介してくれたよね。

E：そうだったね。じゃあ，今は自分で決めた進路のために遊びや部活動を控えて勉強しているけど，それも自分で決めているから自由っていうことか。

D：そうなるね。あと自由っていっても，自分勝手にすることとは違うと思う。皆が自分勝手な行動をとったら，衝突ばかり起きて，結局，自己決定も難しくなるかもしれないから。

E：だから@規範や法みたいなある種の制約が必要だったのか。ということは，規範や法は単なる制約ではなくて，互いの意見や利害についての話し合いを促し，他者との対立から合意に向かう調整の役割もあるのかもね。

D：確かに。それに規範や法に支えられる自由だってあるんじゃない？　例えば，学校に通わなきゃいけないっていうある種の制約も，自分に必要な知識や技能を身に付けることを助けているし，自分がなりたいものになる自由につながるんじゃないかな。

E：なるほど…。ⓑ自由は単に制約から解放されることだけではないし，ある種の制約も私たちの自己決定を保障するためには必要なものなんだね。段々見えてきたね。じゃあ「制約からの解放」「自己決定」「規範や法」の三つを話題の中心にして，プレゼンの準備をしていこうか！

問 1 下線部ⓐに関して，次の**ア**〜**ウ**は，規範や法を考察の対象とした思想家について
の説明であるが，それぞれ誰のことか。その組合せとして正しいものを，
後の①〜⑧のうちから一つ選べ。 **9**

ア 快楽を求め苦痛を避ける存在である利己的な人間の行為を規制する強制力
として，法律的制裁・道徳的制裁など，四つの制裁があると説いた。

イ 市民は，政府に立法権や執行権を信託するが，政府が権力を濫用する場合
には，抵抗権に加え，新たな政府を設立する革命権を保持すると説いた。

ウ この世界を統治する神の法と，人間の理性によって捉えられる法とは矛盾
するものではなく，調和するものであると説いた。

① **ア** モンテスキュー **イ** ロック **ウ** トマス・アクィナス

② **ア** モンテスキュー **イ** ロック **ウ** グロティウス

③ **ア** モンテスキュー **イ** ルソー **ウ** トマス・アクィナス

④ **ア** モンテスキュー **イ** ルソー **ウ** グロティウス

⑤ **ア** ベンサム **イ** ロック **ウ** トマス・アクィナス

⑥ **ア** ベンサム **イ** ロック **ウ** グロティウス

⑦ **ア** ベンサム **イ** ルソー **ウ** トマス・アクィナス

⑧ **ア** ベンサム **イ** ルソー **ウ** グロティウス

問 2　下線部ⓑに関して，次の文章は，自由を論じたカントの思想についてある生徒が調べて作成した**読書ノート**の一部である。カントの思想を踏まえて，**読書ノート**中の　a　・　b　に入る記述の組合せとして最も適当なものを，後の①〜④のうちから一つ選べ。　10

読書ノート

　カントは，自由を，　a　ことだと考えた。この自由についての考え方は，私が考えていた自由の理解とは大きく異なるものだと感じた。私はこれまで「眠くなったら，眠気に逆らわずに寝る」というようなことが自由だと思っていたが，カントによれば，それは自由ではない。むしろカントは，　a　自由な人格に尊厳の根拠を見いだしている。そして，　b　理想の道徳的共同体を目的の王国とした。

---

① a　感覚や知覚からなる経験から推論する

　 b　各人が各々の欲求の充足を人格の目的として最大限追求しながら，誰もがその目的を実現できる

② a　欲望から独立して自分を規定する

　 b　各人がお互いの自由を尊重して，自分だけに妥当する主観的な行動原則を目的として行動できる

③ a　自らが立法した道徳法則に自発的に従う

　 b　各人が全ての人格を決して単に手段としてのみ扱うのではなく，常に同時に目的として尊重し合う

④ a　自然の必然的法則に従う

　 b　各人が公共の利益を目的として目指す普遍的な意志に基づき，徳と幸福とが調和した最高善を目指す

Ⅱ　DとEは勉強を重ね，オンラインで「自由」をテーマにしたプレゼンテーション
を共同で行い，他校の高校生Fを交えたディスカッションに臨んだ。

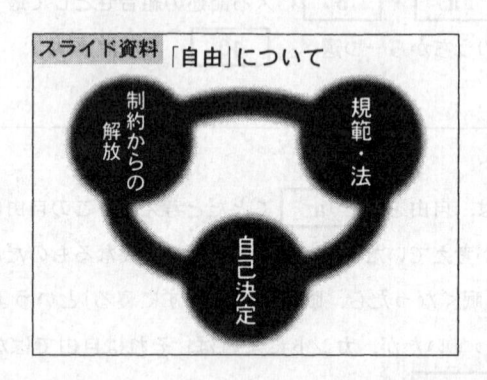

スライド資料「自由」について
制約からの解放
規範・法
自己決定

D：……以上をまとめます。私たちは，上の**スライド資料**に示したように，自由
について整理しました。

F：**スライド資料**の自己決定という側面について，気になることがあります。私
は高校を卒業したら就職するつもりです。経済的にも自立して，主体的に自
己決定を行う自由が手に入って自分の将来への期待もある反面，不安も感じ
てしまいます。好きに選べると，かえって何も選べないというか…。いっそ
のこと，誰かに決めてほしい気もしてしまうんです。

D：実は私も，迷ってばかりで先に進まない，自由を持て余している弱い自分を
発見して，嫌になってしまうこともあります。自分はなんて無力で不安定な
存在なんだろうって。

E：確かに，自由がある種の強さを求めてくることってありますよね。でも人間
は必ずしも強くなくてもよいと思うんです。自分の弱さを素直に認めること
ができれば，他者の弱さを思うことができる。それに，迷いながらも下した
選択は，迷った分だけ一層貴重に思えるのではないでしょうか。そう考えれ
ば，ⓒ自由の中で迷うことにも意味がある気がします。

F：そうか…。迷うこと自体が大事なんですね。私は，自由のネガティブな側面
ばかりを見ていた気がします。敷かれたレールがなくなって不安になっても
自由を手放さず，迷いながら自分で決定していきたいと思います。

問 3　下線部©に関連して，Dと先生は次の会話を交わした。会話中で示された**資料**の内容を踏まえて，会話中の　**a**　に入る記述として最も適当なものを，後の①～④のうちから一つ選べ。　**11**

D　：先生，自由が迷いを生じさせることもあると思ってしまうんですが…。

先生：むしろ迷うことにこそ意味があるんです。ドイツ観念論の哲学者シェリングはこの視点を，次の**資料**の中で善と悪の問題から論じています。

資料　『人間的自由の本質』より

　人間は，善と悪とに向かう自己運動の源泉を等しく自分の内に持つという頂きに位置付けられている。つまり，人間の内の両原理の結び付きは，必然的な結び付きではなく，一つの自由な結び付きである。人間は分岐点に立っている。人間が何を選ぼうとも，それは人間がなしたことになる。しかし，人間は未決定のままでいることはできない。

D　：私たち人間は善と悪の岐路に立たされる存在だと言っているんですね。

先生：そのとおりです。この**資料**では，人間は，　**a**　とされています。私たちは迷う存在で，そのことで悩むこともありますが，迷えないことはそもそも自由ではない，とも言えるのではないでしょうか。

① 善と悪の両方への可能性を自らの内に等しく持っていて，そのいずれかを選択する決断を下さざるを得ない点で自由な存在だ

② 善と悪への可能性を等しくは持っておらず，悪へ向かう傾向をより強く持つ存在だが，自ら選択する自由を有しているという点で自由な存在だ

③ 善であれ悪であれ，そのいずれへ向かうかを自ら選び決断する力はないが，善と悪への可能性をともに認識し得るという点で自由である

④ 善と悪への可能性を等しくは持っておらず，悪へ向かう傾向をより強く持つ存在だが，その悪への傾向が解消され得るという点で自由が保証される

16

問 4　次のレポートは，プレゼンテーションの後に，学びの振り返りとして，D，E，Fが共同で協議しながら作成したものの一部である。11ページおよび14ページの会話を踏まえて，レポート中の　a　・　b　に入る記述の組合せとして最も適当なものを，後の①~④のうちから一つ選べ。　12

> **レポート**
>
> 　プレゼンテーションの準備で自由の特徴を学んだ。自由の特徴は，少なくとも制約からの解放・自己決定・規範や法という三つの観点から考えられることに気付いた。また，自己の自由を追求するとき，規範や法のようなある種の制約による調整が関係することも改めて明らかとなった。準備段階でのこれらの考察において，自由について，　a　と捉えた。
>
> 　また，私たちは，自由を目の前にして自分の弱さや迷い，不安を感じることもある。特に，私たちが自己決定を行うときには，そうした感覚に陥ることがしばしばある。しかし，今回のディスカッションの中で，私たちにとって，　b　が重要だと考えるようになった。

① a　制約がない状態だけでなく，他者の自己決定との調整をも含むものだ
　 b　自らの迷いや弱さと向き合いながら，それらを完全に払拭できなくても，自由を放棄しないこと

② a　ある種の制約や合意を通じて，自己決定を実現するものだ
　 b　自らの迷いや弱さをはねつけるための強さを身に付け，主体的であることを決して放棄しないこと

③ a　自己決定の際に，共有されている規範を考慮する必要はないものだ
　 b　自らの迷いや弱さを自覚し，自己の内に生じた不安と向き合いながら，自己決定を行うこと

④ a　あらゆる制約や規範が取り除かれた，自己決定に先立つものだ
　 b　迷いや弱さを抱える他者を気遣い，寄り添う姿勢を決して失わず，他者の自己決定を支援すること

— 20 —

第4問　高校生GとHが交わした次の会話を読み，後の問い(**問1～4**)に答えよ。
なお，会話と問いのGとHは各々全て同じ人物である。(配点　14)

G：すごい豪邸…，こんな家に生まれた子どもは運がいいね。不平等だな。

H：生まれた家とか国とか，@個人が選べないもので差があるのは，不平等だと
　しても変えられないよ。与えられた環境の中で頑張ることが大事だよね。この
　家の子どもだって，社会で成功できるかどうかは本人次第だと思う。

G：いや，その子どもも，家が裕福なおかげでいい教育を受けて，将来お金を稼げ
　るようになったりするでしょ。運の違いが生む⑥格差は，社会が埋め合わせ
　るべきだよ。

H：それって，幸運な人が持つお金を不運な人に分け与えるということ？　運の違
　いなんて，そもそも社会のあり方と関わる問題だとは思えないけど。

G：そう？　例えば，運よく絵の上手な人が漫画家としてお金を稼げるのは，漫画
　を高く評価する文化が社会にあるおかげでしょ。人の©才能も，社会のあり
　方によって，運よくお金になったり運悪くお金にならなかったりするよ。

H：なるほど。けど，才能を成功に結び付けるのは社会だけじゃないよ。漫画家も
　才能を磨いてプロになるわけでしょ。そうした努力については，個人を評価す
　るべきじゃない？

G：一理あるね。ただ，努力の習慣が身に付くのも運による面はあるよ。地元の学
　校が「褒めて伸ばす」方針で，何事も頑張って取り組むようになったとか。努力
　できるようになるかどうかは，社会の仕組みや構造に左右されると思う。

H：それはそうかも。ただ，同じ境遇でも，苦学して立派になる人もいればそうで
　ない人もいるし…。最終的には，努力は個人の問題じゃないかな。

G：するとHは，運の違いが生む格差は全て，個人が努力で乗り越えるべきだと言
　うの？　幸運な人と同じだけ努力した不運な人が，格差のせいで幸運な人に追
　い付けないようだと，不運な人の努力は評価されていないとも言えるよ。

H：確かに…。ただ，努力も全て運次第だからという理由で，努力する人がしない
　人と同じ扱いを受けるとしたら，それはやっぱり不公平じゃないかなあ。

G：そうだよね…。次の倫理の授業が終わったら，先生にも聞いてみようか。

問 1 下線部ⓐに関連して，次の**ア・イ**は，個人の自立を論じた人物についての説明であるが，それぞれ誰のことか。その組合せとして正しいものを，後の①～④のうちから一つ選べ。 13

ア 「青年ほど，深い孤独のうちに，触れ合いと理解を渇望している人間はいない」と述べ，自我の目覚めについて論じた。

イ 青年が親など周囲の大人への依存を離れて精神的に独立することを心理的離乳と呼び，それに伴う不安が個人の成長に必要であると説いた。

① ア シュプランガー　　　イ サリヴァン

② ア シュプランガー　　　イ ホリングワース

③ ア マーガレット・ミード　イ サリヴァン

④ ア マーガレット・ミード　イ ホリングワース

問 2 下線部ⓑに関して，次の**ア・イ**は，貧富の差に関わる思想や問題についての説明である。その正誤の組合せとして正しいものを，後の①～④のうちから一つ選べ。 14

ア センは，経済の発展を促す国家の機能に着目し，その機能の集合である潜在能力を拡大させていくことで，貧しい途上国が自立できると説いた。

イ 途上国の貧困層が飢餓に苦しむのは，その国の農業が，先進国に輸出するための商品作物の生産を優先していることが一因である。

① ア 正 イ 正　　　　② ア 正 イ 誤

③ ア 誤 イ 正　　　　④ ア 誤 イ 誤

問 3 下線部ⓒに関して，次の**資料**は，ロールズが才能について論じたものであり，倫理の授業で配付された。ロールズの思想と**資料**の内容の説明として最も適当なものを，後の①～④のうちから一つ選べ。　15

> **資料**　ロールズ『正義論』より
>
> 　人が持つ道徳上の価値は，どれくらい多くの人がその人と同じような技能を提供しているか，どれくらい多くの人がその人が生み出せるものを欲することになるか，といった事情によって異なるはずがない。……希少な生得的才能を持っているために人より多く稼ぎ出される所得は，鍛錬にかかる費用を賄い，学ぼうとする努力を促すためだけではなく，共通利益を最大限高めるように能力を向かわせるためのものでもある。結果として生じる分配上の取り分は，道徳上の価値と相関するものではない。どのような天性の強みを生まれつき授かるか，その強みが若年期に発達し育つかどうかには，道徳的に重要な根拠があるわけではないから。

① 　均等な機会の下での競争の結果であり，かつ最も恵まれない境遇を改善する場合にのみ不平等は許容されると説いたロールズが，**資料**では，人の道徳的な価値は才能や技能に対する需要で決まるものではないと論じている。

② 　西洋思想の基礎にある，あらゆる二項対立的な図式を問い直す必要があると説いたロールズが，**資料**では，自らの才能を伸ばすことができるかどうかで人の道徳的優劣は決まらないと論じている。

③ 　功利主義の発想に基づいて，社会全体の効用を最大化することが正義の原理に適うと説いたロールズが，**資料**では，才能ある人は道徳的な共通目標のために自らの私財を提供するべきだと論じている。

④ 　無知のヴェールの下で正義の原理を決定しようとする際，人々は何よりも基本的な自由を重視することになると説いたロールズが，**資料**では，個々人の才能に応じて社会の利益を分配することこそが正義に適うと論じている。

問 4 次の会話は，倫理の授業後にGとHが先生と交わしたものである。17 ページの会話も踏まえて，会話中の　**a**　～　**d**　に入る記述の組合せとして最も適当なものを，次ページの①～④のうちから一つ選べ。　**16**

G ：先生，人生は運にも左右されると思いますが，運の違いが生む格差は社会が埋め合わせるべきでしょうか。Hと少し議論になったのですが…。

先生：興味深いですね。二人はそれぞれどういう意見なのですか。

G ：私は，運の違いが生む格差を　**a**　のが望ましいと思います。

H ：私は，そうした格差については，　**b**　のが望ましいと思いますね。

先生：なるほど。では，なぜ，そう考えるのでしょうか。

G ：そうですね…，社会は公平であるべきだからだと思います。お互いを尊重する社会であれば，自分はここに居ていいと感じることができ，物事を選択する際にも，適度な自信と責任感を持てるはずです。

H ：え？　それでなぜ，さっき先生に言ったような意見になるの？

G ：だって，運の違いが生む格差を社会が　**c**　，お互いを尊重できなくなるかもしれないでしょ。

H ：そういう考えだったんだ…。私は，運の違いが生む格差を社会が　**d**　，人々がお互いを尊重できないと思っていたんだよね。

先生：二人とも，人々がお互いを認め合って敬意を払い合う社会を望んでいたということでしょうか。

H ：なるほど。Gと意見が一致している面もあるように感じていましたが，敬意という言葉はあまり考えたことがなかったですね。

G ：私も，敬意という言葉を聞いて，理解が深まった気がします。二人でもう一度話し合った方がいいかもしれませんね。

先生：是非そうしてください。運の違いも努力の差も軽視しない社会の仕組みを考え付くことができるといいですね。

① a 社会が無理に埋め合わせようとせず，個人の努力をより重視する

　b 努力に限界があることを認め，社会が埋め合わせようとする

　c 埋め合わせると，かえってお金にばかり人の関心が向いてしまい，世の中で格差が意識されてしまうようになって

　d 解決しない場合，不運な人は他の人より多くの努力を強いられるのに，その努力が評価されるとは限らないから

② a 社会が埋め合わせ，努力の差を基準にして人を評価することがない

　b 不平等だとしても，社会が全てを埋め合わせることには慎重である

　c 解決するべき問題だと捉えることで，幸運な人が自身の財産を奪われると言って不運な人を敵視したりして

　d 全て埋め合わせようとすると，幸運だとされた人は努力をしていない人だと決めつけられかねなくなって

③ a 個人では変えられないものと捉え，社会が責任を持って埋め合わせる

　b 社会だけに責任がある問題ではないから，個人が努力で乗り越える

　c 埋め合わせない場合には，自分自身で何かを成し遂げたわけでもないお金持ちの中から，お金を持っていない人を見下す人も出てきて

　d 解決すべき問題だと捉えない場合，幸運な人が自身の恵まれた環境を当たり前だと思い，努力する人を評価しなくなって

④ a 社会のあり方で変わるものと捉え，社会ができる限り埋め合わせる

　b 社会も無視できないけれど，努力が報われることの方を重視する

　c 埋め合わせなかったら，自分自身が選んだわけではない家庭環境などで評価が決められてしまう社会になりかねなくて

　d 埋め合わせる中で，努力まで運のおかげだということになると，努力する人は，自身が適切に評価されていないと感じてしまって

第5問 生徒Xは，生徒Yと一緒に「政治・経済」の授業を振り返りながら，学習したことを次のようにノートに整理した。これに関して，後の問い（**問1～6**）に答えよ。（配点 19）

Ⅰ 日本の地域社会と行政サービスの現状と課題

○ⓐ都市の過密化と地方の過疎化が進行している。

○ⓑ地方財政は長年にわたって困難に直面している。

○地域社会の課題を解決し，ⓒ地域再生を進めようとしている事例もみられる。

Ⅱ グローバル化と日本の産業構造の変化

○1990年代以降，グローバル化が進展し，さまざまな分野で市場における競争が激しくなっている。

○世界の外国為替の取引高が増加している。

○日本において，第3次産業の就業人口が拡大している。

○日本でもⓓ環境保護に向けた取組みが広まっている。

Ⅲ 日本の財政金融政策と国民経済全体に関する疑問

○日本銀行のⓔ国債保有高が急増しているのはなぜか。

○家計貯蓄率が低下しているのはなぜか。

○ⓕ国内総生産が伸びないのはなぜか。

○労働分配率が低下傾向なのはなぜか。

問 1　生徒**X**は，下線部ⓐについて調べた。日本における都市の過密化と地方の過疎化の経緯や現状，対応策に関する記述として**誤っているもの**を，次の①〜④のうちから一つ選べ。　**17**

① 地方から都市への大規模な人口移動に伴う過密・過疎の問題が生じたのは，バブル経済が崩壊し平成不況に入ってからである。

② 少子高齢化が進む中で，人口が減少し高齢者の人口の割合が半数以上に達したことで社会的な共同生活の維持が困難になった集落が出現している。

③ まち・ひと・しごと創生法が制定され，国や各地方公共団体では個性豊かで魅力ある地域社会づくりに向けた政策が進められている。

④ 地方の人口減少や高齢化への対応策として生活に必要な機能を中心市街地に集中させることなどを行う，コンパクトシティという考え方がある。

問 2　生徒**Y**は，下線部ⓑについて学習を進めた。日本の地方財政に関する記述として最も適当なものを，次の①〜④のうちから一つ選べ。　**18**

① 地方公共団体における財政の健全化に関する法律が制定されたが，財政再生団体に指定された地方公共団体はこれまでのところない。

② 出身地でなくても，任意の地方公共団体に寄付をすると，その額に応じて所得税や消費税が軽減されるふるさと納税という仕組みがある。

③ 所得税や法人税などの国税の一定割合が地方公共団体に配分される地方交付税は，使途を限定されずに交付される。

④ 地方公共団体が地方債を発行するに際しては，増発して財政破綻をすることがないよう，原則として国による許可が必要とされている。

問 3 下線部©に関連して，生徒**X**は，地域再生のためには多様な主体による取組みや主体間の連携が欠かせないことを理解した。現在の日本における地方公共団体，非営利組織(NPO)，中小企業に関する次の記述 **a ～ c** のうち，正しいものはどれか。当てはまるものをすべて選び，その組合せとして最も適当なものを，後の①～⑦のうちから一つ選べ。 | 19 |

a 地方公共団体に関して，地方公共団体には，普通地方公共団体と，特別区や財産区などの特別地方公共団体の二種類がある。

b 非営利組織に関して，特定非営利活動促進法(NPO 法)により，社会的な公益活動を行う一定の要件を満たした団体には法人格が認められる。

c 中小企業に関して，日本の中小企業は，企業全体に対して，企業数では約7 割，従業員数では約 5 割，生産額では約 4 割を占めている。

① **a**

② **b**

③ **c**

④ **a** と **b**

⑤ **a** と **c**

⑥ **b** と **c**

⑦ **a** と **b** と **c**

問4　下線部①に関連して，生徒Xは，地域におけるリサイクルの状況を考える上で，リサイクル率(再資源化個数÷販売個数)という指標を利用できることを学んだ。そこでXは，この指標を用いて，地域Aと地域Bの二つの地域だけから構成されるある国における，ある商品の「基準年」と「基準年の5年後」のリサイクルの状況を考え，次の表を作成した。表は，各年における地域Aと地域Bでの商品のリサイクル率を示している。ただし，商品が販売される地域と再資源化される地域は同一であるものとする。リサイクル率の増加をもってリサイクルが活発化したと評価するとき，地域A，地域B，国全体のうちリサイクルが活発化しているものはどれか。当てはまるものをすべて選び，その組合せとして最も適当なものを，後の①〜⑦のうちから一つ選べ。　20

	地域A	地域B
基準年	$\dfrac{160(個)}{400(個)}$	$\dfrac{10(個)}{100(個)}$
基準年の5年後	$\dfrac{250(個)}{500(個)}$	$\dfrac{60(個)}{500(個)}$

(注)　表中の分数の分母は商品の販売個数，分子は再資源化個数である。

① 地域A
② 地域B
③ 国全体
④ 地域Aと地域B
⑤ 地域Aと国全体
⑥ 地域Bと国全体
⑦ 地域Aと地域Bと国全体

問 5 下線部ⓒに関連して，生徒Xは，日本国債の保有者の構成比について関心をもった。そこでXは，2011年3月と2021年3月における日本国債の保有者構成比および保有高を調べ，次の図を作成した。図に示された構成比の変化に関する記述として最も適当なものを，後の①〜④のうちから一つ選べ。 21

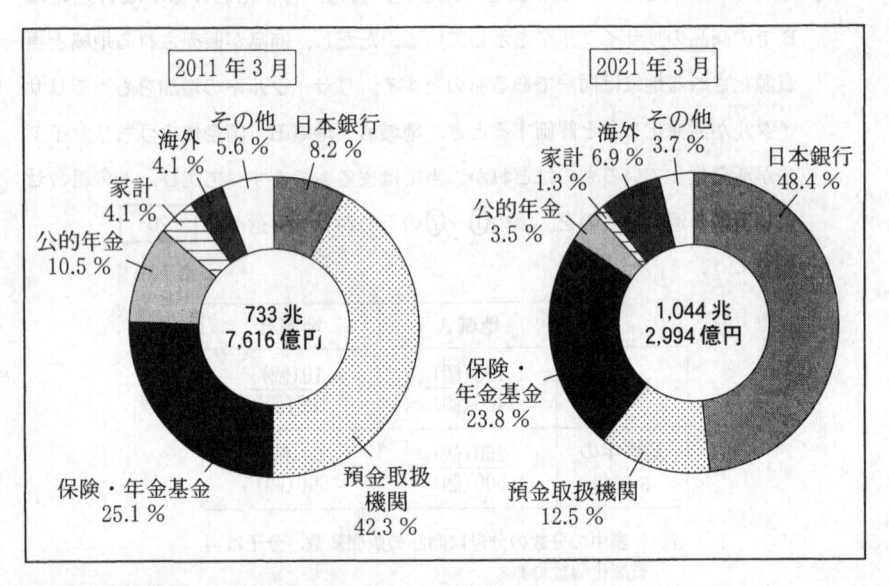

(出所) 日本銀行 Web ページにより作成。

① 日本銀行の金融引締め政策を反映しており，日本銀行が日本政府の発行した国債を直接引き受けた結果である。

② 日本銀行の金融緩和政策を反映しており，日本銀行が民間金融機関から国債を購入した結果である。

③ 日本銀行の金融引締め政策を反映しており，日本銀行が民間金融機関に国債を売却した結果である。

④ 日本銀行の金融緩和政策を反映しており，日本銀行が日本政府の発行した国債を直接引き受けた結果である。

問 6　生徒**Y**は，下線部ⓕとその構成について学んだ。そこで**Y**は，日本における
2014年度から2015年度にかけての民間最終消費支出と民間企業設備投資の増
加について調べ，次の**メモ**を作成した。**メモ**に関する記述として最も適当なも
のを，後の①〜④のうちから一つ選べ。　22

○国内総生産は生産面，分配面，支出面の三つの側面からみることができ
る。
○国内総生産は民間最終消費支出，政府最終消費支出，総固定資本形成，
純輸出からなる。
○総固定資本形成は，民間企業設備投資や民間住宅投資などを含む。
○民間最終消費支出は2兆3,211億円増加した。
○民間企業設備投資は3兆1,698億円増加した。

①　国内総生産に占める支出割合は，民間最終消費支出より民間企業設備投資
の方が小さいため，2015年度のこれら二つの支出項目の対前年度増加率を
比較すると，民間企業設備投資の方が高い。

②　国内総生産に占める支出割合は，民間最終消費支出より民間企業設備投資
の方が大きいため，2015年度のこれら二つの支出項目の対前年度増加率を
比較すると，民間企業設備投資の方が高い。

③　国内総生産に占める支出割合は，民間最終消費支出より民間企業設備投資
の方が小さいため，2015年度のこれら二つの支出項目の対前年度増加率を
比較すると，民間最終消費支出の方が高い。

④　国内総生産に占める支出割合は，民間最終消費支出より民間企業設備投資
の方が大きいため，2015年度のこれら二つの支出項目の対前年度増加率を
比較すると，民間最終消費支出の方が高い。

第6問 生徒 **X**，生徒 **Y**，生徒 **Z** は，大学のオープンキャンパスに参加し，法学部の模擬授業を受けることにした。次に示したのは，オープンキャンパスの案内である。これに関して，後の問い（**問 1 ～ 6**）に答えよ。（配点　19）

2022 年度夏季・共通大学法学部オープンキャンパス案内

Ⅰ　スケジュール

9：40～10：00	学部長挨拶
10：10～11：00	模擬授業 1
11：10～12：00	模擬授業 2

　　　　　⋮

Ⅱ　模擬授業概要

1．模擬授業 1：**J** 教授

戦争と平和
・核兵器による世界的危機について考える。
・ⓐ今日でも継続する紛争を知る。
・ⓑ戦争の違法化の試みについて考える。
・ⓒ現在の日本の安全保障に関する法制度について考える。

2．模擬授業 2：**K** 准教授

日本の議会制民主主義
・ⓓ日本の統治機構について整理しよう。
・ⓔ有権者の役割について考えてみよう。
・ⓕ世論の役割について考えてみよう。
・二院制の意義について考えてみよう。

問 1　生徒**X**と生徒**Y**は，模擬授業１で取り上げられた下線部ⓐに関心をもち，中東での紛争と対立について話し合っている。次の**会話文**中の空欄　ア　～　ウ　に当てはまる語句の組合せとして最も適当なものを，後の①～⑧のうちから一つ選べ。　23

X：パレスチナ地方では，ユダヤ人が中心となってイスラエルを建国したのちに第一次中東戦争が始まったよ。その結果として，多くの人々が難民となったんだ。その後も対立が続き，紛争が生じているね。

Y：けれど，和平の動きがみられないわけではないんだ。第四次中東戦争ののち，イスラエルとエジプトとの間で和平条約が締結されているよ。さらに，イスラエルとパレスチナ解放機構との間で　ア　が成立し，パレスチナ人による暫定統治がガザ地区と　イ　において開始されたんだ。

X：でも，　ウ　が　イ　で分離壁の建設を進めるなど，イスラエルとパレスチナの対立は終結していないよね。

① ア オスロ合意　イ ゴラン高原　　ウ パレスチナ自治政府
② ア オスロ合意　イ ゴラン高原　　ウ イスラエル政府
③ ア オスロ合意　イ ヨルダン川西岸　ウ パレスチナ自治政府
④ ア オスロ合意　イ ヨルダン川西岸　ウ イスラエル政府
⑤ ア プラザ合意　イ ゴラン高原　　ウ パレスチナ自治政府
⑥ ア プラザ合意　イ ゴラン高原　　ウ イスラエル政府
⑦ ア プラザ合意　イ ヨルダン川西岸　ウ パレスチナ自治政府
⑧ ア プラザ合意　イ ヨルダン川西岸　ウ イスラエル政府

問 2 生徒**X**と生徒**Y**は，模擬授業 1 で扱われた下線部⑥について話し合っている。次の**会話文**中の空欄 ア ・ イ に当てはまる語句の組合せとして最も適当なものを，後の①〜④のうちから一つ選べ。 24

X：国際連盟は紛争の平和的解決と ア の一環としての制裁とを通じて国際社会の平和と安全を保障しようとしたよね。国際連盟規約において戦争に課された制約は限定的で，戦争の違法化を進める動きが生じたんだ。

Y：それを進めた国際規範に， イ があるよね。これは，国際関係において国家の政策の手段としての戦争を放棄することを目的としたものだよ。しかし，第二次世界大戦の勃発（ぼっぱつ）を抑止できなかったよね。

X：その後，国際連合憲章では，国際関係において武力による威嚇（いかく）または武力の行使を禁止しているんだよ。これによって， イ に比べて制度上禁止される国家の行為は拡大したんだ。21 世紀になっても武力紛争はなくなっていないので，武力による威嚇や武力の行使の違法化をもっと実効性のあるものにすべきではないのかな。

① ア 勢力均衡 イ 不戦条約
② ア 勢力均衡 イ 国際人道法
③ ア 集団安全保障 イ 不戦条約
④ ア 集団安全保障 イ 国際人道法

問 3　生徒 **Z** は，模擬授業 1 で話題となった下線部ⓒについて調べた。日本の安全保障に関する記述として最も適当なものを，次の①～④のうちから一つ選べ。
25

① 日本の重要影響事態法による自衛隊の海外派遣に際しては，日本の周辺地域においてのみ自衛隊の活動が認められる。

② 日本の PKO 協力法による国連平和維持活動に際しては，自衛隊員の防護のためにのみ武器使用が認められる。

③ 日本は武器の輸出に関する規制として，防衛装備移転三原則を武器輸出三原則に改めた。

④ 日本は安全保障に関する重要事項を審議する機関として，内閣総理大臣を議長とする国家安全保障会議を設置した。

問 4 模擬授業2では，「委任の連鎖」と「責任の連鎖」という考えに基づいて作成された次の図を用いて，下線部⓪について説明がされた。「委任の連鎖」とは，有権者から政治家を経て官僚へと政策決定や政策実施を委ねていく関係をいう。また，「責任の連鎖」とは，委任を受けた側が委任をした側に対し委任の趣旨に即した行動をとっているという説明責任を果たしていく関係をいう。図中の**矢印ア**で示された責任に関する憲法上の仕組みとして正しいものを後の記述 **a** か **b**，**矢印イ**で示された責任に関する憲法上の仕組みとして正しいものを後の記述 **c** か **d** から選び，その組合せとして最も適当なものを，後の**①**〜**④**のうちから一つ選べ。 26

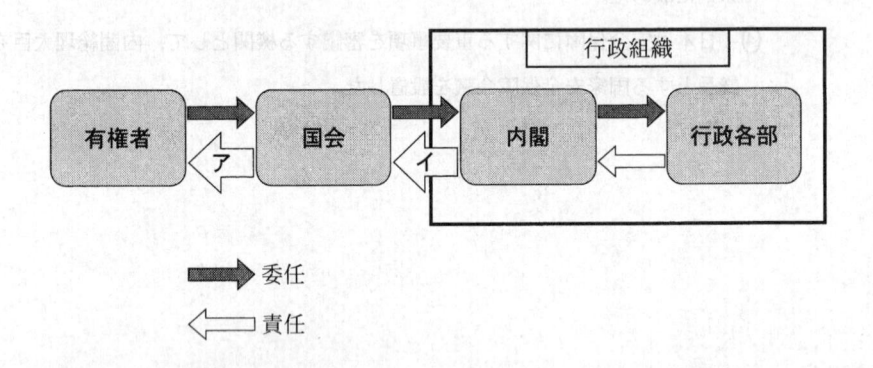

矢印**ア**で示された責任に関する憲法上の仕組み

a 両議院の会議の公開と会議録の公表

b 国の収入支出の決算の提出

矢印**イ**で示された責任に関する憲法上の仕組み

c 弾劾裁判所の設置

d 一般国務についての内閣総理大臣の報告

① ア — a 　 イ — c 　　　② ア — a 　 イ — d

③ ア — b 　 イ — c 　　　④ ア — b 　 イ — d

問 5　下線部ⓔに関連して，模擬授業 2 では，選挙権年齢や民法の成年年齢の引下げをうけ，2021 年には少年法も改正されたという説明がされた。この少年法改正に関心をもった生徒 **X** は，法務省の Web ページで改正の内容について調べ，次の**メモ**を作成した。**メモ**中の空欄 ｜　**ア**　｜ ～ ｜　**ウ**　｜ に当てはまる語句の組合せとして最も適当なものを，後の①～⑧のうちから一つ選べ。　｜ 27 ｜

1．2021 年改正前の少年法の概要
  ・少年（20 歳未満の者）の事件は，全件が ｜　**ア**　｜ に送られ，｜　**ア**　｜ が処分を決定する。
  ・16 歳以上の少年のときに犯した故意の犯罪行為により被害者を死亡させた罪の事件については，原則として ｜　**イ**　｜ への逆送決定がされる。逆送決定がされた事件は，｜　**イ**　｜ によって起訴される。
  ・少年のときに犯した罪については，犯人が誰であるかがわかるような記事・写真等の報道（推知報道）が禁止される。

2．2021 年少年法改正のポイント
  ・｜　**ウ**　｜ 以上の少年を「特定少年」とし，引き続き少年法を適用する。
  ・原則として逆送しなければならない事件に，特定少年のときに犯した死刑，無期または短期 1 年以上の懲役・禁錮に当たる罪の事件を追加する。
  ・特定少年のときに犯した事件について起訴された場合には，推知報道の禁止が解除される。

---

① ア　地方裁判所　イ　検察官　ウ　14 歳
② ア　地方裁判所　イ　検察官　ウ　18 歳
③ ア　地方裁判所　イ　弁護士　ウ　14 歳
④ ア　地方裁判所　イ　弁護士　ウ　18 歳
⑤ ア　家庭裁判所　イ　検察官　ウ　14 歳
⑥ ア　家庭裁判所　イ　検察官　ウ　18 歳
⑦ ア　家庭裁判所　イ　弁護士　ウ　14 歳
⑧ ア　家庭裁判所　イ　弁護士　ウ　18 歳

問 6　下線部⑦に関連して，模擬授業 2 では，世論形成における個人やマスメディアの表現活動の意義について次の**資料**を用いて説明がされた。**資料**から読みとれる内容として最も適当なものを，後の①〜④のうちから一つ選べ。　28

判例 1：最高裁判所民事判例集 40 巻 4 号

　「主権が国民に属する民主制国家は，その構成員である国民がおよそ一切の主義主張等を表明するとともにこれらの情報を相互に受領することができ，その中から自由な意思をもつて自己が正当と信ずるものを採用することにより多数意見が形成され，かかる過程を通じて国政が決定されることをその存立の基礎としているのであるから，表現の自由，とりわけ，公共的事項に関する表現の自由は，特に重要な憲法上の権利として尊重されなければならないものであり，憲法 21 条 1 項の規定は，その核心においてかかる趣旨を含むものと解される。」

判例 2：最高裁判所刑事判例集 23 巻 11 号

　「報道機関の報道は，民主主義社会において，国民が国政に関与するにつき，重要な判断の資料を提供し，国民の『知る権利』に奉仕するものである。したがつて，思想の表明の自由とならんで，事実の報道の自由は，表現の自由を規定した憲法 21 条の保障のもとにあることはいうまでもない。」

---

①　**判例 1** によれば，個人の表現の自由は，民主主義過程を維持するためではなく個人の利益のために，憲法第 21 条第 1 項によって保障される。

②　**判例 1** によれば，公共的事項にかかわらない個人の主義主張の表明は，憲法第 21 条第 1 項によっては保障されない。

③　**判例 2** によれば，報道機関の報道の自由は，国民が国政に関与する上で必要な判断資料の提供に寄与するため，憲法第 21 条によって保障される。

④　**判例 2** によれば，思想の表明とはいえない単なる事実の伝達は，憲法第 21 条によっては保障されない。

第7問　生徒**X**と生徒**Y**は，「SDGs（持続可能な開発目標）の意義と課題」という テーマで探究を行い，授業で発表することになった。次の図は，探究にあたってま とめた調査計画の概要を示したものである。これに関して，後の問い（**問1～4**）に 答えよ。（配点　12）

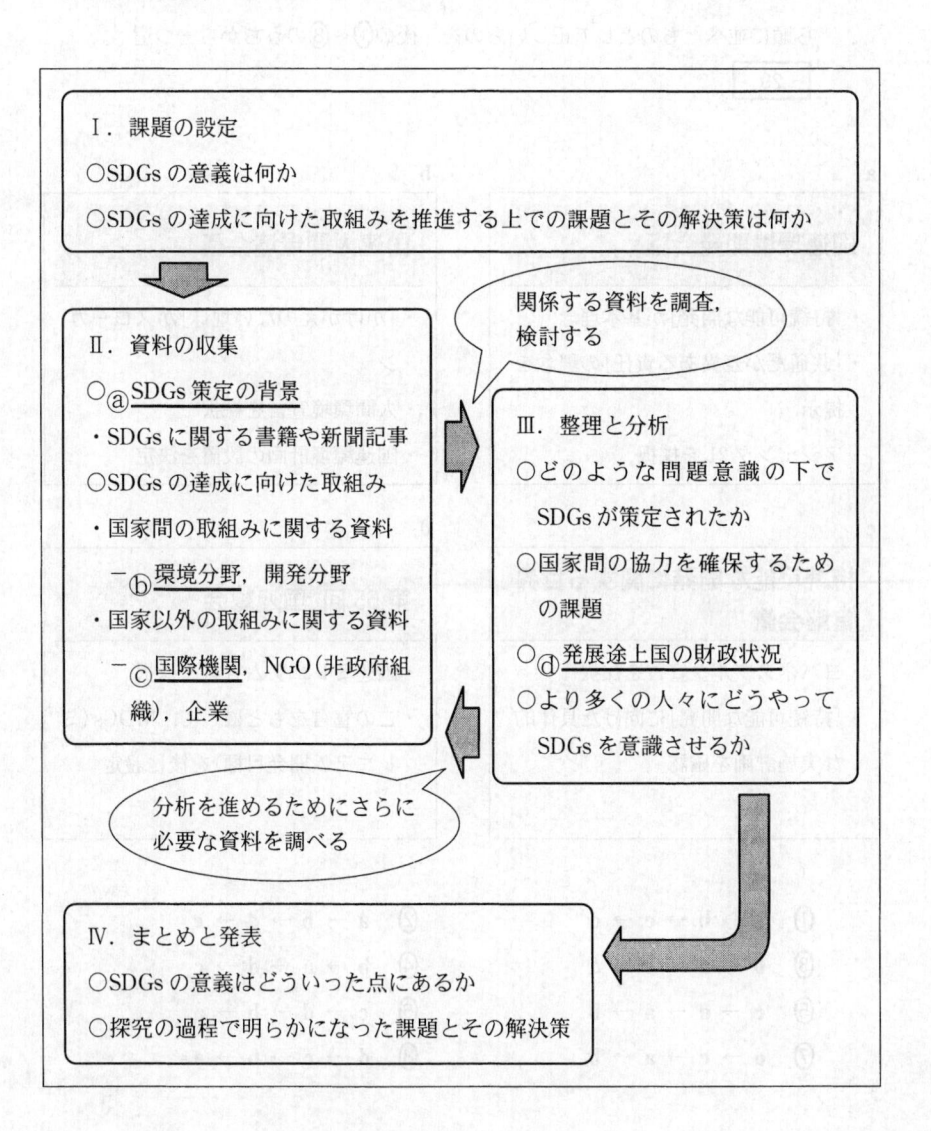

Ⅰ．課題の設定

〇SDGs の意義は何か

〇SDGs の達成に向けた取組みを推進する上での課題とその解決策は何か

関係する資料を調査，検討する

Ⅱ．資料の収集

〇ⓐSDGs 策定の背景

・SDGs に関する書籍や新聞記事

〇SDGs の達成に向けた取組み

・国家間の取組みに関する資料

　－ⓑ環境分野，開発分野

・国家以外の取組みに関する資料

　－ⓒ国際機関，NGO（非政府組織），企業

Ⅲ．整理と分析

〇どのような問題意識の下で SDGs が策定されたか

〇国家間の協力を確保するための課題

〇ⓓ発展途上国の財政状況

〇より多くの人々にどうやって SDGs を意識させるか

分析を進めるためにさらに必要な資料を調べる

Ⅳ．まとめと発表

〇SDGs の意義はどういった点にあるか

〇探究の過程で明らかになった課題とその解決策

問 1　下線部@に関連して，生徒**X**と生徒**Y**は，2015 年に国連(国際連合)で SDGs
　　　が採択されるまでの経緯について関心をもった。**X**と**Y**は，環境と開発に関し
　　　て話し合われた国際的な会議について分担して調べ，次の**スライド a 〜 d**にま
　　　とめた。これらの**スライド**を，**スライド**中の会議が開催された年の古いものか
　　　ら順に並べたものとして正しいものを，後の**①**〜**⑧**のうちから一つ選べ。

　　　　　29

a

国連環境開発会議

・「持続可能な開発」が基本理念
・「共通だが差異ある責任」の理念を
　提示
・アジェンダ 21 を採択

b

国連人間環境会議

・「かけがえのない地球」がスローガ
　ン
・人間環境宣言を採択
・国連環境計画の設置を決定

c

持続可能な開発に関する世界
首脳会議

・ヨハネスブルク宣言を採択
・「持続可能な開発」に向けた具体的
　な実施計画を確認

d

第 55 回　国連総会

・国連ミレニアム宣言を採択
・この宣言をもとにして，MDGs(ミ
　レニアム開発目標)を後に設定

① a → b → c → d	② a → b → d → c
③ b → a → c → d	④ b → a → d → c
⑤ c → d → a → b	⑥ c → d → b → a
⑦ d → c → a → b	⑧ d → c → b → a

問 2　下線部ⓑに関連して，生徒**X**と生徒**Y**は，地球環境問題の取組みに関する歴史的展開を踏まえて，京都議定書(1997 年採択)，パリ協定(2015 年採択)の位置づけや内容について調べてみた。この二つの条約に関する記述として最も適当なものを，次の①〜④のうちから一つ選べ。　30

①　京都議定書では，「共通だが差異ある責任」という理念に基づいて，環境を犠牲にして経済発展を成した先進国のみに地球環境保護の責任があるとされた。他方，パリ協定では，すべての国に地球環境保護の責任があることが合意され，すべての締約国に温室効果ガスを削減する義務が課された。

②　京都議定書，パリ協定ともに，地球環境保護が将来世代の発展にとって不可欠であり，現在の成長よりも地球環境保護を優先すべきとする「持続可能な開発」という理念に基づいている。また，いずれの条約でも，先進国，発展途上国を問わず，すべての締約国に同様に温室効果ガス削減義務が課されている。

③　京都議定書では，現在の成長よりも将来世代の発展を優先すべきとする「持続可能な開発」という理念に基づいて，全人類の問題として一律の温室効果ガス削減目標が課されている。他方，パリ協定では，将来世代の発展は各締約国が決定する問題であるとして，削減目標は各国が自主的に決定することとした。

④　京都議定書と異なり，パリ協定では，すべての締約国が温室効果ガス削減に取り組むことを義務づける仕組みが採用されている。ただし，パリ協定でも，先進国に発展途上国向けの資金支援を義務づけるなど，「共通だが差異ある責任」という理念に適合するルールが用意されている。

問 3 下線部ⓒに関連して，生徒Xは，SDGs の達成に貢献する国際機関の仕組みに関心をもち，調べてみた。国際機関の仕組みに関する記述として最も適当なものを，次の①〜④のうちから一つ選べ。 31

① 規約人権委員会（人権規約委員会）は，市民的及び政治的権利に関する国際規約（B 規約）上の人権を侵害する国が同規約の選択議定書を批准していなくとも同規約の締約国であれば，被害者からの通報を検討することができる。

② 人権理事会では，人権に対する重大かつ組織的な侵害を犯した場合に，総会決議によって理事国としての資格が停止されることがある。

③ 労働条件の改善を目標の一つとする ILO（国際労働機関）は，労働者の声が反映されるよう，政府代表と労働者代表との二者構成で運営されている。

④ 国際社会の平和と安全の維持に主要な責任を有する国連安全保障理事会では，国連分担金の比率上位 5 か国が常任理事国となるため，常任理事国に決議の採決における特権的な地位が認められている。

問 4　下線部ⓓに関連して, 生徒Xと生徒Yは, 各国における対外債務の問題について, 複数の指標を用いて考察することにした。次のメモは, XとYが, いくつかある指標の中から今回の考察で重要と思われるものを整理したものであり, 後の表は, 取り上げる国のデータをまとめたものである。メモと表に基づいて考察した後の記述 a ～ c のうち, 正しいものはどれか。当てはまるものをすべて選び, その組合せとして最も適当なものを, 後の①～⑦のうちから一つ選べ。　32

メモ

○債務負担の度合いは, 対外債務残高の対輸出額比と対外債務残高の対GNI 比から判断できるものとする。

※対外債務残高

公的部門の長期対外債務, 民間部門の長期対外債務, 短期対外債務およびIMF(国際通貨基金)からの融資の合計。

※対外債務残高の対輸出額比

財・サービスの輸出額に対する対外債務残高の比率。ここでの輸出額には海外からの純所得を含む。当該国の外貨獲得能力に対して対外債務がどれだけ累積しているかを示す指標。

※対外債務残高の対 GNI 比

GNI (国民総所得)に対する対外債務残高の比率。当該国の経済の大きさに対して対外債務がどれだけ累積しているかを示す指標。

40

表

	アルゼンチン		インドネシア		南アフリカ	
	2017 年	2018 年	2017 年	2018 年	2017 年	2018 年
対外債務残高 （百万米ドル）	225,925	277,827	353,564	379,589	174,921	174,094
対外債務残高の 対輸出額比(%)	289	333	177	172	160	148
対外債務残高の 対 GNI 比(%)	36	56	36	38	52	49

（出所） World Bank Web ページにより作成。

a アルゼンチンでは，2017 年から 2018 年にかけて，対外債務残高が増加している。また，対外債務残高の対輸出額比と対外債務残高の対 GNI 比とがともに上昇しており，アルゼンチンの債務負担の度合いは高まったと判断できる。

b インドネシアでは，2017 年から 2018 年にかけて，対外債務残高が増加している。また，対外債務残高の対輸出額比と対外債務残高の対 GNI 比とがともに低下しており，インドネシアの債務負担の度合いは高まったと判断できる。

c 南アフリカでは，2017 年から 2018 年にかけて，対外債務残高が減少している。また，対外債務残高の対輸出額比と対外債務残高の対 GNI 比とがともに低下しており，南アフリカの債務負担の度合いは高まったと判断できる。

① **a**
② **b**
③ **c**
④ **a** と **b**
⑤ **a** と **c**
⑥ **b** と **c**
⑦ **a** と **b** と **c**

倫理，政治・経済

2022

本試験

（2022年1月実施）

60分　100点

2

第1問 高校生AとBが交わした次の会話を読み，後の問い(**問1～4**)に答えよ。なお，会話と問いのAとBは各々全て同じ人物である。(配点　12)

A：浮かない顔をしているね。

B：うーん。実は，友達とあることについて話していたら，言い争いになったんだよね。向こうは「自分の考えの方が正しい，@真理なんだ」って言い張っていて，嫌になっちゃったよ。

A：それでどうしたの？

B：ただ黙ってやり過ごしたよ。議論にも礼儀やマナーが必要だし，あれだけ強く言われると，相手にするのが面倒くさくなっちゃった。

A：それはダメでしょ。とにかく，異なった見方や考えを持った相手に対しては，議論に勝って，自分の正しさを示さないと。

B：そうかな？　黙って受け流した方がいいと思うけど…。その方が相手を傷つけることもなくて⑥人間の生き方としてふさわしいと思うし，こっちも不快な思いをしなくて済むしね。

問 1　下線部ⓐに関して，様々な宗教や思想家による真理についての説明として最も適当なものを，次の①〜④のうちから一つ選べ。　□1□

① ソクラテスは，ソクラテス自身が持っている真理を，対話相手に教え込むために，産婆術(助産術)に喩えられる対話活動を重ねた。

② イスラームにおいて，ムハンマドは，神の真理の言葉を託された者であり，彼によって示された言行・慣行も，信者の生活規範となっている。

③ 中世ヨーロッパのスコラ哲学では，神学は哲学に仕えるべきものとされ，哲学の真理は信仰に基づく神学の真理に優越すると考えられた。

④ ブッダは，生来の身分ごとに異なる義務をそれぞれ全うすることで，真理を体得できると説いた。

問 2　下線部ⓑに関して，人間の生き方をめぐる様々な宗教や思想家の考え方についての説明として最も適当なものを，次の①〜④のうちから一つ選べ。　□2□

① アリストテレスによれば，人間は，知性的な徳の中でも実践的な徳である思慮(フロネーシス)を働かせて，行為や情念に過剰や不足がある状態を避けるべきである。

② 回心後，各地で布教活動をしたパウロは，信徒が信仰・正義・愛の三つに基づいて倫理的に生活することを勧めたが，これらは後にキリスト教の三元徳と呼ばれた。

③ イエスが語ったとされる「実に，神の国はあなたがたの中にある」という言葉は，黄金律と呼ばれ，後に J. S. ミルによって功利主義道徳の精神を表現するものとして重視された。

④ 苦しみに耐え忍ぶ実践としての忍辱を重視した大乗仏教では，他者の忍辱の修行を妨げないようにするため，苦しむ人を助けるという慈悲の実践を控えることが推奨された。

4

問 3　2ページの会話の翌日，Bは次の**資料**を見付け，Aに見せた。後の会話を読み，会話中の　**a**　・　**b**　に入る記述の組合せとして最も適当なものを，後の①〜④のうちから一つ選べ。　3

資料

　もし誰かが私の理解と行いが正しくないと批判し，そのことを示してくれるならば，ありがたく過ちを正そう。なぜなら，私は真理を求めているのであり，誰も真理によって害されたことはないのだから。対して，自己への欺きと無知にとどまる者こそ，害を被っているのである。

（マルクス・アウレリウス『自省録』より）

B：この**資料**によると，私は自分が面倒なことを背負い込んだり，不快な思いをしたりするのが怖くて，議論を避けたわけだから，　**a**　ってことになるね。

A：なるほど。確か，ローマ皇帝のマルクス・アウレリウスって，ストア派の哲学者でもあったんだよね。ストア派って，　**b**　って考えたって授業で習ったよね。

B：そうした思想が，この**資料**の背景にあるのかもしれないね。

① a　真理を見ようとせず，無知による害を受けかねない
　 b　喜怒哀楽の情念に惑わされない人間が賢者である

② a　真理を見ようとせず，無知による害を受けかねない
　 b　人間は情念をありのままに受け入れて，惑わされないようにすべき

③ a　無益な議論を避けることで，自分にとっての真理に対して誠実だった
　 b　理性を持つ人間は，自然の理法に平等にあずかることができる

④ a　無益な議論を避けることで，自分にとっての真理に対して誠実だった
　 b　人間は理性によって情念を従わせ，幸福になることができる

問4　AとBは，次の**資料1・資料2**を見付け，先生と3人で後の会話を交わした。会話中の下線部①～④は，それぞれ**資料1・資料2**から読み取れる内容の説明，ならびに老子・旧約聖書についての説明である。その内容として**適当でないもの**を①～④のうちから一つ選べ。　4

資料1　『老子』からの引用

　有と無，難と易，長と短……（という対立する言葉や概念）は，互いに依存し合い相対的な関係にある。ゆえに，聖人は無為を決め込み，言葉に依らない教えを実行するのだ。

資料2　旧約聖書「ヨブ記」からの引用

　主はヨブに言われた。非難する者が全能者と言い争うのか。……ヨブは主に答えた。私は取るに足りない者。何を言い返せましょうか。……それゆえ，私は自分を退け塵と灰の上で悔い改めます。

A　：**資料1**も**資料2**も，黙することの大切さを説いているようだね。

B　：**資料1**では，①様々な言葉や概念は相対的なものにすぎないから，聖人は言葉に依らない教えを行うと言われているよ。

A　：授業で，②老子は，人々が道から外れて，文明や道徳を人為的に作ったことを批判したって習ったね。**資料1**はそれと関連しているのかな。

B　：**資料2**はどうだろう。旧約聖書の「ヨブ記」は，様々な不幸に見舞われたヨブが，全能者である神にその理由を問いかける物語らしいね。

A　：③「旧約」って，古くからの伝統に基づく神との契約という意味で，ユダヤ教徒自身が誇りを持ってそう呼ぶようになったんだよね。

B　：**資料2**では，④ヨブが自らの卑小さを忘れて，その神と言い争おうとした自分を反省している様子が描かれているね。

A　：うーん，むやみに議論を追い求めるのが正しいわけでもないのか…。

先生：一か所誤りもありますが，**資料1・資料2**を基によく考えていますね。

第2問 以下のⅠ～Ⅲを読み，後の問い（問1～4）に答えよ。なお，会話と問いの C，D，先生は各々全て同じ人物である。（配点 12）

Ⅰ　次の会話は，日本思想に関する倫理の授業後に，高校生CとDが交わしたものである。

> C：理想という言葉について調べることになったんだけど，困ったなあ。そもそも理想って何だろう？
>
> D：改めて聞かれると難しいよね。ある本で理想の意味を調べてみたら，「現実があるがままの姿を指すのに対して，人および物事の⑨<u>あるべき姿</u>を指し示す言葉」だと書いてあったよ。
>
> C：ということは，仏教者や儒者など，日本の先人たちがあるべき姿をどのように考えてきたかを調べてみたらいいのかな？
>
> D：そうだね，一緒に調べてみよう！

問1　下線部⑨に関連して，次の**ア**～**ウ**は，役人のあるべき姿を示した「憲法十七条（十七条憲法）」の条文に書かれた言葉についての説明である。その正誤の組合せとして正しいものを，後の①～⑥のうちから一つ選べ。 ⬚5

ア　「和をもって貴しとなし」という言葉は，人々が出家して仏教の真理を体得することで，共同体の調和が実現されるという意味である。

イ　「篤く三宝を敬え」という言葉は，仏，法，僧の三つを尊重することが大切であるという意味である。

ウ　「ともにこれ凡夫のみ」という言葉は，誰もが欲望にとらわれた存在であるという意味であり，他人に意見を求めることの無意味さを説いている。

① **ア** 正 **イ** 正 **ウ** 誤　　② **ア** 正 **イ** 誤 **ウ** 正

③ **ア** 正 **イ** 誤 **ウ** 誤　　④ **ア** 誤 **イ** 正 **ウ** 正

⑤ **ア** 誤 **イ** 正 **ウ** 誤　　⑥ **ア** 誤 **イ** 誤 **ウ** 正

Ⅱ　次の会話は，「理想」について調べていたCとDが，日本の近世の思想について先生と交わしたものである。

　　C　：近世ではどんな理想が思い描かれていたんだろう？

　　D　：例えば，伊藤仁斎は，日常において道が実現されることを重視して，日々の生活における人と人との和合が大切だと説いていたね。

　　C　：本居宣長の説いた⑥真心も，一つの理想と捉えて良いのかな？

　先生：いずれも人間のあるべき姿を追求したものと捉えて良いでしょう。あるべき姿について考えることは，日々の生活や，自分の心のあり方を見つめ直すことにつながりますね。

問2　下線部⑥に関して，CとDは，本居宣長が説いた真心の働きを，自分たちの身近な事例を通じて説明できないかを話し合った。本居宣長の真心についての考え方に即してなされた発言として最も適当なものを，次の①～④のうちから一つ選べ。　　6

　①　図書室で借りた本を返さない人がいるんだよ。借りた物を期限までに返すのは，人として当たり前のことなのに。誰もが物事の善悪を考えて，道理に従って正しく行動すれば，世の中のことは万事うまくいくと思うんだ。

　②　知り合いに，いつも腹を立てている人がいるんだ。何かにつけて怒りをあらわにするなんて，大人げないよね。心の状態にかかわらず，自分の立場や役割をよく考えて，全ての人に親切に接することが大切だと思うんだ。

　③　あえて感情を抑えて，理知的に振る舞うことを心掛けている人もいるみたい。でも，悲しいときには泣けばいいし，嬉しいときには喜べばいいんだよ。そうすることが，人の本来の生き方であると思うんだ。

　④　学級委員の二人，文化祭のことで感情的になっちゃって，かなり険悪な雰囲気だったよね。感情に任せて他人と争うなんて，愚かなことだよ。一時の感情に身を任せずに，丁寧に説明すれば分かり合えるはずなのに。

Ⅲ 次の会話は，Ⅱの会話の翌日に，「理想」をめぐる日本の近代の思想について，C，D，先生が交わしたものである。

D　：大正時代には，現実をありのままに肯定する自然主義に対して，文学や思想の分野で理想主義が唱えられました。今ある現実を超えてあるべき姿を追い求め，ⓒ<u>理想と現実の間で葛藤した人々の姿</u>が印象的でした。

先生：大事な点に気が付きましたね。実は「理想」という日本語は，近代になってからドイツ語の Ideal（イデアール）を訳して作られたものなのです。

C　：Ideal の語源はイデアでしょうか？　永遠に変わることのないイデアを踏まえて，理想という言葉が作られたのですね。

先生：そのとおりです。西洋の思想を取り入れる中で，現実の自己をより深く見つめ，あるべき姿を探求した人もいました。

問 3　下線部ⓒに関連して，次の**ア・イ**は，理想と現実の間で葛藤した思想家についての説明であるが，それぞれ誰のことか。その組合せとして正しいものを，後の①〜⑥のうちから一つ選べ。　　**7**

ア　キリスト教的人道主義の立場から，近代化の進展に伴い発生した社会問題に心を痛め，競争や階級のない平等な社会の実現を目指した。

イ　現実的な政治の世界に理想の実現を求めた後に，文学の世界に身を投じ，文学を通して，自己の内部生命の要求を実現することを求めた。

① **ア**　石川啄木　　**イ**　安部磯雄

② **ア**　石川啄木　　**イ**　北村透谷

③ **ア**　安部磯雄　　**イ**　石川啄木

④ **ア**　安部磯雄　　**イ**　北村透谷

⑤ **ア**　北村透谷　　**イ**　石川啄木

⑥ **ア**　北村透谷　　**イ**　安部磯雄

問 4　次の**資料**は，近代における「理想」の捉え方に関して先生が示したものである。**資料**を踏まえて交わされたCとDの会話を読み，会話中の　**a**　に入る記述として最も適当なものを，後の①〜④のうちから一つ選べ。　8

資料

　理想の理想たる所以（ゆえん）は，それが常に現実の上にかかる力として，現実を高め浄（きよ）むる力として，現実を指導して行くところにある。ゆえに理想が理想たるかぎりはそれは現実と矛盾する。理想は現実を歩一歩*に浄化してこれをおのれに近接せしめながら，しかも常に現実と一歩の間隔を保って行く。……理想は何物かを否定する，何物をも否定せざる理想は理想ではない。もとよりここにいう否定とは存在を絶滅することにあらずして，存在の意義を，存在の原理を更新することである。

（阿部次郎『三太郎の日記』より）

*歩一歩：一歩ずつ

C：理想って，実現できない彼方（かなた）のものだと思ってたけど，**資料**に「現実の上にかかる力」とあるように，現実に働きかけてくるものなんだね。

D：でもさ，理想が現実を浄化するって，どういうことだろう？

C：それは，理想が　**a**　ということだと思うよ。

D：なるほど…。「理想」という言葉の捉え方が豊かになった気がするよ。理想について考えることで，私も現実の自分を見つめ直すことができそう。

① 今ある現実を無条件に肯定することで，日常の苦しみを解消してくれる

② いつでも現実と齟齬（そご）なく合致して，今ある現実の意義を保証してくれる

③ 現実のありようを一方的に否定して，現実そのものを消し去ろうとする

④ 現実と理想の隔たりを浮かび上がらせ，現実を向上させる原動力となる

— 53 —

第3問 以下のⅠ～Ⅲを読み，後の問い（**問1～4**）に答えよ。なお，会話と問いの F，G，先生は各々全て同じ人物である。（配点 12）

Ⅰ 次の会話は，「考えること」をテーマにした倫理の授業中に，ルネサンス期の「魔女狩り」の光景を描いた絵画をめぐって先生と高校生Fが交わしたものである。

先生：魔女狩りでは，国家とキリスト教会に一般の人々も数多く加わって，罪の ない人々を魔女とみなし，この絵のように火刑に処するなどしました。

F ：人間「再生」の時代と言われるルネサンス期にも，こんな側面があったので すね…。人々は，自分が間違っていると考えなかったのかな。

先生：そう，多くの人々が自分たちの判断に正当な根拠があるかを考えず，ある 種の思考停止状態に陥って少数の人々を迫害したのが魔女狩りであったと すれば，同様なことは今日でも十分に起こり得るでしょう。

F ：例えば， a ような場合ですね。考えることを止めてしまったら，自 分も現代版の魔女狩りに加担しかねない…。他人事ではないなあ。

問 1　10 ページの会話中の　**a**　に入る事例として**適当でないもの**を，次の
①～④のうちから一つ選べ。　**9**

① 多くの人々が，眼前の困難に向き合う責任をただ回避するために，その困
難の原因は特定の集団にあると根拠なく決め付けて，彼らを攻撃する

② 多くの人々が，思想や信条の異なる人々を自分たちとは異なるというだけ
で迫害し，そうすることで自分たちの正しさを信じ込もうとする

③ 権力者が自分に対する社会の不満をかわす意図で敵に仕立てた人物を，多
くの人々が，権力者の言うままに不満の原因と思い込み，糾弾する

④ 世の中に広がっている漠然とした不安を自分なら解消できると主張する人
物を，多くの人々が，その主張の根拠を確かめないまま熱狂的に支持する

Ⅱ 次の会話は，授業の後にＦとクラスメートのＧが交わしたものである。

Ｆ：思考停止って怖いね。でも，知識さえあれば，他人の意見などを鵜呑みにせず，疑ってみることもできるから，思考停止も避けられるよ。

Ｇ：それはどうだろう。例えばこんな言葉があるよ。「あらゆることについて読書した人たちは，同時にあらゆることを理解していると考えられていますが，必ずしもそうではありません。読書は心に知識の素材を提供するだけであり，思考こそが，私たちが読んだものを自分のものにします」。

Ｆ：そうか…。知識だけがあればいいってことじゃないのか。これ，誰の言葉？

Ｇ：ほら，『人間知性論』を書き，人間の心を「白紙」になぞらえた思想家だよ。

Ｆ：ああ，それは　　**a**　　んだった。「白紙」は人間が知識を獲得する仕方を一般的に説明するための比喩だったね。その上で，この言葉は，自分の頭で考えることを通してこそ，知識は借り物ではなく，本当に自分のものになると述べているんだね。

問2 Ⅱの会話中の　　**a**　　に入る記述として最も適当なものを，次の①〜④のうちから一つ選べ。　| 10 |

① ヒュームだね。彼は，自我とは知覚の束にすぎず，諸々の観念も人間の心が慣習として作り出したものにすぎないと主張した

② ロックだね。彼は，生まれながらにして人間に具_{そな}わっている観念から，経験を通じて知識が導き出されるとした

③ ヒュームだね。彼は，存在するとは知覚されることであるとする立場から，物質世界が実在することを否定した

④ ロックだね。彼は，生得の観念というものはなく，経験を通じて得られた観念やその組合せによって知識が生まれると主張した

Ⅲ　次の会話は，Ⅱの会話の後で，F，G，先生が交わしたものである。

F　：考える大切さは分かったけど，考えって人それぞれで違うよね。私は，人
　　　と意見が違って衝突しそうになると，自分の考えは脇に置いて相手に従お
　　　うとしてしまうんだ。対立して人を傷つけたくないし，自分も傷つきたく
　　　ないから。

G　：でも，⒜ヘーゲルの弁証法によれば対立にも重要な意味があるって，授
　　　業で勉強したよ。対立があればこそ物事は展開するんだって。それに，衝
　　　突を恐れるあまり，自分の考えを蔑(ないがし)ろにしてしまっていいのかな。

F　：そうだね…。私も，実を言えば，そうして人に合わせるのは，自分自身か
　　　ら目を背けることのような気がしてたんだ。

G　：そんな気がするっていうのが大事だと思う。その気にさえなれば，自分を
　　　偽らずに相手と向き合い，考えを進めていけるってことだから。ヤスパー
　　　スも，「実存的な交わり」が人間には必要だって言っていたね！

先生：考えを進める上で，他の人の存在はもちろん重要です。ただ，考えはあく
　　　までも自分自身の中で深まるものだという点を忘れたくないですね。

G　：どういうことでしょう。自分一人ではなかなか考えも深まっていかないよ
　　　うに思うのですが…。

先生：日常生活で，何かが心に引っ掛かって残り続けた経験はありませんか。

F　：あります。友人にかけた自分の言葉が，それで本当によかったのかずっと
　　　気になったり，読んでいた本の一節が，なぜか忘れられなかったり…。

先生：そのとき，なぜ気になったのか，忘れられないのかと自分自身に問いかけ
　　　ることが，考えを深める手掛かりになるでしょう。誰もが同じことに引っ
　　　掛かるわけではないのだから，自分の心に残ったものは，他の誰でもなく
　　　あなた自身の考えを深めていくための出発点になるのです。

F　：心に引っ掛かったことをやり過ごさず，立ち止まって考えることで，自分
　　　の考えをいっそう深めていける，ということですね。分かってきたけど，
　　　まだ少し引っ掛かるなあ…。あれ，これってもしかして…？

先生：それです！

問3 下線部⓪に関して，次の**ア・イ**はヘーゲルの弁証法についての説明である。
その正誤の組合せとして正しいものを，後の**①**~**④**のうちから一つ選べ。

11

ア 弁証法は，精神が自由を実現する過程を貫く論理である。全て存在するも
のはそれ自身と矛盾するものを内に含み，それとの対立を通して高次の段階
に至る。この運動は個人のみならず社会や歴史の進展にも認められる。

イ 止揚は，否定と保存の意味を併せ持つ言葉である。弁証法において止揚す
るとは，対立・矛盾する二つのもののうち，真理に近い方を保存し，他方を
廃棄して，矛盾を解消することである。

① ア 正　イ 正

② ア 正　イ 誤

③ ア 誤　イ 正

④ ア 誤　イ 誤

問 4　次の文章は，学習のまとめとしてFが書いた**レポート**の一部である。12，13 ページの会話を踏まえ，**レポート**中の　a　・　b　に入る記述の組合せとして最も適当なものを，後の①～④のうちから一つ選べ。　12

レポート

　授業で魔女狩りの話を聞き，また先生や友人との対話を通じて，考えることの大切さと，思考停止の怖さを学んだ。

　当初私は，人が思考停止状態に陥ってしまうのは，　a　からだろうと思っていた。しかし，Gと話をして，思想家の言葉を紹介されたりする中で，それだけではないらしいと思い至った。また，私は人と衝突することを恐れて，自分の考えを表に出すのを控えてしまうことがある。このとき，私は既に思考停止に片足を踏み込んでいると言えるのかもしれない。

　どうすれば思考停止を避けられるだろうか。この点について，先生は　b　という考え方を示した。思考停止に陥る危険も，思考を促し考えを深める種も，ともに日常の中にはあるのだと気付いた。

---

① **a**　熟慮する力が養われておらず，知識が真に自分のものとなっていない

　b　思考は日常を生きる自分自身の中において深まるのだから，他者の意見よりも自己の見解の方をこそ重視すべきである

② **a**　物事を批判的に捉え返すために必要な思考の材料が不足している

　b　日々の暮らしの中で経験されるようなありふれた物事の中にも考える種はあり，それが自身の思考を深めるきっかけになり得る

③ **a**　熟慮する力が養われておらず，知識が真に自分のものとなっていない

　b　何かが心に引っ掛かったとき，他の誰も気に留めないようなものであっても，それを手掛かりにすれば考えを進めていくことができる

④ **a**　物事を批判的に捉え返すために必要な思考の材料が不足している

　b　思考を進め，考えを深めていくためには，日々の小さな出来事に引っ掛かりを覚えたとしても，それに囚われるべきではない

第4問 高校生JとKが倫理の授業の予習をしているときに交わした次の会話を読み，後の問い（**問1～4**）に答えよ。なお，会話と問いのJとKは各々全て同じ人物である。（配点　14）

J：うーん，次回の授業で扱う@未来世代に対する責任ってよく分からないなあ。

K：後の世代のためによいことをしなければいけない，というのは当然じゃない？

J：その人たちに何がよいのかなんて，今の私たちに分かる？　私にはⓑネットがない生活なんて耐えられないけど，この気持ちは昔の人には分からなかったでしょ。未来の人はまた違うことを望むはずで，それは予想できないよね。

K：変わらないこともあるよ。誰だって衣食住や自由が必要だし，ⓒ子どもは大人に守ってもらわないと。それに安全な環境や社会がなければ不安だよ。

J：でも，私個人の行動が，未来の人の生活に影響することなんてあるのかな。

K：一人ひとりの廃棄で川や海にプラスチックが溜まり，電気やガスの使い過ぎで温暖化も進んだ，と授業で習ったね。個人の行動も未来に影響はするよ。

J：なるほど。だけど，そもそも私たちに未来世代に対する責任があるのかなあ。この責任を負う相手には，遠い将来の人だって含まれるかもしれないわけでしょ。そんな赤の他人になぜ何かをしてあげなければいけないのかな？

K：そういう人を思いやるのは難しいけど，それって何もしないことの言い訳になる？　遠い未来に生まれるとしても私たちと同じ人間なんだから，道徳的に考えると，その人たちの利害も私たちのものと同様に重要なんじゃないの。

J：うーん，まだ存在もしていない人の利害よりも，いま現に生きている人の利害の方が大事な気もする。それに，同世代の人に何かよいことをするならお返しをしてもらえる可能性があるけど，未来世代の人からは何も返してもらえないよ。一方的な自己犠牲をしなきゃいけないの？

K：それは本当に一方的な自己犠牲なのかな。違うと思うよ。私たちが有限な人生を生きることの意味や幸福って，誰かが私たちの遺産を引き継いで幸せに生きていってくれるっていう期待にかかっているんじゃないの。

J：ⓓ後を継ぐ人がいないとしても，自分らしく生きられるのなら，それで十分だと思うけど。まだ納得できないから，明日，授業を受けてからまた話そう。

問 1　下線部ⓐに関して，次の**メモ**は，授業の前夜にKが自分の考えをまとめたものである。16 ページの会話を踏まえて，**メモ**中の　a　・　b　に入る語句の組合せとして最も適当なものを，後の①〜⑥のうちから一つ選べ。　13

メモ

　未来世代に対する責任の重要性を説いた思想家として，ヨナスが挙げられる。私たちが，自然を危機的なまでに傷つけ人類を滅ぼすことができる科学技術を手にしていることが，彼の議論の背景にある。　a　ことも，彼と同様の考えに基づくものだったようだ。さらにヨナスは，私たちの行為と技術の影響を，遠い未来に及ぶものでも，できる限り知らなければならないと主張した。これは，Jに伝えた，　b　という私の考えと同じ発想に基づいていたようだ。でも，科学技術とその利用の影響について知るための教育の機会が得られない人だって多い。現在の問題にも取り組まないと，未来世代に対する責任は果たせないということか。

---

① a 国連人間環境会議で「持続可能な開発」が提唱された

　 b 遠い将来の人であっても，私たちの行為で被害を受けることがある

② a 国連人間環境会議で「持続可能な開発」が提唱された

　 b 未来の人を援ける^{たす}ことは，見返りのない義務なのだ

③ a ハーディンが地球を宇宙船という閉ざされた環境に喩えた^{たと}

　 b 遠い将来の人であっても，私たちの行為で被害を受けることがある

④ a ハーディンが地球を宇宙船という閉ざされた環境に喩えた

　 b 未来の人を援けることは，見返りのない義務なのだ

⑤ a ラッセルとアインシュタインが核兵器の廃絶を主張した

　 b 遠い将来の人であっても，私たちの行為で被害を受けることがある

⑥ a ラッセルとアインシュタインが核兵器の廃絶を主張した

　 b 未来の人を援けることは，見返りのない義務なのだ

18

問 2 下線部ⓑに関連して，先生は授業で生徒に情報に関わる現代社会の問題を挙げさせた。デジタル・デバイドの具体例を挙げた生徒の発言として最も適当なものを，次の①～④のうちから一つ選べ。 14

① ネット上では，本人の同意なく個人情報が書き込まれ，しかもそれが容易には削除されない，という問題が起こっています。

② インターネットに接続しにくい地域に住んでいるために，教育や就職の機会において不利になっている人がいます。

③ ネット上では，考えを共有する人同士が結び付き，意見が違う人を無視したり排除したりして，極端で攻撃的な方向に走る危険があります。

④ 企業，報道機関，政府などが情報を隠したり不正確な情報を流したりして，情報の受け手が適切に行動するのが難しくなることがあります。

問 3 下線部ⓒに関連して，子どもの発達や養育についての記述として最も適当なものを，次の①～④のうちから一つ選べ。 15

① 子育てや教育が，家族よりむしろ保育所や学校などの組織に担われるようになることは，家族機能の外部化と呼ばれる事象の一例である。

② 青年期において，大人の集団にも子どもの集団にも属さない不安定な状態に置かれることを，レヴィンは脱中心化と呼んだ。

③ 子どもが親や大人の指図や保護に対して反発する時期の一つとして，7～8歳の頃の第二反抗期が挙げられる。

④ 青年期において達成すべき発達課題の一つとして，エリクソンは周りの世界や自分自身を信じるという基本的信頼の獲得を挙げた。

問 4　下線部④に関して，次の**資料**は，ある小説に描かれた社会の概要である。後の会話は，JとKが，授業で使われたこの**資料**を読んで，授業後に交わしたものである。16 ページの会話も踏まえて，後の会話中の　a　・　b　に入る記述の組合せとして最も適当なものを，次ページの①～④のうちから一つ選べ。　16

資料

　人類に子どもが全く生まれなくなり，20 年以上が過ぎた。人類の後継者が見込めないこの社会では，悲観主義が蔓延（まんえん）した。多くの人は，自分たちが去った後には全てが失われるのだと理解すると，いかなる喜びも儚い（はかない）ものに感じた。思いやりのある公正な社会への関心が薄れて民主制が崩壊し，自然界への関心も消えて科学的進歩はほぼ停止した。人々は，いなくなった快活な子どもたちの面影を空しく（むなしく）希求した。

（P. D. ジェイムズ『人類の子どもたち』より作成）

K：私たちのサークルが卒業後に廃部になることが決まったけど，Jはすごくショックを受けていたよね。サークルですらそうなんだから，人類が絶えることが分かったら，Jが無関心でいられるとは思わないなあ。

J：ああ，自分が**資料**で語られた社会の一員だと想像したら，Kが前に言っていたことが分かってきたよ。人類の文明が滅びるってことは，自分たちの伝統も人間関係も，大事にしている知識や考え方や価値観も，全て消え去るってことなんだ。

K：この結果をはっきり自覚したら，確かに生きがいや楽しみは損なわれそうだよね。だとすれば，授業前に私が言ったように，　a　。

J：　b　。**資料**の物語はフィクションだけれど，戦争や環境破壊や気候変動がいつか実際に文明を滅ぼしてしまうかもしれないわけだし，未来世代のためにはもちろん，自分たちのためにこそ，今後どうするべきか考えないといけないのかなと思うようになったよ。

① **a** 未来世代の人の利害は現代世代の人の利害よりも重要なので，私たちは嫌でも未来世代のために責任を果たすべきなんだよ

b 私もKも，赤の他人のことを思いやるのは難しいと考えていたけれど，**資料**を読むとそんな他人の状況も思い描くことができたよ

② **a** 未来世代の人の利害は現代世代の人の利害よりも重要なので，私たちは嫌でも未来世代のために責任を果たすべきなんだよ

b 私は，自分たちの後を引き継ぐ人がいなくても，自分らしく生きられるのなら幸せだと考えていたけれど，そうではないかもね

③ **a** 私たちの遺産を引き継いで幸せに生きる「子どもたち」やその子孫がいることは，私たちの人生にとってもやっぱり重要なんだよ

b 私は，未来世代に責任を果たすことは，全くの自己犠牲だと思っていたんだけれど，そうではないってことか

④ **a** 私たちの遺産を引き継いで幸せに生きる「子どもたち」やその子孫がいることは，私たちの人生にとってもやっぱり重要なんだよ

b 私もKも，未来の人々にとって何がよいのかなんて分からないと言っていたけど，将来のためにできることを真剣に探っていかないとね

第5問　次の文章を読み，後の問い（問1〜6）に答えよ。（配点　19）

　国の法制度や@地方自治に関心がある生徒Xと生徒Yは，自分たちが住むJ市のまちづくりの取組みについて調べている。

　かつて⓫K寺の門前町として栄えたJ市には，多くの観光客が訪れており，K寺はJ市の重要な観光資源となっている。市の中心市街地は，駅からK寺へ至る表参道としての中央通りを中心に発展してきた。駅前には大型店舗が集まり，表参道には個人商店が軒を並べている。また，K寺の門前には空き家などをリノベーションした店舗やカフェが多数立地し，©地元の農産物を加工した食品を販売している。

　生徒たちがJ市のWebページを調べたところ，市が「市街地活性化プラン」を策定し，次のような事業を展開していることがわかった。

空き家等活用事業	空き家等を活用し，店舗やカフェ，民泊などの施設として利用する場合に，改修費や設備費を補助するとともに，長期的な安定経営をめざし，経営指導員による継続的指導を行う。
歴史的街なみ整備事業	K寺周辺地区の歴史ある街なみを保全し，伝統と文化が感じられる景観を形成することを目的に，まちづくり協定で規定する範囲の景観の整備に対する助成を行うとともに，道路の美装化を進める。

　生徒たちはとくに空き家などの活用に関心をもち，空き家や⓭民泊に関する⓮法律についても，⓯立法過程を含め，調べてみることにした。

問 1 下線部@に関連して，生徒**Y**は，日本国憲法が保障している地方自治について調べ，次の**文章**のようにまとめた。**文章**中の空欄 ア ～ ウ に当てはまる語句の組合せとして最も適当なものを，後の①～⑧のうちから一つ選べ。 17

　日本国憲法第 92 条は，「地方公共団体の組織及び運営に関する事項は，地方自治の本旨に基いて，法律でこれを定める」としている。ここでいう地方自治の本旨は，団体自治と住民自治の原理で構成される。団体自治は，国から自立した団体が設立され，そこに十分な自治権が保障されなければならないとする ア 的要請を意味するものである。住民自治は，地域社会の政治が住民の意思に基づいて行われなければならないとする イ 的要請を意味するものである。国から地方公共団体への権限や財源の移譲，そして国の地方公共団体に対する関与を法律で限定することなどは，直接的には ウ の強化を意味するものということができる。

---

① ア 集 権　イ 自由主義　ウ 住民自治

② ア 集 権　イ 自由主義　ウ 団体自治

③ ア 集 権　イ 民主主義　ウ 住民自治

④ ア 集 権　イ 民主主義　ウ 団体自治

⑤ ア 分 権　イ 自由主義　ウ 住民自治

⑥ ア 分 権　イ 自由主義　ウ 団体自治

⑦ ア 分 権　イ 民主主義　ウ 住民自治

⑧ ア 分 権　イ 民主主義　ウ 団体自治

問 2 下線部ⓑに関連して，**J**市と**K**寺のかかわり合いに関心がある生徒**Y**は，「政治・経済」の授業で学習した政教分離原則のことを思い出し，政教分離原則に関する最高裁判所の判例について調べてみた。最高裁判所の判例に関する次の記述**ア**〜**ウ**のうち，正しいものはどれか。当てはまる記述をすべて選び，その組合せとして最も適当なものを，後の①〜⑦のうちから一つ選べ。 18

ア 津地鎮祭訴訟の最高裁判決では，市が体育館の起工に際して神社神道固有の祭式にのっとり地鎮祭を行ったことは，憲法が禁止する宗教的活動にあたるとされた。

イ 愛媛玉ぐし料訴訟の最高裁判決では，県が神社に対して公金から玉ぐし料を支出したことは，憲法が禁止する公金の支出にあたるとされた。

ウ 空知太神社訴訟の最高裁判決では，市が神社に市有地を無償で使用させていたことは，憲法が禁止する宗教団体に対する特権の付与にあたるとされた。

① ア

② イ

③ ウ

④ アとイ

⑤ アとウ

⑥ イとウ

⑦ アとイとウ

問 3 下線部©に関心をもった生徒Yは，日本の農業に関する法制度の変遷について調べ，次の表を作成した。**表**中の空欄 ア ～ エ には，後の記述①～④のいずれかが入る。**表**中の空欄 ウ に当てはまる記述として最も適当なものを，後の①～④のうちから一つ選べ。 19

1952 年	農地法の制定 〔内容： ア 〕
1961 年	農業基本法の制定 〔内容： イ 〕
⋮	⋮
1995 年	食糧管理制度廃止
1999 年	食料・農業・農村基本法の制定 〔内容： ウ 〕
2009 年	農地法の改正 〔内容： エ 〕
⋮	⋮

① 農業と工業の生産性の格差を縮小するため，米作から畜産や果樹などへの農業生産の選択的拡大がめざされることになった。

② 国民生活の安定向上のため，食料の安定供給の確保や農業の多面的機能の発揮がめざされることになった。

③ 地主制の復活を防止するため，農地の所有，賃貸，販売に対して厳しい規制が設けられた。

④ 農地の有効利用を促進するため，一般法人による農地の賃貸借に対する規制が緩和された。

問 4　下線部⓪について，生徒Ｘと生徒Ｙは次のような会話をしている。次の**会話文**中の空欄　ア　・　イ　に当てはまる語句の組合せとして最も適当なものを，後の①～④のうちから一つ選べ。　20

Ｘ：住宅宿泊事業法が制定されて，住宅を宿泊事業に用いる民泊が解禁されたと聞いたけど，うちのＪ市も空き家を活用した民泊を推進しているらしいね。でも，同じく宿泊施設であるホテルや旅館の経営者の一部からは，経営への悪影響を懸念して規制をすべきという声も出ているらしいよ。

Ｙ：　ア　を支持する考えからすれば，民泊がたくさんできると，利用者の選択肢が増え利便性が上がるだろうし，将来的には観光客の増加と地域経済の活性化につながって，いいことなんだけどね。

Ｘ：問題もあるんだよ。たとえば，閑静な住宅街やマンションの中に民泊ができたら，夜間の騒音とか，周辺住民とトラブルが生じることがあるよね。彼らの生活環境を守るための対策が必要じゃないかな。

Ｙ：民泊の営業中に実際に周囲に迷惑をかけているなら個別に対処しなければならないね。でも，自身の所有する住宅で民泊を営むこと自体は財産権や営業の自由にかかわることだし，利用者の選択肢を狭めてはいけないね。だから，住宅所有者が民泊事業に新たに参入することを制限するのはだめだよ。その意味で，　イ　ことには反対だよ。

① ア　規制強化
　 イ　住宅街において民泊事業を始めることを地方議会が条例で禁止する

② ア　規制強化
　 イ　夜間の激しい騒音を改善するよう民泊事業者に行政が命令する

③ ア　規制緩和
　 イ　住宅街において民泊事業を始めることを地方議会が条例で禁止する

④ ア　規制緩和
　 イ　夜間の激しい騒音を改善するよう民泊事業者に行政が命令する

問 5 下線部ⓒについて，生徒**X**と生徒**Y**は，さらに民泊に関連する法律の内容を調べた上で，次のような会話をしている。次の**会話文**中の空欄 ｜ **ア** ｜ ～ ｜ **ウ** ｜ に当てはまる語句の組合せとして正しいものを，後の①～⑧のうちから一つ選べ。｜ 21 ｜

X：調べてみたら民泊を営むにも利用するにもいろんな法律がかかわるんだね。

Y：そうだね。まず民泊の解禁を定めた住宅宿泊事業法があるけど，ほかにも，利用料金を支払って民泊を利用する契約には ｜ **ア** ｜ が適用されるね。ちなみに，私人間の関係を規律する ｜ **ア** ｜ は，公法か私法かという分類からすれば ｜ **イ** ｜ に該当するね。

X：また，民泊を営業する人は事業者だから，不当な勧誘による契約の取消しを可能にしたり，消費者に一方的に不利な条項の無効を定めたりする ｜ **ウ** ｜ も関連するよ。

Y：一つの事項についてもさまざまな法律が重層的にかかわることが確認できたね。

① ア 民 法　イ 私 法　ウ 消費者契約法
② ア 民 法　イ 私 法　ウ 独占禁止法
③ ア 民 法　イ 公 法　ウ 消費者契約法
④ ア 民 法　イ 公 法　ウ 独占禁止法
⑤ ア 刑 法　イ 私 法　ウ 消費者契約法
⑥ ア 刑 法　イ 私 法　ウ 独占禁止法
⑦ ア 刑 法　イ 公 法　ウ 消費者契約法
⑧ ア 刑 法　イ 公 法　ウ 独占禁止法

問 6　下線部⑥について，生徒**X**は，「政治・経済」の教科書を読み，日本の立法過程について整理した。日本の立法過程に関する記述として**誤っているもの**を，次の①～④のうちから一つ選べ。　22

①　国会議員が予算を伴わない法律案を発議するには，衆議院では議員 20 人以上，参議院では議員 10 人以上の賛成を要する。

②　法律案が提出されると，原則として，関係する委員会に付託され委員会の審議を経てから本会議で審議されることになる。

③　参議院が衆議院の可決した法律案を受け取った後，60 日以内に議決をしないときは，衆議院の議決が国会の議決となる。

④　国会で可決された法律には，すべて主任の国務大臣が署名し，内閣総理大臣が連署することを必要とする。

第6問 生徒たちは，次の白板にまとめた授業の内容をもとに，経済主体の関係について考察や分析を行った。これに関連して，後の問い(**問1～6**)に答えよ。(配点　19)

---

1. **【経済主体の関係】** 家計(消費者)，ⓐ企業，政府の関係図の例

   例：政府と企業の関係図

   政府 ┄┄→ 企業　**実線の矢印**：モノ・カネなどの流れ
   　　　　　　　　　点線の矢印：ⓑ土地開発への規制などの「行為(～する)」

   注意：基本的な関係図は，これらに家計を加えた三つの主体から構成される

2. **【関係図の書き方】** ＜許認可の例：建設業＞　＜建設業の事業例：ⓔ災害復旧＞

   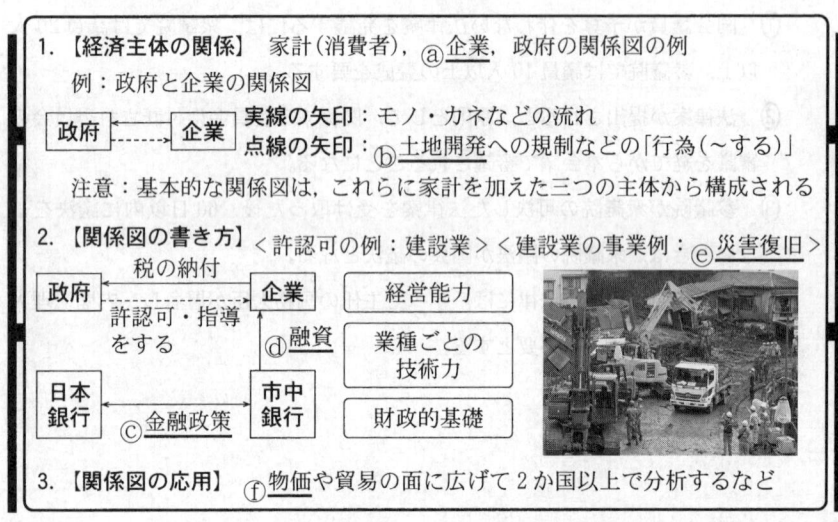

   税の納付
   政府 ◀┄┄ 企業　　経営能力
   許認可・指導
   をする　　ⓓ融資　　業種ごとの技術力
   日本銀行 ◀ⓒ金融政策 市中銀行　　財政的基礎

3. **【関係図の応用】** ⓕ物価や貿易の面に広げて2か国以上で分析するなど

※入試に掲載された写真とは異なります

問1 日本における下線部ⓐに関する記述として最も適当なものを，次の①～④のうちから一つ選べ。　**23**

① 自社の株価の低下を招くような社内の行為をその会社の株主が監視することを，リストラクチャリングという。

② ある企業の1年間の利潤のうち，株主への分配率が上昇すると内部留保への配分率も上昇し，企業は設備投資を増やすようになる。

③ 世界的に拡大した感染症による経済的影響として，いわゆる巣ごもり需要の増加に対応することで2020年に売上を伸ばした企業があった。

④ 1990年代のバブル経済崩壊後，会社法が制定され，株式会社設立のための最低資本金額が引き上げられた。

問 2　下線部ⓑに関連して，生徒**X**は，クラスでの発表において，企業の土地利用を事例にして，機会費用の考え方とその適用例をまとめることにした。**X**が作成した，次の**メモ**中の空欄　ア　・　イ　に当てはまる語句として最も適当なものを，後の①〜④のうちから一つ選べ。　24

◇**機会費用の考え方**：ある選択肢を選んだとき，もし他の選択肢を選んでいたら得られたであろう利益のうち，最大のもの。

◇**事例の内容と条件**：ある限られた土地を公園，駐車場，宅地のいずれかとして利用する。利用によって企業が得る利益は，駐車場が最も大きく，次いで公園，宅地の順である。なお，各利用形態の整備費用は考慮しない。

◇**機会費用の考え方の適用例**：ある土地をすべて駐車場として利用した場合，　ア　の関係から他の用途に利用できないため，そのときの機会費用は，　イ　を選択したときの利益に等しい。

---

① ア　トレード・オフ　　イ 公 園
② ア　トレード・オフ　　イ 宅 地
③ ア　ポリシー・ミックス　イ 公 園
④ ア　ポリシー・ミックス　イ 宅 地

問 3 下線部ⓒに関連して,生徒**X**と生徒**Y**は,日本銀行による金融政策の主な手段である公開市場操作(オープン・マーケット・オペレーション)について話し合った。次の**会話文**中の空欄 ア ・ イ に当てはまる語句の組合せとして最も適当なものを,後の①~④のうちから一つ選べ。 25

X:日本銀行は,買いオペレーションや売りオペレーションによって,個人や一般企業が保有する通貨量を変動させているようだね。

Y:そうかな? たしかに,買いオペは金融 ア の効果が期待できると言われているけど,日本銀行が市中銀行から国債を買い入れると,確実に増加するのは市中銀行が保有する日銀当座預金の残高だね。

X:それは個人や一般企業が保有する通貨量,つまり イ が増加すると考えてよいのかな。

Y: イ が増加するかどうかは,個人や一般企業の資金需要と市中銀行の貸出が増加するかどうかによるよ。

X:それなら,日本銀行の公開市場操作は イ を直接的に増減させるものではないということだね。

① ア 緩 和   イ マネーストック
② ア 緩 和   イ マネタリーベース
③ ア 引 締   イ マネーストック
④ ア 引 締   イ マネタリーベース

問 4 下線部⑪に関連して，生徒たちは，次の**図1**と**図2**を用いて市中銀行の貸出業務を学習することになった。これらの図は，すべての市中銀行の資産，負債，純資産を一つにまとめた上で，貸出前と貸出後を比較したものである。これらの図から読みとれる内容を示した後のメモを踏まえて，市中銀行の貸出業務に関する記述として最も適当なものを，後の**①**～**④**のうちから一つ選べ。

26

資産	負債・純資産
「すでにある貸出」 85	「すでにある預金」 90
日銀当座預金 15	資本金 10

図1　貸出前のバランスシート

資産	負債・純資産
「新規の貸出」20	「新規の預金」20
「すでにある貸出」 85	「すでにある預金」 90
日銀当座預金 15	資本金 10

図2　貸出後のバランスシート

（注）　バランスシートの左側には「資産」が，右側には「負債・純資産」が表され，「資産」と「負債・純資産」の金額は一致する。簡略化のため，市中銀行の資産は貸出および日銀当座預金，負債は預金，純資産は資本金のみとし，また貨幣単位は省略する。

> **メモ**　個人や一般企業が銀行から借り入れると，市中銀行は「新規の貸出」に対応した「新規の預金」を設定し，借り手の預金が増加する。他方で，借り手が銀行に返済すると，市中銀行の貸出と借り手の預金が同時に減少する。

---

①　市中銀行は「すでにある預金」を個人や一般企業に貸し出すため，銀行貸出は市中銀行の資産を増加させ負債を減少させる。

②　市中銀行は「すでにある預金」を個人や一般企業に貸し出すため，銀行貸出は市中銀行の資産を減少させ負債を増加させる。

③　市中銀行は「新規の預金」を創り出すことによって個人や一般企業に貸し出すので，銀行貸出は市中銀行の資産と負債を減少させる。

④　市中銀行は「新規の預金」を創り出すことによって個人や一般企業に貸し出すので，銀行貸出は市中銀行の資産と負債を増加させる。

問 5 下線部ⓒに関連して，生徒**X**と生徒**Y**は災害の影響に関する次の**会話**をしている。

> **X**：この間の災害で被害を受けた地場産品の野菜の価格が上がって困っているよ。おいしいから毎日必ず食べてたんだ。復旧のめどはたったらしいけど，元に戻るには時間がかかるらしくて。早く元に戻ってくれないかな。
>
> **Y**：この**図**をみてよ。災害前は右下がりの需要曲線と右上がりの供給曲線が**E**点で交わっていたと仮定すると，災害の影響で供給曲線が**図**の元の位置から一時的にこんな位置に変わった状況だね。ということは，需要曲線が災害前の位置のままとして，供給曲線が元の位置に自然に戻るまでの間に　**ア**　といったような対策がとられれば，<u>より早く元の価格に戻っていくんじゃないかな。</u>

図

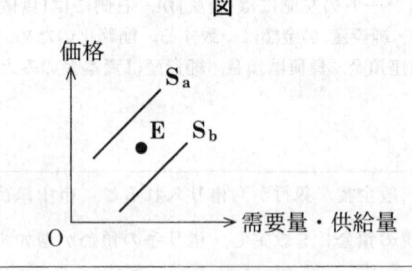

Xの発言に対し，**Y**は災害後の供給曲線を図中の**S$_a$**線か**S$_b$**線のいずれかと推測し，二重下線部（＿＿＿）を実現するための**E**点までの調整方策を**会話**文中の空欄　**ア**　で述べている。　**ア**　に当てはまる発言として最も適当なものを，次の①～④のうちから一つ選べ。　**27**

① 野菜の購入時にキャッシュレス決済で使える電子ポイントを付与する

② 野菜の購入量が増えるように消費者に宣伝を行う

③ 原材料の購入に使える助成金を生産者に支給する

④ 原材料の使用量に応じて課徴金を課す

問 6 下線部⑤に関連して，生徒たちは，次の**図**と**図に関する説明**を用いて，各国の物価水準の比率から外国為替レートを理論的に求める購買力平価説を学んだ。この説に基づいて算出される外国為替レート（1ドル＝ α 円）を基準として考えるとき，20××年○月△日における実際の外国為替レートの状態を表す記述として正しいものを，後の①〜④のうちから一つ選べ。　28

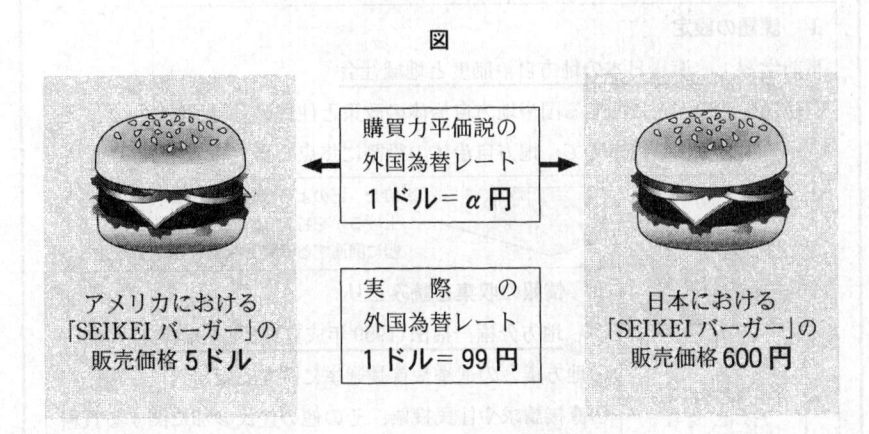

図

購買力平価説の
外国為替レート
1ドル＝ α 円

実　　際　　の
外国為替レート
1ドル＝ 99 円

アメリカにおける
「SEIKEI バーガー」の
販売価格 5 ドル

日本における
「SEIKEI バーガー」の
販売価格 600 円

【図に関する説明】

・両国で販売されている「SEIKEI バーガー」はまったく同じ商品であり，それぞれの販売価格は，同一年月日（20××年○月△日）のもので時差は考えない。

・両国の物価水準は「SEIKEI バーガー」の販売価格でそれぞれ代表される。

---

① 実際の外国為替レートは，1ドル当たり 120 円の円安ドル高である。

② 実際の外国為替レートは，1ドル当たり 120 円の円高ドル安である。

③ 実際の外国為替レートは，1ドル当たり 21 円の円安ドル高である。

④ 実際の外国為替レートは，1ドル当たり 21 円の円高ドル安である。

第7問 生徒Xと生徒Yは,「住民生活の向上を目的とする国や地方自治体の政策に,住民はどのようにかかわることができるのか」という課題を設定して調査を行い,L市主催の報告会で発表することにした。次の図は,そのための調査発表計画を示したものである。これに関連して,後の問い(**問1〜4**)に答えよ。(配点 12)

Ⅰ 課題の設定

事前学習：ⓐ戦後日本の地方自治制度と地域社会

○住民生活の向上に関する国や地方自治体の政策と住民の意見反映

　——地方分権を踏まえて,地方自治体の役割に焦点を当てる

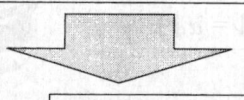

※何を,どのような観点から取り上げるかを特定し,設定した課題に関連する資料を収集する。

Ⅱ 情報の収集と読みとり

○ⓑ地方分権一括法(1999年成立)に関する資料

○地方議会の選挙や首長選挙に関する資料

○直接請求や住民投票,その他の住民参加に関する資料

○国の歳入歳出などの財政関係の資料

○将来の推計人口と社会保障に関連する資料

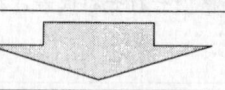

※考察を進めるために,さらに必要な資料を調べる。

Ⅲ 課題の探究

○人口減少社会における地方議会のあり方

○社会福祉など住民生活の向上を担う地方自治体のⓒ財政状況

　——自主財源と依存財源の構成比率などのあり方

※資料に基づき,分析や検討を行う。

※図表なども用いて考察・構想したことをわかりやすくまとめて発表する。

Ⅳ まとめと発表

○地方議会の内外において政策に関して熟議を促す仕組みをつくる

○住民生活の向上につなげるために地方自治体の財源を確保する

○探究でわかった課題：雇用問題での地方自治体やⓓ民間企業の取組み

問 1　生徒**X**と生徒**Y**は下線部@について調べた。次の**A～D**は，第二次世界大戦後の日本の地方自治をめぐって起きた出来事に関する記述である。これらの出来事を古い順に並べたとき，**3番目**にくるものとして正しいものを，後の**①**～**④**のうちから一つ選べ。　29

A　地方分権改革が進む中で行財政の効率化などを図るために市町村合併が推進され，市町村の数が減少し，初めて 1,700 台になった。

B　公害が深刻化し住民運動が活発になったことなどを背景として，東京都をはじめとして都市部を中心に日本社会党や日本共産党などの支援を受けた候補者が首長に当選し，革新自治体が誕生した。

C　地方自治の本旨に基づき地方自治体の組織や運営に関する事項を定めるために地方自治法が制定され，住民が知事を選挙で直接選出できることが定められた。

D　大都市地域特別区設置法に基づいて，政令指定都市である大阪市を廃止して新たに特別区を設置することの賛否を問う住民投票が複数回実施された。

①　**A**

②　**B**

③　**C**

④　**D**

問 2　生徒**X**と生徒**Y**は，下線部ⓑをみながら会話をしている。次の**会話文**中の空
欄　ア　～　ウ　に当てはまる語句の組合せとして最も適当なものを，後
の①～⑧のうちから一つ選べ。　30

X：この時の地方分権改革で，国と地方自治体の関係を　ア　の関係とした
んだね。

Y：　ア　の関係にするため，機関委任事務制度の廃止が行われたんだよ
ね。たとえば，都市計画の決定は，　イ　とされたんだよね。

X：　ア　の関係だとして，地方自治体に対する国の関与をめぐって，国と
地方自治体の考え方が対立することはないのかな。

Y：実際あるんだよ。新聞で読んだけど，地方自治法上の国の関与について不
服があるとき，地方自治体は　ウ　に審査の申出ができるよ。申出が
あったら　ウ　が審査し，国の機関に勧告することもあるんだって。ふ
るさと納税制度をめぐる対立でも利用されたよ。

① ア　対等・協力　　イ　法定受託事務　　ウ　国地方係争処理委員会

② ア　対等・協力　　イ　法定受託事務　　ウ　地方裁判所

③ ア　対等・協力　　イ　自治事務　　　　ウ　国地方係争処理委員会

④ ア　対等・協力　　イ　自治事務　　　　ウ　地方裁判所

⑤ ア　上下・主従　　イ　法定受託事務　　ウ　国地方係争処理委員会

⑥ ア　上下・主従　　イ　法定受託事務　　ウ　地方裁判所

⑦ ア　上下・主従　　イ　自治事務　　　　ウ　国地方係争処理委員会

⑧ ア　上下・主従　　イ　自治事務　　　　ウ　地方裁判所

問 3　下線部ⓒについて，生徒Xと生徒Yは報告会を主催したL市とその近隣の地方自治体について調べた。発表内容をまとめるために，生徒たちは歳入区分のうち地方税と地方交付税と国庫支出金に着目して，次の文章と後の**表**を作成した。なお，文章は**表**を読みとって作成したものである。**表**中の地方自治体①～④のうちL市はどれか。正しいものを，**表**中の①～④のうちから一つ選べ。　31

> 　L市の依存財源の構成比は，表中の他の地方自治体と比べて最も低いわけではありません。ただし，「国による地方自治体の財源保障を重視する考え方」に立った場合は，依存財源が多いこと自体が問題になるとは限りません。たとえばL市では，依存財源のうち一般財源よりも特定財源の構成比が高くなっています。この特定財源によってナショナル・ミニマムが達成されることもあるため，必要なものとも考えられます。
>
> 　しかし，「地方自治を重視する考え方」に立った場合，依存財源の構成比が高くなり地方自治体の選択の自由が失われることは問題だと考えられます。L市の場合は，自主財源の構成比は50パーセント以上となっています。

地方自治体	歳入区分の構成比（％）		
	地方税	地方交付税	国庫支出金
①	42	9	19
②	52	1	18
③	75	0	7
④	22	39	6

（注）　歳入区分の項目の一部を省略しているため，構成比の合計は100パーセントにならない。表中に示されていない歳入のうち，自主財源に分類されるものはないものとする。

問4 下線部④に関連して，次の**文章**は，L市内の民間企業の取組みについて，生徒Xと生徒Yがまとめた発表用原稿の一部である。**文章**中の空欄 ア には a か b，空欄 イ には c か d のいずれかが当てはまる。次の**文章**中の空欄 ア ・ イ に当てはまるものの組合せとして最も適当なものを，後の①〜④のうちから一つ選べ。 32

　一つ目はA社とB大学についての事例です。L市に本社があるベンチャー企業のA社は，それまで地元の大学からの人材獲得を課題としていました。そのためA社は，市内のB大学と提携してインターンシップ（就業体験）を提供するようになりました。このインターンシップに参加したB大学の卒業生は，他の企業への就職も考えたものの，仕事の内容を事前に把握していたA社にやりがいを見いだして，A社への就職を決めたそうです。この事例は ア の一例です。

　二つ目は事業者Cについての事例です。事業者Cは，市内の物流拠点に併設された保育施設や障がい者就労支援施設を運営しています。その物流拠点では，障がいのある人たちが働きやすい職場環境の整備が進み，障がいのない人たちと一緒に働いているそうです。この事例は イ の一例です。

---

a　スケールメリット（規模の利益）を追求する取組み

b　雇用のミスマッチを防ぐ取組み

c　トレーサビリティを明確にする取組み

d　ノーマライゼーションの考え方を実行に移す取組み

① アー a　イー c

② アー a　イー d

③ アー b　イー c

④ アー b　イー d

倫理，政治・経済

2021

第1日程

（2021年1月実施）

60分　100点

2

$$\left(\text{解答番号}\quad\boxed{1}\quad\sim\quad\boxed{33}\right)$$

第1問 高校生XとYが，「恥」について交わした次の会話を読み，下の問い(**問** 1〜4)に答えよ。なお，会話と問いのXとYは各々全て同じ人物である。 (配点　12)

X：いやぁ，さっきの授業での発表，間違えてしまって，恥ずかしいなぁ。

Y：気にしなくていいんじゃない？　たとえ間違えたとしても，みんなの参考になるという意味では，クラスという@共同体への貢献だし。周りの評判を心配して，ⓑ恥ずかしがることではないでしょ。

X：うーん，周りの評判は関係なくて…。正直に言うと，準備を怠けていたことに気付いて，恥ずかしくなるんだよね。もっと頑張るべきだったって。

Y：なるほど。恥は，他人の目線がなくても，自分の足りないところに気付いたり，自分のⓒ理想的な生き方に反したときにも感じるんだね。ⓓ恥は自分の外にも内にも原因を持ち得るってことか。

X：恥って，なんとなく嫌だなあって思ってたけど，調べてみると面白いかも。

問1　下線部@に関連して，共同体や社会をめぐる思想についての説明として最も適当なものを，次の①〜④のうちから一つ選べ。　$\boxed{1}$

① ペテロ(ペトロ)らは，イエスが死後に復活したと信じ，彼を救世主(キリスト)とみなす教団を形成した。

② 荀子は，社会に秩序がもたらされるためには，人間に本性的に備わる欲望が，自然と落ち着いていくことを待つ以外にないと考えた。

③ 董仲舒は，天人相関説を唱え，自然災害は，善政を敷く君主の統治する社会においてこそ起こると説いた。

④ スンナ派では，預言者の血統を受け継いだカリフが，ムスリムの共同体(ウンマ)を治めるべきだとされる。

問 2　下線部ⓑに関連して，次の**メモ**は，信仰を「恥」と関連付けるパウロの言葉を，Xが書き出したものである。　**a**　〜　**c**　に入る語句の組合せとして正しいものを，下の①〜④のうちから一つ選べ。　**2**

メモ

　パウロは，「わたしは　**a**　を恥としない。　**a**　は，　**b**　，信じる者すべてに救いをもたらす神の力だからです」と述べ，そして「人が義とされるのは　**c**　の行いによるのではなく，信仰による」と説いた。

---

① **a** 福　音　**b** ギリシア人ではなく，ユダヤ人であれば　**c** 律　法

② **a** 福　音　**b** ユダヤ人をはじめ，ギリシア人にも　**c** 律　法

③ **a** 律　法　**b** ギリシア人ではなく，ユダヤ人であれば　**c** 福　音

④ **a** 律　法　**b** ユダヤ人をはじめ，ギリシア人にも　**c** 福　音

問 3　下線部ⓒに関して，理想的な生き方を考察したヘレニズムの思想家についての説明として最も適当なものを，次の①〜④のうちから一つ選べ。　**3**

①　エピクロスは，あらゆる苦痛や精神的な不安などを取り除いた魂の状態こそが，幸福であると考えた。

②　エピクロスは，快楽主義の立場から，いかなる快楽でも可能な限り追求すべきであると考えた。

③　ストア派の人々は，人間の情念と自然の理法が完全に一致していることを見て取り，情念に従って生きるべきだと考えた。

④　ストア派の人々は，いかなる考えについても根拠を疑うことは可能であり，あらゆる判断を保留することにより，魂の平安を得られると考えた。

4

問 4 下線部@に関連して，恥じ入ることを「慚愧に堪えない」と言うが，次の**資料**は，上座部仏教の思想家が，「慚」と「愧」という恥に関わる概念について論じたものである。XとYは，この**資料**を読み，2ページにおけるXの恥の感じ方について話し合った。会話中の a ・ b に入る語句の組合せとして最も適当なものを，下の①~④のうちから一つ選べ。 4

資料

……慚は自己に由来し，愧は（他者という）外的な原因を持っている。慚は自分自身によって引き起こされ，愧は外的な世界によって引き起こされる。慚は慎みという人間の内的な本性に根ざし，愧は（他者への）恐れという本性に根ざしている。

（ブッダゴーサ『アッタサーリニー』より）

Y：Xは， a 恥ずかしくなったと言っていたね。

X：うん，そうなんだ。これは，**資料**の言葉を使えば， b が働いていたと言えるね。

Y：他人の目を恐れたのではなく，自分自身を謙虚に振り返ることで，恥を感じたんだね。立派だねえ。

X：いや，それほどでも。そうだ，せっかく恥についてここまで調べたんだから，レポートにまとめてみようっと。

① a 失敗した発表についての周りの評判が悪かったので b 慚

② a 失敗した発表についての周りの評判が悪かったので b 愧

③ a 十分に準備をした上で発表に臨めていなかったので b 慚

④ a 十分に準備をした上で発表に臨めていなかったので b 愧

第2問　以下を読み，下の問い（**問1～4**）に答えよ。（配点　12）

I　「日本における時間の捉え方と人生観・世界観」について，クラスを3つの班に
　分けて調べることにした。1班は古代から中世を担当した。

問1　『古事記』について調べていた高校生Aは，世界の始まりに関する次の**資料**
　を，先生から紹介された。『古事記』の内容を踏まえて，**資料**から読み取れる内
　容として最も適当なものを，下の①～④のうちから一つ選べ。　　5

> **資　料**
>
> 　最初にカオスが生じた。それから次に生じたのは，広き胸のガイア（大
> 地）……，またガイアは，実りもたらさぬ海，大波荒れるポントス（大海）
> をも，情愛なくして生んだ。それから，ウラノス（天）と結ばれ，深く渦巻
> くオケアノス（大河）を生んだ。
>
> 　　　　　　　　　　　　　　　　　　　　　　（ヘシオドス『神統記』より）
>
> （注）　ガイア，ポントス，ウラノス，オケアノスは，それぞれ自然を人格化した
> 　　　神の名

①　『古事記』では，究極の唯一神が天地を創造したとされるが，**資料**には，ガ
　イアから生まれたポントスやオケアノス等，複数の神々が描かれている。

②　『古事記』では，究極の唯一神が天地を創造したとされるが，**資料**には，ウ
　ラノスが生んだポントスやオケアノス等，複数の神々が描かれている。

③　『古事記』には，天地を創造した究極の唯一神は登場せず，**資料**にも，ガイ
　アから生まれたポントスやオケアノス等，複数の神々が描かれている。

④　『古事記』には，天地を創造した究極の唯一神は登場せず，**資料**にも，ウラ
　ノスが生んだポントスやオケアノス等，複数の神々が描かれている。

問 2 次ページのノートは，次の絵に関する**先生の指摘**と，高校生Bがこの絵を見て**感じた疑問**，さらにその疑問についてB自身が**調べた結果**を書き留めたものである。ノート中の　　a　　・　　b　　に入る記述の組合せとして正しいものを，次ページの①〜④のうちから一つ選べ。　6

ノート

先生の指摘

・右下の屋敷内に手を合わせた人物がいる。

・右下の人物のもとへ雲に乗った仏や菩薩たちがやって来ており，その中心にひときわ大きな仏が描かれている。

感じた疑問

(i) ひときわ大きな仏は，何者なのか。

(ii) この仏や菩薩たちは，何をしにやって来たのか。

(iii) どうしてこのような絵が描かれたのか。

調べた結果

(i) ひときわ大きな仏は，阿弥陀仏である。

(ii) この仏や菩薩たちは，　　**a**　　ためにやって来た。

(iii) 平安時代後期から鎌倉時代にかけて，「今は　　**b**　　時代なのだ」と強く意識された。そのような時代には，阿弥陀仏の力に頼るしかないと考えられたため，このような絵が描かれた。

---

① **a** 右下の屋敷内の人物を極楽往生に導く

　b 仏の教えだけが残っており，正しい修行も悟りもない

② **a** 右下の屋敷内の人物を極楽往生に導く

　b 仏の教えとそれに基づく修行のみが存在し，悟りのない

③ **a** 右下の屋敷内の人物に現世利益をもたらす

　b 仏の教えだけが残っており，正しい修行も悟りもない

④ **a** 右下の屋敷内の人物に現世利益をもたらす

　b 仏の教えとそれに基づく修行のみが存在し，悟りのない

II 次の**レポート**は，江戸時代を担当した2班の高校生Cがまとめたものの一部である。

問 3 **レポート**中の　　**a**　・　**b**　に入る語句や記述の組合せとして正しいものを，下の①～④のうちから一つ選べ。　**7**

> **レポート**
>
> 　江戸時代に入ると，儒者たちは，現実的な人間関係を軽視するものとして仏教を盛んに批判し始めた。そうした儒者の一人であり，徳川家康ら徳川家の将軍に仕えた　**a**　は，「持敬」によって己の心を正すことを求めた儒学を講じ，　**b**　と説いた。一方，泰平の世が続き都市経済が発展するとともに，中世以来の厭世観（えんせい）とは異なる現世肯定の意識が町人の間に育まれていった。その過程で，武家社会と異なる様々な文化や思想が町人社会にも形成されていくこととなった。

① **a**　林羅山

　b　「理」を追求するのではなく，古代中国における言葉遣いを学び，当時の制度や風俗を踏まえて，儒学を学ぶべきである

② **a**　林羅山

　b　人間社会にも天地自然の秩序になぞらえられる身分秩序が存在し，それは法度や礼儀という形で具現化されている

③ **a**　荻生徂徠

　b　「理」を追求するのではなく，古代中国における言葉遣いを学び，当時の制度や風俗を踏まえて，儒学を学ぶべきである

④ **a**　荻生徂徠

　b　人間社会にも天地自然の秩序になぞらえられる身分秩序が存在し，それは法度や礼儀という形で具現化されている

Ⅲ　下の会話は，近現代を担当した3班の高校生Dと先生が，大正期に描かれた次のポスターについて交わしたものである。

先生：このポスターのテーマは「今日もまた流 會（流会）か」です。決められた時間に人が集まらず，会議が開けない当時の状況を風刺したものです。

D　：風刺したということは，時計の時間を守って行動することが近代になって奨励されたのに，そうしない人たちもいたってことですね。

先生：現代では，時計によって計測される時間は，誰にとっても同じ速さで直線的に進んでいくもの，と考えられています。ただ，こうした時間意識とは異なる時間の考え方も，ほかの時代には存在します。

D　：時計の時間を生活の基準にしようとする⒜近代以降の社会のあり方が，当たり前ではないということですね。

先生：当時の生活文化が垣間見えるこのポスターからも，近代以降の時間意識を考えることが可能なのです。皆さんが当たり前だと思っている時間理解を改めて捉え直すことで，現代に生きる私たちの生活のあり方を問い直すこともできるのではないでしょうか。

10

問 4　下線部ⓐに関連して，次の**ア〜ウ**は，近代以降の社会や思想のあり方を考察した思想家についての説明であるが，それぞれ誰のことか。その組合せとして正しいものを，下の**①〜⑥**のうちから一つ選べ。　8

ア　近代社会を担う主体性の確立を思想的課題として位置付け，伝統的な日本の思想のあり方を，様々な思想の「雑居」にすぎないと批判した。

イ　近代批評の確立を目指すとともに，明治以来，思想や理論が，その時々の流行の「意匠」として弄ばれてきたと批判した。

ウ　国家や社会組織の本質を問い直す『共同幻想論』を著すとともに，大衆の実生活に根ざす，自立の思想の確立を目指した。

① ア　小林秀雄　　イ　吉本隆明　　ウ　丸山真男

② ア　小林秀雄　　イ　丸山真男　　ウ　吉本隆明

③ ア　吉本隆明　　イ　小林秀雄　　ウ　丸山真男

④ ア　吉本隆明　　イ　丸山真男　　ウ　小林秀雄

⑤ ア　丸山真男　　イ　小林秀雄　　ウ　吉本隆明

⑥ ア　丸山真男　　イ　吉本隆明　　ウ　小林秀雄

第3問　次の文章を読み，下の問い(問1〜4)に答えよ。(配点　12)

　眼前の敵を撃つ瞬間，多くの兵士がためらうという。任務を遂行した自分を責め，長く苦しむ事例も数多い。ためらいも，自責も，悪を拒もうとする人間の良心から生まれる。その良心をめぐる，西洋近現代の思想の流れをたどってみよう。

　古来の関心事であった良心の働きに新たな光を当てたのが，16世紀のルターである。彼は，教会や聖職者の教えにではなく，悪を禁じる神の下にある各自の良心にのみ，人は従うべきだと主張した。その後，17世紀の合理主義哲学では，人間の精神に固有の力が重要視される。ⓐデカルトは意志の力で，スピノザは理性の力で，人は他者を傷つけることを自ら思いとどまり，それによって，良心の呵責(かしゃく)に囚(とら)われる可能性を排除できる，と考えた。

　とはいえ，精神の力で常に自らを律するのは，必ずしも容易なことではない。こうした観点から，18世紀における文明社会の現実を見据えて，ⓑルソーが良心と社会の関係を問題にした。さらにカントは，良心を，自らが道徳法則に従っているか否かを自分に問いただす「内なる法廷」になぞらえ，人間が状況に影響されずに正しく振る舞う可能性を追求した。他方で，19世紀半ば，キルケゴールは，良心の呵責がもたらす絶望こそが人間のⓒ「実存」のあり方を左右すると説いた。

　20世紀の思想家たちは，新たな現実の中で，改めて，次の二つの問いに向き合うことになった。すなわち，良心の声はどこから聞こえてくるのか？　そして，その声が時に途絶えてしまうのはなぜなのか？　最初の問いに，ハイデガーは，「良心の呼び声は，私の内から，しかも私を超えて訪れる」と答えている。二つ目の問いに関してアーレントは，良心の痛みを感じずにホロコーストを担った人々の存在を踏まえ，巨大な組織の下した決定に従うとき，人はしばしば善悪の判断を放棄し，それによって良心を自ら麻痺(まひ)させてしまう，と考えた。

　しかし，冒頭の兵士たちの苦しみは，こうした麻痺を拒もうとする力もまた人間には備わっていることを，示している。私たち自身にも，人を傷つける前にためらい，あるいは傷つけた後に悔やみ，苦しんだ経験があるだろう。それが良心の声を聞くということであるならば，誰にでも，日々の生活の中でⓓ「その声はどこから？」と問い，自分なりの答えを探し求めることができるのではないだろうか。

問 1 下線部ⓐに関して，デカルトが説いた「高邁の精神」についての説明として最も適当なものを，次の①〜④のうちから一つ選べ。　　9

① 高邁は，自分が独断，偏見，不寛容に陥っていないかどうか謙虚に自己吟味を続ける，懐疑主義的な精神である。

② 高邁は，あるがままの人間の姿を現実生活に即して観察し，人間の本来的な生き方を探求する，モラリストの精神である。

③ 高邁は，身体と結び付いた情念に左右されることなく，情念を主体的に統御する，自由で気高い精神である。

④ 高邁は，絶対確実な真理から出発することで，精神と身体・物体とを区別し，機械論的な自然観を基礎付けようとする，合理論的な精神である。

問2　下線部ⓑに関して，次の文章は，世間の中に置かれた良心のあり方について，ルソーが述べたものである。その内容を身近な事例に置き換えた記述として最も適当なものを，下の①～④のうちから一つ選べ。　　10

　良心は内気である。……世間の喧騒（けんそう）は良心をおびえさせる。良心は社会的通念の産物であると一般に考えられているが，社会的通念こそ，むしろ，良心の最も残酷な敵なのである。この敵に出会うと，良心は逃げ出すか，押し黙る。良心は，誰にも相手にされなくなって意欲をなくし，何も語らなくなり，応答しなくなる。そうやって良心のことを無視し続けていると，容易に追い払えなかったはずの良心をもう一度呼び戻すことはとても難しくなる。

（『エミール』より）

---

①　嘘（うそ）をついた後に良心が感じるやましさは，嘘が必要な場合もあるという社会の通念への反発から，逆にいっそう強くなっていくものである。

②　たとえ，年長者には従うのが世間の常識だったとしても，年長者の命令が自分の良心に照らして不正なら，そうした命令に従う人は誰もいない。

③　困っている友達を見捨てた後で良心が苛（さいな）まれるのは，良心を生み出した世の中のモラルによれば，友人は大切にするべきものであるためだ。

④　苦境にあえぐ人たちの存在を知って良心が痛んだとしても，彼らのことを軽視する風潮に流されているうちに，その痛みを感じなくなってしまう。

問 3 下線部©に関して，次の**ア～ウ**は，キルケゴールが説いた実存の三段階について の説明である。その組合せとして最も適当なものを，下の①～⑥のうちから一つ選べ。 11

ア 自分の社会的な責務を引き受け，それを果たそうと努力するさなかで，自分の力の限界を思い知らされた状態。

イ 自分自身の無力さに打ちのめされて苦しむさなかで，自らを神の前に立つ単独者として発見するに至った状態。

ウ その場限りの感覚的な快楽を際限なく追い求めるさなかで，欲望の奴隷となって自分を見失った状態。

① 第一段階 ― ア　　第二段階 ― イ　　第三段階 ― ウ

② 第一段階 ― ア　　第二段階 ― ウ　　第三段階 ― イ

③ 第一段階 ― イ　　第二段階 ― ア　　第三段階 ― ウ

④ 第一段階 ― イ　　第二段階 ― ウ　　第三段階 ― ア

⑤ 第一段階 ― ウ　　第二段階 ― ア　　第三段階 ― イ

⑥ 第一段階 ― ウ　　第二段階 ― イ　　第三段階 ― ア

問4　下線部ⓓに関連して，次の会話は，11ページの文章を読んだ高校生Sと先生Tが交わしたものである。会話と文章の内容を踏まえて，　a　に入る先生Tの言葉として最も適当なものを，下の①～④のうちから一つ選べ。　12

S：先生，「良心の声はどこから聞こえてくるのか」って，考えようにもどう考えたらいいのか，取っ掛かりが見付けられないんです。

T：それなら，「良心」に対応する英語conscienceがヒントになりますよ。語源に遡（さかのぼ）ると，この言葉はconとscienceに分解できて，conは「～と共に」，scienceは「知る」が元の意味。二つが組み合わさってconscienceとなる場合，「～」には「誰か」が入ります。

S：じゃあ，conscienceの語源的な意味は，「誰かと共に，知る」，ですか？

T：そう。ただし，この場合の「知る」は，知識を得るという一般的な意味ではありません。「誰かと共に，知る」は，自分が「誰かと共に」いるということに気付き，その「誰か」の存在を尊重しようとすることだと言えます。反対に，尊重せず，傷つければ，人は良心に痛みを感じますね。

S：そうか，良心の痛みは，他の人を大切にしなさいという合図なんですね。そのことと，「良心の声はどこから？」の問いも関係しているのですか？

T：考えがまとまってきましたね。もう一歩先に進めると，この「誰か」は必ずしも他の人に限られません。人を傷つけたことで良心が痛むとき，痛みを感じている本人もまた傷ついている。だとしたら，良心の痛みは，自分のことを大切にしなさいという合図でもあるでしょう。改めて，conscienceの語源の観点から，先ほど読んだ，良心をめぐる西洋近現代思想の流れについての文章を振り返ってみてください。人の良心，すなわち「誰かと共に，知る」の　a　，ということに気付くのではありませんか。

① 「誰か」として，各自の周りにいる人々が最も重要だとされてきた

② 「知る」働きこそ，道徳や倫理を支える唯一の根拠であると考えられてきた

③ 「誰か」とは，自分を見つめる自分自身のことだとされる場合もあった

④ 「知る」働きが停止してしまう危険性は，問題にされてこなかった

16

第4問 高校生PとQが交わした次の会話を読み，下の問い(**問1～3**)に答えよ。なお，会話と問いのPとQは各々全て同じ人物である。(配点 14)

P：昨日の世界史の小テスト，難しかったよね。歴史を覚えるのは苦手だなぁ。

Q：そう？ 楽勝だったけどな。それにしても，「歴史を覚える」だなんて言っちゃって，歴史の本質が分かってないね。だからテストもできないんだよ。

P：意地悪な性格だなぁ。過去の事実を正しく記録したのが歴史でしょ？

Q：いや，この前，倫理の先生と歴史について議論したんだけど，歴史って，過去をありのままに書いたものではなく，見方次第で様々に書けるんだって。

P：嘘の歴史を作るの？ マスメディアで話題のフェイクニュースみたいに？

Q：違う違う，過去の「どの」出来事を「どう」書くべきかに正解がないってこと。

P：過去の理解が人によって違うって話？ 世界史のテストが楽勝だった誰かさんには，昨日は良い日だっただろうけど，自分には最悪の日だったように。

Q：過去の理解が人によって違うだけじゃないよ。一つの過去でも多様に理解できるんだ。例えば，世界史では(a)落ち込んだけど，昨日はPが得意な英語のテストもあったよね。英語にも目を向けたら，同じ昨日を違う仕方で語れるよ。

P：そんなのは個人の次元の話じゃないか。国や社会の歴史も自由に書くの？ それだと正しい歴史がなくなってしまうよ。

Q：正しい歴史なんて一つに決められる？ 国の偉い人が決めたら正しいの？

P：いやいや，立場や境遇が異なる様々な人が議論していくのが大切だよ。

Q：ほら，立場の違いに応じて歴史の書き方が複数あると認めているじゃないか。

P：でも，史料を厳密に研究するとか，正しさを高めることはできるはずだよ。

Q：史料の意義は否定しないよ。でも，史料の取捨選択や解釈は避けられないよ。

P：だとしても，何でも恣意的に取捨選択していいの？ 例えば，戦争などの(b)犠牲者を歴史から消してはダメだよ。記憶すべき事実はあると思うな。

Q：うーん，それは確かに…。ただ，過去を多様に書くというのは，忘れられつつある人々に新たに光を当てて歴史を書くことにもつながるんじゃないかな。

P：そうか，過去を多様に書けるからこそ，よりよく書くこともできるわけか。

Q：いやぁ，(c)歴史をどう書くべきかは難しいね。自分ももっと考えないと。

問 1　下線部ⓐに関して，次の文章は，青年期における様々な葛藤やストレスについての説明である。文章中の　**a**　・　**b**　に入る語句の組合せとして最も適当なものを，下の①〜⑥のうちから一つ選べ。　13

　　フロイトは，　**a**　の対立を調整しようとすると考えた。しかし，それができないことで葛藤が生じると，無意識的にバランスを取って心の安定を図る機能が働く。防衛機制の理論は，このような考え方から生み出された。

　　無意識の重要性を説いた精神分析に対して，意識の側に着目した昨今のストレス理論では，様々なストレスを抱えた場合の対処方法が幾つかあると言われている。「ストレスとなる問題や状況に目を向けて，それらを変える方法を模索する対処」は問題焦点型対処と呼ばれ，他方，「状況そのものを変えられない場合に，ストレスとなる状況に伴う情動を軽減することを試みる対処」は情動焦点型対処と呼ばれる。

　　例えば，世界史の小テストの成績が悪かったPが，　**b**　場合，それは問題焦点型対処に該当する。

① **a**　エス（イド）が自我と超自我
　 b　「落ち込んでも仕方ない」と気持ちを切り替えようとする

② **a**　エス（イド）が自我と超自我
　 b　「今回は運が悪かった」と思い込もうとする

③ **a**　エス（イド）が自我と超自我
　 b　勉強不足が原因だと分析し，計画的に勉強しようとする

④ **a**　自我がエス（イド）と超自我
　 b　「落ち込んでも仕方ない」と気持ちを切り替えようとする

⑤ **a**　自我がエス（イド）と超自我
　 b　「今回は運が悪かった」と思い込もうとする

⑥ **a**　自我がエス（イド）と超自我
　 b　勉強不足が原因だと分析し，計画的に勉強しようとする

問 2 下線部ⓑに関連して，次の図と文章は，ある大学病院に置かれた石碑の写真と，それをめぐるＰとＱの会話である。16 ページの会話も踏まえて，文章中の a ・ b に入る記述の組合せとして正しいものを，下の①〜④のうちから一つ選べ。 14

図 実験動物慰霊碑

Q：この石碑，いろんな動物のイラストがかわいいね！

P：ちゃんと石碑の文字を読んだ？ これは，薬の開発などで，大学病院で実験の犠牲となった動物のために造られた慰霊碑みたいだよ。

Q：そうか…。動物実験のことなんて意識していなかったよ。この石碑を見て，犠牲者の歴史については a というＰの立場を思い出したよ。

P：それだけじゃなく，動物も慰霊の対象にしようという発想を知って，「自然の生存権」の基礎にある， b という考え方も思い出したよ。

① a 正しい書き方は決められず，その書き方は全て自由にするべきだ
　 b 現代の人間にとって有用な自然を優先的に保護する

② a 正しい書き方は決められず，その書き方は全て自由にするべきだ
　 b 人間だけでなく自然そのものにも価値があることを認める

③ a 恣意的な取捨選択に委ねず，忘れることなく書かれるべきだ
　 b 現代の人間にとって有用な自然を優先的に保護する

④ a 恣意的な取捨選択に委ねず，忘れることなく書かれるべきだ
　 b 人間だけでなく自然そのものにも価値があることを認める

問 3　下線部ⓒに関連して，倫理の授業の中で，思想家ベンヤミンが歴史の書き方について論じた次の文章を踏まえて，各自が自分の考えをレポートにまとめることになった。下の(1)・(2)に答えよ。

　年代記を書く人は，様々な出来事を，大小の区別を付けずにそのまま列挙していく。そのことによって，かつて起こったことは何一つ歴史にとって失われてはならない，という真理を考慮に入れているのだ。ただ，人類が自らの過去を完全な姿で手中に収めることができるのは，人類が解放されたときである。……そのとき，人類の生きたあらゆる瞬間が，呼び戻されることになるのだ。

（「歴史の概念について」より）

---

(1)　次の会話は，この文章を読んだPと先生Tが交わしたものである。会話中の下線部①～④のうちから，マルクスについての説明として**適当でないもの**を一つ選べ。| 15 |

　P：先生，ベンヤミンが言う「解放」って何のことですか？

　T：そこには様々な意味が込められていますが，この言葉の背後にある思想の一つは，マルクス主義です。マルクスの歴史観を覚えていますか？

　P：マルクスは，①歴史を弁証法的に捉えるヘーゲルの影響を受けているんでしたね。そして，彼は②物質的な生産関係という上部構造が歴史を動かす原動力になると言っていたはずです。その上で彼は，③対立する階級間の闘争によって歴史は発展すると考えたんでした。だとすると，「解放」は，マルクスが④労働者階級による革命が起こることで資本主義が打破されると主張したことと関係がありそうです。

　T：よく理解していますね。でもね，一つだけ間違いがありましたよ。

　P：あれぇ，どこだろう。

(2) 次の**レポート**は，Pがベンヤミンの文章を読んだ上で書いたものである。16 ページの会話を踏まえて，**レポート**中の　a　～　c　に入る記述を下の**ア**～**ウ**から選び，その組合せとして最も適当なものを，下の①～⑥のうちから一つ選べ。　16

レポート

　ベンヤミンは，ファシズムの時代の中でそれに抵抗し，歴史について考察した人です。彼の文章は，歴史について考えを深める良い機会となりました。この文章を読みながら，先日，Qと議論したことを思い出しました。もともと私は，　a　と考えていました。ですが，Qとの議論を通して私は，　b　という考えを学ぶことができました。それを踏まえてベンヤミンの文章を読んでみると，　c　という彼の主張は，私たち二人の議論を深めるものだと感じました。

ア　歴史は，様々に書くことができるものであり，だからこそ，忘れられつつある人々を再び思い出させる歴史を書くこともできる

イ　歴史は，どの出来事にも意味があるものであり，現時点ではその全てを書くことはできないにせよ，過去のどの出来事も忘れられてはならない

ウ　歴史は，過去に起こった様々な出来事を正しく記録したものであり，そこには正しい書き方が存在する

① a ─ ア　　b ─ イ　　c ─ ウ

② a ─ ア　　b ─ ウ　　c ─ イ

③ a ─ イ　　b ─ ア　　c ─ ウ

④ a ─ イ　　b ─ ウ　　c ─ ア

⑤ a ─ ウ　　b ─ ア　　c ─ イ

⑥ a ─ ウ　　b ─ イ　　c ─ ア

第5問　民主主義の基本原理と日本国憲法についての理解を深めたいと考えた生徒**W**・生徒**X**・生徒**Y**・生徒**Z**は，ある大学のオープンキャンパスで，法律や政治に関する複数の講義にそれぞれ参加した。これに関して，次の問い（**A・B**）に答えよ。（配点　19）

A　生徒**W**と生徒**X**は，法律分野の講義に参加した。これに関して，次の問い（**問1〜3**）に答えよ。

問1　生徒**W**は，以前から法学に関心があったため，「公法と私法」という講義に参加した。講義では，法の意義，公法と私法の違い，公法と私法それぞれに属する各法の性格などが扱われた。**W**は，日本国憲法における基本的人権の保障について関心をもった。

　次の**資料1**と**資料2**は，講義内で配付された，1973年の最高裁判所の判決文の一部である。**資料1**の理解をもとに，次ページの**資料2**の空欄に語句を入れた場合，空欄　**ア**　・　**イ**　に当てはまる語句の組合せとして最も適当なものを，次ページの**①〜④**のうちから一つ選べ。なお，資料には，括弧と括弧内の表現を補うなど，表記を改めた箇所がある。　17

資料1

> （憲法第14条の平等および憲法第19条の思想良心の自由の規定は）その他の自由権的基本権の保障規定と同じく，国または公共団体の統治行動に対して個人の基本的な自由と平等を保障する目的に出たもので，もっぱら国または公共団体と個人との関係を規律するものであり，私人相互の関係を直接規律することを予定するものではない。

（出所）　最高裁判所民事判例集27巻11号

資料2

> | ア | 的支配関係においては，個人の基本的な自由や平等に対する具体的な侵害またはそのおそれがあり，その態様，程度が社会的に許容しうる限度を超えるときは，これに対する立法措置によってその是正を図ることが可能であるし，また，場合によっては， | イ | に対する一般的制限規定である民法1条，90条や不法行為に関する諸規定等の適切な運用によって，一面で | イ | の原則を尊重しながら，他面で社会的許容性の限度を超える侵害に対し基本的な自由や平等の利益を保護し，その間の適切な調整を図る方途も存するのである。

(出所) 最高裁判所民事判例集 27 巻 11 号

① ア 公 イ 団体自治
② ア 公 イ 私的自治
③ ア 私 イ 団体自治
④ ア 私 イ 私的自治

問 2 生徒**W**は，「契約と法」という講義にも参加した。契約に関連して，消費者をめぐる法や制度についての記述として最も適当なものを，次の①〜④のうちから一つ選べ。 18

① 契約は，当事者間の合意により法的な義務を生じさせるため，契約書が必要である。

② 改正民法(2022 年 4 月施行予定)では，18 歳以上の者は親の同意なく自分一人で契約することができる。

③ クーリング・オフ制度は，購入者が違約金を支払うことなく，いつでも契約を解除できる制度である。

④ 改正貸金業法(2010 年 6 月全面施行)では，消費者金融などの貸金業者の貸付けを借り手の年収の 3 分の 1 以下とする規制が撤廃されている。

問3　生徒Xは，将来教師になりたいこともあり，「教育と法」という講義に参加した。講義では，日本国憲法第26条第2項の「義務教育は，これを無償とする」をどのように理解するかという論点が扱われた。次の**資料1～3**は，講義内で配付された，関連する学説の一節と義務教育の無償に関する判断を示した1964年の最高裁判所の判決の一部分である。義務教育を無償とする規定の意味について，次の**資料1～3**から読みとれる内容として正しいものを，次ページの記述**a～c**からすべて選び，その組合せとして最も適当なものを，次ページの①～⑦のうちから一つ選べ。なお，資料には，括弧と括弧内の表現を補うなど，表記を改めた箇所がある。　　19

資料1

> 憲法が「義務教育は，これを無償とする」と明言している以上，その無償の範囲は，授業料に限定されず，教科書費，教材費，学用品費など，そのほか修学までに必要とする一切の金品を国や地方公共団体が負担すべきである，という考え方である。

（出所）　永井憲一『憲法と教育基本権〔新版〕』

資料2

> 「無償」とは，少なくとも授業料の不徴収を意味することは疑いなく，問題はむしろ，これ以上を意味するのかどうかだけにある。…（中略）…現実の経済状況のもとで就学に要する費用がますます多額化し，そのために義務教育を完了することができない者が少なくない，という。そして，そうだから就学必需費は全部無償とすべきである，と説かれる傾向がある。しかしこれは，普通教育の無償性という憲法の要請と，教育の機会均等を保障するという憲法における社会保障の要請とを混同しているきらいがある。経済上の理由による未就学児童・生徒の問題は，教育扶助・生活扶助の手段によって解決すべきである。

（出所）　奥平康弘「教育をうける権利」（芦部信喜編『憲法Ⅲ　人権(2)』）

資料3

> 同条項(憲法第 26 条第 2 項)の無償とは，授業料不徴収の意味と解するの
> が相当である。…(中略)…もとより，憲法はすべての国民に対しその保護
> する子女をして普通教育を受けさせることを義務として強制しているので
> あるから，国が保護者の教科書等の費用の負担についても，これをできる
> だけ軽減するよう配慮，努力することは望ましいところであるが，それ
> は，国の財政等の事情を考慮して立法政策の問題として解決すべき事柄で
> あって，憲法の前記法条の規定するところではないというべきである。

(出所) 最高裁判所民事判例集 18 巻 2 号

a 資料1から読みとれる考え方に基づくと，授業料以外の就学ないし修学に
かかる費用を無償にするかどうかは，国会の判断に広く委(ゆだ)ねられる。

b 資料2から読みとれる考え方に基づくと，授業料以外の就学ないし修学に
かかる費用の負担軽減について，生存権の保障を通じての対応が考えられ
る。

c 資料3から読みとれる考え方に基づくと，授業料以外の就学ないし修学に
かかる費用を無償にすることは，憲法によって禁止されていない。

① a

② b

③ c

④ a と b

⑤ a と c

⑥ b と c

⑦ a と b と c

B　生徒Yと生徒Zは，これまでの学校での学習成果や講義で身につけた知識を活用し，民主政治の基本原理や現代の政治の動向について自宅で考察してみた。これに関して，次の問い（問4〜6）に答えよ。

問4　生徒Yは，新聞記事を読むなどして最新のニュースに接することが現代の諸課題への深い理解につながるという話に刺激を受け，日本の国および地方公共団体の政治や政策のここ数年の動向に関する情報を収集した。それらについてまとめた記述として**誤っているもの**を，次の①〜④のうちから一つ選べ。　20

① 候補者男女均等法（政治分野における男女共同参画の推進に関する法律）の制定（2018年）により，政党などに国政選挙や地方選挙で男女の候補者の数ができる限り均等になるよう罰則規定を設けて促すことになった。

② 中央省庁で障害者雇用数が不適切に計上されていた問題をうけて，障害者を対象とする統一的な国家公務員の採用試験が実施された。

③ 公職選挙法の改正（2018年）により，参議院議員の選挙制度について定数を増やすとともに比例区に特定枠制度を導入した。

④ ふるさと納税制度（地方公共団体に寄付した場合の税額控除制度）の運用について，国は地方公共団体が寄付者に対し提供している返礼品のあり方の見直しを求めた。

問5 政治体制について二つの次元で類型化を試みる理論に接した生徒Yは，その理論を参考にいくつかの国のある時期の政治体制の特徴を比較し，次の図中に位置づけてみた。図中の**a～c**のそれぞれには，下の政治体制**ア～ウ**のいずれかが当てはまる。その組合せとして最も適当なものを，下の①～⑥のうちから一つ選べ。 ┃ 21 ┃

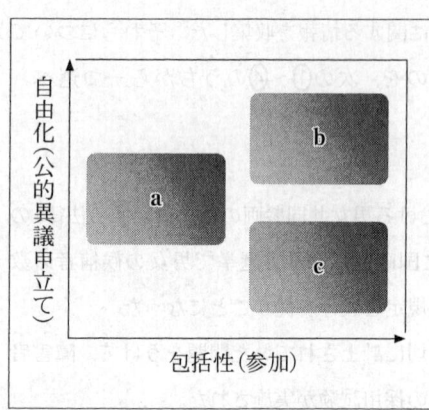

ｉ．包括性（参加）：選挙権がどれだけの人々に認められているか（右にいくほど，多くの人々に認められている）。

ⅱ．自由化（公的異議申立て）：選挙権を認められている人々が，抑圧なく自由に政府に反対したり対抗したりできるか（上にいくほど，抑圧なく自由にできる）。

ア 日本国憲法下の日本の政治体制

イ チャーティスト運動の時期のイギリスの政治体制

ウ ゴルバチョフ政権より前のソ連の政治体制

① a ― ア　　b ― イ　　c ― ウ

② a ― ア　　b ― ウ　　c ― イ

③ a ― イ　　b ― ア　　c ― ウ

④ a ― イ　　b ― ウ　　c ― ア

⑤ a ― ウ　　b ― ア　　c ― イ

⑥ a ― ウ　　b ― イ　　c ― ア

問6　生徒Zは，二院制をとる国の議会のあり方に関心をもち，今日の日本，アメリカ，イギリスの議会について，次の記述 a ～ c にそれぞれまとめてみた。これらの記述のうち，正しいものはどれか。当てはまるものをすべて選び，その組合せとして最も適当なものを，下の①～⑦のうちから一つ選べ。　22

a　日本では，両議院は全国民を代表する選挙された議員で組織するものとされており，衆議院と参議院の議員ともに国民の直接選挙によって選出されている。衆議院で可決し参議院でこれと異なった議決をした法律案は，衆議院で出席議員の3分の2以上の多数で再び可決したときは，法律となる。

b　アメリカでは，連邦議会の上院議員は各州から2名ずつ選出されるのに対し，下院議員は各州から人口に比例して選出されている。連邦議会は立法権や予算の議決権などをもつが，政府高官人事への同意など下院にのみ与えられている権限もある。

c　イギリスでは，上院は非公選の貴族を中心に組織されるのに対し，下院は国民の直接選挙によって選出される議員によって組織される。下院優越の原則が確立しており，下院が国政の中心に位置している。下院には解散もあるが，解散できる条件は限られている。

① a

② b

③ c

④ a と b

⑤ a と c

⑥ b と c

⑦ a と b と c

第6問 クラスの生徒たちが，現代の経済状況について話し合ったところ，雇用や賃金は，国家や財政の状況，銀行制度，さらには国際経済の変化からも影響を受けることがわかってきた。これらの事柄に関連する次の問い(**問1〜6**)に答えよ。
(配点 19)

問1 生徒たちは，日本の雇用環境とその変化について調べることにした。次の文章中の空欄 ア ・ イ に当てはまる語句の組合せとして正しいものを，下の①〜④のうちから一つ選べ。 23

　　終身雇用， ア ，および企業別労働組合は，日本における労使慣行の特徴とされ，日本的経営とも呼ばれてきた。しかし，経済環境の変化に伴って終身雇用や ア に代わって異なる雇用や賃金の形態が広がり，多様化している。

　　また，現在では労働者の働き方も多様化している。たとえば，業務遂行の方法や時間配分の決定などを労働者自身に委ねる必要があるため，実際の労働時間に関係なく一定時間働いたとみなす イ を導入する企業もある。

① ア　年功序列型の賃金　　イ　フレックスタイム制
② ア　年功序列型の賃金　　イ　裁量労働制
③ ア　成果主義による賃金　　イ　フレックスタイム制
④ ア　成果主義による賃金　　イ　裁量労働制

問 2　よりよい労働条件の実現をめざして活動する組織として，労働組合がある。次の記述 **a ～ c** は，民間企業の労働組合の活動や運営に関する日本の法制度について生徒たちがまとめたものである。これらの記述のうち，正しいものはどれか。当てはまる記述をすべて選び，その組合せとして最も適当なものを，下の①～⑦のうちから一つ選べ。　| 24 |

a　正規雇用の労働者と同様に，パート，アルバイトなど非正規雇用の労働者も労働組合を結成する権利を有している。

b　正当な理由がない限り，使用者は労働組合との団体交渉を拒否することはできない。

c　労働組合の運営に協力するため，使用者は労働組合に対して，経費を援助しなければならない。

① **a**
② **b**
③ **c**
④ **a** と **b**
⑤ **a** と **c**
⑥ **b** と **c**
⑦ **a** と **b** と **c**

問 3 生徒たちは，雇用や生活は政府の政策によっても影響を受けると考え，財政についても調べることにした。

次の表は，ある国の国家財政における歳出と歳入の項目別の金額を表したものである。2017 年度から 2018 年度にかけての財政状況に起きた変化として正しいものを，下の**①**〜**④**のうちから一つ選べ。なお，表中の項目の定義は日本の財政制度のものと同じであり，通貨の単位にはドルを用いているものとする。 **25**

（単位：10 億ドル）

		2017 年度	2018 年度
歳　出	社会保障関係費	24	30
	公共事業関係費	11	13
	防衛関係費	5	7
	文教および科学振興費	6	8
	国債費	14	17
	合　計	60	75

（単位：10 億ドル）

		2017 年度	2018 年度
歳　入	法人税	10	13
	酒　税	5	5
	所得税	12	16
	消費税	17	22
	公債金	16	19
	合　計	60	75

（注）　国債費とは国債の元利払いを指し，公債金とは国債発行による収入を指す。

①　国債残高が減少した。

②　国債依存度が低下した。

③　プライマリーバランスの赤字額が拡大した。

④　直間比率で間接税の比率が上昇した。

問 4 財政においては，雇用や生活への影響だけではなく，経済危機への対処も重要である。日本では，1990年代初頭にバブル経済が崩壊した後，銀行の不良債権処理や貸し渋りの問題に対処するため，公的資金が投入された。

　生徒たちは，銀行のバランスシート（貸借対照表）の動きを表した次の模式図を用いて，不良債権処理と貸し渋りの問題について考えることにした。なお，簡略化のため，銀行の負債はすべて預金，純資産は資本金のみとする。この図では，銀行の貸出債権が経済不況時に不良債権化し，その不良債権が処理されるまでの流れが示されている。不良債権となっている資産を最終的に消滅させるために費用が発生し，その費用が大きければ損失が発生し資本金を減少させることがある。その減少が多額であれば，資本金を増やすために公的資金が投入されることもある。

　以上の説明と次の模式図を踏まえて，不良債権問題に関連する記述として最も適当なものを，次ページの①〜④のうちから一つ選べ。　26

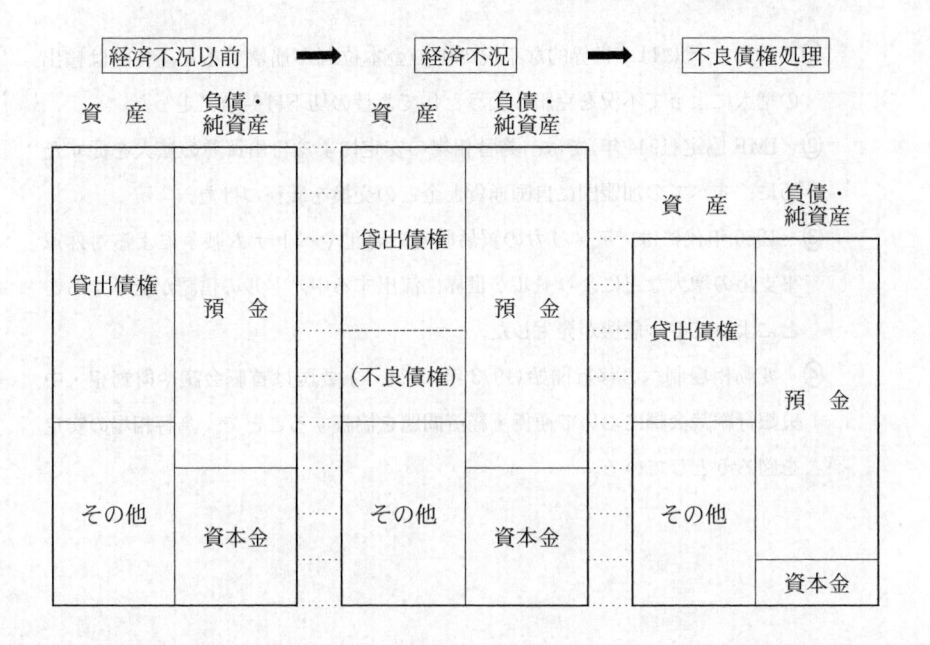

① 不良債権処理によって貸出債権を含む総資産に対する資本金の比率が低下すると，新たな貸出しが抑制される傾向がある。

② 貸出債権の一部を不良債権として資産から取り除く結果，経済不況以前と比べて貸出債権の残高が減少することを貸し渋りという。

③ 不良債権処理によって資本金が減少する場合，預金に対する自己資本の比率に関する BIS 規制の遵守のため，資本金を増やす必要がある。

④ 貸出債権の一部を不良債権として資産から取り除くと，預金に対する貸出債権の比率が高くなるため，貸出債権を減らす必要がある。

問 5 生徒たちは，国際経済について調べていくと，通貨問題にも興味がわいてきたので，1930 年代以降の国際通貨制度の変遷について調べてみた。これに関連する記述として**誤っているもの**を，次の①～④のうちから一つ選べ。 27

① 1930 年代には，世界的な不況の中で金本位制が崩壊すると，各国は輸出の増大によって不況を克服しようとして為替の切下げ競争に走った。

② IMF 協定（1944 年）では，為替相場の安定による自由貿易の拡大を促すために，すべての加盟国に自国通貨と金との交換を義務づけた。

③ 1960 年代には，アメリカの貿易収支の悪化やベトナム戦争による対外軍事支出の増大などによりドルが世界に流出する中，ドルの信認が低下することによってドル危機が発生した。

④ 変動相場制への移行開始（1973 年）の後，主要国は首脳会議や財務相・中央銀行総裁会議において通貨・経済問題を協議することで，為替相場の安定を図ろうとしている。

問 6　生徒たちは，資本取引について調べたところ，経済のグローバル化と関連が
あることがわかってきた。そこで，1980年代から顕著となり現在まで続く経
済のグローバル化の中で，発展途上国・新興国への日本企業の進出がどのよう
な要因によって進み，その結果，日本や発展途上国・新興国にそれぞれどのよ
うな影響をもたらすことが考えられるかについて簡略化して次の図にまとめて
みた。

　　図中の空欄　**ア**　には次ページの**a**か**b**，空欄　**イ**　には次ページの**c**
か**d**のいずれかの記述が入る。その組合せとして最も適当なものを，次ページ
の①〜④のうちから一つ選べ。　**28**

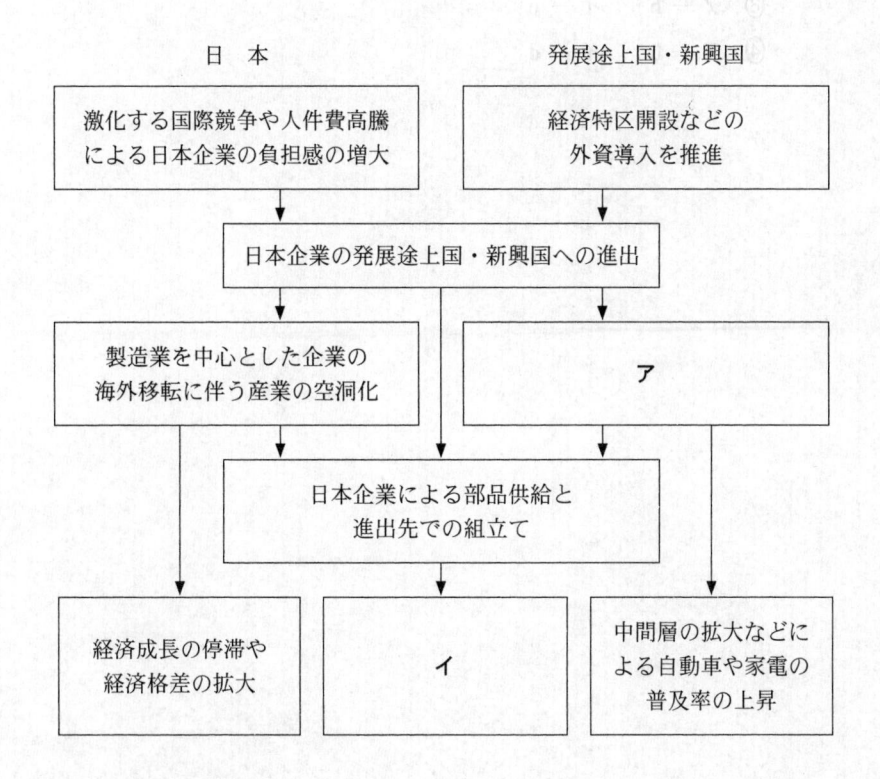

日　本　　　　　　　　　発展途上国・新興国

激化する国際競争や人件費高騰
による日本企業の負担感の増大

経済特区開設などの
外資導入を推進

日本企業の発展途上国・新興国への進出

製造業を中心とした企業の
海外移転に伴う産業の空洞化

ア

日本企業による部品供給と
進出先での組立て

経済成長の停滞や
経済格差の拡大

イ

中間層の拡大などに
よる自動車や家電の
普及率の上昇

a 外資導入による輸出指向（志向）型での工業化の進展

b 自国資本による輸入代替工業化の進展

c 日本と発展途上国・新興国間の工業製品の貿易における日本の最終製品輸出比率の上昇と中間財輸入比率の上昇

d 日本と発展途上国・新興国間の工業製品の貿易における日本の最終製品輸入比率の上昇と中間財輸出比率の上昇

① ア ― **a**　　イ ― **c**

② ア ― **a**　　イ ― **d**

③ ア ― **b**　　イ ― **c**

④ ア ― **b**　　イ ― **d**

第7問　生徒Xと生徒Yらは，二つのグループに分かれて，「日本による発展途上国への開発協力のあり方」について探究を行い，クラスで発表することとなった。下の図は，その準備としてすべきことを整理したものである。これに関して，次ページ以降の問い(**問1～4**)に答えよ。(配点　12)

Ⅰ．課題の設定
○ⓐ日本による多様な国際貢献
　　―どのような国際的課題があり，どのような国際貢献を日本がこれまでに行ってきたか？
○そのうち開発協力をとくに取り上げる理由
　　―日本の国際貢献において開発協力がもつ意味

＊何を，どのような観点から取り上げるかを特定し，設定した課題に関連する資料を収集する。

＊関係する資料を調査，検討，整理する。

Ⅱ．情報収集
○開発協力に関する日本の政策と実績(政府開発援助など)
　　―『開発協力大綱』などの資料，専門書，論文
○国際機関，政府，NGOなどによる調査資料，報告書(アンケートやⓑ統計資料)

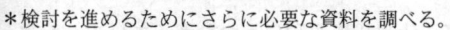

＊検討を進めるためにさらに必要な資料を調べる。

Ⅲ．整理と分析
○日本による開発協力の特徴
　　―どの地域，またどのような開発協力にとくに力を入れているか？
○開発協力に対する日本国民の意識
　　―開発協力をどのように考えているか？

＊理解しやすいように，説明の仕方と構成を工夫する。

Ⅳ．まとめと発表
○ⓒ開発協力をめぐる世界の動きと日本が担う役割
○開発協力に対する日本国民の関心と理解の必要性
○探究の過程で明らかになった課題とその解決策

問1 「課題の設定」を行うために生徒Xと生徒Yらが下線部⑧について話し合う中で，他国への日本の選挙監視団の派遣について，次のようなやり取りがあった。Xが二重下線部で示したように考えることができる理由として最も適当なものを，下の①〜④のうちから一つ選べ。 29

X：途上国で行われる選挙に，選挙監視団が派遣されたって聞いたことがあるよ。たとえば，カンボジアやネパールで新憲法を制定するための議員を選ぶ選挙が行われた際に，選挙監視要員が派遣されたんだ。

Y：なぜこうした国は，憲法の制定に関わるような問題に，外国からの選挙監視団を受け入れたんだろう？ そして，どうしてそれが国際貢献になるのかな？

X：選挙監視団の目的は，自由で公正な選挙が行われるようにすることだよね。民主主義における選挙の意義という観点から考えれば，そうした選挙を実現させることは，その国に民主的な政治体制が定着するきっかけになるよね。民主的な政治体制がうまく機能するようになれば，再び内戦に陥って国民が苦しむようなことになるのを避けられるんじゃないかな。

Y：そうだね。それに，自由で民主的な政治体制が確保されている国の間では戦争は起きないって聞いたこともあるよ。もしそうだとすると，選挙監視団を派遣することは国際平和にもつながっているとも言えるね。

① 民主主義においては，国民に選挙を通じた政治参加を保障することで，国の統治に国民全体の意思を反映すべきものとされているから。

② 民主主義においては，大衆が国の統治を特定の個人や集団による独裁に委ねる可能性が排除されているから。

③ 民主主義においては，暴力によってではなく裁判によって紛争を解決することとなっているから。

④ 民主主義においては，国民が政治的意思を表明する機会を選挙以外にも保障すべきものとされているから。

問 2　下線部ⓑに関連して，生徒**Y**のグループでは，日本の累積援助額(1960年〜2017年)の上位国のうち，インド，インドネシア，タイ，バングラデシュ，フィリピンの名目GNI(米ドル)，電力発電量，平均寿命，栄養不良の人口割合のデータを調べ，この5か国の平均値を2002年と2015年とで比較することにした。次の**図**中の**ア〜ウ**はそれぞれ，電力発電量，平均寿命，栄養不良の人口割合のいずれかについて，2002年の5か国の平均値を100とする指数で表したものである。**図**中の**ア〜ウ**に当てはまる項目の組合せとして正しいものを，下の①〜⑥のうちから一つ選べ。　30

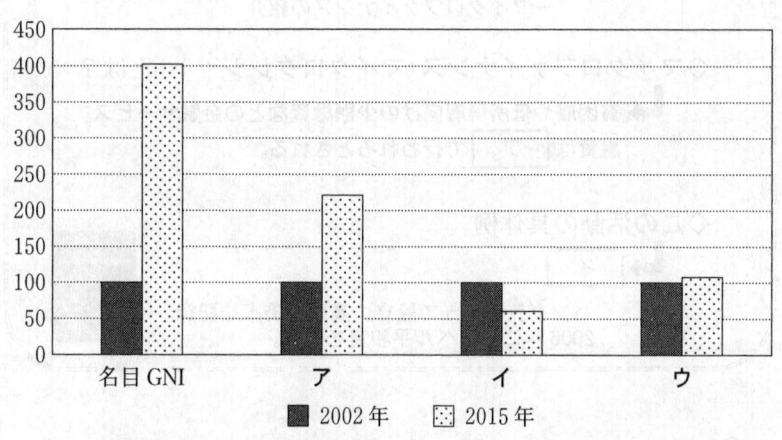

(注)　2002年の栄養不良の人口割合の数値は2000年〜2002年の平均値を使用。
(出所)　総務省統計局『世界の統計』(2006，2018，2019年版)により作成。

① ア　電力発電量　　　イ　平均寿命　　　　　ウ　栄養不良の人口割合

② ア　電力発電量　　　イ　栄養不良の人口割合　ウ　平均寿命

③ ア　平均寿命　　　　イ　電力発電量　　　　ウ　栄養不良の人口割合

④ ア　平均寿命　　　　イ　栄養不良の人口割合　ウ　電力発電量

⑤ ア　栄養不良の人口割合　イ　電力発電量　　　ウ　平均寿命

⑥ ア　栄養不良の人口割合　イ　平均寿命　　　　ウ　電力発電量

問3 下線部ⓒに関連して，生徒**Y**のグループでは，貧困のない世界をめざした多様な活動の例として，まずマイクロファイナンス(マイクロクレジット)について発表することにした。次の**資料**はその発表用のスライドの一部である。**資料**中の空欄　**ア**　・　**イ**　に当てはまる語句の組合せとして最も適当なものを，下の①〜④のうちから一つ選べ。　31

資料

貧困のない世界をめざした多様な活動①
〜マイクロファイナンスの紹介〜

◇マイクロファイナンス(マイクロクレジット)とは？

┗➤貧困層や低所得層向けの少額融資などの金融サービス。
　融資は　**ア**　で行われるとされる。

◇この活動の具体例

┗➤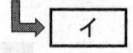

バングラデシュで設立。高い返済率を記録。
2006年にノーベル平和賞を受賞。

① ア 担保付き　イ グラミン銀行

② ア 担保付き　イ アジアインフラ投資銀行

③ ア 無担保　　イ グラミン銀行

④ ア 無担保　　イ アジアインフラ投資銀行

問 4　日本の国際貢献のあり方をクラスで発表した生徒Xと生徒Yらは，日本の開
　　発協力に向けて国民の関心と理解を高めることが重要だと述べた。これについ
　　て他の生徒から，「日本の税金や人材によって他国を援助する以上，国民の理
　　解を得るには，日本が他国を援助する理由を示す必要があると思います。X，
　　Yらはどう考えますか。」との質問が出た。これに対しXとYらは，日本が援助
　　を行う理由を説明した。次のノートはそのメモである。

　　経済格差や社会保障の問題など，国内にも対処しなければならない問題
があることは確かです。しかし，それでもなお，日本の税金や人材によっ
て他国を援助する理由はあると思います。

ア

　　しかも世界では，環境問題，貧困問題，難民問題など，国内より大規模
な，人類共通の利益にかかわる問題が出現しています。

イ

　　このような理由からやはり，国際的な問題に日本は関心をもち，その解
決のために貢献をする理由はあると，考えます。

　　ノート中の空欄　ア　では「国際貢献は日本国憲法の依拠する理念や原則
に照らしても望ましい」ことを，空欄　イ　では「国際貢献は日本の利益に照
らしても望ましい」ことを，それぞれ理由としてあげることにした。空欄
ア　には次ページの①か②，空欄　イ　には次ページの③か④が入る。
空欄　ア　・　イ　に入る記述として最も適当なものを，次ページの①〜
④からそれぞれ一つ選べ。

　ア　に当たる文章　→　32

　イ　に当たる文章　→　33

① 日本国憲法の前文は，平和主義や国際協調主義を外交における基本理念として示しています。この理念に基づくと，国同士が相互に尊重し協力し合い，対等な関係の国際社会を築くことが重要です。そのために，日本は国際協力を率先して行う必要があると思います。

② 日本国憲法の基本的人権の保障の内容として，他国における他国民の人権保障状況についても，日本は他国に積極的に改善を求めていくことが義務づけられています。このことは，憲法前文で示しているように，日本が国際社会の中で名誉ある地位を占めるためにも望ましいと考えます。

③ こうした中で大事なのは，日本の利益より人類共通の利益であり，日本の利益を追求していては問題は解決できないという点です。日本の利益から離れて純粋に人道的な見地から，他国の人たちに手を差し伸べる方が，より重要ではないでしょうか。

④ こうした中で大事なのは，人類共通の利益と日本の利益とが無関係ではないという点です。人類共通の利益の追求が日本の利益の実現につながりうることを考えれば，国際的な問題の解決に貢献することも日本にとって重要ではないでしょうか。

倫理，政治・経済

2021 第2日程

（2021年1月実施）

60分　100点

42

$$\left(\text{解答番号}\quad\boxed{1}\sim\boxed{32}\right)$$

第1問 大学のオープンキャンパスでの模擬授業中に，講師Aと高校生Bが交わした次の会話を読み，下の問い（**問1～4**）に答えよ。なお，会話と問いのAとBは各々全て同じ人物である。（配点　12）

A：それでは，「自然と人間」の授業を始めます。まず，動植物を含む自然に照らして，ⓐ人間のあり方を考察しましょう。

B：自然に照らして人間のあり方を考えるって，どういうことですか？

A：人間を含むⓑ森羅万象を見つめながら，人間のあり方について考えていくということです。古今東西の思想家たちも，様々に考えてきました。例えば，ⓒ中世キリスト教の聖人フランチェスコは，狼（おおかみ）が人間を襲うのは人間の罪のせいでもあり，悔い改め，狼と正しい関係を結ぶことで獰猛（どうもう）な狼とも共存できると説きました。孔子は，活発な知者はⓓ水の自由な動きを楽しみ，泰然とした仁者はどっしりとした山を楽しむと述べて，人間の理想の境地を自然の風景に見いだしました。

問 1　下線部ⓐに関して，人間のあり方について説かれた様々な教えや思想の説明として最も適当なものを，次の①〜④のうちから一つ選べ。　　1

① ホメロスの叙事詩では，人間の生き方や世界の諸事象は，神々と無関係であるとする世界観が展開されている。

② ソクラテスは，良さや卓越性を意味する徳（アレテー）について，人間の徳は生まれが社会的に高貴であるかどうかに基づいて成立すると考えた。

③ 大乗仏教では，菩薩が実践すべき徳目の一つとして「布施」が説かれ，悟りに役立つ教えを授けることと財（財物）を与えることが推奨された。

④ ウパニシャッド哲学では，人間はカルマ（業）によって決まる境遇に永遠に生まれ変わり続け，その連鎖から抜け出すことは不可能だと考えられた。

問 2　下線部ⓑに関連して，森羅万象について説かれた様々な教えや思想の説明として最も適当なものを，次の①〜④のうちから一つ選べ。　　2

① イスラームとキリスト教では，ともに万物は神の被造物であり，世界は終末に向かって進んでいると考えるが，キリスト教とは異なり，イスラームに最後の審判という考えはない。

② プラトンは，感覚によって捉えられるものは全て，イデアという真実在の模像であると考え，全てのイデアを秩序付け，統一するものとして善のイデアを構想した。

③ 朱子（朱熹）は，万物が理と気の二元によって構成されていると考え，理が万物の物質的な元素であるのに対し，気は万物を貫き成り立たせる根拠であると捉えた。

④ 大乗仏教では，無著（アサンガ）と世親（ヴァスバンドゥ）の兄弟が，この世の全てのものは，心の働きである識と物質である色の二元から構成されていると説いた。

問3 下線部©に関して，次の会話は，Aの説明に疑問を持ったBの質問と，それに対するAの答えである。 a ・ b に入る語句や記述の組合せとして最も適当なものを，下の①～⑥のうちから一つ選べ。 3

B：「創世記」には，神が a に，「生き物全てを支配せよ」と言ったと書いてあります。「支配」というのは先ほどのフランチェスコの教えと食い違うように思うのですが。

A：それは良いところに気が付きましたね。確かに，「創世記」のその箇所は，自然に対する人間の支配を正当化しているように読めるため，キリスト教の教えが環境破壊につながると批判されることもあります。しかし，この箇所から b というスチュワードシップの思想を読み取ろうとする解釈もあります。キリスト教の伝統には，人間と他の動植物との関係について，様々な見方が含まれているんですね。

① a イエス

　 b 人間は特別な被造物であり，他の動植物を人間の都合で利用してよい

② a イエス

　 b 人間も被造物の一員として，他の動植物の世話をする責任を負う

③ a イエス

　 b 人間も被造物の一員であるが，他の動植物に隷属すべき存在である

④ a 最初に創造された人間

　 b 人間は特別な被造物であり，他の動植物を人間の都合で利用してよい

⑤ a 最初に創造された人間

　 b 人間も被造物の一員として，他の動植物の世話をする責任を負う

⑥ a 最初に創造された人間

　 b 人間も被造物の一員であるが，他の動植物に隷属すべき存在である

問 4 下線部⑦に関連して，Aは，人間のあり方を水になぞらえた言葉を伝える次の**資料**1・2を紹介した。孔子や老子の思想を踏まえて，**資料**から読み取れる内容として最も適当なものを，下の①〜④のうちから一つ選べ。　 4

資料1　〈孔子の言葉〉

　そもそも水は，広く万物に生命を与えながらそれ以上の余計なことをしないという点が，徳ある人のようだ。

（『荀子』より）

資料2　〈老子の言葉〉

　最上の善とは水のようなものだ。水は万物に利益を与えて争うことがなく，誰もが嫌がる低湿地に落ち着く。

（『老子』より）

---

① 自分のわがままを抑え，人の心を思いやることに基づく社会秩序を追求した孔子は，**資料**1によると，徳ある人は，あらゆるものに生命を与える水のあり方に譬えられると考えた。

② 自然の現象を超えた神秘的な現象を解き明かすことを目指した孔子は，**資料**1によると，徳ある人は，あらゆるものに必要以上に関わる水のあり方に譬えられると考えた。

③ 万物の根底にある道に従って生きることを本来の生き方だと考えた老子は，**資料**2によると，誰もが嫌がる場所を避けて流れ行く水のあり方を，最上の善と表現した。

④ 他人にへりくだることのない自然な生き方を説いた老子は，**資料**2によると，あらゆるものに利益を与えながらも軋轢を生じさせることのない水のあり方を，最上の善と表現した。

第2問 以下を読み，下の問い(**問1～4**)に答えよ。なお，**I・II**に登場するCとDとEは各々全て同じ人物である。(配点　12)

I　次の会話は，高校生Cと日本文化に興味を持つ留学生D，および先生Eが交わしたものである。

〈教室で〉

C：昨日，テレビでやってた柔道の試合，観た？

D：はい。とても興奮しました。ところで，Judoは日本語で「柔らかい道」と書きますが，なぜそのように書くのですか？

C：えーと，この場合の「道」は，「道路」の意味じゃなくて，人の生き方に関わる大事な概念で…。「茶道」とかもそうだけど，⒜伝統芸能なんかも「芸道」って言うし…。そうだなぁ…。今日の放課後にでも，倫理を担当しているE先生のところに，一緒に質問に行ってみない？

D：それはよいアイディアですね！

〈職員室で〉

C：先生，「柔道」の「道」には，どんな意味があるんでしょうか？

E：最初に断っておくと，「柔道」という言葉が広く使われ始めたのは，明治期以降のことで，それ以前は「柔術」と呼ばれていました。「仏道」や「神道」など，「○○道」という言葉は古くからありますが，そうした表現をあえて使って「柔術」を「柔道」と呼んだところに，近代になっても，「道」が重要な意味を持つ概念と捉えられていたことがうかがえます。

D：とても興味深いですね。

E：では，今度，伝統的に「道」がどんな意味で使われてきたのかを，授業で考えてみましょう。

問 1　下線部@に関連して，次の**写真**は，日本の伝統行事を撮影したもので，下の会話は，高校生Cと留学生Dが**写真**を見ながら折口信夫の思想について交わしたものである。下線部**ア・イ**の発言内容の正誤の組合せとして正しいものを，下の**①**～**④**のうちから一つ選べ。　**5**

写真　王子神社田楽舞（でんがくまい）

D：ユニークな衣装ですね。彼らは舞台の上で何をしているのですか？

C：神様に「田楽舞」という舞を捧（ささ）げているんだ。舞台上の旗の文字が，そのことを示しているよ。**ア 折口信夫は，日本の文学や芸能の源流に，神への信仰があると考えていたんだ。**

D：写真の右側には，舞台を見守る観客の姿も写っていますね。

C：このように，**イ 神事などを見物するために，共同体の外部からやってきた観客のことを，折口は「まれびと」って呼んだんだよ。**

① ア 正　イ 正　　　　　**②** ア 正　イ 誤

③ ア 誤　イ 正　　　　　**④** ア 誤　イ 誤

II 次の**ノート**は，先生Eの日本思想に関する授業中に高校生Cが書き留めたものである。

ノート

・「道」は，訓読では〈みち〉。「神聖さ」を意味する「御」と，「行きかう場」を意味する「路」が語源だともされる。

・「道」の概念は，社会的規範としての「倫理」とも深く関わる。

・「道」は，⒝儒教や道教で説かれる中国哲学上の重要概念の一つ。

・「仏教」は，近代以前には，一般に⒞「仏道」と呼ばれた。

・近世の思想家の中には，「仏道」批判を展開した人も少なくない。

問 2 下線部⒝に関連して，次の**メモ**は，中江藤樹の思想について高校生Cが書き留めたものである。**メモ**中の　**a**　・　**b**　に入る語句の組合せとして最も適当なものを，下の**①**~**④**のうちから一つ選べ。　**6**

メモ

　中江藤樹は，　**a**　を道徳の根本に据えた。そして，この　**a**　という原理を，　**b**　であるとした。

---

① **a** 孝

　　b 人間関係だけでなく，あらゆる事象や事物をも貫くもの

② **a** 孝

　　b 人間関係のみに当てはまる，人間関係に固有のもの

③ **a** 愛

　　b 人間関係だけでなく，あらゆる事象や事物をも貫くもの

④ **a** 愛

　　b 人間関係のみに当てはまる，人間関係に固有のもの

問3　下線部ⓒに関連して，次の**ア～ウ**は，仏教の僧侶の活動についての説明である。その正誤の組合せとして正しいものを，下の**①**～**⑥**のうちから一つ選べ。

| 7 |

ア　日本において臨済宗を開いた栄西は，中国の禅を日本にもたらすとともに，『喫茶養生記』を著して，喫茶の習慣を伝えた。

イ　日本天台宗の開祖である最澄は，唐から帰国した後，広く種々の学問を学ぶことのできる，庶民のための学校である綜芸種智院を設立した。

ウ　日蓮宗の開祖である日蓮は，国難について研究し，『般若経』が興隆することで，国も民も安泰となると説き，人々に「題目」を唱えることを勧めた。

①　ア　正　イ　正　ウ　誤　　**②**　ア　正　イ　誤　ウ　正
③　ア　正　イ　誤　ウ　誤　　**④**　ア　誤　イ　正　ウ　正
⑤　ア　誤　イ　正　ウ　誤　　**⑥**　ア　誤　イ　誤　ウ　正

問 4 留学生Dは，授業後に，次の**資料**を参考にして，下の**レポート**を作成した。**資料**の趣旨を踏まえて，**レポート**中の　a　に入る記述として最も適当なものを，下の①〜④のうちから一つ選べ。　8

資　料

　人間生活の不断の転変を貫ぬいて常住不変なるものは，古くより風習として把捉せられていた。風習は過ぎ行く生活における「きまり」「かた」であり，従って転変する生活がそれにおいて転変し行くところの秩序，すなわち人々がそこを通り行く道である。人倫における五常とはまさにこのような秩序あるいは道にほかならぬ。しかるに人間共同態は本来かくのごとき秩序にもとづくがゆえに可能なのである。

（和辻哲郎『人間の学としての倫理学』より）

レポート

　資料の中で論じられている「きまり」「かた」というのは，　a　のことです。

　和辻哲郎をはじめ，近代の様々な思想家たちが，伝統的な「道」の思想に着目し続けたのは，明治期以降，日本人の生活が大きく変わったことで，生きるための指針が見えにくくなったことと深く関係しているのではないかと考えました。

---

① 人々の生活を貫く秩序ではあるが，道とは言えないもの

② 人倫における五常とは，どのような場合にも対立するもの

③ いかなる時代の人間とも関わりを持ってこなかったもの

④ 転変し続ける人間生活を貫いて，あり続けるもの

第3問　以下を読み，下の問い(**問1～4**)に答えよ。(配点　12)

Ⅰ　「幸福とは何か」について，クラスを3つの班に分けて発表することにした。次の**発表**は，ルネサンス・宗教改革期の思想について調べた1班のものである。

発　表

　キリスト教の価値観が支配的であった中世には，幸福とは神の恩寵により実現する「至福」であるという考え方がありました。しかしルネサンスが進展すると，世俗的な価値観が広まり，市民的な徳と幸福の関係が論じられるようになりました。ラテン語で「徳」を表す言葉には「力(能力)」という意味があり，能力を発揮することは幸福に関わりがあると言えます。

　他方，宗教改革の中で，神との関係から世俗的生活の意義が問い直されます。　**a**　と考えたカルヴィニズムでは，世俗的な職業は，　**b**　を実現するためのものとされました。この点に関して，20世紀の社会学者ウェーバーは，人々が，　**c**　資本が蓄積された，と論じています。

問1　**発表**中の　**a**　～　**c**　に入る記述を次の**ア～カ**から選び，その組合せとして正しいものを，下の**①～⑥**のうちから一つ選べ。　**9**

ア　誰が救済されるかは，あらかじめ決まっている
イ　誰が救済されるかは，まだ決まっていない
ウ　神の栄光
エ　人間の救済
オ　救済の確信を得るために仕事に励み，禁欲的な生活を送ったから
カ　享楽的な生活を送るために仕事に励み，その結果として

①　a－ア　b－ウ　c－オ　　　　**②**　a－ア　b－エ　c－オ
③　a－ア　b－エ　c－カ　　　　**④**　a－イ　b－ウ　c－オ
⑤　a－イ　b－ウ　c－カ　　　　**⑥**　a－イ　b－エ　c－カ

Ⅱ 次の**発表**は，17〜19世紀の思想について調べた2班のものである。

> **発　表**
>
> 　宗教戦争が悲惨な現実を生み出した一方で，17世紀に入ると，人間や，人間の幸福について考え直そうとする動きが加速します。幸福を，欲求に乱されない魂の平安や，徳の発揮などに結び付ける古代以来の思想に対し，ホッブズは，欲求するものを常に獲得できる状態が，幸福と呼ばれているものだと考えました。その後，ベンサムやミルは，快楽の観点から幸福を捉える功利主義的道徳論を展開しました。
>
> 　ただし，幸福の問題と道徳の問題とを切り離して考えた@カントの思想もミルは視野に入れていた，という点を忘れてはいけません。

問 2　下線部@に関して，カントの道徳思想についての説明として最も適当なものを，次の①〜④のうちから一つ選べ。　| 10 |

① 　道徳的な行為とは，義務に従おうとする意志に基づく行為である。例えば，信用を得て商売に成功し，ぜいたくをすることが目的であっても，嘘をつかないのであれば，その行為は道徳的であると言える。

② 　道徳的な行為とは，結果として義務にかなう行為である。例えば，信用を得て商売に成功し，ぜいたくをすることが目的であっても，嘘をつかないのであれば，その行為は道徳的であると言える。

③ 　道徳的な行為とは，結果として義務にかなう行為である。例えば，信用を得て商売に成功し，ぜいたくをすることが目的であれば，嘘をつかないとしても，その行為は道徳的であるとは言えない。

④ 　道徳的な行為とは，義務に従おうとする意志に基づく行為である。例えば，信用を得て商売に成功し，ぜいたくをすることが目的であれば，嘘をつかないとしても，その行為は道徳的であるとは言えない。

Ⅲ　次の**発表**は，18～20世紀の思想について調べた3班のものである。

発表

　18世紀フランスの啓蒙主義者ヴォルテールは，自分の畑を耕すといった，日々の仕事に勤しむことのうちに，幸福はあると考えました。

　幸福と労働を結び付けるこうした考え方は，産業革命以降にも見いだされます。資本主義が進展し，労働のあり方が幸不幸を左右すると捉えられ，19世紀には，労働と所有のあり方を問い直し，社会変革を目指す社会主義思想が現れました。

　さらに，20世紀には，工場労働に身を投じたシモーヌ・ヴェイユが，労働者の窮状を自ら体験し，他者との関わりの中で⒝魂の欲求を満たす必要を訴えました。ヴェイユによれば，これが満たされないと，魂は死に近い状態に至るので，魂の欲求の充足を阻む社会には改善の必要があります。このように現代では，他者との人間的な関わりの中から得られる幸福をどう考えるかが，思想の課題として再び浮上してきています。

問 3　下線部⑥に関して，次の**資料**は，ヴェイユの思想についての解説であり，下の会話は，それを読んで高校生FとGが交わしたものである。**資料**の趣旨を踏まえて，　a　に入る記述として最も適当なものを，下の①〜④のうちから一つ選べ。　11

資　料

　ヴェイユは，『根を持つこと』の中で，肉体の欲求だけでなく，魂の欲求を満たすことも人間にとって不可欠であるとして，「魂の糧」となるものを列挙している。その中に，自由と服従がある。自由が魂の糧となるのは分かるが，なぜ服従も魂の欲求を満たすのか？

　確かに人は，自由のない環境では息苦しさを感じるだろう。しかし，もし自分一人だけが勝手気ままに振る舞い，他人に命令を下せる地位にいたらどうだろうか。このような人は，他人から指導されたり，他人と協働したりする機会を奪われ，魂を病んでしまうとヴェイユは考える。

　他方，目標を共有する人々の中では，命令を下す人も従う人も，共に同じ目標に向かっている。その目標に，己の良心に基づいて賛同できるのであれば，そのとき初めて服従は魂の糧となる。ここでの服従は，自らの居場所や役割を他者との協働の中で持つということだと言える。

F：「魂の糧」として服従が挙げられているけど，命令に従うことがなんで魂の糧になるのか，まだよく分からないんだ…。

G：それは，　a　だよ。

F：なるほど，この**資料**はそういうことを言っているのか。

① 目上の人の命令に忠実に従うことで，自分の地位が向上するから

② 嫌な命令でも，それに従うことで成功すれば，満足を得られるから

③ 良心にかなう命令に従うことで，同じ目標に向けて共に行動できるから

④ 権力者の命令に素直に従えば，迫害を逃れることができるから

問4　次の会話は，高校生PとQが幸福をめぐって交わしたものである。その内容の説明として最も適当なものを，下の**①**～**④**のうちから一つ選べ。　| 12 |

P：「労働が幸福をもたらす」っていう考え方，納得できないなあ。仕事なんて義務でしょ。おいしいものを食べたりすることが幸せだと思う。

Q：「幸福とは感覚的な欲求の充足である」って考えているんだね。でも，本当にそれだけなのかなあ。幸せには別の見方もあるよ。仕事にやりがいを感じるときも，満足していると言えるんじゃない？

P：そうか，仕事にやりがいを感じるとすれば，「労働が幸福をもたらす」という考えも理解できそうだね。やりがいを感じることも，感覚的な欲求を充足することも，どちらも満足という点では同じだと言えるよね。

Q：確かに満足という点では同じだけど，やりがいは，感覚的というより，精神的な満足じゃないかな。それがないと仕事は続かないと思う。

P：ただ，やりがいがあっても，仕事がつら過ぎる場合もあるよ。

Q：なるほど，その場合は幸福とは言いにくいなあ。そもそも幸福とは何か，改めて考えてみる必要があるね。

①　Pは当初，幸福を感覚的な欲求の充足に求め，労働が幸福をもたらすとは考えていなかったが，会話の中で幸福を別の見方で捉えることによって，労働もまた幸福をもたらし得る，と考えるようになった。

②　Pは当初，幸福を感覚的な欲求の充足に求め，労働が幸福をもたらすとは考えていなかったが，会話の中で幸福を別の見方で捉えることによって，あらゆる労働が幸福をもたらす，と考えるようになった。

③　Qは，満足という言葉の意味内容について考えた結果，やりがいを感じることは精神的な満足であるよりもむしろ感覚的な満足であると気付き，やりがいがあれば人は幸福になれる，と考えるようになった。

④　Qは，満足という言葉の意味内容について考えた結果，おいしいものを食べることもやりがいを感じることも，同じ精神的な満足であると気付き，どちらによっても人は幸福になれる，と考えるようになった。

第４問 高校生ＲとＷが交わした次の会話を読み，下の問い（**問１～４**）に答えよ。なお，会話と問いのＲとＷは各々全て同じ人物である。（配点　14）

Ｒ：次の授業は英語。ネイティブの先生だなんてグローバル化の時代だね。

Ｗ：先生は日本語が苦手だけど，もっと日本語を学んでほしいな。

Ｒ：日本にいるなら日本語を話せっていうのは，ⓐ外国から来た人には酷だよ。

Ｗ：使い慣れた母語を使えずに外国で暮らすのにⓑ葛藤はあるだろうけど，日本で生活するなら日本語を身に付けないと。それが先生のためにもなるよ。

Ｒ：それだったら，私たちが英語を習得すればいいでしょ？

Ｗ：なぜ私たちの方が英語を学ばなきゃならないのかな。英語が嫌いとか苦手というわけじゃないけど，私は日本で生きていくつもりだし，英語はいらないよ。

Ｒ：私は留学して先端医療を研究するのが夢なんだ。世界で活躍するためには共通の言語として英語が必要だし，みんなが英語を習得すれば便利じゃない？　言語はまずコミュニケーションのための道具として必要でしょ？

Ｗ：だけど，言語をただの道具のように扱うのは不満だなぁ。

Ｒ：どうして？　「人間は言語や記号を使う動物」だって習ったよね。

Ｗ：人間はⓒ共同体の中で生まれて，その共同体の言語に囲まれて育っていくよね？　言語は共同体の習慣や価値観と切り離せないものだと思うな。例えば，「いただきます」も，単なる挨拶ではなく，「いのちをいただく」ということで生命への感謝を表す文化的な背景を持つ言葉だって聞いたことがあるよ。

Ｒ：なるほど。確かに，「いただきます」を英語に翻訳するのは難しいなぁ。

Ｗ：ね，言語は道具以上のものだよ。だから，単に便利だからといって，みんなが英語を学べばいいというのはおかしいんじゃないかな。母語として馴染（なじ）んできた言語を尊重するべきだよ。

Ｒ：そっかぁ。だけどさ，英語の先生が日本に来たみたいに，国境を越えて人が移動する時代なんだから，母語だけを尊重してたら，ⓓ異なる言語を話す人たちと一緒に暮らすことが難しくなるよ。

Ｗ：それもそうだね。私も自分の共同体の言語や価値観だけにこだわり過ぎていたかも。それだと，習慣や価値観が異なる人と一緒に暮らすのが難しくなるね。

問 1　下線部ⓐに関連して，日本において，「まだまだ自分たちの生活水準を上げることを考えるべきだ」という意見と，「自分たちの生活水準が多少落ちても，外国を助けるべきだ」という意見の，どちらに自分の気持ちが近いかを，様々な年齢の人に尋ねた調査がある。次の**図**は，20歳代から50歳代の人たちについての，1993年と2013年の結果である。この**図**を見て交わされた次ページの会話を読み，　**a**　・　**b**　に入る記述の組合せとして最も適当なものを，①〜④のうちから一つ選べ。　13

図　国際貢献に対する意識

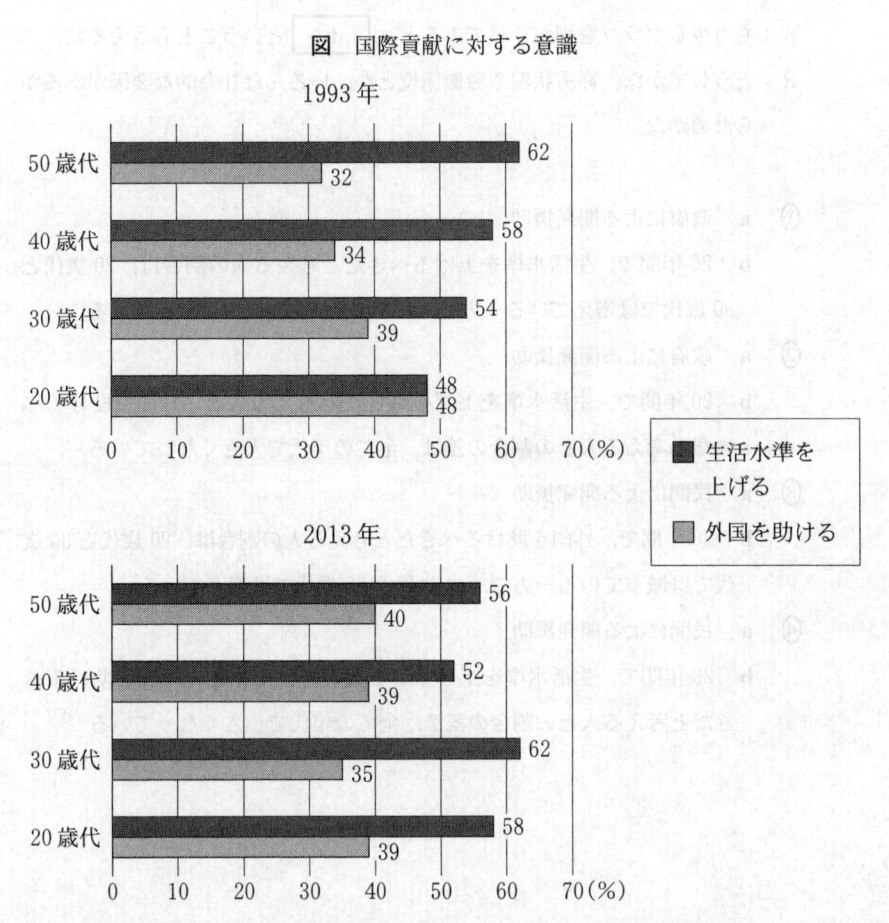

(注)　図の数値は項目ごとに，回答した人の割合(%)を表す。「その他・無回答」を除いているために，総和は100とならない。

(資料)　統計数理研究所「国民性の研究」(2016年)より作成。

R：全体的に，自分たちの生活水準を上げることを優先させる人が多いようだ
　　ね。

W：1993 年と 2013 年の間には大きな災害が何度もあって，被災地を助けるボ
　　ランティアに注目が集まったりもしたけど，まだまだみんな自分中心なの
　　かな。

R：でも，その間も，日本は　　　a　　　である ODA を通じて途上国への援助を
　　してきたことなんかも忘れちゃいけないんじゃないかな。

W：もう少しグラフを細かく見てみると，　　b　　ということも言えるね。

R：どうしてかな。経済状況や労働環境とか，いろんな社会的な要因があるか
　　らなのかな。

① a　政府による開発援助

　　b　20 年間で，生活水準を上げるべきだと考える人の割合は，20 歳代と
　　　　30 歳代では増えている一方で，40 歳代と 50 歳代では減っている

② a　政府による開発援助

　　b　20 年間で，生活水準を上げるべきだと考える人と，外国を助けるべ
　　　　きだと考える人との割合の差は，全ての年代で大きくなっている

③ a　民間による開発援助

　　b　20 年間で，外国を助けるべきだと考える人の割合は，20 歳代と 30 歳
　　　　代では減っている一方で，40 歳代と 50 歳代では増えている

④ a　民間による開発援助

　　b　20 年間で，生活水準を上げるべきだと考える人と，外国を助けるべ
　　　　きだと考える人との割合の差は，全ての年代で小さくなっている

問 2　下線部ⓑに関連して，次の**ア・イ**は，レヴィンによる葛藤の分類に従って，葛藤の実例を記述したものである。**ア・イ**と葛藤の種類との組合せとして正しいものを，下の①〜⑥のうちから一つ選べ。　14

ア　第一志望の大学には，自分が関心のあることを学べる学部があるのだけれど，遠隔地にあって通学が大変になるので受験しようか悩んでいる。

イ　買い物に付き合ってほしいと友人に頼まれた。興味がないことに付き合わされるのは嫌だが，断って友人との関係を悪くしたくないと悩んでいる。

① **ア**　接近 ― 接近　　**イ**　接近 ― 回避
② **ア**　接近 ― 接近　　**イ**　回避 ― 回避
③ **ア**　接近 ― 回避　　**イ**　接近 ― 接近
④ **ア**　接近 ― 回避　　**イ**　回避 ― 回避
⑤ **ア**　回避 ― 回避　　**イ**　接近 ― 接近
⑥ **ア**　回避 ― 回避　　**イ**　接近 ― 回避

問 3 下線部Ⓒに関連して，共同体主義(コミュニタリアニズム)の思想を踏まえた上で，現代の思想家チャールズ・テイラーの次の文章を読み，その内容の説明として最も適当なものを，下の①～④のうちから一つ選べ。 15

> 言語は，それを共に話す人々の間にのみ存在し，そこでのみ維持される。そしてこのことは，自我というものについての，ある重要な特徴を指し示している。……自分が何者なのかは，言葉を発する自分の立ち位置から明らかとなる。例えば，家族関係，社会的な空間，社会的地位や役割の位置関係，愛する人たちとの親密な関係における，自分の立ち位置である。中でも特に重要なのは，自分の道徳や精神のあり方が方向付けられるような空間であり，そこにおいてこそ，自分が何者であるのかを規定する最も重要な諸関係が立ち現れてくるのである。……この意味において，人は自分一人では自我であることはできない。人は，特定の対話者たちとの関係においてのみ，自我たり得るのである。
>
> (『自我の源泉』より)

① 自分が何者かは，同じ言語を話す人々との対話を通じて明らかになる，とテイラーは考えている。これは，公正としての正義という普遍的原理に基づいて社会のルールを決めるべきだと考える共同体主義に反する。

② 人の精神のあり方は，共同体における個人の立ち位置とは無関係に決定される，とテイラーは考えている。これは，自分が属する共同体の伝統や文化が個人のアイデンティティを作っていくと考える共同体主義に反する。

③ 言語は，それを共に話す人々の間に存在し，そうした人々との関係の中で自我が成り立つ，とテイラーは考えている。これは，個人は社会から独立した自由な存在であるという考えを批判する共同体主義に通じる。

④ 自我は，同じ言語を話す共同体の人々との自由な対話により作られる，とテイラーは考えている。これは，個人の自由を最大限に尊重し，国家の強制的な課税による福祉政策を批判する共同体主義に通じる。

問4　下線部⓪に関して，次の図と文章は，倫理の先生がある町で見掛けた看板の
イラストと，それをめぐって先生とRとWとが交わした会話である。56ペー
ジの会話も踏まえて，文章中の　a　～　d　に入る記述を次ページの
ア～エから選び，その組合せとして最も適当なものを，①～④のうちから一つ
選べ。　16

図　ある町で見掛けた看板

先生：この看板を見てください。3種類の表記があります。日本語，ブラジル
　　　人の母語であるポルトガル語，そして，そのポルトガル語の発音をカタ
　　　カナにしたものです。

　R：ポルトガル語の発音がカタカナで書いてあるのって，不思議ですね。

先生：この町で暮らすブラジル人家庭の子供にも配慮したものですよ。家では
　　　親とポルトガル語で話しているけど，その読み書きを十分に学ぶ機会が
　　　ない子供もいます。その中にはポルトガル語の文章を十分に読めない子
　　　供もいますが，その子たちも日本の学校に通ってカタカナを学んでいる
　　　ので，カタカナの部分を読むと，何が書いてあるのか分かるのです。

　W：うーん，なるほど…。私は，　a　と思いました。

　R：確かに。私は，　b　と思いました。

　W：私は，　c　ということが分かりました。

　R：私も勉強になりました。私は，　d　ということが分かりました。

　W：この看板のような工夫が，様々な人々の共存につながるんですね。

ア 現代は人が国境を越えて移動する時代だと言ったけれど，母語が異なる人々が一緒に暮らしていくためには工夫が必要だ

イ 外国から来た人も，生活していくためには自分がいま暮らしているその国の言語を学ぶべきだと言ったけれど，そう単純な話ではない

ウ みんなが英語を学べばよいと思っていたけれど，言語は共同体固有の価値観を反映しているものだから，それぞれの母語を尊重することも大事だ

エ 自分の母語である日本語を大切にすべきだと思っていたけれど，それだけでは異なる言語を話す人々の価値観を理解して共生することは難しい

① a ─ ア b ─ イ c ─ ウ d ─ エ

② a ─ ア b ─ イ c ─ エ d ─ ウ

③ a ─ イ b ─ ア c ─ ウ d ─ エ

④ a ─ イ b ─ ア c ─ エ d ─ ウ

第5問　次の文章(**A・B**)を読み, 次ページ以降の問い(**問1〜6**)に答えよ。

(配点　19)

A　生徒**X**と生徒**Y**の二人が住む市では, いま, 市長選挙が行われている。二人は, 候補者たちの演説を聴きに行った帰り道で, 次のような会話をしている。

X：演説会場にいろんな人が来ていたね。

Y：そうだね。事業者団体や市民団体もいたよ。

X：うん, さまざまな組織が政治にかかわっているんだね。

Y：そうそう。ちゃんと投票をするためには, ⓐ政治にかかわる主体についても知っておく必要があるよね。

X：そういえば, 何で選挙になってるんだろう。前市長の任期ってまだ残ってたんじゃない？

Y：前市長が収賄の容疑で逮捕され, みずから辞職したからだよ。記事によると, 行政監視活動を行っている NPO が情報公開請求をするなどして収賄の疑惑が生じたことが, 捜査のきっかけだったらしいよ。

X：なるほど。情報公開請求が契機となって前市長の不正が明るみに出たわけか。住民による行政監視に, 情報公開制度が大きな役割を果たしているんだな。

Y：そのとおり。選挙でいい市長を選ぶことも大事だけど, 日々, 市政に関心をもってⓑ行政を監視することも重要だね。

X：市長が代わると, これから市政もいろいろ変わるかもね。

Y：そうね。とくに地方分権改革によって, 地方公共団体が自主的に行える事務が増えたので, だれが市長になるかでだいぶ違ってくるかな。

X：たしかに, 候補者たちはさまざまな新しい政策を公約として掲げていたね。

Y：いろんな公約があるけど, 公約の実現可能性も検証する必要があるよね。

X：だれに投票したらいいか難しいよ。

問 1 下線部ⓐに関連して，現在の日本における政治や選挙にかかわるさまざまな主体に関する記述として最も適当なものを，次の①〜④のうちから一つ選べ。
17

① 政党を結成するためには，国の許可が必要である。
② 利益集団(圧力団体)は，みずから政権獲得をめざす。
③ 人事院は，公職選挙法に基づいて選挙に関する事務を行う。
④ 国外に居住する有権者は，国政選挙において選挙権を行使できる。

問 2 下線部ⓑに関連して，日本の行政活動をめぐる法制度に関する次の記述 a 〜 c のうち，正しいものはどれか。当てはまる記述をすべて選び，その組合せとして最も適当なものを，下の①〜⑦のうちから一つ選べ。
18

a 行政手続法は，行政運営における公正の確保と透明性の向上を図ることを目的としている。
b 情報公開法は，行政機関の非開示決定に対する国民の不服申立てを審査するために，オンブズマン(行政監察官)制度を定めている。
c 特定秘密保護法は，行政機関による個人情報の適正な取扱いを通じた国民のプライバシーの保護を目的としている。

① a
② b
③ c
④ a と b
⑤ a と c
⑥ b と c
⑦ a と b と c

B　生徒**X**と生徒**Y**は，とくに候補者**W**と候補者**Z**の演説に興味をもち，それぞれの主張についてさらに調べた。これに関して，次の問い(**問3～6**)に答えよ。

問3　生徒**X**と生徒**Y**は，候補者**W**の演説を聴いて，日本の法制度に関連する次のような会話をしている。この会話文を読んで，空欄　**ア**　に当てはまる語句として最も適当なものを，下の**①～④**のうちから一つ選べ。　**19**

X：この前の選挙演説で，候補者**W**は，商店街の活性化の必要性を強調していたね。このあたりでも，郊外にショッピングモールができてから，そちらにお客さんが流れているっていうしなぁ。

Y：調べてみたんだけど，ショッピングモールといえば，大規模小売店舗立地法で，新設に関する届出や都道府県の意見・勧告の仕組みがあるそうだよ。これって，大規模小売店に対するある種の出店規制だよね。大規模小売店の事業者が事業活動を制約されるという点では，事業者の　**ア**　が制限されることになるね。

①　職業選択の自由
②　結社の自由
③　請願権
④　労働三権

問 4 生徒Xは，候補者Wの行財政改革に関する公約に関心をもった。Wは，次の政策 a ～ c を公約として掲げている。これらのうち，現在の日本の法制度上，実施できる政策はどれか。当てはまるものをすべて選び，その組合せとして最も適当なものを，下の①～⑦のうちから一つ選べ。 20

a 生活保護費の支出を抑制するため，市独自の認定基準を条例で定めることで，国の基準より認定の範囲を限定する。

b 登山道の整備に必要な財源を確保するため，市の独自課税として登山客を対象とする入山税を創設する。

c 公共施設の管理費用の削減およびサービス向上を図るため，市が設置する市民会館やスポーツ施設などの運営を民間に委託する。

① **a**

② **b**

③ **c**

④ **a**と**b**

⑤ **a**と**c**

⑥ **b**と**c**

⑦ **a**と**b**と**c**

問5　生徒Yは，国民健康保険制度に対する市のかかわり方に関する候補者Zの主張を聴いて興味をもち，日本の公的医療保険制度の仕組みを調べることにした。次ページの会話は，同制度に関する次の図をみたYとその母とによるものである。この会話文を読んで，空欄　ア　に当てはまる方法として適当なものを次ページの記述 a ～ d のうちから二つ選び，その組合せとして最も適当なものを，次ページの①～⑥のうちから一つ選べ。　21

図　年齢階級・制度別加入者数割合(2017 年度)

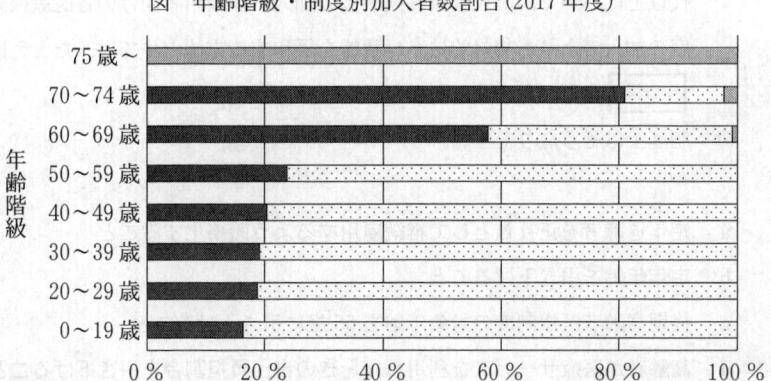

■国民健康保険制度　　□被用者向けの各医療保険制度　　▨後期高齢者医療制度

(注)　被用者向けの各医療保険制度の加入者には，被保険者のほか，その被扶養者(被保険者に生計を維持される家族)が含まれる。また，65 歳以上 75 歳未満で一定の障害状態にあるとの認定を受けた者は，後期高齢者医療制度の被保険者となる。なお，データは，各年齢階級の人口から生活保護の被保護者を除いたものを総数とした数値を前提として作成されている。

(出所)　厚生労働省 Web ページにより作成。

Y：お母さん，これみてよ。この図って何を表しているんだろう？

母：この図は，年齢階級別にみてどの医療保険制度にどのくらいの割合で加入者がいるかを表したものね。60歳代から国民健康保険制度の加入者の割合が急に増えているのが興味深いわ。

Y：各制度の対象者が違うからこうなるのかな。でも，年齢の高い加入者が相対的に多いということだと，国民健康保険制度の加入者一人当たりの医療費は，被用者向けの各医療保険制度の場合より増えてしまうよね。60歳代以上において，国民健康保険制度の加入者が被用者向けの各医療保険制度の加入者よりも相対的に多い状態を緩和する方法としては，たとえば，

　　| ア |　などが考えられるかな。

母：制度上はそうなりそうね。

a 定年退職者を正社員として継続雇用するよう義務化すること

b 定年年齢を引き下げること

c 後期高齢者医療制度の対象年齢を65歳に引き下げること

d 高齢者が医療サービスを利用したときの自己負担割合を引き下げること

① a と b

② a と c

③ a と d

④ b と c

⑤ b と d

⑥ c と d

問 6　生徒Xは，候補者Zが地域雇用の重要性について主張するのを聴き，労働者保護に関する法制度に興味をもった。日本の民間企業の労働者に関する現在の法制度についての記述として**誤っているもの**を，次の①～④のうちから一つ選べ。　 22

① 週あたりの労働時間の上限規制は，労働基準法にはない。

② 労働者災害補償保険法上の労働者には，短時間労働者が含まれる。

③ 使用者は，正当な争議行為により損害を受けたことを理由として，労働組合に対し損害賠償を請求することができない。

④ 事業主には，労働者の募集および採用について，その性別にかかわりなく均等な機会を与える義務がある。

第6問 次の文章（**A～C**）を読み，次の問い（**問1～6**）に答えよ。（配点 19）

A 生徒**X**と生徒**Y**は，休日に図書館で勉強をしていた。その帰り道，二人はベンチに腰かけた。そこで，スマートフォンを見ながら**X**がつぶやき，会話が始まった。

X：このブランドのスニーカー，かっこいいよね。やっぱり，すごい人気だよ。でも新しいスマートフォンを買っちゃったから，お金が足りないよ。

Y：そうなんだ。お金の問題は悩ましいよね。そういえば，スマートフォンもスニーカーも，どこでどう作られていて，どういう仕組みで価格が決まるのかな。

X：おそらくだけど，経済の仕組みが関係しているんじゃない？

Y：そうかも。興味があるから，ちょっと調べてみようと思うよ。

X：うん。こっちも，まずは自分のスマートフォンについて調べてみようかな。

問1 次の文章中の空欄 **ア** ・ **イ** に当てはまる語句の組合せとして最も適当なものを，下の**①～④**のうちから一つ選べ。 23

　　生徒**X**は，自分のスマートフォンについて調べてみた結果，ある資料をみつけた。その資料から，**X**のスマートフォンは先進国企業のブランドであるが，開発，調達，組立，物流，販売などの過程で，先進国だけではなく発展途上国・新興国もかかわっていることがわかった。また，資料によれば，スマートフォンのような電子機器の生産における調達過程では，親会社と子会社との間で **ア** と呼ばれる経済活動が行われているということであった。そして，主に人件費が低いという理由から， **イ** な組立工程は発展途上国・新興国によって担われていることが多いとも記されていた。

① **ア** 所有と経営の分離　**イ** 資本集約的

② **ア** 所有と経営の分離　**イ** 労働集約的

③ **ア** 企業内貿易　**イ** 資本集約的

④ **ア** 企業内貿易　**イ** 労働集約的

問 2　次の文章中の空欄　ア　・　イ　に当てはまる語句と数値の組合せとして最も適当なものを，下の①〜⑥のうちから一つ選べ。　24

　　生徒**Y**は，生徒**X**が気になっているスニーカーの人気が高まっていることについて，高校の「政治・経済」の教科書にある市場メカニズムの説明に基づいて考えてみた。そして，次の図を自ら作成した。この図において，スニーカーの供給曲線は S, 需要曲線は D で表される。スニーカーの人気が高まった場合，需要曲線は D から　ア　へとシフトし，均衡点が移動することが，教科書からわかった。

　　次に，供給曲線はシフトしないという条件の下で，より具体的な数字を当てはめて需要曲線の D から　ア　へのシフトを考えてみることにした。当初の均衡価格(P_0)が一足当たり 1 万円，均衡での数量(Q_0)が 8,000 足の状態から，価格が 30 パーセント，数量は 20 パーセント変化した場合，売上総額の変化量は　イ　であることがわかった。

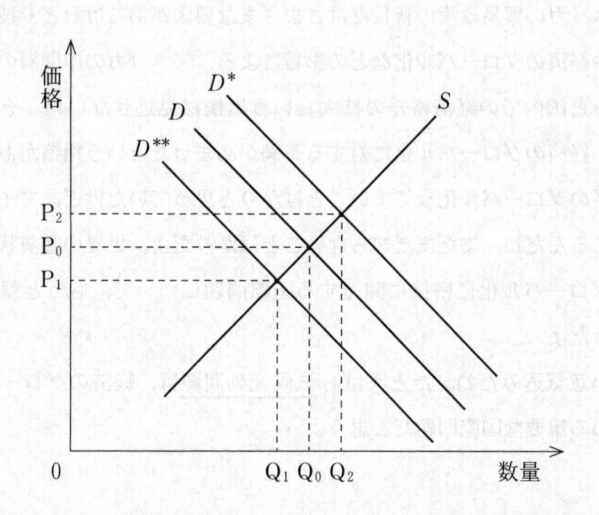

① ア D^*	イ 4,480 万円	② ア D^*	イ 3,620 万円
③ ア D^*	イ 2,840 万円	④ ア D^{**}	イ 4,480 万円
⑤ ア D^{**}	イ 3,620 万円	⑥ ア D^{**}	イ 2,840 万円

B 生徒Yと図書館に出かけた日の夜，生徒Xはアメリカで働いている父親とビデオチャットをした。以下はその会話の一部である。

父：やあ，元気かい。

X：うん。父さんも変わりない？ 少し調べてみたら，このスマートフォンは日本メーカーのものだけど，組立は発展途上国・新興国で行われていて，先進国に輸出されているみたい。アメリカの企業も似たようなことをしているの？

父：そうだね。アメリカの多国籍企業は積極的に海外展開してきたからね。ただし，2018年くらいから激化したアメリカと中国との貿易摩擦が，企業活動に与えた影響は無視できないね。

X：貿易については，先週の「政治・経済」の授業でも，ⓐ自由貿易の利益を学習したよ。それなのに，アメリカはなぜ自国中心の貿易政策を主張したといわれているのかな。

父：アメリカの貿易政策の背景にはさまざまな要因があるけれど，技術革新の進展や経済のグローバル化などの影響による，アメリカの中間層の所得の伸び悩みと国内での経済格差の拡大という指摘は見逃せないね。その層を中心に，経済のグローバル化に対する不満が高まったという指摘があるよ。

X：経済のグローバル化ってよいことばかりと思っていたけど，マイナスの側面もあるんだね。まだまだ知らないことばかりだよ。世界の経済状況や，経済のグローバル化に密接に関連する国際問題について，もっと調べてみたくなったよ。

父：よい意気込みだね。たとえばⓑ気候変動問題は，経済のグローバル化にかかわる重要な国際問題だと思うよ。

問 3　下線部@に関連して，生徒Xは授業で学習した，国際分業と貿易に関する経済学の考え方である比較生産費説について復習をした。次の表は，**a**国と**b**国における，α財とβ財についての労働生産性(一定の時間における労働者一人当たりの財の生産量)を示したものである。ここでは，各国の総労働者数は，**a**国が200人，**b**国が180人であり，各財への特化前は，両国ともにα財とβ財の生産にそれぞれ半数ずつが雇用されているとし，各財への特化後も，両国ともにすべての労働者が雇用されるとする。また，両財は労働力のみを用いて生産され，両国間での労働者の移動はないこととする。この表から読みとれる内容として正しいものを，下の①〜④のうちから一つ選べ。 25

	α財	β財
a国の労働生産性	1単位	3単位
b国の労働生産性	6単位	3単位

(注)　特化前も特化後も，表中の各単位のα財もしくはβ財の生産に必要な一定の時間と，労働者一人当たりの総労働時間とは一致するものとし，このことは両国とも同じとする。

① **a**国がα財の生産に特化し，**b**国がβ財の生産に特化すれば，特化しない場合に比べ，両国全体でα財の生産量は640単位増加し，β財の生産量は570単位増加する。

② **a**国がβ財の生産に特化し，**b**国がα財の生産に特化すれば，特化しない場合に比べ，両国全体でα財の生産量は640単位増加し，β財の生産量は570単位増加する。

③ **a**国がα財の生産に特化し，**b**国がβ財の生産に特化すれば，特化しない場合に比べ，両国全体でα財の生産量は440単位増加し，β財の生産量は30単位増加する。

④ **a**国がβ財の生産に特化し，**b**国がα財の生産に特化すれば，特化しない場合に比べ，両国全体でα財の生産量は440単位増加し，β財の生産量は30単位増加する。

問 4 下線部ⓑに関連して，生徒**X**は，気候変動問題を学習し，その成果を次の**資料**にまとめた。**資料**中の空欄 ア ・ ウ ・ カ に当てはまる語句の組合せとして正しいものを，下の①〜⑧のうちから一つ選べ。 26

Ⅰ．気候変動対策の国際枠組みの歴史

- 1992 年に ア 採択（1994 年発効）
- 1997 年に イ 採択（2005 年発効）
- 2015 年にパリ協定採択（2016 年発効）

Ⅱ．世界の国・地域の二酸化炭素排出量（エネルギー起源）の変化

（単位：二酸化炭素換算・億トン）

国・地域名	1990 年	2016 年
ウ	21.1	91.0
エ	48.0	48.3
オ	40.3	31.9
インド	5.3	20.8
ロシア	21.6	14.4
カ	10.4	11.5
世界の総計	205.2	323.1

（注） 「国・地域」の 1990 年の排出量とは，2016 年時点の当該「国・地域」を構成している 1990 年の「国・地域」の排出量の合計である。

（出所） International Energy Agency (IEA) Web ページにより作成。

---

① ア 気候変動枠組み条約　　ウ 中　国　　カ EU
② ア 気候変動枠組み条約　　ウ 中　国　　カ 日　本
③ ア 気候変動枠組み条約　　ウ アメリカ　カ EU
④ ア 気候変動枠組み条約　　ウ アメリカ　カ 日　本
⑤ ア 京都議定書　　　　　　ウ 中　国　　カ EU
⑥ ア 京都議定書　　　　　　ウ 中　国　　カ 日　本
⑦ ア 京都議定書　　　　　　ウ アメリカ　カ EU
⑧ ア 京都議定書　　　　　　ウ アメリカ　カ 日　本

C　経済に興味をひかれた生徒Yは，自分を取り巻く具体的な経済の仕組みにも興味を覚え，毎朝，新聞に目を通すようになった。

問 5　次ページに示したのは，生徒Yが最近読んだ**新聞**である。記事**a～c**の各見出しは，それぞれ政府による経済政策を示している。これらの経済政策は，次の経済学者**ア～ウ**のうちどの人物の考え方に最も親和的であると考えられるか。経済学者**ア～ウ**と，各経済政策が示されている記事**a～c**との組合せとして最も適当なものを，下の**①～⑥**のうちから一つ選べ。　　27

　ア　ミルトン・フリードマン(1912～2006)
　イ　フリードリッヒ・リスト(1789～1846)
　ウ　ジョン・メイナード・ケインズ(1883～1946)

　①　ア－a　　イ－b　　ウ－c
　②　ア－a　　イ－c　　ウ－b
　③　ア－b　　イ－a　　ウ－c
　④　ア－b　　イ－c　　ウ－a
　⑤　ア－c　　イ－a　　ウ－b
　⑥　ア－c　　イ－b　　ウ－a

1 第○×○×○号 　　　共　通　新　聞　　　2021年（令和3年）○○月○○日 土曜日 日刊 5版

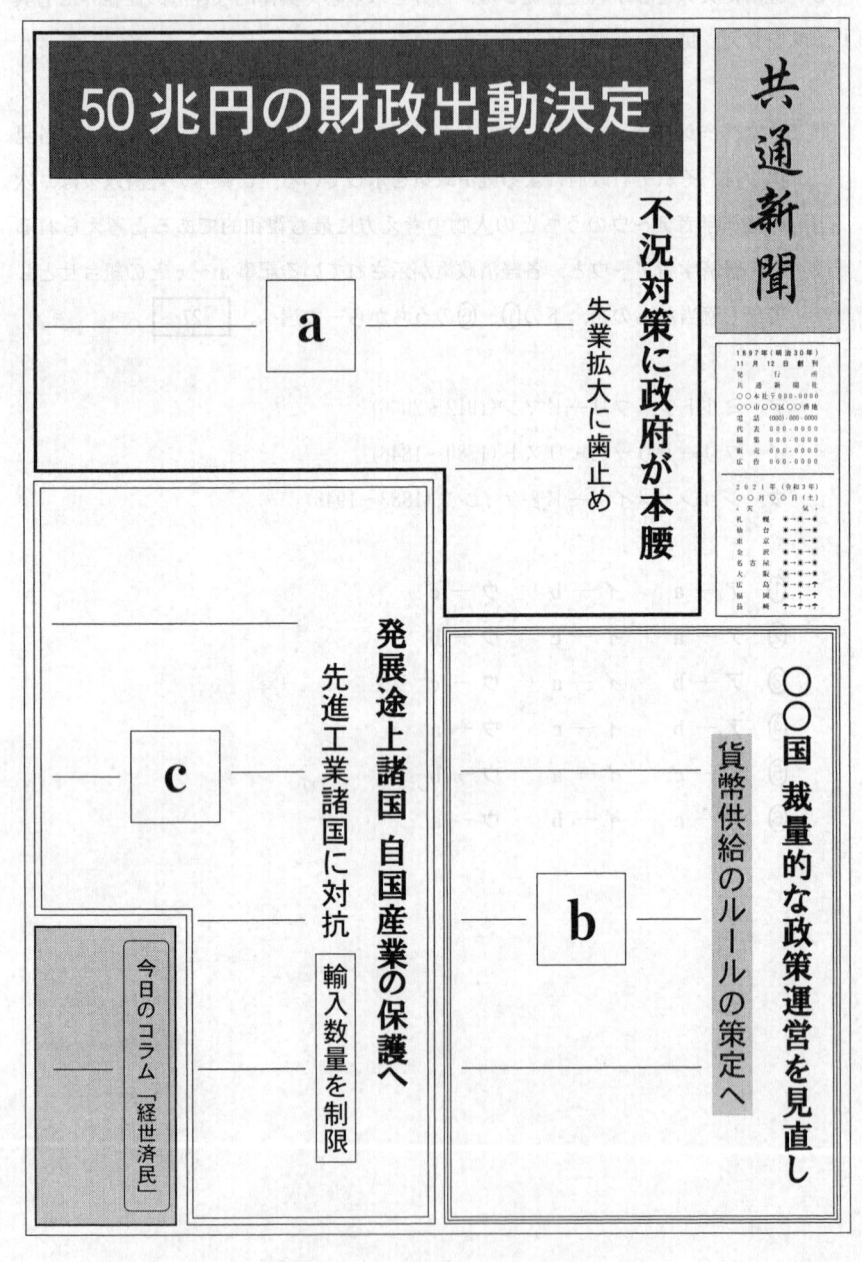

50兆円の財政出動決定

共通新聞

不況対策に政府が本腰

失業拡大に歯止め

a

1897年（明治30年）
11月 12日 創刊
発　行　所
共 通 新 聞 社
○○本社〒000-0000
○○市○○○番地
電　話 (000)000-0000
電話 代 表 000-0000
　　 編 集 000-0000
　　 販 売 000-0000
　　 広 告 000-0000

2021年（令和3年）
○○月○○日（土）
天　　　気
札幌　　　ー　ー・ー
釧路　　　ー　ー・ー
青森　　　ー　ー・ー
金沢　　　ー　ー・ー
名古屋　　ー　ー・ー
大阪　　　ー　ー・ー
広島　　　ー　ー・ー
福岡　　　ー　ー・ー
那覇　　　ー　ー・ー

○○国　裁量的な政策運営を見直し

貨幣供給のルールの策定へ

b

発展途上諸国　自国産業の保護へ

先進工業諸国に対抗

輸入数量を制限

c

今日のコラム「経世済民」

問6　生徒**Y**は新聞のコラム欄に，次のような記述をみつけた。

今日のコラム

「経世済民」

1929年にアメリカで発生した恐慌は，世界中に波及して世界恐慌になった。それは，経済過程への国家のかかわり方，通商および通貨に関する国際的な枠組み，金融制度のあり方などに変化をもたらした。そうした意味でこの恐慌は，現代へとつながる，資本主義経済の歴史的な転換点となった。

この記述に興味をひかれた**Y**は，生徒**X**を誘って図書館に行き，この記述の意味を分担して調べた。次ページの発言 **a**～**d** は，調べた成果を互いに教え合った際のものである。次ページの空欄　**ア**　～　**オ**　に当てはまる語句の組合せとして最も適当なものを，次ページの①～⑧のうちから一つ選べ。
　28

a 市場への国家の介入が，世界恐慌を契機に強まっていったよ。景気の安定化や所得の再分配などに関しても，国家が次第にその役割を担うようになったんだ。 ア 政府から イ 政府への転換が始まったんだよ。

b 国際的な通貨システムにも変化があったよ。それまで中央銀行の金保有量に通貨量が制約されていた各国は，世界恐慌を契機に，金保有量にかかわりなく通貨量を増減できる制度を採用することになったんだ。これによって ウ 紙幣は，現在の日本でもみられる エ 紙幣に取って代わられたよ。

Ⓧ

c 変化といえば，国際的な通商システムにもみられたよ。世界恐慌を契機に世界経済は，列強諸国によって複数の経済圏に分断されたんだ。こうした世界経済の分断が戦争の一因になったことへの反省から，第二次世界大戦後は オ 貿易を促進する協定が結ばれたよ。

d 金融制度の変化もみられたよ。アメリカでは世界恐慌が発生した後，銀行業務と証券業務の兼営が禁止されたり，連邦レベルの預金保険制度が整備されたりしたんだ。金融市場の安定化が模索されたんだよ。

Ⓨ

①	ア 小さな	イ 大きな	ウ 不換	エ 兌換	オ 保護
②	ア 小さな	イ 大きな	ウ 不換	エ 兌換	オ 自由
③	ア 小さな	イ 大きな	ウ 兌換	エ 不換	オ 保護
④	ア 小さな	イ 大きな	ウ 兌換	エ 不換	オ 自由
⑤	ア 大きな	イ 小さな	ウ 不換	エ 兌換	オ 保護
⑥	ア 大きな	イ 小さな	ウ 不換	エ 兌換	オ 自由
⑦	ア 大きな	イ 小さな	ウ 兌換	エ 不換	オ 保護
⑧	ア 大きな	イ 小さな	ウ 兌換	エ 不換	オ 自由

第7問　生徒たちは，「地域課題に対する国・地方公共団体・住民の果たす役割」というテーマで調査を行うことにした。次の図は，生徒たちの調査計画とその内容の一部を掲載したものである。これに関して，次ページ以降の問い(**問1 ～ 4**)に答えよ。(配点　12)

Ⅰ．課題の設定～グループの関心をまとめ具体的な調査内容を決める
○グループの関心～地域課題への国・地方公共団体・住民の対応
○地域課題に対する国や地方公共団体の施策と住民の活動について調査する～地域の産業や資源，地域を来訪する外国人に関する施策とその効果

⬇

Ⅱ．資料の収集～資料を収集し現状や課題を把握する
○地域の産業や資源に関する資料収集
○ⓐ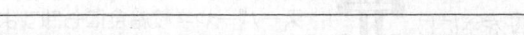産業の活性化や観光客の誘客とその課題に関する資料収集
○企業や観光客の動向などのデータや既存のアンケート結果の収集

⬇　必要に応じて調査と分析を繰り返す　⬆

Ⅲ．課題の探究～調査の実施や資料に基づく分析・検討を行う
○Ⅱで調査した課題に対処するための施策の分析
○施策の効果を高める取組みの検討～ⓑ協働での商品開発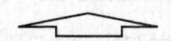の実地研修・調査等
○住民自治に基づく地域課題への対応～ⓒ住民の意見は地域課題の解決に反映されうるかの検討
○公共サービスの課題と効率的な運用についての検討～効率性の考え方

⬇

Ⅳ．まとめ～分析の過程や結果をまとめ，発表を行う
○地域課題に対する国・地方公共団体・住民による取組みとその効果の検証のまとめ
○公共のさまざまなあり方についてのまとめ～協働を通じた課題解決
○全体を通じた考察～ⓓ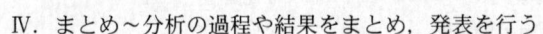地域課題の解決に向けた地方自治のあり方について

問1 下線部@に関連して，生徒Wは地域産業の取組みについて調査しようと思い，ある農業従事者に聞き取り調査を行った。次のメモは，その聞き取りでわかったことをまとめたものである。メモにある取組みに関する下の記述 **a 〜 c** のうち，正しいものはどれか。当てはまる記述をすべて選び，その組合せとして最も適当なものを，下の①〜⑦のうちから一つ選べ。　29

取組みに関する聞き取り調査

1．事業の反省と分析について
・農業を営んでいる。価格を市場にまかせると地元での野菜の生産と卸しだけでは経営が安定しない。

・当初は個人宅を回る宅配を主にしていた。この時は順調に売れていた。

・外国の安い商品が増え、価格が急落。そのため自社の商品の値下げが必要になる。

・宅配中心ではコストが割高になる。

・自社製品の収益増加および費用削減の検討が必要となる。

2．現在の運営の特徴について
・地元の生産物のブランドの確立をめざす。

・従業員が加工や販売も行い、自社で加工できないもののみ地域内の他社へ委託するようにし、価格の安定と費用の低下を図る。

・直販を行うとともに地域内のスーパーや学校給食にも卸すようにした。地域内での消費の拡大を図る。

・観光客に収穫や加工の体験をしてもらう。人件費を考えると、この事業は低収益だが広告や宣伝になっていると考えている。
⇒多少値段が高くとも買っていくお客様が現れる。

3．課題について
・集客の方法や人材の不足。

・地域外への販売ルートに乏しい。

a 販路の拡大を行っている

b 六次産業化を実施している

c 地産地消に取り組んでいる

① **a**　　② **b**　　③ **c**

④ **a**と**b**　　⑤ **a**と**c**　　⑥ **b**と**c**

⑦ **a**と**b**と**c**

問 2 下線部ⓑに関連して，生徒たちは農業従事者の方々と協働で新しい二つの商品を試作することにした。その際，値上げや値引きの効果は需要量の変化に現れるという授業の話を思い出した。試作中の商品の売れ行きが気になった生徒たちは，二つの新商品に類似した商品 α と商品 β の需要量と価格のデータを収集し，教科書を参考に需要量と価格の関係を次の枠内の図にまとめた。商品 α はなめらかな曲線となり，代表的な点は白丸（○），商品 β は直線であり，代表的な点は黒丸（●）である。各商品の需要量に価格の変化が及ぼす影響に関する記述として最も適当なものを，下の①〜④から一つ選べ。 30

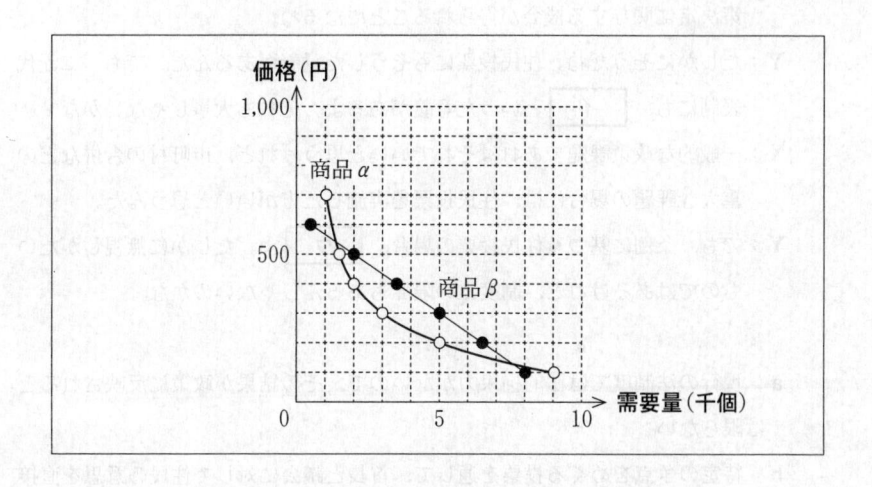

① 商品 α を 200 円で販売した場合と 500 円で販売した場合とについて，それらの価格から 100 円上昇したときの需要量の減少幅を比べると，500 円で販売した場合の方が減少幅は大きい。

② 商品 α と商品 β を 200 円で販売した場合，その価格から 100 円の上昇に対する需要量の減少幅は，商品 α よりも商品 β の方が小さい。

③ 商品 β を 200 円で販売した場合と 500 円で販売した場合とについて，それらの価格から 100 円上昇したときの需要量の減少幅を比べると，500 円で販売した場合の方が減少幅は大きい。

④ 商品 α と商品 β を 500 円で販売した場合，その価格から 100 円の上昇に対する需要量の減少幅は，商品 α よりも商品 β の方が小さい。

82

問3 下線部ⓒに関連して，生徒**X**と生徒**Y**は，「政治・経済」の授業で学習した地方自治制度について話し合っている。次の会話文中の空欄 ア ～ ウ に当てはまる記述として正しいものを下の記述 a ～ c から一つずつ選び，その組合せとして最も適当なものを，下の①～⑥のうちから一つ選べ。 31

X：ある市で産業廃棄物処理施設の設置をめぐって，条例に基づく住民投票が実施されたと聞いたけど，このような住民投票は ア よ。その結果は首長と議会の双方にとって無視しがたいものになるよ。住民にとっても政策決定に関与する機会が得られることになるね。

Y：たしかにそうだね。住民投票にもそうした意義があるんだ。でも，二元代表制にも， イ といった意義があるよ。それも大事じゃないかな？

X：一般的な政策課題であればそれでいいと思うけれど，市町村の合併などの重大な課題の場合には，住民投票を実施した方がいいと思うんだ。

Y：でも，条例に基づく住民投票の場合， ウ よ。たしかに無視しがたいものではあるけれど，制度上の限界もあるんじゃないのかな。

a 現行の法制度では法的拘束力がないので，その結果が政策に反映されるとは限らない

b 特定の争点をめぐる投票を通して，首長と議会に対して住民の意思を直接示すことで，間接民主制を補完できる

c 住民が首長や議員を選出し，首長と議会による慎重な議論が期待できる

① ア－a イ－b ウ－c
② ア－a イ－c ウ－b
③ ア－b イ－a ウ－c
④ ア－b イ－c ウ－a
⑤ ア－c イ－a ウ－b
⑥ ア－c イ－b ウ－a

問4　下線部⑪に関連して，生徒**X**と生徒**Y**は，地方自治について話し合っている。次の会話文中の空欄　ア　に入れる語句として最も適当なものを，下の①〜④のうちから一つ選べ。　32

X：私たちは，地域における担い手となるために，どのようにすればいいんだろう？

Y：たしか，政治学者ブライスは，『近代民主政治』という本の中で，住民が地域のコミュニティを形成するのに成功している例をあげた上で，「地方自治は　ア　である」と言っているよね。

X：なるほど。これは身近な問題への取組みを通して，民主政治の担い手となる能力を養えることを意味するよね。

① 多数者の専制
② 民主主義の学校
③ ポピュリズム
④ 人民の人民による人民のための政治

MEMO

倫理，政治・経済

2020

本試験

（2020年1月実施）

60分　100点

2

第1問　以下は，高校生KとRの会話である。これを読み，下の問い（**問1～5**）に答えよ。（配点　14）

K：昨日の番組見た？　　ⓐ科学の進歩はすごいね。一番印象的だったのは，将来ⓑ人工知能搭載の人型ロボットが人間の代わりに働く社会になるって話！

R：見たよー。ロボットが色々やってくれたら，人間はもっと自由になるね！

K：だねー！　　あと，ロボットに頼って暮らすようになると，ⓒ人間同士の関係が疎遠になって，感情的なつながりが希薄になっていくって話もあったなぁ。

R：あったあった。ロボットと友達になるだなんて，多分無理だろうしね。つらいときはいつでも慰め合うような深い結び付きがあってこその友達だもの。

K：え？　　そんな傷を舐め合うような関係が友達なの？　　むしろ，批判し合いながら精神的に自立した強いⓓ個人を目指して一緒に高め合うのが友達でしょ？

R：いや，人間は根本的に弱いから友達と助け合うんでしょ。でも，そのためにはまず，お互い気持ちから何から全部わかってるくらいの関係でないと。

K：ぷっ，プライバシーもないってこと？　　その距離感は少しおかしくない？

R：それくらいじゃないと，いつでもすぐに助け合おうとは思えないかなって。

K：えーっ，いつでも助けてもらおうなんて甘えだよ。一人でも強くならないと。

R：……さっきから強く強くって，求め過ぎだよ！　　失恋や挫折で傷ついたときに，友達に泣き付くくらいの弱さがあったっていいじゃない！

K：なるほどねぇ……ただやっぱり，弱いからって助けやⓔ支援を常に当てにするのは依存の状態なんだと思う。それだと個人として成長できないよね？

R：んー，成長は大事だけど，でも，自分が強くなる代わりに，他人の弱さを気に留めなくなって一人平然としてるのなら，それこそロボットみたいじゃない？

K：そっかぁ。人間は不完全で弱いから，お互いの欠点を批判して高め合うためだけじゃなく，支え合って一緒に生きてくためにも，友達が必要になるんだね。

R：うん。でも，こっちの言い分も，ちょっと極端だったのかも。弱さを認め合うのも大事だけど，友達と共に成長していくことも忘れちゃいけないね。

問 1　下線部ⓐに関して，次の文章は，科学および科学的な知識について論じたクワインの思想の説明である。文章中の　**A**　・　**B**　に入れる語句の組合せとして正しいものを，下の①〜④のうちから一つ選べ。　1

　　クワインによれば，科学的な知識に関する様々な命題や言説は，　**A**　となる。このことをクワインは，「ノイラートの船」という比喩を用いて説明した。それによると，船にどのような不具合があるのか，また，どこに不具合があるのかは，航海中にしか確認できない。しかも，一から船を造り直すためのドックや陸地も存在しない。そのため，船に何らかの問題が生じても，船員は船内にある有り合わせの部品で修理をして間に合わせながら航海を続けるしかない。科学について，この船と同じように考えるのならば，理論に何か問題が生じても，どこかを少しずつ修正しながら，知識の体系それ自体を維持していくしかない。クワインによる，科学についてのこのような捉え方を，知の　**B**　と呼ぶ。

① **A**　個々別々に独立して成立し，それぞれ単独で検証の対象
　　B　パラダイム

② **A**　個々別々に独立して成立し，それぞれ単独で検証の対象
　　B　ホーリズム

③ **A**　互いに結び付いた一つの集まりとして捉えることにより，検証が可能
　　B　パラダイム

④ **A**　互いに結び付いた一つの集まりとして捉えることにより，検証が可能
　　B　ホーリズム

問 2 下線部ⓑに関して，次の二つの**図**は，日本の就労者 1,106 名とアメリカ合衆国の就労者 1,105 名に対して，「人間は人工知能(AI)に仕事を奪われると思うか」と，「AI の普及に伴って，今後どのような対応や準備を行うつもりであるか(複数回答可)」を質問した結果である。これらの**図**から読み取れることとして最も適当なものを，次ページの①～④のうちから一つ選べ。□2□

図1 人間は AI に仕事を奪われると思うか

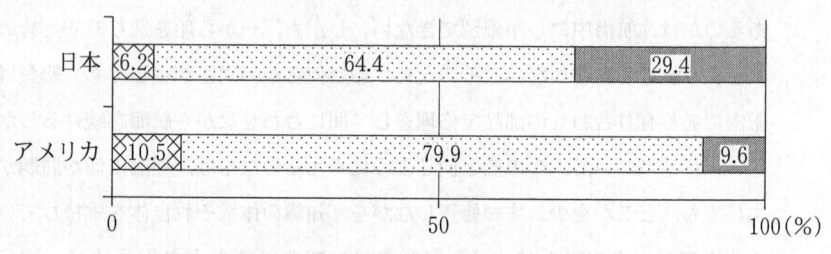

⊠ 人間の仕事は全て，AI に奪われると思う。
▨ 人間の仕事の一部は，AI に奪われると思う。
▦ 人間の仕事の中に，AI に奪われるものはないと思う。

図2 AI の普及に伴う今後の対応や準備(複数回答可)

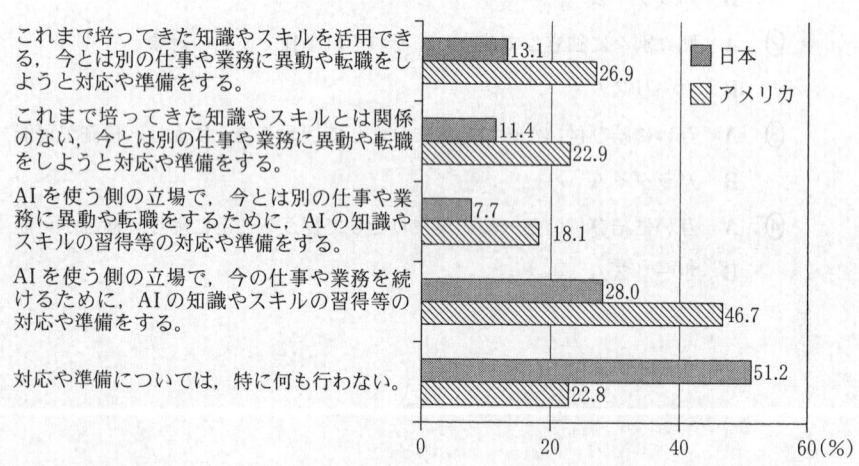

(資料) 総務省『ICT の進化が雇用と働き方に及ぼす影響に関する調査研究』(平成 28 年)より作成。

① アメリカの就労者で，AIを使う側の立場で仕事や業務をするために対応や準備をすると答えた人の割合は19％未満であり，また，11％程度の人は，全ての仕事がAIに奪われると思うと答えている。

② 日本の就労者で，仕事の一部をAIに奪われると思うと答えた人は64％程度であり，また，これまで培ってきた知識やスキルで今とは別の仕事や業務をしようと対応や準備をすると答えた人の割合は，25％程度である。

③ アメリカの就労者で，今の仕事や業務を続けるためにAIの知識やスキルを習得すると答えた人の割合は65％程度であり，また，人間の仕事がAIに奪われると思うと答えた人の割合は，日本よりも多い。

④ 日本の就労者で，人間の仕事がAIに奪われると思うと答えた人は80％未満であり，また，何も対応や準備をしないと答えた人の割合は，アメリカのそれの2倍以上である。

問 3　下線部ⓒに関連して，次の文章は，人間同士の関係を基盤とする「ケアリングの倫理」を提唱したネル・ノディングズが，ケアすることについて論じたものである。その内容の説明として最も適当なものを，下の①〜④のうちから一つ選べ。　3

　　我々が道徳的であろうとするのは，ケアリング関係を維持し，ケアする者としての自身の理想を高めるためである。この倫理的な理想に導かれ，……我々は他者と道徳的に接しようと奮闘する。……他者の現実に懸命に向き合おうとするとき，我々は，自分たちが今よりよくなる直接的な可能性だけを見ているわけではない。我々はまた，「私が何かしなければならない」という感じを，自分の内にかき立ててもいる。他者の現実を，自分がそうであったかもしれない一つの可能性として捉えるとき，我々は，他者の耐え難い痛みを取り除き，苦悩を減らし，ニーズを満たし，夢がかなうように，行為しなければならないのである。私が他者と，この種の関係にあるとき，……私はケアするのである。

　　　　　　　　　　　　　　　　　　　　　　　　　　　（『ケアリング』より）

① 　ケアする者にとって大切なのは，他者の苦しみを取り除き，そのニーズを満たすと同時に，自分も他者から同様にケアされることである。そうした相互に利益を与え合う関係の維持が，ケアリングの倫理では目指される。

② 　ケアする者にとって大切なのは，他者の苦しみを取り除き，そのニーズを満たすことである。そして，それによって，たとえケアリング関係が破綻してしまうのだとしても，ケアリングの倫理ではそれが責務とされる。

③ 　ケアする者は，苦しむ他者を前にして，自分もその他者と同じ状態だったのかもしれないと考えるからこそ，その他者に対して道徳的に行為するのであり，そのことが，自身の理想を高めることにもつながるのである。

④ 　ケアする者は，他者の苦しみや欲求に必死で向き合おうとするが，そのとき，少しでも他者に対する責務の念を抱くようであれば，いくら道徳的に行為しても，ケアする者の倫理的な理想は高まらない。

問 4　下線部ⓓに関連して，個人的特徴であるパーソナリティや能力等の形成についての記述として最も適当なものを，次の①～④のうちから一つ選べ。
　　　4

① 人の個人的特徴の形成は遺伝のみに影響されるため，例えば，音楽的才能に乏しい親の子が，一流の音楽家になることはまれである。

② 人の個人的特徴の形成は環境のみに影響されるため，例えば，小さな子供と過ごすことが多いと，保育職への適性が備わるようになる。

③ 人の個人的特徴の形成は遺伝と環境の両方に影響されるため，例えば，学力は，生来の資質か学習環境かのどちらかだけでは決まらない。

④ 人の個人的特徴の形成は遺伝と環境には影響されないため，例えば，ある人が社交的であるかどうかには，本人の努力や意識が強く反映される。

問 5　下線部ⓔに関連して，世界では，困窮した人々に対して様々な支援が行われており，またその必要性が叫ばれている。そうした状況についての記述として適当でないものを，次の①～④のうちから一つ選べ。　　　5

① 難民は，生命の危険にさらされやすく，人権が保障されないことも多いため，難民の保護と生活支援を行う国際連合の機関として，国連難民高等弁務官事務所(UNHCR)が設置されている。

② ノーベル平和賞を受賞したマララ・ユスフザイは，女性と子供の権利の確立，および女性の自立の実現のために，世界中の全ての子供に対して質の高い教育が保障されるよう，訴えている。

③ 国際連合による支援だけでなく，各国からも途上国への援助などが行われており，日本もその一環として，JICA(国際協力機構)による青年海外協力隊を派遣している。

④ 発展途上国の生産者や労働者が搾取されることなく，経済的に自立した暮らしを営むことができるよう，彼らに正当で公正な対価を払うリサイクルの促進が強く求められている。

第2問 次の文章を読み，下の問い(問1〜7)に答えよ。(配点　18)

　スポーツの日本代表が「侍ジャパン」や「サムライブルー」と呼ばれている。これは「侍」や「武士道」が「日本の伝統」であると，漠然と思われているからだろう。だが，そもそも「伝統」とは何だろうか。思想の観点から，武士道を例に考えてみよう。

　平安時代の中頃，歴史の表舞台に現れた武士たちは，戦闘者として命懸けで主君に献身し，「名を重んじ恥を知る」ことを理想とした。また，戦場での命の儚さの体験は，@仏教的な無常観への共感や，命に執着しない「いさぎよさ」につながった。この「いさぎよさ」には，心の純粋さをよしとするⓑ古代以来の理想も反映されていた。こうした価値観が，後に「武士道」と呼ばれる伝統の基礎となった。

　ところが，ⓒ戦乱が終結した江戸期になると，戦闘者の道としての武士道はそのままでは通用しなくなった。そこで，ⓓ山鹿素行は新たに「士道」を提唱した。これは，武士は民衆を道徳的に指導する為政者であるとする思想である。他方，山本常朝は，戦場という死に場を失った武士の生き方を，「常住死身」となり，ひたすら主君や藩を思って献身することに見いだした。こうして，過去から継承された思想は，新たに解釈されることによって，より時代に適した伝統となったのである。

　さらに，武士階級が消滅した明治期になると，武士道をⒺ西洋思想や近代思想との関わりで「日本の伝統」として捉え直す思想家たちが現れた。例えば，新渡戸稲造や内村鑑三はキリスト教に通じる献身の道徳として，福沢諭吉や幸徳秋水はⒻ近代の国家や社会を支える「国民」や「市民」の道徳として，各々武士道を捉えた。しかし，例えば岡倉天心は，茶道こそが「生の技術」としての日本の伝統であり，武士道は自己犠牲を強いる「死の技術」であるとする批判的な見方を示した。そして，現に武士道は，国家のための自己犠牲を強いる軍国主義の称揚に利用されもしたため，戦後になると厳しく非難された。それでも，人々は今なお，武士道や侍という言葉に，何らかの理想やイメージを投影しようとしてもいるのである。

　このように，伝統とは，先人たちが過去の思想を継承しつつ，各々の時代状況に応じて新たな解釈を加える中で，形成されてきたものなのである。伝統と呼ばれるものと向き合うとき，大切なことは，この二面性を自覚し，単に漠然としたイメージを投影するだけではなく，批判的な再解釈をしていくことではないだろうか。

問 1　下線部ⓐに関連して，大乗仏教についての説明として最も適当なものを，次の①〜④のうちから一つ選べ。　| 6 |

① 大乗仏教は，上座部仏教が自らを「小乗仏教」と名のったのに対して，自らを大きな乗り物に譬えてその立場の違いを鮮明にした。

② 大乗仏教で尊敬の対象とされる菩薩とは，在家の信者とは異なり，他者の救済を第一に考える出家修行者のことである。

③ 大乗仏教の代表的な経典の一つである『般若経』では，あらゆる事象には固定不変の本体がないと説かれている。

④ 大乗仏教は，スリランカから東南アジアへと伝えられ，その後，東アジア世界に広がっていったため，「南伝仏教」と呼ばれる。

問 2　下線部ⓑに関連して，古代の日本の思想についての説明として最も適当なものを，次の①〜④のうちから一つ選べ。　| 7 |

① 自然の様々な事物に宿る八百万の神々への信仰が，外来思想の影響を受けることなく，神道と呼ばれる日本独自の宗教として体系化された。

② 古代国家が形成される過程で，『古事記』や『日本書紀』が編纂され，神々の系譜が天皇につながる神話として統合された。

③ 日本神話では，天地はおのずから「なった」のではなく，伊邪那岐命と伊邪那美命の二神の意志によって「つくられた」とされている。

④ 罪や悪は，人間の心の中から出てくる穢れであると考えられたため，それを清めるための儀式として，禊や祓があった。

問 3　下線部©に関連して，戦乱が続く古代中国で活躍した諸子百家についての説明として最も適当なものを，次の①〜④のうちから一つ選べ。　8

① 墨子は，侵略戦争を有利に進めるために，自集団の中で習得した知識や技術を積極的に利用しようとして，各地を奔走した。

② 墨子は，道を重んずる立場から，無為自然の理想社会を目指し，自給自足の生活を送る小さな共同体の実現を説いて，各地を奔走した。

③ 孟子は各国を遊説して，人間は美醜や善悪といった区別や対立にこだわるが，本来，万物は平等であるという万物斉同の思想を説いた。

④ 孟子は各国を遊説して，君主は仁義に基づいた政治を行うべきであり，民衆に支持されない君主は，天命を失ったものとして追放されると説いた。

問 4　下線部ⓓに関して，山鹿素行についての説明として最も適当なものを，次の①〜④のうちから一つ選べ。　9

① 朱子学の説く理を道徳の基礎として重視し，私利私欲をつつしむ心の修養を説くとともに，儒学と神道を融合させて垂加神道を唱えた。

② 朱子学の説く理を道徳の基礎として重視し，『論語』や『孟子』などの原典に立ち返ることで，日常的な道徳の規範を明らかにすることを目指した。

③ 朱子学の説く理が抽象的であることを批判し，私利私欲をつつしむ心の修養を説くとともに，儒学と神道を融合させて垂加神道を唱えた。

④ 朱子学の説く理が抽象的であることを批判し，『論語』や『孟子』などの原典に立ち返ることで，日常的な道徳の規範を明らかにすることを目指した。

問 5　下線部ⓔに関連して，日本において西洋近代思想の普及に努めた思想家の一人として，徳富蘇峰がいる。彼についての説明として最も適当なものを，次の①～④のうちから一つ選べ。　10

① 　政府主体の欧化主義を批判し，民衆主体の近代化を重視する平民主義を唱えたが，後年は国家主義の立場に転じた。

② 　幸徳秋水らと共に平民社を設立し，平民主義・社会主義・平和主義を三つの柱とする『平民新聞』を創刊した。

③ 　明六社で天賦人権論や立憲政治の紹介に努めたが，後年はスペンサーの社会進化論に基づいて国家主義を主張した。

④ 　結婚を男女の対等な契約と捉えて一夫一婦制を主張し，後年は初代文部大臣となって学校制度の確立に尽力した。

問6 下線部⑦に関連して，次の文章は，近代日本における「市民」の道徳について
考えた人物の思想に関する説明である。文章中の　A　～　C　に入れる
語句の組合せとして正しいものを，下の①～⑥のうちから一つ選べ。　11

　　幸徳秋水が師事した　A　は，『三酔人経綸問答』の中で「民主平等の制」と
は「国人をして皆学に就きて君子と為るの手段を得せしめ」るものだと述べた。
「君子」とは，儒教の伝統において有徳者や有徳な為政者を意味する概念であ
る。また彼は，　B　を翻訳する際，通常は「市民」と訳される「シトワイヤ
ン」を，「君子」の類義語である「士」と訳した。このような，「市民」とはかつて
の「君子」や「士」のような道徳的人間であるとする考え方の背景には，彼がフラ
ンスで学んだ，「市民の徳」を重視する　C　という思想の影響があった。

① **A** 片山潜　　　**B** 『社会契約論』　　**C** 共産主義
② **A** 片山潜　　　**B** 『自由論』　　　　**C** 共和主義
③ **A** 片山潜　　　**B** 『自由論』　　　　**C** 共産主義
④ **A** 中江兆民　　**B** 『社会契約論』　　**C** 共和主義
⑤ **A** 中江兆民　　**B** 『社会契約論』　　**C** 共産主義
⑥ **A** 中江兆民　　**B** 『自由論』　　　　**C** 共和主義

問 7 本文の趣旨に合致する記述として最も適当なものを，次の①〜④のうちから一つ選べ。　12

① 伝統と呼ばれるものは，時代や思想家によって表現は異なるが，常に同じ内容を保っている。伝統とは，各々の時代の人々が，過去の思想を新たな解釈から守り，保存し続けてきたものだからである。伝統と向き合うときには，この不変性と持続性を自覚することが大切である。

② 伝統と呼ばれるものも，その内容は時代や思想家によって異なる。伝統とは，各々の時代の人々が，過去の思想を受け継ぎ，そこに新たな解釈を加えることで，変容し続けてきたものだからである。伝統と向き合うときには，この連続性と非連続性を自覚することが大切である。

③ 伝統と呼ばれるものは，時代や思想家によって表現は異なるが，常に同じ内容を保っている。伝統とは，各々の時代の人々が，時代を超えた人間の理想を，各々の時代の言葉で語ってきたものだからである。伝統と向き合うときには，この普遍性と多様性を自覚することが大切である。

④ 伝統と呼ばれるものも，その内容は時代や思想家によって異なる。伝統とは，各々の時代の人々が，あたかも過去から継承されてきたものであるかのように，無から捏造したものにすぎないからである。伝統と向き合うときには，この恣意性と虚構性を自覚することが大切である。

第3問 次の文章を読み，下の問い（**問1～7**）に答えよ。（配点　18）

　苦しい受験勉強もゴールが近づいてきた。我慢してきた欲求を解放し，大学生活を謳歌_{おうか}しようと心待ちにしている者も多いだろうが，生を謳歌するには，何を追い求めればよいのだろうか。近代以降の西洋思想を手掛かりとして考えてみよう。

　まず思い浮かぶのは，身体的な欲求を満たすことであろう。ルネサンス期には，キリスト教の権威の下で抑圧されがちであった人間の欲求を@罪の意識から解放し，生の喜びを肯定する芸術作品が数多く生み出された。また，17世紀に活躍した社会契約論者の中には，自己保存を目的とした身体的な欲求の充足を，ⓑ人間の基本的な権利として想定する者もいた。さらに，18世紀になると，快を求めるⓒ人間の本性を道徳や立法の前提と捉えるベンサムのような功利主義者も現れた。

　他方で，身体的な欲求よりも，人間のⓓ理性的なあり方を重視した者もいる。カントは，人間が，身体を持つ存在として感性的な欲求に大きく影響されることを認めつつ，道徳法則の尊重を命じる理性的な要求に従うあり方に，人間の真のⓔ自由を見いだした。また，J. S. ミルは，功利主義に基づきつつも，身体的な快に対する精神的な快の優位を主張し，その上で，同じく理性を有する他者の幸福に喜びを感じる精神の確立を理想とした。彼らに共通するのは，快を追求する身体的な経験にとどまらない，人間の理性的なあり方への敬意である。

　その後，身体と理性の関係は，様々な仕方で捉え直されていく。ⓕニーチェは，身体を顧みずに理性を偏重する者を「身体の軽蔑者」と揶揄_{やゆ}し，またアドルノは，自己保存を図ろうとするあまり，身体に具わる衝動を過度に抑圧しようとする「道具的理性」のあり方を批判した。こうした批判に対し，ハーバーマスは，理性を改めて主題化し，他者とのコミュニケーションを支える「対話的理性」の積極的な働きを強調した。その上でホネットは，他者から承認される喜びの感情に着目し，理性的な相互理解に関わる身体的な契機に目を向ける必要性を説いている。

　以上のような西洋思想の展開は，人間が，時に対立する身体的欲求と理性的要求とを併せ持った存在であることを，私たちに気付かせてくれる。一方を重視するあまり他方を軽んじることなく，その両者を正しく追求する道を模索することが，生きることを真に謳歌する第一歩となりそうである。

問1　下線部@に関して，人間の罪について考えたイエスおよびパウロの説明として最も適当なものを，次の①〜④のうちから一つ選べ。　　13

① イエスは，ファリサイ派（パリサイ派）に倣って，神が与えた律法を遵守できない人々を救われることのない罪人とみなした。

② イエスは，自分が来たのは罪人を招くためであると述べ，神の愛（アガペー）は罪人が悔い改めることを条件として与えられると説いた。

③ 深刻な罪の意識に苦しんだパウロは，神の命令に背いたアダムの罪が，生まれながらの罪として全ての人間に引き継がれていると考えた。

④ 異邦人への伝道にも従事したパウロは，神から十戒が与えられたことで全ての人間の罪が贖われたと考えた。

問2　下線部⑥に関して，人間の基本的な権利をめぐる社会契約論者の考え方についての説明として最も適当なものを，次の①〜④のうちから一つ選べ。
　　14

① ロックは，人間が生来持っている権利として，生命・自由・財産の所有権を認めたが，ルソーは，財産の私的な所有を争いや不平等の源泉とみなし，自らの権利を共同体に譲渡する社会契約の必要性を唱えた。

② ロックは，神が君主に与えた権利として，生命・自由・財産の所有権を認めたが，ルソーは，財産の私的な所有を争いや不平等の源泉とみなし，君主の所有物を人々に平等に分配する社会契約の必要性を唱えた。

③ ホッブズは，人間が生来持っている権利を守るために，万人が万人に戦いを挑むことを求めたが，ロックは，そうした戦いを絶対的な権力によって制圧することで，人々の権利を保障すべきとした。

④ ホッブズは，神が君主に与えた権利を人々の手に取り返すために，万人が君主に戦いを挑むことを求めたが，ロックは，そうした戦いを絶対的な権力によって制圧することで，君主の権利を保障すべきとした。

問3 下線部ⓒに関連して、人間の本性や生のあり方について説かれた様々な教えや思想の説明として最も適当なものを、次の①～④のうちから一つ選べ。
[15]

① アリストテレスによると、人間は無謀であることも臆病であることも避け、その中庸である勇気の徳を目指すべきである。

② エピクロスによると、人間は本性として快楽を追求する存在であるが、快楽を奪う死の恐怖から逃れることができない存在でもある。

③ イスラーム教によると、人間は誰でも、神の規律に従って生きるべきだが、聖職者には一般信徒と異なる特別な規律が与えられている。

④ 荀子によると、人間は本来、利己的な存在であるため、礼を学ぶだけでは不十分であり、法律による強制なしに社会は成り立たない。

問4 下線部ⓓに関連して、理性をめぐる様々な思想家の考え方についての説明として最も適当なものを、次の①～④のうちから一つ選べ。[16]

① デカルトは、自己の身体を「私」が疑うことのできない確実な存在とみなし、この身体が直接的に経験するものが、理性による明晰判明な自然認識の確固たる基礎となると考えた。

② スピノザは、自然の諸事物の中に万物を貫く必然的な法則を見いだす理性的認識が、神と自然の同一性を「永遠の相のもとに」把握することを可能にすると考えた。

③ モンテーニュは、「私は何を知っているか」と問い続ける懐疑的な精神のあり方を批判し、客観的な真理を正しく認識し得る普遍的な方法を見いだすことが、理性の第一の使命であると主張した。

④ パスカルは、複雑な全体を一望し直観的に判断を下そうとする精神のあり方を批判し、単純な原理から始め、理性的な推論を段階的に進めていく「幾何学的精神」の優位を主張した。

問 5　下線部ⓒに関して，次の文章は，カントとヘーゲルの「自由」をめぐる考え方についての説明である。文章中の　**A**　・　**B**　に入れる語句の組合せとして正しいものを，下の①〜⑥のうちから一つ選べ。　17

　　カントによれば，人間は，感性的存在としては「自然法則」に支配されているが，理性的存在としては「道徳法則」に自ら従うことができる。彼は後者のあり方を　**A**　と呼び，これこそが人間が享受し得る真の自由であるとした。

　　他方でヘーゲルは，個々人の内面的な判断の中に自由の根拠を求めるカントの立場を批判し，「最高の　**B**　が最高の自由である」という観点に基づきつつ，個々人が内的に判断する道徳と，人間関係を外的に規制する法との対立を止揚した「人倫」の中に，真の自由が実現する可能性を見いだした。

① **A** 意志の自律　　**B** 自立性

② **A** 意志の自律　　**B** 共同性

③ **A** 意志の自律　　**B** 功利性

④ **A** 意志の格率　　**B** 自立性

⑤ **A** 意志の格率　　**B** 共同性

⑥ **A** 意志の格率　　**B** 功利性

問 6 下線部⑦に関して，ニーチェについての説明として最も適当なものを，次の ①〜④のうちから一つ選べ。 [18]

① キリスト教の教義に基づく禁欲的な道徳を，強者の自己肯定に根ざした高貴な者たちの道徳として賞賛した。

② 個々人が，必ずや訪れる自らの死と向き合うことを通じて，本来的な自己のあり方に目覚める重要性を説いた。

③ 既成の道徳や価値観への信頼が失われた事態を正面から引き受け，新たな価値を自己自身で創造しつつ生きることを求めた。

④ 他者や世俗的な出来事の中に埋没し，本来的な自己のあり方を見失ったまま生きる人間を「ダス・マン（世人）」として批判した。

問 7　本文の趣旨に合致する記述として最も適当なものを，次の**①**～**④**のうちから一つ選べ。　19

①　近代以降の西洋思想には，個々人の身体的な欲求の充足を是認する立場もあれば，人間の理性的な要求に服することの重要さを強調する立場もある。こうした歴史に学び，時に対立する両者を共に正しく追求することが，生を真に謳歌するためには大切である。

②　近代以降の西洋思想では，個々人の身体的な欲求の充足を制限し，人間の理性的なあり方を追求しようとする立場が一貫して支配的である。こうした歴史に学び，身体的な欲求を厳格に制限し，理性的な生き方を正しく追求することが，生を真に謳歌するためには大切である。

③　近代以降の西洋思想では，個々人の身体的な欲求の充足を制限し，人間の理性的なあり方を追求しようとする立場が一貫して支配的である。こうした歴史を反省し，時に対立する両者を共に正しく追求することが，生を真に謳歌するためには大切である。

④　近代以降の西洋思想には，個々人の身体的な欲求の充足を是認する立場もあれば，人間の理性的な要求に服することの重要さを強調する立場もある。こうした歴史を反省し，身体的な欲求を厳格に制限し，理性的な生き方を正しく追求することが，生を真に謳歌するためには大切である。

第4問 次の文章を読み，下の問い（問1〜8）に答えよ。（配点　22）

　社会が発展する中で実現されるべき価値の一つに「平等」がある。これを評価の尺度にするなら，私たちの社会はどこまで望ましい姿に近づいたといえるだろうか。国内外の近年の経験を振り返りながら，残された課題を考えてみよう。

　まず，「ひとしく機会にあずかる」という意味で「平等」をみるなら，民主主義の普及は，政治参加の拡大という点で機会の平等が実現されていく経験であった。それまでの⒜支配に反対し民主化を求める運動が世界各地で起こり，日本でも政治参加を促す法が整備された。だが先進国を中心に，ポピュリズムや政治的無関心が目立つようになったのも事実である。一度実現した参加の機会を，将来にわたって人々が十全に活用するにはどうすればよいか。これが第一の課題となる。

　次に，「ひとしく結果を享受する」という意味で「平等」をみるなら，⒝<u>資本主義経済</u>の浸透は，格差の拡大や固定化という点で結果の平等のあり方を考える契機となった。貿易の自由化が促され，⒞<u>市場</u>の空間的範囲は拡大した。生産と⒟<u>消費</u>は国境を越え，世界全体で貿易額は大きく増加した。一方，発展途上国では約5人に1人が1日1.9ドル未満で生活する絶対的貧困の状況にある。また，経済のあり方が企業経営や人々の働き方に影響を与える中，国内では，正規労働者と非正規労働者との賃金の差がさらに認識されるようになった。経済や⒠<u>労働</u>において生じる格差が，社会の許容する程度を超えるとき，これをどう是正するか。これが第二の課題だといえる。

　さらに，「平等」の推進自体も問われるようになった。⒡<u>グローバル化</u>が進み，世界と国と⒢<u>地方</u>とが密接に結びつく今日，「平等」が他の社会的価値と衝突する事態が起きている。たとえば，移民や⒣<u>難民</u>の受入れをめぐって，人権を重視して社会保障や雇用の上で自国民に近い扱いを求める声と，国や社会の安定を重視してそれを拒否する声とがあがる場合である。ある人々の唱える「平等」を他の人々が拒否するとき，相反する主張をいかに調和させるか。これが第三の課題になるだろう。

問 1　下線部ⓐに関連して，マックス・ウェーバーは支配の正当性(正統性)を大きく三つに分類した。この分類に**該当しないもの**を，次の①〜④のうちから一つ選べ。　20

① カリスマ的支配

② ポリス的支配

③ 合法的支配

④ 伝統的支配

問 2　下線部ⓑに関連する学説を展開したアダム・スミスに関する記述として最も適当なものを，次の①〜④のうちから一つ選べ。　21

① 国内に富を蓄積するため保護貿易政策を行うことの必要性を説いた。

② 『経済学および課税の原理』を著し，貿易の自由化を重視した。

③ 財政政策や金融政策によって完全雇用が達成されることを説いた。

④ 『国富論(諸国民の富)』を著し，市場の調整機能を重視した。

問 3　下線部ⓒの機能や限界についての説明として正しいものを，次の①〜④のうちから一つ選べ。　22

① 寡占市場では，市場による価格調整がうまく働くので，消費者が買いたいものが割安の価格になる。

② 生産技術の開発や生産の合理化によって生産費用が低下しても，価格が下方に変化しにくくなることを，逆資産効果という。

③ 鉄道のように，初期投資に巨額の費用がかかる大型設備を用いる産業では，少数の企業による市場の支配が生じにくい。

④ 寡占市場で価格先導者が一定の利潤を確保できるような価格を設定し，他の企業もそれに追随するような価格を，管理価格という。

問4　下線部⓪に関連して，消費者問題にかかわる日本の法制度の説明として正しいものを，次の①〜④のうちから一つ選べ。　23

① 特定商取引法の制定により，欠陥製品のために被害を受けた消費者が，損害賠償請求訴訟において製造業者の無過失責任を問えるようになった。

② 消費者団体訴訟制度の導入により，国が認めた消費者団体が，被害を受けた消費者に代わって訴訟を起こせるようになった。

③ 消費者庁の廃止により，消費者行政は製品や事業ごとに各省庁が所管することになった。

④ リコール制度の改正により，製品の欠陥の有無を問わずその製品と消費者の好みに応じた製品との交換が可能になった。

問5　下線部ⓔについて，民間の労働者に関する日本の法制度の説明として誤っているものを，次の①〜④のうちから一つ選べ。　24

① 労働組合への加入を理由とする解雇は，不当労働行為として禁止される。

② 裁量労働制では，実際に働いた時間にかかわらず，あらかじめ定められた時間だけ働いたとみなされる。

③ 事業主は，職場におけるセクシュアル・ハラスメントを防止するために，必要な措置を講じることが義務づけられている。

④ 法律に基づく最低賃金は，地域や産業を問わず同じ額とされている。

問 6　下線部①に関連して，次の図は，自由貿易の下で，ある商品の国際価格が P のときに，国内供給 X_1 と国内需要 X_2 との差だけ輸入されることを示している。ここで，他の事情を一定とした場合，当該商品の輸入量を増加させうる，輸入国に関係する要因として正しいものを，下の①～④のうちから一つ選べ。

25

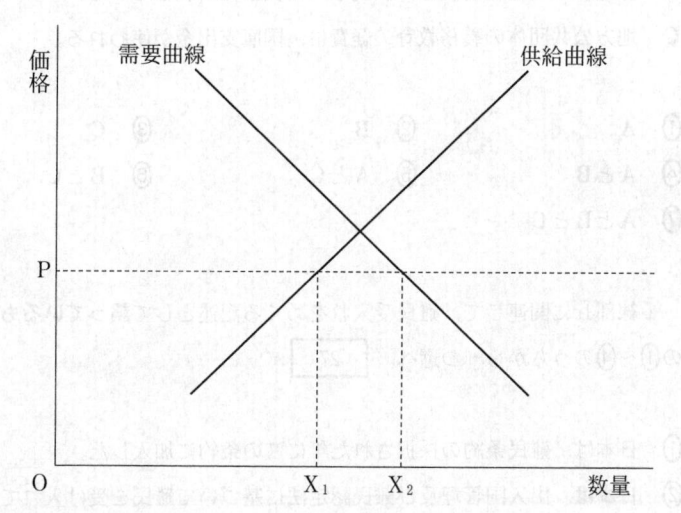

① 国際価格の上昇
② 国内産業の生産性の向上
③ 国民の所得の増加
④ 関税の引上げ

問7 下線部⑧に関連して，地方公共団体についての次の記述A～Cのうち，正しいものはどれか。当てはまる記述をすべて選び，その組合せとして最も適当なものを，下の①～⑦のうちから一つ選べ。　26

A 地方公共団体の選挙管理委員会は，国政選挙の事務を行うことはない。

B 都道府県の監査委員は，公正取引委員会に所属している。

C 地方公共団体の義務教育の経費に，国庫支出金が使われる。

① A　　　　　② B　　　　　③ C

④ AとB　　　⑤ AとC　　　⑥ BとC

⑦ AとBとC

問8 下線部ⓗに関連して，難民受入れをめぐる記述として**誤っているもの**を，次の①～④のうちから一つ選べ。　27

① 日本は，難民条約の採択された年にこの条約に加入した。

② 日本は，出入国管理及び難民認定法に基づいて難民を受け入れている。

③ 第三国定住は，難民を最初の受入国から別の国に送り，そこで定住を認める仕組みである。

④ 国内避難民は，紛争などから逃れつつも国境を越えていない人々であり，難民条約上の保護対象に含まれない。

第 5 問　次の文章を読み，下の問い（**問 1 ～ 5**）に答えよ。（配点　14）

　私たちが生まれ，生活し，経済を営む場所は地球である。アメリカの経済学者ボールディングなどが提起した「宇宙船地球号」という考え方は，地球の住人すべてが，有限な⒜地球環境と天然資源を共有していることを強調するものであった。以下では，この視点を意識しつつ，今日の世界経済をとらえていこう。

　今日の世界経済で注目すべき事柄の一つは，かつて⒝発展途上国と呼ばれ，中国やインドを代表格に新興国とも呼称されるようになった国々の経済成長である。世界の名目 GDP における発展途上国と新興国のシェアは，1980 年には約 2 割だったが，2010 年代後半には約 4 割へと増加している。こうした変化の一因としては，⒞国際貿易の拡大があげられる。たとえば，中国では WTO（世界貿易機関）への加入後に輸出が急増し，経済成長を牽引（けんいん）した。また，中国の⒟企業が先進国企業を買収するケースがあるなど，新興国企業の国際的な存在感も高まっている。

　新興国における経済成長に伴う所得の向上と，先進国型へのライフスタイルの変化は，地球環境への負荷を高める要因となる。たとえば，新興国での自動車利用の拡大は，二酸化炭素など温室効果ガスの排出量を増加させうる。ほかにも，世界的な食肉の消費量増加は，家畜自体だけでなく，その飼料となる農作物の生産も拡大させうる。結果として，強い温室効果を有するメタンガスの排出増加や，熱帯雨林の過剰伐採など森林資源の劣化につながっているとの指摘もある。そのため，⒠開発援助の対象にも，産業基盤整備のような伝統的課題を越えて，発展途上国と新興国に対する環境保全技術の支援などへの広がりがみられる。

　21 世紀に入り，「宇宙船地球号」の考え方が提起されたころよりも，地球環境への負荷が高まっている。地球という惑星に暮らす私たち人類の生存可能性を高めるためには，環境への配慮を経済の基本原則として明確に位置づけ，政府，企業，個人の行動パターンを早急に環境保全型へと転換していく必要がある。

問 1 下線部@は，非競合性と非排除性という性質をもつ公共財に分類されることがある。公共財の性質の一つである非排除性についての記述として最も適当なものを，次の①～④のうちから一つ選べ。 28

① 他の人々の消費を減らすことなく，複数の人々が同時に消費できる。

② 価格が上がっても，需要量はあまり低下しない。

③ だれも利用を制限されない。

④ 供給量が不足しても，価格が変化しない。

問 2 下線部⑥の経済に関連する記述として**誤っているもの**を，次の①～④のうちから一つ選べ。 29

① プレビッシュ報告では，南北問題を解決するために，アンチダンピング関税の導入が主張された。

② 発展途上国の中でも最も経済発展が遅れた国は，後発発展途上国（LDC）と呼ばれる。

③ 持続可能な開発目標（SDGs）では，貧困や飢餓の撲滅に加えてジェンダー平等の実現などの達成すべき目標が設定された。

④ 発展途上国の中には，貧困層の自助努力を支援するために，マイクロファイナンスという低所得者向けの少額融資が実施されている国もある。

問 3 下線部ⓒの決済手段として，為替がある。二国間貿易の為替による決済の仕組みを説明した次の図中の**A〜C**と，その内容についての下の記述**ア〜ウ**との組合せとして正しいものを，下の①〜⑥のうちから一つ選べ。 30

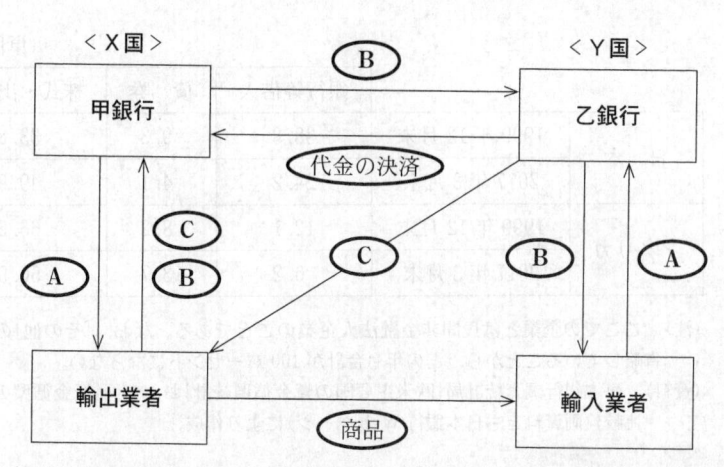

(注)　代金の決済は，複数の為替取引の相殺を活用して行われる。**C**は，輸出業者の依頼によって乙銀行から甲銀行に送られる場合がある。

ア　支払いを確約する信用状（L/C）

イ　為替手形・船積み書類

ウ　自国通貨

① A－ア　　B－イ　　C－ウ

② A－ア　　B－ウ　　C－イ

③ A－イ　　B－ア　　C－ウ

④ A－イ　　B－ウ　　C－ア

⑤ A－ウ　　B－ア　　C－イ

⑥ A－ウ　　B－イ　　C－ア

問 4 下線部ⓓについて，次の表は日本とアメリカにおいて，企業がどのようにして資金調達を行ったのかを示したものである。この表から読みとれる内容として最も適当なものを，下の①〜④のうちから一つ選べ。 **31**

（単位：％）

		銀行等借入	債　券	株式・出資金
日　本	1999 年 12 月末	38.8	9.3	33.8
	2017 年 3 月末	24.2	4.1	49.9
アメリカ	1999 年 12 月末	12.1	8.2	66.6
	2017 年 3 月末	6.2	13.7	56.5

（注）　ここでの企業とは民間非金融法人企業のことである。なお，「その他」の数値を省略していることから，どの年も合計が 100 パーセントにならない。

（資料）　日本銀行調査統計局「欧米主要国の資金循環統計」および同「資金循環の日米欧比較」（両資料とも日本銀行 Web ページ）により作成。

① 日本の企業における資金調達のあり方を 1999 年 12 月末時点と 2017 年 3 月末時点とで比較した場合，2017 年の方が他人資本の割合が高い。

② アメリカの企業における資金調達のあり方を 1999 年 12 月末時点と 2017 年 3 月末時点とで比較した場合，2017 年の方が間接金融の割合が低い。

③ 2017 年 3 月末時点の資金調達において，日本の企業はアメリカの企業よりも直接金融の割合が高い。

④ 1999 年 12 月末時点の資金調達において，アメリカの企業は日本の企業よりも自己資本の割合が低い。

問5　下線部⑥に関連して，世界の政府開発援助（ODA）の実績を表した次の**表**中の空欄**A～D**に当てはまる語句の組合せとして正しいものを，下の①～⑥のうちから一つ選べ。　32

国　名	ODA の実績総額 （億ドル）	ODA の対国民総所得 （GNI）比（%）	A （%）
B	344.1	0.19	100.0
C	247.4	0.70	88.4
イギリス	180.5	0.70	98.3
D	104.2	0.20	87.0
フランス	96.2	0.38	81.4

（注）　すべて 2016 年の支出純額ベースの数値である。

（資料）　外務省『開発協力白書』(2017 年版)（外務省 Web ページ）により作成。

① **A** グラント・エレメント　**B** ドイツ　　**C** 日　本　**D** アメリカ

② **A** グラント・エレメント　**B** 日　本　　**C** アメリカ　**D** ドイツ

③ **A** グラント・エレメント　**B** アメリカ　**C** ドイツ　　**D** 日　本

④ **A** 贈与比率　　　　　　　**B** ドイツ　　**C** 日　本　**D** アメリカ

⑤ **A** 贈与比率　　　　　　　**B** 日　本　　**C** アメリカ　**D** ドイツ

⑥ **A** 贈与比率　　　　　　　**B** アメリカ　**C** ドイツ　　**D** 日　本

第 6 問 次の文章を読み，下の問い（**問1～5**）に答えよ。（配点 14）

民主主義という言葉の意味するところは多義的であるが，現代の民主主義国家の多くは自由民主主義と呼ばれる体制をとっている。その起源は市民革命を経て成立した近代民主主義にあり，国家権力が国民の自由と権利を侵害しないことを要請する自由主義と，国民の意思に従って政治を行うことを要請する民主主義とが結合した体制である。

自由民主主義の国々は通常，次のような考え方や制度を採用している。第一に，国家権力の恣意的な行使を防ぎ国民の自由と権利を保障するため，法の支配と⒜権力分立の考え方をとっている。第二に，⒝選挙によって選ばれた代表が議会で討論を行って政治的意思を決定する間接民主制（議会制民主主義）をとっている。第三に，競争的な選挙の下での複数政党制をとっている。

ただし，こうした考え方や制度がすんなりと定着してきたわけでは決してない。たとえば，第一次世界大戦後のドイツでは，経済的混乱の中でナチスが⒞大衆の支持を受けて台頭し，二度の選挙で繰り返し第一党となり，政権に就いた。ナチス政権は選挙の結果として成立したが，権力分立制や複数政党制を否定する政策をとり，人々の自由と権利を著しく侵害するに至った。

自由民主主義においては，政治参加の権利だけでなく，さまざまな政治的意見に対する寛容と，それを表明する自由が保障されていることも不可欠である。しかし今日においてもなお，国民の多数派の支持を背景に少数者の権利を侵害，抑圧するような政治が出現する危険性は，過去のものとなっていない。⒟国家権力を監視し，その濫用を防止することは，⒠自由民主主義の維持にとって不断の課題である。

問 1　下線部ⓐに関連して，日本国憲法は，司法機関たる裁判所に，立法機関や行政機関に対するチェック機能として違憲審査権を与えている。この権限について，裁判所はこれを積極的に行使し，違憲判断をためらうべきではないとする見解と，その行使には慎重さが求められ，やむをえない場合のほかは違憲判断を避けるべきであるとする見解とが存在する。前者の見解の根拠となる考え方として最も適当なものを，次の①～④のうちから一つ選べ。　　33

① 法律制定の背景となる社会や経済の問題は複雑であるから，国政調査権をもち，多くの情報を得ることができる機関の判断を尊重するべきである。

② 選挙によって構成員が選出される機関では，国民の多数派の考えが通りやすいので，多数派の考えに反してでも少数者の権利を確保するべきである。

③ 外交など高度な政治的判断が必要とされる事項や，国政の重要事項についての決定は，国民に対して政治的な責任を負う機関が行うべきである。

④ 日本国憲法は民主主義を原則としているので，国民の代表者によって構成される機関の判断を，できる限り尊重するべきである。

問 2　下線部ⓑについて，小選挙区制と比例代表制とを比較した場合，それぞれの選挙制度の一般的な特徴に関する記述として最も適当なものを，次の①～④のうちから一つ選べ。　　34

① 小選挙区制は，死票が少なくなりやすい制度といわれる。

② 小選挙区制は，多党制になりやすい制度といわれる。

③ 比例代表制は，政党中心ではなく候補者中心の選挙となりやすい制度といわれる。

④ 比例代表制は，有権者の中の少数派の意見も反映されやすい制度といわれる。

問 3　下線部ⓒに関連して，大衆民主主義の説明として最も適当なものを，次の
①～④のうちから一つ選べ。　| 35 |

① 財産や身分あるいは政治的知識の有無などによる制限なしに，政治参加の
権利が保障されるような民主主義政治

② 資本家階級が主体となって，封建制や絶対君主制を否定する革命を進める
ような民主主義政治

③ 労働者階級の指導の下に農民や中小企業家が連合し，資本主義経済を打倒
する革命を進めるような民主主義政治

④ 労働者を代表する政党の指導の下で，人民を代表する合議体に権力が集中
されるような民主主義政治

問 4　下線部ⓓに関連して，日本において，裁判や刑事手続にかかわる権力を監
視，統制する仕組みについての記述として**誤っているもの**を，次の①～④のう
ちから一つ選べ。　| 36 |

① 検察官が不起訴の決定をした事件について，検察審査会が起訴相当の議決
を二度行った場合は強制的に起訴される仕組みが導入された。

② 国民審査により最高裁判所の裁判官が罷免された例は，これまでにない。

③ 取調べの録音や録画を義務づける仕組みが，裁判員裁判対象事件などに導
入された。

④ 死刑判決を受けた人が再審により無罪とされた例は，これまでにない。

問 5　下線部ⓔに関連して，国民の自由や権利をめぐる日本の状況についての記述として最も適当なものを，次の①～④のうちから一つ選べ。　37

① 政党を結成することは，政党助成法により認められている。

② インターネット上で友人と自由に政治的な意見を交わし合うことは，アクセス権として保障されている。

③ 被選挙権は，国民が政治に参加するための権利の一つとされている。

④ 報道については，デマやフェイクニュースへの対策として行政機関による検閲が認められている。

MEMO

倫理，政治・経済

2019 本試験

（2019年1月実施）

60分　100点

2

$\left(\text{解答番号}\quad\boxed{1}\ \sim\ \boxed{36}\ \right)$

第1問 以下は，高校生A，B，Cの会話である。これを読み，下の問い（問1〜5）に答えよ。（配点　14）

A：また母親と口げんかしちゃったよ。自分の考えを押し付けてくるんだもの。

B：あー，分かる。親って面倒臭いね。早く⒜自立して，親から離れたいよね。

C：そう？　親と一緒の方が安心だよ。何と言っても，血を分けた家族だもの。

A：うちは両親が再婚同士で，父や妹とは⒝家族でも血はつながってないけど。

C：あ，うちも，同居してる父方の祖母を母が介護してるんだった。同じ家に住んで助け合い，家事や食事を一緒にするのが家族で，血縁は関係ないか。

B：いや，一緒に住むかどうかも関係ないよ。うちの場合，父が単身赴任なんだ。

A：逆に，同居していても家族ではない場合もあるね。シェアハウスの住人とか。

B：そう？　自分たちは家族，と考えて暮らしてるなら，それも一つの家族かも。

A：え，偏った見方だね。なら，気の合う者が一緒になれば家族，ってこと？

C：おかしいよね。子育てもせず，親の面倒もみないのに家族，だなんて。

B：育児や介護は，家族だけに押し付けず，⒞社会全体で支え合うべきでしょ。

C：その社会の基本が，まさに家族でしょ？　結婚して，子を産み，愛情を注いで育て上げる。そういう家族がなけりゃ，国も社会も成り立たないよ。

A：国や社会のために結婚して子どもをつくれ，みたいな言い方だね。嫌だなあ。

B：だよね。結婚にも事実婚とか色々な形があるように，家族のあり方も色々あってよくて，大事なのは，当事者が自分たちで決めるってことだと思うな。

A：え，何でも自己の自由，ではないと思うな。結婚するかどうかは自由でも，結婚したら家事を分担し，子どもができたら責任をもって育てないとね。

C：何と言うか，家族あっての個人だし，そもそも家族って，⒟個人の自由にならないものだと思うな。自分の親を自分で選ぶことができないようにね。

B：うーん，家族が何かは，個人が自由に決められるものじゃないね。でも，だからこそ⒠互いの自由を尊重し合う関係を築いていくことが大切だと思うな。

A：まずは，自分の家族と向き合わないとね。母ときちんと話をしてみるよ。

問 1 下線部ⓐに関して，青年期における自立についての説明として最も適当なものを，次の①〜④のうちから一つ選べ。　1

① 近代以前の多くの社会では，大人として自立するための通過儀礼が必要とされ，人は青年期を経て子どもから大人になるとされていた。

② 近代以前の多くの社会では，大人として自立するための通過儀礼は必要とされず，人は青年期を経ずに子どもから大人になるとされていた。

③ 青年期の人間が親による保護や監督のもとから離れ，精神的に自立して一個の独立した人格になろうとする過程は，心理的離乳と呼ばれている。

④ 青年期の人間が親による保護や監督のもとから離れて自立し，子どもと大人のどちらの世界にも帰属しない状態は，心理的離乳と呼ばれている。

問 2 下線部ⓑに関連して，家族関係を多様にする要因の一つに，生殖技術の発達がある。生殖技術をめぐる状況の記述として最も適当なものを，次の①〜④のうちから一つ選べ。　2

① 着床前診断を用いることにより，受精卵が胎児に成長した段階で，胎児の遺伝子や染色体に異常がないかどうかを検査することができるが，親が望まない子の出産を控えるなど，命の選別をもたらす，という批判がある。

② 親の望む遺伝子を組み込んだデザイナー・ベビーをもうけることが日本でも法的に認められ，実際にそうした子どもが誕生しているが，子どもを親の願望を実現するための道具にしてよいのか，という批判がある。

③ 代理出産（代理懐胎）には複数の方法があるが，どの方法を用いても，代理母が生まれてくる子どもの遺伝上の母親となるため，代理出産を依頼した夫婦との間で子どもの親権をめぐる争いが発生する場合がある。

④ 第三者の男性が提供した精子を用いて人工授精を行うことにより，女性が単独で子どもをもうけることも可能となっているが，将来子どもに，遺伝上の父親についての情報を知らせるかどうかが問題となる場合がある。

問 3 下線部Ⓒに関連して，社会における様々な支え合いの試みについての記述として最も適当なものを，次の①〜④のうちから一つ選べ。 ⬚ 3 ⬚

① 男女が対等な立場で協力し合う社会を築くために，女子(女性)差別撤廃条約を批准した日本でも，性別に関する偏見の打破が求められている。

② 世界中の子どもの教育や福祉を充実させるために，国連でも，子ども(児童)の権利条約を早急に採択すべきであるという声が高まっている。

③ 災害復興支援などでは，政府が主導するNPOやボランティアが重要な役割を果たしており，それらの活動への国民の一層の協力が求められている。

④ 人命が失われるのを防ぐために，貧困や飢餓の解決よりも紛争の抑止と平和の維持を優先する，「人間の安全保障」を求める声が高まっている。

問 4　下線部ⓓに関して，次の文章は，個人の自由をめぐる思想についての説明である。文章中の　**a**　・　**b**　に入れる語句の組合せとして正しいものを，下の①～⑥のうちから一つ選べ。　**4**

　　私たちは日ごろ，自分は自由な個人で，したいことを主体的に選んで生きていると思っているが，　**a**　に代表される構造主義によれば，個々の言葉の使用が言語の構造に規定されるように，個人の意識や行為は社会の規則や構造に規定されている。さらに，構造主義から出発した　**b**　に従えば，自由な個人とは，いわば社会制度に自ら服従する人間の別名にすぎない。だが，逆に言えば，個々人が自発的に服従してしまうからこそ，社会制度が力をもつのである。このように，　**b**　は，人間を規律化する制度や装置の発達に近代の特徴を見いだすとともに，服従を拒み，社会を変えていく力が人々の間に潜んでいることにも目を凝らす。自由な生への道は，決して絶たれていないのだ。

① **a**　レヴィ゠ストロース　　　**b**　メルロ゠ポンティ

② **a**　レヴィ゠ストロース　　　**b**　フーコー

③ **a**　メルロ゠ポンティ　　　　**b**　レヴィ゠ストロース

④ **a**　メルロ゠ポンティ　　　　**b**　フーコー

⑤ **a**　フーコー　　　　　　　　**b**　レヴィ゠ストロース

⑥ **a**　フーコー　　　　　　　　**b**　メルロ゠ポンティ

6

問5 下線部©に関連して，次のロールズの文章を読み，そこから読み取れること
として最も適当なものを，下の①〜④のうちから一つ選べ。　　5

　正義感覚は，実際に正義の原理を適用し，正義の原理に基づいて行為した
い，したがって正義の観点に立って行為したい，という欲求にほかならない。
……愛し合う者たちは，相手が不幸な目にあったり不当な扱いを受けたりした
ら，その身代わりに自分を差し出す。友人や恋人同士は，大きな危険を冒して
でも互いに助け合う。また，家族の一人一人も危険をいとわず助け合う。……
愛しているとき，私たちは，愛ゆえに傷つき，失う危険を受け入れているの
だ。……私たちが愛し続けているならば，自分たちの愛を後悔することはな
い。愛に関するこれらの事柄が，世の習いどおり，もしくは世によくある話と
して，真実であるならば……正義感覚についても，なおさら真実として成り立
つように思われる。

（『正義論』より）

① 人は，愛のためなら大きな危険を冒して互いに助け合い，傷つくことを恐
　れず，後悔もしない。つまり，人が正義感覚をもち，正義の原理に従って行
　為することを欲するには，まず，互いに愛し合う必要がある。

② 人は，愛のためなら大きな危険を冒して互いに助け合い，傷つくことを恐
　れず，後悔もしない。つまり，人が正義感覚をもち，正義の原理に従って行
　為することを欲するのは，友人や家族など，愛する者に対してである。

③ 愛し合う者たちが，相手を助けて自分が傷ついても愛を後悔することがな
　いように，正義感覚をもつ人は，正義の原理に基づいて行為することで害を
　受ける可能性があっても，正義の観点に立って行為しようとする。

④ 愛し合う者たちが，相手を助けて自分が傷ついても愛を後悔することがな
　いように，正義感覚をもつ人は，正義の原理に基づいて行為することで害を
　受けることを欲し，正義のために愛を失うことを求める。

第2問　次の文章を読み，下の問い（問1〜7）に答えよ。（配点　18）

　心というものは，見ることも触れることもできず，実に捉えにくい。日本の先人たちは，こうした心について，自らの行為との関わりのなかで考えてきた。ここでは，そうした先人たちの思索をたどってみよう。

　古代の人々は，神を畏れて祀ったが，その祭祀を手順通りに行うことは，自らの@神に対する心のあり方を表すものであった。⑥仏教が伝来すると，心は修行という行為との関わりにおいて考えられるようになる。道元は，心の問題と考えられがちな悟りを坐禅の修行そのもののうちに見いだした。また，中世の©武士たちは，忠誠心や死の覚悟といった自らの心のあり方と，一番槍などの誰もが認める功名の実現とを一体のものだと考えた。さらに，茶の湯において⑥わびの理念を重んじた千利休は，作法に従った振舞を通して相手に誠意を尽くすことで，一期一会にふさわしい心の交流を目指した。彼らにとって，⑥あるべき身体的行為の実現と心のあり方の追求とは切り離せないものだったのである。

　近世には，儒学思想が盛んとなり，朱子学者は，徳行を実践する必要性を説きつつも，自らの心のなかに天理を求めて，まずは性・情などの心の分析を行う学問に力点をおいた。一方，荻生徂徠は，社会的行為の規範である礼に則ることではじめて，心を制することができると考え，議論に偏りがちな朱子学を批判した。主張は対立していても，心と行為の関係を重視する点については両者で共通している。このような姿勢は幕末の思想家たちにも引き継がれ，さらに，国を思う行動を通して心の至誠を表そうとする志士たちにも共有されていた。

　近代になると，山室軍平らキリスト者たちは，信仰を内面的な心の問題にとどめず，救貧活動などの社会的な行為へと結び付けるべきだとした。また，①西田幾多郎も，心の認識作用である直観と，身体のはたらきである行為とが，切り離し難く結び付いていると説いた。このように，心に関連づけて考えられがちな信仰や認識も，行為に深く関わる営みとみなされたのである。

　日本の先人たちは，心が行為と不可分であることを自覚し，両者の関わりについて考えてきた。我々も，自らの心を捉えようとするとき，考え込むだけでなく，自己の行為と心との関わりを見つめ直すことを手がかりとしてみてはどうだろうか。

8

問 1　下線部ⓐに関して，次の**ア～ウ**は，古代の日本人が神に対するときに重んじた心についての説明である。その正誤の組合せとして正しいものを，下の①～⑥のうちから一つ選べ。　6

ア　神に対しては，自己の感情を抑え，道理によって神を理解しようとする心をもつことが大切であり，それを「真心」と呼ぶ。

イ　神に対しては，神を欺いたり自分を偽ったりすることのない心で向き合うことが大切であり，それを「清き明き心」と呼ぶ。

ウ　神に対しては，神が定めた善悪の基準に背くことのない，従順な心で接することが大切であり，それを「正直」と呼ぶ。

① **ア** 正　**イ** 正　**ウ** 誤
② **ア** 正　**イ** 誤　**ウ** 正
③ **ア** 正　**イ** 誤　**ウ** 誤
④ **ア** 誤　**イ** 正　**ウ** 正
⑤ **ア** 誤　**イ** 正　**ウ** 誤
⑥ **ア** 誤　**イ** 誤　**ウ** 正

問 2　下線部ⓑに関して，仏教の実践としての慈悲の説明として最も適当なものを，次の①～④のうちから一つ選べ。　7

① 慈悲とは，四苦八苦の苦しみを免れ得ない人間のみを対象として，憐（あわ）れみの心をもつことである。

② 慈悲の実践は，理想的な社会を形成するために，親子や兄弟などの間に生まれる愛情を様々な人間関係に広げることである。

③ 慈悲の実践は，他者の救済を第一に考える大乗仏教で教えられるものであり，上座部仏教では教えられない。

④ 慈悲の「慈」とは他者に楽を与えることであり，「悲」とは他者の苦を取り除くことを意味する。

問 3　下線部ⓒに関して，次の文章は，中世から近世における武士の心のあり方について の説明である。文章中の　**a**　・　**b**　に入れる語句の組合せとして正しいものを，下の①〜⑥のうちから一つ選べ。　**8**

　中世の武士たちは，戦いで勝つために強さを求め，見る者の心を動かすような武勇をその理想とした。仏教的世界観からこの世を　**a**　であるとみなしつつも，彼らは，自己の武勇が「名」として後世に語り継がれることを信じた。

　戦いの絶えた近世には，代々受け継いだ家職において，主君への奉公を全うすることが武士たちの目的と考えられるようになった。　**b**　で語られる「武士道と云は，死ぬことと見つけたり」という言葉は，生への執着を離れて，奉公に一途に徹した見事な生涯を貫こうとする覚悟を表したものである。

① **a** 無　常　　**b** 『自然真営道』

② **a** 無　常　　**b** 『葉隠』

③ **a** 無　常　　**b** 『翁問答』

④ **a** 浄　土　　**b** 『自然真営道』

⑤ **a** 浄　土　　**b** 『葉隠』

⑥ **a** 浄　土　　**b** 『翁問答』

問 4　下線部ⓓに関連して，日本の芸道や生活における美意識についての説明とし
て**適当でないもの**を，次の①〜④のうちから一つ選べ。　　9

① 「幽玄」は，世阿弥が大成した能楽において重んじられた，静寂のなかに神
秘的な奥深さを感じとる美意識である。

② 「さび」は，松尾芭蕉が俳句を詠むなかで追求した，閑寂・枯淡のなかに情
趣を見いだして安らぐ美意識である。

③ 「つう（通）」は，世事や人情の機微を深く理解することを良しとする美意識
であり，近世の町人の間に広まった。

④ 「いき（粋）」は，武骨で垢抜けない素朴さを良しとする美意識であり，勤労
と倹約を貴ぶ近世の町人によって生み出された。

問 5　下線部ⓔに関連して，中国思想と仏教思想における心や身体についての考え
方を説明したものとして最も適当なものを，次の①〜④のうちから一つ選べ。
　　10

① 荘子は，心身を忘れて自然と一体化するあり方を説き，何にも囚われな
い，精神の絶対的で自由な境地を目指した。

② 孟子は，仁・義・礼・智・信という五つの徳目（五常）を説き，それらを修
養することで，浩然の気が身体に満ちあふれるとした。

③ 仏教では，人間を構成する色・受・想・行・識という五つの要素（五蘊）が
説かれるが，その五つとも身体における物質的な要素のことを表す。

④ 仏教では，心や身体が変わらないものであることを知ることで，煩悩の炎
が吹き消された涅槃の境地に至るとされる。

問 6　下線部⑤に関して，「無の場所（絶対無）」を論じた西田幾多郎についての説明として最も適当なものを，次の①〜④のうちから一つ選べ。　11

① すべての意識や実在の根底に「無の場所」を考え，「無の場所」の限定である現実の世界においては，様々な事物や事象が絶対的な矛盾や対立を残したまま，統一されていると説いた。

② 西洋哲学における伝統的な二元的思考に基づいて，主観により生じる「無の場所」を否定し，現実世界においては，様々な事物や事象が絶対的な矛盾や対立を残したまま，統一されていると説いた。

③ すべての意識や実在の根底に「無の場所」を考え，「無の場所」の限定である現実の世界においては，様々な事物や事象の間にいかなる矛盾も対立も存在しないと説いた。

④ 西洋哲学における伝統的な二元的思考に基づいて，主観により生じる「無の場所」を否定し，現実世界においては，様々な事物や事象の間にいかなる矛盾も対立も存在しないと説いた。

問7 本文の内容に合致する記述として最も適当なものを，次の①〜④のうちから一つ選べ。　| 12 |

① 　古代の人々は，手順通りに祭祀を行うことを通して神に対する自らの心を表し，朱子学者は，社会的行為の規範である礼に従って行為することで心を制するべきだと説いた。いずれも，心そのものよりも，心の表れである行為の実現を重視している点では共通している。

② 　道元は，悟りという目的に至る手段として坐禅という行為を捉え，近代のキリスト者たちは，信仰を実現するために社会的行為を実践すべきだと考えた。いずれも，心の問題を解決するための手段となる行為よりも，心そのものを重視している点では共通している。

③ 　中世の武士たちは，理想的な心のあり方と一番槍などの具体的な功名の実現とを一つのものと考え，幕末の志士たちは，国を思う行動を通して心の至誠を表そうとした。いずれも，心と自らの行為との結び付きを重視している点では共通している。

④ 　荻生徂徠は，徳行を実践するためにはまず学問によって心を分析することが必要であると説き，西田幾多郎は，直観と行為との間に切り離し難い関係があることを説いた。いずれも，心と自らの行為との結び付きを重視している点では共通している。

第3問　次の文章を読み，下の問い（問1～6）に答えよ。（配点　18）

　ある日突然，恋に落ちた。まるで運命としか思えないその出来事を，どう考えればいいのか。運命の捉え方次第で，私たちの⒜生き方も大きく変わる。運命についての考え方を，西洋近現代思想のうちにたどってみよう。

　古くから，運命は不可避の定めとして考えられてきたが，ルネサンス期以降の人間中心主義の高まりに伴い，運命と対峙（たいじ）する人間の力や自由にも目が向けられた。⒝自然や社会の趨勢（すうせい）が動かし難くみえても，人間はそうした運命に抗（あらが）い，それを変え得る。マキャヴェリは，人間は変転する状況に巻き込まれても，それに柔軟かつ果敢に立ち向かい，運命を味方にすることもできると考えた。また，⒞ベーコンも，人間は内面を養えば，外部の出来事に左右されても，運命を引き寄せ得ると説いた。困難な定めであっても，諦めずに挑む気持ちは，必要なのである。

　それに対して，この世界を理にかなったものとして信頼し，いかなる出来事も善き運命のもとにあるとして肯定する考え方も現れる。ライプニッツは，どれほど不幸や悪があるとしても，全体としては，この世界は最善であるとみなした。また，ヘーゲルによれば，歴史のうちに停滞や退歩が見受けられるとしても，大局的にみれば，それらはすべて世界精神が⒟自由を実現する過程であるとされる。彼らの思想には，個々の出来事がどのようなものであれ，それらをいずれも然（しか）るべき世界の一部であると捉える考え方を見て取ることができる。

　ところが，さらに時代が下ると，運命を新たに捉え直し，意味や目的を何ら見いだせずとも，自らの身に降りかかった出来事をすべて引き受けようとする立場も現れる。ニーチェは，意味も目的も欠いたこの世界のなかで，自らの生を引き受けることを運命愛と名付けた。また，サルトルは，偶然の状況に投げ込まれながらも，そこでなお新たな生き方を模索する人間のありように，自由を見いだした。いかなる運命をも，自らのこととして受け止め得るのが，人間なのである。

　先人たちは，様々な出来事を前に，それぞれに運命を考え抜いた。これら先人たちの思想は，人生の難しい⒠選択の場面にあって，大いに示唆を与えてくれる。私たちの恋も，望み通りに運ぶときもあれば，予想外に展開するときもある。臆（おく）せず驕（おご）らず，運命に向き合ってみよう。人生の新たな姿が見えてくるはずである。

問 1　下線部③に関連して，様々な思想における生と死の考え方についての説明として最も適当なものを，次の①～④のうちから一つ選べ。　| 13 |

①　古代インドでは，ブッダをはじめとして，バラモン教の伝統に囚われない自由思想家たちはいずれも，輪廻からの解脱という考えを否定した。

②　パウロは，イエスの死が神に背いたアダムへの罰としてもたらされたものだと考え，アダムを祖とする人間も皆，死を免れないと説いた。

③　イスラーム教では，信徒は生活全般を規定するシャリーア（イスラーム法）に従って現世を生き，最後の審判にそなえなければならないとされる。

④　墨家は，生者の生活に関しては倹約を旨としたが，中国の祖先祭祀の伝統に基づき，死者に関してはできる限り手厚く葬るべきだと主張した。

問 2　下線部⑥に関連して，古代以来の自然についての様々な考えの説明として最も適当なものを，次の①～④のうちから一つ選べ。　| 14 |

①　プラトンは，現象界に現れているものはすべてイデアを原型とするものであるため，自然界の諸事物も真実在であるとした。

②　アリストテレスは，自然の世界では，種子が樹木に成長するのと同様に，すべてのものは可能態から現実態へと展開すると説いた。

③　欲望に対する理性の優位を説いたストア派によれば，自然を支配する理法と人間理性とは別物であり，人は後者にのみ従うべきである。

④　創造という概念を認めないキリスト教とは異なり，ユダヤ教では，自然界のすべてのものは，神によって創造されたと考えられている。

問3　下線部ⓒに関して，次の**ア・イ**は，ベーコンによるイドラについての説明であるが，それぞれ何と呼ばれているか。その組合せとして正しいものを，下の①～④のうちから一つ選べ。　15

ア　人間相互の交わりおよび社会生活から生じる偏見。例えば，人々の間を飛び交う不確かな噂を，事実であると信じ込むこと。

イ　個人の資質や境遇に囚われることから生じる偏見。例えば，自分が食べ慣れた好物を，誰もが好むに違いないと思い込むこと。

① **ア**　種族のイドラ　　**イ**　劇場のイドラ
② **ア**　種族のイドラ　　**イ**　洞窟のイドラ
③ **ア**　市場のイドラ　　**イ**　劇場のイドラ
④ **ア**　市場のイドラ　　**イ**　洞窟のイドラ

問 4 下線部④に関して，ヘーゲルの歴史観についての説明として最も適当なものを，次の①～④のうちから一つ選べ。　16

① 絶対精神は，歴史の発展過程において，道徳によって人間を外側から，法によって人間を内側から規制し，最終的に両者の対立を総合した人倫において，真の自由を実現する。

② 絶対精神は，自らの抱く理念を実現する過程において，理性の狡知を発揮して，自らの意図に沿うように人間を操り，歴史を動かしていくことで，真の自由を実現する。

③ 絶対精神は，歴史の発展過程において，人倫によって人間を外側から，道徳によって人間を内側から規制し，最終的に両者の対立を総合した法において，真の自由を実現する。

④ 絶対精神は，自らの抱く理念を実現する過程において，理性の狡知を発揮して，国家同士を争わせ，歴史を通してそうした対立状態を保ち続けることで，真の自由を実現する。

問 5 下線部ⓒに関連して，自然選択(自然淘汰)や適者生存を論じた思想の説明として最も適当なものを，次の①～④のうちから一つ選べ。　17

① ダーウィンによれば，あらゆる生物は共通の祖先から枝分かれしながら進化してきたのであり，自然選択(自然淘汰)によって環境によりよく適応した種が生き残っていく。

② ダーウィンによれば，あらゆる生物の種はそれぞれの固有の祖先から変化することはなく，自然選択(自然淘汰)によって環境によりよく適応した種が生き残っていく。

③ スペンサーによれば，人間社会もまた自然選択(自然淘汰)の法則に従っており，適者生存のメカニズムを通じて軍事的指導者が支配する社会へと進化していく。

④ スペンサーによれば，人間社会もまた自然選択(自然淘汰)の法則に従っており，適者生存のメカニズムを国家が人為的に統制することで社会は進化していく。

問 6　本文の内容に合致する記述として最も適当なものを，次の①〜④のうちから一つ選べ。　18

① 先人たちの思想のうちには，やむなき運命に抗う立場もあれば，運命を自らのものとして引き受ける立場もある。前者が困難な状況に立ち向かう人間の自由を強調しているのに対して，後者は，無意味な出来事や偶然的な状況を引き受ける人間の生き方を重視している。

② 先人たちの思想のうちには，やむなき運命を最善とみなす立場もあれば，運命を自らのものとして引き受ける立場もある。いずれにおいても共通しているのは，個人の不運は，積極的に改善しようと試みなくても，いつかは必ず解決されるという見方である。

③ 先人たちの思想のうちには，やむなき運命に抗う立場もあれば，それを最善とみなす立場もある。前者は，周囲の状況にかかわらず，人間の力によって運命は変わり得るとする立場であり，後者もまた，悪しき出来事も人間の力によってすべて最善の運命へと変え得るとする立場である。

④ 先人たちの思想のうちには，やむなき運命に抗う立場もあれば，それを最善とみなす立場もあり，さらには，運命を自らのものとして引き受ける立場もある。いずれにおいても共通しているのは，運命の行く末全体はあらかじめ見通せるという信念である。

第4問　次の文章を読み，下の問い(**問1～8**)に答えよ。(配点　22)

　20世紀の終わり頃から，ヒト・モノ・カネの国際的な移動が急速に拡大し，これに伴い，国境をまたぐ犯罪や紛争が増加した。こうした事態に対応するため，各国で@裁判手続を含めた法制度の整備が図られるとともに，国際連合(国連)を中心として国境を越えた連携のための国際協力体制の構築も進められている。

　それに対して，ⓑ経済のグローバル化への対応をめぐっては，WTO(世界貿易機関)を中心とする多角的貿易交渉に停滞がみられる。こうした中で，多くの国々はFTA(自由貿易協定)やEPA(経済連携協定)などの特定国間におけるⓒ条約の締結を推進するようになっている。

　たとえば，日本は1990年代には地域経済統合の流れに慎重であったが，その後はこれを推進する動きを強めた。2002年のシンガポールとのEPA締結をはじめとして各国と協定を締結し，さらにTPP(環太平洋経済連携協定)，RCEP(東アジア地域包括的経済連携)などの交渉を進めてきた。また，近年ⓓBRICSなどの新興国の世界経済における存在感が高まってきたが，これらの国々の多くも地域経済統合を推進している。たとえば，中国は21世紀に入ってFTAの締結を進めたが，最近では，アジアとヨーロッパを陸とⓔ海で接続する「一帯一路」構想を打ち出し，これを通して沿線国とのFTAの構築を目指している。こうした新興国の動きは，ⓕ日本の対外関係にも影響をもたらすであろう。

　もっとも，地域経済統合による自由化には注意すべき点もある。TPPなどの経済連携協定では，農産物や工業製品の関税撤廃に加えて，サービス，ⓖ金融，投資，政府調達などについて，より高度な自由化を目標としている。こうした自由化が進めば，ⓗ企業活動のグローバル化は一層活発になると期待する声がある一方，国内農業への打撃などを理由に強い反対の声もある。また，増加するFTAやEPAがそれぞれ異なる規則を定めることにより，貿易と投資に関する手続きが複雑化することを懸念する意見もある。今後，こうした動向を注視していかなければならない。

問 1 下線部ⓐに関連して，特定の身分の人や特定の種類の事件などについて裁判するために，通常裁判所の系列とは別に設置される裁判所を，特別裁判所という。近現代の日本について特別裁判所に当たる裁判所として正しいものを，次の①～④のうちから一つ選べ。 | 19 |

① 家庭裁判所

② 皇室裁判所

③ 知的財産高等裁判所

④ 地方裁判所

問 2 下線部ⓑに関連して，一国の経済状態について体系的に記録したものとして国民経済計算がある。次の文章は国民経済計算の諸指標について説明したものである。文章中の空欄 | ア | ・ | イ | に当てはまる語句の組合せとして正しいものを，下の①～④のうちから一つ選べ。 | 20 |

　　一定期間に一国の国民によって生産された財・サービスの付加価値の総額を示すものとして国民総生産(GNP)がある。国民総生産から | ア | の額を控除すると，国民純生産(NNP)が得られる。また，間接税(生産・輸入品に課される税)から補助金を差し引いた額を，国民純生産から控除したとき，国民所得(NI)が算出される。一方，一定期間に一国の国内で生産された財・サービスの付加価値の総額を示すものとして国内総生産(GDP)があり，これは国民総生産から | イ | の額を控除したものである。

① ア 固定資本減耗　　イ 海外からの純所得

② ア 固定資本減耗　　イ 経常海外余剰

③ ア 中間生産物　　　イ 海外からの純所得

④ ア 中間生産物　　　イ 経常海外余剰

問 3　下線部ⓒについて，国際法上の拘束力をもつ国家間の合意を条約と呼ぶとき，そのような条約の例として正しいものを，次の①〜④のうちから一つ選べ。　21

① ラッセル・アインシュタイン宣言

② 市民的及び政治的権利に関する国際規約の第 2 選択議定書

③ 新国際経済秩序(NIEO)樹立宣言

④ 核兵器による威嚇又はその使用の合法性に関する勧告的意見

問 4　下線部⓪について，次の図は BRICS（ブラジル，ロシア，インド，中国，南アフリカ）のうちの3か国の GDP の推移を，各国の 2000 年の GDP 水準を 100 とする指数で表したものである。また，下の**ア～ウ**は，この3か国について説明した文章である。図中の国**A～C**と説明**ア～ウ**の組合せのうち，ロシアに該当するものとして正しいものを，下の①～⑨のうちから一つ選べ。 22

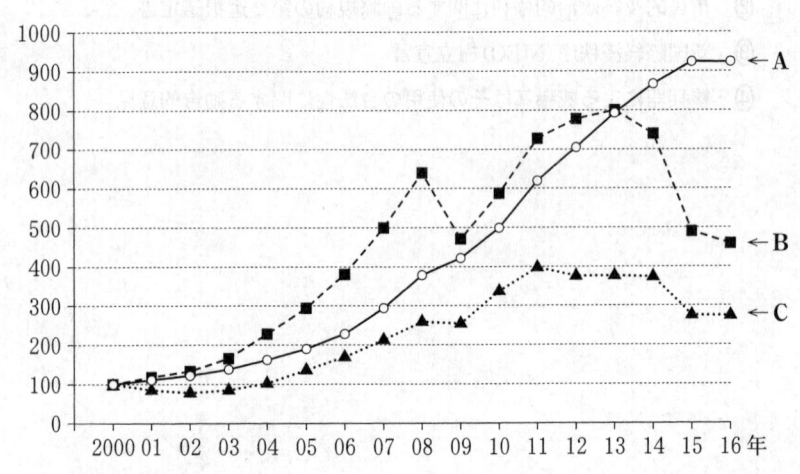

(注)　GDP の指数の算出には，各年の名目 GDP を米ドル換算したものを用いている。
(資料)　International Monetary Fund（IMF），*World Economic Outlook Database, April 2017 edition*（IMF Web ページ）により作成。

ア　二酸化炭素の総排出量が現在最も多いこの国では，2016 年の GDP は 2000 年水準の9倍以上になった。

イ　2012 年に WTO に加盟したこの国では，ピーク時に 2000 年水準の約8倍まで GDP が拡大したが，2016 年に 2000 年水準の5倍未満となった。

ウ　「アジェンダ 21」を採択した国連環境開発会議が開催されたこの国では，2000 年から 2016 年にかけて，GDP は 2000 年水準より下回ったことがある。

① A ― ア　　　② A ― イ　　　③ A ― ウ
④ B ― ア　　　⑤ B ― イ　　　⑥ B ― ウ
⑦ C ― ア　　　⑧ C ― イ　　　⑨ C ― ウ

問 5　下線部ⓔに関連して，国連海洋法条約が定める内容についての記述として正しいものを，次の①～④のうちから一つ選べ。　23

① 公海では，すべての国に航行の自由が認められるわけではない。

② 大陸棚の幅は，沿岸国の基線から測定して 200 海里を超えることはない。

③ 領海の幅は，沿岸国の基線から測定して最大 3 海里までである。

④ 排他的経済水域では，沿岸国に天然資源を開発する権利が認められる。

問 6　下線部ⓕに関連して，外交にかかわる日本国憲法の規定についての記述として正しいものを，次の①～④のうちから一つ選べ。　24

① 内閣は，条約を締結する権限をもつ。

② 内閣総理大臣は，外国の大使を接受する権限をもつ。

③ 国会は，外交関係を処理する権限をもつ。

④ 最高裁判所は，条約の締結を承認する権限をもつ。

問 7　下線部ⓖに関連する記述として誤っているものを，次の①～④のうちから一つ選べ。　25

① デリバティブは，株式や債券から派生した金融商品で先物取引やオプション取引がある。

② ヘッジファンドによる短期の国際的な資金移動は，為替レートを変動させる要因となる。

③ 日本銀行の量的緩和政策は，金融政策の主たる誘導目標を政策金利として金融緩和を進めようとするものである。

④ 日本の短期金融市場には，金融機関がごく短期間の貸借で資金の過不足を調整するコール市場がある。

問 8 下線部⑪に関連して，日本の会社企業に関する次の記述 A ～ C のうち，正しいものはどれか。当てはまる記述をすべて選び，その組合せとして最も適当なものを，下の①～⑦のうちから一つ選べ。 26

A 会社設立時の出資者がすべて有限責任社員である会社は，株式会社という。

B 会社設立時の出資者がすべて無限責任社員である会社は，合名会社という。

C 会社設立時の出資者が有限責任社員と無限責任社員である会社は，合同会社という。

① A   ② B   ③ C
④ A と B   ⑤ A と C   ⑥ B と C
⑦ A と B と C

第5問 次の文章を読み，下の問い（**問1～5**）に答えよ。（配点　14）

　人は生まれながらにして自由かつ平等であることを人権宣言に謳った欧米の市民
革命期には，国家は個人の権利や自由に干渉せず，その任務を外交や防衛など必要
最小限にとどめるべきであると考えられていた。したがって，憲法に規定される基
本的人権も，@自由権の保障を中心としていた。しかし，人々の間に貧富の差が
拡大し，国家が積極的に経済的弱者の救済に努めるべきことが主張されるように
なった。このような主張をとり入れた国々の憲法には，自由権に加えて社会権も保
障されている。日本国憲法も，これらの思想をとり入れ，自由権や社会権を保障し
ている。加えて，社会状況の変化によって，憲法制定時には認識されていなかった
さまざまな問題が生じたため，憲法第13条の幸福追求権などを根拠として⑥新し
い人権の必要性が主張されるようになった。

　しかし，社会権や新しい人権を十分に保障するには，国家による条件整備や法整
備も必要であり，政治の果たす役割は重要である。日本国憲法が定める©統治制
度は，国民が選んだ代表が政治を行う⑥間接民主制に基づくことを原則としてい
る。このことは，⑥地方自治の場面であっても同様である。間接民主制の下で
は，選挙は，社会の担い手である国民や住民が政治に対して意思表示を行う重要な
機会である。したがって，民主政治を健全に機能させる前提として，公正な選挙制
度を確保しておくことが不可欠である。

　間接民主制では，政治の舵取りは国民が選出する政治家に委ねられるが，国民主
権を堅持し，適切な人権保障を実現させるためには，国民や住民が日常から社会
的，公共的な問題に対して関心をもち，主体性を失わないことも重要である。

問1　下線部ⓐのうち，日本における人身の自由に関連する記述として**誤っている**ものを，次の①～④のうちから一つ選べ。 27

① 現行犯として逮捕する場合は，裁判官の発する令状が必要である。

② 憲法上，何人も自己に不利益となる供述を強要されないことが定められている。

③ 公務員による拷問や残虐な刑罰は，憲法上禁止されている。

④ 第一審で有罪判決が出されても，最終的に判決が確定するまでは，被告人は無罪であると推定される。

問2　下線部ⓑとして日本で主張されている次の権利の名称**A**，**B**と，それらに対応する記述**ア～ウ**との組合せとして最も適当なものを，下の①～⑥のうちから一つ選べ。 28

A　知る権利

B　プライバシーの権利

ア　自らの情報が勝手に利用されないように，その情報をコントロールする。

イ　患者が自己の宗教的信念に基づいて，輸血を拒否する。

ウ　税金の使途が適切かどうかを確認するため，国に対して情報の公開を求める。

① A－ア　　B－イ

② A－ア　　B－ウ

③ A－イ　　B－ア

④ A－イ　　B－ウ

⑤ A－ウ　　B－ア

⑥ A－ウ　　B－イ

問3　下線部ⓒに関連して, 次の記述 A〜C のうち, 大日本帝国憲法下の制度には当てはまらず, かつ日本国憲法下の制度に当てはまるものとして正しいものはどれか。正しい記述をすべて選び, その組合せとして最も適当なものを, 下の①〜⑦のうちから一つ選べ。　29

A　天皇の地位は主権の存する国民の総意に基づく。

B　衆議院議員が選挙で選出される。

C　内閣の規定が憲法におかれる。

① A　　　　　　　② B　　　　　　　③ C

④ AとB　　　　　⑤ AとC　　　　　⑥ BとC

⑦ AとBとC

問4　下線部ⓓに関連して, 日本国憲法が定める国会についての記述として正しいものを, 次の①〜④のうちから一つ選べ。　30

① 在任中の国務大臣を訴追するには, 国会の同意が必要となる。

② 大赦や特赦などの恩赦を決定することは, 国会の権限である。

③ 衆議院で可決した予算を参議院が否決した場合に, 両院協議会を開いても意見が一致しないとき, 衆議院の議決が国会の議決となる。

④ 最高裁判所の指名した者の名簿によって, 下級裁判所の裁判官を任命することは, 国会の権限である。

問 5 下線部⊙に関連して，日本の地方自治制度について述べた次の文章中の空欄 ア ～ ウ に当てはまる語句の組合せとして正しいものを，下の①～⑧のうちから一つ選べ。 31

　日本国憲法によれば，議会の議員だけでなく首長も住民の直接選挙で選ばれることになっており，このような政治制度は， ア と呼ばれる。また，首長と議会は，権力が濫用されないよう，互いに抑制し均衡し合うことが期待されている。このような仕組みの一つとして，議会は，議員数の3分の2以上の者が出席し，この出席議員の イ の賛成で，首長の不信任の議決をする権限をもち，これに対抗して首長は10日以内に議会を解散することができる。

　また，議会が議事機関とされる一方で，首長は，執行機関として地方公共団体の事務の執行に責任を負う立場にある。しかし，首長は事務の執行に政治的影響力を行使しやすい立場にあるため，一部の行政分野では，政治的中立性の確保などを目的として，首長とは別個の執行機関である ウ が設置されている。

① ア　二元代表制　　イ　4分の3以上　　ウ　行政委員会
② ア　二元代表制　　イ　4分の3以上　　ウ　会計検査院
③ ア　二元代表制　　イ　過半数　　　　ウ　行政委員会
④ ア　二元代表制　　イ　過半数　　　　ウ　会計検査院
⑤ ア　住民投票制度　イ　4分の3以上　　ウ　行政委員会
⑥ ア　住民投票制度　イ　4分の3以上　　ウ　会計検査院
⑦ ア　住民投票制度　イ　過半数　　　　ウ　行政委員会
⑧ ア　住民投票制度　イ　過半数　　　　ウ　会計検査院

第6問　次の文章を読み，下の問い（**問1～5**）に答えよ。（配点　14）

　20世紀の世界は，科学技術の進歩により@経済発展を遂げ，人々の生活水準は向上した。しかし，経済発展に伴って発生した大気汚染，水質汚濁，森林消失などの環境問題は，今では地球規模で深刻な問題となっている。

　環境問題は，このように経済活動に起因することが多いため，経済学的な観点からもアプローチすることができる。たとえば，工場の排煙による大気汚染問題の発生は，大気汚染によって周辺住民が受けた被害が生産物の費用に反映されず，過剰生産が生じた結果と理解することができる。これは市場の失敗の一例である。このような問題に対処するには⑥政府の活動が重要であり，汚染物質の排出を禁止したり，排出量に上限を決めたりする直接規制と呼ばれる手法が用いられることがある。また，市場メカニズムを通じて経済的な誘因を与えることにより，家計や企業などの行動を環境保全の促進や環境汚染の抑制へと誘導する⑥経済的手法もある。

　適切な環境政策が政府により実施されると，新たな技術の開発や普及が進み，企業や産業全体の発展に寄与する可能性がある。また，環境にやさしい製品の貿易が促進されたり，環境負荷を低減する技術の国際移転が進んだりすれば，地球規模での環境保全にもつながる。さらに，政府や企業，地域住民などが連携して環境保全や地域資源の有効利用に取り組むことには，⑥地域の活性化をもたらす効果も期待できる。

　このように，経済発展の背後で広がる環境問題に適切に対応することができれば，人々の生活や経済活動をさらに向上させることもできる。⑥持続可能な社会に向け，環境保全と経済発展を両立させる仕組みを構築する必要があるだろう。

問 1 下線部@に関連して，経済発展の過程において，遅れて工業化を目指す国は自国の幼稚産業の育成のために保護貿易政策をとる必要がある，と『経済学の国民的体系』で説いた経済学者は誰か。正しいものを，次の①〜④のうちから一つ選べ。 32

① ガルブレイス
② ケネー
③ マルサス
④ リスト

問 2　下線部⑤に関連して，次の図は，国の一般会計決算における赤字国債(特例国債)と建設国債の発行額，税収額の推移について示したものである。この図に関する記述**ア〜ウ**の正誤の組合せとして正しいものを，下の**①〜⑧**のうちから一つ選べ。　33

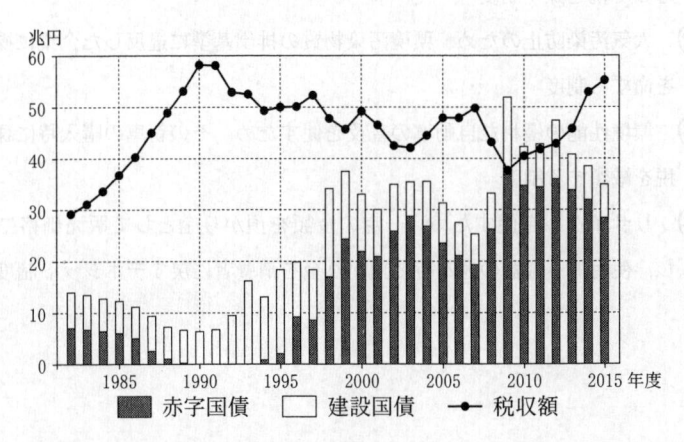

(資料)　財務省 Web ページにより作成。

ア　赤字国債の発行額と建設国債の発行額がともにゼロになった年度がある。

イ　税収額が最も高い年度は，消費税率が 5 パーセントの期間である。

ウ　税収額が国債発行額を下回っている年度がある。

① ア 正　イ 正　ウ 正
② ア 正　イ 正　ウ 誤
③ ア 正　イ 誤　ウ 正
④ ア 正　イ 誤　ウ 誤
⑤ ア 誤　イ 正　ウ 正
⑥ ア 誤　イ 正　ウ 誤
⑦ ア 誤　イ 誤　ウ 正
⑧ ア 誤　イ 誤　ウ 誤

問 3　下線部©について，市場メカニズムを通じて環境保全の誘因を与える政策手段の例として**適当でないもの**を，次の①～④のうちから一つ選べ。　34

① 地球温暖化防止のため，石油など化石燃料の消費者に対し，その消費量に応じて税を課す制度

② 大気汚染防止のため，環境汚染物質の排出基準に違反した企業に操業停止を命ずる制度

③ 環境性能の優れた自動車の普及を促すため，その新車の購入時に課される税を減額する制度

④ リサイクルを促すため，一定の金額を預かり金として販売価格に上乗せし，使用済み容器の返却時に預かり金を消費者に戻すデポジット制度

問 4　下線部ⓓに関連して，次の文章中の空欄　**ア**　・　**イ**　に当てはまる語句の組合せとして正しいものを，下の①〜④のうちから一つ選べ。　35

　　少子高齢化が進むにつれ，人口減少に直面する地方都市のあり方が問われるようになった。これに対応して，商業や医療など生活に必要な機能を担う施設を都市の中心部に集中させ，中心市街地を活性化させると同時に行政サービスの効率化を図る　**ア**　の考え方もある。

　　また，居住地ではなくても，応援したい地方公共団体に寄付をすると，その額に応じて所得税と住民税が控除される　**イ**　という仕組みがある。これは地方公共団体の間で税収を移転させる効果があり，地域活性化や被災地の復興支援のために，これを利用する人もいる。

① **ア**　コンパクトシティ　　　**イ**　ふるさと納税

② **ア**　コンパクトシティ　　　**イ**　独自課税

③ **ア**　ミニマム・アクセス　　**イ**　ふるさと納税

④ **ア**　ミニマム・アクセス　　**イ**　独自課税

問 5　下線部ⓔに関連して，環境の整備や保全に関する取組みとして**誤っているも**のを，次の①〜④のうちから一つ選べ。　36

① 生物多様性条約とは，生物多様性の保全とその持続可能な利用，生物のもつ遺伝資源の利用から生じる利益の公正な配分を目指す条約である。

② 日本では，廃棄物の排出が抑制され資源の循環利用が促進される循環型社会の形成を目的として，循環型社会形成推進基本法が制定された。

③ バーゼル条約とは，渡り鳥など水鳥の保護を目的に，生息地として国際的に重要な湿地を保護することを義務づける条約である。

④ 日本では，大規模開発を実施する際に環境保全について適正な配慮がなされるように，環境アセスメント法が制定された。

倫理，政治・経済 2018 本試験

（2018年1月実施）

60分　100点

2

第 1 問　以下は，高校生ＡとＢの会話である。これを読み，下の問い（**問 1 〜 5**）に
答えよ。（配点　14）

Ａ：あのさ，もう少し後輩に優しくすれば？　慕ってくれる後輩をつくっておいた
　　方がいいよ。いざってときに助けてもらえるしさ。

Ｂ：ご忠告どうも。でも，そういうのは「優しい」って言わないでしょ。内申書のた
　　めにボランティアするようなものだよね。動機が利己的で不純だよ。

Ａ：でもさ，「情けは人のためならず」とも言うでしょ。人のためにしてやることが
　　(a)自己の利益にもなる。それでよくない？

Ｂ：本当に(b)人助けをしたい気持ちがあるなら，見返りなんてむしろ欲しくない
　　と思うな。この前，珍しく家事を手伝ってあげようとしたのに，「何か買って
　　欲しいものでもあるの？」って親に疑われてさ。頭にきちゃったよ。

Ａ：自分の優しさを分かって欲しかったわけね。でも，それも自分の(c)欲求でしょ。
　　そもそも人助けしたいのも自分の欲求だよね。どんな行為も，結局は欲求の満
　　足が動機なんだよ。動機が利己的じゃない行為なんてないと思うな。

Ｂ：欲求の満足が動機ならすべて利己的ってこと？　でも，純粋に人助けがしたい
　　のを，見返りのために人助けしたいのと同じように「利己的」と呼ぶのはおかし
　　いでしょ。人助けしたいという純粋な善意は，利他的動機と言うべきだよ。

Ａ：うーん，だとしても，そんな利他的動機がなくても優しい社会はつくれるよ。
　　例えば，介護や医療の保険って，自分が困ったときのためにお金を出し合う仕
　　組みだよね。利己的動機があるから助け合いも生まれるんじゃないかな。

Ｂ：じゃあ，貧困や環境の問題は？　他者のためって気持ちなしで解決できる？

Ａ：見返りなしでそういう問題に取り組む人って，なかなかいないよ。寄付やエコ
　　をアピールしている企業もあるけど，あれも自分たちの宣伝のためでしょ。

Ｂ：だけど，見返りを求めていたら将来世代のための環境や資源の保護はできない
　　よ。貧困問題の解決も，損得抜きの(d)人道的な活動なしには難しいよね。
　　やっぱり，純粋な善意がないと人類の(e)福祉もないんじゃないかな。

問 1 下線部ⓐに関連して，青年が自己形成していく過程についての説明として**適当でないもの**を，次の①～④のうちから一つ選べ。　　1

① ハヴィガーストによれば，親との情緒的なつながりを深めつつ，親の価値観を内面化することが，青年期の課題(発達課題)に含まれる。

② ハヴィガーストによれば，職業決定や経済的独立の準備を進め，他者と洗練された人間関係を結ぶことが，青年期の課題(発達課題)に含まれる。

③ オルポートは，自分以外の人間や事物に対する関心を広げ，現実や自己を客観的にみることを，成熟した人格になるための条件(基準)とした。

④ オルポートは，自分独自の人生哲学を獲得し，ユーモアの感覚をもつことを，成熟した人格になるための条件(基準)とした。

問 2 下線部⑥に関連して，次の**ア**〜**ウ**は，苦しむ人々を救うことに尽力した人物の説明であるが，それぞれ誰のものか。その組合せとして正しいものを，下の①〜⑧のうちから一つ選べ。　　2

ア 人道主義的立場から，労働者の劣悪な生活環境を改善することを目指して，協同組合の設立や理想的な共同体の建設を試みた。

イ インドを中心に，貧しい人々や孤児などの社会的弱者の救済活動に生涯をささげ，見捨てられた病人のために「死を待つ人の家」を設立した。

ウ 人種差別に抵抗して，非暴力の思想に基づく運動を展開し，黒人が公民権を得て白人と平等に暮らせる社会を求めた。

① **ア** エンゲルス 　**イ** ガンディー 　　**ウ** キング牧師
② **ア** エンゲルス 　**イ** ガンディー 　　**ウ** ラッセル
③ **ア** エンゲルス 　**イ** マザー・テレサ 　**ウ** キング牧師
④ **ア** エンゲルス 　**イ** マザー・テレサ 　**ウ** ラッセル
⑤ **ア** オーウェン 　**イ** ガンディー 　　**ウ** キング牧師
⑥ **ア** オーウェン 　**イ** ガンディー 　　**ウ** ラッセル
⑦ **ア** オーウェン 　**イ** マザー・テレサ 　**ウ** キング牧師
⑧ **ア** オーウェン 　**イ** マザー・テレサ 　**ウ** ラッセル

問3　下線部ⓒに関連して，次の**ア・イ**は，マズローが考えた欲求の理論について
の説明である。その正誤の組合せとして正しいものを，下の**①~④**のうちから
一つ選べ。　　3

ア　他者と関わり親密な関係を築きたいという，愛情と所属の欲求が満たされ
ると，承認(自尊)の欲求が生じるようになる。

イ　生理的欲求，安全の欲求などの欠乏欲求が満たされると，自己実現の欲求
という，より高次の欲求が生じるようになる。

①　ア　正　　イ　正
②　ア　正　　イ　誤
③　ア　誤　　イ　正
④　ア　誤　　イ　誤

問 4　下線部⓪に関して，次の文章は，国境なき医師団が人道主義について述べた
ものである。その内容の説明として最も適当なものを，下の①〜④のうちから
一つ選べ。　4

　　人道主義が登場するのは，政治が失敗したとき，または危機に陥ったときで
す。私たちは，政治的責任を引き受けるためではなく，政治の失敗による非人
間的な苦しみをまず和らげるために活動します。活動は政治の影響を受けては
なりません。そして，政治は，人道主義の存在を保証する責任を自覚しなけれ
ばなりません。人道的活動は，活動のための枠組みを必要とします。紛争の際
のその枠組みとは，国際人道法です。それは犠牲者と人道支援団体の権利を確
立し，それらの尊重を保証する責任と，戦争犯罪によるそれらの侵害を罰する
責任を国家に負わせるのです。今日，この枠組みが正常に機能していないのは
明らかです。紛争の犠牲者の支援に赴くことが拒否されるのは，よくあること
です。また，人道支援が，交戦国によって戦争の道具に使われることさえある
のです。

（国境なき医師団「ノーベル平和賞受賞講演」より）

①　政治は，人道主義が政治の失敗の責任を引き受けることができるよう，人
　道主義の存在とその活動を保証する責任をもつ。

②　人道主義の活動は，国際人道法のような政治的・法的前提を必要とせずに
　成立し得るものなので，政治の影響を受けずに行うことができる。

③　政治は，自らの目的に合わせて人道主義を利用すべきでなく，法的枠組み
　によって人道主義の活動の独立性を保証しなければならない。

④　人道主義の活動は，国際人道法の制限を受けるので，紛争の犠牲者へのア
　クセスを禁じられたり，交戦国に利用されたりしても，やむを得ない。

問 5 下線部ⓔに関連して，センによる福祉の捉え方の説明として最も適当なものを，次の①～④のうちから一つ選べ。　　5

① 個人の才能としての「潜在能力」を最大限に引き出し，各人が自分の能力を社会で発揮できるようにすることによって，財や所得の豊かさという福祉の目標を実現しなければならない。

② 生き方の幅としての「潜在能力」を改善し，各人が自分の達成できる状態・活動をより自由に実現できるようにすることで，財や所得の豊かさという福祉の目標を実現しなければならない。

③ 個人の才能としての「潜在能力」を最大限に引き出し，各人が自分の能力を社会で発揮できるようにすることが福祉の目標であり，財はこの目的のために分配されなければならない。

④ 生き方の幅としての「潜在能力」を改善し，各人が自分の達成できる状態・活動をより自由に実現できるようにすることが福祉の目標であり，財はこの目的のために分配されなければならない。

第2問 次の文章を読み，下の問い（**問1～7**）に答えよ。（配点 18）

　先人たちの思想は，多くの場合「教え」として伝えられてきた。だが，その教えの内容の多様さとともに，人々を教え導く営みそのものにも様々な姿があった。日本の先人たちは，教えるという営みにどのように向き合ってきたのだろうか。

　古代では，教えは氏族を守る知恵として，ⓐ神話や伝承を通して語り継がれていた。やがて，ⓑ仏教が伝来すると，次第に氏族の枠を超えた布教が行われるようになり，教えるという営みを反省的に捉える者が現れるようになった。例えば，親鸞は，煩悩に向き合い悪人の自覚を深めるなかで，絶対他力の信仰を獲得し，その布教に努めた。救済は仏の力によるほかないと考えた彼は，「親鸞は弟子一人ももたず」と語った。また，ⓒ日蓮は，度重なる迫害を受けるなかで自己の存在意義を問い直し，『法華経』の教えを末法の世に広める使命感を強めていった。

　近世になると，ⓓ学問による徳の修養を重んじる儒学が興隆したことにより，教える者自身に徳を求める傾向が強まった。例えば，石田梅岩は，ⓔ欲望に染まった不徳の身でありながら「人の人たる道」を説こうとする自身の熱意を「病」と呼び，欲望を満たさぬ清貧の生活を自らに課したうえで，徳の修養と教育活動に専念していった。また，弟子の手島堵庵は，梅岩のような徳をもたない自分は師に値しないと考え，梅岩の教えを学び合う「朋友」を獲得することを自身の役割とした。

　近代になると，西洋の知識や国民としての道徳を身に付けさせる教育が国全体の課題と位置づけられ，教えに携わる者は，自己の役割を国のあり方と結び付けて模索するようになった。例えば，西村茂樹は，孔子にせよイエスにせよ，誰か一人を師として信奉するような態度を批判しつつ，ⓕ伝統的な道徳とともに西洋哲学をも学ぶことを提唱し，新たな国民道徳の確立とその普及に努めた。また，内村鑑三は，武士道とキリスト教との共通点を見いだし，日本には真のキリスト教国になる使命があると考えた。そして，神の教えに忠実であろうとする立場から，罪深き自己が救済された体験を人々に語り続けた。

　以上のように，先人たちにとって，教えるという営みは，自己のあり方やその役割を模索することでもあった。そして，その模索は，よりよき生や社会の実現を目指す強い信念に支えられていたと言えるだろう。

問 1　下線部ⓐに関して，日本の神話や伝承で示される神についての説明として最も適当なものを，次の①〜④のうちから一つ選べ。　　6

① 元来，神は特定の形をもつものではなく，人間に畏怖の念を抱かせるものや，人知を超えた不可思議な現象が神のあらわれとされた。

② 神は善事を行うだけでなく狼藉を働くこともあったが，神の狼藉は造物主としてのアマテラスによって裁かれると考えられた。

③ 洪水や飢饉，疫病の流行といった災厄は神の祟りであり，祟りをなす神に対してはいかなる祭祀を行っても効果がないとされた。

④ 神は人間の住む世界からは隔絶した他界に存在し，自然の秩序や人々の生活に関与することはないと考えられた。

問 2　下線部ⓑに関して，仏教の修行法である八正道についての説明として最も適当なものを，次の①〜④のうちから一つ選べ。　　7

① 快楽と苦行を避け，中道に生きるための修行法が八正道であり，その一つである正業とは，悪しき行為を避け，正しく行為することを指す。

② 快楽と苦行を避け，中道に生きるための修行法が八正道であり，その一つである正業とは，人の行為と輪廻の関係を正しく認識することを指す。

③ 六波羅蜜の教えに由来する修行法が八正道であり，その一つである正業とは，悪しき行為を避け，正しく行為することを指す。

④ 六波羅蜜の教えに由来する修行法が八正道であり，その一つである正業とは，人の行為と輪廻の関係を正しく認識することを指す。

10

問 3 下線部ⓒに関して，日蓮についての説明として**適当でないもの**を，次の①〜④のうちから一つ選べ。　8

① 個人の救済だけでなく，正しい仏法に基づく政治の実現が重要だと考え，為政者への布教も行うことで，現実社会を仏国土とすることを目指した。

② 国難の到来を防ぎ，国土安穏を実現するためには，宗派間での融和を図ることが必要だと考え，他宗に協力を呼びかけた。

③ 『法華経』には，釈迦は時を超えて永遠に存在し続けると説かれていることに着目し，末法の世であっても救済は達成され得ると主張した。

④ 『法華経』には，人々の救済に献身する菩薩が描かれていることに着目し，その姿に自己をなぞらえることで教えを説こうとした。

問 4　下線部ⓓに関して，次の文章は，近世において学問がどのように学ばれていたかについての説明である。文章中の　**a**　〜　**c**　に入れる語句の組合せとして正しいものを，下の①〜⑧のうちから一つ選べ。　9

　近世に学問が興隆した背景の一つに，出版業の発展がある。　**a**　は，初学者に向け，和文で『大和本草』『養生訓』などを著し，その書は広く読まれた。書物の普及につれて，塾や学校が各地に設立された。例えば，懐徳堂からは，儒学や仏教などがいかに歴史的に展開するかに関して加上説という考え方を唱えた　**b**　など，独自の学説を打ち出す人物が数多く輩出した。

　塾や学校では，漢籍の素読のほか，師匠による講釈，現在の読書会にあたる会読などが行われた。山崎闇斎は，朱子学の真髄を伝えようとして講釈を重要視したが，朱子の解釈に頼らず儒学の原典に直接向き合うことを重視した　**c**　は，講釈よりも会読を重視した。このように，思想的立場の違いは教え方の違いにも反映された。

① **a** 貝原益軒　**b** 安藤昌益　**c** 新井白石
② **a** 貝原益軒　**b** 安藤昌益　**c** 荻生徂徠
③ **a** 貝原益軒　**b** 富永仲基　**c** 新井白石
④ **a** 貝原益軒　**b** 富永仲基　**c** 荻生徂徠
⑤ **a** 本居宣長　**b** 安藤昌益　**c** 新井白石
⑥ **a** 本居宣長　**b** 安藤昌益　**c** 荻生徂徠
⑦ **a** 本居宣長　**b** 富永仲基　**c** 新井白石
⑧ **a** 本居宣長　**b** 富永仲基　**c** 荻生徂徠

問 5　下線部ⓒに関連して，次の**ア～ウ**は，人間の欲望をめぐる先哲たちの洞察についての記述である。その正誤の組合せとして正しいものを，下の**①～⑥**のうちから一つ選べ。　10

ア　ブッダによれば，人間が所有欲などの欲望から離れられない原因は，自己という不変の存在を正しく把握していないことにある。

イ　プラトンによれば，不正な行為が生まれる原因は，魂のうちの欲望的部分が，理性的部分と気概的部分を支配してしまうことにある。

ウ　朱熹(朱子)によれば，人間が私欲に走る原因は，先天的にそなわっている理が，気の作用によって妨げられていることにある。

① ア　正　イ　正　ウ　誤
② ア　正　イ　誤　ウ　正
③ ア　正　イ　誤　ウ　誤
④ ア　誤　イ　正　ウ　正
⑤ ア　誤　イ　正　ウ　誤
⑥ ア　誤　イ　誤　ウ　正

問 6　下線部①に関連して，伝統的な道徳や文化の重要性を主張した人物に三宅雪嶺がいる。彼についての説明として最も適当なものを，次の①~④のうちから一つ選べ。　11

① 天皇制国家主義の立場から教育勅語の道徳を重視し，忠と孝を国民道徳の中心に据えるべきと主張した。

② 自己の内面を見つめることの必要を説く人格主義の立場から，東西の古典を積極的に摂取する必要を呼びかけた。

③ 政府の欧化主義を批判し，日本固有の風土や文化に即して西洋文明を取捨選択すべきとする国粋主義(国粋保存主義)を唱えた。

④ 天皇の名のもとでこそ国民の平等が達成されるとしたうえで，超国家主義の立場から国家の改造を主張した。

14

問 7 本文の趣旨に合致する記述として最も適当なものを，次の①〜④のうちから一つ選べ。　12

① 日本の先人たちは，教えを説くという営みがもつ役割の大きさに対して自覚的であり，その営みに従事するためには徳を身に付けることが不可欠だと考えた。そして，その徳が人々に認められることではじめて，教えを説く自己の立場を確固たるものにすることができた。

② 日本の先人たちは，教えを説くにあたり，自己を見つめ直したり，自らの役割を模索したりするなかで，各々の立場を見いだしていった。その結果，どのように人々を教え導くかについて多様な考え方が生まれたが，彼らの営みの背後には，よりよい生や社会の実現を目指す決意があったと言える。

③ 日本の先人たちは，よりよい生や社会の実現を目指し，教えを説く自らの立場や役割を省みることなく，布教や教育活動といった実践に専念した。そのような彼らの営みの背後には，自己を犠牲にしてでも人々や社会のために尽くそうとする姿勢があった。

④ 日本の先人たちは，教えを説く自身の立場を厳しく問い直すなかで，自己の卑小さに直面し，それを克服することに努めてきた。克服の方法は様々であったが，彼らの営みは，いったん自己を否定し，神仏や師に全面的に依拠しようとする姿勢に支えられていたと言える。

第3問　次の文章を読み，下の問い（**問1～6**）に答えよ。（配点　18）

　「遊びをせんとや生まれけむ」という日本の歌謡がある。人は遊ぶために生まれてきたのだろうか，というこの歌は，人間にとって「遊び」がもつ意味や価値を，我々に問いかけている。その答えを，ここでは西洋近代思想のなかに探してみよう。

　長い間，遊びは，成熟した文化や社会にとって些末（さまつ）で無用なものとみなされてきた。<u>(a)キリスト教</u>のなかでもカルヴィニズムには，勤勉や禁欲を道徳として重んじ，人々が公の場で娯楽に興じることを禁じる傾向があった。また，生産活動を尊び，労働と余暇を対置する価値観が登場すると，遊びを軽視する傾向はいっそう強まった。例えば，<u>(b)ロック</u>は，道徳や教育を重視する立場から，仕事や勉学を促進するための息抜きや気分転換としてのみ，遊びの価値を認めた。

　だが，時代が進むと，人間精神の自由や創造性を，遊びとして捉え直す思想も現れる。カントに影響を受けた詩人シラーは，遊びの衝動こそが感性と理性を結合すると考え，その衝動を人間の創造性の源泉とみなした。彼は，遊びだけが人間を<u>(c)自然</u>と道徳の強制力から解放すると考え，「人間は遊ぶときにのみ完全な人間となる」と説いた。また，ニーチェは，ニヒリズムを克服して永劫回帰の世界を肯定する，人間精神の最終的到達点を，無垢（むく）な子どもの遊びになぞらえた。

　20世紀には，遊びは，人間の<u>(d)社会的活動を理解する鍵</u>としても注目される。社会心理学者の G. H. ミードによれば，子どもは，ごっこ遊びのなかで他者を理解し始めるが，さらに成長し，組織化されたゲームに参加すると，チームのような社会集団をも，目標や態度を共有する「一般化された他者」とみなせるようになる。また，ウィトゲンシュタインは，言語による他者とのやりとりをゲームに見立てて考察した。さらに，ホイジンガは，宗教や法律など，我々の社会の基盤をなす文化はすべて，実用的な目的から離れた自由で自発的な遊びから生まれた，という考えから，人間を「ホモ・ルーデンス（遊戯人）」と定義する人間観を唱えた。

　このように，遊びには，自由と規律，自発性，創造性，他者との交流といった，<u>(e)人間の生の営み</u>を支え，特徴づける諸要素が含まれている。様々な遊びやゲームが身の周りにあふれている時代を生きているからこそ，我々は，先人の考察も活かして，遊びの意義や役割を改めて見つめ直す必要があるのではないだろうか。

問 1 下線部ⓐに関連して，パウロの思想の説明として最も適当なものを，次の
①～④のうちから一つ選べ。 | 13 |

① 人間は，善を望んでいるはずなのに，望まない悪を行ってしまう。そこか
らの救済は，キリストへの信仰によるほかなく，人類全体の罪を担ったキリ
ストに従い，私たちもまた，隣人への愛を実践すべきである。

② 人間は，善を望んでいるはずなのに，望まない悪を行ってしまう。そこか
らの救済は，キリストへの信仰によるほかなく，神と契約したキリストのよ
うに，私たちもまた，神との契約である律法を正しく遵守すべきである。

③ 人間は，肉体の情欲に引きずられ，望まない悪を行ってしまう。そこから
救済されるためには，自らの運命を受け入れたキリストのように，私たちも
また，罪のない本来の自己を再発見し，それを受け入れるべきである。

④ 人間は，肉体の情欲に引きずられ，望まない悪を行ってしまう。そこから
救済されるためには，苦しむ人々を癒したキリストに従い，私たちもまた，
善行を積むことによって，神から義とされるよう努力すべきである。

問 2　下線部ⓑに関して，ロックの社会思想の説明として最も適当なものを，次の
①〜④のうちから一つ選べ。　14

①　各人は，公共の利益を目指す一般意志に服従して，すべての権利を国家に
譲渡するが，国家がこの一般意志を実現することで，各人の権利は保障され
ることになる。

②　知識や理論は，人間が環境によりよく適応していくための道具であり，
我々は，創造的知性を用いることによって社会を改善し，理想的な民主社会
を実現することができる。

③　各人が利己心に従って自分の利益を自由に追求すれば，おのずから社会全
体の利益は増大するが，これは，「(神の)見えざる手」の導きによるものであ
ると考えられる。

④　国家による権力の濫用を防ぎ，権力がその役割を公正に果たすためには，
立法権や行政権(執行権)などが一定の独立性をもって互いを制約する，権力
の分立が必要である。

18

問 3 下線部ⓒに関連して，次の**ア**〜**ウ**は，自然をめぐる西洋の思想についての説明である。その正誤の組合せとして正しいものを，下の**①**〜**⑥**のうちから一つ選べ。 　15

ア コペルニクスは，「知は力なり」という信念から，学問や科学的知識は自然を支配するための手段だと考えて，観察や実験から一般的な法則を導く帰納法を提唱した。

イ ニュートンは，地上から天空に及ぶ，すべての物体の運動を力学的な法則によって統一的に説明し，機械のような存在として自然を捉える自然観の確立に大きく寄与した。

ウ カーソンは，農薬や殺虫剤などに含まれる有害な化学物質の氾濫が自然環境や生態系を破壊していると指摘し，その影響は人間の健康や生命にも及んでいると警告した。

① ア 正 イ 正 ウ 誤
② ア 正 イ 誤 ウ 正
③ ア 正 イ 誤 ウ 誤
④ ア 誤 イ 正 ウ 正
⑤ ア 誤 イ 正 ウ 誤
⑥ ア 誤 イ 誤 ウ 正

問 4　下線部ⓐに関連して，遊びの社会的性格について述べた次の文章を読み，その内容の説明として最も適当なものを，下の①～④のうちから一つ選べ。 16

　遊びは単なる個人的娯楽ではない。……確かに個人の手腕が目立ち，一人で遊んでいてもおかしくない遊びが，特に技の遊びには数多く存在する。しかし，技の遊びはすぐに技を競う遊びへと変わり得る。これには明白な証拠がある。凧やコマ，ヨーヨー，けん玉などの遊び道具は，一人で操作するものだが，競争相手や観客がいなければ，人はすぐそれらに飽きてしまう。そうならないためには，潜在的にではあれ，競争相手や観客が必要なのだ。それらの遊びには競争の要素があり，そこでは皆が，おそらく姿の見えない，あるいは，その場にいない競争相手に勝とうとしている。未到の快挙を成し遂げ，いっそうの困難に挑み，持続や速さ，正確さ，高さの記録を自分のなかで打ち立てようとしている。一言で言えば，一人で遊んでいても，他人の追随を許さない結果を出して，誇りにしたいと思っているのだ。

　　　　　　　　　　　　　　　　　　（カイヨワ『遊びと人間』より）

① 遊びには，技の遊びと競争の遊びがある。おおむね個人的娯楽であると言える技の遊びは，遊び道具さえあれば一人でも飽きずに楽しめるため，競争相手や観客はいない方がよい。

② ヨーヨーやけん玉といった道具を使う遊びは，一人でも遊べるが，競争相手や観客としての他人がその場にいなければ，上達しない。したがって，遊びは単なる個人的娯楽ではない。

③ 遊びには，技の遊びと競争の遊びがある。おおむね個人的娯楽であると言える技の遊びよりも，競争の遊びの方が，よりいっそう優れた結果や記録を生み出す点で高尚である。

④ ヨーヨーやけん玉といった道具を使って一人で遊ぶときでも，その場にはいない相手や観客が想定されて，競争が行われている。したがって，遊びは単なる個人的娯楽ではない。

問5 下線部ⓔに関連して，人々に生き方の指針を示す役割を果たしてきたものとして，数々の書物がある。そうした書物についての説明として最も適当なものを，次の①～④のうちから一つ選べ。 [17]

① 仏教では，自らの社会的身分に即して活動したブッダの言行が，『スッタニパータ』にまとめられており，人々が生まれつきの身分にふさわしい活動をするための模範とされている。

② イスラーム教では，六信の対象の一つである諸啓典(聖典)のうちで最も重要な啓典であるクルアーン(コーラン)が，ムスリムの生活を様々な面で規定している。

③ ホメロスの『イリアス』や『オデュッセイア』は，神話的世界観を批判し，神々の登場しない人間の英雄たちの物語を描き出しており，人々の行動や考え方の指針とされた。

④ ユダヤ教やキリスト教の聖書では，預言者イザヤが当時の王国のあり方を賞賛し，民衆に神の言葉を伝えた姿が描かれており，彼の言行はあるべき信仰の模範とされている。

問 6　本文の趣旨に合致する記述として最も適当なものを，次の①～④のうちから
一つ選べ。　18

① 遊びはしばしば，成熟した文化や社会にとって不要なものとみなされてき
た。だが，遊びは，労働を促進するための息抜きや気分転換として，子ども
よりも，むしろ大人にとって重要である。

② 生産活動としての労働を重んじる価値観のもと，遊びは軽視されてきた。
だが，20世紀に入ると，宗教や法律によって社会の規律が強められた結
果，遊びがもつ重要性が見直されるようになった。

③ 遊びはしばしば，成熟した文化や社会にとって不要なものとみなされてき
た。だが，遊びは，人間精神の自由や創造性の源泉であるだけでなく，人間
の社会的活動を理解するうえでも重要である。

④ 生産活動としての労働を重んじる価値観のもと，遊びは軽視されてきた。
だが，20世紀に入ると，人間の社会的活動が実用的目的から離れた結果，
遊びがもつ重要性が見直されるようになった。

第4問 次の文章を読み，下の問い（問1〜8）に答えよ。（配点　22）

　近代国家は租税を課し，それを財源に人々の要望やニーズを充足する政策を実施している。課税権のような強い権力が国家に付与されているのは，領域内の秩序の維持など公共的なサービスを提供するためである。しかし，その権力が濫用されれば，個人の⒜自由や権利が侵害されかねない。このような問題を避けるために，国家権力を制限するのが憲法である。たとえば，⒝政治制度について権力分立が憲法で定められている。⒞法の支配を実現し，人権の保護を確保する役割を果たすのが裁判所である。さらに，人々が国政の方向性とその内実をチェックするために，国政の監視に必要な権限が議会に与えられている。

　18，19世紀の国家は財産権の保護や治安の維持などを主に担っており，その支出は小規模であった。このように国家の役割を，国防，司法，治安の維持に限定する考え方は「　ア　」観という。しかし，国家の役割を消極的にとらえる考えは，その後批判されるようになった。なぜならば，人々の市場における自発的な取引だけでは，社会的に望ましい結果がもたらされるとは限らないからである。

　そのため，20世紀には，国家において政府の果たす役割が⒟市場との関係で，かつてよりも重要性を高めた。たとえば，⒠拡大する貧富の格差を是正するために，所得の再分配政策が多くの国で実施されている。また，⒡電力など大規模な設備を必要とする分野では，独占が発生しやすいため，価格規制のような政府介入が必要になる場合もある。しかし，政府活動の非効率性が指摘され始め，その活動や裁量の範囲の妥当性が問われるようになった。

　今日の国際情勢の変化は，国家の役割のあり方を改めて問い直すものとなっている。たとえば，冷戦の終結やテロの頻発などを受けて，国家の⒢安全保障をめぐるさまざまな問題に対処するためには，政府の権限拡大が必要になることもあるだろう。しかし，これまで見てきたように近代国家の歴史が示すのは，　イ　が欠かせないということである。政府を私たちがいかにコントロールするのかという問題を，今後も私たちは考え続けなければならない。

問1　本文中の空欄　ア　・　イ　に当てはまる語句の組合せとして最も適当なものを，次の①～④のうちから一つ選べ。　19

① ア　福祉国家　　イ　国家の権力に対する憲法上の制約をなくす仕組み

② ア　福祉国家　　イ　人々に対する国家の介入を制約する仕組み

③ ア　夜警国家　　イ　国家の権力に対する憲法上の制約をなくす仕組み

④ ア　夜警国家　　イ　人々に対する国家の介入を制約する仕組み

問2　下線部ⓐに関連して，日本国憲法が保障する基本的人権は，さまざまな観点から分類することができる。一つの分類のあり方について述べた次の文章中の空欄　ア　～　ウ　に当てはまる語句の組合せとして最も適当なものを，下の①～⑥のうちから一つ選べ。　20

　　日本国憲法が保障する基本的人権には，さまざまなものがある。その中には，表現の自由や　ア　のように，人の活動に対する国家の干渉を排除する権利である自由権がある。また，　イ　や教育を受ける権利のように，人間に値する生活をすべての人に保障するための積極的な施策を国家に対して要求する権利である社会権がある。さらに，これらの基本的人権を現実のものとして確保するための権利として，裁判を受ける権利や　ウ　をあげることができる。

① ア　生存権　　　　　　イ　財産権　　　　　　ウ　国家賠償請求権

② ア　生存権　　　　　　イ　国家賠償請求権　　ウ　財産権

③ ア　財産権　　　　　　イ　生存権　　　　　　ウ　国家賠償請求権

④ ア　財産権　　　　　　イ　国家賠償請求権　　ウ　生存権

⑤ ア　国家賠償請求権　　イ　生存権　　　　　　ウ　財産権

⑥ ア　国家賠償請求権　　イ　財産権　　　　　　ウ　生存権

問 3 下線部ⓑに関連して，アメリカとイギリスの政治制度について述べた次の文章中の空欄 ア ～ ウ に当てはまる語句の組合せとして正しいものを，下の①～⑧のうちから一つ選べ。 21

　アメリカでは，大統領は連邦議会の議員の選挙とは別に公選され，議会に議席をもたない。大統領は，議会が可決した法案に対する拒否権と議会への ア 権とをもつが，議会の解散権をもたない。また議会は，大統領に対して イ を行う権限をもたない。

　これに対しイギリスでは，下院（庶民院）の多数派から首相が任命されて内閣を組織する。内閣は法案を提出することができ，通常は与党議員である大臣が議会で説明や答弁を行う。また伝統的に，下院は内閣に対する イ 権をもち，これに対抗して内閣は下院を解散することができるとされてきた。

　こうしてみると，アメリカでは，イギリスよりも立法府と行政府との間の権力分立が ウ である。

① ア　教書送付　　イ　弾　効　　　ウ　厳　格
② ア　教書送付　　イ　弾　効　　　ウ　緩やか
③ ア　教書送付　　イ　不信任決議　ウ　厳　格
④ ア　教書送付　　イ　不信任決議　ウ　緩やか
⑤ ア　法案提出　　イ　弾　効　　　ウ　厳　格
⑥ ア　法案提出　　イ　弾　効　　　ウ　緩やか
⑦ ア　法案提出　　イ　不信任決議　ウ　厳　格
⑧ ア　法案提出　　イ　不信任決議　ウ　緩やか

問 4　下線部ⓒの説明として正しいものを，次の①～④のうちから一つ選べ。
22

①　法は，それに違反した場合に，刑罰など国家権力による制裁を伴う点に特徴があるとする考え方である。

②　法は，主権者である国王や権力者が出す命令であって，国民はこれに従わなければならないとする考え方である。

③　議会の制定した法に基づいて行政が行われなければならないという，形式面を重視する考え方である。

④　個人の権利を守るため，国王や権力者といえども法に従わなければならないとする考え方である。

問 5 下線部⑥に関連して，次の図は，ある財の市場における需要曲線と供給曲線を実線で示しており，また，価格 P_0 で需給が均衡することを示している。いま，政府によってこの財の価格の上限が P' に規制されたとき，取引される財の数量についての記述として最も適当なものを，下の①〜④のうちから一つ選べ。 23

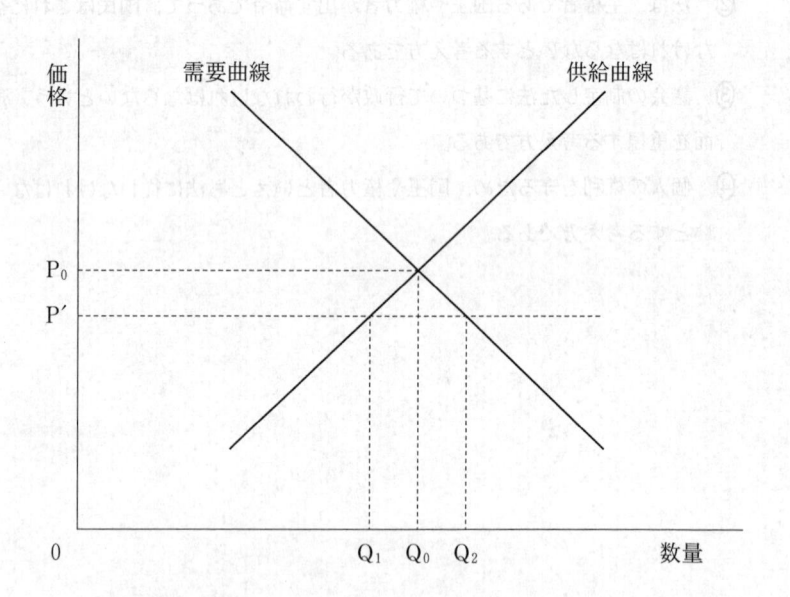

① 取引される財の数量は Q_0 になる。

② 取引される財の数量は Q_1 になる。

③ 取引される財の数量は Q_2 になる。

④ 取引される財の数量は 0 になる。

問 6　下線部ⓔに関連して，所得の不平等を表すものとして，次の図に示したロー
　　　レンツ曲線がある。図は，横軸に所得の低い人から高い人の順に人々を並べた
　　　場合の人数の累積比率，縦軸にそれらの人々の所得の累積比率をとり，所得分
　　　布の状態を示したものである。たとえば，図の 45 度線は，所得の低い方から
　　　60 パーセントまでの人々が全体の所得の 60 パーセントを占めていることを示
　　　している。所得が完全に均等に分配された場合，ローレンツ曲線は 45 度の直
　　　線になり，不平等が大きくなるほど 45 度線から乖離する。二つの異なる所得
　　　分布の状態が，曲線 A と曲線 B でそれぞれ示されるとき，この図から読みと
　　　れることとして正しいものを，下の①～④のうちから一つ選べ。　　24

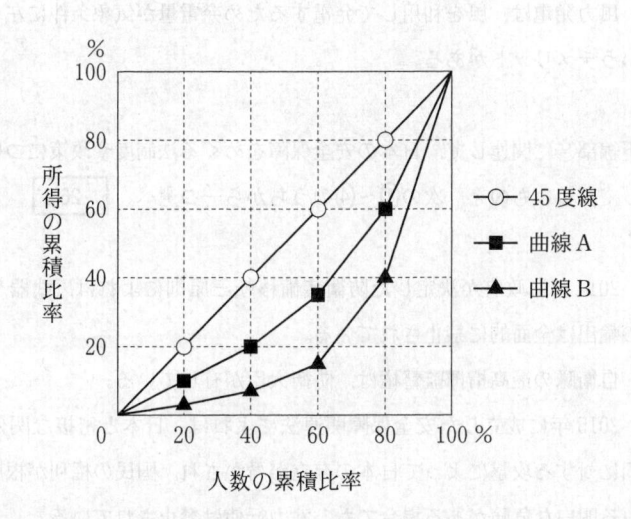

　　　①　A の所得分布で示される不平等の度合いは，B の所得分布で示される不平
　　　　等の度合いよりも大きい。

　　　②　B で示される所得分布では，所得の高い方から上位 20 パーセントまでの
　　　　人々が全体の所得の 80 パーセント以上を占めている。

　　　③　B で示される所得分布では，すべての人の所得が同じ割合で増えると 45
　　　　度線の所得分布により近づく。

　　　④　A で示される所得分布では，所得の低い方から 80 パーセントまでの人々
　　　　が全体の所得の 50 パーセント以上を占めている。

問 7 下線部⑤についての記述として**誤っているもの**を，次の①〜④のうちから一つ選べ。 　25

① スマートグリッドは，情報通信技術を使って需要側と供給側の双方から電力をきめ細かく制御する機能をもつ電力網である。

② 日本では，運転差止めを命じる裁判所の仮処分決定に基づいて，原子力発電所で運転中の原子炉が停止したことがある。

③ 日本では，一般家庭への電力の小売は自由化されていないが，工場など大口消費者については自由化されている。

④ 風力発電は，風を利用して発電するため発電量が気象条件に左右されるというデメリットがある。

問 8 下線部⑧に関連して，日本の安全保障をめぐる法制度や政策についての記述として**正しいもの**を，次の①〜④のうちから一つ選べ。 　26

① 2014年に政府が決定した防衛装備移転三原則によれば，武器や関連技術の輸出は全面的に禁止されている。

② 自衛隊の最高指揮監督権は，防衛大臣が有している。

③ 2015年に成立した安全保障関連法によれば，日本と密接な関係にある他国に対する攻撃によって日本の存立が脅かされ，国民の権利が根底から覆される明白な危険がある場合でも，武力行使は禁止されている。

④ 安全保障に関する重要事項を審議する機関として，国家安全保障会議を内閣に設置している。

第5問　次の文章を読み，下の問い(**問1～5**)に答えよ。(配点　14)

　経済の発展に伴って，人類はかつてないほどの物質的繁栄を達成した。しかし，繁栄の果実を享受できるものと，できないものとの<u>@格差</u>が顕著になり，格差是正が課題となっている。

　先進国と発展途上国との国家間格差をめぐっては，発展途上国を支援する開発援助の方法や，格差を考慮した国際貿易の仕組みが議論されてきた。また，国家間格差は環境問題とも関係している。先進国は産業革命以降，大量の<u>⑥エネルギー</u>を消費し，汚染物質を排出しながら経済発展を遂げてきた。それにもかかわらず，すべての国に一律の環境規制を課すことは，発展途上国にとって大きな負担となり，国家間格差を残存させるおそれがある。近年では，気候変動をめぐる国際交渉においても，発展途上国への配慮がなされている。

　一国内でも，都市部と農村部との関係など，地域間格差がしばしば問題視される。たとえば日本では，中央政府と地方政府の間で補助金などを用いて地域間格差の是正に取り組んでいる。ただし，格差是正の方法は多様であり，効果的な政策のあり方が絶えず議論されている。

　個人間格差をめぐっては，19世紀以降，各国政府は<u>©社会保障制度</u>の整備を通じて所得再分配を行い，より公平性の高い社会を実現しようとしてきた。しかし，公平性の追求が，経済効率性を損なうとの意見もある。このような，公平性と効率性の　**ア**　をいかに解決するかが問われている。関連して，近年では，<u>@教育機会</u>の均等化をめぐる議論や，一律一定額を全国民に給付する　**イ**　が注目されている。

　私たちは，国家間，地域間，個人間格差について考察を深め，生活の質や幸福度の向上，持続可能な社会を実現するような経済のあり方を模索していく必要がある。

問 1　本文中の空欄　ア　・　イ　に当てはまる語句の組合せとして最も適当なものを，次の①〜④のうちから一つ選べ。　27

①　ア　トレード・オフ　　　　　イ　ベーシック・インカム

②　ア　プライマリー・バランス　イ　ユニバーサル・デザイン

③　ア　トレード・オフ　　　　　イ　ユニバーサル・デザイン

④　ア　プライマリー・バランス　イ　ベーシック・インカム

問 2　下線部ⓐに関連して，国家間格差に関する記述として最も適当なものを，次の①〜④のうちから一つ選べ。　28

①　国連総会において，先進国の資源ナショナリズムの主張を盛り込んだ新国際経済秩序樹立宣言が採択された。

②　国連貿易開発会議は，南南問題の解決を主目的として設立された。

③　日本の政府開発援助は，必ず返済しなければならない。

④　現地生産者や労働者の生活改善や自立を目的に，発展途上国の原料や製品を適切な価格で購入するフェアトレードが提唱されている。

問 3　下線部ⓑに関連して，次の**表**は2014年における各国の一次エネルギー供給量およびエネルギー源別の構成比を示したものである。**A**と**B**には中国またはアメリカのいずれか，**C**と**D**には日本またはフランスのいずれかが入る。**表**中の**A**〜**D**に当てはまる国名の組合せとして正しいものを，下の**①**〜**④**のうちから一つ選べ。　29

	一次エネルギー供給量（百万トン）	一次エネルギーの内訳（%）					
		石　炭	原　油	天然ガス	原子力	水　力	その他
A	3,052	65.9	16.9	5.0	1.1	3.0	8.1
B	2,216	19.5	40.5	28.2	9.8	1.0	1.1
C	442	26.8	39.0	24.4	0.0	1.6	8.2
D	243	3.8	22.9	13.4	46.9	2.2	10.8
世界全体	13,699	28.6	31.8	21.2	4.8	2.4	11.2

(注)　一次エネルギーとは，各種エネルギー資源から直接得られるエネルギーのことである。なお，表中の数値は，石油に換算したものを用いている。また，その他には地熱，太陽光，風力，潮力，固形バイオ燃料，液体バイオ燃料，バイオガス，産業廃棄物，都市廃棄物などを含む。四捨五入のため，各項目の総和が100とならない国もある。

(資料)　IEA（国際エネルギー機関）Webページにより作成。

①　**A**　中　国　　　　**B**　アメリカ　　　**C**　日　本　　　　**D**　フランス
②　**A**　中　国　　　　**B**　アメリカ　　　**C**　フランス　　　**D**　日　本
③　**A**　アメリカ　　　**B**　中　国　　　　**C**　日　本　　　　**D**　フランス
④　**A**　アメリカ　　　**B**　中　国　　　　**C**　フランス　　　**D**　日　本

問 4 下線部©に関連する記述として最も適当なものを，次の①〜④のうちから一つ選べ。 30

① ILO（国際労働機関）は，フィラデルフィア宣言で，社会保障の範囲の拡大に貢献した。

② 個人が就労している時期に納めた保険料によって，自らの年金受給を賄う方法を賦課方式という。

③ 日本の社会保障費の中で最も大きな割合を占めている項目は，生活保護費である。

④ ドイツの宰相ビスマルクは，「ゆりかごから墓場まで」をスローガンに，社会保険制度を整備した。

問 5　下線部ⓓに関連して，次の表は 2012 年における各国の教育費支出の対 GDP 比と，全人口に占める 20 歳未満の人口比率を示している。教育費支出の対 GDP 比のうち，公的負担分は政府により支出される分であり，私的負担分は家計などからの支出分である。この表から読みとれる内容として正しいものを，下の①〜④のうちから一つ選べ。　31

国　名	教育費支出の対 GDP 比（%）		全人口に占める 20 歳未満人口比率（%）
	公的負担分	私的負担分	
日　本	3.48	1.48	17.7
アメリカ	4.75	1.67	26.3
韓　国	4.72	2.00	22.0
フランス	4.87	0.40	24.4
OECD 平均	4.67	0.66	24.8

（資料）　OECD, *Education at a Glance 2015: OECD Indicators* および *OECD.Stat*（OECD Web ページ）により作成。

①　公的負担分が OECD 平均以上の国はすべて，全人口に占める 20 歳未満人口比率が OECD 平均を上回っている。

②　私的負担分が OECD 平均以下であり，公的負担分が OECD 平均以上である国は，全人口に占める 20 歳未満人口比率が OECD 平均を上回っている。

③　私的負担分が OECD 平均以上の国はすべて，全人口に占める 20 歳未満人口比率が OECD 平均を下回っている。

④　公的負担分が OECD 平均以下であり，私的負担分が OECD 平均以上である国は，全人口に占める 20 歳未満人口比率が OECD 平均を下回っている。

第 6 問　次の文章を読み，下の問い（**問 1 ～ 5**）に答えよ。（配点　14）

　　日本で男女共同参画社会基本法が制定されてから 20 年近くが過ぎた。この法律に掲げられた基本理念を実現するための施策の一つとして，ⓐ社会の諸分野で指導的地位を占める女性の割合を高めることがめざされてきたが，現状はどうだろうか。

　　公的な部門をみると，ⓑ国会での議員に占める女性の割合は国際的にみても高い水準とはいえない。地方自治体では，たとえば東京都の特別区議会では議員に占める女性の割合が 3 割程度となっている一方で，都道府県や市町村の地方議会の全体では 1 割程度にとどまる。行政を担う公務員における女性の割合は，国や都道府県に採用される者では近年 3 割を超えているが，管理職となると，現状では役職が上がるほど低くなっている。

　　民間部門に目を向けると，男女雇用機会均等法により雇用における男女の機会均等が図られてきた中で，企業で管理職に就く女性の割合はやはり低い水準にとどまっており，ⓒ実質的な男女平等の観点からは課題が残る。その背景として，高い水準の教育を受けた女性の就業率が他国と比較して低いことや，ⓓ日本的雇用慣行の変化の中でも女性のキャリアアップの実現を妨げる人事管理が残っていることがある，との指摘もある。

　　社会に存在する男女間の格差を是正するための措置として，諸外国では，議席数や政党の立候補者数について女性の割合を一定以上とするといったクォータ制を導入する例もみられる。しかし，このような措置を法律で定めることがⓔ法の下の平等を定める憲法の規定に違反すると裁判所が判断した国もあり，問題の解決は容易ではない。社会のさまざまな分野で，政策や方針決定の場への女性の参画を実現するためには，これからも，社会全体での取組みが求められている。

問 1 下線部ⓐに関連して，次の表は，男性の賃金を 100 とした場合の女性の賃金，管理職に占める女性の割合，閣僚に占める女性の割合，最高裁判所裁判官に占める女性の割合の国際比較を示したものである。この表から読みとれる内容として正しいものを，下の①〜④のうちから一つ選べ。　32

	男性の賃金を100 とした場合の女性の賃金	管理職に占める女性の割合（%）	閣僚に占める女性の割合（%）	最高裁判所裁判官に占める女性の割合（%）
日　本	72	11	22	17
アメリカ	83	44	26	25
ドイツ	81	29	33	21
フランス	85	33	50	35

(注)　男性の賃金を 100 とした場合の女性の賃金と管理職に占める女性の割合とは 2014 年の数値である。閣僚に占める女性の割合は 2015 年の数値である。最高裁判所裁判官に占める女性の割合は，日本とアメリカが 2013 年の数値であり，ドイツとフランスが 2012 年の数値である。

(資料)　独立行政法人　労働政策研究・研修機構(編)『データブック国際労働比較(2016 年版)』および OECD, *Government at a Glance 2013, 2015* (OECD Web ページ)により作成。

① 任期 4 年で 3 選禁止の国家元首がおり，二大政党制が定着しているこの国は，閣僚に占める女性の割合が最も高い。

② 半大統領制をとり，国連安全保障理事会の常任理事国であるこの国は，管理職に占める女性の割合が最も低い。

③ 議院内閣制をとるが，実質的な権限をもたない大統領もいるこの国は，最高裁判所裁判官に占める女性の割合が 2 番目に低い。

④ 連邦国家ではなく，議院内閣制の下で一党優位の時期が長く続いたこの国は，男性の賃金を 100 とした場合の女性の賃金が 2 番目に高い。

問 2 下線部ⓑについて，国会の種類や議院の会議の名称**A ~ C**とその説明**ア ~ ウ**との組合せとして正しいものを，下の①~⑥のうちから一つ選べ。　33

A 特別会

B 緊急集会

C 臨時会

ア 衆議院解散後の総選挙の日から 30 日以内に召集される。

イ 内閣の決定により，またはいずれかの議院の総議員の 4 分の 1 以上の要求に基づいて召集される。

ウ 衆議院の解散中に内閣の要求により開かれる。

① **A** ─ ア　　**B** ─ イ　　**C** ─ ウ
② **A** ─ ア　　**B** ─ ウ　　**C** ─ イ
③ **A** ─ イ　　**B** ─ ア　　**C** ─ ウ
④ **A** ─ イ　　**B** ─ ウ　　**C** ─ ア
⑤ **A** ─ ウ　　**B** ─ ア　　**C** ─ イ
⑥ **A** ─ ウ　　**B** ─ イ　　**C** ─ ア

問 3　下線部ⓒを雇用において達成するための措置として，日本の法制度の下で
は，形式的には性差別に当たる措置であっても許容されるものがある。そのよ
うな措置の例の記述として最も適当なものを，次の①～④のうちから一つ選
べ。　　34

① 労働者の募集にあたり，応募条件から性別の条件を外す。

② 女性労働者の定年年齢を，男性労働者と同じ年齢に設定する。

③ 女性労働者の割合が低い職種について，採用の基準を満たす者の中から女
性を優先して採用する。

④ 同じ内容の労働に従事する男性労働者と女性労働者の賃金を，同じ額とす
る。

問 4　下線部ⓓに関連して，日本では雇用形態の多様化が進んでいる。さまざまな働き方に対応した規制を行う日本の法律 **A ～ C** と，それらの内容に関する記述**ア～ウ**の組合せとして正しいものを，下の①～⑥のうちから一つ選べ。

35

A　労働者派遣法

B　パートタイム労働法

C　高年齢者雇用安定法

ア　正社員よりも週の所定労働時間が短い労働者の労働条件の改善などを目的とする。

イ　制定当時は対象業務が限定されていたが，その後の改正により対象業務の範囲が拡大されてきている。

ウ　定年の引上げ，定年制の廃止，定年後の継続雇用制度の導入の中からいずれかの措置をとることを事業主に義務づけている。

① A ― ア　　B ― イ　　C ― ウ

② A ― ア　　B ― ウ　　C ― イ

③ A ― イ　　B ― ア　　C ― ウ

④ A ― イ　　B ― ウ　　C ― ア

⑤ A ― ウ　　B ― ア　　C ― イ

⑥ A ― ウ　　B ― イ　　C ― ア

問 5　下線部ⓒに関連して，日本で最高裁判所により違憲とされた法制度について
　　　の記述として**誤っているもの**を，次の①～④のうちから一つ選べ。　| 36 |

① 　衆議院議員一人当たりの有権者数の格差が最大で約 5 倍となる議員定数の
　　配分を定める。

② 　参議院議員の被選挙権年齢を衆議院議員の被選挙権年齢より高く定める。

③ 　婚外子の相続分を，嫡出子の相続分の 2 分の 1 とする。

④ 　外国籍の母から出生した婚外子に，出生後に日本国民である父から認知さ
　　れても父母の婚姻がなければ日本国籍を認めないこととする。

倫理，政治・経済

2017

本試験

（2017年1月実施）

60分　100点

2

第1問 以下は，大学生AとBの会話である。これを読み，下の問い(問1～5)に答えよ。(配点 14)

A：最近話題の映画を観に行ったけれど，命の尊さっていうテーマはいいのに，中身はいろんな名作を継ぎ接ぎしただけで，がっかりしたなあ。

B：継ぎ接ぎ自体は悪くないと思うよ。何をどこから選んでくるのか，それをどうアレンジするのか，そのアイディア自体はオリジナルなんだから。

A：それでも，他人のアイディアに頼っていることには変わりないよ。できあいのアイディアに頼らずに，自力で頑張った人間だけが，しっかりした自己を確立することができる。そういう人が@芸術家になれるんだと思うな。

B：個人の力を過信しているなあ。使えるものは何でも使うべきだよ。例えば，映像でもサウンドでも，テクノロジーの力を借りれば，表現の幅も拡がるしね。

A：規格化されたテクノロジーに頼っていたら，型にはまった発想にしかならないよ。その現実から⑥逃避していたら，真の芸術なんて生まれないよ。

B：真の芸術かどうかなんて，どうでもいいよ。いい作品だったら©インターネットなんかでも評判が拡がっていくだろうし，それで十分じゃないのかな。

A：ネットでは独り言をつぶやくか，仲間内で馴れ合っているだけでしょ。自分と考えの違う人たちとも，意見をやりとりすることが大事だと思うな。

B：だからこそネットをもっと使うべきじゃないの？　ネット上なら世界中の人と意見を言い合えるんだから，とっても@民主的で，いいと思うけれどね。

A：いや，ネットで流れている評判は，そう簡単には信じられないなあ。実際，個性のない作品であっても，結構たくさんの人たちに受けたりするわけだから。

B：同じ世代なのに頭が堅いね。受け手を⑥大衆と見下すべきじゃないよ。作品に意味を与えるのは受け手だし，受け手の役割は思った以上に大きいよ。

A：たいていの人は，メディアから情報を受け取って消費しているだけだよ。

B：消費しているだけでも目は肥えていくし，優れた作品に刺激されて自分が作り手になることもある。そういう可能性をもっと考えてもいいと思うな。

問 1　下線部ⓐに関連して，次の**ア**〜**ウ**は，美術の分野で活躍した芸術家の作品と思想についての説明であるが，それぞれ誰のものか。その組合せとして正しいものを，下の①〜⑧のうちから一つ選べ。　　1

ア　代表作「春」，「ヴィーナスの誕生」などで，躍動する生命と自由に生きる人間の美を生き生きと描き出し，人文主義の精神を体現した。

イ　坐禅で得た寂静の境地を表現したとされる山水図などの作品で，墨の濃淡だけで枯淡や幽玄の美を描き，水墨画を日本において大成した。

ウ　ナチス・ドイツによる一般市民への無差別爆撃を描いた壁画「ゲルニカ」を発表し，人類の引き起こす戦争の悲惨さや残虐さを告発した。

① **ア**　セザンヌ　　　**イ**　尾形光琳　　**ウ**　ゴーギャン
② **ア**　セザンヌ　　　**イ**　尾形光琳　　**ウ**　ピカソ
③ **ア**　セザンヌ　　　**イ**　雪 舟　　　**ウ**　ゴーギャン
④ **ア**　セザンヌ　　　**イ**　雪 舟　　　**ウ**　ピカソ
⑤ **ア**　ボッティチェリ　**イ**　尾形光琳　　**ウ**　ゴーギャン
⑥ **ア**　ボッティチェリ　**イ**　尾形光琳　　**ウ**　ピカソ
⑦ **ア**　ボッティチェリ　**イ**　雪 舟　　　**ウ**　ゴーギャン
⑧ **ア**　ボッティチェリ　**イ**　雪 舟　　　**ウ**　ピカソ

問 2 下線部ⓑに関連して，防衛機制としての逃避に当てはまる事例として最も適当なものを，次の①〜④のうちから一つ選べ。　　2

① 本当は好意をもっているクラスメートに，わざと意地悪なことを言ったり，無関心を装って冷たい態度を取ったりする。

② 溺愛していた一人息子が海外留学に出かけてしまって寂しくなった夫婦が，代わりに小犬を飼うことで心の隙間を埋めようとする。

③ 自分がいつまでもレギュラー選手になれないのは，自分のせいではなく，選手の実力を把握できていない監督のせいだと考える。

④ 部活動が苦痛になってきた生徒が，普段は何ともないのに部活動の時間が近づくと体調を崩し，このところ部活動を休んでいる。

問 3　下線部ⓒに関して，次の**図**は，平成 25 年の 1 年間にインターネットを利用した成人について，世代別利用目的・用途をまとめたものである。**図**から読み取れることとして最も適当なものを，次ページの①～④のうちから一つ選べ。

3

図　インターネットの世代別利用目的・用途

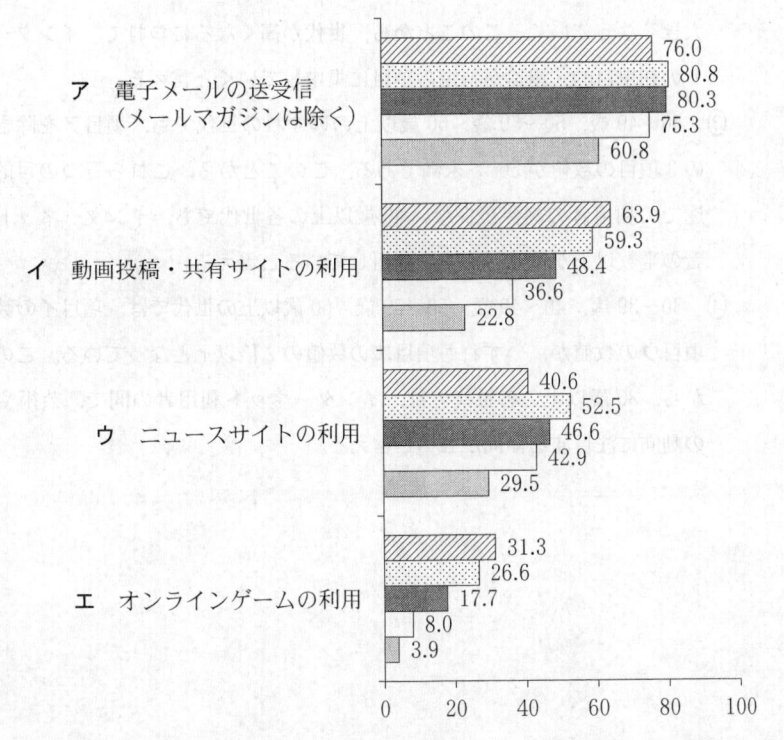

(注)　数値は，当てはまると回答された割合(%)。複数回答可能。
(資料)　総務省「平成 25 年通信利用動向調査」より作成。

6

① 当てはまると回答された割合を表す数値は，すべての世代で，項目エが最も低く，2番目に低いのが項目ウ，3番目が項目イであり，項目アが最も高い。このことから，いずれの世代でも，遊び・娯楽以外でインターネットを利用する傾向が強いと言える。

② 当てはまると回答された割合が最も高い項目アと最も低い項目エの間の数値の差は，20～29歳，30～39歳，40～49歳，50～59歳，60歳以上の順に大きくなっていく。このことから，世代が高くなるにつれて，インターネットの利用目的・用途が特定の項目に集中していくと言える。

③ 40～49歳，50～59歳，60歳以上のいずれの世代でも，項目アを除き，他の3項目の数値が50％未満である。このことから，これら三つの目的・用途での利用者の割合が少ない40歳以上の各世代でも，インターネット利用者の半数以上が電子メールを利用していると言える。

④ 30～39歳，40～49歳，50～59歳，60歳以上の世代では，項目イの数値と項目ウの数値が，いずれも項目エの数値の2倍以上となっている。このことから，30歳以上の各世代では，インターネット利用者の間で，芸術や社会の動向に注目する傾向が強いと言える。

問 4　下線部ⓓに関連して，民主化と平等の進展がもたらす問題点について政治思
　　想家トクヴィルが論じた次の文章を読み，その内容の説明として最も適当なも
　　のを，下の①〜④のうちから一つ選べ。　　4

　　境遇がすべて不平等であるときには，どんなに大きな不平等も目障りではな
いが，すべてが斉一ななかでは最小の差異も衝撃的に思える。完璧に斉一にな
るにつれて，差異をみることは耐え難くなる。平等への愛着が平等そのものと
ともに増大するのは，だから当然である。……民主的な国民は，こうして最小
の特権にも憎悪の念を募らせつづけ，これに反対せずにはいられない。しか
し，奇妙なことに，この憎悪の念に後押しされて，あらゆる政治的権利が国家
の唯一の代表者の手に次第に集中するようになる。この主権者(権力者)は，当
然あらゆる市民のうえに立つ存在であり，いかなる市民の嫉妬をかうこともな
い。同等の者たちから特権を奪って，それをすべてこの主権者に預けるのを，
誰もがよしとする。民主的世紀の人間は，自分と同等の隣人に従うことに，極
度の嫌悪感を覚えざるを得ない。

(『アメリカのデモクラシー』より)

① 　各人のおかれた境遇の平等が進むにつれ，人は他者との小さな差異に拘泥
　し，自分と異質な人を憎悪して視野から排除するようになるが，自分自身が
　権力者に支配されること自体は，ことさら疑問に思わないようになる。

② 　民主化が進展して各人の境遇が平等になると，かえって人は他者との差異
　が気になり，自分以外の人が自分と同等であることを憎悪するようになるの
　で，権力者がその人たちから権利を奪うことをよしとするようになる。

③ 　各人のおかれた境遇の平等が進むにつれ，人は他者との差異に敏感にな
　り，万人の完全な平等を追い求めるようになるが，同等の人間に支配される
　のを忌避するあまり，強大な権力の支配に進んで身を委ねるようになる。

④ 　民主化が進展して各人の境遇が平等になると，人は自己と他者の差異を手
　がかりにして，自分と同等の人だけを自分の隣人として認めるようになり，
　権力者に特権が集中することになっても気にならないようになる。

問5 下線部⑥に関して，次の文章は，大衆社会をめぐる問題について説明したものである。文章中の　a　～　c　に入れる語句の組合せとして正しいものを，下の①～⑧のうちから一つ選べ。　5

　19世紀以降にデモクラシーが拡大するに伴って，大衆社会をどう評価するかが思想上の課題となる。例えば，平均化・画一化された人間に　a　を対置したキルケゴールは，大衆社会批判の先駆けの一人でもあろう。彼は，世間の風潮に流される生き方を斥（しりぞ）け，人は究極的には神の前の　a　として生きなければならないと考えたのだった。一方，20世紀にはフランクフルト学派によって，ファシズムを支える大衆の　b　的な性格（パーソナリティ）が問題視されたが，それと同時に娯楽映画やポピュラー音楽などの大衆文化も，こうした状況を助長するものとして批判された。アドルノらによれば，規格化された大衆文化を漫然と消費している限り，人間の意識は画一化されてしまうからだ。とはいえ，ホイジンガの言うように　c　に文化の根源があるのだとすれば，芸術活動を一切排除した生もまたあり得ない。大衆社会状況のもとで芸術文化の可能性を探ることは，現代の重要な課題の一つだと言えよう。

	a		b		c	
①	超越者	b	権威主義	c	工作	
②	超越者	b	権威主義	c	遊び	
③	超越者	b	全体主義	c	工作	
④	超越者	b	全体主義	c	遊び	
⑤	単独者	b	権威主義	c	工作	
⑥	単独者	b	権威主義	c	遊び	
⑦	単独者	b	全体主義	c	工作	
⑧	単独者	b	全体主義	c	遊び	

第2問　次の文章を読み，下の問い（**問1～7**）に答えよ。（配点　18）

　日本では，広く外来の思想や文化が受容されてきたが，人々はそこからさらに，自国にとどまらず，他国とも共有し得る様々な思索を展開し，新たな知見を生み出してきた。ここでは，そうした先人たちの思想的営みを振り返ってみよう。

　6世紀ころに伝来した<u>ⓐ仏教</u>は，奈良時代には，朝廷のもとで国家を鎮護するという役割を担っていた。平安時代になると，誰もが仏になれるという考えに基づき，個人の救済が重視されるようになった。こうしたなかで，源信は『往生要集』を著し，外来の数多くの仏典に依拠しつつ，地獄や極楽の様相を描き出し，浄土への往生を説く教えこそがすべての人にとってふさわしいと論じた。『往生要集』は宋にも伝えられたが，そうした動きには，仏法のもとではすべての人が平等であるとし，<u>ⓑ万人の救済</u>を願う源信の考えも影響を与えていた。

　江戸時代には，世界や人間のあり方を体系的に説いた<u>ⓒ朱子学</u>が，現実の秩序を重視する人々に広く学ばれるようになった。このような朱子学を批判した荻生徂徠は，古代中国の聖人が天下を安定させるために制作した道に，<u>ⓓ儒学</u>の本質があると考え，それを学ぶ方法として古文辞学を唱えた。この方法により，海を越えて異国の地でも評価される『論語』解釈が生み出された。また，古文辞学は，文献の厳密な考証・校訂を尊ぶ気運を醸成し，<u>ⓔ古典</u>の発見を促した。こうした動きのなかで，中国では散逸した書が日本で見いだされ，清の知識人にも注目された。

　近代に至り，仏教や儒学とは異なる西洋の思想や文化が本格的に紹介され，西洋文明を称賛する風潮が生じた。岡倉天心は，幼少より英語を学び，西洋の文化にふれつつも，東洋に対する西洋人の無理解に警鐘を鳴らし，西洋・東洋に共有されている価値観を探究した。英文で著した『茶の本』において天心は，西洋でも尊重されている茶に注目し，道家や禅の思想を基に形成された日本の茶道の本質を，<u>ⓕ日常生活</u>のなかにある美を崇拝する営みに見いだした。

　先人たちは，外来の思想や文化を一方的に受容するだけではなく，それらの捉え直しや批判的検討を通して，日本という場にとどまらず，他国とも共有し得る多様な思索を展開してきた。こうした営みは，グローバル社会のなかで生きる一つの指針を私たちに示しているのではないだろうか。

問 1　下線部⑧に関連して，仏教が生まれた古代インドで展開された思想について
　　　の記述として最も適当なものを，次の①〜④のうちから一つ選べ。　　6

①　ウパニシャッド哲学は，真の自己とされるアートマンは観念的なものにす
　　ぎないため，アートマンを完全に捨てて，絶対的なブラフマンと一体化する
　　べきであると説いた。

②　バラモン教は，聖典ヴェーダを絶対的なものとして重視していたため，
　　ヴェーダの権威を否定して自由な思考を展開する立場を六師外道と呼んで批
　　判した。

③　ウパニシャッド哲学では，人間を含むあらゆる生きものが行った行為，す
　　なわち業(カルマ)の善悪に応じて，死後，種々の境遇に生まれ変わると考え
　　られた。

④　バラモン教では，唯一なる神の祀り方が人々の幸福を左右するという考え
　　に基づいて，祭祀を司るバラモンが政治的指導者として社会階層の最上位
　　に位置づけられた。

問 2　下線部ⓑに関連して，次の**ア～ウ**は，人々を救いに導く新しい教えを説いた鎌倉時代の人物について説明したものである。その正誤の組合せとして正しいものを，下の①～⑧のうちから一つ選べ。　| 7 |

ア　法然は，身分や能力に応じた念仏の唱え方を考案し，それぞれの唱え方に応じて異なる浄土に往生すると説いた。

イ　道元は，悟りを得るためには，坐禅の修行とともに師から与えられた公案について議論することが必要であると説いた。

ウ　栄西は，悟りを得るためには，坐禅の修行と戒律の遵守が必要であるとし，禅の教えが国家の安寧にも役立つと説いた。

① ア 正　イ 正　ウ 正
② ア 正　イ 正　ウ 誤
③ ア 正　イ 誤　ウ 正
④ ア 正　イ 誤　ウ 誤
⑤ ア 誤　イ 正　ウ 正
⑥ ア 誤　イ 正　ウ 誤
⑦ ア 誤　イ 誤　ウ 正
⑧ ア 誤　イ 誤　ウ 誤

問3 下線部ⓒに関連して，朱子学に関わりのある江戸時代の思想家の説明として最も適当なものを，次の①〜④のうちから一つ選べ。 8

① 藤原惺窩は，朝鮮の朱子学から影響を受け，現実の秩序を軽視する仏教に疑問をもち，時期・場所・身分に応じた道徳的実践を説いた。

② 山崎闇斎は，自己を修める方法として朱子学で説かれる敬を重視し，君臣関係の絶対性を強調した。

③ 貝原益軒は，朝鮮の言語や文化の研究を行い，日本と朝鮮の文化交流に尽力して，国家を超えた普遍的な原理の必要性を述べた。

④ 佐久間象山は，アヘン戦争を契機に，それまで信奉していた朱子学を批判し，西洋の道徳と技術を取り入れることの重要性を主張した。

問4 下線部ⓓに関して，儒学の家族観についての記述として適当でないものを，次の①〜④のうちから一つ選べ。 9

① 孔子は，祖先に対する祭祀儀礼を批判し，生存している自分の父母や家族を最優先に考えるべきだと説いた。

② 『論語』では，父母に対する孝や兄に対する悌といった徳目が重視され，それらが仁の根幹であると説かれている。

③ 孟子は，基本的な人間関係を五倫としてまとめ，「父子」の間には「親」という関係が成立すると説いた。

④ 朱子学では，個人の修養や国家の安定などとともに，家族・親族の人間関係をうまく取り仕切る「斉家」の実践が要請された。

問 5　下線部ⓔに関連して，古典を基に日本固有の精神を探究した国学者の説明として最も適当なものを，次の①～④のうちから一つ選べ。　10

① 契沖は，古典を原典に即して読解しようとする実証的な方法により，古代日本の精神を伝える古典として『万葉集』を研究し，その注釈書である『万葉代匠記』を著した。

② 荷田春満は，儒学・仏教・神道を通して己の理想的な心のあり方を究明する心学の方法を基にして，古代日本の心を伝える古典として『日本書紀』を実証的に研究した。

③ 本居宣長は，『源氏物語』の研究を通して，事物にふれて生じるありのままの感情を抑制する日本古来の精神を見いだし，儒学や仏教などの外来思想によって，その精神が失われたと考えた。

④ 平田篤胤は，『古事記』の研究を通して，身分の相違や差別のない日本古来の理想世界を見いだし，儒学や仏教などの外来思想によって理想世界が差別と搾取の世界へ転じたと批判した。

問 6　下線部⑥に関連して，日常の生活に注目して思索を展開した思想家の一人と
　　　して，柳宗悦がいる。彼についての説明として最も適当なものを，次の①～④
　　　のうちから一つ選べ。　11

①　名もなき人々の生活に注目することによって確立された民俗学の方法を基
　　に，日本の神の原型を探究し，神は海の彼方にある常世国に住み，時を定め
　　て村落を訪れる「まれびと」であると主張した。

②　民衆が伝承してきた昔話や習俗のなかに，固有の文化があると考え，文字
　　として残っていない琉球・沖縄の伝承や古歌謡「おもろ」に注目し，沖縄固有
　　の民俗学の確立に尽力した。

③　江戸の庶民のなかで，恋を貫こうとする意気込みやきっぱりと諦める気風
　　が「いき」であるとして尊重されていたことを見いだし，それが日本的な美意
　　識の根幹を成すと主張した。

④　名もなき職人の熟練した手仕事によって作られた日用品のなかに，固有の
　　実用的な美しさがあると考え，それを「民芸」と名付けて，各地の民芸品の収
　　集や再発見を目的とした民芸運動を展開した。

問7　本文の趣旨に合致する記述として最も適当なものを，次の①～④のうちから一つ選べ。　12

① 日本の先人たちは，外来の思想や文化にみられる思索を基にしつつ，それらの再解釈や批判的考察を行ってきた。こうした営みを通して，他国とも共有し得るような学問的成果が生み出されてきた。

② 日本の先人たちは，外来の思想や文化の普遍的な思考様式を肯定的に受けとめ，模倣することに専心してきた。こうした営みによって，他国の思想や文化を受容することを重んじる学問的な態度が生み出されてきた。

③ 日本の先人たちは，外来の思想や文化を一方的に受容するだけでなく，それらを自国の価値観に基づいて批判的に検討してきた。こうした思索を通して，先人たちは日本固有の思想や文化を見いだしてきた。

④ 日本の先人たちは，外来の思想や文化を一方的に受容するだけでなく，それらを再解釈してきた。こうした思索によって，先人たちは自国と他国の思想や文化を比較し，外来思想の有する普遍性を称賛してきた。

第3問 次の文章を読み，下の問い（問1～7）に答えよ。（配点　18）

　学問のあり方として，文系と理系はおのおの独立したものだと考えてはいないだろうか。だが，ⓐ古代ギリシア・ローマにおいて，生き方の探究者と自然の探究者はともに哲学者と呼ばれた。近代以降も西洋では，自然の研究との密接な関係のなかで人間の精神や社会が考察されてきたのである。その流れを追ってみよう。

　人文主義者やⓑモラリストの活躍にみられるように，近代思想の中心的な課題の一つに人間性の探究がある。この探究は，古典の研究に促される一方，新たに興隆した合理的な自然の研究から生じた課題も抱えていた。例えば，機械論的自然観においては，人間も無限の宇宙の一点にすぎず，因果法則が支配する世界では自由も存在し得なくなるようにみえる。しかし，優れた自然科学者でもあったパスカルは，自然のなかでは葦のように弱い人間にも，思考によって宇宙を包む偉大さがあると説いた。また，カントは，自然とは区別された道徳の領域において，自然界の必然性に囚われない自由の可能性を追求した。

　自然の秩序のなかで精神を独自に働かせる人間像が打ち出される一方，自然界と同様の法則性を人間の社会や歴史にも発見しようとする思想もある。エンゲルスは，マルクスとともに，歴史にも法則的説明を与え，富のⓒ不平等を告発する社会主義思想を「空想から科学へ」と進展させることを試みた。また，コントは，ⓓ神学や形而上学に訴えずに，社会を含む全事象に法則を見いだす実証的段階に至ることが人類の進歩だとした。

　自然の変化も人間の歴史も一様に法則的に捉えるような見方に対して，自然と人間のより直接的な関わりに目を向けようとする動きもある。ベルクソンは，法則主義的・機械論的な見方とは異なる，ⓔ有機体や進化に注目する自然観に基づいて，より直観的な仕方で，人間の生命のあり方を把握しようとした。また，ⓕ現象学においては，世界をもっぱら自然科学的に捉えようとする姿勢を見直し，日常的な生活経験における自然とのより具体的な接触に立ち返ることが目指された。

　このように，人間の精神や社会をめぐる知の探究は，自然をめぐる探究にそのつど応答しながら進展してきた。私たちも，文系・理系の区別に囚われず，幅広い視野に立って，自然と関わりつつ生きる人間を探究していく必要があろう。

問 1　下線部ⓐに関して，古代ギリシア・ローマにおける哲学者についての記述として最も適当なものを，次の①～④のうちから一つ選べ。　13

①　ヘラクレイトスは，万物の根源を火であるとしたうえで，「万物は流転する」と唱え，その絶えず変化する様子に法則性は認められず，調和した秩序は見せかけのものにすぎないと主張した。

②　パルメニデスは，論理的思考に基づいて，在るものは常に在ると説き，世界における変化や生成は見かけだけの現象にすぎず，存在するものはただ一つであって，生成も消滅もしないと主張した。

③　プラトンは，この世に生まれた人間の魂を，感覚の世界に囚われ，イデアを忘却してしまったものと考え，イデアの世界はいかなる手段によっても知ることができないとする二世界説を唱えた。

④　マルクス・アウレリウスは，ローマ皇帝であると同時に，自らも哲学を修め，この世の現象は原子の不規則な動きによって構成されているという原子論の考えを発展させた。

問 2　下線部ⓑに関して，モラリストを代表する人物にモンテーニュがいる。彼の思想の説明として最も適当なものを，次の①～④のうちから一つ選べ。　14

①　人間は，「私は何を知っているか」と問い，謙虚に自己吟味を行うことによって，自らに潜んでいる偏見や独断から脱することができる。

②　人間は，単に行為するだけにとどまらず，行為の正不正に関する道徳的判断をも下す存在だが，この判断は知性ではなく感情の働きである。

③　人間は，生の悲惨さを自ら癒すことができないために，娯楽や競争などの気晴らしに逃避して，気を紛らわそうとする。

④　人間は，自由意志に従うと「堕落した下等な被造物」にもなり得るため，自由意志の上位に信仰をおくことによって正しき者になる。

問 3 下線部ⓒに関連して，富の格差をはじめとする様々な不平等を思想家たちは問題にしてきた。次の**ア〜ウ**は，そうした思想家たちの説明であるが，それぞれ誰のことか。その組合せとして正しいものを，下の**①〜⑧**のうちから一つ選べ。 15

ア 敬虔なキリスト教徒にして人文主義者(ヒューマニスト)である立場から，金銭や富が人間よりも大切にされる社会を批判し，貨幣や私有財産のない理想社会を描く作品を発表した。

イ 男性優位の文化・習慣が女性に特定の生き方を強いていることを明らかにし，「人は女に生まれるのではない，女になるのだ」と主張して，以後のフェミニズム運動に影響を与えた。

ウ 自由競争によって生じる所得や地位の不平等は，社会の最も不遇な人々の境遇の改善につながる限りで認められるとする格差原理を主張して，公正としての正義を構想した。

① **ア** トマス・モア **イ** ボーヴォワール **ウ** ロールズ
② **ア** トマス・モア **イ** ボーヴォワール **ウ** サンデル
③ **ア** トマス・モア **イ** シモーヌ・ヴェイユ **ウ** ロールズ
④ **ア** トマス・モア **イ** シモーヌ・ヴェイユ **ウ** サンデル
⑤ **ア** サン゠シモン **イ** ボーヴォワール **ウ** ロールズ
⑥ **ア** サン゠シモン **イ** ボーヴォワール **ウ** サンデル
⑦ **ア** サン゠シモン **イ** シモーヌ・ヴェイユ **ウ** ロールズ
⑧ **ア** サン゠シモン **イ** シモーヌ・ヴェイユ **ウ** サンデル

問 4 下線部ⓓに関連して，神と教会についてのアウグスティヌスの考えとして最も適当なものを，次の①～④のうちから一つ選べ。 **16**

① 教会が指導する聖書研究を通して信仰を深めることにより，神の恩寵を得ることができると考えた。

② 人は神の恩寵によらなければ救われないと主張し，教会は神の国と地上の国を仲介するものだと考えた。

③ 教会への寄進といった善行を積むことにより，神の恩寵を得ることができると考えた。

④ 人は神の恩寵によらなければ救われないと主張し，贖宥状の購入による救済を説いた教会の姿勢は間違っていると考えた。

問 5 下線部ⓔに関連して，有機体や進化という考え方に注目して人間を考察した思想家にデューイがいる。次の文章は，彼の思想についての説明である。 a ～ c に入れる語句の組合せとして正しいものを，下の①～⑧のうちから一つ選べ。 17

　デューイは，人間も他の生物と同じように，有機体として環境に適応することで生き，成長すると考えた。彼の提唱する a によれば，人間に特有な知性もまた，抽象的な真理を発見するためにではなく，日常生活上の苦境や問題への対処を実り豊かにし，その解決に役立つためにある。彼は，環境との相互作用を通じて個々の問題解決を図り，未来を展望する能力を b と呼び，この能力を発揮することで，人は過去の習慣を修正し，自我を未来に向けて形成できるとした。さらに，デューイは，こうした人間観に基づいて，従来の暗記中心教育に対して，問題解決型教育を新たなモデルとした教育改革思想も打ち出している。著書 c で主張されるように，彼は学校での学習も，学校のそとで起こっている社会の問題の解決に関わるべきだと考えた。

① a　道具的理性　　b　創造的知性　　c　『幼児期と社会』

② a　道具的理性　　b　創造的知性　　c　『民主主義と教育』

③ a　道具的理性　　b　投　企　　c　『幼児期と社会』

④ a　道具的理性　　b　投　企　　c　『民主主義と教育』

⑤ a　道具主義　　b　創造的知性　　c　『幼児期と社会』

⑥ a　道具主義　　b　創造的知性　　c　『民主主義と教育』

⑦ a　道具主義　　b　投　企　　c　『幼児期と社会』

⑧ a　道具主義　　b　投　企　　c　『民主主義と教育』

問 6　下線部ⓕに関して，代表的な現象学者の考えの説明として最も適当なもの
を，次の①～④のうちから一つ選べ。　18

① メルロ゠ポンティによれば，人間は気がつけば既にこの世界に投げ出され
ている。現象学は，この根本事実に基づいて，誕生とともに死へと向かう存
在としての人間を分析する学問的営為である。

② フッサールによれば，実在すると私たちが素朴にみなしているものは，私
たちの意識との関わりにおいて存在している。現象学は，意識にあらわれる
現象をありのままに記述する学問的営為である。

③ メルロ゠ポンティによれば，世界には何らの意味も目的もなく，一切は偶
然的に存在している。現象学は，そうした不条理な世界のなかにあっても人
生の価値を問いながら真摯に生きることを目指す立場である。

④ フッサールによれば，自然的態度において人は世界の存在を信じている。
現象学は，そうした自明な判断を括弧に入れることによって，あらゆる物事
の妥当性を懐疑して，学問の絶対的確実性を否定する立場である。

問 7 本文の趣旨に合致する記述として最も適当なものを，次の①～④のうちから一つ選べ。 19

① 近代以降の西洋の思想家たちは，自然と精神の探究を調和させたり，自然の探究で得られた知見や方法を社会の事柄にも適用したりしてきた。こうした歴史に倣い，最も確実な自然科学を模範として，精神や社会に関する学問を再編することで，文系・理系の乖離を是正することが必要である。

② 近代以降の西洋の思想家たちは，自然と精神の探究を調和させたり，自然の探究で得られた知見や方法を社会の事柄にも適用したりしてきた。しかし，自然と精神や社会とでは領域が異なるのであり，人間に対する考察の独自性を際立たせて，文系・理系の区分を設定し直すことが肝心である。

③ 近代以降の西洋の思想家たちは，自然に対する探究を活用したり，さらに深めたりすることで，人間の精神や社会についての考察を進めてきた。こうした歴史に倣い，文系・理系の区別を自明視せずに，自然と切り離せない存在としての人間を探究する学問のあり方を求めることが重要である。

④ 近代以降の西洋の思想家たちは，自然に対する探究を活用したり，さらに深めたりすることで，人間の精神や社会についての考察を進めてきた。自然科学の展開が人間に多大な影響を与え始めた現在だからこそ，文系・理系の枠を超えて，時代に左右されない人間の本質論が求められている。

第4問　次の文章を読み，下の問い（**問1～8**）に答えよ。（配点　22）

　民法は私たちの生活に深く関係する法律である。民法は　ア　の代表的な法律であり，財産関係や家族関係を扱っている。財産関係については，たとえば契約に関する規定がある。ⓐ市場でのモノの売買などの際には契約が結ばれる。コンビニやスーパーでの日常的な買い物も契約の一種である。このように，ⓑ経済主体にとって契約は不可欠なものである。家族関係については，親子関係や結婚などの身近な事柄に関する定めが設けられている。

　民法が日本で制定された経緯を理解するには，明治初期の日本の状況に関する知識が必要である。当時の政府は，西洋列強との間に結んだ不平等条約の改正をめざしていた。そのために，日本が西洋諸国と同様の法制度をもつ©「文明国」であることを示す必要があったのである。こうした事情から，当時の西洋諸国の法を参考にして，民法をはじめとする各種の法令が制定された。ただ，当初作成された民法の家族関係の部分に対しては，日本の「忠孝」の精神が滅ぶという批判がなされて論争が起こり，家の長である戸主が強い権限をもつ制度が最終的に作られた。

　しかし第二次世界大戦後，その民法の家族関係の規定に大きな修正が必要になった。連合国の占領下でⓓ日本国憲法の制定をはじめとする種々の改革がなされ，それに伴い民法についてもⓔ国会で改正が行われた。これにより，戸主制度が廃止され，個人の尊厳と両性の本質的平等とを基本とする家族制度が定められた。

　その後のⓕ経済発展の時代を経て財産関係や家族関係は変化したが，それに合わせて民法の内容も補完されたり修正されたりしてきた。財産関係については，たとえば企業と消費者との間の情報や交渉力の格差から生じるⓖ消費者問題が深刻化したため，民法の内容を補う新たな法律が制定された。家族関係については，たとえば婚外子の遺産相続分を嫡出子の半分とする民法の規定が修正されたが，これは家族形態の多様化やそれに伴う国民の意識の変化などをうけて裁判所がこの規定を違憲としたことによる。

　法律を学んでその内容を深く理解するためには，このように　イ　にも注意を払うことが重要になる。

問1 本文中の空欄 **ア**・**イ** に当てはまる語句の組合せとして最も適当なものを，次の①～④のうちから一つ選べ。 **20**

① ア 社会法　イ 法律の正確な文言
② ア 社会法　イ 歴史的な背景や社会のあり方
③ ア 私　法　イ 法律の正確な文言
④ ア 私　法　イ 歴史的な背景や社会のあり方

問2 下線部ⓐについての記述として最も適当なものを，次の①～④のうちから一つ選べ。 **21**

① 完全競争市場では，需要者と供給者の間に情報の非対称性がある。
② 寡占市場では，単一の企業が製品やサービスの供給を行う。
③ 消費財市場では，贅沢品の需要の価格弾力性は生活必需品より大きい。
④ 労働市場では，求職者数が需要量であり求人数が供給量である。

問 3　下線部ⓑに関連して，次の図は，三つの経済主体間における経済循環の基本構造を示したものである。図中の矢印は財やお金の流れを示している。図中のA〜Cに当てはまるものの組合せとして最も適当なものを，下の①〜⑥のうちから一つ選べ。　22

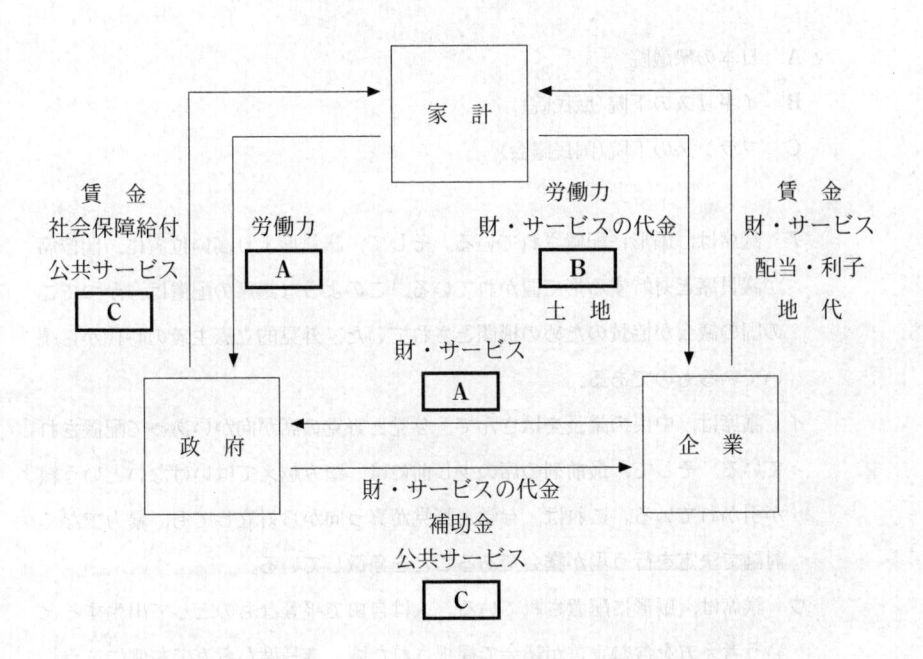

① **A** 資　本　　　　**B** 租税・社会保険料　**C** 社会資本

② **A** 資　本　　　　**B** 社会資本　　　　　**C** 租税・社会保険料

③ **A** 社会資本　　　**B** 資　本　　　　　　**C** 租税・社会保険料

④ **A** 社会資本　　　**B** 租税・社会保険料　**C** 資　本

⑤ **A** 租税・社会保険料　**B** 資　本　　　　**C** 社会資本

⑥ **A** 租税・社会保険料　**B** 社会資本　　　**C** 資　本

問 4　下線部ⓒとして認められるためには，議会をもつことも重要であった。次の
　　　A〜Cは各国の議院の名称であり，**ア〜ウ**はそれらの本会議場の特徴や歴史に
　　　関する記述である。**A〜C**と**ア〜ウ**との組合せとして正しいものを，下の①〜
　　　⑥のうちから一つ選べ。　　23

　A　日本の衆議院
　B　イギリスの下院（庶民院）
　C　フランスの下院（国民議会）

　ア　議席は，扇形に配置されている。そして，議員席より高い位置に，閣僚席
　　　が議員席と対峙（たいじ）する形で置かれている。このような議席の配置は，かつてこ
　　　の国の議会が協賛のための機関とされていた，外見的立憲主義の時代から続
　　　いているものである。
　イ　議席は，中央の議長をはさんで，与党と野党の席が向かいあって配置され
　　　ている。そして，最前列の席の少し前には，踏み越えてはいけないという線
　　　が引かれている。これは，与党と野党が真っ向から対立しても，暴力でなく
　　　討論で決定を行う場が議会であることを象徴している。
　ウ　議席は，扇形に配置されている。人は自由で平等なものとして出生すると
　　　いう考え方を含む宣言が議会で採択された頃，議長席からみて左側にこうし
　　　た考え方をさらに推し進めようとする者たちが座り，右側に旧体制の維持を
　　　望む者たちが座った。これが左翼，右翼という言葉の語源となった。

①　A－ア　　B－イ　　C－ウ
②　A－ア　　B－ウ　　C－イ
③　A－イ　　B－ア　　C－ウ
④　A－イ　　B－ウ　　C－ア
⑤　A－ウ　　B－ア　　C－イ
⑥　A－ウ　　B－イ　　C－ア

問 5　下線部ⓓについて，日本国憲法の制定過程や基本原理に関する記述として正しいものを，次の①～④のうちから一つ選べ。　24

① 日本国憲法によって列挙された基本的人権は，法律の範囲内において保障されている。

② 日本国憲法は，君主である天皇が国民に授ける民定憲法という形で制定された。

③ 日本国憲法は，憲法問題調査委員会の起草した憲法改正案(松本案)を，帝国議会が修正して成立した。

④ 日本国憲法における天皇は，国政に関する権能を有しておらず，内閣の助言と承認に基づいて国事行為を行う。

問 6　下線部ⓔについての記述として正しいものを，次の①～④のうちから一つ選べ。　25

① 国会において憲法の規定に基づき内閣不信任決議案が可決された場合，内閣は総辞職か衆議院の解散かを選択することになる。

② 国会に設置されている委員会は，法律案の審議のために公聴会の開催が義務づけられている。

③ 国会は弾劾裁判所を設置する権限を有しており，弾劾裁判によって国務大臣を罷免することができる。

④ 国会の憲法審査会は，法律や命令が憲法に違反するかしないかを決定するために設置されている。

問7 下線部⑦に関連して，次の図は，日本の国全体の正味資産である国富とその主要な構成項目である有形固定資産(住宅，建物，機械・設備など)，有形非生産資産(土地など)および対外純資産の推移を示している。図から読みとれる内容として最も適当なものを，下の①～④のうちから一つ選べ。 26

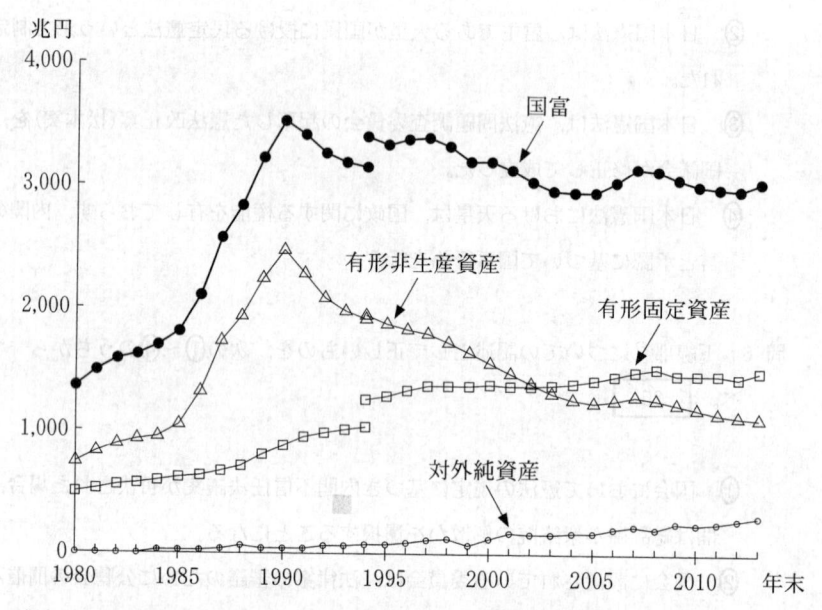

(注) 1994年までの数値と同年以降の数値とでは推計方法が一部異なる。このため，1994年については両方の数値を載せている。
(資料) 内閣府『平成25年度 国民経済計算年報』により作成。

① アメリカ発の世界金融危機の後，国富は過去最高額に達した。

② バブル経済の時期，国富が急増した最大の要因は有形非生産資産の増加であった。

③ バブル経済の崩壊後，有形固定資産と有形非生産資産はともに減少傾向にあった。

④ プラザ合意成立の時期，有形固定資産は国富の最大構成項目であった。

問 8　下線部⑧に関連する記述として正しいものを，次の①〜④のうちから一つ選べ。　| 27 |

①　消費者基本法により，食品の安全性を評価する国の機関として食品安全委員会が設置された。

②　貸金業法が改正され，消費者金融などの貸金業者からの借入れ総額を制限する総量規制が撤廃された。

③　特定商取引法では，消費者が一定期間内であれば契約を解除できるクーリングオフ制度が定められている。

④　グリーン購入法により，消費者は環境への負荷の少ない製品を優先的に購入することが義務づけられている。

第5問

次の文章を読み，下の問い（**問1～5**）に答えよ。（配点　14）

　社会は，さまざまな考え方や利害関係を有する人々によって構成される。そうした利害を調整し，社会秩序を形成，維持するために，政治が必要となる。

　17世紀から18世紀にかけて発生した一連の市民革命によって絶対王政が倒され，政治権力から<u>(a)個人が自由になる権利</u>が確立した。その後，国民の意思に基づいて政治を行う民主政治が次第に実現していった。ただし，第一次世界大戦後にファシズムが台頭したり，第二次世界大戦後に政治的安定を掲げて独裁の形態をとる国が現れたりするなど，民主政治が順調に広まったわけではない。

　しかし，1980年代になると，民主主義よりも　 ア 　を優先する政治体制をとる，いわゆる開発独裁政権が相次いで崩壊した。また，冷戦末期には東欧で民主化運動が高まった。2010年代初頭には，反独裁を掲げる　 イ 　と呼ばれる運動が中東から北アフリカで発生した。その後も，民主化を求める動きは各地で続いている。

　民主政治を行う際，国政のすべてに国民が直接関与することは困難である。それゆえ，多くの国では，国民が選挙で自らの代表を選び，その代表が政治を行う<u>(b)間接民主制</u>がとられている。ただ，人々の価値観が多様化する中で，選挙では<u>(c)人々の意見の表出や反映が十分にできないのではないかとの懸念</u>も生じている。政治に対する不信や不満が高まり，投票率が低下している国は少なくない。

　他方，深刻な社会問題が頻発し，人々の利害関係がいっそう複雑に入り交じる中で，<u>(d)政治に求められる役割はむしろ大きくなっている</u>。いかにして人々の政治不信を払拭していくのかということが，いまほど問われているときはない。

問 1 本文中の空欄 ア ・ イ に当てはまる語句の組合せとして最も適当なものを，次の①～④のうちから一つ選べ。 28

① ア　環境保全　　イ　プラハの春
② ア　環境保全　　イ　アラブの春
③ ア　経済発展　　イ　プラハの春
④ ア　経済発展　　イ　アラブの春

問 2 下線部ⓐに関連して，日本における自由権の保障をめぐる記述として正しいものを，次の①～④のうちから一つ選べ。 29

① 最高裁判所は，三菱樹脂事件で，学生運動にかかわった経歴を隠したことを理由とする本採用の拒否を違憲と判断した。
② 日本国憲法が保障する経済活動の自由は，公共の福祉との関係で制約に服することはない。
③ 最高裁判所は，津地鎮祭訴訟で，公共施設を建設する際に行われた地鎮祭の費用を地方自治体が支出したことについて違憲と判断した。
④ 日本国憲法が保障する表現の自由は，他人の権利との関係で制約に服することがある。

32

問 3 下線部ⓑを補完すべく，現在の日本において，直接民主制の手法が一部取り入れられている。そうした例の一つである憲法改正手続に関する記述として正しいものを，次の①〜④のうちから一つ選べ。　30

① 憲法改正に関する国民投票法は，日本国憲法と同時に制定された。

② 憲法改正に関する国民投票法は，投票年齢を満 20 歳以上に引き下げた。

③ 憲法改正の承認には，国民投票において，その過半数の賛成が必要とされている。

④ 憲法改正の発議には，衆参両議院において，それぞれ総議員の 4 分の 3 以上の賛成が必要とされている。

問 4　下線部ⓒに関連して，次の図は，選挙やデモなど(デモ，陳情，請願)が，国の政治に「影響を及ぼしている」と回答した人の割合を示したものである。この図において，ある出来事の後の最初の調査とその前回の調査との比較を行うとき，その記述として正しいものを，下の①〜④のうちから一つ選べ。　31

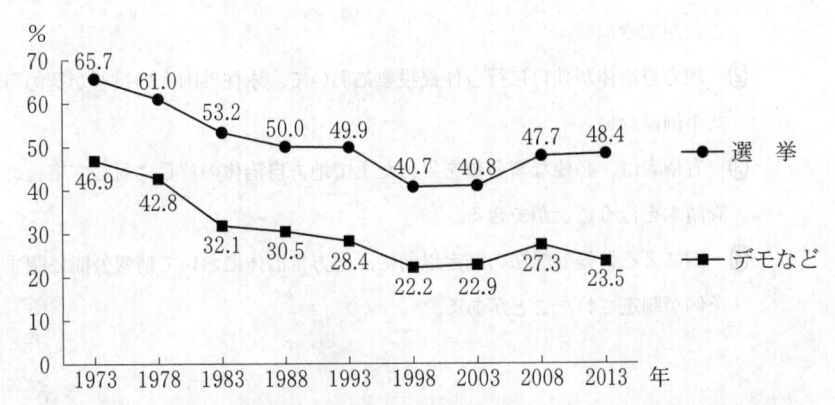

(注)　NHK 放送文化研究所が 5 年ごとに実施している「日本人の意識」調査においては，「非常に大きな影響を及ぼしている」「かなり影響を及ぼしている」「少しは影響を及ぼしている」「全く影響を及ぼしていない」の選択肢から選ぶ形となっており，図中の数値は，「非常に大きな影響を及ぼしている」「かなり影響を及ぼしている」と回答した人の割合の合計を示している。

(資料)　NHK 放送文化研究所編『現代日本人の意識構造(第 8 版)』(2015 年)により作成。

①　小選挙区比例代表並立制の下で初めて行われた選挙後の最初の調査では，選挙が国の政治に「影響を及ぼしている」と回答する人の割合が，増加した。

②　郵政民営化が争点となった選挙後の最初の調査では，選挙が国の政治に「影響を及ぼしている」と回答する人の割合が，増加した。

③　国民の反対が強かった消費税導入後の最初の調査では，デモなどが国の政治に「影響を及ぼしている」と回答する人の割合が，増加した。

④　金権政治への批判が高まったロッキード事件後の最初の調査では，デモなどが国の政治に「影響を及ぼしている」と回答する人の割合が，増加した。

問5 下線部④に関連して，住民に身近な政策の多くは地方自治体が担っている。日本の地方自治の制度に関する記述として正しいものを，次の①〜④のうちから一つ選べ。 32

① 地方自治体の首長は，地方議会が議決した予算に対して拒否権を行使することができない。

② 地方自治体が独自に行う住民投票において，永住外国人の投票が認められた事例はない。

③ 有権者は，必要な署名数を集めた上で地方自治体の首長に対して事務の監査請求を行うことができる。

④ 国による情報公開法の制定以前に，地方自治体において情報公開に関する条例が制定されたことがある。

第6問　次の文章を読み，下の問い（**問1 ～ 5**）に答えよ。（配点　14）

　私たちが経済活動を行う上で貨幣は必要不可欠なものである。そもそも各国において複数の流通貨幣，すなわち通貨が存在していたが，19世紀以降には多くの国が単一の自国通貨を定めるようになった。たとえば日本では，19世紀後半に市中銀行の銀行券の新規発行を禁止し，日本銀行を唯一の発券銀行とした。

　このように中央銀行が国内唯一の発券銀行となった結果，中央銀行は自国通貨の発行量などをめぐり国内の(a)金融に対して影響を与えることが可能になった。とくに，第二次世界大戦後から，(b)物価の安定とともに雇用や景気などに配慮した金融政策が実施されてきた。

　しかし，変動相場制への移行後には，各国の通貨制度が動揺する事態も多くみられるようになった。たとえば(c)財政の運営が行き詰まった国の通貨への信用低下が国際的な資本移動を生じさせ，深刻な通貨危機に発展することもあった。

　こうした動揺とともに国家と貨幣との関係も変化し，貨幣のあり方は多様化しつつある。(d)ユーロのように複数の国で用いられる通貨や，ビットコインや地域通貨などの中央銀行が発行にかかわらない通貨もみられるようになった。

　同一の貨幣が用いられる範囲では(e)市場取引が盛んに行われる傾向にあり，通貨制度の変化は国際経済や地域経済にも影響を与えうる。私たちは，貨幣のあり方について注視し，議論を深めていく必要があるだろう。

36

問 1　下線部ⓐについての記述として正しいものを，次の①〜④のうちから一つ選べ。　33

① 日本では，家計の金融資産のうち現金・預金の占める割合が最も大きい。

② 日本では，グローバル化をうけて直接金融から間接金融への移行が進んでいる。

③ ノンバンクとは，預金業務と貸出業務を行う金融機関である。

④ 信用創造とは，企業が金融機関に債務を滞りなく返済することで追加的な資金調達が可能になることをいう。

問 2　下線部ⓑの変動に関する記述として正しいものを，次の①〜④のうちから一つ選べ。　34

① スタグフレーションとは，不況とデフレーションとが同時に進行する現象のことである。

② デフレスパイラルとは，デフレーションと好況とが相互に作用して進行する現象のことである。

③ コスト・プッシュ・インフレーションは，生産費用の上昇が要因となって生じる。

④ ディマンド・プル・インフレーションは，供給が需要を上回ることにより生じる。

問 3　下線部©に関連して，次の表は，日本における国の一般会計の歳出と歳入との推移を示したものである。この表から読みとれる内容として正しいものを，下の①〜④のうちから一つ選べ。　35

（単位：兆円）

	1980 年度	1990 年度	2000 年度	2010 年度
歳　　出	43	66	85	92
うち公債費	5	14	22	21
歳　　入	43	66	85	92
うち公債金	14	6	33	44

(注)　数値は当初予算で，小数点以下を四捨五入している。また，公債費とは国債の元利払いを指し，公債金とは国債発行による収入を指す。
(資料)　財務省 Web ページにより作成。

① 1980 年度の公債依存度は 20 パーセント以下である。

② 1990 年度の基礎的財政収支(プライマリーバランス)は黒字である。

③ 2000 年度の基礎的財政収支(プライマリーバランス)は黒字である。

④ 2010 年度の公債依存度は 20 パーセント以下である。

問 4 下線部①に関連して，次のA～Dは，ヨーロッパにおける地域統合と共通通
貨の導入とをめぐる出来事についての記述である。これらの出来事を古い順に
並べたとき，**3番目**にくるものとして正しいものを，下の①～④のうちから一
つ選べ。　36

A 欧州経済共同体(EEC)が発足した。

B 欧州中央銀行(ECB)が設立された。

C ユーロの紙幣および硬貨の流通が始まった。

D 欧州連合(EU)が発足した。

① A
② B
③ C
④ D

問 5　下線部ⓔに関連して，次の図には，ある財の完全競争市場における当初の需要曲線と供給曲線とが表されている。いま，この市場において，均衡点がAからBに移動したとしよう。このような均衡点の変化を生じさせた要因として最も適当なものを，下の①〜④のうちから一つ選べ。　| 37 |

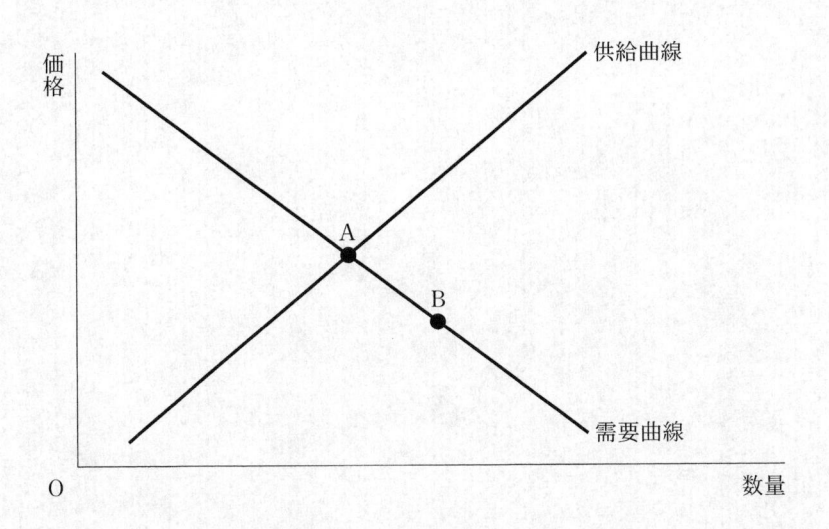

① この財を消費する消費者の所得が増加した。

② この財に対する消費者の人気が高まった。

③ この財にかけられる税が引き上げられた。

④ この財を生産する技術が向上した。

倫　理

倫　理

（2023年1月実施）

60分　100点

2

第1問　高校生AとBが登校中に交わした次の会話を読み，後の問い（問1～8）に答えよ。なお，会話と問いのAとBは各々全て同じ人物である。（配点　24）

A：倫理の授業のことだけど，自分たちが生きているのとは異なる時代や社会における@様々な正義の考え方が出てきて，覚えるのが大変だよね。

B：確かに。すぐには理解できないものもあるけど，色んな正義がそれぞれ実際に⑥人々の生き方と密接に関わってきたんだよね。

A：そうだね。そうした正義によって，みんなが調和して暮らせるような社会を築こうとしていたのかな。

B：ひょっとしたら，正義は©人間相互の関係の中で必然的に求められるものって考えられるかもしれないよ。

A：それは，正義を私たちの⑥共存のために必要なものとして捉えるってこと？

B：そう，そうすれば今の私たちが正義と思うものとの共通点が見えてくるかも。例えば，人々を対等な関係にあるものとして扱う⑥平等の観点なら，私たちになじみのない正義の中にも見いだせそう。

A：なるほど。でも，それなら，異なる正義観が生じるのはどうしてなんだろう…。人間の捉え方がそもそも異なるとか？

B：というと？

A：つまり，人間相互の関わりの中で正義を見るなら，そもそも，①人間の本性がどう考えられているかが大事で，そこから正義の考え方の違いも生じているんじゃないかって。

B：確かに。そこが違えば，正義の意味やあり方も違ってくる。

A：そう，だから正義について学ぶときには，⑨人間の本性を踏まえた上で，人はどう振る舞うべきだと考えられてきたのかを見る必要があると思う。あれ…，授業で学んだことを再確認したくなってきたぞ…。

B：よし，放課後，図書館に行って，正義や人間の本性についてもう少し調べてみよう。

問 1 下線部ⓐに関連して，様々な宗教において正しいとされる事柄についての説明として最も適当なものを，次の①～④のうちから一つ選べ。　| 1 |

① イスラームにおいては，ムハンマドが啓示を受ける以前のアラビア社会の宗教的伝統を遵守して暮らすように厳しく命じられている。

② ヒンドゥー教では，バラモン教で形成された身分制度は否定され，全ての人を平等とみなし，宗教的義務を果たすことが要求された。

③ 仏教の在家信者には，不妄語，不偸盗などの五戒が行為規範として課せられていたが，出家信者にはさらに多くの戒律が課せられていた。

④ ユダヤ教の十戒においては，唯一神ヤハウェ以外の神々を崇拝してはならないことや救世主（メシア）を待望すべきことなどが定められている。

問 2 下線部ⓑに関して，様々な宗教や思想とそれに基づいた生き方についての説明として最も適当なものを，次の①～④のうちから一つ選べ。　| 2 |

① パリサイ（ファリサイ）派は，律法によって人々の生活を厳格に規定しようとする態度を批判し，ユダヤ教徒としてより柔軟な生き方を求めた。

② アリストテレスは，倫理的徳に基づいた政治的生活を送ることが人間にとって最も望ましい生き方であり，最高の幸福をもたらすと考えた。

③ ジャイナ教の信者はその多くが，不殺生の戒めを遵守することができる農業従事者として生活していた。

④ 老子は，自然に身を委ね，村落共同体のような小さな国家において素朴で質素な生活に満足する生き方を理想とした。

問 3 下線部©に関して，AとBは，授業で配付された次の**資料**を読み，後の会話を交わした。会話中の　a　・　b　に入る記述の組合せとして最も適当なものを，後の①～④のうちから一つ選べ。　3

資料　クルアーンより

　おお，信ずる者たちよ，どの民にも他の民を嘲笑させてはならない。これら（嘲笑される民）はそれら（嘲笑する民）よりもすぐれているかもしれないのだから。……おまえたち，互いに悪口を言うものではない。悪いあだなをつけあってはならない。信仰にはいったあとで邪悪な呼称をつけることは悪いことだ。……おお，信ずる者たちよ，憶測をできるだけ避けよ。ある種の憶測は罪である。互いにさぐりあったり，陰口をたたいたりするではない。……神を畏れよ。まことに神はよく憐れむお方，慈愛あつきお方である。

A：人間相互の関係に着目してみるっていう話だけど，この**資料**には，
　　　a　と書いてあるね。

B：そう，授業でも，イスラームでは自らの共同体を大事にし，ムスリム同士
　　は　b　によって強く結び付いているって教わったよね。

① a　相手の方がすぐれているかもしれないから，人を嘲笑してはいけない
　 b　仲間として貧者を救済すること

② a　不確かな根拠に基づいて，人の悪口を言ってはいけない
　 b　1日に5回，エルサレムに向かって祈ること

③ a　限られた情報を頼りに想像力を駆使して，人を総合的に評価すべきだ
　 b　仲間として相互扶助を行うこと

④ a　憐れみ深く，愛に満ち溢れたアッラーを崇敬しなければならない
　 b　1日に5回，ムハンマドの肖像画を拝むこと

問 4 下線部ⓓに関して，次の**ア**～**ウ**は，様々な宗教や思想における共存や共生についての説明である。その正誤の組合せとして正しいものを，後の①～⑧のうちから一つ選べ。　| 4 |

ア　イエスは，「敵を愛し，迫害する者のために祈りなさい」と述べ，隣人への愛が自分と共に生きている同胞に限定されてはならないとした。

イ　墨家は，広く他者を愛して互いに利益をもたらし合うべきだとし，人々が平和のうちに共存する社会を理想とした。

ウ　ブッダは，自らが所有するアートマンに対する執着を捨て，他者のアートマンを尊重することで，他者と共に生きることができると説いた。

① **ア** 正　**イ** 正　**ウ** 正
② **ア** 正　**イ** 正　**ウ** 誤
③ **ア** 正　**イ** 誤　**ウ** 正
④ **ア** 正　**イ** 誤　**ウ** 誤
⑤ **ア** 誤　**イ** 正　**ウ** 正
⑥ **ア** 誤　**イ** 正　**ウ** 誤
⑦ **ア** 誤　**イ** 誤　**ウ** 正
⑧ **ア** 誤　**イ** 誤　**ウ** 誤

問 5 下線部ⓒに関連して，AとBは次の**資料1**・**資料2**を図書館で見付けた。後の**ア・イ**はブッダとパウロの思想についての説明，**ウ・エ**は**資料**の内容についての説明である。**ア〜エ**から適当なものを全て選んだとき，その組合せとして正しいものを，後の①〜⑨のうちから一つ選べ。 5

資料1 ブッダの言葉を収めた『スッタニパータ』より

いかなる生き物であっても，怯（おび）えているものも動じないものも，悉（ことごと）く，……既に生まれたものも，これから生まれようとするものも，全ての生き物は，幸せであれ。

資料2 新約聖書「ガラテヤの信徒への手紙」(パウロ)より

あなたがたは皆，真実によって，キリスト・イエスにあって神の子なのです。……ユダヤ人もギリシア人もありません。奴隷も自由人もありません。男も女もありません。あなたがたは皆，キリスト・イエスにあって一つだからです。

ア ブッダは，この世のあらゆる生き物は絶えず変化してとどまることがないため，それらの生涯は苦とも楽とも断定できないと説いた。

イ パウロは，十字架上でのイエスの死を，人間の罪のためのいけにえとして解釈し，これによって人間の罪が贖（あがな）われたと考えた。

ウ 資料1では，現在生きている生き物に対してだけでなく，未来の生き物に対しても，等しく幸せを願うことが説かれている。

エ 資料2では，信徒は全て神の子であるため，民族や身分，性別などを問わず，平等であることが説かれている。

① アとイ   ② アとエ   ③ イとウ

④ ウとエ   ⑤ アとイとウ   ⑥ アとイとエ

⑦ アとウとエ   ⑧ イとウとエ   ⑨ アとイとウとエ

問 6　下線部⑦に関して，AとBは次の**資料**を図書館で見付けた。荀子の思想と**資料**の内容についての説明として最も適当なものを，後の①〜④のうちから一つ選べ。　6

資料　『荀子』より

　ことさらに何かをせずとも自然とそうであるというのが性であり，性から発する好悪喜怒哀楽を情といい，情が発するのに対して心が判断するのを思慮といい，心が思慮して能力をはたらかせるのが偽（作為）である。思慮を積み重ね，能力を重ね修めて，そうして後に完成したもののことも偽という。……孟子は「人が学問（して向上しようと）するのはその性が善だからだ」と言うが，そうではない。孟子は……性と偽の区別を理解していない。性とは学んだり取り組んだりしても獲得できないものである。……礼義は聖人の偽から生じたものであり，人の性から生じたものではない。……普通の人でも，禹*のようになることができる。

*禹：中国古代の聖人

---

①　人間は教育によって矯正し得ない欲望を生まれつき持つとする荀子は，**資料**において，孟子が学習などにより後天的に獲得されるものを，人の生得的な性質だと勘違いしているとして批判している。

②　人間が生まれつき持つ性質は欲望であり，生得的な善を備えてはいないと考える荀子は，**資料**において，性善説を唱える孟子を批判し，礼義は学びや取り組みによって後天的に習得し得るものであるとしている。

③　人間における善を後天的な矯正の産物であるとする荀子は，**資料**において，孟子が善を学問によって獲得できるとすることを批判し，そのようにして獲得されるものは偽物にすぎないから不要だと述べている。

④　人間の本性は邪悪であり，善を身に付けることはできないと考える荀子は，**資料**において，人は学びを通じて礼義を習得すると考える孟子の説を，性を理解していない虚偽だと批判している。

問 7 下線部⑧に関して，AとBは図書館で見付けた次の**資料1**と**資料2**を比べ，後の**メモ**を作成した。**メモ**中の　 a 　～　 c 　に入る語句の組合せとして最も適当なものを，後の①～⑥のうちから一つ選べ。　 7

資料1 プラトン『国家』で紹介されるソフィストの思想

　全ての者の自然本性は，他人より多く持とうと欲張ることを善きこととして本来追求するものなのだが，それが法によって力ずくで平等の尊重へと，脇へ逸らされているのだ。

資料2 キケロ『義務について』より

　他人の不利益によって自分の利益を増すことは自然に反する。……我々が自己利益のために他人から略奪し他人を害するようになるなら，社会——これが自然に最も即している——が崩壊することは必然だ。

メモ

　資料1によれば，ソフィストは　 a 　を重視し，これが社会的に抑圧されているとする。先生によると**資料2**の背景にも，自然の掟を人為的な法や慣習より重視するという**資料1**との共通点があるとのことだが，**資料2**では他者を犠牲にした　 b 　の追求は，自然に反する結果を招くとされる。さらに調べたところ，**資料2**を書いたキケロの思想はストア派の主張を汲んでおり，これは　 c 　の一つの源流とされているということを学んだ。

---

① a 人間の欲求　　b 自己の利益　　c 功利主義
② a 人間の欲求　　b 自己の利益　　c 自然法思想
③ a 人間の欲求　　b 社会の利益　　c 自然法思想
④ a 平等の追求　　b 自己の利益　　c 功利主義
⑤ a 平等の追求　　b 社会の利益　　c 功利主義
⑥ a 平等の追求　　b 社会の利益　　c 自然法思想

問 8 次の会話は，AとBが図書館からの帰宅中に交わしたものである。2ページの会話と次の会話の文脈を踏まえて，会話中の　a　・　b　に入る記述の組合せとして最も適当なものを，次ページの①〜④のうちから一つ選べ。なお，**①〜④のbの記述内容自体は全て正しいものとなっている。**　8

A：これまで，教科書に色んな正義が書いてあって戸惑っていたけど，調べるほど面白いな。時代や文化を超えて正義に共通の理解みたいなものがあるって感じるし。

B：いつでもどこでも人間は共存して生きていかなければならないってことを念頭に置くと，それは当然のことなのかもしれないね。登校中に話し合ったように，　a　。

A：でも，そもそも正義は時代や文化，さらには人によって全く異なっていて，正しい答えなんてないっていう考え方に惹(ひ)かれている人って，結構多そうな気がする。

B：自分が置かれた環境の中でどうにもうまくいかない状況にある場合には，そういう考え方は自分の思うままに振る舞うことへの言い訳になるからかもしれないね。

A：そうだね。そういう考え方も，一方では自分を取り巻く規則や慣習を考え直すきっかけになるよね。けど他方で，自分の都合に応じて事実を捉えたり，規範なんて人間同士の約束事にすぎないものだとしたりする風潮を，そのまま肯定することにつながりかねないよ。

B：そうした風潮に流されず，むしろしっかりと向き合った上で，それを乗り越えることを目指して，私たちは，本当の正義や真理の探求を続ける必要があると思うな。例えば　b　ようにね。

A：その思想家は，私たちがそうした営為を通じて正義の混乱を乗り越えられると期待したのかもしれないね。本当の正義とは何かっていうことについては，これからも私たち自身で考え続けていかなきゃいけない課題だよね。

① **a** 時代や場所に関係なく，誰もが合意し遵守してきた絶対的な正義というものが存在しているというのは確かだね

b 孟子が，王の権威を相対化した上で，武力によって民衆を支配しようとする覇者たちの行為を否定するために，王道政治を求めた

② **a** 人間の本質をどのように考えるかによって，正義についての考え方が異なってくるというのも分かるけどね

b プロタゴラスが，どんな事柄についてであっても，相互に対立するような二つの言論を成り立たせることができるとした

③ **a** 特定の正義概念が，あらゆる社会や文化を超えて全ての人々の生き方を規定しているというわけだ

b 荘子が，善悪や是非と言われるものは，立場が変われば，その価値が反転するようなものにすぎないと考えた

④ **a** やっぱり正義は，人と人との関わり合いがあれば，そこに不可欠なものとして求められるものなんだと思う

b プラトンが，感覚を通じて得られた事柄をそのまま受け入れる態度を批判し，魂を向け変えて事物の真の姿を探求するべきだとした

第2問　以下のⅠ～Ⅲを読み，後の問い（問1～8）に答えよ。なお，会話と問いの
Cと先生は各々全て同じ人物である。（配点　24）

Ⅰ　次の会話は，日本思想についての倫理の授業後に，高校生Cと先生が交わした
ものである。

C　：先生，私，自分で課題を設定して探究する授業が苦手です。私は教室で先
　　　生方の話を聞くのが好きなのに，「問い」を立てるのはうまくいかなく
　　　て…。問いって，どこから手をつけたらいいか分かりません。

先生：必ずしも問いそのものを特別なものと考える必要はありませんよ。先生方
　　　に授業内容について質問したり，仲間に将来の夢を尋ねたりすることな
　　　ら，気軽にできるでしょう。それも問いです。どれほど高尚に思える問い
　　　も，そうした素朴な問いが原点にあります。そういえばこの間の授業で，
　　　ⓐ仏教について取り上げたときに，禅問答の話をしましたね。

C　：はい，私にはとても到達できない次元の問いだと感じました…。

先生：そうした身近なものに思えない仏教の問いも，実は素朴な問いに根ざして
　　　いるのです。あなた自身も，例えば授業中に先生方の話を聞いていても，
　　　様々な疑問が，浮かんでは消えるでしょう。思考していれば，自然と浮か
　　　ぶのが問いです。あなたももうできているはずですよ。

C　：先生の授業で，ⓑ日本の神々でさえも問いを発するのだと習いました
　　　ね。ⓒ念仏と救いの関係を問うた仏教者の授業も印象的でした。こうし
　　　た問いが，素朴な問いから始まっているというのは，大変興味深いです。
　　　そうだ，次の授業では課題を立てるんでしたね。「問い」をテーマにしま
　　　す！

問1　下線部ⓐに関連して，次のア・イは，仏教者についての説明である。その正誤の組合せとして正しいものを，後の①〜④のうちから一つ選べ。　9

ア　最澄は，法華経に基づき，成仏できる人とできない人を，悟りの能力により区別することを重視し，前者のための学問・修行の制度を定めた。

イ　空也は，諸国を巡り，庶民に阿弥陀仏信仰を説くとともに，道を拓き，井戸を掘り，遺棄された死者を火葬するなど，人々のために活動した。

① ア　正　イ　正
② ア　正　イ　誤
③ ア　誤　イ　正
④ ア　誤　イ　誤

問2　下線部ⓑに関して，日本の神々についての説明として最も適当なものを，次の①〜④のうちから一つ選べ。　10

①　『古事記』によれば，イザナキとイザナミは日本の国土を生むに当たって，より上位の神の意向を問うたが，その命令に反発して従わなかった。

②　日本の神話における「天つ神」は，最上位の人格神であるため，全てを自分自身の判断で決定した。

③　より上位の神に奉仕し，その神意を問うアマテラスを，和辻哲郎は「祀るとともに祀られる神」と規定し，その尊貴さを否定した。

④　日本神話に登場するスサノヲは，アマテラスに心の純粋さを問われ，自分に清き明き心があるのを示すことに成功した。

問 3　下線部©に関して，次の板書と後の**資料**は，ある日の倫理の授業で用いられ
たものである。中世における念仏思想と**資料**の内容を踏まえて，板書中の
　　a　～　c　に入る記述の組合せとして最も適当なものを，次ページの
①～⑥のうちから一つ選べ。　11

本日のテーマ：中世の念仏思想に対する問い

「念仏をとなえれば，信心の起きない人でも救われるのか？」

資料では，念仏僧の　a　姿が描かれており，この念仏僧は
　b　である。その思想によると，本日のテーマの答えは
「　c　」となる。

資料

　「南無阿弥陀仏と一声となえれば極楽往生できると信じ，南無阿弥陀仏と
となえて，この名号札*を受け取って下さい」と念仏僧が言うと，相手の僧は
「その信心は起きません。札を受けたら嘘になります」と受け取らなかった。
……念仏僧は「信心が起こらずともこの札を受け取りなさい」と相手の僧に
名号札を押し付けてしまった。……（念仏僧は自らの行いの是非を問い熊野
神社に籠もると，次のお告げを授けられた）……「お主が念仏を勧めることで，
初めて全ての人間が往生できるということではない。阿弥陀仏がはるか昔
に悟ったときに，全ての人間の往生は南無阿弥陀仏（の名号で成る）と決まっ
たのだ。相手に信ずる気持ちがあろうがなかろうが，浄い状態であろうが
なかろうが区別せず，名号札を配りなさい」

*名号札：「南無阿弥陀仏」と書かれた札

① a 南無阿弥陀仏と一声となえるだけで往生が決定すると説く

  b 法然

  c 往生の可否は信心と無関係なのだから，信心の起きない人でも念仏をとなえれば救われる

② a 南無阿弥陀仏と書かれた名号札の力を一心に信じている

  b 法然

  c 信心の有無こそが往生の可否を決定するのだから，信心の起きない人が念仏をとなえても救われない

③ a 阿弥陀仏や極楽を心に思い描いて念仏する

  b 法然

  c 往生の可否は心の純粋さに関係があるのだから，純粋な信心によって念仏をとなえてこそ救われる

④ a 南無阿弥陀仏と一声となえるだけで往生が決定すると説く

  b 一遍

  c 往生の可否は信心と無関係なのだから，信心の起きない人でも念仏をとなえれば救われる

⑤ a 南無阿弥陀仏と書かれた名号札の力を一心に信じている

  b 一遍

  c 信心の有無こそが往生の可否を決定するのだから，信心の起きない人が念仏をとなえても救われない

⑥ a 阿弥陀仏や極楽を心に思い描いて念仏する

  b 一遍

  c 往生の可否は心の純粋さに関係があるのだから，純粋な信心によって念仏をとなえてこそ救われる

Ⅱ　次のレポートは，江戸時代において，どのような場面で「問い」が発せられていたかについて，Cがまとめたものである。

レポート

　江戸時代には特定の文献を基に，仲間同士で問いと応答を交わす「会読」が流行し，伊藤仁斎も行った。問答形式で書かれた『童子問』で，ⓓ仁斎は「仁」について，「我よく人を愛すれば，人またよく我を愛す」と説いている。

　また，ⓔ吉田松陰が牢獄で囚人たちと行った，『孟子』の会読も印象深かった。松陰は獄中でも，『孟子』の内容を切実に問うた。どんな境遇でも，誰に対しても，問いは生まれるものなのだと，私は松陰から教えられた。

問4　下線部ⓓに関して，Cは同級生に対して，伊藤仁斎が下線部ⓓで説いていることを，身近な人間関係に即して説明した。伊藤仁斎が説く「仁」の説明として最も適当なものを，次の①〜④のうちから一つ選べ。　　12

① 人の心を，安易に信じては危ないよね。そんなものより，礼儀により外面を整えることが大事だと思う。私が先輩に挨拶すれば，先輩も私に挨拶を返す，この礼儀が「仁」だよ。

② 本当に大切なことは，日常の間柄にあるはずだよ。あらゆる偽りを排することを心掛け，私が弟に思いやりを持って接すれば，弟も私に思いやりを返す，この思いやりが「仁」だよ。

③ 人間の私利私欲は，厳しくつつしまねばならないよね。欲望から完全に脱することによって可能となるような，私が友人を思いやって友人も私を思いやる，愛に満ちた間柄が「仁」だよ。

④ 人間関係には，厳格さが必要だよね。人間の上下関係の秩序を重んじ，その道理と心を一体にすることによって可能となる，先生に対する正しい振る舞いが「仁」だよ。

問 5 下線部©に関して，Cは，次の**資料**を基に，後の**スピーチ**を同級生に向けて行った。吉田松陰の思想と**資料**の内容を踏まえて，**スピーチ**中の　**a**　・　**b**　に入る記述の組合せとして最も適当なものを，後の①～④のうちから一つ選べ。　**13**

資料

　いま我々は囚人となり，また世間に出て陽（ひ）の目を見ることも望めない。お互いに学問を講じても……，何の功利があるだろうか云々（うんぬん），というのは，いわゆる利の説である。仁義の説はそうではない。……人と生まれて人の道を知らず……士と生まれて士の道を知らないのは，恥の最たるものではないか。もしこれを恥じる心があるならば，書を読み道を学ぶより他に方法はない。

（吉田松陰『講孟余話』より）

スピーチ

　これは　**a**　を説いた吉田松陰が，獄中での『孟子』の会読と講義の意義を論じた文章です。松陰は獄中でも，問いをもって『孟子』を読みました。松陰は**資料**で，　**b**　ために問い，学ぶべきだと言うのです。……

---

① **a**　「誠」を掲げて，自己の心情の純粋さを追い求めること

　b　道をわきまえぬことを恥じる心に基づき，人としての道を知る

② **a**　「一君万民論」を唱えて，天皇のもとで国民が一体となること

　b　恵まれた境遇が巡ってきたときに，力を発揮する

③ **a**　武士道を儒学により体系化し，「士道」という武士のあり方を守ること

　b　士として生まれた以上，どんな境遇でも，士の道を知る

④ **a**　「死ぬこと」に武士道の本質を見いだし，ひたすら主君に献身すること

　b　書物の世界に没頭し，囚人という境遇から自由になる

Ⅲ　「問い」をテーマに日本思想について探究活動を行っているCは，毎日書いている日記を見返してみた。次の**日記**は，Cが，その中から主に倫理の授業の明治時代以降に関係する部分を抜粋したものである。

日記

○6月20日

　先生から⑥明六社の話を聞く。学者が問いと応答を交わす，明治時代の討議討論。江戸時代の会読でも，似たようなことをしていたな。それにしても，問いはどんな風に生まれてくるのだろう？

○7月11日

　今日の授業で⑧西田幾多郎について学んだ。西田は「人生の悲哀」が宗教や哲学の問いの根源にあると言う。「人生の悲哀」とは，誰もが生きている日常の中で経験する悩みや行き詰まりのことなのだろう。これまで問いは先生など目上の者であれ，仲間という同等の者であれ，他者に問うものだと思っていた。でも，「人生の悲哀」が問いの根底にあると考えるなら，それは他でもない自分自身の私的で内的な実感なのだから，他者に問う場合でも，その前提として，自分自身に向けて問うということがあるのではないか。実際に西田の講義は自問自答のスタイルだったらしい。西田の哲学する姿勢が教えてくれるように，自分自身への問いも，正真正銘の問いだし，そうした問いも，誰でも体験する感覚に由来するものなんだな。私が日記でしている自問自答も，西田の問いに通じるところがあるのかな？

○7月17日

　改めて考え直してみると，問いをもって『孟子』を読んだ吉田松陰の牢獄での営みも，西田幾多郎の自分自身への問いも，私の自問自答も，問いであるという点では同じなんだよな。私は探究活動で使えるような問いを見付けるのは苦手だと思っていたけれど，自問自答なら得意なんだし，積極的に取り組んでみようかな。

問6 下線部⑦に関して，次の**ア・イ**は，明六社の一員についての説明であるが，それぞれ誰のことか。その組合せとして正しいものを，後の①〜⑥のうちから一つ選べ。 14

ア 封建的な一夫多妻に対して問題を提起し，夫婦平等の権利と義務を訴え，欧米を参考にした近代的な婚姻形態のルールを世に問うた。

イ 明治時代の日本の行き過ぎた西洋化に対して疑問を覚え，西洋思想を取り入れつつも，日本の伝統的な儒学に根ざした国民道徳論を世に問うた。

① ア 森有礼 イ 加藤弘之

② ア 森有礼 イ 西村茂樹

③ ア 加藤弘之 イ 森有礼

④ ア 加藤弘之 イ 西村茂樹

⑤ ア 西村茂樹 イ 森有礼

⑥ ア 西村茂樹 イ 加藤弘之

問7 下線部⑧に関して，西田幾多郎の哲学についての記述として最も適当なものを，次の①〜④のうちから一つ選べ。 15

① 主観と客観の対立から出発し，主観の根底にあるものとしての「場所」という考えを打ち出し，そこから純粋な客観的世界を説明した。

② 主観と客観の対立を乗り越えるべく，主観的なものを一切含まない，純粋な客観的世界としての「場所」という考えを打ち出した。

③ 現実の世界の根源的なあり方として，絶対的に対立するものが，矛盾しつつも同一性を保つという「絶対矛盾的自己同一」を唱えた。

④ 現実の世界においては，歴史の進歩に伴い，様々な矛盾は乗り越えられると考え，その成果を「絶対矛盾的自己同一」と名付けた。

問 8　7 月末，Cは次の**資料**を学校に持参し，先生と後の会話を交わした。**資料**と
17 ページの**日記**の内容を踏まえて，会話中の　　a　　・　　b　　に入る記述
の組合せとして最も適当なものを，後の①〜④のうちから一つ選べ。　　16

資料

　真の読書においては著者と自分との間に対話が行われるのである。しか
も自分が勝手な問を発するのではなく，自分が問を発することは実は著者
が自分に問を掛けてくることであり，しかも自分に問題がなければ著者も
自分に問を掛けてこない。かくして問から答へ，答は更に問を生み，問答
は限りなく進展してゆく。

（三木清『読書と人生』より）

　C　：私は次第に，問いはいつでも誰に対しても生じるのだと考えるように
　　　　なったのですが，さらに**日記**を書いていて，　　a　　ことに気付きまし
　　　　た。三木清は，読書でも問いが不可欠だと言っていますね。

先生：そうです。読書中の問いについて，三木は何と言っていますか？

　C　：はい，　　b　　ということですね。読書は他者への問いと自己への問い
　　　　を兼ね備えた営みですが，読書などを通じて足元で生じた素朴な問い
　　　　を，丁寧に拾い集めることが，自分の問いの始まりなんですね！

① a　他者に向けられた問いも自問自答も問いであることは同じである

　 b　問いは次々に更なる新たな問いを生み出していく

② a　問いは他者に向けられることではじめて真の問いとなる

　 b　問いを出すことで，問いと答えの応酬が生じてくる

③ a　西田幾多郎の問いと似たことを自分もしている

　 b　読者は謙虚に，著者が次々と投げ掛ける問いにもっぱら従うべき

④ a　思想家たちの問いと自分の自問自答は区別しなければならない

　 b　読者が思い付いた問いを，著者に気の向くまま投げ掛けてよい

20

第3問 以下のⅠ・Ⅱを読み，後の問い（問1〜8）に答えよ。なお，会話と問いの
D，E，Fは各々全て同じ人物である。（配点　24）

Ⅰ　高校生DとEは，「自由」をテーマにオンラインでプレゼンテーションを行うこ
とになった。次の会話は，その準備のために交わしたものである。

D：「自由」っていうテーマだけど，そもそも自由って何だろう？

E：ⓐ制約がない状態が自由じゃないかな。例えば，卒業すれば制服を着なく
　　てもよくなるよね。それに，大人になって職を選んで働くようになれば，
　　ⓑ経済の面での自由も手に入るじゃない？

D：なるほどね。でも，自由って制約がないことだけなのかな。先生が授業で，
　　自由とは，制約がないだけではなく，自分の生き方を選択して自己決定する
　　ことでもあるっていう考えを紹介してくれたよね。

E：そうだったね。じゃあ，今は自分で決めた進路のために遊びや部活動を控え
　　て勉強しているけど，それも自分で決めているから自由っていうことか。

D：そうなるね。あと自由っていっても，自分勝手にすることとは違うと思う。
　　皆が自分勝手な行動をとったら，衝突ばかり起きて，結局，自己決定も難し
　　くなるかもしれないから。

E：だからⓒ規範や法みたいなある種の制約が必要だったのか。ということ
　　は，規範や法は単なる制約ではなくて，互いの意見や利害についての話し合
　　いを促し，他者との対立から合意に向かう調整の役割もあるのかもね。

D：確かに。それに規範や法に支えられる自由だってあるんじゃない？　例え
　　ば，学校に通わなきゃいけないっていうある種の制約も，自分に必要な知識
　　や技能を身に付けることを助けているし，自分がなりたいものになる自由に
　　つながるんじゃないかな。

E：なるほど…。ⓓ自由は単に制約から解放されることだけではないし，ある
　　種の制約も私たちの自己決定を保障するためには必要なものなんだね。段々
　　見えてきたね。じゃあ「制約からの解放」「自己決定」「規範や法」の三つを話題
　　の中心にして，プレゼンの準備をしていこうか！

問1　下線部ⓐに関連して，次の**ア～ウ**は，中世の封建的な考え方から個人を解放したとされるルネサンス期の人物についての説明である。その正誤の組合せとして正しいものを，後の**①～⑧**のうちから一つ選べ。　|　17　|

ア　マキャヴェリは，政治を，宗教や道徳から切り離して，非道徳的な手段をとることを含め，あらゆる手段を使って人間を統治するものだと考えた。

イ　ラファエロは，メディチ家の庇護（ひご）を受け，人文学者と交わって古典を学び，「ダヴィデ」などの作品で，理想的な美しさを追求した。

ウ　ペトラルカは，『デカメロン』において，感情や欲望を人間の本性として生き生きと描くことで，人間性を解放しようとした。

①　ア　正　イ　正　ウ　正　　　　**②**　ア　正　イ　正　ウ　誤
③　ア　正　イ　誤　ウ　正　　　　**④**　ア　正　イ　誤　ウ　誤
⑤　ア　誤　イ　正　ウ　正　　　　**⑥**　ア　誤　イ　正　ウ　誤
⑦　ア　誤　イ　誤　ウ　正　　　　**⑧**　ア　誤　イ　誤　ウ　誤

問2　下線部ⓑに関連して，経済を自由との関係で論じたアダム・スミスの思想についての記述として最も適当なものを，次の**①～④**のうちから一つ選べ。　|　18　|

①　富を求める自由競争は，人間の利己心に基づいているものである場合には，社会的に容認されるべきではない。

②　各人の私益を追求する自由な経済競争に任せておけば，結果的に社会全体の利益が生まれる。

③　資本主義経済では，生産手段を所有しない労働者はその労働力を資本家に売るので，生産物は資本家のものとなり，労働も強制されたものとなる。

④　資本主義は，生命活動を自由なものとするために他者との関わりの中で生産を行う類的存在であるという意識を，人間から失わせる。

問3 下線部ⓒに関して，次の**ア〜ウ**は，規範や法を考察の対象とした思想家について の説明であるが，それぞれ誰のことか。その組合せとして正しいものを， 後の①〜⑧のうちから一つ選べ。 19

ア 快楽を求め苦痛を避ける存在である利己的な人間の行為を規制する強制力 として，法律的制裁・道徳的制裁など，四つの制裁があると説いた。

イ 市民は，政府に立法権や執行権を信託するが，政府が権力を濫用する場合 には，抵抗権に加え，新たな政府を設立する革命権を保持すると説いた。

ウ この世界を統治する神の法と，人間の理性によって捉えられる法とは矛盾 するものではなく，調和するものであると説いた。

① **ア** モンテスキュー **イ** ロック **ウ** トマス・アクィナス

② **ア** モンテスキュー **イ** ロック **ウ** グロティウス

③ **ア** モンテスキュー **イ** ルソー **ウ** トマス・アクィナス

④ **ア** モンテスキュー **イ** ルソー **ウ** グロティウス

⑤ **ア** ベンサム **イ** ロック **ウ** トマス・アクィナス

⑥ **ア** ベンサム **イ** ロック **ウ** グロティウス

⑦ **ア** ベンサム **イ** ルソー **ウ** トマス・アクィナス

⑧ **ア** ベンサム **イ** ルソー **ウ** グロティウス

問 4　下線部ⓓに関して，次の文章は，自由を論じたカントの思想についてある生徒が調べて作成した**読書ノート**の一部である。カントの思想を踏まえて，**読書ノート**中の　a　・　b　に入る記述の組合せとして最も適当なものを，後の①～④のうちから一つ選べ。　20

読書ノート

　カントは，自由を，　a　ことだと考えた。この自由についての考え方は，私が考えていた自由の理解とは大きく異なるものだと感じた。私はこれまで「眠くなったら，眠気に逆らわずに寝る」というようなことが自由だと思っていたが，カントによれば，それは自由ではない。むしろカントは，　a　自由な人格に尊厳の根拠を見いだしている。そして，　b　理想の道徳的共同体を目的の王国とした。

---

① **a**　感覚や知覚からなる経験から推論する

　　b　各人が各々の欲求の充足を人格の目的として最大限追求しながら，誰もがその目的を実現できる

② **a**　欲望から独立して自分を規定する

　　b　各人がお互いの自由を尊重して，自分だけに妥当する主観的な行動原則を目的として行動できる

③ **a**　自らが立法した道徳法則に自発的に従う

　　b　各人が全ての人格を決して単に手段としてのみ扱うのではなく，常に同時に目的として尊重し合う

④ **a**　自然の必然的法則に従う

　　b　各人が公共の利益を目的として目指す普遍的な意志に基づき，徳と幸福とが調和した最高善を目指す

Ⅱ　DとEは勉強を重ね，オンラインで「自由」をテーマにしたプレゼンテーション
を共同で行い，他校の高校生Fを交えたディスカッションに臨んだ。

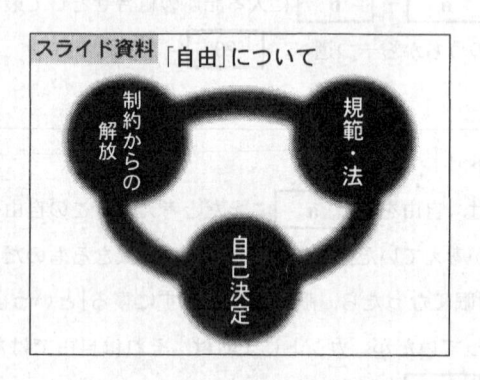

D：……以上をまとめます。私たちは，上の**スライド資料**に示したように，自由
について整理しました。

F：**スライド資料**の自己決定という側面について，気になることがあります。私
は高校を卒業したら就職するつもりです。経済的にも自立して，主体的に自
己決定を行う自由が手に入って自分の将来への期待もある反面，不安も感じ
てしまいます。好きに選べると，かえって何も選べないというか…。いっそ
のこと，誰かに決めてほしい気もしてしまうんです。

D：実は私も，迷ってばかりで先に進まない，自由を持て余している弱い自分を
発見して，嫌になってしまうこともあります。自分はなんて(e)無力で不安
定な存在なんだろうって。

E：確かに，自由がある種の強さを求めてくることってありますよね。でも人間
は必ずしも強くなくてもよいと思うんです。自分の弱さを素直に認めること
ができれば，(f)他者の弱さを思うことができる。それに，迷いながらも下
した選択は，迷った分だけ一層貴重に思えるのではないでしょうか。そう考
えれば，(g)自由の中で迷うことにも意味がある気がします。

F：そうか…。迷うこと自体が大事なんですね。私は，自由のネガティブな側面
ばかりを見ていた気がします。敷かれたレールがなくなって不安になっても
自由を手放さず，迷いながら自分で決定していきたいと思います。

問 5 下線部ⓒに関連して，次の**資料**は，パスカルが人間の惨めさについて論じた文章である。パスカルの思想と**資料**の内容の説明として最も適当なものを，後の①～④のうちから一つ選べ。　21

> **資料　『パンセ』より**
>
> 　人間の偉大さは，その惨めさからさえ引き出されるほど，明白である。……我々は，人間の本性が今日では獣のそれと似ている以上，人間は，かつては人間固有のものだった，より善い本性から堕ちたことを認めるのである。……王座を奪われた王でない限り，一体誰が自分が王でないことを不幸だと思うだろう。……自分に口が一つしかないからといって，誰が自分を不幸だと思うだろう。……我々にとって切実で，我々を喉首で押さえているこれらの惨めさ全てを見ながらも，我々には，我々を高めている押さえつけることのできない本能がある。……惨めさは偉大さから結論され，偉大さは惨めさから結論される。

①　人間が生きる三つの秩序のうち，愛の秩序こそ最上位にあると説いたパスカルは，**資料**では，人間は己の偉大さを深く省みることで，惨めにならずに済むと述べている。

②　信仰は己の惨めさから目を背けるための気晴らしにすぎないと主張したパスカルは，**資料**では，人間は本来偉大な存在だが，そのことが逆に人間の惨めさを一層際立たせると述べている。

③　人間は虚無と無限の二面を持ち，その間を揺れ動く中間者だと考えたパスカルは，**資料**では，人間は偉大な存在だが，惨めさという不幸の中ではその偉大さを見いだすことはできないと述べている。

④　真理は合理的推論ではなく繊細な心情によって直観されると主張したパスカルは，**資料**では，人間は惨めな存在だが，それは人間が偉大であることの証拠でもあると述べている。

問 6　下線部⑦に関連して，他者についてのレヴィナスの思想の説明として最も適当なものを，次の①〜④のうちから一つ選べ。　22

①　他者は，顔を持たない無個性な存在であり，根本的に私と区別が付かないものとして，私と出会う。

②　他者と私とは，対等なものとして顔を合わせ，お互いを自己同一的な人格として承認し合う関係である。

③　他者とは，根本的に理解を超えた異質なものとして，彼方から私をまなざす顔において，訴え掛けてくるものである。

④　他者に出会うためには，私自身が，生きるための労働の領域から出て，活動の主体として公共空間に自らの顔を現して発言しなければならない。

問7 下線部⑧に関連して，Dと先生は次の会話を交わした。会話中で示された**資料**の内容を踏まえて，会話中の　**a**　に入る記述として最も適当なものを，後の①〜④のうちから一つ選べ。　**23**

D　：先生，自由が迷いを生じさせることもあると思ってしまうんですが…。

先生：むしろ迷うことにこそ意味があるんです。ドイツ観念論の哲学者シェリングはこの視点を，次の**資料**の中で善と悪の問題から論じています。

資料 『人間的自由の本質』より

　人間は，善と悪とに向かう自己運動の源泉を等しく自分の内に持つという頂きに位置付けられている。つまり，人間の内の両原理の結び付きは，必然的な結び付きではなく，一つの自由な結び付きである。人間は分岐点に立っている。人間が何を選ぼうとも，それは人間がなしたことになる。しかし，人間は未決定のままでいることはできない。

D　：私たち人間は善と悪の岐路に立たされる存在だと言っているんですね。

先生：そのとおりです。この**資料**では，人間は，　**a**　とされています。私たちは迷う存在で，そのことで悩むこともありますが，迷えないことはそもそも自由ではない，とも言えるのではないでしょうか。

① 善と悪の両方への可能性を自らの内に等しく持っていて，そのいずれかを選択する決断を下さざるを得ない点で自由な存在だ

② 善と悪への可能性を等しくは持っておらず，悪へ向かう傾向をより強く持つ存在だが，自ら選択する自由を有しているという点で自由な存在だ

③ 善であれ悪であれ，そのいずれへ向かうかを自ら選び決断する力はないが，善と悪への可能性をともに認識し得るという点で自由である

④ 善と悪への可能性を等しくは持っておらず，悪へ向かう傾向をより強く持つ存在だが，その悪への傾向が解消され得るという点で自由が保証される

問 8　次の**レポート**は，プレゼンテーションの後に，学びの振り返りとして，D，
　　　E，Fが共同で協議しながら作成したものの一部である。20 ページおよび 24
　　　ページの会話を踏まえて，**レポート**中の　a　・　b　に入る記述の組合
　　　せとして最も適当なものを，後の①～④のうちから一つ選べ。　24

レポート

　　プレゼンテーションの準備で自由の特徴を学んだ。自由の特徴は，少な
くとも制約からの解放・自己決定・規範や法という三つの観点から考えら
れることに気付いた。また，自己の自由を追求するとき，規範や法のよう
なある種の制約による調整が関係することも改めて明らかとなった。準備
段階でのこれらの考察において，自由について，　a　と捉えた。

　　また，私たちは，自由を目の前にして自分の弱さや迷い，不安を感じる
こともある。特に，私たちが自己決定を行うときには，そうした感覚に陥
ることがしばしばある。しかし，今回のディスカッションの中で，私たち
にとって，　b　が重要だと考えるようになった。

---

①　a　制約がない状態だけでなく，他者の自己決定との調整をも含むものだ
　　b　自らの迷いや弱さと向き合いながら，それらを完全に払拭できなくて
　　　も，自由を放棄しないこと
②　a　ある種の制約や合意を通じて，自己決定を実現するものだ
　　b　自らの迷いや弱さをはねつけるための強さを身に付け，主体的である
　　　ことを決して放棄しないこと
③　a　自己決定の際に，共有されている規範を考慮する必要はないものだ
　　b　自らの迷いや弱さを自覚し，自己の内に生じた不安と向き合いなが
　　　ら，自己決定を行うこと
④　a　あらゆる制約や規範が取り除かれた，自己決定に先立つものだ
　　b　迷いや弱さを抱える他者を気遣い，寄り添う姿勢を決して失わず，他
　　　者の自己決定を支援すること

第4問　高校生ＧとＨが交わした次の会話を読み，後の問い（問１〜９）に答えよ。
なお，会話と問いのＧとＨは各々全て同じ人物である。（配点　28）

Ｇ：すごい豪邸…，こんな⒜家に生まれた子どもは運がいいね。不平等だな。

Ｈ：生まれた家とか国とか，⒝個人が選べないもので差があるのは，不平等だと
　　しても変えられないよ。与えられた環境の中で頑張ることが大事だよね。この
　　家の子どもだって，⒞社会で成功できるかどうかは本人次第だと思う。

Ｇ：いや，その子どもも，家が裕福なおかげでいい教育を受けて，将来お金を稼げ
　　るようになったりするでしょ。運の違いが生む⒟格差は，社会が埋め合わせ
　　るべきだよ。

Ｈ：それって，幸運な人が持つお金を不運な人に分け与えるということ？　運の違
　　いなんて，そもそも社会のあり方と関わる問題だとは思えないけど。

Ｇ：そう？　例えば，運よく絵の上手な人が漫画家としてお金を稼げるのは，漫画
　　を高く評価する⒠文化が社会にあるおかげでしょ。人の⒡才能も，社会のあ
　　り方によって，運よくお金になったり運悪くお金にならなかったりするよ。

Ｈ：なるほど。けど，才能を成功に結び付けるのは社会だけじゃないよ。漫画家も
　　才能を磨いてプロになるわけでしょ。そうした⒢努力については，個人を評
　　価するべきじゃない？

Ｇ：一理あるね。ただ，努力の習慣が身に付くのも運による面はあるよ。地元の学
　　校が「褒めて伸ばす」方針で，何事も頑張って取り組むようになったとか。努力
　　できるようになるかどうかは，⒣社会の仕組みや構造に左右されると思う。

Ｈ：それはそうかも。ただ，同じ境遇でも，苦学して立派になる人もいればそうで
　　ない人もいるし…。最終的には，努力は個人の問題じゃないかな。

Ｇ：するとＨは，運の違いが生む格差は全て，個人が努力で乗り越えるべきだと言
　　うの？　幸運な人と同じだけ努力した不運な人が，格差のせいで幸運な人に追
　　い付けないようだと，不運な人の努力は評価されていないとも言えるよ。

Ｈ：確かに…。ただ，努力も全て運次第だからという理由で，努力する人がしない
　　人と同じ扱いを受けるとしたら，それはやっぱり不公平じゃないかなあ。

Ｇ：そうだよね…。次の倫理の授業が終わったら，先生にも聞いてみようか。

30

問 1 下線部ⓐに関連して，現代の家族に関する次の文章中の ｜ a ｜・｜ b ｜ に入る語句の組合せとして最も適当なものを，後の①〜④のうちから一つ選べ。 | 25 |

　従来は生活の基礎集団だった家族だが，血縁のない親子や兄弟姉妹を含む ｜ a ｜ が増加するなど，そのあり方は多様化している。生活環境の快適さを意味する ｜ b ｜ も，家族ではなく行政や企業が提供する場面が増えており，人々の生き方が所得や地域の格差から受ける影響は複雑化している。

① **a** ディンクス　　　　　**b** アメニティ
② **a** ディンクス　　　　　**b** ユニバーサルデザイン
③ **a** ステップ-ファミリー　**b** アメニティ
④ **a** ステップ-ファミリー　**b** ユニバーサルデザイン

問 2 下線部ⓑに関連して，次の**ア・イ**は，個人の自立を論じた人物についての説明であるが，それぞれ誰のことか。その組合せとして正しいものを，後の①〜④のうちから一つ選べ。 | 26 |

ア 「青年ほど，深い孤独のうちに，触れ合いと理解を渇望している人間はいない」と述べ，自我の目覚めについて論じた。
イ 青年が親など周囲の大人への依存を離れて精神的に独立することを心理的離乳と呼び，それに伴う不安が個人の成長に必要であると説いた。

① **ア** シュプランガー　　　　**イ** サリヴァン
② **ア** シュプランガー　　　　**イ** ホリングワース
③ **ア** マーガレット・ミード　**イ** サリヴァン
④ **ア** マーガレット・ミード　**イ** ホリングワース

問 3　下線部ⓒに関して，次の**資料**は，子どもの資質や環境と将来の成功の関係についての研究をまとめたものであり，倫理の授業で配付された。これを読んだ生徒の発言のうち，**資料**の趣旨に合致する発言として最も適当なものを，後の①～④のうちから一つ選べ。　**27**

資料

　子どもの自制心と将来の成功の関係を調べた心理学者ミシェルの実験に，「マシュマロ実験」と呼ばれるものがある。実験者は，子どもの前にマシュマロを1個置き，「戻ってくるまでマシュマロを食べるのを我慢できたらもう1個あげる」と伝えて一旦部屋を出た後，子どもたちの様子を観察した。子どもたちが成人した後に実施された調査では，より長い時間我慢できた子どもは，より学力が高く経済的にも成功していたという。

　しかし，この実験では参加者が，親が高学歴である家庭の子どもに限られており，他の研究者たちが様々な家庭環境の子どもを参加者として再度実験を行ったところ，マシュマロを食べるのを我慢できる時間の長さよりも，家庭の経済状況の方が，将来の成功との関係が深いとされた。ただし，この新しい実験に対する批判的な指摘もあり，将来の成功に対して本人の資質と家庭環境のどちらがより大きく影響するかについては，研究者間での議論が続いている。

---

①　マシュマロを食べるのを自制できる時間が長い子どもの方が，家庭環境を問わず将来成功するなんて，やっぱり自制心が大事なのかもしれないな。

②　当初のマシュマロ実験では参加者の家庭環境が限定されていたから，幅広い家庭環境の参加者から得られた結果と異なっていたのかもしれないな。

③　成功している大人は，もし子どもの頃にマシュマロ実験を受けていたら，みんなマシュマロを食べるのを人より長く我慢できていたんだね。

④　結局，マシュマロを食べるのを我慢できる時間の長さは将来の成功には全く関係ないんだから，家庭環境が大事だってことなんだね。

問 4 下線部ⓓに関して，次の**ア・イ**は，貧富の差に関わる思想や問題についての説明である。その正誤の組合せとして正しいものを，後の①～④のうちから一つ選べ。　28

ア センは，経済の発展を促す国家の機能に着目し，その機能の集合である潜在能力を拡大させていくことで，貧しい途上国が自立できると説いた。

イ 途上国の貧困層が飢餓に苦しむのは，その国の農業が，先進国に輸出するための商品作物の生産を優先していることが一因である。

① **ア** 正　**イ** 正　　　　② **ア** 正　**イ** 誤
③ **ア** 誤　**イ** 正　　　　④ **ア** 誤　**イ** 誤

問 5 下線部ⓔに関連して，文化や宗教に関する説明として適当なものを次の**ア～ウ**から全て選んだとき，その組合せとして正しいものを，後の①～⑦のうちから一つ選べ。　29

ア ホモ・レリギオーススという言葉は，神に祈りをささげるという宗教的な営みに重きを置く人間のあり方を，端的に表現したものである。

イ 日本の高校で茶道を教え，自国と他国の文化の優劣を明確にすることは，文化相対主義の考え方に基づいて文化の共生を促すことになる。

ウ 現代の世界で文化間の摩擦が増してくる中では，西洋とイスラームの衝突は不可避であるとするカルチャー・ショックの思想が説かれる。

① **ア**　　　② **イ**　　　③ **ウ**　　　④ **ア**と**イ**
⑤ **ア**と**ウ**　⑥ **イ**と**ウ**　⑦ **ア**と**イ**と**ウ**

問 6　下線部⑦に関して，次の**資料**は，ロールズが才能について論じたものであり，倫理の授業で配付された。ロールズの思想と**資料**の内容の説明として最も適当なものを，後の**①**〜**④**のうちから一つ選べ。　| 30 |

> **資料**　ロールズ『正義論』より
>
> 　人が持つ道徳上の価値は，どれくらい多くの人がその人と同じような技能を提供しているか，どれくらい多くの人がその人が生み出せるものを欲することになるか，といった事情によって異なるはずがない。……希少な生得的才能を持っているために人より多く稼ぎ出される所得は，鍛錬にかかる費用を賄い，学ぼうとする努力を促すためだけではなく，共通利益を最大限高めるように能力を向かわせるためのものでもある。結果として生じる分配上の取り分は，道徳上の価値と相関するものではない。どのような天性の強みを生まれつき授かるか，その強みが若年期に発達し育つかどうかには，道徳的に重要な根拠があるわけではないから。

①　均等な機会の下での競争の結果であり，かつ最も恵まれない境遇を改善する場合にのみ不平等は許容されると説いたロールズが，**資料**では，人の道徳的な価値は才能や技能に対する需要で決まるものではないと論じている。

②　西洋思想の基礎にある，あらゆる二項対立的な図式を問い直す必要があると説いたロールズが，**資料**では，自らの才能を伸ばすことができるかどうかで人の道徳的優劣は決まらないと論じている。

③　功利主義の発想に基づいて，社会全体の効用を最大化することが正義の原理に適うと説いたロールズが，**資料**では，才能ある人は道徳的な共通目標のために自らの私財を提供するべきだと論じている。

④　無知のヴェールの下で正義の原理を決定しようとする際，人々は何よりも基本的な自由を重視することになると説いたロールズが，**資料**では，個々人の才能に応じて社会の利益を分配することこそが正義に適うと論じている。

問 7　下線部⑧に関して，「まじめに努力していれば，いつかは必ず報われると思う」と「いくら努力しても，全く報われないことが多いと思う」という意見のどちらに自分の気持ちが近いかを，日本の様々な年齢の人に尋ねた調査がある。次の図1は，その調査の1988年と2013年の結果の一部であり，後の図2は，2013年の結果と「あなたの生活水準が過去10年でどう変わったか」という質問への回答の関連を分析したものである。図1・図2についてGとHが交わした次ページの会話を読み，会話中の　a　・　b　に入る記述の組合せとして最も適当なものを，次ページの①〜④のうちから一つ選べ。　31

図1　「いくら努力しても，全く報われないことが多いと思う」という回答の割合（%）

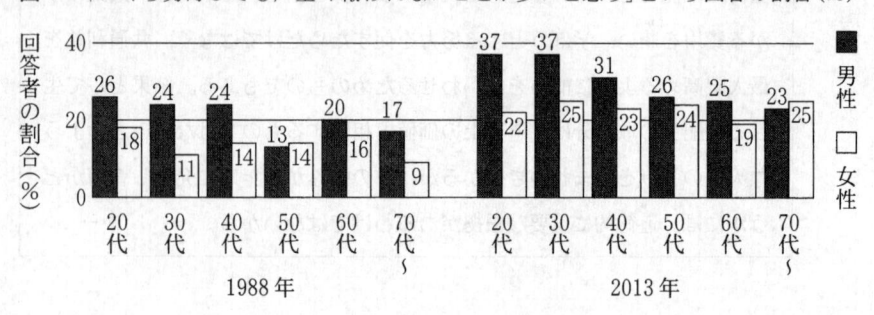

図2　生活水準10年の変化と努力すれば報われると思うかの関連（%）

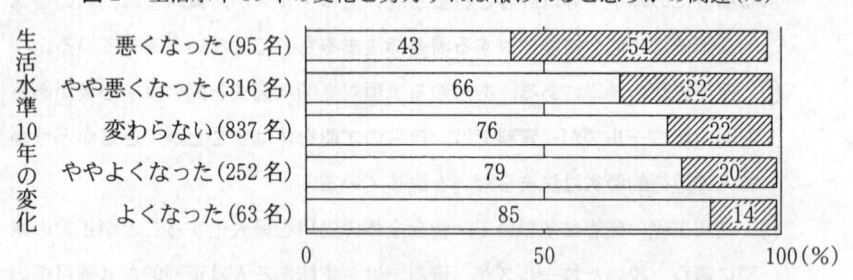

□ まじめに努力していれば，いつかは必ず報われると思う
▨ いくら努力しても，全く報われないことが多いと思う

（注）　図1・図2中の数値はそれぞれ，項目ごとに，回答した人の割合（%）を表す。「その他・無回答」を除くなどしているため，それぞれの総和は100とならない。なお，図2の縦軸に記した人数は，「あなたの生活水準が過去10年でどう変わったか」に対する各回答の回答者数を表す。

（資料）　統計数理研究所『日本人の国民性調査』（1988年，2013年）より作成。

H：今日の授業で配付された**図1**・**図2**って，以前議論した努力と運の話に関係ありそうだね。

G：**図1**を見ると，　　a　　。1988年は景気がよくて，2013年は景気があまりよくなかった時期だと思うけど，そうした背景との関係はどうなのかな。

H：うーん。2013年の調査に基づく**図2**では，　　b　　。

G：努力が報われると感じるかどうかは，その人が置かれている経済状況とも無関係ではない気がするなあ。

① a　大まかな傾向として，男性については，1988年でも2013年でも，若い世代の方が努力は報われないと考える人の割合が高いね

　　b　全ての回答を合わせてみると，努力は報われないと考える人の方が報われると考える人より多いね

② a　2013年では，特に女性について，年齢が上がるほど努力が報われないと考える人の割合が低くなる傾向があるね

　　b　全ての回答を合わせてみると，努力は報われると考える人の方が報われないと考える人より多いね

③ a　男女を問わず，1988年よりも2013年の方が，努力は報われないと考える人の割合が増えているね

　　b　生活水準が悪化したと感じている人ほど，努力は報われないと考えている傾向が見られるよ

④ a　努力は報われないと考える人の割合は，大まかな傾向として男性の方が多いけど，2013年には女性の割合も各世代で増えているね

　　b　生活水準が「悪くなった」と「やや悪くなった」という回答の合算の方が，「よくなった」と「ややよくなった」という回答の合算より少ないね

問 8 下線部⑪に関して，社会の仕組みや構造を論じた思想家についての説明として最も適当なものを，次の①〜④のうちから一つ選べ。 　32　

① マッキンタイアによると，現代の資本主義社会においては，本来は自由に生成して秩序を創造し直していくはずの無意識的な欲望の流れを，法や道徳が機械の部品のように作用して制御する構造がある。

② ボードリヤールによると，脱工業化が進展した現代の社会においては，モノがその有用さにおいて使用されるよりも，他者との差異を示すための記号として消費される構造がある。

③ デューイは，狂気を理性から区別して排除していった近代社会の成立をたどり直す中で，学校や職場での教育や規律が人々の自発的な服従を促す，不可視な権力の構造を明らかにした。

④ ソシュールは，無意識的に作られた構造が人間の思考を規定しているという言語学の知見に学び，南米諸部族の親族関係や神話の分析を通じて，未開社会を基礎付ける複雑な思考の構造を明らかにした。

問 9 次の会話は，倫理の授業後にGとHが先生と交わしたものである。29ページの会話も踏まえて，会話中の　　a　　～　　d　　に入る記述の組合せとして最も適当なものを，次ページの①～④のうちから一つ選べ。　33

　G　：先生，人生は運にも左右されると思いますが，運の違いが生む格差は社会が埋め合わせるべきでしょうか。Hと少し議論になったのですが…。

先生：興味深いですね。二人はそれぞれどういう意見なのですか。

　G　：私は，運の違いが生む格差を　　a　　のが望ましいと思います。

　H　：私は，そうした格差については，　　b　　のが望ましいと思いますね。

先生：なるほど。では，なぜ，そう考えるのでしょうか。

　G　：そうですね…，社会は公平であるべきだからだと思います。お互いを尊重する社会であれば，自分はここに居ていいと感じることができ，物事を選択する際にも，適度な自信と責任感を持てるはずです。

　H　：え？　それでなぜ，さっき先生に言ったような意見になるの？

　G　：だって，運の違いが生む格差を社会が　　c　　，お互いを尊重できなくなるかもしれないでしょ。

　H　：そういう考えだったんだ…。私は，運の違いが生む格差を社会が　　d　　，人々がお互いを尊重できないと思っていたんだよね。

先生：二人とも，人々がお互いを認め合って敬意を払い合う社会を望んでいたということでしょうか。

　H　：なるほど。Gと意見が一致している面もあるように感じていましたが，敬意という言葉はあまり考えたことがなかったですね。

　G　：私も，敬意という言葉を聞いて，理解が深まった気がします。二人でもう一度話し合った方がいいかもしれませんね。

先生：是非そうしてください。運の違いも努力の差も軽視しない社会の仕組みを考え付くことができるといいですね。

① a 社会が無理に埋め合わせようとせず，個人の努力をより重視する

b 努力に限界があることを認め，社会が埋め合わせようとする

c 埋め合わせると，かえってお金にばかり人の関心が向いてしまい，世の中で格差が意識されてしまうようになって

d 解決しない場合，不運な人は他の人より多くの努力を強いられるのに，その努力が評価されるとは限らないから

② a 社会が埋め合わせ，努力の差を基準にして人を評価することがない

b 不平等だとしても，社会が全てを埋め合わせることには慎重である

c 解決するべき問題だと捉えることで，幸運な人が自身の財産を奪われると言って不運な人を敵視したりして

d 全て埋め合わせようとすると，幸運だとされた人は努力をしていない人だと決めつけられかねなくなって

③ a 個人では変えられないものと捉え，社会が責任を持って埋め合わせる

b 社会だけに責任がある問題ではないから，個人が努力で乗り越える

c 埋め合わせない場合には，自分自身で何かを成し遂げたわけでもないお金持ちの中から，お金を持っていない人を見下す人も出てきて

d 解決すべき問題だと捉えない場合，幸運な人が自身の恵まれた環境を当たり前だと思い，努力する人を評価しなくなって

④ a 社会のあり方で変わるものと捉え，社会ができる限り埋め合わせる

b 社会も無視できないけれど，努力が報われることの方を重視する

c 埋め合わせなかったら，自分自身が選んだわけではない家庭環境などで評価が決められてしまう社会になりかねなくて

d 埋め合わせる中で，努力まで運のおかげだということになると，努力する人は，自身が適切に評価されていないと感じてしまって

倫　理

（2022年1月実施）

60分　100点

（解答番号　1 ～ 33 ）

第1問　高校生ＡとＢが交わした次の会話を読み，後の問い（問1～8）に答えよ。
なお，会話と問いのＡとＢは各々全て同じ人物である。（配点　24）

Ａ：浮かない顔をしているね。

Ｂ：うーん。実は，友達とあることについて話していたら，言い争いになったんだよね。向こうは「自分の考えの方が正しい，ⓐ真理なんだ」って言い張っていて，嫌になっちゃったよ。

Ａ：それでどうしたの？

Ｂ：ただ黙ってやり過ごしたよ。議論にもⓑ礼儀やマナーが必要だし，あれだけ強く言われると，相手にするのが面倒くさくなっちゃった。

Ａ：それはダメでしょ。とにかく，ⓒ異なった見方や考えを持った相手に対しては，議論に勝って，自分の正しさを示さないと。

Ｂ：そうかな？　黙って受け流した方がいいと思うけど…。その方が相手を傷つけることもなくて，ⓓ人間の生き方としてふさわしいと思うし，こっちも不快な思いをしなくて済むしね。

問1 下線部ⓐに関して，様々な宗教や思想家による真理についての説明として最も適当なものを，次の①～④のうちから一つ選べ。　| 1 |

① ソクラテスは，ソクラテス自身が持っている真理を，対話相手に教え込むために，産婆術（助産術）に喩えられる対話活動を重ねた。

② イスラームにおいて，ムハンマドは，神の真理の言葉を託された者であり，彼によって示された言行・慣行も，信者の生活規範となっている。

③ 中世ヨーロッパのスコラ哲学では，神学は哲学に仕えるべきものとされ，哲学の真理は信仰に基づく神学の真理に優越すると考えられた。

④ ブッダは，生来の身分ごとに異なる義務をそれぞれ全うすることで，真理を体得できると説いた。

問2 下線部ⓑに関連して，次の**ア～ウ**は，古代中国における礼をめぐる説明である。その正誤の組合せとして正しいものを，後の①～⑥のうちから一つ選べ。　| 2 |

ア 孔子は，自分勝手な欲望や感情を抑制し，自らの行為や態度を礼という規範に従わせる克己復礼を唱え，それが仁であると考えた。

イ 孟子は，井戸に落ちかけている幼児を見掛けたとき，損得勘定なしにとっさに幼児を救おうとする惻隠の心を成長させていけば礼になると考えた。

ウ 墨子は，死後の親に対する礼として華美な葬祭を実行することが，社会全体の富を増やし人民を幸福にすることにつながると主張した。

① ア 正　イ 正　ウ 誤
② ア 正　イ 誤　ウ 正
③ ア 正　イ 誤　ウ 誤
④ ア 誤　イ 正　ウ 正
⑤ ア 誤　イ 正　ウ 誤
⑥ ア 誤　イ 誤　ウ 正

4

問 3 下線部ⓒに関連して，イスラームにおける異文化や他民族との関わりについての説明として最も適当なものを，次の①～④のうちから一つ選べ。　　3

① イスラーム文化は，古代ギリシア思想から距離を置き，その中でも特にアリストテレス哲学を否定することで，独自の思想文化を形成した。

② イスラーム共同体（ウンマ）では，信徒は神の前で互いに平等とされるが，この共同体の範囲は民族や国家の枠組みを超えるものではない。

③ イスラームでは，神の平和の実現のために努力することをジハードと言うが，これには外敵に対する自衛のための武力行使は含まれない。

④ イスラームでは，モーセも預言者として認められており，ユダヤ人であるモーセもまた，神の言葉を預かったと考えられている。

問 4 下線部ⓓに関して，人間の生き方をめぐる様々な宗教や思想家の考え方についての説明として最も適当なものを，次の①～④のうちから一つ選べ。　　4

① アリストテレスによれば，人間は，知性的な徳の中でも実践的な徳である思慮（フロネーシス）を働かせて，行為や情念に過剰や不足がある状態を避けるべきである。

② 回心後，各地で布教活動をしたパウロは，信徒が信仰・正義・愛の三つに基づいて倫理的に生活することを勧めたが，これらは後にキリスト教の三元徳と呼ばれた。

③ イエスが語ったとされる「実に，神の国はあなたがたの中にある」という言葉は，黄金律と呼ばれ，後にJ. S. ミルによって功利主義道徳の精神を表現するものとして重視された。

④ 苦しみに耐え忍ぶ実践としての忍辱を重視した大乗仏教では，他者の忍辱の修行を妨げないようにするため，苦しむ人を助けるという慈悲の実践を控えることが推奨された。

問5 2ページの会話の翌日，Bは次の**資料**を見付け，Aに見せた。後の会話を読み，会話中の　a　・　b　に入る記述の組合せとして最も適当なものを，後の①～④のうちから一つ選べ。　5

資料

　もし誰かが私の理解と行いが正しくないと批判し，そのことを示してくれるならば，ありがたく過ちを正そう。なぜなら，私は真理を求めているのであり，誰も真理によって害されたことはないのだから。対して，自己への欺きと無知にとどまる者こそ，害を被っているのである。

(マルクス・アウレリウス『自省録』より)

B：この**資料**によると，私は自分が面倒なことを背負い込んだり，不快な思いをしたりするのが怖くて，議論を避けたわけだから，　a　ってことになるね。

A：なるほど。確か，ローマ皇帝のマルクス・アウレリウスって，ストア派の哲学者でもあったんだよね。ストア派って，　b　って考えたって授業で習ったよね。

B：そうした思想が，この**資料**の背景にあるのかもしれないね。

① **a** 真理を見ようとせず，無知による害を受けかねない

　 b 喜怒哀楽の情念に惑わされない人間が賢者である

② **a** 真理を見ようとせず，無知による害を受けかねない

　 b 人間は情念をありのままに受け入れて，惑わされないようにすべき

③ **a** 無益な議論を避けることで，自分にとっての真理に対して誠実だった

　 b 理性を持つ人間は，自然の理法に平等にあずかることができる

④ **a** 無益な議論を避けることで，自分にとっての真理に対して誠実だった

　 b 人間は理性によって情念を従わせ，幸福になることができる

問6　AとBは，次の**資料1・資料2**を見付け，先生と3人で後の会話を交わした。会話中の下線部①〜④は，それぞれ**資料1・資料2**から読み取れる内容の説明，ならびに老子・旧約聖書についての説明である。その内容として**適当でないもの**を①〜④のうちから一つ選べ。　　6

資料1　『老子』からの引用

　有と無，難と易，長と短……（という対立する言葉や概念）は，互いに依存し合い相対的な関係にある。ゆえに，聖人は無為を決め込み，言葉に依らない教えを実行するのだ。

資料2　旧約聖書「ヨブ記」からの引用

　主はヨブに言われた。非難する者が全能者と言い争うのか。……ヨブは主に答えた。私は取るに足りない者。何を言い返せましょうか。……それゆえ，私は自分を退け塵と灰の上で悔い改めます。

A　：**資料1**も**資料2**も，黙することの大切さを説いているようだね。

B　：**資料1**では，①<u>様々な言葉や概念は相対的なものにすぎないから，聖人は言葉に依らない教えを行う</u>と言われているよ。

A　：授業で，②<u>老子は，人々が道から外れて，文明や道徳を人為的に作ったことを批判した</u>って習ったね。**資料1**はそれと関連しているのかな。

B　：**資料2**はどうだろう。旧約聖書の「ヨブ記」は，様々な不幸に見舞われたヨブが，全能者である神にその理由を問いかける物語らしいね。

A　：③<u>「旧約」って，古くからの伝統に基づく神との契約という意味で，ユダヤ教徒自身が誇りを持ってそう呼ぶようになった</u>んだよね。

B　：**資料2**では，④<u>ヨブが自らの卑小さを忘れて，その神と言い争おうとした自分を反省している</u>様子が描かれているね。

A　：うーん，むやみに議論を追い求めるのが正しいわけでもないのか…。

先生：一か所誤りもありますが，**資料1・資料2**を基によく考えていますね。

問 7　Aは，『スッタニパータ』の一節である次の**資料**をBに示し，後の発言をした。Aの発言中の　**a**　・　**b**　に入る記述の組合せとして最も適当なものを，後の①〜④のうちから一つ選べ。　7

資料

　ある者たちは……他の教えに善は無いと説く。自分が依拠する教えが善であることを説きながら，それぞれ別々の真理に固執している。……論争が修行者たちの間に起きると，勝利の驕りと敗北の落胆がある。人はこれを見て論争をやめるべきである。称賛の獲得以外に何にもならないからである。……称賛されると，……喜び，心高ぶる。心の高ぶりによって，彼が害されることになる。

A：**資料**を見てよ！　ブッダは，　**a**　って言ってるよ。倫理の授業でブッダは　**b**　って習ったよね。**資料**はそれと関係してるのかな。

① **a**　論争は称賛を得ること以外には何の役にも立たず，称賛は心の高ぶりを生み出すことで人を害するため，人は論争すべきではない

　 b　自己への執着が苦しみの原因であると主張した

② **a**　論争の勝者には驕りが生じ，論争の敗者は失意に陥ることになるため，論争は勝者のためにも，敗者のためにもならない

　 b　身体を苦しめる修行によって真の自己を見いだせると主張した

③ **a**　論争は自らが真理であると思う事柄を批判的に吟味するためには有益であるが，勝敗に一喜一憂することは避けなければならない

　 b　自己への執着が苦しみの原因であると主張した

④ **a**　論争においては，自らが真理であると思う事柄を守るために，相手からの厳しい批判を受けるが，その苦しみに耐え続けなければならない

　 b　身体を苦しめる修行によって真の自己を見いだせると主張した

問8　次のAとBの会話を読み，会話中の　**a**　の前後の文脈を踏まえて，**a**　に入る文として最も適当なものを，後の①～④のうちから一つ選べ。なお，①～④の記述内容自体は正しいものとなっている。　**8**

B：ここ数日のやり取りで，少し成長した気がするよ。私は最初，面倒なことを背負い込んだり不快な思いをしたりするのが嫌で，自分を守るために議論を避けたんだけど…。『自省録』の言葉は響いたなあ。

A：私は最初，議論はとにかく相手を言い負かして，勝つためにやるものだと思ってた。でも，そうした仕方で議論することの危険性もあるんだね。だから，あえて議論で争わないっていう思想を唱えた人もいたんだね。

B：議論すること自体がダメではなく，議論の姿勢や目的が大事なのかな。

A：うん。議論をしてはじめて真理へと至る道が開けてくるとも考えられるよね。倫理の配付資料にも似た話が書いてあったね。「　**a**　」って。

B：そうだね。議論してくれる相手と向き合って，互いの言い分を理解し合おうとすることが，自分の考えを深めて磨く機会にもなり得るんだね。

A：自分が対立に直面したときは，その都度しっかりと考えないとね！

① 新約聖書の「マルコによる福音書」によると，イエスは，十字架にかけられる前に行われた裁判で，自分を告発する証言者に対して弁明するように求められたとき，黙り続けて，答えることはなかった

② 『伝習録』によると，王陽明は，良知の理解をめぐって対立した弟子たちに対して，議論によって互いの主張に耳を傾け，相互の見解を補い合うことで，正しい理解へと至ることができると諭（さと）した

③ ナーガールジュナ（竜樹）は，『ヴァイダルヤ論』で，論争の前提となっている言葉自体が存在するものではないから，論争に基づいて解脱に到達することはあり得ないという考え方を示した

④ ゴルギアスは，『あらぬについて』で，あらゆる物事について，実際にありはしないし，あっても理解できないし，理解できたとしても言葉で伝えられないと論じ，議論によって得られる真理に疑いのまなざしを向けた

第2問　以下のⅠ～Ⅲを読み，後の問い（問1～8）に答えよ。なお，会話と問いの
C，D，先生は各々全て同じ人物である。（配点　24）

Ⅰ　次の会話は，日本思想に関する倫理の授業後に，高校生CとDが交わしたもの
である。

C：@理想という言葉について調べることになったんだけど，困ったなあ。そ
　もそも理想って何だろう？

D：改めて聞かれると難しいよね。ある本で理想の意味を調べてみたら，「現実
　があるがままの姿を指すのに対して，人および物事の⑥あるべき姿を指し
　示す言葉」だと書いてあったよ。

C：ということは，©仏教者や儒者など，日本の先人たちがあるべき姿をどの
　ように考えてきたかを調べてみたらいいのかな？

D：そうだね，一緒に調べてみよう！

問1　下線部@に関連して，古代の日本人が重んじたあり方についての説明として
　最も適当なものを，次の①～④のうちから一つ選べ。　　9

　①　自然との調和を重んじた古代の人々は，自然の恵みを受けて共同体が繁栄
　　することを理想とし，自然の中に神が存在することを認めなかった。

　②　自然との調和を重んじた古代の人々は，自然の威力に逆らわないことを理
　　想とし，災厄が生じたときには身を慎んで，一切の祭祀を行わなかった。

　③　純粋な心を重んじた古代の人々は，人間が生まれながらに持っている罪を
　　禊によって祓い清め，神と一体になることを目指した。

　④　純粋な心を重んじた古代の人々は，偽りのない心で神に向き合うことを大
　　切にし，祭祀を妨げて共同体の安穏を脅かす行為を罪であると考えた。

問 2 下線部ⓑに関連して，次の**ア〜ウ**は，役人のあるべき姿を示した「憲法十七条（十七条憲法）」の条文に書かれた言葉についての説明である。その正誤の組合せとして正しいものを，後の①〜⑥のうちから一つ選べ。　10

ア　「和をもって貴しとなし」という言葉は，人々が出家して仏教の真理を体得することで，共同体の調和が実現されるという意味である。

イ　「篤く三宝を敬え」という言葉は，仏，法，僧の三つを尊重することが大切であるという意味である。

ウ　「ともにこれ凡夫のみ」という言葉は，誰もが欲望にとらわれた存在であるという意味であり，他人に意見を求めることの無意味さを説いている。

① ア 正　イ 正　ウ 誤
② ア 正　イ 誤　ウ 正
③ ア 正　イ 誤　ウ 誤
④ ア 誤　イ 正　ウ 正
⑤ ア 誤　イ 正　ウ 誤
⑥ ア 誤　イ 誤　ウ 正

問 3　下線部ⓒに関して，次の図1～3は，仏教者の修行の方法について考えるために，授業で先生が示したものである。C，D，先生の三人が，図1～3について交わした次ページの会話中の　a　・　b　に入る記述の組合せとして最も適当なものを，後の①～⑥のうちから一つ選べ。　11

図1　明恵が修行をしている絵

図2　ブッダが修行をしている彫刻

図3　現代の禅僧が修行をしている写真

先生：**図1**は，| **a** | の明恵の姿を描いたものです。**図2**や**図3**と比べて気
　　　が付いたことはありますか？

　D ：**図1～3**は，みな同じ姿勢をとっているように見えます。

先生：はい。いずれも同じ修行の方法をとっています。

　C ：ということは，**図1～3**を並べて考えてみると，それぞれの時代や地域
　　　が違っても，| **b** | と言って良いですね。

先生：そうですね。日本仏教を理解するに当たっては，より広く仏教としての
　　　共通性にも目を向けなければいけないと言えるでしょう。

① **a** 華厳宗

　　b 心身のあり方を重視する修行がなされ，悟りを目指す実践の原点に，
　　ブッダ以来の修行が据えられた

② **a** 華厳宗

　　b 修行においてはひたすらに念仏を唱えることが重視され，浄土に往生
　　しようとする実践の原点に，ブッダ以来の修行が据えられた

③ **a** 臨済宗

　　b 心身のあり方を重視する修行がなされ，悟りを目指す実践の原点に，
　　ブッダ以来の修行が据えられた

④ **a** 臨済宗

　　b 修行においてはひたすらに念仏を唱えることが重視され，浄土に往生
　　しようとする実践の原点に，ブッダ以来の修行が据えられた

⑤ **a** 浄土宗

　　b 心身のあり方を重視する修行がなされ，悟りを目指す実践の原点に，
　　ブッダ以来の修行が据えられた

⑥ **a** 浄土宗

　　b 修行においてはひたすらに念仏を唱えることが重視され，浄土に往生
　　しようとする実践の原点に，ブッダ以来の修行が据えられた

Ⅱ　次の会話は，「理想」について調べていたCとDが，日本の近世の思想について先生と交わしたものである。

C　：近世ではどんな理想が思い描かれていたんだろう？

D　：例えば，伊藤仁斎は，日常において道が実現されることを重視して，日々の生活における人と人との和合が大切だと説いていたね。

C　：本居宣長の説いた⒟真心も，一つの理想と捉えて良いのかな？

先生：いずれも人間のあるべき姿を追求したものと捉えて良いでしょう。あるべき姿について考えることは，⒠日々の生活や，自分の心のあり方を見つめ直すことにつながりますね。

問 4　下線部⒟に関して，CとDは，本居宣長が説いた真心の働きを，自分たちの身近な事例を通じて説明できないかを話し合った。本居宣長の真心についての考え方に即してなされた発言として最も適当なものを，次の①〜④のうちから一つ選べ。　12

①　図書室で借りた本を返さない人がいるんだよ。借りた物を期限までに返すのは，人として当たり前のことなのに。誰もが物事の善悪を考えて，道理に従って正しく行動すれば，世の中のことは万事うまくいくと思うんだ。

②　知り合いに，いつも腹を立てている人がいるんだ。何かにつけて怒りをあらわにするなんて，大人げないよね。心の状態にかかわらず，自分の立場や役割をよく考えて，全ての人に親切に接することが大切だと思うんだ。

③　あえて感情を抑えて，理知的に振る舞うことを心掛けている人もいるみたい。でも，悲しいときには泣けばいいし，嬉しいときには喜べばいいんだよ。そうすることが，人の本来の生き方であると思うんだ。

④　学級委員の二人，文化祭のことで感情的になっちゃって，かなり険悪な雰囲気だったよね。感情に任せて他人と争うなんて，愚かなことだよ。一時の感情に身を任せずに，丁寧に説明すれば分かり合えるはずなのに。

問 5 下線部ⓔに関連して，安藤昌益についての説明として最も適当なものを，次の①〜④のうちから一つ選べ。 13

① 町人が経済的な力を持つようになったことを背景として，町人としての生き方を積極的に肯定し，「ただの町人こそ楽しけれ」と唱えた。

② 天道を受け止めながらも，ひたむきに努力する人道の大切さを説き，分をわきまえて倹約に努める報徳の実践を重視した。

③ あらゆる差別と搾取を排除した平等な社会を理想とし，武士が農民を支配するような封建的な社会のあり方を，法世として批判した。

④ 人間が本来持っている心情と，社会において守るべき道徳との葛藤に着目し，その相克に苦しみながら生きる人間の姿を浄瑠璃に描いた。

Ⅲ　次の会話は，Ⅱの会話の翌日に，「理想」をめぐる日本の近代の思想について，
　　C，D，先生が交わしたものである。

　　D　：大正時代には，現実をありのままに肯定する自然主義に対して，文学や思
　　　　　想の分野で理想主義が唱えられました。今ある現実を超えてあるべき姿を
　　　　　追い求め，(f)理想と現実の間で葛藤した人々の姿が印象的でした。

　先生：大事な点に気が付きましたね。実は「理想」という日本語は，近代になって
　　　　　からドイツ語の Ideal（イデアール）を訳して作られたものなのです。

　　C　：Ideal の語源はイデアでしょうか？　永遠に変わることのないイデアを踏
　　　　　まえて，理想という言葉が作られたのですね。

　先生：そのとおりです。西洋の思想を取り入れる中で，(g)現実の自己をより深
　　　　　く見つめ，あるべき姿を探求した人もいました。

問6　下線部(f)に関連して，次の**ア・イ**は，理想と現実の間で葛藤した思想家につ
　　いての説明であるが，それぞれ誰のことか。その組合せとして正しいものを，
　　後の①〜⑥のうちから一つ選べ。　　14

　　ア　キリスト教的人道主義の立場から，近代化の進展に伴い発生した社会問題
　　　　に心を痛め，競争や階級のない平等な社会の実現を目指した。
　　イ　現実的な政治の世界に理想の実現を求めた後に，文学の世界に身を投じ，
　　　　文学を通して，自己の内部生命の要求を実現することを求めた。

　　①　**ア**　石川啄木　　**イ**　安部磯雄
　　②　**ア**　石川啄木　　**イ**　北村透谷
　　③　**ア**　安部磯雄　　**イ**　石川啄木
　　④　**ア**　安部磯雄　　**イ**　北村透谷
　　⑤　**ア**　北村透谷　　**イ**　石川啄木
　　⑥　**ア**　北村透谷　　**イ**　安部磯雄

問 7　下線部⑧に関連して，自己を深く見つめた哲学者の西田幾多郎と，その西田が深く共鳴した親鸞の思想に関心を持ったＣは，次のノートを作成した。ただし，ノートには，適当でない箇所が一つある。西田幾多郎や親鸞について説明した記述として**適当でないもの**を，ノート中の下線部①〜④のうちから一つ選べ。　15

ノート

　西田幾多郎は，あるべき自己のあり方を，世界や存在の真のありようという観点から考えました。『善の研究』の中で，①西田は，例えば美しい音楽に心を奪われて我を忘れるような主客未分の体験に注目し，これを純粋経験と呼びました。また，②西田は，純粋な知の働きによって「真の実在」を認識し，自らのあり方を反省することで，「真の自己」が実現されると考えました。彼の思索には，自己の理想的なあり方を真摯に見つめた姿勢が感じられます。

　さて，西田というと，坐禅に打ち込みつつ自分自身の哲学を築き上げたことで知られていますが，西田は，親鸞にも深く共鳴していました。③親鸞は，自己の内面に捨て去ることのできない煩悩があることを見つめて，自分は煩悩を捨て切れない悪人だと自覚することを重視しました。また，④自然法爾という考え方を示した親鸞は，悟りを求めようとする自力を捨てて，阿弥陀仏のはたらきに身を委ねるあり方を説きました。ここには，現実の自己のあり方を厳しく見つめ，理想を探し求めた姿勢が感じられます。

　二人の生きた時代は異なりますが，このような両者の思想は，理想を探し求めることで現実の自己を問い直し，そこから新たな現実を開くことができるのだと，私たちに教えてくれます。

問8　次の**資料**は，近代における「理想」の捉え方に関して先生が示したものである。**資料**を踏まえて交わされたCとDの会話を読み，会話中の　**a**　に入る記述として最も適当なものを，後の①～④のうちから一つ選べ。　16

資料

　理想の理想たる所以(ゆえん)は，それが常に現実の上にかかる力として，現実を高め浄(きよ)むる力として，現実を指導して行くところにある。ゆえに理想が理想たるかぎりはそれは現実と矛盾する。理想は現実を歩一歩(ほいつぽ)*に浄化してこれをおのれに近接せしめながら，しかも常に現実と一歩の間隔を保って行く。……理想は何物かを否定する，何物をも否定せざる理想は理想ではない。もとよりここにいう否定とは存在を絶滅することにあらずして，存在の意義を，存在の原理を更新することである。

(阿部次郎『三太郎の日記』より)

*歩一歩：一歩ずつ

C：理想って，実現できない彼方(かなた)のものだと思ってたけど，**資料**に「現実の上にかかる力」とあるように，現実に働きかけてくるものなんだね。

D：でもさ，理想が現実を浄化するって，どういうことだろう？

C：それは，理想が　**a**　ということだと思うよ。

D：なるほど…。「理想」という言葉の捉え方が豊かになった気がするよ。理想について考えることで，私も現実の自分を見つめ直すことができそう。

① 今ある現実を無条件に肯定することで，日常の苦しみを解消してくれる

② いつでも現実と齟齬(そご)なく合致して，今ある現実の意義を保証してくれる

③ 現実のありようを一方的に否定して，現実そのものを消し去ろうとする

④ 現実と理想の隔たりを浮かび上がらせ，現実を向上させる原動力となる

第3問 以下のⅠ～Ⅲを読み，後の問い(問1～8)に答えよ。なお，会話と問いの
F，G，先生は各々全て同じ人物である。(配点 24)

Ⅰ 次の会話は，「考えること」をテーマにした倫理の授業中に，ルネサンス期の「魔
女狩り」の光景を描いた絵画をめぐって先生と高校生Fが交わしたものである。

先生：魔女狩りでは，国家とキリスト教会に一般の人々も数多く加わって，罪の
　　　ない人々を魔女とみなし，この絵のように火刑に処するなどしました。

　F：人間「再生」の時代と言われる@ルネサンス期にも，こんな側面があった
　　　のですね…。人々は，自分が間違っていると考えなかったのかな。

先生：そう，多くの人々が自分たちの判断に正当な根拠があるかを考えず，ある
　　　種の思考停止状態に陥って少数の人々を迫害したのが魔女狩りであったと
　　　すれば，同様なことは今日でも十分に起こり得るでしょう。

　F：例えば，　**a**　ような場合ですね。考えることを止めてしまったら，自
　　　分も現代版の魔女狩りに加担しかねない…。他人事ではないなあ。

問 1　下線部ⓐに関連して，ルネサンス期に活動したピコ・デラ・ミランドラの思想の説明として最も適当なものを，次の①〜④のうちから一つ選べ。　17

① 人間は，他の動物と同じように自由意志を持っているので，自己のあり方を自分で決めることができる。

② 人間は，他の動物と同じように自由意志を持っていないので，自己のあり方を自分で決めることができない。

③ 人間は，他の動物と違い自由意志を持っているので，自己のあり方を自分で決めることができる。

④ 人間は，他の動物と違い自由意志を持っているとはいえ，自己のあり方を自分で決めることはできない。

問 2　18 ページの会話中の　**a**　に入る事例として**適当でないもの**を，次の①〜④のうちから一つ選べ。　18

① 多くの人々が，眼前の困難に向き合う責任をただ回避するために，その困難の原因は特定の集団にあると根拠なく決め付けて，彼らを攻撃する

② 多くの人々が，思想や信条の異なる人々を自分たちとは異なるというだけで迫害し，そうすることで自分たちの正しさを信じ込もうとする

③ 権力者が自分に対する社会の不満をかわす意図で敵に仕立てた人物を，多くの人々が，権力者の言うままに不満の原因と思い込み，糾弾する

④ 世の中に広がっている漠然とした不安を自分なら解消できると主張する人物を，多くの人々が，その主張の根拠を確かめないまま熱狂的に支持する

II 次の会話は，授業の後にＦとクラスメートのＧが交わしたものである。

Ｆ：思考停止って怖いね。でも，知識さえあれば，⑤他人の意見などを鵜呑み
にせず，疑ってみることもできるから，思考停止も避けられるよ。

Ｇ：それはどうだろう。例えばこんな言葉があるよ。「あらゆることについて読
書した人たちは，同時にあらゆることを理解していると考えられています
が，必ずしもそうではありません。読書は心に知識の素材を提供するだけで
あり，思考こそが，私たちが読んだものを自分のものにします」。

Ｆ：そうか…。知識だけがあればいいってことじゃないのか。これ，誰の言葉？

Ｇ：ほら，『人間知性論』を書き，人間の心を「白紙」になぞらえた思想家だよ。

Ｆ：ああ，それは　　ａ　　んだった。「白紙」は人間が知識を獲得する仕方を一般
的に説明するための比喩だったね。その上で，この言葉は，自分の頭で考え
ることを通してこそ，知識は借り物ではなく，本当に自分のものになると述
べているんだね。

問 3 下線部⑤に関連して，デカルトが行った方法的懐疑についての説明として最
も適当なものを，次の①～④のうちから一つ選べ。　19

① デカルトは，僅かでも疑わしいものは真ではないとみなす方法的懐疑を経
て，精神としての自己の存在を哲学の第一原理として見いだした。

② デカルトは，過誤に陥ることを避けるために，結論を導くことを回避し続
ける方法的懐疑を自身の哲学の中で実行し続けた。

③ デカルトは，疑わしいものに関する真偽の判断を差し控える方法的懐疑の
過程で，数学上の真理だけは疑い得ないことに気付いた。

④ デカルトは，自分の感覚を疑うことは不可能であるという経験から出発し
て，あらゆる知識を方法的懐疑にかけ，その真偽を見極めるに至った。

問 4　20 ページの会話中の　　a　　に入る記述として最も適当なものを，次の
①～④のうちから一つ選べ。　　20

① 　ヒュームだね。彼は，自我とは知覚の束にすぎず，諸々の観念も人間の心
　が慣習として作り出したものにすぎないと主張した

② 　ロックだね。彼は，生まれながらにして人間に具わっている観念から，経
　験を通じて知識が導き出されるとした

③ 　ヒュームだね。彼は，存在するとは知覚されることであるとする立場か
　ら，物質世界が実在することを否定した

④ 　ロックだね。彼は，生得の観念というものはなく，経験を通じて得られた
　観念やその組合せによって知識が生まれると主張した

Ⅲ　次の会話は，Ⅱの会話の後で，F，G，先生が交わしたものである。

F　：考える大切さは分かったけど，考えって人それぞれで違うよね。私は，人と意見が違って衝突しそうになると，自分の考えは脇に置いて相手に従おうとしてしまうんだ。対立して人を傷つけたくないし，自分も傷つきたくないから。

G　：でも，ⓒヘーゲルの弁証法によれば対立にも重要な意味があるって，授業で勉強したよ。対立があればこそ物事は展開するんだって。それに，衝突を恐れるあまり，自分の考えを蔑ろにしてしまっていいのかな。

F　：そうだね…。私も，実を言えば，そうして人に合わせるのは，自分自身から目を背けることのような気がしてたんだ。

G　：そんな気がするっていうのが大事だと思う。その気にさえなれば，自分を偽らずに相手と向き合い，考えを進めていけるってことだから。ⓓヤスパースも，「実存的な交わり」が人間には必要だって言っていたね！

先生：考えを進める上で，他の人の存在はもちろん重要です。ただ，考えはあくまでも自分自身の中で深まるものだという点を忘れたくないですね。

G　：どういうことでしょう。自分一人ではなかなか考えも深まっていかないように思うのですが…。

先生：日常生活で，何かが心に引っ掛かって残り続けた経験はありませんか。

F　：あります。友人にかけた自分の言葉が，それで本当によかったのかずっと気になったり，読んでいた本の一節が，なぜか忘れられなかったり…。

先生：そのとき，なぜ気になったのか，忘れられないのかと自分自身に問いかけることが，考えを深める手掛かりになるでしょう。誰もが同じことに引っ掛かるわけではないのだから，自分の心に残ったものは，他の誰でもなくあなた自身の考えを深めていくための出発点になるのです。

F　：心に引っ掛かったことをやり過ごさず，ⓔ立ち止まって考えることで，自分の考えをいっそう深めていける，ということですね。分かってきたけど，まだ少し引っ掛かるなあ…。あれ，これってもしかして…？

先生：それです！

問 5 下線部ⓒに関して，次の**ア・イ**はヘーゲルの弁証法についての説明である。その正誤の組合せとして正しいものを，後の①～④のうちから一つ選べ。 21

ア 弁証法は，精神が自由を実現する過程を貫く論理である。全て存在するものはそれ自身と矛盾するものを内に含み，それとの対立を通して高次の段階に至る。この運動は個人のみならず社会や歴史の進展にも認められる。

イ 止揚は，否定と保存の意味を併せ持つ言葉である。弁証法において止揚するとは，対立・矛盾する二つのもののうち，真理に近い方を保存し，他方を廃棄して，矛盾を解消することである。

① ア 正 イ 正　　　　② ア 正 イ 誤
③ ア 誤 イ 正　　　　④ ア 誤 イ 誤

問 6 下線部ⓓに関して，「限界状況」をめぐるヤスパースの思想の説明として最も適当なものを，次の①～④のうちから一つ選べ。 22

① 限界状況とは，死，苦悩，罪責，争いなど，人間の力では回避することのできない人生の困難である。生きている限り誰もが行き当たるこの壁を克服し得たとき，はじめて人は自己の生の真実に触れることができる。

② 限界状況に直面し，人は自己の有限性を自覚する。自分が何ものにも支えられない無力で孤独な存在であることを知った人は，神のような超越的な存在に頼ることのない，人間同士の実存的な交わりを求めるようになる。

③ 限界状況と向き合いつつ，真の自己を求める者同士で心を開いて語り合うのが実存的交わりである。自己の全てを賭けたこの全人格的な対話に身を投じることで，互いの実存が明らかになる。

④ 限界状況に直面したとき，人は絶望し，挫折を味わう。自己の生の真実を理性によって捉えることはできないと悟った人は，理性に拠らない「愛しながらの戦い」を通じて，自己の実存に目覚めることができる。

問7 下線部ⓔに関して,先生はFに,「立ち止まって考える」ことについてデューイが論じている次の**資料**を示した。後の**メモ**は,それを読んでFが書いたものである。**資料**の内容と,デューイの思想を踏まえて,**メモ**中の　**a**　・　**b**　に入る記述の組合せとして最も適当なものを,次ページの①〜④のうちから一つ選べ。　23

資料

　いかなる場合であれ,自然な衝動や願望が行動の出発点となる。しかし,最初に現れてくる衝動や願望を,何らかのかたちで組み立て直し,あるいは作り変えることなしに,知的成長はない。……「立ち止まり,考えよ」という古くからの警句は,健全な心構えである。というのも,思考は衝動が即座に現れることを食い止め,……それによって,いっそう包括的で一貫した行動の見通しが形成されるからである。……人は,目,耳,手を使って客観的条件を観察したり,過去に何が起きたかを思い出したりする。このようにして,考えることは,即座の行動を先延ばしにすると同時に,観察と記憶との結合を通じて,衝動を自分の内部で統御することを可能にする。この結合が,自分を振り返るということの核心なのである。

(『経験と教育』より)

メモ

　デューイはプラグマティズムに属する思想家で,　**a**　と主張している。この主張の根底には,**資料**に示されている,　**b**　という考えがある,と言えるだろう。

① **a**　知性には，科学的真理を探究するだけでなく，生活の中で直面する問題を把握し，課題の解決に向かって行動を導く創造的な働きがある

　　b　思考の役割は，自然な衝動や願望を抑えつつ，自己を取り巻く客観的な条件を観察したり，過去の事例を振り返るなどして，自分がこれからなそうとする行動の当否を吟味することだ

② **a**　社会もまた知性の働きによって改善されるべきであり，知性には，理想的な民主社会の実現に向けて重要な役割を果たすことが期待される

　　b　思考の役割は，自然な衝動や願望を抑えつつ，行動を妨げるであろう要因を列挙して取り除いておくことで，環境の制約や過去の記憶から自由でいられるようにすることだ

③ **a**　現代社会において人々の価値観は多様であるが，各々が知性を働かせて協働することで，唯一絶対の普遍の価値に到達することができる

　　b　思考の役割は，自然な衝動や願望を抑えつつ，自己を取り巻く客観的な条件を観察したり，過去の事例を振り返るなどして，自分がこれからなそうとする行動の当否を吟味することだ

④ **a**　資本主義の発展により知性は衰退し，民主主義の理念も崩壊の危機に瀕しているため，教育により創造性を育むことがいっそう重要になる

　　b　思考の役割は，自然な衝動や願望を抑えつつ，行動を妨げるであろう要因を列挙して取り除いておくことで，環境の制約や過去の記憶から自由でいられるようにすることだ

問 8 次の文章は，学習のまとめとしてFが書いたレポートの一部である。20，22ページの会話を踏まえ，レポート中の | a | ・ | b | に入る記述の組合せとして最も適当なものを，後の①~④のうちから一つ選べ。 | 24 |

レポート

　授業で魔女狩りの話を聞き，また先生や友人との対話を通じて，考えることの大切さと，思考停止の怖さを学んだ。

　当初私は，人が思考停止状態に陥ってしまうのは， | a | からだろうと思っていた。しかし，Gと話をして，思想家の言葉を紹介されたりする中で，それだけではないらしいと思い至った。また，私は人と衝突することを恐れて，自分の考えを表に出すのを控えてしまうことがある。このとき，私は既に思考停止に片足を踏み込んでいると言えるのかもしれない。

　どうすれば思考停止を避けられるだろうか。この点について，先生は| b | という考え方を示した。思考停止に陥る危険も，思考を促し考えを深める種も，ともに日常の中にはあるのだと気付いた。

---

① **a** 熟慮する力が養われておらず，知識が真に自分のものとなっていない

　 b 思考は日常を生きる自分自身の中において深まるのだから，他者の意見よりも自己の見解の方をこそ重視すべきである

② **a** 物事を批判的に捉え返すために必要な思考の材料が不足している

　 b 日々の暮らしの中で経験されるようなありふれた物事の中にも考える種はあり，それが自身の思考を深めるきっかけになり得る

③ **a** 熟慮する力が養われておらず，知識が真に自分のものとなっていない

　 b 何かが心に引っ掛かったとき，他の誰も気に留めないようなものであっても，それを手掛かりにすれば考えを進めていくことができる

④ **a** 物事を批判的に捉え返すために必要な思考の材料が不足している

　 b 思考を進め，考えを深めていくためには，日々の小さな出来事に引っ掛かりを覚えたとしても，それに囚われるべきではない

第4問　高校生JとKが倫理の授業の予習をしているときに交わした次の会話を読み，後の問い（**問1～9**）に答えよ。なお，会話と問いのJとKは各々全て同じ人物である。（配点　28）

J：うーん，次回の授業で扱う⒜未来世代に対する責任ってよく分からないなあ。

K：後の世代のためによいことをしなければいけない，というのは当然じゃない？

J：その人たちに何がよいのかなんて，今の私たちに分かる？　私には⒝ネットがない生活なんて耐えられないけど，この気持ちは昔の人には分からなかったでしょ。未来の人はまた違うことを望むはずで，それは予想できないよね。

K：変わらないこともあるよ。誰だって衣食住や自由が必要だし，⒞子どもは大人に守ってもらわないと。それに安全な⒟環境や社会がなければ不安だよ。

J：でも，私個人の⒠行動が，未来の人の生活に影響することなんてあるのかな。

K：一人ひとりの廃棄で川や海にプラスチックが溜まり，電気やガスの使い過ぎで⒡温暖化も進んだ，と授業で習ったね。個人の行動も未来に影響はするよ。

J：なるほど。だけど，そもそも私たちに未来世代に対する責任があるのかなあ。この責任を負う相手には，遠い⒢将来の人だって含まれるかもしれないわけでしょ。そんな赤の他人になぜ何かをしてあげなければいけないのかな？

K：そういう人を思いやるのは難しいけど，それって何もしないことの言い訳になる？　遠い未来に生まれるとしても私たちと同じ人間なんだから，⒣道徳的に考えると，その人たちの利害も私たちのものと同様に重要なんじゃないの。

J：うーん，まだ存在もしていない人の利害よりも，いま現に生きている人の利害の方が大事な気もする。それに，同世代の人に何かよいことをするならお返しをしてもらえる可能性があるけど，未来世代の人からは何も返してもらえないよ。一方的な自己犠牲をしなきゃいけないの？

K：それは本当に一方的な自己犠牲なのかな。違うと思うよ。私たちが有限な人生を生きることの意味や幸福って，誰かが私たちの遺産を引き継いで幸せに生きていってくれるっていう期待にかかっているんじゃないの。

J：⒤後を継ぐ人がいないとしても，自分らしく生きられるのなら，それで十分だと思うけど。まだ納得できないから，明日，授業を受けてからまた話そう。

問 1　下線部@に関して，次の**メモ**は，授業の前夜にKが自分の考えをまとめたものである。27 ページの会話を踏まえて，**メモ**中の　**a**　・　**b**　に入る語句の組合せとして最も適当なものを，後の①〜⑥のうちから一つ選べ。　25

メモ

　未来世代に対する責任の重要性を説いた思想家として，ヨナスが挙げられる。私たちが，自然を危機的なまでに傷つけ人類を滅ぼすことができる科学技術を手にしていることが，彼の議論の背景にある。　**a**　ことも，彼と同様の考えに基づくものだったようだ。さらにヨナスは，私たちの行為と技術の影響を，遠い未来に及ぶものでも，できる限り知らなければならないと主張した。これは，J に伝えた，　**b**　という私の考えと同じ発想に基づいていたようだ。でも，科学技術とその利用の影響について知るための教育の機会が得られない人だって多い。現在の問題にも取り組まないと，未来世代に対する責任は果たせないということか。

---

① **a** 国連人間環境会議で「持続可能な開発」が提唱された

　 b 遠い将来の人であっても，私たちの行為で被害を受けることがある

② **a** 国連人間環境会議で「持続可能な開発」が提唱された

　 b 未来の人を援けることは，見返りのない義務なのだ

③ **a** ハーディンが地球を宇宙船という閉ざされた環境に喩えた

　 b 遠い将来の人であっても，私たちの行為で被害を受けることがある

④ **a** ハーディンが地球を宇宙船という閉ざされた環境に喩えた

　 b 未来の人を援けることは，見返りのない義務なのだ

⑤ **a** ラッセルとアインシュタインが核兵器の廃絶を主張した

　 b 遠い将来の人であっても，私たちの行為で被害を受けることがある

⑥ **a** ラッセルとアインシュタインが核兵器の廃絶を主張した

　 b 未来の人を援けることは，見返りのない義務なのだ

問2　下線部⑥に関連して，先生は授業で生徒に情報に関わる現代社会の問題を挙げさせた。デジタル・デバイドの具体例を挙げた生徒の発言として最も適当なものを，次の①〜④のうちから一つ選べ。　26

①　ネット上では，本人の同意なく個人情報が書き込まれ，しかもそれが容易には削除されない，という問題が起こっています。

②　インターネットに接続しにくい地域に住んでいるために，教育や就職の機会において不利になっている人がいます。

③　ネット上では，考えを共有する人同士が結び付き，意見が違う人を無視したり排除したりして，極端で攻撃的な方向に走る危険があります。

④　企業，報道機関，政府などが情報を隠したり不正確な情報を流したりして，情報の受け手が適切に行動するのが難しくなることがあります。

問3　下線部ⓒに関連して，子どもの発達や養育についての記述として最も適当なものを，次の①〜④のうちから一つ選べ。　27

①　子育てや教育が，家族よりむしろ保育所や学校などの組織に担われるようになることは，家族機能の外部化と呼ばれる事象の一例である。

②　青年期において，大人の集団にも子どもの集団にも属さない不安定な状態に置かれることを，レヴィンは脱中心化と呼んだ。

③　子どもが親や大人の指図や保護に対して反発する時期の一つとして，7〜8歳の頃の第二反抗期が挙げられる。

④　青年期において達成すべき発達課題の一つとして，エリクソンは周りの世界や自分自身を信じるという基本的信頼の獲得を挙げた。

問 4　下線部④に関連して，次の**ア・イ**は，環境や世界と人間との関係について考えた思想家の説明であるが，それぞれ誰のことか。その組合せとして正しいものを，後の①〜⑥のうちから一つ選べ。　| 28 |

ア　人間は身体を通じて世界を知覚し行動するのであり，その身体によって世界の中に織り込まれている，と考えた。

イ　人間は生態系の征服者ではなく一構成員であり，生態系という共同体を尊重し他の構成員に配慮して行動すべきである，と考えた。

① **ア**　パース　　　　　　**イ**　メルロ = ポンティ

② **ア**　パース　　　　　　**イ**　レオポルド

③ **ア**　メルロ = ポンティ　**イ**　パース

④ **ア**　メルロ = ポンティ　**イ**　レオポルド

⑤ **ア**　レオポルド　　　　**イ**　パース

⑥ **ア**　レオポルド　　　　**イ**　メルロ = ポンティ

問 5　下線部ⓔに関連して，不当な支配に対する行動をめぐるガンディーの思想の説明として最も適当なものを，次の①〜④のうちから一つ選べ。　| 29 |

① 不当な支配に対しては，真理を把持し，全ての生命を尊重し平和を愛して暴力に依らずに抵抗すべきである。

② 不当な支配に対しては，生命に対する愛に基づく不殺生の立場を貫き，一切の抵抗を断念すべきである。

③ 不当な支配に対しては，身体的な欲望のままに振る舞うことを旨とするブラフマチャリヤーを実践して抗うべきである。

④ 不当な支配に対しては，暴力に屈せずに抵抗する立場を徹底して，武力闘争も辞さずに正義を実現すべきである。

問 6　下線部①に関して，次の**資料**は，授業で気候変動についての議論のために配布されたものであり，後の**ア～ウ**は，**資料**の下線部ⓍとⓎのいずれかに当てはまる事例である。**資料**の趣旨を踏まえて，Ⓧに当てはまる事例を**ア～ウ**のうちから全て選んだとき，その組合せとして最も適当なものを，後の①～⑧のうちから一つ選べ。　30

資料

　ほとんど誰もが，次の基本的な道徳原理を認識している。Ⓧ他の人に危害を及ぼすのであれば，自分自身の利益になることであってもすべきではない。……そして通常は，Ⓨ危害を引き起こすときはいつでも，その被害を受けることになる人に補償をすべきだ。……車の運転，電力の使用……これら全ての活動は，気候変動の一因となる温室効果ガスを生じる。……基本的な道徳原理は，他の人に危害を及ぼす行動をやめる努力をし，私たちが危害を及ぼすであろう人々に補償をしておくべきだ，と告げる。

（J. ブルーム「気候変動の倫理」より）

ア　化石燃料で動く交通・輸送手段の利用で二酸化炭素が放出されるため，生活者たちが，それらの使用を控えるべく，生活や仕事の場を近くに集約させるとともに，できる限りその地域で生産した物を消費する。

イ　牛や羊は，ゲップやおならによって二酸化炭素の数十倍の温室効果を持つメタンを出すので，消費者や企業が，こうした動物の肉・乳や毛・革の過剰な売買と利用をやめて，温室効果ガスの排出量を減少させる。

ウ　気候変動の影響で海面が上昇するため，温室効果ガスを大量に排出した人々や企業が，高波の危険に曝される人々のための防波堤の設置や，海の近くに住めなくなる人々の生活や移住の支援のために，資金を拠出する。

① ア　　　　② イ　　　　③ ウ　　　　④ アとイ

⑤ アとウ　　⑥ イとウ　　⑦ アとイとウ　　⑧ なし

問 7　下線部⑧に関連して，次の**図1・図2**は，様々な国で10〜20歳代の男女約1,000名を対象に，自国の将来や社会についての意識調査を行った結果の一部である。**図1**は「自国の将来は明るいと思うか」という項目，**図2**は「社会をより良くするため，私は社会における問題の解決に関与したい」という項目に対する回答の内訳である。次ページの会話は，**図1・図2**について倫理の授業で交わされたものである。会話中の　**a**　・　**b**　に入る記述の組合せとして最も適当なものを，後の**①〜④**のうちから一つ選べ。　**31**

図1　自国の将来は明るいと思うかどうかの回答内訳

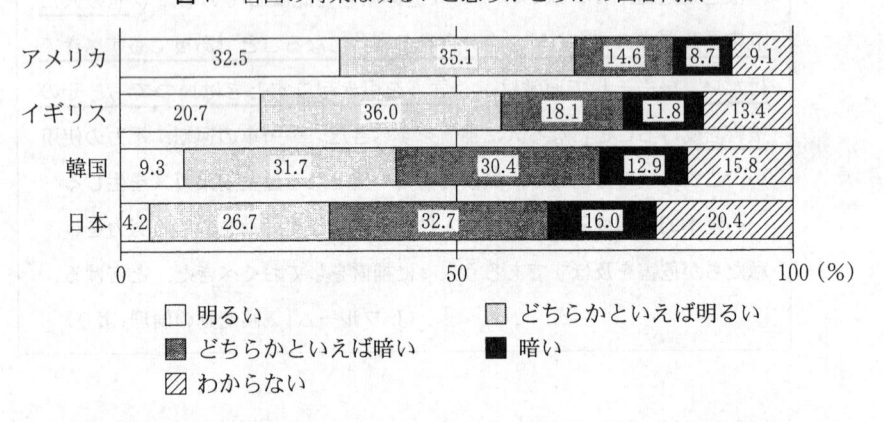

図2　社会における問題の解決に関与したいかどうかの回答内訳

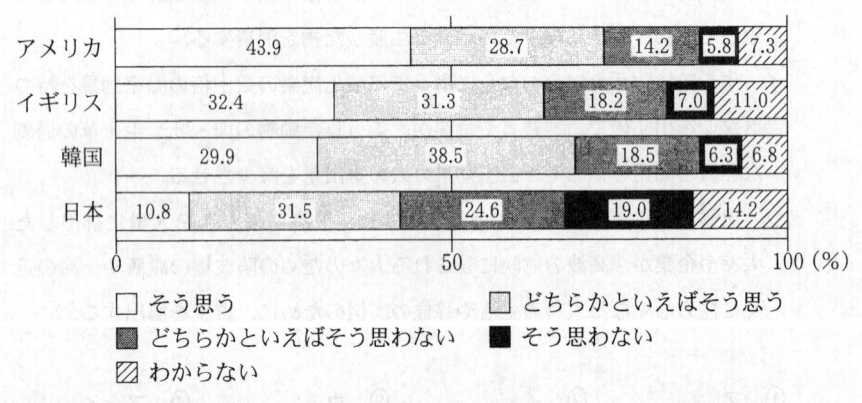

(注)　**図1・図2**の数値は四捨五入しているため，合計は100にならない場合がある。
(資料)　内閣府『我が国と諸外国の若者の意識に関する調査』(2019)より作成。

先生：**図1・図2**は各国の若者の将来や社会に対する考え方を示しています。どんなことが分かりましたか？

K　：アメリカとイギリスの若者の場合は，**図1**によれば「明るい」「どちらかといえば明るい」と答える楽観的な回答が多数派で，**図2**によれば「そう思う」「どちらかといえばそう思う」と答える肯定的な回答が多数派ですね。そうではない悲観的な回答や否定的な回答は少数派だなあ。

J　：日本では，自国の将来が明るいと思うかについても社会問題の解決に関与したいかについても，　　**a**　　。

K　：韓国では，　　**b**　　。国ごとにいろいろ特徴があるね。国や文化など，自分の周りの社会環境に考え方が左右され，将来の社会に自分がどう向き合うかに違いが生まれることもあるのかな。

① **a**　他の国と比べて「わからない」という回答の割合が高いですね

　b　自国の将来が「明るい」という回答は10％に満たないし，社会を良くするために自分が問題を解決しようという回答の割合も「そう思う」と「どちらかといえばそう思う」の合算では，イギリスより低いですね

② **a**　他の国と比べると悲観的な回答や否定的な回答の割合が高いですね

　b　自国の将来が明るいと思う人が少数派という点では日本と似ているけど，社会を良くするために自分が問題を解決しようと思うかについては肯定的な回答が日本と違って多数派ですね

③ **a**　他の国と比べて「わからない」という回答の割合が高いですね

　b　自国の将来が明るいと思うかについては過半数の回答が楽観的という点でアメリカと似ているけど，社会問題の解決に関与したいかについては否定的な回答が少数派でアメリカと対照的ですね

④ **a**　他の国と比べると楽観的な回答や肯定的な回答の割合が高いですね

　b　自国の将来が明るいと思うかについては悲観的な回答の方が多いという点でアメリカと対照的だけど，社会問題の解決に関与したいかについては肯定的な回答が多数派でアメリカと似た傾向ですね

問 8 下線部ⓑに関して，コールバーグは，成長に伴い道徳的判断の理由付けが変化していくことを指摘し，その変化を，次の**表**に示す3つのレベルに区分した。彼によると，各々のレベルに達してはじめて獲得される道徳的視点がある。この**表**に基づくと，「なぜ盗んではいけないか」という問いに対してどのような回答がなされると想定できるか。レベルと，そのレベルに適合する回答例の組合せとして最も適当なものを，後の①～④のうちから一つ選べ。 | 32 |

表　道徳的判断の理由付けのレベル

レベル	そのレベルではじめて獲得される道徳的視点	時期の目安
レベル1： 前慣習的 道徳性	単純な快不快に影響される。罰を避けるためや，具体的な見返り（他者からの好意や報酬）を得ようとするために，指示や規則に従う。	青年期より前
レベル2： 慣習的 道徳性	他者の期待を満足させたり，社会的役割を果たしたり，秩序を守ったりすることを重視して，既存の権威や規則に従順に従う。	青年前期
レベル3： 脱慣習的 道徳性	慣習的な規則や法を改善することも考慮しつつ，幸福増進や個人の尊厳など，皆に受け入れ可能で自らの良心にもかなう原理に従う。	青年後期以降

① レベル2：盗みをすると，相手の幸せを脅かし，誰でも認めるはずの普遍的な道理に逆らうことになるから

② レベル2：盗みをすると，親に厳しく叱られて，自分が嫌な思いをすることになるから

③ レベル3：盗みをすると，警察に逮捕され，刑務所に入れられてしまうかもしれないから

④ レベル3：盗みをすると，所有者を人として尊重していないことになり，自らの内面的な正義の基準に反するから

問9 下線部①に関して，次の**資料**は，ある小説に描かれた社会の概要である。後の会話は，ＪとＫが，授業で使われたこの**資料**を読んで，授業後に交わしたものである。27 ページの会話も踏まえて，後の会話中の　**a**　・　**b**　に入る記述の組合せとして最も適当なものを，次ページの①～④のうちから一つ選べ。　33

資料

　人類に子どもが全く生まれなくなり，20 年以上が過ぎた。人類の後継者が見込めないこの社会では，悲観主義が蔓延した。多くの人は，自分たちが去った後には全てが失われるのだと理解すると，いかなる喜びも儚いものに感じた。思いやりのある公正な社会への関心が薄れて民主制が崩壊し，自然界への関心も消えて科学的進歩はほぼ停止した。人々は，いなくなった快活な子どもたちの面影を空しく希求した。

（P. D. ジェイムズ『人類の子どもたち』より作成）

Ｋ：私たちのサークルが卒業後に廃部になることが決まったけど，Ｊはすごくショックを受けていたよね。サークルですらそうなんだから，人類が絶えることが分かったら，Ｊが無関心でいられるとは思わないなあ。

Ｊ：ああ，自分が**資料**で語られた社会の一員だと想像したら，Ｋが前に言っていたことが分かってきたよ。人類の文明が滅びるってことは，自分たちの伝統も人間関係も，大事にしている知識や考え方や価値観も，全て消え去るってことなんだ。

Ｋ：この結果をはっきり自覚したら，確かに生きがいや楽しみは損なわれそうだよね。だとすれば，授業前に私が言ったように，　**a**　。

Ｊ：　**b**　。**資料**の物語はフィクションだけれど，戦争や環境破壊や気候変動がいつか実際に文明を滅ぼしてしまうかもしれないわけだし，未来世代のためにはもちろん，自分たちのためにこそ，今後どうするべきか考えないといけないのかなと思うようになったよ。

① a 　未来世代の人の利害は現代世代の人の利害よりも重要なので，私たちは嫌でも未来世代のために責任を果たすべきなんだよ

　　b 　私もＫも，赤の他人のことを思いやるのは難しいと考えていたけれど，**資料**を読むとそんな他人の状況も思い描くことができたよ

② a 　未来世代の人の利害は現代世代の人の利害よりも重要なので，私たちは嫌でも未来世代のために責任を果たすべきなんだよ

　　b 　私は，自分たちの後を引き継ぐ人がいなくても，自分らしく生きられるのなら幸せだと考えていたけれど，そうではないかもね

③ a 　私たちの遺産を引き継いで幸せに生きる「子どもたち」やその子孫がいることは，私たちの人生にとってもやっぱり重要なんだよ

　　b 　私は，未来世代に責任を果たすことは，全くの自己犠牲だと思っていたんだけれど，そうではないってことか

④ a 　私たちの遺産を引き継いで幸せに生きる「子どもたち」やその子孫がいることは，私たちの人生にとってもやっぱり重要なんだよ

　　b 　私もＫも，未来の人々にとって何がよいのかなんて分からないと言っていたけど，将来のためにできることを真剣に探っていかないとね

倫　理

（2021年1月実施）

60分　100点

2

$$\left(\text{解答番号}\ \boxed{1}\ \sim\ \boxed{33}\right)$$

第1問 以下を読み，下の問い(**問1～8**)に答えよ。なお，会話と問いのXとYは各々全て同じ人物である。(配点 24)

I 次の会話は，高校生XとYが，「恥」について交わしたものである。

X：いやぁ，さっきの授業での発表，間違えてしまって，恥ずかしいなぁ。

Y：気にしなくていいんじゃない？ たとえ間違えたとしても，みんなの参考になるという意味では，クラスという<u>⒜共同体</u>への貢献だし。周りの評判を心配して，<u>⒝恥ずかしがることではない</u>でしょ。

X：うーん，周りの評判は関係なくて…。正直に言うと，準備を怠けていたことに気付いて，恥ずかしくなるんだよね。もっと頑張るべきだったって。

Y：なるほど。恥は，他人の目線がなくても，自分の足りないところに気付いたり，自分の<u>⒞理想的な生き方</u>に反したときにも感じるんだね。<u>⒟恥は自分の外にも内にも原因を持ち得る</u>ってことか。

X：恥って，なんとなく嫌だなあって思ってたけど，調べてみると面白いかも。

問1 下線部⒜に関連して，共同体や社会をめぐる思想についての説明として最も適当なものを，次の**①～④**のうちから一つ選べ。 $\boxed{1}$

① ペテロ(ペトロ)らは，イエスが死後に復活したと信じ，彼を救世主(キリスト)とみなす教団を形成した。

② 荀子は，社会に秩序がもたらされるためには，人間に本性的に備わる欲望が，自然と落ち着いていくことを待つ以外にないと考えた。

③ 董仲舒は，天人相関説を唱え，自然災害は，善政を敷く君主の統治する社会においてこそ起こると説いた。

④ スンナ派では，預言者の血統を受け継いだカリフが，ムスリムの共同体(ウンマ)を治めるべきだとされる。

問2　下線部ⓑに関連して，次のメモは，信仰を「恥」と関連付けるパウロの言葉を，Xが書き出したものである。　a ～ c に入る語句の組合せとして正しいものを，下の①～④のうちから一つ選べ。　2

> **メモ**
>
> 　パウロは，「わたしは　a 　を恥としない。　a 　は，　b 　，信じる者すべてに救いをもたらす神の力だからです」と述べ，そして「人が義とされるのは　c 　の行いによるのではなく，信仰による」と説いた。

① a 福音　b ギリシア人ではなく，ユダヤ人であれば　c 律法
② a 福音　b ユダヤ人をはじめ，ギリシア人にも　c 律法
③ a 律法　b ギリシア人ではなく，ユダヤ人であれば　c 福音
④ a 律法　b ユダヤ人をはじめ，ギリシア人にも　c 福音

問3　下線部ⓒに関して，理想的な生き方を考察したヘレニズムの思想家についての説明として最も適当なものを，次の①～④のうちから一つ選べ。　3

① エピクロスは，あらゆる苦痛や精神的な不安などを取り除いた魂の状態こそが，幸福であると考えた。
② エピクロスは，快楽主義の立場から，いかなる快楽でも可能な限り追求すべきであると考えた。
③ ストア派の人々は，人間の情念と自然の理法が完全に一致していることを見て取り，情念に従って生きるべきだと考えた。
④ ストア派の人々は，いかなる考えについても根拠を疑うことは可能であり，あらゆる判断を保留することにより，魂の平安を得られると考えた。

問4 下線部⓵に関連して，恥じ入ることを「慚愧に堪えない」と言うが，次の**資料**は，上座部仏教の思想家が，「慚」と「愧」という恥に関わる概念について論じたものである。XとYは，この**資料**を読み，2ページにおけるXの恥の感じ方について話し合った。会話中の **a** ・ **b** に入る語句の組合せとして最も適当なものを，下の⓵～④のうちから一つ選べ。 **4**

資 料

……慚は自己に由来し，愧は(他者という)外的な原因を持っている。慚は自分自身によって引き起こされ，愧は外的な世界によって引き起こされる。慚は慎みという人間の内的な本性に根ざし，愧は(他者への)恐れという本性に根ざしている。

(ブッダゴーサ『アッタサーリニー』より)

Y：Xは， **a** 恥ずかしくなったと言っていたね。

X：うん，そうなんだ。これは，**資料**の言葉を使えば， **b** が働いていたと言えるね。

Y：他人の目を恐れたのではなく，自分自身を謙虚に振り返ることで，恥を感じたんだね。立派だねえ。

X：いや，それほどでも。そうだ，せっかく恥についてここまで調べたんだから，レポートにまとめてみようっと。

⓵ **a** 失敗した発表についての周りの評判が悪かったので　**b** 慚

② **a** 失敗した発表についての周りの評判が悪かったので　**b** 愧

③ **a** 十分に準備をした上で発表に臨めていなかったので　**b** 慚

④ **a** 十分に準備をした上で発表に臨めていなかったので　**b** 愧

Ⅱ 次の**レポート**は，恥の感情に興味を持ったXがまとめたものである。

レポート

　恥の感情を知らなかったアダムとイブは，善悪の知識の実を食べた結果，裸であることを恥じ，葉で隠した。恥は，善悪の認識と関わるのだ。

　恥に着目し，共同体の⒠規範や秩序を保とうとした先哲がいた。⒡儒家の孔子は，人々が道徳的に正しく指導されれば，恥を恐れ，良君に従うと説いた。イスラームでは，⒢戒律を破ることは不名誉であり，恥辱とみなされる。恥は，善き規範から逸脱した悪しき言動を抑制するのだ。

　恥は，既存の価値観を反省し，自らの理想を追求する原動力にもなる。⒣ギリシアとローマの思想家たちは，恥の感情に訴え，人々の目を正しい生き方へ向け変えようとした。初期の仏教では，恥知らずは輪廻から抜けられないが，恥を知る者は正しく修行し，仏道に励むことができるとされる。

　何を善と考え何を悪とみなすのか。恥は，それが顕わになった瞬間を告げる。恥に向き合うことは，自らの価値観を問い直すことでもあるのだ。

問 5　下線部⒠に関して，規範や社会秩序について説いた宗教や思想家の記述として最も適当なものを，次の①〜④のうちから一つ選べ。　|　5　|

① ユダヤ教では，十戒など，イスラエルの民が自ら定めた律法を守れない場合，神から裁きが下されると考えられた。

② 孟子は，為政者が武力によって人々を支配する王道の政治を退け，人民の幸福に配慮し，徳に基づいた覇道の政治を提唱した。

③ ジャイナ教の教えの中には，生き物を殺してはいけないという不殺生（アヒンサー）が含まれる。

④ アリストテレスは，正義の徳について，人々の間の公平と平等に関わる全体的正義と，法律の遵守に関わる部分的正義に区別した。

問 6　下線部⑦に関連して，Xは，荘子が，儒家や墨家を厚顔無恥と批判する次の**資料**を見付けた。諸子百家の思想を踏まえて，この**資料**から読み取れる内容として最も適当なものを，下の①～④のうちから一つ選べ。　6

資　料

　今の世の中では，死刑を科された者が重なり合い，首かせ足かせをはめられた者がひしめき合い，刑罰を受けた者が至る所にいる。それなのに儒家や墨家はまたことさら変わった振る舞いをして，そうした罪人たちの中で腕まくりをして威勢を振るっている。ああ，ひどいことだ。彼らの厚顔無恥は甚だしい。聖人や知恵が首かせ足かせを留める楔(くさび)となっているのではないか。仁や義が手かせ足かせを固める錠前となっているのではないか。

（『荘子』より）

---

①　孔子は，周公旦の政治を理想としていたが，この**資料**で荘子は，聖人を範とすることが，多くの刑罰をもたらしていると考えている。

②　孟子は，徳を養えば誰でも優れた人物になれると説いたが，この**資料**で荘子は，人々が仁や義を欠くことで罪人になっていると嘆いている。

③　墨家は，儒家と同様に仁と礼の思想を重んじたが，この**資料**で荘子は，儒家と墨家の思想の親近性を見て取り，まとめて批判している。

④　老子は，「大道廃れて仁義あり」と述べて儒家を批判したが，この**資料**で荘子は，そうした老子とは異なり，仁や義に積極的な意義を認めている。

問 7　下線部⑧に関して，次の会話は，Xとムスリムの留学生Zが，イスラームの戒律に則（のっと）った経済活動について交わしたものである。会話中の　**a**　・**b**　に入る語句の組合せとして最も適当なものを，下の①〜⑥のうちから一つ選べ。　**7**

X：今日，授業でイスラームについて習ったんだけど，　**a**　が禁止されているんだよね？　お金を集めたいときはどうするの？

Z：確かに，　**b**　シャリーアでは　**a**　が禁止されているよ。でも，例えばイスラーム銀行という機関もあって，事業者のためにお金を集める役割を担っているんだ。資金提供者は，共同事業者という位置付けが強くて，事業による損益を契約に従って配分するんだよ。

X：なるほど。イスラームの世界にはそういうお金の集め方があるのか。

① **a** 寄付　　**b** クルアーン（コーラン）やスンナなどに基づく
② **a** 寄付　　**b** ムハンマドの言行録のみに基づく
③ **a** 寄付　　**b** 神の啓示のみを記録した
④ **a** 利子　　**b** クルアーン（コーラン）やスンナなどに基づく
⑤ **a** 利子　　**b** ムハンマドの言行録のみに基づく
⑥ **a** 利子　　**b** 神の啓示のみを記録した

問 8　下線部⑪に関連して，次の**資料**1・2は，古代ギリシアとローマの思想家が，恥と評判や名誉との関係について述べたものである。その内容として最も適当なものを，下の①〜④のうちから一つ選べ。　| 8 |

資料1　〈ソクラテスがアテナイ人に向けて言った言葉〉

　金銭ができるだけ多く自分のものになるよう気を遣って恥ずかしくないのか。評判や名誉は気にしても，知恵と真実には気を遣わず，魂ができるだけ優れたものになるよう配慮しないで恥ずかしいと思わないのか。

（『ソクラテスの弁明』より）

資料2　〈キケロが友情について語った言葉〉

　友の命や評判が危機にある状況で，友の必ずしも正しくはない望みに手を貸す必要があれば，道を外れてでも手を貸して然るべきだ。ただし，あまりに恥ずべきことが結果しない限りで。友情のために許される言動にも限度があるのだ。

（『友情について』より）

---

① ソクラテスは，知恵や真実や魂ではなく，評判や名誉ばかりを気遣うのは恥だとし，キケロは，友の命や評判のためなら，極度に恥ずべきことにならない限り，必ずしも正しくはない望みでも手助けすべきだとしている。

② ソクラテスは，知恵や真実や魂ではなく，評判や名誉ばかりを気遣うのは恥だとし，キケロは，友の命や評判のための手助けは，それが恥につながる限り，どのような場合でも行ってはならないとしている。

③ ソクラテスは，魂が優れたものになるよう配慮することより評判や名誉の追求を重視し，キケロは，友の命や評判のためなら，極度に恥ずべきことにならない限り，必ずしも正しくはない望みでも手助けすべきだとしている。

④ ソクラテスは，魂が優れたものになるよう配慮することより評判や名誉の追求を重視し，キケロは，友の命や評判のための手助けは，それが恥につながる限り，どのような場合でも行ってはならないとしている。

第2問　以下を読み，下の問い(**問1～8**)に答えよ。(配点　24)

Ⅰ　「日本における時間の捉え方と人生観・世界観」について，クラスを3つの班に
分けて調べることにした。1班は古代から中世を担当した。

問1　『古事記』について調べていた高校生Aは，世界の始まりに関する次の**資料**
を，先生から紹介された。『古事記』の内容を踏まえて，**資料**から読み取れる内
容として最も適当なものを，下の**①～④**のうちから一つ選べ。　9

資料

　最初にカオスが生じた。それから次に生じたのは，広き胸のガイア(大
地)……，またガイアは，実りもたらさぬ海，大波荒れるポントス(大海)
をも，情愛なくして生んだ。それから，ウラノス(天)と結ばれ，深く渦巻
くオケアノス(大河)を生んだ。

(ヘシオドス『神統記』より)

(注)　ガイア，ポントス，ウラノス，オケアノスは，それぞれ自然を人格化した
　　　神の名

---

①　『古事記』では，究極の唯一神が天地を創造したとされるが，**資料**には，ガ
イアから生まれたポントスやオケアノス等，複数の神々が描かれている。

②　『古事記』では，究極の唯一神が天地を創造したとされるが，**資料**には，ウ
ラノスが生んだポントスやオケアノス等，複数の神々が描かれている。

③　『古事記』には，天地を創造した究極の唯一神は登場せず，**資料**にも，ガイ
アから生まれたポントスやオケアノス等，複数の神々が描かれている。

④　『古事記』には，天地を創造した究極の唯一神は登場せず，**資料**にも，ウラ
ノスが生んだポントスやオケアノス等，複数の神々が描かれている。

問 2　次ページのノートは，次の絵に関する**先生の指摘**と，高校生Bがこの絵を見て感じた**疑問**，さらにその疑問についてB自身が**調べた結果**を書き留めたものである。ノート中の　a　・　b　に入る記述の組合せとして正しいものを，次ページの①〜④のうちから一つ選べ。　10

ノート

先生の指摘

・右下の屋敷内に手を合わせた人物がいる。

・右下の人物のもとへ雲に乗った仏や菩薩たちがやって来ており，その中
　心にひときわ大きな仏が描かれている。

感じた疑問

(i)　ひときわ大きな仏は，何者なのか。

(ii)　この仏や菩薩たちは，何をしにやって来たのか。

(iii)　どうしてこのような絵が描かれたのか。

調べた結果

(i)　ひときわ大きな仏は，阿弥陀仏である。

(ii)　この仏や菩薩たちは，　　a　　ためにやって来た。

(iii)　平安時代後期から鎌倉時代にかけて，「今は　　b　　時代なのだ」と強
　く意識された。そのような時代には，阿弥陀仏の力に頼るしかないと考
　えられたため，このような絵が描かれた。

① **a**　右下の屋敷内の人物を極楽往生に導く

　b　仏の教えだけが残っており，正しい修行も悟りもない

② **a**　右下の屋敷内の人物を極楽往生に導く

　b　仏の教えとそれに基づく修行のみが存在し，悟りのない

③ **a**　右下の屋敷内の人物に現世利益をもたらす

　b　仏の教えだけが残っており，正しい修行も悟りもない

④ **a**　右下の屋敷内の人物に現世利益をもたらす

　b　仏の教えとそれに基づく修行のみが存在し，悟りのない

問 3 次のレポートは，高校生Cがまとめたものの一部である。レポート中の
  $\boxed{\text{a}}$ ・ $\boxed{\text{b}}$ に入る記述を，下の**ア~オ**から選び，その組合せとして最
も適当なものを，下の①~⑥のうちから一つ選べ。 $\boxed{11}$

レポート

  道元は， $\boxed{\text{a}}$ ，と考えていた。また，時間に関して，本来的な時間
とは，一方向に進んでいくものではなく，「今というこの瞬間」が絶え間な
く連続しているものと捉えていた。このような時間の捉え方が， $\boxed{\text{b}}$
という「修証一等」の考えにも関係しているのではないだろうか。

ア ひたすら坐禅に打ち込み，一切の執着から解き放たれることが重要である

イ 南都六宗の立場から，念仏によらない修行のあり方を捉え直す必要がある

ウ 自らは罪深い凡夫であるため，自力によって悟りを開くことができない

エ 三密の修行によって，仏と一体になることができる

オ 修行とは悟りの手段ではなく，悟りそのものである

① a ― ア   b ― エ

② a ― ア   b ― オ

③ a ― イ   b ― エ

④ a ― イ   b ― オ

⑤ a ― ウ   b ― エ

⑥ a ― ウ   b ― オ

Ⅱ　次のレポートは，江戸時代を担当した2班の高校生Dがまとめたものの一部である。

問4　レポート中の　a　・　b　に入る語句や記述の組合せとして正しいものを，下の①～④のうちから一つ選べ。　12

> **レポート**
>
> 　江戸時代に入ると，儒者たちは，現実的な人間関係を軽視するものとして仏教を盛んに批判し始めた。そうした儒者の一人であり，徳川家康ら徳川家の将軍に仕えた　a　は，「持敬」によって己の心を正すことを求めた儒学を講じ，　b　と説いた。一方，泰平の世が続き都市経済が発展するとともに，中世以来の厭世観（えんせい）とは異なる現世肯定の意識が町人の間に育まれていった。その過程で，武家社会と異なる様々な文化や思想が@町人社会にも形成されていくこととなった。

① a　林羅山
　 b　「理」を追求するのではなく，古代中国における言葉遣いを学び，当時の制度や風俗を踏まえて，儒学を学ぶべきである

② a　林羅山
　 b　人間社会にも天地自然の秩序になぞらえられる身分秩序が存在し，それは法度や礼儀という形で具現化されている

③ a　荻生徂徠
　 b　「理」を追求するのではなく，古代中国における言葉遣いを学び，当時の制度や風俗を踏まえて，儒学を学ぶべきである

④ a　荻生徂徠
　 b　人間社会にも天地自然の秩序になぞらえられる身分秩序が存在し，それは法度や礼儀という形で具現化されている

問 5 下線部ⓐに関して，次の**ア・イ**は，町人社会に注目した人物についての説明である。その正誤の組合せとして正しいものを，下の①〜④のうちから一つ選べ。 13

ア 石田梅岩は，町人の営利追求を賤しいものとして否定し，「正直」と「倹約」を重んずる心学を説いた。

イ 井原西鶴は，町人たちが自らの欲望に従って，富を追求する姿や恋愛に熱中する姿を，浮世草子の中に描き出した。

① ア 正　イ 正
② ア 正　イ 誤
③ ア 誤　イ 正
④ ア 誤　イ 誤

Ⅲ　下の会話は，近現代を担当した3班の高校生Eと先生が，大正期に描かれた次のポスターについて交わしたものである。

先生：このポスターのテーマは「今日もまた流會（流会）か」です。決められた時間に人が集まらず，会議が開けない当時の状況を風刺したものです。

E　：風刺したということは，時計の時間を守って行動することが近代になって奨励されたのに，そうしない人たちもいたってことですね。

先生：現代では，時計によって計測される時間は，誰にとっても同じ速さで直線的に進んでいくもの，と考えられています。ただ，こうした時間意識とは異なる時間の考え方は，今回1班がまとめた，中世の道元の場合のように，ほかの時代にも存在します。

E　：時計の時間を生活の基準にしようとする⑥近代以降の社会のあり方が，当たり前ではないということですね。

先生：当時の⑥生活文化が垣間見えるこのポスターからも，近代以降の時間意識を考えることが可能なのです。皆さんが当たり前だと思っている⑥時間理解を改めて捉え直すことで，現代に生きる私たちの生活のあり方を問い直すこともできるのではないでしょうか。

問6 下線部ⓑに関連して，次の**ア〜ウ**は，近代以降の社会や思想のあり方を考察した思想家についての説明であるが，それぞれ誰のことか。その組合せとして正しいものを，下の**①〜⑥**のうちから一つ選べ。 | 14 |

ア 近代社会を担う主体性の確立を思想的課題として位置付け，伝統的な日本の思想のあり方を，様々な思想の「雑居」にすぎないと批判した。

イ 近代批評の確立を目指すとともに，明治以来，思想や理論が，その時々の流行の「意匠」として弄ばれてきたと批判した。

ウ 国家や社会組織の本質を問い直す『共同幻想論』を著すとともに，大衆の実生活に根ざす，自立の思想の確立を目指した。

① ア 小林秀雄　イ 吉本隆明　ウ 丸山真男

② ア 小林秀雄　イ 丸山真男　ウ 吉本隆明

③ ア 吉本隆明　イ 小林秀雄　ウ 丸山真男

④ ア 吉本隆明　イ 丸山真男　ウ 小林秀雄

⑤ ア 丸山真男　イ 小林秀雄　ウ 吉本隆明

⑥ ア 丸山真男　イ 吉本隆明　ウ 小林秀雄

問7 下線部ⓒに関連して，民俗学に携わった南方熊楠についての説明として最も適当なものを，次の**①〜④**のうちから一つ選べ。 | 15 |

① フランスの民権思想の影響を受けて主権在民を主張し，自由民権運動の理論的指導者として活動した。

② 『先祖の話』を著し，歴史書に記録されない無名の人々の生活や習俗を明らかにすることを試みた。

③ 足尾鉱毒事件が起こったとき，農民の側に立って反対運動を行い，「民を殺すは国家を殺すなり」と訴え，この公害問題に生涯にわたって関わった。

④ 神社合祀によって神社やその境内の森林が破壊されることに反対し，鎮守の森の保護運動を推進した。

問 8　下線部ⓓに関連して，次の文章は，詩人の高村光太郎が芸術作品の永遠性について論じたものである。その内容の説明として最も適当なものを，下の①〜④のうちから一つ選べ。　　16

　　芸術上でわれわれが常に思考する永遠という観念は何であろう。……或る一つの芸術作品が永遠性を持つというのは，既に作られたものが，或る個人的観念を離れてしまって，まるで無始の太元*から存在していて今後無限に存在するとしか思えないような特質を持っている事を意味する。夢殿**の観世音像は誰かが作ったという感じを失ってしまって，まるで天地と共に既に在ったような感じがする。……真に独自の大きさを持つ芸術作品は……いつの間にか人心の内部にしみ渡る。真に大なるものは一個人的の領域から脱出して殆ど無所属的公共物となる。有りがたさが有りがたくなくなるほど万人のものとなる。

（「永遠の感覚」より）

　*無始の太元：いくら遡ってもその始点を知り得ない根源
　**夢殿：法隆寺東院の本堂のこと

---

① 芸術作品の永遠性は，作品を無始の太元からあったものであるかのように感じさせる一方で，その作者の存在を強く意識させる。

② 芸術作品の永遠性は，作品を無始の太元からあったものであるかのように感じさせる一方で，その作品もいずれは消滅することを予感させる。

③ 永遠性を有する芸術作品は，誰かの創作物であるという性質を失うとともに，人々の心の中に浸透していくこともない。

④ 永遠性を有する芸術作品は，誰かの創作物であるという性質を失うとともに，限りない過去から悠久の未来にわたって存在すると感じさせる。

第3問 次の文章を読み，下の問い（**問1〜8**）に答えよ。（配点 24）

　眼前の敵を撃つ瞬間，多くの兵士がためらうという。任務を遂行した自分を責め，長く苦しむ事例も数多い。ためらいも，自責も，悪を拒もうとする人間の良心から生まれる。その良心をめぐる，西洋近現代の思想の流れをたどってみよう。

　古来の関心事であった良心の働きに新たな光を当てたのが，16世紀の⒜ルターである。彼は，教会や聖職者の教えにではなく，悪を禁じる神の下にある各自の良心にのみ，人は従うべきだと主張した。その後，17世紀の合理主義哲学では，人間の精神に固有の力が重要視される。⒝デカルトは意志の力で，スピノザは理性の力で，人は他者を傷つけることを自ら思いとどまり，それによって，良心の呵責に囚われる可能性を排除できる，と考えた。

　とはいえ，精神の力で常に自らを律するのは，必ずしも容易なことではない。こうした観点から，18世紀における文明社会の現実を見据えて，⒞ルソーが良心と社会の関係を問題にした。さらにカントは，良心を，自らが道徳法則に従っているか否かを自分に問いただす「内なる法廷」になぞらえ，人間が状況に影響されずに正しく振る舞う可能性を追求した。他方で，19世紀半ば，キルケゴールは，良心の呵責がもたらす絶望こそが人間の⒟「実存」のあり方を左右すると説いた。

　⒠20世紀の思想家たちは，新たな現実の中で，改めて，次の二つの問いに向き合うことになった。すなわち，良心の声はどこから聞こえてくるのか？　そして，その声が時に途絶えてしまうのはなぜなのか？　最初の問いに，⒡ハイデガーは，「良心の呼び声は，私の内から，しかも私を超えて訪れる」と答えている。二つ目の問いに関してアーレントは，良心の痛みを感じずにホロコーストを担った人々の存在を踏まえ，巨大な組織の下した決定に従うとき，人はしばしば善悪の判断を放棄し，それによって良心を自ら麻痺させてしまう，と考えた。

　しかし，冒頭の兵士たちの苦しみは，こうした麻痺を拒もうとする力もまた人間には備わっていることを，示している。私たち自身にも，人を傷つける前にためらい，あるいは⒢傷つけた後に悔やみ，苦しんだ経験があるだろう。それが良心の声を聞くということであるならば，誰にでも，日々の生活の中で⒣「その声はどこから？」と問い，自分なりの答えを探し求めることができるのではないだろうか。

問 1　下線部ⓐに関連して，次の文章は，良心をめぐるルターの思想が後世に対して果たした役割について，心理学者・精神分析学者のエリクソンが論じたものである。その内容の説明として**適当でないもの**を，下の①〜④のうちから一つ選べ。　17

　　ルターの語った良心は，形骸化した宗教道徳の内部に溜まった澱（おり）のようなものではなかった。それは，むしろ，一人の人間が……知り得る最高のものだった。「私はここに立っている」という，後に有名になったルターの言葉*……は，信仰においてのみならず，政治的にも，経済的にも，また知的な意味でも，自ら現実に向き合おうと決意し，その決意に自分のアイデンティティを見いだそうとした人々にとって，新たなよりどころとなった。……良心が人間各人のものであることをルターは強調し，それによって，平等，民主主義，自己決定といった一連の概念へ通じる道を開くことになる。そして，ルターを源とするこれらの概念が，……一部の人々のではなく，万人の尊厳と自由のための基盤となったのである。

（『青年ルター』より）

*1521 年の帝国議会において，宗教制度の改革を唱える自説の撤回を迫られたルターが，皇帝の要求を拒んで述べたとされる言葉

---

① 　ルターの思想は，個々人の良心を政治や経済の諸問題から切り離すことで，信仰の純粋さを守る役割を果たした。

② 　ルターの思想は，人が，現実世界に対峙（たいじ）することを通して自らのアイデンティティを確立しようとする努力を支える役割を果たした。

③ 　ルターの思想は，人間としての尊厳があらゆる人に備わっている，という考えを用意する役割を果たした。

④ 　ルターの思想は，平等その他，その後の社会のあり方を支える諸概念の形成を促す役割を果たした。

問 2 下線部ⓑに関して，デカルトが説いた「高邁の精神」についての説明として最も適当なものを，次の①～④のうちから一つ選べ。 18

① 高邁は，自分が独断，偏見，不寛容に陥っていないかどうか謙虚に自己吟味を続ける，懐疑主義的な精神である。

② 高邁は，あるがままの人間の姿を現実生活に即して観察し，人間の本来的な生き方を探求する，モラリストの精神である。

③ 高邁は，身体と結び付いた情念に左右されることなく，情念を主体的に統御する，自由で気高い精神である。

④ 高邁は，絶対確実な真理から出発することで，精神と身体・物体とを区別し，機械論的な自然観を基礎付けようとする，合理論的な精神である。

問 3　下線部ⓒに関して，次の文章は，世間の中に置かれた良心のあり方について，ルソーが述べたものである。その内容を身近な事例に置き換えた記述として最も適当なものを，下の①～④のうちから一つ選べ。　| 19 |

　　良心は内気である。……世間の喧騒は良心をおびえさせる。良心は社会的通念の産物であると一般に考えられているが，社会的通念こそ，むしろ，良心の最も残酷な敵なのである。この敵に出会うと，良心は逃げ出すか，押し黙る。良心は，誰にも相手にされなくなって意欲をなくし，何も語らなくなり，応答しなくなる。そうやって良心のことを無視し続けていると，容易に追い払えなかったはずの良心をもう一度呼び戻すことはとても難しくなる。

　　　　　　　　　　　　　　　　　　　　　　　（『エミール』より）

---

①　嘘をついた後に良心が感じるやましさは，嘘が必要な場合もあるという社会の通念への反発から，逆にいっそう強くなっていくものである。

②　たとえ，年長者には従うのが世間の常識だったとしても，年長者の命令が自分の良心に照らして不正なら，そうした命令に従う人は誰もいない。

③　困っている友達を見捨てた後で良心が苛まれるのは，良心を生み出した世の中のモラルによれば，友人は大切にするべきものであるためだ。

④　苦境にあえぐ人たちの存在を知って良心が痛んだとしても，彼らのことを軽視する風潮に流されているうちに，その痛みを感じなくなってしまう。

問 4 下線部ⓓに関して，次の**ア〜ウ**は，キルケゴールが説いた実存の三段階について の説明である。その組合せとして最も適当なものを，下の**①〜⑥**のうちから一つ選べ。 20

ア 自分の社会的な責務を引き受け，それを果たそうと努力するさなかで，自 分の力の限界を思い知らされた状態。

イ 自分自身の無力さに打ちのめされて苦しむさなかで，自らを神の前に立つ 単独者として発見するに至った状態。

ウ その場限りの感覚的な快楽を際限なく追い求めるさなかで，欲望の奴隷と なって自分を見失った状態。

① 第一段階 ― ア　　第二段階 ― イ　　第三段階 ― ウ

② 第一段階 ― ア　　第二段階 ― ウ　　第三段階 ― イ

③ 第一段階 ― イ　　第二段階 ― ア　　第三段階 ― ウ

④ 第一段階 ― イ　　第二段階 ― ウ　　第三段階 ― ア

⑤ 第一段階 ― ウ　　第二段階 ― ア　　第三段階 ― イ

⑥ 第一段階 ― ウ　　第二段階 ― イ　　第三段階 ― ア

問 5　下線部ⓒに関連して，次の文章は，19〜20世紀における思想家たちと現実との関係についての説明である。文章中の　**a**　・　**b**　に入る語句の組合せとして正しいものを，下の①〜⑥のうちから一つ選べ。　21

　　第二次世界大戦の過酷な現実が，強制収容所を経験したフランクルや，ナチスへの抵抗運動に参加したサルトルなど，20世紀の思想家たちに深い影響を与えたように，19世紀においても，思想家たちは当時の深刻な現実に直面する中で，それぞれの思想を形成していった。例えば，　**a**　やフーリエが，搾取のない人道的な共同体を構想したのは，多くの労働者が低賃金で過酷な労働を強いられていた産業革命後の現実に対応するためだった。にもかかわらず，彼らの構想がマルクスらによって　**b**　と呼ばれた事実は，思想が現実の問題を実際に解消することの難しさを示している，と言えるだろう。

① **a** エンゲルス　　**b** 科学的社会主義

② **a** エンゲルス　　**b** 社会民主主義

③ **a** エンゲルス　　**b** 空想的社会主義

④ **a** オーウェン　　**b** 科学的社会主義

⑤ **a** オーウェン　　**b** 社会民主主義

⑥ **a** オーウェン　　**b** 空想的社会主義

問 6 下線部①に関連して，ハイデガーの思索の出発点となった人物にフッサールがいる。次の**ア・イ**は，フッサールの現象学についての説明である。その正誤の組合せとして正しいものを，下の①〜④のうちから一つ選べ。 22

ア 現象学によれば，世界の実在を信じるような自然的態度を一旦停止するエポケーによって，意識の内部に現れるがままの「事象そのものへ」迫ることができる。

イ 現象学によれば，自覚ないし自己意識こそ精神の基本的な働きであり，人間は，他者との関係を通じてその自己を外化することにより，自由を獲得することができる。

① **ア** 正 **イ** 正
② **ア** 正 **イ** 誤
③ **ア** 誤 **イ** 正
④ **ア** 誤 **イ** 誤

問 7　下線部⑧に関連して，次の会話は，高校生RとUが交わしたものであり，下のア〜エは，吉野源三郎の『君たちはどう生きるか』より抜粋した言葉である。会話の趣旨を踏まえて，　a　・　b　に入る言葉の組合せとして最も適当なものを，下の①〜④のうちから一つ選べ。　23

R：今，吉野源三郎のこの本を読んでいるのだけど，中学生の頃，一人の子がいじめられていたときのことを思い出すんだ。私は黙ってるだけで止めなかった。結局，加担したのと同じじゃないかって，今でも後悔してる。

U：その本，私も読んだよ。後悔って，自分のしたことが他人からみっともないと思われないかと心配して，生まれる気持ちのことだと私は思ってた。けど，この本だと違うよね。ほら，ここに，「僕たちが，悔恨の思いに打たれるというのは，　a　」からだって書いてある。

R：私もそう思う。私だって，絶対に止められたはず。そう考えるたびに，一番つらかったはずのあの子の顔が，まず思い浮かぶんだ。

U：そうだったんだ…。この本でもう一つ，私には初めてだったのが，「僕たちは，　b　。だから誤りを犯すこともある」っていう考え方。

R：それはね，だからこそ，自分のためかどうかとは関係なく，いじめを止めることもできるってことだよ。それが他の人の喜びやつらさに結び付くのだから，次はきっと止めるんだって，この本を読みながら私は思ったよ。

ア　自分はそうでなく行動することも出来たのに──，と考える
イ　つまらない虚栄心が捨てられない
ウ　自分で自分を決定する力をもっている
エ　自尊心を傷つけられるほど厭な思いのすることはない

①　a ─ ア　　b ─ ウ
②　a ─ ア　　b ─ エ
③　a ─ イ　　b ─ ウ
④　a ─ イ　　b ─ エ

問 8　下線部ⓗに関連して，次の会話は，18 ページの文章を読んだ高校生 S と先生 T が交わしたものである。会話と文章の内容を踏まえて，　a　に入る先生 T の言葉として最も適当なものを，下の①～④のうちから一つ選べ。　24

S：先生，「良心の声はどこから聞こえてくるのか」って，考えようにもどう考えたらいいのか，取っ掛かりが見付けられないんです。

T：それなら，「良心」に対応する英語 conscience がヒントになりますよ。語源に遡ると，この言葉は con と science に分解できて，con は「～と共に」，science は「知る」が元の意味。二つが組み合わさって conscience となる場合，「～」には「誰か」が入ります。

S：じゃあ，conscience の語源的な意味は，「誰かと共に，知る」，ですか？

T：そう。ただし，この場合の「知る」は，知識を得るという一般的な意味ではありません。「誰かと共に，知る」は，自分が「誰かと共に」いるということに気付き，その「誰か」の存在を尊重しようとすることだと言えます。反対に，尊重せず，傷つければ，人は良心に痛みを感じますね。

S：そうか，良心の痛みは，他の人を大切にしなさいという合図なんですね。そのことと，「良心の声はどこから？」の問いも関係しているのですか？

T：考えがまとまってきましたね。もう一歩先に進めると，この「誰か」は必ずしも他の人に限られません。人を傷つけたことで良心が痛むとき，痛みを感じている本人もまた傷ついている。だとしたら，良心の痛みは，自分のことを大切にしなさいという合図でもあるでしょう。改めて，conscience の語源の観点から，先ほど読んだ，良心をめぐる西洋近現代思想の流れについての文章を振り返ってみてください。人の良心，すなわち「誰かと共に，知る」の　a　，ということに気付くのではありませんか。

①　「誰か」として，各自の周りにいる人々が最も重要だとされてきた

②　「知る」働きこそ，道徳や倫理を支える唯一の根拠であると考えられてきた

③　「誰か」とは，自分を見つめる自分自身のことだとされる場合もあった

④　「知る」働きが停止してしまう危険性は，問題にされてこなかった

第4問　高校生PとQが交わした次の会話を読み，下の問い（問1～8）に答えよ。なお，会話と問いのPとQは各々全て同じ人物である。（配点　28）

P：昨日の世界史の小テスト，難しかったよね。ⓐ歴史を覚えるのは苦手だなぁ。

Q：そう？　楽勝だったけどな。それにしても，「歴史を覚える」だなんて言っちゃって，歴史の本質が分かってないね。だからテストもできないんだよ。

P：意地悪なⓑ性格だなぁ。過去の事実を正しく記録したのが歴史でしょ？

Q：いや，この前，倫理の先生と歴史について議論したんだけど，歴史って，過去をありのままに書いたものではなく，見方次第で様々に書けるんだって。

P：嘘の歴史を作るの？　ⓒマスメディアで話題のフェイクニュースみたいに？

Q：違う違う，過去の「どの」出来事を「どう」書くべきかに正解がないってこと。

P：過去の理解が人によって違うって話？　世界史のテストが楽勝だった誰かさんには，昨日は良い日だっただろうけど，自分には最悪の日だったように。

Q：過去の理解が人によって違うだけじゃないよ。一つの過去でも多様に理解できるんだ。例えば，世界史ではⓓ落ち込んだけど，昨日はPが得意な英語のテストもあったよね。英語にも目を向けたら，同じ昨日を違う仕方で語れるよ。

P：そんなのは個人の次元の話じゃないか。国や社会の歴史も自由に書くの？　それだと正しい歴史がなくなってしまうよ。

Q：正しい歴史なんて一つに決められる？　国の偉い人が決めたら正しいの？

P：いやいや，ⓔ立場や境遇が異なる様々な人が議論していくのが大切だよ。

Q：ほら，立場の違いに応じて歴史の書き方が複数あると認めているじゃないか。

P：でも，史料を厳密に研究するとか，正しさを高めることはできるはずだよ。

Q：史料の意義は否定しないよ。でも，史料の取捨選択や解釈は避けられないよ。

P：だとしても，何でも恣意的に取捨選択していいの？　例えば，戦争などのⓕ犠牲者を歴史から消してはダメだよ。ⓖ記憶すべき事実はあると思うな。

Q：うーん，それは確かに…。ただ，過去を多様に書くというのは，忘れられつつある人々に新たに光を当てて歴史を書くことにもつながるんじゃないかな。

P：そうか，過去を多様に書けるからこそ，よりよく書くこともできるわけか。

Q：いやぁ，ⓗ歴史をどう書くべきかは難しいね。自分ももっと考えないと。

問1 下線部ⓐに関連して，歴史の捉え方や，歴史の中で生きる人間のあり方に関して考察した思想家についての説明として最も適当なものを，次の①〜④のうちから一つ選べ。 25

① リオタールは，「小さな物語」が乱立し，歴史の全体が様々な立場から説明される状況を批判し，統一的な「大きな物語」の復権を説いた。

② フーコーは，真理が発見されるに至った歴史的過程を描くことで，人間が普遍的理性に基づく絶対的な真理を探求する「知の考古学」を提唱した。

③ レヴィ゠ストロースは，人間の社会が未開から文明へ発展するという文明史観に基づいて，未開社会を生きる人々の思考の独自性を強調した。

④ ヨナスは，時間の経過の中で現在の行為が将来にも影響を与えるため，現在の世代が将来世代に対して責任を持つとした。

問2 下線部ⓑに関連して，次の**ア・イ**は，パーソナリティを分類した人物についての説明であるが，それぞれ誰のことか。その組合せとして正しいものを，下の①〜④のうちから一つ選べ。 26

ア 精神分析の理論に基づき，パーソナリティを心のエネルギーや関心の方向性に応じて，内向型と外向型の2つに分類した。

イ 人生において何に価値を置いているかに従い，パーソナリティを，理論型，経済型，審美型，社会型，権力型，宗教型の6つに分類した。

① **ア** ユング　　　**イ** シュプランガー
② **ア** ユング　　　**イ** オルポート
③ **ア** クレッチマー　**イ** シュプランガー
④ **ア** クレッチマー　**イ** オルポート

問 3　下線部ⓒに関して，マスメディアについて考察した人物にリップマンがいる。例えば，ある街で起きた事件が報道された結果，その街全体が危険であるかのような誤った印象が広まることがある。マスメディアがこうした印象を生じさせる要因は，リップマンの主張に従うと，どのように考えられるか。次のア〜ウのうち，正しい要因の組合せとして最も適当なものを，下の①〜④のうちから一つ選べ。　27

ア　マスメディアが提供する情報は，常に人々から疑いの目を向けられ，本当らしい情報としては受け取られないから。

イ　マスメディアが伝達するものは，多くの場合，選択や加工，単純化などを経たイメージであるから。

ウ　マスメディアが提供するイメージによって形成される世界は，人間が間接的にしか体験できないものだから。

① アとイ　　　② アとウ　　　③ イとウ　　　④ アとイとウ

問4 下線部⑪に関して，次の文章は，青年期における様々な葛藤やストレスについての説明である。文章中の a ・ b に入る語句の組合せとして最も適当なものを，下の①～⑥のうちから一つ選べ。 28

フロイトは， a の対立を調整しようとすると考えた。しかし，それができないことで葛藤が生じると，無意識的にバランスを取って心の安定を図る機能が働く。防衛機制の理論は，このような考え方から生み出された。

無意識の重要性を説いた精神分析に対して，意識の側に着目した昨今のストレス理論では，様々なストレスを抱えた場合の対処方法が幾つかあると言われている。「ストレスとなる問題や状況に目を向けて，それらを変える方法を模索する対処」は問題焦点型対処と呼ばれ，他方，「状況そのものを変えられない場合に，ストレスとなる状況に伴う情動を軽減することを試みる対処」は情動焦点型対処と呼ばれる。

例えば，世界史の小テストの成績が悪かったPが， b 場合，それは問題焦点型対処に該当する。

① a エス（イド）が自我と超自我
   b 「落ち込んでも仕方ない」と気持ちを切り替えようとする
② a エス（イド）が自我と超自我
   b 「今回は運が悪かった」と思い込もうとする
③ a エス（イド）が自我と超自我
   b 勉強不足が原因だと分析し，計画的に勉強しようとする
④ a 自我がエス（イド）と超自我
   b 「落ち込んでも仕方ない」と気持ちを切り替えようとする
⑤ a 自我がエス（イド）と超自我
   b 「今回は運が悪かった」と思い込もうとする
⑥ a 自我がエス（イド）と超自我
   b 勉強不足が原因だと分析し，計画的に勉強しようとする

問 5　下線部ⓔに関連して，数人の高校生が，様々な人に配慮したバリアフリーの実例を，自分たちの周りに見付けられないか話し合った。その実例を説明した発言として**適当でないもの**を，次の①〜④のうちから一つ選べ。　29

① 信号機が青になったら音声でも知らせてくれると，目の不自由な人や色が見分けにくい人にも横断歩道を渡ってよいことが分かりやすいね。

② 空港などのベンチの真ん中に手すりや仕切りを作ることで，ベンチで横になって寝ることができなくなっているんだね。

③ 車椅子に乗っていて手の届かない人のために，お金の投入口が高い位置だけではなく，低い位置にもある自動販売機を見たことがあるよ。

④ 手の不自由な人にとっては，取っ手を握って開閉するドアよりも，手を使わずに済む自動ドアの方が出入りしやすいね。

問 6　下線部⑥に関連して，次の図と文章は，ある大学病院に置かれた石碑の写真と，それをめぐるPとQの会話である。27 ページの会話も踏まえて，文章中の　**a**　・　**b**　に入る記述の組合せとして正しいものを，下の①〜④のうちから一つ選べ。　30

図　実験動物慰霊碑

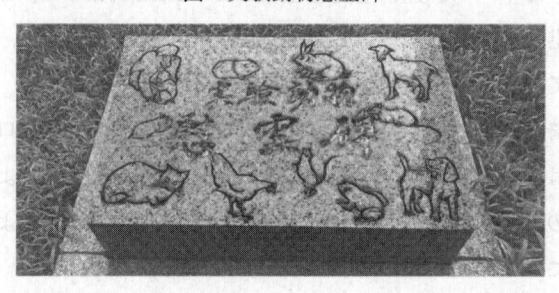

Q：この石碑，いろんな動物のイラストがかわいいね！

P：ちゃんと石碑の文字を読んだ？　これは，薬の開発などで，大学病院で実験の犠牲となった動物のために造られた慰霊碑みたいだよ。

Q：そうか…。動物実験のことなんて意識していなかったよ。この石碑を見て，犠牲者の歴史については　**a**　というPの立場を思い出したよ。

P：それだけじゃなく，動物も慰霊の対象にしようという発想を知って，「自然の生存権」の基礎にある，　**b**　という考え方も思い出したよ。

① **a**　正しい書き方は決められず，その書き方は全て自由にするべきだ
　 b　現代の人間にとって有用な自然を優先的に保護する

② **a**　正しい書き方は決められず，その書き方は全て自由にするべきだ
　 b　人間だけでなく自然そのものにも価値があることを認める

③ **a**　恣意的な取捨選択に委ねず，忘れることなく書かれるべきだ
　 b　現代の人間にとって有用な自然を優先的に保護する

④ **a**　恣意的な取捨選択に委ねず，忘れることなく書かれるべきだ
　 b　人間だけでなく自然そのものにも価値があることを認める

問7　下線部⑧に関連して，次の文章は，記憶の定着の度合いに関する**実験の手順と結果**を説明したものであり，次ページの**表**と**図**は，結果を図表化したものである。文章中の　a　～　d　に入る記号や語句の組合せとして正しいものを，次ページの①～⑥のうちから一つ選べ。　31

実験の手順と結果

手　順

Ⅰ．大学生に，ある課題文を5分間読ませた。

Ⅱ．その後，大学生を2つの群に分けた。A群の大学生には，同じ課題文を更に3回繰り返し読ませた。B群の大学生には，課題文を読み直させず，思い出して書き出す作業を3回行わせた。

Ⅲ．「思い出す自信（1週間後のテストで課題文をどれだけ思い出せそうか）」について尋ね，7点満点で評価させた。

Ⅳ．手順Ⅲの5分後に，2つの群に対して課題文の記憶テストを実施し，どれくらい覚えていたかを確かめた。

Ⅴ．1週間後に，手順Ⅳと同様のテストを実施した。

結　果

「思い出す自信」の平均値は**表**のようになり，5分後と1週間後の正答率は**図**のようになった。**表**によれば，1週間後のテストで「思い出す自信」について，A群の大学生の方がB群の大学生より　a　評価をしていた。また，課題文の記憶テストについては，**図**の　b　によれば，5分後では，A群の大学生の方がB群の大学生よりテストの成績は良かったが，**図**の　c　によれば，1週間後では，B群の大学生の方がA群の大学生よりテストの成績は良かった。

以上から，1週間後のテストで「思い出す自信」の高い群と，1週間後のテストの結果が良かった群は　d　ことが分かった。

表 「思い出す自信」の平均値

（7点満点。数値が高いほど自信があると評価している。）

	A 群	B 群
1週間後のテストで課題文をどれだけ思い出せそうか	4.8	4.0

図 5分後および1週間後の記憶テストの正答率（%）

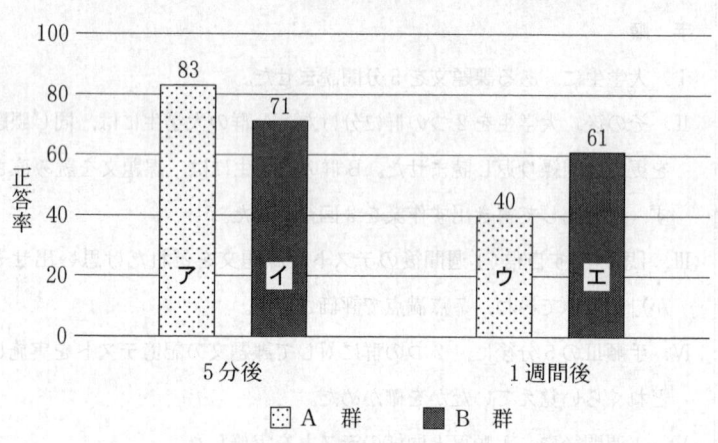

①	**a**	低 い	**b**	アとイ	**c**	アとウ	**d**	一致する
②	**a**	低 い	**b**	アとイ	**c**	ウとエ	**d**	一致する
③	**a**	低 い	**b**	ウとエ	**c**	アとイ	**d**	一致する
④	**a**	高 い	**b**	アとイ	**c**	ウとエ	**d**	一致しない
⑤	**a**	高 い	**b**	ウとエ	**c**	アとイ	**d**	一致しない
⑥	**a**	高 い	**b**	ウとエ	**c**	アとウ	**d**	一致しない

問8 下線部ⓗに関連して，倫理の授業の中で，思想家ベンヤミンが歴史の書き方について論じた次の文章を踏まえて，各自が自分の考えをレポートにまとめることになった。下の(1)・(2)に答えよ。

> 　年代記を書く人は，様々な出来事を，大小の区別を付けずにそのまま列挙していく。そのことによって，かつて起こったことは何一つ歴史にとって失われてはならない，という真理を考慮に入れているのだ。ただ，人類が自らの過去を完全な姿で手中に収めることができるのは，人類が解放されたときである。……そのとき，人類の生きたあらゆる瞬間が，呼び戻されることになるのだ。
>
> 　　　　　　　　　　　　　　　　　　　　　　　（「歴史の概念について」より）

(1) 次の会話は，この文章を読んだPと先生Tが交わしたものである。会話中の下線部①～④のうちから，マルクスについての説明として**適当でないもの**を一つ選べ。　32

P：先生，ベンヤミンが言う「解放」って何のことですか？

T：そこには様々な意味が込められていますが，この言葉の背後にある思想の一つは，マルクス主義です。マルクスの歴史観を覚えていますか？

P：マルクスは，①歴史を弁証法的に捉えるヘーゲルの影響を受けているんでしたね。そして，彼は②物質的な生産関係という上部構造が歴史を動かす原動力になると言っていたはずです。その上で彼は，③対立する階級間の闘争によって歴史は発展すると考えたんでした。だとすると，「解放」は，マルクスが④労働者階級による革命が起こることで資本主義が打破されると主張したことと関係がありそうです。

T：よく理解していますね。でもね，一つだけ間違いがありましたよ。

P：あれぇ，どこだろう。

36

(2) 次のレポートは，Pがベンヤミンの文章を読んだ上で書いたものである。27ページの会話を踏まえて，レポート中の [a] ～ [c] に入る記述を下のア～ウから選び，その組合せとして最も適当なものを，下の①～⑥のうちから一つ選べ。 [33]

レポート

　ベンヤミンは，ファシズムの時代の中でそれに抵抗し，歴史について考察した人です。彼の文章は，歴史について考えを深める良い機会となりました。この文章を読みながら，先日，Qと議論したことを思い出しました。もともと私は，[a] と考えていました。ですが，Qとの議論を通して私は，[b] という考えを学ぶことができました。それを踏まえてベンヤミンの文章を読んでみると，[c] という彼の主張は，私たち二人の議論を深めるものだと感じました。

ア 歴史は，様々に書くことができるものであり，だからこそ，忘れられつつある人々を再び思い出させる歴史を書くこともできる

イ 歴史は，どの出来事にも意味があるものであり，現時点ではその全てを書くことはできないにせよ，過去のどの出来事も忘れられてはならない

ウ 歴史は，過去に起こった様々な出来事を正しく記録したものであり，そこには正しい書き方が存在する

① a－ア　b－イ　c－ウ
② a－ア　b－ウ　c－イ
③ a－イ　b－ア　c－ウ
④ a－イ　b－ウ　c－ア
⑤ a－ウ　b－ア　c－イ
⑥ a－ウ　b－イ　c－ア

－426－

倫　理

(2021年1月実施)

60分　100点

$$\left(\text{解答番号}\quad\boxed{1}\sim\boxed{33}\right)$$

第 1 問　以下を読み，下の問い(問 1 ～ 8)に答えよ。なお，会話と問いのAとBは各々全て同じ人物である。(配点　24)

I　次の会話は，大学のオープンキャンパスでの模擬授業中に，講師Aと高校生B が交わしたものである。

A：それでは，「自然と人間」の授業を始めます。まず，動植物を含む自然に照らして，_ⓐ人間のあり方を考察しましょう。

B：自然に照らして人間のあり方を考えるって，どういうことですか？

A：人間を含む_ⓑ森羅万象を見つめながら，人間のあり方について考えていくということです。古今東西の思想家たちも，様々に考えてきました。例えば，_ⓒ中世キリスト教の聖人フランチェスコは，狼（おおかみ）が人間を襲うのは人間の罪のせいでもあり，悔い改め，狼と正しい関係を結ぶことで獰猛（どうもう）な狼とも共存できると説きました。孔子は，活発な知者は_ⓓ水の自由な動きを楽しみ，泰然とした仁者はどっしりとした山を楽しむと述べて，人間の理想の境地を自然の風景に見いだしました。

問1　下線部ⓐに関して，人間のあり方について説かれた様々な教えや思想の説明として最も適当なものを，次の①〜④のうちから一つ選べ。　| 1 |

①　ホメロスの叙事詩では，人間の生き方や世界の諸事象は，神々と無関係であるとする世界観が展開されている。

②　ソクラテスは，良さや卓越性を意味する徳（アレテー）について，人間の徳は生まれが社会的に高貴であるかどうかに基づいて成立すると考えた。

③　大乗仏教では，菩薩が実践すべき徳目の一つとして「布施」が説かれ，悟りに役立つ教えを授けることと財（財物）を与えることが推奨された。

④　ウパニシャッド哲学では，人間はカルマ（業）によって決まる境遇に永遠に生まれ変わり続け，その連鎖から抜け出すことは不可能だと考えられた。

問2　下線部ⓑに関連して，森羅万象について説かれた様々な教えや思想の説明として最も適当なものを，次の①〜④のうちから一つ選べ。　| 2 |

①　イスラームとキリスト教では，ともに万物は神の被造物であり，世界は終末に向かって進んでいると考えるが，キリスト教とは異なり，イスラームに最後の審判という考えはない。

②　プラトンは，感覚によって捉えられるものは全て，イデアという真実在の模像であると考え，全てのイデアを秩序付け，統一するものとして善のイデアを構想した。

③　朱子（朱熹）は，万物が理と気の二元によって構成されていると考え，理が万物の物質的な元素であるのに対し，気は万物を貫き成り立たせる根拠であると捉えた。

④　大乗仏教では，無著（アサンガ）と世親（ヴァスバンドゥ）の兄弟が，この世の全てのものは，心の働きである識と物質である色の二元から構成されていると説いた。

問3 下線部©に関して，次の会話は，Aの説明に疑問を持ったBの質問と，それに対するAの答えである。 a ・ b に入る語句や記述の組合せとして最も適当なものを，下の①〜⑥のうちから一つ選べ。 3

B：「創世記」には，神が a に，「生き物全てを支配せよ」と言ったと書いてあります。「支配」というのは先ほどのフランチェスコの教えと食い違うように思うのですが。

A：それは良いところに気が付きましたね。確かに，「創世記」のその箇所は，自然に対する人間の支配を正当化しているように読めるため，キリスト教の教えが環境破壊につながると批判されることもあります。しかし，この箇所から b というスチュワードシップの思想を読み取ろうとする解釈もあります。キリスト教の伝統には，人間と他の動植物との関係について，様々な見方が含まれているんですね。

① **a** イエス

　 b 人間は特別な被造物であり，他の動植物を人間の都合で利用してよい

② **a** イエス

　 b 人間も被造物の一員として，他の動植物の世話をする責任を負う

③ **a** イエス

　 b 人間も被造物の一員であるが，他の動植物に隷属すべき存在である

④ **a** 最初に創造された人間

　 b 人間は特別な被造物であり，他の動植物を人間の都合で利用してよい

⑤ **a** 最初に創造された人間

　 b 人間も被造物の一員として，他の動植物の世話をする責任を負う

⑥ **a** 最初に創造された人間

　 b 人間も被造物の一員であるが，他の動植物に隷属すべき存在である

問4　下線部ⓓに関連して，Aは，人間のあり方を水になぞらえた言葉を伝える次の**資料1・2**を紹介した。孔子や老子の思想を踏まえて，**資料**から読み取れる内容として最も適当なものを，下の①～④のうちから一つ選べ。　　4

資料1　〈孔子の言葉〉

　そもそも水は，広く万物に生命を与えながらそれ以上の余計なことをしないという点が，徳ある人のようだ。

（『荀子』より）

資料2　〈老子の言葉〉

　最上の善とは水のようなものだ。水は万物に利益を与えて争うことがなく，誰もが嫌がる低湿地に落ち着く。

（『老子』より）

---

① 　自分のわがままを抑え，人の心を思いやることに基づく社会秩序を追求した孔子は，**資料1**によると，徳ある人は，あらゆるものに生命を与える水のあり方に譬(たと)えられると考えた。

② 　自然の現象を超えた神秘的な現象を解き明かすことを目指した孔子は，**資料1**によると，徳ある人は，あらゆるものに必要以上に関わる水のあり方に譬えられると考えた。

③ 　万物の根底にある道に従って生きることを本来の生き方だと考えた老子は，**資料2**によると，誰もが嫌がる場所を避けて流れ行く水のあり方を，最上の善と表現した。

④ 　他人にへりくだることのない自然な生き方を説いた老子は，**資料2**によると，あらゆるものに利益を与えながらも軋轢(あつれき)を生じさせることのない水のあり方を，最上の善と表現した。

Ⅱ 次の**レポート**は，オープンキャンパスに参加したＢが，高校の課題で，担任の先生に提出したものの一部である。

レポート

　私は，オープンキャンパスで「自然と人間」という模擬授業に参加し，自然に照らした人間のあり方に興味を持ち，更に調べてみました。

　(e)古代ギリシアでは，哲学者が自然を観察することで世界の根源を探究し始め，相互に議論を重ねていきました。私は，人間が存在するこの世界を，自然探究を通じて把握しようとした点に引き付けられました。

　古代インドでは，ウパニシャッド哲学の輪廻の思想が(f)仏教やジャイナ教にも受け継がれ，人間は動物などと同様に生と死を繰り返すと考えられました。(g)イスラームでは，神は創造主であり，人間を含む万物の全てが神に委ねられているとされています。私は，古代インドでもイスラームでも，どちらでもそれぞれの仕方で，人間と自然の間に共通性があると考えられている点が面白いと思いました。

問5 下線部(e)に関して，世界の根源を探究した古代ギリシアの思想家についての説明として最も適当なものを，次の①～④から一つ選べ。　[　5　]

① ヘラクレイトスは，この世界は常に不変不動であり，そこには静的な秩序が維持されていると考えた。

② ヘラクレイトスは，この世界は絶え間なく運動変化しており，そこにはいかなる秩序も存在しないと考えた。

③ ピタゴラス（ピュタゴラス）は，この世界には調和的な秩序が実現されており，そこには調和を支える数的な関係があると考えた。

④ ピタゴラス（ピュタゴラス）は，この世界は無秩序であることを特徴としており，そこには調和は見いだせないと考えた。

問 6 下線部⑦に関して，次の**メモ**は，仏教の世界観について更に調べたBが作成

したものである。 $\boxed{\text{a}}$ ・ $\boxed{\text{b}}$ に入る記述の組合せとして最も適当なも

のを，下の①～④のうちから一つ選べ。 $\boxed{6}$

> **メモ**
>
> インドにおける仏教の縁起思想の中には，全てのものは $\boxed{\text{a}}$ という
> 考えがあることが分かった。「先生」を例にして考えてみると， $\boxed{\text{b}}$ と
> 理解することができる。

① **a** 独立して存在するから，固有の本性を持つ

  b 先生は，宇宙の根本原理（ブラフマン）の一つであり，先生としての固
  有の本性を持つ

② **a** 独立して存在するから，固有の本性を持つ

  b 先生は，先生自身の努力だけで先生としての能力を保ち続けているの
  であり，先生としての固有の本性を持つ

③ **a** 他に縁って存在するから，固有の本性を持たない

  b 先生は，宇宙の根本原理（ブラフマン）から生じたものであり，根本原
  理に縁っているため，先生としての固有の本性を持たない

④ **a** 他に縁って存在するから，固有の本性を持たない

  b 先生は，生徒など他のものに縁って先生たり得ているのであり，先生
  としての固有の本性を持たない

問 7 下線部⑧に関連して，ムハンマドについての説明として最も適当なものを，次の①〜④のうちから一つ選べ。 ☐ 7

① ムハンマドは，商業都市メッカの商人で，神の啓示を受けて自分は神の子であると自覚し，唯一神アッラーへの絶対的な帰依を説いた。

② ムハンマドは，血縁的なつながりを重んじる部族社会を発展させるために，唯一神アッラーへの服従を唱えた。

③ ムハンマドは，人間が絶対的に帰依すべき唯一神アッラーは，モーセが説いた神と同一であるが，イエスの説いた神とは異なると主張した。

④ ムハンマドは，当時メッカで受け入れられていた多神教と偶像崇拝を否定したために，メッカの人々から反発を受けた。

問 8　次の文章は，42ページのBの**レポート**の続きである。　 a 　の前後の文脈を踏まえて，　 a 　に入る記述として最も適当なものを，下の①～④のうちから一つ選べ。なお，①～④の記述自体は正しいものとなっている。
8

レポート（続き）

　ただその一方で，古今東西の思想を調べると，人間という存在の独自性についても注目されていたようです。例えば，　 a 　。このように，人間を他の自然物とは異なる存在であると考えた人もいたのです。こうした考察にも目を向けることで，人間とはどのような存在なのかについて更に深く考えることができると思いました。

---

①　古代ギリシアの哲学者であるタレスは，人間を含むいかなる生命の生成にも水が重要な役割を果たしていることを観察し，万物の根源は水であり，この世界全体を生きたものとして捉えたと言われています

②　人間の理性と信仰の調和を追求したトマス・アクィナスは，神が世界を支配する法は自然界をあまねく貫いており，理性を持つ人間は，被造物でありながら，その法を自然法として捉えることができると考えました

③　仏教では，大乗仏教の時代になると，「一切衆生悉有仏性」という思想が生まれ，生きとし生けるものは，悟りを開き，ブッダと等しい境地に到達する可能性を備えていると考えられました

④　道家の荘子は，「あれ」と「これ」の区別は相対的な捉え方にすぎないとし，人間と自然の間にも二元対立などなく，万物は全て斉しいとする万物斉同という世界観を説きました

第2問 以下を読み，下の問い（**問1〜8**）に答えよ。なお，**I〜Ⅲ**に登場するCとDとEは各々全て同じ人物である。（配点　24）

I　次の会話は，高校生Cと日本文化に興味を持つ留学生D，および先生Eが交わしたものである。

〈教室で〉

C：昨日，テレビでやってた柔道の試合，観（み）た？

D：はい。とても興奮しました。ところで，Judo は日本語で「柔らかい道」と書きますが，なぜそのように書くのですか？

C：えーと，この場合の「道」は，「道路」の意味じゃなくて，人の生き方に関わる大事な概念で…。「茶道」とかもそうだけど，ⓐ伝統芸能なんかも「芸道」って言うし…。そうだなぁ…。今日の放課後にでも，倫理を担当しているE先生のところに，一緒に質問に行ってみない？

D：それはよいアイディアですね！

〈職員室で〉

C：先生，「柔道」の「道」には，どんな意味があるんでしょうか？

E：最初に断っておくと，「柔道」という言葉が広く使われ始めたのは，明治期以降のことで，それ以前は「柔術」と呼ばれていました。「仏道」や「神道」など，「〇〇道」という言葉は古くからありますが，そうした表現をあえて使って「柔術」を「柔道」と呼んだところに，ⓑ近代になっても，「道」が重要な意味を持つ概念と捉えられていたことがうかがえます。

D：とても興味深いですね。

E：では，今度，伝統的に「道」がどんな意味で使われてきたのかを，授業で考えてみましょう。

問 1　下線部ⓐに関連して，次の**写真**は，日本の伝統行事を撮影したもので，下の会話は，高校生Cと留学生Dが**写真**を見ながら折口信夫の思想について交わしたものである。下線部**ア・イ**の発言内容の正誤の組合せとして正しいものを，下の①〜④のうちから一つ選べ。　9

写真　王子神社田楽舞（でんがくまい）

D：ユニークな衣装ですね。彼らは舞台の上で何をしているのですか？

C：神様に「田楽舞」という舞を捧（ささ）げているんだ。舞台上の旗の文字が，そのことを示しているよ。ア<u>折口信夫は，日本の文学や芸能の源流に，神への信仰があると考えていたんだ。</u>

D：写真の右側には，舞台を見守る観客の姿も写っていますね。

C：このように，イ<u>神事などを見物するために，共同体の外部からやってきた観客のことを，折口は「まれびと」って呼んだんだよ。</u>

① ア 正　イ 正　　　　② ア 正　イ 誤

③ ア 誤　イ 正　　　　④ ア 誤　イ 誤

48

問2 下線部ⓑに関連して，次の文章は，近代日本の思想家に関する説明である。
文章中の　a　・　b　に入る語句の組合せとして最も適当なものを，下
の①〜④のうちから一つ選べ。　10

　森鷗外は，当時の日本社会を，近代国家として発展途上にあると捉えた。そ
の上で彼は，そうした状況下で否応なく生じる社会と自我との矛盾や葛藤を解
消する方法を模索していく中で，「　a　」の思想を提示した。また，
　b　は，西洋近代の芸術観を批判し，伝統と自然に支えられ，生活に密着
した「工芸の道」に「用の美」を見ようとする，民芸運動を主導するなどした。

① a　諦念（レジグナチオン）　　b　柳宗悦
② a　諦念（レジグナチオン）　　b　岡倉天心
③ a　自己本位　　　　　　　　　b　柳宗悦
④ a　自己本位　　　　　　　　　b　岡倉天心

Ⅱ　次の会話は，Ⅰの会話の後に行われた授業の中で交わされたものである。

E：「道」は，もともと中国哲学上の重要概念の一つで，「人や物が通るべきところ」のほか，「根源的実在」，「普遍の真理」など，しばしば無形の規範としても捉えられてきました。また，様々な神々を祀る日本古来の信仰が，ⓒ「神道」とか「惟神の道」とかと呼ばれてきたように，ここでも「道」という語が使われてきました。ただ，「道学先生」などといった日本語表現には，少し違った含意があるのですが…。

D：先生，「道学先生」って，どういう意味ですか？

E：一般には，道理に囚われて融通の利かない，世事や人情に疎い頑固な学者などを指します。例えば，与謝野晶子の，「やは肌のあつき血汐にふれも見でさびしからずや道を説く君」という歌の中に詠まれている「道を説く君」にも，同様の意味合いが見て取れるように思います。

C：このような歌が詠まれた背景には，　　a　　の流れをくむ，与謝野晶子の思想があるということですね。

問3　下線部ⓒに関連して，日本で祀られる神についての記述として最も適当なものを，次の①〜④のうちから一つ選べ。　　11

①　古代からそれぞれの土地を鎮め守ってきた日本の神々は，復古神道において仏教と習合したことで，広く人々の信仰の対象となった。

②　太陽を神格化したと考えられるアマテラス（天照大神）は，高天原で祭祀を行う神であるため，祀られる対象とはならない。

③　人々に災厄をもたらさず，五穀豊穣など様々な恵みを与えてくれるありがたい存在だけが，日本の土着の神々として祀られる対象とされた。

④　人間の力や知恵を超えた不可思議な自然の現象や存在物は，神秘的霊力を持つ神々として，畏怖や崇拝の対象とされた。

問 4　前ページの会話中の　**a**　に入る語句として最も適当なものを，次の①～
④のうちから一つ選べ。　12

① 一般民衆による下からの文明化を推進しようとする平民主義

② 人間の感性の解放や，自我や個性の尊重を主張するロマン主義

③ 下層民の救済を主張するキリスト教的人道主義・博愛主義

④ 自己の内面の醜さを含め，人間をありのままに表現しようとする自然主義

Ⅲ 次の**ノート**は，先生Eの日本思想に関する授業中に高校生Cが書き留めたもの
である。

ノート

・「道」は，訓読では〈みち〉。「神聖さ」を意味する「御」と，「行きかう場」を意
味する「路」が語源だともされる。

・「道」の概念は，社会的規範としての「倫理」とも深く関わる。

・「道」は，⒟儒教や道教で説かれる中国哲学上の重要概念の一つ。

・「仏教」は，近代以前には，一般に⒠「仏道」と呼ばれた。

・⒡近世の思想家の中には，「仏道」批判を展開した人も少なくない。

問 5 下線部⒟に関連して，次の**メモ**は，中江藤樹の思想について高校生Cが書き
留めたものである。**メモ**中の ▢ **a** ・ ▢ **b** に入る語句の組合せとして最
も適当なものを，下の**①**～**④**のうちから一つ選べ。 ▢13▢

メモ

　中江藤樹は， ▢ **a** ▢ を道徳の根本に据えた。そして，この ▢ **a** ▢ と
いう原理を， ▢ **b** ▢ であるとした。

---

① **a** 孝

　　b 人間関係だけでなく，あらゆる事象や事物をも貫くもの

② **a** 孝

　　b 人間関係のみに当てはまる，人間関係に固有のもの

③ **a** 愛

　　b 人間関係だけでなく，あらゆる事象や事物をも貫くもの

④ **a** 愛

　　b 人間関係のみに当てはまる，人間関係に固有のもの

問 6 下線部ⓔに関連して，次の**ア〜ウ**は，仏教の僧侶の活動についての説明である。その正誤の組合せとして正しいものを，下の**①〜⑥**のうちから一つ選べ。

14

ア 日本において臨済宗を開いた栄西は，中国の禅を日本にもたらすとともに，『喫茶養生記』を著して，喫茶の習慣を伝えた。

イ 日本天台宗の開祖である最澄は，唐から帰国した後，広く種々の学問を学ぶことのできる，庶民のための学校である綜芸種智院を設立した。

ウ 日蓮宗の開祖である日蓮は，国難について研究し，『般若経』が興隆することで，国も民も安泰となると説き，人々に「題目」を唱えることを勧めた。

① ア 正 イ 正 ウ 誤 　② ア 正 イ 誤 ウ 正
③ ア 正 イ 誤 ウ 誤 　④ ア 誤 イ 正 ウ 正
⑤ ア 誤 イ 正 ウ 誤 　⑥ ア 誤 イ 誤 ウ 正

問 7 下線部ⓕに関連して，近世の思想家の仏道批判についての記述として**適当でないもの**を，次の**①〜④**のうちから一つ選べ。 15

① 富永仲基は，仏典に書かれていることは，釈迦の言葉に後世の人が解釈を加えたものであり，釈迦本人の教えをそのまま伝えるものではないと批判した。

② 山片蟠桃は，僧侶たちは霊魂不滅などということを説くが，霊魂など実際にはどこにも存在しないと，合理的な立場から仏道を批判した。

③ 手島堵庵は，古代の人々が持っていたおおらかで生き生きとした感情を押し殺したとして，儒学の考え方も仏道の考え方も，ともに批判した。

④ 安藤昌益は，人間の生き方を堕落させ，差別と偏見に満ちた社会を作り出したとして，儒学や神道とともに，仏道を批判した。

問8　留学生Dは，授業後に，次の**資料**を参考にして，下の**レポート**を作成した。**資料**の趣旨を踏まえて，**レポート**中の　**a**　に入る記述として最も適当なものを，下の**①**〜**④**のうちから一つ選べ。　**16**

> **資料**
>
> 　人間生活の不断の転変を貫ぬいて常住不変なるものは，古くより風習として把捉せられていた。風習は過ぎ行く生活における「きまり」「かた」であり，従って転変する生活がそれにおいて転変し行くところの秩序，すなわち人々がそこを通り行く道である。人倫における五常とはまさにこのような秩序あるいは道にほかならぬ。しかるに人間共同態は本来かくのごとき秩序にもとづくがゆえに可能なのである。
>
> 　　　　　　　　　　　　　　（和辻哲郎『人間の学としての倫理学』より）

> **レポート**
>
> 　**資料**の中で論じられている「きまり」「かた」というのは，　**a**　のことです。
>
> 　和辻哲郎をはじめ，近代の様々な思想家たちが，伝統的な「道」の思想に着目し続けたのは，明治期以降，日本人の生活が大きく変わったことで，生きるための指針が見えにくくなったことと深く関係しているのではないかと考えました。

①　人々の生活を貫く秩序ではあるが，道とは言えないもの

②　人倫における五常とは，どのような場合にも対立するもの

③　いかなる時代の人間とも関わりを持ってこなかったもの

④　転変し続ける人間生活を貫いて，あり続けるもの

第 3 問 以下を読み，下の問い(**問 1 ～ 8**)に答えよ。(配点 24)

I 「幸福とは何か」について，クラスを 3 つの班に分けて発表することにした。次の**発表**は，ルネサンス・宗教改革期の思想について調べた 1 班のものである。

発 表

　キリスト教の価値観が支配的であった中世には，幸福とは神の恩寵により実現する「至福」であるという考え方がありました。しかし⑧ルネサンスが進展すると，世俗的な価値観が広まり，市民的な徳と幸福の関係が論じられるようになりました。ラテン語で「徳」を表す言葉には「力(能力)」という意味があり，能力を発揮することは幸福に関わりがあると言えます。

　他方，宗教改革の中で，神との関係から世俗的生活の意義が問い直されます。　 a 　と考えたカルヴィニズムでは，世俗的な職業は，　 b 　を実現するためのものとされました。この点に関して，20 世紀の社会学者ウェーバーは，人々が，　 c 　資本が蓄積された，と論じています。

問 1 下線部⑧に関して，ルネサンス期の理想的な人間像を表す語句とその人間像を代表する人物の組合せとして正しいものを，次の**①**～**⑥**のうちから一つ選べ。 17

① 工作人 ― ダンテ

② 工作人 ― レオナルド・ダ・ヴィンチ

③ 遊戯人 ― ダンテ

④ 遊戯人 ― エラスムス

⑤ 万能人 ― レオナルド・ダ・ヴィンチ

⑥ 万能人 ― エラスムス

問2　発表中の　a　～　c　に入る記述を次の**ア～カ**から選び，その組合せとして正しいものを，下の**①**～**⑥**のうちから一つ選べ。　18

　　ア　誰が救済されるかは，あらかじめ決まっている

　　イ　誰が救済されるかは，まだ決まっていない

　　ウ　神の栄光

　　エ　人間の救済

　　オ　救済の確信を得るために仕事に励み，禁欲的な生活を送ったから

　　カ　享楽的な生活を送るために仕事に励み，その結果として

　　①　a －ア　　b －ウ　　c －オ

　　②　a －ア　　b －エ　　c －オ

　　③　a －ア　　b －エ　　c －カ

　　④　a －イ　　b －ウ　　c －オ

　　⑤　a －イ　　b －ウ　　c －カ

　　⑥　a －イ　　b －エ　　c －カ

Ⅱ 次の**発表**は，17〜19世紀のイギリスの思想を中心に調べた２班のものである。

発 表

　宗教戦争が悲惨な現実を生み出した一方で，17世紀に入ると，人間や，人間の幸福について考え直そうとする動きが加速します。幸福を，欲求に乱されない魂の平安や，徳の発揮などに結び付ける古代以来の思想に対し，ホッブズは，欲求するものを常に獲得できる状態が，幸福と呼ばれているものだと考えました。その後，ⓑ<u>ベンサムやミル</u>は，快楽の観点から幸福を捉える功利主義的道徳論を展開しました。

　ただし，幸福の問題と道徳の問題とを切り離して考えた©<u>カント</u>の思想もミルは視野に入れていた，という点を忘れてはいけません。

問3 下線部ⓑに関して，次の**ア・イ**は，ベンサムとミルについての説明である。その正誤の組合せとして正しいものを，下の①〜④のうちから一つ選べ。
　　　19

ア　快楽を求めるのは人間の本性ではあるが，公益に反するならば，私的な快楽の追求が制限されるべき場合もあると，ベンサムは考えた。

イ　個人が愚かなことをしようとしている場合，それが他人を害さないとしても，強制的に止めるべきだと，ミルは主張した。

①　**ア**　正　**イ**　正
②　**ア**　正　**イ**　誤
③　**ア**　誤　**イ**　正
④　**ア**　誤　**イ**　誤

問 4　下線部ⓒに関して，カントの道徳思想についての説明として最も適当なもの
を，次の①〜④のうちから一つ選べ。　20

① 道徳的な行為とは，義務に従おうとする意志に基づく行為である。例え
ば，信用を得て商売に成功し，ぜいたくをすることが目的であっても，嘘を
つかないのであれば，その行為は道徳的であると言える。

② 道徳的な行為とは，結果として義務にかなう行為である。例えば，信用を
得て商売に成功し，ぜいたくをすることが目的であっても，嘘をつかないの
であれば，その行為は道徳的であると言える。

③ 道徳的な行為とは，結果として義務にかなう行為である。例えば，信用を
得て商売に成功し，ぜいたくをすることが目的であれば，嘘をつかないとし
ても，その行為は道徳的であるとは言えない。

④ 道徳的な行為とは，義務に従おうとする意志に基づく行為である。例え
ば，信用を得て商売に成功し，ぜいたくをすることが目的であれば，嘘をつ
かないとしても，その行為は道徳的であるとは言えない。

Ⅲ 次の**発表**は，18〜20世紀のフランスの思想を中心に調べた3班のものである。

発 表

18世紀フランスの啓蒙主義者_ⓓヴォルテールは，自分の畑を耕すといった，日々の仕事に勤（いそ）しむことのうちに，幸福はあると考えました。

幸福と労働を結び付けるこうした考え方は，産業革命以降にも見いだされます。資本主義が進展し，労働のあり方が幸不幸を左右すると捉えられ，19世紀には，労働と所有のあり方を問い直し，社会変革を目指す_ⓔ社会主義思想が現れました。

さらに，20世紀には，工場労働に身を投じたシモーヌ・ヴェイユが，労働者の窮状を自ら体験し，他者との関わりの中で_ⓕ魂の欲求を満たす必要を訴えました。ヴェイユによれば，これが満たされないと，魂は死に近い状態に至るので，魂の欲求の充足を阻む社会には改善の必要があります。このように現代では，他者との人間的な関わりの中から得られる幸福をどう考えるかが，思想の課題として再び浮上してきています。

問 5　下線部⑪に関連して，ライプニッツの思想を踏まえた上で，ヴォルテールの次の詩を読み，その内容の説明として最も適当なものを，下の①〜④のうちから一つ選べ。　21

ライプニッツは，私に何も教えてくれない。

様々な世界があり得る中で最善の秩序を備えているはずのこの世界に，

なぜ，終わりのない混乱があり，無数の不幸があるのか。

なぜ，人間の喜びは虚しく，苦痛と混ざり合ってしまうのか。

なぜ，罪なき者と罪人が，同じ災厄を耐え忍ばなければならないのか。

こういった現実と，世界の最善の秩序とがどう結び付いているのか，

私には見えない。

どうすれば，万事うまくいっているなどと言えるのか，

私には分からない。

（「リスボン大震災に寄せる詩」より）

---

①　神は無数のモナドを互いに調和するように創造したと説くライプニッツに対し，ヴォルテールは，誰もが無差別に同じ災厄に耐えなければならないという事実にこそ秩序と調和を認め得る，と考えている。

②　神は無数のモナドを互いに調和するように創造したと説くライプニッツに対し，ヴォルテールは，無数の不幸に満ちた現実世界に，予定された調和を見いだすことはできない，と考えている。

③　無数のモナドの間に保たれている調和を，経験的事実から帰納的に見いだしたライプニッツに対し，ヴォルテールは，事実から読み取れるのはむしろ混乱である，と考えている。

④　無数のモナドの間に保たれている調和を，経験的事実から帰納的に見いだしたライプニッツに対し，ヴォルテールは，人間が現実に感じる苦痛や喜びの虚しさも，全体的な調和の一部分にすぎない，と考えている。

問 6 下線部ⓒに関連して，マルクスが論じた労働疎外についての記述として**適当でないもの**を，次の①～④のうちから一つ選べ。 22

① 労働とは本来，生きていくために必要なものを獲得するための苦役であるが，資本主義社会では，人々が自由に活動をすることが認められているため，そうした苦役から解放されている。

② 人間とは本来，労働の生産物のうちに自己の本質を表現することに生きがいを感じる存在であるが，資本主義社会では，自らの生産物を資本家に搾取されるため，労働に生きがいを感じることができなくなっている。

③ 労働とは本来，他の人々と協働することで，連帯を生み出していく営みであるが，資本主義社会では，労働が単なる生活の手段となるため，労働の場面で人間的な連帯を実現することが困難になっている。

④ 人間とは本来，自然に働きかけ事物を作り変える力を持つ存在であるが，資本主義社会では，賃金と引き換えにそうした力を資本家に売り渡してしまうため，人間は自らの本来的なあり方を見失ってしまう。

問7　下線部⑦に関して，次の**資料**は，ヴェイユの思想についての解説であり，下の会話は，それを読んで高校生FとGが交わしたものである。**資料**の趣旨を踏まえて，　**a**　に入る記述として最も適当なものを，下の①～④のうちから一つ選べ。　**23**

> **資料**
>
> 　ヴェイユは，『根を持つこと』の中で，肉体の欲求だけでなく，魂の欲求を満たすことも人間にとって不可欠であるとして，「魂の糧」となるものを列挙している。その中に，自由と服従がある。自由が魂の糧となるのは分かるが，なぜ服従も魂の欲求を満たすのか？
>
> 　確かに人は，自由のない環境では息苦しさを感じるだろう。しかし，もし自分一人だけが勝手気ままに振る舞い，他人に命令を下せる地位にいたらどうだろうか。このような人は，他人から指導されたり，他人と協働したりする機会を奪われ，魂を病んでしまうとヴェイユは考える。
>
> 　他方，目標を共有する人々の中では，命令を下す人も従う人も，共に同じ目標に向かっている。その目標に，己の良心に基づいて賛同できるのであれば，そのとき初めて服従は魂の糧となる。ここでの服従は，自らの居場所や役割を他者との協働の中で持つということだと言える。

F：「魂の糧」として服従が挙げられているけど，命令に従うことがなんで魂の糧になるのか，まだよく分からないんだ…。

G：それは，　**a**　だよ。

F：なるほど，この**資料**はそういうことを言っているのか。

① 目上の人の命令に忠実に従うことで，自分の地位が向上するから

② 嫌な命令でも，それに従うことで成功すれば，満足を得られるから

③ 良心にかなう命令に従うことで，同じ目標に向けて共に行動できるから

④ 権力者の命令に素直に従えば，迫害を逃れることができるから

問 8 次の会話は，高校生PとQが幸福をめぐって交わしたものである。その内容の説明として最も適当なものを，下の①〜④のうちから一つ選べ。　　24

P：「労働が幸福をもたらす」っていう考え方，納得できないなあ。仕事なんて義務でしょ。おいしいものを食べたりすることが幸せだと思う。

Q：「幸福とは感覚的な欲求の充足である」って考えているんだね。でも，本当にそれだけなのかなあ。幸せには別の見方もあるよ。仕事にやりがいを感じるときも，満足していると言えるんじゃない？

P：そうか，仕事にやりがいを感じるとすれば，「労働が幸福をもたらす」という考えも理解できそうだね。やりがいを感じることも，感覚的な欲求を充足することも，どちらも満足という点では同じだと言えるよね。

Q：確かに満足という点では同じだけど，やりがいは，感覚的というより，精神的な満足じゃないかな。それがないと仕事は続かないと思う。

P：ただ，やりがいがあっても，仕事がつら過ぎる場合もあるよ。

Q：なるほど，その場合は幸福とは言いにくいなあ。そもそも幸福とは何か，改めて考えてみる必要があるね。

① Pは当初，幸福を感覚的な欲求の充足に求め，労働が幸福をもたらすとは考えていなかったが，会話の中で幸福を別の見方で捉えることによって，労働もまた幸福をもたらし得る，と考えるようになった。

② Pは当初，幸福を感覚的な欲求の充足に求め，労働が幸福をもたらすとは考えていなかったが，会話の中で幸福を別の見方で捉えることによって，あらゆる労働が幸福をもたらす，と考えるようになった。

③ Qは，満足という言葉の意味内容について考えた結果，やりがいを感じることは精神的な満足であるよりもむしろ感覚的な満足であると気付き，やりがいがあれば人は幸福になれる，と考えるようになった。

④ Qは，満足という言葉の意味内容について考えた結果，おいしいものを食べることもやりがいを感じることも，同じ精神的な満足であると気付き，どちらによっても人は幸福になれる，と考えるようになった。

第4問　高校生RとWが交わした次の会話を読み，下の問い（問1〜9）に答えよ。なお，会話と問いのRとWは各々全て同じ人物である。（配点　28）

R：次の授業は英語。ネイティブの先生だなんて@グローバル化の時代だね。

W：先生は日本語が苦手だけど，もっと日本語を学んでほしいな。

R：日本にいるなら日本語を話せっていうのは，⑥外国から来た人には酷だよ。

W：使い慣れた母語を使えずに外国で暮らすのに©葛藤はあるだろうけど，日本で生活するなら日本語を身に付けないと。それが先生のためにもなるよ。

R：それだったら，私たちが英語を習得すればいいでしょ？

W：なぜ私たちの方が英語を学ばなきゃならないのかな。英語が嫌いとか苦手というわけじゃないけど，私は日本で生きていくつもりだし，英語はいらないよ。

R：私は留学して⑥先端医療を研究するのが夢なんだ。世界で活躍するためには共通の⑥言語として英語が必要だし，みんなが英語を習得すれば便利じゃない？　言語はまず①コミュニケーションのための道具として必要でしょ？

W：だけど，言語をただの道具のように扱うのは⑧不満だなぁ。

R：どうして？　「人間は言語や記号を使う動物」だって習ったよね。

W：人間は⑥共同体の中で生まれて，その共同体の言語に囲まれて育っていくよね？　言語は共同体の習慣や価値観と切り離せないものだと思うな。例えば，「いただきます」も，単なる挨拶ではなく，「いのちをいただく」ということで生命への感謝を表す文化的な背景を持つ言葉だって聞いたことがあるよ。

R：なるほど。確かに，「いただきます」を英語に翻訳するのは難しいなぁ。

W：ね，言語は道具以上のものだよ。だから，単に便利だからといって，みんなが英語を学べばいいというのはおかしいんじゃないかな。母語として馴染（なじ）んできた言語を尊重するべきだよ。

R：そっかぁ。だけどさ，英語の先生が日本に来たみたいに，国境を越えて人が移動する時代なんだから，母語だけを尊重してたら，①異なる言語を話す人たちと一緒に暮らすことが難しくなるよ。

W：それもそうだね。私も自分の共同体の言語や価値観だけにこだわり過ぎていたかも。それだと，習慣や価値観が異なる人と一緒に暮らすのが難しくなるね。

問 1 下線部ⓐに関して，次の**ア・イ**は，グローバル化が進む現代の社会についての説明である。その正誤の組合せとして正しいものを，下の**①〜④**のうちから一つ選べ。 25

ア ムスリムの人々が多く訪れるようになった日本でも，ハラールと呼ばれる，イスラームの戒律を守った料理を提供することが増えつつある。

イ グローバル化が進み，出自の異なる人々との共生が説かれる一方，特定の民族などへの差別や憎悪を表現するヘイトスピーチが問題となっている。

① **ア** 正 **イ** 正
② **ア** 正 **イ** 誤
③ **ア** 誤 **イ** 正
④ **ア** 誤 **イ** 誤

問 2　下線部⑥に関連して，日本において，「まだまだ自分たちの生活水準を上げることを考えるべきだ」という意見と，「自分たちの生活水準が多少落ちても，外国を助けるべきだ」という意見の，どちらに自分の気持が近いかを，様々な年齢の人に尋ねた調査がある。次の図は，20歳代から50歳代の人たちについての，1993年と2013年の結果である。この図を見て交わされた次ページの会話を読み，　a　・　b　に入る記述の組合せとして最も適当なものを，①〜④のうちから一つ選べ。　26

図　国際貢献に対する意識

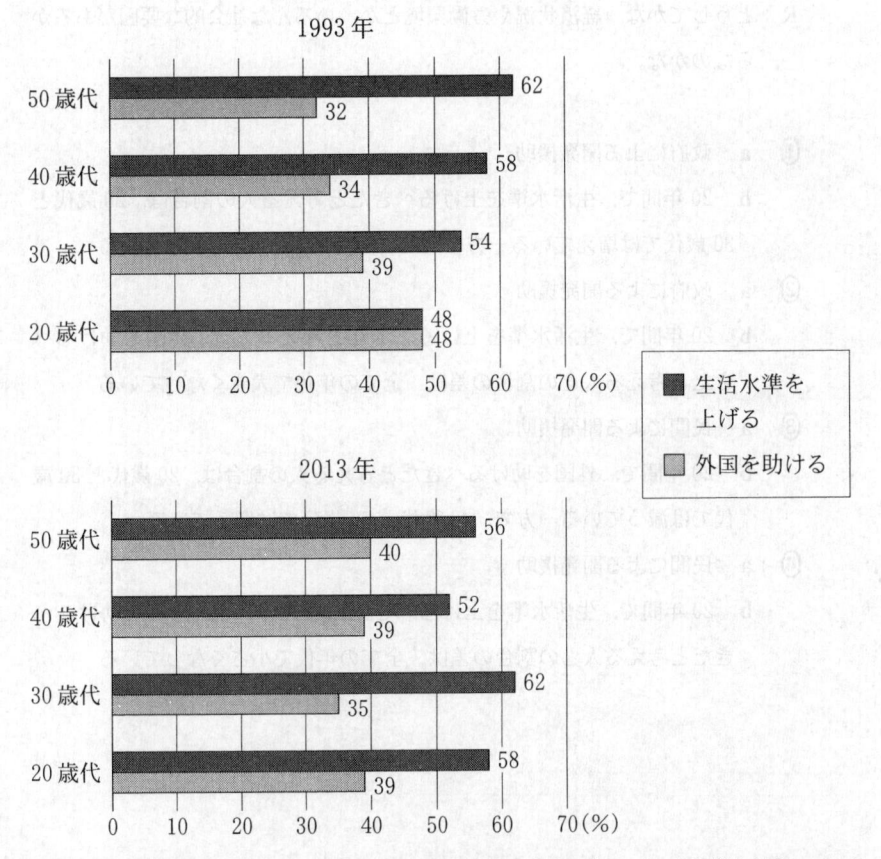

(注)　図の数値は項目ごとに，回答した人の割合(%)を表す。「その他・無回答」を除いているために，総和は100とならない。

(資料)　統計数理研究所「国民性の研究」(2016年)より作成。

66

R：全体的に，自分たちの生活水準を上げることを優先させる人が多いようだね。

W：1993 年と 2013 年の間には大きな災害が何度もあって，被災地を助けるボランティアに注目が集まったりもしたけど，まだまだみんな自分中心なのかな。

R：でも，その間も，日本は　　a　　である ODA を通じて途上国への援助をしてきたことなんかも忘れちゃいけないんじゃないかな。

W：もう少しグラフを細かく見てみると，　　b　　ということも言えるね。

R：どうしてかな。経済状況や労働環境とか，いろんな社会的な要因があるからなのかな。

① a　政府による開発援助

b　20 年間で，生活水準を上げるべきだと考える人の割合は，20 歳代と 30 歳代では増えている一方で，40 歳代と 50 歳代では減っている

② a　政府による開発援助

b　20 年間で，生活水準を上げるべきだと考える人と，外国を助けるべきだと考える人との割合の差は，全ての年代で大きくなっている

③ a　民間による開発援助

b　20 年間で，外国を助けるべきだと考える人の割合は，20 歳代と 30 歳代では減っている一方で，40 歳代と 50 歳代では増えている

④ a　民間による開発援助

b　20 年間で，生活水準を上げるべきだと考える人と，外国を助けるべきだと考える人との割合の差は，全ての年代で小さくなっている

問 3 下線部ⓒに関連して，次の**ア・イ**は，レヴィンによる葛藤の分類に従って，葛藤の実例を記述したものである。**ア・イ**と葛藤の種類との組合せとして正しいものを，下の①〜⑥のうちから一つ選べ。 27

ア 第一志望の大学には，自分が関心のあることを学べる学部があるのだけれど，遠隔地にあって通学が大変になるので受験しようか悩んでいる。

イ 買い物に付き合ってほしいと友人に頼まれた。興味がないことに付き合わされるのは嫌だが，断って友人との関係を悪くしたくないと悩んでいる。

① **ア** 接近 ― 接近　**イ** 接近 ― 回避
② **ア** 接近 ― 接近　**イ** 回避 ― 回避
③ **ア** 接近 ― 回避　**イ** 接近 ― 接近
④ **ア** 接近 ― 回避　**イ** 回避 ― 回避
⑤ **ア** 回避 ― 回避　**イ** 接近 ― 接近
⑥ **ア** 回避 ― 回避　**イ** 接近 ― 回避

問 4 下線部ⓓに関連して，先端医療技術についての説明として**適当でないもの**を，次の①〜④のうちから一つ選べ。 28

① 医療に応用可能な技術の一つとして，遺伝子の特定の箇所を探し当てた上で，その箇所を変更しようとするゲノム編集がある。

② 生殖補助医療の一つとして近年よく用いられる顕微授精は，女性の体内にある卵子に精子を直接注入する技術である。

③ 障がいや遺伝病の有無を出生前に診断することが可能になっているが，この技術が命の選別につながるという指摘もある。

④ iPS細胞には，様々な再生医療の可能性が広がることへの期待があるが，同時に過剰な生命操作につながることへの懸念もある。

問 5 下線部©に関連して，言語についてのウィトゲンシュタインの考え方の説明として最も適当なものを，次の①～④のうちから一つ選べ。 | 29 |

① 言語とは世界のあり方を写し取るものである，と考える写像理論によれば，言語に対応する事実を確定できない神や倫理のような事柄については，真偽を問うことができない以上，沈黙しなければならない。

② 言語とは世界のあり方を写し取るものである，と考える言語ゲーム論によれば，日常生活における具体的な言語使用の実践を離れて，万人に妥当する普遍的な言語の規則を決定しなければならない。

③ 言語の規則は言葉の使用を通じて形成される，と考える写像理論によれば，言語に対応する事実を確定できない神や倫理のような事柄については，真偽を問うことができない以上，沈黙しなければならない。

④ 言語の規則は言葉の使用を通じて形成される，と考える言語ゲーム論によれば，日常生活における具体的な言語使用の実践を離れて，万人に妥当する普遍的な言語の規則を決定しなければならない。

問 6 下線部⑥に関連して，次の**ア・イ**は，他者との関わりやコミュニケーションに関して考えた思想家についての説明であるが，それぞれ誰のことか。その組合せとして正しいものを，下の①～⑥のうちから一つ選べ。 30

ア 様々な立場にある具体的な他者との関わり合いの中で，次第に「一般化された他者」の視点を身に付け内面化していくことを通じて，人間の社会的自我が形成されると考えた。

イ 「コミュニケーション的理性（対話的理性）」に基づいて，論拠を示しながら意見を述べ合い，互いに合意を形成していく自由な討議によって，多様な価値観が共存し得る社会が形成されると考えた。

① **ア** G・H・ミード　**イ** ソシュール

② **ア** G・H・ミード　**イ** ハーバーマス

③ **ア** ソシュール　　**イ** G・H・ミード

④ **ア** ソシュール　　**イ** ハーバーマス

⑤ **ア** ハーバーマス　**イ** G・H・ミード

⑥ **ア** ハーバーマス　**イ** ソシュール

問 7 下線部⑧に関連して，欲求不満を解消するための適応についての説明として最も適当なものを，次の①～④のうちから一つ選べ。 31

① 失敗した試験の結果を分析した上で次回に向けて努力する場合のように，目標達成に向けて筋道を立てて行動することを合理的解決という。

② テストの点数が悪かったことを先生の教え方のせいにする場合のように，自分の行動を正当化しようとすることを退行という。

③ 友人とけんかした後でマンガを読むことに没頭する場合のように，空想の世界などに逃げ込んで不安を解消することを昇華という。

④ 失恋した作家が創作活動に集中する場合のように，欲求や感情を社会的に価値があると認められる活動に向け変えることを投射という。

問 8 下線部ⓗに関連して，共同体主義(コミュニタリアニズム)の思想を踏まえた上で，現代の思想家チャールズ・テイラーの次の文章を読み，その内容の説明として最も適当なものを，下の①~④のうちから一つ選べ。 32

　言語は，それを共に話す人々の間にのみ存在し，そこでのみ維持される。そしてこのことは，自我というものについての，ある重要な特徴を指し示している。……自分が何者なのかは，言葉を発する自分の立ち位置から明らかとなる。例えば，家族関係，社会的な空間，社会的地位や役割の位置関係，愛する人たちとの親密な関係における，自分の立ち位置である。中でも特に重要なのは，自分の道徳や精神のあり方が方向付けられるような空間であり，そこにおいてこそ，自分が何者であるのかを規定する最も重要な諸関係が立ち現れてくるのである。……この意味において，人は自分一人では自我であることはできない。人は，特定の対話者たちとの関係においてのみ，自我たり得るのである。

（『自我の源泉』より）

---

① 自分が何者かは，同じ言語を話す人々との対話を通じて明らかになる，とテイラーは考えている。これは，公正としての正義という普遍的原理に基づいて社会のルールを決めるべきだと考える共同体主義に反する。

② 人の精神のあり方は，共同体における個人の立ち位置とは無関係に決定される，とテイラーは考えている。これは，自分が属する共同体の伝統や文化が個人のアイデンティティを作っていくと考える共同体主義に反する。

③ 言語は，それを共に話す人々の間に存在し，そうした人々との関係の中で自我が成り立つ，とテイラーは考えている。これは，個人は社会から独立した自由な存在であるという考えを批判する共同体主義に通じる。

④ 自我は，同じ言語を話す共同体の人々との自由な対話により作られる，とテイラーは考えている。これは，個人の自由を最大限に尊重し，国家の強制的な課税による福祉政策を批判する共同体主義に通じる。

問9　下線部①に関して，次の図と文章は，倫理の先生がある町で見掛けた看板の
イラストと，それをめぐって先生とRとWとが交わした会話である。63ペー
ジの会話も踏まえて，文章中の　a　～　d　に入る記述を次ページの
ア～エから選び，その組合せとして最も適当なものを，①～④のうちから一つ
選べ。　33

図　ある町で見掛けた看板

先生：この看板を見てください。3種類の表記があります。日本語，ブラジル
　　　人の母語であるポルトガル語，そして，そのポルトガル語の発音をカタ
　　　カナにしたものです。
　R　：ポルトガル語の発音がカタカナで書いてあるのって，不思議ですね。
先生：この町で暮らすブラジル人家庭の子供にも配慮したものですよ。家では
　　　親とポルトガル語で話しているけど，その読み書きを十分に学ぶ機会が
　　　ない子供もいます。その中にはポルトガル語の文章を十分に読めない子
　　　供もいますが，その子たちも日本の学校に通ってカタカナを学んでいる
　　　ので，カタカナの部分を読むと，何が書いてあるのか分かるのです。
　W　：うーん，なるほど…。私は，　a　と思いました。
　R　：確かに。私は，　b　と思いました。
　W　：私は，　c　ということが分かりました。
　R　：私も勉強になりました。私は，　d　ということが分かりました。
　W　：この看板のような工夫が，様々な人々の共存につながるんですね。

ア 現代は人が国境を越えて移動する時代だと言ったけれど，母語が異なる人々が一緒に暮らしていくためには工夫が必要だ

イ 外国から来た人も，生活していくためには自分がいま暮らしているその国の言語を学ぶべきだと言ったけれど，そう単純な話ではない

ウ みんなが英語を学べばよいと思っていたけれど，言語は共同体固有の価値観を反映しているものだから，それぞれの母語を尊重することも大事だ

エ 自分の母語である日本語を大切にすべきだと思っていたけれど，それだけでは異なる言語を話す人々の価値観を理解して共生することは難しい

① a ─ ア　　b ─ イ　　c ─ ウ　　d ─ エ

② a ─ ア　　b ─ イ　　c ─ エ　　d ─ ウ

③ a ─ イ　　b ─ ア　　c ─ ウ　　d ─ エ

④ a ─ イ　　b ─ ア　　c ─ エ　　d ─ ウ

倫　理

（2020年1月実施）

60分　100点

2

第1問 以下は，高校生KとRの会話である。これを読み，下の問い(**問1～10**)に答えよ。(配点 28)

K：昨日の番組見た？ ⓐ科学の進歩はすごいね。一番印象的だったのは，将来 ⓑ人工知能搭載の人型ロボットが人間の代わりに働く社会になるって話！

R：見たよー。ロボットが色々やってくれたら，人間はもっとⓒ自由になるね！

K：だねー！ あと，ロボットに頼って暮らすようになると，ⓓ人間同士の関係が疎遠になって，感情的なつながりが希薄になっていくって話もあったなぁ。

R：あったあった。ロボットと友達になるだなんて，多分無理だろうしね。つらいときはいつでも慰め合うような深い結び付きがあってこその友達だもの。

K：え？ そんな傷を舐め合うような関係が友達なの？ むしろ，批判し合いながら精神的に自立した強いⓔ個人を目指して一緒に高め合うのが友達でしょ？

R：いや，人間は根本的に弱いから友達とⓕ助け合うんでしょ。でも，そのためにはまず，お互い気持ちから何から全部わかってるくらいの関係でないと。

K：ぷっ，ⓖプライバシーもないってこと？ その距離感は少しおかしくない？

R：それくらいじゃないと，いつでもすぐに助け合おうとは思えないかなって。

K：えーっ，いつでも助けてもらおうなんて甘えだよ。一人でも強くならないと。

R：……さっきから強く強くって，求め過ぎだよ！ 失恋や挫折で傷ついたときに，友達に泣き付くくらいの弱さがあったっていいじゃない！

K：なるほどねぇ……ただやっぱり，弱いからって助けやⓗ支援を常に当てにするのは依存の状態なんだと思う。それだと個人としてⓘ成長できないよね？

R：ん一，成長は大事だけど，でも，自分が強くなる代わりに，他人の弱さを気に留めなくなって一人平然としてるのなら，それこそロボットみたいじゃない？

K：そっかぁ。人間は不完全で弱いから，お互いの欠点を批判して高め合うためだけじゃなく，支え合って一緒に生きてくためにも，友達が必要になるんだね。

R：うん。でも，こっちの言い分も，ちょっと極端だったのかも。弱さを認め合うのも大事だけど，友達と共に成長していくことも忘れちゃいけないね。

問 1　下線部ⓐに関して，次の文章は，科学および科学的な知識について論じたク
ワインの思想の説明である。文章中の　**A**　・　**B**　に入れる語句の組合
せとして正しいものを，下の①〜④のうちから一つ選べ。　1

　　クワインによれば，科学的な知識に関する様々な命題や言説は，　**A**　と
なる。このことをクワインは，「ノイラートの船」という比喩を用いて説明し
た。それによると，船にどのような不具合があるのか，また，どこに不具合が
あるのかは，航海中にしか確認できない。しかも，一から船を造り直すための
ドックや陸地も存在しない。そのため，船に何らかの問題が生じても，船員は
船内にある有り合わせの部品で修理をして間に合わせながら航海を続けるしか
ない。科学について，この船と同じように考えるのならば，理論に何か問題が
生じても，どこかを少しずつ修正しながら，知識の体系それ自体を維持してい
くしかない。クワインによる，科学についてのこのような捉え方を，知の
　B　と呼ぶ。

① **A**　個々別々に独立して成立し，それぞれ単独で検証の対象
　　B　パラダイム
② **A**　個々別々に独立して成立し，それぞれ単独で検証の対象
　　B　ホーリズム
③ **A**　互いに結び付いた一つの集まりとして捉えることにより，検証が可能
　　B　パラダイム
④ **A**　互いに結び付いた一つの集まりとして捉えることにより，検証が可能
　　B　ホーリズム

4

問 2 下線部ⓑに関して，次の二つの**図**は，日本の就労者 1,106 名とアメリカ合衆国の就労者 1,105 名に対して，「人間は人工知能（AI）に仕事を奪われると思うか」と，「AI の普及に伴って，今後どのような対応や準備を行うつもりであるか（複数回答可）」を質問した結果である。これらの**図**から読み取れることとして最も適当なものを，次ページの①〜④のうちから一つ選べ。　2

図1　人間は AI に仕事を奪われると思うか

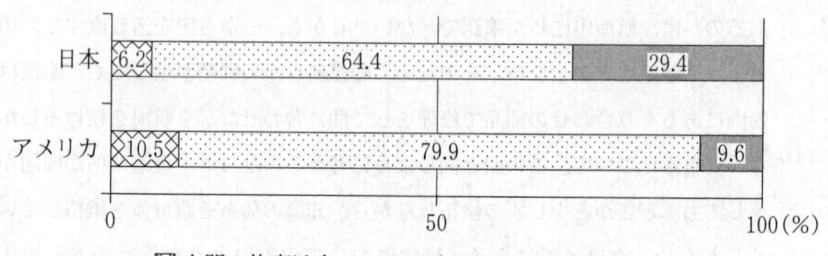

☒ 人間の仕事は全て，AI に奪われると思う。
⸬ 人間の仕事の一部は，AI に奪われると思う。
▨ 人間の仕事の中に，AI に奪われるものはないと思う。

図2　AI の普及に伴う今後の対応や準備（複数回答可）

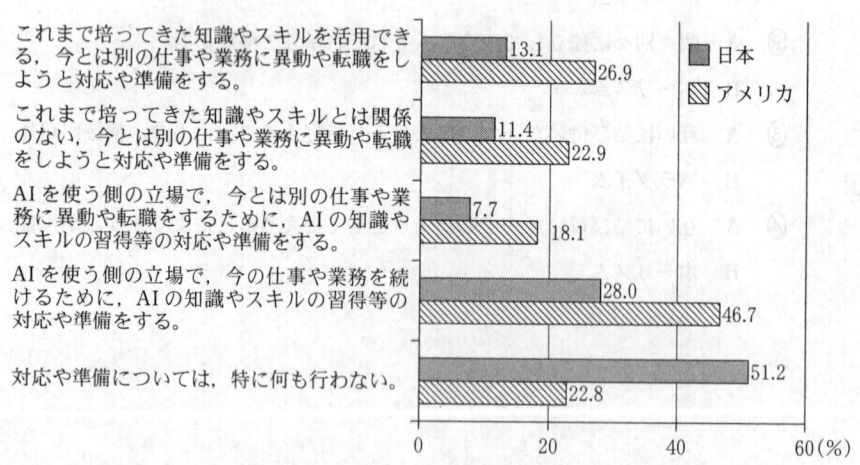

（資料）　総務省『ICT の進化が雇用と働き方に及ぼす影響に関する調査研究』（平成 28 年）より作成。

① アメリカの就労者で，AI を使う側の立場で仕事や業務をするために対応や準備をすると答えた人の割合は 19 % 未満であり，また，11 % 程度の人は，全ての仕事が AI に奪われると思うと答えている。

② 日本の就労者で，仕事の一部を AI に奪われると思うと答えた人は 64 % 程度であり，また，これまで培ってきた知識やスキルで今とは別の仕事や業務をしようと対応や準備をすると答えた人の割合は，25 % 程度である。

③ アメリカの就労者で，今の仕事や業務を続けるために AI の知識やスキルを習得すると答えた人の割合は 65 % 程度であり，また，人間の仕事が AI に奪われると思うと答えた人の割合は，日本よりも多い。

④ 日本の就労者で，人間の仕事が AI に奪われると思うと答えた人は 80 % 未満であり，また，何も対応や準備をしないと答えた人の割合は，アメリカのそれの 2 倍以上である。

問 3 下線部ⓒに関連して，個人の自由をめぐるノージックの思想についての説明として最も適当なものを，次の①～④のうちから一つ選べ。 3

① 自由は，まずもって各人に平等に保障されるべきものであるが，不遇な人々の福祉を実現するために，その自由は制限されなければならない。そのため，あるべき国家の姿は，「拡張国家」ということになる。

② 自由は，まずもって各人に平等に保障されるべきものであるが，不遇な人々の福祉を実現するために，その自由は制限されなければならない。そのため，あるべき国家の姿は，「最小国家」ということになる。

③ 個人の自由は，最大限尊重されるべきものであり，国家が強制的課税によって富を再分配することは，個人の自由に対する侵害である。そのため，あるべき国家の姿は，「拡張国家」ということになる。

④ 個人の自由は，最大限尊重されるべきものであり，国家が強制的課税によって富を再分配することは，個人の自由に対する侵害である。そのため，あるべき国家の姿は，「最小国家」ということになる。

問 4 下線部ⓓに関連して，次の文章は，人間同士の関係を基盤とする「ケアリングの倫理」を提唱したネル・ノディングズが，ケアすることについて論じたものである。その内容の説明として最も適当なものを，下の①～④のうちから一つ選べ。　4

　　我々が道徳的であろうとするのは，ケアリング関係を維持し，ケアする者としての自身の理想を高めるためである。この倫理的な理想に導かれ，……我々は他者と道徳的に接しようと奮闘する。……他者の現実に懸命に向き合おうとするとき，我々は，自分たちが今よりよくなる直接的な可能性だけを見ているわけではない。我々はまた，「私が何かしなければならない」という感じを，自分の内にかき立ててもいる。他者の現実を，自分がそうであったかもしれない一つの可能性として捉えるとき，我々は，他者の耐え難い痛みを取り除き，苦悩を減らし，ニーズを満たし，夢がかなうように，行為しなければならないのである。私が他者と，この種の関係にあるとき，……私はケアするのである。

　　　　　　　　　　　　　　　　　　　　　　　　　　（『ケアリング』より）

① ケアする者にとって大切なのは，他者の苦しみを取り除き，そのニーズを満たすと同時に，自分も他者から同様にケアされることである。そうした相互に利益を与え合う関係の維持が，ケアリングの倫理では目指される。

② ケアする者にとって大切なのは，他者の苦しみを取り除き，そのニーズを満たすことである。そして，それによって，たとえケアリング関係が破綻してしまうのだとしても，ケアリングの倫理ではそれが責務とされる。

③ ケアする者は，苦しむ他者を前にして，自分もその他者と同じ状態だったのかもしれないと考えるからこそ，その他者に対して道徳的に行為するのであり，そのことが，自身の理想を高めることにもつながるのである。

④ ケアする者は，他者の苦しみや欲求に必死で向き合おうとするが，そのとき，少しでも他者に対する責務の念を抱くようであれば，いくら道徳的に行為しても，ケアする者の倫理的な理想は高まらない。

問 5 下線部ⓔに関連して，個人的特徴であるパーソナリティや能力等の形成についての記述として最も適当なものを，次の①〜④のうちから一つ選べ。 5

① 人の個人的特徴の形成は遺伝のみに影響されるため，例えば，音楽的才能に乏しい親の子が，一流の音楽家になることはまれである。

② 人の個人的特徴の形成は環境のみに影響されるため，例えば，小さな子供と過ごすことが多いと，保育職への適性が備わるようになる。

③ 人の個人的特徴の形成は遺伝と環境の両方に影響されるため，例えば，学力は，生来の資質か学習環境かのどちらかだけでは決まらない。

④ 人の個人的特徴の形成は遺伝と環境には影響されないため，例えば，ある人が社交的であるかどうかには，本人の努力や意識が強く反映される。

問 6 下線部ⓕに関連して，我々の社会では，人々の個人的な助け合いだけでなく，社会全体の仕組みや人々の考え方を変えていくことで，暮らしをよりよくすることが目指されている。そのための取組みや制度についての説明として最も適当なものを，次の①〜④のうちから一つ選べ。 6

① ノーマライゼーションとは，障害の有無や年齢などに関係なく，誰もが同じ市民として共生できる社会を目指すべきだ，という考え方を意味する。

② バリアフリーとは，これまでの働き方を見直し，家庭や地域での個人の時間を充実させることで，仕事と家庭生活との調和を目指すことである。

③ ユニバーサルデザインとは，少子化と高齢化が進展していく社会では，高齢者の介護は社会全体で担われるべきだ，という考え方を意味する。

④ ワーク・ライフ・バランスとは，性別に関係なく，男女が共に協力し合いながら，個性や能力を十分に発揮できる社会の実現を目指すことである。

問 7 下線部⑧に関連して，現代の情報社会で生じる問題に対しては，プライバシーの権利をはじめとした様々な権利の保障，制度の確立が求められている。次の**ア～ウ**は，そうした状況についての記述であるが，その正誤の組合せとして正しいものを，下の**①**～**⑥**のうちから一つ選べ。　 7

ア 国民が「知る権利」に基づいて，地方自治体や国などの行政機関が保有する情報にアクセスできるよう，地方自治体では情報公開が制度化され，また国レベルでも，それに関わる法律が制定されている。

イ インターネット上の情報は，デジタル化されているためにコピー（複製）が難しく，そのため，「知的財産権（知的所有権）」が侵されてしまう危険性は低いとされている。

ウ 情報技術を使いこなせる者とそうでない者との間に，雇用機会や収入の差が生じてきたため，その差を是正することを民間企業や行政機関などに義務付けた「個人情報保護法」が制定されている。

① ア　正　　イ　正　　ウ　誤
② ア　正　　イ　誤　　ウ　正
③ ア　正　　イ　誤　　ウ　誤
④ ア　誤　　イ　正　　ウ　正
⑤ ア　誤　　イ　正　　ウ　誤
⑥ ア　誤　　イ　誤　　ウ　正

問 8 下線部⑪に関連して，世界では，困窮した人々に対して様々な支援が行われており，またその必要性が叫ばれている。そうした状況についての記述として**適当でないもの**を，次の①～④のうちから一つ選べ。 <u>8</u>

① 難民は，生命の危険にさらされやすく，人権が保障されないことも多いため，難民の保護と生活支援を行う国際連合の機関として，国連難民高等弁務官事務所(UNHCR)が設置されている。

② ノーベル平和賞を受賞したマララ・ユスフザイは，女性と子供の権利の確立，および女性の自立の実現のために，世界中の全ての子供に対して質の高い教育が保障されるよう，訴えている。

③ 国際連合による支援だけでなく，各国からも途上国への援助などが行われており，日本もその一環として，JICA(国際協力機構)による青年海外協力隊を派遣している。

④ 発展途上国の生産者や労働者が搾取されることなく，経済的に自立した暮らしを営むことができるよう，彼らに正当で公正な対価を払うリサイクルの促進が強く求められている。

問 9　下線部①に関連して，人間の成長過程における一段階である青年期について
　　の記述として最も適当なものを，次の①～④のうちから一つ選べ。　| 9 |

①　社会が複雑化し，社会の中での責務を果たすための高度な知識や技術が多
　　く求められるようになり，一人の人間として自立するためにより長い準備期
　　間が必要になったために，青年期は長くなってきている。

②　食生活やライフスタイル，あるいは社会の変化によって身体的・知的な成
　　熟が早まり，青年期の前段階である児童期が消失してしまったために，青年
　　期は長くなってきている。

③　都市化と工業化に伴って学校教育が普及し，子供でも様々な知識や技術が
　　習得可能になり，職を得て人間関係が安定するような実質的な成人の年齢は
　　20 歳前後まで早まってきたために，青年期は短くなってきている。

④　社会の流動化と価値観の多様化に伴って，大人として認められるための儀
　　式や儀礼は消失し，心理的・社会的な面での成熟は重要視されなくなってき
　　たために，青年期は短くなってきている。

問10　本文の内容に合致する記述として最も適当なものを，次の①〜④のうちから一つ選べ。　10

① 　Kは，人間とは，一人でも強く自立した存在になることができ，そうなるべきものであると考える。そして，友達関係は，個人として成長しない不健全な馴れ合い関係に陥るものなので，人間はできる限り一人でいるべきだと考える。

② 　Kは，相手との間にある境界を全て取り払って濃密に結び付くようなつながりを友達関係だとは考えない。むしろ，友達関係とは，互いにほどよい距離感を保ちつつ批判し合いながら，自立した強い個人となることを一緒に目指して成長し続ける関係のことだと考える。

③ 　人間とは根本的に脆弱な存在だと考えているRは，友達同士，まずは助け合いの実践を重ねていき，その結果として，全てを分かち合えるような，濃厚で緊密な関係を結ぶ段階へと至ることこそが，理想的な友達関係のあり方だと考える。

④ 　当初，感情的に深く結び付き合えないロボットと友達になることはできないと考えていたRは，後に，友達関係にとって，共に成長し続けることも重要であると考えを改め，最終的に，ロボットと友達になることができると主張している。

第2問　次の文章を読み，下の問い(問1〜9)に答えよ。(配点　24)

「かわいい子には旅をさせよ」という諺があるように，旅は人間を成長させる。先哲の中にも，旅に出て思索を深めた者がいた。また，人生を真理へと歩む旅に譬えることで，小さく弱い存在である⒜人間の生を考察する者もいた。

旅することは，日常生活では出会うことのない人と出会う機会を与えてくれる。⒝プラトンは，師であるソクラテスがアテネの市民たちによって刑死に追いやられた後，シラクサなど地中海世界を遍歴し，様々な思想家に出会いながら，イデア論や哲人政治など独自の思想を確立していった。このような，旅での出会いが新しい考え方に目覚めるきっかけとなる可能性が，⒞大乗仏教でも説かれた。仏教では教え導く人を善知識と呼ぶが，『華厳経』では，悟りを求める童子が文殊菩薩の勧めにより旅に出て，仏教徒に限らない様々な善知識との出会いを機縁として悟りに到達する。旅での出会いにより新たな視点や気付きを得ることで，自分一人ではたどり着くことのできなかった，深い認識に到達する可能性が開かれるのである。

さらに，先哲の中には，時に道に迷う人間の生を旅に譬えることで，生のあり方を考察した者もいた。⒟諸子百家の一人である荘子は，真理の世界に遊ぶ理想の境地を，真理を知らない者の卑小な考えと対比している。その際に彼は，⒠真理への行程を旅になぞらえ，近くへの旅ならば僅かな準備で足りるが，真理へ至るには，どれほどの準備が必要だろうかと問うた。一方，ユダヤ教では，救済を願いながらこの世を生きることが旅だとみなされた。この見方を引き継ぎながら，キリスト教では，「私は道である」と述べたイエスに従うことで，⒡罪人である人間であっても真理である神のもとに行けると信じられた。また，⒢イスラーム教では，「水場に至る道」を意味するシャリーアに従った生活を送ることで，自分では歩むべき道がわからない人間でも救済に到達できると考えられた。人間を，⒣旅の途上にある存在になぞらえたこうした思想では，人間の卑小さが見据えられた上で，そうした人間の生にも，真理へと近づく可能性が認められたのである。

実際の旅と同じく，人生という旅にも，様々な困難があるだろう。それでも，他人と出会い，真理を追求し，進むべき道を模索することの大切さを先哲は教えている。私たちも謙虚に，しかし希望を持って，人生の旅を続けていこう。

14

問 1　下線部ⓐに関連して，人間の生のあり方について説かれた様々な教えや思想の説明として最も適当なものを，次の①〜④のうちから一つ選べ。 | 11 |

① アリストテレスによると，人間は無謀であることも臆病であることも避け，その中庸である勇気の徳を目指すべきである。

② エピクロスによると，人間は本性として快楽を追求する存在であるが，快楽を奪う死の恐怖から逃れることができない存在でもある。

③ イスラーム教によると，人間は誰でも，神の規律に従って生きるべきだが，聖職者には一般信徒と異なる特別な規律が与えられている。

④ 荀子によると，人間は本来，利己的な存在であるため，礼を学ぶだけでは不十分であり，法律による強制なしに社会は成り立たない。

問 2　下線部ⓑに関して，プラトンについての説明として最も適当なものを，次の①〜④のうちから一つ選べ。 | 12 |

① イデアの認識を確実にするのは，理性ではなく，憧れという欲求であると説き，イデアへの憧れに衝き動かされた魂を，翼を持った一組の馬と御者が天上に飛翔する姿になぞらえた。

② この世に生まれる前は無知であった人間の魂が，この世に肉体を持って生まれてきた後，感覚に頼ることでイデアを完全に知ることができるようになると論じた。

③ 感覚的次元に囚われた魂を，暗闇の中で壁に映し出された影を真実と思い込む洞窟内の囚人の姿になぞらえ，感覚的世界からイデアへと魂を向け変える必要があると説いた。

④ 理想国家のあり方を，理性と欲望が調和した魂の姿と類比的に論じ，そのような国家では，全ての人が哲学を学び優れた市民となることで，統治する者とされる者の関係が消滅すると述べた。

問3　下線部ⓒに関して，大乗仏教についての説明として最も適当なものを，次の①〜④のうちから一つ選べ。　 13

① 大乗仏教は，上座部仏教が自らを「小乗仏教」と名のったのに対して，自らを大きな乗り物に譬えてその立場の違いを鮮明にした。

② 大乗仏教で尊敬の対象とされる菩薩とは，在家の信者とは異なり，他者の救済を第一に考える出家修行者のことである。

③ 大乗仏教の代表的な経典の一つである『般若経』では，あらゆる事象には固定不変の本体がないと説かれている。

④ 大乗仏教は，スリランカから東南アジアへと伝えられ，その後，東アジア世界に広がっていったため，「南伝仏教」と呼ばれる。

問4　下線部ⓓに関して，諸子百家についての説明として最も適当なものを，次の①〜④のうちから一つ選べ。　 14

① 墨子は，侵略戦争を有利に進めるために，自集団の中で習得した知識や技術を積極的に利用しようとして，各地を奔走した。

② 墨子は，道を重んずる立場から，無為自然の理想社会を目指し，自給自足の生活を送る小さな共同体の実現を説いて，各地を奔走した。

③ 孟子は各国を遊説して，人間は美醜や善悪といった区別や対立にこだわるが，本来，万物は平等であるという万物斉同の思想を説いた。

④ 孟子は各国を遊説して，君主は仁義に基づいた政治を行うべきであり，民衆に支持されない君主は，天命を失ったものとして追放されると説いた。

16

問 5 下線部ⓔに関連して，儒教と仏教における真理の探求についての思想の説明として最も適当なものを，次の①～④のうちから一つ選べ。 15

① 朱熹(朱子)は，人の持つ本性とは天理にほかならないと考え，心の内にのみ存在する天理を探求していく必要性を説いた。

② 朱熹(朱子)は，自己の修養により天理に従うことは，家庭や国家，最終的には天下全てがうまく治まることにもつながると考えた。

③ ブッダは，正見などの八つの道を集めて八正道として説き，苦しみを滅する実践の集成である集諦として教えた。

④ ブッダは，菩提樹の下で苦行の実践を重ねることで悟りを開き，インドの各地を遍歴して，その内容を人々に説法した。

問 6 下線部ⓕに関して，人間の罪について考えたイエスおよびパウロの説明として最も適当なものを，次の①～④のうちから一つ選べ。 16

① イエスは，ファリサイ派(パリサイ派)に倣って，神が与えた律法を遵守できない人々を救われることのない罪人とみなした。

② イエスは，自分が来たのは罪人を招くためであると述べ，神の愛(アガペー)は罪人が悔い改めることを条件として与えられると説いた。

③ 深刻な罪の意識に苦しんだパウロは，神の命令に背いたアダムの罪が，生まれながらの罪として全ての人間に引き継がれていると考えた。

④ 異邦人への伝道にも従事したパウロは，神から十戒が与えられたことで全ての人間の罪が贖われたと考えた。

問 7 下線部ⓔに関して，次の文章は，イスラーム教における旅についての説明である。文章中の　**A**　・　**B**　に入れる語句の組合せとして正しいものを，下の①～⑥のうちから一つ選べ。　17

　　イスラーム教では，巡礼月に行われるハッジと呼ばれるメッカ巡礼が重要であり，　**A**　とされる。さらに，メッカ以外の聖地への参詣も行われるほか，交易や学問のための旅も神の意志にかなう行為として奨励された。

　　このように旅に出ることが推奨されるイスラーム教では，旅人についての規定がクルアーン（コーラン）に含まれている。例えば，旅人は，五行の一つである　**B**　を延期することが許されている。

① **A** メッカを聖地として信じることが六信の一つ　**B** 瞑想（めいそう）

② **A** メッカを聖地として信じることが六信の一つ　**B** 断食

③ **A** メッカを聖地として信じることが六信の一つ　**B** ジハード

④ **A** 一生に一度はハッジを行うことが五行の一つ　**B** 瞑想

⑤ **A** 一生に一度はハッジを行うことが五行の一つ　**B** 断食

⑥ **A** 一生に一度はハッジを行うことが五行の一つ　**B** ジハード

問 8　下線部ⓗに関連して，次の文章は，トマス・アクィナスが，人間を旅人にな
　　　ぞらえて論じたものである。ここで，人間は，天使のように「至福にある者」お
　　　よび悪魔のように「(神に)断罪された者」と比較されている。この文章の内容の
　　　説明として最も適当なものを，下の①～④のうちから一つ選べ。　| 18 |

　　　至福*が未来のものではなく，既に現在のものであるときには，そこに希望
　の徳は存在し得ない。そして，それゆえに，希望は，信仰と同じく天国では消
　失し，その二つとも，至福にある者の内には存在し得ない。
　　　……断罪された者は，至福を可能な善いものと捉えることができない。……
　したがって，至福にある者にも断罪された者にも希望は存在しない。しかし，
　旅人には，この旅人が現世にいるとしても煉獄**にいるとしても希望が存在し
　得る。なぜなら，旅人はそのどちらにいようとも，至福を可能な未来のものと
　捉えるからである。

　　　　　　　　　　　　　　　　　　　　　　　　　　　　（『神学大全』より）

　*至福：救済されて最高の幸福にある状態
　**煉獄：天国に入る前に軽微な罪が清められる場所

①　断罪された者には，自分が救済されて至福に到達するという希望が存在し
　ない。しかし，既に天国にいて至福にある者と，現世を生きていてこれから
　至福に到達する可能性のある者には，救済の希望が存在し得る。

②　断罪された者には，至福が可能であるという希望が存在せず，至福にある
　者には希望も信仰も存在し得ない。しかし，現世を生きる者には，これから
　至福に到達することが可能であるという希望が存在し得る。

③　希望は，既に現在において至福にある者には存在し得ない。しかし，現世
　を生きる者にも断罪された者にも，未来において至福に到達することが可能
　であるという希望が存在し得る。

④　至福は，既に至福にある者にとっては現在のもの，現世を生きる者にとっ
　ては未来的かつ可能なもの，断罪された者にとっては不可能なものと捉えら
　れる。しかし，希望はいずれの者にも存在し得る。

問 9　本文の趣旨に合致する記述として最も適当なものを，次の①〜④のうちから
　　一つ選べ。　19

①　旅する中で新たな展開を見せた先哲の思想や，旅に出ることで悟りを得る
　　可能性を示した教えから，他者との出会いの重要性を知ることができる。し
　　かし，人間は弱い存在であるため，真理や救済に近づくことはできないとす
　　る考えが，人生を旅に譬えることで表現されることもあった。

②　旅での出会いが，一人では気付けない考え方を自らのものとするきっかけ
　　となることを，先哲の生き方や言葉は伝えている。また，人間は弱く小さな
　　存在であるにもかかわらず，真理や救済を目指して生きることができるとい
　　う考えが，人生を旅に譬えることで表現されることもあった。

③　旅において重要なのは，独自の思想を確立することであり，様々な考え方
　　の人と出会うことは，その可能性を阻害するものであると考えられた。さら
　　に，自ら道を切り開き真理や救済へとたどり着ける人間の偉大さを強調する
　　考えが，人生を旅に譬えることで表現されることもあった。

④　旅に出ることで深い認識に到達することができるのは，人との出会いを避
　　け，自分と向き合う結果であることを先哲は教えている。他方，卑小な存在
　　である人間でも，正しい道を歩めば真理や救済へと到達できるという考え
　　が，人生を旅に譬えることで表現されることもあった。

第 3 問 次の文章を読み，下の問い（問 1 ～ 9 ）に答えよ。（配点　24）

スポーツの日本代表が「侍ジャパン」や「サムライブルー」と呼ばれている。これは「侍」や「武士道」が「日本の伝統」であると，漠然と思われているからだろう。だが，そもそも「伝統」とは何だろうか。思想の観点から，武士道を例に考えてみよう。

⒜平安時代の中頃，歴史の表舞台に現れた武士たちは，戦闘者として命懸けで主君に献身し，「名を重んじ恥を知る」ことを理想とした。また，戦場での命の儚さの体験は，仏教的な⒝無常観への共感や，命に執着しない「いさぎよさ」につながった。この「いさぎよさ」には，心の純粋さをよしとする⒞古代以来の理想も反映されていた。こうした価値観が，後に「武士道」と呼ばれる伝統の基礎となった。

ところが，戦乱が終結した江戸期になると，戦闘者の道としての武士道はそのままでは通用しなくなった。そこで，⒟山鹿素行は新たに「士道」を提唱した。これは，武士は⒠民衆を道徳的に指導する為政者であるとする思想である。他方，山本常朝は，戦場という死に場を失った武士の生き方を，「常 住 死 身」となり，ひたすら主君や藩を思って献身することに見いだした。こうして，過去から継承された思想は，新たに解釈されることによって，より時代に適した伝統となったのである。

さらに，武士階級が消滅した明治期になると，武士道を⒡西洋思想や近代思想との関わりで「日本の伝統」として捉え直す思想家たちが現れた。例えば，新渡戸稲造や内村鑑三はキリスト教に通じる献身の道徳として，福沢諭吉や幸徳秋水は⒢近代の国家や社会を支える「国民」や「市民」の道徳として，各々武士道を捉えた。しかし，例えば岡倉天心は，⒣茶道こそが「生の技術」としての日本の伝統であり，武士道は自己犠牲を強いる「死の技術」であるとする批判的な見方を示した。そして，現に武士道は，国家のための自己犠牲を強いる軍国主義の称揚に利用されもしたため，戦後になると厳しく非難された。それでも，人々は今なお，武士道や侍という言葉に，何らかの理想やイメージを投影しようとしてもいるのである。

このように，伝統とは，先人たちが過去の思想を継承しつつ，各々の時代状況に応じて新たな解釈を加える中で，形成されてきたものなのである。伝統と呼ばれるものと向き合うとき，大切なことは，この二面性を自覚し，単に漠然としたイメージを投影するだけではなく，批判的な再解釈をしていくことではないだろうか。

問 1 下線部ⓐに関連して，平安時代の中頃に活躍した仏教者についての説明として最も適当なものを，次の①〜④のうちから一つ選べ。 20

  ① 民衆に念仏を広めた源信は，市井に入り，道路や井戸の整備，無縁の死骸の火葬などを行ったことから，「市聖」と呼ばれた。

  ② 民衆に念仏を広めた空也は，市井に入り，道路や井戸の整備，無縁の死骸の火葬などを行ったことから，「市聖」と呼ばれた。

  ③ 民衆に念仏を広めた源信は，日本全国を遊行し，生活の全てを捨てて念仏に生涯を捧げたことから，「捨聖」と呼ばれた。

  ④ 民衆に念仏を広めた空也は，日本全国を遊行し，生活の全てを捨てて念仏に生涯を捧げたことから，「捨聖」と呼ばれた。

問 2 下線部ⓑに関して，無常観に関連する日本の美意識についての説明として**適当でないもの**を，次の①〜④のうちから一つ選べ。 21

  ① 西行は，各地を遍歴しながら人生の無常を和歌に詠み，それらは後に『山家集』に収められた。彼は，桜の花や月といった自然の風景に思いを託し，「願わくは花の下にて春死なむ　その如月の望月の頃」などの歌を詠んだ。

  ② 吉田兼好は，無常な人生をいかに生きるべきかに思いを巡らせ，『徒然草』を著した。「世はさだめなきこそ，いみじけれ」という彼の言葉は，この世は儚く移ろいゆくがゆえに味わい深いとする美意識を表現している。

  ③ 雪舟は，色彩を否定した絵画技法である「水墨画」を大成し，『風姿花伝』を著した。「秘すれば花なり，秘せずは花なるべからず」という彼の言葉は，切り詰められた簡素な表現にこそ，美が現れることを説いている。

  ④ 九鬼周造は，江戸時代から受け継がれてきた「いき」という美意識を哲学的に分析し，『「いき」の構造』を著した。彼によれば，「いき」とは，「諦め」や「意気地」をもって，偶然的で儚いこの世を軽やかに生きる生き方である。

問3　下線部ⓒに関連して，古代の日本の思想についての説明として最も適当なものを，次の①～④のうちから一つ選べ。　22

① 自然の様々な事物に宿る八百万の神々への信仰が，外来思想の影響を受けることなく，神道と呼ばれる日本独自の宗教として体系化された。

② 古代国家が形成される過程で，『古事記』や『日本書紀』が編纂され，神々の系譜が天皇につながる神話として統合された。

③ 日本神話では，天地はおのずから「なった」のではなく，伊邪那岐命と伊邪那美命の二神の意志によって「つくられた」とされている。

④ 罪や悪は，人間の心の中から出てくる穢れであると考えられたため，それを清めるための儀式として，禊や祓があった。

問4　下線部ⓓに関して，山鹿素行についての説明として最も適当なものを，次の①～④のうちから一つ選べ。　23

① 朱子学の説く理を道徳の基礎として重視し，私利私欲をつつしむ心の修養を説くとともに，儒学と神道を融合させて垂加神道を唱えた。

② 朱子学の説く理を道徳の基礎として重視し，『論語』や『孟子』などの原典に立ち返ることで，日常的な道徳の規範を明らかにすることを目指した。

③ 朱子学の説く理が抽象的であることを批判し，私利私欲をつつしむ心の修養を説くとともに，儒学と神道を融合させて垂加神道を唱えた。

④ 朱子学の説く理が抽象的であることを批判し，『論語』や『孟子』などの原典に立ち返ることで，日常的な道徳の規範を明らかにすることを目指した。

問 5　下線部ⓔに関連して，次の**ア・イ**は，江戸時代に民衆の生き方を説いた思想家についての説明であるが，それぞれ誰のことか。その組合せとして正しいものを，下の①〜⑥のうちから一つ選べ。　24

ア　もとは徳川家に仕える武士であったが，出家して僧侶となった。従来の仏教の隠遁的な傾向に反対し，士農工商のいずれであっても，この世においてそれぞれの職業に専念することが，仏道の修行であると説いた。

イ　農家に生まれたが，独学して農政家となり，幕府にも登用された。人は自然や祖先の恩に徳をもって報いるべきであり，そのために，収入に応じて支出を制限し，そこから生じた余剰を社会に還元すべきであると説いた。

① **ア**　鈴木正三　**イ**　二宮尊徳

② **ア**　鈴木正三　**イ**　安藤昌益

③ **ア**　鈴木正三　**イ**　石田梅岩

④ **ア**　西川如見　**イ**　二宮尊徳

⑤ **ア**　西川如見　**イ**　安藤昌益

⑥ **ア**　西川如見　**イ**　石田梅岩

問 6 下線部⑦に関連して，日本において西洋近代思想の普及に努めた思想家の一人として，徳富蘇峰がいる。彼についての説明として最も適当なものを，次の①〜④のうちから一つ選べ。　25

① 政府主体の欧化主義を批判し，民衆主体の近代化を重視する平民主義を唱えたが，後年は国家主義の立場に転じた。

② 幸徳秋水らと共に平民社を設立し，平民主義・社会主義・平和主義を三つの柱とする『平民新聞』を創刊した。

③ 明六社で天賦人権論や立憲政治の紹介に努めたが，後年はスペンサーの社会進化論に基づいて国家主義を主張した。

④ 結婚を男女の対等な契約と捉えて一夫一婦制を主張し，後年は初代文部大臣となって学校制度の確立に尽力した。

問7　下線部⑧に関連して，次の文章は，近代日本における「市民」の道徳について
考えた人物の思想に関する説明である。文章中の　　A　　～　　C　　に入れる
語句の組合せとして正しいものを，下の①～⑥のうちから一つ選べ。　26

　　幸徳秋水が師事した　　A　　は，『三酔人経綸問答』の中で「民主平等の制」と
は「国人をして皆学に就きて君子と為るの手段を得せしめ」るものだと述べた。
「君子」とは，儒教の伝統において有徳者や有徳な為政者を意味する概念であ
る。また彼は，　　B　　を翻訳する際，通常は「市民」と訳される「シトワイヤ
ン」を，「君子」の類義語である「士」と訳した。このような，「市民」とはかつて
の「君子」や「士」のような道徳的人間であるとする考え方の背景には，彼がフラ
ンスで学んだ，「市民の徳」を重視する　　C　　という思想の影響があった。

① A　片山潜　　　B　『社会契約論』　　C　共産主義
② A　片山潜　　　B　『自由論』　　　C　共和主義
③ A　片山潜　　　B　『自由論』　　　C　共産主義
④ A　中江兆民　　B　『社会契約論』　　C　共和主義
⑤ A　中江兆民　　B　『社会契約論』　　C　共産主義
⑥ A　中江兆民　　B　『自由論』　　　C　共和主義

問 8 下線部⑪に関して，次の文章は，哲学者の久松真一が，茶道における一期一会の思想について述べたものである。その内容の説明として最も適当なものを，下の①～④のうちから一つ選べ。 | 27 |

　茶事を催す場合，これが一生涯に一度の会であると観念していれば，万事に隙(すき)なく心を配り，そこに自己の最善を尽くすこととなる。またこの次にやればよいなどというような心掛けでは，本当に身の入った茶事にはならない。これが済めば同じ会は一生にもう二度とはないとの覚悟をもって茶事を催す，それが一期一会である。……「人生は無常である」とはよくいわれることであるが，まことに，私が今呼(は)くこの息の次に，吸う息が果たしてできるかどうかは何人(なんびと)も断言しえないのである。……無常を，絶望としてただ悲観的にうけとれば，生きることを，消極的なものにしてしまうことになるが，もしわれわれが，人生は無常であるからこそ，この瞬間をフルに生きて，充実した生活をしようと覚悟すれば，無常はかえって，積極的な生命肯定の契機となるのである。

（『茶道の哲学』より）

① 一期一会とは，その都度の茶事を，次の会をよりよく催すために生かそうと覚悟することである。また，人生においても，その都度の瞬間を未来の目的のために生かす努力をすれば，充実した生を実現できる。

② 一期一会とは，その都度の茶事を，次の会をよりよく催すために生かそうと覚悟することである。しかし，人生は無常であるから，その都度の瞬間を一生に一度と覚悟し，全力で生きることで，充実した生を実現できる。

③ 一期一会とは，その都度の茶事を一生に一度限りのものと覚悟し，自己の最善を尽くすことである。また，人生においても，その都度の瞬間を一生に一度と覚悟し，全力で生きることで，充実した生を実現できる。

④ 一期一会とは，その都度の茶事を一生に一度限りのものと覚悟し，自己の最善を尽くすことである。しかし，人生は無常であるから，その都度の瞬間を未来の目的のために生かす努力をすれば，充実した生を実現できる。

問9　本文の趣旨に合致する記述として最も適当なものを，次の①～④のうちから一つ選べ。 28

① 伝統と呼ばれるものは，時代や思想家によって表現は異なるが，常に同じ内容を保っている。伝統とは，各々の時代の人々が，過去の思想を新たな解釈から守り，保存し続けてきたものだからである。伝統と向き合うときには，この不変性と持続性を自覚することが大切である。

② 伝統と呼ばれるものも，その内容は時代や思想家によって異なる。伝統とは，各々の時代の人々が，過去の思想を受け継ぎ，そこに新たな解釈を加えることで，変容し続けてきたものだからである。伝統と向き合うときには，この連続性と非連続性を自覚することが大切である。

③ 伝統と呼ばれるものは，時代や思想家によって表現は異なるが，常に同じ内容を保っている。伝統とは，各々の時代の人々が，時代を超えた人間の理想を，各々の時代の言葉で語ってきたものだからである。伝統と向き合うときには，この普遍性と多様性を自覚することが大切である。

④ 伝統と呼ばれるものも，その内容は時代や思想家によって異なる。伝統とは，各々の時代の人々が，あたかも過去から継承されてきたものであるかのように，無から捏造したものにすぎないからである。伝統と向き合うときには，この恣意性と虚構性を自覚することが大切である。

第4問 次の文章を読み，下の問い（問1〜9）に答えよ。（配点　24）

　苦しい受験勉強もゴールが近づいてきた。我慢してきた欲求を解放し，大学生活を謳歌（おうか）しようと心待ちにしている者も多いだろうが，生を謳歌するには，何を追い求めればよいのだろうか。近代以降の西洋思想を手掛かりとして考えてみよう。

　まず思い浮かぶのは，身体的な欲求を満たすことであろう。ルネサンス期には，<u>ⓐキリスト教</u>の権威の下で抑圧されがちであった人間の欲求を罪の意識から解放し，生の喜びを肯定する芸術作品が数多く生み出された。また，17世紀に活躍した社会契約論者の中には，自己保存を目的とした身体的な欲求の充足を，<u>ⓑ人間の基本的な権利</u>として想定する者もいた。さらに，18世紀になると，快を求める人間の本性を道徳や立法の前提と捉えるベンサムのような功利主義者も現れた。

　他方で，身体的な欲求よりも，人間の<u>ⓒ理性</u>的なあり方を重視した者もいる。カントは，人間が，身体を持つ存在として感性的な欲求に大きく影響されることを認めつつも，道徳法則の尊重を命じる理性的な要求に従うあり方に，人間の真の<u>ⓓ自由</u>を見いだした。また，<u>ⓔJ. S. ミル</u>は，功利主義に基づきつつも，身体的な快に対する精神的な快の優位を主張し，その上で，同じく理性を有する他者の幸福に喜びを感じる精神の確立を理想とした。彼らに共通するのは，快を追求する身体的な<u>ⓕ経験</u>にとどまらない，人間の理性的なあり方への敬意である。

　その後，身体と理性の関係は，様々な仕方で捉え直されていく。<u>ⓖニーチェ</u>は，身体を顧みずに理性を偏重する者を「身体の軽蔑者」と揶揄（やゆ）し，またアドルノは，自己保存を図ろうとするあまり，身体に具（そな）わる衝動を過度に抑圧しようとする「道具的理性」のあり方を批判した。こうした批判に対し，ハーバーマスは，理性を改めて主題化し，他者とのコミュニケーションを支える「対話的理性」の積極的な働きを強調した。その上でホネットは，<u>ⓗ他者から承認される喜びの感情</u>に着目し，理性的な相互理解に関わる身体的な契機に目を向ける必要性を説いている。

　以上のような西洋思想の展開は，人間が，時に対立する身体的欲求と理性的要求とを併せ持った存在であることを，私たちに気付かせてくれる。一方を重視するあまり他方を軽んじることなく，その両者を正しく追求する道を模索することが，生きることを真に謳歌する第一歩となりそうである。

問 1　下線部ⓐに関連して，ルネサンス期以降，キリスト教をめぐって生じた様々な運動や立場についての説明として最も適当なものを，次の①〜④のうちから一つ選べ。　29

① 　教会中心のあり方を見直し，古典文化の復興を通じて自由な「人間性（フマニタス）」の回復を追求した運動は，ヒューマニズムと呼ばれる。

② 　人間の自由意志に基づく善行の実践を推奨し，従来の教会の教義に「抗議（プロテスト）」したルターの立場は，プロテスタンティズムと呼ばれる。

③ 　時代や地域によって変わることのない「普遍的（カトリック）」な教義の確立を目指したカルヴァンの立場は，カトリシズムと呼ばれる。

④ 　イグナティウス・デ・ロヨラの主導の下，信仰を「浄化する（ピューリファイ）」ことを目指した人々の運動は，ピューリタニズムと呼ばれる。

問 2　下線部ⓑに関して，人間の基本的な権利をめぐる社会契約論者の考え方についての説明として最も適当なものを，次の①〜④のうちから一つ選べ。　30

① 　ロックは，人間が生来持っている権利として，生命・自由・財産の所有権を認めたが，ルソーは，財産の私的な所有を争いや不平等の源泉とみなし，自らの権利を共同体に譲渡する社会契約の必要性を唱えた。

② 　ロックは，神が君主に与えた権利として，生命・自由・財産の所有権を認めたが，ルソーは，財産の私的な所有を争いや不平等の源泉とみなし，君主の所有物を人々に平等に分配する社会契約の必要性を唱えた。

③ 　ホッブズは，人間が生来持っている権利を守るために，万人が万人に戦いを挑むことを求めたが，ロックは，そうした戦いを絶対的な権力によって制圧することで，人々の権利を保障すべきとした。

④ 　ホッブズは，神が君主に与えた権利を人々の手に取り返すために，万人が君主に戦いを挑むことを求めたが，ロックは，そうした戦いを絶対的な権力によって制圧することで，君主の権利を保障すべきとした。

問 3 下線部ⓒに関連して，理性をめぐる様々な思想家の考え方についての説明として最も適当なものを，次の①～④のうちから一つ選べ。 31

① デカルトは，自己の身体を「私」が疑うことのできない確実な存在とみなし，この身体が直接的に経験するものが，理性による明晰判明な自然認識の確固たる基礎となると考えた。

② スピノザは，自然の諸事物の中に万物を貫く必然的な法則を見いだす理性的認識が，神と自然の同一性を「永遠の相のもとに」把握することを可能にすると考えた。

③ モンテーニュは，「私は何を知っているか」と問い続ける懐疑的な精神のあり方を批判し，客観的な真理を正しく認識し得る普遍的な方法を見いだすことが，理性の第一の使命であると主張した。

④ パスカルは，複雑な全体を一望し直観的に判断を下そうとする精神のあり方を批判し，単純な原理から始め，理性的な推論を段階的に進めていく「幾何学的精神」の優位を主張した。

問 4　下線部ⓓに関して，次の文章は，カントとヘーゲルの「自由」をめぐる考え方についての説明である。文章中の　A　・　B　に入れる語句の組合せとして正しいものを，下の①〜⑥のうちから一つ選べ。　32

　　カントによれば，人間は，感性的存在としては「自然法則」に支配されているが，理性的存在としては「道徳法則」に自ら従うことができる。彼は後者のあり方を　A　と呼び，これこそが人間が享受し得る真の自由であるとした。

　　他方でヘーゲルは，個々人の内面的な判断の中に自由の根拠を求めるカントの立場を批判し，「最高の　B　が最高の自由である」という観点に基づきつつ，個々人が内的に判断する道徳と，人間関係を外的に規制する法との対立を止揚した「人倫」の中に，真の自由が実現する可能性を見いだした。

① 　A　意志の自律　　B　自立性
② 　A　意志の自律　　B　共同性
③ 　A　意志の自律　　B　功利性
④ 　A　意志の格率　　B　自立性
⑤ 　A　意志の格率　　B　共同性
⑥ 　A　意志の格率　　B　功利性

問 5 下線部ⓒに関して，J. S. ミルは，他者や社会のために献身するといった道徳的行為を個々人がするようになるには，どのような手立てを講じるのが最も重要であると考えたか。その説明として最も適当なものを，次の①～④のうちから一つ選べ。　| 33 |

① 他者や社会の利益を減じるような行為をした者には罰金や懲役といった刑罰を科す，とする法律を為政者が作ることによって，個々人の行為を外的に規制することが最も重要である。

② 個々人による利益の追求が，結果として不平等や抑圧をもたらすことのないよう，労働者階級が団結して社会革命を起こし，共産主義に基づく新たな社会を実現することが最も重要である。

③ 他者や社会の利益を減じるような行為をすると，良心による責めを感じるような人間性を涵養（かんよう）することによって，個々人が自らの行為を内的に規制できるようにすることが最も重要である。

④ 個々人による利益の追求は，あたかも「見えざる手」によって導かれるかのように，結果として他者や社会の利益の拡大につながっていくのだから，個々人の行為を自由に放任しておくことが最も重要である。

問 6　下線部①に関連して，次の**ア～ウ**は，経験のあり方をめぐる様々な思想家の考え方についての説明である。その正誤の組合せとして正しいものを，下の①～⑥のうちから一つ選べ。　34

ア　ベーコンは，感覚的な経験こそが知識の源泉であると主張し，そうした経験から一般的な法則を導き出す学問的な方法として「問答法」を提唱した。

イ　ヒュームは，経験の主体となる自我や精神を，単一の実体とみなす考え方を否定し，人間の心を絶えず移り変わる「知覚の束」と呼んだ。

ウ　コントは，経験を超えた原因の追求を批判し，観察や実験によって確かめられる現象の法則を追求する「実証主義」を提唱した。

① ア 正 イ 正 ウ 誤
② ア 正 イ 誤 ウ 正
③ ア 正 イ 誤 ウ 誤
④ ア 誤 イ 正 ウ 正
⑤ ア 誤 イ 正 ウ 誤
⑥ ア 誤 イ 誤 ウ 正

問 7　下線部⑧に関して，ニーチェについての説明として最も適当なものを，次の①～④のうちから一つ選べ。　35

①　キリスト教の教義に基づく禁欲的な道徳を，強者の自己肯定に根ざした高貴な者たちの道徳として賞賛した。

②　個々人が，必ずや訪れる自らの死と向き合うことを通じて，本来的な自己のあり方に目覚める重要性を説いた。

③　既成の道徳や価値観への信頼が失われた事態を正面から引き受け，新たな価値を自己自身で創造しつつ生きることを求めた。

④　他者や世俗的な出来事の中に埋没し，本来的な自己のあり方を見失ったまま生きる人間を「ダス・マン（世人）」として批判した。

問 8 下線部ⓗに関して，次の文章は，人間同士の「承認」関係の重要性を主題化したホネットが，社会的な連帯のあり方について論じたものである。その内容の説明として最も適当なものを，下の①～④のうちから一つ選べ。 36

　「連帯」とは，個々人が対等な立場で互いに尊重し合い，そうする中で，自分とは異なる他者の生き方に互いに共感を示し合うような，人間同士の関わり合いのことである。……その前提として，私たちは今や，自分の業績に対して与えられる社会的な敬意を，かつてのように集団全体に対してではなく，ほかならぬ自分自身に向けられたものとして，積極的に取り戻さなければならない。そうすることで，私たち一人一人の中に，……社会の他のメンバーから「価値がある」と承認されるような業績を生み出したい，あるいは，そうした能力を身に付けようという，心からの思いが生じる。……社会のメンバーの一人一人が，そのような仕方で自分自身の価値を認めるようになったとき，初めて私たちは，社会的な連帯の現代的なあり方について語ることができるのである。

（『承認をめぐる闘争』より）

① 連帯は，互いに譲歩し合う人間関係のことであるが，現代ではその前提として，自分の業績を，自らが所属する集団の成果と捉え直す経験を通じて，集団全体の意志に従順であろうと感じ得ることが，まずは必要である。

② 連帯は，互いに共感し合う人間関係のことであるが，現代ではその前提として，自分の業績が，まさに自分のものとして他者から認められる経験を通じて，自分には価値があると感じ得ることが，まずは必要である。

③ 連帯は，互いに譲歩し合う人間関係のことであるが，現代ではその前提として，自分の業績を，他者の恩恵によるものと捉え直す経験を通じて，他者は自分より優れていると感じ得ることが，まずは必要である。

④ 連帯は，互いに共感し合う人間関係のことであるが，現代ではその前提として，自分の業績が，集団を代表するものとして他者から認められる経験を通じて，自分は他者より優れていると感じ得ることが，まずは必要である。

問9　本文の趣旨に合致する記述として最も適当なものを，次の①～④のうちから一つ選べ。　37

① 近代以降の西洋思想には，個々人の身体的な欲求の充足を是認する立場もあれば，人間の理性的な要求に服することの重要さを強調する立場もある。こうした歴史に学び，時に対立する両者を共に正しく追求することが，生を真に謳歌するためには大切である。

② 近代以降の西洋思想では，個々人の身体的な欲求の充足を制限し，人間の理性的なあり方を追求しようとする立場が一貫して支配的である。こうした歴史に学び，身体的な欲求を厳格に制限し，理性的な生き方を正しく追求することが，生を真に謳歌するためには大切である。

③ 近代以降の西洋思想では，個々人の身体的な欲求の充足を制限し，人間の理性的なあり方を追求しようとする立場が一貫して支配的である。こうした歴史を反省し，時に対立する両者を共に正しく追求することが，生を真に謳歌するためには大切である。

④ 近代以降の西洋思想には，個々人の身体的な欲求の充足を是認する立場もあれば，人間の理性的な要求に服することの重要さを強調する立場もある。こうした歴史を反省し，身体的な欲求を厳格に制限し，理性的な生き方を正しく追求することが，生を真に謳歌するためには大切である。

倫　理

（2019年 1 月実施）

60分　100点

2

（解答番号　1　～　36　）

第1問　以下は，高校生A，B，Cの会話である。これを読み，下の問い（**問1**～
10）に答えよ。（配点　28）

A：また母親と口げんかしちゃったよ。自分の考えを押し付けてくるんだもの。

B：あー，分かる。親って面倒臭いね。早く⒜自立して，親から離れたいよね。

C：そう？　親と一緒の方が安心だよ。何と言っても，血を分けた家族だもの。

A：うちは両親が再婚同士で，父や妹とは⒝家族でも血はつながってないけど。

C：あ，うちも，同居してる父方の祖母を母が介護してるんだった。同じ家に住ん
　　で助け合い，家事や⒞食事を一緒にするのが家族で，血縁は関係ないか。

B：いや，一緒に住むかどうかも関係ないよ。うちの場合，父が単身赴任なんだ。

A：逆に，同居していても家族ではない場合もあるね。シェアハウスの住人とか。

B：そう？　自分たちは家族，と考えて暮らしてるなら，それも一つの家族かも。

A：え，⒟偏った見方だね。なら，気の合う者が一緒になれば家族，ってこと？

C：おかしいよね。子育てもせず，親の面倒もみないのに家族，だなんて。

B：育児や介護は，家族だけに押し付けず，⒠社会全体で支え合うべきでしょ。

C：その社会の基本が，まさに家族でしょ？　結婚して，子を産み，愛情を注いで
　　育て上げる。そういう家族がなけりゃ，国も社会も成り立たないよ。

A：国や社会のために結婚して子どもをつくれ，みたいな言い方だね。嫌だなあ。

B：だよね。結婚にも事実婚とか色々な形があるように，⒡家族のあり方も色々
　　あってよくて，大事なのは，当事者が自分たちで決めるってことだと思うな。

A：え，何でも⒢自己の自由，ではないと思うな。結婚するかどうかは自由で
　　も，結婚したら家事を分担し，子どもができたら責任をもって育てないとね。

C：何と言うか，家族あっての個人だし，そもそも家族って，⒣個人の自由にな
　　らないものだと思うな。自分の親を自分で選ぶことができないようにね。

B：うーん，家族が何かは，個人が自由に決められるものじゃないね。でも，だか
　　らこそ⒤互いの自由を尊重し合う関係を築いていくことが大切だと思うな。

A：まずは，自分の家族と向き合わないとね。母ときちんと話をしてみるよ。

— 500 —

問 1 下線部ⓐに関して，青年期における自立についての説明として最も適当なものを，次の①〜④のうちから一つ選べ。　☐1

① 近代以前の多くの社会では，大人として自立するための通過儀礼が必要とされ，人は青年期を経て子どもから大人になるとされていた。

② 近代以前の多くの社会では，大人として自立するための通過儀礼は必要とされず，人は青年期を経ずに子どもから大人になるとされていた。

③ 青年期の人間が親による保護や監督のもとから離れ，精神的に自立して一個の独立した人格になろうとする過程は，心理的離乳と呼ばれている。

④ 青年期の人間が親による保護や監督のもとから離れて自立し，子どもと大人のどちらの世界にも帰属しない状態は，心理的離乳と呼ばれている。

問 2 下線部ⓑに関連して，家族関係を多様にする要因の一つに，生殖技術の発達がある。生殖技術をめぐる状況の記述として最も適当なものを，次の①〜④のうちから一つ選べ。　☐2

① 着床前診断を用いることにより，受精卵が胎児に成長した段階で，胎児の遺伝子や染色体に異常がないかどうかを検査することができるが，親が望まない子の出産を控えるなど，命の選別をもたらす，という批判がある。

② 親の望む遺伝子を組み込んだデザイナー・ベビーをもうけることが日本でも法的に認められ，実際にそうした子どもが誕生しているが，子どもを親の願望を実現するための道具にしてよいのか，という批判がある。

③ 代理出産（代理懐胎）には複数の方法があるが，どの方法を用いても，代理母が生まれてくる子どもの遺伝上の母親となるため，代理出産を依頼した夫婦との間で子どもの親権をめぐる争いが発生する場合がある。

④ 第三者の男性が提供した精子を用いて人工授精を行うことにより，女性が単独で子どもをもうけることも可能となっているが，将来子どもに，遺伝上の父親についての情報を知らせるかどうかが問題となる場合がある。

問 3 下線部ⓒに関して，次の二つの図は，平成 23 年と平成 28 年において，家族と同居している人を対象に，1 週間のうちで家族と一緒に食事をとる頻度を尋ね，その結果の一部を，性別（「男性」・「女性」）と年代別（「20～39 歳」・「40～59 歳」・「60 歳以上」）に分け，調査年ごとに示したものである。これらの図から読み取れることとして最も適当なものを，次ページの①～④のうちから一つ選べ。 **3**

図 1 1 週間のうちで家族と一緒に朝食をとる頻度（平成 23 年）

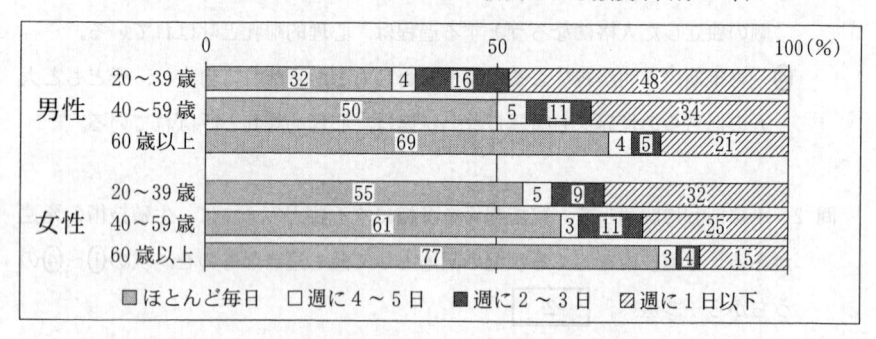

図 2 1 週間のうちで家族と一緒に朝食をとる頻度（平成 28 年）

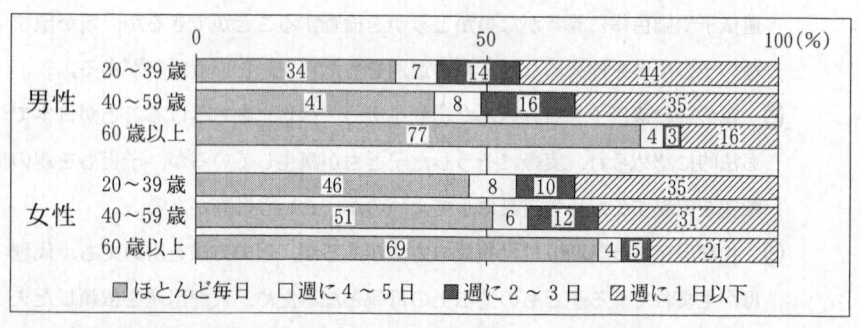

（注） 図の数値は項目ごとに，回答した人の割合（%）を表す（無回答は除く）。小数点以下第 1 位で四捨五入しているために，総和が 100 とならない項目もある。

（資料） 内閣府『食育に関する意識調査報告書』（平成 24 年）・農林水産省『食育に関する意識調査報告書』（平成 29 年）より作成。

① 平成 23 年から平成 28 年にかけて，ほとんど毎日家族と朝食をとる人の割合は，いずれの年代でも，男性では上昇しているが，女性では低下しており，男女の差が開いた。

② 20～39 歳の年代では，ほとんど毎日家族と朝食をとる人の割合が，平成23 年から平成 28 年にかけて，男性では上昇しているが，女性では低下しており，男女の差が縮まった。

③ 平成 23 年と平成 28 年のいずれにおいても，週の半分以上家族と朝食をとる人の割合は，いずれの年代でも，女性の方が男性よりも高く，女性の方が家族と一緒に朝食をとる傾向にあると言える。

④ 60 歳以上の年代では，男女ともに，ほとんど毎日家族と朝食をとる人の割合が最も高く，平成 23 年から平成 28 年にかけてその割合はさらに上昇しており，この年代では，家族と一緒に朝食をとる傾向にあると言える。

問 4　下線部ⓓに関連して，物事に対する偏った見方の一つにステレオタイプがあるが，ステレオタイプに当てはまる発言として最も適当なものを，次の①～④のうちから一つ選べ。　4

① 男性は，物事を論理的に捉えるのが得意で，機械を組み立てたり修理したりするのが好きだよね。

② 塩気の多い食事ばかりしていると，高血圧になりやすいから，バランスのよい食事をした方がいいよ。

③ 昔，星座を考えた人がいたんだよね。電気がない昔は，夜空に輝く星々が今よりずっとよく見えただろうね。

④ あの人，初めて会った人にでも気楽に声をかけるよね。人と喋るのが好きだと自分で言っていたしね。

問 5　下線部ⓔに関連して，社会における様々な支え合いの試みについての記述として最も適当なものを，次の①～④のうちから一つ選べ。　5

①　男女が対等な立場で協力し合う社会を築くために，女子（女性）差別撤廃条約を批准した日本でも，性別に関する偏見の打破が求められている。

②　世界中の子どもの教育や福祉を充実させるために，国連でも，子ども（児童）の権利条約を早急に採択すべきであるという声が高まっている。

③　災害復興支援などでは，政府が主導する NPO やボランティアが重要な役割を果たしており，それらの活動への国民の一層の協力が求められている。

④　人命が失われるのを防ぐために，貧困や飢餓の解決よりも紛争の抑止と平和の維持を優先する，「人間の安全保障」を求める声が高まっている。

問 6　下線部ⓕに関して，近代以降の日本における家族や結婚のあり方についての記述として**適当でないもの**を，次の①～④のうちから一つ選べ。　6

①　高度経済成長期以前の日本では，親子だけでなく，祖父母や親族が一緒に暮らす大家族（拡大家族）が一般的な家族形態であった。

②　高度経済成長期以降の日本では，核家族が主要な家族形態として定着し，全世帯に占める核家族の割合は増加の一途をたどってきた。

③　現在の日本では，事実婚（非法律婚）による夫婦や子をもたない共働き夫婦など，夫婦の形態が多様化する一方，結婚しない人も増えている。

④　現在の日本で，学業を終えて就職した後も結婚せず，親に依存して同居を続ける人々は，パラサイト・シングルと呼ばれている。

問 7　下線部⑧に関連して，自己のあり方をめぐる様々な思想の説明として最も適当なものを，次の①～④のうちから一つ選べ。　7

① ヤスパースは，死や争いなどの困難な状況を克服し，自己の無限の可能性にめざめた者が新たに他者と相対することを，「実存的交わり」と呼んだ。

② トルストイは，二度の世界大戦を招いた文明の病理を克服すべく，「生命への畏敬」に基づき自己をあらゆる生命体の同胞とみなすことを説いた。

③ 小林秀雄は，戦前の日本の超国家主義を「無責任の体系」と批判し，自由と責任を内面化した自己を確立することが戦後の課題である，と主張した。

④ 坂口安吾は，敗戦に戸惑う日本の人々に敢えて「堕ちよ」と説き，旧来の道徳に寄りかからず，ありのままの自己と向き合うべきである，と論じた。

問 8 下線部ⓗに関して，次の文章は，個人の自由をめぐる思想についての説明である。文章中の　**a**　・　**b**　に入れる語句の組合せとして正しいものを，下の①〜⑥のうちから一つ選べ。　**8**

　私たちは日ごろ，自分は自由な個人で，したいことを主体的に選んで生きていると思っているが，　**a**　に代表される構造主義によれば，個々の言葉の使用が言語の構造に規定されるように，個人の意識や行為は社会の規則や構造に規定されている。さらに，構造主義から出発した　**b**　に従えば，自由な個人とは，いわば社会制度に自ら服従する人間の別名にすぎない。だが，逆に言えば，個々人が自発的に服従してしまうからこそ，社会制度が力をもつのである。このように，　**b**　は，人間を規律化する制度や装置の発達に近代の特徴を見いだすとともに，服従を拒み，社会を変えていく力が人々の間に潜んでいることにも目を凝らす。自由な生への道は，決して絶たれていないのだ。

① **a** レヴィ゠ストロース　　**b** メルロ゠ポンティ

② **a** レヴィ゠ストロース　　**b** フーコー

③ **a** メルロ゠ポンティ　　**b** レヴィ゠ストロース

④ **a** メルロ゠ポンティ　　**b** フーコー

⑤ **a** フーコー　　**b** レヴィ゠ストロース

⑥ **a** フーコー　　**b** メルロ゠ポンティ

問 9 下線部①に関連して，次のロールズの文章を読み，そこから読み取れること として最も適当なものを，下の①～④のうちから一つ選べ。　9

　正義感覚は，実際に正義の原理を適用し，正義の原理に基づいて行為した い，したがって正義の観点に立って行為したい，という欲求にほかならない。 ……愛し合う者たちは，相手が不幸な目にあったり不当な扱いを受けたりした ら，その身代わりに自分を差し出す。友人や恋人同士は，大きな危険を冒して でも互いに助け合う。また，家族の一人一人も危険をいとわず助け合う。…… 愛しているとき，私たちは，愛ゆえに傷つき，失う危険を受け入れているの だ。……私たちが愛し続けているならば，自分たちの愛を後悔することはな い。愛に関するこれらの事柄が，世の習いどおり，もしくは世によくある話と して，真実であるならば……正義感覚についても，なおさら真実として成り立 つように思われる。

（『正義論』より）

① 人は，愛のためなら大きな危険を冒して互いに助け合い，傷つくことを恐 れず，後悔もしない。つまり，人が正義感覚をもち，正義の原理に従って行 為することを欲するには，まず，互いに愛し合う必要がある。

② 人は，愛のためなら大きな危険を冒して互いに助け合い，傷つくことを恐 れず，後悔もしない。つまり，人が正義感覚をもち，正義の原理に従って行 為することを欲するのは，友人や家族など，愛する者に対してである。

③ 愛し合う者たちが，相手を助けて自分が傷ついても愛を後悔することがな いように，正義感覚をもつ人は，正義の原理に基づいて行為することで害を 受ける可能性があっても，正義の観点に立って行為しようとする。

④ 愛し合う者たちが，相手を助けて自分が傷ついても愛を後悔することがな いように，正義感覚をもつ人は，正義の原理に基づいて行為することで害を 受けることを欲し，正義のために愛を失うことを求める。

問10　本文の内容に合致する記述として最も適当なものを，次の①～④のうちから
一つ選べ。　　10

① 　個人の自由を重視するAとBによれば，家族においても個々人の自由が尊
重されるべきである。他方，Cは，家族とは社会の土台となる人間集団であ
り，その標準的な形態は核家族でなければならない，と主張している。

② 　家族機能の外部化を肯定するAは，家族の社会的役割を強調するCの見方
を批判するとともに，個人の自由を最大限に尊重するためには家族そのもの
を否定することが必要である，というBの主張にも反対している。

③ 　AとCによれば，家族を構成する者が協力して家事や育児を行うことは，
家族の重要な役割の一つである。他方，家族形態の多様化を肯定するBの主
張に従えば，家族が育児や介護を担当する必然性はない。

④ 　Cは，血縁に基づく感情的な結び付きが家族には不可欠であると主張して
いるが，AやBの考え方に従えば，重要なことは，家族を構成する者が一緒
に暮らして協力し合うことであり，血縁関係ではない。

第2問　次の文章を読み，下の問い（問1～9）に答えよ。（配点　24）

　我々は具合が悪くなると医者に治してもらおうとするが，病と向き合い，病を癒すことについては，古くから多様な考え方があった。先哲たちは，広い意味での「癒し」と言うべきものについて，どのように考えてきたのだろうか。

　古来，病を癒すことは，ⓐ自然とのつながりを回復することとして語られてきた。ⓑ古代ギリシアの医学においては，世界や魂の調和を重視する思想を背景に，身体内の体液の均衡が失われた状態が病とされた。そして，病を癒すには，我々と自然との関係に目を向け，気候や食事を考慮して体液の均衡を取り戻すことが必要と考えられた。また，中国では，天地万物を構成するⓒ気の流れを整えることが身体の健康を回復することに通じるとされた。病の癒しは，ⓓ心身を含めた万物において陰陽五行の気が調和している状態を取り戻すこととして考えられた。先哲たちは，自然のなかですべてが連関していて，その関係のもとでⓔ人間の生が成り立っているという自覚に基づき，癒しの本質を捉えたのである。

　さらに，病の癒しは，他者とのつながりを考える手がかりでもある。例えば，ⓕイエスが病人を癒そうとしたことは，当時の社会から取り残されていた病人たちを見棄てることなく，人間同士の絆を新たに結ぶことにもなった。キリスト教において，こうしたイエスの言行は，隣人愛の実践を目指す人々にとっての模範となっていった。ⓖイスラーム教においても，信者の共同体が一人の人間に譬えられ，身体における部分と全体の関係のように，誰かが病に陥ると共同体全体が不調を訴えるとされた。そのため，信者同士の慈しみや親愛を通して助け合うことの重要性が示されたのである。同様のことは，大乗仏教の『維摩経』でも説かれている。菩薩は，衆生が病む限り，自らも病む。このように衆生の苦しみを自らのものとして引き受け，その癒しを目指すことが菩薩のⓗ慈悲の実践である。その背景には，すべてのものは相互に依存しながら存在するという縁起の考えがある。これらの思想において，病の癒しは，慈しみにより他者との関係を結ぶことに通じていた。

　我々は皆，病と無縁では生きられず，病や病者とともにある。先哲たちは，病と向き合うなかで，自然や社会の関わりにおける各人のあり方を問い直している。これを踏まえ，我々も癒しの意義を改めて考えてみよう。

問 1　下線部ⓐに関連して，自然についての様々な考えの説明として最も適当なものを，次の①～④のうちから一つ選べ。　11

① プラトンは，現象界に現れているものはすべてイデアを原型とするものであるため，自然界の諸事物も真実在であるとした。

② アリストテレスは，自然の世界では，種子が樹木に成長するのと同様に，すべてのものは可能態から現実態へと展開すると説いた。

③ 欲望に対する理性の優位を説いたストア派によれば，自然を支配する理法と人間理性とは別物であり，人は後者にのみ従うべきである。

④ 創造という概念を認めないキリスト教とは異なり，ユダヤ教では，自然界のすべてのものは，神によって創造されたと考えられている。

問 2　下線部ⓑに関して，次の文章は，医者のモラルについて述べた「ヒポクラテスの誓い」と呼ばれる文書の一部である。その内容に一致した医者のあり方として最も適当なものを，下の①～④のうちから一つ選べ。　12

　医術を授けてくださる師を，私の両親と等しい者とみなし，……また，師の子息たちが医術を学ぶことを望むならば，報酬も師弟誓約書もとることなく教えます。……養生治療を施すにあたっては，能力と判断の及ぶ限り患者の利益になることを考え，危害を加えたり不正を行う目的で治療したりしません。また，求められても，致死薬を与えることはせず，そういう助言もしません。……私の生活と医術をともに清浄かつ敬度(けいけん)に守り通します。……また，どの家に入っていくにせよ，患者の利益になるように考え，いかなる意図的不正も害悪も加えません。……治療のとき，または治療しないときも，人々の生活に関して見聞きすることで，およそ口外すべきでないものは，それを秘密事項と考え，口を閉ざします。

(『誓い』より)

① 医者は，患者が自らの死を望んでいるならば，そうした意思を尊重し，患者に致死薬を与えて安楽死に協力することも許される。

② 医者にとって重要なのは，患者を治療するための知識の有無であり，自身の私生活において倫理的な振る舞いができているかどうかは問われない。

③ ある患者にとって利益になるのであれば，医者は，別の患者を医学実験の被験者にしてその患者に不利益を与えることも許される。

④ 医療知識は医学を学ぶ者へ伝えていくべきだが，医者は，患者の守られるべき個人情報に関しては，いたずらに他人に伝えるべきではない。

問3 下線部Ⓒに関して，朱熹（朱子）の理と気についての説明として最も適当なものを，次のⓍ～④のうちから一つ選べ。　13

① 心のなかにのみ存在する理を規範とし，非物質的な気を媒介として，物質としての万物が形成される。

② 万物に内在する理を規範とし，物質的な気が運動することによって，万物が形成される。

③ 心のなかにのみ存在する理を規範とし，物質的な気が運動することによって，万物が形成される。

④ 万物に内在する理を規範とし，非物質的な気を媒介として，物質としての万物が形成される。

問4 下線部ⓓに関連して，中国思想と仏教思想における心や身体についての考え方を説明したものとして最も適当なものを，次のⓍ～④のうちから一つ選べ。
　14

① 荘子は，心身を忘れて自然と一体化するあり方を説き，何にも囚われない，精神の絶対的で自由な境地を目指した。

② 孟子は，仁・義・礼・智・信という五つの徳目（五常）を説き，それらを修養することで，浩然の気が身体に満ちあふれるとした。

③ 仏教では，人間を構成する色・受・想・行・識という五つの要素（五蘊）が説かれるが，その五つとも身体における物質的な要素のことを表す。

④ 仏教では，心や身体が変わらないものであることを知ることで，煩悩の炎が吹き消された涅槃の境地に至るとされる。

問 5　下線部ⓔに関連して，様々な思想における死生観についての説明として最も
適当なものを，次の①〜④のうちから一つ選べ。　15

① 古代インドでは，ブッダをはじめとして，バラモン教の伝統に囚われない
自由思想家たちはいずれも，輪廻からの解脱という考えを否定した。

② パウロは，イエスの死が神に背いたアダムへの罰としてもたらされたもの
だと考え，アダムを祖とする人間も皆，死を免れないと説いた。

③ イスラーム教では，信徒は生活全般を規定するシャリーア（イスラーム法）
に従って現世を生き，最後の審判にそなえなければならないとされる。

④ 墨家は，生者の生活に関しては倹約を旨としたが，中国の祖先祭祀の伝統
に基づき，死者に関してはできる限り手厚く葬るべきだと主張した。

問 6　下線部ⓕに関連して，イエスが安息日に病人を癒そうとしたことの説明とし
て最も適当なものを，次の①〜④のうちから一つ選べ。　16

① イエスは，安息日に関する律法からあえて逸脱することで，律法が人々の
間で形式的にしか守られていないことを批判し，神に対して忠実であること
の本来の意味を明らかにしようとした。

② イエスは，安息日に関する律法からあえて逸脱することで，律法が神の意
志そのものとは関係のないものであることを明らかにし，あらゆる律法が不
要な状態を理想とした。

③ イエスは，安息日に関する律法を厳格に守り通すことによって，律法に
則った正しい信仰のあり方を，自らの行いという実例を通して周囲の人々
に示そうとした。

④ イエスは，安息日に関する律法を厳格に守り通すことによって，人々が重
視していた律法と，人にしてもらいたいと思うことを人にもすべきだとする
黄金律とが一致することを示そうとした。

問7 下線部⑧に関して，イスラーム教の説明として最も適当なものを，次の①～④のうちから一つ選べ。 17

① クルアーン（コーラン）は，ムハンマドと彼を取り巻く人々に下された神の啓示を，集録し，編纂したものとされる。

② イエスを救世主とみなすキリスト教の教えを継承し，ムハンマドを救世主として信じることは，六信の一つに数えられる。

③ 五行などの実践によって神への信仰を体現することだけでなく，天使の存在を信じることも信徒の義務であるとされる。

④ イスラーム教は，中東，東南アジアなどを中心に世界各地で信仰されており，少数派のスンナ派と多数派のシーア派に大別される。

問8 下線部⑪に関して，仏教の実践としての慈悲の説明として最も適当なものを，次の①～④のうちから一つ選べ。 18

① 慈悲とは，四苦八苦の苦しみを免れ得ない人間のみを対象として，憐れみの心をもつことである。

② 慈悲の実践は，理想的な社会を形成するために，親子や兄弟などの間に生まれる愛情を様々な人間関係に広げることである。

③ 慈悲の実践は，他者の救済を第一に考える大乗仏教で教えられるものであり，上座部仏教では教えられない。

④ 慈悲の「慈」とは他者に楽を与えることであり，「悲」とは他者の苦を取り除くことを意味する。

問 9　本文の趣旨に合致する記述として最も適当なものを，次の①～④のうちから一つ選べ。　19

① 先哲たちによれば，癒しとは，人間が自然の諸事物を自らに合わせて新しくつくり変え，病の原因をなくすことであり，また，病によって断たれた人間同士のつながりを結び直すことにも通じるものであった。

② 先哲たちによれば，癒しとは，自然の絶え間ない循環のなかに自己を位置づけ直すことであり，また，社会のなかで他者に依存した状態から自己を解放し，本来の自己の存在を取り戻すことでもあった。

③ 先哲たちによれば，癒しとは，あるべき自然の秩序に心身のあり方を調和させることであり，また，神や菩薩に対する信仰をもつことで，各人が超越的存在との絆の回復を目指すことでもあった。

④ 先哲たちによれば，癒しとは，各人が自然という全体の一部として生きているという視点をもつことと結び付くものであり，また，慈しみを通して他者や共同体との関係を築いていくことにも通じるものであった。

第3問 次の文章を読み，下の問い（問1～9）に答えよ。（配点 24）

　心というものは，見ることも触れることもできず，実に捉えにくい。日本の先人たちは，こうした心について，自らの行為との関わりのなかで考えてきた。ここでは，そうした先人たちの思索をたどってみよう。

　古代の人々は，神を畏れて祀ったが，その祭祀を手順通りに行うことは，自らの ⓐ神に対する心のあり方を表すものであった。ⓑ仏教が伝来すると，心は修行という行為との関わりにおいて考えられるようになる。道元は，心の問題と考えられがちな悟りを坐禅の修行そのもののうちに見いだした。また，中世のⓒ武士たちは，忠誠心や死の覚悟といった自らの心のあり方と，一番槍などの誰もが認める功名の実現とを一体のものだと考えた。さらに，茶の湯においてⓓわびの理念を重んじた千利休は，作法に従った振舞を通して相手に誠意を尽くすことで，一期一会にふさわしい心の交流を目指した。彼らにとって，あるべき身体的行為の実現と心のあり方の追求とは切り離せないものだったのである。

　近世には，ⓔ儒学思想が盛んとなり，朱子学者は，徳行を実践する必要性を説きつつも，自らの心のなかに天理を求めて，まずは性・情などの心の分析を行う学問に力点をおいた。一方，荻生徂徠は，社会的行為の規範である礼に則ることではじめて，心を制することができると考え，議論に偏りがちな朱子学を批判した。主張は対立していても，心と行為の関係を重視する点については両者で共通している。このような姿勢はⓕ幕末の思想家たちにも引き継がれ，さらに，国を思う行動を通して心の至誠を表そうとする志士たちにも共有されていた。

　近代になると，山室軍平らⓖキリスト者たちは，信仰を内面的な心の問題にとどめず，救貧活動などの社会的な行為へと結び付けるべきだとした。また，ⓗ西田幾多郎も，心の認識作用である直観と，身体のはたらきである行為とが，切り離し難く結び付いていると説いた。このように，心に関連づけて考えられがちな信仰や認識も，行為に深く関わる営みとみなされたのである。

　日本の先人たちは，心が行為と不可分であることを自覚し，両者の関わりについて考えてきた。我々も，自らの心を捉えようとするとき，考え込むだけでなく，自己の行為と心との関わりを見つめ直すことを手がかりとしてみてはどうだろうか。

問 1　下線部ⓐに関して，次の**ア〜ウ**は，古代の日本人が神に対するときに重んじた心についての説明である。その正誤の組合せとして正しいものを，下の**①〜⑥**のうちから一つ選べ。　20

ア　神に対しては，自己の感情を抑え，道理によって神を理解しようとする心をもつことが大切であり，それを「真心」と呼ぶ。

イ　神に対しては，神を欺いたり自分を偽ったりすることのない心で向き合うことが大切であり，それを「清き明き心」と呼ぶ。

ウ　神に対しては，神が定めた善悪の基準に背くことのない，従順な心で接することが大切であり，それを「正直」と呼ぶ。

①　ア　正　　イ　正　　ウ　誤

②　ア　正　　イ　誤　　ウ　正

③　ア　正　　イ　誤　　ウ　誤

④　ア　誤　　イ　正　　ウ　正

⑤　ア　誤　　イ　正　　ウ　誤

⑥　ア　誤　　イ　誤　　ウ　正

問 2 下線部⑥に関連して，鎌倉時代の仏教についての説明として最も適当なものを，次の①〜④のうちから一つ選べ。 **21**

① 日本に臨済宗を広めた栄西は，正式な僧となるには戒律が必要不可欠であるとの考えをもとに，東大寺に戒壇を設立して，僧を育成するための受戒制度を確立した。

② 時宗の開祖である一遍は，寺院や道場をもたずに全国を遊行し，踊り念仏を広めて衆生を救済することに生涯を捧げ，その教えの内容を『立正安国論』を著して示した。

③ 日本に臨済宗を広めた栄西は，末法の時代であっても，禅の修行により優れた人物が育つことが鎮護国家をもたらすと考え，その主張を『興禅護国論』を著して示した。

④ 時宗の開祖である一遍は，ただ一度だけでも「南無妙法蓮華経」と唱えれば，信・不信を問わず，すべての人が極楽へ往生できると主張し，行き合う人々に札を配って布教に努めた。

問 3 下線部ⓒに関して，次の文章は，中世から近世における武士の心のあり方について の説明である。文章中の a ・ b に入れる語句の組合せとして正しいものを，下の①〜⑥のうちから一つ選べ。 22

　中世の武士たちは，戦いで勝つために強さを求め，見る者の心を動かすような武勇をその理想とした。仏教的世界観からこの世を a であるとみなしつつも，彼らは，自己の武勇が「名」として後世に語り継がれることを信じた。

　戦いの絶えた近世には，代々受け継いだ家職において，主君への奉公を全うすることが武士たちの目的と考えられるようになった。 b で語られる「武士道と云ふは，死ぬことと見つけたり」という言葉は，生への執着を離れて，奉公に一途に徹した見事な生涯を貫こうとする覚悟を表したものである。

① **a** 無　常　　**b** 『自然真営道』

② **a** 無　常　　**b** 『葉隠』

③ **a** 無　常　　**b** 『翁問答』

④ **a** 浄　土　　**b** 『自然真営道』

⑤ **a** 浄　土　　**b** 『葉隠』

⑥ **a** 浄　土　　**b** 『翁問答』

問 4 下線部①に関連して，日本の芸道や生活における美意識についての説明とし
て**適当でないもの**を，次の①〜④のうちから一つ選べ。 23

① 「幽玄」は，世阿弥が大成した能楽において重んじられた，静寂のなかに神
秘的な奥深さを感じとる美意識である。

② 「さび」は，松尾芭蕉が俳句を詠むなかで追求した，閑寂・枯淡のなかに情
趣を見いだして安らぐ美意識である。

③ 「つう（通）」は，世事や人情の機微を深く理解することを良しとする美意識
であり，近世の町人の間に広まった。

④ 「いき（粋）」は，武骨で垢抜けない素朴さを良しとする美意識であり，勤労
と倹約を貴ぶ近世の町人によって生み出された。

問 5　下線部ⓔに関して，次の文章は，近世に儒学を学んだ藤原惺窩が主君の心の
あり方について解説したものである。その内容の説明として最も適当なもの
を，下の①〜④のうちから一つ選べ。　24

　　主君の命令や法度が，よく守られるか，それとも守られないかは，主君の行
動が正しいか，正しくないかということにかかっている。主君の心が真実で偽
りがなく，道理を明らかにしようと思っているならば，それは正しい行動とし
て外に表れる。そうであれば，主君がわざわざ口で命令や法度を言わなくて
も，自然に周囲は皆，恥じ畏れて，主君の心のままに従うものである。一方，
主君の心に偽りがあるならば，主君が口で正しいことを命令し，厳しく法度を
定めても，周囲はうわべでは畏れて従うふりをするが，心の底ではそれを受け
入れないので，結局，命令は守られないものである。

（『寸鉄録』より）

①　主君が偽りのない心で道理を明らかにしようとすれば，主君の行動は正し
　いものとなる。周囲は，主君の正しい行動を見て感化を受け，たとえ口で言
　われなくても，心服して自然に主君の命令を守ろうとする。

②　主君の心に偽りがあるならば，その行動は正しいものとはならない。周囲
　は，主君の行動が正しいかどうかにかかわらず，主君が口で正しいことを命
　令したときにだけ，その命令を守ろうとする。

③　主君の命令を周囲が守るのは，その命令の内容が正しいものだからであ
　る。周囲は，主君の命令が道理に合っていると思えば，たとえ主君の心に偽
　りがあっても，その命令を守ろうとする。

④　主君の心が真実であっても，それが正しい行動として表れるとは限らな
　い。周囲は，主君の行動が正しいかどうかにかかわらず，主君の心に偽りが
　なければ，心服して自然に主君の命令を守ろうとする。

問 6　下線部⑥に関して，幕末の思想家についての説明として最も適当なものを，次の①〜④のうちから一つ選べ。　| 25 |

① 吉田松陰は，仏教や儒学の影響を排除して，純粋な日本古来の神の道を説く復古神道を唱え，尊王攘夷論の立場から江戸幕府の政治を批判した。

② 吉田松陰は，すべての民は身分にかかわらず，藩などの枠を超え日本の主君である天皇に忠誠を尽くすべきだとする一君万民の思想を主張した。

③ 会沢正志斎は，水戸学の立場から，国の危機に際し，日本人としての自覚と主君への忠誠心を絶対視する大義名分論を唱え，公武合体論を推進した。

④ 会沢正志斎は，水戸学の立場から，儒学に基づきつつ西洋文化も受容して富国を図るために開国論を主張し，諸外国との平和な関係構築を目指した。

問 7　下線部⑧に関して，近代日本のキリスト者についての説明として最も適当なものを，次の①〜④のうちから一つ選べ。　| 26 |

① 新島襄は，『代表的日本人』を著し，中江藤樹などの優れた先人が育んできた日本の文化的土壌にこそキリスト教が根付くと主張した。

② 新渡戸稲造は，国際社会における地位向上のため，キリスト教に基づく教育を行い，日本の西欧化に尽力するとともに，脱亜論を主張した。

③ 植村正久は，『武士道』を著し，武士道道徳を基盤として，キリスト教的な人格主義教育を行うことが日本の近代化に必要だと主張した。

④ 内村鑑三は，日清戦争を正義のための戦いと捉えて肯定したが，日露戦争に際してはキリスト教に基づく非戦論を主張した。

問 8　下線部ⓗに関して，「無の場所（絶対無）」を論じた西田幾多郎についての説明として最も適当なものを，次の①〜④のうちから一つ選べ。　27

① すべての意識や実在の根底に「無の場所」を考え，「無の場所」の限定である現実の世界においては，様々な事物や事象が絶対的な矛盾や対立を残したまま，統一されていると説いた。

② 西洋哲学における伝統的な二元的思考に基づいて，主観により生じる「無の場所」を否定し，現実世界においては，様々な事物や事象が絶対的な矛盾や対立を残したまま，統一されていると説いた。

③ すべての意識や実在の根底に「無の場所」を考え，「無の場所」の限定である現実の世界においては，様々な事物や事象の間にいかなる矛盾も対立も存在しないと説いた。

④ 西洋哲学における伝統的な二元的思考に基づいて，主観により生じる「無の場所」を否定し，現実世界においては，様々な事物や事象の間にいかなる矛盾も対立も存在しないと説いた。

問 9 本文の内容に合致する記述として最も適当なものを，次の①～④のうちから一つ選べ。　28

① 　古代の人々は，手順通りに祭祀を行うことを通して神に対する自らの心を表し，朱子学者は，社会的行為の規範である礼に従って行為することで心を制するべきだと説いた。いずれも，心そのものよりも，心の表れである行為の実現を重視している点では共通している。

② 　道元は，悟りという目的に至る手段として坐禅という行為を捉え，近代のキリスト者たちは，信仰を実現するために社会的行為を実践すべきだと考えた。いずれも，心の問題を解決するための手段となる行為よりも，心そのものを重視している点では共通している。

③ 　中世の武士たちは，理想的な心のあり方と一番槍などの具体的な功名の実現とを一つのものと考え，幕末の志士たちは，国を思う行動を通して心の至誠を表そうとした。いずれも，心と自らの行為との結び付きを重視している点では共通している。

④ 　荻生徂徠は，徳行を実践するためにはまず学問によって心を分析することが必要であると説き，西田幾多郎は，直観と行為との間に切り離し難い関係があることを説いた。いずれも，心と自らの行為との結び付きを重視している点では共通している。

第4問　次の文章を読み，下の問い(問1〜8)に答えよ。(配点　24)

　ある日突然，恋に落ちた。まるで運命としか思えないその出来事を，どう考えればいいのか。運命の捉え方次第で，私たちの生き方も大きく変わる。運命についての考え方を，西洋近現代思想のうちにたどってみよう。

　古くから，運命は不可避の定めとして考えられてきたが，ルネサンス期以降の人間中心主義の高まりに伴い，運命と対峙する人間の力や自由にも目が向けられた。自然や社会の趨勢が動かし難くみえても，人間はそうした運命に抗い，それを変え得る。<u>ⓐマキャヴェリ</u>は，人間は変転する状況に巻き込まれても，それに柔軟かつ果敢に立ち向かい，運命を味方にすることもできると考えた。また，<u>ⓑベーコン</u>も，人間は内面を養えば，外部の出来事に左右されても，運命を引き寄せ得ると説いた。困難な定めであっても，諦めずに挑む気持ちは，必要なのである。

　それに対して，この世界を理にかなったものとして信頼し，いかなる出来事も善き運命のもとにあるとして肯定する考え方も現れる。<u>ⓒライプニッツ</u>は，どれほど不幸や悪があるとしても，全体としては，この世界は最善であるとみなした。また，ヘーゲルによれば，歴史のうちに停滞や退歩が見受けられるとしても，大局的にみれば，それらはすべて世界精神が<u>ⓓ自由を実現する過程</u>であるとされる。彼らの思想には，個々の出来事がどのようなものであれ，それらをいずれも然るべき世界の一部であると捉える考え方を見て取ることができる。

　ところが，さらに時代が下ると，運命を新たに捉え直し，意味や目的を何ら見いだせずとも，自らの身に降りかかった出来事をすべて引き受けようとする立場も現れる。ニーチェは，意味も目的も欠いたこの世界のなかで，自らの生を引き受けることを<u>ⓔ運命愛</u>と名付けた。また，<u>ⓕサルトル</u>は，偶然の状況に投げ込まれながらも，そこでなお新たな生き方を模索する人間のありように，自由を見いだした。いかなる運命をも，自らのこととして受け止め得るのが，人間なのである。

　先人たちは，様々な出来事を前に，それぞれに運命を考え抜いた。これら先人たちの思想は，人生の難しい<u>ⓖ選択</u>の場面にあって，大いに示唆を与えてくれる。私たちの恋も，望み通りに運ぶときもあれば，予想外に展開するときもある。臆せず驕らず，運命に向き合ってみよう。人生の新たな姿が見えてくるはずである。

問 1 下線部ⓐに関して，マキャヴェリの思想の説明として最も適当なものを，次の①〜④のうちから一つ選べ。 29

① 国家は，統治者，防衛者，生産者の三つの階級がそれぞれの能力を発揮し，統治者のもとで全体としての秩序と調和が保たれることで成り立つ。

② 政治は，人間の現実のありようを踏まえた統治の技術であり，君主は，強さと賢さをもって国家統治を果たすべきである。

③ 王権は，神から授けられた絶対的なものとして正当化されるため，人民は君主に服従すべきであり，逆らうことは許されない。

④ 人々は，権利を自由に行使することから生じる戦争状態を脱するため，自らの権利を放棄し，強大な統治者へ譲渡しなければならない。

問 2 下線部ⓑに関して，次の**ア・イ**は，ベーコンによるイドラについての説明であるが，それぞれ何と呼ばれているか。その組合せとして正しいものを，下の①〜④のうちから一つ選べ。 30

ア 人間相互の交わりおよび社会生活から生じる偏見。例えば，人々の間を飛び交う不確かな噂を，事実であると信じ込むこと。

イ 個人の資質や境遇に囚われることから生じる偏見。例えば，自分が食べ慣れた好物を，誰もが好むに違いないと思い込むこと。

① **ア** 種族のイドラ **イ** 劇場のイドラ
② **ア** 種族のイドラ **イ** 洞窟のイドラ
③ **ア** 市場のイドラ **イ** 劇場のイドラ
④ **ア** 市場のイドラ **イ** 洞窟のイドラ

問 3　下線部ⓒに関して，次の文章は，経験論と合理論をめぐるライプニッツの思想的立場についての説明である。文章中の　**a**　・　**b**　に入れる語句の組合せとして正しいものを，下の①〜⑥のうちから一つ選べ。　**31**

　経験論も合理論も，人間の認識能力に信頼をおく点では共通するが，知識のもととなる観念の形成をめぐる考え方が異なる。経験論は，心に生まれつきそなわる観念の存在を否定する。例えば，ロックは，観念は感覚的な経験によって心にもたらされると主張し，その際の心のありさまは　**a**　と呼ばれた。

　ライプニッツは，合理論の立場からロックに論争を挑み，感覚や経験から観念を形作る知性の働き自体は，人間に生まれつきそなわっていると主張した。この主張を裏づける体系的理論を，ライプニッツは　**b**　において展開し，世界を構成する無数の実体と，その全体的調和について論じた。

① **a**　繊細の精神　　　　　　**b**　『省察』

② **a**　繊細の精神　　　　　　**b**　『エチカ』

③ **a**　繊細の精神　　　　　　**b**　『モナドロジー（単子論）』

④ **a**　白紙（タブラ・ラサ）　　**b**　『省察』

⑤ **a**　白紙（タブラ・ラサ）　　**b**　『エチカ』

⑥ **a**　白紙（タブラ・ラサ）　　**b**　『モナドロジー（単子論）』

問 4 下線部ⓓに関して，ヘーゲルの歴史観についての説明として最も適当なものを，次の①～④のうちから一つ選べ。　32

① 絶対精神は，歴史の発展過程において，道徳によって人間を外側から，法によって人間を内側から規制し，最終的に両者の対立を総合した人倫において，真の自由を実現する。

② 絶対精神は，自らの抱く理念を実現する過程において，理性の狡知を発揮して，自らの意図に沿うように人間を操り，歴史を動かしていくことで，真の自由を実現する。

③ 絶対精神は，歴史の発展過程において，人倫によって人間を外側から，道徳によって人間を内側から規制し，最終的に両者の対立を総合した法において，真の自由を実現する。

④ 絶対精神は，自らの抱く理念を実現する過程において，理性の狡知を発揮して，国家同士を争わせ，歴史を通してそうした対立状態を保ち続けることで，真の自由を実現する。

問 5　下線部ⓒに関して，次の文章は，九鬼周造が，ニーチェの運命愛の思想について論じたものである。その内容の説明として最も適当なものを，下の①〜④のうちから一つ選べ。　| 33 |

　あることもないこともできるようなもの，それがめったにないものならばなお目立ってくるわけでありますが，そういうものがヒョッコリ現実面へ廻り合わせると，それが偶然なのであります。……偶然な事柄であってそれが人間の生存にとって非常に大きい意味をもっている場合に運命というのであります。……「意志が引き返して意志する」ということが自らを救う道である……このツァラトゥストラの教は偶然なり運命なりにいわば活を入れる秘訣であります。人間は自己の運命を愛して運命と一体にならなければいけない。……他のことでもあり得たと考えられるのに，このことがちょうど自分の運命になっているのであります。人間としてその時になし得ることは，意志が引き返してそれを意志して，自分がそれを自由に選んだのと同じわけ合い*にすることであります。

（「偶然と運命」より）

*わけ合い：物事の筋道，意味，理由。

①　運命とは，起こることも起こらないこともあり得たような，取るに足りない偶然の出来事のことである。人は，そのような偶然を自分が選んだのだと考えることではじめて，その運命に重大な意味を与えることができる。

②　運命とは，人生にとって重大な意味をもった偶然の出来事のことである。そのような出来事は起こることも起こらないこともあり得たのだと考えることによって，人は，その運命を愛し，自らを救うことができる。

③　偶然とは，めったに起こらないことが起こったものであり，それが人生にとって重大な意味をもつと，運命と呼ばれる。人は，たとえ自分が選んだものとして愛せなくても，その運命に耐えねばならない。

④　偶然とは，起こることも起こらないこともあり得た出来事のことであり，それが人生にとって重大な意味をもつと，運命と呼ばれる。人は自らを救うために，偶然を自ら選んだこととして捉え，運命と一体化せねばならない。

問 6 下線部①に関して，サルトルの思想の説明として**適当でないもの**を，次の①～④のうちから一つ選べ。 34

① 人間は，自己と自己を取り巻く社会の現実に関わらざるを得ないが，全人類への責任を自覚し，自ら進んで社会へ身を投じることで，現実を新たにつくりかえていく可能性に開かれている。

② 人間は，絶えず自らを意識しながら，自らを新たに形作ろうと努める存在であるため，いかなる状況においても変化しない，同一の本質をそなえた事物とは異なっている。

③ 人間は，自由であることから逃れられず，自由であることから生じる責任を他者に委ねることもできないため，不安に耐えて，自己と自己を取り巻く社会の現実に関わらざるを得ない。

④ 人間は，あらかじめ自らの本質が定められており，その本質を実現するために自らを手段として活用することによって，未来の可能性を切り開いていく，自由な存在である。

問 7　下線部⑧に関連して，自然選択（自然淘汰）や適者生存を論じた思想の説明として最も適当なものを，次の①～④のうちから一つ選べ。　| 35 |

①　ダーウィンによれば，あらゆる生物は共通の祖先から枝分かれしながら進化してきたのであり，自然選択（自然淘汰）によって環境によりよく適応した種が生き残っていく。

②　ダーウィンによれば，あらゆる生物の種はそれぞれの固有の祖先から変化することはなく，自然選択（自然淘汰）によって環境によりよく適応した種が生き残っていく。

③　スペンサーによれば，人間社会もまた自然選択（自然淘汰）の法則に従っており，適者生存のメカニズムを通じて軍事的指導者が支配する社会へと進化していく。

④　スペンサーによれば，人間社会もまた自然選択（自然淘汰）の法則に従っており，適者生存のメカニズムを国家が人為的に統制することで社会は進化していく。

問 8　本文の内容に合致する記述として最も適当なものを，次の**①**〜**④**のうちから
一つ選べ。　　36

①　先人たちの思想のうちには，やむなき運命に抗う立場もあれば，運命を自
らのものとして引き受ける立場もある。前者が困難な状況に立ち向かう人間
の自由を強調しているのに対して，後者は，無意味な出来事や偶然的な状況
を引き受ける人間の生き方を重視している。

②　先人たちの思想のうちには，やむなき運命を最善とみなす立場もあれば，
運命を自らのものとして引き受ける立場もある。いずれにおいても共通して
いるのは，個人の不運は，積極的に改善しようと試みなくても，いつかは必
ず解決されるという見方である。

③　先人たちの思想のうちには，やむなき運命に抗う立場もあれば，それを最
善とみなす立場もある。前者は，周囲の状況にかかわらず，人間の力によっ
て運命は変わり得るとする立場であり，後者もまた，悪しき出来事も人間の
力によってすべて最善の運命へと変え得るとする立場である。

④　先人たちの思想のうちには，やむなき運命に抗う立場もあれば，それを最
善とみなす立場もあり，さらには，運命を自らのものとして引き受ける立場
もある。いずれにおいても共通しているのは，運命の行く末全体はあらかじ
め見通せるという信念である。

倫　理

（2018年1月実施）

60分　　100点

2

第1問 以下は，高校生AとBの会話である。これを読み，下の問い（**問1～10**）に
答えよ。（配点 28）

A：あのさ，もう少し後輩に優しくすれば？ 慕ってくれる後輩をつくっておいた
　方がいいよ。いざってときに助けてもらえるしさ。

B：ご忠告どうも。でも，そういうのは「優しい」って言わないでしょ。内申書のた
　めにボランティアするようなものだよね。動機が利己的で不純だよ。

A：でもさ，ⓐ「情けは人のためならず」とも言うでしょ。人のためにしてやるこ
　とがⓑ自己の利益にもなる。それでよくない？

B：本当にⓒ人助けをしたい気持ちがあるなら，見返りなんてむしろ欲しくない
　と思うな。この前，珍しく家事を手伝ってあげようとしたのに，「何か買って
　欲しいものでもあるの？」って親に疑われてさ。頭にきちゃったよ。

A：自分の優しさを分かって欲しかったわけね。でも，それも自分のⓓ欲求でしょ。
　そもそも人助けしたいのも自分の欲求だよね。どんな行為も，結局は欲求の満
　足が動機なんだよ。動機が利己的じゃない行為なんてないと思うな。

B：欲求の満足が動機ならすべて利己的ってこと？ でも，純粋に人助けがしたい
　のを，見返りのために人助けしたいのと同じように「利己的」と呼ぶのはおかし
　いでしょ。人助けしたいという純粋な善意は，利他的動機と言うべきだよ。

A：うーん，だとしても，そんな利他的動機がなくても優しい社会はつくれるよ。
　例えば，ⓔ介護や医療の保険って，自分が困ったときのためにお金を出し合
　う仕組みだよね。利己的動機があるから助け合いも生まれるんじゃないかな。

B：じゃあ，貧困やⓕ環境の問題は？ 他者のためって気持ちなしで解決できる？

A：見返りなしでそういう問題に取り組む人って，なかなかいないよ。寄付やエコ
　をアピールしている企業もあるけど，あれも自分たちの宣伝のためでしょ。

B：だけど，見返りを求めていたらⓖ将来世代のための環境や資源の保護はでき
　ないよ。貧困問題の解決も，損得抜きのⓗ人道的な活動なしには難しいよ
　ね。やっぱり，純粋な善意がないと人類のⓘ福祉もないんじゃないかな。

問 1　下線部ⓐに関連して，次の文章は，社会における利害の結び付きについての説明である。文章中の　**a**　～　**c**　に入れる記述を**ア**～**カ**から選び，その組合せとして最も適当なものを，下の①～⑧のうちから一つ選べ。　1

　　人間の諸活動がグローバル化した現代では，遠い他者の利害も自己の利害と深く関係している。例えば，市場経済のグローバル化により，　**a**　。また，世界の飢餓や貧困などを救済することは，　**b**　ので，世界全体の利益になると考えられている。さらに，差別的扱いを受けてきた人々の救済が，社会全体を利することもある。例えば，性別役割分担を　**c**　，不平等によって不利益を被る人たちを救うだけでなく，男女共同参画社会を促進し，社会全体の活性化を促すだろう。

ア　先進国の経済が発展途上国の経済発展に寄与し，経済格差が縮小した

イ　一国の経済不安が，世界全体に大きく影響するようになった

ウ　新自由主義を推進し，世界経済を発展させる

エ　人類の福祉を向上させ，国際平和につながる

オ　社会的・文化的性差に依拠するものとして問い直すことは

カ　生物学的性差に依拠するものとして再評価することは

① a ― ア　　b ― ウ　　c ― オ
② a ― ア　　b ― ウ　　c ― カ
③ a ― ア　　b ― エ　　c ― オ
④ a ― ア　　b ― エ　　c ― カ
⑤ a ― イ　　b ― ウ　　c ― オ
⑥ a ― イ　　b ― ウ　　c ― カ
⑦ a ― イ　　b ― エ　　c ― オ
⑧ a ― イ　　b ― エ　　c ― カ

4

問 2 下線部ⓑに関連して，青年が自己形成していく過程についての説明として**適当でないもの**を，次の①〜④のうちから一つ選べ。　　2

① ハヴィガーストによれば，親との情緒的なつながりを深めつつ，親の価値観を内面化することが，青年期の課題(発達課題)に含まれる。

② ハヴィガーストによれば，職業決定や経済的独立の準備を進め，他者と洗練された人間関係を結ぶことが，青年期の課題(発達課題)に含まれる。

③ オルポートは，自分以外の人間や事物に対する関心を広げ，現実や自己を客観的にみることを，成熟した人格になるための条件(基準)とした。

④ オルポートは，自分独自の人生哲学を獲得し，ユーモアの感覚をもつことを，成熟した人格になるための条件(基準)とした。

問3 下線部ⓒに関連して，次の**ア〜ウ**は，苦しむ人々を救うことに尽力した人物の説明であるが，それぞれ誰のものか。その組合せとして正しいものを，下の①〜⑧のうちから一つ選べ。　　3

ア 人道主義的立場から，労働者の劣悪な生活環境を改善することを目指して，協同組合の設立や理想的な共同体の建設を試みた。

イ インドを中心に，貧しい人々や孤児などの社会的弱者の救済活動に生涯をささげ，見捨てられた病人のために「死を待つ人の家」を設立した。

ウ 人種差別に抵抗して，非暴力の思想に基づく運動を展開し，黒人が公民権を得て白人と平等に暮らせる社会を求めた。

① **ア** エンゲルス　　**イ** ガンディー　　　　**ウ** キング牧師
② **ア** エンゲルス　　**イ** ガンディー　　　　**ウ** ラッセル
③ **ア** エンゲルス　　**イ** マザー・テレサ　　**ウ** キング牧師
④ **ア** エンゲルス　　**イ** マザー・テレサ　　**ウ** ラッセル
⑤ **ア** オーウェン　　**イ** ガンディー　　　　**ウ** キング牧師
⑥ **ア** オーウェン　　**イ** ガンディー　　　　**ウ** ラッセル
⑦ **ア** オーウェン　　**イ** マザー・テレサ　　**ウ** キング牧師
⑧ **ア** オーウェン　　**イ** マザー・テレサ　　**ウ** ラッセル

問 4 下線部④に関連して，次の**ア・イ**は，マズローが考えた欲求の理論についての説明である。その正誤の組合せとして正しいものを，下の①〜④のうちから一つ選べ。 ☐4☐

ア 他者と関わり親密な関係を築きたいという，愛情と所属の欲求が満たされると，承認（自尊）の欲求が生じるようになる。

イ 生理的欲求，安全の欲求などの欠乏欲求が満たされると，自己実現の欲求という，より高次の欲求が生じるようになる。

① ア 正　イ 正
② ア 正　イ 誤
③ ア 誤　イ 正
④ ア 誤　イ 誤

問 5 下線部ⓔに関して，現代日本の介護問題や，それに対する取組みについての説明として最も適当なものを，次の①〜④のうちから一つ選べ。 ☐5☐

① 現代では少子化や単身世帯の増加によって家族の絆や結び付きが弱まってきたため，家族内での介護を支援し，その結び付きを再び強化する制度として，介護保険制度が導入された。

② 近年，女性の社会進出が進んでいるが，夫は仕事に専念し妻は育児や介護に専念したいという家庭も多いため，そのような家庭を支援するために，育児・介護休業法が制定された。

③ 高齢化と核家族化が進み，高齢者の単身世帯のさらなる増加が予想される現代では，社会全体で介護を担う公的制度が必要であるが，地域社会の自発的活動による介護支援も注目されている。

④ 結婚のあり方が大きく変わり出生率が低下した現代では，少子化が大きな問題であるが，高齢者の介護を充実させるという点では，育児に対する家族と社会の負担を減らす少子化は望ましいとされている。

問 6　下線部⑦に関連して，環境に関わる問題や思想についての記述として最も適当なものを，次の①〜④のうちから一つ選べ。　6

① 　人間中心主義を見直し，自然にもそれ自体の価値を認めようという考え方から，自然の生存権が主張されるようになった。

② 　20 世紀半ば以降に生じた急激な地球温暖化は，フロンガスなどによるオゾン層の破壊を主たる原因としている。

③ 　有限な環境で自由な利益追求を認めると全員の損害になるので，その予防のために自由を制限すべきだとする，予防原則の考え方が登場した。

④ 　原子力エネルギーの利用によって発生する放射性物質は，酸性雨を引き起こす主たる原因である。

問 7 下線部⑧に関連して，次の**図**は，65 歳以上を高齢者と定義し，7 つの国について，2015 年と 2050 年の総人口に占める高齢者の割合（推計値）を，2015 年時点で総人口の多い国から順に並べて示したものである。この**図**から読み取れる，これら 7 か国の将来の高齢化についての記述として最も適当なものを，次ページの①～④のうちから一つ選べ。　 7

図　総人口に占める 65 歳以上の高齢者の割合（推計値）

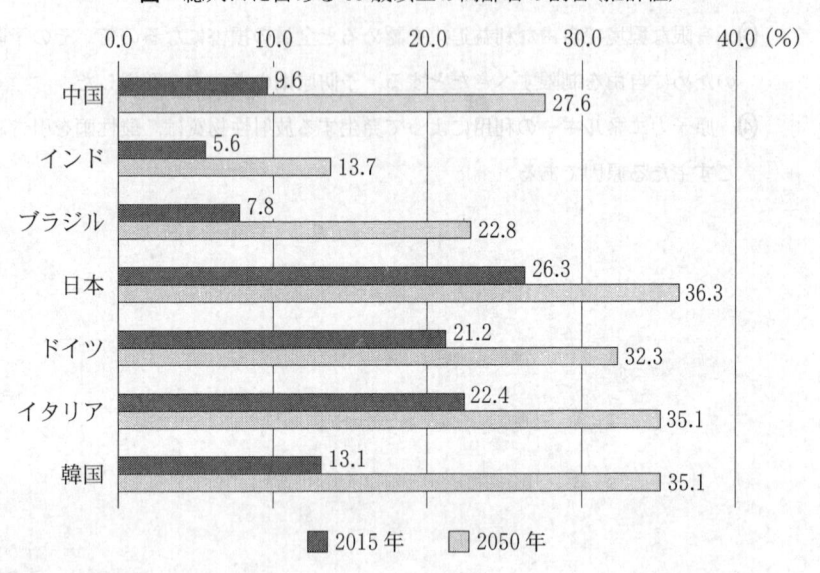

（注）　図の数値は％を表す。
（資料）　労働政策研究・研修機構『データブック国際労働比較 2016』より作成。

① 2015年の時点で，総人口に占める高齢者の割合が高い上位3か国は，2050年においても同様に上位3か国であり，現在の高齢化の状況が今後の高齢化の進行に影響すると言える。

② 2015年と2050年の総人口に占める高齢者の割合の差が大きい国は，大きい方から順に，韓国，中国，ブラジルであり，地域や現在の総人口に関係なく高齢化が進行すると言える。

③ 2050年の総人口に占める高齢者の割合が，中国，インド，ブラジルでは2015年の2倍以上になるが，それ以外の4か国では2倍以下にとどまり，現在の総人口が今後の高齢化の進行に影響すると言える。

④ 2015年の時点で，総人口に占める高齢者の割合が20％を下回っているのは4か国であるが，2050年には7か国すべてで20％を上回り，地域や現在の高齢化の状況に関係なく高齢化が進行すると言える。

問 8　下線部ⓗに関して，次の文章は，国境なき医師団が人道主義について述べた
　　ものである。その内容の説明として最も適当なものを，下の①～④のうちから
　　一つ選べ。　8

　　　人道主義が登場するのは，政治が失敗したとき，または危機に陥ったときで
　　す。私たちは，政治的責任を引き受けるためではなく，政治の失敗による非人
　　間的な苦しみをまず和らげるために活動します。活動は政治の影響を受けては
　　なりません。そして，政治は，人道主義の存在を保証する責任を自覚しなけれ
　　ばなりません。人道的活動は，活動のための枠組みを必要とします。紛争の際
　　のその枠組みとは，国際人道法です。それは犠牲者と人道支援団体の権利を確
　　立し，それらの尊重を保証する責任と，戦争犯罪によるそれらの侵害を罰する
　　責任を国家に負わせるのです。今日，この枠組が正常に機能していないのは
　　明らかです。紛争の犠牲者の支援に赴くことが拒否されるのは，よくあること
　　です。また，人道支援が，交戦国によって戦争の道具に使われることさえある
　　のです。

　　　　　　　　　　　　　　（国境なき医師団「ノーベル平和賞受賞講演」より）

① 　政治は，人道主義が政治の失敗の責任を引き受けることができるよう，人
　　道主義の存在とその活動を保証する責任をもつ。
② 　人道主義の活動は，国際人道法のような政治的・法的前提を必要とせずに
　　成立し得るものなので，政治の影響を受けずに行うことができる。
③ 　政治は，自らの目的に合わせて人道主義を利用すべきでなく，法的枠組み
　　によって人道主義の活動の独立性を保証しなければならない。
④ 　人道主義の活動は，国際人道法の制限を受けるので，紛争の犠牲者へのア
　　クセスを禁じられたり，交戦国に利用されたりしても，やむを得ない。

問 9 下線部①に関連して，センによる福祉の捉え方の説明として最も適当なものを，次の①～④のうちから一つ選べ。 □9□

① 個人の才能としての「潜在能力」を最大限に引き出し，各人が自分の能力を社会で発揮できるようにすることによって，財や所得の豊かさという福祉の目標を実現しなければならない。

② 生き方の幅としての「潜在能力」を改善し，各人が自分の達成できる状態・活動をより自由に実現できるようにすることで，財や所得の豊かさという福祉の目標を実現しなければならない。

③ 個人の才能としての「潜在能力」を最大限に引き出し，各人が自分の能力を社会で発揮できるようにすることが福祉の目標であり，財はこの目的のために分配されなければならない。

④ 生き方の幅としての「潜在能力」を改善し，各人が自分の達成できる状態・活動をより自由に実現できるようにすることが福祉の目標であり，財はこの目的のために分配されなければならない。

12

問10 本文の内容に合致する記述として最も適当なものを，次の①〜④のうちから一つ選べ。 $\boxed{10}$

① Aの考えでは，利他的にみえる行為も，結局は欲求の満足を求めている点で，動機は利己的である。そのため，利他的な動機は存在しないので，社会における助け合いは生じ得ない。

② Bの考えでは，たとえ人のためになる行為であっても，見返りを求めてなされるべきではない。しかし，たとえ動機が利他的であっても，結果が人のためにならないならばその行為に意味はない。

③ Aの考えでは，利他的にみえる行為も，結局は欲求の満足を求めている点で，動機は利己的である。社会における助け合いは利己的動機からも生じ得るのであって，純粋な善意が動機である必要はない。

④ Bの考えでは，たとえ人のためになる行為であっても，見返りを求めてなされるべきではない。人助けしたいという欲求も，その欲求の満足という見返りを求めているので，利他的動機とは言えない。

第2問　次の文章を読み，下の問い（問1～9）に答えよ。（配点　24）

　「あの人のようになりなさい」と言われると，自分らしさが否定されたと反発する人も多いだろう。だが，古代より，他者の生き方を模範とし，それを@自らの生き方の指針とすることに積極的な意味が見いだされてきた。

　誰かを模範にして生きるとはそもそもどのようなことなのかということは，どの文化でも重要な問いであった。⑥イスラーム教では，神に従った生活を送るうえで，神に正しく導かれたムハンマドの言行が，倣うべき生きた実例とされている。孟子は，⑥聖人になどなれないと嘆くのは，為（な）すべきことを為していないだけだと批判し，仁の道を実際に体現した過去の聖人に倣うことで，人はみな聖人のようになれると説いた。また，徳の修得は習慣づけによって可能になると考えた⑥アリストテレスによれば，徳を身に付けるためには，実際に他者とともに生きるなかで，徳のある人に倣った行動をすることが必要である。これらの考え方からうかがえるように，人々の模範とされてきたのは⑥理想となる生を体現した人物であり，そうした具体的な模範から人々は善き生を学ぶことができるとされた。

　それでは，善き生のための模範を必要とする人間とはどのような存在だと考えられてきたのだろうか。例えば，仏教では，ブッダの生き方を模範として様々な戒律が定められているが，その背景には，煩悩に囚（とら）われ，欲望から離れられない人間のあり方への洞察があった。⑥修行を行う者は，自らの弱さへの自覚があるからこそ，正しい模範に倣い，戒律を守る努力をするのである。また，⑨パウロは，人々が自分を中心に考え，欲望のままに生きてしまう罪人（つみびと）だからこそ，キリストに従って生きるべきだと説いた。彼は，キリストが人間の姿で現れ，苦難を経験したことを「謙遜」と捉え，罪人である私たちも，自分を誇ることのないキリストの謙遜の姿勢を模範にすべきだと考えたのである。このように，模範となる生を求める背後には，人間が⑥欲望に深く囚われた弱い存在だとする考え方もみられた。

　古くから人々は，善き生を体現した人物を具体的な模範にすることで，善き生を学ぶことができると考えてきた。そこには，善き生のための模範を必要とする，欲望を拭い難い人間存在への鋭い洞察もあった。私たちも優れた人間とは限らないからこそ，他者の生を模範とする生き方に学ぶべきことがあるのではなかろうか。

14

問 1 下線部@に関連して，人々に生き方の指針を示す役割を果たしてきたものには，数々の書物もある。そうした書物についての説明として最も適当なものを，次の①〜④のうちから一つ選べ。 | 11 |

① 仏教では，自らの社会的身分に即して活動したブッダの言行が，『スッタニパータ』にまとめられており，人々が生まれつきの身分にふさわしい活動をするための模範とされている。

② イスラーム教では，六信の対象の一つである諸啓典(聖典)のうちで最も重要な啓典であるクルアーン(コーラン)が，ムスリムの生活を様々な面で規定している。

③ ホメロスの『イリアス』や『オデュッセイア』は，神話的世界観を批判し，神々の登場しない人間の英雄たちの物語を描き出しており，人々の行動や考え方の指針とされた。

④ ユダヤ教やキリスト教の聖書では，預言者イザヤが当時の王国のあり方を賞賛し，民衆に神の言葉を伝えた姿が描かれており，彼の言行はあるべき信仰の模範とされている。

問 2 下線部⑥に関して，イスラーム教についての記述として最も適当なものを，次の①〜④のうちから一つ選べ。 | 12 |

① クルアーンは，ユダヤ教の聖典に倣ってヘブライ語で著わされた。

② すべてのモスクでは，聖地エルサレムに向かって礼拝が行われる。

③ イスラーム教は，五行の一つとして喜捨(ザカート)の義務を定めている。

④ キリスト教徒らと区別して，イスラーム教徒は「啓典の民」と自称する。

問 3　下線部ⓒに関して，聖人と小人（しょうじん）のあり方について書かれた次の荀子の文章を読み，その内容の説明として最も適当なものを，下の①～④のうちから一つ選べ。　13

　およそ人間の性（性質）について言えば，あの聖天子の堯（ぎょう）や禹（う）も，暴君の桀（けつ）や大盗賊の盗跖（とうせき）*とその性は同じであり，優れた君子も，つまらない小人とその性は同じである。今，仮に礼義（社会規範）や作為の集積が人間の生まれつきの性にそなわっているものとしてみよう。それならば，またどうして聖天子の堯や禹を尊重する理由があろうか。どうして君子を尊重する理由があろうか。そもそも堯や禹やまた一般の君子を尊重するわけは，彼らがその生まれつきの性を変えて後天的な作為を起こし，その作為が起こされた結果として礼義をつくることができたからである。……人間の性の善さというのは後天的なしわざの結果である。

（『荀子』より）

*聖天子の堯や……大盗賊の盗跖：いずれも孔子以前に存在したとされる人物

①　優れた君子にもつまらない小人にも，あらかじめ礼義や作為が性にそなわっており，小人でも生まれつきの性を善に変えることができる。

②　私たちが堯や禹を尊重する理由は，彼らの性が小人とは異なっていたからであり，彼らは小人の性を善に変える礼義をつくることができた。

③　優れた君子もつまらない小人も，生まれつきの性は変わり得ないので，性の悪を抑えるために，礼義や作為が後からつくられた。

④　私たちが堯や禹を尊重する理由は，彼らが生まれつきの性を後から善へと変えて，礼義をつくることができたからである。

問 4 下線部ⓓに関して，アリストテレスの自然観の説明として最も適当なものを，次の①〜④のうちから一つ選べ。　14

① 自然界の事物は，質料に形相が与えられることで成り立っており，事物は質料の実現という目的に向かって生成・発展していく。

② 自然界の事物は，質料と形相とが結び付いて成り立っており，事物は形相の実現という目的に向かって生成・発展していく。

③ 自然界の事物は，質料に形相が与えられることで成り立っており，形相がもつ潜在性によって，偶然的で自由な仕方で生成・発展していく。

④ 自然界の事物は，質料と形相とが結び付いて成り立っており，質料がもつ潜在性によって，偶然的で自由な仕方で生成・発展していく。

問 5 下線部ⓔに関連して，理想とされた生のあり方を説明した記述として最も適当なものを，次の①〜④のうちから一つ選べ。　15

① 孔子は，武力に訴えるのではなく，仁と礼に基づく覇道政治を行った聖人の生き方を理想とした。

② 孔子は，仁を重視する生き方は次善のものだとし，仁が不要となるような自然と調和した生き方を理想とした。

③ 大乗仏教では，修行者として悟りを得て，煩悩のない境地に到達した阿羅漢のあり方が理想とされた。

④ 大乗仏教では，自己の悟りを目指すだけでなく，利他行に励む菩薩のあり方が理想とされた。

問 6　下線部①に関して，仏教の修行法である八正道についての説明として最も適当なものを，次の①～④のうちから一つ選べ。　16

① 快楽と苦行を避け，中道に生きるための修行法が八正道であり，その一つである正業とは，悪しき行為を避け，正しく行為することを指す。

② 快楽と苦行を避け，中道に生きるための修行法が八正道であり，その一つである正業とは，人の行為と輪廻の関係を正しく認識することを指す。

③ 六波羅蜜の教えに由来する修行法が八正道であり，その一つである正業とは，悪しき行為を避け，正しく行為することを指す。

④ 六波羅蜜の教えに由来する修行法が八正道であり，その一つである正業とは，人の行為と輪廻の関係を正しく認識することを指す。

問 7　下線部⑧に関して，パウロの思想の説明として最も適当なものを，次の①～④のうちから一つ選べ。　17

① 人間は，善を望んでいるはずなのに，望まない悪を行ってしまう。そこからの救済は，キリストへの信仰によるほかなく，人類全体の罪を担ったキリストに従い，私たちもまた，隣人への愛を実践すべきである。

② 人間は，善を望んでいるはずなのに，望まない悪を行ってしまう。そこからの救済は，キリストへの信仰によるほかなく，神と契約したキリストのように，私たちもまた，神との契約である律法を正しく遵守すべきである。

③ 人間は，肉体の情欲に引きずられ，望まない悪を行ってしまう。そこから救済されるためには，自らの運命を受け入れたキリストのように，私たちもまた，罪のない本来の自己を再発見し，それを受け入れるべきである。

④ 人間は，肉体の情欲に引きずられ，望まない悪を行ってしまう。そこから救済されるためには，苦しむ人々を癒したキリストに従い，私たちもまた，善行を積むことによって，神から義とされるよう努力すべきである。

18

問 8 下線部⑪に関して，次の**ア〜ウ**は，人間の欲望をめぐる先哲たちの洞察についての記述である。その正誤の組合せとして正しいものを，下の①〜⑥のうちから一つ選べ。 18

ア ブッダによれば，人間が所有欲などの欲望から離れられない原因は，自己という不変の存在を正しく把握していないことにある。

イ プラトンによれば，不正な行為が生まれる原因は，魂のうちの欲望的部分が，理性的部分と気概的部分を支配してしまうことにある。

ウ 朱熹(朱子)によれば，人間が私欲に走る原因は，先天的にそなわっている理が，気の作用によって妨げられていることにある。

① **ア** 正　**イ** 正　**ウ** 誤
② **ア** 正　**イ** 誤　**ウ** 正
③ **ア** 正　**イ** 誤　**ウ** 誤
④ **ア** 誤　**イ** 正　**ウ** 正
⑤ **ア** 誤　**イ** 正　**ウ** 誤
⑥ **ア** 誤　**イ** 誤　**ウ** 正

問 9 本文の趣旨に合致する記述として最も適当なものを，次の①～④のうちから一つ選べ。　19

① 他者を模範とする生き方は，理想的な生を体現した人物に倣うことで善き生につながり得るが，それでも人間の欲望を根絶することはできないと考えられてきた。そこには，模範となる生が示されても，それに学ばず，自らのあり方から目を背けてしまう人間の弱さへの洞察もあった。

② 他者を模範とする生き方は，理想的な生を体現した人物を具体的な模範とすることで，善き生を学ぶことにつながると考えられてきた。さらに，そうした人物を模範とすることを重視した背後には，人間が弱く，欲望から離れ難い存在であることに注目する考え方もあった。

③ 他者を模範とする生き方は，善き生を送った人物を具体的な模範とすることで，人を善き生へ導いてくれると考えられてきた。その背後には，人間とはもともと欲望に囚われることのない存在であり，模範的な生が示されることで，そうした人間本来の姿を確認できるとする考え方もあった。

④ 他者を模範とする生き方は，拭い難い欲望に囚われている人間にとって，正しい行動を示し，善き生へ導いてくれると考えられてきた。他方で，そもそも人間にはそうした模範は不要であり，他者の生き方を模範とすることは，消極的な生き方であるとする考え方もあった。

第3問 次の文章を読み，下の問い（問1〜9）に答えよ。（配点　24）

　先人たちの思想は，多くの場合「教え」として伝えられてきた。だが，その教えの内容の多様さとともに，人々を教え導く営みそのものにも様々な姿があった。日本の先人たちは，教えるという営みにどのように向き合ってきたのだろうか。

　古代では，教えは氏族を守る知恵として，ⓐ神話や伝承を通して語り継がれていた。やがて，仏教が伝来すると，次第に氏族の枠を超えたⓑ布教が行われるようになり，教えるという営みを反省的に捉える者が現れるようになった。例えば，親鸞は，煩悩に向き合い悪人の自覚を深めるなかで，絶対他力の信仰を獲得し，その布教に努めた。救済は仏の力によるほかないと考えた彼は，「親鸞は弟子一人ももたず」と語った。また，ⓒ日蓮は，度重なる迫害を受けるなかで自己の存在意義を問い直し，『法華経』の教えを末法の世に広める使命感を強めていった。

　近世になると，ⓓ学問による徳の修養を重んじる儒学が興隆したことにより，教える者自身に徳を求める傾向が強まった。例えば，ⓔ石田梅岩は，欲望に染まった不徳の身でありながら「人の人たる道」を説こうとする自身の熱意を「病」と呼び，欲望を満たさぬ清貧の生活を自らに課したうえで，徳の修養と教育活動に専念していった。また，弟子の手島堵庵は，梅岩のような徳をもたない自分は師に値しないと考え，梅岩の教えを学び合う「朋友」を獲得することを自身の役割とした。

　近代になると，ⓕ西洋の知識や国民としての道徳を身に付けさせる教育が国全体の課題と位置づけられ，教えに携わる者は，自己の役割を国のあり方と結び付けて模索するようになった。例えば，西村茂樹は，孔子にせよイエスにせよ，誰か一人を師として信奉するような態度を批判しつつ，ⓖ伝統的な道徳とともに西洋哲学をも学ぶことを提唱し，新たな国民道徳の確立とその普及に努めた。また，ⓗ内村鑑三は，武士道とキリスト教との共通点を見いだし，日本には真のキリスト教国になる使命があると考えた。そして，神の教えに忠実であろうとする立場から，罪深き自己が救済された体験を人々に語り続けた。

　以上のように，先人たちにとって，教えるという営みは，自己のあり方やその役割を模索することでもあった。そして，その模索は，よりよき生や社会の実現を目指す強い信念に支えられていたと言えるだろう。

問 1　下線部ⓐに関して，日本の神話や伝承で示される神についての説明として最も適当なものを，次の①〜④のうちから一つ選べ。　20

① 元来，神は特定の形をもつものではなく，人間に畏怖の念を抱かせるものや，人知を超えた不可思議な現象が神のあらわれとされた。

② 神は善事を行うだけでなく狼藉を働くこともあったが，神の狼藉は造物主としてのアマテラスによって裁かれると考えられた。

③ 洪水や飢饉，疫病の流行といった災厄は神の祟りであり，祟りをなす神に対してはいかなる祭祀を行っても効果がないとされた。

④ 神は人間の住む世界からは隔絶した他界に存在し，自然の秩序や人々の生活に関与することはないと考えられた。

問 2　下線部ⓑに関して，次の**ア**〜**ウ**は，仏教の布教に取り組んだ人物についての説明である。その正誤の組合せとして正しいものを，下の①〜⑥のうちから一つ選べ。　21

ア　鑑真は，密教の教えに厳密な戒律を取り入れた真言律宗の立場から，各地を遍歴し，病人の救済や，道路や橋の修造を行った。

イ　空海は，唐で密教を学び，帰国後に真言宗を開くとともに，綜芸種智院を設立し，庶民教育にも努めた。

ウ　一遍は，念仏を唱えれば信不信にかかわらず往生できることを伝えるべく，各地を漂泊したことから，遊行上人と呼ばれた。

① ア 正　イ 正　ウ 誤
② ア 正　イ 誤　ウ 正
③ ア 正　イ 誤　ウ 誤
④ ア 誤　イ 正　ウ 正
⑤ ア 誤　イ 正　ウ 誤
⑥ ア 誤　イ 誤　ウ 正

問 3 下線部ⓒに関して，日蓮についての説明として**適当でないもの**を，次の①～④のうちから一つ選べ。　22

① 個人の救済だけでなく，正しい仏法に基づく政治の実現が重要だと考え，為政者への布教も行うことで，現実社会を仏国土とすることを目指した。

② 国難の到来を防ぎ，国土安穏を実現するためには，宗派間での融和を図ることが必要だと考え，他宗に協力を呼びかけた。

③ 『法華経』には，釈迦は時を超えて永遠に存在し続けると説かれていることに着目し，末法の世であっても救済は達成され得ると主張した。

④ 『法華経』には，人々の救済に献身する菩薩が描かれていることに着目し，その姿に自己をなぞらえることで教えを説こうとした。

問 4 下線部ⓓに関して，次の文章は，近世において学問がどのように学ばれていたかについての説明である。文章中の　a　～　c　に入れる語句の組合せとして正しいものを，下の①～⑧のうちから一つ選べ。　23

　　近世に学問が興隆した背景の一つに，出版業の発展がある。　a　は，初学者に向け，和文で『大和本草』『養生訓』などを著し，その書は広く読まれた。書物の普及につれて，塾や学校が各地に設立された。例えば，懐徳堂からは，儒学や仏教などがいかに歴史的に展開するかに関して加上説という考え方を唱えた　b　など，独自の学説を打ち出す人物が数多く輩出した。

　　塾や学校では，漢籍の素読のほか，師匠による講釈，現在の読書会にあたる会読などが行われた。山崎闇斎は，朱子学の真髄を伝えようとして講釈を重要視したが，朱子の解釈に頼らず儒学の原典に直接向き合うことを重視した　c　は，講釈よりも会読を重視した。このように，思想的立場の違いは教え方の違いにも反映された。

① a 貝原益軒　b 安藤昌益　c 新井白石

② a 貝原益軒　b 安藤昌益　c 荻生徂徠

③ a 貝原益軒　b 富永仲基　c 新井白石

④ a 貝原益軒　b 富永仲基　c 荻生徂徠

⑤ a 本居宣長　b 安藤昌益　c 新井白石

⑥ a 本居宣長　b 安藤昌益　c 荻生徂徠

⑦ a 本居宣長　b 富永仲基　c 新井白石

⑧ a 本居宣長　b 富永仲基　c 荻生徂徠

問 5 下線部ⓔに関して，石田梅岩についての説明として最も適当なものを，次の ①〜④のうちから一つ選べ。　24

① 心を磨くための教えとして，儒教だけではなく神道や老荘思想も柔軟に取り入れながら自説を形成したが，仏教を排斥しようとする姿勢を崩すことはなかった。

② 商家で奉公していた経験を活かし，京都の自宅で日常生活に即した平易な講話を行った。受講料を取らず，聴講は自由としたが，女性の聴講を認めることはなかった。

③ 身分を上下関係としてではなく社会的分業を示すものと捉え，職業に励むことでそれぞれの役割を果たすことを人々に勧めたが，身分制そのものを否定したわけではなかった。

④ 当時，蔑視されがちであった商業行為を肯定し，品物を流通させることで為政を助ける点に積極的役割を認めた。だが，利益を獲得することを肯定したわけではなかった。

問 6 下線部ⓕに関して，西洋の知識を積極的に取り入れた思想家についての説明として最も適当なものを，次の①〜④のうちから一つ選べ。　25

① 西周は，アメリカから帰国した後に，同志社英学校を創立して，キリスト教の精神に基づく教育を行った。

② 植木枝盛は，ルソーの『社会契約論』を翻訳した『民約訳解』を出版し，日本の実情に即した民権のあり方を説いた。

③ 西周は，「門閥制度は親の敵」と述べ，欧米への視察旅行で得た知見をもとに，封建的な秩序や意識を批判した。

④ 植木枝盛は，西洋の民権思想をもとに主権在民の必要を説き，人民には政府の専制に対して抵抗する権利があると主張した。

問 7　下線部⑧に関連して，伝統的な道徳や文化の重要性を主張した人物に三宅雪嶺がいる。彼についての説明として最も適当なものを，次の①〜④のうちから一つ選べ。　26

① 天皇制国家主義の立場から教育勅語の道徳を重視し，忠と孝を国民道徳の中心に据えるべきと主張した。

② 自己の内面を見つめることの必要を説く人格主義の立場から，東西の古典を積極的に摂取する必要を呼びかけた。

③ 政府の欧化主義を批判し，日本固有の風土や文化に即して西洋文明を取捨選択すべきとする国粋主義(国粋保存主義)を唱えた。

④ 天皇の名のもとでこそ国民の平等が達成されるとしたうえで，超国家主義の立場から国家の改造を主張した。

問 8　下線部ⓗに関して，次の文章は，内村鑑三がキリスト教の伝道活動に専念し始めた時期に書いたものである。その内容の説明として最も適当なものを，下の①〜④のうちから一つ選べ。　27

　　罪から救われた者がまだ罪に沈んでいる者を救おうとするのが伝道であり，救済である。私が救済を唱えるのは，私が完全無欠の人であるからではなく，私はかつて病を癒されたことがあるから，その快さを他人と分かち合いたいと思うからにほかならない。……私たちは世の人々を教えようとする教師ではなく，体験したことを世の人々に分かとうとする表白者である。私たちは人々を私たちのもとに導こうとする者ではなく，私たちを経由して人々を神のもとへと導こうとする者である。したがって，私たちは欠点を指摘されることを厭わ（いと）ない。なぜならば，私たちの欠点はかえって神の完全性を示すことになるからであり，私たちの弱さは神の強さを確認させることになるからである。

（「基督教と師弟の関係」より）

①　キリスト教の伝道は，罪に沈む人々を伝道者の力で直接に救済するものではないのだから，伝道者は弱き自己が救済された体験を伝えることに徹するべきであり，神の完全性を示すことを目指すべきではない。

②　キリスト教の伝道は，伝道者が弱さを自ら克服した体験を語ることによって，人々に弱さを克服する意志をもたせるものである。したがって，伝道者のもつ弱さは，伝道を行ううえでかえって好都合ともなり得る。

③　キリスト教の伝道は，人々を神に出会わせるという重責を担っているため，伝道者は自らの弱さを自覚し，厳しい自己鍛錬によって神の強さに少しでも近づくことができるよう努めなければならない。

④　キリスト教の伝道は，人々を神に出会わせ，罪から救われる喜びを伝えるものである。その際に，伝道者のもつ弱さが人々に露わ（あら）になったとしても，そのことはかえって神の強さを示すことにもなり得る。

問 9　本文の趣旨に合致する記述として最も適当なものを，次の①〜④のうちから一つ選べ。 28

① 　日本の先人たちは，教えを説くという営みがもつ役割の大きさに対して自覚的であり，その営みに従事するためには徳を身に付けることが不可欠だと考えた。そして，その徳が人々に認められることではじめて，教えを説く自己の立場を確固たるものにすることができた。

② 　日本の先人たちは，教えを説くにあたり，自己を見つめ直したり，自らの役割を模索したりするなかで，各々の立場を見いだしていった。その結果，どのように人々を教え導くかについて多様な考え方が生まれたが，彼らの営みの背後には，よりよい生や社会の実現を目指す決意があったと言える。

③ 　日本の先人たちは，よりよい生や社会の実現を目指し，教えを説く自らの立場や役割を省みることなく，布教や教育活動といった実践に専念した。そのような彼らの営みの背後には，自己を犠牲にしてでも人々や社会のために尽くそうとする姿勢があった。

④ 　日本の先人たちは，教えを説く自身の立場を厳しく問い直すなかで，自己の卑小さに直面し，それを克服することに努めてきた。克服の方法は様々であったが，彼らの営みは，いったん自己を否定し，神仏や師に全面的に依拠しようとする姿勢に支えられていたと言える。

第 4 問　次の文章を読み，下の問い（問 1 ～ 8 ）に答えよ。（配点　24）

「遊びをせんとや生まれけむ」という日本の歌謡がある。人は遊ぶために生まれて
きたのだろうか，というこの歌は，人間にとって「遊び」がもつ意味や価値を，我々
に問いかけている。その答えを，ここでは西洋近代思想のなかに探してみよう。

　長い間，遊びは，成熟した文化や社会にとって些末で無用なものとみなされてき
た。キリスト教のなかでもカルヴィニズムには，勤勉や禁欲を⒜道徳として重ん
じ，人々が公の場で娯楽に興じることを禁じる傾向があった。また，生産活動を尊
び，労働と余暇を対置する価値観が登場すると，遊びを軽視する傾向はいっそう強
まった。例えば，⒝ロックは，道徳や教育を重視する立場から，仕事や勉学を促
進するための息抜きや気分転換としてのみ，遊びの価値を認めた。

　だが，時代が進むと，人間精神の自由や創造性を，遊びとして捉え直す思想も現
れる。⒞カントに影響を受けた詩人シラーは，遊びの衝動こそが感性と理性を結
合すると考え，その衝動を人間の創造性の源泉とみなした。彼は，遊びだけが人間
を⒟自然と道徳の強制力から解放すると考え，「人間は遊ぶときにのみ完全な人間
となる」と説いた。また，ニーチェは，ニヒリズムを克服して永劫回帰の世界を肯
定する，人間精神の最終的到達点を，無垢な子どもの遊びになぞらえた。

　20 世紀には，遊びは，人間の⒠社会的活動を理解する鍵としても注目される。
社会心理学者の G. H. ミードによれば，子どもは，ごっこ遊びのなかで他者を理解
し始めるが，さらに成長し，組織化されたゲームに参加すると，チームのような社
会集団をも，目標や態度を共有する「一般化された他者」とみなせるようになる。ま
た，⒡ウィトゲンシュタインは，言語による他者とのやりとりをゲームに見立て
て考察した。さらに，ホイジンガは，宗教や法律など，我々の社会の基盤をなす文
化はすべて，実用的な目的から離れた自由で自発的な遊びから生まれた，という考
えから，人間を⒢「ホモ・ルーデンス（遊戯人）」と定義する人間観を唱えた。

　このように，遊びには，自由と規律，自発性，創造性，他者との交流といった，
人間の生の営みを支え，特徴づける諸要素が含まれている。様々な遊びやゲームが
身の周りにあふれている時代を生きているからこそ，我々は，先人の考察も活かし
て，遊びの意義や役割を改めて見つめ直す必要があるのではないだろうか。

問 1　下線部@に関連して，人倫という概念で道徳を捉え直した思想家にヘーゲルがいる。ヘーゲルの人倫についての説明として最も適当なものを，次の①～④のうちから一つ選べ。　**29**

① 　欲望の体系である市民社会のもとでは，自立した個人が自己の利益を自由に追求する経済活動が営まれるなかで，内面的な道徳も育まれるために，人倫の完成がもたらされる。

② 　人間にとって客観的で外面的な規範である法と，主観的で内面的な規範である道徳は，対立する段階を経て，最終的には，法と道徳を共に活かす人倫のうちに総合される。

③ 　国家によって定められる法は，人間の内面的な道徳と対立し，自立した個人の自由を妨げるものなので，国家のもとで人々が法の秩序に従うときには，人倫の喪失態が生じる。

④ 　夫婦や親子など，自然な愛情によって結び付いた関係である家族のもとでは，国家や法の秩序のもとで失われた個人の自由と道徳が回復され，人倫の完成がもたらされる。

問 2　下線部ⓑに関して，ロックの社会思想の説明として最も適当なものを，次の
①～④のうちから一つ選べ。　| 30 |

①　各人は，公共の利益を目指す一般意志に服従して，すべての権利を国家に
譲渡するが，国家がこの一般意志を実現することで，各人の権利は保障され
ることになる。

②　知識や理論は，人間が環境によりよく適応していくための道具であり，
我々は，創造的知性を用いることによって社会を改善し，理想的な民主社会
を実現することができる。

③　各人が利己心に従って自分の利益を自由に追求すれば，おのずから社会全
体の利益は増大するが，これは，「(神の)見えざる手」の導きによるものであ
ると考えられる。

④　国家による権力の濫用を防ぎ，権力がその役割を公正に果たすためには，
立法権や行政権(執行権)などが一定の独立性をもって互いを制約する，権力
の分立が必要である。

問 3 下線部ⓒに関して，次の文章は，人間の認識をめぐるカントの思想の説明である。文章中の ┃ a ┃～┃ c ┃ に入れる語句の組合せとして正しいものを，下の①～⑧のうちから一つ選べ。 31

　カントは，イギリスの経験論と大陸の ┃ a ┃ の二つの立場を統合して，人間の認識の仕組みを説明したとされる。外界にある対象の認識に際して，┃ b ┃ を通じてもたらされるものは，ばらばらの素材にすぎず，そのままでは理解できない。そこで，┃ c ┃ を用いる能力である悟性が，論理的な枠組みや形式（カテゴリー）に従い，それらの素材を，我々が理解できるように整理し，秩序づける。このように，カントは，人間の認識は諸能力の協働によって成り立っていると考え，特に我々が美を捉えようとする際には，諸能力が優劣なく互いに調和していることに着目し，その様子を「自由な遊び」と表現した。

① a 唯物論　b 感覚　c 概念
② a 唯物論　b 感覚　c 直観
③ a 唯物論　b 情念　c 概念
④ a 唯物論　b 情念　c 直観
⑤ a 合理論　b 感覚　c 概念
⑥ a 合理論　b 感覚　c 直観
⑦ a 合理論　b 情念　c 概念
⑧ a 合理論　b 情念　c 直観

問 4 下線部⑥に関連して，次の**ア〜ウ**は，自然をめぐる西洋の思想についての説明である。その正誤の組合せとして正しいものを，下の**①〜⑥**のうちから一つ選べ。　32

ア コペルニクスは，「知は力なり」という信念から，学問や科学的知識は自然を支配するための手段だと考えて，観察や実験から一般的な法則を導く帰納法を提唱した。

イ ニュートンは，地上から天空に及ぶ，すべての物体の運動を力学的な法則によって統一的に説明し，機械のような存在として自然を捉える自然観の確立に大きく寄与した。

ウ カーソンは，農薬や殺虫剤などに含まれる有害な化学物質の氾濫が自然環境や生態系を破壊していると指摘し，その影響は人間の健康や生命にも及んでいると警告した。

① **ア** 正　**イ** 正　**ウ** 誤
② **ア** 正　**イ** 誤　**ウ** 正
③ **ア** 正　**イ** 誤　**ウ** 誤
④ **ア** 誤　**イ** 正　**ウ** 正
⑤ **ア** 誤　**イ** 正　**ウ** 誤
⑥ **ア** 誤　**イ** 誤　**ウ** 正

問5　下線部ⓔに関連して，遊びの社会的性格について述べた次の文章を読み，その内容の説明として最も適当なものを，下の①〜④のうちから一つ選べ。

33

　遊びは単なる個人的娯楽ではない。……確かに個人の手腕が目立ち，一人で遊んでいてもおかしくない遊びが，特に技の遊びには数多く存在する。しかし，技の遊びはすぐに技を競う遊びへと変わり得る。これには明白な証拠がある。凧やコマ，ヨーヨー，けん玉などの遊び道具は，一人で操作するものだが，競争相手や観客がいなければ，人はすぐそれらに飽きてしまう。そうならないためには，潜在的にではあれ，競争相手や観客が必要なのだ。それらの遊びには競争の要素があり，そこでは皆が，おそらく姿の見えない，あるいは，その場にいない競争相手に勝とうとしている。未到の快挙を成し遂げ，いっそうの困難に挑み，持続や速さ，正確さ，高さの記録を自分のなかで打ち立てようとしている。一言で言えば，一人で遊んでいても，他人の追随を許さない結果を出して，誇りにしたいと思っているのだ。

（カイヨワ『遊びと人間』より）

①　遊びには，技の遊びと競争の遊びがある。おおむね個人的娯楽であると言える技の遊びは，遊び道具さえあれば一人でも飽きずに楽しめるため，競争相手や観客はいない方がよい。

②　ヨーヨーやけん玉といった道具を使う遊びは，一人でも遊べるが，競争相手や観客としての他人がその場にいなければ，上達しない。したがって，遊びは単なる個人的娯楽ではない。

③　遊びには，技の遊びと競争の遊びがある。おおむね個人的娯楽であると言える技の遊びよりも，競争の遊びの方が，よりいっそう優れた結果や記録を生み出す点で高尚である。

④　ヨーヨーやけん玉といった道具を使って一人で遊ぶときでも，その場にはいない相手や観客が想定されて，競争が行われている。したがって，遊びは単なる個人的娯楽ではない。

問 6 下線部⑥に関して，ウィトゲンシュタインの「言語ゲーム」についての説明として最も適当なものを，次の①～④のうちから一つ選べ。 | 34 |

① 言語は，日常生活の具体的な場面や状況に応じて使用されるが，我々は，他者との会話に参加しながら，適切な使用のルールを次第に身に付ける。その様子は，ゲームになぞらえられる。

② 言語は，語彙や文法といったルールのうえに成り立っている点で，ゲームになぞらえられる。そのなかでは，日常的な発話（パロール）が，構造としての言語（ラング）から区別される。

③ 言語は，人間の無意識の形成に深く関わっており，我々は成長の過程で，言語活動を通して，他者の欲望を自分自身の欲望としてつくりかえる。その様子は，ゲームになぞらえられる。

④ 言語は，語彙や文法といったルールを常につくりかえる点で，ゲームになぞらえられる。そのために，我々の日常的な会話では，語や概念の連関を解体する脱構築が常に行われる。

問 7　下線部⑧に関連して，「ホモ・ファーベル」というベルクソンの人間観の説明として最も適当なものを，次の①〜④のうちから一つ選べ。　35

① 人間は，言語や記号，芸術などのように，様々な意味をあらわす象徴を使って，現実の世界を抽象的な仕方で理解する存在である，ということに着目したものである。

② 人間は，他の動物よりも発達した知性(理性)をもち，それを活かして高度で複雑な思考や推理を行うことができる存在である，ということに着目したものである。

③ 人間は，目的をもって道具を作成し，それを用いて自然に働きかけ，自分たちで環境をつくりかえながら進化してきた存在である，ということに着目したものである。

④ 人間は，自分たちを超越した力をもつ世界にまなざしを向け，神を信じて祈りを捧げつつ，宗教という文化を育んできた存在である，ということに着目したものである。

問8 本文の趣旨に合致する記述として最も適当なものを，次の①〜④のうちから一つ選べ。　36

① 遊びはしばしば，成熟した文化や社会にとって不要なものとみなされてきた。だが，遊びは，労働を促進するための息抜きや気分転換として，子どもよりも，むしろ大人にとって重要である。

② 生産活動としての労働を重んじる価値観のもと，遊びは軽視されてきた。だが，20世紀に入ると，宗教や法律によって社会の規律が強められた結果，遊びがもつ重要性が見直されるようになった。

③ 遊びはしばしば，成熟した文化や社会にとって不要なものとみなされてきた。だが，遊びは，人間精神の自由や創造性の源泉であるだけでなく，人間の社会的活動を理解するうえでも重要である。

④ 生産活動としての労働を重んじる価値観のもと，遊びは軽視されてきた。だが，20世紀に入ると，人間の社会的活動が実用的目的から離れた結果，遊びがもつ重要性が見直されるようになった。

倫 理

（2017年1月実施）

60分　100点

2

第1問 以下は，大学生AとBの会話である。これを読み，下の問い(問1～10)に答えよ。(配点 28)

A：最近話題の映画を観に行ったけれど，ⓐ命の尊さっていうテーマはいいのに，中身はいろんな名作を継ぎ接ぎしただけで，がっかりしたなあ。

B：継ぎ接ぎ自体は悪くないと思うよ。何をどこから選んでくるのか，それをどうアレンジするのか，そのアイディア自体はオリジナルなんだから。

A：それでも，他人のアイディアに頼っていることには変わりないよ。できあいのアイディアに頼らずに，自力で頑張った人間だけが，しっかりしたⓑ自己を確立することができる。そういう人がⓒ芸術家になれるんだと思うな。

B：個人の力を過信しているなあ。使えるものは何でも使うべきだよ。例えば，映像でもサウンドでも，テクノロジーの力を借りれば，表現の幅も拡がるしね。

A：規格化されたテクノロジーに頼っていたら，型にはまった発想にしかならないよ。その現実からⓓ逃避していたら，真の芸術なんて生まれないよ。

B：真の芸術かどうかなんて，どうでもいいよ。いい作品だったらⓔインターネットなんかでも評判が拡がっていくだろうし，それで十分じゃないのかな。

A：ネットでは独り言をつぶやくか，仲間内で馴れ合っているだけでしょ。自分と考えの違う人たちとも，意見をやりとりすることが大事だと思うな。

B：だからこそネットをもっと使うべきじゃないの？　ネット上なら世界中の人と意見を言い合えるんだから，とってもⓕ民主的で，いいと思うけれどね。

A：いや，ネットで流れている評判は，そう簡単には信じられないなあ。実際，個性のない作品であっても，結構たくさんの人たちに受けたりするわけだから。

B：同じⓖ世代なのに頭が堅いね。受け手をⓗ大衆と見下すべきじゃないよ。作品に意味を与えるのは受け手だし，受け手の役割は思った以上に大きいよ。

A：たいていの人は，ⓘメディアから情報を受け取って消費しているだけだよ。

B：消費しているだけでも目は肥えていくし，優れた作品に刺激されて自分が作り手になることもある。そういう可能性をもっと考えてもいいと思うな。

問 1　下線部ⓐに関連して，生命の価値について SOL (Sanctity of Life) と QOL (Quality of Life) という考え方がある。SOL と QOL に関する記述として最も適当なものを，次の①〜④のうちから一つ選べ。　　1

① SOL を重視する立場によれば，人間の生命には質的な差異はなく，いかなる人間の生命も絶対的に尊重されねばならないので，重篤な患者であっても安楽死や尊厳死は認められない。

② QOL を重視する立場によれば，生命の質が何よりも尊重されるべきであるので，医師は，患者自身の意向に左右されずにパターナリズムに則って治療にあたらなければならない。

③ SOL を重視する立場によれば，延命治療に関して患者が事前に表明した意思(リヴィング・ウィル)が尊重されるべきであり，医師はそうした患者の意向に従わなければならない。

④ QOL を重視する立場によれば，各人の生命には絶対的な尊厳が認められねばならないので，生命の価値に優劣の差は存在せず，生命の価値を定めるのは当の個人でなければならない。

問 2 下線部①に関連して，次の**ア〜ウ**は，自己の確立について考察した人物の説明である。その正誤の組合せとして正しいものを，下の①〜⑧のうちから一つ選べ。　2

ア 小此木啓吾は，一人前の人間として自立することを回避して大人になろうとしない青年期の人間を，「モラトリアム人間」と呼んだ。

イ アリエスは，自立を図ろうとするあまり自己主張が強くなって大人と軋轢あつれきを起こすような青年期の人間を，「小さな大人」と呼んだ。

ウ アドラーは，子どもと大人の集団の境目に位置していて心理的に不安定になりがちな青年期の人間を，「マージナル・マン」と呼んだ。

① ア　正　　イ　正　　ウ　正
② ア　正　　イ　正　　ウ　誤
③ ア　正　　イ　誤　　ウ　正
④ ア　正　　イ　誤　　ウ　誤
⑤ ア　誤　　イ　正　　ウ　正
⑥ ア　誤　　イ　正　　ウ　誤
⑦ ア　誤　　イ　誤　　ウ　正
⑧ ア　誤　　イ　誤　　ウ　誤

問 3　下線部ⓒに関連して，次の**ア〜ウ**は，美術の分野で活躍した芸術家の作品と思想についての説明であるが，それぞれ誰のものか。その組合せとして正しいものを，下の①〜⑧のうちから一つ選べ。　3

ア　代表作「春」，「ヴィーナスの誕生」などで，躍動する生命と自由に生きる人間の美を生き生きと描き出し，人文主義の精神を体現した。

イ　坐禅で得た寂静の境地を表現したとされる山水図などの作品で，墨の濃淡だけで枯淡や幽玄の美を描き，水墨画を日本において大成した。

ウ　ナチス・ドイツによる一般市民への無差別爆撃を描いた壁画「ゲルニカ」を発表し，人類の引き起こす戦争の悲惨さや残虐さを告発した。

① **ア** セザンヌ　　　　**イ** 尾形光琳　　**ウ** ゴーギャン
② **ア** セザンヌ　　　　**イ** 尾形光琳　　**ウ** ピカソ
③ **ア** セザンヌ　　　　**イ** 雪　舟　　　**ウ** ゴーギャン
④ **ア** セザンヌ　　　　**イ** 雪　舟　　　**ウ** ピカソ
⑤ **ア** ボッティチェリ　**イ** 尾形光琳　　**ウ** ゴーギャン
⑥ **ア** ボッティチェリ　**イ** 尾形光琳　　**ウ** ピカソ
⑦ **ア** ボッティチェリ　**イ** 雪　舟　　　**ウ** ゴーギャン
⑧ **ア** ボッティチェリ　**イ** 雪　舟　　　**ウ** ピカソ

問 4　下線部⑥に関連して，防衛機制としての逃避に当てはまる事例として最も適当なものを，次の①～④のうちから一つ選べ。　4

① 本当は好意をもっているクラスメートに，わざと意地悪なことを言ったり，無関心を装って冷たい態度を取ったりする。

② 溺愛していた一人息子が海外留学に出かけてしまって寂しくなった夫婦が，代わりに小犬を飼うことで心の隙間を埋めようとする。

③ 自分がいつまでもレギュラー選手になれないのは，自分のせいではなく，選手の実力を把握できていない監督のせいだと考える。

④ 部活動が苦痛になってきた生徒が，普段は何ともないのに部活動の時間が近づくと体調を崩し，このところ部活動を休んでいる。

問5　下線部ⓔに関して，次の図は，平成25年の1年間にインターネットを利用した成人について，世代別利用目的・用途をまとめたものである。図から読み取れることとして最も適当なものを，次ページの①〜④のうちから一つ選べ。

5

図　インターネットの世代別利用目的・用途

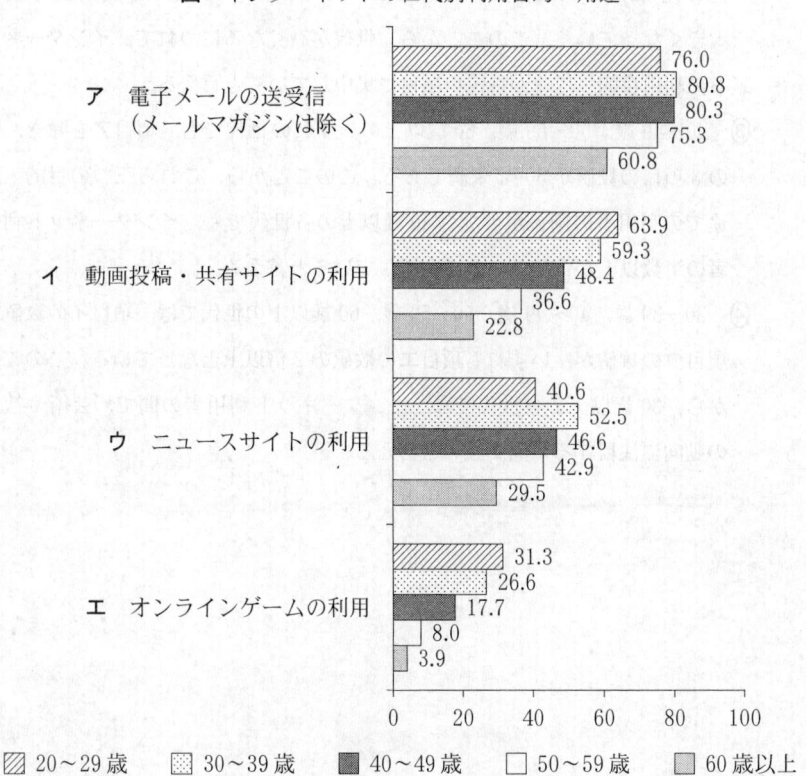

（注）　数値は，当てはまると回答された割合（%）。複数回答可能。
（資料）　総務省「平成25年通信利用動向調査」より作成。

① 当てはまると回答された割合を表す数値は，すべての世代で，項目エが最も低く，2番目に低いのが項目ウ，3番目が項目イであり，項目アが最も高い。このことから，いずれの世代でも，遊び・娯楽以外でインターネットを利用する傾向が強いと言える。

② 当てはまると回答された割合が最も高い項目アと最も低い項目エの間の数値の差は，20〜29歳，30〜39歳，40〜49歳，50〜59歳，60歳以上の順に大きくなっていく。このことから，世代が高くなるにつれて，インターネットの利用目的・用途が特定の項目に集中していくと言える。

③ 40〜49歳，50〜59歳，60歳以上のいずれの世代でも，項目アを除き，他の3項目の数値が50%未満である。このことから，これら三つの目的・用途での利用者の割合が少ない40歳以上の各世代でも，インターネット利用者の半数以上が電子メールを利用していると言える。

④ 30〜39歳，40〜49歳，50〜59歳，60歳以上の世代では，項目イの数値と項目ウの数値が，いずれも項目エの数値の2倍以上となっている。このことから，30歳以上の各世代では，インターネット利用者の間で，芸術や社会の動向に注目する傾向が強いと言える。

問 6　下線部⑦に関連して，民主化と平等の進展がもたらす問題点について政治思想家トクヴィルが論じた次の文章を読み，その内容の説明として最も適当なものを，下の①～④のうちから一つ選べ。　6

　境遇がすべて不平等であるときには，どんなに大きな不平等も目障りではないが，すべてが斉一ななかでは最小の差異も衝撃的に思える。完璧に斉一になるにつれて，差異をみることは耐え難くなる。平等への愛着が平等そのものとともに増大するのは，だから当然である。……民主的な国民は，こうして最小の特権にも憎悪の念を募らせつづけ，これに反対せずにはいられない。しかし，奇妙なことに，この憎悪の念に後押しされて，あらゆる政治的権利が国家の唯一の代表者の手に次第に集中するようになる。この主権者（権力者）は，当然あらゆる市民のうえに立つ存在であり，いかなる市民の嫉妬をかうこともない。同等の者たちから特権を奪って，それをすべてこの主権者に預けるのを，誰もがよしとする。民主的世紀の人間は，自分と同等の隣人に従うことに，極度の嫌悪感を覚えざるを得ない。

（『アメリカのデモクラシー』より）

① 　各人のおかれた境遇の平等が進むにつれ，人は他者との小さな差異に拘泥し，自分と異質な人を憎悪して視野から排除するようになるが，自分自身が権力者に支配されること自体は，ことさら疑問に思わないようになる。

② 　民主化が進展して各人の境遇が平等になると，かえって人は他者との差異が気になり，自分以外の人が自分と同等であることを憎悪するようになるので，権力者がその人たちから権利を奪うことをよしとするようになる。

③ 　各人のおかれた境遇の平等が進むにつれ，人は他者との差異に敏感になり，万人の完全な平等を追い求めるようになるが，同等の人間に支配されるのを忌避するあまり，強大な権力の支配に進んで身を委ねるようになる。

④ 　民主化が進展して各人の境遇が平等になると，人は自己と他者の差異を手がかりにして，自分と同等の人だけを自分の隣人として認めるようになり，権力者に特権が集中することになっても気にならないようになる。

問 7 下線部⑧に関連して，現在世代と将来世代とのあるべき関係をめぐる考え方についての説明として最も適当なものを，次の①〜④のうちから一つ選べ。

7

① 持続可能な開発（発展）という理念によれば，現在世代の人々は自分たちの欲求の充足をできるだけ抑制し，将来にわたって高い経済成長率が確実に維持されるよう努めなければならない。

② 持続可能な開発（発展）という理念によれば，将来世代の人々の享受すべき利益を損なうことなく，しかも現在世代の人々の欲求をも充足させるような開発が目指されなければならない。

③ 世代間倫理という考え方によれば，現在世代の活動とまだ生まれていない将来世代の活動とは互いに密接に絡み合っているので，両世代の人々は相互に責任や義務を負わなければならない。

④ 世代間倫理という考え方によれば，現在世代はまだ生まれていない将来世代に対して責任を負う必要はなく，自分の世代の問題については同世代の人々の間で責任を分担しなければならない。

問 8　下線部ⓗに関して，次の文章は，大衆社会をめぐる問題について説明したものである。文章中の　a　～　c　に入れる語句の組合せとして正しいものを，下の①～⑧のうちから一つ選べ。　8

　19世紀以降にデモクラシーが拡大するに伴って，大衆社会をどう評価するかが思想上の課題となる。例えば，平均化・画一化された人間に　a　を対置したキルケゴールは，大衆社会批判の先駆けの一人でもあろう。彼は，世間の風潮に流される生き方を斥け，人は究極的には神の前の　a　として生きなければならないと考えたのだった。一方，20世紀にはフランクフルト学派によって，ファシズムを支える大衆の　b　的な性格（パーソナリティ）が問題視されたが，それと同時に娯楽映画やポピュラー音楽などの大衆文化も，こうした状況を助長するものとして批判された。アドルノらによれば，規格化された大衆文化を漫然と消費している限り，人間の意識は画一化されてしまうからだ。とはいえ，ホイジンガの言うように　c　に文化の根源があるのだとすれば，芸術活動を一切排除した生もまたあり得ない。大衆社会状況のもとで芸術文化の可能性を探ることは，現代の重要な課題の一つだと言えよう。

① a　超越者　b　権威主義　c　工　作
② a　超越者　b　権威主義　c　遊　び
③ a　超越者　b　全体主義　c　工　作
④ a　超越者　b　全体主義　c　遊　び
⑤ a　単独者　b　権威主義　c　工　作
⑥ a　単独者　b　権威主義　c　遊　び
⑦ a　単独者　b　全体主義　c　工　作
⑧ a　単独者　b　全体主義　c　遊　び

問 9 下線部①に関連して，情報社会や消費社会をめぐる問題についての説明として最も適当なものを，次の①～④のうちから一つ選べ。 ⬚9⬚

① ボードリヤールによれば，消費社会のなかで人々は，メディアから提供される情報を手がかりにしながら，もっぱら有用性の観点から商品を購入し，ただ大量に消費すること自体を目的としている。

② リップマンによれば，人々はメディアの情報から一定のイメージを思い浮かべ，それに従って現実を理解しているので，メディアによって情報が意図的に操作されると，世論が操作される危険がある。

③ ブーアスティンによれば，現代のメディアが提供しているのは，物語としての迫真性をそなえた「本当らしい」出来事にすぎず，視聴者の側はメディアから流される情報に関心をもたなくなっている。

④ マクルーハンによれば，近代社会では活字メディアが支配的だったが，20世紀に入って映画やテレビのようなメディアがそれに取って代わった結果，人間の感覚や想像力は貧困なものになっている。

問10　本文の内容に合致する記述として最も適当なものを，次の①〜④のうちから
　　　一つ選べ。　10

① 　Aは，テクノロジーの力を借りて優れた芸術作品を生み出すことは難しい
　と考える。また，Aによれば，芸術作品の優劣を左右するのはもっぱら作り
　手であり，多くの受け手は作品を消費する存在にすぎず，そうした受け手の
　受動的な心性を助長するメディアは過信すべきではない。

② 　Aによれば，他者の手を借りずに自らの力でオリジナルな発想を獲得する
　ことこそが，優れた芸術作品の必要条件となる。それゆえ，Aは，個々人が
　自己の内面を見つめ，それを作品へと結実させることが肝心だと考え，他者
　と意見を交換し合うことには積極的な意義を認めない。

③ 　Bは，テクノロジーのもたらす新たな表現を肯定し，そこに優れた芸術作
　品が生まれる可能性を見いだす。また，Bによれば，インターネットなどの
　メディアに流れる意見のなかには優れた意見もあり，そうした少数意見の持
　ち主こそが芸術の能動的な担い手になることができる。

④ 　Bによれば，たとえ他者の発想を借りたとしてもオリジナルな芸術作品を
　生み出すことは可能であり，むしろ他者の力を借りることで芸術の可能性は
　拡がっていく。また，Bは，ある作品が真の芸術と言えるかどうかについて
　は，多くの人々の意見を集約することで判定できると考える。

第2問 次の文章を読み，下の問い（問1～9）に答えよ。（配点　24）

　私たちの生きる現実の社会は，貧困や差別など，様々な問題を抱えている。私たちはそのなかでどのような生を模索すればよいだろうか。先哲の思想を通じて考えてみよう。

　先哲の思想のなかには，現実に存在する社会階層や(a)貧富の差を越えて，人間の救済を説く思想があった。イエスは，軽蔑されていた徴税人や罪人を分け隔てせず，(b)神からの救いの可能性は万人に等しく与えられていると唱えた。イエスの思想は，弟子たちの活動を通じて，社会階層や民族の違いを越えて広く受け入れられていった。また，(c)ムハンマドが授かったクルアーン（コーラン）の教えは，血縁を重視する部族社会の枠組みを越えたものであり，唯一神に帰依した人々は，家柄や貧富にかかわらず，神の前では誰もが平等だとするものであった。さらに，(d)インドにおいては，ブッダが生まれに基づく身分制を批判し，出自よりも，何を行っているかが重要だと説いた。仏教では，悟りを得る可能性を出身階層で限定しようとしなかった。これらの思想は，貧困や差別の残る社会にありながらも，それを超えた視点で人々を平等に扱い，よりよい生や社会を模索するものであった。

　一方，人間が社会のなかで果たすべき役割について考察する思想もあった。プラトンは，ソクラテスが死刑に処せられたことに代表される現実政治の問題点を指摘し，正義を具現する(e)国家を構想した。そして，その実現のためには，(f)哲学者が統治者となり，国を防衛する者と生産に従事する者とともに，それぞれが当人に適した仕事を果たすことが必要だと主張したのである。また，孟子は，心を尽くして政治を行う君主と力を尽くして働く民との役割分担を説き，(g)仁と義に基づく王道政治を理想として，民を虐げる政治を批判した。さらに，君主は(h)家族のいない老人など弱い立場の人々にも配慮すべきだと説いた。これらの思想は，理想に基づいて現実の政治のあり方を批判し，より調和のとれた社会を目指している。

　現実を超えた次元の救いに自身の生きる意味を見いだすにせよ，社会全体の理想的な調和の実現を目指していくにせよ，先哲は現実を広く見渡す立場から，よりよい生のあり方を提示した。先哲の思想が今なお示唆的なのは，いずれも現実世界に対する深い反省を踏まえ，社会が抱える様々な問題に触れているからであろう。

問 1 下線部ⓐに関連して，金品の所有や利得の追求についての教えや思想の説明として最も適当なものを，次の①〜④のうちから一つ選べ。　11

① ソクラテスは，魂を優れたものにするよう配慮しさえすれば，金銭をできるだけ多く自分のものにしようとする欲求は自然と満たされる，という福徳一致の考えを示した。

② イスラーム教では，あらゆるものは究極的には神の所有物とされるが，人にはそれを用いる権利が与えられており，貸した金から利子を得ることも広く認められていた。

③ ユダヤ教では，神からモーセに授けられた十戒を遵守することが求められ，その十戒のなかには，盗みを禁じる規定や，隣人の家を欲することを禁じる規定があった。

④ 仏教では，所有欲が執着として否定され，欲しいものが得られないという苦悩は，所有欲があるから生じるのであり，執着を絶つためには徹底した苦行が必要であるとされた。

問 2 下線部ⓑに関連して，神と教会についてのアウグスティヌスの考えとして最も適当なものを，次の①〜④のうちから一つ選べ。　12

① 教会が指導する聖書研究を通して信仰を深めることにより，神の恩寵を得ることができると考えた。

② 人は神の恩寵によらなければ救われないと主張し，教会は神の国と地上の国を仲介するものだと考えた。

③ 教会への寄進といった善行を積むことにより，神の恩寵を得ることができると考えた。

④ 人は神の恩寵によらなければ救われないと主張し，贖宥状の購入による救済を説いた教会の姿勢は間違っていると考えた。

問 3　下線部ⓒに関して，次の**ア〜ウ**は，イスラーム教についての記述である。その正誤の組合せとして正しいものを，下の①〜⑧のうちから一つ選べ。

| 13 |

ア　イスラーム教世界の最高指導者であるカリフは，神から啓示を授かる預言者であると同時に，ムハンマドの後継者とみなされた。

イ　預言者ムハンマドによって率いられたウンマは，宗教的ウンマと政治的ウンマに分かれていた。

ウ　預言者ムハンマドも人間であるとされ，イエスもまたムハンマドに先行する預言者であって，神の子ではないとされた。

① ア 正　イ 正　ウ 正
② ア 正　イ 正　ウ 誤
③ ア 正　イ 誤　ウ 正
④ ア 正　イ 誤　ウ 誤
⑤ ア 誤　イ 正　ウ 正
⑥ ア 誤　イ 正　ウ 誤
⑦ ア 誤　イ 誤　ウ 正
⑧ ア 誤　イ 誤　ウ 誤

問4　下線部①に関連して，古代インドで展開された思想についての記述として最も適当なものを，次の①〜④のうちから一つ選べ。　14

① ウパニシャッド哲学は，真の自己とされるアートマンは観念的なものにすぎないため，アートマンを完全に捨てて，絶対的なブラフマンと一体化するべきであると説いた。

② バラモン教は，聖典ヴェーダを絶対的なものとして重視していたため，ヴェーダの権威を否定して自由な思考を展開する立場を六師外道と呼んで批判した。

③ ウパニシャッド哲学では，人間を含むあらゆる生きものが行った行為，すなわち業（カルマ）の善悪に応じて，死後，種々の境遇に生まれ変わると考えられた。

④ バラモン教では，唯一なる神の祀り方が人々の幸福を左右するという考えに基づいて，祭祀を司るバラモンが政治的指導者として社会階層の最上位に位置づけられた。

問 5　下線部ⓔに関連して，次の文章は，ポリス(国家)が全盛期を過ぎた後のギリ
シア・ローマ世界の思想についての記述である。　　a　　～　　c　　に入れる
語句の組合せとして正しいものを，下の①～⑧のうちから一つ選べ。　　15

　　アレクサンドロス大王の東征を機に，ギリシア文化が東方の文化と混じり合
うようになると，ヘレニズム文化が誕生した。こうした諸文化の混交を経て成
立したストア派からは，　　a　　の思想が提示された。宇宙のロゴス(理性)に
従って生きる人は，都市国家の枠組みを越えて，みな同胞であるという主張が
なされたのである。この考えは，近代の　　b　　思想の成立に影響を与えるこ
とになる。ストア派は宇宙の理法を神として捉えたが，一方で，　　c　　を代
表とする新プラトン主義は，神を超越的な一者として捉え，神との合一を説い
た。それは，ギリシア思想の有する合理的な精神に，神秘主義的な観点を接合
するものであった。

① a　世界市民主義　　　b　自然法　　　c　セネカ

② a　世界市民主義　　　b　自然法　　　c　プロティノス

③ a　世界市民主義　　　b　実定法　　　c　セネカ

④ a　世界市民主義　　　b　実定法　　　c　プロティノス

⑤ a　地球全体主義　　　b　自然法　　　c　セネカ

⑥ a　地球全体主義　　　b　自然法　　　c　プロティノス

⑦ a　地球全体主義　　　b　実定法　　　c　セネカ

⑧ a　地球全体主義　　　b　実定法　　　c　プロティノス

問 6　下線部⑦に関連して，古代ギリシア・ローマにおける哲学者についての記述として最も適当なものを，次の①〜④のうちから一つ選べ。　 16

① 　ヘラクレイトスは，万物の根源を火であるとしたうえで，「万物は流転する」と唱え，その絶えず変化する様子に法則性は認められず，調和した秩序は見せかけのものにすぎないと主張した。

② 　パルメニデスは，論理的思考に基づいて，在るものは常に在ると説き，世界における変化や生成は見かけだけの現象にすぎず，存在するものはただ一つであって，生成も消滅もしないと主張した。

③ 　プラトンは，この世に生まれた人間の魂を，感覚の世界に囚われ，イデアを忘却してしまったものと考え，イデアの世界はいかなる手段によっても知ることができないとする二世界説を唱えた。

④ 　マルクス・アウレリウスは，ローマ皇帝であると同時に，自らも哲学を修め，この世の現象は原子の不規則な動きによって構成されているという原子論の考えを発展させた。

問 7　下線部⑧に関連して，次の文章は，16世紀末から17世紀初頭にかけて中国で布教した宣教師マテオ・リッチが，万物一体の仁を説く同時代の儒者の考えに対して応答した一節である。そこで論じられている内容の説明として最も適当なものを，下の①～④のうちから一つ選べ。　17

　　君子は物に対しては，これを愛しますが仁しみません＊。今，（民や親族を含めて）他人一般に対して一体であるとするならば，必ず等しくこれを仁しむべきであるということになります。墨子が他人を兼ね愛したことに対して，昔の儒者はこれを非として論弁しました。今，土や泥をも仁しむことを勧めて，今の儒者が是としてこれに従うのは，何ということでしょうか。天主が天地万物を造られましたが，その万物のあり方は様々であって，根源は同じで種類が異なっていたり，種類は同じで性質が異なっていたり，性質は同じで作用が異なっていたりします。今，これをむりやり一体にしようとするならば，造物者の意志に逆らうことになります。

（『天主実義』より）

＊君子は……仁しみません：物，民，親族に対して，それぞれ異なる親密さで接するべきだと説く孟子の言葉を踏まえている。

① 兼愛を説く墨家の思想は正しく，根源を等しくする万物を平等に扱う天主の教えと合致している。

② 人と物とで対応を変える昔の儒者の考えは間違っており，万物の一体を説く今の儒者の考えに及ばない。

③ 万物に対して等しく仁で接するべきだとする今の儒者の考えは正しく，万物が一体であると唱える天主の教えと合致している。

④ 万物の一体を説く今の儒者の考えは間違っており，墨家の兼愛説を批判していた昔の儒者の立場を離れるものである。

問 8　下線部ⓗに関して，儒家の家族観についての記述として**適当でないもの**を，次の①〜④のうちから一つ選べ。　18

① 孔子は，祖先に対する祭祀儀礼を批判し，生存している自分の父母や家族を最優先に考えるべきだと説いた。

② 『論語』では，父母に対する孝や兄に対する悌といった徳目が重視され，それらが仁の根幹であると説かれている。

③ 孟子は，基本的な人間関係を五倫としてまとめ，「父子」の間には「親」という関係が成立すると説いた。

④ 朱子学では，個人の修養や国家の安定などとともに，家族・親族の人間関係をうまく取り仕切る「斉家」の実践が要請された。

問 9 本文の趣旨に合致する記述として最も適当なものを，次の①〜④のうちから一つ選べ。 **19**

① 先哲の思想のなかには，差別の残る現実社会の次元を超えた平等を説く思想もあれば，理想に基づいて社会的な調和を説く思想もあった。いずれの思想においても，その目標がこの世では実現できるはずもないことが当初から理解されており，現実を超えた世界でのみ可能になると説かれていた。

② 先哲の思想のなかには，万人の平等を提唱し，現実社会の貧困や差別を根本的になくさない限り，救済は成立しないとする思想がある一方，社会を構成する者たちの役割分担を強調して，現実の政治の歪みを正そうとした思想もあった。いずれの思想においても，現実に対する批判が根底にある。

③ 先哲の思想のなかには，救済は現実を超えた世界において人々に平等に与えられると考えた思想がある一方，現実において理想を追求し，調和のとれた社会を構想する思想もあった。いずれの思想においても，神や統治者に，批判を差し挟むことなく従うことが必要とされた。

④ 先哲の思想のなかには，差別の残る現実社会の次元を超えた平等を説き，よりよい生のあり方を提示する思想もあれば，社会を構成する者たちの役割分担を考え，調和のとれた理想的な社会を模索する思想もあった。いずれの思想においても，現実社会の諸問題を見すえた思索が展開されている。

第3問　次の文章を読み，下の問い(**問1～9**)に答えよ。(配点　24)

　日本では，広く外来の思想や文化が受容されてきたが，人々はそこからさらに，自国にとどまらず，他国とも共有し得る様々な思索を展開し，新たな知見を生み出してきた。ここでは，そうした先人たちの思想的営みを振り返ってみよう。

　6世紀ころに(a)伝来した仏教は，奈良時代には，朝廷のもとで国家を鎮護するという役割を担っていた。平安時代になると，(b)誰もが仏になれるという考えに基づき，個人の救済が重視されるようになった。こうしたなかで，源信は『往生要集』を著し，外来の数多くの仏典に依拠しつつ，地獄や極楽の様相を描き出し，浄土への往生を説く教えこそがすべての人にとってふさわしいと論じた。『往生要集』は宋にも伝えられたが，そうした動きには，仏法のもとではすべての人が平等であるとし，(c)万人の救済を願う源信の考えも影響を与えていた。

　江戸時代には，世界や人間のあり方を体系的に説いた(d)朱子学が，現実の秩序を重視する人々に広く学ばれるようになった。このような朱子学を批判した荻生徂徠は，古代中国の聖人が天下を安定させるために制作した道に，儒学の本質があると考え，それを学ぶ方法として(e)古文辞学を唱えた。この方法により，海を越えて異国の地でも評価される『論語』解釈が生み出された。また，古文辞学は，文献の厳密な考証・校訂を尊ぶ気運を醸成し，(f)古典の発見を促した。こうした動きのなかで，中国では散逸した書が日本で見いだされ，清の知識人にも注目された。

　近代に至り，仏教や儒学とは異なる(g)西洋の思想や文化が本格的に紹介され，西洋文明を称賛する風潮が生じた。岡倉天心は，幼少より英語を学び，西洋の文化にふれつつも，東洋に対する西洋人の無理解に警鐘を鳴らし，西洋・東洋に共有されている価値観を探究した。英文で著した『茶の本』において天心は，西洋でも尊重されている茶に注目し，道家や禅の思想を基に形成された日本の茶道の本質を，(h)日常生活のなかにある美を崇拝する営みに見いだした。

　先人たちは，外来の思想や文化を一方的に受容するだけではなく，それらの捉え直しや批判的な検討を通して，日本という場にとどまらず，他国とも共有し得る多様な思索を展開してきた。こうした営みは，グローバル社会のなかで生きる一つの指針を私たちに示しているのではないだろうか。

24

問1　下線部ⓐに関連して，仏教が伝来することによって生じた，仏と在来の神との関係についての説明として最も適当なものを，次の①～④のうちから一つ選べ。　20

① 仏教が伝来した当初，仏は，異国から到来した神と認識され，人々に利益や災厄をもたらすと考えられた。平安時代になると，神は仏が人々を救済するために現れた仮の姿であるという考え方が生まれた。

② 仏教が伝来した当初，仏は，当時の人々が唯一絶対の貴い神と考えていたアマテラスと対立する存在とみなされた。平安時代になると，仏はアマテラスが人々を教化するために現れた化身であるという考え方が生まれた。

③ 仏教が伝来した当初，仏は，異国から到来した神と認識され，人々に利益や災厄をもたらす存在であると考えられた。平安時代になると，仏は神が人々を守護するために現れた仮の姿であるという考え方が一般化した。

④ 仏教が伝来した当初，仏は，当時の人々が不可思議な現象や存在として捉えた神々と同様のものであると考えられた。平安時代になると，仏と神は異なる国に誕生した対立する存在であるという考え方が一般化した。

問2　下線部ⓑに関して，誰もが仏になることができる根拠として最澄が尊重した言葉がある。その言葉として正しいものを，次の①～④のうちから一つ選べ。　21

① 厭離穢土　欣求浄土
② 即身成仏
③ 一切衆生　悉有仏性
④ 則天去私

問 3　下線部ⓒに関連して，次のア～ウは，人々を救いに導く新しい教えを説いた
　　　鎌倉時代の人物について説明したものである。その正誤の組合せとして正しい
　　　ものを，下の①～⑧のうちから一つ選べ。　　22

　　ア　法然は，身分や能力に応じた念仏の唱え方を考案し，それぞれの唱え方に
　　　応じて異なる浄土に往生すると説いた。
　　イ　道元は，悟りを得るためには，坐禅の修行とともに師から与えられた公案
　　　について議論することが必要であると説いた。
　　ウ　栄西は，悟りを得るためには，坐禅の修行と戒律の遵守が必要であると
　　　し，禅の教えが国家の安寧にも役立つと説いた。

　　①　ア　正　　イ　正　　ウ　正
　　②　ア　正　　イ　正　　ウ　誤
　　③　ア　正　　イ　誤　　ウ　正
　　④　ア　正　　イ　誤　　ウ　誤
　　⑤　ア　誤　　イ　正　　ウ　正
　　⑥　ア　誤　　イ　正　　ウ　誤
　　⑦　ア　誤　　イ　誤　　ウ　正
　　⑧　ア　誤　　イ　誤　　ウ　誤

問 4　下線部ⓓに関連して，朱子学に関わりのある江戸時代の思想家の説明として
　　最も適当なものを，次の①～④のうちから一つ選べ。　23

① 藤原惺窩は，朝鮮の朱子学から影響を受け，現実の秩序を軽視する仏教に
　疑問をもち，時期・場所・身分に応じた道徳的実践を説いた。

② 山崎闇斎は，自己を修める方法として朱子学で説かれる敬を重視し，君臣
　関係の絶対性を強調した。

③ 貝原益軒は，朝鮮の言語や文化の研究を行い，日本と朝鮮の文化交流に尽
　力して，国家を超えた普遍的な原理の必要性を述べた。

④ 佐久間象山は，アヘン戦争を契機に，それまで信奉していた朱子学を批判
　し，西洋の道徳と技術を取り入れることの重要性を主張した。

問5　下線部ⓔに関して，次の文章は，荻生徂徠が朱子学の経書解釈について言及した一節である。ここに説かれた内容の説明として最も適当なものを，下の①〜④のうちから一つ選べ。　24

　経学のための害は，古言を失ひ候 故(そうろうゆえ)，経書の文面違(たが)ひ申し候。理気天理人欲等の付添(つきそえ)これ有り候故，聖人の道に一層の皮膜を隔て候。惣体*宋儒**の学は，古聖人の書を文面のままに解したる物にてはこれ無く候。程子(ていし)朱子何(いず)れも聡明特達の人にて，古聖人の書をはなれて別に自分の見識これ有り，その見識にて経書を捌(さば)き申されたる物に候……(朱子学の経書解釈に凝り固まった)人は，是非邪正の差別つよく成り行き，物毎にすみよりすみまで，はきと***致したる事を好み，……風雅文才ののびやかなる事は嫌ひに成り行き，人柄悪(あ)しく成り申し候こと，世上ともに多く御座候。

(『徂徠先生答問書』より)

*惣体：総じて
**宋儒：宋代の儒学者。程子(ていし)(程顥(ていこう)と程頤(ていい))や朱子などが含まれる。
***はきと：はっきりと

① 朱子学では，古代の語義を尊重しつつ，意味の通じない部分を恣意的に解釈するため，経書の真意を見失う。こうした経書解釈は人格の涵養(かんよう)にも影響し，朱子学を学ぶと独善的な性格になる。

② 朱子学では，古代の語義よりも，自分の考えを重んじて解釈するため，経書の真意を見失う。こうした経書解釈は人格の涵養にも影響し，朱子学を学ぶと細かな道理にこだわり，偏狭な人間になる。

③ 朱子学では，経書の真意と自分の考えとを比較しながら妥当な解釈を選択する。こうした態度を突きつめていくと，ささいな語義にこだわり，物事を画一的に捉える性向を助長することになる。

④ 朱子学では，自分の考えを付け加えて経書の真意を捉えようとする。こうした態度を突きつめていくと，是非善悪の区別を無視し，自分勝手に振る舞う性向を助長することになる。

問6 下線部⑦に関連して，古典を基に日本固有の精神を探究した国学者の説明として最も適当なものを，次の①～④のうちから一つ選べ。 25

① 契沖は，古典を原典に即して読解しようとする実証的な方法により，古代日本の精神を伝える古典として『万葉集』を研究し，その注釈書である『万葉代匠記』を著した。

② 荷田春満は，儒学・仏教・神道を通して己の理想的な心のあり方を究明する心学の方法を基にして，古代日本の心を伝える古典として『日本書紀』を実証的に研究した。

③ 本居宣長は，『源氏物語』の研究を通して，事物にふれて生じるありのままの感情を抑制する日本古来の精神を見いだし，儒学や仏教などの外来思想によって，その精神が失われたと考えた。

④ 平田篤胤は，『古事記』の研究を通して，身分の相違や差別のない日本古来の理想世界を見いだし，儒学や仏教などの外来思想によって理想世界が差別と搾取の世界へ転じたと批判した。

問 7　下線部⑧に関して，次の文章は，近代に入り，西洋の思想や文化に接した思想家についての記述である。 a ～ c に入れる語句の組合せとして正しいものを，下の①～⑧のうちから一つ選べ。 26

　明治維新以後，多くの人々が，欧米諸国へ留学し，様々な思想や文化を日本へ紹介した。イギリスに留学した中村正直は， a と題する翻訳書を著し，個人の自由について，「他人ニ損害ノ及バヌダケハ，己ガ意ノママナルベク」などと訳して紹介した。フランスに留学した中江兆民は，帰国後に自由民権論を展開し，民権には人民が自ら勝ち取ったものと，為政者が人々に恵み与えるものがあり，このうち，日本の現状では，まず b 民権を守り育てていくべきであると説いた。

　欧米の思想や文化の本格的な流入に伴い，日本の伝統や価値観を再評価し，尊重する動きも生まれた。政府の進める欧化政策に反対した c は，対外的には各国の国民に固有なあり方を，対内的には国民の統一を意味する国民主義を主張した。

① a 『私の個人主義』　b 恩賜的　c 陸羯南
② a 『私の個人主義』　b 恩賜的　c 徳富蘇峰
③ a 『私の個人主義』　b 恢復(回復)的　c 陸羯南
④ a 『私の個人主義』　b 恢復(回復)的　c 徳富蘇峰
⑤ a 『自由之理』　b 恩賜的　c 陸羯南
⑥ a 『自由之理』　b 恩賜的　c 徳富蘇峰
⑦ a 『自由之理』　b 恢復(回復)的　c 陸羯南
⑧ a 『自由之理』　b 恢復(回復)的　c 徳富蘇峰

問 8 下線部ⓗに関連して，日常の生活に注目して思索を展開した思想家の一人として，柳宗悦がいる。彼についての説明として最も適当なものを，次の①~④のうちから一つ選べ。 27

① 名もなき人々の生活に注目することによって確立された民俗学の方法を基に，日本の神の原型を探究し，神は海の彼方にある常世国に住み，時を定めて村落を訪れる「まれびと」であると主張した。

② 民衆が伝承してきた昔話や習俗のなかに，固有の文化があると考え，文字として残っていない琉球・沖縄の伝承や古歌謡「おもろ」に注目し，沖縄固有の民俗学の確立に尽力した。

③ 江戸の庶民のなかで，恋を貫こうとする意気込みやきっぱりと諦める気風が「いき」であるとして尊重されていたことを見いだし，それが日本的な美意識の根幹を成すと主張した。

④ 名もなき職人の熟練した手仕事によって作られた日用品のなかに，固有の実用的な美しさがあると考え，それを「民芸」と名付けて，各地の民芸品の収集や再発見を目的とした民芸運動を展開した。

問 9　本文の趣旨に合致する記述として最も適当なものを，次の①~④のうちから一つ選べ。　28

① 日本の先人たちは，外来の思想や文化にみられる思索を基にしつつ，それらの再解釈や批判的考察を行ってきた。こうした営みを通して，他国とも共有し得るような学問的成果が生み出されてきた。

② 日本の先人たちは，外来の思想や文化の普遍的な思考様式を肯定的に受けとめ，模倣することに専心してきた。こうした営みによって，他国の思想や文化を受容することを重んじる学問的な態度が生み出されてきた。

③ 日本の先人たちは，外来の思想や文化を一方的に受容するだけでなく，それらを自国の価値観に基づいて批判的に検討してきた。こうした思索を通して，先人たちは日本固有の思想や文化を見いだしてきた。

④ 日本の先人たちは，外来の思想や文化を一方的に受容するだけでなく，それらを再解釈してきた。こうした思索によって，先人たちは自国と他国の思想や文化を比較し，外来思想の有する普遍性を称賛してきた。

第 4 問　次の文章を読み，下の問い（問 1 ～ 9 ）に答えよ。（配点　24）

　学問のあり方として，文系と理系はおのおの独立したものだと考えてはいないだ
ろうか。だが，古代ギリシア・ローマにおいて，生き方の探究者と自然の探究者は
ともに哲学者と呼ばれた。近代以降も西洋では，自然の研究との密接な関係のなか
で人間の精神や社会が考察されてきたのである。その流れを追ってみよう。

　人文主義者や⒜モラリストの活躍にみられるように，近代思想の中心的な課題
の一つに人間性の探究がある。この探究は，古典の研究に促される一方，新たに興
隆した⒝合理的な自然の研究から生じた課題も抱えていた。例えば，機械論的自
然観においては，人間も無限の宇宙の一点にすぎず，因果法則が支配する世界では
⒞自由も存在し得なくなるようにみえる。しかし，優れた自然科学者でもあった
パスカルは，自然のなかでは葦のように弱い人間にも，思考によって宇宙を包む偉
大さがあると説いた。また，⒟カントは，自然とは区別された道徳の領域におい
て，自然界の必然性に囚われない自由の可能性を追求した。

　自然の秩序のなかで精神を独自に働かせる人間像が打ち出される一方，自然界と
同様の法則性を人間の社会や歴史にも発見しようとする思想もある。エンゲルス
は，マルクスとともに，歴史にも法則的説明を与え，富の⒠不平等を告発する社
会主義思想を「空想から科学へ」と進展させることを試みた。また，コントは，神学
や形而上学に訴えずに，社会を含む全事象に法則を見いだす実証的段階に至ること
が人類の⒡進歩だとした。

　自然の変化も人間の歴史も一様に法則的に捉えるような見方に対して，自然と人
間のより直接的な関わりに目を向けようとする動きもある。ベルクソンは，法則主
義的・機械論的な見方とは異なる，⒢有機体や進化に注目する自然観に基づい
て，より直観的な仕方で，人間の生命のあり方を把握しようとした。また，⒣現
象学においては，世界をもっぱら自然科学的に捉えようとする姿勢を見直し，日常
的な生活経験における自然とのより具体的な接触に立ち返ることが目指された。

　このように，人間の精神や社会をめぐる知の探究は，自然をめぐる探究にそのつ
ど応答しながら進展してきた。私たちも，文系・理系の区別に囚われず，幅広い視
野に立って，自然と関わりつつ生きる人間を探究していく必要があろう。

問 1　下線部@に関して，モラリストを代表する人物にモンテーニュがいる。彼の思想の説明として最も適当なものを，次の①〜④のうちから一つ選べ。 29

① 人間は，「私は何を知っているか」と問い，謙虚に自己吟味を行うことによって，自らに潜んでいる偏見や独断から脱することができる。

② 人間は，単に行為するだけにとどまらず，行為の正不正に関する道徳的判断をも下す存在だが，この判断は知性ではなく感情の働きである。

③ 人間は，生の悲惨さを自ら癒すことができないために，娯楽や競争などの気晴らしに逃避して，気を紛らわそうとする。

④ 人間は，自由意志に従うと「堕落した下等な被造物」にもなり得るため，自由意志の上位に信仰をおくことによって正しき者になる。

問 2　下線部ⓑに関連して，近代自然科学の成立に寄与した思想家としてデカルトがいる。彼についての説明として最も適当なものを，次の①〜④のうちから一つ選べ。 30

① 知識の正しい獲得法として，実験や観察に基づいた個々の経験的事実から一般的な法則を導く帰納法を提唱した。

② 自然界に存在する生物の種は不変ではなく，より環境に適した種が自然選択（自然淘汰）によって残ってきたのだとした。

③ 人間の心とは，最初は何も書き込まれていない白紙のようなものであるとして，生得観念の存在を否定した。

④ 精神が対象を疑いの余地なく認識し，他の対象からもはっきりと区別していることを，明証的な真理の基準だとした。

問 3　下線部ⓒに関して，次の**ア～ウ**は，自由についての思想家たちの考えを説明
した記述である。その正誤の組合せとして正しいものを，下の①～⑧のうちか
ら一つ選べ。　[31]

ア　サルトルによれば，人間は，選択と行為によって自らを作り上げる自由な
　　存在であり，各自の利益と幸福を追求する市民社会を実現すべきである。
イ　ルソーによれば，人間は，生まれつき自由で平等だが，自然的自由を放棄
　　して自らが制定した法に従うことで，市民的(社会的)自由を獲得する。
ウ　ホッブズによれば，人間は，自然状態において，自らの生命を維持するた
　　めにどんなことでも行う自由を，おのおの自然権としてもっている。

① **ア**　正　**イ**　正　**ウ**　正
② **ア**　正　**イ**　正　**ウ**　誤
③ **ア**　正　**イ**　誤　**ウ**　正
④ **ア**　正　**イ**　誤　**ウ**　誤
⑤ **ア**　誤　**イ**　正　**ウ**　正
⑥ **ア**　誤　**イ**　正　**ウ**　誤
⑦ **ア**　誤　**イ**　誤　**ウ**　正
⑧ **ア**　誤　**イ**　誤　**ウ**　誤

問 4　下線部④に関して，次のカントの文章を読み，その内容の説明として最も適当なものを，下の①～④のうちから一つ選べ。　32

　　人は道徳法則に反した振る舞いを思い出すとき，それを故意でない過失として，どうしても避けられない単なる不注意として，したがって，自らが自然必然性の流れに押し流された出来事であるかのようにとりつくろい，自分はそれについて責めがないと宣言するために，好きなだけ技巧を凝らすこともできよう。その人は，しかし，自分が不正を犯したときにそれでも自分で判断してやったこと，つまり自らの自由を行使していたことを意識している限り，自らに有利なように語る弁護人としての自分も，自らのうちに住まう原告としての自分を決して沈黙させられないことに気づく。……悪事を自然の結果とみなしたからといって，それによってその人が自分自身に加える自責や非難から守られるというわけではない。ずっと以前に犯した行いについて，それを思い出すたびに後悔することも，以上のことに基づいている。

（『実践理性批判』より）

①　人は自らの不正な行いを，自然界の必然性に従って生じた，自分では回避できない出来事として解釈できる。その場合，人は自分に有利に語り，自分には責めがないことを自らにも他人にも表明する自由がある。

②　人は自らの不正な行いについて，自責や後悔の念に駆られることがある。その場合，人はその行いが過失や不注意によるものではなく，自分の判断によってなされた自由な行為であったことを意識している。

③　人は自らの不正な行いを，自然界の必然性に従って生じた，自分では回避できない出来事として解釈できる。ただし，その行いが遠い過去のことになると，それを思い出すたびに後悔するようになり，道徳的意識が高まる。

④　人は自らの不正な行いについて，自責や後悔の念に駆られることがある。ただし，人の行いは過失や不注意の結果にすぎない場合もあり，その行いに対する非難から自分を守るために人は道徳法則に訴える。

問 5 下線部ⓔに関連して，富の格差をはじめとする様々な不平等を思想家たちは問題にしてきた。次の**ア～ウ**は，そうした思想家たちの説明であるが，それぞれ誰のことか。その組合せとして正しいものを，下の①～⑧のうちから一つ選べ。　 33

ア　敬虔（けいけん）なキリスト教徒にして人文主義者（ヒューマニスト）である立場から，金銭や富が人間よりも大切にされる社会を批判し，貨幣や私有財産のない理想社会を描く作品を発表した。

イ　男性優位の文化・習慣が女性に特定の生き方を強いていることを明らかにし，「人は女に生まれるのではない，女になるのだ」と主張して，以後のフェミニズム運動に影響を与えた。

ウ　自由競争によって生じる所得や地位の不平等は，社会の最も不遇な人々の境遇の改善につながる限りで認められるとする格差原理を主張して，公正としての正義を構想した。

① **ア** トマス・モア　**イ** ボーヴォワール　　**ウ** ロールズ

② **ア** トマス・モア　**イ** ボーヴォワール　　**ウ** サンデル

③ **ア** トマス・モア　**イ** シモーヌ・ヴェイユ　**ウ** ロールズ

④ **ア** トマス・モア　**イ** シモーヌ・ヴェイユ　**ウ** サンデル

⑤ **ア** サン＝シモン　**イ** ボーヴォワール　　**ウ** ロールズ

⑥ **ア** サン＝シモン　**イ** ボーヴォワール　　**ウ** サンデル

⑦ **ア** サン＝シモン　**イ** シモーヌ・ヴェイユ　**ウ** ロールズ

⑧ **ア** サン＝シモン　**イ** シモーヌ・ヴェイユ　**ウ** サンデル

問 6　下線部⑥に関連して，科学の進歩についての従来の考え方を批判し，新たな考え方を提唱した思想家にクーンがいる。彼の思想の説明として最も適当なものを，次の①～④のうちから一つ選べ。　34

①　科学は，仮説が従来の実験によって確かめられない場合でも，新たに実験をやり直すことで危機を乗り越える。科学者たちの地道な作業の蓄積によってパラダイムの転換が生じ，科学革命が起きる。

②　科学は，世界を一般的なパラダイムで解釈する限り，多様な価値観が共存する現代では危機に陥る。そのため，科学が進歩するには，具体的状況で思考する「小さな物語」を中心にすえなくてはならない。

③　科学は，個々の事実を一定のパラダイムのなかで解釈する。既存の理論では理解できない事実が積み重なり，それらの新たな事実を説明しようとするとき，パラダイムの転換が生じて，科学革命が起きる。

④　科学は，命題一つ一つの真偽を確かめることはできない。そのため，科学が進歩するには，理論的枠組みとしてのパラダイム全体を単位として真偽を問う「ホーリズム」の見方に移行する必要がある。

問7 下線部⑧に関連して，有機体や進化という考え方に注目して人間を考察した
思想家にデューイがいる。次の文章は，彼の思想についての説明である。
  a ～ c に入れる語句の組合せとして正しいものを，下の①～⑧の
うちから一つ選べ。 35

　デューイは，人間も他の生物と同じように，有機体として環境に適応するこ
とで生き，成長すると考えた。彼の提唱する a によれば，人間に特有な
知性もまた，抽象的な真理を発見するためにではなく，日常生活上の苦境や問
題への対処を実り豊かにし，その解決に役立つためにある。彼は，環境との相
互作用を通じて個々の問題解決を図り，未来を展望する能力を b と呼
び，この能力を発揮することで，人は過去の習慣を修正し，自我を未来に向け
て形成できるとした。さらに，デューイは，こうした人間観に基づいて，従来
の暗記中心教育に対して，問題解決型教育を新たなモデルとした教育改革思想
も打ち出している。著書 c で主張されるように，彼は学校での学習も，
学校のそとで起こっている社会の問題の解決に関わるべきだと考えた。

① a 道具的理性　　b 創造的知性　　c 『幼児期と社会』
② a 道具的理性　　b 創造的知性　　c 『民主主義と教育』
③ a 道具的理性　　b 投　企　　　　c 『幼児期と社会』
④ a 道具的理性　　b 投　企　　　　c 『民主主義と教育』
⑤ a 道具主義　　　b 創造的知性　　c 『幼児期と社会』
⑥ a 道具主義　　　b 創造的知性　　c 『民主主義と教育』
⑦ a 道具主義　　　b 投　企　　　　c 『幼児期と社会』
⑧ a 道具主義　　　b 投　企　　　　c 『民主主義と教育』

問 8　下線部ⓗに関して，代表的な現象学者の考えの説明として最も適当なものを，次の①〜④のうちから一つ選べ。　36

① 　メルロ゠ポンティによれば，人間は気がつけば既にこの世界に投げ出されている。現象学は，この根本事実に基づいて，誕生とともに死へと向かう存在としての人間を分析する学問的営為である。

② 　フッサールによれば，実在すると私たちが素朴にみなしているものは，私たちの意識との関わりにおいて存在している。現象学は，意識にあらわれる現象をありのままに記述する学問的営為である。

③ 　メルロ゠ポンティによれば，世界には何らの意味も目的もなく，一切は偶然的に存在している。現象学は，そうした不条理な世界のなかにあっても人生の価値を問いながら真摯に生きることを目指す立場である。

④ 　フッサールによれば，自然的態度において人は世界の存在を信じている。現象学は，そうした自明な判断を括弧に入れることによって，あらゆる物事の妥当性を懐疑して，学問の絶対的確実性を否定する立場である。

問 9 本文の趣旨に合致する記述として最も適当なものを，次の①〜④のうちから一つ選べ。 37

① 近代以降の西洋の思想家たちは，自然と精神の探究を調和させたり，自然の探究で得られた知見や方法を社会の事柄にも適用したりしてきた。こうした歴史に倣い，最も確実な自然科学を模範として，精神や社会に関する学問を再編することで，文系・理系の乖離を是正することが必要である。

② 近代以降の西洋の思想家たちは，自然と精神の探究を調和させたり，自然の探究で得られた知見や方法を社会の事柄にも適用したりしてきた。しかし，自然と精神や社会とでは領域が異なるのであり，人間に対する考察の独自性を際立たせて，文系・理系の区分を設定し直すことが肝心である。

③ 近代以降の西洋の思想家たちは，自然に対する探究を活用したり，さらに深めたりすることで，人間の精神や社会についての考察を進めてきた。こうした歴史に倣い，文系・理系の区別を自明視せずに，自然と切り離せない存在としての人間を探究する学問のあり方を求めることが重要である。

④ 近代以降の西洋の思想家たちは，自然に対する探究を活用したり，さらに深めたりすることで，人間の精神や社会についての考察を進めてきた。自然科学の展開が人間に多大な影響を与え始めた現在だからこそ，文系・理系の枠を超えて，時代に左右されない人間の本質論が求められている。

政治・経済

政治・経済

（2023年1月実施）

60分　100点

$$\left(\text{解答番号}\boxed{1}\sim\boxed{30}\right)$$

第 1 問 次に示したのは，生徒 **X** と生徒 **Y** が住んでいる **J** 県の広報誌の一部である。これに関して，後の問い（**問 1 ～ 8**）に答えよ。（配点 26）

J 県広報『きぼう』
発行/ J 県総合政策部広報課

2022 年 4 月 No.376
J 県 **K** 市 **L** 町 1 丁目 1 番 1 号

知事コラム

　先日，県立大学のオープンカレッジ「ⓐ資本主義経済の成立」に参加してきました。
…………………………………………
…………………………………………
…………………………………………
…………………………………………

県民の声

　県立大学の公開講座「排除ではなく包摂の論理で」を受講し，世代間の交流や外国人，とくにⓑ東アジア諸国の人々との交流による相互理解の大切さを学ぶことができました。
…………………………………………
…………………………………………
…………………………………………

（**K** 市在住○○歳）

産業振興課だより

ⓒ日本の各産業の輸出状況と県内産業の現状について
…………………………………………
…………………………………………

地球温暖化対策課だより

　県のⓓ地球温暖化対策の概要
…………………………………………
…………………………………………
…………………………………………

特集

県民シンポジウム
「ⓔ国民の権利と義務」
日時：……………………………
会場：……………………………

＊　主な記事
p.2　今年度の主な政策：防災計画の見直しについて
p.3　シリーズ「統計の読み方」：ⓕ日本の国際収支
p.4　行政のアカウンタビリティ向上
p.5　県民のための豆知識：ⓖ公正取引委員会と私たちの生活
p.6　人事課だより：県職員採用試験およびⓗ国家公務員採用試験について

問1　下線部ⓐに関連して，生徒Xは，資本主義経済の成立と発展の概要について考察するためにキーワードを整理し，次のノートにまとめた。ノート中の下線部⑦〜④のうち**誤っているもの**を，後の①〜④のうちから一つ選べ。　　1

○**産業革命**

18世紀後半にイギリスで産業革命が起こり，その後，他のヨーロッパ諸国やアメリカ，そして日本でも産業革命が起こった。産業革命によって，工場制手工業から工場制機械工業へと発展し，生産力が飛躍的に高まった。

○**私有制**

⑦生産手段を私有できることで，資本蓄積への意欲が高められる。

○**市場経済**

④市場での自由な取引を通じて企業は利潤を追求し，その利潤がさらなる設備投資の資金となって経済が成長する。

○**階級分化**

資本主義経済下では，生産手段を所有する者と所有しない者，つまり資本家と労働者への階級分化が生じる。これが資本主義経済において経済格差が発生する要因の一つとなる。⑦マルクスは資本主義経済を分析し，資本家と労働者との間の利害の対立構造を明らかにした。

○**景気循環（景気変動）**

資本主義経済の発展によって，生活が豊かになる一方で，景気循環による不況や恐慌の発生という問題が起こる。④ケインズは資本主義経済下での不況の原因は供給能力の不足にあるとの理論を示した。

---

① 下線部⑦

② 下線部④

③ 下線部⑦

④ 下線部④

問 2 下線部⑤に関連して，生徒**X**は，日本，韓国，中国の経済発展に関心をもち，これら3か国の2000年，2010年および2020年の実質GDP成長率，一人当たり実質GDP，一般政府総債務残高の対GDP比を調べ，次の**表**にまとめた。**表**中の**A～C国**はこれら3か国のいずれかである。後の記述**ア～ウ**は，これら3か国についてそれぞれ説明したものである。**A～C国**と記述**ア～ウ**の組合せとして最も適当なものを，後の**①～⑥**のうちから一つ選べ。　　2

		2000年	2010年	2020年
A国	実質GDP成長率(対前年比：%)	2.8	4.1	− 4.8
	一人当たり実質GDP(米ドル)	36,230.9	38,111.4	40,048.3
	一般政府総債務残高(対GDP比：%)	135.6	205.7	256.2
B国	実質GDP成長率(対前年比：%)	9.1	6.8	− 1.0
	一人当たり実質GDP(米ドル)	22,988.1	34,431.1	42,297.8
	一般政府総債務残高(対GDP比：%)	16.7	29.5	48.7
C国	実質GDP成長率(対前年比：%)	8.5	10.8	2.3
	一人当たり実質GDP(米ドル)	3,427.6	8,836.9	16,296.6
	一般政府総債務残高(対GDP比：%)	23.0	33.9	66.8

(注)　一人当たり実質GDPは購買力平価換算したものを用いており，基準年は2017年である。また，一般政府には中央政府と地方政府とが含まれる。

(出所)　IMF Webページにより作成。

ア　この国は，1978年からの改革開放政策の下で，外資導入などにより経済成長を続けてきた。この国の経済運営方針は，低・中所得国にとって，一つの経済発展モデルになっている。

イ　この国は，1960年代から工業化による経済成長が進み，NIESの一つに数えられた。その後，アジア通貨危機による経済危機も克服し，現在はアジア有数の高所得国となっている。

ウ　この国は，1950年代から1973年頃まで高度経済成長を遂げ，急速に欧米の先進国に追いついた。しかし，1990年代以降は低成長が常態化しており，政府部門の累積赤字の拡大が議論の的となっている。

① A国―ア　B国―イ　C国―ウ　　② A国―ア　B国―ウ　C国―イ

③ A国―イ　B国―ア　C国―ウ　　④ A国―イ　B国―ウ　C国―ア

⑤ A国―ウ　B国―ア　C国―イ　　⑥ A国―ウ　B国―イ　C国―ア

問 3　下線部ⓒに関連して，生徒Xは，どのような財をどの程度輸出しているかを調べることによって，その国の経済構造の特徴を知ることができると考えた。そこで，2018 年のデータとそれまでの各国の経済の動きをもとに，日本，中国，ナイジェリア，ロシアの貿易輸出品の主要 3 品目(主要品目の輸出額の輸出総額に占める割合)を示す次の表ア〜エと，これらの国の経済的特徴をまとめた後の資料を作成した。資料を踏まえて表アに該当する国として正しいものを，後の①〜④のうちから一つ選べ。　3

表ア　　　　　　　　　　　　　(2018 年)

原　油	石油製品	鉄　鋼
28.6 %	17.3 %	5.4 %

表イ　　　　　　　　　　　　　(2018 年)

機械類	自動車	精密機械
35.4 %	20.6 %	5.8 %

表ウ　　　　　　　　　　　　　(2018 年)

原　油	液化 天然ガス	船　舶
82.3 %	9.9 %	2.4 %

表エ　　　　　　　　　　　　　(2018 年)

機械類	衣　類	繊維と織物
43.8 %	6.3 %	4.8 %

(注)　商品分類は，標準国際貿易商品分類(SITC)の商品コードによる。機械類は，一般機械と電気機械である。
(出所)　United Nations Web ページにより作成。

資料

　　日本は，高度成長期以来，加工貿易型で経済発展してきた。中国は，経済特区を設けるなどして工業化を進め「世界の工場」といわれるほど発展し，アメリカに次ぐ経済規模の国になった。ロシアは，天然資源が多く，エネルギー価格の高騰を戦略的に活用し，2000 年代に入ると鉱工業生産を伸ばした。ナイジェリアは，アフリカの中では経済規模が大きく人口も多いが，ODA(政府開発援助)を受け入れている発展途上国であり，モノカルチャー経済の特徴を示している。

①　日　本　　　②　中　国　　　③　ナイジェリア　　　④　ロシア

問 4 下線部②に関連して，生徒**X**は，日本の地球温暖化対策に関心をもち，次の**資料**を作成した。**資料**中の空欄 **ア** には後の記述**a**か**b**，空欄 **イ** には後の記述**c**か**d**，空欄 **ウ** には**資料**中の**図e**か**図f**のいずれかが当てはまる。空欄 **ア** ～ **ウ** に当てはまるものの組合せとして正しいものを，後の**①**～**⑧**のうちから一つ選べ。 **4**

政府は，2020 年 10 月，2050 年までに二酸化炭素などの温室効果ガスの排出を日本全体として実質ゼロにすると宣言した。この宣言の意味は，化石燃料に替わる新たなエネルギーや新技術の開発などを進めることにより **ア** ということであった。

日本のこれまでの温室効果ガス排出削減対策をみると，2012 年に固定価格買取制度が導入された。この制度は， **イ** を対象としている。その影響を調べるために，2012 年以降の発電電力量のデータをもとに次の**図e**と**図f**を作成した。**図e**と**図f**はそれぞれ，2012 年と 2019 年のいずれかのものである。

図 e

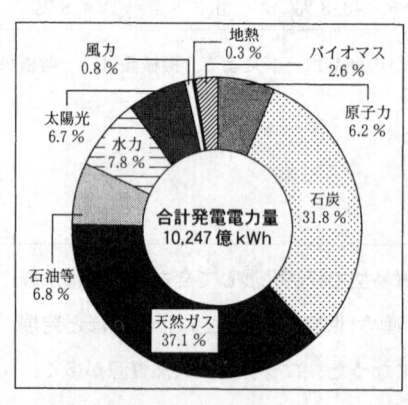

図 f

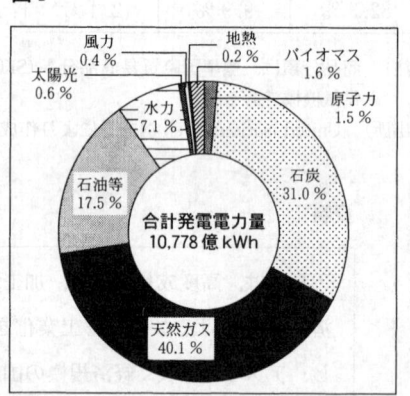

（出所） 経済産業省 Web ページにより作成。

これらの図から，化石燃料による発電電力量の比率が合計発電電力量の 75 ％以上も占めていることがわかる。さらに，電力以外のエネルギー利用からの温室効果ガス排出も含めて考えると，政府目標を達成する道のりはけわしいといえる。ただし，固定価格買取制度の影響は，電源別発電電力量の比率から読みとることができる。2019 年の図は **ウ** となる。

ア に当てはまる記述

a　温室効果ガスを排出するエネルギーの使用をゼロにする

b　温室効果ガスの排出量と植物などによる吸収量との間の均衡を達成する

イ に当てはまる記述

c　再生可能エネルギーによる発電

d　原子力エネルギーによる発電

① アー a　イー c　ウー 図e

② アー a　イー c　ウー 図f

③ アー a　イー d　ウー 図e

④ アー a　イー d　ウー 図f

⑤ アー b　イー c　ウー 図e

⑥ アー b　イー c　ウー 図f

⑦ アー b　イー d　ウー 図e

⑧ アー b　イー d　ウー 図f

問5　下線部ⓔに関連して，生徒**X**と生徒**Y**は，日本国憲法における権利と義務の規定について話し合っている。次の**会話文**中の空欄　**ア**　には後の記述**a**か**b**，空欄　**イ**　には後の記述**c**か**d**のいずれかが当てはまる。空欄　**ア**・**イ**　に当てはまるものの組合せとして最も適当なものを，後の①～④のうちから一つ選べ。　**5**

X：憲法は，第3章で国民の権利および義務を規定しているね。立憲主義は国民の権利や自由を保障することを目標とするけど，こうした立憲主義はどのように実現されるのかな。

Y：憲法第99条は，憲法尊重擁護義務を，　**ア**　。このほか，憲法第81条が定める違憲審査制も立憲主義の実現のための制度だよね。

X：憲法は国民の個別的な義務に関しても定めているね。これらの規定はそれぞれどう理解すればいいのかな。

Y：たとえば憲法第30条が定める納税の義務に関しては，　**イ**　。

ア　に当てはまる記述

a　公務員に負わせているね。このような義務を規定したのは，公権力に関与する立場にある者が憲法を遵守すべきことを明らかにするためだよ

b　すべての国民に負わせているね。このような義務を規定したのは，人類の成果としての権利や自由を国民が尊重し合うためだよ

イ　に当てはまる記述

c　新たに国税を課したり現行の国税を変更したりするには法律に基づかねばならないから，憲法によって義務が具体的に発生しているわけではないね

d　財政上必要な場合は法律の定めなしに国税を徴収することができるので，憲法によって義務が具体的に発生しているね

① ア― **a**　　イ― **c**

② ア― **a**　　イ― **d**

③ ア― **b**　　イ― **c**

④ ア― **b**　　イ― **d**

問 6　下線部⑦について，貿易や海外投資の動向に関心をもった生徒 Y は，日本の国際収支を調べ，その一部の項目を抜き出して次の**表**を作成した。**表**中の A，B，C は，それぞれ 1998 年，2008 年，2018 年のいずれかの年を示している。**表**に関する後の記述**ア～ウ**のうち，正しいものはどれか。当てはまるものをすべて選び，その組合せとして最も適当なものを，後の①～⑦のうちから一つ選べ。　| 6 |

（単位：億円）

	A	B	C
貿易収支	58,031	11,265	160,782
サービス収支	− 39,131	− 10,213	− 65,483
第一次所得収支	143,402	214,026	66,146
第二次所得収支	− 13,515	− 20,031	− 11,463

（出所）　財務省 Web ページにより作成。

ア　A，B，C において経常収支に対する第一次所得収支の比率が一番大きいのは B である。

イ　A，B，C を貿易・サービス収支額の小さいものから順に並べると，A → B → C の順になる。

ウ　A，B，C を年代の古いものから順に並べると，C → A → B の順になる。

① ア
② イ
③ ウ
④ アとイ
⑤ アとウ
⑥ イとウ
⑦ アとイとウ

問 7 下線部⑧に関心をもった生徒**X**と生徒**Y**は，私的独占の禁止及び公正取引の確保に関する法律（独占禁止法）の次の**条文**について話し合っている。後の**会話文**中の空欄 ア には後の語句**a**か**b**，空欄 イ には後の記述**c**か**d**のいずれかが当てはまる。空欄 ア ・ イ に当てはまるものの組合せとして最も適当なものを，後の①～④のうちから一つ選べ。 7

第 27 条第 2 項　公正取引委員会は，内閣総理大臣の所轄に属する。

第 28 条　　　　公正取引委員会の委員長及び委員は，独立してその職権を行う。

第 29 条第 2 項　委員長及び委員は，年齢が 35 年以上で，法律又は経済に関する学識経験のある者のうちから，内閣総理大臣が，両議院の同意を得て，これを任命する。

Y：日本国憲法第 65 条に「行政権は，内閣に属する」とあるけど， ア である公正取引委員会は，内閣から独立した機関といわれるね。行政活動を行う公正取引委員会が内閣から独立しているのは憲法上問題がないのかな。

X：独占禁止法の条文をみると，「独立してその職権を行う」とされているけど，委員長及び委員の任命については， イ 。公正取引委員会は，内閣から完全に独立しているわけではないよ。公正取引委員会の合憲性を考えるときには，独立性が必要な理由や民主的コントロールの必要性も踏まえて，どの程度の独立性を認めることが適切かを考える必要がありそうだね。

ア に当てはまる語句

a　独立行政法人　　　　　　　　**b**　行政委員会

イ に当てはまる記述

c　両議院による同意を要件としつつも内閣総理大臣に任命権があるね

d　内閣総理大臣が単独で任意に行うことができるね

① ア－ a　イ－ c　　　　② ア－ a　イ－ d

③ ア－ b　イ－ c　　　　④ ア－ b　イ－ d

問 8　下線部ⓗに関連して，生徒Yは，日本の公務員数の推移を調べた。次の**図**は，国家公務員等予算定員の5年ごとの推移を示したものである。**図**に関する記述として**誤っているもの**を，後の①〜④のうちから一つ選べ。　　8

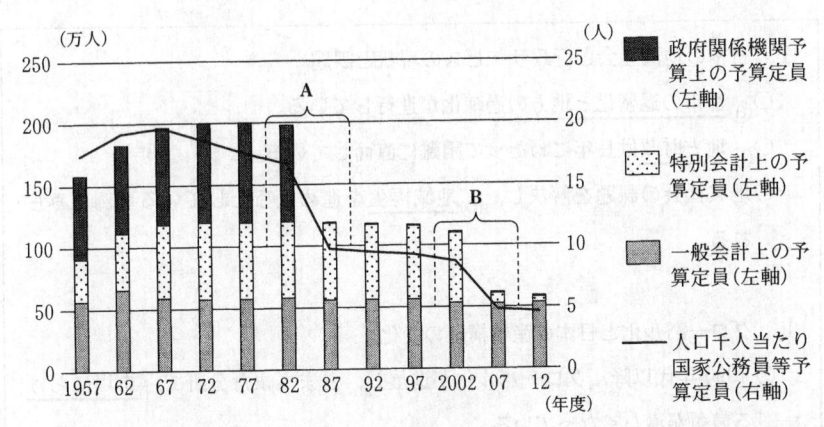

(注)　国家公務員等については，各年度の予算において人件費の基礎となる人員数が示され，これを予算定員と呼ぶ。一般会計予算および特別会計予算で各国家機関の予算定員が示される。これらの予算とあわせて国会に提出される，政府関係機関予算において，政府関係機関の職員の予算定員が示される。それらをまとめてここでは国家公務員等予算定員と呼ぶ。なお，**図**中の国家公務員等予算定員の数値は年度末のものである。

(出所)　総務省統計局『日本統計年鑑』および総務省統計局『日本の統計』により作成。

① 　図中の期間を通してみると，第一次石油危機より前に，人口千人当たり国家公務員等予算定員が減少に転じていることがわかる。

② 　図中の期間を通してみると，日本の国家公務員等予算定員の減少分の内訳としては，一般会計上の予算定員の減少が最大の要素であることがわかる。

③ 　図中の**A**が示す期間に電電公社，専売公社，国鉄の民営化が行われた。

④ 　図中の**B**が示す期間に郵政民営化が行われた。

第2問 生徒Xは，生徒Yと一緒に「政治・経済」の授業を振り返りながら，学習したことを次のようにノートに整理した。これに関して，後の問い(**問1〜8**)に答えよ。(配点　25)

Ⅰ　日本の地域社会と行政サービスの現状と課題

○ ⓐ都市の過密化と地方の過疎化が進行している。

○ ⓑ地方財政は長年にわたって困難に直面している。

○地域社会の課題を解決し，ⓒ地域再生を進めようとしている事例もみられる。

Ⅱ　グローバル化と日本の産業構造の変化

○ 1990 年代以降，グローバル化が進展し，さまざまな分野でⓓ市場における競争が激しくなっている。

○世界のⓔ外国為替の取引高が増加している。

○日本において，第3次産業の就業人口が拡大している。

○日本でもⓕ環境保護に向けた取組みが広まっている。

Ⅲ　日本の財政金融政策と国民経済全体に関する疑問

○日本銀行のⓖ国債保有高が急増しているのはなぜか。

○家計貯蓄率が低下しているのはなぜか。

○ⓗ国内総生産が伸びないのはなぜか。

○労働分配率が低下傾向なのはなぜか。

問1　生徒**X**は，下線部ⓐについて調べた。日本における都市の過密化と地方の過疎化の経緯や現状，対応策に関する記述として**誤っている**ものを，次の①〜④のうちから一つ選べ。　9

① 地方から都市への大規模な人口移動に伴う過密・過疎の問題が生じたのは，バブル経済が崩壊し平成不況に入ってからである。

② 少子高齢化が進む中で，人口が減少し高齢者の人口の割合が半数以上に達したことで社会的な共同生活の維持が困難になった集落が出現している。

③ まち・ひと・しごと創生法が制定され，国や各地方公共団体では個性豊かで魅力ある地域社会づくりに向けた政策が進められている。

④ 地方の人口減少や高齢化への対応策として生活に必要な機能を中心市街地に集中させることなどを行う，コンパクトシティという考え方がある。

問2　生徒**Y**は，下線部ⓑについて学習を進めた。日本の地方財政に関する記述として最も適当なものを，次の①〜④のうちから一つ選べ。　10

① 地方公共団体における財政の健全化に関する法律が制定されたが，財政再生団体に指定された地方公共団体はこれまでのところない。

② 出身地でなくても，任意の地方公共団体に寄付をすると，その額に応じて所得税や消費税が軽減されるふるさと納税という仕組みがある。

③ 所得税や法人税などの国税の一定割合が地方公共団体に配分される地方交付税は，使途を限定されずに交付される。

④ 地方公共団体が地方債を発行するに際しては，増発して財政破綻をすることがないよう，原則として国による許可が必要とされている。

問3 下線部ⓒに関連して，生徒Xは，地域再生のためには多様な主体による取組みや主体間の連携が欠かせないことを理解した。現在の日本における地方公共団体，非営利組織(NPO)，中小企業に関する次の記述 a ～ c のうち，正しいものはどれか。当てはまるものをすべて選び，その組合せとして最も適当なものを，後の①～⑦のうちから一つ選べ。 □11

a 地方公共団体に関して，地方公共団体には，普通地方公共団体と，特別区や財産区などの特別地方公共団体の二種類がある。

b 非営利組織に関して，特定非営利活動促進法(NPO法)により，社会的な公益活動を行う一定の要件を満たした団体には法人格が認められる。

c 中小企業に関して，日本の中小企業は，企業全体に対して，企業数では約7割，従業員数では約5割，生産額では約4割を占めている。

① a
② b
③ c
④ a と b
⑤ a と c
⑥ b と c
⑦ a と b と c

問 4 下線部ⓓに関連して，生徒**Y**は，政府による価格への介入の影響を考えるために次の図を作成した。後の**メモ**は，図をもとに**Y**がまとめたものであり，空欄 ア には図中の記号 $Q_0 \sim Q_2$ のいずれかが当てはまる。**メモ**中の空欄 ア ・ イ に当てはまる記号と語句との組合せとして最も適当なものを，後の①～⑥のうちから一つ選べ。 12

図

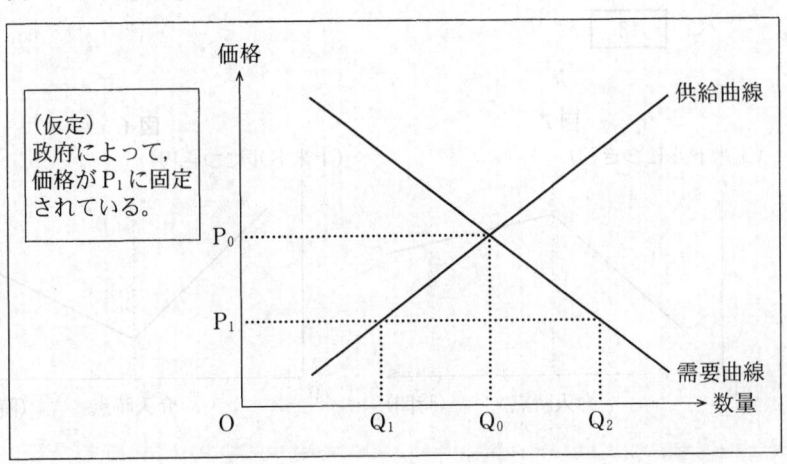

メモ

　政府による価格への介入によって，価格が P_1 に固定されると，取引される財の数量は ア となる。このとき，この財の市場では イ が発生していることになる。

① **ア** — Q_0　　**イ** — 超過需要　　② **ア** — Q_0　　**イ** — 超過供給

③ **ア** — Q_1　　**イ** — 超過需要　　④ **ア** — Q_1　　**イ** — 超過供給

⑤ **ア** — Q_2　　**イ** — 超過需要　　⑥ **ア** — Q_2　　**イ** — 超過供給

問 5　下線部ⓒに関心をもった生徒Yは，為替介入には「風に逆らう介入」と「風に乗る介入」があることを知った。ここで，「風に逆らう介入」とは為替レートのそれまでの動きを反転させることを目的とした介入であり，「風に乗る介入」とは為替レートのそれまでの動きを促進することを目的とした介入である。次の図ア～エは介入目的が達成されたと仮定した場合について，円・米ドル為替レートを例としてYが考えた模式図である。円売り・米ドル買いによる「風に逆らう介入」を意味する図として正しいものを，後の①～④のうちから一つ選べ。　13

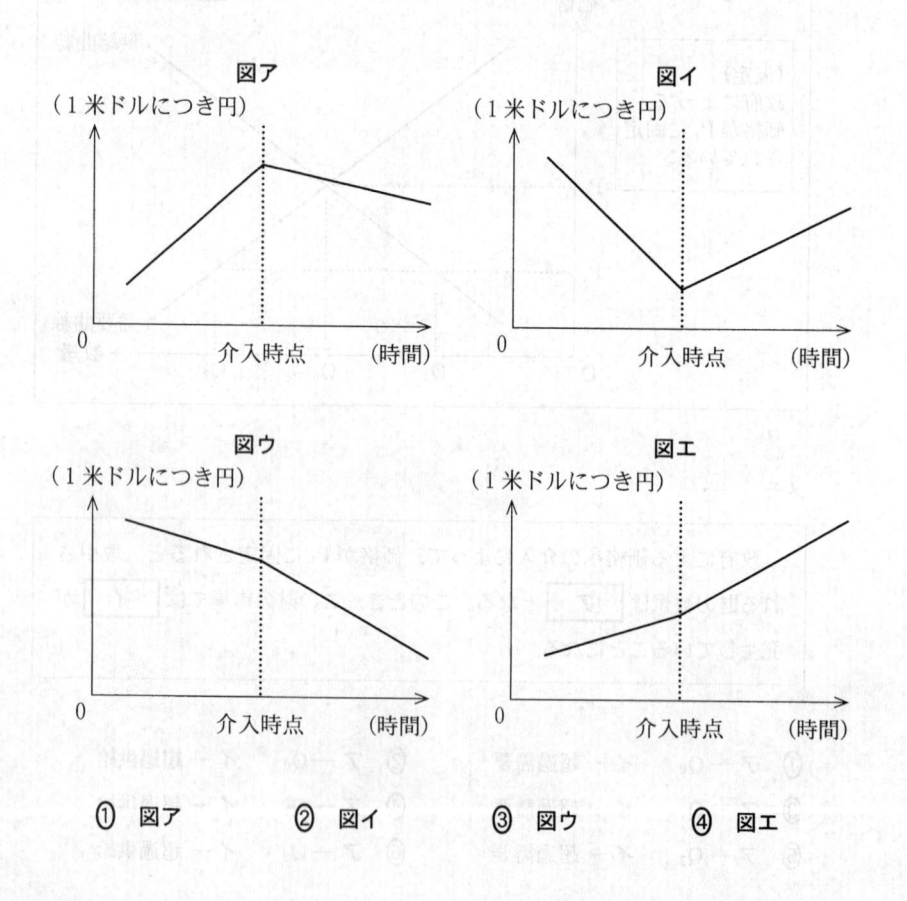

①　図ア　　　　②　図イ　　　　③　図ウ　　　　④　図エ

問 6　下線部①に関連して，生徒**X**は，地域におけるリサイクルの状況を考える上で，リサイクル率(再資源化個数÷販売個数)という指標を利用できることを学んだ。そこで**X**は，この指標を用いて，**地域A**と**地域B**の二つの地域だけから構成されるある国における，ある商品の「基準年」と「基準年の5年後」のリサイクルの状況を考え，次の**表**を作成した。**表**は，各年における**地域A**と**地域B**での商品のリサイクル率を示している。ただし，商品が販売される地域と再資源化される地域は同一であるものとする。リサイクル率の増加をもってリサイクルが活発化したと評価するとき，**地域A**，**地域B**，**国全体**のうちリサイクルが活発化しているものはどれか。当てはまるものをすべて選び，その組合せとして最も適当なものを，後の①〜⑦のうちから一つ選べ。　| 14 |

	地域A	地域B
基準年	$\dfrac{160(個)}{400(個)}$	$\dfrac{10(個)}{100(個)}$
基準年の5年後	$\dfrac{250(個)}{500(個)}$	$\dfrac{60(個)}{500(個)}$

(注)　**表**中の分数の分母は商品の販売個数，分子は再資源化個数である。

① 地域A

② 地域B

③ 国全体

④ 地域Aと地域B

⑤ 地域Aと国全体

⑥ 地域Bと国全体

⑦ 地域Aと地域Bと国全体

問 7　下線部⑧に関連して，生徒 X は，日本国債の保有者の構成比について関心を
もった。そこで X は，2011 年 3 月と 2021 年 3 月における日本国債の保有者構
成比および保有高を調べ，次の図を作成した。図に示された構成比の変化に関
する記述として最も適当なものを，後の①～④のうちから一つ選べ。　15

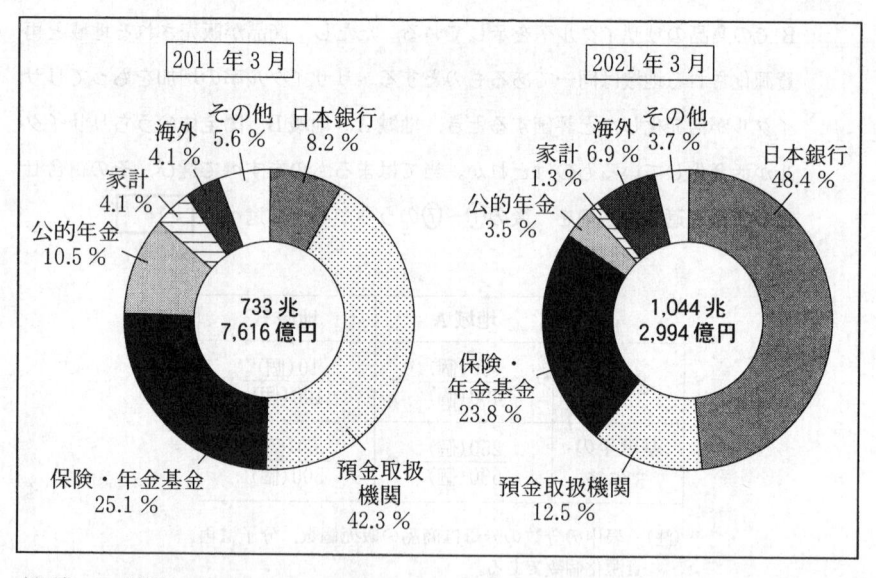

（出所）　日本銀行 Web ページにより作成。

① 日本銀行の金融引締め政策を反映しており，日本銀行が日本政府の発行し
た国債を直接引き受けた結果である。

② 日本銀行の金融緩和政策を反映しており，日本銀行が民間金融機関から国
債を購入した結果である。

③ 日本銀行の金融引締め政策を反映しており，日本銀行が民間金融機関に国
債を売却した結果である。

④ 日本銀行の金融緩和政策を反映しており，日本銀行が日本政府の発行した
国債を直接引き受けた結果である。

問 8　生徒**Y**は，下線部ⓗとその構成について学んだ。そこで**Y**は，日本における2014年度から2015年度にかけての民間最終消費支出と民間企業設備投資の増加について調べ，次の**メモ**を作成した。**メモ**に関する記述として最も適当なものを，後の①～④のうちから一つ選べ。　16

○国内総生産は生産面，分配面，支出面の三つの側面からみることができる。

○国内総生産は民間最終消費支出，政府最終消費支出，総固定資本形成，純輸出からなる。

○総固定資本形成は，民間企業設備投資や民間住宅投資などを含む。

○民間最終消費支出は2兆3,211億円増加した。

○民間企業設備投資は3兆1,698億円増加した。

---

①　国内総生産に占める支出割合は，民間最終消費支出より民間企業設備投資の方が小さいため，2015年度のこれら二つの支出項目の対前年度増加率を比較すると，民間企業設備投資の方が高い。

②　国内総生産に占める支出割合は，民間最終消費支出より民間企業設備投資の方が大きいため，2015年度のこれら二つの支出項目の対前年度増加率を比較すると，民間企業設備投資の方が高い。

③　国内総生産に占める支出割合は，民間最終消費支出より民間企業設備投資の方が小さいため，2015年度のこれら二つの支出項目の対前年度増加率を比較すると，民間最終消費支出の方が高い。

④　国内総生産に占める支出割合は，民間最終消費支出より民間企業設備投資の方が大きいため，2015年度のこれら二つの支出項目の対前年度増加率を比較すると，民間最終消費支出の方が高い。

第3問 生徒X，生徒Y，生徒Zは，大学のオープンキャンパスに参加し，法学部の模擬授業を受けることにした。次に示したのは，オープンキャンパスの案内である。これに関して，後の問い（問1～8）に答えよ。（配点　25）

2022年度夏季・共通大学法学部オープンキャンパス案内

I　スケジュール

  9：40～10：00　　　学部長挨拶

  10：10～11：00　　　模擬授業1

  11：10～12：00　　　模擬授業2

  　　　　⋮

II　模擬授業概要

1．模擬授業1：J教授

戦争と平和
・ⓐ核兵器による世界的危機について考える。
・ⓑ今日でも継続する紛争を知る。
・ⓒ戦争の違法化の試みについて考える。
・ⓓ現在の日本の安全保障に関する法制度について考える。

2．模擬授業2：K准教授

日本の議会制民主主義
・ⓔ日本の統治機構について整理しよう。
・ⓕ有権者の役割について考えてみよう。
・ⓖ世論の役割について考えてみよう。
・ⓗ二院制の意義について考えてみよう。

問 1　下線部ⓐに関連して，生徒**X**と生徒**Y**は，模擬授業1で核兵器に関するさまざまな条約について学習した。核兵器に関する条約についての記述として**誤っ****ている**ものを，次の①〜④のうちから一つ選べ。　17

① 部分的核実験禁止条約では，大気圏内核実験や地下核実験が禁止された。

② 包括的核実験禁止条約は，核保有国を含む一部の国が批准せず未発効である。

③ 核拡散防止条約によれば，核保有が認められる国は5か国に限定されることとなる。

④ 第一次戦略兵器削減条約では，戦略核弾頭の削減が定められた。

問2　生徒Xと生徒Yは，模擬授業1で取り上げられた下線部ⓑに関心をもち，中東での紛争と対立について話し合っている。次の**会話文**中の空欄　ア　～　ウ　に当てはまる語句の組合せとして最も適当なものを，後の①～⑧のうちから一つ選べ。18

X：パレスチナ地方では，ユダヤ人が中心となってイスラエルを建国したのちに第一次中東戦争が始まったよ。その結果として，多くの人々が難民となったんだ。その後も対立が続き，紛争が生じているね。

Y：けれど，和平の動きがみられないわけではないんだ。第四次中東戦争ののち，イスラエルとエジプトとの間で和平条約が締結されているよ。さらに，イスラエルとパレスチナ解放機構との間で　ア　が成立し，パレスチナ人による暫定統治がガザ地区と　イ　において開始されたんだ。

X：でも，　ウ　が　イ　で分離壁の建設を進めるなど，イスラエルとパレスチナの対立は終結していないよね。

① ア　オスロ合意　　イ　ゴラン高原　　　　ウ　パレスチナ自治政府

② ア　オスロ合意　　イ　ゴラン高原　　　　ウ　イスラエル政府

③ ア　オスロ合意　　イ　ヨルダン川西岸　　ウ　パレスチナ自治政府

④ ア　オスロ合意　　イ　ヨルダン川西岸　　ウ　イスラエル政府

⑤ ア　プラザ合意　　イ　ゴラン高原　　　　ウ　パレスチナ自治政府

⑥ ア　プラザ合意　　イ　ゴラン高原　　　　ウ　イスラエル政府

⑦ ア　プラザ合意　　イ　ヨルダン川西岸　　ウ　パレスチナ自治政府

⑧ ア　プラザ合意　　イ　ヨルダン川西岸　　ウ　イスラエル政府

問3　生徒**X**と生徒**Y**は，模擬授業1で扱われた下線部ⓒについて話し合っている。次の**会話文**中の空欄 ［　ア　］・［　イ　］ に当てはまる語句の組合せとして最も適当なものを，後の①～④のうちから一つ選べ。 ［　19　］

X：国際連盟は紛争の平和的解決と ［　ア　］ の一環としての制裁とを通じて国際社会の平和と安全を保障しようとしたよね。国際連盟規約において戦争に課された制約は限定的で，戦争の違法化を進める動きが生じたんだ。

Y：それを進めた国際規範に，［　イ　］ があるよね。これは，国際関係において国家の政策の手段としての戦争を放棄することを目的としたものだよ。しかし，第二次世界大戦の勃発を抑止できなかったよね。

X：その後，国際連合憲章では，国際関係において武力による威嚇または武力の行使を禁止しているんだよ。これによって，［　イ　］ に比べて制度上禁止される国家の行為は拡大したんだ。21世紀になっても武力紛争はなくなっていないので，武力による威嚇や武力の行使の違法化をもっと実効性のあるものにすべきではないのかな。

① ア　勢力均衡　　　イ　不戦条約

② ア　勢力均衡　　　イ　国際人道法

③ ア　集団安全保障　イ　不戦条約

④ ア　集団安全保障　イ　国際人道法

問4 生徒Zは，模擬授業1で話題となった下線部ⓓについて調べた。日本の安全保障に関する記述として最も適当なものを，次の①〜④のうちから一つ選べ。

20

① 日本の重要影響事態法による自衛隊の海外派遣に際しては，日本の周辺地域においてのみ自衛隊の活動が認められる。

② 日本のPKO協力法による国連平和維持活動に際しては，自衛隊員の防護のためにのみ武器使用が認められる。

③ 日本は武器の輸出に関する規制として，防衛装備移転三原則を武器輸出三原則に改めた。

④ 日本は安全保障に関する重要事項を審議する機関として，内閣総理大臣を議長とする国家安全保障会議を設置した。

問 5　模擬授業 2 では，「委任の連鎖」と「責任の連鎖」という考えに基づいて作成された次の図を用いて，下線部ⓔについて説明がされた。「委任の連鎖」とは，有権者から政治家を経て官僚へと政策決定や政策実施を委ねていく関係をいう。また，「責任の連鎖」とは，委任を受けた側が委任をした側に対し委任の趣旨に即した行動をとっているという説明責任を果たしていく関係をいう。**図中の矢印ア**で示された責任に関する憲法上の仕組みとして正しいものを後の記述 **a** か **b**，**矢印イ**で示された責任に関する憲法上の仕組みとして正しいものを後の記述 **c** か **d** から選び，その組合せとして最も適当なものを，後の**①**〜**④**のうちから一つ選べ。　21

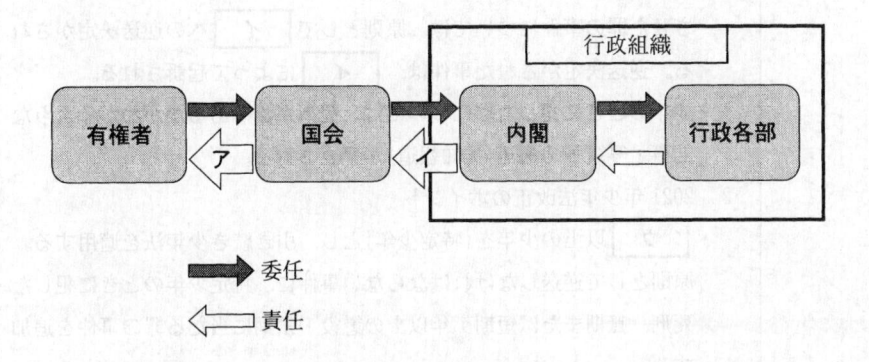

矢印アで示された責任に関する憲法上の仕組み

　　a　両議院の会議の公開と会議録の公表

　　b　国の収入支出の決算の提出

矢印イで示された責任に関する憲法上の仕組み

　　c　弾劾裁判所の設置

　　d　一般国務についての内閣総理大臣の報告

　①　ア － a　　イ － c　　　　　**②**　ア － a　　イ － d

　③　ア － b　　イ － c　　　　　**④**　ア － b　　イ － d

問 6 下線部①に関連して，模擬授業2では，選挙権年齢や民法の成年年齢の引下げをうけ，2021年には少年法も改正されたという説明がされた。この少年法改正に関心をもった生徒Xは，法務省のWebページで改正の内容について調べ，次のメモを作成した。メモ中の空欄 ア ～ ウ に当てはまる語句の組合せとして最も適当なものを，後の①～⑧のうちから一つ選べ。 22

---

1. 2021年改正前の少年法の概要

   ・少年(20歳未満の者)の事件は，全件が ア に送られ， ア が処分を決定する。

   ・16歳以上の少年のときに犯した故意の犯罪行為により被害者を死亡させた罪の事件については，原則として イ への逆送決定がされる。逆送決定がされた事件は， イ によって起訴される。

   ・少年のときに犯した罪については，犯人が誰であるかがわかるような記事・写真等の報道(推知報道)が禁止される。

2. 2021年少年法改正のポイント

   ・ ウ 以上の少年を「特定少年」とし，引き続き少年法を適用する。

   ・原則として逆送しなければならない事件に，特定少年のときに犯した死刑，無期または短期1年以上の懲役・禁錮に当たる罪の事件を追加する。

   ・特定少年のときに犯した事件について起訴された場合には，推知報道の禁止が解除される。

---

① ア 地方裁判所　イ 検察官　ウ 14歳

② ア 地方裁判所　イ 検察官　ウ 18歳

③ ア 地方裁判所　イ 弁護士　ウ 14歳

④ ア 地方裁判所　イ 弁護士　ウ 18歳

⑤ ア 家庭裁判所　イ 検察官　ウ 14歳

⑥ ア 家庭裁判所　イ 検察官　ウ 18歳

⑦ ア 家庭裁判所　イ 弁護士　ウ 14歳

⑧ ア 家庭裁判所　イ 弁護士　ウ 18歳

問 7　下線部⑧に関連して，模擬授業 2 では，世論形成における個人やマスメディアの表現活動の意義について次の**資料**を用いて説明がされた。**資料**から読みとれる内容として最も適当なものを，後の①～④のうちから一つ選べ。　23

判例 1：最高裁判所民事判例集 40 巻 4 号

　「主権が国民に属する民主制国家は，その構成員である国民がおよそ一切の主義主張等を表明するとともにこれらの情報を相互に受領することができ，その中から自由な意思をもつて自己が正当と信ずるものを採用することにより多数意見が形成され，かかる過程を通じて国政が決定されることをその存立の基礎としているのであるから，表現の自由，とりわけ，公共的事項に関する表現の自由は，特に重要な憲法上の権利として尊重されなければならないものであり，憲法 21 条 1 項の規定は，その核心においてかかる趣旨を含むものと解される。」

判例 2：最高裁判所刑事判例集 23 巻 11 号

　「報道機関の報道は，民主主義社会において，国民が国政に関与するにつき，重要な判断の資料を提供し，国民の『知る権利』に奉仕するものである。したがつて，思想の表明の自由とならんで，事実の報道の自由は，表現の自由を規定した憲法 21 条の保障のもとにあることはいうまでもない。」

---

① **判例 1** によれば，個人の表現の自由は，民主主義過程を維持するためではなく個人の利益のために，憲法第 21 条第 1 項によって保障される。

② **判例 1** によれば，公共的事項にかかわらない個人の主義主張の表明は，憲法第 21 条第 1 項によっては保障されない。

③ **判例 2** によれば，報道機関の報道の自由は，国民が国政に関与する上で必要な判断資料の提供に寄与するため，憲法第 21 条によって保障される。

④ **判例 2** によれば，思想の表明とはいえない単なる事実の伝達は，憲法第 21 条によっては保障されない。

問 8 下線部⓱について，生徒**X**，生徒**Y**，生徒**Z**は，模擬授業 2 の後の休憩時間に議論をしている。次の**会話文**中の空欄 ア ～ ウ に当てはまる語句の組合せとして最も適当なものを，後の①～⑧のうちから一つ選べ。 24

X：模擬授業でも説明があった両議院の違いを比較すると， ア の方が議員の任期が短く解散もあり，直近の民意を反映しやすい議院だということができそうだね。

Y：そうした性格の違いが，両議院の権限の違いに影響しているともいえそうだね。両議院の議決が異なった場合に一定の条件を満たせば， イ を国会の議決とすることが憲法上認められているよ。

Z：でも，憲法はなんでもかんでも イ を優先させているというわけではないよ。たとえば， ウ については両議院の権限は対等だよね。

X：法律案の議決についても， イ を国会の議決とするには，他の場合に比べ厳しい条件が設けられているね。法律案の議決に関する限り，もう一方の議院は， ア の決定に対して，慎重な審議を求めるにとどまらず，抑制を加える議院として機能しうるといえそうだね。

① ア 衆議院　イ 衆議院の議決　ウ 条約締結の承認

② ア 衆議院　イ 衆議院の議決　ウ 憲法改正の提案

③ ア 衆議院　イ 参議院の議決　ウ 条約締結の承認

④ ア 衆議院　イ 参議院の議決　ウ 憲法改正の提案

⑤ ア 参議院　イ 衆議院の議決　ウ 条約締結の承認

⑥ ア 参議院　イ 衆議院の議決　ウ 憲法改正の提案

⑦ ア 参議院　イ 参議院の議決　ウ 条約締結の承認

⑧ ア 参議院　イ 参議院の議決　ウ 憲法改正の提案

第4問　生徒**X**と生徒**Y**は，「SDGs（持続可能な開発目標）の意義と課題」という
テーマで探究を行い，授業で発表することになった。次の図は，探究にあたってま
とめた調査計画の概要を示したものである。これに関して，後の問い（**問1〜6**）に
答えよ。（配点　24）

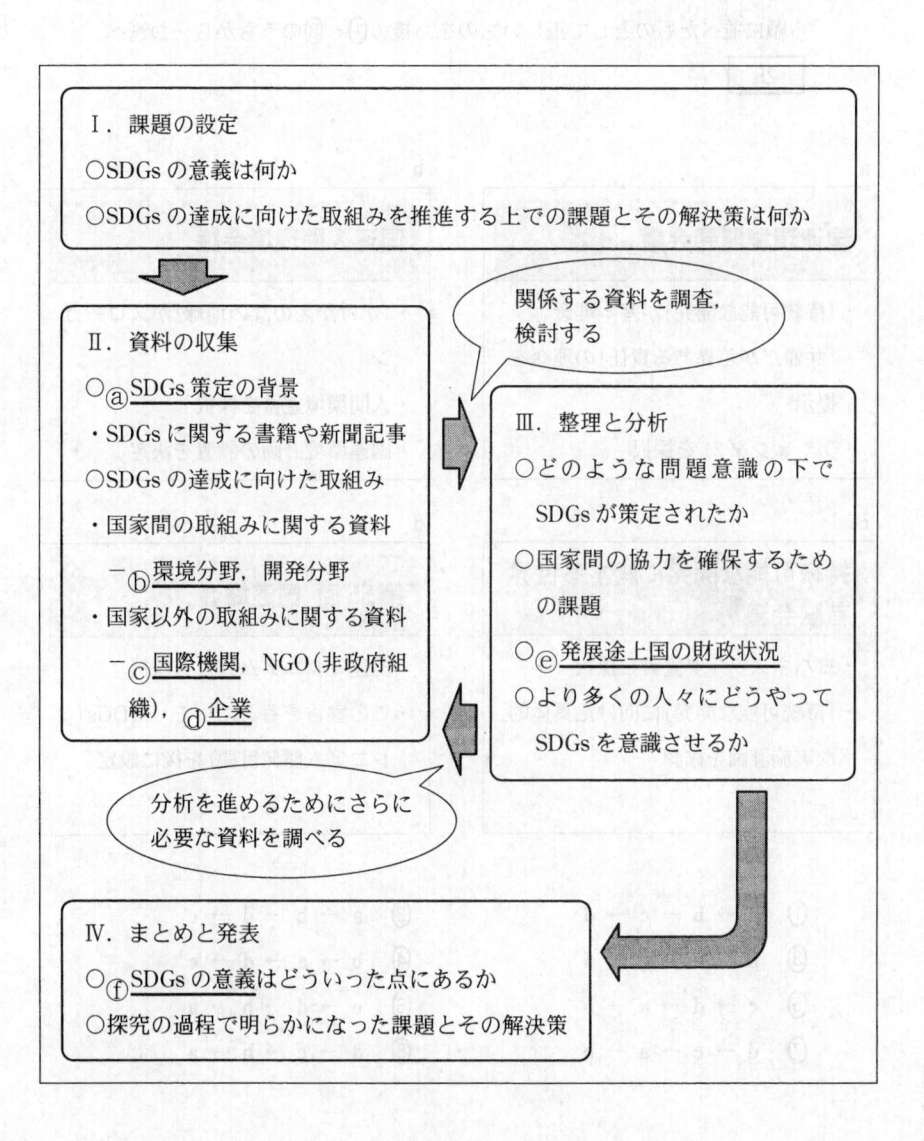

Ⅰ．課題の設定
○SDGs の意義は何か
○SDGs の達成に向けた取組みを推進する上での課題とその解決策は何か

Ⅱ．資料の収集
○ⓐSDGs 策定の背景
・SDGs に関する書籍や新聞記事
○SDGs の達成に向けた取組み
・国家間の取組みに関する資料
　－ⓑ環境分野，開発分野
・国家以外の取組みに関する資料
　－ⓒ国際機関，NGO（非政府組
　織），ⓓ企業

関係する資料を調査，検討する

Ⅲ．整理と分析
○どのような問題意識の下で
　SDGs が策定されたか
○国家間の協力を確保するため
　の課題
○ⓔ発展途上国の財政状況
○より多くの人々にどうやって
　SDGs を意識させるか

分析を進めるためにさらに
必要な資料を調べる

Ⅳ．まとめと発表
○ⓕSDGs の意義はどういった点にあるか
○探究の過程で明らかになった課題とその解決策

問 1 下線部ⓐに関連して，生徒**X**と生徒**Y**は，2015年に国連（国際連合）でSDGs が採択されるまでの経緯について関心をもった。**X**と**Y**は，環境と開発に関して話し合われた国際的な会議について分担して調べ，次の**スライドa～d**にまとめた。これらの**スライド**を，**スライド**中の会議が開催された年の古いものから順に並べたものとして正しいものを，後の①～⑧のうちから一つ選べ。

25

a

国連環境開発会議

- 「持続可能な開発」が基本理念
- 「共通だが差異ある責任」の理念を提示
- アジェンダ21を採択

b

国連人間環境会議

- 「かけがえのない地球」がスローガン
- 人間環境宣言を採択
- 国連環境計画の設置を決定

c

持続可能な開発に関する世界首脳会議

- ヨハネスブルク宣言を採択
- 「持続可能な開発」に向けた具体的な実施計画を確認

d

第55回 国連総会

- 国連ミレニアム宣言を採択
- この宣言をもとにして，MDGs（ミレニアム開発目標）を後に設定

① a → b → c → d
② a → b → d → c
③ b → a → c → d
④ b → a → d → c
⑤ c → d → a → b
⑥ c → d → b → a
⑦ d → c → a → b
⑧ d → c → b → a

問 2　下線部⑥に関連して，生徒**X**と生徒**Y**は，地球環境問題の取組みに関する歴史的展開を踏まえて，京都議定書(1997 年採択)，パリ協定(2015 年採択)の位置づけや内容について調べてみた。この二つの条約に関する記述として最も適当なものを，次の①〜④のうちから一つ選べ。　26

① 京都議定書では，「共通だが差異ある責任」という理念に基づいて，環境を犠牲にして経済発展を成した先進国のみに地球環境保護の責任があるとされた。他方，パリ協定では，すべての国に地球環境保護の責任があることが合意され，すべての締約国に温室効果ガスを削減する義務が課された。

② 京都議定書，パリ協定ともに，地球環境保護が将来世代の発展にとって不可欠であり，現在の成長よりも地球環境保護を優先すべきとする「持続可能な開発」という理念に基づいている。また，いずれの条約でも，先進国，発展途上国を問わず，すべての締約国に同様に温室効果ガス削減義務が課されている。

③ 京都議定書では，現在の成長よりも将来世代の発展を優先すべきとする「持続可能な開発」という理念に基づいて，全人類の問題として一律の温室効果ガス削減目標が課されている。他方，パリ協定では，将来世代の発展は各締約国が決定する問題であるとして，削減目標は各国が自主的に決定することとした。

④ 京都議定書と異なり，パリ協定では，すべての締約国が温室効果ガス削減に取り組むことを義務づける仕組みが採用されている。ただし，パリ協定でも，先進国に発展途上国向けの資金支援を義務づけるなど，「共通だが差異ある責任」という理念に適合するルールが用意されている。

問 3 下線部ⓒに関連して，生徒**X**は，SDGs の達成に貢献する国際機関の仕組み
に関心をもち，調べてみた。国際機関の仕組みに関する記述として最も適当な
ものを，次の①～④のうちから一つ選べ。 ┃ 27 ┃

① 規約人権委員会(人権規約委員会)は，市民的及び政治的権利に関する国際
規約(B 規約)上の人権を侵害する国が同規約の選択議定書を批准していなく
とも同規約の締約国であれば，被害者からの通報を検討することができる。

② 人権理事会では，人権に対する重大かつ組織的な侵害を犯した場合に，総
会決議によって理事国としての資格が停止されることがある。

③ 労働条件の改善を目標の一つとする ILO(国際労働機関)は，労働者の声
が反映されるよう，政府代表と労働者代表との二者構成で運営されている。

④ 国際社会の平和と安全の維持に主要な責任を有する国連安全保障理事会で
は，国連分担金の比率上位 5 か国が常任理事国となるため，常任理事国に決
議の採決における特権的な地位が認められている。

問4　下線部ⓓに関連して，生徒**X**は，SDGs の達成に向けて企業がどのような取組みを行っているのかについて調べ，次の**メモ**を作成した。**メモ**中の空欄 ア には後の語句**a**か**b**，空欄 イ には後の語句**c**か**d**のいずれかが当てはまる。空欄 ア ・ イ に当てはまるものの組合せとして最も適当なものを，後の①～④のうちから一つ選べ。 28

> 　グローバル企業は，世界に広がる ア を形成し，さまざまな経営資源の効率的な調達を進めています。しかしながら，こうした原材料の調達から消費者の手元に届くまでの一連の流れである ア が広がり複雑化していく中で，発展途上国の労働者が劣悪な環境や不当な労働条件で働かされることにより貧困に陥っているとの指摘もあります。
>
> 　企業は，こうした問題に対処する責任を有していると考えられ，実際さまざまな取組みがみられます。その一つとして注目される取組みが イ です。 イ とは，発展途上国産の原材料や製品について公正な価格で継続的に取引することにより，立場の弱い発展途上国の労働者の生活改善や自立をめざす取組みのことです。

 ア に当てはまる語句

a　セーフティネット　　　　　　　**b**　サプライチェーン

 イ に当てはまる語句

c　フェアトレード　　　　　　　　**d**　メセナ

①　ア ― **a**　　イ ― **c**
②　ア ― **a**　　イ ― **d**
③　ア ― **b**　　イ ― **c**
④　ア ― **b**　　イ ― **d**

問 5　下線部ⓔに関連して，生徒**X**と生徒**Y**は，各国における対外債務の問題について，複数の指標を用いて考察することにした。次の**メモ**は，**X**と**Y**が，いくつかある指標の中から今回の考察で重要と思われるものを整理したものであり，後の**表**は，取り上げる国のデータをまとめたものである。**メモ**と**表**に基づいて考察した後の記述 **a ～ c** のうち，正しいものはどれか。当てはまるものをすべて選び，その組合せとして最も適当なものを，後の①～⑦のうちから一つ選べ。　　29

メモ

○債務負担の度合いは，対外債務残高の対輸出額比と対外債務残高の対GNI 比から判断できるものとする。

※対外債務残高

公的部門の長期対外債務，民間部門の長期対外債務，短期対外債務および IMF (国際通貨基金)からの融資の合計。

※対外債務残高の対輸出額比

財・サービスの輸出額に対する対外債務残高の比率。ここでの輸出額には海外からの純所得を含む。当該国の外貨獲得能力に対して対外債務がどれだけ累積しているかを示す指標。

※対外債務残高の対 GNI 比

GNI (国民総所得)に対する対外債務残高の比率。当該国の経済の大きさに対して対外債務がどれだけ累積しているかを示す指標。

表

	アルゼンチン		インドネシア		南アフリカ	
	2017 年	2018 年	2017 年	2018 年	2017 年	2018 年
対外債務残高 （百万米ドル）	225,925	277,827	353,564	379,589	174,921	174,094
対外債務残高の 対輸出額比（%）	289	333	177	172	160	148
対外債務残高の 対 GNI 比（%）	36	56	36	38	52	49

（出所）　World Bank Web ページにより作成。

a　アルゼンチンでは，2017 年から 2018 年にかけて，対外債務残高が増加している。また，対外債務残高の対輸出額比と対外債務残高の対 GNI 比とがともに上昇しており，アルゼンチンの債務負担の度合いは高まったと判断できる。

b　インドネシアでは，2017 年から 2018 年にかけて，対外債務残高が増加している。また，対外債務残高の対輸出額比と対外債務残高の対 GNI 比とがともに低下しており，インドネシアの債務負担の度合いは高まったと判断できる。

c　南アフリカでは，2017 年から 2018 年にかけて，対外債務残高が減少している。また，対外債務残高の対輸出額比と対外債務残高の対 GNI 比とがともに低下しており，南アフリカの債務負担の度合いは高まったと判断できる。

① a
② b
③ c
④ a と b
⑤ a と c
⑥ b と c
⑦ a と b と c

問 6　下線部⑦に関連して，生徒 X と生徒 Y は，発表資料の一部として次のメモを作成し，メモをみながら議論をしている。後の会話文中の空欄　ア　には後の記述 a か b，空欄　イ　には後の記述 c か d のいずれかが当てはまる。空欄　ア　・　イ　に当てはまるものの組合せとして最も適当なものを，後の①〜④のうちから一つ選べ。　30

【SDGs の特徴】

○相互に関連する問題であるとの認識から，国連において加盟国の総意によって 17 の目標が幅広く提示された。

○これらの目標は 2030 年までに達成がめざされる。それぞれの目標をどう達成するかは各国が決定する。

X：17 もの目標を幅広く提示する SDGs では，それぞれの目標が他の目標に関連することになるため，包括的に取組みを進める必要があるという考え方がとられているんだね。また，それぞれの目標をどう達成するかは各国に委（ゆだ）ねられており，各国の自主性が重視されている点も特徴的だね。

Y：ただ，相互に関係しているとしてもかなり幅広い目標だし，各目標をどう達成するかを各国が決定できるのなら，どれほどの意味があるか疑問だな。少しずつでも，一つ一つ目標をどう達成するか具体的に定めて条約で約束し，守らない国に対しては責任を追及することで目標の達成を図っていくべきじゃないかな。

X：そうかな。　ア　。

Y：そんなにうまくいくのかな。とくに，各国の経済発展を阻害するような目標を国際社会で達成するには困難が伴うと思うよ。たとえば，環境保護と経済発展をめぐる発展途上国と先進国との利害対立が，SDGs の目標の一つである気候変動問題への国際社会の対処を難しくしていることは「政治・経済」の授業でも学習したよね。

X：たしかに，そこが国際的な問題の難しさだけど，そうした事情を踏まえた点に SDGs の意義があるのではないかな。　イ　。

ア に当てはまる記述

a　SDGs には，国家の対応能力の限界が問題となるものも多いので，違反を責めるよりも，各国の自主的な取組みを国際社会が促すとともに，それをサポートする体制を作ることが重要だよね

b　良好な地球環境が経済発展を促すように，経済発展につながる要因はさまざまだよね。SDGs が経済発展によって貧困からの脱却を図ることに専念した目標である以上，経済発展を促進するための包括的な取組みが不可欠だよね

イ に当てはまる記述

c　SDGs の目標の多くは先進国ではすでに達成されており，貧困など多くの問題を抱えている途上国を対象に目標を設定したものだから，ターゲットを絞ることで達成しやすい目標を設定したのだと思うよ

d　SDGs は，各国にそれぞれ優先すべき課題があることを踏まえて，できるところから目標を追求できる仕組みを作ったことが重要だよね。包括的な目標を示し，達成方法を各国に委ねたのはそのためだと思うよ

① ア ― a　　イ ― c

② ア ― a　　イ ― d

③ ア ― b　　イ ― c

④ ア ― b　　イ ― d

MEMO

政治・経済

（2022年1月実施）

60分　100点

第1問　次の文章を読み，後の問い（**問1～8**）に答えよ。（配点　26）

　　ⓐ国の法制度やⓑ地方自治に関心がある生徒**X**と生徒**Y**は，自分たちが住む**J**市のまちづくりの取組みについて調べている。

　　かつてⓒ**K**寺の門前町として栄えた**J**市には，多くの観光客が訪れており，**K**寺は**J**市の重要な観光資源となっている。市の中心市街地は，駅から**K**寺へ至る表参道としての中央通りを中心に発展してきた。駅前には大型店舗が集まり，表参道には個人商店が軒を並べている。また，**K**寺の門前にはⓓ空き家などをリノベーションした店舗やカフェが多数立地し，ⓔ地元の農産物を加工した食品を販売している。

　　生徒たちが**J**市の Web ページを調べたところ，市が「市街地活性化プラン」を策定し，次のような事業を展開していることがわかった。

空き家等活用事業	空き家等を活用し，店舗やカフェ，民泊などの施設として利用する場合に，改修費や設備費を補助するとともに，長期的な安定経営をめざし，経営指導員による継続的指導を行う。
歴史的街なみ整備事業	**K**寺周辺地区の歴史ある街なみを保全し，伝統と文化が感じられる景観を形成することを目的に，まちづくり協定で規定する範囲の景観の整備に対する助成を行うとともに，道路の美装化を進める。

　　生徒たちはとくに空き家などの活用に関心をもち，空き家やⓕ民泊に関するⓖ法律についても，ⓗ立法過程を含め，調べてみることにした。

問 1　下線部ⓐに関連して，生徒**X**は，図書館で資料調査をする中で，国家権力のあり方に関するある思想家の著作に次のような記述があることを発見した。この記述から読みとれる内容として最も適当なものを，後の①〜④のうちから一つ選べ。なお，一部表記を改めた箇所やふりがなを振った箇所がある。

1

> およそ権力を有する人間がそれを濫用しがちなことは万代不易（ばんだいふえき）の経験である。彼は制限に出会うまで進む。…(中略)…
>
> 権力を濫用しえないようにするためには，事物の配置によって，権力が権力を抑止するようにしなければならない。誰も法律が義務づけていないことをなすように強制されず，また，法律が許していることをしないように強制されないような国制が存在しうるのである。…(中略)…
>
> 同一の人間あるいは同一の役職者団体において立法権力と執行権力とが結合されるとき，自由は全く存在しない。なぜなら，同一の君主または同一の元老院が暴君的な法律を作り，暴君的にそれを執行する恐れがありうるからである。
>
> 裁判権力が立法権力や執行権力と分離されていなければ，自由はやはり存在しない。もしこの権力が立法権力と結合されれば，公民の生命と自由に関する権力は恣意的となろう。なぜなら，裁判役が立法者となるからである。もしこの権力が執行権力と結合されれば，裁判役は圧制者の力をもちうるであろう。
>
> もしも同一人間，または，貴族もしくは人民の有力者の同一の団体が，これら三つの権力，すなわち，法律を作る権力，公的な決定を執行する権力，犯罪や個人間の紛争を裁判する権力を行使するならば，すべては失われるであろう。

① 権力を恣意的に行使する統治に対する革命権の重要性を説いている。

② 権力を分立することにより公民の自由が保護されると説いている。

③ 権力をもつ者が権力を濫用するのではなく公民の自由を保護する傾向にあることを前提としている。

④ 権力をもつ者が人民から自然権を譲渡された絶対的な存在であることを前提としている。

4

問 2　下線部ⓑに関連して，生徒**Y**は，日本国憲法が保障している地方自治について調べ，次の**文章**のようにまとめた。**文章**中の空欄　ア　～　ウ　に当てはまる語句の組合せとして最も適当なものを，後の①～⑧のうちから一つ選べ。　2

> 　日本国憲法第92条は，「地方公共団体の組織及び運営に関する事項は，地方自治の本旨に基いて，法律でこれを定める」としている。ここでいう地方自治の本旨は，団体自治と住民自治の原理で構成される。団体自治は，国から自立した団体が設立され，そこに十分な自治権が保障されなければならないとする　ア　的要請を意味するものである。住民自治は，地域社会の政治が住民の意思に基づいて行われなければならないとする　イ　的要請を意味するものである。国から地方公共団体への権限や財源の移譲，そして国の地方公共団体に対する関与を法律で限定することなどは，直接的には　ウ　の強化を意味するものということができる。

① ア　集　権　　イ　自由主義　　ウ　住民自治
② ア　集　権　　イ　自由主義　　ウ　団体自治
③ ア　集　権　　イ　民主主義　　ウ　住民自治
④ ア　集　権　　イ　民主主義　　ウ　団体自治
⑤ ア　分　権　　イ　自由主義　　ウ　住民自治
⑥ ア　分　権　　イ　自由主義　　ウ　団体自治
⑦ ア　分　権　　イ　民主主義　　ウ　住民自治
⑧ ア　分　権　　イ　民主主義　　ウ　団体自治

問 3 下線部ⓒに関連して，**J**市と**K**寺のかかわり合いに関心がある生徒**Y**は，「政治・経済」の授業で学習した政教分離原則のことを思い出し，政教分離原則に関する最高裁判所の判例について調べてみた。最高裁判所の判例に関する次の記述**ア〜ウ**のうち，正しいものはどれか。当てはまる記述をすべて選び，その組合せとして最も適当なものを，後の①〜⑦のうちから一つ選べ。　| 3 |

ア　津地鎮祭訴訟の最高裁判決では，市が体育館の起工に際して神社神道固有の祭式にのっとり地鎮祭を行ったことは，憲法が禁止する宗教的活動にあたるとされた。

イ　愛媛玉ぐし料訴訟の最高裁判決では，県が神社に対して公金から玉ぐし料を支出したことは，憲法が禁止する公金の支出にあたるとされた。

ウ　空知太神社訴訟の最高裁判決では，市が神社に市有地を無償で使用させていたことは，憲法が禁止する宗教団体に対する特権の付与にあたるとされた。

① ア
② イ
③ ウ
④ アとイ
⑤ アとウ
⑥ イとウ
⑦ アとイとウ

問4 下線部④について，生徒**X**は，国土交通省のWebページで「空家等対策の推進に関する特別措置法」(以下，「空家法」という)の内容を調べ，次のメモを作成した。**X**は生徒**Y**と，メモをみながら後の会話をしている。後の**会話文**中の空欄　**ア**　・　**イ**　に当てはまる語句の組合せとして最も適当なものを，後の①〜⑥のうちから一つ選べ。　　**4**

1.「空家等」(空家法第2条第1項)

　・建築物やそれに附属する工作物で居住等のために使用されていないことが常態であるもの，および，その敷地。

2.「特定空家等」：次の状態にある空家等(空家法第2条第2項)

　(a)　倒壊等著しく保安上危険となるおそれのある状態

　(b)　著しく衛生上有害となるおそれのある状態

　(c)　適切な管理が行われないことにより著しく景観を損なっている状態

　(d)　その他周辺の生活環境の保全を図るために放置することが不適切である状態

3.　特定空家等に対する措置(空家法第14条)

　・特定空家等の所有者等に対しては，市町村長は，特定空家等を取り除いたり，修繕したりするなど，必要な措置をとるよう助言や指導，勧告，命令をすることができる。

　・上記(a)または(b)の状態にない特定空家等については，建築物を取り除くよう助言や指導，勧告，命令をすることはできない。

X：空家法によると，市町村長は，所有者に対し建築物を取り除くよう命令し，従わない場合は代わりに建築物を取り除くこともできるみたいだよ。

Y：そうなんだ。でも，市町村長が勝手に私人の所有する建築物を取り除いてしまってもよいのかな。

X：所有権といえども，絶対的なものとはいえないよ。日本国憲法第 29 条でも，財産権の内容は「　**ア**　」に適合するように法律で定められるものとされているね。空家法は所有権を尊重して，所有者に対し必要な措置をとるよう助言や指導，それから勧告をすることを原則としているし，建築物を取り除くよう命令できる場合を限定もしているよ。でも，空家法が定めているように，　**イ**　には，所有者は，建築物を取り除かれることになっても仕方ないんじゃないかな。

Y：所有権には所有物を適切に管理する責任が伴うということだね。

① **ア**　公共の福祉　　**イ**　周辺住民の生命や身体に対する危険がある場合

② **ア**　公共の福祉　　**イ**　周辺の景観を著しく損なっている場合

③ **ア**　公共の福祉　　**イ**　土地の有効利用のための必要性がある場合

④ **ア**　公序良俗　　**イ**　周辺住民の生命や身体に対する危険がある場合

⑤ **ア**　公序良俗　　**イ**　周辺の景観を著しく損なっている場合

⑥ **ア**　公序良俗　　**イ**　土地の有効利用のための必要性がある場合

問 5　下線部ⓔに関心をもった生徒Yは，日本の農業に関する法制度の変遷について調べ，次の表を作成した。表中の空欄　ア　～　エ　には，後の記述①～④のいずれかが入る。表中の空欄　ウ　に当てはまる記述として最も適当なものを，後の①～④のうちから一つ選べ。　5

1952 年	農地法の制定　〔内容：　ア　〕
1961 年	農業基本法の制定　〔内容：　イ　〕
⋮	⋮
1995 年	食糧管理制度廃止
1999 年	食料・農業・農村基本法の制定　〔内容：　ウ　〕
2009 年	農地法の改正　〔内容：　エ　〕
⋮	⋮

① 農業と工業の生産性の格差を縮小するため，米作から畜産や果樹などへの農業生産の選択的拡大がめざされることになった。

② 国民生活の安定向上のため，食料の安定供給の確保や農業の多面的機能の発揮がめざされることになった。

③ 地主制の復活を防止するため，農地の所有，賃貸，販売に対して厳しい規制が設けられた。

④ 農地の有効利用を促進するため，一般法人による農地の賃貸借に対する規制が緩和された。

問6　下線部⑤について，生徒Xと生徒Yは次のような会話をしている。次の**会話文**中の空欄　ア　・　イ　に当てはまる語句の組合せとして最も適当なものを，後の①～④のうちから一つ選べ。　6

X：住宅宿泊事業法が制定されて，住宅を宿泊事業に用いる民泊が解禁されたと聞いたけど，うちのJ市も空き家を活用した民泊を推進しているらしいね。でも，同じく宿泊施設であるホテルや旅館の経営者の一部からは，経営への悪影響を懸念して規制をすべきという声も出ているらしいよ。

Y：　ア　を支持する考えからすれば，民泊がたくさんできると，利用者の選択肢が増え利便性が上がるだろうし，将来的には観光客の増加と地域経済の活性化につながって，いいことなんだけどね。

X：問題もあるんだよ。たとえば，閑静な住宅街やマンションの中に民泊ができたら，夜間の騒音とか，周辺住民とトラブルが生じることがあるよね。彼らの生活環境を守るための対策が必要じゃないかな。

Y：民泊の営業中に実際に周囲に迷惑をかけているなら個別に対処しなければならないね。でも，自身の所有する住宅で民泊を営むこと自体は財産権や営業の自由にかかわることだし，利用者の選択肢を狭めてはいけないね。だから，住宅所有者が民泊事業に新たに参入することを制限するのはだめだよ。その意味で，　イ　ことには反対だよ。

① ア　規制強化
　 イ　住宅街において民泊事業を始めることを地方議会が条例で禁止する

② ア　規制強化
　 イ　夜間の激しい騒音を改善するよう民泊事業者に行政が命令する

③ ア　規制緩和
　 イ　住宅街において民泊事業を始めることを地方議会が条例で禁止する

④ ア　規制緩和
　 イ　夜間の激しい騒音を改善するよう民泊事業者に行政が命令する

問7 下線部⑧について，生徒Xと生徒Yは，さらに民泊に関連する法律の内容を調べた上で，次のような会話をしている。次の**会話文**中の空欄 ア ～ ウ に当てはまる語句の組合せとして正しいものを，後の①～⑧のうちから一つ選べ。 7

X：調べてみたら民泊を営むにも利用するにもいろんな法律がかかわるんだね。

Y：そうだね。まず民泊の解禁を定めた住宅宿泊事業法があるけど，ほかにも，利用料金を支払って民泊を利用する契約には ア が適用されるね。ちなみに，私人間の関係を規律する ア は，公法か私法かという分類からすれば イ に該当するね。

X：また，民泊を営業する人は事業者だから，不当な勧誘による契約の取消しを可能にしたり，消費者に一方的に不利な条項の無効を定めたりする ウ も関連するよ。

Y：一つの事項についてもさまざまな法律が重層的にかかわることが確認できたね。

① ア 民 法 イ 私 法 ウ 消費者契約法
② ア 民 法 イ 私 法 ウ 独占禁止法
③ ア 民 法 イ 公 法 ウ 消費者契約法
④ ア 民 法 イ 公 法 ウ 独占禁止法
⑤ ア 刑 法 イ 私 法 ウ 消費者契約法
⑥ ア 刑 法 イ 私 法 ウ 独占禁止法
⑦ ア 刑 法 イ 公 法 ウ 消費者契約法
⑧ ア 刑 法 イ 公 法 ウ 独占禁止法

問 8　下線部⒣について，生徒 **X** は，「政治・経済」の教科書を読み，日本の立法過程について整理した。日本の立法過程に関する記述として**誤っているもの**を，次の①〜④のうちから一つ選べ。　8

①　国会議員が予算を伴わない法律案を発議するには，衆議院では議員 20 人以上，参議院では議員 10 人以上の賛成を要する。

②　法律案が提出されると，原則として，関係する委員会に付託され委員会の審議を経てから本会議で審議されることになる。

③　参議院が衆議院の可決した法律案を受け取った後，60 日以内に議決をしないときは，衆議院の議決が国会の議決となる。

④　国会で可決された法律には，すべて主任の国務大臣が署名し，内閣総理大臣が連署することを必要とする。

第2問 生徒たちは，次の白板にまとめた授業の内容をもとに，経済主体の関係について考察や分析を行った。これに関連して，後の問い(**問1～8**)に答えよ。
(配点 26)

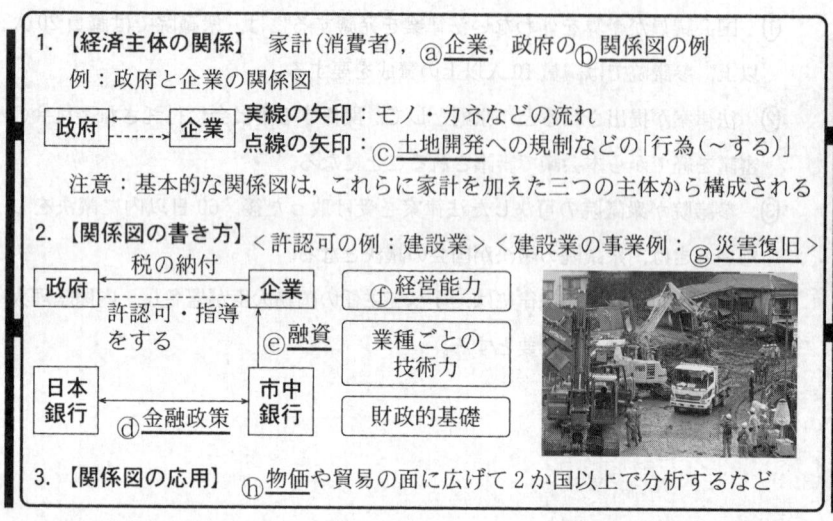

※入試に掲載された写真とは異なります

問1 日本における下線部ⓐに関する記述として最も適当なものを，次の①～④のうちから一つ選べ。 **9**

① 自社の株価の低下を招くような社内の行為をその会社の株主が監視することを，リストラクチャリングという。

② ある企業の1年間の利潤のうち，株主への分配率が上昇すると内部留保への配分率も上昇し，企業は設備投資を増やすようになる。

③ 世界的に拡大した感染症による経済的影響として，いわゆる巣ごもり需要の増加に対応することで2020年に売上を伸ばした企業があった。

④ 1990年代のバブル経済崩壊後，会社法が制定され，株式会社設立のための最低資本金額が引き上げられた。

問 2　下線部ⓑに関連して，生徒**X**と生徒**Y**は，白板における関係図の書き方を参考に話し合いを行い，自主学習として環境問題を関連させた経済主体の関係図を作成した。たとえば，次の会話文中の下線部の内容は，後の関係図中の消費者と企業の間の矢印（─）に対応している。会話の内容と整合する関係図として最も適当なものを，後の①〜④のうちから一つ選べ。　10

X：企業の工場から汚染物質が排出されるような図を考えればいいかな。

Y：それもあるけど，需要側の消費者が供給側の企業と，市場で財・サービスを取引するから生産が行われるわけで，需要側にも問題があると思うよ。

X：そうだね。でも，両方を書くと問題の焦点がわかりにくくなるし，今回の学習では，需要側からの汚染物質の問題は省いて，供給側からの汚染物質の排出と供給側への政府の対策を作図するってことでいいんじゃないかな。政府が供給側を対象に対策をしたというニュースもあったよね。

Y：いいね。私もみたよ。あと，その矢印のそばに書く語句はニュースに近いものを書くといいかもね。政策の目的も考慮されやすい語句がいいかな。

X：うん。加えて，市民で構成されるNPOなどによる，供給側への監視も大事になってくるんじゃないかな。

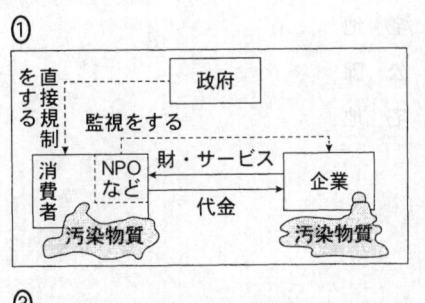

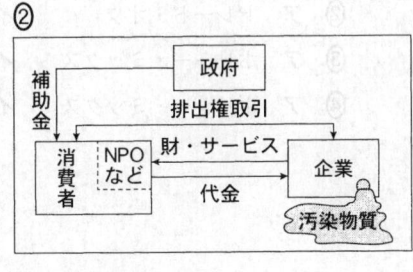

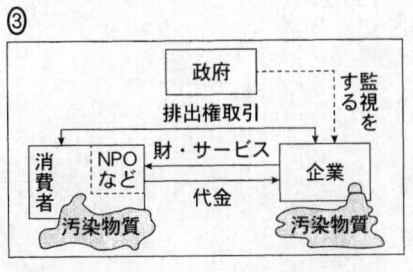

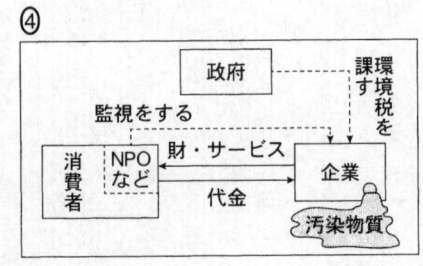

問 3 下線部ⓒに関連して，生徒 **X** は，クラスでの発表において，企業の土地利用を事例にして，機会費用の考え方とその適用例をまとめることにした。**X** が作成した，次のメモ中の空欄 **ア** ・ **イ** に当てはまる語句として最も適当なものを，後の①～④のうちから一つ選べ。 11

◇**機会費用の考え方**：ある選択肢を選んだとき，もし他の選択肢を選んでいたら得られたであろう利益のうち，最大のもの。

◇**事例の内容と条件**：ある限られた土地を公園，駐車場，宅地のいずれかとして利用する。利用によって企業が得る利益は，駐車場が最も大きく，次いで公園，宅地の順である。なお，各利用形態の整備費用は考慮しない。

◇**機会費用の考え方の適用例**：ある土地をすべて駐車場として利用した場合， **ア** の関係から他の用途に利用できないため，そのときの機会費用は， **イ** を選択したときの利益に等しい。

---

① ア トレード・オフ イ 公 園
② ア トレード・オフ イ 宅 地
③ ア ポリシー・ミックス イ 公 園
④ ア ポリシー・ミックス イ 宅 地

問 4　下線部ⓓに関連して，生徒 **X** と生徒 **Y** は，日本銀行による金融政策の主な手段である公開市場操作(オープン・マーケット・オペレーション)について話し合った。次の**会話文**中の空欄 ┃ **ア** ┃・┃ **イ** ┃ に当てはまる語句の組合せとして最も適当なものを，後の①〜④のうちから一つ選べ。┃ **12** ┃

X：日本銀行は，買いオペレーションや売りオペレーションによって，個人や一般企業が保有する通貨量を変動させているようだね。

Y：そうかな？　たしかに，買いオペは金融 ┃ **ア** ┃ の効果が期待できると言われているけど，日本銀行が市中銀行から国債を買い入れると，確実に増加するのは市中銀行が保有する日銀当座預金の残高だね。

X：それは個人や一般企業が保有する通貨量，つまり ┃ **イ** ┃ が増加すると考えてよいのかな。

Y：┃ **イ** ┃ が増加するかどうかは，個人や一般企業の資金需要と市中銀行の貸出が増加するかどうかによるよ。

X：それなら，日本銀行の公開市場操作は ┃ **イ** ┃ を直接的に増減させるものではないということだね。

① **ア** 緩　和　　**イ** マネーストック
② **ア** 緩　和　　**イ** マネタリーベース
③ **ア** 引　締　　**イ** マネーストック
④ **ア** 引　締　　**イ** マネタリーベース

問 5 下線部ⓒに関連して，生徒たちは，次の**図1**と**図2**を用いて市中銀行の貸出業務を学習することになった。これらの図は，すべての市中銀行の資産，負債，純資産を一つにまとめた上で，貸出前と貸出後を比較したものである。これらの図から読みとれる内容を示した後のメモを踏まえて，市中銀行の貸出業務に関する記述として最も適当なものを，後の①～④のうちから一つ選べ。
13

資産	負債・純資産
「すでにある貸出」85	「すでにある預金」90
日銀当座預金 15	資本金 10

図1 貸出前のバランスシート

資産	負債・純資産
「新規の貸出」20	「新規の預金」20
「すでにある貸出」85	「すでにある預金」90
日銀当座預金 15	資本金 10

図2 貸出後のバランスシート

(注) バランスシートの左側には「資産」が，右側には「負債・純資産」が表され，「資産」と「負債・純資産」の金額は一致する。簡略化のため，市中銀行の資産は貸出および日銀当座預金，負債は預金，純資産は資本金のみとし，また貨幣単位は省略する。

メモ 個人や一般企業が銀行から借り入れると，市中銀行は「新規の貸出」に対応した「新規の預金」を設定し，借り手の預金が増加する。他方で，借り手が銀行に返済すると，市中銀行の貸出と借り手の預金が同時に減少する。

---

① 市中銀行は「すでにある預金」を個人や一般企業に貸し出すため，銀行貸出は市中銀行の資産を増加させ負債を減少させる。

② 市中銀行は「すでにある預金」を個人や一般企業に貸し出すため，銀行貸出は市中銀行の資産を減少させ負債を増加させる。

③ 市中銀行は「新規の預金」を創り出すことによって個人や一般企業に貸し出すので，銀行貸出は市中銀行の資産と負債を減少させる。

④ 市中銀行は「新規の預金」を創り出すことによって個人や一般企業に貸し出すので，銀行貸出は市中銀行の資産と負債を増加させる。

問 6　下線部④に関連して，生徒たちは労働問題について学ぶため，事前学習として，次の**図**のような求人情報の例を作成し，問題点がないか話し合った。**図**中の下線部⑦～⑨について，企業がこの求人情報のとおりに労働者と労働契約を結んだ場合，雇用に関係する日本の法律に抵触するものはどれか。当てはまるものをすべて選び，その組合せとして最も適当なものを，後の①～⑦のうちから一つ選べ。　14

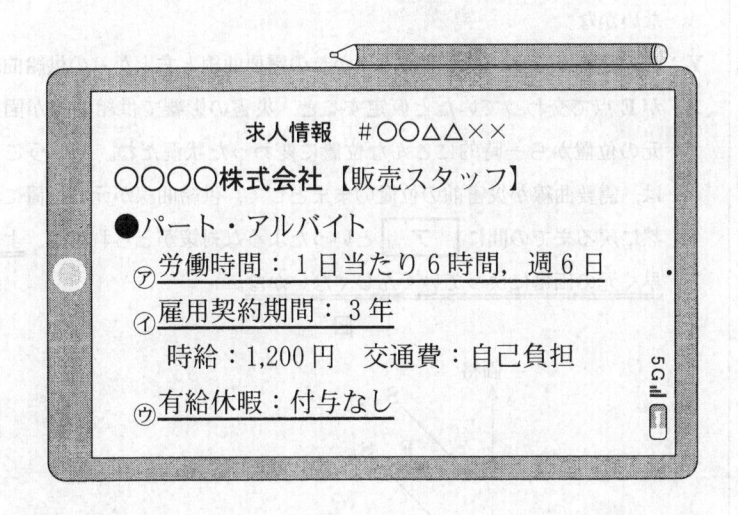

求人情報　#○○△△××

○○○○株式会社【販売スタッフ】

●パート・アルバイト

⑦労働時間：1 日当たり 6 時間，週 6 日

④雇用契約期間：3 年

時給：1,200 円　交通費：自己負担

⑨有給休暇：付与なし

5G.ⅲ

① ⑦

② ④

③ ⑨

④ ⑦と④

⑤ ⑦と⑨

⑥ ④と⑨

⑦ ⑦と④と⑨

問 7　下線部⑧に関連して，生徒**X**と生徒**Y**は災害の影響に関する次の**会話**をしている。

> **X**：この間の災害で被害を受けた地場産品の野菜の価格が上がって困っているよ。おいしいから毎日必ず食べてたんだ。復旧のめどはたったらしいけど，元に戻るには時間がかかるらしくて。早く元に戻ってくれないかな。
>
> **Y**：この**図**をみてよ。災害前は右下がりの需要曲線と右上がりの供給曲線が**E**点で交わっていたと仮定すると，災害の影響で供給曲線が**図**の元の位置から一時的にこんな位置に変わった状況だね。ということは，需要曲線が災害前の位置のままとして，供給曲線が元の位置に自然に戻るまでの間に　**ア**　といったような対策がとられれば，<u>より早く元の価格に戻っていくんじゃないかな。</u>
>
> **図**
>
>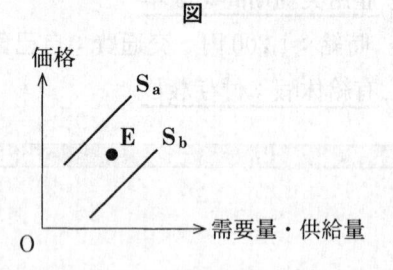

　Xの発言に対し，**Y**は災害後の供給曲線を図中の**S_a**線か**S_b**線のいずれかと推測し，二重下線部(＿＿＿)を実現するための**E**点までの調整方策を**会話**文中の空欄　**ア**　で述べている。　**ア**　に当てはまる発言として最も適当なものを，次の①〜④のうちから一つ選べ。　**15**

① 野菜の購入時にキャッシュレス決済で使える電子ポイントを付与する

② 野菜の購入量が増えるように消費者に宣伝を行う

③ 原材料の購入に使える助成金を生産者に支給する

④ 原材料の使用量に応じて課徴金を課す

問 8　下線部⑪に関連して，生徒たちは，次の**図**と**図に関する説明**を用いて，各国の物価水準の比率から外国為替レートを理論的に求める購買力平価説を学んだ。この説に基づいて算出される外国為替レート（1 ドル＝ α 円）を基準として考えるとき，20××年○月△日における実際の外国為替レートの状態を表す記述として正しいものを，後の①～④のうちから一つ選べ。　16

図

アメリカにおける「SEIKEI バーガー」の販売価格 5 ドル

購買力平価説の外国為替レート
1 ドル＝ α 円

実　際　の外国為替レート
1 ドル＝ 99 円

日本における「SEIKEI バーガー」の販売価格 600 円

【図に関する説明】

・両国で販売されている「SEIKEI バーガー」はまったく同じ商品であり，それぞれの販売価格は，同一年月日（20××年○月△日）のもので時差は考えない。

・両国の物価水準は「SEIKEI バーガー」の販売価格でそれぞれ代表される。

---

① 実際の外国為替レートは，1 ドル当たり 120 円の円安ドル高である。

② 実際の外国為替レートは，1 ドル当たり 120 円の円高ドル安である。

③ 実際の外国為替レートは，1 ドル当たり 21 円の円安ドル高である。

④ 実際の外国為替レートは，1 ドル当たり 21 円の円高ドル安である。

第3問 次に示したのは，生徒たちが最近読んだある日の新聞の1面である。傍線部ⓐ〜ⓗは，それぞれの見出しやコラムを示している。これに関連して，後の問い（問1〜8）に答えよ。（配点　26）

1　第○×○×○号　　　　　　　　　　　共　通　新　聞　　　　　2022年（令和4年）○○月○○日　土曜日　日刊　5版

共通新聞

1897年（明治30年）
11月12日創刊
発　行　所
共　通　新　聞　社
〒000-0000
○○○区○○○番地
電代表番　0000-000-0000
電広告番　000-0000
電販売番　000-0000
広　告　台　000-000

2022年（令和4年）
○○月○○日（土）

世界経済落ち込み深刻

迫られる景気悪化への対応

ⓐ 家計への打撃を懸念

ⓑ 雇用環境の大幅悪化

遠のく ⓒ 物価上昇

ⓖ 新興国通貨に不安定化の兆し

先進国・発展途上国の協調が必要

ⓕ 国際機関の役割の重要性増す

今日のコラム「ⓗ 経済連携」

ⓓ 予算審議始まる

ⓔ 税制改革関連法案は年度内成立へ

問 1 傍線部ⓐに関連して，生徒**X**は，次の**X**の小遣い帳(2019 年 11 月)をもとに1か月のお金の動きを，後の水槽を使った**模式図**で表すことにした。**X**は，この 1 か月間について，お金が流れる方向を矢印に，お金の量を水量に見立て，蛇口から水槽に水が入り，出口から出ていく**模式図**を作成した。**小遣い帳**と**模式図**中の下線部⑦〜㋔の五つの量をフローとストックに分類したとき，フローであるものをすべて選び，その組合せとして正しいものを，後の①〜⑧のうちから一つ選べ。　17

小遣い帳

日付	事柄	収入	支出	残高
2019/11/1	前月からの繰越			￥20,000
11/1	小遣い	⑦ ￥5,000		￥25,000
11/9	部活動後の飲食		￥500	￥24,500
11/16	文化祭での飲食等		￥1,500	￥23,000
11/22	両親へのプレゼント(結婚記念日)		㋑ ￥5,000	￥18,000
11/24	友達と食事		￥1,000	￥17,000
11/30	次月への繰越			￥17,000

模式図

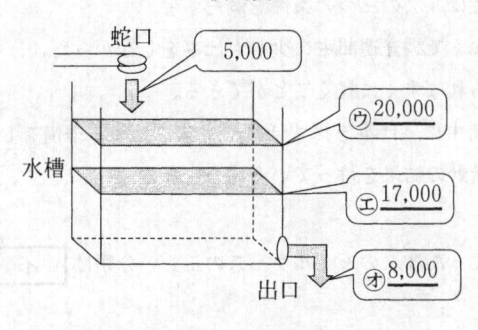

① ⑦と㋑　　② ⑦と㋒　　③ ㋑と㋔　　④ ㋒と㋓

⑤ ⑦と㋑と㋔　⑥ ⑦と㋒と㋓　⑦ ㋑と㋓と㋔　⑧ ㋒と㋓と㋔

問 2　傍線部⑥に関連して，生徒Yは，日本の失業について詳しく知りたいと考え，「労働力調査」の「用語の定義」から15歳以上人口の分類を調べ，次の**資料**にまとめた。その上で，Yはある月の月末1週間の状況として，後の**A〜C**の3人のモデルケースを作成し，3人の就業状態を分類した。**資料**中の空欄　ア　に入る語句と空欄　イ　に入る分類の図の組合せとして正しいものを，後の①〜⑧のうちから一つ選べ。　18

●15歳以上人口は，労働力人口と非労働力人口からなる。　　　　　**資料**

　→この15歳以上人口は，生産年齢人口と　ア　。

●労働力人口は，就業者と完全失業者からなる。（調査週間は月末1週間）

○就業者は，従業者と休業者からなる。

　・従業者は，収入を伴う仕事を1時間以上した者。

　・休業者は，仕事をもちながら，調査週間中に少しも仕事をしなかったものの，賃金等の支払いを受けた者，または受けることになっている者。

○完全失業者は，次の三つの条件を満たす者。

　・仕事がなくて調査週間中に少しも仕事をしなかった。

　・仕事があればすぐに就くことができる。

　・調査週間中に，仕事を探す活動や事業を始める準備をしていた（過去の求職活動の結果を待っている場合を含む）。

➡これらに従った3人のモデルケースの正しい分類は　イ　である。

※非労働力人口は，通学，家事，高齢などの理由で仕事をしていない者。

<モデルケース>

	職歴	なし。
A	現状	大学生。アルバイトはしていない。アルバイトを始めたいと思い, アルバイトの求人情報を調べて応募した。
	職歴	大学卒業後に就職した会社を, キャリアアップを目的に退職した。
B	現状	先月まで求職活動をしていたが, 今月は調査週間中も含め資格取得の勉強に集中している。
	職歴	これまで勤めていた会社を, 家庭の事情で退職した。
C	現状	自宅近くで, フルタイムの仕事を希望して求職活動中だが, 調査週間中に1日臨時の仕事を得た。

ア に入る語句

a 一致する　　**b** 一致しない

イ に入る分類の図

図1

労働力人口		非労働力人口
就業者	完全失業者	
A	C	B

図2

労働力人口		非労働力人口
就業者	完全失業者	
B	C	A

図3

労働力人口		非労働力人口
就業者	完全失業者	
C	A	B

図4

労働力人口		非労働力人口
就業者	完全失業者	
C	B	A

① アー **a**　　イー図1　　　② アー **a**　　イー図2

③ アー **a**　　イー図3　　　④ アー **a**　　イー図4

⑤ アー **b**　　イー図1　　　⑥ アー **b**　　イー図2

⑦ アー **b**　　イー図3　　　⑧ アー **b**　　イー図4

問 3 傍線部©に関連して，生徒**X**は，物価の変動が国民生活に与える影響に関心をもち，その例として，インフレ（インフレーション）のケースについて調べ，次の**メモ**にまとめた。**メモ**中の空欄 ア ～ エ に当てはまる語句の組合せとして正しいものを，後の①～⑧のうちから一つ選べ。 19

物価の変動は私たちの消費に影響を与える。私たちが買い物をするときを考え，名目の消費支出額を一定とする。すべての財・サービスの価格が同じ比率で変化したとすると，物価上昇前と比較して，物価上昇後に消費できる数量は ア することになる。

物価の変動は，債権者や債務者に対しても影響を及ぼす。ある一定額のお金の貸借が行われている状況を想定する。金利が変化しなかったとして，貸借が行われた時点では想定されていなかったインフレが発生した場合について考える。このとき，インフレが発生しなかった場合と比較すると，債権者にとって経済的に イ に，債務者にとって経済的に ウ になる。

これは，支払われる金額が事前に確定しており，その後インフレが進行した場合，この債権・債務の価値が実質的に エ することになるからである。

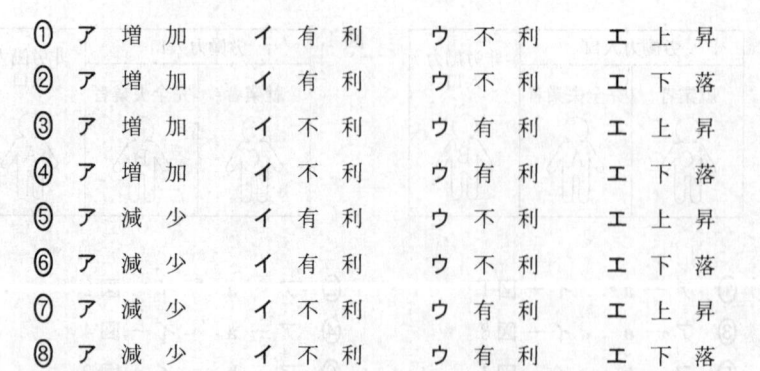

---

① ア 増 加　イ 有 利　ウ 不 利　エ 上 昇

② ア 増 加　イ 有 利　ウ 不 利　エ 下 落

③ ア 増 加　イ 不 利　ウ 有 利　エ 上 昇

④ ア 増 加　イ 不 利　ウ 有 利　エ 下 落

⑤ ア 減 少　イ 有 利　ウ 不 利　エ 上 昇

⑥ ア 減 少　イ 有 利　ウ 不 利　エ 下 落

⑦ ア 減 少　イ 不 利　ウ 有 利　エ 上 昇

⑧ ア 減 少　イ 不 利　ウ 有 利　エ 下 落

問 4　傍線部⑪に関連して，日本の国会の活動に関心をもった生徒Yは，2020 年における予算審議を中心に国会の活動を調べ，その一部を次の**表**にまとめた。**表**中の空欄　**ア**　・　**イ**　に当てはまる語句の組合せとして正しいものを，後の**①**～**⑥**のうちから一つ選べ。　20

1月20日	・常会（通常国会）の召集，開会式 ・ **ア** から予算の提出
1月～3月	・予算審議
3月27日	・予算の成立
4月27日	・ **ア** から **イ** の提出
4月30日	・ **イ** の成立
6月8日	・ **ア** から第2次 **イ** の提出
6月12日	・第2次 **イ** の成立
6月17日	・常会の会期終了

① ア　各省庁　イ　暫定予算

② ア　各省庁　イ　補正予算

③ ア　財務省　イ　暫定予算

④ ア　財務省　イ　補正予算

⑤ ア　内　閣　イ　暫定予算

⑥ ア　内　閣　イ　補正予算

問 5　傍線部ⓔに関連して，日本では，2019 年に消費税率が 10 パーセントに引き上げられ，それと同時に，食料品（飲料などを含む）への 8 パーセントの軽減税率が導入された。そこで，生徒 **X** は，その際に話題となった消費税の逆進性について考えるために，次の表を作成して整理してみることにした。具体的には，可処分所得が 300 万円の個人 **A**，500 万円の個人 **B**，800 万円の個人 **C** の三つのタイプを考えて**表**を作成した。この**表**から読みとれる消費税の逆進性に関する記述として最も適当なものを，後の①〜④のうちから一つ選べ。

21

	項　目	計算方法	個人 **A**	個人 **B**	個人 **C**
ア	可処分所得（万円/年）		300	500	800
イ	税抜き消費支出（万円/年）	**ウ ＋ エ**	270	350	520
ウ	うち食料品支出（万円/年）		100	120	150
エ	うち食料品以外の消費支出（万円/年）		170	230	370
オ	消費支出割合（%）	**イ ÷ ア × 100**	90	70	65
カ	全ての消費支出に 10 ％ 税率適用時の消費税負担額（万円/年）	**イ × 10 ％**	27	35	52
キ	食料品支出に 8 ％ 税率，食料品以外の消費支出に 10 ％ 税率適用時の消費税負担額（万円/年）	**ウ × 8 ％ ＋ エ × 10 ％**	25.0	32.6	49.0

① 可処分所得**ア**が高い個人ほど，表中**カ**の額が多く，消費税の逆進性の一例となっている。

② 可処分所得**ア**が高い個人ほど，可処分所得に占める表中**カ**の割合が低く，消費税の逆進性の一例となっている。

③ 可処分所得**ア**が高い個人ほど，表中**オ**の値が高く，消費税の逆進性の一例となっている。

④ 可処分所得**ア**が高い個人ほど，可処分所得に占める表中**キ**の割合が高く，消費税の逆進性の一例となっている。

問 6　傍線部①に関連して，生徒**X**と生徒**Y**は，国際連合に関連する国際機関について調べた。次の国際機関に関する記述**ア～ウ**のうち，正しいものはどれか。当てはまる記述をすべて選び，その組合せとして最も適当なものを，後の①～⑦のうちから一つ選べ。 22

ア　WHO は，世界の人々の保健水準の向上や国際的な保健事業の推進に関する活動を行っている。

イ　UNICEF は，発展途上国を中心に子どもの教育や権利保障に関する活動を行っている。

ウ　UNHCR は，迫害や紛争などによって生じる難民の保護に関する活動を行っている。

① ア
② イ
③ ウ
④ アとイ
⑤ アとウ
⑥ イとウ
⑦ アとイとウ

問 7　傍線部ⓖに関連して，生徒たちは，アジア通貨危機の発端となったタイについて関心をもった。そこで，タイの通貨バーツと当時のタイの状況および通貨危機についての要点を，次のようにメモにまとめた。また，アジア通貨危機が起こった 1997 年の前後 5 年にあたる 1992 年から 2002 年のタイの外国為替レート（1 米ドルあたりのバーツ），経常収支，外貨準備の値を調べ，その推移を作図した。生徒たちが作成した図として適当なものを，外国為替レートについては後の**図ア**か**図イ**，経常収支については後の**図ウ**か**図エ**，外貨準備については後の**図オ**か**図カ**より選び，その組合せとして最も適当なものを，後の①〜⑧のうちから一つ選べ。　23

メ　モ

○アジア通貨危機の前，タイのバーツも含めて，アジアの通貨の中には市場においてヘッジファンドなどによる売り圧力がかけられているものがあった。タイ政府は，通貨の下落を阻止するために，外貨準備を用いて買い支えようとしたが，結局は通貨危機に陥ってしまった。

○経済基盤が脆弱で，経常収支赤字が継続している国は，通貨危機が起こりやすいといわれている。

外国為替レート

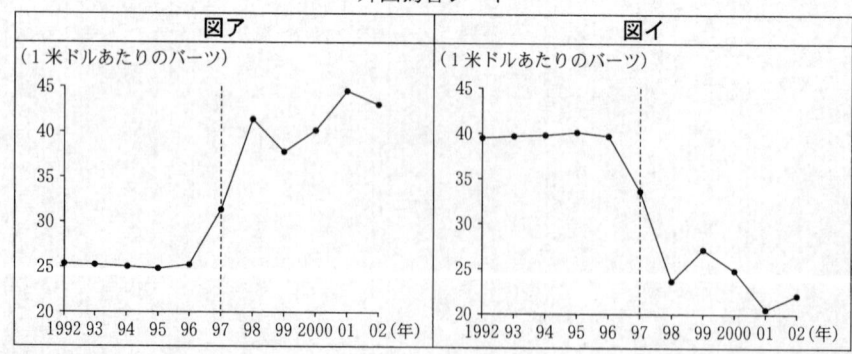

経常収支

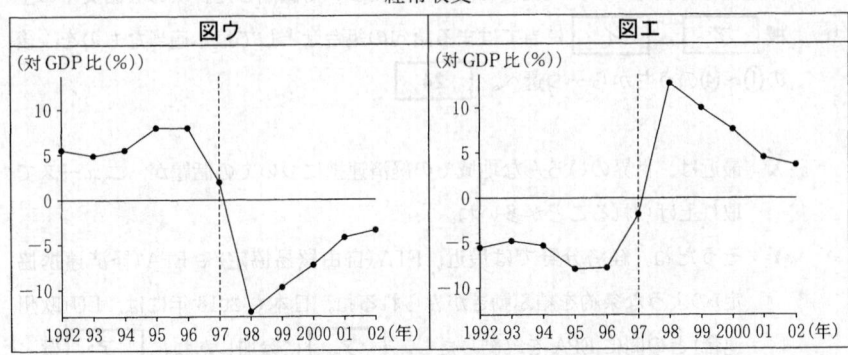

外貨準備

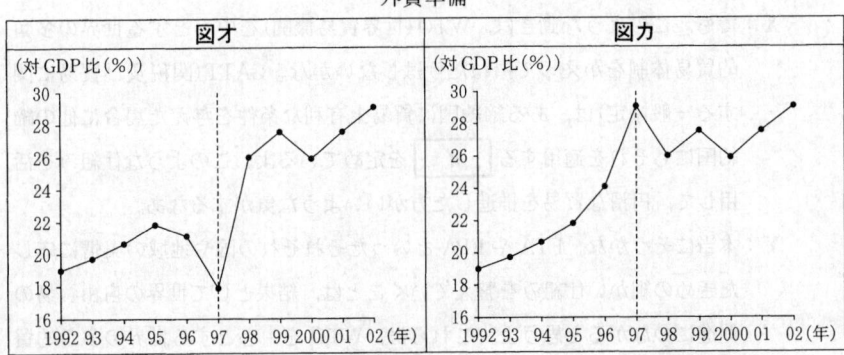

（出所）　World Bank Web ページにより作成。

	外国為替レート	経常収支	外貨準備
①	図ア	図ウ	図オ
②	図ア	図ウ	図カ
③	図ア	図エ	図オ
④	図ア	図エ	図カ
⑤	図イ	図ウ	図オ
⑥	図イ	図ウ	図カ
⑦	図イ	図エ	図オ
⑧	図イ	図エ	図カ

問 8 生徒**X**と生徒**Y**が，授業後に傍線部ⓗについて議論した。次の**会話文**中の空欄 **ア** ・ **イ** に当てはまる語句の組合せとして最も適当なものを，後の①〜④のうちから一つ選べ。 **24**

X：最近は，世界のいろんな地域での経済連携についての話題が，ニュースで取り上げられることが多いね。

Y：そうだね。経済分野では最近，FTA（自由貿易協定）やEPA（経済連携協定）のような条約を結ぶ動きがみられるね。日本も 2018 年には，EU（欧州連合）との間に EPA を締結したし， **ア** に参加したね。 **ア** は，アメリカが離脱した後に成立したものだよ。

X：でも，このような動きは，WTO（世界貿易機関）を中心とする世界の多角的貿易体制をかえって損ねたりはしないかな。GATT（関税及び貿易に関する一般協定）は，ある締約国に貿易上有利な条件を与えた場合に他の締約国にもそれを適用する **イ** を定めているよ。このような仕組みを活用して，円滑な貿易を推進した方がいいような気がするなあ。

Y：本当にそうかな。FTA や EPA といったそれぞれの国や地域の実情に応じたきめの細かい仕組みを整えていくことは，結果として世界の自由貿易の促進につながると思うよ。これらは，WTO を中心とする世界の多角的貿易体制を補完するものと考えていいんじゃないかな。

① **ア** TPP 11（環太平洋パートナーシップに関する包括的及び先進的な協定）

　　イ 最恵国待遇原則

② **ア** TPP 11（環太平洋パートナーシップに関する包括的及び先進的な協定）

　　イ 内国民待遇原則

③ **ア** APEC（アジア太平洋経済協力会議）

　　イ 最恵国待遇原則

④ **ア** APEC（アジア太平洋経済協力会議）

　　イ 内国民待遇原則

第4問　生徒Xと生徒Yは，「住民生活の向上を目的とする国や地方自治体の政策に，住民はどのようにかかわることができるのか」という課題を設定して調査を行い，L市主催の報告会で発表することにした。次の図は，そのための調査発表計画を示したものである。これに関連して，後の問い（**問1～6**）に答えよ。（配点　22）

Ⅰ　課題の設定

事前学習：<u>⒜戦後日本の地方自治制度と地域社会</u>

○住民生活の向上に関する国や地方自治体の政策と住民の意見反映

　──地方分権を踏まえて，地方自治体の役割に焦点を当てる

※何を，どのような観点から取り上げるかを特定し，設定した課題に関連する資料を収集する。

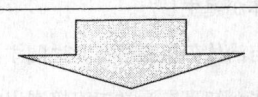

Ⅱ　情報の収集と読みとり

○<u>⒝地方分権一括法（1999 年成立）に関する資料</u>

○<u>⒞地方議会の選挙や首長選挙に関する資料</u>

○直接請求や住民投票，その他の住民参加に関する資料

○国の歳入歳出などの財政関係の資料

○将来の推計人口と<u>⒟社会保障に関連する資料</u>

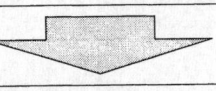

※考察を進めるために，さらに必要な資料を調べる。

Ⅲ　課題の探究

○人口減少社会における地方議会のあり方

○社会福祉など住民生活の向上を担う地方自治体の<u>⒠財政状況</u>

　──自主財源と依存財源の構成比率などのあり方

※資料に基づき，分析や検討を行う。

※図表なども用いて考察・構想したことをわかりやすくまとめて発表する。

Ⅳ　まとめと発表

○地方議会の内外において政策に関して熟議を促す仕組みをつくる

○住民生活の向上につなげるために地方自治体の財源を確保する

○探究でわかった課題：雇用問題での地方自治体や<u>⒡民間企業の取組み</u>

問 1 　生徒**X**と生徒**Y**は下線部ⓐについて調べた。次の**A〜D**は，第二次世界大戦後の日本の地方自治をめぐって起きた出来事に関する記述である。これらの出来事を古い順に並べたとき，**3番目**にくるものとして正しいものを，後の①〜④のうちから一つ選べ。 25

A 　地方分権改革が進む中で行財政の効率化などを図るために市町村合併が推進され，市町村の数が減少し，初めて 1,700 台になった。

B 　公害が深刻化し住民運動が活発になったことなどを背景として，東京都をはじめとして都市部を中心に日本社会党や日本共産党などの支援を受けた候補者が首長に当選し，革新自治体が誕生した。

C 　地方自治の本旨に基づき地方自治体の組織や運営に関する事項を定めるために地方自治法が制定され，住民が知事を選挙で直接選出できることが定められた。

D 　大都市地域特別区設置法に基づいて，政令指定都市である大阪市を廃止して新たに特別区を設置することの賛否を問う住民投票が複数回実施された。

① **A**

② **B**

③ **C**

④ **D**

問 2　生徒**X**と生徒**Y**は，下線部ⓑをみながら会話をしている。次の**会話文**中の空欄　ア　〜　ウ　に当てはまる語句の組合せとして最も適当なものを，後の①〜⑧のうちから一つ選べ。　26

X：この時の地方分権改革で，国と地方自治体の関係を　ア　の関係としたんだね。

Y：　ア　の関係にするため，機関委任事務制度の廃止が行われたんだよね。たとえば，都市計画の決定は，　イ　とされたんだよね。

X：　ア　の関係だとして，地方自治体に対する国の関与をめぐって，国と地方自治体の考え方が対立することはないのかな。

Y：実際あるんだよ。新聞で読んだけど，地方自治法上の国の関与について不服があるとき，地方自治体は　ウ　に審査の申出ができるよ。申出があったら　ウ　が審査し，国の機関に勧告することもあるんだって。ふるさと納税制度をめぐる対立でも利用されたよ。

① ア　対等・協力　　イ　法定受託事務　　ウ　国地方係争処理委員会

② ア　対等・協力　　イ　法定受託事務　　ウ　地方裁判所

③ ア　対等・協力　　イ　自治事務　　　　ウ　国地方係争処理委員会

④ ア　対等・協力　　イ　自治事務　　　　ウ　地方裁判所

⑤ ア　上下・主従　　イ　法定受託事務　　ウ　国地方係争処理委員会

⑥ ア　上下・主従　　イ　法定受託事務　　ウ　地方裁判所

⑦ ア　上下・主従　　イ　自治事務　　　　ウ　国地方係争処理委員会

⑧ ア　上下・主従　　イ　自治事務　　　　ウ　地方裁判所

問 3　生徒Xと生徒Yは下線部ⓒについて，次の**資料a**と**資料b**を読みとった上で議論している。**資料a**と**資料b**のグラフの縦軸は，統一地方選挙における投票率か，統一地方選挙における改選定数に占める無投票当選者数の割合のどちらかを示している。後の**会話文**中の空欄　ア　～　エ　に当てはまる語句の組合せとして最も適当なものを，後の①～⑧のうちから一つ選べ。　27

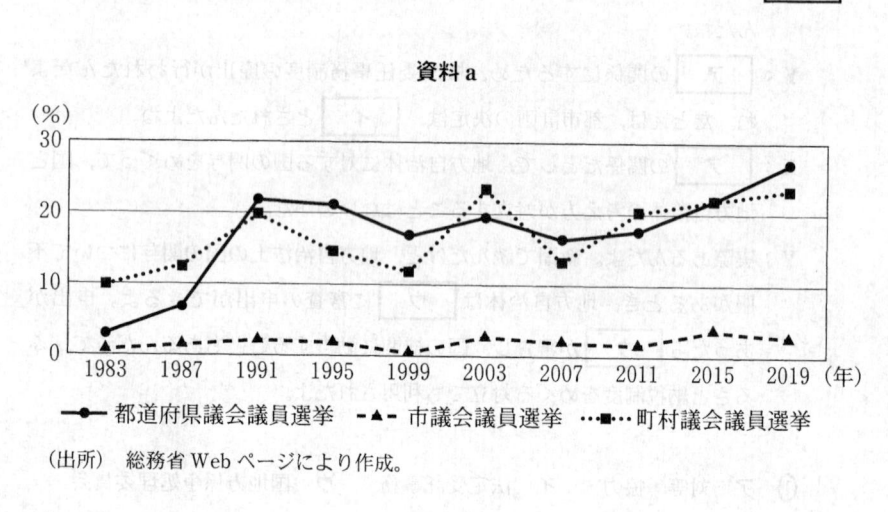

資料a

（出所）　総務省 Web ページにより作成。

資料b

（出所）　総務省 Web ページにより作成。

X：議員のなり手が不足しているといわれている町村もあることが**資料 ア** からうかがえるね。町村議会では，立候補する人が少ない背景には議員報酬が低いためという指摘があるよ。議員定数を削減する町村議会も一部にあるんだね。

Y：都道府県議会議員選挙では，それぞれの都道府県の区域を分割して複数の選挙区を設けるのに対し，市町村議会議員選挙では，その市町村の区域を一つの選挙区とするのが原則なんだね。図書館で調べた資料によると，都道府県議会議員選挙での無投票当選は，定数1や2の選挙区で多い傾向があるよ。**資料 ア** から，都道府県や町村の議会議員選挙では，市議会議員選挙と比べると無投票当選の割合が高いことがわかるけど，無投票当選が生じる理由は同じではないようだね。

X：なるほど。この問題をめぐっては，他にも議員のなり手を増やすための環境づくりなどの議論があるよ。無投票当選は，選挙する側からすると選挙権を行使する機会が失われることになるよ。議会に対する住民の関心が低下するおそれもあるんじゃないかな。

Y：**資料 イ** において1983年と2019年とを比べると，投票率の変化が読みとれるね。投票率の変化の背景として， **ウ** が関係しているといわれているけど，これは政治に対する無力感や不信感などから生じるそうだよ。

X： **エ** をはじめとして選挙権を行使しやすくするための制度があるけど，政治参加を活発にするためには，無投票当選や **ウ** に伴う問題などに対処していくことも必要なんだね。

① アー a　　イー b　　ウー政治的無関心　　エーパブリックコメント
② アー a　　イー b　　ウー政治的無関心　　エー期日前投票
③ アー a　　イー b　　ウー秘密投票　　エーパブリックコメント
④ アー a　　イー b　　ウー秘密投票　　エー期日前投票
⑤ アー b　　イー a　　ウー政治的無関心　　エーパブリックコメント
⑥ アー b　　イー a　　ウー政治的無関心　　エー期日前投票
⑦ アー b　　イー a　　ウー秘密投票　　エーパブリックコメント
⑧ アー b　　イー a　　ウー秘密投票　　エー期日前投票

問 4 下線部①について，生徒**X**と生徒**Y**は報告会前に**L**市役所を訪問し，職員に質問することにした。次の**会話文**は生徒たちが訪問前に相談している場面である。**会話文**中の下線部⑦～㊤の四つの発言のうち，三つの発言は，後の資料の数値のみからは読みとることのできない内容である。**会話文**中の下線部⑦～㊤のうち**資料の数値のみから読みとることのできる内容**について発言しているものはどれか。最も適当なものを，後の①～④のうちから一つ選べ。　28

X：高齢者向けの社会保障と同時に子育ての支援も重要だと思うよ。

Y：子育てにはお金がかかるから児童手当のような現金給付が必要じゃないかな。⑦資料1を使って児童手当支給額の経年での変化をみると，支給額は増えていないことが示されているよ。もっと給付できないのかな。

X：でも，それよりも保育サービスの拡充の方が求められているんじゃないかな？①資料2には，保育所等を利用する児童数の増加傾向が示されているよ。

Y：現金給付と保育サービスの拡充のどちらも必要なのかもしれないよね。この前読んだ本には子育て支援の給付などを表す指標として家族関係社会支出があると書いてあったんだけど，⑨資料3では，世界の国の中には，対GDP比でみた家族関係社会支出の規模が日本の2倍以上の国があることが示されているしね。

X：でも㊤資料4には，社会保障の財源には借金が含まれていて，プライマリーバランスが悪化している主な要因であることが示されているよ。持続可能な仕組みなのかな。

Y：日本全体の話だと実感がわかないから，身の回りの問題から考えてみようよ。市役所の訪問時には**L**市の子育て支援について質問してみない？

資料1　児童手当支給の対象と額

支給対象児童	0歳～3歳未満	3歳～小学校修了前		中学生
			第3子以降	
1人あたり月額	15,000円	10,000円	15,000円	10,000円

(注)　児童手当の支給には所得制限がある。また，第3子以降とは高校卒業までの養育している児童のうち，3番目以降のことをいう。

(出所)　内閣府Webページにより作成。

資料2　保育所等の待機児童数の推移

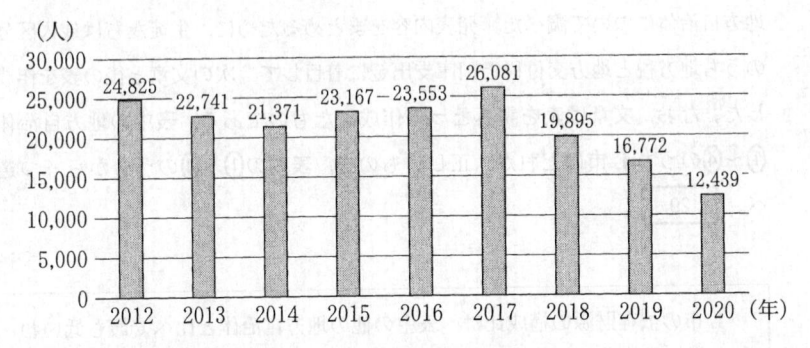

(出所)　厚生労働省 Web ページにより作成。

資料3　各国の家族関係社会支出の対 GDP 比の比較(2017 年)

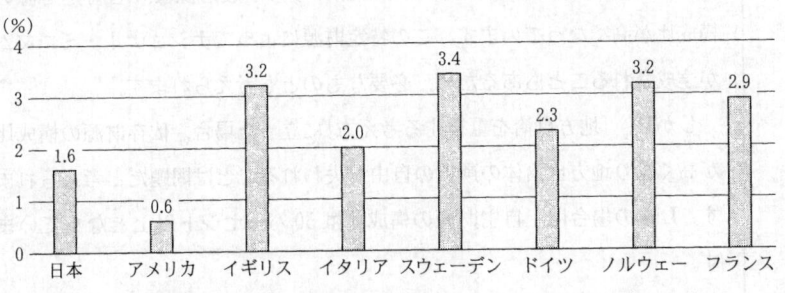

(出所)　OECD Web ページにより作成。

資料4　日本の社会保障の給付と負担の現状(2020 年度予算ベース)

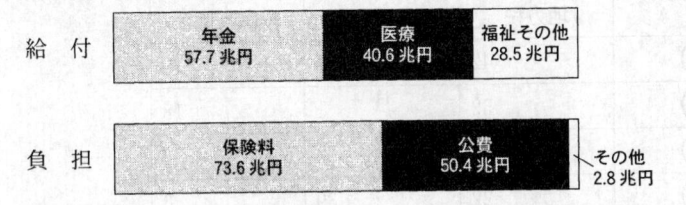

(注)　「公費」は国の社会保障関係費等および地方自治体の一般財源を，「その他」は積立金の運用収入等を意味する。
(出所)　厚生労働省 Web ページにより作成。

① 下線部㋐　　② 下線部㋑　　③ 下線部㋒　　④ 下線部㋓

問 5　下線部ⓒについて，生徒Xと生徒Yは報告会を主催したL市とその近隣の地方自治体について調べた。発表内容をまとめるために，生徒たちは歳入区分のうち地方税と地方交付税と国庫支出金に着目して，次の文章と後の**表**を作成した。なお，文章は**表**を読みとって作成したものである。**表**中の地方自治体①〜④のうちL市はどれか。正しいものを，**表**中の①〜④のうちから一つ選べ。　29

> 　L市の依存財源の構成比は，表中の他の地方自治体と比べて最も低いわけではありません。ただし，「国による地方自治体の財源保障を重視する考え方」に立った場合は，依存財源が多いこと自体が問題になるとは限りません。たとえばL市では，依存財源のうち一般財源よりも特定財源の構成比が高くなっています。この特定財源によってナショナル・ミニマムが達成されることもあるため，必要なものとも考えられます。
>
> 　しかし，「地方自治を重視する考え方」に立った場合，依存財源の構成比が高くなり地方自治体の選択の自由が失われることは問題だと考えられます。L市の場合は，自主財源の構成比は50パーセント以上となっています。

地方自治体	歳入区分の構成比(%)		
	地方税	地方交付税	国庫支出金
①	42	9	19
②	52	1	18
③	75	0	7
④	22	39	6

(注)　歳入区分の項目の一部を省略しているため，構成比の合計は
　　　100パーセントにならない。表中に示されていない歳入のうち，
　　　自主財源に分類されるものはないものとする。

問6 下線部⑦に関連して，次の**文章**は，L市内の民間企業の取組みについて，生徒Xと生徒Yがまとめた発表用原稿の一部である。**文章**中の空欄 ア には a か b，空欄 イ には c か d のいずれかが当てはまる。次の**文章**中の空欄 ア ・ イ に当てはまるものの組合せとして最も適当なものを，後の ①〜④のうちから一つ選べ。 30

　一つ目はA社とB大学についての事例です。L市に本社があるベンチャー企業のA社は，それまで地元の大学からの人材獲得を課題としていました。そのためA社は，市内のB大学と提携してインターンシップ (就業体験)を提供するようになりました。このインターンシップに参加したB大学の卒業生は，他の企業への就職も考えたものの，仕事の内容を事前に把握していたA社にやりがいを見いだして，A社への就職を決めたそうです。この事例は ア の一例です。

　二つ目は事業者Cについての事例です。事業者Cは，市内の物流拠点に併設された保育施設や障がい者就労支援施設を運営しています。その物流拠点では，障がいのある人たちが働きやすい職場環境の整備が進み，障がいのない人たちと一緒に働いているそうです。この事例は イ の一例です。

---

a　スケールメリット(規模の利益)を追求する取組み

b　雇用のミスマッチを防ぐ取組み

c　トレーサビリティを明確にする取組み

d　ノーマライゼーションの考え方を実行に移す取組み

① ア— a　　イ— c

② ア— a　　イ— d

③ ア— b　　イ— c

④ ア— b　　イ— d

政治・経済

（2021年1月実施）

60分　100点

$$\left(\text{解答番号}\boxed{1}\sim\boxed{31}\right)$$

第1問 生徒Xと生徒Yは，「政治・経済」の授業で発表をすることになった。テーマは「望ましい社会の姿」である。話し合った結果，経済成長，所得分配，持続可能性という三つのパートに分けて社会の様子を調べることにした。次のノートは，発表の概要と担当を書き留めたものである。これをもとに，次ページ以降の問い(**問1～7**)に答えよ。(配点　24)

発表テーマ：望ましい社会の姿

イントロダクション(二人で担当)
- 人々の生活を把握する

Aパート：経済成長の側面(Xが担当)
- 各国の経済状況をつかむ
- 成長と物価の関係を調べる

Bパート：所得分配の側面(Yが担当)
- 格差の状況を示す
- 分配の財源や負担を調べる

Cパート：持続可能性の側面(二人で担当)
- 環境問題に関するこれまでの取組みを振り返る
- 環境問題における国家間の対立と協調を調べる

問 1 **イントロダクション**として，生徒**X**と生徒**Y**は，人間開発指数(HDI)をもとに，人々の生活を把握することから作業を始めることにした。人間開発指数の説明として**誤っている**ものを，次の①～④のうちから一つ選べ。 1

① この指数は，国連開発計画によって発表されている。

② この指数は，人間の基本的ニーズの充足をめざす中で導入された。

③ この指数は，寿命，知識，生活水準をもとに算出されている。

④ この指数は，ミレニアム開発目標の一つとして策定された。

4

問 2　生徒Xは**A**パートを担当することとなり，ある国の経済状況を調べた。次の**表**は，ある国の経済状況(名目GDP，人口，GDPデフレーター，実質GDP，名目GDP成長率，実質GDP成長率)を示しており，通貨の単位にはドルを用いているものとする。なお，この国では，2015年と2016年の一人当たりの名目GDPが同じである。**表**中の**a～c**に当てはまる数字の組合せとして正しいものを，下の**①～⑧**のうちから一つ選べ。　2

	名目GDP (億ドル)	人口 (百万人)	GDP デフレーター	実質GDP (億ドル)	名目GDP 成長率(%)	実質GDP 成長率(%)
2015年	500	**b**	100	500		
2016年	**a**	47	94	500	− 6	0
2017年	494	45	95	520	5	**c**

(注)　2015年が基準年で，2015年のGDPデフレーターを100とする。数値は小数点以下を四捨五入している。2015年の「＼」は値が明示されていないことを意味する。

①　**a**　450　**b**　49　**c**　1

②　**a**　450　**b**　49　**c**　4

③　**a**　450　**b**　50　**c**　1

④　**a**　450　**b**　50　**c**　4

⑤　**a**　470　**b**　49　**c**　1

⑥　**a**　470　**b**　49　**c**　4

⑦　**a**　470　**b**　50　**c**　1

⑧　**a**　470　**b**　50　**c**　4

問 3　生徒**X**は，**A**パートに関連して，ある国の経済状況を調べた後，経済成長と物価の間に何かしらの関係が存在すると考えた。そこで，IMF（国際通貨基金）のWebページから，日本，アメリカ，中国，南アフリカの2000年から2016年までの消費者物価指数の変化率のデータを取得し，次の図を作成した。各国の経済状況と，この図から読みとれる内容を説明したものとして最も適当なものを，下の①～④のうちから一つ選べ。　3

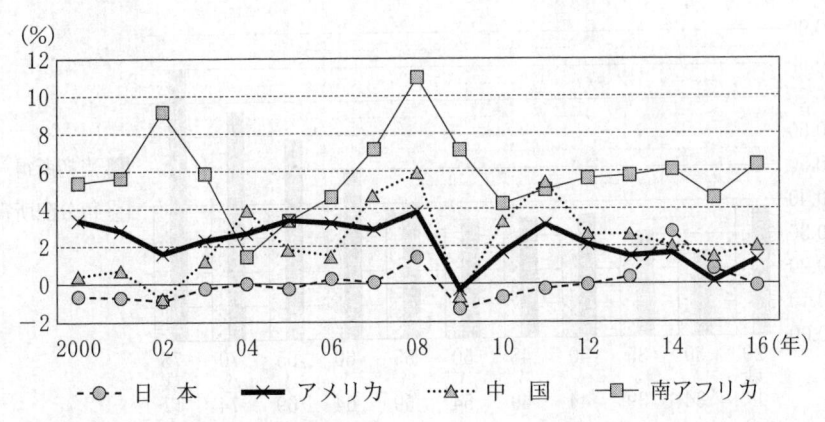

（出所）　IMF Webページにより作成。

① 景気回復を図るために2001年に量的緩和政策を採用したこの国では，2001年に消費者物価指数が上昇した。

② 急速な経済発展を遂げ2010年に世界第二の経済大国となったこの国では，2010年以降，消費者物価指数の変化率が毎年0％以上になっていた。

③ サブプライムローン問題を契機にリーマン・ショックの震源地となったこの国では，2009年に消費者物価指数が上昇した。

④ アパルトヘイト撤廃後に経済自由化が行われたこの国では，2000年以降，消費者物価指数の変化率が毎年4％以上になっていた。

問4 生徒Yは，Bパートを担当することとなり，厚生労働省のWebページから「平成29年 所得再分配調査報告書」を入手し，日本の所得格差について調べた。次の図は，日本における世帯主の年齢階級別にみた当初所得と再分配所得のジニ係数を示したものである。これらの所得のジニ係数の差は，格差の変化の大きさを表している。この図から読みとれる内容として最も適当なものを，下の①～④のうちから一つ選べ。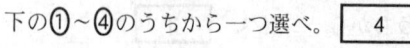

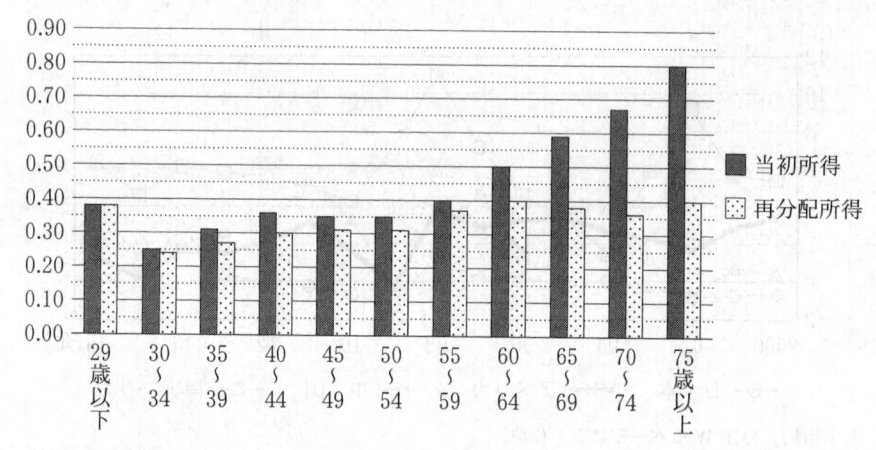

(注) 当初所得とは，雇用者所得や事業所得，生命保険金などの合計額である。また，再分配所得とは，当初所得から税金や社会保険料を控除し，社会保障給付を加えた所得再分配後の所得である。

(出所) 厚生労働省Webページにより作成。

① 当初所得でみた場合，30～34歳の年齢階級と40～44歳の年齢階級を比較すると，30～34歳の年齢階級の方が格差は大きい。

② 30～34歳の年齢階級と60～64歳の年齢階級を比較すると，再分配の格差是正効果は30～34歳の年齢階級の方が大きい。

③ 再分配所得でみた場合，35～39歳の年齢階級と55～59歳の年齢階級を比較すると，35～39歳の年齢階級の方が格差は大きい。

④ 60歳以上の年齢階級をみると，年齢階級が高いほど再分配の格差是正効果は大きい。

問5　**B**パートに関連して，生徒**Y**は，格差や分配について調べる中で，どのような形でもって国民の間で社会保障の財源を負担するのか，まとめることにした。次の文章中の空欄　ア　～　エ　に当てはまる語句の組合せとして正しいものを，下の①～⑧のうちから一つ選べ。　5

　社会保障の財源について，　ア　を中心とする北欧型と，　イ　を中心とする大陸型があり，日本は，北欧型と大陸型の中間に位置しているといわれる。

　日本では，高齢化が進み社会保障関係費が増大している。その増加する社会保障関係費を賄うため，政府は，全世代が負担し負担の世代間格差の縮小に有用であるといわれている　ウ　をその財源として組入れを予定し，増税を進めた。また，2000年代に入って40歳以上の人々を加入者とする　エ　制度が実施され，その後，後期高齢者医療制度も導入された。

① ア　社会保険料　　イ　租　税　　　ウ　消費税　　エ　年金保険

② ア　社会保険料　　イ　租　税　　　ウ　消費税　　エ　介護保険

③ ア　社会保険料　　イ　租　税　　　ウ　所得税　　エ　年金保険

④ ア　社会保険料　　イ　租　税　　　ウ　所得税　　エ　介護保険

⑤ ア　租　税　　　　イ　社会保険料　ウ　消費税　　エ　年金保険

⑥ ア　租　税　　　　イ　社会保険料　ウ　消費税　　エ　介護保険

⑦ ア　租　税　　　　イ　社会保険料　ウ　所得税　　エ　年金保険

⑧ ア　租　税　　　　イ　社会保険料　ウ　所得税　　エ　介護保険

問6 Cパートの前半で，生徒Xと生徒Yは，環境問題に関連する条約を調べることにした。条約に関する次の記述 a～c のうち，正しいものはどれか。当てはまる記述をすべて選び，その組合せとして最も適当なものを，下の①～⑦のうちから一つ選べ。 6

a 有害廃棄物の国境を越える移動とその処分を規制するウィーン条約が定められた。

b 水鳥の生息地として重要な湿地や湖沼を保護するラムサール条約が定められた。

c 水銀の採掘や排出，水銀製品の製造や輸出入を規制する水俣条約が定められた。

① a ② b ③ c
④ aとb ⑤ aとc ⑥ bとc
⑦ aとbとc

問7 Cパートの後半で，二人は「環境問題における国家間の対立と協調」について考え，関連した出来事を調べることにした。これらの出来事に関する記述として誤っているものを，次の①～④のうちから一つ選べ。 7

① 国連人間環境会議(1972年)で，人間環境宣言が採択された。

② 気候変動枠組み条約の京都議定書では，温室効果ガス削減の数値目標が定められた。

③ 国連持続可能な開発会議(2012年)で，「グリーン経済」の推進が提唱された。

④ 気候変動枠組み条約のパリ協定では，締約国が温室効果ガス削減目標を設定し，その目標を達成することが義務づけられた。

第2問　民主主義の基本原理と日本国憲法についての理解を深めたいと考えた生徒W・生徒X・生徒Y・生徒Zは，ある大学のオープンキャンパスで，法律や政治に関する複数の講義にそれぞれ参加した。これに関して，次の問い（**A・B**）に答えよ。（配点　26）

A　生徒Wと生徒Xは，法律分野の講義に参加した。これに関して，次の問い（**問1～4**）に答えよ。

問1　生徒Wは，以前から法学に関心があったため，「公法と私法」という講義に参加した。講義では，法の意義，公法と私法の違い，公法と私法それぞれに属する各法の性格などが扱われた。Wは，日本国憲法における基本的人権の保障について関心をもった。

　　次の**資料1**と**資料2**は，講義内で配付された，1973年の最高裁判所の判決文の一部である。**資料1**の理解をもとに，次ページの**資料2**の空欄に語句を入れた場合，空欄　**ア**　・　**イ**　に当てはまる語句の組合せとして最も適当なものを，次ページの**①～④**のうちから一つ選べ。なお，資料には，括弧と括弧内の表現を補うなど，表記を改めた箇所がある。　**8**

資料1

> （憲法第14条の平等および憲法第19条の思想良心の自由の規定は）その他の自由権的基本権の保障規定と同じく，国または公共団体の統治行動に対して個人の基本的な自由と平等を保障する目的に出たもので，もっぱら国または公共団体と個人との関係を規律するものであり，私人相互の関係を直接規律することを予定するものではない。

（出所）　最高裁判所民事判例集27巻11号

資料2

> ┌───┐
> 　　 ア 　的支配関係においては，個人の基本的な自由や平等に対する具体
> 的な侵害またはそのおそれがあり，その態様，程度が社会的に許容しうる
> 限度を超えるときは，これに対する立法措置によってその是正を図ること
> が可能であるし，また，場合によっては，　 イ 　に対する一般的制限規
> 定である民法1条，90条や不法行為に関する諸規定等の適切な運用に
> よって，一面で　 イ 　の原則を尊重しながら，他面で社会的許容性の限
> 度を超える侵害に対し基本的な自由や平等の利益を保護し，その間の適切
> な調整を図る方途も存するのである。
> └───┘

(出所)　最高裁判所民事判例集 27 巻 11 号

① ア　公　　イ　団体自治
② ア　公　　イ　私的自治
③ ア　私　　イ　団体自治
④ ア　私　　イ　私的自治

問2　生徒**W**は，「契約と法」という講義にも参加した。契約に関連して，消費者を
　　めぐる法や制度についての記述として最も適当なものを，次の①～④のうちか
　　ら一つ選べ。 9

① 契約は，当事者間の合意により法的な義務を生じさせるため，契約書が必
　　要である。
② 改正民法(2022 年 4 月施行予定)では，18 歳以上の者は親の同意なく自分
　　一人で契約することができる。
③ クーリング・オフ制度は，購入者が違約金を支払うことなく，いつでも契
　　約を解除できる制度である。
④ 改正貸金業法(2010 年 6 月全面施行)では，消費者金融などの貸金業者の
　　貸付けを借り手の年収の 3 分の 1 以下とする規制が撤廃されている。

問3　生徒 X は，将来教師になりたいこともあり，「教育と法」という講義に参加した。講義では，日本国憲法第 26 条第 2 項の「義務教育は，これを無償とする」をどのように理解するかという論点が扱われた。次の**資料1 ～ 3**は，講義内で配付された，関連する学説の一節と義務教育の無償に関する判断を示した 1964 年の最高裁判所の判決の一部分である。義務教育を無償とする規定の意味について，次の**資料1 ～ 3**から読みとれる内容として正しいものを，次ページの記述 **a ～ c** からすべて選び，その組合せとして最も適当なものを，次ページの**①～⑦**のうちから一つ選べ。なお，資料には，括弧と括弧内の表現を補うなど，表記を改めた箇所がある。　　10

資料1

> 憲法が「義務教育は，これを無償とする」と明言している以上，その無償の範囲は，授業料に限定されず，教科書費，教材費，学用品費など，そのほか修学までに必要とする一切の金品を国や地方公共団体が負担すべきである，という考え方である。

（出所）　永井憲一『憲法と教育基本権〔新版〕』

資料2

> 「無償」とは，少なくとも授業料の不徴収を意味することは疑いなく，問題はむしろ，これ以上を意味するのかどうかだけにある。…（中略）…現実の経済状況のもとで就学に要する費用がますます多額化し，そのために義務教育を完了することができない者が少なくない，という。そして，そうだから就学必需費は全部無償とすべきである，と説かれる傾向がある。しかしこれは，普通教育の無償性という憲法の要請と，教育の機会均等を保障するという憲法における社会保障の要請とを混同しているきらいがある。経済上の理由による未就学児童・生徒の問題は，教育扶助・生活扶助の手段によって解決すべきである。

（出所）　奥平康弘「教育をうける権利」（芦部信喜編『憲法Ⅲ　人権⑵』）

資料3

> 同条項(憲法第26条第2項)の無償とは，授業料不徴収の意味と解するのが相当である。…(中略)…もとより，憲法はすべての国民に対しその保護する子女をして普通教育を受けさせることを義務として強制しているのであるから，国が保護者の教科書等の費用の負担についても，これをできるだけ軽減するよう配慮，努力することは望ましいところであるが，それは，国の財政等の事情を考慮して立法政策の問題として解決すべき事柄であって，憲法の前記法条の規定するところではないというべきである。

(出所) 最高裁判所民事判例集18巻2号

a **資料1**から読みとれる考え方に基づくと，授業料以外の就学ないし修学にかかる費用を無償にするかどうかは，国会の判断に広く委ねられる。

b **資料2**から読みとれる考え方に基づくと，授業料以外の就学ないし修学にかかる費用の負担軽減について，生存権の保障を通じての対応が考えられる。

c **資料3**から読みとれる考え方に基づくと，授業料以外の就学ないし修学にかかる費用を無償にすることは，憲法によって禁止されていない。

① a

② b

③ c

④ a と b

⑤ a と c

⑥ b と c

⑦ a と b と c

問 4　裁判に関心をもつ生徒**X**は，元裁判官の教授による「市民と裁判」という講義
にも参加した。講義後，**X**は，図書館で関連する書籍などを参照して，日本の
裁判員制度とその課題についてまとめた。次の文章中の空欄　**ア**　～
ウ　に当てはまる語句の組合せとして最も適当なものを，下の①～⑧のう
ちから一つ選べ。　11

　裁判員制度は，一般市民が　**ア**　の第一審に参加する制度である。制度の
趣旨として，裁判に国民の声を反映させることや，裁判に対する国民の理解と
信頼を深めることなどがあげられる。裁判員は，有権者の中から　**イ**　に選
任され，裁判官とともに評議し，量刑も含めた判断を行う。

　裁判員制度が始まって10年以上経過した現在，裁判への参加をよい経験
だったとする裁判員経験者の声や，市民の感覚が司法に反映されたとの意見な
ど，肯定的な評価がある。だが，裁判員に　**ウ**　課せられる守秘義務や辞退
率の高さなど，いくつかの課題も指摘されている。

① **ア**　重大な刑事事件　　　　　**イ**　事件ごと　　**ウ**　任務中のみ
② **ア**　重大な刑事事件　　　　　**イ**　事件ごと　　**ウ**　任務終了後も
③ **ア**　重大な刑事事件　　　　　**イ**　年度ごと　　**ウ**　任務中のみ
④ **ア**　重大な刑事事件　　　　　**イ**　年度ごと　　**ウ**　任務終了後も
⑤ **ア**　刑事事件および民事事件　**イ**　事件ごと　　**ウ**　任務中のみ
⑥ **ア**　刑事事件および民事事件　**イ**　事件ごと　　**ウ**　任務終了後も
⑦ **ア**　刑事事件および民事事件　**イ**　年度ごと　　**ウ**　任務中のみ
⑧ **ア**　刑事事件および民事事件　**イ**　年度ごと　　**ウ**　任務終了後も

B 生徒**Y**と生徒**Z**は，これまでの学校での学習成果や講義で身につけた知識を活用し，民主政治の基本原理や現代の政治の動向について自宅で考察してみた。これに関して，次の問い（**問5 ～ 8**）に答えよ。

問5 生徒**Y**は，新聞記事を読むなどして最新のニュースに接することが現代の諸課題への深い理解につながるという話に刺激を受け，日本の国および地方公共団体の政治や政策のここ数年の動向に関する情報を収集した。それらについてまとめた記述として**誤っているもの**を，次の**①**～**④**のうちから一つ選べ。

| 12 |

① 候補者男女均等法（政治分野における男女共同参画の推進に関する法律）の制定（2018 年）により，政党などに国政選挙や地方選挙で男女の候補者の数ができる限り均等になるよう罰則規定を設けて促すことになった。

② 中央省庁で障害者雇用数が不適切に計上されていた問題をうけて，障害者を対象とする統一的な国家公務員の採用試験が実施された。

③ 公職選挙法の改正（2018 年）により，参議院議員の選挙制度について定数を増やすとともに比例区に特定枠制度を導入した。

④ ふるさと納税制度（地方公共団体に寄付した場合の税額控除制度）の運用について，国は地方公共団体が寄付者に対し提供している返礼品のあり方の見直しを求めた。

問 6　政治体制について二つの次元で類型化を試みる理論に接した生徒**Y**は，その理論を参考にいくつかの国のある時期の政治体制の特徴を比較し，次の図中に位置づけてみた。図中の**a ～ c**のそれぞれには，下の政治体制**ア～ウ**のいずれかが当てはまる。その組合せとして最も適当なものを，下の**①～⑥**のうちから一つ選べ。　　13

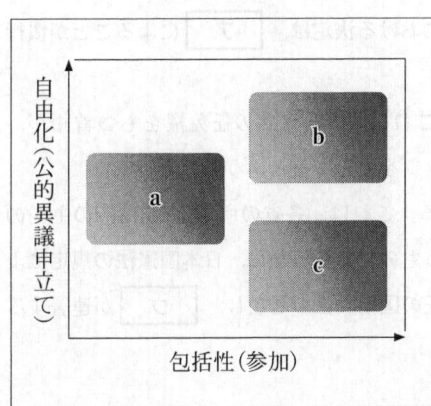

ⅰ．包括性(参加)：選挙権がどれだけの人々に認められているか(右にいくほど，多くの人々に認められている)。

ⅱ．自由化(公的異議申立て)：選挙権を認められている人々が，抑圧なく自由に政府に反対したり対抗したりできるか(上にいくほど，抑圧なく自由にできる)。

ア　日本国憲法下の日本の政治体制

イ　チャーティスト運動の時期のイギリスの政治体制

ウ　ゴルバチョフ政権より前のソ連の政治体制

① **a** ― **ア**　　　**b** ― **イ**　　　**c** ― **ウ**

② **a** ― **ア**　　　**b** ― **ウ**　　　**c** ― **イ**

③ **a** ― **イ**　　　**b** ― **ア**　　　**c** ― **ウ**

④ **a** ― **イ**　　　**b** ― **ウ**　　　**c** ― **ア**

⑤ **a** ― **ウ**　　　**b** ― **ア**　　　**c** ― **イ**

⑥ **a** ― **ウ**　　　**b** ― **イ**　　　**c** ― **ア**

問7 生徒Zは，日本の内閣の運営のあり方に興味をもち，その特徴を文章にまとめてみた。次の文章中の空欄 ア ～ ウ に当てはまる語句の組合せとして最も適当なものを，下の①～⑧のうちから一つ選べ。 14

内閣の運営に関する特徴の一つは合議制の原則である。これは，内閣の意思決定は，内閣総理大臣（首相）と国務大臣の合議，すなわち閣議によらなければならないとするものである。閣議における決定は， ア によることが慣行となっている。

また，首相指導の原則がある。これは，国務大臣の任免権をもつ首相が， イ として政治的リーダーシップを発揮するというものである。

このほか，分担管理の原則がある。これは，各省の所掌事務はその主任の国務大臣が分担して管理するというものである。なお，日本国憲法の規定によると，法律と政令には，すべて主任の国務大臣が署名し， ウ が連署することになっている。

① ア 多数決　　イ 同輩中の首席　　ウ 内閣総理大臣
② ア 多数決　　イ 同輩中の首席　　ウ 内閣官房長官
③ ア 多数決　　イ 内閣の首長　　ウ 内閣総理大臣
④ ア 多数決　　イ 内閣の首長　　ウ 内閣官房長官
⑤ ア 全会一致　イ 同輩中の首席　　ウ 内閣総理大臣
⑥ ア 全会一致　イ 同輩中の首席　　ウ 内閣官房長官
⑦ ア 全会一致　イ 内閣の首長　　ウ 内閣総理大臣
⑧ ア 全会一致　イ 内閣の首長　　ウ 内閣官房長官

問 8　生徒Zは，二院制をとる国の議会のあり方に関心をもち，今日の日本，アメリカ，イギリスの議会について，次の記述 **a ～ c** にそれぞれまとめてみた。これらの記述のうち，正しいものはどれか。当てはまるものをすべて選び，その組合せとして最も適当なものを，下の①～⑦のうちから一つ選べ。　15

a　日本では，両議院は全国民を代表する選挙された議員で組織するものとされており，衆議院と参議院の議員ともに国民の直接選挙によって選出されている。衆議院で可決し参議院でこれと異なった議決をした法律案は，衆議院で出席議員の3分の2以上の多数で再び可決したときは，法律となる。

b　アメリカでは，連邦議会の上院議員は各州から2名ずつ選出されるのに対し，下院議員は各州から人口に比例して選出されている。連邦議会は立法権や予算の議決権などをもつが，政府高官人事への同意など下院にのみ与えられている権限もある。

c　イギリスでは，上院は非公選の貴族を中心に組織されるのに対し，下院は国民の直接選挙によって選出される議員によって組織される。下院優越の原則が確立しており，下院が国政の中心に位置している。下院には解散もあるが，解散できる条件は限られている。

① **a**

② **b**

③ **c**

④ **a** と **b**

⑤ **a** と **c**

⑥ **b** と **c**

⑦ **a** と **b** と **c**

第3問 クラスの生徒たちが，現代の経済状況について話し合ったところ，雇用や賃金は，国家や財政の状況，銀行制度，さらには国際経済の変化からも影響を受けることがわかってきた。これらの事柄に関連する次の問い(**問1～8**)に答えよ。
(配点　26)

問1 生徒たちは，日本の雇用環境とその変化について調べることにした。次の文章中の空欄 ┃ ア ┃・┃ イ ┃ に当てはまる語句の組合せとして正しいものを，下の①～④のうちから一つ選べ。 ┃ 16 ┃

　　終身雇用， ┃ ア ┃ ，および企業別労働組合は，日本における労使慣行の特徴とされ，日本的経営とも呼ばれてきた。しかし，経済環境の変化に伴って終身雇用や ┃ ア ┃ に代わって異なる雇用や賃金の形態が広がり，多様化している。

　　また，現在では労働者の働き方も多様化している。たとえば，業務遂行の方法や時間配分の決定などを労働者自身に委ねる必要があるため，実際の労働時間に関係なく一定時間働いたとみなす ┃ イ ┃ を導入する企業もある。

① ア　年功序列型の賃金　　　イ　フレックスタイム制
② ア　年功序列型の賃金　　　イ　裁量労働制
③ ア　成果主義による賃金　　イ　フレックスタイム制
④ ア　成果主義による賃金　　イ　裁量労働制

問2　よりよい労働条件の実現をめざして活動する組織として，労働組合がある。次の記述 **a ～ c** は，民間企業の労働組合の活動や運営に関する日本の法制度について生徒たちがまとめたものである。これらの記述のうち，正しいものはどれか。当てはまる記述をすべて選び，その組合せとして最も適当なものを，下の①～⑦のうちから一つ選べ。　| 17 |

a　正規雇用の労働者と同様に，パート，アルバイトなど非正規雇用の労働者も労働組合を結成する権利を有している。

b　正当な理由がない限り，使用者は労働組合との団体交渉を拒否することはできない。

c　労働組合の運営に協力するため，使用者は労働組合に対して，経費を援助しなければならない。

① **a**

② **b**

③ **c**

④ **a** と **b**

⑤ **a** と **c**

⑥ **b** と **c**

⑦ **a** と **b** と **c**

20

問3 生徒たちは、雇用や生活は政府の政策によっても影響を受けると考え、財政について調べることにした。

次の表は、ある国の国家財政における歳出と歳入の項目別の金額を表したものである。2017年度から2018年度にかけての財政状況に起きた変化として正しいものを、下の①〜④のうちから一つ選べ。なお、表中の項目の定義は日本の財政制度のものと同じであり、通貨の単位にはドルを用いているものとする。 **18**

歳出 (単位：10億ドル)

	2017 年度	2018 年度
社会保障関係費	24	30
公共事業関係費	11	13
防衛関係費	5	7
文教および科学振興費	6	8
国債費	14	17
合　計	60	75

歳入 (単位：10億ドル)

	2017 年度	2018 年度
法人税	10	13
酒　税	5	5
所得税	12	16
消費税	17	22
公債金	16	19
合　計	60	75

(注) 国債費とは国債の元利払いを指し、公債金とは国債発行による収入を指す。

① 国債残高が減少した。
② 国債依存度が低下した。
③ プライマリー・バランスの赤字額が拡大した。
④ 直間比率で間接税の比率が上昇した。

問 4 財政においては，雇用や生活への影響だけではなく，経済危機への対処も重要である。日本では，1990 年代初頭にバブル経済が崩壊した後，銀行の不良債権処理や貸し渋りの問題に対処するため，公的資金が投入された。

生徒たちは，銀行のバランスシート（貸借対照表）の動きを表した次の模式図を用いて，不良債権処理と貸し渋りの問題について考えることにした。なお，簡略化のため，銀行の負債はすべて預金，純資産は資本金のみとする。この図では，銀行の貸出債権が経済不況時に不良債権化し，その不良債権が処理されるまでの流れが示されている。不良債権となっている資産を最終的に消滅させるために費用が発生し，その費用が大きければ損失が発生し資本金を減少させることがある。その減少が多額であれば，資本金を増やすために公的資金が投入されることもある。

以上の説明と次の模式図を踏まえて，不良債権問題に関連する記述として最も適当なものを，次ページの①〜④のうちから一つ選べ。　19

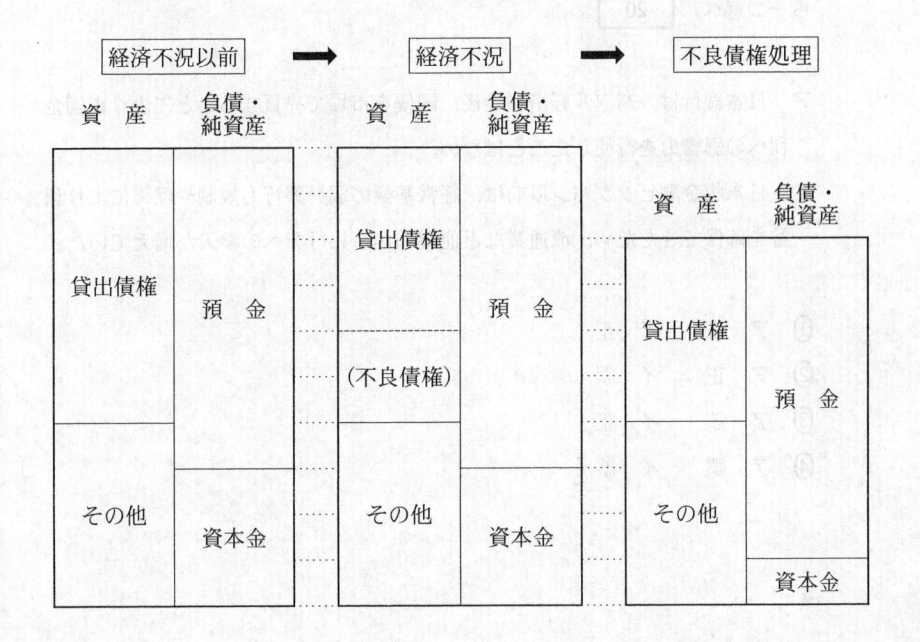

① 不良債権処理によって貸出債権を含む総資産に対する資本金の比率が低下すると，新たな貸出しが抑制される傾向がある。

② 貸出債権の一部を不良債権として資産から取り除く結果，経済不況以前と比べて貸出債権の残高が減少することを貸し渋りという。

③ 不良債権処理によって資本金が減少する場合，預金に対する自己資本の比率に関する BIS 規制の遵守のため，資本金を増やす必要がある。

④ 貸出債権の一部を不良債権として資産から取り除くと，預金に対する貸出債権の比率が高くなるため，貸出債権を減らす必要がある。

問 5 生徒たちは，銀行に対する規制や保護についても調べた。その中で，1980年代から，自由な金融市場の発展を促すため，先進国での金融規制の緩和は珍しくなくなったことがわかった。そうした動きに関連した日本の銀行制度に関する次の記述アとイの正誤の組合せとして正しいものを，下の①～④のうちから一つ選べ。 20

ア 日本銀行は，バブル経済崩壊後，国債を市場で売買することにより市場金利への影響力を行使したことはない。

イ 日本版金融ビッグバン以前は，経営基盤の弱い銀行も規制や保護により利益を確保できたため，流通業など他業種から銀行業への参入が増えていた。

① ア 正 イ 正
② ア 正 イ 誤
③ ア 誤 イ 正
④ ア 誤 イ 誤

問6　生徒たちは，経済のグローバル化によって，人々の雇用や生活がさまざまな影響を受けると考え，経済の国際的なやりとりについて調べることにした。

次の図は，A国とB国との間で一年間に行われた経済取引をドル換算で表したものである。A国がB国以外の国との取引を行わなかったとすると，A国の貿易・サービス収支，第一次所得収支，第二次所得収支の金額の組合せとして正しいものを，下の①〜⑧のうちから一つ選べ。 21

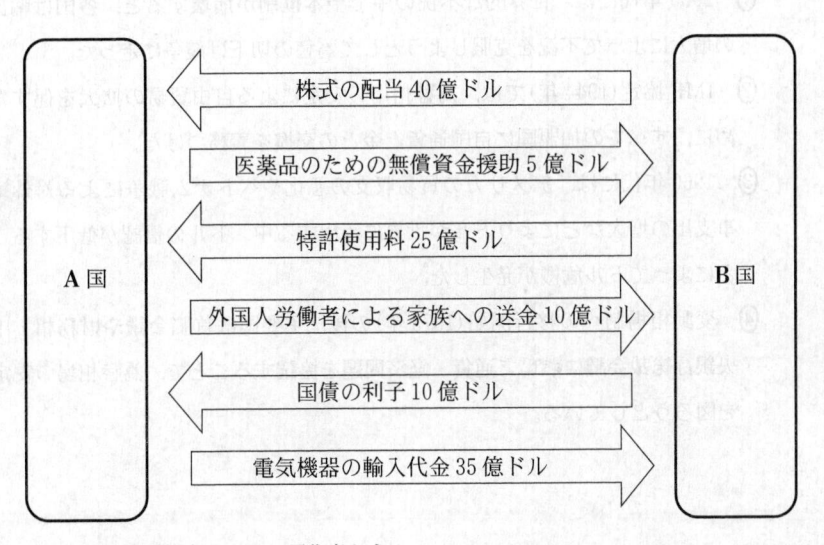

（注）　外国人労働者はA国の居住者とする。

（単位：億ドル）

	貿易・サービス収支	第一次所得収支	第二次所得収支
①	− 10	− 40	− 15
②	− 10	− 40	20
③	− 10	50	− 15
④	− 10	50	20
⑤	25	− 40	− 15
⑥	25	− 40	20
⑦	25	50	− 15
⑧	25	50	20

問 7　生徒たちは，国際経済について調べていくと，通貨問題にも興味がわいてきたので，1930 年代以降の国際通貨制度の変遷について調べてみた。これに関連する記述として**誤っているもの**を，次の①～④のうちから一つ選べ。

22

① 1930 年代には，世界的な不況の中で金本位制が崩壊すると，各国は輸出の増大によって不況を克服しようとして為替の切下げ競争に走った。

② IMF 協定(1944 年)では，為替相場の安定による自由貿易の拡大を促すために，すべての加盟国に自国通貨と金との交換を義務づけた。

③ 1960 年代には，アメリカの貿易収支の悪化やベトナム戦争による対外軍事支出の増大などによりドルが世界に流出する中，ドルの信認が低下することによってドル危機が発生した。

④ 変動相場制への移行開始(1973 年)の後，主要国は首脳会議や財務相・中央銀行総裁会議において通貨・経済問題を協議することで，為替相場の安定を図ろうとしている。

問8　生徒たちは，資本取引について調べたところ，経済のグローバル化と関連があることがわかってきた。そこで，1980年代から顕著となり現在まで続く経済のグローバル化の中で，発展途上国・新興国への日本企業の進出がどのような要因によって進み，その結果，日本や発展途上国・新興国にそれぞれどのような影響をもたらすことが考えられるかについて簡略化して次の図にまとめてみた。

　　図中の空欄　ア　には次ページの**a**か**b**，空欄　イ　には次ページの**c**か**d**のいずれかの記述が入る。その組合せとして最も適当なものを，次ページの①〜④のうちから一つ選べ。　23

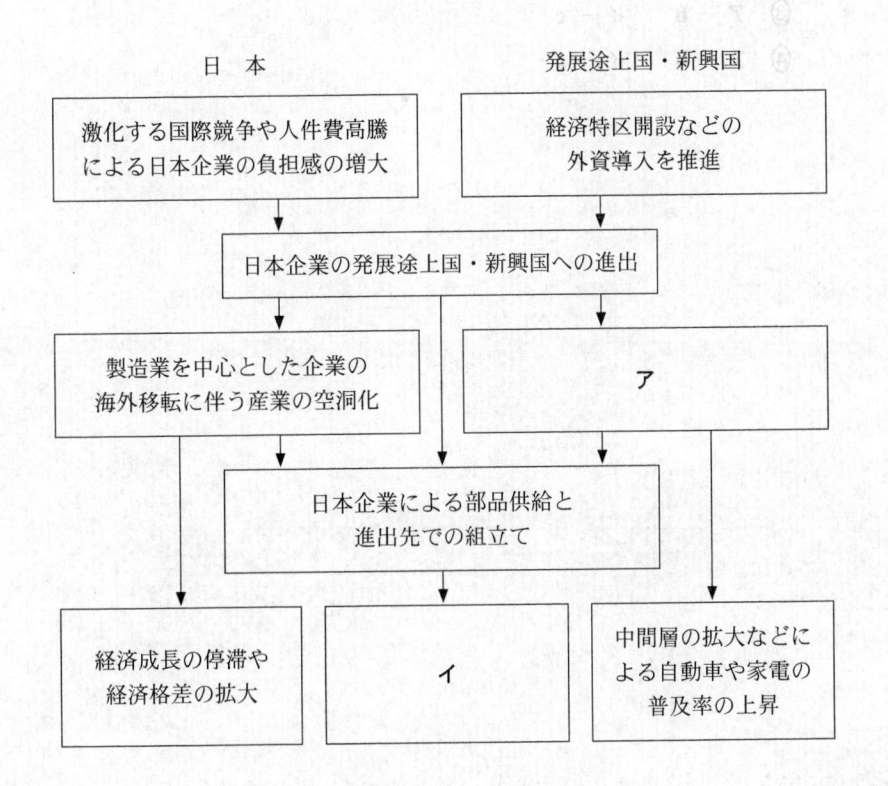

a 外資導入による輸出指向(志向)型での工業化の進展

b 自国資本による輸入代替工業化の進展

c 日本と発展途上国・新興国間の工業製品の貿易における日本の最終製品輸出比率の上昇と中間財輸入比率の上昇

d 日本と発展途上国・新興国間の工業製品の貿易における日本の最終製品輸入比率の上昇と中間財輸出比率の上昇

① ア－a　イ－c

② ア－a　イ－d

③ ア－b　イ－c

④ ア－b　イ－d

第4問　生徒Xと生徒Yらは，二つのグループに分かれて，「日本による発展途上
　　国への開発協力のあり方」について探究を行い，クラスで発表することとなった。
　　下の図は，その準備としてすべきことを整理したものである。これに関して，次
　　ページ以降の問い（**問1～7**）に答えよ。（配点　24）

Ⅰ．課題の設定
　○ⓐ日本による多様な国際貢献
　　―どのような国際的課題があり，どのような国際貢
　　　献を日本がこれまでに行ってきたか？
　○そのうち開発協力をとくに取り上げる理由
　　―日本の国際貢献において開発協力がもつ意味

＊何を，どのよう
な観点から取り
上げるかを特定
し，設定した課
題に関連する資
料を収集する。

＊関係する資料を
調査，検討，整
理する。

Ⅱ．情報収集
　○開発協力に関する日本の政策と実績（ⓑ政府開発援助
　　など）
　　―ⓒ『開発協力大綱』などの資料，専門書，論文
　○国際機関，政府，NGOなどによる調査資料，報告
　　書（アンケートやⓓ統計資料）

＊検討を進めるためにさらに必要な資料を調べる。

Ⅲ．整理と分析
　○日本による開発協力の特徴
　　―どの地域，またどのような開発協力にとくに力を
　　　入れているか？
　○ⓔ開発協力に対する日本国民の意識
　　―開発協力をどのように考えているか？

＊理解しやすいよ
うに，説明の仕
方と構成を工夫
する。

Ⅳ．まとめと発表
　○ⓕ開発協力をめぐる世界の動きと日本が担う役割
　○開発協力に対する日本国民の関心と理解の必要性
　○探究の過程で明らかになった課題とその解決策

問 1 「課題の設定」を行うために生徒**X**と生徒**Y**らが下線部@について話し合う中で，他国への日本の選挙監視団の派遣について，次のようなやり取りがあった。**X**が二重下線部で示したように考えることができる理由として最も適当なものを，下の①〜④のうちから一つ選べ。 | 24 |

X：途上国で行われる選挙に，選挙監視団が派遣されたって聞いたことがあるよ。たとえば，カンボジアやネパールで新憲法を制定するための議員を選ぶ選挙が行われた際に，選挙監視要員が派遣されたんだ。

Y：なぜこうした国は，憲法の制定に関わるような問題に，外国からの選挙監視団を受け入れたんだろう？ そして，どうしてそれが国際貢献になるのかな？

X：選挙監視団の目的は，自由で公正な選挙が行われるようにすることだよね。民主主義における選挙の意義という観点から考えれば，そうした選挙を実現させることは，その国に民主的な政治体制が定着するきっかけになるよね。民主的な政治体制がうまく機能するようになれば，再び内戦に陥って国民が苦しむようなことになるのを避けられるんじゃないかな。

Y：そうだね。それに，自由で民主的な政治体制が確保されている国の間では戦争は起きないって聞いたこともあるよ。もしそうだとすると，選挙監視団を派遣することは国際平和にもつながっているとも言えるね。

① 民主主義においては，国民に選挙を通じた政治参加を保障することで，国の統治に国民全体の意思を反映すべきものとされているから。

② 民主主義においては，大衆が国の統治を特定の個人や集団による独裁に委ねる可能性が排除されているから。

③ 民主主義においては，暴力によってではなく裁判によって紛争を解決することとなっているから。

④ 民主主義においては，国民が政治的意思を表明する機会を選挙以外にも保障すべきものとされているから。

問 2　下線部ⓑに関連して，生徒**Y**のグループは日本のODA（政府開発援助）の実施状況について調べた。日本のODAについての記述として正しいものを，次の①〜④のうちから一つ選べ。　25

① 日本は，国際機関を通じた多国間援助は実施していないが，発展途上国を対象とした二国間援助を実施している。

② 日本は，返済義務のない無償の援助のみを実施している。

③ 日本のODA支出額は，2001年以降，先進国の目標とされる対GNI比0.7パーセント以上を維持してきた。

④ 日本のODA支出額は，1990年代の複数年で世界第一位を記録した。

問 3　生徒**X**のグループは，下線部ⓒにあたる次の**資料**を読み，日本の開発協力政策では，ある考え方が推進されていることを学んだ。次の**資料**中の空欄　ア　に当てはまる考え方として最も適当なものを，下の①〜④のうちから一つ選べ。　26

資料

> 　個人の保護と能力強化により，恐怖と欠乏からの自由，そして，一人ひとりが幸福と尊厳を持って生存する権利を追求する　ア　の考え方は，我が国の開発協力の根本にある指導理念である。この観点から，我が国の開発協力においては，人間一人ひとり，特に脆弱な立場に置かれやすい子ども，女性，障害者，高齢者，難民・国内避難民，少数民族・先住民族等に焦点を当て，その保護と能力強化を通じて，　ア　の実現に向けた協力を行うとともに，相手国においてもこうした我が国の理念が理解され，浸透するように努め，国際社会における主流化を一層促進する。

（出所）　外務省Webページ

① ユニバーサルデザイン　　② シビリアン・コントロール

③ 人間の安全保障　　④ 平和五原則

問 4 下線部④に関連して，生徒**Y**のグループでは，日本の累積援助額(1960 年～2017 年)の上位国のうち，インド，インドネシア，タイ，バングラデシュ，フィリピンの名目 GNI (米ドル)，電力発電量，平均寿命，栄養不良の人口割合のデータを調べ，この 5 か国の平均値を 2002 年と 2015 年とで比較することにした。次の**図**中の**ア～ウ**はそれぞれ，電力発電量，平均寿命，栄養不良の人口割合のいずれかについて，2002 年の 5 か国の平均値を 100 とする指数で表したものである。**図**中の**ア～ウ**に当てはまる項目の組合せとして正しいものを，下の**①～⑥**のうちから一つ選べ。　27

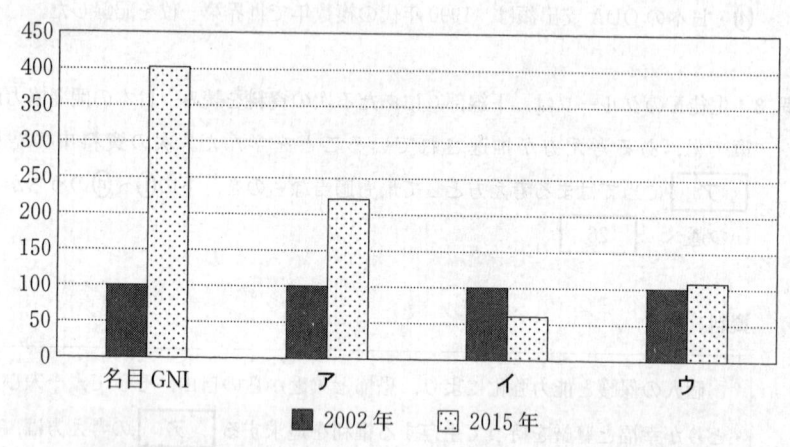

(注)　2002 年の栄養不良の人口割合の数値は 2000 年～2002 年の平均値を使用。
(出所)　総務省統計局『世界の統計』(2006，2018，2019 年版)により作成。

① ア　電力発電量　　　　　イ　平均寿命　　　　　　　ウ　栄養不良の人口割合
② ア　電力発電量　　　　　イ　栄養不良の人口割合　ウ　平均寿命
③ ア　平均寿命　　　　　　イ　電力発電量　　　　　　ウ　栄養不良の人口割合
④ ア　平均寿命　　　　　　イ　栄養不良の人口割合　ウ　電力発電量
⑤ ア　栄養不良の人口割合　イ　電力発電量　　　　　　ウ　平均寿命
⑥ ア　栄養不良の人口割合　イ　平均寿命　　　　　　　ウ　電力発電量

問 5　次の表は，内閣府が下線部ⓔに関連して 2018 年に実施した「外交に関する世論調査」における，「開発協力による開発途上国への支援について，どのような観点から実施すべきだと思うか」という質問に対する回答結果をまとめたものである。

　　生徒**X**らはこの表をどのように説明することができるのか，考え始めた。表を解釈して読みとったものとして最も適当なものを，次ページの①〜④のうちから一つ選べ。　| 28 |

【回答項目】
ア＝エネルギー資源などの安定供給の確保に資するから
イ＝国際社会での日本への信頼を高める必要があるから
ウ＝開発協力は日本の戦略的な外交政策を進める上での重要な手段だから
エ＝中小企業を含む日本企業や地方自治体の海外展開など，日本の経済に役立つから
オ＝先進国として開発途上国を助けるのは人道上の義務又は国際的責任だから

【回答結果】

年齢階級	該当者数(人)	回答項目(複数回答可)(%)				
		ア	イ	ウ	エ	オ
18〜29 歳	162	44.4	58.6	34.0	43.2	23.5
30〜39 歳	194	50.0	39.7	43.8	43.8	32.0
40〜49 歳	277	52.7	49.5	38.3	43.3	39.7
50〜59 歳	269	53.9	51.3	44.2	43.9	39.0
60〜69 歳	284	56.3	50.4	47.9	38.0	46.5
70 歳以上	356	43.8	36.5	37.6	30.9	36.2

(注)　集計対象は「今後の開発協力のあり方」に関する調査に対して回答した 1,663 人のうち，「積極的に進めるべきだ」(32.0 %)，「現在程度でよい」(48.2 %)，「なるべく少なくすべきだ」(12.5 %)と回答した者。なお，回答結果は多肢選択・複数回答可である。また，回答項目の一部を省略している。

(出所)　内閣府 Web ページにより作成。

① 18～29 歳の年齢階級では，国際社会での日本への信頼を高めるために開発協力を行うべきであるとの観点を支持する回答の比率が最も高いのに対し，先進国として開発協力を行うことは人道上の義務であり国際的責任であるとの観点を支持する回答の比率は最も低い。

② 18～29 歳の年齢階級を除くすべての年齢階級において，日本企業などが海外展開しやすくするなど，日本経済の発展に貢献することを目的として開発協力を行うべきであるとの観点を支持する回答の比率が最も高い。

③ 30～39 歳の年齢階級と 40～49 歳の年齢階級との回答の比率を比べると，資源を確保するために開発協力を利用するべきであるとの観点を支持する回答項目において，両年齢階級の差が最も小さい。

④ 50～59 歳の年齢階級と 60～69 歳の年齢階級との回答の比率を比べると，戦略的な外交政策を推進するために開発協力を利用するべきであるとの観点を支持する回答項目において，両年齢階級の差が最も大きい。

問 6　下線部⑥に関連して，生徒**Y**のグループでは，貧困のない世界をめざした多様な活動の例として，まずマイクロファイナンス（マイクロクレジット）について発表することにした。次の**資料**はその発表用のスライドの一部である。**資料**中の空欄　ア　・　イ　に当てはまる語句の組合せとして最も適当なものを，下の①〜④のうちから一つ選べ。　29

資料

貧困のない世界をめざした多様な活動①
〜マイクロファイナンスの紹介〜

◇**マイクロファイナンス（マイクロクレジット）とは？**

　　➡ 貧困層や低所得層向けの少額融資などの金融サービス。

　　融資は　ア　で行われるとされる。

◇**この活動の具体例**

　　➡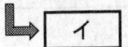

　　バングラデシュで設立。高い返済率を記録。
　　2006 年にノーベル平和賞を受賞。

---

① ア　担保付き　　イ　グラミン銀行

② ア　担保付き　　イ　アジアインフラ投資銀行

③ ア　無担保　　　イ　グラミン銀行

④ ア　無担保　　　イ　アジアインフラ投資銀行

問7 日本の国際貢献のあり方をクラスで発表した生徒Xと生徒Yらは，日本の開発協力に向けて国民の関心と理解を高めることが重要だと述べた。これについて他の生徒から，「日本の税金や人材によって他国を援助する以上，国民の理解を得るには，日本が他国を援助する理由を示す必要があると思います。X，Yらはどう考えますか。」との質問が出た。これに対しXとYらは，日本が援助を行う理由を説明した。次のノートはそのメモである。

　経済格差や社会保障の問題など，国内にも対処しなければならない問題があることは確かです。しかし，それでもなお，日本の税金や人材によって他国を援助する理由はあると思います。

ア

　しかも世界では，環境問題，貧困問題，難民問題など，国内より大規模な，人類共通の利益にかかわる問題が出現しています。

イ

　このような理由からやはり，国際的な問題に日本は関心をもち，その解決のために貢献をする理由はあると，考えます。

　ノート中の空欄 ア では「国際貢献は日本国憲法の依拠する理念や原則に照らしても望ましい」ことを，空欄 イ では「国際貢献は日本の利益に照らしても望ましい」ことを，それぞれ理由としてあげることにした。空欄 ア には次ページの①か②，空欄 イ には次ページの③か④が入る。空欄 ア ・ イ に入る記述として最も適当なものを，次ページの①～④からそれぞれ一つ選べ。

　　ア に当たる文章 → ☐30☐

　　イ に当たる文章 → ☐31☐

① 　日本国憲法の前文は，平和主義や国際協調主義を外交における基本理念として示しています。この理念に基づくと，国同士が相互に尊重し協力し合い，対等な関係の国際社会を築くことが重要です。そのために，日本は国際協力を率先して行う必要があると思います。

② 　日本国憲法の基本的人権の保障の内容として，他国における他国民の人権保障状況についても，日本は他国に積極的に改善を求めていくことが義務づけられています。このことは，憲法前文で示しているように，日本が国際社会の中で名誉ある地位を占めるためにも望ましいと考えます。

③ 　こうした中で大事なのは，日本の利益より人類共通の利益であり，日本の利益を追求していては問題は解決できないという点です。日本の利益から離れて純粋に人道的な見地から，他国の人たちに手を差し伸べる方が，より重要ではないでしょうか。

④ 　こうした中で大事なのは，人類共通の利益と日本の利益とが無関係ではないという点です。人類共通の利益の追求が日本の利益の実現につながりうることを考えれば，国際的な問題の解決に貢献することも日本にとって重要ではないでしょうか。

MEMO

政治・経済

（2021年1月実施）

60分　100点

$$\left(\text{解答番号}\ \boxed{\ 1\ } \sim \boxed{\ 32\ }\ \right)$$

第1問 「国家の役割」に関する次の問い（**A・B**）に答えよ。（配点　24）

A　生徒**X**と生徒**Y**は，「国家の役割」について，それぞれ図書館で調べてみた。これに関して，次の問い（**問1～4**）に答えよ。

問1　生徒**X**は，そもそも国家はなぜあるのかについて興味があり，ホッブズの『リヴァイアサン』を読み，議論の流れや概念の関係を整理した次ページの図を作った。次の文章**a～d**は，『リヴァイアサン』の一節あるいは要約であり，図中の空欄 $\boxed{\ \textbf{ア}\ } \sim \boxed{\ \textbf{エ}\ }$ には，**a～d**のいずれかの文章が入る。空欄 $\boxed{\ \textbf{エ}\ }$ に入る文章として最も適当なものを，次ページの**①～④**のうちから一つ選べ。$\boxed{\ 1\ }$

a　人は，平和と自己防衛のためにかれが必要だとおもうかぎり，他の人びともまたそうであるばあいには，すべてのものに対するこの権利を，すすんですてるべきであり，他の人びとに対しては，かれらがかれ自身に対してもつことをかれがゆるすであろうのと同じおおきさの，自由をもつことで満足すべきである。

b　人びとが，かれらすべてを威圧しておく共通の権力なしに，生活しているときには，かれらは戦争とよばれる状態にあり，そういう戦争は，各人の各人に対する戦争である，ということである。

c　各人は，かれ自身の自然すなわちかれ自身の生命を維持するために，かれ自身の意志するとおりに，かれ自身の力を使用することについて，自由をもっている。

d　各人は，平和を獲得する希望があるかぎり，それにむかって努力すべきであるというのが，理性の戒律すなわち一般法則である。その内容は，「平和をもとめ，それにしたがえ」ということである。

（出所）　水田洋訳『リヴァイアサン（一）』による。表記を一部改めている。

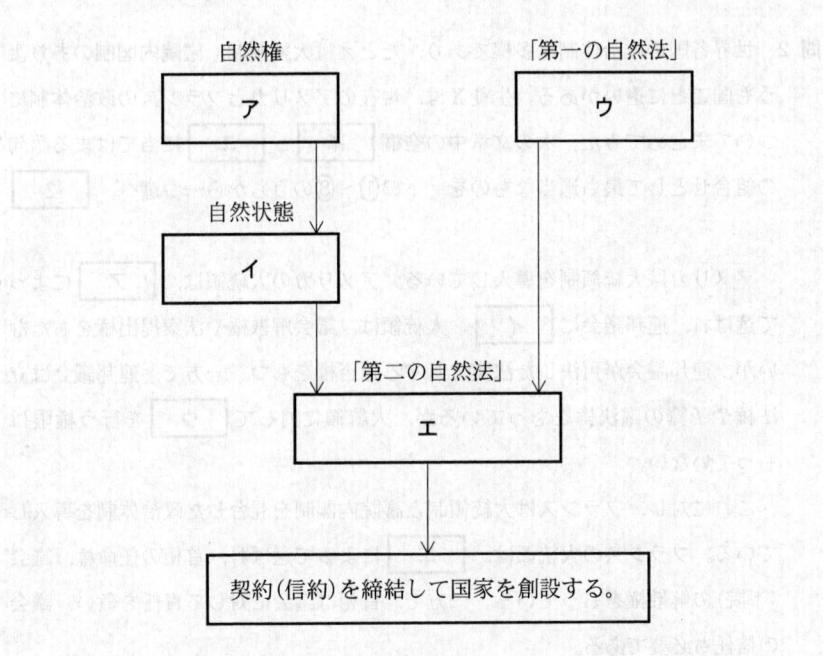

① a
② b
③ c
④ d

問 2 世界各国の政治体制は多様であり，たとえば大統領制，議院内閣制のありようも国ごとに違いがある。生徒 **X** は，現在のアメリカとフランスの政治体制についてまとめてみた。次の文章中の空欄 **イ** ～ **エ** に当てはまる語句の組合せとして最も適当なものを，下の①～⑧のうちから一つ選べ。　**2**

　アメリカは大統領制を導入している。アメリカの大統領は，**ア** によって選ばれ，連邦議会に **イ** 。大統領は，議会解散権や法案提出権をもたないが，連邦議会が可決した法案に対する拒否権をもつ。一方で，連邦議会は立法権や予算の議決権をもっているが，大統領に対して **ウ** を行う権限はもっていない。

　これに対し，フランスは大統領制と議院内閣制を混合した政治体制を導入している。フランスの大統領は，**エ** によって選ばれ，首相の任命権，議会（下院）の解散権をもっている。一方で，首相は議会に対して責任を負い，議会の信任も必要である。

① イ　議席をもつ　　　ウ　不信任決議　　エ　直接選挙

② イ　議席をもつ　　　ウ　不信任決議　　エ　間接選挙

③ イ　議席をもつ　　　ウ　弾　劾　　　　エ　直接選挙

④ イ　議席をもつ　　　ウ　弾　劾　　　　エ　間接選挙

⑤ イ　議席をもたない　ウ　不信任決議　　エ　直接選挙

⑥ イ　議席をもたない　ウ　不信任決議　　エ　間接選挙

⑦ イ　議席をもたない　ウ　弾　劾　　　　エ　直接選挙

⑧ イ　議席をもたない　ウ　弾　劾　　　　エ　間接選挙

問3　生徒Yは，日本においては住民に身近な政策の多くが地方公共団体によって担われていることを知り，日本の地方自治について調べてみることにした。日本の地方自治に関する記述として正しいものを，次の①～④のうちから一つ選べ。　3

① 地方公共団体がその条例に基づいて独自に行う住民投票において，永住外国人の投票が認められた事例はない。

② 有権者は必要な署名数を集めた上で，当該地方公共団体の議会に対して，条例の制定を請求することができる。

③ 国による情報公開法の制定より前に，地方公共団体が情報公開条例を制定した事例はない。

④ 地方公共団体の首長は，議会が議決した予算や条例について，再議に付すことができる。

問4 生徒**Y**は，消費者問題と政府の役割について，次の通りまとめてみた。次の
文章中の空欄 | ア | には**a**か**b**，空欄 | イ | には**c**か**d**が当てはまる。空
欄 | ア |・| イ | に当てはまる正しい記述を選び，その組合せとして最も
適当なものを，下の①～④のうちから一つ選べ。 | 4 |

市場経済では，経済主体の意思が尊重され，それぞれの主体の意思に基づい
て自由に取引が行われると想定されている。しかし， | ア | などもあり，消
費者主権が常にたしかなものであるとは限らない。

こうした事態に対応するため，政府は法律を整備し，情報提供を行ったり，
企業活動に介入したりすることもある。たとえば日本では， | イ | 。

a 消費者の消費への欲望が，生産者側の広告や宣伝に依存してかきたてられ
るという依存効果

b 消費者の四つの権利が，消費者団体の活動によって保障されていること

c 多くの地方公共団体が，苦情処理などを行うために消費生活センター（消
費者センター）を設置している

d 消費者基本法が，消費者の権利尊重と自立支援を目的とした消費者保護基
本法へと改正された

① ア－ **a** イ－ **c**
② ア－ **a** イ－ **d**
③ ア－ **b** イ－ **c**
④ ア－ **b** イ－ **d**

B　生徒Xと生徒Yが，政府の経済活動である財政について調べたことをもとに議論をしたところ，政府の歳入についての意見が二人の間では異なることがわかった。XとYの意見を読んで，次の問い(**問5～7**)に答えよ。

【**X**の意見】　財政には主に租税収入が用いられてきた。<u>ⓐ選挙や世論を通じ</u>て，財政運営に強い影響力を有するのは納税者である。そのため，<u>ⓑ政府は租税収入を財源にし，納税者の要求に応じて生活を保障しなければならない。</u>

【**Y**の意見】　現在の財政には公債発行を欠かすことができない。個人や法人が<u>ⓒ資産価値</u>の維持などを目的に公債を売買して公債価格を左右することからわかるように，財政運営に強い影響力を有するのは公債保有者である。そのため，<u>ⓓ政府は債務の返済能力についての信用度を高めて公債の元利払いを保証しなければならない。</u>

問5　生徒Xと生徒Yのそれぞれの意見のうち，下線部ⓑとⓓの内容に適合する政府の政策について最も適当なものを，下の**①～④**のうちから一つずつ選べ。

【下線部ⓑに適合する政策】　→　| 5 |

【下線部ⓓに適合する政策】　→　| 6 |

① 格付け機関による国債の格付けを高めるため，歳出削減を通じて財政再建を進める。

② 水道事業の費用が低下したため，費用低下に見合う料金の引下げを行う。

③ 自由貿易を促進する多国間協定に基づき，関税を引き下げる。

④ 財政民主主義に基づき，人々が求める基礎的な公共サービスに関する予算を拡充する。

44

問 6 下線部@に関連して，日本の選挙制度に関する次の文章を読んで，下の(1)・(2)に答えよ。

現在，衆議院の選挙制度は，小選挙区とブロック単位の比例区とを組み合わせた小選挙区比例代表並立制を採用し，465人の定数のうち，小選挙区で289人，比例区で176人を選出することとなっている。いま，この選挙制度を変更するとして，小選挙区比例代表並立制と定数を維持した上で，次の二つの変更案のどちらかを選択することとする。なお，この変更により有権者の投票行動は変わらないものとする。

　　変更案a：小選挙区の議席数の割合を高める。
　　変更案b：比例区の議席数の割合を高める。

(1)　まず，あなたが支持する変更案を選び，**変更案a** を選択する場合には①，**変更案b** を選択する場合には②のいずれかをマークせよ。　　7
　　なお，(1)で①・②のいずれを選んでも，(2)の問いについては，それぞれに対応する適当な選択肢がある。

(2)　(1)で選択した変更案が適切だと考えられる根拠について，選挙制度の特徴から述べた文として適当なものを次の記述**ア〜エ**のうちから二つ選び，その組合せとして最も適当なものを，下の①〜⑥のうちから一つ選べ。　　8

ア　この変更案の方が，多様な民意が議席に反映されやすくなるから。
イ　この変更案の方が，二大政党制を導き政権交代が円滑に行われやすくなるから。
ウ　もう一つの変更案だと，政党の乱立を招き政権が安定しにくくなるから。
エ　もう一つの変更案だと，少数政党が議席を得にくくなるから。

① アとイ　　　　　② アとウ　　　　　③ アとエ
④ イとウ　　　　　⑤ イとエ　　　　　⑥ ウとエ

問 7　下線部ⓒに関連して，次の表はある国における国全体の資産(非金融資産および金融資産)と負債，それらの差額である国富を示しており，通貨の単位にはドルを用いているものとする。生徒Xと生徒Yがこの表を正しく読みとっていた場合，それを前提に推論した記述として最も適当なものを，下の①~④のうちから一つ選べ。　　9

(単位：10億ドル)

	2015 年	2016 年	2017 年	2018 年
非金融資産(実物資産)	3,150	3,100	3,090	3,050
うち在庫	60	70	100	200
うち土地	1,400	1,310	1,200	1,150
金融資産	6,900	6,130	5,990	5,800
うちマネーストック	1,950	1,700	1,550	1,400
負　債	6,500	5,800	5,700	5,600
国　富	3,550	3,430	3,380	3,250

(注)　表中の数値は 2015 年を基準として実質化しているものとする。

① 表の期間中に「在庫」の変化の傾向が継続し，表以外の他の条件が一定だった場合，この期間は景気の谷から山に向かう時期であったと考えられる。

② 表の期間中に「土地」の変化の傾向が継続し，逆資産効果が働いた場合，消費は減少したことになる。

③ 表の期間中に「マネーストック」の変化の傾向が継続し，その変化が金融政策によるものであった場合，金融緩和政策がとられていたと考えられる。

④ 表の期間中に「国富」の変化の傾向が継続し，表以外の他の条件が一定だった場合，非金融資産(実物資産)と対外純資産の合計は増加したことになる。

第2問 次の文章（**A・B**）を読み，次ページ以降の問い（**問1～8**）に答えよ。

（配点　26）

A　生徒**X**と生徒**Y**の二人が住む市では，いま，市長選挙が行われている。二人は，候補者たちの演説を聴きに行った帰り道で，次のような会話をしている。

X：演説会場にいろんな人が来ていたね。

Y：そうだね。事業者団体や市民団体もいたよ。

X：うん，さまざまな組織が政治にかかわっているんだね。

Y：そうそう。ちゃんと投票をするためには，ⓐ政治にかかわる主体についても知っておく必要があるよね。

X：そういえば，何で選挙になってるんだろう。前市長の任期ってまだ残ってたんじゃない？

Y：前市長が収賄の容疑でⓑ逮捕され，みずから辞職したからだよ。記事によると，行政監視活動を行っている NPO が情報公開請求をするなどして収賄の疑惑が生じたことが，捜査のきっかけだったらしいよ。

X：なるほど。情報公開請求が契機となって前市長の不正が明るみに出たわけか。住民による行政監視に，情報公開制度が大きな役割を果たしているんだな。

Y：そのとおり。選挙でいい市長を選ぶことも大事だけど，日々，市政に関心をもってⓒ行政を監視することも重要だね。

X：市長が代わると，これから市政もいろいろ変わるかもね。

Y：そうね。とくにⓓ地方分権改革によって，地方公共団体が自主的に行える事務が増えたので，だれが市長になるかでだいぶ違ってくるかな。

X：たしかに，候補者たちはさまざまな新しい政策を公約として掲げていたね。

Y：いろんな公約があるけど，公約の実現可能性も検証する必要があるよね。

X：だれに投票したらいいか難しいよ。

問 1　下線部@に関連して，現在の日本における政治や選挙にかかわるさまざまな主体に関する記述として最も適当なものを，次の①〜④のうちから一つ選べ。

10

① 政党を結成するためには，国の許可が必要である。

② 利益集団（圧力団体）は，みずから政権獲得をめざす。

③ 人事院は，公職選挙法に基づいて選挙に関する事務を行う。

④ 国外に居住する有権者は，国政選挙において選挙権を行使できる。

問 2　下線部ⓑに関連して，現在の日本における刑事手続に関する記述として**誤っているもの**を，次の①〜④のうちから一つ選べ。　11

① 逮捕に必要な令状を発するのは，警察署長である。

② 国会議員は，法律の定める場合を除いて，国会の会期中逮捕されない。

③ 抑留・拘禁された後，無罪の裁判を受けたときは，国に金銭的な補償を請求することができる。

④ 実行時に適法な行為は，その行為後に制定された法により刑事上の責任を問われない。

問 3　下線部ⓒに関連して，日本の行政活動をめぐる法制度に関する次の記述 **a** 〜 **c** のうち，正しいものはどれか。当てはまる記述をすべて選び，その組合せとして最も適当なものを，下の①〜⑦のうちから一つ選べ。　　12

a　行政手続法は，行政運営における公正の確保と透明性の向上を図ることを目的としている。

b　情報公開法は，行政機関の非開示決定に対する国民の不服申立てを審査するために，オンブズマン（行政監察官）制度を定めている。

c　特定秘密保護法は，行政機関による個人情報の適正な取扱いを通じた国民のプライバシーの保護を目的としている。

①　**a**

②　**b**

③　**c**

④　**a** と **b**

⑤　**a** と **c**

⑥　**b** と **c**

⑦　**a** と **b** と **c**

問 4　下線部⑪に関連して，次の**図**は，現行の地方自治法に基づき，地方公共団体が行う事務の区分とその例を表したものである。この**図**に関連する下の記述 **a 〜 c** の正誤の組合せとして正しいものを，下の①〜⑧のうちから一つ選べ。

　13

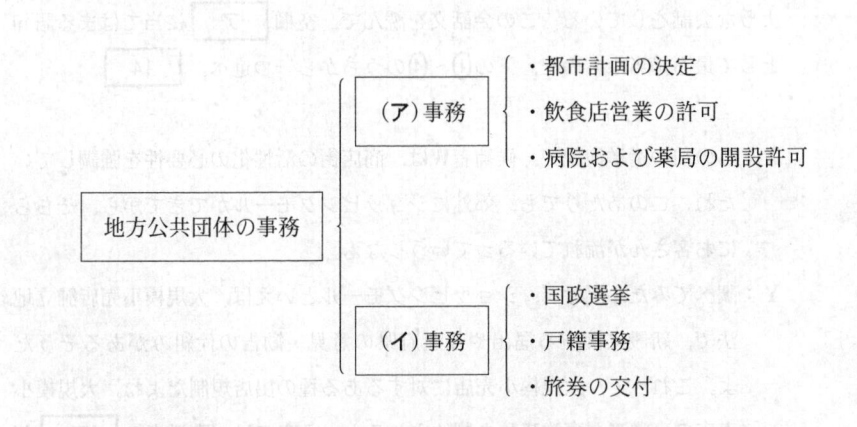

a　（ア）事務は，地方公共団体が地域の実情に合わせて主体的に処理できる事務として，憲法で列挙された事務である。

b　（イ）事務は，本来地方公共団体が行うべき事務であるが，全国で統一的に実施するため法令によって国に委託した事務である。

c　（ア）事務に対する国の関与の手段は，（イ）事務に対するものに比べて，限定的である。

① **a** 正　**b** 正　**c** 正

② **a** 正　**b** 正　**c** 誤

③ **a** 正　**b** 誤　**c** 正

④ **a** 正　**b** 誤　**c** 誤

⑤ **a** 誤　**b** 正　**c** 正

⑥ **a** 誤　**b** 正　**c** 誤

⑦ **a** 誤　**b** 誤　**c** 正

⑧ **a** 誤　**b** 誤　**c** 誤

B 生徒Xと生徒Yは，とくに候補者Wと候補者Zの演説に興味をもち，それぞれの主張についてさらに調べた。これに関して，次の問い(**問5～8**)に答えよ。

問5 生徒Xと生徒Yは，候補者Wの演説を聴いて，日本の法制度に関連する次のような会話をしている。この会話文を読んで，空欄　**ア**　に当てはまる語句として最も適当なものを，下の①～④のうちから一つ選べ。 **14**

X：この前の選挙演説で，候補者Wは，商店街の活性化の必要性を強調していたね。このあたりでも，郊外にショッピングモールができてから，そちらにお客さんが流れているっていうしなぁ。

Y：調べてみたんだけど，ショッピングモールといえば，大規模小売店舗立地法で，新設に関する届出や都道府県の意見・勧告の仕組みがあるそうだよ。これって，大規模小売店に対するある種の出店規制だよね。大規模小売店の事業者が事業活動を制約されるという点では，事業者の　**ア**　が制限されることになるね。

① 職業選択の自由
② 結社の自由
③ 請願権
④ 労働三権

問6　生徒Xは，候補者Wの行財政改革に関する公約に関心をもった。Wは，次の政策a～cを公約として掲げている。これらのうち，現在の日本の法制度上，実施できる政策はどれか。当てはまるものをすべて選び，その組合せとして最も適当なものを，下の①～⑦のうちから一つ選べ。　15

a　生活保護費の支出を抑制するため，市独自の認定基準を条例で定めることで，国の基準より認定の範囲を限定する。

b　登山道の整備に必要な財源を確保するため，市の独自課税として登山客を対象とする入山税を創設する。

c　公共施設の管理費用の削減およびサービス向上を図るため，市が設置する市民会館やスポーツ施設などの運営を民間に委託する。

① a
② b
③ c
④ aとb
⑤ aとc
⑥ bとc
⑦ aとbとc

問 7 生徒 **Y** は，国民健康保険制度に対する市のかかわり方に関する候補者 **Z** の主張を聴いて興味をもち，日本の公的医療保険制度の仕組みを調べることにした。次ページの会話は，同制度に関する次の図をみた **Y** とその母とによるものである。この会話文を読んで，空欄 ア に当てはまる方法として適当なものを次ページの記述 **a ～ d** のうちから二つ選び，その組合せとして最も適当なものを，次ページの**①～⑥**のうちから一つ選べ。16

図　年齢階級・制度別加入者数割合(2017 年度)

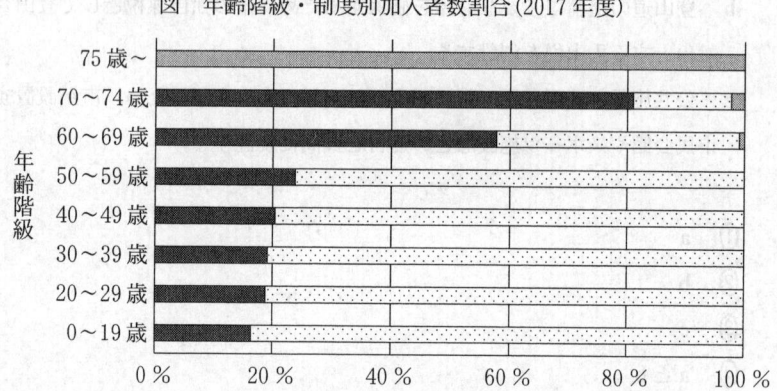

■ 国民健康保険制度　　▨ 被用者向けの各医療保険制度　　▨ 後期高齢者医療制度

(注)　被用者向けの各医療保険制度の加入者には，被保険者のほか，その被扶養者(被保険者に生計を維持される家族)が含まれる。また，65 歳以上 75 歳未満で一定の障害状態にあるとの認定を受けた者は，後期高齢者医療制度の被保険者となる。なお，データは，各年齢階級の人口から生活保護の被保護者を除いたものを総数とした数値を前提として作成されている。

(出所)　厚生労働省 Web ページにより作成。

Y：お母さん，これみてよ。この図って何を表しているんだろう？

母：この図は，年齢階級別にみてどの医療保険制度にどのくらいの割合で加入者がいるかを表したものね。60歳代から国民健康保険制度の加入者の割合が急に増えているのが興味深いわ。

Y：各制度の対象者が違うからこうなるのかな。でも，年齢の高い加入者が相対的に多いということだと，国民健康保険制度の加入者一人当たりの医療費は，被用者向けの各医療保険制度の場合より増えてしまうよね。60歳代以上において，国民健康保険制度の加入者が被用者向けの各医療保険制度の加入者よりも相対的に多い状態を緩和する方法としては，たとえば，
　ア　などが考えられるかな。

母：制度上はそうなりそうね。

a　定年退職者を正社員として継続雇用するよう義務化すること

b　定年年齢を引き下げること

c　後期高齢者医療制度の対象年齢を65歳に引き下げること

d　高齢者が医療サービスを利用したときの自己負担割合を引き下げること

① 　a と b

② 　a と c

③ 　a と d

④ 　b と c

⑤ 　b と d

⑥ 　c と d

問8 生徒Xは，候補者Zが地域雇用の重要性について主張するのを聴き，労働者保護に関する法制度に興味をもった。日本の民間企業の労働者に関する現在の法制度についての記述として**誤っているもの**を，次の①～④のうちから一つ選べ。 17

① 週あたりの労働時間の上限規制は，労働基準法にはない。

② 労働者災害補償保険法上の労働者には，短時間労働者が含まれる。

③ 使用者は，正当な争議行為により損害を受けたことを理由として，労働組合に対し損害賠償を請求することができない。

④ 事業主には，労働者の募集および採用について，その性別にかかわりなく均等な機会を与える義務がある。

第3問　次の文章（**A～C**）を読み，次の問い（**問1～8**）に答えよ。（配点　26）

A　生徒**X**と生徒**Y**は，休日に図書館で勉強をしていた。その帰り道，二人はベンチに腰かけた。そこで，スマートフォンを見ながら**X**がつぶやき，会話が始まった。

X：このブランドのスニーカー，かっこいいよね。やっぱり，すごい人気だよ。でも新しいスマートフォンを買っちゃったから，お金が足りないよ。

Y：そうなんだ。お金の問題は悩ましいよね。そういえば，スマートフォンもスニーカーも，どこでどう作られていて，どういう仕組みで価格が決まるのかな。

X：おそらくだけど，経済の仕組みが関係しているんじゃない？

Y：そうかも。興味があるから，ちょっと調べてみようと思うよ。

X：うん。こっちも，まずは自分のスマートフォンについて調べてみようかな。

問1　次の文章中の空欄　　**ア**　・　**イ**　に当てはまる語句の組合せとして最も適当なものを，下の①～④のうちから一つ選べ。　18

　　生徒**X**は，自分のスマートフォンについて調べてみた結果，ある資料をみつけた。その資料から，**X**のスマートフォンは先進国企業のブランドであるが，開発，調達，組立，物流，販売などの過程で，先進国だけではなく発展途上国・新興国もかかわっていることがわかった。また，資料によれば，スマートフォンのような電子機器の生産における調達過程では，親会社と子会社との間で　**ア**　と呼ばれる経済活動が行われているということであった。そして，主に人件費が低いという理由から，　**イ**　な組立工程は発展途上国・新興国によって担われていることが多いとも記されていた。

① **ア**　所有と経営の分離　　**イ**　資本集約的

② **ア**　所有と経営の分離　　**イ**　労働集約的

③ **ア**　企業内貿易　　**イ**　資本集約的

④ **ア**　企業内貿易　　**イ**　労働集約的

56

問 2 次の文章中の空欄 　ア　・　イ　に当てはまる語句と数値の組合せとして最も適当なものを，下の①〜⑥のうちから一つ選べ。　19

　　生徒**Y**は，生徒**X**が気になっているスニーカーの人気が高まっていることについて，高校の「政治・経済」の教科書にある市場メカニズムの説明に基づいて考えてみた。そして，次の図を自ら作成した。この図において，スニーカーの供給曲線は S，需要曲線は D で表される。スニーカーの人気が高まった場合，需要曲線は D から 　ア　 へとシフトし，均衡点が移動することが，教科書からわかった。

　　次に，供給曲線はシフトしないという条件の下で，より具体的な数字を当てはめて需要曲線の D から 　ア　 へのシフトを考えてみることにした。当初の均衡価格(P_0)が一足当たり 1 万円，均衡での数量(Q_0)が 8,000 足の状態から，価格が 30 パーセント，数量は 20 パーセント変化した場合，売上総額の変化量は 　イ　 であることがわかった。

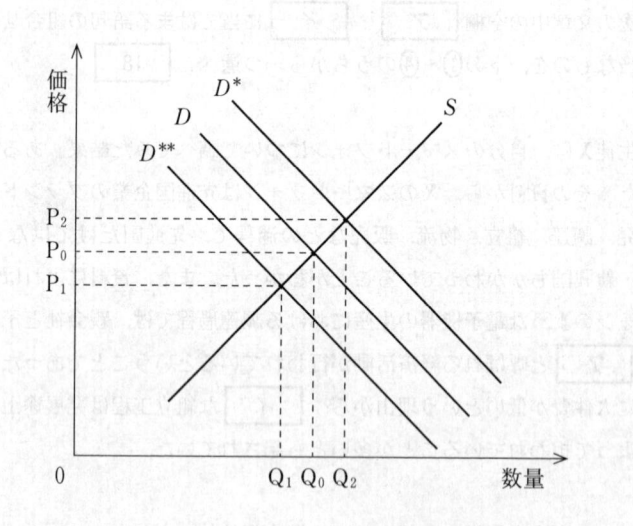

① ア D^*　　イ　4,480 万円　　② ア D^*　　イ　3,620 万円

③ ア D^*　　イ　2,840 万円　　④ ア D^{**}　　イ　4,480 万円

⑤ ア D^{**}　　イ　3,620 万円　　⑥ ア D^{**}　　イ　2,840 万円

B　生徒**Y**と図書館に出かけた日の夜，生徒**X**はアメリカで働いている父親とビデオチャットをした。以下はその会話の一部である。

父：やあ，元気かい。

X：うん。父さんも変わりない？　少し調べてみたら，このスマートフォンは日本メーカーのものだけど，組立は発展途上国・新興国で行われていて，先進国に輸出されているみたい。アメリカの企業も似たようなことをしているの？

父：そうだね。アメリカの多国籍企業は積極的に海外展開してきたからね。ただし，2018年くらいから激化したアメリカと中国との貿易摩擦が，企業活動に与えた影響は無視できないね。

X：貿易については，先週の「政治・経済」の授業でも，<u>ⓐ自由貿易の利益</u>を学習したよ。それなのに，アメリカはなぜ自国中心の貿易政策を主張したといわれているのかな。

父：アメリカの貿易政策の背景にはさまざまな要因があるけれど，技術革新の進展や経済のグローバル化などの影響による，アメリカの中間層の所得の伸び悩みと国内での経済格差の拡大という指摘は見逃せないね。その層を中心に，経済のグローバル化に対する不満が高まったという指摘があるよ。

X：経済のグローバル化ってよいことばかりと思っていたけど，マイナスの側面もあるんだね。まだまだ知らないことばかりだよ。<u>ⓑ世界の経済状況</u>や，経済のグローバル化に密接に関連する国際問題について，もっと調べてみたくなったよ。

父：よい意気込みだね。たとえば<u>ⓒ気候変動問題</u>は，経済のグローバル化にかかわる重要な国際問題だと思うよ。

問3 下線部③に関連して，生徒Xは授業で学習した，国際分業と貿易に関する経済学の考え方である比較生産費説について復習をした。次の表は，a国とb国における，α財とβ財についての労働生産性（一定の時間における労働者一人当たりの財の生産量）を示したものである。ここでは，各国の総労働者数は，a国が200人，b国が180人であり，各財への特化前は，両国ともにα財とβ財の生産にそれぞれ半数ずつが雇用されているとし，各財への特化後も，両国ともにすべての労働者が雇用されるとする。また，両財は労働力のみを用いて生産され，両国間での労働者の移動はないこととする。この表から読みとれる内容として正しいものを，下の①～④のうちから一つ選べ。 20

	α財	β財
a国の労働生産性	1単位	3単位
b国の労働生産性	6単位	3単位

(注) 特化前も特化後も，表中の各単位のα財もしくはβ財の生産に必要な一定の時間と，労働者一人当たりの総労働時間とは一致するものとし，このことは両国とも同じとする。

① a国がα財の生産に特化し，b国がβ財の生産に特化すれば，特化しない場合に比べ，両国全体でα財の生産量は640単位増加し，β財の生産量は570単位増加する。

② a国がβ財の生産に特化し，b国がα財の生産に特化すれば，特化しない場合に比べ，両国全体でα財の生産量は640単位増加し，β財の生産量は570単位増加する。

③ a国がα財の生産に特化し，b国がβ財の生産に特化すれば，特化しない場合に比べ，両国全体でα財の生産量は440単位増加し，β財の生産量は30単位増加する。

④ a国がβ財の生産に特化し，b国がα財の生産に特化すれば，特化しない場合に比べ，両国全体でα財の生産量は440単位増加し，β財の生産量は30単位増加する。

問4　下線部ⓑに関連して，生徒**X**は，2018年における世界の国・地域の面積，人口，国民総所得について，世界銀行が定義する所得分類別(低所得国，中所得国，高所得国)の構成比と，グループ分類別(BRICS，G7，その他の国・地域)の構成比を調べ，次の**表**を作成した。**表**中の空欄　ア　～　エ　に当てはまる語句の組合せとして正しいものを，下の①～④のうちから一つ選べ。 21

	所得分類別			
	低所得国	中所得国	高所得国	計
ア	0.7 %	35.9 %	63.4 %	100 %
イ	10.7 %	61.1 %	28.2 %	100 %
人　口	9.3 %	74.8 %	15.9 %	100 %

	グループ分類別			
	ウ	エ	その他の国・地域	計
ア	23.3 %	46.1 %	30.6 %	100 %
イ	30.1 %	16.4 %	53.5 %	100 %
人　口	41.6 %	10.1 %	48.3 %	100 %

(注)　国民総所得については，世界全体の総所得に占める各分類の総所得の割合を表している。
(出所)　世界銀行Webページにより作成。

① ア　面　積　　　イ　国民総所得　　　ウ　BRICS　　エ　G7
② ア　面　積　　　イ　国民総所得　　　ウ　G7　　　　エ　BRICS
③ ア　国民総所得　イ　面　積　　　　　ウ　BRICS　　エ　G7
④ ア　国民総所得　イ　面　積　　　　　ウ　G7　　　　エ　BRICS

問5 下線部ⓒに関連して，生徒**X**は，気候変動問題を学習し，その成果を次の**資料**にまとめた。**資料**中の空欄 ア ・ ウ ・ カ に当てはまる語句の組合せとして正しいものを，下の①〜⑧のうちから一つ選べ。 22

Ⅰ．気候変動対策の国際枠組みの歴史

- 1992年に ア 採択(1994年発効)
- 1997年に イ 採択(2005年発効)
- 2015年にパリ協定採択(2016年発効)

Ⅱ．世界の国・地域の二酸化炭素排出量(エネルギー起源)の変化

(単位：二酸化炭素換算・億トン)

国・地域名	1990年	2016年
ウ	21.1	91.0
エ	48.0	48.3
オ	40.3	31.9
インド	5.3	20.8
ロシア	21.6	14.4
カ	10.4	11.5
世界の総計	205.2	323.1

(注) 「国・地域」の1990年の排出量とは，2016年時点の当該「国・地域」を構成している1990年の「国・地域」の排出量の合計である。

(出所) International Energy Agency (IEA) Web ページにより作成。

---

① ア 気候変動枠組み条約　　ウ 中 国　　カ EU
② ア 気候変動枠組み条約　　ウ 中 国　　カ 日 本
③ ア 気候変動枠組み条約　　ウ アメリカ　　カ EU
④ ア 気候変動枠組み条約　　ウ アメリカ　　カ 日 本
⑤ ア 京都議定書　　ウ 中 国　　カ EU
⑥ ア 京都議定書　　ウ 中 国　　カ 日 本
⑦ ア 京都議定書　　ウ アメリカ　　カ EU
⑧ ア 京都議定書　　ウ アメリカ　　カ 日 本

C　経済に興味をひかれた生徒Yは，自分を取り巻く具体的な経済の仕組みにも興味を覚え，毎朝，新聞に目を通すようになった。

問6　次ページに示したのは，生徒Yが最近読んだ**新聞**である。記事**a～c**の各見出しは，それぞれ政府による経済政策を示している。これらの経済政策は，次の経済学者**ア～ウ**のうちどの人物の考え方に最も親和的であると考えられるか。経済学者**ア～ウ**と，各経済政策が示されている記事**a～c**との組合せとして最も適当なものを，下の①～⑥のうちから一つ選べ。　23

ア　ミルトン・フリードマン(1912～2006)

イ　フリードリッヒ・リスト(1789～1846)

ウ　ジョン・メイナード・ケインズ(1883～1946)

① ア―a　　イ―b　　ウ―c

② ア―a　　イ―c　　ウ―b

③ ア―b　　イ―a　　ウ―c

④ ア―b　　イ―c　　ウ―a

⑤ ア―c　　イ―a　　ウ―b

⑥ ア―c　　イ―b　　ウ―a

1 第○×○×○号　　　　　共　通　新　聞　　　　2021年（令和3年）○○月○○日　土曜日　日刊　5版

50兆円の財政出動決定

共通新聞

1897年（明治30年）
11月12日創刊
発　行　所
共　通　新　聞　社
○○本社〒000-0000
○○市○区○○番地
電　話 000-000-0000
代　表 000-0000
編　集 000-0000
販　売 000-0000

2021年（令和3年）
○○月○○日（土）
天　　気
・札幌　→
・仙台　→
・秋田　→
・東京　→
・金沢　→
・名古屋　→
・大阪　→
・福岡　→

不況対策に政府が本腰

失業拡大に歯止め

a

発展途上諸国　自国産業の保護へ

先進工業諸国に対抗

輸入数量を制限

c

今日のコラム「経世済民」

○○国　裁量的な政策運営を見直し

貨幣供給のルールの策定へ

b

問 7　生徒 **Y** は新聞のコラム欄に，次のような記述をみつけた。

> **今日のコラム　「経世済民」**
>
> 　1929年にアメリカで発生した恐慌は，世界中に波及して世界恐慌になった。それは，経済過程への国家のかかわり方，通商および通貨に関する国際的な枠組み，金融制度のあり方などに変化をもたらした。そうした意味でこの恐慌は，現代へとつながる，資本主義経済の歴史的な転換点となった。

　この記述に興味をひかれた **Y** は，生徒 **X** を誘って図書館に行き，この記述の意味を分担して調べた。次ページの発言 a ～ d は，調べた成果を互いに教え合った際のものである。次ページの空欄　**ア**　～　**オ**　に当てはまる語句の組合せとして最も適当なものを，次ページの①～⑧のうちから一つ選べ。

　24

a 市場への国家の介入が，世界恐慌を契機に強まっていったよ。景気の安定化や所得の再分配などに関しても，国家が次第にその役割を担うようになったんだ。 ア 政府から イ 政府への転換が始まったんだよ。

b 国際的な通貨システムにも変化があったよ。それまで中央銀行の金保有量に通貨量が制約されていた各国は，世界恐慌を契機に，金保有量にかかわりなく通貨量を増減できる制度を採用することになったんだ。これによって ウ 紙幣は，現在の日本でもみられる エ 紙幣に取って代わられたよ。

X

c 変化といえば，国際的な通商システムにもみられたよ。世界恐慌を契機に世界経済は，列強諸国によって複数の経済圏に分断されたんだ。こうした世界経済の分断が戦争の一因になったことへの反省から，第二次世界大戦後は オ 貿易を促進する協定が結ばれたよ。

d 金融制度の変化もみられたよ。アメリカでは世界恐慌が発生した後，銀行業務と証券業務の兼営が禁止されたり，連邦レベルの預金保険制度が整備されたりしたんだ。金融市場の安定化が模索されたんだよ。

Y

① ア 小さな イ 大きな ウ 不換 エ 兌換 オ 保護
② ア 小さな イ 大きな ウ 不換 エ 兌換 オ 自由
③ ア 小さな イ 大きな ウ 兌換 エ 不換 オ 保護
④ ア 小さな イ 大きな ウ 兌換 エ 不換 オ 自由
⑤ ア 大きな イ 小さな ウ 不換 エ 兌換 オ 保護
⑥ ア 大きな イ 小さな ウ 不換 エ 兌換 オ 自由
⑦ ア 大きな イ 小さな ウ 兌換 エ 不換 オ 保護
⑧ ア 大きな イ 小さな ウ 兌換 エ 不換 オ 自由

問 8　生徒Yは1929年の世界恐慌について調べた際に，これ以降も経済危機をはじめ世界経済の画期となる出来事が何度か起きているのではないか，そして，それらの出来事と授業で学習した為替相場の動きとが何らかの関連をもっているのではないかと考えたため，さらに調べてみることにした。次の図は，1973年以降の米ドルの対円相場の推移を示したものである。この図から読みとれる記述として最も適当なものを，下の①～④のうちから一つ選べ。 **25**

（注）　図の数値は，インターバンク相場東京市場ドル・円スポット 17 時時点/月中平均。
（出所）　日本銀行 Web ページにより作成。

① 第二次石油危機が発生した年からアジア通貨危機が発生した年までの全期間を通じて，1米ドル当たり100円のレートを突破する円高を記録したことは一度もない。

② ルーブル合意が交わされた年と中国がWTO（世界貿易機関）に加盟した2001年との米ドルの対円相場を比較すると，1米ドル当たり100円以上，円高が進行した。

③ 第一次石油危機が発生した年からプラザ合意が交わされた年までの全期間を通じて，1米ドル当たり100円のレートを突破する円高を記録したことは一度もない。

④ 単一通貨ユーロが導入された年とギリシャ財政危機が顕在化した2010年との米ドルの対円相場を比較すると，1米ドル当たり100円以上，円高が進行した。

第4問　生徒たちは，「地域課題に対する国・地方公共団体・住民の果たす役割」という テーマで調査を行うことにした。次の図は，生徒たちの調査計画とその内容の 一部を掲載したものである。これに関して，次ページ以降の問い（**問1 ～ 7**）に答え よ。（配点　24）

I．課題の設定～グループの関心をまとめ具体的な調査内容を決める
○グループの関心～地域課題への国・地方公共団体・住民の対応
○地域課題に対する国や地方公共団体の施策と住民の活動について調査す る～地域の産業や資源，ⓐ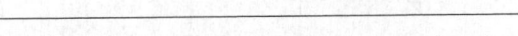地域を来訪する外国人に関する施策とその効果

II．資料の収集～資料を収集し現状や課題を把握する
○地域の産業や資源に関する資料収集
○ⓑ産業の活性化や観光客の誘客とその課題に関する資料収集
○ⓒ企業や観光客の動向などのデータや既存のアンケート結果の収集

必要に応じて調査と分析を繰り返す

III．課題の探究～調査の実施や資料に基づく分析・検討を行う
○IIで調査した課題に対処するための施策の分析
○施策の効果を高める取組みの検討～ⓓ協働での商品開発の実地研修・調 査等
○住民自治に基づく地域課題への対応～ⓔ住民の意見は地域課題の解決に 反映されうるかの検討
○公共サービスの課題と効率的な運用についての検討～ⓕ効率性の考え方

IV．まとめ～分析の過程や結果をまとめ，発表を行う
○地域課題に対する国・地方公共団体・住民による取組みとその効果の検証 のまとめ
○公共のさまざまなあり方についてのまとめ～協働を通じた課題解決
○全体を通じた考察～ⓖ地域課題の解決に向けた地方自治のあり方につい て

問 1 下線部ⓐに関連して，生徒**W**は外国人に関する日本の法制度とその実態についての最近の新聞記事を整理し，次のカードに書き出してみた。カードの記述①～④のうち**誤っている**ものを一つ選べ。 26

①　外国人の入国拒否

日本は，感染症に罹患^{りかん}したおそれのある外国人の入国を国民保護法に基づいて拒否した。

②　外国人労働者の待遇

日本では，外国人技能実習生への賃金不払いなどの待遇が問題となった。

③　外国人の誘客

日本は，カジノ，ホテル，国際会議施設などから構成される統合型リゾート(IR)に関連する法律を整備した。

④　外国人労働者の資格

日本は，特定の技能をもつ労働者を海外から受け入れるための在留資格を設けた。

問2　下線部⑥に関連して，生徒Wは地域産業の取組みについて調査しようと思い，ある農業従事者に聞き取り調査を行った。次のメモは，その聞き取りでわかったことをまとめたものである。メモにある取組みに関する下の記述 **a ~ c** のうち，正しいものはどれか。当てはまる記述をすべて選び，その組合せとして最も適当なものを，下の①~⑦のうちから一つ選べ。　| 27 |

取組みに関する聞き取り調査

1．事業の反省と分析について
・農業を営んでいる。価格を市場にまかせると地元での野菜の生産と卸しだけでは経営が安定しない。

・当初は個人宅を回る宅配を主にしていた。この時は順調に売れていた。

・外国の安い商品が増え、価格が急落。そのため自社の商品の値下げが必要になる。

・宅配中心ではコストが割高になる。

・自社製品の収益増加および費用削減の検討が必要となる。

2．現在の運営の特徴について
・地元の生産物のブランドの確立をめざす。

・従業員が加工や販売も行い、自社で加工できないもののみ地域内の他社へ委託するようにし、価格の安定と費用の低下を図る。

・直販を行うとともに地域内のスーパーや学校給食にも卸すようにした。地域内での消費の拡大を図る。

・観光客に収穫や加工の体験をしてもらう。人件費を考えると、この事業は低収益だが広告や宣伝になっていると考えている。
⇒多少値段が高くとも買っていくお客様が現れる。

3．課題について
・集客の方法や人材の不足。

・地域外への販売ルートに乏しい。

a　販路の拡大を行っている

b　六次産業化を実施している

c　地産地消に取り組んでいる

①　a　　　　②　b　　　　③　c
④　aとb　　⑤　aとc　　⑥　bとc
⑦　aとbとc

問 3 下線部ⓒに関連して，生徒**W**は企業に関する情報を調査するため，その準備として教科書の内容を次の**メモ**にまとめ，先生に記述の間違いをチェックしてもらった。先生は，**メモ**に下線を引いて**誤り**を指摘した。それは**メモ**の文中の下線 **a ～ d** のどれか。先生が下線を引いた箇所として最も適当なものを，下の**①**～**④**から一つ選べ。 28

<Wの作成したメモ>

　　企業は，その規模によって大企業と中小企業とに分類される。1963 年に制定された中小企業基本法は，**a** 中小企業を資本金や従業員数によって定義している。それに基づく分類によると，近年においても**b** 日本の全企業に占める中小企業の企業数および従業員数の割合は，共に大企業のそれらの割合を上回っている。しかし，中小企業の経営状態は必ずしもよいものとはいえない。たとえば，日本の場合，**c** 大企業と中小企業との間に存在する労働条件や生産性などの格差，いわゆる経済の二重構造が問題とされてきた。そのような中で，ベンチャー企業やニッチ市場をねらう企業など創造的もしくは自立的に事業活動を行う企業が注目され始めた。そのため，1999 年，中小企業基本法の理念も，**d** 中小企業の多様で活力ある成長発展から大企業と中小企業との格差是正へと転換された。

① a

② b

③ c

④ d

問4　下線部ⓓに関連して，生徒たちは農業従事者の方々と協働で新しい二つの商品を試作することにした。その際，値上げや値引きの効果は需要量の変化に現れるという授業の話を思い出した。試作中の商品の売れ行きが気になった生徒たちは，二つの新商品に類似した商品αと商品βの需要量と価格のデータを収集し，教科書を参考に需要量と価格の関係を次の枠内の図にまとめた。商品αはなめらかな曲線となり，代表的な点は白丸（○），商品βは直線であり，代表的な点は黒丸（●）である。各商品の需要量に価格の変化が及ぼす影響に関する記述として最も適当なものを，下の①～④から一つ選べ。　29

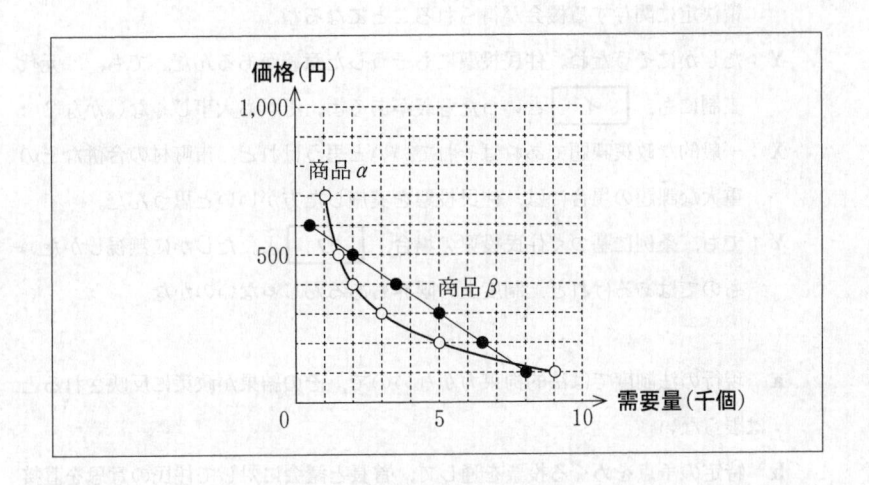

①　商品αを200円で販売した場合と500円で販売した場合とについて，それらの価格から100円上昇したときの需要量の減少幅を比べると，500円で販売した場合の方が減少幅は大きい。

②　商品αと商品βを200円で販売した場合，その価格から100円の上昇に対する需要量の減少幅は，商品αよりも商品βの方が小さい。

③　商品βを200円で販売した場合と500円で販売した場合とについて，それらの価格から100円上昇したときの需要量の減少幅を比べると，500円で販売した場合の方が減少幅は大きい。

④　商品αと商品βを500円で販売した場合，その価格から100円の上昇に対する需要量の減少幅は，商品αよりも商品βの方が小さい。

問5　下線部ⓒに関連して，生徒**X**と生徒**Y**は，「政治・経済」の授業で学習した地方自治制度について話し合っている。次の会話文中の空欄　ア　～　ウ　に当てはまる記述として正しいものを下の記述 **a** ～ **c** から一つずつ選び，その組合せとして最も適当なものを，下の①～⑥のうちから一つ選べ。　30

X：ある市で産業廃棄物処理施設の設置をめぐって，条例に基づく住民投票が実施されたと聞いたけど，このような住民投票は　ア　よ。その結果は首長と議会の双方にとって無視しがたいものになるよ。住民にとっても政策決定に関与する機会が得られることになるね。

Y：たしかにそうだね。住民投票にもそうした意義があるんだ。でも，二元代表制にも，　イ　といった意義があるよ。それも大事じゃないかな？

X：一般的な政策課題であればそれでいいと思うけれど，市町村の合併などの重大な課題の場合には，住民投票を実施した方がいいと思うんだ。

Y：でも，条例に基づく住民投票の場合，　ウ　よ。たしかに無視しがたいものではあるけれど，制度上の限界もあるんじゃないのかな。

a　現行の法制度では法的拘束力がないので，その結果が政策に反映されるとは限らない

b　特定の争点をめぐる投票を通して，首長と議会に対して住民の意思を直接示すことで，間接民主制を補完できる

c　住民が首長や議員を選出し，首長と議会による慎重な議論が期待できる

① ア― a　　イ― b　　ウ― c
② ア― a　　イ― c　　ウ― b
③ ア― b　　イ― a　　ウ― c
④ ア― b　　イ― c　　ウ― a
⑤ ア― c　　イ― a　　ウ― b
⑥ ア― c　　イ― b　　ウ― a

問6　下線部⑥に関連して，生徒たちは，費用対効果の考え方に着目し，その値が示す効率性に基づいて実施すべき産業振興の対策事業を選定する方法について学ぶことにした。生徒たちは，その考え方と対策事業の実施のルールを次の**ノート**にまとめた。また，費用対効果に関連した市内の地域別および産業別の対策事業それぞれにおける費用と経済的利益とを調べた。その一部が次ページの表である。次の空欄　**ア**・**イ**　および表に関する費用対効果の比較について述べた次ページの空欄　**ウ**　に当てはまる記述 **a ～ d** との組合せとして最も適当なものを，次ページの①～⑧のうちから一つ選べ。　31

生徒たちがまとめたノート

〈費用対効果の考え方〉

・1回の対策事業の　**ア**　を分母，1回の対策事業の　**イ**　を分子とした比率で効率性を評価する。

・地域 A で小売業対策，地域 B で加工業対策を実施するなど，二地域の対策事業の「組合せ」を比較する場合，二つの対策事業の　**ア**　の合計値を分母，**イ**　の合計値を分子として比率を計算する。

・比率の値が高い事業の方が，効率性が高い。

〈費用対効果の比較に関するルール〉

・一つの地域で実施される対策事業は，加工業対策か小売業対策のいずれか一つとし，両方を行うことはない。

・比較した際，費用対効果の値がより高い事業を選定し，実施する。「組合せ」の場合についても同様とする。

・事業に要する予算を地方公共団体が支出可能か否かは，ここでは考えない。

表　対策事業に要する費用と推測された経済的利益(億円)

市内の地域	費用対効果の項目	対策事業	
		加工業対策	小売業対策
A	費　用	2.0	2.0
	経済的利益	4.4	4.6
B	費　用	2.0	2.0
	経済的利益	5.0	4.0

　これらの考え方，ルールおよび表から読みとれる事柄についての記述として最も適当なものは　ウ　と考えられる。

a　加工業対策事業のみで比率の値を比較すると，地域Aに加工業対策を実施する方が地域Bに実施するよりも効率的である

b　小売業対策事業のみで比率の値を比較すると，地域Bに小売業対策を実施する方が地域Aに実施するよりも効率的である

c　二地域の対策事業の組合せを考えると，地域Aで加工業対策，地域Bで小売業対策を実施する組合せの効率性が最も高くなる

d　二地域の対策事業の組合せを考えると，地域Aで小売業対策，地域Bで加工業対策を実施する組合せの効率性が最も高くなる

① 　ア ― 経済的利益　　イ ― 費　用　　　ウ ― a
② 　ア ― 経済的利益　　イ ― 費　用　　　ウ ― b
③ 　ア ― 経済的利益　　イ ― 費　用　　　ウ ― c
④ 　ア ― 経済的利益　　イ ― 費　用　　　ウ ― d
⑤ 　ア ― 費　用　　　イ ― 経済的利益　　ウ ― a
⑥ 　ア ― 費　用　　　イ ― 経済的利益　　ウ ― b
⑦ 　ア ― 費　用　　　イ ― 経済的利益　　ウ ― c
⑧ 　ア ― 費　用　　　イ ― 経済的利益　　ウ ― d

問7　下線部ⓖに関連して，生徒**X**と生徒**Y**は，地方自治について話し合っている。次の会話文中の空欄　**ア**　に入れる語句として最も適当なものを，下の①～④のうちから一つ選べ。　32

X：私たちは，地域における担い手となるために，どのようにすればいいんだろう？

Y：たしか，政治学者ブライスは，『近代民主政治』という本の中で，住民が地域のコミュニティを形成するのに成功している例をあげた上で，「地方自治は　**ア**　である」と言っているよね。

X：なるほど。これは身近な問題への取組みを通して，民主政治の担い手となる能力を養えることを意味するよね。

① 多数者の専制
② 民主主義の学校
③ ポピュリズム
④ 人民の人民による人民のための政治

MEMO

政治・経済

（2020年1月実施）

60分　100点

（解答番号 1 〜 34 ）

第1問 次の文章を読み，下の問い(問1〜10)に答えよ。(配点　28)

　　社会が発展する中で実現されるべき価値の一つに「平等」がある。これを評価の尺度にするなら，私たちの社会はどこまで望ましい姿に近づいたといえるだろうか。国内外の近年の経験を振り返りながら，残された課題を考えてみよう。

　　まず，「ひとしく機会にあずかる」という意味で「平等」をみるなら，民主主義の普及は，政治参加の拡大という点で機会の平等が実現されていく経験であった。それまでの⒜支配に反対し民主化を求める運動が世界各地で起こり，日本でも政治参加を促す⒝法が整備された。だが先進国を中心に，ポピュリズムや政治的無関心が目立つようになったのも事実である。一度実現した参加の機会を，将来にわたって人々が十全に活用するにはどうすればよいか。これが第一の課題となる。

　　次に，「ひとしく結果を享受する」という意味で「平等」をみるなら，⒞資本主義経済の浸透は，格差の拡大や固定化という点で結果の平等のあり方を考える契機となった。貿易の自由化が促され，⒟市場の空間的範囲は拡大した。生産と⒠消費は国境を越え，世界全体で貿易額は大きく増加した。一方，発展途上国では約5人に1人が1日1.9ドル未満で生活する絶対的貧困の状況にある。また，経済のあり方が企業経営や人々の働き方に影響を与える中，国内では，正規労働者と非正規労働者との⒡賃金の差がさらに認識されるようになった。経済や⒢労働において生じる格差が，社会の許容する程度を超えるとき，これをどう是正するか。これが第二の課題だといえる。

　　さらに，「平等」の推進自体も問われるようになった。⒣グローバル化が進み，世界と国と⒤地方とが密接に結びつく今日，「平等」が他の社会的価値と衝突する事態が起きている。たとえば，移民や⒥難民の受入れをめぐって，人権を重視して社会保障や雇用の上で自国民に近い扱いを求める声と，国や社会の安定を重視してそれを拒否する声とがあがる場合である。ある人々の唱える「平等」を他の人々が拒否するとき，相反する主張をいかに調和させるか。これが第三の課題になるだろう。

問1　下線部ⓐに関連して，マックス・ウェーバーは支配の正当性(正統性)を大きく三つに分類した。この分類に**該当しないもの**を，次の①～④のうちから一つ選べ。　1

① カリスマ的支配

② ポリス的支配

③ 合法的支配

④ 伝統的支配

問2　下線部ⓑに関連して，日本国憲法が定める法の制定について説明した次の記述A～Cのうち，正しいものはどれか。当てはまる記述をすべて選び，その組合せとして最も適当なものを，下の①～⑦のうちから一つ選べ。　2

A　内閣は，憲法および法律の規定を実施するために，省令を制定することができる。

B　最高裁判所は，訴訟に関する手続について，規則を制定することができる。

C　地方公共団体は，法律の範囲内で条例を制定することができる。

① A
② B
③ C
④ AとB
⑤ AとC
⑥ BとC
⑦ AとBとC

問 3　下線部ⓒに関連する学説を展開したアダム・スミスに関する記述として最も適当なものを，次の①～④のうちから一つ選べ。　[3]

① 国内に富を蓄積するため保護貿易政策を行うことの必要性を説いた。

② 『経済学および課税の原理』を著し，貿易の自由化を重視した。

③ 財政政策や金融政策によって完全雇用が達成されることを説いた。

④ 『国富論（諸国民の富）』を著し，市場の調整機能を重視した。

問 4　下線部ⓓの機能や限界についての説明として正しいものを，次の①～④のうちから一つ選べ。　[4]

① 寡占市場では，市場による価格調整がうまく働くので，消費者が買いたいものが割安の価格になる。

② 生産技術の開発や生産の合理化によって生産費用が低下しても，価格が下方に変化しにくくなることを，逆資産効果という。

③ 鉄道のように，初期投資に巨額の費用がかかる大型設備を用いる産業では，少数の企業による市場の支配が生じにくい。

④ 寡占市場で価格先導者が一定の利潤を確保できるような価格を設定し，他の企業もそれに追随するような価格を，管理価格という。

問 5　下線部⒠に関連して，消費者問題にかかわる日本の法制度の説明として正しいものを，次の①～④のうちから一つ選べ。　| 5 |

① 特定商取引法の制定により，欠陥製品のために被害を受けた消費者が，損害賠償請求訴訟において製造業者の無過失責任を問えるようになった。

② 消費者団体訴訟制度の導入により，国が認めた消費者団体が，被害を受けた消費者に代わって訴訟を起こせるようになった。

③ 消費者庁の廃止により，消費者行政は製品や事業ごとに各省庁が所管することになった。

④ リコール制度の改正により，製品の欠陥の有無を問わずその製品と消費者の好みに応じた製品との交換が可能になった。

問6　下線部①について，次の図は，各年齢階級における1か月の賃金の平均値を雇用形態別に示したものである。この図から読みとれる内容として**誤っている**ものを，下の①～④のうちから一つ選べ。　6

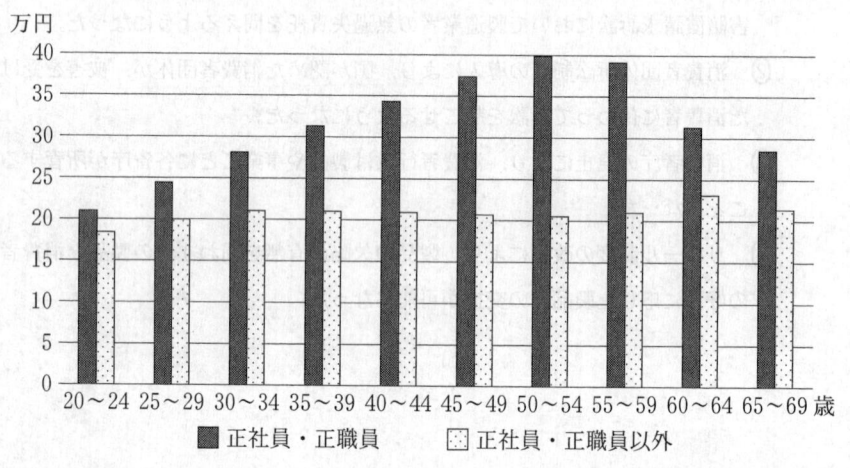

(注)　2017年6月分の賃金である。雇用形態のうち，「正社員・正職員」とは，事業所が「正社員・正職員」とする者をいい，「正社員・正職員以外」とは，「正社員・正職員」に該当しない者をいう。

(資料)　厚生労働省「平成29年賃金構造基本統計調査」(厚生労働省Webページ)により作成。

① 年齢階級ごとに，「正社員・正職員」の賃金と「正社員・正職員以外」の賃金との差を比べると，30～34歳における賃金の差額は，20～24歳における賃金の差額を上回る。

② 年齢階級ごとに，「正社員・正職員」の賃金と「正社員・正職員以外」の賃金とを比べると，すべての年齢階級において，「正社員・正職員」の賃金は「正社員・正職員以外」の賃金を上回る。

③ 「正社員・正職員」の賃金をみると，賃金が最も高い年齢階級における賃金は，20～24歳の賃金の3倍を下回る。

④ 「正社員・正職員以外」の賃金をみると，賃金が最も高い年齢階級における賃金は，20～24歳の賃金の3倍を上回る。

問 7　下線部⑧について，民間の労働者に関する日本の法制度の説明として**誤って**いるものを，次の①〜④のうちから一つ選べ。　7

① 労働組合への加入を理由とする解雇は，不当労働行為として禁止される。

② 裁量労働制では，実際に働いた時間にかかわらず，あらかじめ定められた時間だけ働いたとみなされる。

③ 事業主は，職場におけるセクシュアル・ハラスメントを防止するために，必要な措置を講じることが義務づけられている。

④ 法律に基づく最低賃金は，地域や産業を問わず同じ額とされている。

問 8 下線部ⓗに関連して，次の図は，自由貿易の下で，ある商品の国際価格が P のときに，国内供給 X_1 と国内需要 X_2 との差だけ輸入されることを示している。ここで，他の事情を一定とした場合，当該商品の輸入量を増加させうる，輸入国に関係する要因として正しいものを，下の①〜④のうちから一つ選べ。　　8

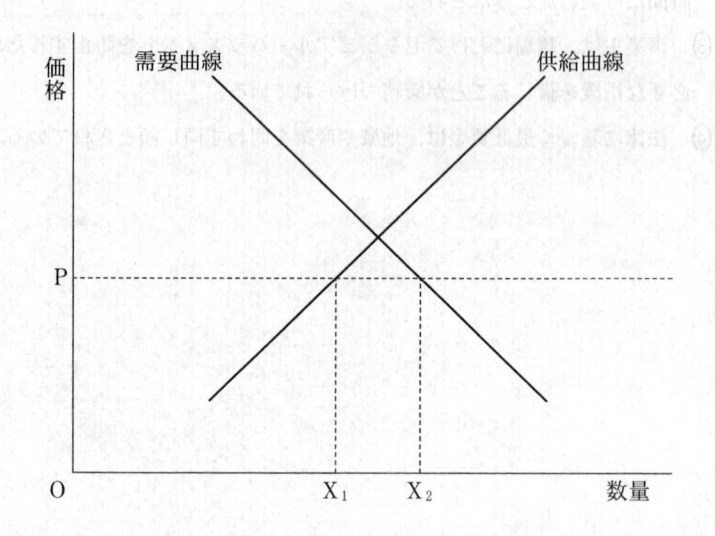

① 国際価格の上昇

② 国内産業の生産性の向上

③ 国民の所得の増加

④ 関税の引上げ

問9　下線部①に関連して，地方公共団体についての次の記述 A～C のうち，正しいものはどれか。当てはまる記述をすべて選び，その組合せとして最も適当なものを，下の①～⑦のうちから一つ選べ。　9

A　地方公共団体の選挙管理委員会は，国政選挙の事務を行うことはない。

B　都道府県の監査委員は，公正取引委員会に所属している。

C　地方公共団体の義務教育の経費に，国庫支出金が使われる。

① A　　　　　　　　② B　　　　　　　　③ C
④ AとB　　　　　　⑤ AとC　　　　　　⑥ BとC
⑦ AとBとC

問10　下線部①に関連して，難民受入れをめぐる記述として**誤っているもの**を，次の①～④のうちから一つ選べ。　10

① 日本は，難民条約の採択された年にこの条約に加入した。

② 日本は，出入国管理及び難民認定法に基づいて難民を受け入れている。

③ 第三国定住は，難民を最初の受入国から別の国に送り，そこで定住を認める仕組みである。

④ 国内避難民は，紛争などから逃れつつも国境を越えていない人々であり，難民条約上の保護対象に含まれない。

第2問 次の会話文を読み，下の問い(問1～8)に答えよ。(配点 24)

学生A：今日はゼミで「私たちの生活を支える主体や仕組み」をテーマとして取り上げることを決めたけど，これからおもしろくなりそうだね。

学生B：うん，先生は国の役割の重要性を指摘していたね。でも，働いて，貯金して，っていうふうに個人の努力で生計をたてるのが自然だと思うな。

学生A：そうかな。個人の努力とは無関係に生活が不安定になることもあるし，すべて自己責任で対応することは難しいよ。だからこそ，国の役割が必要になるんじゃないかな。⒜憲法にも生存の権利についての規定があるしね。

学生B：たしかに国の役割は重要だと思うけど，それなら⒝国はどこまで人々の活動にかかわるべきなのかな？ たとえば，高齢化もあって介護保険制度の重要性が高まっているけど，介護は家族がするもののように感じるな。

学生A：介護保険制度は，被保険者の権利として利用できるのだから，家族のサポートを期待できる場合も，それを優先する義務はないよ。

学生B：でも，現在の介護保険制度にも問題があるよね。高齢化が進めば，担い手不足や⒞財源の問題は，いま以上に深刻になるんじゃないかな。

学生A：その場合，待遇改善や⒟外国人の受入れなどによる介護士の増員とか，⒠税や社会保険料の引上げによる財源確保とか，検討する事柄は多いね。

学生B：特に財源については，家計や企業の負担の増加が⒡経済活動に与える影響や，国の歳入規模を左右する⒢景気の動向なども考えないとね。

学生A：想像以上に難しい問題だな。そういえば，ゼミで先生は，地域社会の役割についても触れていたよね。ただ，地域社会での協力といっても，近所の人と話すことさえないから，イメージしにくいな。

学生B：たしかに。でも，人と人との結びつきを育み，それを福祉にいかそうという試みが各地で行われていると聞くよ。それに，⒣地域の住民の声を政治に反映させるような仕組みも整えられてきているみたいだね。

学生A：なるほどね。個人の努力，国の役割どちらか一つに固執するんじゃなくて，地域社会での協力も含めて，バランスのよい組合せを考えることが大事な気がしてきたな。よし，意見をまとめて，来週，ゼミで議論しよう！

問 1　下線部ⓐについて，日本国憲法の改正に関する記述として正しいものを，次の①〜④のうちから一つ選べ。　| 11 |

① 衆参各議院は，それぞれの総議員の 3 分の 2 以上の賛成が得られた場合，単独で憲法改正を発議し，国民投票にかけることができる。

② 日本国憲法の改正に関する国民投票は，特別の国民投票，または国会の定める選挙の際に行われる国民投票のいずれかによる。

③ 国会法の改正によって，満 18 歳以上の国民が，日本国憲法の改正に関する国民投票権を有することになった。

④ 日本国憲法の改正は，最終的に，内閣総理大臣によって国民の名で公布される。

問 2　下線部ⓑに関連して，日本における，国民生活と国の施策との関係をめぐる最高裁判所の判断についての次の記述アとイの正誤の組合せとして正しいものを，下の①〜④のうちから一つ選べ。　| 12 |

ア 最高裁判所は，薬局開設の許可基準として距離制限を設けることは，合理的な規制とは認められず，違憲であると判断した。

イ 最高裁判所は，児童扶養手当と公的年金の併給を禁止する児童扶養手当法の規定は，国会の立法裁量の範囲を超え，違憲であると判断した。

① ア 正 イ 正
② ア 正 イ 誤
③ ア 誤 イ 正
④ ア 誤 イ 誤

問 3 下線部ⓒに関連して，次の図は，北欧型の社会保障制度に分類されるスウェーデン，大陸型の社会保障制度に分類されるドイツとフランス，そのほかに日本とアメリカという，5か国の租税負担率と社会保障負担率を比較したものである。図中の**A～C**に当てはまる国名の組合せとして正しいものを，下の①～⑥のうちから一つ選べ。 13

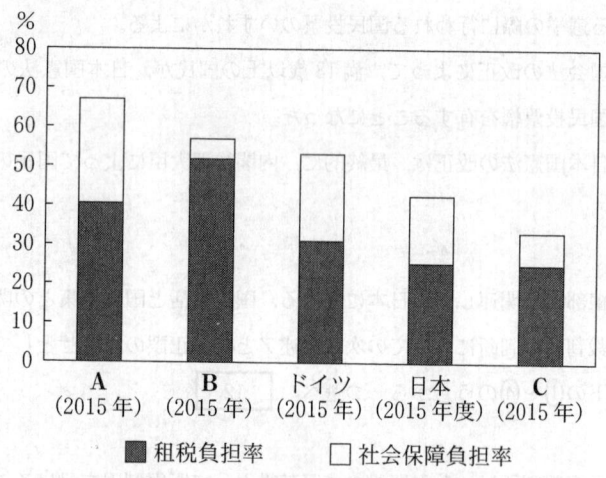

```
     %
    80
    70
    60
    50
    40
    30
    20
    10
     0
        A        B       ドイツ     日本        C
    (2015年) (2015年) (2015年) (2015年度) (2015年)
```

■ 租税負担率   □ 社会保障負担率

(注)　租税負担率とは，租税負担額の対国民所得比であり，社会保障負担率とは，社会保障負担額の対国民所得比である。
(資料)　財務省「国民負担率の国際比較（OECD 加盟 35 カ国）」（財務省 Web ページ）により作成。

① **A** アメリカ 　　**B** スウェーデン 　**C** フランス
② **A** アメリカ 　　**B** フランス 　　　**C** スウェーデン
③ **A** スウェーデン 　**B** アメリカ 　　　**C** フランス
④ **A** スウェーデン 　**B** フランス 　　　**C** アメリカ
⑤ **A** フランス 　　　**B** アメリカ 　　　**C** スウェーデン
⑥ **A** フランス 　　　**B** スウェーデン 　**C** アメリカ

問 4 下線部ⓓに関連する日本の現在の状況についての次の記述 **A ～ C** のうち，正しいものはどれか。当てはまる記述をすべて選び，その組合せとして最も適当なものを，下の**①～⑦**のうちから一つ選べ。　14

A 外国人も，中央省庁の行政文書に関して，情報公開法に基づいて開示を請求することができる。

B 最高裁判所は，永住資格を有する在日外国人には，地方参政権が憲法上保障されていると判断した。

C 地方公務員採用試験に関して，日本国籍を受験条件としない地方公共団体もある。

① A 　　　　　**②** B 　　　　　**③** C
④ AとB 　　　**⑤** AとC 　　　**⑥** BとC
⑦ AとBとC

問 5 下線部ⓔに関連して，租税の原則に関する次の用語**A〜C**と，その内容**ア〜ウ**との組合せとして最も適当なものを，下の①〜⑥のうちから一つ選べ。

15

A 中　立

B 垂直的公平

C 簡　素

ア 租税の負担能力に応じて負担することが望ましいとする考え方

イ 課税によって経済活動を極力妨げないことが望ましいとする考え方

ウ 納税の手続がわかりやすく，徴税の経費が小さいことが望ましいとする考え方

① A ― ア　　B ― イ　　C ― ウ

② A ― ア　　B ― ウ　　C ― イ

③ A ― イ　　B ― ア　　C ― ウ

④ A ― イ　　B ― ウ　　C ― ア

⑤ A ― ウ　　B ― ア　　C ― イ

⑥ A ― ウ　　B ― イ　　C ― ア

問 6 下線部(f)に関連して，次の表は 2016 年度における日本の GNE(国民総支出)の額を算出するために必要な項目とそれぞれの額とを示したものである。この表に関する下の記述**ア**と**イ**の正誤の組合せとして正しいものを，下の①〜④のうちから一つ選べ。　16

項　目	額(兆円)
民間最終消費支出	300
政府最終消費支出	106
総資本形成	127
財貨・サービスの輸出	89
財貨・サービスの輸入	83
海外からの所得	28
海外に対する所得	11
国民総支出	556

(注)　表中の数値は名目値で，小数点以下を四捨五入してある。
(資料)　内閣府『平成 28 年度 国民経済計算年報』により作成。

ア　GNP(国民総生産)の額は 556 兆円である。

イ　GDP(国内総生産)の額は GNP の額より小さい。

① **ア** 正　**イ** 正

② **ア** 正　**イ** 誤

③ **ア** 誤　**イ** 正

④ **ア** 誤　**イ** 誤

問 7 下線部⑤に関連して，景気循環の類型とそれが起こる主な要因についての記述として正しいものを，次の①～④のうちから一つ選べ。　17

① クズネッツの波は，技術革新を主な要因として起こるとされる景気循環である。

② コンドラチェフの波は，在庫投資の変動を主な要因として起こるとされる景気循環である。

③ キチンの波は，建設投資の変動を主な要因として起こるとされる景気循環である。

④ ジュグラーの波は，設備投資の変動を主な要因として起こるとされる景気循環である。

問8　下線部ⓗに関連して，日本の住民投票制度について述べた，次の文章中の空欄　ア　・　イ　に当てはまる語句の組合せとして最も適当なものを，下の①～④のうちから一つ選べ。　18

　日本国憲法は，地方自治特別法の制定に関する住民投票を規定している（第95条）。また，この憲法上の住民投票とは別に，1990年代以降，原子力発電所や産業廃棄物処理施設の受入れなど，特定の施策の是非をめぐり，条例による住民投票が各地で行われている。こうした憲法上の住民投票や条例による住民投票のように，投票によって民意を政治に反映させる制度は　ア　と呼称されることがある。

　条例による住民投票は，近年，住民意思を地方政治に直接反映し間接民主制を補完するものとして評価されており，地方公共団体の中には条例による住民投票を常設化する動きがみられる。また，定住外国人や一定年齢以上の未成年者に投票権を認める地方公共団体もある。これまでに行われた条例による住民投票は，投票結果に法的な拘束力が　イ　点で，憲法上の住民投票とは異なる。

①　ア　レファレンダム　イ　認められている
②　ア　レファレンダム　イ　認められていない
③　ア　イニシアティブ　イ　認められている
④　ア　イニシアティブ　イ　認められていない

第3問 次の文章を読み，下の問い（**問1～8**）に答えよ。（配点 24）

　私たちが生まれ，生活し，経済を営む場所は地球である。アメリカの経済学者ボールディングなどが提起した「宇宙船地球号」という考え方は，地球の住人すべてが，有限な@地球環境と天然資源を共有していることを強調するものであった。以下では，この視点を意識しつつ，今日の世界経済をとらえていこう。

　今日の世界経済で注目すべき事柄の一つは，かつて⑥発展途上国と呼ばれ，中国やインドを代表格に新興国とも呼称されるようになった国々の経済成長である。世界の名目GDPにおける発展途上国と新興国のシェアは，1980年には約2割だったが，2010年代後半には約4割へと増加している。こうした変化の一因としては，©国際貿易の拡大があげられる。たとえば，中国では⑪WTO（世界貿易機関）への加入後に輸出が急増し，経済成長を牽引（けんいん）した。また，中国の⑥企業が先進国企業を買収するケースがあるなど，新興国企業の国際的な存在感も高まっている。

　新興国における経済成長に伴う所得の向上と，先進国型へのライフスタイルの変化は，地球環境への負荷を高める要因となる。たとえば，新興国での自動車利用の拡大は，二酸化炭素など①温室効果ガスの排出量を増加させうる。ほかにも，世界的な食肉の消費量増加は，家畜自体だけでなく，その飼料となる⑨農作物の生産も拡大させうる。結果として，強い温室効果を有するメタンガスの排出増加や，熱帯雨林の過剰伐採など森林資源の劣化につながっているとの指摘もある。そのため，⑪開発援助の対象にも，産業基盤整備のような伝統的課題を越えて，発展途上国と新興国に対する環境保全技術の支援などへの広がりがみられる。

　21世紀に入り，「宇宙船地球号」の考え方が提起されたころよりも，地球環境への負荷が高まっている。地球という惑星に暮らす私たち人類の生存可能性を高めるためには，環境への配慮を経済の基本原則として明確に位置づけ，政府，企業，個人の行動パターンを早急に環境保全型へと転換していく必要がある。

問1　下線部ⓐは，非競合性と非排除性という性質をもつ公共財に分類されることがある。公共財の性質の一つである非排除性についての記述として最も適当なものを，次の①〜④のうちから一つ選べ。　19

① 他の人々の消費を減らすことなく，複数の人々が同時に消費できる。

② 価格が上がっても，需要量はあまり低下しない。

③ だれも利用を制限されない。

④ 供給量が不足しても，価格が変化しない。

問2　下線部ⓑの経済に関連する記述として**誤っているもの**を，次の①〜④のうちから一つ選べ。　20

① プレビッシュ報告では，南北問題を解決するために，アンチダンピング関税の導入が主張された。

② 発展途上国の中でも最も経済発展が遅れた国は，後発発展途上国(LDC)と呼ばれる。

③ 持続可能な開発目標(SDGs)では，貧困や飢餓の撲滅に加えてジェンダー平等の実現などの達成すべき目標が設定された。

④ 発展途上国の中には，貧困層の自助努力を支援するために，マイクロファイナンスという低所得者向けの少額融資が実施されている国もある。

問 3 下線部ⓒの決済手段として，為替がある。二国間貿易の為替による決済の仕組みを説明した次の**図**中の**A～C**と，その内容についての下の記述**ア～ウ**との組合せとして正しいものを，下の①～⑥のうちから一つ選べ。　21

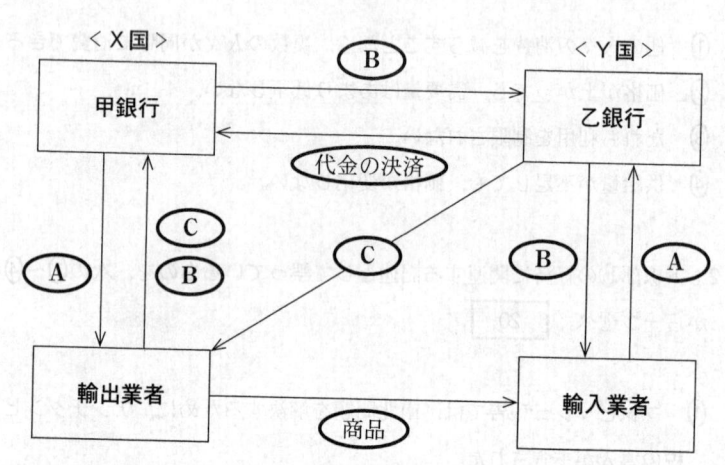

(注) 代金の決済は，複数の為替取引の相殺を活用して行われる。**C**は，輸出業者の依頼によって乙銀行から甲銀行に送られる場合がある。

ア 支払いを確約する信用状 (L/C)

イ 為替手形・船積み書類

ウ 自国通貨

① **A**ーア　　**B**ーイ　　**C**ーウ

② **A**ーア　　**B**ーウ　　**C**ーイ

③ **A**ーイ　　**B**ーア　　**C**ーウ

④ **A**ーイ　　**B**ーウ　　**C**ーア

⑤ **A**ーウ　　**B**ーア　　**C**ーイ

⑥ **A**ーウ　　**B**ーイ　　**C**ーア

問 4 下線部⑥についての記述として正しいものを，次の①〜④のうちから一つ選べ。　22

① GATT（関税及び貿易に関する一般協定）の基本原則の中には，最恵国待遇原則があったが，この原則は WTO には引き継がれていない。

② GATT のウルグアイ・ラウンドでは，知的財産権の国際的保護に関するルールについて交渉されたが，このルールは WTO で採用されていない。

③ WTO の紛争処理手続においては，加盟国が一国でも反対すれば，協定違反の有無に関する裁定は採択されない。

④ WTO のドーハ・ラウンドは，農産物の輸出国と輸入国との間の利害対立もあり，交渉全体の妥結には至っていない。

問 5　下線部ⓔについて，次の表は日本とアメリカにおいて，企業がどのようにして資金調達を行ったのかを示したものである。この表から読みとれる内容として最も適当なものを，下の①〜④のうちから一つ選べ。　23

（単位：％）

		銀行等借入	債　券	株式・出資金
日　本	1999 年 12 月末	38.8	9.3	33.8
	2017 年 3 月末	24.2	4.1	49.9
アメリカ	1999 年 12 月末	12.1	8.2	66.6
	2017 年 3 月末	6.2	13.7	56.5

（注）　ここでの企業とは民間非金融法人企業のことである。なお，「その他」の数値を省略していることから，どの年も合計が 100 パーセントにならない。
（資料）　日本銀行調査統計局「欧米主要国の資金循環統計」および同「資金循環の日米欧比較」（両資料とも日本銀行 Web ページ）により作成。

① 日本の企業における資金調達のあり方を 1999 年 12 月末時点と 2017 年 3 月末時点とで比較した場合，2017 年の方が他人資本の割合が高い。

② アメリカの企業における資金調達のあり方を 1999 年 12 月末時点と 2017 年 3 月末時点とで比較した場合，2017 年の方が間接金融の割合が低い。

③ 2017 年 3 月末時点の資金調達において，日本の企業はアメリカの企業よりも直接金融の割合が高い。

④ 1999 年 12 月末時点の資金調達において，アメリカの企業は日本の企業よりも自己資本の割合が低い。

問 6　下線部⑦の削減に関連する国内外の制度を説明した次の記述 A ～ C のうち，正しいものはどれか。当てはまる記述をすべて選び，その組合せとして最も適当なものを，下の①～⑦のうちから一つ選べ。　24

A　気候変動枠組条約の京都議定書では，締約国間における温室効果ガスの排出量の売買を禁止していた。

B　日本では，福島第一原発事故後に施行された再生可能エネルギー特別措置法によって，再生可能エネルギーから作られた電力の固定価格買取制度が開始された。

C　気候変動枠組条約のパリ協定では，すべての締約国が温室効果ガスの自主的な削減目標を提出し，目標の達成に向けて取り組むことが定められた。

①　A　　　　　　②　B　　　　　　③　C
④　AとB　　　　⑤　AとC　　　　⑥　BとC
⑦　AとBとC

問 7　下線部⑧に関連して，日本における農業や食品に関する出来事についての記述として最も適当なものを，次の①～④のうちから一つ選べ。　25

①　第二次世界大戦後，農地法が制定され，寄生地主制が復活した。
②　農業基本法は，兼業化の促進による農業従事者の所得の増大をめざした。
③　高度経済成長期の後，地域の伝統的な食文化を見直し守っていくために，新食糧法が施行された。
④　食品の偽装表示などの事件をうけて，食の安全を確保するために，食品安全基本法が制定された。

問 8　下線部ⓗに関連して，世界の政府開発援助（ODA）の実績を表した次の**表**中の空欄**A〜D**に当てはまる語句の組合せとして正しいものを，下の**①〜⑥**のうちから一つ選べ。　26

国　名	ODA の実績総額 （億ドル）	ODA の対国民総所得 （GNI）比（%）	A （%）
B	344.1	0.19	100.0
C	247.4	0.70	88.4
イギリス	180.5	0.70	98.3
D	104.2	0.20	87.0
フランス	96.2	0.38	81.4

（注）　すべて 2016 年の支出純額ベースの数値である。

（資料）　外務省『開発協力白書』（2017 年版）（外務省 Web ページ）により作成。

① **A** グラント・エレメント **B** ドイツ **C** 日 本 **D** アメリカ

② **A** グラント・エレメント **B** 日 本 **C** アメリカ **D** ドイツ

③ **A** グラント・エレメント **B** アメリカ **C** ドイツ **D** 日 本

④ **A** 贈与比率 **B** ドイツ **C** 日 本 **D** アメリカ

⑤ **A** 贈与比率 **B** 日 本 **C** アメリカ **D** ドイツ

⑥ **A** 贈与比率 **B** アメリカ **C** ドイツ **D** 日 本

第４問　次の文章を読み，下の問い(**問１～８**)に答えよ。(配点　24)

　民主主義という言葉の意味するところは多義的であるが，現代の民主主義国家の多くは自由民主主義と呼ばれる体制をとっている。その起源は市民革命を経て成立した近代民主主義にあり，国家権力が国民の自由と権利を侵害しないことを要請する自由主義と，国民の意思に従って政治を行うことを要請する民主主義とが結合した体制である。

　自由民主主義の国々は通常，次のような考え方や制度を採用している。第一に，国家権力の恣意的な行使を防ぎ国民の自由と権利を保障するため，ⓐ法の支配とⓑ権力分立の考え方をとっている。第二に，ⓒ選挙によって選ばれた代表がⓓ議会で討論を行って政治的意思を決定する間接民主制(議会制民主主義)をとっている。第三に，競争的な選挙の下での複数政党制をとっている。

　ただし，こうした考え方や制度がすんなりと定着してきたわけでは決してない。たとえば，第一次世界大戦後のドイツでは，経済的混乱の中でナチスがⓔ大衆の支持を受けて台頭し，二度の選挙で繰り返し第一党となり，政権に就いた。ⓕナチス政権は選挙の結果として成立したが，権力分立制や複数政党制を否定する政策をとり，人々の自由と権利を著しく侵害するに至った。

　自由民主主義においては，政治参加の権利だけでなく，さまざまな政治的意見に対する寛容と，それを表明する自由が保障されていることも不可欠である。しかし今日においてもなお，国民の多数派の支持を背景に少数者の権利を侵害，抑圧するような政治が出現する危険性は，過去のものとなっていない。ⓖ国家権力を監視し，その濫用を防止することは，ⓗ自由民主主義の維持にとって不断の課題である。

問 1 下線部⑧に関連して，次の文章中の空欄 **ア** ・ **イ** に当てはまる言葉を下の記述 **A ～ C** から選び，その組合せとして正しいものを，下の **①～⑥** のうちから一つ選べ。 27

イギリスでは中世のマグナ・カルタ(大憲章)において，すでに法の支配の萌_{ほう}芽^ががみられた。近世の絶対君主制の下でそれは危機に瀕^{ひん}したが，17 世紀初頭にイギリスの裁判官エドワード・コーク(クック)は，13 世紀の法律家ブラクトンの言葉をひいて **ア** と述べ，法の支配を主張した。

絶対君主制への批判は，国王の権力を制限しようとする社会契約論や立憲主義思想へとつながっていく。こうした考え方は，17 世紀から 18 世紀にかけて近代市民革命へと結実し，フランス人権宣言に **イ** と謳^{うた}われた。

A 「あらゆる政治的結合の目的は，人の，時効によって消滅することのない自然的な諸権利の保全にある」

B 「経済生活の秩序は，すべての人に，人たるに値する生存を保障することをめざす正義の諸原則に適合するものでなければならない」

C 「王は何人の下にも立つことはない。しかし，神と法の下には立たなければならない」

① ア － **A**　　イ － **B**
② ア － **A**　　イ － **C**
③ ア － **B**　　イ － **A**
④ ア － **B**　　イ － **C**
⑤ ア － **C**　　イ － **A**
⑥ ア － **C**　　イ － **B**

問2　下線部ⓑに関連して，日本国憲法は，司法機関たる裁判所に，立法機関や行政機関に対するチェック機能として違憲審査権を与えている。この権限について，裁判所はこれを積極的に行使し，違憲判断をためらうべきではないとする見解と，その行使には慎重さが求められ，やむをえない場合のほかは違憲判断を避けるべきであるとする見解とが存在する。前者の見解の根拠となる考え方として最も適当なものを，次の①〜④のうちから一つ選べ。　　28

① 法律制定の背景となる社会や経済の問題は複雑であるから，国政調査権をもち，多くの情報を得ることができる機関の判断を尊重するべきである。

② 選挙によって構成員が選出される機関では，国民の多数派の考えが通りやすいので，多数派の考えに反してでも少数者の権利を確保するべきである。

③ 外交など高度な政治的判断が必要とされる事項や，国政の重要事項についての決定は，国民に対して政治的な責任を負う機関が行うべきである。

④ 日本国憲法は民主主義を原則としているので，国民の代表者によって構成される機関の判断を，できる限り尊重するべきである。

問3　下線部ⓒについて，小選挙区制と比例代表制とを比較した場合，それぞれの選挙制度の一般的な特徴に関する記述として最も適当なものを，次の①〜④のうちから一つ選べ。　　29

① 小選挙区制は，死票が少なくなりやすい制度といわれる。

② 小選挙区制は，多党制になりやすい制度といわれる。

③ 比例代表制は，政党中心ではなく候補者中心の選挙となりやすい制度といわれる。

④ 比例代表制は，有権者の中の少数派の意見も反映されやすい制度といわれる。

問 4 下線部④について，各国の議会制度の説明として**誤っているもの**を，次の①〜④のうちから一つ選べ。 ┃ 30 ┃

① アメリカでは，国民の直接選挙によって選出される上院が置かれ，条約締結についての承認権（同意権）など，重要な権限が付与されている。

② イギリスでは，非民選の議員からなる貴族院が置かれ，最高裁判所の機能も果たしてきたが，現在ではその機能を喪失している。

③ 日本では，国民の直接選挙によって選出される参議院が置かれ，戦前の貴族院と異なり解散が認められるなど，民主化が図られている。

④ フランスでは，任期6年の上院が置かれ，上院議員選挙人団による間接選挙で議員が選出される。

問 5 下線部ⓔに関連して，大衆民主主義の説明として最も適当なものを，次の①〜④のうちから一つ選べ。 ┃ 31 ┃

① 財産や身分あるいは政治的知識の有無などによる制限なしに，政治参加の権利が保障されるような民主主義政治

② 資本家階級が主体となって，封建制や絶対君主制を否定する革命を進めるような民主主義政治

③ 労働者階級の指導の下に農民や中小企業家が連合し，資本主義経済を打倒する革命を進めるような民主主義政治

④ 労働者を代表する政党の指導の下で，人民を代表する合議体に権力が集中されるような民主主義政治

問 6　下線部⑥についての説明として最も適当なものを，次の①～④のうちから一つ選べ。　32

①　この政権は，諸民族の平等を実現した。

②　この政権は，ワイマール憲法の下で成立した。

③　この政権は，全権委任法により行政権を立法府に委譲した。

④　この政権は，プロパガンダ(宣伝)を用いずに台頭した。

問 7　下線部⑧に関連して，日本において，裁判や刑事手続にかかわる権力を監視，統制する仕組みについての記述として**誤っている**ものを，次の①～④のうちから一つ選べ。　33

①　検察官が不起訴の決定をした事件について，検察審査会が起訴相当の議決を二度行った場合は強制的に起訴される仕組みが導入された。

②　国民審査により最高裁判所の裁判官が罷免された例は，これまでにない。

③　取調べの録音や録画を義務づける仕組みが，裁判員裁判対象事件などに導入された。

④　死刑判決を受けた人が再審により無罪とされた例は，これまでにない。

問 8 下線部ⓗに関連して，国民の自由や権利をめぐる日本の状況についての記述として最も適当なものを，次の①〜④のうちから一つ選べ。 | 34 |

① 政党を結成することは，政党助成法により認められている。

② インターネット上で友人と自由に政治的な意見を交わし合うことは，アクセス権として保障されている。

③ 被選挙権は，国民が政治に参加するための権利の一つとされている。

④ 報道については，デマやフェイクニュースへの対策として行政機関による検閲が認められている。

政治・経済

（2019年1月実施）

60分　100点

（解答番号　1 ～ 34 ）

第1問　次の文章を読み，下の問い（**問1～10**）に答えよ。（配点　28）

　20世紀の終わり頃から，ヒト・モノ・カネの国際的な移動が急速に拡大し，これに伴い，国境をまたぐ犯罪や紛争が増加した。こうした事態に対応するため，各国で(a)裁判手続を含めた法制度の整備が図られるとともに，(b)国際連合(国連)を中心として国境を越えた連携のための国際協力体制の構築も進められている。

　それに対して，(c)経済のグローバル化への対応をめぐっては，WTO(世界貿易機関)を中心とする多角的貿易交渉に停滞がみられる。こうした中で，多くの国々はFTA(自由貿易協定)やEPA(経済連携協定)などの特定国間における(d)条約の締結を推進するようになっている。

　たとえば，日本は1990年代には地域経済統合の流れに慎重であったが，その後はこれを推進する動きを強めた。2002年のシンガポールとのEPA締結をはじめとして各国と協定を締結し，さらにTPP(環太平洋経済連携協定)，RCEP(東アジア地域包括的経済連携)などの交渉を進めてきた。また，近年(e)BRICSなどの新興国の世界経済における存在感が高まってきたが，これらの国々の多くも地域経済統合を推進している。たとえば，中国は21世紀に入ってFTAの締結を進めたが，最近では，アジアとヨーロッパを陸と(f)海で接続する「一帯一路」構想を打ち出し，これを通して沿線国とのFTAの構築を目指している。こうした新興国の動きは，(g)日本の対外関係にも影響をもたらすであろう。

　もっとも，地域経済統合による自由化には注意すべき点もある。TPPなどの経済連携協定では，農産物や(h)工業製品の関税撤廃に加えて，サービス，(i)金融，投資，政府調達などについて，より高度な自由化を目標としている。こうした自由化が進めば，(j)企業活動のグローバル化は一層活発になると期待する声がある一方，国内農業への打撃などを理由に強い反対の声もある。また，増加するFTAやEPAがそれぞれ異なる規則を定めることにより，貿易と投資に関する手続きが複雑化することを懸念する意見もある。今後，こうした動向を注視していかなければならない。

問 1　下線部ⓐに関連して，特定の身分の人や特定の種類の事件などについて裁判するために，通常裁判所の系列とは別に設置される裁判所を，特別裁判所という。近現代の日本について特別裁判所に当たる裁判所として正しいものを，次の①〜④のうちから一つ選べ。　|　1　|

①　家庭裁判所

②　皇室裁判所

③　知的財産高等裁判所

④　地方裁判所

問 2　下線部ⓑに関連して，国連安全保障理事会における表決についての次の事例 A〜C のうち，決議が成立するものとして正しいものはどれか。当てはまる事例をすべて選び，その組合せとして最も適当なもの を，下の①〜⑦のうちから一つ選べ。　|　2　|

A　実質事項である国連平和維持活動の実施についての決議案に，イギリスが反対し，ほかのすべての理事会構成国が賛成した。

B　手続事項である安全保障理事会の会合の議題についての決議案に，フランスを含む 5 か国が反対し，ほかのすべての理事会構成国が賛成した。

C　実質事項である国際紛争の平和的解決についての決議案に，すべての常任理事国を含む 9 か国が賛成した。

①　A

②　B

③　C

④　AとB

⑤　AとC

⑥　BとC

⑦　AとBとC

問 3 下線部ⓒに関連して，一国の経済状態について体系的に記録したものとして国民経済計算がある。次の文章は国民経済計算の諸指標について説明したものである。文章中の空欄 ア ・ イ に当てはまる語句の組合せとして正しいものを，下の①～④のうちから一つ選べ。 3

　　一定期間に一国の国民によって生産された財・サービスの付加価値の総額を示すものとして国民総生産(GNP)がある。国民総生産から ア の額を控除すると，国民純生産(NNP)が得られる。また，間接税(生産・輸入品に課される税)から補助金を差し引いた額を，国民純生産から控除したとき，国民所得(NI)が算出される。一方，一定期間に一国の国内で生産された財・サービスの付加価値の総額を示すものとして国内総生産(GDP)があり，これは国民総生産から イ の額を控除したものである。

① ア 固定資本減耗　　イ 海外からの純所得

② ア 固定資本減耗　　イ 経常海外余剰

③ ア 中間生産物　　イ 海外からの純所得

④ ア 中間生産物　　イ 経常海外余剰

問 4 下線部ⓓについて，国際法上の拘束力をもつ国家間の合意を条約と呼ぶとき，そのような条約の例として正しいものを，次の①～④のうちから一つ選べ。 4

① ラッセル・アインシュタイン宣言

② 市民的及び政治的権利に関する国際規約の第 2 選択議定書

③ 新国際経済秩序(NIEO)樹立宣言

④ 核兵器による威嚇又はその使用の合法性に関する勧告的意見

問 5 下線部ⓔについて，次の**図**は BRICS（ブラジル，ロシア，インド，中国，南アフリカ）のうちの 3 か国の GDP の推移を，各国の 2000 年の GDP 水準を 100 とする指数で表したものである。また，下の**ア～ウ**は，この 3 か国について説明した文章である。**図**中の国**A～C**と説明**ア～ウ**の組合せのうち，ロシアに該当するものとして正しいものを，下の①～⑨のうちから一つ選べ。 5

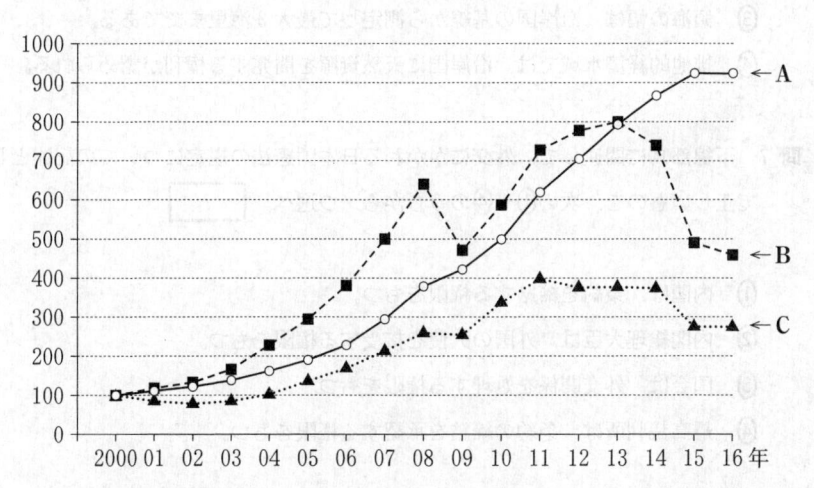

(注) GDP の指数の算出には，各年の名目 GDP を米ドル換算したものを用いている。
(資料) International Monetary Fund（IMF），*World Economic Outlook Database, April 2017 edition*（IMF Web ページ）により作成。

ア 二酸化炭素の総排出量が現在最も多いこの国では，2016 年の GDP は 2000 年水準の 9 倍以上になった。

イ 2012 年に WTO に加盟したこの国では，ピーク時に 2000 年水準の約 8 倍まで GDP が拡大したが，2016 年に 2000 年水準の 5 倍未満となった。

ウ 「アジェンダ 21」を採択した国連環境開発会議が開催されたこの国では，2000 年から 2016 年にかけて，GDP は 2000 年水準より下回ったことがある。

① **A**ーア　　　② **A**ーイ　　　③ **A**ーウ
④ **B**ーア　　　⑤ **B**ーイ　　　⑥ **B**ーウ
⑦ **C**ーア　　　⑧ **C**ーイ　　　⑨ **C**ーウ

6

問 6 下線部⑦に関連して，国連海洋法条約が定める内容についての記述として正しいものを，次の①～④のうちから一つ選べ。　　6

① 公海では，すべての国に航行の自由が認められるわけではない。

② 大陸棚の幅は，沿岸国の基線から測定して 200 海里を超えることはない。

③ 領海の幅は，沿岸国の基線から測定して最大 3 海里までである。

④ 排他的経済水域では，沿岸国に天然資源を開発する権利が認められる。

問 7 下線部⑧に関連して，外交にかかわる日本国憲法の規定についての記述として正しいものを，次の①～④のうちから一つ選べ。　　7

① 内閣は，条約を締結する権限をもつ。

② 内閣総理大臣は，外国の大使を接受する権限をもつ。

③ 国会は，外交関係を処理する権限をもつ。

④ 最高裁判所は，条約の締結を承認する権限をもつ。

問 8　下線部ⓗに関連して，次の図は，ある製品の価格と取引量との関係を表した ものである。図中において，当初におけるこの製品の供給曲線を S，需要曲線 を D で示している。供給曲線は変化しないという条件の下で，この製品の人 気が上昇したとき，需要曲線は図中の D′または D″のどちらにシフトし，こ の製品の人気上昇に伴う取引量の変化分(差分)はどのようになるか。この製品 の人気上昇後の需要曲線と，製品の人気上昇に伴う取引量の変化分との組合せ として最も適当なものを，下の表の①〜⑥のうちから一つ選べ。　8

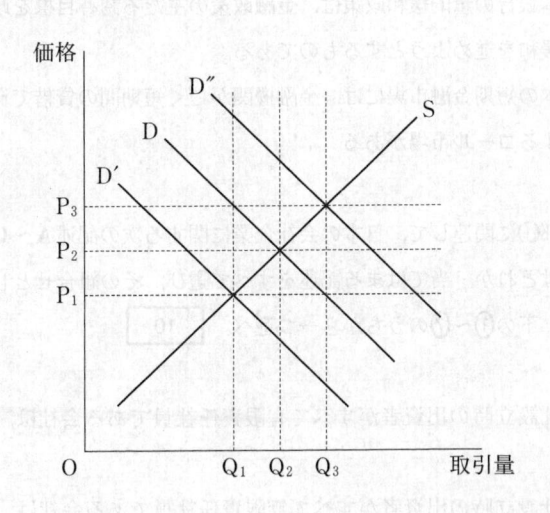

	製品の人気上昇後の需要曲線	製品の人気上昇に伴う取引量の変化分
①	D′	$Q_2 - Q_1$
②	D′	$Q_3 - Q_1$
③	D′	$Q_3 - Q_2$
④	D″	$Q_2 - Q_1$
⑤	D″	$Q_3 - Q_1$
⑥	D″	$Q_3 - Q_2$

8

問9 下線部①に関連する記述として**誤っているもの**を，次の①～④のうちから一つ選べ。 | 9 |

① デリバティブは，株式や債券から派生した金融商品で先物取引やオプション取引がある。

② ヘッジファンドによる短期の国際的な資金移動は，為替レートを変動させる要因となる。

③ 日本銀行の量的緩和政策は，金融政策の主たる誘導目標を政策金利として金融緩和を進めようとするものである。

④ 日本の短期金融市場には，金融機関がごく短期間の貸借で資金の過不足を調整するコール市場がある。

問10 下線部①に関連して，日本の会社企業に関する次の記述**A～C**のうち，正しいものはどれか。当てはまる記述をすべて選び，その組合せとして最も適当なものを，下の①～⑦のうちから一つ選べ。 | 10 |

A 会社設立時の出資者がすべて有限責任社員である会社は，株式会社という。

B 会社設立時の出資者がすべて無限責任社員である会社は，合名会社という。

C 会社設立時の出資者が有限責任社員と無限責任社員である会社は，合同会社という。

① **A**   ② **B**   ③ **C**

④ **A**と**B**   ⑤ **A**と**C**   ⑥ **B**と**C**

⑦ **A**と**B**と**C**

第2問 次の会話文を読み，下の問い(問1～8)に答えよ。(配点　24)

学生A：今度の授業は「ⓐ冷戦終結から30年」というテーマだよね。当時のことは直接知らないけど，とても大きな変化だったらしいね。

学生B：今年は冷戦終結に向けて情勢が大きく動いた1989年からちょうど30年に当たるからね。冷戦が終わって世界はよくなったといえるのかな？　かえって悪くなってるんじゃないかな？

学生A：いや，課題はいろいろあるけど，冷戦が終わって世界はおおむねよくなったといえるんじゃないかな。冷戦の頃に比べれば国家間の戦争の脅威は減少したと思うよ。

学生B：でも，冷戦が終わってからⓑ内戦とかテロが多いよね。最近また国家間の緊張も高まっているし，むしろ世界は不安定になってるような気もするなあ。ⓒ国際的な安全保障協力の新たな取組みが必要になってるよね。

学生A：そうだね。経済についてはどうだろう。ⓓお金や物の流れが世界的に活発になって，全体としては繁栄に向かってると思うよ。

学生B：そうかなあ。むしろⓔグローバル化によってⓕ格差が広がっているように思うな。

学生A：たしかにそういう問題はみられるね。政治についてはどうだろう。国によってⓖ政治体制の違いはあるけど民主主義が広がったとは思うし，その点は人権の観点からも望ましいことといっていいだろうね。

学生B：そうかもしれないけど，独裁体制が倒れて民主化を目指している国の中には無秩序で混乱状態が続いている国もあるし，先進国でもポピュリズムの傾向がみられることなどを考えると，一概にそういえるかなあ。

学生A：国際社会は冷戦構造を克服することができたし，それは大きな進歩なんだろうけど，ⓗそれから30年の間にさまざまな新しい課題が出てきたということかな。

学生B：そうなんだろうね。図書館に行ってもう少し調べてみようか。

問1　下線部⑧に関連する出来事についての記述として**誤っているもの**を，次の①～④のうちから一つ選べ。　11

①　ベルリンの壁が崩壊し，東西ドイツの統一が実現した。

②　マルタで米ソ首脳会談が行われ，冷戦の終結が謳われた。

③　ハンガリー動乱が起こり，それから半年の間に東欧諸国の社会主義体制が相次いで崩壊した。

④　ソビエト連邦を構成していた大部分の共和国が独立国家共同体(CIS)を結成した。

問2　下線部ⓑについての記述として最も適当なものを，次の①～④のうちから一つ選べ。　12

①　ボスニア・ヘルツェゴビナが，内戦によって七つの国に分裂した。

②　スーダンで内戦が激化し，同国南部が分離独立を果たした。

③　ルワンダでは内戦が勃発し，現在も無政府状態が続いている。

④　東ティモールが，マレーシアからの分離独立を果たした。

問3　下線部ⓒに関連して，その役割を担っている組織の一つであるNATO(北大西洋条約機構)の冷戦後の変容に関する記述として**誤っているもの**を，次の①～④のうちから一つ選べ。　13

①　フランスが，NATOの軍事機構に復帰した。

②　域内防衛だけでなく，域外でもNATOの作戦が実施されるようになった。

③　旧社会主義国である中東欧諸国の一部が，NATOに加盟した。

④　オーストラリアなどの太平洋諸国が，新たにNATOに加盟した。

問 4　下線部ⓓに関連して，次の表のように，銀行Aが2,000万円の預金(本源的預金)を受け入れ，支払準備率を20パーセントとして企業に貸し出すとする。この貸出金は，企業の取引の支払いに充てられ，支払いを受け取った別の企業によって銀行Bに全額，預金されるとする。銀行Bはこの預金をもとに企業への貸出しを行い，同様の過程を経て，銀行Cに預金がなされる。銀行の支払準備率をすべて20パーセントで一定とすると，この過程が次々と繰り返された場合，信用創造で作り出された銀行全体の預金の増加額として正しいものを，下の①～④のうちから一つ選べ。　　14

銀　行	預　金	支払準備金	貸出金
A	2,000 万円	400 万円	1,600 万円
B	1,600 万円	320 万円	1,280 万円
C	1,280 万円	256 万円	1,024 万円
⋮	⋮	⋮	⋮

①　4,000 万円

②　4,880 万円

③　8,000 万円

④　9,600 万円

問5 下線部ⓔに関連して，為替レートの決まり方を説明する考え方の一つとして，購買力平価説がある。購買力平価説によれば，仮に2国を取り上げた場合，この2国通貨間の為替レートは，どちらの通貨を用いても同一商品を同じだけ購買できるような水準になる。ここで，日本とアメリカで販売されている同一のスマートフォンが当初日本では1台9万円，アメリカでは1台900ドルで販売されていた。その後，価格が変化して，日本では8万円，アメリカでは1,000ドルになった。このスマートフォンの価格に関して購買力平価説が成り立つ場合，円とドルとの為替レートはどのように変化したか。正しいものを，次の①〜④のうちから一つ選べ。 15

① 当初1ドル＝100円だった為替レートが1ドル＝80円となり，円高ドル安となった。

② 当初1ドル＝100円だった為替レートが1ドル＝80円となり，円安ドル高となった。

③ 当初1ドル＝100円だった為替レートが1ドル＝125円となり，円高ドル安となった。

④ 当初1ドル＝100円だった為替レートが1ドル＝125円となり，円安ドル高となった。

問6　下線部⑤の例として，労働に関わるさまざまな格差の問題がある。その格差の問題に関連して，次の表は日本における正規雇用者数と非正規雇用者数と失業者数の推移を示したものである。表中のA〜Cには正規雇用者数と非正規雇用者数と失業者数のいずれかが入る。この表から読みとれる内容として正しいものを，下の①〜④のうちから一つ選べ。　16

（単位：万人）

	A	B	C
2006 年	275	1,678	3,415
2008 年	265	1,765	3,410
2010 年	334	1,763	3,374
2012 年	285	1,816	3,345
2014 年	236	1,967	3,288
2016 年	208	2,023	3,367

（注）　労働力調査で定義されている正規の職員および従業員
　　　の人数を正規雇用者数とし，非正規の職員および従業員
　　　の人数を非正規雇用者数とした。
（資料）　労働力調査（総務省 Web ページ）により作成。

① 2012 年と比較したとき，2016 年の正規雇用者数の増加人数は，同じ期間の失業者数の減少人数よりも少ない。

② 2006 年と比較したとき，2016 年の失業者数と正規雇用者数の減少人数の合計は，同じ期間の非正規雇用者数の増加人数よりも多い。

③ 失業者数に関して，2010 年から 2012 年の減少人数は，2014 年から 2016 年の減少人数よりも少ない。

④ 非正規雇用者数に関して，2006 年から 2010 年の増加人数は，2012 年から 2016 年の増加人数よりも多い。

問7 下線部⑧について，各国の政治体制を次の表中の**A〜F**のように分類したとき，それぞれの国の政治体制の記述として最も適当なものを，下の①〜④のうちから一つ選べ。 17

	議院内閣制	半大統領制	大統領制
連邦国家	**A**	**B**	**C**
単一国家	**D**	**E**	**F**

(注) ここでいう「単一国家」とは，中央政府に統治権が集中する国家を指す。また，「連邦国家」とは，複数の国家(支分国)が結合して成立した国家を指す。「連邦国家」は，国家の一部を構成する支分国が，州などのかたちで広範な統治権をもつ点などにおいて，「単一国家」と異なる。

① アメリカは**F**に該当する。

② イギリスは**C**に該当する。

③ フランスは**E**に該当する。

④ ロシアは**A**に該当する。

問8 下線部⑪の期間に関連して，次の**ア〜ウ**は，1989年からの30年間で起きた出来事についての記述である。これらの出来事を古いものから順に並べたとき，その順序として正しいものを，下の①〜⑥のうちから一つ選べ。 18

ア 自衛隊が，PKO への初めての参加としてカンボジアに派遣された。

イ G 20 首脳会議が初めて開催された。

ウ 「パリ協定」が COP 21 で採択された。

① ア→イ→ウ　　② ア→ウ→イ　　③ イ→ア→ウ

④ イ→ウ→ア　　⑤ ウ→ア→イ　　⑥ ウ→イ→ア

第3問 次の文章を読み，下の問い（**問1～8**）に答えよ。（配点 24）

　人は生まれながらにして自由かつ平等であることを人権宣言に謳った欧米の市民革命期には，国家は個人の権利や自由に干渉せず，その任務を_ⓐ外交や防衛など必要最小限にとどめるべきであると考えられていた。したがって，憲法に規定される基本的人権も，_ⓑ自由権の保障を中心としていた。しかし，人々の間に貧富の差が拡大し，国家が積極的に経済的弱者の救済に努めるべきことが主張されるようになった。このような主張をとり入れた国々の憲法には，自由権に加えて_ⓒ社会権も保障されている。日本国憲法も，これらの思想をとり入れ，自由権や社会権を保障している。加えて，社会状況の変化によって，憲法制定時には認識されていなかったさまざまな問題が生じたため，憲法第13条の幸福追求権などを根拠として_ⓓ新しい人権の必要性が主張されるようになった。

　しかし，社会権や新しい人権を十分に保障するには，国家による条件整備や法整備も必要であり，政治の果たす役割は重要である。日本国憲法が定める_ⓔ統治制度は，国民が選んだ代表が政治を行う_ⓕ間接民主制に基づくことを原則としている。このことは，_ⓖ地方自治の場面であっても同様である。間接民主制の下では，選挙は，社会の担い手である国民や住民が政治に対して意思表示を行う重要な機会である。したがって，_ⓗ民主政治を健全に機能させる前提として，公正な選挙制度を確保しておくことが不可欠である。

　間接民主制では，政治の舵取りは国民が選出する政治家に委ねられるが，国民主権を堅持し，適切な人権保障を実現させるためには，国民や住民が日常から社会的，公共的な問題に対して関心をもち，主体性を失わないことも重要である。

問1 下線部④について，日本の安全保障に関連する記述として最も適当なものを，次の①～④のうちから一つ選べ。 19

① 日米相互協力及び安全保障条約(新安保条約)の成立によって，自衛隊が創設された。

② 日本は，在日米軍の駐留経費を負担していない。

③ 国の一般会計予算に占める防衛関係費の割合は，2パーセントを下回っている。

④ 日本政府は，憲法第9条が保持を禁じている「戦力」は自衛のための必要最小限度を超える実力であるとしている。

問2 下線部⑥のうち，日本における人身の自由に関連する記述として**誤っている**ものを，次の①～④のうちから一つ選べ。 20

① 現行犯として逮捕する場合は，裁判官の発する令状が必要である。

② 憲法上，何人も自己に不利益となる供述を強要されないことが定められている。

③ 公務員による拷問や残虐な刑罰は，憲法上禁止されている。

④ 第一審で有罪判決が出されても，最終的に判決が確定するまでは，被告人は無罪であると推定される。

問3　下線部ⓒに関連して，日本の社会保障制度に関する記述として**誤っているも**のを，次の①〜④のうちから一つ選べ。　21

① 年金財政を長期的に安定させるため，高齢者の生活を支える基礎年金の国庫負担割合が2分の1に引き上げられた。

② 疾病や負傷，出産のときなどに必要な給付を行う医療保険では，疾病保険法の全面改正によって国民皆保険が実現した。

③ 地域住民の健康の増進や公衆衛生の向上などを図るため，地域保健法により保健所や保健センターが設置されている。

④ 生活困窮者に対して最低限度の生活を保障し，自立を助けることを目的とした仕組みとして，生活保護制度がある。

問4　下線部ⓓとして日本で主張されている次の権利の名称**A，B**と，それらに対応する記述**ア〜ウ**との組合せとして最も適当なものを，下の①〜⑥のうちから一つ選べ。　22

A 知る権利
B プライバシーの権利

ア 自らの情報が勝手に利用されないように，その情報をコントロールする。
イ 患者が自己の宗教的信念に基づいて，輸血を拒否する。
ウ 税金の使途が適切かどうかを確認するため，国に対して情報の公開を求める。

① **A**ーア　　**B**ーイ
② **A**ーア　　**B**ーウ
③ **A**ーイ　　**B**ーア
④ **A**ーイ　　**B**ーウ
⑤ **A**ーウ　　**B**ーア
⑥ **A**ーウ　　**B**ーイ

問 5 下線部ⓔに関連して，次の記述**A**～**C**のうち，大日本帝国憲法下の制度には当てはまらず，かつ日本国憲法下の制度に当てはまるものとして正しいものはどれか。正しい記述をすべて選び，その組合せとして最も適当なものを，下の①～⑦のうちから一つ選べ。 23

A 天皇の地位は主権の存する国民の総意に基づく。

B 衆議院議員が選挙で選出される。

C 内閣の規定が憲法におかれる。

① **A**   ② **B**   ③ **C**

④ **A**と**B**   ⑤ **A**と**C**   ⑥ **B**と**C**

⑦ **A**と**B**と**C**

問 6 下線部ⓕに関連して，日本国憲法が定める国会についての記述として正しいものを，次の①～④のうちから一つ選べ。 24

① 在任中の国務大臣を訴追するには，国会の同意が必要となる。

② 大赦や特赦などの恩赦を決定することは，国会の権限である。

③ 衆議院で可決した予算を参議院が否決した場合に，両院協議会を開いても意見が一致しないとき，衆議院の議決が国会の議決となる。

④ 最高裁判所の指名した者の名簿によって，下級裁判所の裁判官を任命することは，国会の権限である。

問 7　下線部ⓖに関連して，日本の地方自治制度について述べた次の文章中の空欄　ア　～　ウ　に当てはまる語句の組合せとして正しいものを，下の①～⑧のうちから一つ選べ。　25

　日本国憲法によれば，議会の議員だけでなく首長も住民の直接選挙で選ばれることになっており，このような政治制度は，　ア　と呼ばれる。また，首長と議会は，権力が濫用されないよう，互いに抑制し均衡し合うことが期待されている。このような仕組みの一つとして，議会は，議員数の3分の2以上の者が出席し，この出席議員の　イ　の賛成で，首長の不信任の議決をする権限をもち，これに対抗して首長は10日以内に議会を解散することができる。

　また，議会が議事機関とされる一方で，首長は，執行機関として地方公共団体の事務の執行に責任を負う立場にある。しかし，首長は事務の執行に政治的影響力を行使しやすい立場にあるため，一部の行政分野では，政治的中立性の確保などを目的として，首長とは別個の執行機関である　ウ　が設置されている。

① ア　二元代表制　　イ　4分の3以上　　ウ　行政委員会

② ア　二元代表制　　イ　4分の3以上　　ウ　会計検査院

③ ア　二元代表制　　イ　過半数　　　　ウ　行政委員会

④ ア　二元代表制　　イ　過半数　　　　ウ　会計検査院

⑤ ア　住民投票制度　イ　4分の3以上　　ウ　行政委員会

⑥ ア　住民投票制度　イ　4分の3以上　　ウ　会計検査院

⑦ ア　住民投票制度　イ　過半数　　　　ウ　行政委員会

⑧ ア　住民投票制度　イ　過半数　　　　ウ　会計検査院

問 8　下線部ⓗに関連して，日本における現在の制度の記述として**誤っているもの**
　　を，次の①～④のうちから一つ選べ。　26

①　衆議院議員選挙では，複数の小選挙区に立候補する重複立候補が認められ
ている。

②　投票日に投票できないなどの事情がある有権者のために，期日前投票制度
が導入されている。

③　国が政党に対して，政党交付金による助成を行う仕組みがある。

④　政治家個人に対する企業団体献金は，禁じられている。

第4問　次の文章を読み，下の問い（**問1～8**）に答えよ。（配点　24）

　20世紀の世界は，科学技術の進歩により⒜経済発展を遂げ，人々の生活水準は向上した。しかし，経済発展に伴って発生した大気汚染，水質汚濁，森林消失などの環境問題は，今では地球規模で深刻な問題となっている。

　環境問題は，このように⒝経済活動に起因することが多いため，経済学的な観点からもアプローチすることができる。たとえば，工場の排煙による大気汚染問題の発生は，大気汚染によって周辺住民が受けた被害が生産物の費用に反映されず，過剰生産が生じた結果と理解することができる。これは⒞市場の失敗の一例である。このような問題に対処するには⒟政府の活動が重要であり，汚染物質の排出を禁止したり，排出量に上限を決めたりする直接規制と呼ばれる手法が用いられることがある。また，市場メカニズムを通じて経済的な誘因を与えることにより，家計や企業などの行動を環境保全の促進や環境汚染の抑制へと誘導する⒠経済的手法もある。

　適切な環境政策が政府により実施されると，新たな技術の開発や普及が進み，企業や産業全体の発展に寄与する可能性がある。また，環境にやさしい製品の⒡貿易が促進されたり，環境負荷を低減する技術の国際移転が進んだりすれば，地球規模での環境保全にもつながる。さらに，政府や企業，地域住民などが連携して環境保全や地域資源の有効利用に取り組むことには，⒢地域の活性化をもたらす効果も期待できる。

　このように，経済発展の背後で広がる環境問題に適切に対応することができれば，人々の生活や経済活動をさらに向上させることもできる。⒣持続可能な社会に向け，環境保全と経済発展を両立させる仕組みを構築する必要があるだろう。

問 1 下線部ⓐに関連して，経済発展の過程において，遅れて工業化を目指す国は自国の幼稚産業の育成のために保護貿易政策をとる必要がある，と『経済学の国民的体系』で説いた経済学者は誰か。正しいものを，次の①〜④のうちから一つ選べ。 [27]

① ガルブレイス

② ケネー

③ マルサス

④ リスト

問 2 下線部ⓑに関連して，代表的な経済主体には家計，企業，政府などがあげられる。これらに関して，次の説明A〜Cのうち，正しいものはどれか。当てはまる説明をすべて選び，その組合せとして最も適当なものを，下の①〜⑦のうちから一つ選べ。 [28]

A 家計は，保有する株や土地などの価格が上がると消費を増やす傾向があり，これは資産効果といわれる。

B 企業は，生産が一定の地域で集中的に行われることにより生産および流通に必要な経費を節約できることがあり，これは集積の利益といわれる。

C 政府は，必要な資金が不足する場合に公債を発行して中央銀行に直接引き受けてもらうことがあり，これは公債の市中消化といわれる。

① A   ② B   ③ C

④ AとB   ⑤ AとC   ⑥ BとC

⑦ AとBとC

問 3　下線部ⓒに関連して，外部不経済の例として最も適当なものを，次の①〜④のうちから一つ選べ。　　29

① 　猛暑が続き，飲料メーカーの売上げが上昇した。

② 　ある企業の財務情報の不正が発覚し，その企業の株価が下落した。

③ 　新しい駅の建設によって駅周辺の環境整備が進み，不動産価格が上昇し，不動産所有者の資産の価値が増加した。

④ 　大規模娯楽施設の建設によって交通量が増え，近隣住民は住宅の防音対策をしなければならなくなった。

問 4　下線部④に関連して，次の図は，国の一般会計決算における赤字国債(特例国債)と建設国債の発行額，税収額の推移について示したものである。この図に関する記述ア～ウの正誤の組合せとして正しいものを，下の①～⑧のうちから一つ選べ。　30

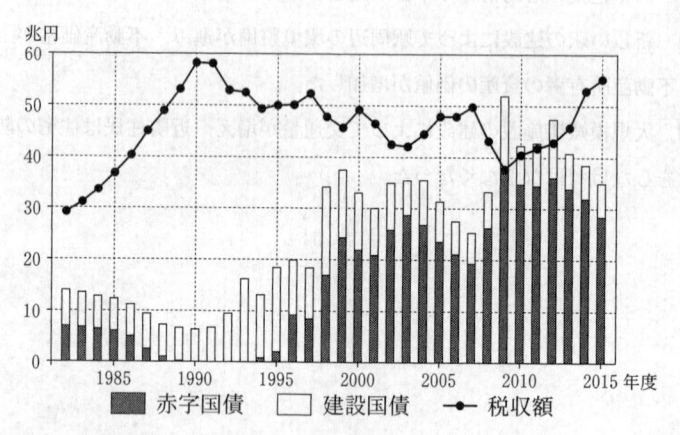

兆円

凡例：■ 赤字国債　□ 建設国債　● 税収額

（資料）　財務省 Web ページにより作成。

ア　赤字国債の発行額と建設国債の発行額がともにゼロになった年度がある。

イ　税収額が最も高い年度は，消費税率が 5 パーセントの期間である。

ウ　税収額が国債発行額を下回っている年度がある。

① ア　正　イ　正　ウ　正
② ア　正　イ　正　ウ　誤
③ ア　正　イ　誤　ウ　正
④ ア　正　イ　誤　ウ　誤
⑤ ア　誤　イ　正　ウ　正
⑥ ア　誤　イ　正　ウ　誤
⑦ ア　誤　イ　誤　ウ　正
⑧ ア　誤　イ　誤　ウ　誤

問 5　下線部ⓔについて，市場メカニズムを通じて環境保全の誘因を与える政策手段の例として**適当でないもの**を，次の①〜④のうちから一つ選べ。　$\boxed{31}$

① 地球温暖化防止のため，石油など化石燃料の消費者に対し，その消費量に応じて税を課す制度

② 大気汚染防止のため，環境汚染物質の排出基準に違反した企業に操業停止を命ずる制度

③ 環境性能の優れた自動車の普及を促すため，その新車の購入時に課される税を減額する制度

④ リサイクルを促すため，一定の金額を預かり金として販売価格に上乗せし，使用済み容器の返却時に預かり金を消費者に戻すデポジット制度

問 6　下線部①に関連して，国際分業に関する基礎理論である比較生産費説について考える。次の表は，A国，B国で，電化製品と衣料品をそれぞれ 1 単位生産するのに必要な労働者数を示している。現在，A国とB国は，ともに電化製品と衣料品を 1 単位ずつ生産している。A国の総労働者数は 50 人，B国の総労働者数は 10 人である。これらの生産には労働しか用いられないとする。また，各国の労働者は，それぞれの国のこの二つの財の生産で全員雇用されるとし，両国間で移動はないとする。この表から読みとれる内容として正しいものを，下の①～④のうちから一つ選べ。　32

	電化製品	衣料品
A 国	40 人	10 人
B 国	2 人	8 人

① いずれの財の生産においても，A国に比べてB国の方が労働者一人当たりの生産量は低い。

② いずれの国においても，衣料品に比べて電化製品の方が労働者一人当たりの生産量は低い。

③ A国が電化製品の生産に特化し，B国が衣料品の生産に特化すれば，特化しない場合に比べて，両国全体で両財の生産量を増やすことができる。

④ A国が衣料品の生産に特化し，B国が電化製品の生産に特化すれば，特化しない場合に比べて，両国全体で両財の生産量を増やすことができる。

問7　下線部⑧に関連して，次の文章中の空欄　ア ・ イ に当てはまる語句の組合せとして正しいものを，下の①〜④のうちから一つ選べ。 33

　少子高齢化が進むにつれ，人口減少に直面する地方都市のあり方が問われるようになった。これに対応して，商業や医療など生活に必要な機能を担う施設を都市の中心部に集中させ，中心市街地を活性化させると同時に行政サービスの効率化を図る　ア　の考え方もある。

　また，居住地ではなくても，応援したい地方公共団体に寄付をすると，その額に応じて所得税と住民税が控除される　イ　という仕組みがある。これは地方公共団体の間で税収を移転させる効果があり，地域活性化や被災地の復興支援のために，これを利用する人もいる。

①　ア　コンパクトシティ　　　イ　ふるさと納税
②　ア　コンパクトシティ　　　イ　独自課税
③　ア　ミニマム・アクセス　　イ　ふるさと納税
④　ア　ミニマム・アクセス　　イ　独自課税

問8　下線部⑥に関連して，環境の整備や保全に関する取組みとして**誤っているも**のを，次の①〜④のうちから一つ選べ。 34

①　生物多様性条約とは，生物多様性の保全とその持続可能な利用，生物のもつ遺伝資源の利用から生じる利益の公正な配分を目指す条約である。
②　日本では，廃棄物の排出が抑制され資源の循環利用が促進される循環型社会の形成を目的として，循環型社会形成推進基本法が制定された。
③　バーゼル条約とは，渡り鳥など水鳥の保護を目的に，生息地として国際的に重要な湿地を保護することを義務づける条約である。
④　日本では，大規模開発を実施する際に環境保全について適正な配慮がなされるように，環境アセスメント法が制定された。

MEMO

政治・経済

（2018年1月実施）

2018 本試験

60分　100点

（解答番号　| 1 |　～　| 34 |）

第1問　次の文章を読み，下の問い（**問1～10**）に答えよ。（配点　28）

　近代国家は租税を課し，それを財源に人々の要望やニーズを充足する(a)政策を実施している。課税権のような強い権力が国家に付与されているのは，領域内の秩序の維持など公共的なサービスを提供するためである。しかし，その権力が濫用されれば，個人の(b)自由や権利が侵害されかねない。このような問題を避けるために，国家権力を制限するのが憲法である。たとえば，(c)政治制度について権力分立が憲法で定められている。(d)法の支配を実現し，人権の保護を確保する役割を果たすのが裁判所である。さらに，人々が国政の方向性とその内実をチェックするために，(e)国政の監視に必要な権限が議会に与えられている。

　18，19世紀の国家は財産権の保護や治安の維持などを主に担っており，その支出は小規模であった。このように国家の役割を，国防，司法，治安の維持に限定する考え方は「　ア　」観という。しかし，国家の役割を消極的にとらえる考えは，その後批判されるようになった。なぜならば，人々の市場における自発的な取引だけでは，社会的に望ましい結果がもたらされるとは限らないからである。

　そのため，20世紀には，国家において政府の果たす役割が(f)市場との関係で，かつてよりも重要性を高めた。たとえば，(g)拡大する貧富の格差を是正するために，所得の再分配政策が多くの国で実施されている。また，(h)電力など大規模な設備を必要とする分野では，独占が発生しやすいため，価格規制のような政府介入が必要になる場合もある。しかし，政府活動の非効率性が指摘され始め，その活動や裁量の範囲の妥当性が問われるようになった。

　今日の国際情勢の変化は，国家の役割のあり方を改めて問い直すものとなっている。たとえば，冷戦の終結やテロの頻発などを受けて，国家の(i)安全保障をめぐるさまざまな問題に対処するためには，政府の権限拡大が必要になることもあるだろう。しかし，これまで見てきたように近代国家の歴史が示すのは，　イ　が欠かせないということである。政府を私たちがいかにコントロールするのかという問題を，今後も私たちは考え続けなければならない。

問1　本文中の空欄　ア　・　イ　に当てはまる語句の組合せとして最も適当なものを，次の①～④のうちから一つ選べ。　1

① ア　福祉国家　　イ　国家の権力に対する憲法上の制約をなくす仕組み
② ア　福祉国家　　イ　人々に対する国家の介入を制約する仕組み
③ ア　夜警国家　　イ　国家の権力に対する憲法上の制約をなくす仕組み
④ ア　夜警国家　　イ　人々に対する国家の介入を制約する仕組み

問2　下線部ⓐに関連して，次のA，Bの政策や考え方に関係の深い人物の組合せとして最も適当なものを，下の①～④のうちから一つ選べ。　2

A　第三の道
B　新自由主義(ネオ・リベラリズム)

① A　ブレア　　　　　B　サッチャー
② A　ブレア　　　　　B　フランクリン・ローズベルト
③ A　フルシチョフ　　B　サッチャー
④ A　フルシチョフ　　B　フランクリン・ローズベルト

問 3 下線部ⓑに関連して，日本国憲法が保障する基本的人権は，さまざまな観点から分類することができる。一つの分類のあり方について述べた次の文章中の空欄 **ア** ～ **ウ** に当てはまる語句の組合せとして最も適当なものを，下の①～⑥のうちから一つ選べ。 **3**

日本国憲法が保障する基本的人権には，さまざまなものがある。その中には，表現の自由や **ア** のように，人の活動に対する国家の干渉を排除する権利である自由権がある。また， **イ** や教育を受ける権利のように，人間に値する生活をすべての人に保障するための積極的な施策を国家に対して要求する権利である社会権がある。さらに，これらの基本的人権を現実のものとして確保するための権利として，裁判を受ける権利や **ウ** をあげることができる。

① ア　生存権　　　　　イ　財産権　　　　　　ウ　国家賠償請求権
② ア　生存権　　　　　イ　国家賠償請求権　　ウ　財産権
③ ア　財産権　　　　　イ　生存権　　　　　　ウ　国家賠償請求権
④ ア　財産権　　　　　イ　国家賠償請求権　　ウ　生存権
⑤ ア　国家賠償請求権　イ　生存権　　　　　　ウ　財産権
⑥ ア　国家賠償請求権　イ　財産権　　　　　　ウ　生存権

問 4 下線部ⓒに関連して，アメリカとイギリスの政治制度について述べた次の文章中の空欄 ｜　ア　｜ ～ ｜　ウ　｜ に当てはまる語句の組合せとして正しいものを，下の①～⑧のうちから一つ選べ。 ｜ 4 ｜

　アメリカでは，大統領は連邦議会の議員の選挙とは別に公選され，議会に議席をもたない。大統領は，議会が可決した法案に対する拒否権と議会への ｜　ア　｜ 権とをもつが，議会の解散権をもたない。また議会は，大統領に対して ｜　イ　｜ を行う権限をもたない。

　これに対しイギリスでは，下院(庶民院)の多数派から首相が任命されて内閣を組織する。内閣は法案を提出することができ，通常は与党議員である大臣が議会で説明や答弁を行う。また伝統的に，下院は内閣に対する ｜　イ　｜ 権をもち，これに対抗して内閣は下院を解散することができるとされてきた。

　こうしてみると，アメリカでは，イギリスよりも立法府と行政府との間の権力分立が ｜　ウ　｜ である。

① ア　教書送付　　イ　弾　劾　　　　ウ　厳　格

② ア　教書送付　　イ　弾　劾　　　　ウ　緩やか

③ ア　教書送付　　イ　不信任決議　　ウ　厳　格

④ ア　教書送付　　イ　不信任決議　　ウ　緩やか

⑤ ア　法案提出　　イ　弾　劾　　　　ウ　厳　格

⑥ ア　法案提出　　イ　弾　劾　　　　ウ　緩やか

⑦ ア　法案提出　　イ　不信任決議　　ウ　厳　格

⑧ ア　法案提出　　イ　不信任決議　　ウ　緩やか

問 5　下線部ⓓの説明として正しいものを，次の①〜④のうちから一つ選べ。

5

① 法は，それに違反した場合に，刑罰など国家権力による制裁を伴う点に特徴があるとする考え方である。

② 法は，主権者である国王や権力者が出す命令であって，国民はこれに従わなければならないとする考え方である。

③ 議会の制定した法に基づいて行政が行われなければならないという，形式面を重視する考え方である。

④ 個人の権利を守るため，国王や権力者といえども法に従わなければならないとする考え方である。

問 6　下線部ⓔに関連して，日本の国会や議院がもつ権限とその行使をめぐる記述として誤っているものを，次の①〜④のうちから一つ選べ。　6

① 両議院の審議において大臣に代わって官僚が答弁する政府委員の制度が，設けられている。

② 内閣総理大臣は，答弁または説明のために出席を求められれば，議席をもっていない議院にも出席する義務がある。

③ 両議院は，それぞれ国政に関する調査を行うため証人を出頭させて証言を求めることができる。

④ 衆議院は，出席議員の過半数の賛成によって，内閣不信任決議案を可決することができる。

問 7　下線部⑦に関連して，次の図は，ある財の市場における需要曲線と供給曲線を実線で示しており，また，価格 P_0 で需給が均衡することを示している。いま，政府によってこの財の価格の上限が P' に規制されたとき，取引される財の数量についての記述として最も適当なものを，下の①〜④のうちから一つ選べ。　7

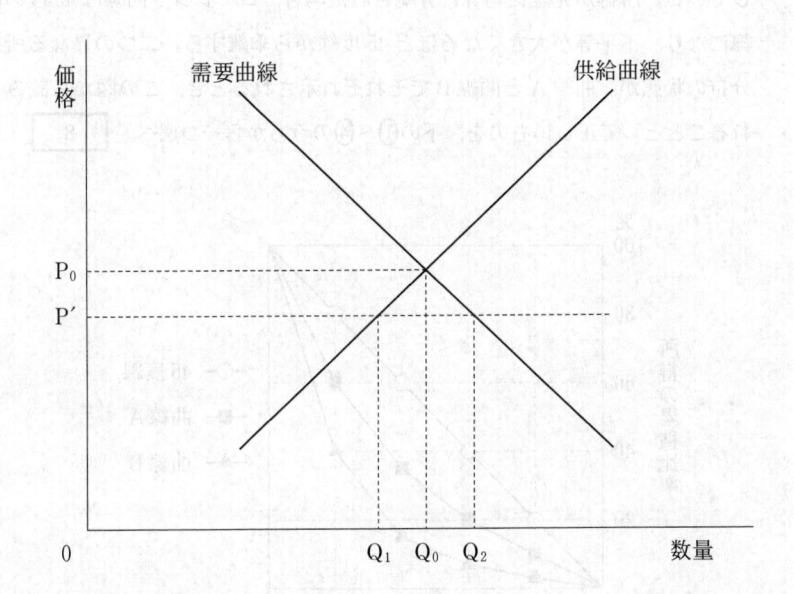

①　取引される財の数量は Q_0 になる。

②　取引される財の数量は Q_1 になる。

③　取引される財の数量は Q_2 になる。

④　取引される財の数量は 0 になる。

問 8 下線部⑧に関連して，所得の不平等を表すものとして，次の図に示したロー
レンツ曲線がある。図は，横軸に所得の低い人から高い人の順に人々を並べた
場合の人数の累積比率，縦軸にそれらの人々の所得の累積比率をとり，所得分
布の状態を示したものである。たとえば，図の 45 度線は，所得の低い方から
60 パーセントまでの人々が全体の所得の 60 パーセントを占めていることを示
している。所得が完全に均等に分配された場合，ローレンツ曲線は 45 度の直
線になり，不平等が大きくなるほど 45 度線から乖離する。二つの異なる所得
分布の状態が，曲線 A と曲線 B でそれぞれ示されるとき，この図から読みと
れることとして正しいものを，下の①〜④のうちから一つ選べ。 ┃ 8 ┃

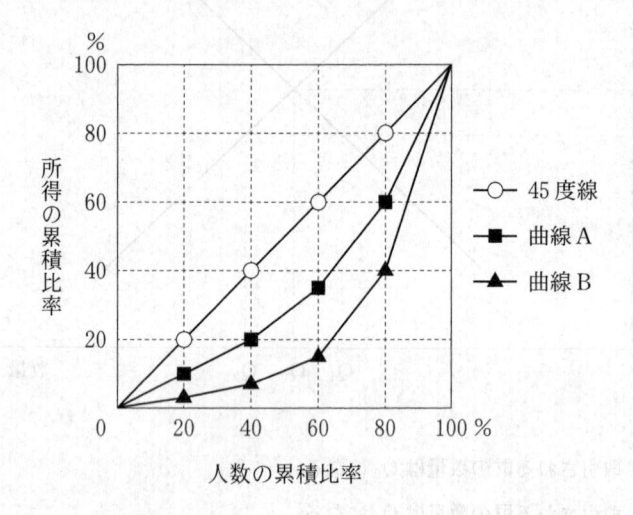

① A の所得分布で示される不平等の度合いは，B の所得分布で示される不平
等の度合いよりも大きい。

② B で示される所得分布では，所得の高い方から上位 20 パーセントまでの
人々が全体の所得の 80 パーセント以上を占めている。

③ B で示される所得分布では，すべての人の所得が同じ割合で増えると 45
度線の所得分布により近づく。

④ A で示される所得分布では，所得の低い方から 80 パーセントまでの人々
が全体の所得の 50 パーセント以上を占めている。

問 9　下線部ⓗについての記述として**誤っているもの**を，次の①～④のうちから一つ選べ。　9

①　スマートグリッドは，情報通信技術を使って需要側と供給側の双方から電力をきめ細かく制御する機能をもつ電力網である。

②　日本では，運転差止めを命じる裁判所の仮処分決定に基づいて，原子力発電所で運転中の原子炉が停止したことがある。

③　日本では，一般家庭への電力の小売は自由化されていないが，工場など大口消費者については自由化されている。

④　風力発電は，風を利用して発電するため発電量が気象条件に左右されるというデメリットがある。

問10　下線部ⓘに関連して，日本の安全保障をめぐる法制度や政策についての記述として正しいものを，次の①～④のうちから一つ選べ。　10

①　2014 年に政府が決定した防衛装備移転三原則によれば，武器や関連技術の輸出は全面的に禁止されている。

②　自衛隊の最高指揮監督権は，防衛大臣が有している。

③　2015 年に成立した安全保障関連法によれば，日本と密接な関係にある他国に対する攻撃によって日本の存立が脅かされ，国民の権利が根底から覆される明白な危険がある場合でも，武力行使は禁止されている。

④　安全保障に関する重要事項を審議する機関として，国家安全保障会議を内閣に設置している。

第2問 次の会話文を読み，下の問い(**問1～8**)に答えよ。(配点　24)

先　生：先週の授業では，<u>ⓐ冷戦期</u>の1971年8月に起きたニクソン・ショックについて学びました。どのような出来事だったでしょうか？

学生A：ニクソン・ショックとは，ニクソン大統領が金とドルの交換を停止すると発表して，世界を驚かせた出来事です。これにより，<u>ⓑ国際経済体制</u>は動揺しました。ニクソン・ショックはドル・ショックとも呼ばれています。

学生B：日本は，<u>ⓒ終戦から戦後復興期</u>を経て，<u>ⓓ高度経済成長期</u>に入りました。しかし，このニクソン・ショックと<u>ⓔ第一次石油危機</u>などにより，高度経済成長は終わりを迎えました。ニクソン・ショックは，日本経済にも大きな影響を与えたといえます。

先　生：よく勉強していますね。でも実は，同じ1971年に，もう一つの「ニクソン・ショック」と呼べる出来事があったのですよ。

学生A：えっ，ドル・ショック以外にショックがあったのですか？

先　生：ドル・ショック前の1971年7月，ニクソン大統領は中国を訪問すると突如発表して，世界を驚かせたのです。とくに西側諸国は，中国への訪問を事前に知らされていなかったので，とても驚きました。

学生A：なるほど，「米中和解」という，政治面でのニクソン・ショックですね。

先　生：当時アメリカは，デタント(緊張緩和)政策を推し進めていて，米中和解だけでなく，ソ連との間でも<u>ⓕ核兵器</u>に関する軍備管理を進展させました。

学生B：では日本は，この米中和解というショックに対して，どのような<u>ⓖ外交</u>を展開したのですか？

先　生：たとえば，翌年に田中角栄首相は，中国を訪問して対中関係の改善を図りました。二つのショックは，<u>ⓗ1970年代の日本の内政と外交</u>に大きな影響を与えました。このように，出来事を政治と経済両方の視点からみると，国際情勢と日本社会とのかかわりを深くとらえることができるのです。

問 1　下線部ⓐに関連して，1940 年代後半になされた政策について述べた次の文章中の空欄　**ア**　・　**イ**　に当てはまる語句の組合せとして正しいものを，下の①～④のうちから一つ選べ。　11

　　1947 年 6 月 5 日，アメリカの　**ア**　国務長官は，食糧やその他の必需品を援助しなければ，戦争で荒廃したヨーロッパが「きわめて重大な経済的，社会的，政治的な後退に直面せざるをえない」と演説，その後西欧を対象に大がかりな経済援助が実施された。同じ年の 3 月にギリシャや　**イ**　に対する援助を行うよう議会へ求めた大統領演説とあわせ，一連の政策は，共産主義諸国との対立を深めるものとしてソ連や東欧の反発を招き，ヨーロッパの分断はさらに進むことになった。

① **ア**　ケロッグ　　**イ**　イタリア
② **ア**　ケロッグ　　**イ**　トルコ
③ **ア**　マーシャル　　**イ**　イタリア
④ **ア**　マーシャル　　**イ**　トルコ

問 2　下線部ⓑについての記述として**誤っている**ものを，次の①～④のうちから一つ選べ。　12

① 1930 年代には，為替切下げ競争やブロック経済化が起こり，世界貿易が縮小し，国際関係は緊張することとなった。
② IMF（国際通貨基金）は，各国通貨の対ドル交換比率の固定化により国際通貨体制を安定させることを目的として設立された。
③ アメリカの国際収支の悪化により，1960 年代にはドルに対する信認が低下するドル危機が発生した。
④ スミソニアン協定は，ドル安是正のための政策協調を目的として合意された。

問3 下線部ⓒに関連して，対日占領政策の主要な目的は，非軍事化や経済民主化であったが，冷戦の激化とともに，西側諸国の一員としての経済復興も重視されることとなった。この点を踏まえ，この時期の出来事**ア～ウ**を古いものから順に並べたとき，その順序として正しいものを，下の①～⑥のうちから一つ選べ。　13

ア 労働組合法の制定

イ 傾斜生産方式の開始

ウ 経済安定9原則の指令

① ア→イ→ウ

② ア→ウ→イ

③ イ→ア→ウ

④ イ→ウ→ア

⑤ ウ→ア→イ

⑥ ウ→イ→ア

問4 下線部ⓓに関連して，当時の日本の経済社会についての記述として最も適当なものを，次の①～④のうちから一つ選べ。　14

① この期の後半に出現した大型景気は神武景気と呼ばれる。

② 「三種の神器」と呼ばれる耐久消費財が普及した。

③ IMF8条国への移行に伴って，為替管理が強化された。

④ コンビナートが内陸地域を中心に建設された。

問 5　下線部ⓔに関連して，当時の情勢についての記述として最も適当なものを，次の①〜④のうちから一つ選べ。　| 15 |

① 日本では，不況を契機に戦後初の建設国債が発行された。

② IAEA(国際原子力機関)が設立された。

③ 日本は，狂乱物価と呼ばれる激しいインフレーションに見舞われた。

④ イラン革命を契機に，OPEC(石油輸出国機構)は原油価格を大幅に引き上げた。

問 6　下線部ⓕについての記述として**誤っているもの**を，次の①〜④のうちから一つ選べ。　| 16 |

① 核拡散防止条約(NPT)は，非核兵器国が原子力の平和利用を行うことを禁止していない。

② パキスタンは，一方的に宣言して，自国の核実験を禁止している。

③ 部分的核実験禁止条約(PTBT)は，核兵器国が地下核実験を行うことを禁止していない。

④ 東南アジア諸国は，条約を締結して，締約国の核実験を禁止している。

問7 下線部⑧に関連して，日本は1957年に外交の三原則を掲げた。これについての記述として**適当でないもの**を，次の①〜④のうちから一つ選べ。 17

① アジアの一員として，アジアの地位向上に努める。

② 唯一の被爆国として，核抑止体制を主導する。

③ 国際連合を平和維持の中心とし，その使命達成のために努力する。

④ 自由主義諸国と協調し，共産主義諸国に対する団結の一翼を担う。

問8 下線部⑪についての記述として最も適当なものを，次の①〜④のうちから一つ選べ。 18

① 老人保健法の施行により，当時無料であった老人医療に，一部自己負担が導入された。

② 前川レポートの中で，内需主導型経済への転換が唱えられた。

③ 自由民主党と民主党という二つの政党が対立する構図が現れた。

④ 日米防衛協力のための指針（ガイドライン）が初めて策定された。

第3問　次の文章を読み，下の問い(**問1～8**)に答えよ。(配点　24)

　経済の発展に伴って，人類はかつてないほどの物質的繁栄を達成した。しかし，繁栄の果実を享受できるものと，できないものとの@格差が顕著になり，格差是正が課題となっている。

　先進国と発展途上国との国家間格差をめぐっては，発展途上国を支援する開発援助の方法や，格差を考慮した⑥国際貿易の仕組みが議論されてきた。また，国家間格差は環境問題とも関係している。先進国は産業革命以降，大量の©エネルギーを消費し，汚染物質を排出しながら⑥経済発展を遂げてきた。それにもかかわらず，すべての国に一律の環境規制を課すことは，発展途上国にとって大きな負担となり，国家間格差を残存させるおそれがある。近年では，気候変動をめぐる国際交渉においても，発展途上国への配慮がなされている。

　一国内でも，都市部と農村部との関係など，地域間格差がしばしば問題視される。たとえば日本では，⑥中央政府と地方政府の間で補助金などを用いて地域間格差の是正に取り組んでいる。ただし，格差是正の方法は多様であり，効果的な政策のあり方が絶えず議論されている。

　個人間格差をめぐっては，19世紀以降，各国政府は⑥社会保障制度の整備を通じて所得再分配を行い，より公平性の高い社会を実現しようとしてきた。しかし，公平性の追求が，経済効率性を損なうとの意見もある。このような，公平性と効率性の　**ア**　をいかに解決するかが問われている。関連して，近年では，⑧教育機会の均等化をめぐる議論や，一律一定額を全国民に給付する　**イ**　が注目されている。

　私たちは，国家間，地域間，個人間格差について考察を深め，生活の質や幸福度の向上，持続可能な社会を実現するような経済のあり方を模索していく必要がある。

問1 本文中の空欄 ア ・ イ に当てはまる語句の組合せとして最も適当なものを，次の①〜④のうちから一つ選べ。 19

① ア トレード・オフ　　　イ ベーシック・インカム

② ア プライマリー・バランス　　イ ユニバーサル・デザイン

③ ア トレード・オフ　　　イ ユニバーサル・デザイン

④ ア プライマリー・バランス　　イ ベーシック・インカム

問2 下線部ⓐに関連して，国家間格差に関する記述として最も適当なものを，次の①〜④のうちから一つ選べ。 20

① 国連総会において，先進国の資源ナショナリズムの主張を盛り込んだ新国際経済秩序樹立宣言が採択された。

② 国連貿易開発会議は，南南問題の解決を主目的として設立された。

③ 日本の政府開発援助は，必ず返済しなければならない。

④ 現地生産者や労働者の生活改善や自立を目的に，発展途上国の原料や製品を適切な価格で購入するフェアトレードが提唱されている。

問 3　下線部⑥に関連して，次の**A～D**は，貿易体制にかかわる出来事についての記述である。これらの出来事を古いものから順に並べたとき，**3番目**にくるものとして正しいものを，下の①～④のうちから一つ選べ。　　21

A　関税及び貿易に関する一般協定(GATT)が発効した。

B　世界貿易機関(WTO)が設立された。

C　ケネディ・ラウンドでの交渉が妥結した。

D　ドーハ・ラウンドでの交渉が開始された。

① **A**

② **B**

③ **C**

④ **D**

問4 下線部ⓒに関連して，次の表は2014年における各国の一次エネルギー供給量およびエネルギー源別の構成比を示したものである。**A**と**B**には中国またはアメリカのいずれか，**C**と**D**には日本またはフランスのいずれかが入る。表中の**A**〜**D**に当てはまる国名の組合せとして正しいものを，下の**①**〜**④**のうちから一つ選べ。 22

	一次エネルギー供給量（百万トン）	一次エネルギーの内訳（%）					
		石 炭	原 油	天然ガス	原子力	水 力	その他
A	3,052	65.9	16.9	5.0	1.1	3.0	8.1
B	2,216	19.5	40.5	28.2	9.8	1.0	1.1
C	442	26.8	39.0	24.4	0.0	1.6	8.2
D	243	3.8	22.9	13.4	46.9	2.2	10.8
世界全体	13,699	28.6	31.8	21.2	4.8	2.4	11.2

(注) 一次エネルギーとは，各種エネルギー資源から直接得られるエネルギーのことである。なお，表中の数値は，石油に換算したものを用いている。また，その他には地熱，太陽光，風力，潮力，固形バイオ燃料，液体バイオ燃料，バイオガス，産業廃棄物，都市廃棄物などを含む。四捨五入のため，各項目の総和が100とならない国もある。
(資料) IEA（国際エネルギー機関）Web ページにより作成。

① **A** 中 国　　　**B** アメリカ　**C** 日 本　　　**D** フランス

② **A** 中 国　　　**B** アメリカ　**C** フランス　**D** 日 本

③ **A** アメリカ　**B** 中 国　　　**C** 日 本　　　**D** フランス

④ **A** アメリカ　**B** 中 国　　　**C** フランス　**D** 日 本

問 5　下線部ⓓの原動力として，新技術の開発や新たな生産方式の導入といったイノベーションの重要性を強調した経済学者は誰か。最も適当なものを，次の①～④のうちから一つ選べ。　23

① アダム・スミス
② シュンペーター
③ マルサス
④ リカード

問 6　下線部ⓔに関連して，日本における国と地方自治体との関係についての記述として最も適当なものを，次の①～④のうちから一つ選べ。　24

① 国庫支出金は，地方自治体の自主財源である。
② 三位一体の改革において，地方交付税の配分総額が増額された。
③ 地方財政健全化法に基づき，財政再生団体となった地方自治体はない。
④ 地方分権一括法の施行に伴い，機関委任事務は廃止された。

問 7 下線部⑥に関連する記述として最も適当なものを，次の①～④のうちから一つ選べ。 $\boxed{25}$

① ILO(国際労働機関)は，フィラデルフィア宣言で，社会保障の範囲の拡大に貢献した。

② 個人が就労している時期に納めた保険料によって，自らの年金受給を賄う方法を賦課方式という。

③ 日本の社会保障費の中で最も大きな割合を占めている項目は，生活保護費である。

④ ドイツの宰相ビスマルクは，「ゆりかごから墓場まで」をスローガンに，社会保険制度を整備した。

問 8　下線部⑧に関連して，次の表は 2012 年における各国の教育費支出の対 GDP 比と，全人口に占める 20 歳未満の人口比率を示している。教育費支出の対 GDP 比のうち，公的負担分は政府により支出される分であり，私的負担分は家計などからの支出分である。この表から読みとれる内容として正しいものを，下の①〜④のうちから一つ選べ。　| 26 |

国　名	教育費支出の対 GDP 比(％)		全人口に占める 20 歳未満人口比率(％)
	公的負担分	私的負担分	
日　本	3.48	1.48	17.7
アメリカ	4.75	1.67	26.3
韓　国	4.72	2.00	22.0
フランス	4.87	0.40	24.4
OECD 平均	4.67	0.66	24.8

(資料)　OECD, *Education at a Glance 2015: OECD Indicators* および *OECD.Stat* (OECD Web ページ)により作成。

① 　公的負担分が OECD 平均以上の国はすべて，全人口に占める 20 歳未満人口比率が OECD 平均を上回っている。

② 　私的負担分が OECD 平均以下であり，公的負担分が OECD 平均以上である国は，全人口に占める 20 歳未満人口比率が OECD 平均を上回っている。

③ 　私的負担分が OECD 平均以上の国はすべて，全人口に占める 20 歳未満人口比率が OECD 平均を下回っている。

④ 　公的負担分が OECD 平均以下であり，私的負担分が OECD 平均以上である国は，全人口に占める 20 歳未満人口比率が OECD 平均を下回っている。

第4問 次の文章を読み，下の問い(**問1～8**)に答えよ。(配点 24)

日本で男女共同参画社会基本法が制定されてから20年近くが過ぎた。この法律に掲げられた基本理念を実現するための施策の一つとして，<u>ⓐ社会の諸分野で指導的地位を占める女性の割合</u>を高めることがめざされてきたが，現状はどうだろうか。

公的な部門をみると，<u>ⓑ国会</u>での議員に占める女性の割合は国際的にみても高い水準とはいえない。<u>ⓒ地方自治体</u>では，たとえば東京都の特別区議会では議員に占める女性の割合が3割程度となっている一方で，都道府県や市町村の地方議会の全体では1割程度にとどまる。<u>ⓓ行政</u>を担う公務員における女性の割合は，国や都道府県に採用される者では近年3割を超えているが，管理職となると，現状では役職が上がるほど低くなっている。

民間部門に目を向けると，男女雇用機会均等法により雇用における男女の機会均等が図られてきた中で，企業で管理職に就く女性の割合はやはり低い水準にとどまっており，<u>ⓔ実質的な男女平等</u>の観点からは課題が残る。その背景として，高い水準の<u>ⓕ教育</u>を受けた女性の就業率が他国と比較して低いことや，<u>ⓖ日本的雇用慣行の変化</u>の中でも女性のキャリアアップの実現を妨げる人事管理が残っていることがある，との指摘もある。

社会に存在する男女間の格差を是正するための措置として，諸外国では，議席数や政党の立候補者数について女性の割合を一定以上とするといったクォータ制を導入する例もみられる。しかし，このような措置を法律で定めることが<u>ⓗ法の下の平等</u>を定める憲法の規定に違反すると裁判所が判断した国もあり，問題の解決は容易ではない。社会のさまざまな分野で，政策や方針決定の場への女性の参画を実現するためには，これからも，社会全体での取組みが求められている。

問 1　下線部ⓐに関連して，次の表は，男性の賃金を 100 とした場合の女性の賃金，管理職に占める女性の割合，閣僚に占める女性の割合，最高裁判所裁判官に占める女性の割合の国際比較を示したものである。この表から読みとれる内容として正しいものを，下の**①**〜**④**のうちから一つ選べ。　27

	男性の賃金を 100 とした場合の女性の賃金	管理職に占める女性の割合 (%)	閣僚に占める女性の割合 (%)	最高裁判所裁判官に占める女性の割合 (%)
日　本	72	11	22	17
アメリカ	83	44	26	25
ドイツ	81	29	33	21
フランス	85	33	50	35

(注)　男性の賃金を 100 とした場合の女性の賃金と管理職に占める女性の割合とは 2014 年の数値である。閣僚に占める女性の割合は 2015 年の数値である。最高裁判所裁判官に占める女性の割合は，日本とアメリカが 2013 年の数値であり，ドイツとフランスが 2012 年の数値である。

(資料)　独立行政法人　労働政策研究・研修機構(編)『データブック国際労働比較(2016 年版)』および OECD, *Government at a Glance 2013, 2015*(OECD Web ページ)により作成。

①　任期 4 年で 3 選禁止の国家元首がおり，二大政党制が定着しているこの国は，閣僚に占める女性の割合が最も高い。

②　半大統領制をとり，国連安全保障理事会の常任理事国であるこの国は，管理職に占める女性の割合が最も低い。

③　議院内閣制をとるが，実質的な権限をもたない大統領もいるこの国は，最高裁判所裁判官に占める女性の割合が 2 番目に低い。

④　連邦国家ではなく，議院内閣制の下で一党優位の時期が長く続いたこの国は，男性の賃金を 100 とした場合の女性の賃金が 2 番目に高い。

問2 下線部ⓑについて，国会の種類や議院の会議の名称**A～C**とその説明**ア～ウ**との組合せとして正しいものを，下の①～⑥のうちから一つ選べ。 28

A 特別会

B 緊急集会

C 臨時会

ア 衆議院解散後の総選挙の日から30日以内に召集される。

イ 内閣の決定により，またはいずれかの議院の総議員の4分の1以上の要求に基づいて召集される。

ウ 衆議院の解散中に内閣の要求により開かれる。

① **A**ーア **B**ーイ **C**ーウ

② **A**ーア **B**ーウ **C**ーイ

③ **A**ーイ **B**ーア **C**ーウ

④ **A**ーイ **B**ーウ **C**ーア

⑤ **A**ーウ **B**ーア **C**ーイ

⑥ **A**ーウ **B**ーイ **C**ーア

問 3　下線部ⓒに関連して，次の表は，日本の地方自治の仕組みにある直接請求の
　　手続の一部を表したものである。表中のＡ～Ｃと請求の種類ア～ウとの組合せ
　　として正しいものを，下の①～⑥のうちから一つ選べ。　29

種　類	必要な署名数	請求先	取扱い
Ａ	有権者の3分の1以上	首　長	議会にかけて，議員の3分の2以上が出席する議会で4分の3以上の同意があれば，請求内容が実現
Ｂ	有権者の50分の1以上	首　長	議会にかけて，結果を公表
Ｃ	有権者の3分の1以上	選挙管理委員会	住民投票に付し，過半数の同意があれば，請求内容が実現

(注)　ＡとＣについては，有権者が一定数(40万人)以上の場合，その超過部分につ
　　いて必要な署名数の要件が緩和されている。

ア　条例の制定や改廃の請求

イ　議員の解職請求

ウ　副知事，副市町村長，選挙管理委員，監査委員，公安委員会の委員の解職
　　請求

① Ａ－ア　　Ｂ－イ　　Ｃ－ウ

② Ａ－ア　　Ｂ－ウ　　Ｃ－イ

③ Ａ－イ　　Ｂ－ア　　Ｃ－ウ

④ Ａ－イ　　Ｂ－ウ　　Ｃ－ア

⑤ Ａ－ウ　　Ｂ－ア　　Ｃ－イ

⑥ Ａ－ウ　　Ｂ－イ　　Ｃ－ア

問 4 　下線部ⓓに関連して，社会の要請に応じ，行政機関が再編，新設されること
　　 がある。2001 年の中央省庁再編の後に設置された行政機関として正しいもの
　　 を，次の①～④のうちから一つ選べ。　　30

① 　復興庁
② 　防衛庁
③ 　金融監督庁
④ 　環境庁

問 5 　下線部ⓔを雇用において達成するための措置として，日本の法制度の下で
　　 は，形式的には性差別に当たる措置であっても許容されるものがある。そのよ
　　 うな措置の例の記述として最も適当なものを，次の①～④のうちから一つ選
　　 べ。　　31

① 　労働者の募集にあたり，応募条件から性別の条件を外す。
② 　女性労働者の定年年齢を，男性労働者と同じ年齢に設定する。
③ 　女性労働者の割合が低い職種について，採用の基準を満たす者の中から女
　　 性を優先して採用する。
④ 　同じ内容の労働に従事する男性労働者と女性労働者の賃金を，同じ額とす
　　 る。

問 6　下線部⑰に関連して，日本国憲法の下での教育や学問をめぐる権利や義務に
ついての記述として最も適当なものを，次の①～④のうちから一つ選べ。
　　32

① 　憲法が保障する教育を受ける権利の基礎には，人が学習し成長する学習権
　の理念があるとされている。

② 　憲法上，国民がその子どもに普通教育を受けさせる義務はない。

③ 　憲法が保障する学問の自由には，大学の自治は含まれない。

④ 　憲法上，国が小中学校での教育とともに高校での教育を無償で提供するこ
　ととされている。

問 7　下線部⑧に関連して，日本では雇用形態の多様化が進んでいる。さまざまな働き方に対応した規制を行う日本の法律**A～C**と，それらの内容に関する記述**ア～ウ**の組合せとして正しいものを，下の①～⑥のうちから一つ選べ。

　　　33

A　労働者派遣法

B　パートタイム労働法

C　高年齢者雇用安定法

ア　正社員よりも週の所定労働時間が短い労働者の労働条件の改善などを目的とする。

イ　制定当時は対象業務が限定されていたが，その後の改正により対象業務の範囲が拡大されてきている。

ウ　定年の引上げ，定年制の廃止，定年後の継続雇用制度の導入の中からいずれかの措置をとることを事業主に義務づけている。

① A ― ア　　B ― イ　　C ― ウ

② A ― ア　　B ― ウ　　C ― イ

③ A ― イ　　B ― ア　　C ― ウ

④ A ― イ　　B ― ウ　　C ― ア

⑤ A ― ウ　　B ― ア　　C ― イ

⑥ A ― ウ　　B ― イ　　C ― ア

問 8　下線部ⓗに関連して，日本で最高裁判所により違憲とされた法制度についての記述として**誤っているもの**を，次の①～④のうちから一つ選べ。　34

① 衆議院議員一人当たりの有権者数の格差が最大で約5倍となる議員定数の配分を定める。

② 参議院議員の被選挙権年齢を衆議院議員の被選挙権年齢より高く定める。

③ 婚外子の相続分を，嫡出子の相続分の2分の1とする。

④ 外国籍の母から出生した婚外子に，出生後に日本国民である父から認知されても父母の婚姻がなければ日本国籍を認めないこととする。

政治・経済

（2017年1月実施）

60分　100点

2

第1問　次の文章を読み，下の問い（**問1～10**）に答えよ。（配点　28）

　民法は私たちの生活に深く関係する法律である。民法は　ア　の代表的な法律であり，財産関係や家族関係を扱っている。財産関係については，たとえば契約に関する規定がある。ⓐ市場でのモノの売買などの際には契約が結ばれる。コンビニやスーパーでの日常的な買い物も契約の一種である。このように，ⓑ経済主体にとって契約は不可欠なものである。家族関係については，親子関係や結婚などの身近な事柄に関する定めが設けられている。

　民法が日本で制定された経緯を理解するには，明治初期の日本の状況に関する知識が必要である。当時の政府は，西洋列強との間に結んだ不平等条約の改正をめざしていた。そのために，日本が西洋諸国と同様の法制度をもつ ⓒ「文明国」であることを示す必要があったのである。こうした事情から，当時の西洋諸国の法を参考にして，民法をはじめとする各種の法令が制定された。ただ，当初作成された民法の家族関係の部分に対しては，日本の「忠孝」の精神が滅ぶという批判がなされて論争が起こり，家の長である戸主が強い権限をもつ制度が最終的に作られた。

　しかし第二次世界大戦後，その民法の家族関係の規定に大きな修正が必要になった。連合国の占領下で ⓓ日本国憲法の制定をはじめとする種々の改革がなされ，それに伴い民法についても ⓔ国会で改正が行われた。これにより，戸主制度が廃止され，個人の尊厳と両性の本質的平等とを基本とする家族制度が定められた。

　その後の ⓕ経済発展の時代を経て財産関係や家族関係は変化したが，それに合わせて民法の内容も補完されたり修正されたりしてきた。財産関係については，たとえば ⓖ企業と消費者との間の情報や交渉力の格差から生じる ⓗ消費者問題が深刻化したため，民法の内容を補う新たな法律が制定された。家族関係については，たとえば婚外子の遺産相続分を嫡出子の半分とする民法の規定が修正されたが，これは家族形態の多様化やそれに伴う国民の意識の変化などをうけて ⓘ裁判所がこの規定を違憲としたことによる。

　法律を学んでその内容を深く理解するためには，このように　イ　にも注意を払うことが重要になる。

問 1　本文中の空欄　ア　・　イ　に当てはまる語句の組合せとして最も適当なものを，次の①〜④のうちから一つ選べ。　1

① ア　社会法　イ　法律の正確な文言
② ア　社会法　イ　歴史的な背景や社会のあり方
③ ア　私　法　イ　法律の正確な文言
④ ア　私　法　イ　歴史的な背景や社会のあり方

問 2　下線部ⓐについての記述として最も適当なものを，次の①〜④のうちから一つ選べ。　2

① 完全競争市場では，需要者と供給者の間に情報の非対称性がある。
② 寡占市場では，単一の企業が製品やサービスの供給を行う。
③ 消費財市場では，贅沢品の需要の価格弾力性は生活必需品より大きい。
④ 労働市場では，求職者数が需要量であり求人数が供給量である。

問 3 下線部ⓑに関連して，次の図は，三つの経済主体間における経済循環の基本構造を示したものである。図中の矢印は財やお金の流れを示している。図中のA〜Cに当てはまるものの組合せとして最も適当なものを，下の①〜⑥のうちから一つ選べ。 3

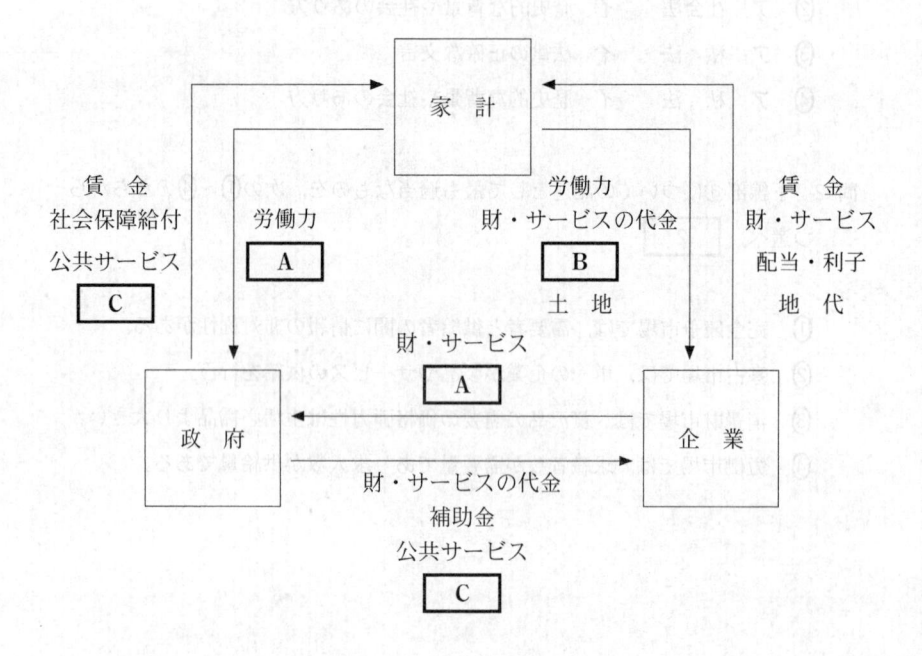

① A 資　本　　　　　　B 租税・社会保険料　C 社会資本

② A 資　本　　　　　　B 社会資本　　　　　C 租税・社会保険料

③ A 社会資本　　　　　B 資　本　　　　　　C 租税・社会保険料

④ A 社会資本　　　　　B 租税・社会保険料　C 資　本

⑤ A 租税・社会保険料　B 資　本　　　　　　C 社会資本

⑥ A 租税・社会保険料　B 社会資本　　　　　C 資　本

問 4 下線部ⓒとして認められるためには，議会をもつことも重要であった。次の
A～Cは各国の議院の名称であり，**ア～ウ**はそれらの本会議場の特徴や歴史に
関する記述である。**A～C**と**ア～ウ**との組合せとして正しいものを，下の①～
⑥のうちから一つ選べ。　| 4 |

A　日本の衆議院

B　イギリスの下院(庶民院)

C　フランスの下院(国民議会)

ア　議席は，扇形に配置されている。そして，議員席より高い位置に，閣僚席
が議員席と対峙（たいじ）する形で置かれている。このような議席の配置は，かつてこ
の国の議会が協賛のための機関とされていた，外見的立憲主義の時代から続
いているものである。

イ　議席は，中央の議長をはさんで，与党と野党の席が向かいあって配置され
ている。そして，最前列の席の少し前には，踏み越えてはいけないという線
が引かれている。これは，与党と野党が真っ向から対立しても，暴力でなく
討論で決定を行う場が議会であることを象徴している。

ウ　議席は，扇形に配置されている。人は自由で平等なものとして出生すると
いう考え方を含む宣言が議会で採択された頃，議長席からみて左側にこうし
た考え方をさらに推し進めようとする者たちが座り，右側に旧体制の維持を
望む者たちが座った。これが左翼，右翼という言葉の語源となった。

① 　A ― ア　　B ― イ　　C ― ウ

② 　A ― ア　　B ― ウ　　C ― イ

③ 　A ― イ　　B ― ア　　C ― ウ

④ 　A ― イ　　B ― ウ　　C ― ア

⑤ 　A ― ウ　　B ― ア　　C ― イ

⑥ 　A ― ウ　　B ― イ　　C ― ア

問5　下線部⓪について，日本国憲法の制定過程や基本原理に関する記述として正しいものを，次の①〜④のうちから一つ選べ。　　5

①　日本国憲法によって列挙された基本的人権は，法律の範囲内において保障されている。

②　日本国憲法は，君主である天皇が国民に授ける民定憲法という形で制定された。

③　日本国憲法は，憲法問題調査委員会の起草した憲法改正案（松本案）を，帝国議会が修正して成立した。

④　日本国憲法における天皇は，国政に関する権能を有しておらず，内閣の助言と承認に基づいて国事行為を行う。

問6　下線部⑥についての記述として正しいものを，次の①〜④のうちから一つ選べ。　　6

①　国会において憲法の規定に基づき内閣不信任決議案が可決された場合，内閣は総辞職か衆議院の解散かを選択することになる。

②　国会に設置されている委員会は，法律案の審議のために公聴会の開催が義務づけられている。

③　国会は弾劾裁判所を設置する権限を有しており，弾劾裁判によって国務大臣を罷免することができる。

④　国会の憲法審査会は，法律や命令が憲法に違反するかしないかを決定するために設置されている。

問 7　下線部⑥に関連して，次の図は，日本の国全体の正味資産である国富とその主要な構成項目である有形固定資産(住宅，建物，機械・設備など)，有形非生産資産(土地など)および対外純資産の推移を示している。図から読みとれる内容として最も適当なものを，下の①～④のうちから一つ選べ。 7

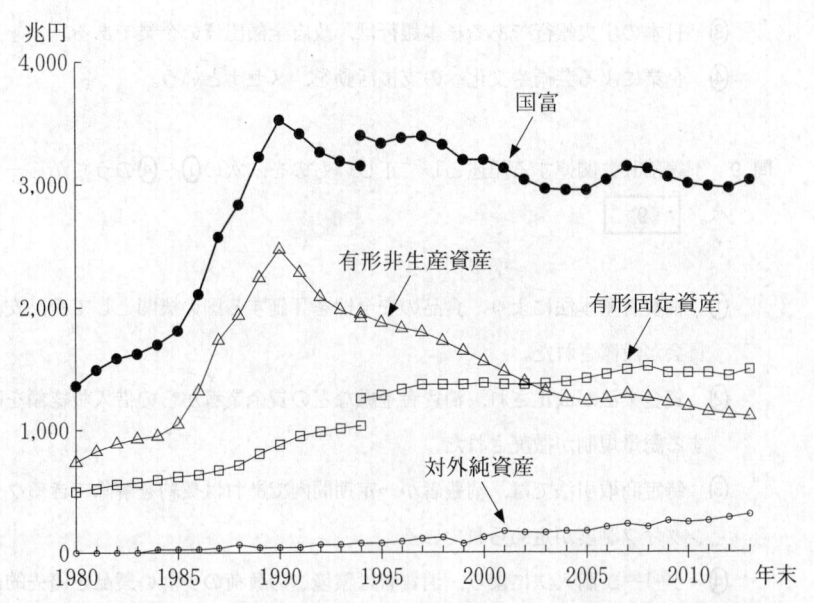

(注)　1994 年までの数値と同年以降の数値とでは推計方法が一部異なる。このため，1994 年については両方の数値を載せている。

(資料)　内閣府『平成 25 年度 国民経済計算年報』により作成。

① アメリカ発の世界金融危機の後，国富は過去最高額に達した。

② バブル経済の時期，国富が急増した最大の要因は有形非生産資産の増加であった。

③ バブル経済の崩壊後，有形固定資産と有形非生産資産はともに減少傾向にあった。

④ プラザ合意成立の時期，有形固定資産は国富の最大構成項目であった。

問 8 下線部⑧についての記述として正しいものを，次の①〜④のうちから一つ選べ。 □8□

① 日本の会社法に基づいて設立できる企業に，有限会社がある。

② 企業の経営者による株主の監視を，コーポレート・ガバナンスという。

③ 日本の中央銀行である日本銀行は，政府全額出資の企業である。

④ 企業による芸術や文化への支援活動を，メセナという。

問 9 下線部ⓗに関連する記述として正しいものを，次の①〜④のうちから一つ選べ。 □9□

① 消費者基本法により，食品の安全性を評価する国の機関として食品安全委員会が設置された。

② 貸金業法が改正され，消費者金融などの貸金業者からの借入れ総額を制限する総量規制が撤廃された。

③ 特定商取引法では，消費者が一定期間内であれば契約を解除できるクーリングオフ制度が定められている。

④ グリーン購入法により，消費者は環境への負荷の少ない製品を優先的に購入することが義務づけられている。

問10　下線部①に関連して，日本の裁判官や裁判制度についての記述として正しいものを，次の①～④のうちから一つ選べ。　10

① 最高裁判所の長たる裁判官は，国会の指名に基づいて内閣によって任命される。

② 最高裁判所の裁判官はその身分が保障されていることから，解職されることがない。

③ 国民の批判と監視の下におくため，刑事裁判は常に公開しなければならない。

④ 特定の刑事事件において，犯罪被害者やその遺族が刑事裁判に参加して意見を述べることが認められている。

第2問 次の会話文を読み，下の問い(問1～8)に答えよ。(配点 24)

先　　生：今日の授業では発展途上国と先進国との関係を取り上げましたが，先進国
　　　　　から途上国への援助について，皆さんはどう考えますか？

学生A：自分は援助に対して否定的に考えているんです。途上国に先進国が援助を
　　　　しても，@経済の面からみて効率の悪い事業に資金が使われたりして，
　　　　無駄が多いような気がするんですよね。それに，途上国の側が援助に頼っ
　　　　ていたら，自力で発展する努力を怠るんじゃないですか？　援助の中で
　　　　も，とくに贈与は自力での発展の妨げになってるって思うんですよ。

学生B：私は援助を積極的にすべきと考えます。途上国に⑥貧困が多いのは，過
　　　　去に植民地とされていたことが一因だと思います。先進国にはかつて植民
　　　　地支配をしていた国が多いので，道義的にも途上国に援助をする責任があ
　　　　るとはいえませんか？　あと，贈与などの援助がないと，貧困に悩む国々
　　　　が経済成長する機会を奪われて，南北間の格差が広がります。

学生A：そうはいっても，日本の国内にも貧困問題があって格差が広がってます
　　　　よ。国の©予算は限られているから，私たちの納めた⑨税を使って途上
　　　　国を援助するよりも，国内の貧困対策を優先すべきじゃないですか？

学生B：でも，援助をすれば，貧困に起因する⑥紛争が少なくなるなど，①国際
　　　　社会全体の利益にもなるでしょう。そして⑨憲法の前文にあるように，
　　　　日本が国際社会で名誉ある地位を占めることにつながると思います。

先　　生：援助について対立する意見が二人から出ましたが，援助以外にも，途上国
　　　　　と先進国との関係で難しい問題があります。たとえば地球温暖化をめぐ
　　　　　り，途上国にも温室効果ガスの排出削減を義務づけるかという問題です。

学生A：先進国ばかりが削減義務を負うのは不公平じゃないですか？

学生B：でも，先進国は過去に温室効果ガスを多く排出してきました。

先　　生：⑥京都議定書に代わる枠組みの国際交渉では，温室効果ガスの排出削減
　　　　　の義務化をめぐり途上国と先進国が対立しましたが，対立する見解があっ
　　　　　てもお互いに理解し合う努力が重要だということを皆さんに学んでほしい
　　　　　ですね。

問1　下線部ⓐに関連して，経済思想の歴史について述べた次の文章中の空欄 ア ・ イ に当てはまる人名の組合せとして最も適当なものを，下の①〜④のうちから一つ選べ。 11

　18世紀後半に産業革命が起きて資本主義経済が確立するのと並行して，工場などの生産手段を所有する資本家階級と，労働力を商品として資本家に販売する労働者階級との分化が進行した。そうしたなか， ア は，資本家が労働者から搾取することのない社会の実現を主張した。

　20世紀に入ると，公共事業の増大や社会保障制度の拡充など，政府が経済へ積極的に介入するようになった。これに対し，政府が過度に介入すると資源配分の効率性を損なうという批判が生じた。たとえば イ は，個人の自由な選択を重視し，政府による裁量的な政策をできる限り少なくすることを主張した。

① ア　マルクス　　イ　ガルブレイス
② ア　マルクス　　イ　フリードマン
③ ア　マルサス　　イ　ガルブレイス
④ ア　マルサス　　イ　フリードマン

問 2 下線部ⓑに関連して，次の表は日本，アメリカ，デンマーク，ドイツにおける 2000 年代の低所得層に対する所得再分配の比率と，所得再分配後の相対的貧困率とを示したものである。この表から読みとれる内容として正しいものを，下の①～④のうちから一つ選べ。 | 12 |

(単位：%)

	日 本	アメリカ	デンマーク	ドイツ
低所得層に対する所得再分配の比率	2.0	1.9	6.0	4.2
相対的貧困率	15.0	17.0	5.0	11.0

(注) 表中の「低所得層」とは，所得の下位 20 パーセントの世帯を指す。「低所得層に対する所得再分配の比率」とは，低所得層が受け取る公的な現金の給付額(直接税および社会保障の負担を差し引いた値)が，全人口の可処分所得の総額に占める比率である。

(資料) OECD 編著『格差は拡大しているか』(2010 年)により作成。

① EU(欧州連合)に加盟しているがユーロを導入していない国は，低所得層に対する所得再分配の比率が最も低く，相対的貧困率が最も高い。

② リーマン・ショックの発端となった国は，低所得層に対する所得再分配の比率が最も低く，相対的貧困率が最も高い。

③ すべての原子力発電所を 2022 年までに閉鎖する予定となっている国は，低所得層に対する所得再分配の比率が 2 番目に低く，相対的貧困率が 2 番目に高い。

④ 現時点で政府の債務残高が GDP(国内総生産)の 2 倍を超えている国は，低所得層に対する所得再分配の比率が 2 番目に高く，相対的貧困率が 2 番目に低い。

問 3　下線部ⓒについて日本国憲法が定めていることとして正しいものを，次の
①～④のうちから一つ選べ。　│ 13 │

① 予算の作成は，国会の権限とされている。

② 予算の議決については，法律案の議決に関する規定が準用される。

③ 予算は，衆議院で先に審議および議決される。

④ 予算について両議院の議決が異なる場合には，緊急集会が開かれる。

問 4　下線部ⓓについての記述として正しいものを，次の①～④のうちから一つ選
べ。　│ 14 │

① 日本における国税は，租税法律主義の原則の下で，国会で議決された法律
に基づいて定められている。

② タックス・ヘイブンとは，投機的な金融活動の抑制を目的に国際的な資本
取引に課税する構想のことである。

③ 税負担の逆進性とは，所得が低くなるに従って所得に占める税の負担率が
低くなることである。

④ 日本の税務当局による所得捕捉率は，農業者は高く自営業者は中程度で給
与所得者は低いといわれていることから，クロヨンと呼ばれている。

14

問 5 下線部ⓔを平和的に解決するための国際裁判所に関する記述として正しいものを，次の①〜④のうちから一つ選べ。　15

① 日本は，国際司法裁判所（ICJ）で裁判の当事国となったことがない。

② 日本は，国際刑事裁判所（ICC）に加盟していない。

③ 国際司法裁判所は，紛争当事国双方の同意がない限り，国家間の紛争を裁判することはできない。

④ 国際刑事裁判所は，人道に対する犯罪などの処罰をめぐる国家間の紛争を裁判する機関であって，個人を裁くための裁判所ではない。

問 6 下線部ⓕの平和と安全を維持するための国連（国際連合）の仕組みに関する記述として正しいものを，次の①〜④のうちから一つ選べ。　16

① 国連安全保障理事会が侵略国に対する制裁を決定するためには，すべての理事国の賛成が必要である。

② 国連憲章は，国連加盟国が安全保障理事会決議に基づかずに武力を行使することを認めていない。

③ 国連が平和維持活動を実施できるようにするため，国連加盟国は平和維持軍を編成するのに必要な要員を提供する義務を負っている。

④ 国連憲章に規定されている本来の国連軍は，これまでに組織されたことがない。

問 7　下線部ⓖに関連して，日本の裁判所による違憲審査に関する記述として正しいものを，次の①〜④のうちから一つ選べ。　17

①　最高裁判所は，長沼ナイキ基地訴訟において，自衛隊の存在を違憲と判断した。

②　最高裁判所は，全逓名古屋中央郵便局事件において，国家公務員の争議行為の一律禁止を違憲と判断した。

③　内閣や国会が行う高度に政治性のある行為については裁判所の審査権が及ばず違憲審査の対象外であるとする考え方のことを，統治行為論という。

④　裁判所が具体的事件とは無関係に法令の合憲性を審査する制度のことを，付随的違憲審査制という。

問 8　下線部ⓗに関連する記述として正しいものを，次の①〜④のうちから一つ選べ。　18

①　クリーン開発メカニズムは，先進国間で実施される。

②　温室効果ガス排出量の国際的な取引には，民間企業も参加できる。

③　京都議定書は，アメリカが批准したことによって発効した。

④　京都議定書は，当初の約束期間が終了した時点で失効した。

第3問 次の文章を読み，下の問い（問1〜8）に答えよ。（配点 24）

　社会は，ⓐさまざまな考え方や利害関係を有する人々によって構成される。そうした利害を調整し，社会秩序を形成，維持するために，政治が必要となる。

　17世紀から18世紀にかけて発生した一連の市民革命によって絶対王政が倒され，政治権力からⓑ個人が自由になる権利が確立した。その後，国民の意思に基づいて政治を行う民主政治が次第に実現していった。ただし，第一次世界大戦後にファシズムが台頭したり，第二次世界大戦後に政治的安定を掲げて独裁の形態をとる国が現れたりするなど，民主政治が順調に広まったわけではない。

　しかし，1980年代になると，民主主義よりも　ア　を優先する政治体制をとる，いわゆる開発独裁政権が相次いで崩壊した。また，冷戦末期には東欧で民主化運動が高まった。2010年代初頭には，反独裁を掲げる　イ　と呼ばれる運動が中東から北アフリカで発生した。その後も，民主化を求める動きは各地で続いている。

　民主政治を行う際，国政のすべてに国民が直接関与することは困難である。それゆえ，多くの国では，国民がⓒ選挙で自らの代表を選び，その代表が政治を行うⓓ間接民主制がとられている。ただ，人々の価値観が多様化する中で，選挙ではⓔ人々の意見の表出や反映が十分にできないのではないかとの懸念も生じている。政治に対する不信や不満が高まり，投票率が低下している国は少なくない。

　他方，深刻なⓕ社会問題が頻発し，人々の利害関係がいっそう複雑に入り交じる中で，ⓖ政治に求められる役割はむしろ大きくなっている。いかにして人々の政治不信を払拭していくのかということが，いまほど問われているときはない。

問 1　本文中の空欄　| ア |　・　| イ |　に当てはまる語句の組合せとして最も適当なものを，次の①～④のうちから一つ選べ。| 19 |

① ア　環境保全　イ　プラハの春

② ア　環境保全　イ　アラブの春

③ ア　経済発展　イ　プラハの春

④ ア　経済発展　イ　アラブの春

問 2　下線部ⓐに関連して，利益集団(圧力団体)についての記述として最も適当なものを，次の①～④のうちから一つ選べ。| 20 |

① 政府や議会に働きかけて政策決定に影響を与え特定の利益を実現しようとする集団のことを，利益集団という。

② 政治的な主張の近い人々が集まって政権の獲得を目的として活動する集団のことを，利益集団という。

③ 日本においては，利益集団の代理人であるロビイストは国会に登録され活動が公認されている。

④ 日本においては，利益集団のニーズに応じて利益誘導政治を行うことが推奨されている。

問 3 下線部⑥に関連して，日本における自由権の保障をめぐる記述として正しいものを，次の①～④のうちから一つ選べ。　21

① 最高裁判所は，三菱樹脂事件で，学生運動にかかわった経歴を隠したことを理由とする本採用の拒否を違憲と判断した。

② 日本国憲法が保障する経済活動の自由は，公共の福祉との関係で制約に服することはない。

③ 最高裁判所は，津地鎮祭訴訟で，公共施設を建設する際に行われた地鎮祭の費用を地方自治体が支出したことについて違憲と判断した。

④ 日本国憲法が保障する表現の自由は，他人の権利との関係で制約に服することがある。

問 4 下線部ⓒについて，選挙の原則や選挙制度の特徴に関する記述として**適当でないもの**を，次の①～④のうちから一つ選べ。　22

① 秘密選挙とは，有権者の自由な意思表明を守るため，投票の内容を他人に知られないことを保障する選挙の原則を意味する。

② 小選挙区制は，大選挙区制と比べた場合，各党の得票率と議席占有率との間に差が生じにくい選挙制度とされる。

③ 普通選挙とは，納税額や財産にかかわりなく，一定の年齢に達した者に選挙権を与える選挙の原則を意味する。

④ 比例代表制は，小選挙区制と比べた場合，多党制が生じやすい選挙制度とされる。

問5　下線部④を補完すべく，現在の日本において，直接民主制の手法が一部取り入れられている。そうした例の一つである憲法改正手続に関する記述として正しいものを，次の①～④のうちから一つ選べ。　23

① 憲法改正に関する国民投票法は，日本国憲法と同時に制定された。

② 憲法改正に関する国民投票法は，投票年齢を満20歳以上に引き下げた。

③ 憲法改正の承認には，国民投票において，その過半数の賛成が必要とされている。

④ 憲法改正の発議には，衆参両議院において，それぞれ総議員の4分の3以上の賛成が必要とされている。

問 6 下線部ⓔに関連して，次の図は，選挙やデモなど(デモ，陳情，請願)が，国の政治に「影響を及ぼしている」と回答した人の割合を示したものである。この図において，ある出来事の後の最初の調査とその前回の調査との比較を行うとき，その記述として正しいものを，下の①～④のうちから一つ選べ。 24

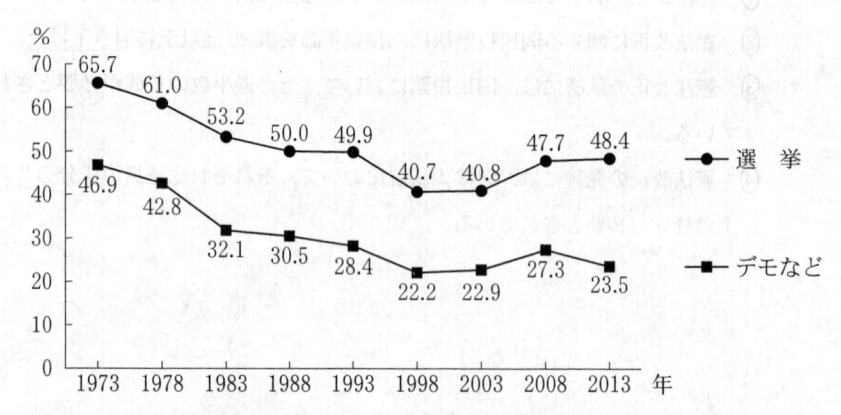

(注) NHK 放送文化研究所が 5 年ごとに実施している「日本人の意識」調査においては，「非常に大きな影響を及ぼしている」「かなり影響を及ぼしている」「少しは影響を及ぼしている」「全く影響を及ぼしていない」の選択肢から選ぶ形となっており，図中の数値は，「非常に大きな影響を及ぼしている」「かなり影響を及ぼしている」と回答した人の割合の合計を示している。

(資料) NHK 放送文化研究所編『現代日本人の意識構造(第 8 版)』(2015 年)により作成。

① 小選挙区比例代表並立制の下で初めて行われた選挙後の最初の調査では，選挙が国の政治に「影響を及ぼしている」と回答する人の割合が，増加した。

② 郵政民営化が争点となった選挙後の最初の調査では，選挙が国の政治に「影響を及ぼしている」と回答する人の割合が，増加した。

③ 国民の反対が強かった消費税導入後の最初の調査では，デモなどが国の政治に「影響を及ぼしている」と回答する人の割合が，増加した。

④ 金権政治への批判が高まったロッキード事件後の最初の調査では，デモなどが国の政治に「影響を及ぼしている」と回答する人の割合が，増加した。

問 7　下線部⑥に対処するための公的な施策の一つである日本の社会保障制度に関する記述として正しいものを，次の①〜④のうちから一つ選べ。　25

① 国民健康保険は，職域ごとに分かれていた公的医療保険を統合する制度である。

② 公的介護保険は，市町村と特別区が運営主体となっている。

③ 厚生年金保険は，その保険料の全額を事業主が負担している。

④ 国民年金は，在職中に受け取った各人の報酬に比例した額を支給する制度である。

問 8　下線部⑧に関連して，住民に身近な政策の多くは地方自治体が担っている。日本の地方自治の制度に関する記述として正しいものを，次の①〜④のうちから一つ選べ。　26

① 地方自治体の首長は，地方議会が議決した予算に対して拒否権を行使することができない。

② 地方自治体が独自に行う住民投票において，永住外国人の投票が認められた事例はない。

③ 有権者は，必要な署名数を集めた上で地方自治体の首長に対して事務の監査請求を行うことができる。

④ 国による情報公開法の制定以前に，地方自治体において情報公開に関する条例が制定されたことがある。

第 4 問 次の文章を読み，下の問い（**問 1 ～ 8**）に答えよ。（配点　24）

　私たちが経済活動を行う上で(a)貨幣は必要不可欠なものである。そもそも各国において複数の流通貨幣，すなわち通貨が存在していたが，19 世紀以降には多くの国が単一の自国通貨を定めるようになった。たとえば日本では，19 世紀後半に市中銀行の銀行券の新規発行を禁止し，日本銀行を唯一の発券銀行とした。

　このように中央銀行が国内唯一の発券銀行となった結果，中央銀行は自国通貨の発行量などをめぐり国内の(b)金融に対して影響を与えることが可能になった。とくに，第二次世界大戦後から，(c)物価の安定とともに雇用や景気などに配慮した金融政策が実施されてきた。

　しかし，変動相場制への移行後には，各国の通貨制度が動揺する事態も多くみられるようになった。たとえば(d)財政の運営が行き詰まった国の通貨への信用低下が(e)国際的な資本移動を生じさせ，深刻な通貨危機に発展することもあった。

　こうした動揺とともに国家と貨幣との関係も変化し，貨幣のあり方は多様化しつつある。(f)ユーロのように複数の国で用いられる通貨や，ビットコインや地域通貨などの中央銀行が発行にかかわらない通貨もみられるようになった。

　同一の貨幣が用いられる範囲では(g)市場取引が盛んに行われる傾向にあり，通貨制度の変化は国際経済や(h)地域経済にも影響を与えうる。私たちは，貨幣のあり方について注視し，議論を深めていく必要があるだろう。

問 1　下線部@に関連する記述として正しいものを，次の①〜④のうちから一つ選べ。 　27

① 貨幣には，取引の仲立ちを行う価値貯蔵手段としての機能がある。

② マネーストックとは，中央政府が保有する貨幣残高のことである。

③ 管理通貨制度の下では，通貨発行量は中央銀行の保有する金の量によって制限されない。

④ 預金通貨は，財・サービスの対価の支払手段として用いられることはない。

問 2　下線部⑥についての記述として正しいものを，次の①〜④のうちから一つ選べ。 　28

① 日本では，家計の金融資産のうち現金・預金の占める割合が最も大きい。

② 日本では，グローバル化をうけて直接金融から間接金融への移行が進んでいる。

③ ノンバンクとは，預金業務と貸出業務を行う金融機関である。

④ 信用創造とは，企業が金融機関に債務を滞りなく返済することで追加的な資金調達が可能になることをいう。

問 3 下線部ⓒの変動に関する記述として正しいものを，次の①～④のうちから一つ選べ。 29

① スタグフレーションとは，不況とデフレーションとが同時に進行する現象のことである。

② デフレスパイラルとは，デフレーションと好況とが相互に作用して進行する現象のことである。

③ コスト・プッシュ・インフレーションは，生産費用の上昇が要因となって生じる。

④ ディマンド・プル・インフレーションは，供給が需要を上回ることにより生じる。

問 4　下線部⑪に関連して，次の表は，日本における国の一般会計の歳出と歳入との推移を示したものである。この表から読みとれる内容として正しいものを，下の①〜④のうちから一つ選べ。　| 30 |

（単位：兆円）

	1980 年度	1990 年度	2000 年度	2010 年度
歳　出	43	66	85	92
うち公債費	5	14	22	21
歳　入	43	66	85	92
うち公債金	14	6	33	44

（注）　数値は当初予算で，小数点以下を四捨五入している。また，公債費とは国債の元利払いを指し，公債金とは国債発行による収入を指す。

（資料）　財務省 Web ページにより作成。

① 1980 年度の公債依存度は 20 パーセント以下である。

② 1990 年度の基礎的財政収支（プライマリーバランス）は黒字である。

③ 2000 年度の基礎的財政収支（プライマリーバランス）は黒字である。

④ 2010 年度の公債依存度は 20 パーセント以下である。

問 5 下線部ⓔに関連する財政危機や金融危機についての事例の記述として**誤って**いるものを，次の①～④のうちから一つ選べ。 31

① 第二次石油危機後のメキシコでは，累積債務問題が表面化した。

② 住宅バブルが崩壊したアメリカでは，サブプライムローン問題が表面化した。

③ ギリシャ財政危機では，財政状況が悪化したギリシャの国債利回りが高騰した。

④ アジア通貨危機では，資本流出に見舞われたタイの自国通貨が高騰した。

問 6 下線部⑥に関連して，次の**A**～**D**は，ヨーロッパにおける地域統合と共通通貨の導入とをめぐる出来事についての記述である。これらの出来事を古い順に並べたとき，**3番目**にくるものとして正しいものを，下の**①**～**④**のうちから一つ選べ。　32

A 欧州経済共同体(EEC)が発足した。

B 欧州中央銀行(ECB)が設立された。

C ユーロの紙幣および硬貨の流通が始まった。

D 欧州連合(EU)が発足した。

① **A**

② **B**

③ **C**

④ **D**

問 7　下線部⑧に関連して，次の図には，ある財の完全競争市場における当初の需要曲線と供給曲線とが表されている。いま，この市場において，均衡点がAからBに移動したとしよう。このような均衡点の変化を生じさせた要因として最も適当なものを，下の①～④のうちから一つ選べ。 　33

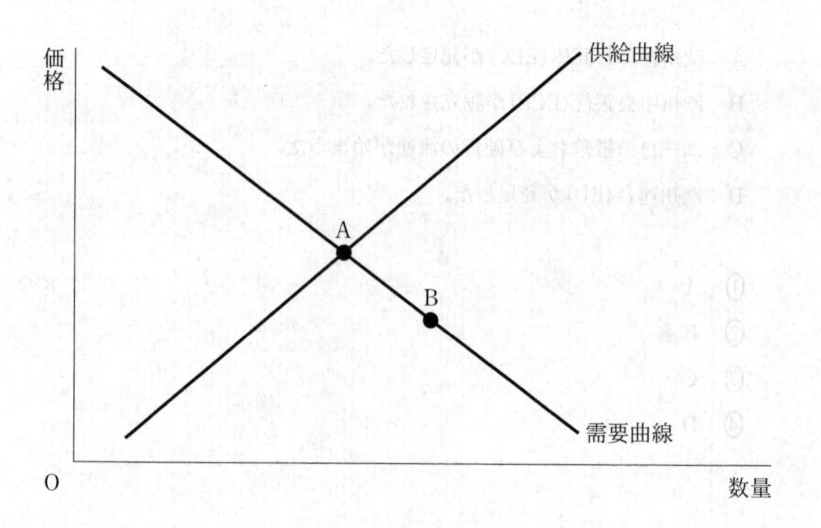

① この財を消費する消費者の所得が増加した。

② この財に対する消費者の人気が高まった。

③ この財にかけられる税が引き上げられた。

④ この財を生産する技術が向上した。

問 8　下線部ⓗについて，次の文章中の空欄　 ア 　・　 イ 　に当てはまる語句の組合せとして最も適当なものを，下の①～④のうちから一つ選べ。　 34

　　地域経済を活性化させるために，日本においては，教育，医療，福祉などさまざまな分野の規制を緩和する　 ア 　が設けられ，実験的な事業の支援が行われてきた。一方，地域経済の担い手の一つである中小企業による取組みも重要である。たとえば，新たな市場を開拓するベンチャー・ビジネスや，市場規模が小さいながらも既存の分野の隙間を意味する　 イ 　に活路を見いだす企業も出てきている。

① ア　財政再生団体　　イ　地場産業

② ア　財政再生団体　　イ　ニッチ産業

③ ア　構造改革特区　　イ　地場産業

④ ア　構造改革特区　　イ　ニッチ産業

MEMO

MEMO

MEMO

MEMO

MEMO

MEMO

MEMO

MEMO

MEMO

MEMO

MEMO

2024大学入学共通テスト過去問レビュー
——どこよりも詳しく丁寧な解説——

書名			掲載年度												数学Ⅰ・Ⅱ,地歴A				掲載回数
			23	22	21①	21②	20	19	18	17	16	15	14	23	22	21①	21②	
英　語		本試	●	●	●	●	●	●	●	●	●	●	●	リスニング	リスニング	リスニング	リスニング	10年 19回
		追試	●	●										リスニング	リスニング			
数学 Ⅰ・A Ⅱ・B	Ⅰ・A	本試	●	●	●	●	●	●	●	●	●	●	●	●	●	●	●	10年 32回
		追試	●	●														
	Ⅱ・B	本試	●	●	●	●	●	●	●	●	●	●	●	●	●	●	●	
		追試	●	●														
国　語		本試	●	●	●	●	●	●	●	●	●	●						10年 13回
		追試	●	●														
物理基礎・物理	物理基礎	本試	●	●	●	●	●	●	●	●								10年 22回
		追試		●														
	物理	本試	●	●	●	●	●	●	●	●	●	●						
		追試		●														
化学基礎・化学	化学基礎	本試	●	●	●	●	●	●	●	●								10年 22回
		追試		●														
	化学	本試	●	●	●	●	●	●	●	●	●	●						
		追試		●														
生物基礎・生物	生物基礎	本試	●	●	●	●	●	●	●	●								10年 22回
		追試		●														
	生物	本試	●	●	●	●	●	●	●	●	●	●						
		追試		●														
地学基礎・地学	地学基礎	本試	●	●	●	●	●	●	●	●								9年 20回
		追試		●														
	地学	本試	●	●	●	●	●	●	●	●								
		追試		●														
日本史B		本試	●	●	●	●	●	●	●	●	●	●		●	●	●	●	10年 15回
		追試	●	●														
世界史B		本試	●	●	●	●	●	●	●	●	●	●		●	●	●	●	10年 15回
		追試	●	●														
地理B		本試	●	●	●	●	●	●	●	●	●	●		●	●	●	●	10年 15回
		追試	●	●														
現代社会		本試	●	●	●	●	●	●	●									7年 8回
		追試	●															
倫理,政治・経済	倫理	本試	●	●	●	●	●	●	●									7年 24回
		追試																
	政治・経済	本試	●	●	●	●	●	●	●									
		追試																
	倫理,政治・経済	本試	●	●	●	●	●	●	●									
		追試																

・［英語（リスニング）］の音声は、ダウンロードおよび配信でご利用いただけます。